José M. Marín, doctor por la Universidad de Pennsylvania, ejerció de profesor titular de economía financiera en la Universitat Pompeu Fabra.

Gonzalo Rubio, doctor por la Universidad de California en Berkeley, ejerció de catedrático de fundamentos del análisis económico en la Universidad del País Vasco.

T0344961

ECONOMÍA FINANCIERA

JOSÉ M. MARÍN
Universitat Pompeu Fabra

GONZALO RUBIO
Universidad del País Vasco

ECONOMÍA FINANCIERA

Prólogo de
Andreu Mas-Colell

Antoni Bosch editor, S.A.
Palafolls 28, 08017 Barcelona, España
Tel. (+34) 93 206 0730
info@antonibosch.com
www.antonibosch.com

ISBN: 978-84-95348-82-1
Depósito legal: M. 43.009-2011

Diseño de la cubierta: Compañía
Ilustración de cubierta: Fernand Léger, *Mechanical elements*, 1926
Fotocomposición: Ino Reproducciones
Impresión: Prodigitalk

Impreso en España
Printed in Spain

A Leticia, Eugenia y Begoña

A Nicole and baby Jacob

Prólogo

Un físico muy destacado señaló en una ocasión que la potencia de las matemáticas en el quehacer de la física era "poco razonable" ("the unreasonable power of mathematics"). Podríamos descomponer la explicación de esta hipérbole al menos en cuatro componentes. El primero constata la centralidad de la teoría, por lo demás matemática, en la física. El segundo refiere que las predicciones de esta teoría, al fin y al cabo derivaciones matemáticas de naturaleza afín a la de un juego intelectual, son susceptibles de verificación empírica muy precisa. El tercero observa que, a veces (y son estas veces las que importan para el progreso científico), la teoría queda confirmada por el ejercicio empírico. Finalmente, el cuarto constata que, sobre la teoría verificada, la ingeniería ha construido un sorprendente complejo de aplicaciones prácticas de enorme importancia económica y social.

De la Economía Financiera desarrollada en los últimos treinta años podríamos decir otro tanto. La teoría, edificada, claro está, sobre principios económicos pero también altamente matematizada, ha proporcionado predicciones concretas sobre el funcionamiento de los mercados financieros y, en particular, sobre la valoración de activos cotizados en bolsa. Por otro lado, la gran disponibilidad de datos y los avances en las técnicas estadísticas ha hecho posible la verificación empírica. Acompañadas también por un cierto sentimiento de maravilla, las predicciones han demostrado ser a menudo correctas (y cuando no ha sido así les ha provocado una revisión profunda de la teoría). Finalmente, esta Economía Financiera surgida de las universidades y de corte altamente académico ha llevado a una inesperada expansión y transformación de los propios mercados financieros.

El libro de los profesores Marín y Rubio nos da cuenta de esta Economía Financiera moderna. Lo hace con coherencia y a partir de una visión unificada de la disciplina. Quisiera resaltar sobre todo lo demás que se presta igual atención a la contrastacion empírica que a la formulación teórica. La fuerza de los nuevos planteamientos sobre las finanzas se basa en la interacción de esas dos dimensiones y, por lo tanto, es muy recomendable que, como es el caso de este libro, dicha interacción esté en el centro de una presentación de los mismos.

José M. Marín y Gonzalo Rubio han realizado con este libro una tarea espléndida, a la vez que necesaria. Ello no constituye sorpresa alguna para quien conozca su trayectoria. Ambos se han formado en escuelas de negocios a la vanguardia de la investigación en esta área, y han sido contribuyentes de nota a la literatura nacional e internacional de Economía Financiera. Si a esto añadimos una notable experiencia docente a nivel de licenciatura, de master y de doctorado, y una voluntad de involucrarse con la industria financiera mediante actividades de consultoría, se infiere lo que es sobradamente evidente al estudioso de la materia: los profesores Marín y Rubio se encuentran en unas condiciones óptimas para escribir el libro que tienen entre las manos. Me permito agradecerles que lo hayan hecho.

Los profesores Marín y Rubio tienen, además, otra característica que quisiera resaltar, la de detentores de una gran vocación universitaria. En el campo de la economía financiera las opciones para el desarrollo profesional son muchas. Debemos, por tanto, felicitarnos por haber escogido la universidad para llevar a la práctica sus investigaciones, sus clases, sus colaboraciones con la empresa y, por supuesto, la redacción de libros que serían un crédito para el sistema universitario de cualquier país.

Andreu Mas-Colell
Catedrático de Economía

AGRADECIMIENTOS

Los autores agradecen la excelente labor de corrección que ha realizado Miguel A. Martínez de la Universidad del País Vasco. Sin sus innumerables sugerencias y su paciencia para revisar los diversos apartados de este libro, nunca hubiéramos podido completarlo. Numerosas personas nos han realizado múltiples comentarios que han enriquecido sin lugar a dudas los contenidos del libro. Debemos mencionar a Begoña Basarrate (Universidad del País Vasco), Eva Catarineu (Universitat Pompeu Fabra), Matilde Fernández (Universidad de Valencia), Eva Ferreira (Universidad del País Vasco), Juan Carlos Gómez Sala (Universidad de Alicante), Sílvia Holgado (BBVA), Ángel León (Universidad de Alicante), David Méndez (London School of Economics y Lehman Brothers), Manuel Moreno (Universitat Pompeu Fabra), Belén Nieto (Universidad de Alicante), Alfonso Novales (Universidad Complutense de Madrid), Ignacio Peña (Universidad Carlos III) y Mikel Tapia (Universidad Carlos III).

Asimismo, Ángel León (Universidad de Alicante) y Javier Gil (Universidad Carlos III) han contribuido con la preparación de algunos de los programas de ordenador empleados y Belén Nieto (Universidad de Alicante) ha realizado una extraordinaria labor en la preparación de la mayoría de los datos que se facilitan junto con dichos programas a través de la página de Internet de la editorial Antoni Bosch, editor. Gregorio Serna (Universidad de Castilla-La Mancha) estimó con su acostumbrada destreza las volatilidades implícitas que también se facilitan en dicha página.

Gonzalo Rubio desea manifestar su deuda intelectual con los profesores Nils Hakansson, Hayne Leland, David Pyle y Mark Rubinstein de la University of California en Berkeley, y con Jay Shanken de la University of Rochester por hacerle entender la Economía Financiera de la forma en que se plasma en muchos de los capítulos de este libro. También quiere agradecer a los miembros de su departamento en la Universidad del País Vasco que han soportado sus ausencias durante la elaboración del libro y en especial a María Paz Espinosa y José María Usategui por estar presentes en tantos momentos difíciles y a Inés García por su ya famosa eficacia como secretaria del Departamento de Fundamentos del Análisis Económico. Por último, desea agradecer la ayuda financiera concedida por la Dirección Interministerial Científica y Técnica (DGICYT), proyecto PB97-0621.

José María Marín desea expresar su agradecimiento a los profesores Franklin Allen, David Cass y Sanford Grossman de la University of Pennsylvania y Andreu Mas-Colell de la Universitat Pompeu Fabra. Al primero, por su continuo apoyo y estímulo; al segundo, por hacerle entender que sólo las cosas hechas con rigor y profundidad valen la pena; al tercero, por demostrarle que no hay paredes separadoras entre la investigación financiera seria y Wall Street y, al cuarto, por una lista de razones tan larga como este libro. Asimismo, a Paco Alcalá de la Universidad de Murcia por ofrecer su mano en esos primeros pasos tan difíciles y a Maite Sastre por su ayuda, siempre más allá de sus obligaciones.

Por último, los autores desean agradecer las enormes facilidades y la infinita paciencia del editor, Antoni Bosch, que les ha permitido creer en la posibilidad de completar este libro, así como a Andreu Mas-Colell por haber dedicado parte de su escaso tiempo para escribir la presentación de este libro.

José María Marín (Universitat Pompeu Fabra) y Gonzalo Rubio (Universidad del País Vasco).

Abril 2001

Sobre los autores

JOSÉ M. MARÍN

Premio Extraordinario de Licenciatura en Ciencias Económicas por la Universidad de Murcia (1988) y doctor en Economía (Ph. D.) por la University of Pennsylvania (1994). Actualmente es profesor titular de Economía Financiera de la Universitat Pompeu Fabra. Ha efectuado trabajos de investigación y docencia en la Wharton School of Economics and Business Administration, London School of Economics, Birkbeck College y Universitat Pompeu Fabra. Ha impartido seminarios y participado en conferencias en numerosos centros nacionales e internacionales y ha publicado trabajos en revistas de reconocido prestigio internacional como la *Review of Economics Studies, Journal of Monetary Economics* y *Economic Theory*. Es miembro del Consejo Editorial de *Investigaciones Económicas* y en el pasado lo fue de la *Spanish Economic Review*. En la actualidad está afiliado como investigador al Center for Economic Policy Research (CEPR) y es subdirector de Centro de Investigación en Economía Financiera (CREF) de la Universitat Pompeu Fabra. Ha sido becario de la Fundación Esteban Romero y del Ministerio de Educación y Ciencia (MEC), y *senior scholar* de la Fundación Fulbright. Fuera del ámbito académico, ha actuado como *senior consultant del European Central Bank* y de la empresa Quantitative Financial Strategies, Inc. y su afiliada, la gestora Grossman Asset Management, L.P.

GONZALO RUBIO

Licenciado en Ciencias Económicas y Empresariales (1976) por la Universidad del País Vasco, M.B.A. (1979) por la Columbia University en Nueva York y doctor en Administración y Dirección de Empresas (Ph.D.) (1985) por la University of California en Berkeley. Actualmente es Catedrático de Fundamentos del Análisis Económico de la Universidad del País Vasco. Además de sus labores docentes en la Universidad del País Vasco, ha sido profesor de Economía en la Universidad Carlos III y de Finanzas en la Université de Bourdeaux, Centro de

Estudios Monetarios y Financieros (CEMFI) y University of California en Berkeley. Asimismo, ha sido responsable de asignaturas de doctorado en la Universitat Pompeu Fabra, Universitat Autònoma de Barcelona y Universidad de Alicante, entre otras. Ha impartido numerosos seminarios en centros nacionales e internacionales y ha publicado múltiples trabajos en el *Journal of Banking and Finance, European Financial Management, European Journal of Finance, Review of Quantitative Finance and Accounting, Journal of Portfolio Management, Journal of Business Finance and Accounting, Applied Financial Economics, Revista Española de Economía, Investigaciones Económicas, Revista de Economía Aplicada, Moneda y Crédito* y *Revista Española de Financiación y Contabilidad,* entre otras. Es actualmente co-editor del *Spanish Economic Review* y pertenece o ha pertenecido a los Consejos de Redacción del *European Journal of Finance, Revista de Economía Aplicada, Revista Española de Financiación y Contabilidad, Investigaciones Económicas* y *Moneda y Crédito.* Ha sido premio de investigación Iddo Sarnat de la European Finance Association (Estocolmo, 1989).

PRESENTACIÓN

Este libro tiene como objetivo principal ofrecer una *visión unificada* de la Economía Financiera y, en particular, de la valoración de los activos financieros, concediendo a los usuarios potenciales la suficiente flexibilidad para que pueda emplearse en distintas asignaturas, secuencias alternativas de licenciatura y niveles diferentes de preparación técnica. La mayor parte del libro es *autocontenida* por lo que sólo requiere conocimientos muy básicos de Teoría Económica, Matemáticas, Estadística y Econometría. De esta forma, en principio, es un libro que en su mayor parte puede ofrecerse en cursos superiores de las licenciaturas de Administración de Empresas y Económicas. Sin embargo, algunas secciones señaladas con un asterisco son probablemente más apropiadas para cursos de *posgrado* e incluso doctorado.

El libro está dividido en siete partes que, en definitiva, comprenden tres partes claramente diferenciadas. Los capítulos 1 al 8 y 14 y 15 contienen una visión completa de la valoración de activos financieros *sin* recurrir de forma explícita a las funciones de utilidad de los individuos. Estos capítulos pueden ofrecerse en un curso semestral tanto en la Licenciatura de Administración de Empresas como en la Licenciatura de Economía. Asimismo, pueden ser útiles para programas de Master en Dirección de Empresas (MBA) y, en particular, en sus cursos sobre valoración o gestión de carteras. La *ausencia de arbitraje* y la valoración mediante *carteras réplica* constituyen la esencia del análisis aunque, en varios de dichos capítulos, supuestos alternativos sobre el comportamiento optimizador de los agentes, sobre sus preferencias e incluso sobre el vaciado de mercado están implícitos. Los capítulos 9 al 13 (incluso los apartados 20.10 del capítulo 20 y 21.5 del capítulo 21) comprenden una discusión detallada sobre la evidencia empírica asociada a los modelos de valoración de activos con especial referencia a la evidencia en el mercado financiero español. Algunos apartados de estos capítulos se podrían emplear como *apoyo* a los cursos teóricos sobre valoración de activos en las correspondientes licenciaturas. Alternativamente, estos capítulos podrían ser la base para un curso de Econometría Financiera de licenciatura siempre que los alumnos estuviesen familiarizados con los temas fundamentales de Finanzas. Finalmente, el tercer y último gran bloque del libro, que comprende los capítulos 16 al 21, presenta un análisis detallado de la valoración de los activos financieros

haciendo uso explícito de las preferencias y funciones de utilidad de los individuos, así como del concepto de *equilibrio* al imponer un comportamiento optimizador por parte de los agentes económicos y el vaciado de mercado. Esta última
parte del libro se divide, a su vez, en dos bloques correspondientes al análisis del
equilibrio en economías de un solo periodo para, en los dos últimos capítulos,
analizar la valoración intertemporal (dinámica) de los activos tanto en situaciones
de equilibrio como de arbitraje. El primer bloque, que comprende los capítulos 16
al 19, podría ser la base de un curso avanzado de licenciatura sobre valoración de
activos que debería complementarse con algunos de los capítulos iniciales del libro. Alternativamente, un curso de licenciatura se podría basar en los capítulos
del primer bloque complementándolos con algunos de los apartados de los capítulos 18 y 19. El segundo bloque, capítulos 20 y 21, es más apropiado para un curso de introducción a la Economía Financiera en estudios de doctorado.

Se han introducido numerosos ejemplos *a lo largo de los capítulos* que constituyen una parte fundamental del sentido pedagógico que se ha querido dar al libro. Dichos ejemplos deben trabajarse con cuidado, ya que pretenden forzar al
lector a pensar con detenimiento sobre los aspectos conceptuales adquiridos.
Hemos preferido introducir los ejemplos como una parte integrante más de las
explicaciones teóricas en lugar de añadir una lista de problemas al final de los capítulos. Con la experiencia acumulada durante muchos años de docencia hemos
comprobado que la mayoría de los manuales existentes están bien especializados
en aspectos exclusivamente teóricos o en visiones exclusivamente institucionales
y descriptivas que son difíciles de conceptualizar. Con el apoyo de los ejemplos,
junto a nuestra forma de presentar los conceptos y las frecuentes referencias a los
mercados reales intentamos romper esta separación.

En cualquier caso, en breve aparecerá un *Manual de ejercicios* que incorporará
problemas resueltos, ejercicios que hacen uso de los datos facilitados y otras ayu-
das a los potenciales usuarios del libro.

Contenido

PRIMERA PARTE: INTRODUCCIÓN

1. ¿Qué entendemos por Economía Financiera?

1.1 Aspectos conceptuales y evolución de la Economía Financiera

Se puede entender la Economía Financiera como el estudio del comportamiento de los individuos en la asignación intertemporal de sus recursos en un entorno incierto, así como el estudio del papel de las organizaciones económicas y los mercados institucionalizados en facilitar dichas asignaciones.

En esta concepción de la Economía Financiera debemos destacar dos aspectos que condicionarán tanto la organización de los diferentes capítulos de este libro como su contenido. Nos estamos refiriendo a las dos ideas claves que aparecen en el párrafo anterior:

- la asignación intertemporal de los recursos,
- el entorno incierto.

De esta forma, el estudioso habitual de la Economía Financiera impone determinadas formas de comportamiento de los individuos que nos permiten entender cómo se enfrentan al contexto intertemporal en sus decisiones de inversión.[1] Asimismo, una relevante proporción del contenido de los distintos capítulos se centra en precisar lo que entendemos por riesgo, las formas que tenemos de medirlo, las alternativas disponibles para realizar coberturas del mismo y en discutir su valoración por parte de los agentes económicos. Es, sin duda, la complejidad de la interacción entre su componente temporal y su componente de incertidumbre lo que convierte a la Economía Financiera, a nuestro entender, en un interesante tema de estudio. El lector debería estar motivado para indagar con profundidad en dichas complejas interacciones.

Por otra parte, las organizaciones económicas, en el contexto que nos ocupa, se pueden caracterizar como miembros de dos grupos alternativos: empresas, que poseen como activos los medios físicos de producción para la economía y que emiten activos financieros para financiar sus actividades de producción; y los inter-

---

[1] Aquí el concepto intertemporal hace referencia a cualquier economía que tenga tanto un único periodo y dos fechas como a una economía dinámica con múltiples periodos y fechas donde se admite la posibilidad de renegociar óptimamente las carteras. Sin embargo, a lo largo de los capítulos de este libro y a excepción del capítulo 17, el concepto intertemporal se asociará con economías dinámicas, reservando el nombre de economías estáticas para economías con un único periodo y dos fechas donde evidentemente no es posible renegociar las carteras escogidas por los individuos. En el capítulo 17 también se hablará de economías multiperiodo para el caso de economías con más de un periodo pero donde no se admite la renegociación de las carteras.

mediarios financieros, que son poseedores y emisores de activos financieros, invirtiendo, por lo tanto, solamente de forma indirecta en activos físicos o reales. Los mercados donde individuos e intermediarios intercambian dichos activos financieros reciben el genérico nombre de *mercado de capitales*.

Son precisamente los mercados de capitales el principal foco de atención de la Economía Financiera. De hecho, ésta es la primera y obvia forma de distinguir dicha materia entre las diversas áreas de especialidad de un campo más amplio como es la Teoría Económica o la economía en general. Sin embargo, si ésta fuese la única distinción relevante, podríamos pensar en la Economía Financiera de la misma manera que pensamos en la Economía del Mercado de Trabajo, Organización Industrial y Economía de la Empresa y otras áreas de la Teoría Económica. En otras palabras, tenderíamos a distinguir dichas áreas simplemente por su foco de atención; esto es, mercado de trabajo, mercado de bienes, etc. Desde nuestro punto de vista, no es ésta la única distinción. Existe una fundamental diferencia metodológica que se basa en la continua utilización del concepto de *ausencia de arbitraje en la valoración de contratos e instrumentos financieros* que se caracterizan por su intertemporalidad y cuyos rendimientos dependen de la resolución de la incertidumbre.

Cualquier estrategia de inversión que permita ganar dinero a cambio de nada es una estrategia de arbitraje. En lenguaje más coloquial nos podemos referir a estas estrategias como máquinas de hacer dinero. ¿Cómo podemos describir de manera más formal una oportunidad de arbitraje? Aquí, proponemos una definición que necesitaremos recordar a lo largo del libro. Diremos que para que no exista la posibilidad de realizar una estrategia de arbitraje debe ser cierto que si un activo financiero o una combinación de activos —cartera— produce pagos futuros no negativos, entonces, necesariamente, el coste de dicho activo o cartera en el momento de realizar la inversión debe ser también no negativo.

El primer supuesto con el que trabajaremos a lo largo del libro, y que consideramos un supuesto básico y fundamental ya que, sin imponer prácticamente nada en el comportamiento individual, nos permite avanzar en el conocimiento de las actitudes inversoras de los individuos y, consecuentemente, en la valoración del riesgo de los activos financieros y la formación de sus precios, es que dichas oportunidades de arbitraje no existen en los mercados de capitales. Si queremos ser aún más precisos, deberíamos decir que nuestro supuesto básico de trabajo implica que las estrategias de arbitraje no existen de forma sistemática. Esto es, si en algún momento determinado existe la posibilidad de realizar un arbitraje, el propio funcionamiento altamente competitivo de los mercados de capitales hace que dicha oportunidad desaparezca con enorme rapidez.

Sin embargo, pronto quedará claro en nuestra discusión que, cuanto más queramos profundizar en nuestro análisis del comportamiento individual para poder obtener modelos de valoración del riesgo y modelos de comportamiento empresarial, mayor será la necesidad de imponer supuestos adicionales que complementen nuestro supuesto inicial de ausencia de arbitraje. Así, introduciremos actitudes explícitas hacia el riesgo de forma que nos veremos obligados a imponer supuestos adicionales sobre las preferencias individuales que nos permitan agregar el comportamiento individual y discutir la concepción del equilibrio en los mercados de capitales.

Quisiéramos también destacar en estas primeras líneas que, a pesar del rigor introducido en muchos de los razonamientos que comprende esta materia, su influencia en la práctica de los mercados financieros ha sido enorme. El impacto de la teoría de los mercados eficientes, selección de carteras, análisis y valoración del riesgo y la teoría de valoración de opciones, resulta evidente. La concesión en 1990 del Premio Nobel de Economía a tres distinguidos economistas financieros, Harry Markowitz, Merton Miller y William Sharpe, representó el definitivo reconocimiento de esta materia. Más recientemente, en 1997, Myron Scholes y Robert Merton también recibieron el Nobel por sus contribuciones a la valoración de los activos derivados.[2] Cabe recordar, sin embargo, que tres de los economistas que recibieron con anterioridad el Premio Nobel, Kenneth Arrow, Gerard Debreu y Franco Modigliani, lo obtuvieron, en gran medida, por sentar las bases de lo que actualmente entendemos por Economía Financiera.

Por otra parte, debemos mencionar que hace solamente treinta años, y antes del redescubrimiento de los trabajos de Bachelier,[3] la Economía Financiera consistía simplemente en una colección de anécdotas y reglas sin ningún contenido científico, con un punto de mira dirigido exclusivamente a potenciar el conocimiento puramente descriptivo. La naturaleza del equilibrio en los mercados de capitales y sus consecuencias para la valoración de los activos financieros en un mundo de incertidumbre eran totalmente ignoradas. Además, en lo que podemos denominar finanzas *premodernas*, se cometía el error de intentar valorar activos de forma individualizada atendiendo exclusivamente a los flujos de pagos que generaban dichas empresas. Sin embargo, en la moderna teoría de finanzas queda claro que no se pueden entender los valores de los activos sin hacer referencia a los precios de otros títulos existentes en la economía. Así, desde la perspectiva de la ausencia de arbitraje se procede a valorar activos tomando como referencia los precios de otros activos. Desde la perspectiva del equilibrio se busca la determinación simultánea de todos ellos y se observa cómo variables agregadas influyen en la determinación del precio de cada activo.

Debido, por una parte, a la divulgación de técnicas cuantitativas capaces de expresar formalmente razonamientos que muchas veces se escapaban de la labor

---

[2] Sin duda alguna, los responsables del Premio Nobel hubieran extendido el premio al economista Fisher Black, autor e investigador clave en múltiples aspectos de la moderna teoría financiera. Sin embargo, su prematuro fallecimiento impidió el reconocimiento oficial de sus aportaciones a la Economía Financiera.

[3] Matemático francés que en 1900 escribió una tesis doctoral bajo el título de "Teoría de la Especulación" que contiene no solamente trabajos sobre procesos de difusión —cierto tipo de procesos estocásticos que pueden definir el comportamiento de las variables económicas— que Einstein, independientemente, publicó cinco años más tarde, sino las bases sobre las que se fundamentan las teorías de los mercados eficientes y la valoración de opciones tal como los entendemos un siglo después.

descriptiva y, por otra parte, aunque íntimamente relacionada con la primera, a la aplicación de las técnicas y conceptos de la Teoría Económica a la Economía Financiera, el énfasis sobre los aspectos de interés de la materia cambió radicalmente. Asimismo, la calidad de los datos relacionados con los mercados de capitales ha contribuido a enfatizar los problemas y análisis que actualmente consideramos relevantes. De hecho, veremos lo importante que resulta observar con detenimiento y rigor los datos para entender con la suficiente profundidad los modelos que nos explican el comportamiento de los precios y el riesgo de los activos financieros. Nos encontramos con un nuevo campo que podemos denominar Econometría Financiera que intenta no sólo corroborar teorías financieras sino, además, usar los datos financieros para generar predicciones sobre la actividad económica y otras variables de interés.

El comportamiento individual y la Teoría Económica

Una vez expuestas estas breves ideas sobre el estado y evolución reciente de la materia que nos ocupa, cabe señalar que el punto de partida natural para el desarrollo de la Economía Financiera es derivar y comprender el comportamiento inversor de los individuos o, si se quiere, de los agentes económicos. Resulta tradicional en Teoría Económica suponer la existencia y los gustos de dichos agentes económicos como exógenos a la teoría. Sin embargo, esta tradición no se hace extensiva a las empresas o intermediarios financieros. La existencia de estas organizaciones económicas se entiende fundamentalmente en base a las funciones que sirven, en lugar de funcionar principalmente porque existen. Estas organizaciones son, por lo tanto, endógenas a la teoría.[4] En cualquier caso, para desarrollar las funciones de estas organizaciones es necesario estudiar y derivar, en primer lugar, el comportamiento de los agentes económicos o individuos.

En esta línea de trabajo, siguiendo una costumbre ya tradicional, resulta conveniente dividir la decisión de inversión por parte de los individuos en dos componentes:

- la decisión de "consumo-ahorro", en la cual los individuos deciden la cantidad óptima de su riqueza actual que debe asignarse a consumo presente y la cantidad que debe destinarse a inversión para poder así consumir en el futuro, y
- la "selección de carteras", en la que el individuo decide cómo colocar sus ahorros entre las diversas alternativas que ofrece el conjunto de oportunidades de inversión.

Si nos detenemos a pensar en que nos enfrentamos a un problema de asignación óptima de nuestros recursos en un contexto intertemporal y entre varias alter-

---

[4] En Merton (1990) se desarrollan con detalle estos comentarios.

nativas, no resulta difícil entender que, para que dicho problema esté bien definido, debe suponerse que el individuo tiene un orden de preferencias mediante el cual se establece un *ranking* de las posibles alternativas de elección. Actualmente, en Economía Financiera, resulta habitual suponer que el orden de preferencias satisface los axiomas de la utilidad esperada de Von Neumann-Morgenstern. En definitiva, la base de nuestra materia radica precisamente en la maximización de la utilidad esperada por parte de los individuos a la hora de llevar a cabo sus decisiones de inversión fundamentándose, de esta forma, en las raíces de la Teoría Económica. Por tanto, cualquier lector interesado en temas de Economía Financiera debería ser consciente de la importancia que la Teoría Económica tiene para entender la formación de precios en los mercados de capitales, así como las actuaciones de los agentes que realizan sofisticadas estrategias de cobertura o complejas decisiones de inversión. Ahora bien, como ya hemos comentado, la clave que proporciona a la Economía Financiera un enfoque metodológico propio es que este planteamiento tradicional se ve complementado con la explotación exhaustiva del supuesto de ausencia de arbitraje en las interacciones entre los diversos agentes económicos. Esta idea, implícita en muchos aspectos de la Teoría Económica tradicional, se hace explícita en la Economía Financiera. Su comprensión ha condicionado la forma de *hacer Finanzas* en los últimos veinte años en los mercados de capitales de todo el mundo.

1.2 Los campos de actuación y los problemas básicos de la Economía Financiera

Es un principio básico de la Teoría Económica que los precios que surgen de los mercados competitivos proporcionan a los participantes en dicha economía información ciertamente útil para realizar su proceso de toma de decisiones. En particular, los mercados de capitales organizados y suficientemente activos hacen que los precios resultantes que, sin duda, todos los agentes podemos observar, reflejen en forma conjunta la información disponible y las expectativas de la gran variedad de participantes en los mercados. Nótese que, precisamente por este motivo, resulta tremendamente difícil llevar a cabo estrategias de arbitraje, lo que a su vez nos permite suponer la no existencia de tales oportunidades.

Fijándonos en la considerable evidencia sobre la denominada teoría de los mercados eficientes, se puede afirmar que esa información conjunta contiene predicciones más precisas sobre los sucesos futuros que las que cualquier grupo o agente económico individual pueda obtener por su propia cuenta. De esta forma, los mercados de capitales realizan una labor social extremadamente importante al poner a disposición pública una información superior no alcanzable por otros medios de manera generalizada.

Dichas predicciones mejoran a su vez la toma de decisiones económicas. A modo de ejemplo, los precios a futuro en mercados de bienes contienen un estimador del precio "spot" que dicho bien tendrá en el futuro. Esa información es crucial a la hora de decidir la cantidad a producir y almacenar del mencionado bien. Asimismo, tanto razonamientos teóricos como la propia evidencia empírica, sugieren que en mercados financieros desarrollados, la tasa de inflación esperada dentro de un periodo razonablemente corto de tiempo puede deducirse de los tipos corrientes de las Letras del Tesoro. En la misma línea, es muy conocido que los precios de los valores bursátiles tienden a ser unos excelentes indicadores de la actividad económica general. Las diferencias en los tipos de interés que ofrecen las obligaciones emitidas por distintas empresas contienen información sobre las posibilidades de quiebra de las mismas. La estructura temporal de los tipos de interés —la diferencia entre los tipos de interés que se obtienen para periodos de inversión a largo plazo y los que se reciben en inversiones con una menor duración temporal— puede utilizarse para estimar los tipos que prevalecerán en el futuro y permite una política monetaria más fundamentada. Las opciones de venta y compra reflejan en sus precios un estimador implícito de la incertidumbre asociada con los precios de los activos financieros sobre los que se están negociando dichas opciones. Esta característica se vuelve especialmente relevante en el caso de las opciones sobre índices bursátiles.

Todo lo anterior nos lleva a plantear uno de los problemas fundamentales de la Economía Financiera y que, de hecho, es uno de los tres principales campos de actuación de la materia que vamos a comentar a lo largo de los próximos capítulos. La Economía Financiera debe aprender a revelar consistentemente predicciones económicas mediante la observación de los precios de los activos financieros que surgen de mercados competitivos. Ésta es la base de la eficiencia informacional de los mercados financieros y de los fundamentales problemas que la información asimétrica entre los individuos plantea al estudio de la Economía Financiera.

Para analizar el problema anterior, los economistas financieros construyen modelos teóricos sobre los *factores determinantes de los precios de los activos financieros* basándose en el comportamiento microeconómico racional —maximización de la utilidad esperada sujeta a una determinada restricción y sobre la base de una información disponible— o, alternativamente, en planteamientos más generales que se fundamentan en la ausencia de posibilidades de arbitraje. Este último enfoque será una pieza clave en nuestros comentarios a lo largo de los diferentes capítulos y, tal como hemos mencionado anteriormente, distingue a la Economía Financiera de otras áreas de especialidad dentro de la Teoría Económica.

Finalmente, dentro de este primer gran campo de actuación de la Economía Financiera como es la determinación de los precios de los activos financieros, debemos señalar que, especialmente en la última década, han sido creados importantes bancos de datos financieros con los que los modelos teóricos anteriores han podido ser expuestos a sofisticados contrastes empíricos, creando incluso un propio campo de estudio que comienza a denominarse *Econometría Financiera*.

Un segundo problema concerniente a la Economía Financiera, tal como se daba a entender en la primera sección de este capítulo, es *la eficiente organización y regulación de los intermediarios financieros y de los mercados de contratación de activos financieros.* Debemos tener en cuenta que dichas instituciones realizan tres tipos de funciones básicas:

- Asignación de la riqueza de los individuos. Debido a la posibilidad de emitir y comprar activos directa e indirectamente a través de los mencionados intermediarios financieros en los mercados de contratación correspondientes, los individuos pueden alterar y adecuar su consumo de bienes y servicios de acuerdo con sus preferencias a lo largo del tiempo, así como redistribuir los riesgos que conllevan las fluctuaciones del valor de los activos físicos o reales. En definitiva, los mercados y los intermediarios financieros que en ellos actúan permiten transferir riqueza a lo largo del tiempo de forma que sus preferencias de consumo se vean satisfechas, ofreciendo además la necesaria liquidez para que resulte posible dirigir sus recursos hacia las inversiones más rentables con rapidez y facilidad.
- Asignación de recursos de las empresas. Debido a la posibilidad de emitir activos financieros, las empresas son capaces de obtener capital por diversas fuentes. Así, los mercados permiten obtener una gran cantidad de recursos de una gran diversidad de individuos de forma que se facilite la posibilidad de emprender proyectos de gran envergadura. Los mercados de capitales, cargando implícitamente a las empresas diferentes precios, se convierten en un medio de asignar los recursos escasos entre diversos usos competitivos.
- Fuente de información. Los intermediarios financieros competitivos y los mercados de capitales desarrollados ofrecen una importante información a través de los precios, tal como señalábamos al comienzo de esta sección.

Profundicemos en estas ideas. Mediante préstamos o gracias a la posibilidad de prestar, un individuo puede elegir entre retrasar o acelerar el consumo personal de su riqueza disponible. Invirtiendo en activos financieros relativamente seguros, un individuo puede transmitir una mayor carga de riesgos hacia otros individuos. Sin embargo, dado que los inversores son, muy probablemente y en promedio, aversos al riesgo, solamente pueden verse inducidos a aceptar mayores riesgos bajo la promesa de un rendimiento esperado mayor. De esta forma, los mercados de capitales ofrecen una gran flexibilidad en ajustar los riesgos de las inversiones con las preferencias y opiniones de una enorme variedad de individuos. Nótese el gran impacto sobre el bienestar social que estamos atribuyendo a los mercados de capitales. Asimismo, no solamente los riesgos se redistribuyen entre los individuos a través de los mercados gracias a la esperada compensación en términos de mayores rendimientos, sino que incluso es posible eliminar, hasta cierto punto, riesgos mediante una diversificación adecuada, o mediante estrategias de cobertura apropiadas.

Los precios de los activos financieros que reflejan información sobre la futura situación de las empresas juegan también un importante papel en la asignación de recursos entre ellas. Precios altos motivan a las empresas a aumentar su capi-

tal propio. Incluso más importante es que dichos precios se transforman en señales que reflejan la aprobación o rechazo por parte del mercado de las acciones
que las empresas toman. Así, las preferencias de los inversores y la *agregada sabi-
duría del mercado*, se ponen a disposición de los directivos empresariales.

Los comentarios anteriores sobre la importancia de los mercados organizados
enlazan de forma natural con la denominada Teoría de la Microestructura de los
Mercados. El tipo de organización interna de los mercados no es neutral con relación al proceso de formación de precios y, por tanto, a la asignación de los recursos. Tradicionalmente la Economía Financiera ha supuesto un mercado sin
fricciones. En estos momentos, uno de los campos más dinámicos de investigación dentro del área que nos ocupa es, precisamente, el análisis de cómo las reglas
y fricciones en los procesos de contratación afectan a los precios de los activos
mediante el impacto en su volatilidad, en su volumen de negociación o en el número de operaciones cruzadas a lo largo de un determinado periodo de tiempo,
por poner algunos ejemplos relevantes.

Tanto desde un punto de vista puramente académico como desde el punto de
vista más pragmático del día a día en los mercados, lo que se está enfatizando en
los últimos años es que la contratación de los activos existentes, así como la necesidad de innovación financiera, deben organizarse bajo una determinada microestructura de los mercados que garantice una adecuada información pública
y transparente y que permita la negociación a un coste competitivo proporcionando la suficiente liquidez a los participantes. Analizar las consecuencias de dicha microestructura sobre las funciones básicas de los mercados e intermediarios
financieros mencionadas anteriormente, se ha convertido en una de las priorida-
des de la Economía Financiera.

Un tercer problema con el que se enfrenta la Economía Financiera es *la eficiente
toma de decisiones por parte de las empresas*. ¿Qué tipo de objetivos deberían tener este tipo de sociedades? ¿Deben siempre actuar en función de los intereses de los accionistas? Si lo hacen, ¿qué medidas de evaluación están disponibles para decidir
el éxito o el fracaso en la consecución de ese objetivo? Una pregunta tradicional,
debido principalmente a la incertidumbre asociada al problema, se refiere a los tipos de proyectos de inversión que deben ser aceptados. Asimismo, otra pregunta,
todavía sin respuesta definitiva, se refiere a las ventajas de los recursos ajenos —
deuda— sobre los recursos propios —acciones— a la hora de financiar inversiones.
La discusión tradicional se centra en el impacto que la legislación fiscal tiene sobre
las decisiones de financiación de las empresas. En este sentido, cabe señalar la ventaja que puede suponer para la financiación mediante deuda la posibilidad de deducir los intereses asociados a dichas emisiones de recursos ajenos. Naturalmente,
nos referimos a ventajas relativas sobre la financiación mediante recursos propios
ya que, al contrario que los intereses, los dividendos no son deducibles. Estas ventajas potenciales deben contraponerse con los posibles peligros de insolvencia que
un excesivo endeudamiento podría tener para la empresa.

En otro orden de cosas, ¿cuál es el impacto real de los dividendos en el valor de las empresas? Aunque a primera vista parece obvio pensar que los accionistas se verían beneficiados con el pago de dividendos, un análisis más formal puede hacer cambiar la dirección de la respuesta. Una vez más, los aspectos fiscales, así como cuestiones relativas a la información asimétrica que existe entre la gerencia y los accionistas, son relevantes para dar una respuesta más precisa a esta pregunta.

Merece la pena detenernos en aspectos relacionados con la estructura óptima de capital, aunque, en este caso, alejándonos de temas fiscales. Los conflictos de interés que surgen entre los agentes económicos participantes en las empresas, accionistas, acreedores y gerentes, y el diseño óptimo de contratos que minimicen dichos conflictos se ha convertido en un área crucial de estudio dentro del problema caracterizado por la toma eficiente de decisiones empresariales. Los posibles costes que surgen como consecuencia de los conflictos entre los intereses alternativos de los participantes reciben el nombre de *costes de agencia*. Se pueden presentar conflictos entre los accionistas y los gerentes, siempre que estos últimos no posean el cien por cien del capital. El gerente puede actuar, en estos casos, dirigiendo parte de su esfuerzo a transferir recursos hacia su propia persona al no participar de la totalidad de los beneficios pero soportando, por otra parte, íntegramente los costes asociados con su actividad. Esta transferencia de recursos que pueden utilizar los gerentes en su propio interés puede aminorarse emitiendo deuda. Así, la empresa compromete unos pagos futuros dejando un menor margen de maniobra a los gerentes. Recuérdese que los acreedores tienen prioridad sobre los accionistas en el cobro de los recursos generados en la empresa. Este es un beneficio asociado con la financiación mediante recursos ajenos.

Asimismo, los conflictos que surgen entre los accionistas y los acreedores incentiva a los primeros a llevar a cabo inversiones no óptimas. Para entender esta idea, es preciso reconocer que los recursos propios son equivalentes a una opción de compra sobre los activos de la empresa. En general, una opción de compra otorga el derecho, no la obligación, a comprar un número determinado de acciones a un precio establecido denominado precio de ejercicio. Si el valor de esas acciones en una fecha futura, previamente determinada, es superior al precio de ejercicio, el titular de la opción ejercerá su derecho. Así, el valor de esa opción en el momento de su vencimiento será:

$$c_T = \max[0, P_T - K],$$

donde c_T es el valor de la opción de compra, P_T es el valor de la acción en el momento del vencimiento de dicha opción y K es el precio de ejercicio. Nótese que cuanto mayor sea la variabilidad del precio futuro de la acción, mayor valor tendrá la opción ya que su propietario tiene una mayor probabilidad de que el precio de la acción termine por encima del precio de ejercicio. Naturalmente, también aumenta la posibilidad de que el precio de la acción acabe por debajo del precio de ejercicio, pero, en este caso, el propietario de la opción sencillamente no ejerce su derecho, no viéndose obligado a experimentar una pérdida más allá del precio pagado por la opción en su momento.

Ahora bien, supongamos una empresa que tiene una determinada cantidad de deuda con valor nominal igual a D y unos recursos propios cuyos propietarios reciben el valor residual una vez compensados los inversores en recursos ajenos. Al vencimiento de la deuda, si X, la cantidad de recursos generados por los activos reales de la empresa, es suficientemente elevada, los accionistas recibirán $X - D$; en caso contrario no percibirán absolutamente nada pero, dado que existe la responsabilidad limitada, tampoco se verán obligados a poner dinero de su propio bolsillo para compensar en su totalidad a los acreedores. En definitiva, dichos accionistas tienen un pago final al vencimiento de la deuda igual a

$$P_T = \max[0, X - D].$$

Si pensamos en términos de opciones, es evidente que dicha estructura de pagos finales corresponde a una opción de compra sobre los activos de la empresa, siendo D el precio de ejercicio.

Así, desde el momento que los recursos propios son como una opción de compra en los activos de la empresa, los accionistas tienen incentivos, como propietarios, a invertir en proyectos de alto riesgo; esto es, en proyectos con una alta variabilidad en sus pagos futuros. Naturalmente, este comportamiento es anticipado con facilidad por los acreedores que transfieren sus costes a los propios accionistas a través de las características contractuales de la deuda. Por tanto, este es el coste asociado con la financiación mediante recursos ajenos. La estructura óptima de capital es una consecuencia del beneficio y del coste de dichas emisiones de deuda empresarial.

En definitiva, los campos de actuación de la Economía Financiera comprenden el estudio de:

- LA DETERMINACIÓN E INTERPRETACIÓN DE LOS PRECIOS DE LOS ACTIVOS FINANCIEROS Y LA VALORACIÓN DEL RIESGO (modelos de valoración de activos financieros, activos derivados, eficiencia informacional e información asimétrica).
- LA EFICIENTE ORGANIZACIÓN DE LA INTERMEDIACIÓN FINANCIERA Y DE LOS MERCADOS DE CAPITALES (teoría de la intermediación y economía bancaria, regulación, teoría de la microestructura e ingeniería e innovación financiera).
- LA EFICIENTE TOMA DE DECISIONES POR PARTE DE LA EMPRESA (modelos de decisiones óptimas de inversión, organización y financiación empresarial, modelos de agencia e incentivos).

Todas ellas conjuntadas por una cuarta, la teoría de la selección de carteras que, tal como hemos visto, forma parte de la propia definición de la Economía Financiera y que, además, conduce de forma natural al objetivo básico de análi-

sis como es la asignación eficiente de los recursos y del riesgo entre los individuos. A modo de resumen, mediante la agregación de las demandas de activos
financieros por parte de los inversores individuales (la selección de carteras), seremos capaces de obtener teorías que determinen los factores relevantes en los
precios de los activos financieros, seremos capaces de decidir qué tipos de activos son necesarios y qué tipo de reglas de decisión deben seguir las empresas para atraer eficientemente el capital necesario.

Este libro se centrará en el exhaustivo análisis del primer campo de actuación, aunque también se dedicará una de sus partes a la microestructura de los
mercados.

1.3 Valoración y Economía Financiera

Hemos comentado en diversos párrafos a lo largo de las líneas anteriores que la
valoración de activos es uno de los problemas básicos de la Economía Financiera
y sobre el cual centraremos la mayor parte de los capítulos de este libro. Ahora
bien, ¿qué entendemos por valoración de activos? Podemos asegurar que ésta no
es una pregunta trivial, ni su respuesta, si se pretende que sea precisa, resulta obvia. Para dar una primera respuesta a esta pregunta resulta conveniente clasificar
las decisiones de inversión que llevan a cabo los individuos en inversiones reales
e inversiones financieras:

- Por inversiones reales entendemos la creación de un activo físico de larga
  duración. Así, la construcción de una nueva planta, un nuevo producto o
  la puesta en marcha de una nueva red de distribución de los productos de la
  empresa, entre muchos otros, servirían como ejemplos.
- Por el contrario, las inversiones financieras se producen cuando se adquiere un derecho sobre una inversión real ya existente. Así, la propiedad
  de las acciones de una empresa otorgan el derecho a recibir unos beneficios futuros en forma de ganancias (pérdidas) de capital y dividendos.

En este libro nos centraremos principalmente en las inversiones financieras,
aunque dedicaremos algún comentario a las inversiones reales. En cualquier caso,
ambas están íntimamente interrelacionadas. Las empresas tienen que financiar sus
inversiones reales, y la forma habitual de hacerlo es emitir unos títulos (acciones,
bonos, *warrants*, obligaciones convertibles, etc.) que los inversores individuales e
institucionales compran. Claro está, la propiedad de dichos títulos otorga a los individuos que los compran unos derechos sobre los recursos (inciertos) que generan
en el futuro dichas inversiones reales. Naturalmente, el mayor o menor grado de
riesgo que incorporan dichas inversiones hará que la compensación exigida por los
individuos para aceptar dicha inversión sea diferente en cada caso. Lo importante
es que al tomar la decisión en un momento dado el inversor debe conocer, o más
exactamente, tener una estimación racional dada toda su información disponible de

lo que valen en ese preciso momento los derechos adquiridos. Esto es, precisamente, lo que hacen los modelos de valoración de activos. *Nos dicen cuánto valen hoy los derechos adquiridos sobre los recursos futuros que generan las inversiones reales asociadas a dichas inversiones financieras, ajustando dicho valor por el riesgo que conlleva la inversión y el tiempo que dicha inversión tardará en recuperarse.*

El lector debería ser capaz de resumir estas ideas, aunque le podemos ayudar. Se trata de valorar hoy derechos adquiridos sobre recursos futuros inciertos. Ni más ni menos. Este es el campo principal de la Economía Financiera y al que dedicaremos varios cientos de páginas. Podemos asegurarles que vale la pena. No sólo es intelectualmente atractivo, sino que además es muy divertido.

Resulta útil esquematizar estas ideas en un proceso secuencial, tal como aparece en la figura 1.1.

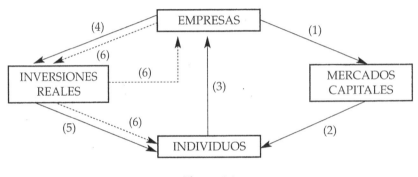

Figura 1.1

En (1), las empresas emiten activos financieros haciendo uso de los mercados de capitales. Los individuos compran esos activos, apropiándose así de los derechos sobre los recursos que generan las inversiones reales que realicen las empresas. Esta compra se identifica por (2). Las empresas reciben el dinero en (3) y llevan a cabo sus inversiones reales en (4). Finalmente, los individuos obtienen los recursos generados por dichas inversiones en (5). Nótese que las empresas pueden reinvertir parte o incluso la totalidad de los recursos generados siempre que dicha decisión maximice la riqueza del accionista que es, en definitiva, el objetivo último que debe buscar la empresa. Esta posible reinversión, se representa por (6), teniendo en cuenta que finalmente los recursos que generen estas nuevas inversiones autofinanciadas repercutirán en último término en el accionista.

Los modelos de valoración no son más que un resumen de las diversas secuencias que aparecen en la figura 1.1. ¿Cuánto valen hoy esos recursos que se generan en los pasos (5) y (6)? La respuesta nos dará el valor actual de la empresa y será el punto de referencia clave en la negociación de dichas acciones en los mercados de capitales.

1.4 Arbitraje y equilibrio: los pilares de la Economía Financiera

Una vez planteado el problema de valoración y sus objetivos, debemos conocer los posibles enfoques técnicos disponibles para acometerlo. Existen, de hecho, dos enfoques alternativos que permiten además estructurar los contenidos de este libro en secciones diferenciadas. Así, los modelos sobre los determinantes de los precios de los activos —como variables clave en los mercados por su capacidad de revelar información— y, en definitiva, sobre la valoración del riesgo, surgen de las dos técnicas o enfoques alternativos siguientes:

- Técnicas de ausencia de arbitraje, basadas en replicar los pagos futuros de los activos que queremos valorar mediante combinaciones de otros activos ya existentes. Los precios de estos últimos activos se toman como dados.
- Técnicas de equilibrio, que descansan en el análisis tradicional de demanda y oferta, comportamiento optimizador de los agentes económicos y vaciado de mercado. Los precios se determinan endógenamente.

Sin lugar a dudas, en la última década el enfoque basado en el supuesto de ausencia de arbitraje se ha generalizado en los mercados financieros entendiéndose, en estos momentos, que dicho enfoque tiene una enorme utilidad práctica. El gran éxito que han tenido las técnicas de ausencia de arbitraje se debe principalmente a (i) los escasos supuestos que resultan necesarios para alcanzar predicciones precisas sobre el comportamiento de los precios —en especial nos permite trabajar con supuestos muy básicos sobre las preferencias de los inversores— y (ii) conducen a reglas de valoración y cobertura explícitas, lo cual tiene implicaciones muy relevantes para la asignación de los recursos en un entorno de incertidumbre.

Con relación al segundo enfoque, debemos señalar que a pesar de tener ventajas importantes en mercados y contextos donde las fricciones institucionales son relevantes, es necesario adoptar supuestos especializados sobre la naturaleza de las preferencias de los individuos o sobre los procesos estocásticos de las variables económicas claves. Un gran número de modelos analíticos con predicciones muy precisas sobre el comportamiento de los precios con relación al riesgo soportado han sido propuestos durante los últimos años para una gran variedad de activos financieros. Principalmente a lo largo de los capítulos que comienzan en la sexta parte de este libro analizaremos algunos de los más utilizados en los mercados financieros reales.

Discutamos con mayor detalle el enfoque del equilibrio. Este tipo de modelos de valoración necesitan, en primer lugar, conocer las demandas óptimas de los distintos agentes de forma que, a continuación, puedan agregarse. Esta agregación de demandas óptimas conduce a la noción de equilibrio. En otras palabras, los agentes económicos, dotados cada uno de unas cantidades iniciales de cada bien o activo financiero, intercambian entre sí de acuerdo con sus preferencias y de forma que lo que se desea vender de cada bien en agregado sea igual a lo que se desea comprar. Las proporciones en que se intercambian los bienes son unas constantes que coinciden con la tasa a que cada agente está dispuesto a intercambiar cada par de bienes. Estas constantes reciben el nombre de precios de equilibrio, en el sentido de que lo que cada agente puede hacer es igual a lo que quiere hacer. Estos son los precios que la Economía Financiera trata, precisamente, de explicar. La situación de equilibrio es tal que los agentes no tienen incentivo alguno a salirse de ella al hacerse compatible dicha situación de equilibrio con los incentivos que mueven a los agentes.

Esta forma de determinar los precios no es, obviamente, algo propio o exclusivo de la Economía Financiera. En nuestro caso estamos refiriéndonos a los precios de los activos financieros pero, como ya hemos mencionado anteriormente, es probable que esta diferencia por sí sola no justifique un análisis particular de nuestra materia. Sin embargo, nuestro principal argumento se basa en que la Economía Financiera tiene, en sí misma, una particularidad que le diferencia de las otras ramas de la Teoría Económica tradicionales. Siendo más precisos, esta diferencia no es la habitual entre las distintas ramas de la Teoría Económica, esto es, el foco de atención sobre el que se centra el problema a ser analizado; léase, mercado de trabajo, mercado de bienes, mercado financiero o bienes públicos. Por el contrario, la diferencia entre la Teoría Económica como tradicionalmente la entendemos y la Economía Financiera es una diferencia metodológica.[5] Se basa en un enfoque alternativo que, mediante un énfasis diferente, permite determinar los precios de los activos, la optimalidad de las decisiones empresariales y otras cuestiones relevantes en los mercados financieros. Sencillamente se trata de no admitir, como hemos señalado anteriormente, oportunidades de arbitraje. La ausencia de arbitraje, que formalizaremos en la segunda parte del libro, permite desarrollar, de hecho, toda una visión coherente y autocontenida de la Economía Financiera y, como tal, se ha convertido en la pieza clave de la Economía Financiera moderna.

Hemos comentado que la técnica tradicional de valorar activos es el análisis de equilibrio que se basa, naturalmente, en los conceptos de demanda y oferta. Por el contrario, la técnica que enlaza directamente con la idea de ausencia de arbitraje consiste en *replicar* los pagos de un activo en cada estado de la naturaleza mediante una cartera alternativa de activos. El coste de dicho activo, y por tanto su precio, será igual al coste de la cartera utilizada. En caso contrario, será posible realizar un arbitraje.

Esta técnica, explotada hasta sus máximas consecuencias en la Economía Financiera, otorga un carácter especial y propio a nuestra materia.[6] Sus ventajas, como destacábamos anteriormente, se basan en los mínimos requisitos que nos

---

[5] Véase Ross (1987, 1991) para un análisis detallado de estas cuestiones.

[6] Esto no significa que en el análisis tradicional de equilibrio no se imponga la ausencia de arbitraje. De hecho, la no posibilidad de arbitraje es una condición necesaria para el equilibrio ya que en caso contrario los agentes demandarían cantidades infinitas del bien y el equilibrio no se alcanzaría. Sin embargo, no es una condición suficiente y, en cualquier caso, son ideas que ponen el énfasis en aspectos diferentes y que permiten cada una dentro de sus ventajas y limitaciones ofrecer recomendaciones precisas sobre la valoración de activos y otras cuestiones en la Economía Financiera.

vemos obligados a imponer sobre las preferencias de los agentes en el análisis, en las potentes expresiones de valoración que se obtienen y en las explícitas estrategias de cobertura que implican, con la enorme importancia de orden práctico que esto último lleva consigo.

Los ejemplos que podemos dar son clarificadores. Un mercado financiero no podría ser eficiente desde un punto de vista informativo si existiese la posibilidad de arbitraje. Creemos que no resulta difícil aceptar que la eficiencia informacional sentó las bases para el posterior desarrollo de la teoría de las expectativas racionales con su gran impacto tanto en Microeconomía como en Macroeconomía. Asimismo, la ausencia de arbitraje produce reglas lineales de valoración de activos que conducen a modelos sobre la relación explícita entre rendimiento esperado y riesgo. Así, el modelo más conocido de valoración de activos financieros —el CAPM—[7] se basa, de hecho, en una relación lineal entre rendimiento esperado y riesgo. El conocido modelo de estructura de capital de Modigliani y Miller no es más que la aplicación directa de la ausencia de arbitraje al análisis de las decisiones empresariales financieras óptimas. Finalmente, todo el área de trabajo que se relaciona con la valoración de opciones o, más generalmente, con la valoración de activos o derechos (sobre los recursos generados en el futuro) contingentes está basada en la ausencia de arbitraje y su correspondiente herramienta de trabajo, que es la idea de replicar pagos futuros de activos a través de carteras de activos existentes.

Estos cuatro ejemplos han revolucionado la forma de pensar de los economistas modernos. Sin ellos, estaríamos utilizando las mismas técnicas para analizar los mercados financieros que para analizar un determinado mercado de bienes. Esto oscurecería la naturaleza misma de los problemas directamente relacionados con la Economía Financiera. El continuo flujo de trabajos que emplean la Teoría de Juegos para analizar decisiones financieras sin producir resultados particularmente significativos es un claro ejemplo.[8] Debe quedar claro que estos comentarios no implican negar las necesarias interrelaciones entre las técnicas tradicionales de la Teoría Económica y las peculiaridades de la Economía Financiera. Por el contrario, es justamente el análisis de las desventajas que el análisis de la ausencia de arbitraje tiene con relación al análisis de equilibrio lo que justifica plenamente esa continua interrelación.

En este sentido, en último término, el estudio de la Economía Financiera queda justificado por las consecuencias que dicho estudio tiene sobre el bienestar so-

---

[7] CAPM viene del inglés, *Capital Asset Pricing Model*. Sin embargo, al ser un modelo de equilibrio, veremos cómo necesitamos algo más que la simple ausencia de arbitraje. No ocurrirá así con el denominado APT, del inglés *Arbitrage Pricing Theory*, que, como veremos también, es un modelo que tiene una estructura lineal.

[8] Este comentario debe entenderse en términos relativos. La influencia de la Teoría de Juegos en aspectos de la Economía Financiera donde la información asimétrica tiene un papel significativo ha sido muy grande. En particular, los modelos iniciales de señalización mediante cambios en la estructura de capital y dividendos han experimentado un considerable impulso gracias a la Teoría de Juegos.

cial. El siguiente apartado discute brevemente esas consecuencias. Es interesante observar que la técnica de replicar pagos futuros de activos con el fin último de valorarlos correctamente, es capaz exclusivamente de valorar activos redundantes que no expanden el conjunto de posibilidades reales de inversión de los agentes económicos. El más claro y famoso ejemplo lo constituye las opciones que, como veremos, pueden replicarse mediante combinaciones entre el activo subyacente y un activo libre de riesgo.[9] Su nombre de activos derivados es justamente una consecuencia de esto último. Cuando nos referimos a activos financieros beneficiosos, en el sentido de expandir las oportunidades de inversión para los agentes económicos, la ausencia de arbitraje es capaz solamente de acotar los precios de dichos activos financieros, sin poder establecer relaciones explícitas y precisas sobre los mismos. Para ello, necesitamos una mayor estructura en el análisis. Necesitamos, de hecho, el enfoque basado en el equilibrio.

¿Cómo podemos explicar el enorme éxito que, desde el punto de vista de los mercados reales, han tenido activos como las opciones y futuros? ¿Cómo podemos justificar una interrelación continua y productiva entre la Teoría Económica tradicional y la Economía Financiera moderna?

Generalmente, los análisis modernos de ausencia de arbitraje se basan en un marco de mercados perfectos sin costes de información ni transacción. Aquí radica su limitación real y la respuesta a las dos preguntas anteriores. Temas propios de la Teoría Económica como la teoría de la agencia, teoría de incentivos, diferentes aspectos de la Economía de la Información pueden y deben ayudar a completar el marco de trabajo en la Economía Financiera. La Teoría de la Microestructura de los mercados de capitales y la capacidad que tenemos de entender problemas relacionados con la estructura de capital de las empresas son dos buenos ejemplos, aunque no debemos olvidar la simplicidad en cuanto a costes de transacción que los activos derivados ofrecen a la hora de construir estrategias de inversión y/o cobertura.

En resumen, la ausencia de arbitraje como hipótesis de trabajo convierte a la Economía Financiera en una materia con naturaleza propia, proporcionándole además una potentísima herramienta de trabajo que ha tenido y tendrá consecuencias muy importantes para el estudio de la economía en general.

1.5 Economía Financiera, activos Arrow-Debreu y mercados completos

Desde una perspectiva más fundamental, la Economía Financiera considera que un mercado ideal vendría representado por los llamados activos contingentes, también conocidos como activos elementales o activos Arrow-Debreu. Resulta oportuno

---

[9] El activo subyacente es el activo asociado a la opción analizada en cada caso. En la segunda sección de este capítulo, el ejemplo que pusimos hacía referencia a una opción sobre una determinada acción. En este caso, el activo subyacente sería la acción. Sin embargo, existen opciones sobre tipos de interés, divisas, índices bursátiles, etc. El activo subyacente en cada caso es, desde luego, diferente.

adelantar que, en gran medida, construiremos el libro y los principales mensajes que en él se contienen en términos de dichos activos Arrow-Debreu. Esto no es un capricho como consecuencia de su mayor o menor atractivo teórico, sino la necesidad de reconocer que las finanzas que hoy en día se hacen en los mercados de capitales reales, se estructuran según los mensajes y las consecuencias que estos entes abstractos implican. Los mercados, contratos e instituciones que funcionan en los mercados de capitales tratan de reproducir las estructuras de pagos que ofrecen estos activos. Entender este mensaje y las consecuencias que tiene todo ello para la valoración de los precios de los activos y de sus riesgos es el objetivo principal de este libro. En cualquier caso, ¿qué son los activos Arrow-Debreu? Lo primero que debe señalarse es que la incertidumbre a la que se enfrentan los individuos en sus tomas de decisiones la entendemos reflejada en el desconocimiento sobre el particular estado de la naturaleza que ocurrirá en el futuro. Así, en un mercado donde se negocien activos Arrow-Debreu, tenemos un número de activos, uno por cada estado de la naturaleza, que prometen pagar una unidad monetaria —la cual naturalmente la podemos destinar a consumo— si un estado de la naturaleza concreto ocurre en la realidad, y cero si este estado no es el verdadero. En este caso, mediante la negociación de los activos Arrow-Debreu demostraremos que somos capaces de obtener una flexibilización absoluta de las preferencias sobre los patrones de consumo deseados por los individuos en los distintos estados de la naturaleza posibles. En general, parece evidente que cuanto mayor sea el número de activos disponibles en un mercado financiero, las tres funciones básicas atribuidas a dichos mercados se desarrollarán más eficazmente. Si no existiesen los mercados de capitales, los inversores se verían obligados a consumir sus dotaciones, con todo lo que esto supone de negativo para las funciones descritas anteriormente. En el otro extremo, tenemos el mercado formado por activos Arrow-Debreu que permiten trasladar poder de compra en cualquier dirección en términos bien definidos. En este caso, sería como tener tantos activos disponibles —los activos Arrow-Debreu— como estados de la naturaleza o, si se prefiere, tantos activos como contingencias futuras. En este caso extremo, decimos que los *mercados son completos*, idea que como veremos más adelante juega un papel primordial a lo largo de este libro.

Ahora bien, es evidente que la abstracción anterior no puede considerarse como una economía realista. El tipo de mercado al que estamos acostumbrados no se caracteriza por su completitud en el sentido antes mencionado. Esto quiere decir que no se puede trasladar poder de compra en cualquier dirección y que, además, en las direcciones en que se puede trasladar no existe conocimiento perfecto. Dicho de otra forma, no es posible alcanzar cualquier patrón arbitrario de consumo deseado por los agentes económicos. En una situación así, las asignaciones de los recursos y los repartos de riesgos no son óptimas por lo que inmediatamente surge la posibilidad de intervenir.

El sistema financiero y, por lo tanto, la Economía Financiera surge analíticamente como la "intervención" que permite completar la estructura de mercados y, en consecuencia, disipar la falta de información y volver a generar las asignaciones óptimas de los recursos.

Nótese que no todo sistema financiero arbitrario garantiza la optimalidad de las asignaciones. Para que ello sea posible, el sistema financiero ha de ser, a su vez, completo en el sentido de que el número de contingencias sea igual al número de activos financieros no replicables mediante combinaciones de los ya existentes. De esta forma, de nuevo sería posible el traslado de poder de compra en todas las direcciones y en términos bien definidos. Así, podemos entender a los activos Arrow-Debreu como un artefacto conceptual que permite trabajar en un contexto de mercados completos.

Debe quedar claro que los enormes costes y la imposibilidad práctica de redactar un contrato para cada posible contingencia en un mundo real de información heterogénea entre los individuos, hace inalcanzable el mundo ideal de los mercados completos. Es claro que pueden surgir desacuerdos entre los distintos participantes en el mercado en torno a la determinación y ocurrencia de los diferentes estados. Incluso podrían aparecer problemas de *riesgo moral*, si algún participante o grupo de ellos tuviese capacidad para influir por medios no fortuitos en la probabilidad de ocurrencia de algún o algunos estados de la naturaleza. Sin embargo, resulta necesario decidir cuáles son los tipos de activos financieros que deben ser creados para obtener un mayor bienestar social gracias a la mejor consecución de las tres funciones básicas de instituciones e intermediarios financieros.[10] De hecho, la innovación financiera, tan superficialmente criticada, se plantea, por encima de otras consideraciones, como la forma de suplementar los patrones de consumo deseados por los agentes económicos, expandiendo así sus oportunidades de inversión, de asignación de los recursos y de reparto de los riesgos.

1.6 La ecuación fundamental de valoración como integradora de la Economía Financiera

El libro ofrece una visión unificada de la Economía Financiera que se logra gracias a lo que denominaremos *ecuación fundamental de valoración*. Esta ecuación establece que el precio de cualquier activo financiero tiene la forma:

$$P_j = E[(FD)(X_j)],$$

donde E es el operador de expectativas, *FD es algún factor de descuento* y X_j los pagos futuros del activo j. *El libro se construye a partir de dicha expresión especializando en cada caso el factor de descuento*. Así, la ausencia de arbitraje garantiza que dicho factor de descuento existe y es positivo. Si, además, el mercado es completo, dicho factor de descuento es único. En el contexto de valoración bajo ausencia de arbitraje, el factor de descuento se asocia a nombres alternativos como factor

---

[10] Esta tarea no siempre es fácil. La literatura, de hecho, ha identificado situaciones donde la introducción de un nuevo activo en la economía reduce el nivel de bienestar de todos los agentes. Véase Marín y Rahi (2000).

de descuento estocástico, precio de los activos Arrow-Debreu, probabilidad neutral al riesgo o medida equivalente de martingala y derivada de Radon-Nikodym. De esta forma, surgen las distintas versiones del APT y los modelos de valoración de derivados. Si queremos ser más precisos sobre el factor de descuento, incorporamos argumentos de equilibrio para demostrar que, en este caso, el factor de descuento estocástico es *la relación marginal de sustitución intertemporal del consumo agregado*. A partir de aquí, una vez más, podremos especializar dicha relación marginal imponiendo preferencias alternativas de los agentes económicos o comportamientos alternativos en el conjunto de oportunidades de inversión al que se enfrentan dichos agentes y en la distribución de probabilidades de los rendimientos. Así, surgen el CAPM, el CAPM con consumo, el CAPM intertemporal, el modelo básico con preferencias isoelásticas, así como versiones alternativas según otras preferencias supuestas para los agentes económicos.

Sin embargo, es clave notar que *todos los modelos que analizamos son casos particulares de la ecuación fundamental de valoración* y, más concretamente, casos concretos de lo que entendemos por factor de descuento estocástico.

Referencias

Marín, J. y R. Rahi (2000). "Information Revelation and Market Incompleteness", *Review of Economic Studies*, 67, págs. 455-481.

Merton, R. (1990). *Continuous-Time Finance*, Basil Blackwell Ltd, caps. 1 y 2.

Ross, S. (1987). "The Interrelations of Finance and Economics: Theoretical Perspectives", *American Economic Review*, 77, págs. 29-34.

Ross, S. (1991). "Finance". *The New Palgrave: A Dictionary of Economics*, MacMillan Press.

SEGUNDA PARTE:
ARBITRAJE Y VALORACIÓN

2. ARBITRAJE EN UN CONTEXTO DE RENTA FIJA SIN RIESGO

La segunda parte de este libro estará dedicada principalmente a la valoración de activos financieros utilizando el concepto de ausencia de arbitraje como supuesto fundamental de trabajo y técnicas de réplicas de carteras como instrumento clave.[1] Estas ideas conducen de manera natural a la denominada *valoración neutral al riesgo* que marca, en gran medida, la práctica moderna en los mercados financieros.

2.1 La ausencia de arbitraje como supuesto fundamental: conceptos básicos y ejemplos

La valoración de activos financieros mediante arbitraje es conceptualmente muy diferente de la valoración de activos financieros que resulta de modelos de equilibrio. Ésta se basa en un conjunto de consumidores y empresas que, bajo ciertas preferencias y dotaciones, maximizan algún índice de satisfacción y se busca un conjunto de precios al cual la demanda de bienes se iguala a la oferta. Por el contrario, la valoración mediante arbitraje no hace referencia alguna a las funciones de demanda, preferencias o dotaciones de los agentes. Simplemente dice que si un conjunto de precios prevalece en los mercados, entonces tales precios deben relacionarse de forma que no presenten oportunidades de arbitraje. El único supuesto necesario sobre el comportamiento de los agentes es que prefieren más riqueza a menos, lo que realmente supone incorporar una mínima estructura en el análisis.

Ahora bien, ¿qué entendemos por una oportunidad de arbitraje? *Una oportunidad de arbitraje o simplemente arbitraje, es una estrategia de inversión que permite ganar dinero a cambio de nada.* En un lenguaje más coloquial se dice que arbitraje es una estrategia que nos permite tener una máquina de hacer dinero. Así, una estrategia de arbitraje no requiere invertir cantidad alguna de dinero en el momento presente, nunca requerirá compromiso de pago futuro y, sin embargo, tiene la certeza de recibir dinero en algún momento a lo largo del tiempo. Alternativamente, una estrategia de arbitraje permite obtener una cantidad positiva de dinero en el momento actual pero no requiere compromiso de pago alguno en ninguna futura circunstancia posible.

El ejemplo más sencillo de una estrategia de arbitraje se presenta cuando dos mercados están negociando el mismo activo a precios diferentes. La estrategia

---

[1] En los capítulos 5, 6 y 7, sin embargo, nos veremos obligados a introducir supuestos adicionales que, en último término, conducirán a razonamientos de equilibrio.

consiste en comprar el activo en aquel mercado donde se vende más barato y venderlo simultáneamente en el mercado donde se negocia a un precio más alto. En la práctica, la diferencia entre ambos precios debe exceder los costes de transacción que supone dicha operación y el coste de endeudamiento en el que se incurre durante el breve periodo de tiempo necesario para completar ambas transacciones. En cualquier caso, *la estrategia de arbitraje siempre consistirá en comprar barato y vender caro*. Esta es la única y gran idea que existe detrás de las aparentemente sofisticadas estrategias financieras que explotan las oportunidades de arbitraje. Se trata de buscar descompensaciones en los precios de los activos que nos permitan hacerlo. Debemos ser conscientes que la propia búsqueda de tales oportunidades por parte de multitud de operadores hace que éstas sean muy difíciles de observar en la práctica. Si se encuentran, desaparecerán con enorme rapidez. Por este motivo, el supuesto básico de este libro es que no existen las oportunidades de arbitraje. Podríamos ser más precisos y señalar que lo que realmente queremos decir es que tales oportunidades no existen de forma sistemática en los mercados.[2] En cualquier caso, el supuesto y nuestra forma de describirlo consistirá en señalar sin más que *en los mercados financieros no existen oportunidades de arbitraje*.

Prácticamente todas las estrategias de arbitraje se basan en comprar barato y vender caro dos activos o carteras *equivalentes*. Esto es, dos carteras o activos que pueden *replicarse* mútuamente. Tenemos ante nosotros dos conceptos fundamentales para entender la valoración de activos mediante arbitraje: carteras equivalentes y replicables.

Se dice que dos activos financieros o carteras de activos se replican cuando los recursos generados por ambas son con certeza los mismos en cualquier momento futuro y en cualquier contingencia o estado de la naturaleza futuros.[3] Así, se puede plantear el principio general de valoración bajo ausencia de arbitraje en los siguientes términos:

Si se quiere valorar un activo, construiremos una cartera formada por activos ya existentes, cuyos precios podemos observar, y que sea autofinanciada (y posiblemente dinámica). Esta cartera autofinanciada debe construirse de manera que tenga en cada momento futuro y en cada contingencia o estado de la naturaleza futuro los mismos pagos que el activo que queremos valorar. Es decir, construiremos dicha cartera de forma que *replique* los pagos del activo que deseamos valorar. Para evitar que existan oportunidades de arbitraje, el coste que supone comprar dicha cartera réplica hoy debe ser igual al coste de adquirir el activo que

---

[2] La idea es que la posibilidad de arbitraje no puede perdurar. Si así fuera, lo óptimo sería *escalar* al alza la operación (si existe una oportunidad de arbitraje comprando un título de A y vendiendo uno de B, sería mejor comprar dos títulos de A y vender dos de B y así sucesivamente).

[3] En los ámbitos profesionales y en la prensa económica se emplea con mucha frecuencia el término *tracking* para describir la técnica que intenta reproducir el comportamiento de una determinada cartera objetivo. El concepto de réplica empleado en este libro tiene connotaciones mucho más precisas.

deseamos valorar. Naturalmente, dicho coste es precisamente el precio del activo. Hemos logrado nuestro objetivo: hemos valorado un activo financiero.

Es lógico que una estrategia como la anterior pueda parecer enormemente complicada. De hecho, en muchos casos puede serlo. Sin embargo, de momento analizaremos este tipo de estrategias en un mundo con certeza, donde estudiaremos activos financieros cuyos pagos futuros están libres de riesgo. Veremos cómo, en este contexto, dichas estrategias resultan muy sencillas. Aunque este marco de trabajo puede parecer poco realista, debemos dejar muy claro que los activos de renta fija se aproximan en muchos casos a una situación muy próxima a la certeza. Por tanto, aunque estas ideas tengan un objetivo fundamentalmente pedagógico, son en buena parte, perfectamente válidas en situaciones reales.

EJEMPLO 2.1.1

La idea que se explota en este ejemplo es que un bono con cupón puede replicarse mediante una cartera de bonos cupón cero.

Un bono cupón cero es un activo que tiene un único pago en una fecha predeterminada, fecha de vencimiento del bono. Esta es la fecha en la cual el nominal del bono debe devolverse al inversor. Como ejemplo, una letra del Tesoro a 6 meses cuyo nominal sean 10.000 euros (a partir de ahora escribiremos 10.000 euros como 10.000€) generará un único pago dentro de 6 meses igual a 10.000€. Al suponerse que dicha letra es un activo sin riesgo de insolvencia, diremos que estamos ante un *bono cupón cero libre de riesgo*. Por el contrario, los bonos con cupón, las típicas emisiones de deuda pública para plazos superiores a un año, son activos financieros que pagan unos intereses fijos —el cupón— a lo largo de su vida y, además, el nominal en la fecha de vencimiento.

Consideremos un bono con cupón cuyo nominal es igual a 10.000€ con vencimiento en 5 años y cuyo cupón anual es igual al 5%. Este es el activo que queremos valorar. Para ello, nuestra estrategia consiste en buscar activos existentes que repliquen los pagos futuros de dicho bono con cupón. Imaginemos que existen en el mercado 5 bonos cupón cero (A_1, ..., A_5) cuyos precios podemos observar, con nominal igual a 1.000€ y cada uno de ellos con vencimiento en cada uno de los próximos 5 años. Sus estructuras de precios y pagos se recogen en el cuadro 2.1.

Cuadro 2.1. Bonos cupón cero.

Bono cupón cero	Precio hoy (en euros)	Pago año 1	Pago año 2	Pago año 3	Pago año 4	Pago año 5
A_1	950	1.000	–	–	–	–
A_2	870	–	1.000	–	–	–
A_3	800	–	–	1.000	–	–
A_4	760	–	–	–	1.000	–
A_5	700	–	–	–	–	1.000

Similarmente, la estructura temporal de pagos del bono con cupón a valorar se recoge en el cuadro 2.2.

Cuadro 2.2. Bono con cupón a valorar.

Bono con cupón	Precio hoy (en euros)	Pago año 1	Pago año 2	Pago año 3	Pago año 4	Pago año 5
A_{1-5}	¿B?	500 (5% de 10.000)	500	500	500	10.500 (5% de 10.000 + 10.000)

La combinación o cartera de bonos cupón cero que replica los pagos del bono con cupón exige comprar 0,5 títulos del bono cupón cero que madura en 1 año (A_1); 0,5 títulos del bono cupón cero que madura en 2 años (A_2); 0,5 títulos del bono cupón cero que madura en 3 años (A_3); 0,5 títulos del bono cupón cero que madura en 4 años (A_4) y 10,5 títulos del bono cupón cero que madura en 5 años (A_5).

Esta es la denominada *cartera réplica* y constituye uno de los conceptos más importantes del libro, ya que permite valorar multitud de activos financieros que no existen en los mercados, o bien simplemente comprobar si los precios de activos ya existentes admiten o no oportunidades de arbitraje.

El coste de dicha cartera réplica es:

$$V = 0,5 \times 950 + 0,5 \times 870 + 0,5 \times 800 + 0,5 \times 760 + 10,5 \times 700$$
$$= 475 + 435 + 400 + 380 + 7.350 \Rightarrow V = 9.040.$$

Para evitar posibilidades de arbitraje, el precio del bono con cupón, B, será igual al coste de la cartera réplica ya que tiene exactamente los mismos pagos futuros que dicha cartera. En definitiva, el *precio de no arbitraje* del bono con cupón será igual a 9.040€. ∎

Este ejemplo supone un mercado sin fricciones, donde no existen impuestos, ni costes de transacción, ni restricciones a las ventas en descubierto y donde, además, es posible negociar activos perfectamente divisibles.[4]

El supuesto de mercados sin fricciones, aunque sin duda supone simplificar considerablemente la operativa real de los mercados, es un supuesto de gran utilidad para desarrollar los conceptos claves del libro. Es, desde este punto de vista, como debemos entender el contexto de los mercados sin fricciones.

Asimismo, cabe señalar que en los mercados no existen bonos cupón cero con vencimiento superior a 18 meses. Sin embargo, existen los denominados bonos segregables o *strips* que permiten en la práctica disponer de bonos cupón cero para vencimientos a medio y largo plazo. Los bonos segregables son bonos con cupón para los que se permite negociar los cupones de forma separada de ma-

---

[4] Una venta en descubierto (préstamo de valores en España) se produce cuando los agentes venden activos financieros que no poseen. El agente pide el activo prestado a un individuo que lo tenga y, una vez recibido, lo vende en el mercado. Como es un préstamo, el agente se ha comprometido a devolverlo junto con todos los pagos que produce dicho activo durante la vida del préstamo. Esta devolución implica que en el momento del vencimiento del préstamo, el agente debe comprar el activo en el mercado para poder cancelar su compromiso de préstamo. Naturalmente, un agente realizará una venta en descubierto cuando sus expectativas sobre la evolución futura del precio del activo sean a la baja.

nera que se conviertan en bonos de un único pago a un vencimiento determinado. Así, podemos argumentar con relativa tranquilidad que nuestro supuesto sobre la existencia de bonos cupón cero a cada uno de los años considerados en el ejemplo 2.1.1 es perfectamente justificable en la práctica.

En definitiva, en un mercado financiero sin fricciones, si existen dos inversiones que se replican la una a la otra pero se negocian a precios diferentes, diremos que existe una oportunidad de arbitraje que consiste en comprar la inversión que se negocia al precio más bajo y vender (en descubierto) la inversión que se negocia al precio más elevado.

Imaginemos, volviendo al ejemplo 2.1.1, que el bono con cupón se está negociando en el mercado secundario de deuda pública a un precio de 10.000€, superior, por tanto, al precio de no arbitraje de 9.040€. Ante dicho desajuste, podríamos realizar la siguiente estrategia de arbitraje pensada para explotar la oportunidad que se nos presenta:

Hoy:
- venta en descubierto del bono con cupón, por lo que recibimos de manera inmediata 10.000€,
- compra de la cartera de 5 bonos cupón cero, con un coste total de 9.040€,

$\Rightarrow$ ingresamos, por tanto, de forma inmediata un total de 960€.

Futuro:
- devolvemos los pagos del bono con cupón, que consisten en 500€ al final de los 4 primeros años y 10.500€ al finalizar el 5° año,
- el dinero para las devoluciones anteriores lo obtenemos exactamente de los ingresos que nos ha producido la cartera de bonos cupón cero ya que estaba construida precisamente para ofrecer los mismos pagos que el bono con cupón,

$\Rightarrow$ nuestro compromiso de pago futuro es, por tanto, igual a cero.

Esta estrategia nos genera un ingreso actual de 960€ sin ningún compromiso futuro; es, por tanto, una estrategia de arbitraje.

Una estrategia similar (pero inversa) se construiría si el bono con cupón se estuviese negociando por debajo de su precio de no arbitraje de 9.040€.

Nótese que la puesta en marcha de estas estrategias por parte de muchos inversores hace que los precios del bono a valorar y su cartera réplica se igualen. En definitiva, bajo ausencia de arbitraje, dos activos que tienen los mismos pagos futuros, hoy deben tener el mismo precio. Esta es una forma elegante de pensar en el concepto de *mercados eficientes*. Se dice que un mercado es eficiente cuando los precios reflejan toda la información, de manera que tales precios sean precisamente los de no arbitraje y, por tanto, no permitan oportunidades de arbitraje. Una forma alternativa de enunciar este concepto es sencillamente decir que los mercados eficientes se caracterizan por valorar activos financieros de manera que el Valor Actualizado Neto (VAN) de comprar y vender dichos activos sea sistemáticamente igual a cero.

A lo largo del libro ampliaremos el análisis a carteras réplica bajo incertidumbre, lo cual representa, obviamente, un caso de mucho mayor interés que los análisis donde, por simplicidad, suponemos certeza. Puede resultar sorprendente para el lector ya avanzado en ciertos temas financieros descubrir que el teorema de irrelevancia sobre la estructura de capital de las empresas de Modigliani y Miller y la fórmula de valoración de opciones de Black y Scholes son aplicaciones inmediatas de la técnica de valoración mediante carteras réplica. Incluso, el modelo de valoración de activos financieros con cartera de mercado bajo incertidumbre, denominado generalmente, *Capital Asset Pricing Model* (CAPM) y que discutiremos ampliamente a lo largo de este libro, puede interpretarse utilizando estos mismos conceptos. Se demuestra que, bajo ciertas circunstancias, el rendimiento esperado de cualquier activo financiero puede obtenerse mediante una cartera réplica que combina el activo libre de riesgo y la denominada cartera de mercado. En este modelo la cartera réplica de referencia está, de hecho, perfectamente definida.

De momento señalemos simplemente que *la técnica de valoración bajo ausencia de arbitraje, utilizando como herramienta de trabajo las carteras réplica, es válida en un contexto de incertidumbre.* En cualquier caso, debería quedar claro que estas pocas líneas representan una importante parte de todo el contenido de este libro. En gran medida, un elevado porcentaje de los conceptos y técnicas que iremos analizando son una consecuencia de lo que hemos aprendido en esta sección.

2.2 La valoración de activos de renta fija bajo ausencia de arbitraje

A continuación seremos más precisos sobre lo que realmente significa valorar mediante el supuesto de ausencia de arbitraje. Relacionaremos el concepto de valoración de un activo con el de actualización de sus flujos futuros, mediante la construcción de carteras réplica.

El contexto es similar al anterior. Obtendremos los precios desconocidos de una serie de bonos con relación a los precios conocidos de otros bonos. Así, nos mantendremos dentro del contexto denominado *valoración relativa* de activos financieros. Asimismo, debemos insistir en que ignoramos los costes de transacción, impuestos y el riesgo de insolvencia en los pagos futuros de los bonos. De la misma forma, no discutiremos características habituales en los bonos como son las posibles cláusulas de rescate que permiten a la empresa emisora recuperar (y de hecho eliminar) una determinada emisión de bonos una vez pasado un cierto tiempo de protección al inversor. Ni tampoco discutiremos los bonos convertibles que permiten intercambiar los bonos emitidos por acciones de la empresa. Estas características pueden perfectamente valorarse mediante técnicas de ausencia de arbitraje. Sin embargo, requieren conceptos ligados a la valoración de opciones.

Para profundizar en la valoración de los bonos mediante ausencia de arbitraje definimos un *bono básico* como un bono cupón cero cuyo valor nominal es igual a 1€. Denominamos b_t al precio hoy de un bono básico que madura en la fecha t. Así, b_t es el precio hoy de 1€ entregado con absoluta certeza (independientemente de cuál sea el estado de la naturaleza) en la fecha futura t.

Supongamos que un bono cupón cero con 1 año al vencimiento y nominal igual a 1.000€ tiene un precio de mercado igual a 950€.[5] En un mercado sin fricciones donde los activos son perfectamente divisibles, sería posible comprar el 0,10% de dicho bono o, lo que es lo mismo, suponemos que es posible comprar un bono equivalente a una fracción igual a 1/1.000 de este bono. En definitiva, lo que estamos suponiendo es simplemente la posibilidad de comprar y vender bonos básicos.

En este caso, el precio de dicho bono básico, b_1, será $b_1 = 0,95$. En $t = 1$, el propietario de este bono tiene derecho a recibir $0,001 \times 1.000 = 1€$, mientras que en $t = 0$, el bono vale $0,001 \times 950 = 0,95€$. Los precios del resto de los bonos básicos asociados a los bonos del ejemplo 2.1.1 serán: $b_2 = 0,87$; $b_3 = 0,80$; $b_4 = 0,76$ y $b_5 = 0,70$.

Ahora bien, ¿por qué son relevantes estos bonos básicos? ¿Qué sentido tiene preocuparse de estas piezas tan primitivas y básicas de los bonos más complejos que se negocian en los mercados?

Los bonos básicos son piezas claves de la denominada *ecuación fundamental de valoración* de los activos financieros o simplemente *ecuación de valoración*. Son asimismo la versión más sencilla de los denominados activos Arrow-Debreu que, como veremos, constituyen la esencia de la teoría moderna de valoración de activos financieros.

La ecuación de valoración de cualquier bono (o activo en general) se deriva de la condición de ausencia de arbitraje, y nos dice:

El precio actual de un bono debe ser igual al precio (o coste) de la cartera réplica de dicho bono construida con bonos básicos.

Así, la ecuación de valoración para el bono cupón cero, A_1, que madura en $t = 1$ del ejemplo 2.1.1 sería

$$\underbrace{\underbrace{1.000}_{\substack{\text{cantidad} \\ \text{bonos básicos}}} \times \underbrace{b_1}_{\substack{\text{precio} \\ \text{bono básico}}}}_{\substack{\text{coste de la cartera réplica} \\ \text{elaborada con bonos básicos}}} = \underbrace{P_{A_1}}_{\text{precio hoy bono cupón cero } A_1} \qquad [2.1]$$

Esto es, si se negociase el bono básico con vencimiento a un año, una cartera de 1.000 unidades de dicho bono produciría en $t = 1$ exactamente 1.000€. Pero, nótese que esta es precisamente la cantidad que ofrece el bono cupón cero que madura en

---

[5] Nótese que recuperamos el ejemplo 2.1.1.

$t = 1$ y cuyo nominal es igual a 1.000. Para evitar la posibilidad de realizar un arbitraje, el coste de dicha cartera réplica debe ser el mismo que el del bono cupón cero. Dado que el coste de la cartera que ofrece 1.000€ en $t = 1$ es igual a $1.000 \times b_1$, el bono cupón cero valdrá justamente $1.000 \times b_1$. Como el bono básico se supone negociable, su precio es observable e igual a 0,95. Así, el bono cupón cero valdrá hoy:

$$1.000 \times 0,95 = 950€$$

Las ecuaciones de valoración para el resto de los bonos cupón cero del ejemplo 2.1.1 son

$$1.000 \times b_2 = 870$$
$$1.000 \times b_3 = 800$$
$$1.000 \times b_4 = 760$$
$$1.000 \times b_5 = 700.$$

Puede ser útil insistir en que 1.000, en las ecuaciones anteriores, hace el papel de número de unidades necesarias de los bonos básicos a incluir en la cartera réplica de forma que seamos capaces de reproducir los pagos de los bonos cupón cero que quieren valorarse mediante bonos básicos y, además, es precisamente la cantidad en euros que dicha cartera réplica debe obtener en cada fecha futura de vencimiento de los respectivos bonos cupón cero.

La existencia de bonos básicos nos permite valorar bonos con cupón, incluso sin que existan bonos cupón cero como en el ejemplo 2.1.1. Sea B el precio de mercado del bono con cupón previamente analizado cuyo nominal es igual 10.000€ y cuyo vencimiento se producirá dentro de 5 años. Este bono tiene un cupón del 5%. La pregunta clave que debemos responder es ¿cuál es la ecuación de valoración del bono con cupón? Nótese que será aquella que no permite realizar arbitraje alguno entre los bonos básicos existentes y el bono con cupón (bono a valorar).

Debemos construir una cartera réplica que reproduzca los pagos del bono con cupón que como sabemos ya son 500€ en $t = 1$, $t = 2$, $t = 3$ y $t = 4$ y 10.500€ en $t = 5$.

Los pagos en $t = 1$, $t = 2$, $t = 3$ y $t = 4$ los podemos replicar comprando 500 unidades de los bonos básicos que vencen en $t = 1$, $t = 2$, $t = 3$ y $t = 4$ respectivamente, mientras que el pago en $t = 5$ lo replicamos comprando 10.500 unidades del bono básico que vence en $t = 5$. El coste de dicha cartera hoy será

$$500b_1 + 500b_2 + 500b_3 + 500b_4 + 10.500b_5,$$

que para evitar arbitraje debe ser igual a B. Nótese que la expresión anterior no es más que una generalización de la ecuación [2.1]. De esta forma:

$$B = 500b_1 + 500b_2 + 500b_3 + 500b_4 + 10.500b_5 \qquad [2.2]$$
$$B = 500 \times 0,95 + 500 \times 0,87 + 500 \times 0,80 + 500 \times 0,76 + 10.500 \times 0,70 = 9.040€,$$

donde, una vez más, nótese que 500, ..., 500, 10.500 son además de las cantidades de bonos básicos en la cartera réplica, los flujos de caja que produce en las fechas futuras el bono con cupón que deseamos valorar.

¿Cómo pueden interpretarse los precios de los bonos básicos, es decir los precios de los activos que pagan 1€ en un determinado momento y nada en el resto?

Los precios de los bonos básicos no son más que *factores de descuento*.

Así, b_1 es el valor actual de un euro entregado al final del año (o periodo) uno, descontado al tipo de interés sin riesgo de una inversión que tiene un plazo de vida exactamente igual a un año, r_1:

$$b_1 = \frac{1}{1 + r_1}$$

De la misma forma, b_2 es el valor actual de un euro entregado al final de dos años (o dos periodos). Es decir,

$$b_2 = \frac{1}{(1 + r_1)(1 + {}_1r_2)}$$

donde ${}_1r_2$ es el tipo de interés libre de riesgo de una inversión a un año desde el final del primer año al final del segundo año.

De esta forma podríamos describir los sucesivos precios de los bonos básicos para los años 3, 4, etc. Nótese que el precio del bono básico que vence en el momento $t = 0$, b_0 es $b_0 = 1$.

Así, la valoración de ausencia de arbitraje o ecuación de valoración es simplemente una expresión que nos dice que el precio de un bono (y, de hecho, el precio de cualquier activo financiero) es el valor actual de los flujos futuros generados por dicho bono. Valoración mediante ausencia de arbitraje y mediante el cálculo del valor presente de flujos futuros son por tanto dos formas alternativas de hacer exactamente lo mismo. Veámoslo explícitamente.

Dados los precios de los bonos básicos expresados como función de los tipos de interés vigentes para cada periodo, consideremos un bono con cupón sin riesgo que promete pagar C euros en las fechas $t = 1$ y $t = 2$, además de devolver el nominal igual a 1.000€ en $t = 2$. Los flujos generados por este bono aparecen en el cuadro 2.3.

Cuadro 2.3. Bono con cupón.

Flujos de caja	
$t = 1$	$t = 2$
C	C + 1000

Consideremos una cartera compuesta por los bonos básicos a un periodo y dos periodos construida de forma que replique los pagos del bono con cupón. Debe quedar claro que la cartera de bonos básicos que replica estos pagos está compuesta por C unidades del bono básico que vence en $t = 1$ (que denotamos n_1) y $C + 1.000$ unidades del bono básico que vence en $t = 2$ (que llamamos n_2). Trabajando en primer lugar con el bono básico que vence en dos años y teniendo en cuenta que dicho bono básico paga 1€ en $t = 2$, debemos mantener n_2 unidades de dicho bono de forma que:

$$n_2 \times 1 = C + 1.000$$
$$\Rightarrow n_2 = C + 1.000.$$

En segundo término, ¿cuántas unidades del bono básico que vence en un año debemos mantener en la cartera réplica? Como dicho bono básico paga 1€ en $t = 1$, debemos mantener n_1 unidades de dicho bono de forma que:

$$n_1 \times 1 = C$$
$$\Rightarrow n_1 = C.$$

Hemos visto que la expresión de valoración de no arbitraje viene dada por la ecuación [2.2], de forma que el precio del bono con cupón, B, es

$$B = n_1 b_1 + n_2 b_2 = \frac{n_1}{1 + r_1} + \frac{n_2}{(1 + r_1)(1 + {}_1 r_2)} = \frac{C}{1 + r_1} + \frac{C + 1.000}{(1 + r_1)(1 + {}_1 r_2)}, \qquad [2.3]$$

por lo que, efectivamente, el valor de no arbitraje de cualquier bono (y activo financiero en general) puede calcularse como el valor actual de los flujos de caja futuros descontados a la tasa apropiada de descuento.

Escribamos de forma compacta la ecuación de valoración, que no es más que la generalización de las expresiones [2.1], [2.2] y [2.3] para cualquier activo financiero de renta fija. Decimos que el valor de un bono con cupón o cupón cero es igual al coste de la cartera réplica que reproduce sus pagos futuros o, lo que es lo mismo, igual a la suma de los recursos generados por dicho bono en el futuro, C_t, ponderados por los precios hoy de los bonos básicos, b_t:

$$V = \sum_{t=1}^{T} b_t C_t \qquad [2.4]$$

donde, una vez más, b_t son los precios de los bonos básicos que pagan un euro en cada fecha futura t, desde $t = 1$ hasta $t = T$ y C_t es el pago o flujo de caja que genera el bono que deseamos valorar en cada fecha desde $t = 1$ hasta $t = T$. Como la expresión [2.4] no es más que el coste de la cartera réplica que reproduce los pagos futuros del bono a valorar, C_t representa también la cantidad de unidades de cada bono básico que necesitamos incluir en la cartera réplica del bono a valorar. Desde este punto de vista, la expresión [2.4] es una ecuación de valoración donde se impone la ausencia de arbitraje. La cartera réplica y el bono producen los mismos flujos futuros de caja por lo que su precio actual debe ser el mismo para evitar cualquier oportunidad de arbitraje. Como dicha expresión no es más que el valor actual de los flujos futuros que genera el bono a valorar, dicho valor actual —como precio de un activo financiero— debe ser consistente con la valoración bajo ausencia de arbitraje.

Aunque más adelante en este mismo capítulo volveremos sobre la siguiente idea, e incluso a lo largo del libro la discutiremos con mucho detalle, queremos dejar claro lo antes posible que para valorar bonos mediante la expresión [2.4] *necesitamos que existan tantos bonos básicos como flujos de caja futuros deseamos valorar.* Además, debemos señalar que aunque dichos bonos básicos no existan en el mercado también podemos obtener sus precios cuando exista un número suficiente de activos negociados de forma que seamos capaces de replicarlos y, por tanto, valorar mediante la ecuación [2.4]. Esta es una idea clave de este libro y enfatiza, por primera vez, la idea de los *mercados completos.*

Una primera discusión sobre la completitud de los mercados

Si interpretamos cada flujo futuro de caja como el resultado de una determinada contingencia futura, podemos adelantar una primera definición de lo que entendemos por mercados completos. Decimos que el mercado es completo cuando existe, al menos, el mismo número de activos financieros (linealmente) independientes como de contingencias futuras.[6] En este caso trabajamos en el contexto más sencillo posible ya que estamos suponiendo un mundo con certeza, donde las contingencias quedan reducidas a los flujos de caja que se producirán en cada fecha futura t, independientemente del estado de la naturaleza que realmente ocurra en cada fecha t. Así, en nuestro primer contacto con esta idea, decimos que el mercado es completo cuando existen tantos activos financieros (linealmente) independientes como fechas futuras de pago (al menos uno para cada fecha). Nótese que en este contexto inicial, el número de activos financieros es el número de *bonos básicos* negociables en el mercado o, alternativamente, el número suficiente de activos financieros que nos permita construir el número suficiente de bonos básicos.

A continuación se presentan varios ejemplos que ilustran las ideas discutidas en este capítulo.

EJEMPLO 2.2.1

Imaginemos que deseamos construir una planta para desarrollar un nuevo producto. Los recursos generados por el proyecto, al que se le supone un riesgo nulo, aparecen en el cuadro 2.4.

---

[6] Entendemos por activos financieros (linealmente) independientes aquellos que no tienen relación entre sí de forma que ninguno de ellos se pueda obtener a partir de los otros.

Cuadro 2.4. Proyecto de inversión.

$t = 0$	$t = 1$	$t = 2$	$t = 3$
C_0	C_1	C_2	C_3
-25.000	-2.000	15.000	20.000

Asimismo, existen tres activos cotizándose en el mercado. Estos activos son bonos sin riesgo cuyos precios de mercado son:

- el precio de una letra del Tesoro a un año con nominal igual a 1.000€ es igual a 880€
- el precio de un bono sin riesgo con cupón igual a 15,5% a dos años y nominal de 10.000€ se cotiza a un precio igual a 10.303€
- el precio de un bono sin riesgo con cupón igual a 10,0% a tres años y nominal de 10.000€ se cotiza a un precio igual a 9.200€.

La pregunta que nos hacemos es si debemos aceptar este proyecto o no. El método básico de valoración de proyectos de inversión en activos reales es el valor actualizado neto o simplemente VAN.

Nótese que existen tres activos sin riesgo cotizándose en el mercado y el proyecto que deseamos valorar genera flujos de caja durante tres años. Este es un ejemplo de un mercado completo tal como lo hemos discutido anteriormente.

Para analizar si el proyecto debe aceptarse o no debemos obtener el precio de no arbitraje del proyecto que viene dado, como en cualquier otro caso, por la ecuación de valoración [2.4] donde, en este ejemplo, los flujos de caja se producen desde el mismo momento $t = 0$ ya que el proyecto tiene, lógicamente, un coste de inversión inicial igual a 25.000€:

$$V = \sum_{t=0}^{T=3} b_t C_t. \qquad [2.5]$$

Es evidente que para calcular el valor del proyecto (VAN) que, en definitiva, nos dirá si los flujos futuros que genera dicho proyecto valorados a precios de bonos básicos de igual riesgo que el proyecto son superiores al coste inicial del mismo, necesitamos los precios de los bonos básicos b_1, b_2 y b_3. Nótese que el VAN no es más que el precio de no arbitraje de, en este caso, un activo real que nos permitirá concluir si la inversión debe realizarse o rechazarse. Como el mercado es completo, tenemos suficientes activos negociados en el mercado para calcular el precio de los bonos básicos y, por tanto, para estimar el valor del proyecto.

Los flujos que generan los diferentes bonos y sus precios de mercado se dan en el cuadro 2.5.

Cuadro 2.5. Activos negociados en el mercado.

Activo	Precio hoy (en euros)	C_1	C_2	C_3
Letra	880	1.000	—	—
Bono a 2 años	10.303	1.550	11.550	—
Bono a 3 años	9.200	1.000	1.000	11.000

De esta forma podemos formar un sistema de tres ecuaciones con tres incógnitas. Tenemos tantas ecuaciones como bonos básicos ya que el mercado es completo lo que hace que el sistema sea determinado y tenga solución única. Cada una de estas tres ecuaciones representa la ecuación de valoración que deben satisfacer los precios de mercado de los tres bonos para evitar la posibilidad de arbitraje. Las incógnitas son los precios de los bonos básicos que buscamos para aplicar la ecuación de valoración al proyecto. Así:

$$1.000b_1 = 880$$

$$1.550b_1 + 11.550b_2 = 10.303$$

$$1.000b_1 + 1.000b_2 + 11.000b_3 = 9.200$$

$$\Rightarrow b_1 = 0,880; \; b_2 = 0,774; \; b_3 = 0,686.$$

El valor del proyecto sería, por tanto, igual a:

$$V = -25.000(1) - 2.000(0,880) + 15.000(0,774) + 20.000(0,686) = -1.430.$$

El VAN de este proyecto es negativo por lo que debería rechazarse. Alternativamente, el proyecto tiene un coste de 25.000€, mientras que la cartera réplica tiene un coste de 23.570€ ($-2.000b_1 + 15.000b_2 + 20.000b_3$). La estrategia de arbitraje consistiría en comprar la cartera réplica (comprar barato) y "vender" el proyecto (vender caro) lo que, en la práctica, es equivalente a rechazar el proyecto. ∎

EJEMPLO 2.2.2

Supongamos que existen tres bonos sin riesgo con cupón, con valor nominal igual a 10.000€ y con vencimiento a uno, dos y tres años. Sus cupones son 4%, 8% y 6% y sus precios de mercado son 9.500€, 10.500€ y 9.000€ respectivamente.

En primer lugar obtendremos los precios de los bonos básicos para cada uno de los vencimientos. Como en el ejemplo anterior, tenemos tantos bonos negociables como fechas futuras de generación de flujos de caja por lo que podremos calcular los precios de los bonos básicos. Es decir, como el mercado es completo, podemos construir los bonos básicos y, por consiguiente, obtener sus precios de no arbitraje que, a su vez, nos permitirán valorar cualquier activo financiero.

Las ecuaciones de valoración, dadas por [2.4] y que deben satisfacerse por los tres bonos con cupón existentes, son:[7]

$$B_1 = 9.500 = 10.400b_1$$

$$B_2 = 10.500 = 800b_1 + 10.800b_2$$

$$B_3 = 9.000 = 600b_1 + 600b_2 + 10.600b_3$$

$$\Rightarrow b_1 = 0,9135; \; b_2 = 0,9046; \; b_3 = 0,7461.$$

Los precios de los bonos básicos nos permiten valorar cualquier otro activo financiero. Supóngase que existe otro bono que madura dentro de tres años, con nominal igual a 10.000€ y que tiene un cupón del 3%. Su precio de cotización en el mercado es igual a 8.900€. Nos preguntamos si dicho precio permite construir una estrategia de arbitraje.

El valor del nuevo bono debe satisfacer la ecuación de valoración [2.4]. En caso contrario sabemos que tendríamos la posibilidad de realizar un arbitraje. Esto es, el precio del nuevo bono, B_4, debe cumplir:

---

[7] Nótese que el bono con cupón a un año paga tanto el nominal como los intereses asociados al cupón.

$$B_4 = 300b_1 + 300b_2 + 10.300b_3 = 300(0,9135) + 300(0,9046) + 10.300(0,7461).$$

Como podemos comprobar, de acuerdo con la ecuación de valoración, el bono debería cotizarse por 8.230,26. Sin embargo, su precio de mercado (8.900€) supera a este precio de no arbitraje.

El precio al que se está negociando dicho bono implica la posibilidad de realizar una operación de arbitraje. En particular, el bono es demasiado caro con relación a su precio de no arbitraje (al precio de no arbitraje de los otros bonos). Así, deberíamos vender en descubierto el bono con cupón del 3% y comprar la cartera réplica. Cabe preguntarse qué significa comprar la cartera réplica en este contexto. Para responder a esta pregunta debemos interpretar la ecuación de valoración como el resultado de multiplicar el precio de los bonos básicos por el número de unidades de dichos bonos que debemos mantener para reproducir los pagos del activo a valorar. Así, debemos comprar 300 unidades del bono básico 1, 300 unidades del bono básico 2 y 10.300 unidades del bono básico 3. Su coste, tal como hemos visto, es 8.230,26€ y obtendremos 300€ en $t = 1$, 300€ en $t = 2$ y 10.300€ en $t = 3$.

Resumiendo la estrategia en el cuadro 2.6, tendremos:

Cuadro 2.6. Estrategia de arbitraje.

FLUJOS DE CAJA				
Estrategia	$t = 0$	$t = 1$	$t = 2$	$t = 3$
Vender descubierto bono con cupón del 3%	+ 8.900	− 300	− 300	− 10.300
Comprar la cartera réplica de bonos básicos	− 8.230,26	300 × 1 = + 300	300 × 1 = + 300	10.300 × 1 = + 10.300
TOTAL	+ 669,74	0	0	0

Como en el momento actual obtenemos una renta positiva igual a 669,74€ y en el futuro no tenemos compromiso neto de pago alguno, hemos construido una estrategia de arbitraje.

Nótese que la utilización por parte de los agentes económicos de este tipo de estrategia, empujará el precio del bono con cupón del 3% a la baja dado el fuerte deseo de ventas que se produce. Este proceso continuaría hasta que el precio de este bono se ajuste a su precio de no arbitraje, dado por la ecuación de valoración.

Para valorar el bono con cupón del 3% se ha hecho uso de los bonos básicos. Sin embargo, dado que en el ejemplo disponemos de tres bonos con cupón negociándose y el bono a valorar tiene un vencimiento a 3 años, podríamos replicar los pagos de este bono mediante los bonos con cupón existentes sin necesidad de construir previamente los bonos básicos.

En definitiva, si el mercado es completo podremos replicar los bonos básicos mediante los bonos negociados en el mercado, y con los bonos básicos puede valorarse cualquier activo. Ahora bien, dado que sabemos que podemos construir los bonos básicos con los activos existentes, parece evidente que podríamos valorar mediante ausencia de arbitraje cualquier activo acudiendo directamente a los bonos negociados en el mercado. Esto último es precisamente lo que hacemos a continuación.

Para verlo, denominemos n_1, n_2 y n_3 el número de títulos necesarios de cada uno de los tres bonos con cupón negociándose en el mercado que nos permite replicar los pagos del bono con cupón del 3%, que es el bono a valorar. Construyamos un sistema de ecuaciones donde forcemos a que el bono a valorar pague exactamente lo mismo, en cada una de las tres fechas futuras, que la cartera réplica construida con los tres bonos negociados:

$$300 = 10.400n_1 + 800n_2 + 600n_3$$
$$300 = 0 + 10.800n_2 + 600n_3$$
$$10.300 = 0 + 0 + 10.600n_3.$$

Así, al vencimiento del año 1, el bono con cupón del 3% que deseamos valorar paga 300€. En ese mismo momento, la cartera réplica pagará el número de unidades que tengamos del bono con cupón 1 (n_1) en nuestra cartera por su pago al final del primer año que resulta ser igual a 10.400, más el número de unidades que tengamos del bono con cupón 2 (n_2) en nuestra cartera por su pago al final del primer año que resulta ser igual a 800€ y más el número de unidades que tengamos del bono con cupón 3 (n_3) en nuestra cartera por su pago al final del primer año que resulta ser igual a 600€. Lo mismo tendríamos para el resto de los vencimientos. De esta forma hemos construido el sistema anterior de 3 ecuaciones con 3 incógnitas. De este sistema obtenemos,

$$\Rightarrow n_1 = -0,025198; \ n_2 = -0,026205; \ n_3 = 0,971698.$$

En definitiva, vendemos en descubierto 0,025 y 0,026 unidades de los bonos con cupón a uno y dos años respectivamente y compramos 0,97 unidades del bono con cupón a tres años.

Como el bono con cupón del 3% produce unos pagos futuros idénticos (por construcción) a los pagos de la cartera réplica, su coste debe ser el mismo para evitar la posibilidad de arbitraje. Así, el coste de la cartera réplica y, por tanto, el precio de no arbitraje del bono con cupón del 3% sería

$$9.500(-0,025198) + 10.500(-0,026205) + 9.000(0,971698) =$$
$$= -239,38 - 275,15 + 8.745,28 \approx 8.230,$$

precio de no arbitraje que ya habíamos obtenido anteriormente.

Una vez más, si el precio de cotización del bono con cupón del 3% fuese 8.900€ podríamos construir una cartera de arbitraje comprando la cartera réplica de bonos con cupón a uno, dos y tres años respectivamente y vendiendo en descubierto el bono con cupón del 3%. ■

Hemos descrito una potentísima herramienta de valoración de activos financieros que tiene importantes consecuencias de tipo práctico para los mercados financieros. Muchos de los más famosos modelos de valoración que se utilizan masivamente en los mercados financieros reales están basados en la misma filosofía de valoración que hemos empleado en los ejemplos anteriores. La idea de replicar los pagos futuros de los activos mediante carteras de activos existentes es clave para entender los modernos conceptos de valoración.

Aquí presentamos las tres ideas claves:

- *La ecuación de valoración de cualquier bono es una restricción de no arbitraje que iguala el precio del bono con el coste de la cartera que replica sus pagos futuros.*
- *Existirán oportunidades de arbitraje siempre que el precio de cotización de cualquier bono no coincida con el precio obtenido por la ecuación de valoración.*
- *Una vez que dispongamos de los precios de los bonos básicos, es inmediato comprobar si un determinado bono presenta oportunidades de arbitraje con relación a otros bonos alternativos que se negocien en el mercado.*

2.3 Arbitraje secuencial

Las ideas anteriores nos permiten extender las implicaciones de la ausencia de arbitraje a las relaciones entre los precios de los bonos básicos de distinto vencimiento. De esta forma decimos que se produce arbitraje secuencial cuando cualquier bono básico tiene un precio b_t menor que el precio de un bono básico de mayor vencimiento. Así, una condición necesaria para evitar las posibilidades de arbitraje es:[8]

$$1 > b_1 > b_2 > b_3 > \dots > 0. \tag{2.6}$$

Este principio no es más que la consecuencia inmediata (y trivial) de que un euro hoy vale más que un euro mañana, ya que el euro hoy puede invertirse y obtener un interés.

EJEMPLO 2.3.1

Imaginemos que observamos los precios de dos bonos básicos cuyos precios de mercado son $b_1 = 0,80$ y $b_2 = 0,90$. Dados estos precios decidimos comprar 1.000.000 de unidades del bono básico que vence en un año a un coste total de 800.000€, mientras que al mismo tiempo realizamos una venta en descubierto de 1.000.000 de unidades del bono básico que madura en dos años por un importe de 900.000€. El resultado de esta estrategia puede comprobarse en el cuadro 2.7.

Cuadro 2.7. Estrategia de arbitraje secuencial.

FLUJOS DE CAJA			
Estrategia	$t = 0$	$t = 1$	$t = 2$
Comprar 1.000.000 de unidades del bono básico 1	– 800.000	+ 1.000.000	+ 1.000.000 (ya que guardamos el 1.000.000 recibido en $t = 1$)
Vender en descubierto 1.000.000 de unidades del bono básico 2	+ 900.000	0	– 1.000.000
TOTAL	+ 100.000	—	0

Una vez más, dados los precios de los bonos básicos podemos obtener de forma inmediata un ingreso de 100.000€ sin tener compromiso futuro alguno de pago. Nótese que el 1.000.000€ recibido en $t = 1$ lo debemos mantener para devolver el pago comprometido por la venta en descubierto en $t = 2$. Aquí, suponemos que no obtenemos interés alguno del 1.000.000€ entre $t = 1$ y $t = 2$. Podríamos invertirlo al tipo de interés libre de riesgo existente entre $t = 1$ y $t = 2$ y obtener, de hecho, un beneficio mayor.

[8] Una condición suficiente viene dada por la expresión: $b_t = b_{t-1}/(1 + {}_1r_t)$ para cualquier fecha t, donde ${}_1r_t$ es el tipo de interés libre de riesgo a un año entre $t-1$ y t.

Como en cualquier otra situación, la propia actuación de los agentes económicos explotando la oportunidad de arbitraje descrita en la tabla anterior, empujaría el precio del bono básico 1 hacia arriba y forzaría el precio del bono básico 2 a la baja hasta que desapareciese cualquier oportunidad de arbitraje secuencial. ∎

En definitiva, la condición general para evitar la posibilidad de arbitraje es que debe existir (al menos) un conjunto de precios de bonos básicos que simultáneamente sean válidos para todos los bonos negociados en el mercado (que se satisfaga la ecuación de valoración para cualquier bono dado el conjunto de bonos básicos disponibles) y que,

$$1 > b_1 > b_2 > b_3 > ... > 0.$$

La posibilidad de arbitraje se produce por las inconsistencias de valoración existentes entre los activos financieros negociados. El mejor contraste sobre la existencia de tales oportunidades es saber si los precios de los bonos básicos disponibles son válidos (se ajustan) para todos los bonos del mercado. Si lo son, las oportunidades de arbitraje no resultan factibles.

En definitiva, la discusión de este capítulo y el mensaje implícito en los ejemplos que hemos utilizado es que la *valoración bajo ausencia de arbitraje* que utiliza exhaustivamente el concepto de *cartera réplica* es uno de los conceptos más importantes de la moderna teoría de finanzas. La valoración mediante la construcción de carteras que replican los pagos del activo que deseamos valorar será empleada recurrentemente en este libro. Debemos entender que no es una forma de pensar útil únicamente en algún contexto puntual de la Economía Financiera. Muy al contrario, es la forma de pensar y analizar *todos* los problemas imaginables en la Economía Financiera. Ello quiere decir que estas técnicas y conceptos estarían también presentes en la valoración de activos de renta variable, en la valoración de activos reales, en la discusión sobre la financiación de las empresas y en la valoración de derivados.

Resulta útil notar que de este tipo de valoración se deriva el principio de *aditividad del valor*. La valoración bajo ausencia de arbitraje implica que cualquier activo en un contexto de certeza puede valorarse de acuerdo con la ecuación fundamental de valoración dada por la expresión [2.4]. Sea V_A el valor de un activo que genera flujos de caja durante T periodos:

$$V_A = b_1 C_{A1} + b_2 C_{A2} + ... + b_T C_{AT},$$

y sea V_B el valor de otra corriente de flujos tal que,

$$V_B = b_1 C_{B1} + b_2 C_{B2} + ... + b_T C_{BT},$$

entonces el valor de no arbitraje de ambas corrientes de pagos consideradas conjuntamente, $V_A + V_B$, es igual al valor de no arbitraje de V_A más el valor de no arbitraje de V_B. En otras palabras, el valor actual de dos activos combinados es igual a la suma de sus valores actuales considerados separadamente. Así, el valor del todo, es igual, como consecuencia de la ausencia de arbitraje en mercados con un funcionamiento correcto, a la suma del valor de sus componentes.

EJEMPLO 2.3.2 (Eva Ropero, Universidad Carlos III)

Supongamos un mercado en el que se negocian los 3 bonos siguientes:
- Un bono cupón cero con vencimiento a 1 año, nominal 5.000€ y precio de mercado 4.500€.
- Un bono con cupón con vencimiento a 2 años, cupón del 2%, nominal de 5.000€ y precio de mercado igual a 4.425€.
- Un bono con cupón con vencimiento a 3 años, cupón del 10%, nominal de 5.000€ y se está negociando al precio de 5.275€.

Se pide:

a) Obtener el precio de no arbitraje de un bono con cupón del 5%, con vencimiento a 3 años y nominal 10.000€.
b) Si su precio fuera igual a 9.000, ¿cuál sería la estrategia de arbitraje?
c) Calcular el tipo de interés de una inversión sin riesgo a 1 año que comienza el próximo año en un contexto de ausencia de arbitraje.
d) ¿Se puede afirmar que el mercado es completo? ¿Se cumple la condición de no arbitraje secuencial?

- Para obtener el precio de no arbitraje del bono calculamos en primer lugar los precios de los tres bonos básicos:

$$5.000 b_1 = 4.500$$

$$100 b_1 + 5.100 b_2 = 4.425$$

$$500 b_1 + 500 b_2 + 5.500 b_3 = 5.275$$

$$\Rightarrow b_1 = 0,90; \ b_2 = 0,85; \ b_3 = 0,80$$

Al ser $b_1 > b_2 > b_3$, sabemos que en este mercado no hay oportunidades de arbitraje secuencial. El precio de no arbitraje del nuevo activo financiero es:

$$\begin{array}{l} T = 3 \\ B = \sum_{t=1} b_t C_t = (0,90)500 + (0,85)500 + (0,80)10.500 = 9.275. \end{array}$$

Alternativamente podemos calcular el número de bonos de cada tipo necesarios para obtener los mismos pagos futuros que con el bono que queremos valorar:

$$500 = 5.000 n_1 + 100 n_2 + 500 n_3$$

$$500 = 0 n_1 + 5.100 n_2 + 500 n_3$$

$$10.500 = 0 n_1 + 0 n_2 + 5.500 n_3$$

$$\Rightarrow n_1 \approx -0,089; \ n_2 \approx -0,089; \ n_3 \approx 1,909.$$

El valor de esta cartera réplica (formada por 0,089 unidades de cada uno de los activos 1 y 2 vendidos en descubierto, y la compra de 1,900 unidades del activo 3) será:

$$V = (-0,089) \ 4.500 - (0,089) \ 4.425 + (1,909) \ 5.275 \approx 9.275.$$

- Si su precio de mercado fuera igual a 9.000, la estrategia de arbitraje consistiría en comprar el nuevo bono y vender (en descubierto) la cartera réplica: venderíamos 500 unidades de los bonos básicos con vencimientos en 1 y 2 años, y 10.500 del bono básico con vencimiento en 3 años (o lo que es lo mismo, compraríamos 0,089 unidades de los dos primeros bonos y venderíamos 1,909 unidades del tercero). El resultado sería el siguiente:

Cuadro 2.8. Estrategia de arbitraje.

FLUJOS DE CAJA			
Estrategia	$t = 0$	$t = 1, 2$	$t = 3$
Comprar el bono con nominal de 10.000	− 9.000	+ 500	+ 10.500
Vender (en descubierto) la cartera réplica	+ 9.275	− 500	− 10.500
TOTAL	+ 275	0	0

Es decir, obtendríamos 275€ sin tener compromiso alguno de pago futuro.

- El tipo de interés de una inversión sin riesgo a 1 año que comienza el próximo año viene dado por:

$$b_1 = \frac{1}{1 + r_1} \Rightarrow r_1 = 0,11$$

$$b_2 = \frac{1}{(1 + r_1)(1 + {}_1r_2)} \Rightarrow {}_1r_2 \approx 0,059.$$

- Puede afirmarse que es un mercado completo ya que podemos calcular todos los precios de los bonos básicos de los diferentes plazos que se están negociando en el mercado. Es decir, hay un suficiente número de activos financieros negociándose en el mercado como para valorar cualquier otro activo financiero. También se cumple la condición de arbitraje secuencial, tal como hemos mencionado en el primer apartado del ejemplo, ya que los precios de los bonos básicos son menores cuanto más lejos está el vencimiento. ∎

APÉNDICE : EL VALOR ACTUAL DE LOS FLUJOS DE CAJA FUTUROS Y LA MECÁNICA DEL DESCUENTO

A.1 El valor actual y el valor futuro

En este apartado se trata de responder a una pregunta, en principio, importante y bien definida: ¿cuál es el valor actual de los flujos futuros de caja generados por un activo?

Para analizar esta pregunta imaginemos que en 1998 compramos una determinada máquina que generará flujos de caja durante los años 1999-2003:

FLUJOS DE CAJA					
1998	1999	2000	2001	2002	2003
– 250	0	142	163	160	145

El objetivo principal de este ejercicio consiste en poner todos los flujos futuros de caja que se producen en fechas diferentes y que difieren en sus niveles de riesgo en una base comparable que nos permita analizarlos de forma simultánea.

Existen dos elementos claves que siempre debemos tener en cuenta cuando realizamos un ejercicio de estas características:

a) El valor temporal del dinero.
b) El ajuste por el riesgo.

De momento supondremos que todos los flujos futuros de caja se producen sin riesgo alguno por lo que, de hecho, sólo consideraremos el valor temporal del dinero y analizaremos cómo poner todos los flujos de caja futuros que ocurren en fechas diferentes (pero que se suponen de riesgo equivalente) en una misma base comparable.

El valor futuro: el caso de un solo periodo

¿Se mostraría un inversor indiferente entre recibir un euro hoy y recibir un euro mañana? Sin duda alguna la respuesta es negativa y el motivo es precisamente el valor temporal del dinero. Si invertimos 1€ hoy durante un año a un tipo de interés (anualizado) igual a r, entonces en un año tendremos:

$$\text{VALOR FUTURO (VF)} = 1(1 + r).$$

Si $r = 5\% \Rightarrow VF = 1,05$.

Este sencillo ejemplo muestra que un inversor no puede mostrarse indiferente entre recibir 1€ hoy y 1€ mañana. Se mostraría indiferente entre recibir 1€ hoy y el valor futuro de 1€ mañana. En el ejemplo, se mostraría indiferente entre recibir 1€ hoy y 1,05€ dentro de un año.

El valor actual: el caso de un solo periodo

Alternativamente, decimos que el valor actual de recibir 1,05€ dentro de un año es (dado el tipo de interés del 5%) es 1€. Esto es, para disfrutar de 1,05€ dentro de un año hoy deberíamos haber reservado o invertido 1€.

Así, podemos escribir que:

$$\text{VALOR ACTUAL (VA)} = \frac{1,05\text{€}}{1 + r} = \frac{1,05\text{€}}{(1,05)} = 1\text{€}.$$

De forma similar, el valor actual de 1€ recibido en un año vendría dado por:

$$\frac{1€}{(1,05)} = 0,9524.$$

Tenemos, por tanto, dos formas de poner los flujos de caja recibidos en las fechas $t = 0$ y $t = 1$ en una base comparable. Podemos calcular el valor futuro del flujo de caja recibido en $t = 0$ y añadirlo al flujo de caja de la fecha $t = 1$ o, alternativamente, podemos calcular el valor actual del flujo de caja recibido en $t = 1$ y añadirlo al flujo de caja recibido en $t = 0$. Este último procedimiento será el habitual a lo largo del libro. Lo que en cualquier caso nunca podríamos hacer es añadir el flujo de caja recibido en $t = 0$ con el flujo de caja recibido en $t = 1$.

A.2 Capitalización

¿Cuál sería el valor futuro de 10.000€ suponiendo que se presten hoy al tipo de interés anual y constante del 5% y suponiendo que deberían devolverse por el acreedor al de dos años?

$$\text{VALOR FUTURO (VF)} = 10.000(1 + r)(1 + r) = 10.000(1,05)(1,05)$$
$$= 10.500(1,05)^2 = 11.025€.$$

Supongamos que se tuviera que devolver en tres años, ¿cuál sería su valor futuro?

$$\text{VALOR FUTURO (VF)} = 10.000(1 + r)(1 + r)(1 + r)$$
$$= 10.000(1 + r)^3$$
$$= 10.000(1,05)^3$$
$$= 11.576,25€.$$

En general, el valor futuro de una cantidad que debe devolverse en t años sería (dado el tipo de interés anual constante del 5%):

$$\text{VALOR FUTURO (VF)} = 10.000(1 + r)^t = 10.000(1,05)^t.$$

Por otra parte, el valor actual de 10.000€ a recibir en dos años, si el tipo de interés es del 5%, sería

$$\text{VALOR ACTUAL (VA)} =$$

$$= \frac{10.000}{(1 + r)(1 + r)} = \frac{10.000}{(1,05)(1,05)} = \frac{10.000}{(1,05)^2} = 10.000(0,9070) = 9.070,29,$$

donde el factor de descuento viene ahora dado por $\dfrac{1}{(1,05)^2}$.

De la misma manera, el valor actual de 10.000€ recibidos en tres años, si el tipo de interés es el 5%, sería

$$\text{VALOR ACTUAL (VA)} =$$

$$= \frac{10.000}{(1 + r)(1 + r)(1 + r)} = \frac{10.000}{(1,05)(1,05)(1,05)} = \frac{10.000}{(1,05)^3} = 10.000(0,8638) = 8.638,38€,$$

donde el factor de descuento viene dado por $\dfrac{1}{(1,05)^3}$.

En general, el valor actual de 10.000€ recibidos en t años, si el tipo de interés es el 5%, sería

$$\text{VALOR ACTUAL (VA)} = \frac{10.000}{(1 + r)^t} = \frac{10.000}{(1,05)^t},$$

con el factor de descuento dado por $\dfrac{1}{(1 + r)^t} = \dfrac{1}{(1,05)^t}$.

Los cálculos anteriores suponen que el tipo de interés permanece constante durante los años de vida de la inversión. Las expresiones empleadas pueden generalizarse fácilmente a tipos de interés diferentes tal como haremos en el apartado 7 de este apéndice.

A.3 El valor actual neto (VAN)

¿Cuál es el valor actual neto (VAN) de los flujos de caja asociados al proyecto mostrado al comienzo de este apéndice? Supondremos que el tipo de interés apropiado es el 5%. Éste es el coste de oportunidad que tiene un inversor que decidiese llevar a cabo dicho proyecto. Se trata de utilizar el tipo de interés que se obtendría en una inversión alternativa de riesgo equivalente al proyecto. Aquí ya hemos señalado que los flujos de caja generados se suponen ciertos, por lo que el tipo de interés del 5% sería el tipo de interés que se podría obtener por un bono sin riesgo como inversión alternativa.

El VAN se calcula agregando el valor actual de todos los flujos de caja generados, incluyendo el desembolso inicial, teniendo en cuenta el año en que se producen cada uno de ellos:

FLUJOS DE CAJA			
Años	Flujos de caja	Factor de descuento	Valor actual
1998	− 250	1	− 250
1999	0	0,9524	0
2000	142	0,9070	128,79
2001	163	0,8638	140,80
2002	160	0,8227	131,63
2003	145	0,7835	113,61
VALOR ACTUAL NETO (VAN)			264,83

Bajo los supuestos para los que estamos analizando el proyecto, el VAN es igual a 264,83€. Dado que este valor es superior a cero, el valor actual de los flujos que genera el proyecto es superior al coste de la inversión, una vez que tenemos en cuenta el factor de descuento apropiado dado el riesgo del proyecto. Por tanto, el proyecto debería aceptarse.

Imaginemos que los flujos que genera el proyecto no los podemos considerar sin riesgo. Tendríamos que utilizar un factor de descuento que reflejase el coste de oportunidad del inversor si acepta el proyecto. Deberíamos utilizar el tipo de interés que podríamos obtener de una inversión alternativa de riesgo similar. Imaginemos que fuese el 40%. El VAN sería en este hipotético caso:

FLUJOS DE CAJA			
Años	Flujos de caja	Factor de descuento	Valor actual
1998	− 250	1	− 250
1999	0	0,7143	0
2000	142	0,5102	72,45
2001	163	0,3644	59,40
2002	160	0,2603	41,65
2003	145	0,1859	26,96
VALOR ACTUAL NETO (VAN)			− 49,54

El VAN es negativo. En este caso deberíamos rechazar el proyecto. No genera los suficientes flujos de caja futuros para compensar el valor temporal del dinero y el riesgo asociado a la inversión, dadas las alternativas disponibles de riesgo equivalente.

A.4 Anualidades y perpetuidades

Una perpetuidad es un activo financiero que paga un determinado flujo de caja para siempre (la siguiente tabla supone que la fecha actual es 1998):

FLUJOS DE CAJA						
1998	1999	2000	2001	...	...	∞
0	100	100	100	100	100	100

El valor actual de estos flujos sería

$$VA = \frac{100}{(1 + r)} + \frac{100}{(1 + r)^2} + \frac{100}{(1 + r)^3} + ... + \frac{100}{(1 + r)^\infty}.$$

A continuación demostramos que esta expresión puede simplificarse de forma que el valor actual de esta perpetuidad es

$$VA = \frac{100}{r}.$$

Sea C el flujo de caja por periodo que paga una perpetuidad y r el tipo de interés apropiado, de manera que si el pago es mensual dicho tipo de interés sería mensual y si fuese, por ejemplo, anual, el tipo de interés estaría anualizado. Supondremos que el primer pago se hará al final del periodo actual. Demostraremos que:

$$VA = \frac{C}{r}. \qquad \qquad [2A.1]$$

Para verlo,

$$VA = \frac{C}{(1 + r)} + \frac{C}{(1 + r)^2} + \frac{C}{(1 + r)^3} + ... + \frac{C}{(1 + r)^\infty}$$

$$= \frac{1}{(1 + r)} \left(C + \frac{C}{(1 + r)} + \frac{C}{(1 + r)^2} + \frac{C}{(1 + r)^3} + ... \right) = \frac{1}{(1 + r)} (C + VA)$$

$$\Rightarrow VA(1 + r) = C + VA \Rightarrow VA = \frac{C}{r}.$$

Una anualidad es un activo financiero que paga un determinado flujo de caja durante un número de periodos especificado:

FLUJOS DE CAJA						
1998	1999	2000	2001	2002	2003	2004
0	100	100	100	100	100	100

Su valor actual será:

$$VA = \frac{100}{(1+r)} + \frac{100}{(1+r)^2} + \frac{100}{(1+r)^3} + \frac{100}{(1+r)^4} + \frac{100}{(1+r)^5} + \frac{100}{(1+r)^6}.$$

A continuación demostraremos que esta expresión puede simplificarse de manera que

$$VA = \frac{100}{r}\left(1 - \frac{1}{(1+r)^6}\right),$$

donde el término

$$\frac{1}{r}\left(1 - \frac{1}{(1+r)^6}\right)$$

es el factor de descuento de una anualidad que, en general, viene dado por

$$\frac{1}{r}\left(1 - \frac{1}{(1+r)^t}\right), \qquad [2A.2]$$

donde t es el número de periodos durante los cuales el activo paga el flujo de caja constante C y r es el tipo de interés por periodo. Si los pagos se hacen anualmente entonces t sería, como en el ejemplo, el número de años y r sería el tipo de interés anual. Si los pagos fuesen mensuales, t sería el número de meses y r sería el tipo de interés mensualizado.

Para comprobar que la expresión [2A.2] se obtiene, efectuamos las siguientes manipulaciones:

$$VA = \frac{C}{(1+r)} + \frac{C}{(1+r)^2} + \frac{C}{(1+r)^3} + ... + \frac{C}{(1+r)^t}$$

$$= \frac{1}{(1+r)}\left(C + \frac{C}{(1+r)} + \frac{C}{(1+r)^2} + \frac{C}{(1+r)^3} + ... + \frac{C}{(1+r)^{t-1}}\right)$$

$$= \frac{1}{(1+r)}\left(C + VA - \frac{C}{(1+r)^t}\right)$$

$$\Rightarrow VA \left(1 - \frac{1}{(1+r)}\right) = \frac{C}{(1+r)}\left(1 - \frac{1}{(1+r)^t}\right)$$

$$\Rightarrow VA \left(\frac{r}{(1+r)}\right) = \frac{C}{(1+r)}\left(1 - \frac{1}{(1+r)^t}\right) \Rightarrow VA = \frac{C}{r}\left(1 - \frac{1}{(1+r)^t}\right),$$

que resulta ser la expresión del valor actual de una anualidad.

Es útil interpretar una anualidad como la diferencia entre dos perpetuidades. Imaginemos dos perpetuidades, A y B, donde la primera genera flujos de caja a partir del primer año mientras que B los genera a partir del tercer año. Tendremos la siguiente situación:

FLUJOS DE CAJA						
	1998	1999	2000	2001	...	∞
A	0	100	100	100	100	100
B	0	0	0	100	100	100
$A-B$	0	100	100	0	0	0

Es evidente que la diferencia entre ambas perpetuidades es una anualidad de dos años. El valor actual de la perpetuidad A es

$$VA\,(A) = \frac{100}{r}.$$

El valor actual de la perpetuidad B sería,

$$VA\,(B) = \frac{1}{(1+r)^2}\left(\frac{100}{r}\right).$$

Por tanto, el valor actual de la diferencia $A - B$ es

$$VA\,(A - B) = \frac{100}{r} - \frac{1}{(1+r)^2}\left(\frac{100}{r}\right) = \frac{100}{r}\left(1 - \frac{1}{(1+r)^2}\right).$$

A modo de ejemplo, podemos pensar en la típica hipoteca a un tipo de interés constante como en una anualidad. El flujo de pagos mensuales que suele hacerse queda especificado en el contrato e imaginemos que estamos pensando en una hipoteca a 20 años con las siguientes características:

- Valor de la vivienda = 150.000€.
- Pago inicial = 30.000€.
- Hipoteca = 120.000€.
- Tipo de interés = 6%.
- Plazo en años = 20.

Supondremos que los pagos se realizan anualmente. Nótese que bajo el supuesto de que el 6% refleja el rendimiento justo del capital para el banco financiador de la operación, el valor actual de los pagos futuros descontados al 6% debería ser precisamente igual al valor inicial de la hipoteca de forma que evitemos la posibilidad de arbitraje.

¿Qué pago anual debe hacerse de forma que el valor actual de los flujos de caja futuros sea igual a 120.000€? El problema es encontrar el pago anual, C, de forma que

$$120.000 = \frac{C}{0,06}\left(1 - \frac{1}{(1,06)^{20}}\right) = C(11,469921) \Rightarrow C = 10.462,15.$$

Dado el pago anual de 10.462,15€ ¿qué porcentaje de dicho pago se asociará al pago de intereses y qué parte al pago del principal?

Al final del primer año y justo antes de producirse el primer pago de la hipoteca, el titular de dicha hipoteca debe el principal original de 120.000€ más el interés correspondiente a dicho año, 0,06(120.000), lo que resulta en un saldo de 127.200€. Después del pago, el saldo se vuelve 116.737,85 (127.200 – 10.462,15). Así, del pago del primer año igual a 10.462,15€ se destinan 7.200€ al pago de intereses y el resto, 3.262,15€, al pago del principal. La siguiente tabla muestra el flujo de pagos a través de los 20 años de hipoteca.

Años	Pago total	Intereses	%	Principal	%	Saldo
1	10.462,15	7.200,00	68,82	3.262,15	31,18	116.737,85
2	10.462,15	6.993,47	66,84	3.468,68	33,15	113.279,97
...	10.462,15	...	...	...	...	...
5	10.462,15	6.296,51	60,18	4.165,64	39,82	101.610,96
...	10.462,15	...	...	...	...	...
10	10.462,15	4.826,71	46,14	5.635,44	53,87	77.002,27
...	10.462,15	...	...	...	...	...
15	10.462,15	2.859,78	27,33	7.602,37	72,67	44.070,29
...	10.462,15	...	...	...	...	...
20	10.462,15	227,58	2,18	10.234,57	97,82	0

En general, puede demostrarse que el saldo del principal debido después de n pagos, $S(n)$, viene dado por

$$S(n) = H(1 + r)^n - C\left[\frac{(1 + r)^n - 1}{r}\right],$$

donde H es la cantidad de la hipoteca.

A.5 Fórmulas con tasas constantes de crecimiento

Las expresiones de las anualidades y perpetuidades discutidas en los párrafos anteriores son válidas bajo el supuesto de que el flujo de caja generado es constante. Supongamos, por el contrario, que tenemos un flujo de caja creciente hasta el infinito. En concreto, imaginemos el siguiente flujo de pagos:

FLUJOS DE CAJA						
1998	1999	2000	2001	...	...	∞
0	100	$100(1 + g)$	$100(1 + g)^2$	$100(1 + g)^\tau$	$100(1 + g)^\iota$	$100(1 + g)^\infty$

donde g es la tasa de crecimiento anual de los flujos de caja.

El valor actual de esta corriente de pagos es

$$VA = \frac{100}{(1 + r)} + \frac{100(1 + g)}{(1 + r)^2} + \frac{100(1 + g)^2}{(1 + r)^3} + \frac{100(1 + g)^3}{(1 + r)^4} + \dots$$

Suponiendo que el tipo de interés, r, exceda a la tasa de crecimiento, g, esta expresión se simplifica de forma que el valor actual de una perpetuidad que crece a una tasa constante es

$$VA = \frac{100}{r - g}$$

que, para un flujo de caja cualquiera C, resulta:

$$VA = \frac{C}{r - g}. \qquad [2A.3]$$

Esta expresión puede demostrarse de forma similar a la expresión [2A.1]. Naturalmente, si $g \geq r$, la perpetuidad tiene un valor infinito.

La fórmula general para el valor actual de una anualidad que crece a una tasa constante g hasta un periodo finito de tiempo t sería:

$$VA = \frac{C}{r-g}\left[1-\left(\frac{1+g}{1+r}\right)^t\right].$$

[2A.4]

La demostración es también similar a las anteriores:

$$VA = \frac{C}{(1+r)} + \frac{C(1+g)}{(1+r)^2} + \frac{C(1+g)^2}{(1+r)^3} + ... + \frac{C(1+g)^{t-1}}{(1+r)^t}$$

$$= \frac{C}{(1+r)} + \frac{(1+g)}{(1+r)}\left[\frac{C}{(1+r)} + \frac{C(1+g)}{(1+r)^2} + ... + \frac{C(1+g)^{t-2}}{(1+r)^{t-1}}\right]$$

$$= \frac{C}{(1+r)} + \frac{(1+g)}{(1+r)}\left(VA - \frac{C(1+g)^{t-1}}{(1+r)^t}\right)$$

$$\Rightarrow VA\left(1 - \frac{(1+g)}{(1+r)}\right) = \frac{C}{(1+r)} - \frac{C(1+g)^t}{(1+r)^{t+1}} \Rightarrow VA(r-g) = C - \frac{C(1+g)^t}{(1+r)^t}$$

$$\Rightarrow VA = \frac{C}{r-g}\left[1-\left(\frac{1+g}{1+r}\right)^t\right].$$

A.6 Más sobre capitalización

Los tipos de interés suelen denominarse como una tasa porcentual anual (TPA), aunque el interés se capitalice con más frecuencia que una vez por año. Esto hace que realmente los tipos de interés correspondan a una rentabilidad anual efectiva que es superior a la tasa porcentual anual.

Analicemos a cuánto crece una cantidad de 10.000€ invertida a un año con una tasa porcentual anual (TPA) del 10% y capitalización semi-anual:

$$10.000\left(1 + \frac{0,10}{2}\right)\left(1 + \frac{0,10}{2}\right) = 10.000(1,05)^2 = 11.025$$

Si la capitalización fuese anual obtendríamos únicamente 11.000€.
Veamos a cuánto crecen los 10.000€ si se capitalizasen mensualmente:

$$10.000\left(1 + \frac{0,10}{12}\right)^{12} = 10.000(1,008333)^{12} = 11.047,13.$$

Evidentemente, cuanto mayor sea la frecuencia con la que se capitaliza el interés, mayor será la rentabilidad efectiva.

¿Qué ocurriría si la capitalización fuera continua?

$$\lim_{n \to \infty} \left(1 + \frac{\text{TPA}}{n}\right)^n = e^{\text{TPA}},$$

donde $e = 2{,}7183$. Así, los 10.000€ se transformarían al cabo de un año en $10.000e^{0,10} = 11.051{,}71$.

La siguiente tabla muestra los beneficios de la frecuencia en la capitalización para una TPA = 10%:

Frecuencia de la capitalización	Rentabilidad anual efectiva
1	10,00%
2	10,25%
4	10,38%
12	10,47%
24	10,49%
52	10,51%
365	10,516%
∞	10,517%

En múltiples ocasiones a lo largo del libro descontaremos una determinada cantidad usando el tipo de interés contínuamente compuesto. Así, el valor actual de un flujo de caja igual a C, que será pagado dentro de t años en el futuro, siendo r_c el tipo de interés contínuamente compuesto expresado en términos anuales, se obtiene conforme a la siguiente expresión:

$$e^{-r_c t}C. \hspace{3cm} \text{[2A.5]}$$

Volvamos a nuestro ejemplo de la hipoteca donde, a diferencia de lo que asumimos anteriormente, los pagos se hagan mensualmente. Así:

- Valor de la vivienda = 150.000€.
- Pago inicial = 30.000€.
- Hipoteca = 120.000€.
- Tipo de interés (TPA) = 6%.
- Tipo de interés anual efectivo = 6,168%.
- Plazo en años = 20 (240 pagos mensuales).

El problema es encontrar el pago mensual, C, tal que

$$120.000 = \frac{C}{\frac{0,06}{12}} \left[1 - \frac{1}{\left(1 + \frac{0,06}{12}\right)^{240}} \right]$$

$= C \times$ (factor de descuento de la anualidad con 240 meses y tipo 0,06/12%)
$= C \times (139{,}581) \Rightarrow C \doteq 859{,}72,$

que trasladado a pagos anuales serían 10.316,64€.

Para comprobar la compresión de estos conceptos se propone al lector las siguientes cuestiones:
¿Por qué la cantidad anual a pagar en este caso resulta menor que la calculada bajo los pagos anuales que resultaba igual a 10.462,15?
¿Cuál sería el saldo del principal todavía a pagar después de 100 pagos mensuales?

A.7 Descontando a tipos de interés no constantes

Imaginemos que tengamos la siguiente serie de tipos de interés para cada uno de los próximos cinco años:

TASA PORCENTUAL ANUAL (TPA)				
r_1	$_1r_2$	$_1r_3$	$_1r_4$	$_1r_5$
5	6	8	7	6

donde r_1 es el tipo de interés asociado a una inversión de un año de duración en el primer año, $_1r_2$ es el tipo de interés de una inversión también de un año de duración pero realizada en el segundo año, etc. La pregunta que nos hacemos es, dada esta estructura de tipos de interés, ¿cuál es el valor futuro de un préstamo de 10.000€ a devolver en dos años?

VALOR FUTURO (*VF*) $= 10.000(1 + r_1)(1 + {}_1r_2) = 10.000(1{,}05)(1{,}06) = 11.130$€.

De forma similar, el valor actual de 10.000€ recibidos en dos años sería:

$$\text{VALOR ACTUAL } (\textit{VA}) = \frac{10.000}{(1 + r_1)(1 + {}_1r_2)} = \frac{10.000}{(1{,}05)(1{,}06)} = 8.984{,}73€.$$

El valor actual del proyecto de inversión que presentamos al principio de este apéndice es ahora:

FLUJOS DE CAJA					
1998	1999	2000	2001	2002	2003
– 250	0	142	163	160	145
—	5	6	8	7	6

$$VAN = -250 + \frac{142}{(1,05)(1,06)} + \frac{163}{(1,05)(1,06)(1,08)} + \frac{160}{(1,05)(1,06)(1,08)(1,07)} + \frac{145}{(1,05)(1,06)(1,08)(1,07)(1,06)}$$

$$= -250 + 127,58 + 135,60 + 124,40 + 106,36 = 243,94.$$

EJEMPLO A2.1

Supongamos que disponemos de la siguiente información:

- Edad del trabajador: 44 años (los acaba de cumplir).
- Edad de jubilación: 65 años.
- Ingresos anuales deseados después de la jubilación: 60.000€.
- Años de retiro previstos: 20.
- Tipo de interés (TPA) = 7%.

Se trata de conocer cuánto debe ahorrar el trabajador anualmente durante los próximos 21 años para garantizarse los 60.000€.

Para simplificar los cálculos supondremos que todos los flujos de caja se producen al final de cada año; la primera contribución para su jubilación ocurre dentro de un año —justo antes de que el trabajador cumpla 45— y la última contribución se hará dentro de 21 años justo antes del 65º cumpleaños del trabajador. El primer pago de la jubilación se recibirá justo antes de su 66º cumpleaños.

En el momento de su jubilación al cumplir 65 años, el trabajador ha previsto vivir otros 20 años, de forma que planea recibir ingresos durante un periodo de jubilación de 20 años. El valor actual en esa fecha de los flujos de caja deseados durante dicho periodo es:

$$VA = \frac{60.000}{0,07} \left(1 - \frac{1}{(1,07)^{20}} \right) = 60.000(10.5940) = 635.641€.$$

El valor actual de los 635.641€ en el momento del 44º cumpleaños del trabajador es

$$VA = \frac{635.641}{(1,07)^{21}} = 153.515,62€.$$

¿Cuánto debe ahorrar cada año durante los próximos 21 años para garantizarse el flujo de caja deseado?

Se trata de obtener el ahorro anual, C, de forma que:

$$153.515,62 = \frac{C}{0,07} \left(1 - \frac{1}{(1,07)^{21}} \right) = C(10,8355) \Rightarrow C = 14.167,80€. \ \blacksquare$$

EJEMPLO A2.2

Una revista ofrece las siguientes posibilidades de suscripción:

Periodo de suscripción	Precio en euros
1 año	10
2 años	19
3 años	28

Se supone que queremos recibir la revista durante los tres próximos años y que las ofertas se mantendrán inalteradas durante los tres años. Cada una de las posibles suscripciones se paga al principio del año en el que se reciben. Suponiendo un tipo de interés del 10% por año, se pide establecer una clasificación de las cuatro posibles estrategias de suscripción en términos de sus ventajas financieras.

Nótese que las cuatro estrategias de suscripción son las siguientes:

a) Podemos suscribirnos directamente durante los tres años. El valor actual de dicha estrategia es lógicamente 28€.

b) Podríamos realizar tres suscripciones de un año cada una pagando, por tanto, 10€ en cada uno de los años. De esta forma pagaríamos ahora 10€ y además, para compararlas con las otras posibilidades, deberíamos calcular el valor actual de una anualidad durante dos años. Por tanto, el valor actual de esta segunda estrategia es:

$$VA = 10 + \frac{10}{0,10}\left[1 - \frac{1}{(1,10)^2}\right] = 27,36€.$$

c) Nos podríamos suscribir por un año y al principio del segundo año suscribirnos directamente por dos años. Su valor actual sería:

$$VA = 10 + \frac{19}{1,10} = 27,27€.$$

d) Nos podríamos suscribir por los dos primeros años directamente y al principio del tercer año suscribirnos por un año adicional. El valor actual de esta última estrategia es:

$$VA = 19 + \frac{10}{(1,10)^2} = 27,26€.$$

Dado que hemos tenido en cuenta el valor temporal del dinero para comparar las cuatro estrategias de suscripción, podemos emplear el valor de todas ellas en el momento actual para saber cuál de las cuatro tiene un mayor valor monetario (el menor coste desde el punto de vista del subscriptor). Es obvio que, dados los resultados de nuestros cálculos, la clasificación por orden de más preferido a menos es: d), c), b) y a). ∎

EJEMPLO A2.3

Imaginemos que un banco ofrece el siguiente plan de ahorro:

El cliente paga 100€ al mes durante 10 años. A partir del año once, el banco promete pagar al cliente o a sus herederos 100€ al mes para siempre. Si suponemos que los pagos se realizarán con certeza, ¿cuál es el tipo de interés implícito en la operación?

Calculemos el valor actual de los pagos futuros que se harán al banco por parte del cliente:

$$VA = \frac{100}{r}\left[1 - \frac{1}{(1+r)^{120}}\right].$$

Veamos ahora el valor actual de los pagos del banco al cliente:

$$VA = \frac{\frac{100}{r}\left[1 - \frac{1}{(1+r)^{\infty}}\right]}{(1+r)^{120}} = \frac{\frac{100}{r}}{(1+r)^{120}} = \frac{100}{r(1+r)^{120}}.$$

El tipo de interés implícito será el tipo de interés que iguale las dos expresiones de los valores actuales de las dos partes involucradas en la operación. Como siempre, se trata de utilizar los mecanismos del descuento de manera que el valor económico para ambas partes sea el mismo y no existan oportunidades de arbitraje:

$$\frac{100\left[1 - \frac{1}{(1+r)^{120}}\right]}{r} = \frac{100}{r(1+r)^{120}}$$

$$\Rightarrow (1+r)^{120}\left[\frac{(1+r)^{120} - 1}{(1+r)^{120}}\right] = 1$$

$$\Rightarrow (1+r)^{120} = 2 \Rightarrow 1 + r = \sqrt[120]{2} = 1,00579$$

$$\Rightarrow r = 0,579\% \text{ al mes. } \blacksquare$$

EJEMPLO A2.4

Imaginemos que hace un año invertimos 1.000€ en una cuenta de ahorro con seis años hasta el vencimiento y que nos paga un tipo de interés anual del 8% capitalizado mensualmente. Desde entonces, los tipos de interés han subido y, por tanto, estamos pensando retirar el dinero para invertirlo en un activo que ofrezca un mayor interés. Sin embargo, si retiramos el dinero antes de los seis años de vencimiento de la cuenta de ahorro (o cinco años desde este momento), el tipo de interés aplicado al periodo durante el que hemos mantenido el dinero en la cuenta de ahorro se reduciría al 6% (con capitalización mensual) y, además, no obtendríamos interés alguno durante los últimos tres meses. Nos interesa conocer el nivel del tipo de interés en una inversión alternativa de cinco años de forma que sepamos si merece la pena realizar el cambio. Se pide que el tipo de interés en la inversión alternativa se calcule mediante capitalización anual.

Lógicamente, cambiaremos siempre que la inversión alternativa nos ofrezca un tipo de interés superior al que obtendríamos si mantuviéramos la cuenta de ahorro durante los cinco años restantes.

Calculemos el valor futuro de la cuenta de ahorro al vencimiento (dentro de 72 meses —6 años— contando desde el comienzo de la inversión):

$$VF = C(1+r)^{t} = 1.000\left(1 + \frac{0,08}{12}\right)^{72} = 1.613,50.$$

Veamos cuál es el valor de la cuenta de ahorro si decidimos retirar el dinero hoy mismo (a cinco años del vencimiento) y teniendo en cuenta que no obtendríamos intereses por los últimos tres meses:

$$V = C(1 + r)^t = 1.000 \left(1 + \frac{0,06}{12}\right)^9 = 1.045,91.$$

La cuestión es saber qué tipo de interés convertirá los 1.045,91€ de hoy en 1.613,50€ dentro de cinco años:

$$(1.045,91)(1 + r)^5 = 1.613,50$$
$$\Rightarrow r = \sqrt[5]{1,543} - 1 = 0,096 \Rightarrow 9,06\% \text{ anual.} \blacksquare$$

Referencias

Brealey, R. y S. Myers (2000). *Principles of Corporate Finance*, McGraw-Hill, 6ª ed., cap. 3.

Buckley, A., Ross, S., Westerfield, R. y J. Jaffe (1998). *Corporate Finance Europe*, McGraw-Hill, cap. 5.

Fabozzi, F. (1996). *Bond Markets, Analysis and Strategies*, Prentice Hall International Editions, cap. 2.

3. LA ESTRUCTURA TEMPORAL DE LOS TIPOS DE INTERÉS EN UN CONTEXTO DE AUSENCIA DE ARBITRAJE

3.1 La estructura temporal de los tipos de interés y la rentabilidad al vencimiento

La denominada estructura temporal de los tipos de interés describe la evolución de los tipos de interés en función de su vencimiento.

Es importante enfatizar que la única diferencia entre los tipos de interés que definen la estructura temporal de los tipos de interés es el plazo de la inversión o del activo al que están asociados. En particular, deben ser inversiones de equivalente riesgo. Más específicamente, la estructura temporal de tipos de interés se construye con bonos del Estado —deuda pública— que no presentan riesgo de insolvencia. De esta forma no existen diferencias en el riesgo crediticio que presentan las emisiones que se utilizan en la construcción de la estructura temporal de los tipos de interés. Además, las emisiones de deuda pública tienen generalmente una alta liquidez y un gran volumen de negociación, por lo que sus precios reflejan la información disponible en el mercado.

La estructura temporal de los tipos de interés tiene una enorme importancia en los mercados financieros. Sirve como referencia clave para la valoración de activos de renta fija: letras, bonos y obligaciones. Asimismo, es el punto de partida que permite establecer rentabilidades en cualquier sector de los mercados de deuda: empresarial, bancaria, internacional o municipal. Resulta de especial relevancia para la evaluación y puesta en marcha de estrategias de gestión de carteras de renta fija y permite la valoración de activos derivados sobre tipos de interés y, en general, sobre activos de renta fija. También es fundamental para la valoración de activos reales (activos físicos de producción). A su vez, la vertiente macroeconómica de la estructura de tipos puede ser, incluso, más relevante. Los bancos centrales la utilizan como una fuente crucial de información de cara al establecimiento de las líneas maestras de la política monetaria y, además, la estructura temporal de los tipos de interés se ha mostrado como una de las variables más apropiadas de cara a predecir el *output* real de la economía.

Curiosamente, este concepto aparentemente claro presenta algunas dificultades relacionadas, sobre todo, con los tipos de interés alternativos que se han venido utilizando en la propia definición de los tipos de interés.

En principio, la estructura temporal de los tipos de interés puede caracterizarse por una serie de rentabilidades al vencimiento de los bonos con vencimientos alternativos, por una serie de precios de los bonos disponibles o por una serie de tipos de interés al contado siempre asociados a un único periodo de inversión pero con fechas y, por tanto, periodos diferentes hasta el vencimiento. Todos estos conceptos tienen su idiosincrasia y, de hecho, dedicaremos cierto tiempo a discutirlos. Entender cada una de estas posibilidades implica, con toda seguridad, comprender la estructura temporal de los tipos de interés. En cualquier caso, tantas formas de pensar sobre un mismo concepto suelen confundir al lector por lo que pretendemos, de la forma más sencilla posible, aclarar el concepto de estructura temporal de los tipos de interés siendo particularmente cuidadosos en describir el tipo de interés que estamos utilizando en la correspondiente definición.

Hemos visto en el capítulo anterior que podemos obtener o crear los denominados bonos básicos a través de carteras de bonos con cupón negociables en los mercados. De esta forma podemos pensar que disponemos de una serie de bonos cupón cero con vencimiento de un año, dos años, tres años, etc. En definitiva, suponemos que observamos la siguiente serie de precios:

$$b_1, b_2, b_3, b_4, ..., b_n,$$

donde, recordemos, b_n es el precio hoy de un bono cupón cero que paga un euro dentro de n periodos (n años).

Mediante el precio b_1 es fácil obtener *el tipo de interés al contado* con un año al vencimiento. Este tipo de interés, que denominamos r_1, es el resultado de una inversión realizada por un periodo de tiempo que comienza hoy y finaliza dentro de un año. Durante todo este tiempo, la inversión no paga renta alguna al inversor. En este sentido es el tipo de interés a un año asociado a un bono cupón cero con un año al vencimiento que se supone sin riesgo. Es, en otras palabras, la *rentabilidad al vencimiento de un bono cupón cero con un año hasta su vencimiento*. Dado b_1 es sencillo obtener el tipo de interés que reporta dicho bono básico ya que conocemos su precio (b_1) y su nominal al vencimiento (1€). Así,

$$b_1 = \frac{1}{1 + r_1}. \tag{3.1}$$

Sin embargo, no sabemos el tipo de interés al contado a un año de un bono con vencimiento de *dos años* ya que desconocemos el precio de dicho bono dentro de un año cuando todavía le reste un año al vencimiento.[1] Lo que estamos haciendo es reconocer que, situados en el momento $t = 0$, desconocemos el tipo de interés que en el capítulo 2 denominamos $_1r_2$. Es decir, el tipo de interés al con-

---

[1] El análisis formal de la incertidumbre comienza en el capítulo 4 del libro. Sin embargo, ya en este capítulo introducimos implícitamente dicha noción, tanto ahora como en los apartados 3.6, 3.7 y 3.8.

tado a un año entre $t = 1$ y $t = 2$. Por ello definimos *el tipo de interés al contado a dos años* como el tipo de interés a un año (es decir, el tipo de interés anualizado) asociado a un *bono cupón cero con dos años al vencimiento* bajo el supuesto de que dicho tipo de interés anualizado es el mismo en los dos años. Este tipo de interés lo denominaremos r_2. También lo podríamos entender como la *rentabilidad al vencimiento a dos años (anualizada)* donde, una vez más, se supone que el tipo de interés que prevalece en ambos años es el mismo.

Nótese que cuando analizamos bonos cupón cero hablaremos indistintamente del tipo de interés al contado a un plazo determinado y de la rentabilidad al vencimiento. Debe quedar muy claro que esta idea dejará de ser cierta en cuanto consideremos bonos con cupón. Esta es una distinción importante y conviene recordarla en todo momento.

Analíticamente, este tipo de interés al contado a dos años, y los sucesivos tipos de interés a vencimientos alternativos, vendrían dados por las siguientes expresiones:

$$b_2 = \frac{1}{(1 + r_2)^2}$$

$$b_3 = \frac{1}{(1 + r_3)^3}$$

$$\cdots$$
$$\cdots$$

$$b_t = \frac{1}{(1 + r_t)^t} \cdot$$

[3.2]

Por tanto, si pensamos en realizar una inversión a t años, r_t sería el tipo de interés anualizado de un dinero invertido (con certeza) durante un plazo de t años. Nótese que en la definición anterior estamos haciendo uso de bonos básicos que son bonos cupón cero que pagan una sola vez (el nominal de 1 euro) a lo largo de su vida.

Este planteamiento supone, desde luego, que el tipo de interés a un año es el mismo para ambos años. Esto es

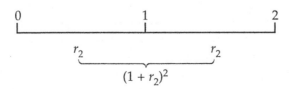

Lógicamente, esto no tiene que ocurrir necesariamente. Lo que sabemos que ocurrirá es que:

donde $_1r_2$ es el tipo de interés al contado entre $t = 1$ y $t = 2$ que es desconocido en $t = 0$ y que puede ser mayor, menor o igual que r_2.

En definitiva, nótese que r_t puede interpretarse como el *tipo de interés anualizado medio* durante la vida de t años del bono. Es evidente que, en general, r_1, r_2, r_3, ..., r_t serán diferentes.

Por tanto, dada una serie de precios de los bonos básicos a distintos vencimientos podemos observar los tipos de interés al contado (anualizados) para los mismos vencimientos. Imaginemos los siguientes precios y tipos de interés asociados a dichos precios que aparecen en el cuadro 3.1.

Cuadro 3.1. Tipos de interés al contado y bonos básicos.

ESTRUCTURA TEMPORAL DE TIPOS DE INTERÉS		
Año (n)	Tipo de interés al contado para una inversión a n años (en % por año)	Precios de los bonos básicos para vencimientos a un número (n) de años alternativos (según expresiones [3.1] y [3.2])
1	$r_1 = 5$	$b_1 = 0{,}9524$
2	$r_2 = 6$	$b_2 = 0{,}8900$
3	$r_3 = 7$	$b_3 = 0{,}8163$
4	$r_4 = 8$	$b_4 = 0{,}7350$
5	$r_5 = 9$	$b_5 = 0{,}6499$

La estructura temporal de los tipos de interés muestra precisamente la relación entre los tipos de interés al contado asociados a bonos (básicos) cupón cero para distintos vencimientos. El cuadro 3.1 muestra una estructura temporal creciente, donde el tipo de interés anualizado correspondiente a una inversión a 5 años es superior al tipo de interés anualizado de una inversión a un año (y también superior a los tipos a dos, tres y cuatro años). Aunque en la figura 3.1 adjunta, donde se representan los datos del cuadro 3.1, se muestra una estructura temporal de tipos de interés creciente, debe quedar claro que dicha estructura temporal puede tener cualquier forma y ser variable día a día. En absoluto debemos quedarnos con la impresión que dicha curva es creciente.

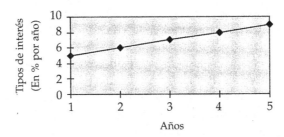

Figura 3.1. Estructura temporal de tipos de interés.

En una curva como la de la figura 3.1, los tipos de interés a largo plazo son mayores que los tipos de interés a corto plazo. Cuando ambos tipos de interés son similares nos encontramos con una curva temporal de tipos plana, mientras que si los tipos a corto fueran superiores a los tipos a largo, la curva sería decreciente. De hecho, es posible observar formas variables, con una joroba en los plazos más cortos o con una apariencia de S tumbada. La forma de la curva tiene importantes consecuencias económicas. Por ejemplo, la evidencia empírica muestra que curvas crecientes tienden a predecir ciclos expansivos en la economía, mientras que curvas decrecientes son señales de futuras recesiones económicas. La actividad de los bancos centrales ligada a estrategias de política monetaria tiene una evidente influencia en los tipos más a corto plazo de la curva. Es típica la actuación de los bancos centrales reduciendo los tipos de interés a corto plazo cuando se persiguen políticas monetarias expansivas que pretenden revitalizar la economía o, alternativamente, políticas monetarias restrictivas que, aumentando los tipos a corto, pretenden ralentizar la expansión económica con el fin último de controlar posibles tensiones inflacionistas. Es importante señalar que este tipo de políticas monetarias tienen efectos contrapuestos en los tipos a corto con relación a los tipos a largo. Si, a modo de ejemplo, existen expectativas inflacionistas en la economía, las tensiones se reflejarán en altos tipos de interés a largo plazo y, por tanto, elevando la parte más alejada del origen de la curva. Ante dichas expectativas, la reacción habitual de las autoridades monetarias suele ser elevar los tipos de interés a corto. Si esta política restrictiva consigue suavizar las tensiones inflacionistas, las propias expectativas de elevada inflación tenderán a desaparecer por lo que los tipos a largo se reducirán.

Otro aspecto que conviene enfatizar para entender las posibles formas que adopta la curva que representa la estructura temporal es que los tipos de interés a corto plazo son mucho más volátiles que los de largo plazo. Esta evidencia internacional puede explicarse precisamente por la actuación de los bancos centrales sobre los tipos a corto. Al ser los tipos a largo plazo algún tipo de promedio de los tipos a corto (resultantes a su vez de la posible corrección de errores en la política monetaria o del control sobre *shocks* alternativos que aparecen en la economía), es lógico que aquéllos terminen por ser más estables que los tipos a corto. Por este motivo, las posibles jorobas que solemos observar en la estructura temporal suelen concentrarse en los tipos a corto. Más adelante discutiremos las teorías alternativas que tienen como objetivo explicar la forma de la curva temporal de tipos.

Lo que debe quedar claro es que la curva cupón cero es la forma correcta de pensar en la estructura temporal de los tipos de interés. Es un concepto que utiliza los tipos de interés de inversiones mantenidas a un número determinado de años. La forma de obtener estos tipos de interés es precisamente mediante bonos cupón cero. Por este motivo la forma más habitual de denominar en la práctica a la estructura temporal de los tipos de interés es sencillamente la estructura de tipos cupón cero o simplemente *la curva cupón cero,* que definimos a continuación:

La curva cupón cero es una curva que muestra, en un momento dado de tiempo, la relación entre los tipos de interés al contado para inversiones a diferentes años (tipos o rentabilidades al vencimiento de los bonos cupón cero) y su correspondiente vencimiento, teniendo en cuenta que dichas inversiones difieren única y exclusivamente en su plazo hasta el momento de la amortización.

Esta curva es diferente de la curva que resulta si considerásemos directamente bonos con cupón. Esta es una distinción muy importante y conviene hacer un esfuerzo para entenderlo.

La discusión cabe centrarla en el concepto de *rentabilidad al vencimiento de los bonos con cupón.* Este es un concepto muy diferente de la rentabilidad al vencimiento de los bonos cupón cero o tipo de interés al contado a un determinado plazo. Esta es, de hecho, la tasa de rentabilidad que obtendría un inversor comprando el bono cupón cero en el momento inicial y manteniéndolo hasta el vencimiento. Por el contrario, la rentabilidad al vencimiento de los bonos con cupón no es la tasa de rentabilidad asociada de dicho bono, sino aquel tipo de interés al que debemos descontar los flujos futuros de caja que proporciona el bono con cupón de forma que el valor actual resultante sea igual al precio de cotización del bono. Es, en otras palabras, aquel tipo de interés que satisface la ecuación de no arbitraje para los bonos con cupón.

Este último concepto se denomina, alternativamente, tasa interna de retorno o TIR de una corriente de flujos de caja. Se obtiene directamente del precio de cotización de los bonos con cupón y es, en definitiva, aquel tipo de interés que soluciona la siguiente ecuación, donde se supone que el principal o nominal del bono con cupón es 10.000€ y B es su precio de mercado:

$$B = \frac{C}{(1+i)} + \frac{C}{(1+i)^2} + \frac{C}{(1+i)^3} + \ldots + \frac{C+10.000}{(1+i)^T} , \qquad [3.3]$$

donde i representa la rentabilidad al vencimiento o TIR del bono en cuestión, C es el cupón representado en euros y T es la fecha de vencimiento del bono.

Comparemos la expresión [3.3] con la ecuación de valoración o ecuación de no arbitraje de un bono con cupón, que como recordamos es

$$B = b_1 C + b_2 C + b_3 C + \ldots + b_T(C + 10.000)$$

$$= \frac{C}{(1 + r_1)} + \frac{C}{(1 + r_2)^2} + \frac{C}{(1 + r_3)^3} + \ldots + \frac{C + 10.000}{(1 + r_T)^T} \, . \qquad [3.4]$$

Al realizar la comparación de las expresiones [3.3] y [3.4] se observa que la rentabilidad al vencimiento es un promedio complejo de los tipos de interés al contado correspondientes a la rentabilidad al vencimiento de los bonos básicos para sus correspondientes vencimientos. Es decir, es un promedio complejo de $r_1, r_2, r_3, \ldots, r_T$.

En palabras, la rentabilidad al vencimiento de un bono con cupón, i, dependerá del plazo residual hasta su vencimiento, de la estructura del flujo de pagos a la que da derecho el bono en cuestión y que se concreta en las correspondientes cuantías o magnitudes de los cupones, y de sus respectivos vencimientos. Es, por tanto, una función que podemos representar como

$i = f$ (precio de cotización, número de cupones, magnitud del cupón,
plazos residuales al vencimiento de los diferentes pagos).

Al ser dicha rentabilidad o TIR un promedio, resulta una medida que no contiene la información suficiente para comparar bonos que tengan el mismo vencimiento pero diferente cupón. Por tanto, una rentabilidad al vencimiento más elevada no significa necesariamente que la inversión en un bono sea mejor o más deseable que la inversión en otro bono con una rentabilidad al vencimiento inferior.

EJEMPLO 3.1.1

Supongamos que tenemos los precios de los siguientes bonos básicos cupón cero a uno y dos años respectivamente: $b_1 = 0,9615$ y $b_2 = 0,7972$. Los tipos de interés al contado para inversiones a uno y dos años son, por tanto, los siguientes:

$$r_1 = 1/b_1 - 1 \; \Rightarrow r_1 = 4\%$$
$$r_2 = \sqrt{1/b_2} - 1 \Rightarrow r_2 = 12\%.$$

Suponemos que estos son los tipos de interés al contado vigentes en una fecha determinada. Así, la curva cupón cero para dicha fecha es creciente.

A continuación, dados dichos tipos vigentes, nos planteamos comparar dos bonos con cupón a dos años cuyo nominal igual a 10.000€. Imaginemos que el primer bono tiene un cupón del 2% y el segundo paga un cupón del 20%. Los precios a los que se están negociando estos bonos en el mercado son 8.400€ y 11.483,98€ respectivamente.

Sus respectivas rentabilidades al vencimiento son

$$B(2\%) \; = \; \frac{200}{1 + i} + \frac{10.200}{(1 + i)^2} = 8.400,00 \Rightarrow i = 11,39\%$$

$$B(20\%) = \frac{2.000}{1 + i} + \frac{12.000}{(1 + i)^2} = 11.483,98 \Rightarrow i = 11,30\%.$$

Por otro lado, sus precios de no arbitraje los obtenemos de la ecuación de valoración y son

$$B(2\%) = \frac{200}{1,04} + \frac{10.200}{(1,12)^2} = 8.323,68$$

$$B(20\%) = \frac{2.000}{1,04} + \frac{12.000}{(1,12)^2} = 11.489,40.$$

Dicho de manera alternativa, el coste de replicar el primer bono mediante bonos básicos es

$$200(0,9615) + 10.200(0,7972) = 8.323,68,$$

mientras que el coste de replicar el segundo bono lo podemos escribir como:

$$2.000(0,9615) + 12.000(0,7972) = 11.489,40.$$

Como puede observarse, el precio de mercado del primer bono con cupón está sobrevalorado. Se está cotizando por 8.400€ cuando debería ser negociado a un precio de 8.323,68€. El precio del segundo bono con cupón está, por el contrario, infravalorado. Se negocia por 11.483,98€ cuando debería valer 11.489,40€.

Estos precios implican, en definitiva, una oportunidad de arbitraje. Como siempre, se trataría de comprar barato y vender caro. Así, compraríamos el segundo bono con cupón y venderíamos el primer bono con cupón. Esta operación sugiere que los precios de mercado de los bonos con cupón de este ejemplo son tales que el segundo bono es el bono más atractivo. De esta forma, si la rentabilidad al vencimiento fuese una medida que reflejase correctamente lo deseable de una determinada inversión, el segundo bono con cupón debería tener una rentabilidad al vencimiento superior a la del primer bono con cupón. Sin embargo, las rentabilidades al vencimiento indican justamente lo contrario. El primer bono tiene una rentabilidad al vencimiento del 11,39%, mientras el segundo bono que es, desde el punto de vista de su valoración, el más atractivo como inversión, presenta una rentabilidad al vencimiento inferior, e igual a 11,30%.

En definitiva, *la rentabilidad al vencimiento de los bonos con cupón no es necesariamente una medida apropiada para decidir la calidad de una inversión.*

Podemos preguntarnos la razón de este curioso resultado. El motivo último está en la forma que tiene la curva de tipos cupón cero. Es una curva creciente. El segundo bono, con relación al primer bono, tiene un elevado porcentaje de sus pagos precisamente durante el primer año. Este bono paga 2.000 sobre un precio total de 11.489 (17,4%) en el primer año, mientras que el primer bono paga en el primer año únicamente 200 sobre un valor total de 8.324 (2,40%). Precisamente, en el momento en el que el bono paga la elevada cantidad de 2.000, el tipo de interés es especialmente bajo. Esto fuerza a que la rentabilidad al vencimiento de este segundo bono sea más pequeña. ∎

El mensaje detrás de este ejemplo es muy importante. Un aspecto clave en la valoración de bonos es la estructura de pagos que presentan con relación a la situación de la curva temporal de los tipos de interés. No es tan importante conocer los años al vencimiento de los bonos sino la cantidad de los flujos totales que, a lo largo del tiempo, paga un determinado bono sobre el total de sus pagos y la situación de la curva de tipos asociada a dicha cantidad de flujos. De hecho, más adelante en este capítulo discutiremos el concepto de *duración* que es fundamental para la gestión de carteras de renta fija y está directamente relacionado con aspectos claves del ejemplo anterior. Este tipo de relaciones resulta muy importante a la hora de comprender los factores que determinan la calidad de las inversiones en bonos alternativos.

EJEMPLO 3.1.2

En este ejemplo insistimos en el concepto de rentabilidad al vencimiento y su utilidad como herramienta de decisión. Para ello, volvemos a emplear los tipos de interés para cada periodo individualizado de manera que suponemos conocidos los tipos de interés a un año que prevalecerán en cada uno de los tres próximos años: $r_1 = 5\%$, $_1r_2 = 6\%$ y $_1r_3 = 7\%$.
La media geométrica de estos tipos de interés es

$$[(1,05)(1,06)(1,07)]^{1/3} - 1 = 0,059968.$$

Consideremos un bono básico a tres años. Su valor de no arbitraje viene dado por

$$b_3 = \frac{1}{(1,05)(1,06)(1,07)} = 0,839694.$$

La rentabilidad al vencimiento de este bono básico es 0,059968 o, lo que es lo mismo, su rentabilidad al vencimiento es la media geométrica de los tipos de interés a un año que prevalecen en cada periodo. Este resultado puede comprobarse ya que, por la definición de la rentabilidad al vencimiento, tenemos que para nuestro bono básico a tres años

$$0,839694 = \frac{1}{(1,059968)^3}.$$

Sin embargo, la rentabilidad al vencimiento de los bonos con cupón no será igual a la media geométrica de los tipos de interés de cada periodo, sino que será una *media geométrica ponderada*, donde las ponderaciones dependen de la magnitud de los correspondientes cupones.
Para verlo, imaginemos dos bonos con cupón con nominal igual a 10.000€ y vencimiento en tres años, donde el cupón del primer bono es el 5% y el cupón del segundo bono es igual al 12%. El precio de no arbitraje de ambos bonos es, de acuerdo con la ecuación de valoración, igual a:

$$B(5\%) = \frac{500}{1,05} + \frac{500}{(1,05)(1,06)} + \frac{10.500}{(1,05)(1,06)(1,07)} = 9.742,21$$

$$B(12\%) = \frac{1.200}{1,05} + \frac{1.200}{(1,05)(1,06)} + \frac{11.200}{(1,05)(1,06)(1,07)} = 11.625,59.$$

Las rentabilidades al vencimiento de estos dos bonos son

$$9.742,21 = \frac{500}{1 + i_1} + \frac{500}{(1 + i_1)^2} + \frac{10.500}{(1 + i_1)^3}$$

$$\Rightarrow i_1 = 5,9637\%$$

$$11.625,59 = \frac{1.200}{1 + i_2} + \frac{1.200}{(1 + i_2)^2} + \frac{11.200}{(1 + i_2)^3}$$

$$\Rightarrow i_2 = 5,9267\%.$$

La rentabilidad al vencimiento de los dos bonos con cupón analizados es menor que la rentabilidad al vencimiento del bono cupón cero y menor, por tanto, que la media geométrica de los tipos de interés de cada periodo. La razón de este resultado es que la media geométrica de los tipos de interés de cada periodo pondera por igual a los tres tipos de interés a uno, dos y tres años. Sin embargo, la rentabilidad al vencimiento de los bonos con cupón pondera relativamente más a los tipos de los años iniciales que a los tipos de los años finales. Cuanto mayor sea el cupón, mayor ponderación reciben los tipos de interés de los años iniciales. Dada la estructura temporal creciente supuesta en el ejemplo, el bono con cupón del 12% tendrá una rentabilidad al vencimiento inferior a la del bono con 5% de cupón. Naturalmente, y esto es fundamental, a pesar de las diferencias en la rentabilidad al vencimiento entre los dos bonos, ambos están correctamente valorados y tienen el mismo valor como vehículo de inversión. ∎

Esta discusión es también apropiada para entender que la estructura temporal de los tipos de interés basada en las rentabilidades al vencimiento de los bonos con cupón a diferentes plazos (denominada *curva de rendimientos*) no debería emplearse para valorar bonos. La herramienta clave para la valoración de activos de renta fija es la *curva cupón cero*.

EJEMPLO 3.1.3

Imaginemos dos bonos con cupón a diez años emitidos como deuda pública. La diferencia entre estos dos bonos es el diferente cupón que pagan. Así, el primer bono tiene un cupón del 15% y el cupón del segundo bono es del 5%. El nominal de ambos bonos es 10.000€. Los flujos de caja de ambos bonos se recogen en el cuadro 3.2.

Cuadro 3.2. Bonos con cupón.

Años	Flujos de caja A(15%)	Flujos de caja B(5%)
1-9	1.500	500
10	11.500	10.500

Insistiendo en el argumento implícito en el ejemplo 3.1.1, parece evidente que no puede ser apropiado descontar estas estructuras de pagos tan diferentes a lo largo del tiempo al mismo tipo de interés. Nótese que los propietarios del segundo bono reciben un alto porcentaje de todos sus flujos de caja al vencimiento del bono, mientras que los inversores en el primer bono tienen un porcentaje más elevado de sus rentas durante los primeros años de vida del mismo. Cada flujo de caja debería descontarse a aquel tipo de interés único que es el correcto para el plazo en el que se produce dicho flujo. Naturalmente, ese tipo de interés único para cada plazo temporal de la inversión es el tipo de interés al contado asociado a los bonos (básicos) cupón cero. Es decir, para descontar los flujos de caja de estos dos bonos con cupón necesitamos la curva cupón cero y no la curva de rendimientos.

Este mismo argumento se puede hacer sobre la base por la que reconocemos a cualquier bono con cupón como una cartera o combinación de bonos cupón cero. Así, el primer bono puede entenderse como una cartera de diez bonos cupón cero; el primero como un bono cupón cero con un año al vencimiento y nominal igual a 1.500, el segundo como un bono cupón cero con vencimiento dos años y nominal 1.500, etc.[2] Naturalmente, el valor total del bono con cupón es la suma de los valores de cada uno de los bonos cupón cero que lo componen. Este no es más que el argumento de arbitraje y réplica de pagos futuros que estamos empleando para valorar bonos. Por tanto, necesitamos los tipos de interés a diferentes plazos asociados a los bonos básicos o, lo que es lo mismo, la curva cupón cero. ∎

Entender de esta forma los bonos con cupón no es una simple cuestión académica. Los bonos segregables o *strips*, que discutiremos más adelante, son una con-

---

[2] Alternativamente, el primer bono puede interpretarse como una cartera formada por 1.500 bonos básicos tipo 1, el segundo bono como una combinación de 1.500 bonos básicos tipo 2, etc.

secuencia práctica de la necesidad de disponer de bonos básicos o de la curva cupón cero. El ejemplo anterior sugiere que no podemos valorar todos los flujos de caja al mismo tipo de interés y, por tanto, el concepto de rentabilidad al vencimiento de los bonos con cupón es un concepto lleno de complicadas sutilezas.

EJEMPLO 3.1.4 (Escuela de Negocios de la University of California en Berkeley)

Supongamos que tenemos dos bonos con cupón con cinco años al vencimiento y nominal de 10.000€. El primer bono tiene un cupón del 5% y el segundo bono del 10%. Sus respectivos precios de mercado son 9.180€ y 10.800€. Estos precios implican una rentabilidad al vencimiento del 7% para el primer bono y del 8% para el segundo bono. Esto es

$$9.180 = \frac{500}{1,07} + \frac{500}{(1,07)^2} + \frac{500}{(1,07)^3} + \frac{500}{(1,07)^4} + \frac{10.500}{(1,07)^5}$$

$$10.800 = \frac{1.000}{1,08} + \frac{1.000}{(1,08)^2} + \frac{1.000}{(1,08)^3} + \frac{1.000}{(1,08)^4} + \frac{11.000}{(1,08)^5}.$$

Naturalmente es imposible calcular los precios de los cinco bonos básicos dado que sólo disponemos de dos bonos con cupón negociables. Sin embargo, sí es posible obtener alguna información útil sobre el precio de los bonos básicos. Para ello, utilizamos la ecuación de valoración que debe satisfacer todo bono para evitar posibilidades de arbitraje:

$$9.180 = 500b_1 + 500b_2 + 500b_3 + 500b_4 + 10.500b_5$$
$$10.800 = 1.000b_1 + 1.000b_2 + 1.000b_3 + 1.000b_4 + 11.000b_5.$$

Mediante estas dos ecuaciones podemos obtener b_5 y $(b_1 + b_2 + b_3 + b_4)$. Si compramos 2 unidades del bono con cupón 5% y vendemos en descubierto 1 unidad del bono con cupón 10%, nuestro coste neto en el momento de la operación sería igual a 7.560€. El único flujo de caja futuro que genera esta estrategia sería 10.000€ en el quinto año. Efectivamente, los cupones que recibimos de la posición de compra (*posición larga*) son los mismos que tenemos que pagar como consecuencia de nuestra posición de venta (*posición corta*). Por tanto, el precio del bono básico b_5 es igual 0,756.

Si decidimos ir largo (comprar) 1 unidad del bono con cupón 10% e ir corto (vender) 1 unidad del bono con cupón 5%, el coste neto hoy sería de 1.620€, y los futuros flujos de caja netos serían igual a 500€ durante los cinco años siguientes. Así,

$$1.620 = 500b_1 + 500b_2 + 500b_3 + 500b_4 + 500b_5$$

$$\Rightarrow 3,24 = b_1 + b_2 + b_3 + b_4 + b_5$$

$$\Rightarrow 2,484 = b_1 + b_2 + b_3 + b_4.$$

Esta ecuación implica que los precios de los bonos (y por tanto sus rentabilidades al vencimiento) son tales que por invertir hoy 2,484€ obtendríamos 1€ cada año durante los siguientes cuatro años. Parece una buena oportunidad de inversión. Para comprobar que, de hecho, tenemos una oportunidad de arbitraje debemos comprobar que no existe una secuencia no creciente (b_1, b_2, b_3, b_4, b_5) que satisface las ecuaciones anteriores. Bien, si b_1, b_2, b_3 y b_4 fueran todos no menores que $b_5 = 0,756$, entonces su suma sería al menos $4 \times 0,756 = 3,024$. Pero, ya sabemos que la suma es igual a 2,484.

El hecho de que debe existir, dado el resultado anterior, una secuencia de precios de bonos básicos con un orden de magnitud a lo largo del tiempo contraria a la secuencia habitual por la que deberíamos observar un b_t decreciente al aumentar t, nos sugiere que efectivamente tenemos una oportunidad de arbitraje.

En este ejemplo, tenemos una oportunidad de arbitraje ya que a los precios actuales de mercado, los cupones para las fechas $t = 1$, $t = 2$, $t = 3$ y $t = 4$ son demasiado baratos con relación a los pagos del nominal de los bonos en $t = 5$. El bono con cupón del 10% tiene unos pagos dependientes en mayor medida de los cupones que el bono con cupón del 5%. Por tanto, nuestra estrategia de arbitraje consistiría en comprar el bono con cupón 10% y vender en descubierto el bono con cupón 5%. Esta estrategia la podemos poner en marcha comprando 1 unidad (largo 1 unidad) del bono con cupón 10% y vendiendo en descubierto (corto) un número de unidades del bono cupón 5% que nos permita financiar la compra anterior de manera que el coste inicial de la estrategia sea cero. Para ello vendemos en descubierto (10.800/9.180) unidades del bono con cupón 5%. El flujo de pagos se representa en el cuadro 3.3.

Cuadro 3.3. Estrategia de arbitraje: bonos con cupón.

FLUJOS DE CAJA			
Años	Bono 10%	Bono 5%	Flujo de caja neto
0	– 10.800	+ 10.800	0
1	+ 1.000	– 590	+ 410
2	+ 1.000	– 590	+ 410
3	+ 1.000	– 590	+ 410
4	+ 1.000	– 590	+ 410
5	+ 11.000	– 12.350	– 1.350

Simplemente guardando los flujos de caja por valor de 410€ en los años uno al cuatro, disponemos de, al menos, 1.640€ que suponen un beneficio neto igual a (1.640 – 1.350 =) 290€ en $t = 5$. ∎

3.2 Tipos de interés y precios de bonos

Este apartado discute la importante relación entre los precios de los bonos y los tipos de interés. Para ello, denominamos C a la cantidad del cupón en euros, B es el precio de mercado del bono, i es su rentabilidad al vencimiento y, finalmente, 10.000€ será considerado como el nominal del bono.

Decimos que un bono con cupón se valora *con descuento* (bajo par) cuando su precio de mercado es menor que el nominal; esto es, $B < 10.000$. En este caso, tenemos que

$$\frac{C}{10.000} < \frac{C}{B} < i.$$

La primera desigualdad es inmediata para bonos con descuento. Para ver la segunda desigualdad, utilicemos el siguiente ejemplo. Supongamos un bono con cupón del 7% a cinco años cuyo nominal son 10.000€ y su precio de mercado es 9.500€. Así,

$$\frac{C}{B} = \frac{700}{9.500} = 0,0737 \Rightarrow 7,37\%.$$

Si el nominal fuese 9.500 y, por tanto, igual al precio de mercado, entonces la rentabilidad al vencimiento, i, sería igual a 7,37%. En otras palabras, si una inversión ofrece el 7,37% y se descuentan los pagos al 7,37%, el valor actual de sus pagos futuros será su precio de 9.500.

$$9.500 = \frac{700}{1,0737} + \frac{700}{(1,0737)^2} + \frac{700}{(1,0737)^3} + \frac{700}{(1,0737)^4} + \frac{700 + 9.500}{(1,0737)^5}.$$

De esta forma, i debe ser mayor que 7,37% para que la siguiente expresión se satisfaga:

$$9.500 = \frac{700}{1 + i} + \frac{700}{(1 + i)^2} + \frac{700}{(1 + i)^3} + \frac{700}{(1 + i)^4} + \frac{700 + 10.000}{(1 + i)^5}.$$

Hemos comprobado que cuando el precio de mercado de un bono cae por debajo del nominal, entonces necesariamente su rentabilidad al vencimiento será superior a la rentabilidad obtenida del pago del cupón. Esto es, cuando los precios de los bonos disminuyen, los tipos de interés vigentes en ese momento en el mercado aumentan. *Existe una relación inversa entre el precio de los bonos y los tipos de interés.*

De la misma forma, para bonos con cupón que se valoran *con prima* (sobre par), el precio de mercado es superior al nominal, $B > 10.000$. Por tanto, en este caso,

$$\frac{C}{10.000} > \frac{C}{B} > i.$$

Por último, para bonos con cupón que se valoran *a la par*:

$$\frac{C}{10.000} = \frac{C}{B} = i.$$

La relación inversa entre precios de bonos y tipos de interés es una relación muy importante que puede también entenderse de manera inmediata. Imaginemos que se emite un bono con cupón a cinco años cuyo nominal sea 10.000€ y cupón del 10%. Supongamos que dos años después de la emisión, los tipos de interés vigentes en el mercado han subido al 12%. En ese momento se emite otro bono de riesgo crediticio similar al anterior. La pregunta es inmediata: ¿puede el precio del primer bono mantenerse en su valor nominal de 10.000 con un cupón del 10% cuando existe otro bono con cupón del 12%? La respuesta es también inmediata. El primer bono nunca se valoraría a un precio de 10.000. Para evitar posibilidades de arbitraje su precio debería caer para compensar el aumento experimentado por los tipos de interés.

EJEMPLO 3.2.1

Supongamos un contexto de certeza, donde los tipos de interés al contado (o rentabilidades al vencimiento de bonos cupón cero) anualizados de inversiones a 1, 2, 3, 4 y 5 años son los siguientes:

$$r_1 = 5\%$$
$$r_2 = 5,5\%$$
$$r_3 = 6\%$$
$$r_4 = 6,5\%$$
$$r_5 = 7\%.$$

Se pide:

a) Los precios hoy de los bonos básicos a 1, 2, 3, 4 y 5 años.
b) La rentabilidad al vencimiento (TIR) de cada uno de dichos bonos.
c) El tipo de interés seguro que regirá en el mercado entre los años 0 y 1; 1 y 2; 2 y 3; 3 y 4; 4 y 5. Se piden, por tanto, los tipos de interés para inversiones de 1 año. Estamos pensando en inversiones que se harán en sucesivos periodos de un año en el futuro. Dichos tipos de interés pueden denominarse, $_1r_1$, $_1r_2$, $_1r_3$, $_1r_4$ y $_1r_5$. Indican que son los tipos de interés que pueden obtenerse por invertir durante un año.
d) El rendimiento que se obtendrá por año en cada uno de estos bonos básicos.
e) ¿Cuál es la forma de la estructura temporal de los tipos de interés?

La solución de este ejemplo es la siguiente:

a)

$$b_1 = \frac{1}{1,050} = 0,9524$$

$$b_2 = \frac{1}{(1,055)^2} = 0,8985$$

$$b_3 = \frac{1}{(1,060)^3} = 0,8396$$

$$b_4 = \frac{1}{(1,065)^4} = 0,7773$$

$$b_5 = \frac{1}{(1,070)^5} = 0,7130.$$

b) La rentabilidad al vencimiento de los bonos básicos es aquel tipo de interés (anualizado) que iguala el precio de mercado de un bono con el valor actual de sus flujos de caja futuros. Sabemos que en el caso de los bonos cupón cero y, por tanto, en el caso de los bonos básicos, la rentabilidad al vencimiento coincide con el tipo de interés al contado (anualizado) de las inversiones a sus correspondientes plazos. Así, las rentabilidades al vencimiento serán precisamente los tipos de interés que figuran en el enunciado de este ejemplo:

$$0,9524 = \frac{1}{1+i} \Rightarrow i = 5\%$$

$$0,8985 = \frac{1}{(1+i)^2} \Rightarrow i = 5,5\%$$

$$0,8396 = \frac{1}{(1+i)^3} \Rightarrow i = 6\%$$

$$0,7773 = \frac{1}{(1+i)^4} \Rightarrow i = 6,5\%$$

$$0,7130 = \frac{1}{(1+i)^5} \Rightarrow i = 7\%.$$

c) Sabemos que:

$$(1 + r_1)(1 + {_1}r_2) = (1 + r_2)^2$$

$$\Rightarrow (1,05)(1 + {_1}r_2) = (1,055)^2$$

$$(1 + {_1}r_2) = \frac{(1,055)^2}{1,05} = 1,06 \Rightarrow {_1}r_2 = 6\%.$$

Para el resto de los periodos, tendremos la misma relación y, por tanto,

$$1 + {_1}r_3 = \frac{(1,06)^3}{(1,055)^2} = 1,07 \Rightarrow {_1}r_3 = 7\%$$

$$1 + {_1}r_4 = \frac{(1,065)^4}{(1,06)^3} = 1,08 \Rightarrow {_1}r_4 = 8\%$$

$$1 + {_1}r_5 = \frac{(1,07)^5}{(1,065)^4} = 1,09 \Rightarrow {_1}r_5 = 9\%.$$

d) La tasa de rendimiento de cualquier activo financiero j viene definida por la siguiente expresión:

$$R_{jt} = \frac{P_{jt} - P_{jt-1} + D_{jt}}{P_{jt-1}}$$

donde P_{jt} es el precio del activo financiero j en la fecha t y D_{jt} es cualquier renta distribuida por el activo j entre las fechas $t-1$ y t. En nuestro caso, los activos financieros que estamos analizando son los bonos básicos. Por tanto, las tasas de rendimiento para cada uno de los años serán las siguientes:

- Para el primer periodo sabemos que la tasa de rendimiento del bono básico tipo 1 es 5% $(= (1 - 0,9524)/0,9524)$.
- Para los siguientes bonos básicos:

$$\frac{{_1}b_2 - b_2}{b_2},$$

donde b_2 es el precio hoy (en $t = 0$) del bono básico que madura en $t = 2$ y ${_1}b_2$ es el precio en $t = 1$ del bono básico que tiene un año de vigencia; esto es, es el precio de un bono básico que madura en $t = 2$ y se crea en $t = 1$. Utilizando los números del ejemplo:

$$ {_1}b_2 = \frac{1}{1 + {_1}r_2} = \frac{1}{1,06} = 0,9434 $$

$$\Rightarrow \frac{0,9434 - 0,8985}{0,8985} = 0,05$$

$$ {_1}b_3 = \frac{1}{(1 + {_1}r_2)(1 + {_1}r_3)} = \frac{1}{(1,06)(1,07)} = 0,8817 $$

$$\Rightarrow \frac{0,8817 - 0,8396}{0,8396} = 0,05.$$

Dejamos que el lector compruebe que las tasas de rendimiento para cada uno de los bonos básicos restantes son siempre iguales al 5% en el primer periodo entre $t = 0$ y $t = 1$. Nótese que en el segundo periodo, el rendimiento sería del 5,5% para todos los bonos básicos.

Este es un resultado importante. Para evitar arbitraje, todos los bonos básicos, en un mundo de certeza, ofrecen la misma tasa de rendimiento durante cada año —el 5% en este ejemplo para el primer periodo— a pesar de tener diferentes rentabilidades al vencimiento.

e) La forma de la estructura temporal de los tipos de interés (curva cupón cero) es creciente. En el ejemplo, los tipos de interés para inversiones a más largo plazo son más elevados que los tipos de interés para inversiones a más corto plazo. ■

EJEMPLO 3.2.2

Supongamos un contexto de certeza, donde el precio que observamos en el mercado de un bono con cupón es 1.131,08€. Este bono tiene un nominal igual 1.000€, paga un cupón anual de 100€ y madura en 5 años. Supóngase la existencia de los cinco bonos básicos del problema anterior: ¿Es el precio del bono con cupón consistente con la ausencia de arbitraje?

El bono con cupón de este ejemplo tiene la estructura de pagos dada en el cuadro 3.4.

Cuadro 3.4. Flujos de caja a replicar por una cartera de bonos básicos

$t = 1$	$t = 2$	$t = 3$	$t = 4$	$t = 5$
100	100	100	100	100 + 1.000

Estos son los flujos de caja que queremos replicar mediante una cartera de bonos básicos cuyos precios conocemos. Para ello, formamos una cartera de bonos básicos de forma que tenga los mismos flujos de caja que los del bono con cupón:

- compramos 100 bonos básicos que maduran en $t = 1$
- compramos 100 bonos básicos que maduran en $t = 2$
- compramos 100 bonos básicos que maduran en $t = 3$
- compramos 100 bonos básicos que maduran en $t = 4$
- compramos 1.100 bonos básicos que maduran en $t = 5$.

Dado que cada unidad de los bonos básicos paga 1 euro en sus respectivos vencimientos, hemos replicado los flujos de caja del bono con cupón. El coste o precio de mercado del bono con cupón consistente con la ausencia de arbitraje debería ser igual al coste de la cartera de bonos básicos. El coste de dicha cartera es:

$$V = 100(0,9524) + 100(0,8985) + 100(0,8396) + 100(0,7773) + 1.100(0,7130) = 1.131,08.$$

Por tanto, el precio de cotización del bono con cupón es precisamente el precio que satisface la ecuación de valoración y es, en definitiva, un precio consistente con la ausencia de arbitraje.

Alternativamente ya sabemos que podríamos descontar los flujos de caja futuros del bono con cupón a los respectivos tipos de interés al contado apropiados para los cinco vencimientos:

$$B = \frac{100}{1,05} + \frac{100}{(1,055)^2} + \frac{100}{(1,06)^3} + \frac{100}{(1,065)^4} + \frac{1.100}{(1,07)^5} = 1.131,08.$$

Sabemos que este es un resultado importante. El precio de un activo consistente con la ausencia de arbitraje (precio que satisface la ecuación de valoración) es precisamente el valor actual de sus flujos de caja futuros descontados al tipo de interés apropiado para cada vencimiento. Así, reflejaremos correctamente el valor temporal del dinero. Si los flujos de caja fuesen inciertos, el factor de descuento o, alternativamente, el tipo de interés al contado asociado a los bonos (básicos) cupón cero deberían ajustarse mediante la correspondiente prima de riesgo. Una parte importante de este libro se dedicará a analizar la forma apropiada de incorporar la prima de riesgo. ∎

EJEMPLO 3.2.3

Tenemos la siguiente información:

a) Un bono de cupón cero a 1 año y nominal igual a 1.000€ tiene un precio actual de mercado igual a 952,38€.
b) Un bono de cupón cero a 2 años y nominal igual a 1.000€ tiene un precio actual de merca-do igual a 865,80€.
c) Un bono con cupón a 20 años, nominal igual a 1.000€ e interés del 8% tiene un precio ac-tual de mercado igual a 1.000€.

Se pide:

a) ¿Cuál será el precio del bono de cupón cero a 2 años dentro de un año?
b) ¿Cuál será el precio del bono con cupón a 20 años dentro de un año?
c) ¿Cuál será el precio del bono con cupón a 20 años dentro de dos años?

Imaginar un contexto de certeza sin fricciones en el mercado.

Para discutir este ejercicio denominemos P al precio de los bonos cupón cero y B al precio de los bonos con cupón. Cada uno de ellos llevará un subíndice correspondiente a su determinado ven-cimiento en años.

a) El precio del bono cupón cero a un año se puede obtener como:

$$P_1 = \frac{1.000}{1 + r_1} \Rightarrow 1 + r_1 = \frac{1.000}{952,38} = 1,05.$$

Sea $_1P_2$ el precio del bono cupón cero a dos años vigente dentro de un año. Este es el precio del bono que estamos buscando:

$$_1P_2 = 865,80(1,05) = 909,09,$$

que no es más que el valor futuro del precio actual al tipo de interés al contado vigente para un año.

b) Sabemos por el ejemplo 3.2.1 que, para evitar arbitraje, todos los bonos en un contexto de certeza como este ofrecen la misma tasa de rendimiento en cada año. Por tanto,

$$1,05 = \frac{_1B_{20} + C}{B_{20}},$$

donde $_1B_{20}$ es el precio del bono con cupón a 20 años dentro de un año, B_{20} es su precio hoy y C es el cupón en euros. En definitiva,

$$_1B_{20} = (1,05)(1.000) - 80 = 970.$$

c) Para discutir esta parte del ejemplo necesitamos en primer lugar el tipo de interés al contado a un año que estará vigente dentro de un año:

$$1 + _1r_2 = \frac{1.000}{909,09} = 1,10.$$

Utilizando el mismo argumento que en el apartado anterior, pero trabajando entre los años uno y dos:

$$1,10 = \frac{_2B_{20} + C}{_1B_{20}}$$

$$\Rightarrow {}_2B_{20} = 1,10(970) - 80 = 987. \ \blacksquare$$

EJEMPLO 3.2.4

Supongamos que queremos conocer lo que valdría un bono de cupón cero a 2 años que tuviese un nominal de 100€. Desafortunadamente, un bono de esas características no se cotiza en el mercado. Sin embargo, imaginemos que se cotizan los siguientes bonos:

1. Un bono de cupón cero a 1 año y nominal igual a 100€, vale 92,0€.
2. Un bono con cupón a 2 años y nominal igual a 100€ e interés del 10% vale 102€.

¿Cuál es el precio del bono cupón cero a 2 años?

Como siempre que queremos valorar un bono o un activo en general, construimos una cartera que replique los pagos del activo a valorar. La siguiente estrategia del cuadro 3.5 *casi* replica los pagos del bono cupón cero a dos años:

Cuadro 3.5. Estrategia réplica aproximada.

Cartera	$t = 0$	$t = 1$	$t = 2$
Comprar el bono con cupón	− 102	+ 10	+ 110
Vender en descubierto 0,10 unidades del bono cupón cero	+ 9,20	− 10	—
Total	− 92,80	0	+ 110

Esto es, 92,80€ sería el coste de un bono con cupón cero a dos años y nominal igual a 110€. Sin embargo, queremos que el nominal sea igual a 100€. Por tanto, el precio del bono cupón cero a dos años consistente con la ausencia de arbitraje es

$$92,80 \left(\frac{100}{110}\right) = 84,36. \ \blacksquare$$

EJEMPLO 3.2.5

Este es un ejemplo sobre el comportamiento de los precios de los bonos y su relación con la rentabilidad al vencimiento.

En el cuadro 3.6 se muestran los precios de cuatro bonos con cupón para distintos niveles de la rentabilidad al vencimiento.

Cuadro 3.6. Precios de bonos y rentabilidad al vencimiento.

Rentabilidad al vencimiento exigida (nominal = 10.000)	Cupón = 9%		Cupón = 6%	
	Vencimiento = 5	Vencimiento = 25	Vencimiento = 5	Vencimiento = 25
6%	11.279,90	13.859,40	10.000,00	10.000,00
7%	10.831,60	12.345,50	9.584,10	8.827,20
8%	10.405,50	11.074,10	9.188,90	7.851,70
9%	10.000,00	10.000,00	8.813,00	7.035,70
10%	9.613,90	9.087,20	8.455,60	6.348,80
11%	9.242,60	8.306,80	8.115,50	5.767,10

Este cuadro sugiere, a modo de resumen, las importantes relaciones existentes entre los precios de los bonos y la rentabilidad al vencimiento. Cabe destacar cinco importantes relaciones que se mantienen de forma general independientemente del ejemplo que consideremos:

* Los precios de los bonos disminuyen con rentabilidades al vencimiento crecientes y aumentan con cupones crecientes.
* Los precios de los bonos serán menores que su valor nominal si el cupón está por debajo de (es inferior a) la rentabilidad al vencimiento y serán mayores que su valor nominal si el cupón está por encima de (es superior a) la rentabilidad al vencimiento.
* Los precios de los bonos aumentan con un mayor plazo hasta el vencimiento cuando la rentabilidad al vencimiento es menor que el cupón y disminuyen con un mayor vencimiento cuando dicha rentabilidad es mayor que el cupón.
* Para una rentabilidad al vencimiento dada, la variación porcentual en el precio es más pequeña cuando el cambio en la rentabilidad al vencimiento es positivo; la variación en el precio es mayor cuanto más pequeño sea el cupón o cuando el plazo hasta el vencimiento sea mayor.
* La relación entre el precio y la rentabilidad al vencimiento es convexa. ■

3.3 La estimación de la curva cupón cero: una primera aproximación

Hemos argumentando que la curva de rendimientos no es la forma más apropiada de medir la relación entre tipos de interés y vencimiento. La razón fundamental, tal como se discute en los ejemplos 3.1.2 y 3.1.3, es que activos con el mismo vencimiento pueden tener diferentes rentabilidades al vencimiento. La magnitud del correspondiente cupón hace que la estructura de pagos a lo largo del tiempo pueda ser muy diferente para dos bonos con el mismo vencimiento. Parece evidente, en definitiva, que necesitamos los tipos de interés al contado para vencimientos alternativos o, lo que es lo mismo, la curva cupón cero.

Desafortunadamente, en los mercados financieros reales no se cotizan bonos cupón cero con vencimientos superiores a 18 meses. Por tanto, si exceptuamos las posibilidades que ofrecen los bonos segregables que comentaremos en este mismo capítulo, necesitamos acudir a los bonos de deuda pública con cupón que dada su liquidez y volumen de negociación reflejan precios justos para los inversores. En particular, lo ideal sería disponer de un número suficiente de bonos con cupón recién emitidos y que sean valorados *a la par*. Una vez más, estos bonos no suelen estar disponibles para todos los vencimientos necesarios por lo que resulta necesario interpolar los tipos no disponibles.

EJEMPLO 3.3.1

Consideremos los bonos con cupón del cuadro 3.7 valorados a la par, es decir, que su rentabilidad al vencimiento coincida con el tipo de interés del cupón y consideremos todos ellos con valor nominal y, por tanto, como valor a la par, de 10.000€:

Cuadro 3.7. Bonos del Estado con cupón.

10 BONOS CON CUPÓN A LA PAR	
Años	Rentabilidad al vencimiento anualizada (= al cupón)(en %)
1	5,00
2	5,75
3	6,50
4	7,25
5	7,50
6	7,75
7	8,00
8	8,25
9	8,50
10	8,75

Del bono con vencimiento a 1 año se obtiene obviamente el tipo de interés al contado para una inversión a 1 año:

$$10.000 = \frac{10.500}{1 + r_1} \Rightarrow r_1 = 0,05.$$

Así, el precio hoy de 1€ entregado dentro de un año es

$$b_1 = \frac{1}{1 + r_1} = 0,9524.$$

Análogamente, el precio del bono con dos años hasta el vencimiento, que al ser un bono a la par será igual a 10.000, debería coincidir con su valor de no arbitraje que viene dado por el siguiente razonamiento:

$$\frac{575}{(1 + r_1)} + \frac{10.575}{(1 + r_2)^2} = 10.000$$

$$\Rightarrow \frac{575}{(1,05)} + \frac{10.575}{(1 + r_2)^2} = 10.000 \Rightarrow (1 + r_2)^2 = 1,118766 \Rightarrow r_2 = 5,772\%.$$

Acudiendo a la réplica de carteras también lo podríamos razonar de la siguiente forma: una posición larga en el bono a la par con dos años al vencimiento y una posición corta de 575/10.500 unidades del bono con vencimiento a un año ofrece un flujo de caja al final del segundo año igual a 10.575€ y nada en cualquier otro momento del tiempo. Por tanto, la posición conjunta es equivalente a un bono cupón cero a dos años con valor igual a:

$$10.000 - \left(\frac{575}{10.500}\right)10.000 = 10.000 - \frac{575}{1,05} = 9.452,38$$

$$\Rightarrow 9.452,38 = \frac{10.575}{(1 + r_2)^2} \Rightarrow r_2 = 5,772\%.$$

Alternativamente dado que, para evitar la posibilidad de arbitraje, el coste de una cartera que ofrece los flujos de caja 575 y 10.575 en sus dos primeros años debe ser igual al precio de un bono que ofrece precisamente dichos flujos de caja, tendremos:

$$V = \sum_{t=1}^{T} b_t C_t = b_1 C_1 + b_2 C_2 = (0,9524)(575) + b_2 (10.575) = 10.000$$

$$\Rightarrow b_2 = 0,8938.$$

De esta forma hemos obtenido el precio hoy de un euro entregado con certeza en dos años o, alternativamente, el tipo de interés al contado anualizado para una inversión a dos años que ha resultado igual al 5,772%

De la misma forma, podemos calcular el tipo de interés al contado de un bono cupón cero a tres años. Su valor viene dado por la ecuación de no arbitraje:

$$\frac{650}{(1 + r_1)} + \frac{650}{(1 + r_2)^2} + \frac{10.650}{(1 + r_3)^3} = 10.000$$

$$\Rightarrow \frac{650}{(1,05)} + \frac{650}{(1,05772)^2} + \frac{10.650}{(1 + r_3)^3} = 10.000 \Rightarrow r_3 = 6,567\%.$$

En términos de los precios de los bonos básicos:

$$V = \sum_{t=1}^{T} b_t C_t = b_1 C_1 + b_2 C_2 + b_3 C_3 = (0,9524)(650) + (0,8938)(650) + (b_3)(10.650) = 10.000$$

$$\Rightarrow b_3 = 0,8263.$$

Resolviendo sucesivamente por el resto de los tipos de interés al contado para las correspondientes inversiones a cuatro, cinco, ..., diez años obtenemos los siguientes resultados que aparecen en el cuadro 3.8.

Cuadro 3.8. La estimación de la curva cupón cero.

CURVA CUPÓN CERO		
Año	Tipo de interés al contado (en %)	Precio de los bonos básicos (en euros)
1	$r_1 = 5,00$	$b_1 = 0,9524$
2	$r_2 = 5,772$	$b_2 = 0,8938$
3	$r_3 = 6,567$	$b_3 = 0,8263$
4	$r_4 = 7,395$	$b_4 = 0,7517$
5	$r_5 = 7,662$	$b_5 = 0,6913$
6	$r_6 = 7,946$	$b_6 = 0,6321$
7	$r_7 = 8,247$	$b_7 = 0,5742$
8	$r_8 = 8,565$	$b_8 = 0,5182$
9	$r_9 = 8,903$	$b_9 = 0,4641$
10	$r_{10} = 9,264$	$b_{10} = 0,4123$

La estructura temporal de los tipos de interés o curva cupón cero resultante aparece en la figura 3.2, donde además se incluye el gráfico de los precios de los bonos básicos o factores de descuento que, como puede apreciarse, son decrecientes.

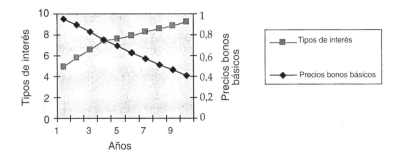

Figura 3.2. Curva cupón cero. ■

Nótese que la disponibilidad de dicha curva cupón cero nos permite valorar cualquier activo financiero o activo real cuyos flujos de caja no presenten riesgo de insolvencia en ningún momento futuro o estado de la naturaleza alternativo. La valoración de un activo financiero o real con riesgo exige ajustar los correspondientes tipos cupón cero obtenidos con la adecuada prima por riesgo, tal como discutiremos más adelante.

Imaginemos que queremos valorar un bono con cupón con 10 años al vencimiento con nominal igual a 10.000€ y cupón del 8,00% que se paga anualmente. Usando la ecuación de valoración y los tipos de interés al contado (o precios de los bonos básicos) apropiados para cada periodo tendremos:

$$V = 800(0,9524) + 800(0,8938) + 800(0,8263) + 800(0,7517) + 800(0,6913) +$$
$$+ 800(0,6321) + 800(0,5742) + 800(0,5182) + 800(0,4641) + 10.800(0,4123) =$$
$$= 9.496,68€.$$

Si el bono anterior se cotiza en el mercado por un valor de 9.400€, que es una cantidad menor que su valor de no arbitraje, un miembro del mercado de anotaciones en cuenta podría realizar un arbitraje vendiendo la cartera réplica de bonos cupón cero por un valor total de 9.496,68€ y comprando el bono con cupón por 9.400€. Ahora bien, ¿cómo es posible vender la cartera réplica de bonos cupón cero si estos no existen? El miembro del mercado puede *segregar* los diferentes pagos de cupón como si fuesen bonos cupón cero individuales que pagan 800 a un año, 800 a dos años, etc., y, una vez segregados, venderlos en el mercado por sus precios 761,92 (= 800 × 0,9524), 715,04 (= 800 × 0,8938), etc. Esta posibilidad que puede, de hecho, llevarse a cabo en el mercado español de capitales desde principio de 1998, se discute en la siguiente sección de este capítulo.

3.4 Los bonos segregables o *strips*

Los *strips* de deuda pública, nombre que se corresponde con las siglas de la denominación inglesa *Separately Traded Registered of Interest and Principal*, son los activos financieros resultantes de la segregación de los pagos de intereses asociados al cupón de los bonos y el pago del nominal o principal de dichos bonos, de forma que ambos componentes se puedan negociar independientemente del bono con cupón del que proceden.

Los *strips* generan nuevas e importantes posibilidades para los gestores de carteras dado que, de hecho, introducen en el mercado bonos cupón cero para plazos largos. Nótese que cada uno de los pagos de un determinado cupón, una vez segregado, es equivalente a un bono cupón cero con vencimiento en la fecha de pago del correspondiente cupón. Al negociarse estos *strips* por separado como activos financieros independientes, se obtiene la información necesaria para la construcción de la estructura temporal de los tipos de interés, tal como hemos visto en la sección anterior. Se trataría, por tanto, de la observación directa de la curva cupón cero como consecuencia, además, del consenso que se produce en el mercado financiero producto de la negociación de los agentes.

En definitiva, el motivo último que justifica el desarrollo de un mercado de *strips*, es el enriquecimiento de la ya importante gama de instrumentos financieros que se dispone en el mercado español de capitales.

Dada la reciente introducción de estos productos en el mercado español, puede resultar difícil su valoración. Sin embargo, en un importante trabajo, Gómez y

Sicilia (1999) han valorado los *strips* de deuda pública autorizados por el Tesoro como negociables en forma de bonos segregables, a través de una comparación entre la curva cupón cero teórica estimada mediante los procedimientos que discutimos en la siguiente sección y la curva cupón cero proveniente de los precios negociados de los *strips*. Ahora bien, tal como mencionan Gómez y Sicilia, no debemos esperar que la curva de *strips* reproduzca exactamente la curva teórica porque la demanda de los bonos con cupón, en los que se basa la curva teórica, y la demanda de bonos cupón cero puede ser distinta, reflejándose consiguientemente en las rentabilidades requeridas por los agentes en uno y otro mercado.[3]

Lo que sí es cierto es que las posibles diferencias en rentabilidad que observemos deberían ser una consecuencia de la demanda de estos activos en cada tramo de la curva cupón cero. Si la curva de *strips* se sitúa por debajo de la curva teórica sería una consecuencia de una importante demanda de *strips* en los plazos o vencimientos asociados a dichos tramos de la curva. Esta demanda haría subir su precio y, consecuentemente, bajar el tipo de interés. En caso contrario, la explicación debería recaer en un exceso de oferta de los *strips*. Al mismo tiempo, para que no existan posibilidades de arbitraje entre las carteras de *strips* y los bonos subyacentes correspondientes, es necesario que, si existen diferenciales negativos entre la curva cupón cero proveniente de los *strips* y la curva cupón cero teórica en algunos tramos de la curva, éstos sean compensados por diferenciales positivos en otros tramos.

El argumento de arbitraje implícito en una situación en la que la curva de *strips* estuviese consistentemente situada por encima (o por debajo) de la curva teórica en todos los tramos se basa en que los *strips* estarían "baratos" ("caros") en todos los plazos. Así, si los *strips* estuviesen sistemáticamente por encima, podríamos realizar un arbitraje comprando *strips* para reconstruir el bono subyacente y poder venderlo a un precio más elevado. El arbitraje inverso sería posible si la curva de *strips* estuviese consistentemente por debajo de la curva teórica.

Gómez y Sicilia encuentran en su análisis para el año 1998 que la curva de *strips* no se ha situado por encima o por debajo de la curva teórica de forma uniforme en todos los plazos considerados. Sí es cierto, sin embargo, que dichos autores observan diferenciales altamente positivos y negativos a lo largo de los distintos tramos de las curvas. Además, los diferenciales negativos se han centrado en los plazos más cortos de la curva (hasta los cinco años en su estudio) y los positivos en los tramos largos de la curva. Este resultado parece indicar que durante 1998 existía un exceso de demanda de *strips* en los tramos cortos y un exceso de oferta en los plazos largos. Esta evidencia puede explicarse por los niveles de tipos de interés en los que se encontraba el mercado español en 1998 y la correspondiente gestión de carteras que resulta apropiada en un contexto de

---

[3] En principio, la legislación fiscal no debería ser una fuente de conflicto porque los legisladores han sido suficientemente cuidadosos equiparando la legislación fiscal de los bonos segregables no segregados con los propios *strips*.

esas características. En resumen, Gómez y Sicilia concluyen que los *strips* han sido correctamente valorados por el mercado al no estar consistemente caros o baratos en todos los plazos de la curva cupón cero.

La posibilidad de negociación de los *strips* en el mercado español puede hacernos pensar que la mejor forma de estimar la curva cupón cero es acudir directamente a los precios de estos *strips* negociados. Desafortunadamente, la realidad no es tan sencilla. Existen dos motivos fundamentales por los que la observación directa de la curva cupón cero a través de los *strips* puede estar seriamente limitada.[4] Por un lado, los distintos niveles de liquidez, tanto entre la negociación de los bonos subyacentes y sus correspondientes *strips*, como entre los *strips* disponibles o autorizados dependiendo de la cuantía del flujo de caja que representan, pueden imposibilitar en la práctica la realización de operaciones de arbitraje, por lo que los desequilibrios potenciales entre ambos tipos de curvas no sean corregibles. De manera similar, la evidente segmentación por tramos que se observa en la negociación de los *strips*, incluso en países con una mayor tradición negociadora en estos instrumentos, puede dificultar las correcciones de los desequilibrios entre ambas curvas.

Estos dos motivos hacen que pueda aparecer una *prima de segregabilidad*, de forma que la estimación de la curva cupón cero obtenida mediante los *strips* refleje aspectos más complejos que los que se pretenden recoger en los tipos de interés al contado para distintos vencimientos. Si el mercado entiende que la segregabilidad es un valor añadido por motivos de liquidez o segmentación, los inversores podrían estar dispuestos a aceptar una remuneración más baja por la compra de bonos segregables. Esto llevaría a que la curva estimada mediante los *strips* estuviese por debajo de la curva teórica obtenida mediante las técnicas de los apartados 3.3 o 3.5 de este capítulo. Dada la posibilidad real de la existencia de esta *prima de segregabilidad*, los tipos de interés resultantes no se corresponderían exactamente con los precios de los bonos básicos teóricos, que son, en último término, los que determinan la curva cupón cero deseable. Por ello, las técnicas de extracción de los factores de descuento o precios de los bonos básicos a través de los precios de los bonos con cupón de deuda pública en un mercado desarrollado y caracterizado por una alta liquidez, transparencia y bajo coste de negociación pueden seguir siendo fundamentales. Este argumento nos lleva a discutir, en la siguiente sección, una segunda aproximación a la estimación de la curva cupón cero mediante los precios de los bonos con cupón de la deuda pública.

---

[4] Entendemos que las diferencias en el tratamiento fiscal que tengan los *strips* y los bonos subyacentes están adecuadamente corregidas por el legislador. En caso contrario, la incidencia fiscal puede explicar diferenciales de rentabilidad entre la curva cupón cero teórica y la curva proveniente de los precios de negociación de los *strips*.

3.5* La estimación de la curva cupón cero: una segunda aproximación

Una manera habitual, y alternativa a las discutidas anteriormente, de estimar la estructura temporal de tipos de interés, se basa en aproximar matemáticamente a determinadas funciones conocidas la curva cupón cero a partir de los datos disponibles. La idea básica, una vez más, consiste en extraer la estructura temporal de los tipos de interés o curva cupón cero mediante la estructura temporal de los cupones asociados a los bonos con cupón disponibles en el mercado. El trabajo pionero de esta línea, y que ha sentado las bases de las estimaciones (más complejas) de la curva cupón cero que ha realizado el Banco de España en años recientes, se debe a McCulloch (1971). Este autor aproxima los precios de los bonos básicos o, lo que es lo mismo, los factores de descuento, mediante una función, denominada función de descuento, que es una combinación lineal de funciones continuamente diferenciables.[5]

Sabemos que si disponemos de los precios de los bonos básicos asociados a cada una de las fechas de pago del cupón de un determinado bono, resulta inmediato obtener el precio de no arbitraje de un bono con cupón igual a C que tiene su vencimiento en T y nominal igual a 10.000€:

$$B_T = b_1 C + b_2 C + \ldots + b_T(10.000 + C)$$

$$= C \sum_{t=1}^{T} b_t + 10.000 b_T.$$

[3.5]

De la misma forma, si disponemos de los precios de los bonos con cupón, $B_1, \ldots, B_T$, con vencimientos en cada una de las fechas donde se produce el pago de algún cupón, $t = 1$, $t = 2$, ..., $t = T$ (y, por tanto, tenemos una estructura temporal de cupones completa), entonces podríamos utilizar la expresión [3.5] para obtener los precios de los bonos básicos o factores de descuento necesarios para estimar la curva cupón cero. Esto es precisamente el tipo de ejercicio que realizamos en el apartado 3.3 de este capítulo para estimar la curva cupón cero. De forma analítica y simplificada:

– Si empezamos con el bono con cupón con vencimiento en un solo periodo:

$$B_1 = b_1(10.000 + C) \Rightarrow b_1 = \frac{B_1}{(10.000 + C)}.$$

– Mediante el precio del bono con cupón que madura en el segundo periodo:

$$B_2 = b_1 C + b_2(10.000 + C) \Rightarrow b_2 = \frac{B_2 - b_1 C}{(10.000 + C)}.$$

---

[5] McCulloch supone, de hecho, que los cupones se pagan de forma continua. En la práctica con pagos de cupones discretos o periódicos debería tenerse en cuenta la existencia del cupón corrido (devengado y no pagado) que se añadiría al precio de cotización del bono que estemos considerando.

– Realizando la misma operación de forma iterativa tendríamos los precios de los bonos básicos para los distintos vencimientos, $b_1, b_2, ..., b_{T-1}$ de manera que podríamos obtener b_T como:

$$b_T = \frac{B_T - b_{T-1}C - ... - b_1 C}{(10.000 + C)}.$$

Naturalmente, dados los precios de los bonos básicos o factores de descuento para cada uno de los vencimientos de interés obtendríamos los tipos de interés al contado para inversiones a dichos vencimientos o, lo que es lo mismo, la curva cupón cero. Nótese que, en definitiva, el objetivo es estimar los precios de los bonos básicos o factores de descuento.

Dada esta discusión parece que, efectivamente, no existe problema alguno para la estimación de la curva cupón cero. Desafortunadamente, en la práctica, las estimaciones no son tan sencillas. La primera dificultad que nos solemos encontrar es que la estructura temporal de los cupones es más que completa. Lo que queremos decir es que existe, al menos, un bono con cupón que vence en cada fecha de pago de cupón, pero que al mismo tiempo existen múltiples bonos con cupón que vencen en alguna de tales fechas. Esta particularidad del mercado de bonos hace que la expresión [3.5] restrinja, por argumentos de ausencia de arbitraje, los precios de algunos bonos con cupón a ser funciones exactas de los precios de otros bonos con cupón disponibles. Sin embargo, no podemos pensar que tales restricciones se satisfagan con exactitud matemática. Existen toda una serie de fricciones en los mercados de bonos, como los efectos de los impuestos, costes de transacción y otros, que imposibilitan el cumplimiento exacto de tales restricciones. La forma de tratar este problema en la práctica consiste en añadir una perturbación aleatoria a la expresión [3.5] que sea específica de cada uno de los bonos con cupón disponibles en la estimación. De esta manera, la estimación econométrica de la curva cupón cero consiste en una estimación de sección cruzada o corte transversal con una muestra que incluye todos los bonos con cupón que se negocian en un momento determinado en el tiempo.

Supongamos que tenemos una muestra de K bonos con cupón, $k = 1, 2, 3, ..., K$ (cada bono se distingue de cualquier otro por la magnitud de su cupón). La regresión de sección cruzada que plantearíamos a partir de la ecuación de no arbitraje dada por [3.5] sería:

$$B_{kT_k} = b_1 C_k + b_2 C_k + ... + b_{T_k}(10.000 + C_k) + \varepsilon_k; \quad k = 1, 2, ..., K, \qquad [3.6]$$

donde B_{kT_k} es el precio del bono k-ésimo, C_k es su cupón (en euros), T_k es la fecha de vencimiento de dicho bono k-ésimo y ε_k es la perturbación aleatoria. Nótese que al tener una fecha de vencimiento en T_k, el precio del bono básico asociado a dicho periodo de inversión tiene asignado un subíndice T_k. Cualquier otro bono que tuviese un pago del cupón o del nominal en T_k también llevaría asociado como factor de descuento el precio del bono básico b_{T_k}. En dicho sistema no es necesario que todos los bonos con cupón tengan el mismo vencimiento. Esto implica que tendremos que estimar tantos precios de bonos básicos como fechas de pagos de cupones o de nominales. Por tanto, los coeficientes a estimar en una regresión de sección cruzada como la [3.6] serán los precios de los bonos básicos b_t, $t = 1, ..., T$, donde T es el vencimiento máximo que presenta un bono con cupón en la muestra, o si lo representamos de forma compacta, $T = \max_{\{k\}} (T_k)$.

La estimación del sistema de ecuaciones [3.6] puede realizarse mediante mínimos cuadrados ordinarios, aunque para ello se necesita una estructura temporal de cupones completa y que $K \geq T$. Precisamente, en estas restricciones encontramos la primera dificultad. La estructura temporal de cupones suele ser incompleta por lo que necesitamos imponer restricciones adicionales en [3.6] ya que, en caso contrario, los coeficientes de la ecuación [3.6] no están identificados o, lo que es lo mismo, resulta imposible estimar los precios de los bonos básicos. En particular, parece lógico que estas restricciones adicionales consideren *cómo varían los precios de los bonos básicos o factores de descuento con el vencimiento*. Para ello, basta con observar la figura 3.2 donde se aprecia que los precios de los bonos básicos son una función decreciente del vencimiento y además esta función varía con suavidad. Ahora tenemos todos los ingredientes. Debemos imponer una restricción que consiste en interpretar el precio del bono básico, b_t, como una función de su vencimiento. Esto es, $b(t)$, de forma que escribamos dicha función como una combinación lineal de ciertas funciones especificadas de antemano:

$$b_t = b(t) = 1 + \sum_{j=1}^{J} a_j f_j(t) \qquad [3.7]$$

donde $b(t)$ se denomina *función de descuento*, las funciones $f_j(t)$ son funciones (que suponemos) conocidas del vencimiento t, y los a_j *son los coeficientes que debemos estimar* para poder así, conocer la función de descuento. Nótese que $f_j(0) = 0$ para todo j, de forma que $b(0) = 1$, resultado que ya conocemos desde el capítulo 2.

Reescribamos la ecuación de valoración de no arbitraje para el bono k-ésimo:

$$B_{kT_k} = b_1 C_k + b_2 C_k + ... + b_{T_k} (10.000 + C_k) = C_k \sum_{t=1}^{T_k} b_t + 10.000 b_{T_k}. \qquad [3.8]$$

Sustituyendo [3.7] en [3.8], podemos escribir,

$$B_{kT_k} = C_k \sum_{t=1}^{T_k} \left(1 + \sum_{j=1}^{J} a_j f_j(t) \right) + 10.000 \left(1 + \sum_{j=1}^{J} a_j f_j(T_k) \right)$$

$$= T_k C_k + C_k \sum_{t=1}^{T_k} \sum_{j=1}^{J} a_j f_j(t) + 10.000 + 10.000 \sum_{j=1}^{J} a_j f_j(T_k).$$

Reagrupando términos,

$$B_{kT_k} - T_k C_k - 10.000 = \sum_{j=1}^{J} a_j \left(C_k \sum_{t=1}^{T_k} f_j(t) + 10.000 f_j(T_k) \right). \qquad [3.9]$$

Definimos,

$$q_k \equiv B_{kT_k} - T_k C_k - 10.000$$

$$X_{kj} \equiv C_k \sum_{t=1}^{T_k} f_j(t) + 10.000 f_j(T_k). \qquad [3.10]$$

Dado que en la estimación, las funciones $f_j(t)$ son funciones conocidas del vencimiento, es decir, sobre las cuales supondremos alguna forma funcional explícita, es clave notar que todos los componentes de las ecuaciones en [3.10] son conocidos. Así, q_k y X_{kj} son datos conocidos. Por tanto, sustituyendo estas definiciones en [3.9], podemos reescribir la expresión [3.6] como:

$$q_k = \sum_{j=1}^{J} a_j X_{kj} + \varepsilon_k; \; k = 1, ..., K. \qquad [3.11]$$

De la misma forma que podíamos estimar el sistema [3.6], es posible estimar [3.11] por mínimos cuadrados ordinarios con la diferencia de que en el sistema [3.11] debemos estimar J coeficientes en lugar de estimar T como en [3.6].[6]

Lógicamente, la discusión depende en gran medida de cuál es la función de descuento más apropiada. Para ello necesitamos algún supuesto sobre las funciones $f_j(t)$. Una de las especificaciones más sencillas en la que podemos pensar es:

$$f_j(t) = t^j; \, j = 1, ..., J \qquad [3.12]$$

por lo que la función de descuento propuesta es una función polinómica de grado J con término constante unitario. Desde luego, un polinomio de grado suficientemente elevado puede aproximar cualquier función. Sin embargo, dicha función tiene una expresión única para todo el dominio temporal de la curva cupón cero, por lo que tenderá a ajustar mejor aquellas partes de la curva donde dispongamos de un mayor número de datos, siendo habitual, en la práctica, encontrar dificultades para ajustar de manera adecuada ambos extremos de la curva. Además, si aumentamos el grado del polinomio con el fin de corregir este problema nos aparece un segundo problema relacionado con la inestabilidad de los parámetros que estima-

---

[6] Conviene señalar que las perturbaciones del modelo [3.11] son, con una alta probabilidad, no homocedásticas, por lo que la utilización de mínimos cuadrados generalizados mejoraría la eficiencia de los estimadores, aunque no su consistencia.

mos. Estos comentarios sugieren la importancia de una aproximación flexible, de manera que, dependiendo del número de observaciones disponibles en los diferentes tramos de la curva, podamos utilizar un mayor o menor número de parámetros. En definitiva, se trata de buscar un enfoque que permita trabajar con funciones polinómicas de grado bajo (buscando la sencillez) y obtener curvas más flexibles.

Para alcanzar estos objetivos, ya McCulloch sugirió la utilización de funciones *splines*. Una función *spline* es una función continua a trozos. Los diversos trozos se unen en los denominados *nudos*. En los nudos o puntos de enlace las funciones que acaban uniéndose deben valer lo mismo y tener la misma forma de manera que garanticemos que la función resultante sea continuamente diferenciable. Así, una función *spline* de grado r-ésimo, definida sobre un intervalo finito, es una función polinómica a trozos de grado r-ésimo a la que exigimos que sea $r-1$ veces contínuamente diferenciable, siendo la derivada r-ésima de las curvas resultantes una función escalonada. Nótese que los puntos donde la r-ésima derivada cambia de forma discontinua, y que incluyen los puntos al principio y final del intervalo donde se define el *spline*, son los que hemos denominado nudos. Así, si existen H nudos, tendremos $H-1$ subintervalos en cada uno de los cuales la *spline* es un polinomio. Las aplicaciones que se han hecho de este procedimiento han utilizado generalmente *splines* de orden cúbico o, lo que es lo mismo, se han ajustado funciones de descuento mediante polinomios de orden cúbico. Se ha comprobado en dichas aplicaciones que el *spline* cúbico es suficientemente flexible como para captar las múltiples formas que pueden adoptar las funciones de descuento. Sin embargo, suele dar lugar a formas poco suaves en el extremo más alejado de la curva, lo que es contraintuitivo con relación a la mayor estabilidad que suelen presentar los tipos de interés a largo plazo.

Con relación al número óptimo de nudos a utilizar en la estimación, parece lógico que el incremento del número de nudos incremente la flexibilidad de la curva que obtenemos. Sin embargo, su elección no es trivial. Si el número de nudos es demasiado bajo, es evidente que no conseguiremos ajustar la función adecuadamente. Por el contrario, si el número de nudos es excesivo podríamos capturar observaciones extrañas que pueden aparecer de manera puntual en el mercado pero cuya relevancia económica es muy discutible. De esta forma, el ajuste perdería en suavidad e incluso en su bondad respecto a la forma funcional real. La sugerencia original de McCulloch es utilizar un número de nudos de forma que cada subintervalo contuviese el mismo número de fechas de vencimientos de los bonos cotizados.

Desafortunadamente, aún resolviendo el problema del número óptimo de nudos, todavía existen dos problemas muy serios con el enfoque de las funciones *splines*, incluso si aceptamos su flexibilidad. Dado que las *splines* son polinomios, implican una función de descuento que diverge con el vencimiento en lugar de tender a cero como, evidentemente, exige el problema. Además, no podemos garantizar que la función de descuento sea consistentemente decreciente con el vencimiento. El problema reside en la linealidad de la expresión [3.7], cuando una curva cupón cero plana implica una función de descuento exponencialmente decreciente.

Las metodologías más recientes que se han utilizado en la estimación de la curva cupón cero en el mercado español, se basan en los denominados *splines exponenciales*, que son una alternativa no lineal al modelo [3.7]. Así, tenemos el *spline* exponencial de Vasicek y Fong (1982) que es un *spline* aplicado a una transformación exponencial negativa del vencimiento y que ha sido utilizado por Contreras y Navarro (1993) y Nave (1998) con interesantes resultados, o el trabajo de Núñez (1995) donde se emplean desarrollos posteriores de Nelson y Siegel (1987) y Svensson (1994), además del procedimiento original de McCulloch. La figura 3.3 presenta la estimación de la curva cupón cero para el 3 de enero de 1997 para el mercado español de deuda pública utilizando el método de Vasicek y Fong.

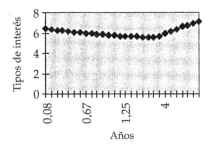

Figura 3.3. Curva cupón cero: 3 de enero de 1997.

Es interesante señalar el contenido informativo que ofrece la curva cupón cero. En horizontes inferiores a 4 años (corto y medio plazo), la curva es decreciente por lo que, en enero de 1997, se podían esperar disminuciones futuras de los tipos de interés en plazos medios. Sin embargo, a partir de los 4 años, la curva es creciente, con lo que se esperaban repuntes al alza de los tipos de interés en plazos largos. Esto es una buena descripción de lo que efectivamente ha ocurrido desde 1997 en los mercados financieros.

EJEMPLO 3.5.1

Analicemos un ejemplo muy sencillo de la estimación de la curva cupón cero, a partir de la supuesta muestra de bonos con cupón de deuda pública y que es una burda simplificación del método de McCulloch pero que, a su vez, es consistente en espíritu con el procedimiento sugerido por dicho autor y que permite obtener una mayor intuición sobre el procedimiento descrito en las páginas anteriores.

Lo primero que debemos hacer es decidir una forma funcional concreta de la función de descuento dada por la expresión [3.7]. Imaginemos que optamos por una forma cuadrática ($J = 2$), suponiendo que la función de descuento presenta una cierta curvatura. Así, en nuestro ejemplo, [3.7] vendría dada por:

$$b(t) = a_0 + a_1 t + a_2 t^2. \qquad [3.13]$$

Sabemos que la ecuación de no arbitraje para un bono con cupón cualquiera k viene dada por:

$$B_{kT_k} = \sum_{t=1}^{T_k} b(t) C_{kt} \, . \tag{3.14}$$

Tal como hemos hecho en el caso general, sustituimos la función de descuento que hemos supuesto en [3.13] en la ecuación de no arbitraje [3.14] y obtenemos.

$$B_{kT_k} = \sum_{t=1}^{T_k} C_{kt} \left(a_0 + a_1 t + a_2 t^2 \right) .$$

Ordenando términos,

$$B_{kT_k} = a_0 \left(\sum_{t=1}^{T_k} C_{kt} \right) + a_1 \left(\sum_{t=1}^{T_k} t C_{kt} \right) + a_2 \left(\sum_{t=1}^{T_k} t^2 C_{kt} \right),$$

donde los términos en paréntesis son observables. Supongamos que tenemos una muestra de k = 1, ..., K bonos con cupón. Por motivos relacionados con imperfecciones en el mercado y fricciones, la expresión anterior no se satisface con exactitud por lo que añadimos una perturbación aleatoria, de forma que tenemos un sistema de regresión lineal que podemos estimar mediante mínimos cuadrados ordinarios para obtener $\hat{a}_0$, $\hat{a}_1$ y $\hat{a}_2$:

$$B_{kT_k} = a_0 \left(\sum_{t=1}^{T_k} C_{kt} \right) + a_1 \left(\sum_{t=1}^{T_k} t C_{kt} \right) + a_2 \left(\sum_{t=1}^{T_k} t^2 C_{kt} \right) + \varepsilon_k; \ k = 1, ..., K. \tag{3.15}$$

Supongamos que llevamos a cabo la estimación y obtenemos los siguientes resultados:

$$\hat{a}_0 = 0,96029$$

$$\hat{a}_1 = -0,04708$$

$$\hat{a}_2 = -0,00077.$$

Con estas estimaciones podemos obtener la función de descuento impuesta en [3.13] para los distintos vencimientos. Si queremos obtener la función de descuento para flujos de caja que se pagan en el año $t = 3$, tendremos:

$$b(t) = b(3) = 0,96029 - 0,04708(3) - 0,00077(3^2) = 0,812120$$

$$\Rightarrow b(3) = \frac{1}{(1 + r_3)^3} \quad \Rightarrow r_3 = \sqrt[3]{1/0,812120} - 1 = 0,07183.$$

Repitiendo los cálculos para el resto de los periodos que necesitamos y suponiendo que el bono con mayor vida tiene su vencimiento en diez años, tendremos la curva cupón cero que aparece en el cuadro 3.9.

Cuadro 3.9. Estimación de la curva cupón cero.

	CURVA CUPÓN CERO	
Año	Tipo de interés al contado (en %)	Precio de los bonos básicos (en euros)
1	$r_1 = 9,596$	$b_1 = 0,912440$
2	$r_2 = 7,642$	$b_2 = 0,863050$
3	$r_3 = 7,183$	$b_3 = 0,812120$
4	$r_4 = 7,114$	$b_4 = 0,759650$
5	$r_5 = 7,222$	$b_5 = 0,705640$
6	$r_6 = 7,441$	$b_6 = 0,650090$
7	$r_7 = 7,751$	$b_7 = 0,593000$
8	$r_8 = 8,148$	$b_8 = 0,534370$
9	$r_9 = 8,644$	$b_9 = 0,474200$
10	$r_{10} = 9,259$	$b_{10} = 0,412490$

3.6 Los mercados a plazo

Después de haber dedicado varias secciones del libro a la valoración mediante ausencia de arbitraje de activos de renta fija en el *mercado al contado*, analizamos a continuación el supuesto de ausencia arbitraje y sus consecuencias e implicaciones en los denominados *mercados a plazo*.

En los mercados a plazo, también denominados *mercados forward*, los inversores acuerdan hoy realizar una determinada transacción en el futuro. El contrato entre la parte compradora y vendedora del correspondiente activo especifica cuál es el activo subyacente que se está negociando (café, oro, índice bursátil, acción, etc.), la cantidad del mismo que se acuerda intercambiar, el precio y la fecha de finalización del contrato. Es clave ser consciente de que en la fecha actual —fecha en la que se acuerda el contrato— no se realiza intercambio de dinero alguno. Existe un agente que se compromete a vender un determinado activo (el inversor con una *posición corta*) y otro agente que se compromete a comprarlo (el inversor con una *posición larga*) en una fecha futura concreta y a un precio que se acuerda en el momento de firmar el contrato pero que no se debe pagar hasta la fecha determinada en el contrato. Es importante dejar claro que, llegada la fecha de vencimiento del contrato a plazo, ambas partes tienen que satisfacer necesariamente la obligación adquirida en él. El vendedor debe entregar el activo en las condiciones exactas especificadas en el contrato y el comprador debe pagar el precio acordado en dicho contrato.

En esta sección, nos centraremos en los contratos sobre bonos (sin riesgo de insolvencia) cupón cero. Así, de la misma forma que hemos hablado de los tipos de interés al contado a través de los precios de los bonos básicos (o bonos cupón cero en general) negociados en el mercado al contado, podemos hablar de los *tipos de interés a plazo* o *tipos forward* que también se determinan a través de los precios de los bonos básicos negociados, en este caso, en el mercado a plazo. En nuestra discusión, nos centraremos en la valoración bajo ausencia de arbitraje de bonos cupón cero que maduran justamente un periodo (un año) después de la finalización del contrato a plazo.

Denominamos f_t al tipo de interés a plazo (tipo *forward*) de un contrato realizado hoy y que obliga a entregar a la parte vendedora, en la fecha $t - 1$ (fecha de expiración del contrato a plazo), un bono básico que madura en la fecha t.

Supongamos que el precio hoy de un bono básico negociado en un contrato a plazo para entregarlo en $t = 2$ es igual a 0,92€. Nótese que tenemos un contrato que nos compromete —si somos la parte larga o compradora del mismo— a pagar 0,92€ dentro de dos años por un bono que nos garantiza el pago de 1€ en tres años; esto es, en $t = 3$. En definitiva, $t = 2$ es la fecha de expiración del contrato a plazo, mientras que $t = 3$ es la fecha de vencimiento del bono cupón cero negociado en dicho contrato a plazo.

Como ocurría antes con los tipos al contado, el tipo de interés *forward* o tipo a plazo (hoy) lo obtenemos del correspondiente precio del bono básico (hoy). Por tanto, el tipo *forward* es:

$$f_3 = (1/0,92) - 1 = 0,08696 \Rightarrow f_3 = 8,696\%.$$

Imaginemos que somos la parte compradora. En $t = 2$, recibimos el bono básico y pagamos 0,92€. Lo que hemos conseguido es garantizarnos un tipo de interés entre $t = 2$ y $t = 3$ igual al 8,696%. Nótese que en $t = 2$ pagamos 0,92€ y en $t = 3$ recibiremos el único flujo de caja asociado al bono básico adquirido que es 1€. Nos hemos *asegurado hoy* (desde $t = 0$) el tipo de interés que recibiremos de una inversión a un año en el futuro y en concreto entre los años dos y tres.

Una forma alternativa y muy útil de analizar el concepto del tipo *forward* consiste en arbitrar un contrato a plazo con relación a dos bonos cupón cero que se negocien al contado. Para verlo, imaginemos que tenemos un bono básico que madura en tres años ($t = 3$) y cuyo precio hoy es $b_3 = 0,82785$. Así, sabemos que hoy nos costaría 0,82785€ comprar el derecho a recibir con certeza 1€ en $t = 3$. El tipo de interés al contado (anualizado) para una inversión a tres años sería, por tanto,

$$b_3 = \frac{1}{(1 + r_3)^3} \Rightarrow r_3 = (1/0,82785)^{1/3} - 1 = 0,065 \Rightarrow r_3 = 6,50\%.$$

Supongamos, además, que se negocia en el mercado al contado un bono básico que paga 1€ en dos años; esto es, en $t = 2$ y cuyo precio es $b_2 = 0,87$.

Imaginemos, finalmente, que deseamos invertir una cantidad de dinero de manera que dentro de tres años, en $t = 3$, obtengamos una cantidad igual a

1.000.000€. Existen dos formas de hacerlo, siempre que dispongamos de la posibilidad de invertir a plazo:

– La primera consiste en invertir directamente y comprar 1.000.000€ de unidades del bono básico que vence en $t = 3$. Dado el precio al que se negocia hoy dicho bono básico, esta inversión significaría un desembolso de 827.850€ (recuérdese que $b_3 = 0,82785$).

– La segunda alternativa consiste en una inversión indirecta a través del mercado a plazo. Se trata de comprar un contrato a plazo de 1.000.000 de unidades del bono básico que vence en $t = 3$. Esto significa que nos comprometemos a pagar en $t = 2$ el precio a plazo o *forward* que se establece hoy para el bono básico que paga 1€ en $t = 3$. Este precio sabemos que, dado nuestro ejemplo, es igual a 0,92. Por tanto, en $t = 2$ nos comprometemos a pagar una cantidad igual a 920.000€.

A continuación y como parte de esta segunda alternativa, supongamos que no queremos realizar desembolso alguno en $t = 2$. De momento, al haber firmado un contrato a plazo, nos hemos comprometido a pagar 920.000€ en $t = 2$. La pregunta es ¿cómo evitamos este desembolso en $t = 2$? En otras palabras, ¿cómo podemos asegurarnos recibir una cantidad igual a 920.000€ en $t = 2$ de forma que el ingreso y el pago se cancelen? Se trataría simplemente de comprar, además del contrato a plazo, 920.000 unidades del bono básico que madura en $t = 2$ y que se cotiza hoy por $b_2 = 0,87$. Naturalmente, esto supone desembolsar 800.400€ en $t = 0$.

En el cuadro 3.10 se comparan ambas estrategias de inversión.

Cuadro 3.10. Estrategias de inversión y mercados a plazo.

ESTRATEGIA DIRECTA			
$t = 0$	$t = 1$	$t = 2$	$t = 3$
– 827.850	0	0	+ 1.000.000
ESTRATEGIA INDIRECTA			
– 800.400	0	+ 920.000	0
0	0	– 920.000	+ 1.000.000
– 800.400	0	0	+ 1.000.000

Nótese que hemos construido ambas estrategias de forma que produzcan exactamente los mismos flujos de caja en cada uno de los tres años futuros. Por tanto, para evitar arbitraje, el coste de ambas estrategias debe ser el mismo. El coste de la estrategia directa es:

$$1.000.000 b_3.$$

El coste de la estrategia indirecta puede escribirse como:

$$\frac{1.000.000}{1+f_3} b_2.$$

La justificación de esta expresión es la siguiente:

Sabemos que el coste inicial de la estrategia indirecta no es más que el valor actual del flujo futuro de dicha en inversión que se produce en $t = 2$

$$920.000 \,(b_2) = 920.000 \,(0,87).$$

Ahora bien, ¿qué representan los 920.000€? Es precisamente la cantidad de euros que se paga en $t = 2$ (precio del contrato a plazo acordado hoy) por recibir 1.000.000 en $t = 3$. Es decir, 920.000 será igual al valor actual de los 1.000.000 descontados a un año al tipo a plazo o *forward*:

$$920.000 = \frac{1.000.000}{1+f_3}.$$

Sustituyendo arriba se obtiene el coste de la estrategia indirecta.

Dado que ambas estrategias deben tener el mismo coste para evitar posibilidades de arbitraje:

$$1.000.000 b_3 = \frac{1.000.000}{1+f_3} b_2$$

$$\Rightarrow (1+f_3) = \frac{b_2}{b_3} = \frac{(1+r_3)^3}{(1+r_2)^2} \qquad [3.16]$$

$$\Rightarrow (1+r_3)^3 = (1+r_2)^2\,(1+f_3).$$

Es fácil comprobar el incumplimiento de esta expresión para el ejemplo que venimos analizando, lo que justifica el arbitraje que muestra el cuadro anterior.

En general, la relación de no arbitraje entre los tipos al contado y el tipo a plazo es:

$$(1+r_t)^t = (1+r_{t-1})^{t-1}(1+f_t), \qquad [3.17]$$

o de manera equivalente,

$$1 + f_t = \frac{b_{t-1}}{b_t} \cdot \qquad [3.18]$$

Así, el tipo de interés a plazo es aquel tipo implícito que impide realizar arbitrajes con relación a los tipos de interés al contado. Alternativamente, será aquel tipo que imposibilita la realización de arbitrajes entre los mercados a plazo y al contado. Nótese, por la expresión [3.17] que el tipo a plazo es efectivamente un tipo implícito en el tipo de interés anualizado a 2, 3, ..., t años.

Además, según [3.18], la condición de no arbitraje secuencial por la que b_t debe ser no creciente con el plazo de la inversión, hace que los tipos a plazo o *forward* no puedan ser negativos.

Asimismo, el tipo de interés al contado a largo plazo es una media geométrica de los tipos de interés implícitos a plazo (o simplemente de los tipos a plazo consistentes con la ausencia de arbitraje):

$$(1 + r_2)^2 = (1 + r_1)(1 + f_2)$$

$$(1 + r_3)^3 = (1 + r_2)^2(1 + f_3)$$

$$\Rightarrow (1 + r_3)^3 = (1 + r_1)(1 + f_2)(1 + f_3),$$

realizando la misma operación sucesivamente,

$$(1 + r_T)^T = (1 + r_1)(1 + f_2)(1 + f_3), ..., (1 + f_T) \qquad [3.19]$$

EJEMPLO 3.6.1

Supongamos que tenemos los precios (en euros) de los siguientes bonos cupón cero con vencimientos a 1, 2, 3, 4 y 5 años respectivamente y nominal igual a 1.000€:

$$P_1 = 934,6$$
$$P_2 = 865,4$$
$$P_3 = 797,6$$
$$P_4 = 738,5$$
$$P_5 = 671,3.$$

¿Cuáles son los tipos de interés a plazo para 2, 3, 4 y 5 años?

Sabemos por la discusión de las páginas precedentes que el tipo de interés al contado a un año puede deducirse del precio del bono cupón cero a un año:

$$r_1 = \frac{1.000 - 934,6}{934,6} = 0,07.$$

Así, el tipo a plazo a dos años será:

$$865,4 = \frac{1.000}{(1,07)(1 + f_2)}$$

$$\Rightarrow 1 + f_2 = \frac{1.000}{(1,07)(865,4)} = 1,08 \Rightarrow f_2 = 8\%.$$

Alternativamente, también puede obtenerse como:

$$865,4 = \frac{1.000}{(1+r_2)^2} \Rightarrow 1 + r_2 = \sqrt{1,1555} = 1,075 \Rightarrow r_2 = 7,50\%,$$

y aplicando la expresión [3.17], debe cumplirse,

$$(1 + r_2)^2 = (1,07)(1 + f_2)$$

$$\Rightarrow 1 + f_2 = \frac{(1,075)^2}{1,07} = 1,08.$$

Repitiendo el mismo ejercicio para el resto de los plazos:

$$797,6 = \frac{1.000}{(1,07)(1,08)(1 + f_3)}$$

$$\Rightarrow f_3 = 8,50\%$$

$$\Rightarrow f_4 = 8,00\%$$

$$\Rightarrow f_5 = 10,00\%. \blacksquare$$

3.7 Teorías sobre la estructura temporal de los tipos de interés

Existen varias teorías alternativas que intentan predecir y explicar la forma o formas que adopta la estructura temporal de los tipos de interés o curva cupón cero. No resulta evidente decidir, dados los resultados empíricos disponibles, cuál de las diferentes teorías resulta más útil para explicar la curva cupón cero. En cualquier caso, lo importante es que los diferentes modelos que compiten entre sí pueden explicar la evolución de los tipos de interés durante periodos alternativos y, en definitiva, mejorar nuestra comprensión sobre el comportamiento y determinantes de los tipos de interés.

Las teorías que comentaremos pueden clasificarse en tres grandes grupos, aunque como veremos, ni siquiera esta clasificación es del todo evidente. En principio discutiremos las hipótesis de las expectativas, de la preferencia por la liquidez y, finalmente, de la segmentación del mercado.

a) LA HIPÓTESIS DE LAS EXPECTATIVAS

La hipótesis "pura" de las expectativas señala que los bonos se valoran de forma que los tipos de interés a plazo o *forward* implícitos son iguales a la expectativa de los tipos de interés futuros al contado. Así, para cualquier fecha t tendremos que:

$$f_t = E_0 \left[{}_1 r_t \right], \qquad\qquad [3.20]$$

donde f_t es el tipo a plazo o *forward* entre las fechas $t - 1$ y t que está implícito en la estructura temporal de los tipos de interés en la fecha t, E_0 es la expectativa sobre el tipo de interés al contado que prevalecerá entre las fechas $t - 1$ y t, tomada desde el momento actual, $t = 0$ y, finalmente, $_1r_t$ es el tipo de interés al contado que estará vigente entre las mismas fechas $t - 1$ y t (nótese que es el tipo de interés al contado a un solo año).

Supongamos que el tipo de interés al contado a un año es el 5% y que el tipo al contado a dos años es el 7,5%. El tipo de interés a plazo implícito entre $t = 1$ y $t = 2$ será igual al 10%.

$$1 + f_2 = \frac{(1 + r_2)^2}{(1 + r_1)} = \frac{(1{,}075)^2}{(1{,}05)} = 1{,}10.$$

Los inversores pueden seguir dos estrategias de inversión utilizando tipos al contado: a la primera de ellas la denominaremos "estrategia hasta el vencimiento" que implica invertir el dinero hoy durante los dos años siguientes al tipo del 7,5%. Mediante esta estrategia, los inversores recibirán al final de los dos años una cantidad de euros igual a $(1{,}075)(1{,}075) = 1{,}1556$ por cada euro invertido. La segunda estrategia, que denominamos "estrategia recursiva", consiste en invertir el dinero a los correspondientes tipos de interés a un año y al contado que año tras año prevalecen en el mercado.

Es evidente que si los inversores supieran con certeza que el tipo de interés del siguiente periodo fuese, por ejemplo, igual al 12% (o cualquier tipo mayor que el 10%), entonces claramente preferirían la estrategia recursiva. Si supieran que dicho tipo de interés fuera igual al 7% (o cualquier tipo menor que el 10%), entonces elegirían la estrategia hasta el vencimiento. Se mostrarían indiferentes entre ambas estrategias siempre y cuando el tipo de interés al contado entre el año uno y el año dos fuera igual al tipo de interés a plazo.

Naturalmente, en la práctica los inversores no saben qué tipo de interés al contado prevalecerá entre $t = 1$ y $t = 2$. Es decir, no saben cuál será el nivel del tipo de interés a un año en $t = 1$. La hipótesis de las expectativas sugiere que los tipos de interés al contado de los bonos cupón cero para diferentes vencimientos se valoran de forma que los tipos a plazo sean iguales a los tipos al contado futuros esperados. En el ejemplo anterior, el tipo de interés al contado futuro que se espera hoy sería igual al 10%.

Aunque resulta evidente por el ejemplo anterior, veamos más formalmente por qué la expresión [3.20] representa una hipótesis sobre la estructura temporal de los tipos de interés. Sabemos que el tipo a plazo, f_t, observado en el mercado está ligado al tipo a plazo implícito (el tipo a plazo implícito en los tipos de interés al contado para distintos vencimientos) por un razonamiento de ausencia de arbitraje:

$$\underbrace{\frac{(1 + r_t)^t}{(1 + r_{t-1})^{t-1}}}_{\text{por definición}} = 1 + f_t(\text{implícito}) \underbrace{=}_{\text{por arbitraje}} 1 + f_t \,(\text{observado}).$$

Esta relación indica cómo los tipos al contado (anualizados) r_t y r_{t-1} están relacionados entre sí a través de la expectativa sobre el tipo al contado futuro entre las fechas $t-1$ y t. Pero la relación entre los tipos r_t y r_{t-1} es precisamente lo que nos define la estructura temporal de los tipos de interés. En definitiva, una hipótesis que establezca una relación entre los tipos a plazo y los tipos al contado futuros esperados como la expresión [3.20] es una hipótesis sobre la estructura temporal de los tipos de interés. En particular, según la hipótesis de las expectativas, la única razón detrás de una estructura temporal de los tipos de interés creciente es que los inversores esperan que los tipos de interés al contado futuros sean más elevados que los tipos de interés al contado actuales.

EJEMPLO 3.7.1

Este ejemplo pone de manifiesto que si un inversor toma una posición larga en un contrato a plazo sobre un bono cupón cero (y, por tanto, compra bonos a plazo), estaría apostando a que el tipo de interés al contado futuro será más pequeño que el tipo de interés a plazo o tipo de interés *forward*.

Sabemos que f_3 es el tipo de interés a plazo asociado a un contrato firmado hoy por el que nos comprometemos a recibir (o a entregar) en $t=2$ un bono (básico) cupón cero que madurará en $t=3$. Supongamos que $f_3 = 8\%$ y que el inversor toma una posición larga de 1.000 unidades del contrato, por lo que se compromete a pagar $0,9259 \times 1.000 = 925,90$ euros en $t=2$ por unos bonos que pagarán un total de 1.000€ en $t=3$.

Imaginemos que el tipo de interés a un año dentro de dos años, $_1 r_3$, es conocido e igual al 5% (es decir, menor que el tipo a plazo). El inversor debería vender el bono básico nada más recibirlo a través del contrato a plazo en $t=2$. Dicho inversor obtendría

$$\frac{1.000}{1,05} = 952,38$$

por la totalidad de los bonos básicos lo cual supone un beneficio neto en euros igual a $952,38 - 925,90 = 26,48$.

En definitiva, queda demostrado que un inversor tomará una posición larga en *forwards* siempre que el tipo al contado futuro sea inferior al tipo a plazo (en nuestro ejemplo, 5% < 8%). Le permitiría vender los bonos adquiridos a plazo de forma inmediata por un precio superior al coste de adquisición comprometido a través del contrato a plazo.

Naturalmente, una situación de este tipo implicaría un aumento en el precio hoy del contrato a plazo, de forma que el tipo de interés en dicho contrato disminuyese hasta ponerse en línea con el tipo al contado futuro esperado. Este resultado final sería consistente con la hipótesis de las expectativas. Nótese, sin embargo, que en la práctica esta estrategia no es tan sencilla como una operación de arbitraje. La razón es que sólo se dispone de *expectativas* sobre el tipo de interés al contado futuro y no de realidades conocidas. En otras palabras, en la práctica nunca estaremos en posición de asegurar que el tipo de interés al contado futuro sea igual (con certeza) al 5%. Es una hipótesis *sobre las expectativas existentes* sobre tipos futuros y, por este motivo, resulta enormemente difícil evaluar si se satisface o no en los mercados reales. ■

Curiosamente, la hipótesis de las expectativas suele describirse también de otras dos maneras alternativas siempre, eso sí, requiriendo que los inversores sean neutrales al riesgo:

a.1) La rentabilidad esperada de un bono (básico) cupón cero que madura en $t=2$ referida al periodo entre $t=0$ y $t=1$ debe ser igual a la rentabilidad que con certeza ofrece un bono (básico) cupón cero que madura en $t=1$

$$\frac{1}{b_1} = \frac{E[_1b_2]}{b_2}, \qquad [3.21]$$

donde, como siempre, b_t es el precio de un bono básico hoy que paga un euro en t (para $t = 1, 2$), mientras que $_1b_2$ es el precio en $t = 1$ de un bono básico que paga un euro en $t = 2$ y que por supuesto es desconocido en $t = 0$. Nótese que ambos lados de la ecuación [3.21] están actualizados al momento $t = 0$. Es decir, estamos pensando en las rentabilidades mencionadas tomándolas desde $t = 0$. Para entender la expresión [3.21], debe tenerse en cuenta que el denominador del lado izquierdo de dicha ecuación, b_1, es el coste de invertir en un bono básico a un año mientras que el numerador es el flujo de caja que pagará dicho bono. Por otra parte, el denominador del lado derecho es el coste de invertir a dos años, b_2, mientras que el numerador es el flujo de caja esperado para $t = 1$ y que será igual al precio al que dicho bono puede venderse en el mercado en esa fecha. Este flujo de caja esperado es el precio esperado del bono en $t = 1$ que pagará un euro en $t = 2$, y que representamos como $E[_1b_2]$.

a.2) La rentabilidad que obtenemos de invertir en un bono (básico) cupón cero a un año volviendo a reinvertir el flujo de caja obtenido en otro bono (básico) cupón cero a un año pero, ahora, entre $t = 1$ y $t = 2$ debe ser igual a la rentabilidad garantizada de una inversión en un bono (básico) cupón cero a dos años:

$$\frac{1}{b_2} = \frac{1}{b_1} E\left[\frac{1}{_1b_2}\right]. \qquad [3.22]$$

El lado izquierdo de [3.22] es simplemente la rentabilidad bruta (uno más el tanto por ciento de rentabilidad) de invertir a dos años. El lado derecho es el producto de la rentabilidad bruta a un año multiplicada por la rentabilidad esperada bruta a un año desde $t = 1$ hasta $t = 2$.

Curiosamente, las ecuaciones [3.21] y [3.22] que han sido utilizadas para describir la hipótesis de las expectativas son inconsistentes. Ambas expresiones implican que

$$E\left[\frac{1}{_1b_2}\right] = \frac{1}{E[_1b_2]}, \qquad [3.23]$$

igualdad que, en general, no se satisface por un teorema matemático denominado la *desigualdad de Jensen*, a menos que $_1b_2$ sea observable sin incertidumbre alguna.[7]

---

[7] En general, de acuerdo con la desigualdad de Jensen, para cualquier variable aleatoria positiva z se cumple que $E(1/z) > 1/E(z)$.

Por último, nótese que la expresión [3.20] supone que el tipo de interés sobre el que estamos tomando la esperanza matemática tiene un vencimiento en un año. Este resultado puede evidentemente generalizarse a cualquier horizonte de inversión y simplemente se ha enunciado así por simplicidad. Esto es, si queremos expresar la hipótesis de las expectativas en su forma más general tendríamos que para cualquier t y s se cumple:

$$_sf_t = E_0[_sr_t], \qquad [3.24]$$

donde $_sf_t$ es el tipo de interés a plazo o *forward* entre las fechas $t-s$ y t, y $_sr_t$ es el tipo de interés al contado que estará vigente entre las mismas fechas, $t-s$ y t.[8]

b) LA HIPÓTESIS DE LA PREFERENCIA POR LA LIQUIDEZ

La hipótesis de la preferencia por la liquidez sugiere que la aversión al riesgo causa que los tipos a plazo o *forward* sean sistemáticamente más altos que la expectativa sobre los tipos de interés futuros al contado. Además, la magnitud por la que los tipos esperados al contado superan a los tipos a plazo aumenta con el plazo hasta el vencimiento de los bonos. Por tanto, para cualquier fecha t y horizonte de inversión s tendremos que

$$_sf_t = E_0[_sr_t] + _sL_t, \qquad [3.25]$$

donde $_sL_t > 0$ es la prima por liquidez (realmente prima por riesgo) asociada a una inversión que ofrece un tipo de interés entre las fechas futuras $t-s$ y t.

La intuición detrás de esta hipótesis se basa en reconocer que los dos tipos de estrategias de inversión con tipos al contado que hemos utilizado para describir la hipótesis de las expectativas (estrategia hasta el vencimiento y estrategia recursiva) implican unos evidentes riesgos de inversión asociados a las mismas. Así, con la estrategia hasta el vencimiento que expiraba en $t = 2$, el valor actual de la inversión inicial es incierto si lo calculamos desde el comienzo del próximo periodo, es decir, desde $t = 1$. Por otra parte, evidentemente, si mantenemos la inversión durante los dos años, el pago al final de los mismos es seguro. Con la estrategia recursiva, el valor de la inversión inicial es conocido con certeza al final del primer periodo, pero se hace incierto con las sucesivas reinversiones en los próximos periodos.[9]

En general, de acuerdo con la hipótesis de la preferencia por la liquidez, los inversores prefieren inversiones o activos a corto plazo antes que inversiones o activos a largo plazo. En nuestro ejemplo, los inversores no se mostrarían indiferentes entre ambas estrategias. De hecho, en nuestro ejemplo los inversores preferirían la

---

[8] Cuando $s = 1$, escribimos $_sf_t$ simplemente como f_t.

[9] Nótese que bajo la hipótesis de las expectativas se suponía de hecho que los inversores eran neutrales o indiferentes ante el riesgo. Era precisamente dicha actitud ante el riesgo la que les hacía mostrarse indiferentes entre las dos estrategias comentadas. En otras palabras, los inversores sólo se preocupaban de obtener el mayor rendimiento esperado posible sin preocuparse de otras variables ligadas a la variabilidad de los tipos de interés.

estrategia recursiva sobre la estrategia al vencimiento, dado que a través de la estrategia recursiva dispondrían de una cierta cantidad con absoluta certeza al final del primer periodo cuando podría ser necesitada (por motivos de liquidez). Por el contrario, con la estrategia al vencimiento los inversores tendrían que vender sus posiciones en una inversión a dos años al final del primer periodo. El precio de venta que los inversores obtendrían es un precio incierto y podría ser bajo si los tipos de interés de mercado subieran por las condiciones macroeconómicas en $t = 1$.

Dado este razonamiento, es claro que para incentivar a los individuos a invertir a dos años, en nuestro ejemplo, o a invertir a largo plazo en general, los agentes que piden prestado los fondos deben compensar con un tipo de interés superior al que ofrecen las inversiones a corto plazo. En otras palabras, deben ofrecer una *prima por liquidez* positiva. Esta prima es precisamente la diferencia entre la expectativa sobre el tipo de interés al contado futuro y el tipo de interés a plazo.

EJEMPLO 3.7.2

Supongamos que el tipo de interés al contado a un año es igual al 5%, $r_1 = 0,05$, y la prima por liquidez asociada a un inversión entre $t = 1$ y $t = 2$ es igual al 0,5%.

• Si el tipo de interés al contado esperado a un año en $t = 1$ es el 6%, $E_0[_1r_2] = 0,06$, tendremos que

$$(1 + r_2)^2 = (1 + r_1)(1 + f_2) = (1 + r_1)[1 + (E_0[_1r_2] + {_1L_2})]$$
$$\Rightarrow (1 + r_2)^2 = (1,05)[1 + (0,06 + 0,005)] = (1,05)[1 + 0,065] = 1,11825$$
$$\Rightarrow r_2 = 5,75\%$$
$$\Rightarrow f_2 = 6,5\%.$$

• Si el tipo de interés al contado esperado a un año en $t = 1$ es el 4%, $E_0[_1r_2] = 0,04$, tendremos que

$$\Rightarrow (1 + r_2)^2 = (1,05)[1 + (0,04 + 0,005)] = (1,05)[1 + 0,045] = 1,09725$$
$$\Rightarrow r_2 = 4,75\%$$
$$\Rightarrow f_2 = 4,5\%. \blacksquare$$

En el siguiente ejemplo se discuten las diferencias entre las dos hipótesis sobre la estructura temporal de los tipos de interés presentadas anteriormente.

EJEMPLO 3.7.3 (Bartolomé Deyá, Universidad Carlos III)

Supongamos que en un momento determinado del tiempo se observan los siguientes datos:
  − El tipo de interés al contado a 1 año es $r_1 = 3\%$.
  − Las expectativas de los individuos sobre los tipos de interés al contado futuros son

$$E_0[_1r_2] = 5\%; \quad E_0[_1r_3] = 6\%; \quad E_0[_1r_4] = 7\%; \quad E_0[_1r_5] = 8\%.$$

Se pide:
a) Obtener la estructura temporal de los tipos de interés (ETTI) consistente con la teoría basada en las expectativas.
b) Obtener la ETTI consistente con la teoría basada en la preferencia por la liquidez. Las primas de liquidez exigidas por los individuos son:

$$_1L_2 = 1\%; \quad _1L_3 = 2\%; \quad _1L_4 = 3\%; \quad _1L_5 = 4\%.$$

c) Comparar las ETTI obtenidas en los apartados anteriores.

d) Valorar a través de cada una de las ETTI obtenidas en los apartados anteriores el siguiente bono con cupón y explicar los resultados obtenidos:

$t = 0$	$t = 1$	$t = 2$	$t = 3$	$t = 4$	$T = 5$
B_0	100	100	100	100	10.000 + 100

• Debemos recordar que la teoría de las expectativas supone que:

$$f_t = E_0[_1r_t].$$

Así,

$$f_2 = E_0[_1r_2] = 5\%$$

$$f_3 = E_0[_1r_3] = 6\%$$

$$f_4 = E_0[_1r_4] = 7\%$$

$$f_5 = E_0[_1r_5] = 8\%.$$

En consecuencia,

$r_1: [r_1 = 0,03]$
$r_2: [(1 + r_2)^2 = (1 + r_1)(1 + f_2)] \rightarrow [r_2 = 0,0399]$
$r_3: [(1 + r_3)^3 = (1 + r_1)(1 + f_2)(1 + f_3)] \rightarrow [r_3 = 0,0465]$
$r_4: [(1 + r_4)^4 = (1 + r_1)(1 + f_2)(1 + f_3)(1 + f_4)] \rightarrow [r_4 = 0,0523]$
$r_5: [(1 + r_5)^5 = (1 + r_1)(1 + f_2)(1 + f_3)(1 + f_4)(1 + f_5)] \rightarrow [r_5 = 0,0578].$

• La teoría de la preferencia por la liquidez supone que

$$f_t = E_0[_1r_t] + _1L_t.$$

Así,

$$f_2 = E_0[_1r_2] + _1L_2 = 6\%$$
$$f_3 = E_0[_1r_3] + _1L_3 = 8\%$$
$$f_4 = E_0[_1r_4] + _1L_4 = 10\%$$
$$f_5 = E_0[_1r_5] + _1L_5 = 12\%.$$

En consecuencia,

$r_1: [r_1 = 0,03]$
$r_2: [(1 + r_2)^2 = (1 + r_1)(1 + f_2)] \rightarrow [r_2 = 0,0448]$
$r_3: [(1 + r_3)^3 = (1 + r_1)(1 + f_2)(1 + f_3)] \rightarrow [r_3 = 0,0564]$
$r_4: [(1 + r_4)^4 = (1 + r_1)(1 + f_2)(1 + f_3)(1 + f_4)] \rightarrow [r_4 = 0,0671]$
$r_5: [(1 + r_5)^5 = (1 + r_1)(1 + f_2)(1 + f_3)(1 + f_4)(1 + f_5)] \rightarrow [r_5 = 0,0775].$

• La comparación de las ETTI obtenidas en base a cada teoría es

Plazo	ETTI (Teoría expectativas)	ETTI (Teoría pref. liquidez)
1	0,0300	0,0300
2	0,0399	0,0448
3	0,0465	0,0564
4	0,0523	0,0671
5	0,0578	0,0775

Dados estos resultados, se observa como partiendo de unos mismos datos iniciales, $(r_1; E_0[_1r_2];$ $E_0[_1r_3]; E_0[_1r_4]; E_0[_1r_5])$, la ETTI que obtenemos a partir de la teoría basadas en las expectativas y la que resulta de la preferencia por la liquidez son distintas. En particular, ambas son crecientes pero los tipos son siempre más altos bajo la preferencia por la liquidez y la diferencia entre ambos se hace mayor cuanto mayor sea el plazo de la inversión.

• El precio del bono con cupón es

$$B_0 = \sum_{t=1}^{T} b_t C_t = \sum_{t=1}^{T} \left[\frac{C_t}{(1+r_t)^t} \right].$$

Así, bajo la teoría de las expectativas,

$$B_0 = \frac{100}{(1,03)} + \frac{100}{(1,0399)^2} + \frac{100}{(1,0465)^3} + \frac{100}{(1,0523)^4} + \frac{10.100}{(1,0578)^5} = 7.984,48.$$

Bajo la preferencia por la liquidez,

$$B_0 = \frac{100}{(1,03)} + \frac{100}{(1,0448)^2} + \frac{100}{(1,0564)^3} + \frac{100}{(1,0671)^4} + \frac{10.100}{(1,0775)^5} = 7.304,64.$$

Vemos cómo el precio del bono obtenido con la teoría de la preferencia por la liquidez es menor que el precio bajo la teoría de las expectativas. Este resultado es lógico ya que los tipos de interés al contado obtenidos con esta última son menores. La diferencia entre ambos precios sería precisamente la valoración de la prima por la liquidez. Un inversor que está de acuerdo con la teoría de las expectativas estaría dispuesto a pagar un precio más alto que un individuo que valore los activos según la preferencia por la liquidez. Este último exige una compensación mayor en términos de rendimiento para invertir en el bono, ya que debe ser compensado por aceptar un riesgo que no se contempla en la teoría de las expectativas, donde se valora sólo el rendimiento esperado. Esa mayor compensación se refleja en el menor precio con el que valora el bono, de modo que su inversión inicial (el precio a pagar) sería más pequeña y su rendimiento esperado, por tanto, más elevado. ∎

c) LA HIPÓTESIS DE LA SEGMENTACIÓN DEL MERCADO

Esta última hipótesis que discutimos sugiere que los bonos con distintos vencimientos se negocian en segmentos del mercado diferentes. Así, los tipos de interés se determinan por las condiciones de la oferta y la demanda de cada uno de dichos segmentos. De esta forma, esta hipótesis no lleva asociada una determinada relación entre los tipos al contado futuros esperados y los tipos a plazo.

Una forma alternativa de clasificar las hipótesis sobre la estructura temporal de los tipos de interés sería, simplemente, dividir las hipótesis en dos grandes grupos. Por un lado, hipótesis sobre expectativas (las diversas formas de la hipótesis de las expectativas y la hipótesis de la preferencia por la liquidez) y por otro, la hipótesis de la segmentación. En cualquier caso, lo importante es preguntarnos sobre cuál de todas ellas es consistente con los datos que observamos en el mercado.

Desafortunadamente, necesitaríamos observar las expectativas sobre los tipos de interés futuros para decidir sobre la bondad de las distintas hipótesis. Naturalmente, en la práctica sólo observamos tipos de interés realizados y no esperados. Los inversores no son capaces de predecir con exactitud los tipos de interés, aunque, sin embargo, sí podemos afirmar que las proyecciones de los tipos de interés por parte de los inversores son *en promedio* correctas. Por otra parte, los tipos a plazo pueden estimarse a través de las series temporales de precios de los bonos cupón cero con vencimientos diferentes. Al observar la estructura temporal resultante de los datos sobre periodos muy largos de tiempo, los analistas tienden a comprobar que la estructura temporal de los tipos de interés es creciente. Este resultado implica que los tipos a plazo o tipos *forward* incrementan como función del plazo hasta el vencimiento de los bonos. En particular, para series norteamericanas disponibles desde los años veinte hasta los años noventa, el rendimiento anual medio de los bonos del Gobierno a largo plazo ha sido el 4,7%, mientras que el rendimiento medio de las letras del Tesoro, que no son más que bonos cupón cero a corto plazo, ha sido el 3,6%. Así, en promedio, a no ser que los inversores hayan sido de manera sistemática excesivamente optimistas, podemos afirmar que los tipos a plazo han excedido a los tipos al contado futuros esperados. Una clara implicación de este resultado es que la hipótesis de las expectativas no se satisface en promedio. En el mercado español, la prima de las obligaciones del Estado sobre las letras desde finales de los ochenta hasta 1997 ha sido positiva y aproximadamente igual al 1%. Una vez más, la hipótesis de las expectativas no parece confirmarse por las series históricas de datos.

Los resultados anteriores, aún siendo simples promedios, sí son consistentes con la hipótesis de la preferencia por la liquidez. Debemos señalar que pueden ser también consistentes con la hipótesis de la segmentación del mercado. Aunque esto último no es decir mucho de cara a tener una explicación rigurosa de un fenómeno que tiende (naturalmente, no de forma sistemática) a presentar una estructura temporal creciente.

A modo de resumen, podemos decir que no existe una única hipótesis que sea capaz de explicar las formas alternativas que presenta la estructura temporal de los tipos de interés. La hipótesis de las expectativas es una herramienta muy útil al ser un buen punto de referencia. Sin embargo, sabemos que existen desviaciones sobre las predicciones de esta hipótesis que suelen presentarse en la forma de rentabilidades esperadas más elevadas en los bonos de mayor vencimiento (estructura temporal creciente en promedio) aunque, desafortunadamente, no sabemos con exactitud los motivos que explican dichas desviaciones.

Un resultado muy importante, asociado a los comentarios anteriores, es que la diferencia entre los tipos a corto y los tipos a plazo (el diferencial relativo a la estructura temporal de los tipos de interés) ayuda a predecir la actividad real de las economías occidentales. En concreto, está aceptado y confirmado por varios estudios empíricos que una estructura temporal de los tipos de interés invertida (tipos a corto superiores a los tipos a largo) tiende a preceder recesiones económicas, mientras que una curva temporal creciente tiende a preceder periodos de expansión económica.[10]

3.8 El concepto de duración: análisis del riesgo de precio en los activos de renta fija[11]

Este apartado analiza el riesgo asociado a la variabilidad en los precios de los bonos como consecuencia de la variación en los tipos de interés. Se trata, por tanto, de conocer la sensibilidad de los precios de los bonos ante cambios en los tipos de interés. Es lógico pensar que esta sensibilidad es un concepto fundamental para la gestión de carteras compuestas por activos de renta fija.

(i) El concepto de duración
Sabemos que el precio de no arbitraje de un bono con cupón, T años al vencimiento y nominal igual a N viene dado por:

$$B = \frac{C}{1+i} + \frac{C}{(1+i)^2} + ... + \frac{C}{(1+i)^T} + \frac{N}{(1+i)^T}, \qquad [3.26]$$

donde B es el precio del bono, C es el cupón en euros e i es la rentabilidad al vencimiento o TIR del bono.

Para conocer cómo varía, al menos aproximadamente, el precio de dicho bono ante variaciones en el tipo de interés obtenemos la siguiente derivada:

$$\frac{dB}{di} = -\frac{1}{1+i}\left[\frac{C}{1+i} + \frac{2C}{(1+i)^2} + ... + \frac{TC}{(1+i)^T} + \frac{TN}{(1+i)^T}\right]. \qquad [3.27]$$

El término entre corchetes es un promedio ponderado de los momentos en los que se reciben los pagos o flujos de caja del bono (1, 2 ..., T), y donde la ponderación que afecta a cada momento t es el valor actual de dicho pago $(C/(1+i),$ $C/(1+i)^2, ..., (C+N)/(1+i)^T)$. La expresión [3.27] representa el cambio aproximado en euros en el precio del bono ante una pequeña variación del tipo de in-

---

[10] Los estudios de Chen (1991) y Estrella y Hardouvelis (1991) son buenos ejemplos.
[11] Este apartado se basa principalmente en Fabozzi (1996).

terés. Si se dividen ambos lados de dicha ecuación por B, obtenemos el cambio porcentual aproximado en el precio del bono:

$$\frac{dB}{di}\frac{1}{B} = -\frac{1}{1+i}\left[\frac{C}{1+i} + \frac{2C}{(1+i)^2} + \dots + \frac{TC}{(1+i)^T} + \frac{TN}{(1+i)^T}\right]\frac{1}{B}. \qquad [3.28]$$

La expresión en corchetes dividida por el precio del bono (multiplicada por su inverso) se conoce como la *duración de Macaulay*. Conviene enfatizar la importancia de esta ecuación. Los activos de renta fija suelen identificarse por su plazo hasta el vencimiento. Sin embargo, ésta es una referencia deficiente como forma de caracterizar al correspondiente bono, ya que mide exclusivamente el pago final del bono e ignora todos los pagos intermedios. La duración es una medida del plazo *efectivo* hasta el vencimiento al tener en cuenta todos los pagos que genera el bono.

La duración de Macaulay, que se denomina como D, es por tanto,

$$D = \frac{\dfrac{C}{1+i} + \dfrac{2C}{(1+i)^2} + \dots + \dfrac{TC}{(1+i)^T} + \dfrac{TN}{(1+i)^T}}{B},$$

que de forma más compacta se escribe como

$$D = \frac{\displaystyle\sum_{t=1}^{T}\frac{tC}{(1+i)^t} + \frac{TN}{(1+i)^T}}{B} \qquad [3.29]$$

que nos dice cuánto tiempo en promedio el titular de un bono tiene que esperar para recibir sus pagos. Así, un bono cupón cero que vence en T años tiene una duración de T años; sin embargo, un bono con cupón que vence en T años tiene una duración *menor* de T años al recibir parte de los pagos antes del vencimiento del bono. Al mismo tiempo, la duración aumenta (disminuye) al decrecer (incrementarse) el TIR del bono y, generalmente, cuanto más pequeño sea el cupón, mayor es la duración. Además, la duración de una cartera de bonos es el promedio ponderado de las duraciones de los componentes de la misma, donde las ponderaciones son los valores actuales de dichos activos componentes divididos entre el valor total de la cartera.

Sustituyendo la definición de duración en la expresión [3.28],

$$\frac{dB}{di}\frac{1}{B} = -\frac{1}{1+i}D, \qquad [3.30]$$

donde $D/(1+i)$ se conoce como *duración modificada* (DM). Así, el cambio porcentual en el precio del bono para una variación dada en el tipo de interés es (aproximadamente) igual al negativo de la duración modificada. Desde este punto de vista, se piensa en la duración como el cambio porcentual en el precio (sensibilidad) ante una pequeña variación en los tipos de interés. Como la duración modificada es positiva, la ecuación [3.30] dice que existe una relación inversa entre la variación porcentual en el precio del bono para un cambio dado en el tipo de interés y la duración modificada, lo que es intuitivamente razonable dada la relación inversa entre la variación en los precios de los bonos y los tipos de interés.

EJEMPLO 3.8.1 Cálculo de la duración

Un bono con cupón tiene las siguientes características: cupón del 6%, plazo hasta el vencimiento igual a 10 años, nominal 10.000€ y se cotiza actualmente por 9.297,64€ lo que equivale a una TIR igual al 7%. Se pide calcular la duración y la duración modificada. Para ello se construye el cuadro 3.11.

Cuadro 3.11. Cálculo de la duración.

Periodo	Pagos	Valor actual	Ponderación	$t \times$ ponderación
1	600	560,75	0,0603	0,0603
2	600	524,06	0,0564	0,1127
3	600	489,78	0,0527	0,1580
4	600	457,74	0,0492	0,1969
5	600	427,79	0,0460	0,2301
6	600	399,81	0,0430	0,2580
7	600	373,65	0,0402	0,2813
8	600	349,21	0,0376	0,3005
9	600	326,36	0,0351	0,3191
10	10.600	5.388,50	0,5796	5,7956
Totales	16.000	9.297,64	100%	7,7125

La duración se ha calculado de acuerdo con la expresión [3.29], donde la columna de valores actuales representa el valor actual de los pagos por cupón en cada periodo calculados con el TIR vigente, así como el valor actual del nominal al vencimiento. Naturalmente, la suma de todos los valores actuales descontados al TIR coincide (por definición) con el precio de mercado del bono con cupón. La siguiente columna representa los porcentajes que cada uno de los valores actuales anteriores supone sobre el precio de mercado del bono y, finalmente, la última columna multiplica cada periodo *t* por las ponderaciones dadas en la columna anterior. La suma de los componentes de esta última columna es la duración en años. En este caso, dicha duración es igual a 7,7125 años.

La duración modificada será:

$$DM = \frac{D}{1+i} = \frac{7,7125}{1,07} = 7,2079. \blacksquare$$

EJEMPLO 3.8.2. Usando la duración para estimar la variación porcentual en el precio de los bonos

Supongamos que el tipo de interés vigente asciende del 7% al 7,1%. Para calcular la disminución porcentual que experimenta el precio del bono (al subir el tipo de interés) se hace uso de la duración modificada. Multiplicando ambos lados de la ecuación [3.30] por el cambio en el tipo de interés di se obtiene

$$\frac{dB}{B} = -(DM)di = -(7,2079)(0,001) = -0,007208 \Rightarrow -0,7208\%.$$

Si calculamos el nuevo precio de no arbitraje del bono con el nuevo TIR del 7,1%, se obtiene un precio del bono igual a 9.230,96. Esto supone una disminución porcentual real del precio del bono igual al 0,7172%, lo que sugiere que la aproximación mediante la duración modificada es adecuada al menos para variaciones pequeñas en los tipos de interés.

Supongamos por el contrario que el tipo de interés asciende al 9%. Entonces,

$$\frac{dB}{B} = -(DM)di = -(7,2079)(0,02) = -0,1442 \Rightarrow -14,42\%,$$

mientras que la disminución porcentual real en el precio del bono ha sido del 13,15%. Evidentemente, en este segundo caso, la aproximación de la duración modificada no es tan precisa. ■

Dado el interés que suele tener conocer la volatilidad del precio de los bonos, conviene presentar la noción de *duración en euros* (*DE*). Multiplicando ambos lados de [3.30] por el precio del bono,

$$DE = -(DM)\,B. \qquad [3.31]$$

Como $dB = -(DM)Bdi$, el cambio en euros en el precio del bono es

$$dB = -(DE)di. \qquad [3.32]$$

EJEMPLO 3.8.3

Supongamos que en el bono de los ejemplos anteriores, se pide obtener el cambio en euros que experimenta el precio de dicho bono ante una variación de 1 punto básico (0,01%) en el tipo de interés.

$$dB = -(DE)di = -9.297,64(7,2079)(0,0001) = -6,702€. ■$$

(ii) Convexidad

Aunque el concepto de duración es muy sencillo y útil, existen dos razones por las que presenta una cierta deficiencia como instrumento de gestión de riesgos en carteras de renta fija. Estos dos problemas potenciales son la *convexidad* y la posibilidad de que los cambios en la curva de tipos *no sean paralelos*, ya que el concepto de duración supone de hecho que los cambios en la estructura temporal de los tipos de interés son paralelos.

La relación entre la variación en los precios de los bonos y la variación en los tipos de interés es negativa *pero convexa*. De esta forma, es conveniente examinar la figura 3.4.

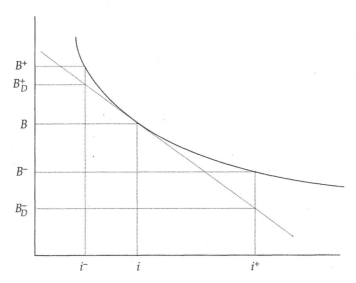

Figura 3.4. Los efectos de la convexidad.

Supongamos un bono con cupón que se está vendiendo por un precio igual a B y un TIR i. La línea recta en la figura 3.4 es tangente a la curva que representa la relación inversa y convexa entre variaciones en los precios y en los tipos de interés precisamente en el punto (B, i). Si el tipo de interés aumenta a i^+, entonces el precio del bono disminuye a B^- (si cae a i^-, el precio del bono aumenta a B^+). Sin embargo, según la ecuación $dB/B = -(DM)di$, los precios estimados resultantes de los cambios en los tipos serían B_D^- y B_D^+. Efectivamente, la relación de duración anterior es una aproximación que dice que el cambio porcentual en el precio de un bono es una función lineal de su duración. Sin embargo, al ser una relación convexa, el uso exclusivo del concepto de duración puede llevar a un error en la apreciación de los cambios en los precios ante variaciones en los tipos de interés.

Una interesante consecuencia de lo anterior es que si existen dos bonos idénticos, excepto que uno tiene más convexidad que el otro, entonces el de mayor convexidad será el preferido por los inversores. Si el tipo de interés aumenta, su precio disminuirá en una cantidad menor, mientras que si el tipo desciende, su precio se incrementará en una cantidad mayor.

Desarrollemos una expresión que permita medir la convexidad. Para ello volvemos a la expresión [3.26]:

$$B = \sum_{t=1}^{T} \frac{C}{(1+i)^t} + \frac{N}{(1+i)^T}.$$

Se realiza una expansión de Taylor ignorando términos de orden superior (nos quedará por tanto una aproximación):

$$dB = \frac{dB}{di}\, di + \frac{1}{2}\,\frac{d^2B}{di^2}\,(di)^2 + \dots$$

dividiendo por B,

$$\frac{dB}{B} = \frac{dB}{di}\,\frac{1}{B}\,(di) + \frac{1}{2}\,\frac{d^2B}{di^2}\,\frac{1}{B}\,(di)^2$$

$$= -\frac{1}{1+i}\,D(di) + \frac{1}{2}\,C_v(di)^2 \qquad\qquad [3.33]$$

$$= -(DM)(di) + \frac{1}{2}\,C_v(di)^2.$$

En definitiva, la convexidad viene dada por

$$C_v = \frac{d^2B}{di^2}\,\frac{1}{B}. \qquad\qquad [3.34]$$

Es sencillo obtener una expresión de esta segunda derivada. Usando [3.26],

$$\frac{dB}{di} = \sum_{t=1}^{T}\frac{-tC}{(1+i)^{t+1}} - \frac{NT}{(1+i)^{T+1}},$$

derivando una vez más,

$$\frac{d^2B}{di^2} = \sum_{t=1}^{T}\frac{t(t+1)C}{(1+i)^{t+2}} + \frac{NT(T+1)}{(1+i)^{T+2}}$$

$$= \frac{1}{(1+i)^2}\left[\sum_{t=1}^{T}\frac{t(t+1)C}{(1+i)^{t}} + \frac{NT(T+1)}{(1+i)^{T+2}}\right], \qquad [3.35]$$

lo que además implica que $C_v > 0$.

EJEMPLO 3.8.4 Calculando la convexidad de un bono

Supongamos los datos de los ejemplos 3.8.1 y 3.8.2. Para calcular la convexidad se construye el cuadro 3.12 que hace uso de la expresión [3.35].

Cuadro 3.12. Cálculo de la convexidad.

Periodo	Pagos	$\dfrac{1}{(1,07)^{t+2}}$	$t(t+1)C$	$\dfrac{t(t+1)C}{(1,07)^{t+2}}$
1	600	0,816298	1.200	979,56
2	600	0,762895	3.600	2.746,42
3	600	0,712986	7.200	5.133,50
4	600	0,666342	12.000	7.996,11
5	600	0,622750	18.000	11.209,50
6	600	0,582009	25.200	14.666,63
7	600	0,543934	33.600	18.276,17
8	600	0,508349	43.200	21.960,69
9	600	0,475093	54.000	25.655,01
10	10.600	0,444012	1.166.000	517.717,94
				626.341,53

La convexidad es, por tanto, igual a

$$C_v = \frac{d^2B}{di^2}\,\frac{1}{B} = 626.341,53\,\frac{1}{9.297,64} = 67,37.$$

Así, de acuerdo con la expresión [3.33], la variación porcentual en el precio del bono cuando el tipo de interés asciende al 9% es

$$\frac{dB}{B} = -(DM)(di) + \frac{1}{2}C_v(di)^2 = -(7,2079)(0,02) + \frac{1}{2}(67,37)(0,02)^2$$
$$\Rightarrow -14,42\% + 1,35\% = -13,07\%.$$

Lo que representa una variación porcentual más cercana a la variación real en el precio del bono del 13,15% que la obtenida usando sólo el concepto de duración. ∎

Cabe mencionar algunas propiedades interesantes de la convexidad: Para un tipo de interés (TIR) y un plazo al vencimiento dados, la convexidad disminuye cuando aumenta el cupón; para un tipo de interés (TIR) y una duración modificada dados, la convexidad aumenta cuando aumenta el cupón; la convexidad aumenta al incrementarse la duración.

3.9 Tipos de interés nominales y reales

Hasta esta sección nuestra discusión se ha centrado en las rentabilidades *nominales* obtenidas de inversiones realizadas en bonos (o activos de renta fija en general) sin riesgo de insolvencia. Por tanto, nos hemos centrado en la cantidad de dinero que actualmente reciben los inversores a través de dichos activos financieros. Naturalmente, éstas son las cantidades estipuladas en todo contrato que implique una negociación en activos de renta fija. Sin embargo, la capacidad o poder adquisitivo que obtenemos de tales flujos de renta y, por tanto, el *tipo de interés real* que conseguimos, depende de las variaciones en el coste de la vida experimentada por una determinada economía durante el periodo de vida de la inversión.

EJEMPLO 3.9.1

Supongamos que una hipotética cesta de bienes de consumo cuesta actualmente 100 euros. Imaginemos que un inversor está considerando utilizar 1.000€ para comprar 10 cestas de dichos bienes o, alternativamente, invertir los 1.000€ durante un año al tipo de interés del 10% (de forma que al final del año tendría 1.100€ para su gasto de consumo personal). Existen, evidentemente, muchas probabilidades de que al final del año el poder adquisitivo del inversor no haya aumentado en un 10%. Esto es, existen muchas probabilidades de que el inversor no pueda comprar 11 cestas de los bienes de consumo al final del año. Sencillamente, esperamos que el precio de la cesta de los bienes de consumo haya aumentado a lo largo del año de forma que la rentabilidad *real* del inversor no haya sido el 10%.

Supongamos que el coste de la cesta de los bienes de consumo haya aumentado hasta 107€. Los 1.100 euros podrían comprar sólo 10,28 cestas de los bienes de consumo. Así, el aumento porcentual o rentabilidad real de invertir durante dicho año sería el 2,8%.

$$\frac{10,28 - 10}{10} = 0,028 \Rightarrow 2,8\%.$$

En general,

$$1 + r_r = \frac{1 + r_n}{1 + \pi}, \qquad\qquad [3.36]$$

donde r_r es la rentabilidad real, r_n es la nominal y π es la tasa de inflación.

De forma que,

$$r_r \approx r_n - \pi.$$

En nuestro ejemplo,

$$1 + r_r = \frac{1,10}{1,07} = 1,028 \Rightarrow r_r = 2,8\%. \ \blacksquare$$

3.10* Valoración de activos de renta fija bajo ausencia de arbitraje y los efectos impositivos[12]

Tanto en el capítulo 2 como en las diferentes secciones de este capítulo, hemos introducido el concepto de valoración bajo ausencia de arbitraje mediante la construcción de carteras que replican los pagos futuros de los activos que deseamos valorar. Este tipo de análisis lo hemos hecho en un contexto donde no existían fricciones en el mercado y, en particular, en un entorno sin impuestos.

---

[12] Esta sección está basada en Modest (1990).

Pensemos a continuación en una situación donde tanto los individuos como las empresas tienen que pagar unos determinados impuestos y donde τ es la forma genérica que usaremos para denominar al tipo de gravamen: τ_c será el tipo de gravamen del impuesto de sociedades de las empresas y τ_p será el tipo de gravamen personal o asociado a las rentas que reciben los individuos.

Analicemos los flujos de caja que se producen en una situación en la que se toman posiciones largas en un bono básico que madura en un año y en un bono básico alternativo que madura en dos años, suponiendo que el tipo de interés sin riesgo es constante e igual a r. Así,

$$b_1 = \frac{1}{1 + r}$$

$$b_2 = \frac{1}{(1 + r)^2} .$$

Los cuadros 3.13 y 3.14 resumen los flujos de caja que se obtienen *después de impuestos* al comprar una unidad de cada uno de dichos bonos y donde utilizamos los siguientes supuestos sobre el pago de impuestos:

- los intereses se gravan al tipo τ,
- los intereses de los bonos originalmente emitidos como bonos cupón cero se gravan al mismo tiempo en que se acumulan,
- las ganancias (pérdidas) de capital de los bonos originalmente emitidos a la par, pero que actualmente se vendan con una prima o descuento, se gravan cuando son realizadas.

Cuadro 3.13. Bono básico a un año.

TRANSACCIÓN INICIAL	FLUJO DE CAJA	
	$t = 0$	$t = 1$
Posición larga de una unidad del bono básico a un año	$-b_1$	1
Responsabilidad impositiva	—	$-\tau r b_1$
Flujo neto de caja	$-b_1$	$1 - \tau r b_1$

donde,

$$1 - \tau r b_1 = \frac{1 + (1 - \tau)r}{1 + r} .$$

Cuadro 3.14. Bono básico a dos años.

TRANSACCIÓN INICIAL	FLUJO DE CAJA		
	$t = 0$	$t = 1$	$t = 2$
Posición larga de una unidad del bono básico a dos años	$-b_2$	—	1
Responsabilidad impositiva	—	$-\tau r\, b_2$	$-\tau r\,(_1 b_2)$
Flujo neto de caja	$-b_2$	$-\tau r\, b_2$	$1 - \tau r\,(_1 b_2)$

donde,

$$-\tau r b_2 = \frac{-\tau r}{(1 + r)^2},$$

y,

$$1 - \tau r(_1 b_2) = \frac{1 + (1 - \tau)r}{1 + r}.$$

Con estas herramientas, consideremos un inversor que trata de determinar el valor de no arbitraje de un flujo de caja sin riesgo alguno bajo los siguientes supuestos:

- el tipo de gravamen personal es τ_p.
- la inversión genera un flujo de caja igual a C_1 en $t = 1$ e igual a C_2 en $t = 2$.

El cuadro 3.15 resume los flujos de caja asociados a dicha inversión.

Cuadro 3.15. Flujos de caja después de impuestos.

	FLUJOS DE CAJA	
	$t = 1$	$t = 2$
Flujo de caja	$+ C_1$	$+ C_2$
Responsabilidad impositiva	$-\tau_p C_1$	$-\tau_p C_2$
Flujo neto de caja	$(1 - \tau_p)C_1$	$(1 - \tau_p)C_2$

Busquemos ahora la cartera formada por los bonos básicos a uno y dos años que hemos analizado al principio de esta sección y que *replique* el flujo neto de caja después de impuestos de la oportunidad de inversión que tiene nuestro inversor.

La pregunta inmediata que nos debemos hacer es: ¿cuántas unidades del bono básico a dos años debemos mantener en nuestra cartera réplica?

Para contestar a esta pregunta recordemos que el bono básico a dos años genera un flujo de caja despúes de impuestos en $t = 2$ igual a

$$\frac{1 + (1 - \tau_p)r}{1 + r} .$$

Así, el número de unidades del bono a dos años, n_2, que debemos tener en nuestra cartera de forma que repliquemos en $t = 2$ la cantidad generada por la oportunidad de inversión disponible debe satisfacer:

$$n_2 \left(\frac{1 + (1 - \tau_p)r}{1 + r} \right) = (1 - \tau_p)C_2$$

$$\Rightarrow n_2 = \left(\frac{1 + r}{1 + (1 - \tau_p)r} \right) \left[(1 - \tau_p)C_2 \right].$$

Teniendo en cuenta que el bono a dos años genera un flujo de caja después de impuestos en $t = 1$, igual a

$$\frac{- \tau_p r}{(1 + r)^2},$$

debe ser cierto que la inversión de n_2 unidades del bono básico a dos años genera el siguiente flujo de caja en $t = 1$:

$$- \left[\frac{\tau_p r}{(1 + r)^2} \right] \left(\frac{1 + r}{1 + (1 - \tau_p)r} \right) \left[(1 - \tau_p)C_2 \right].$$

¿Cuántas unidades del bono básico a un año debemos mantener en nuestra cartera réplica? Este bono genera un flujo de caja después de impuestos en $t = 1$ igual a

$$\frac{1 + (1 - \tau_p)r}{1 + r} .$$

Así, teniendo en cuenta el flujo de caja que genera las n_2 unidades del bono a dos años en $t = 1$, la cartera réplica debe estar formada por un número de unidades del bono a un año, n_1, de forma que se satisfaga la siguiente expresión:

$$n_1 \left(\frac{1 + (1 - \tau_p)r}{1 + r} \right) = (1 - \tau_p)C_1 + \left[\frac{\tau_p r}{(1 + r)^2} \right] \left(\frac{1 + r}{1 + (1 - \tau_p)r} \right) \left[(1 - \tau_p)C_2 \right].$$

El valor de no arbitraje de los flujos de caja es igual al coste de la cartera réplica:

$$n_1 b_1 + n_2 b_2 = \frac{n_1}{(1+r)} + \frac{n_2}{(1+r)^2},$$

de manera que sustituyendo por los valores de n_1 y n_2 y ordenando los términos, tenemos que el valor de no arbitraje de los flujos de caja es:

$$\frac{(1-\tau_p)C_1}{1+(1-\tau_p)r} + \frac{(1-\tau_p)C_2}{[1+(1-\tau_p)r]^2}. \qquad [3.37]$$

Se observa en esta ecuación final que el valor de no arbitraje de una corriente cualquiera de flujos de caja recibidos por un inversor puede calcularse actualizando o descontando los flujos de caja después de impuestos a la tasa apropiada también después de impuestos.

En el caso anterior hemos hablado de un flujo de caja cualquiera. A continuación analizaremos cómo la presencia de la imposición personal afecta a la valoración específica de los bonos con cupón.

Para ello, consideraremos un bono con cupón que promete un pago de 10.000€ dentro de dos periodos y que, además, tiene un cupón igual a $r_c(10.000)$ al final de cada uno de sus dos periodos de vida, donde r_c es la tasa del cupón que puede ser diferente del tipo de interés del mercado, r, que es lógicamente el tipo de interés apropiado para descontar los correspondientes flujos de caja y que supondremos constante a lo largo de la vida del bono. Suponemos, además, que el bono se mantiene hasta el vencimiento de su vida (2 años) y entonces se realiza la ganancia (pérdida) de capital. El flujo de caja después de impuestos para un inversor que tenga una posición larga en un bono de estas características se resume en el siguiente cuadro 3.16.

Cuadro 3.16. Flujos de caja después de impuestos para una posición larga.

	FLUJOS DE CAJA	
	$t = 1$	$t = 2$
Pago de cupones	$+r_c 10.000$	$+r_c 10.000$
Impuestos sobre cupones	$-\tau_p r_c 10.000$	$-\tau_p r_c 10.000$
Pago del principal	—	10.000
Impuestos sobre ganancia (pérdida) de capital	—	$-\tau_p(10.000 - B)$
Flujo neto de caja	$(1-\tau_p)r_c 10.000$	$(1-\tau_p)r_c 10.000$ $-\tau_p(10.000 - B) + 10.000$

Sabemos, por nuestra discusión anterior, que para obtener el valor de no arbitraje de dichos flujos de caja después de impuestos debemos descontarlos a la apropiada tasa de interés después de impuestos. Por tanto, el valor de no arbitraje del bono con cupón, B, será

$$B = \frac{(1 - \tau_p)r_c 10.000}{1 + (1 - \tau_p)r} + \frac{(1 - \tau_p)r_c 10.000 + 10.000}{[1 + (1 - \tau_p)r]^2} - \frac{\tau_p(10.000 - B)}{[1 + (1 - \tau_p)r]^2}, \qquad [3.38]$$

donde el último término aparece como consecuencia de la carga impositiva asociada a posibles ganancias (pérdidas) de capital, tal como se opera en algunos países de nuestro entorno. Antes de despejar el valor de no arbitraje del bono con cupón, analicemos la expresión [3.38] suponiendo que no existen ganancias (pérdidas) de capital al mantener el bono hasta el vencimiento. La valoración de no arbitraje después de impuestos de un bono con cupón es

$$B = \frac{(1 - \tau_p)r_c 10.000}{1 + (1 - \tau_p)r} + \frac{(1 - \tau_p)r_c 10.000 + 10.000}{[1 + (1 - \tau_p)r]^2}. \qquad [3.39]$$

EJEMPLO 3.10.1

Imaginemos una situación en la que la tasa del cupón, r_c, es igual al tipo de interés al contado, r, que es igual al 6%. Además, el inversor tiene un tipo de gravamen personal igual al 30%. Para este inversor, el valor de no arbitraje sería

$$B = \frac{(1 - 0,30)(0,06)10.000}{1 + (1 - 0,30)(0,06)} + \frac{[1 + (1 - 0,30)(0,06)]10.000}{[1 + (1 - 0,30)(0,06)]^2} = 10.000.$$

Si estuviéramos hablando de un inversor exento del gravamen impositivo personal ya sabemos que el valor de no arbitraje del bono sería también 10.000, ya que el tipo de interés del mercado es igual a la rentabilidad al vencimiento.

$$B = \frac{(1 - 0,00)(0,06)10.000}{1 + (1 - 0,00)(0,06)} + \frac{[1 + (1 - 0,00)(0,06)]10.000}{[1 + (1 - 0,00)(0,06)]^2} = 10.000.$$

Este ejemplo demuestra que si el tipo de interés del mercado es igual a la tasa del cupón, todos los inversores valorarán los bonos con cupón de forma *idéntica*, independientemente de cuál sea su tipo de gravamen marginal (incluso si dichos tipos de gravamen fueran diferentes).

Ahora bien, ¿qué ocurre si el tipo de interés del mercado es diferente de la tasa del cupón? Nótese que esta es la situación más habitual en la práctica ya que los tipos de interés son variables en el tiempo mientras que la tasa del cupón permanece constante a lo largo de la vida de los bonos.

Sabemos que cuando estamos analizando un bono con cupón con dos años hasta el vencimiento y las ganancias (pérdidas) de capital al vencimiento se gravan, el valor de no arbitraje del bono viene dado por la ecuación [3.38]. Si despejamos B de dicha expresión obtenemos finalmente la (poco intuitiva) fórmula de valoración para bonos con cupón bajo imposición personal.

$$B = \left\{ \frac{[1 + (1 - t_p) \, r]^2}{[1 + (1 - \tau_p)r]^2 - \tau_p} \right\} \left\{ \frac{[1 - \tau_p] \, r_c 10.000}{[[1 + (1 - \tau_p) \, r]} + \frac{[1 - \tau_p] \, r_c 10.000 + 10.000}{[1 + (1 - \tau_p)r]^2} \right\}$$

$$- \left\{ \frac{\tau_p 10.000}{[1 + (1 - \tau_p)r]^2 - \tau_p} \right\} \cdot \blacksquare \qquad\qquad [3.40]$$

EJEMPLO 3.10.2

Imaginemos un bono con dos años hasta su vencimiento, nominal de 10.000€, un cupón igual al 6% y un tipo de interés vigente en el mercado igual al 10%. Asimismo, consideremos un inversor que tiene un tipo de gravamen personal del 28%, donde suponemos que las ganancias de capital están gravadas al vencimiento. De acuerdo con [3.40], el valor de no arbitraje del bono para dicho individuo sería

$$B = \left\{ \frac{[1 + (1 - 0,28)0,10]^2}{[1 + (1 - 0,28)0,10]^2 - 0,28} \right\} \left\{ \frac{[1 - 0,28] \, 600}{[1 + (1 - 0,28)0,10]} + \frac{[1 - 0,28] \, 600 + 10.000}{[1 + (1 - 0,28)0,10]^2} \right\}$$

$$- \left\{ \frac{(0,28)10.000}{[1 + (1 - 0,28)0,10]^2 - 0,28} \right\} \Rightarrow B = 9.313,45.$$

Nótese que para el individuo sometido a la carga impositiva resulta atractivo recibir parte de las rentas provenientes del bono en forma de ganancia de capital, ya que dichas ganancias no son gravadas hasta que se realizan. Este hecho tiene el importante efecto de reducir el tipo de gravamen efectivo. Naturalmente, para un individuo o institución no sujeto al impuesto, dicha posibilidad no representa ventaja alguna y el bono valdrá, consecuentemente, menos para el individuo exento de los impuestos. Para verlo, imaginemos la misma situación excepto que consideremos un individuo no gravado, por lo que $\tau_p = 0$ en la expresión [3.40]. El valor de no arbitraje del bono para este último individuo sería

$$B = \frac{r_c 10.000}{1 + r} + \frac{r_c 10.000 + 10.000}{(1 + r)^2} = \frac{(0,06)10.000}{1,10} + \frac{(0,06)10.000 + 10.000}{(1,10)^2} = 9.305,78.$$

Hemos visto cómo el individuo sujeto a la imposición personal pagaría más por este bono. Ahora bien, ¿qué determina el precio de mercado?

Supongamos que en el mercado existen solamente dos tipos de inversores. El primero tiene, como en el ejemplo, un tipo de gravamen del 28% mientras que el segundo está exento de la imposición personal. Como el bono resulta más valioso para los individuos gravados, éstos serán los primeros en lanzar una oferta de compra. Si la demanda de individuos gravados es suficiente para cubrir la oferta del bono, entonces el precio será igual a 9.313,45. En este caso, el tipo de gravamen marginal efectivo será igual al 28%. Si, por otra parte, la oferta del bono es superior a la demanda por parte de los individuos gravados, no quedará otro remedio que bajar el precio del bono de forma que los individuos exentos estén dispuestos a cubrir la oferta. En este caso, el precio del bono sería igual a 9.305,78 y el tipo de gravamen marginal efectivo sería igual a 0,00. ∎

Referencias

Brealey, R. y S. Myers (2000). *Principles of Corporate Finance*, McGraw-Hill, 6ª ed., caps. 23 y 24.

Buckley, A., Ross, S., Westerfield, R. y J. Jaffe (1998). *Corporate Finance Europe*, McGraw-Hill, cap. 6.

Campbell, J., Lo, A. y A. MacKinley (1997). *The Econometrics of Financial Markets*, Princeton University Press, cap.10.

Chen, N. (1991). "Financial Investments Opportunities and the Macroeconomy", *Journal of Finance*, 46, págs. 529-554.

Contreras, D. y E. Navarro (1993). "The Use of Exponential Splines for the Estimation of the Intertemporal Structure of Interest Rates in the Spanish Market", ASSET Meeting, Barcelona, octubre.

Elton, E. y M. Gruber (1995). *Modern Portfolio Theory and Investment Analysis*, John Wiley & Sons, 5ª ed., cap. 20.

Estrella, A. y G. Hardouvelis (1991). "The Term Structure as a Predictor of Real Economic Activity", *Journal of Finance* 46, págs. 555-576.

Fabozzi, F. (1996). *Bond Markets, Analysis and Strategies*, Prentice Hall International Editions, caps. 3, 4 y 5.

Gómez, I. y J. Sicilia (1999). "Valoración de los *Strips* de Deuda Pública en España", en *Derivados sobre Renta Fija y Renta Variable en España* (III Jornadas de Economía Financiera), editado por la Fundación BBV.

Grinblatt, M. y S. Titman (1998). *Financial Markets and Corporate Strategy*, Irwin-McGraw-Hill, cap. 2

McCulloch, J. (1971). "Measuring the Term Structure of Interest Rates", *Journal of Business*, 44, págs. 19-31.

Modest, D. (1990). "Coupon Bond Valuation with Taxes", Documento de Trabajo, University of California, Berkeley.

Nave, J. (1998). "Estructura Temporal de los Tipos de Interés e Inmunización Financiera en el Mercado Español", Tesis Doctoral, Universidad de Valencia, caps. 1, 2, 3 y 4.

Nelson, C. y A. Siegel (1987). "Parsimonious Modelling of Yield Curves", *Journal of Business*, 60, págs. 473-489.

Núñez, S. (1995). "Estimación de la Estructura Temporal de los Tipos de Interés para el Caso Español", II Jornadas de Economía Financiera, Universidad del País Vasco-Fundación BBV.

Svensson, L. (1994). "Estimating and Interpreting Forward Interest Rates: Sweden 1992-1994", Working Paper 4.871, NBER, Cambridge, MA.

Vasicek, O. y H. Fong (1982). "Term Structure Modeling Using Exponential Splines", *Journal of Finance*, 37, págs. 339-341.

4. Activos Arrow-Debreu y la ecuación fundamental de valoración en un contexto de ausencia de arbitraje

4.1 Valoración y activos contingentes: las ideas fundamentales

En los capítulos anteriores, se han discutido los conceptos de valoración de activos financieros de renta fija en un contexto de ausencia de arbitraje utilizando como herramienta clave la idea de carteras que replican los pagos futuros de los activos a valorar.

Resultaba muy conveniente comenzar este libro suponiendo que nos movíamos en un marco de certeza para así centrarnos, con mayor facilidad, en los aspectos conceptuales fundamentales. Sin embargo, es evidente, que un marco de trabajo más interesante e incluso más relevante desde un punto de vista práctico, consiste en reconocer que trabajamos en un entorno de incertidumbre con activos financieros arriesgados.[1]

En definitiva, necesitamos analizar las estrategias de arbitraje que utilicen activos arriesgados. Tal como ocurría en el marco de trabajo anterior, estas estrategias están basadas en la construcción de carteras réplica y en la idea intuitiva que le acompaña que se resume en comprar barato y vender caro.

Veamos un primer caso en el que los flujos de caja generados por ciertos activos arriesgados pueden replicarse mediante los flujos de caja obtenidos por otros activos.

EJEMPLO 4.1.1 (Escuela de Negocios de la University of California en Berkeley)

La técnica de valoración bajo ausencia de arbitraje utilizando como herramienta de trabajo las carteras réplicas es válida en un contexto de incertidumbre.

Imaginemos que trabajamos en una empresa de alta tecnología donde nuestro salario incluirá una compensación ligada al comportamiento bursátil de la cotización de la acción de la empresa. Supongamos que nos encontramos justo a principios de año. Al finalizar el año, si el precio de la acción en el mercado bursátil sube, ofrecen pagarnos la diferencia entre el precio de la ac-

---

[1] En el capítulo 3 ya se discutieron aspectos de gran importancia para la renta fija en un contexto de incertidumbre.

ción al final de diciembre, P_T, y el precio de la acción hoy, P, multiplicada por 1.000 o bien, si esta cantidad nos parece excesiva, nos ofrecen como alternativa dicha diferencia pero multiplicada sólamente por 100. Ahora bien, si el precio de la acción disminuye, nos veríamos obligados a pagar a la empresa la diferencia entre los precios multiplicada por 1.000 o por 100. Se trata de escoger uno de los dos multiplicadores y decidir cuánto vale cada una de las dos ofertas recibidas (la opción del multiplicador igual a 1.000 o la opción del multiplicador igual a 100), sabiendo que la acción se ha comportado francamente bien en el pasado más reciente y que actualmente se está cotizando por 70€.

El anterior acuerdo supone una ganancia de $(P_T - P)X$, donde X es el multiplicador de 1.000 o 100. Este pago puede descomponerse en dos partes: $P_TX - PX$ que, a su vez, puede interpretarse de la siguiente forma:

- recibiremos una cantidad X multiplicada por el valor de la acción al final del año (P_TX),
- tendremos que pagar la cantidad fija y conocida X multiplicada por 70 que es el precio actual de la acción $(PX = 70X)$.

Podemos replicar la primera parte comprando X títulos de la acción hoy, donde X sea 100 o 1.000. Esta operación cuesta hoy $70X$. La segunda parte no tiene riesgo alguno y consiste en pedir prestado hoy una cantidad igual a $70Xb_1$, donde b_1 es el precio hoy del bono básico que vence en 1 año. Así, en un año tendremos que devolver la cantidad que hemos recibido del préstamo más los intereses.

$$70Xb_1(1 + r) = 70X,$$

ya que $b_1 = 1/1 + r$.

Ambas partes conjuntamente tendrán un valor hoy igual al coste de las dos operaciones que permiten replicarlas. Dada la discusión de los capítulos anteriores ya sabemos que, en caso contrario, tendríamos la posibilidad de realizar un arbitraje. Por tanto, el coste de las opciones que se nos proponen es: $70X - (70Xb_1) = 70X(1 - b_1)$. Suponiendo que el bono básico a 1 año se cotiza en el mercado hoy por 0,90 céntimos de euro, la combinación valdría hoy $70X(1 - 0,90) = 7X$. Así, la opción que tiene como compensación $X = 1.000$, significaría disponer de un *activo* sin riesgo alguno con valor igual a 7.000€. Por lo tanto, dicha compensación sería como recibir un regalo sin riesgo alguno con valor igual a 7.000€.

Alternativamente, esta opción puede valorarse mediante el razonamiento siguiente. Podemos vender en descubierto hoy 1.000 títulos de la acción por 70.000€ e invertir 63.000€ en un bono sin riesgo. Los 63.000€ resultan de multiplicar: $70 \times 1.000 \times 0,90$, lo que a su vez representa el valor hoy de recibir 70.000€ mañana. De esta forma, ingresamos de manera instantánea 7.000€. El riesgo se ha transferido al comprador de los 1.000 títulos que espera obtener un beneficio justo como compensación por el riesgo que soporta. Es importante ser conscientes que esta operación no supone riesgo alguno para nosotros ya que al final del año recibiremos la compensación pactada con la empresa. Ahora bien, bajo esta alternativa debemos preguntarnos qué ocurre exactamente al final del año. Por un lado, como hemos invertido 63.000€ en un bono libre de riesgo, recibiremos el valor futuro de dicha inversión, que es precisamente igual a 70.000€. Esta cantidad, junto con la compensación pactada, nos permitirá volver a comprar los 1.000 títulos de la acción que debemos devolver por haber realizado una venta en descubierto. De esta forma, la operación resultará en un pago neto al final del año igual a cero. Naturalmente, debemos recordar que nos hemos embolsado en el momento inicial una cantidad igual 7.000€ que es, precisamente, el valor de la compensación pactada tal como resultaba bajo la primera de las alternativas analizadas. La segunda opción tendría un valor de 10 veces menos o 700€.

En el cuadro 4.1 representamos de forma esquemática esta segunda forma de analizar el problema y la valoración mediante carteras réplicas en un contexto de incertidumbre.

Cuadro 4.1. Réplica con incertidumbre.

ESTRATEGIA	$t = 0$	$t = 1$
Vender en descubierto 1.000 títulos a 70€ por acción	+ 70.000	$- 1.000P_T$
Invertir 63.000€ en un bono libre de riesgo	- 63.000	$+ 63.000(1/0,90) = + 70.000$
Compensación final pactada con la empresa	—	$(P_T - P)1.000 =$ $1.000P_T - 70.000$
PAGO TOTAL	+ 7.000	0

En definitiva, los pagos asociados a la compensación pactada con la empresa pueden replicarse exactamente mediante una cartera compuesta de acciones de la propia empresa y una determinada cantidad de bonos cupón cero sin riesgo alguno de insolvencia. En general, nos referiremos a estos bonos como el *activo seguro*. Lo importante es que somos capaces de valorar el esquema compensatorio propuesto independientemente de que el precio de la acción de la empresa suba o baje. ■

Para que esta cobertura perfecta o réplica bajo incertidumbre funcione como en el ejemplo, dos o más inversiones o activos deben ser *contingentes* (su valor depende de) en la misma fuente de incertidumbre. En el ejemplo 4.1.1, la compensación propuesta representa un *derecho o activo contingente* sobre el comportamiento de las acciones de la empresa. Así, podemos cubrir o replicar sus pagos negociando las propias acciones de la empresa que son la última fuente de incertidumbre en dicho ejemplo. En otras palabras, tenemos una única fuente de incertidumbre asociada al comportamiento del precio de la acción. Esta incertidumbre la podemos caracterizar mediante dos estados de la naturaleza: el precio de la acción subirá o bajará. La compensación propuesta (el activo que debemos valorar) es *contingente* con el precio de la acción y, por tanto, se ve afectado por la misma incertidumbre que dicho precio. Los pagos de la compensación los replicaremos negociando a través del activo disponible sobre el cual la compensación es *contingente*; esto es, negociando las acciones de la empresa. Sin embargo, existen dos estados de la naturaleza. Necesitamos no sólo negociar en las acciones de la empresa, sino también con un segundo activo. Este segundo activo es el activo seguro; los bonos cupón cero. Evidentemente es importante que tanto las acciones como los bonos sean activos negociados en el mercado.

DEFINICIÓN: **Un activo (o derecho) contingente es un activo financiero cuyos pagos se definen como una función (definida a priori) de un suceso futuro incierto.**

Por ejemplo, el juego de la ruleta en un casino es un viejo ejemplo de lo que entendemos por activos contingentes. Dicho juego especifica la cantidad ganada o perdida como función del número que salga al girar la ruleta. Aunque el pago final sea incierto, es claro que depende sólo del número que salga al girar la ruleta. De la misma forma, un activo puede ser contingente con que el precio de una determinada acción o el valor de un determinado índice bursátil supere un nivel especificado *a priori* en el contrato establecido entre dos partes. Los denominados *activos derivados* como las opciones y los futuros son los ejemplos más evidentes de activos contingentes. En estos activos sus pagos futuros inciertos se *derivan de* o son *contingentes con* el comportamiento del denominado activo subyacente. Éste es el activo financiero que se negocia en los mercados financieros y sobre el que se ha establecido el contrato del activo contingente. En el ejemplo del esquema compensatorio del gerente, el activo subyacente era la acción de la empresa. En una opción o un futuro contingente con el comportamiento de un índice bursátil, el activo subyacente es precisamente el índice bursátil.

Ya tenemos una serie importante de ingredientes que nos permite avanzar en la valoración de activos financieros mediante arbitraje en un contexto de incertidumbre. Es importante que el activo a valorar sea contingente con el comportamiento de algún activo financiero arriesgado que se negocie en los mercados financieros. De esta forma, tanto el activo contingente como el subyacente están asociados a la misma fuente básica de incertidumbre. Ahora bien, debemos ser muy precisos en la forma en la que definimos la incertidumbre. A continuación presentamos el denominado *modelo de preferencia tiempo-estado* que es, sin duda, la forma más general de representar las incertidumbres que vienen asociadas a los mercados financieros.

4.2 El modelo de preferencia tiempo-estado, los activos Arrow-Debreu y la ecuación fundamental de valoración

Este modelo describe las incertidumbres sobre las que siempre gravitan los pagos futuros de los activos financieros en términos de posibles escenarios denominados, en general, estados de la naturaleza.

Cuando intentamos predecir el futuro comportamiento de los tipos de interés, de la inflación o del déficit público, los economistas solemos tender a representar la inherente incertidumbre asociada a dichas variables a través de los posibles escenarios que, bajo ciertas probabilidades, pueden ocurrir en el futuro. Estos escenarios son lo que denominaremos *estados de la naturaleza*. El modelo de preferencia tiempo-estado hace el supuesto explícito de que existe un número finito de estados de la naturaleza. A pesar de que, como en todo modelo, este supuesto sea una visión simplificada de la realidad, también es cierto que el modelo de preferencia tiempo-estado puede ser una aproximación cercana a la realidad ya que nos basta con aumentar el conjunto de los posibles estados de la naturaleza que considere nuestro modelo.

A modo de ejemplo, pensemos en el caso en que la rentabilidad de una determinada empresa depende del precio del cobre en el futuro. Dicho precio puede tomar exclusivamente valores positivos, pero podemos simplificar los posibles escenarios analizando únicamente el impacto que tenga en la rentabilidad de la empresa los cambios de 100 euros por tonelada en el precio del cobre. Así, nuestros escenarios analizarían lo que ocurriría con la rentabilidad si el precio del cobre fuera 700€/Tn (euro por tonelada), 800, 900, 1.000, 1.100, ..., 2.000, 2.100, 2.200. Si necesitamos una mayor precisión, podríamos considerar el impacto sobre la rentabilidad de cambios en 50€/Tn en el precio del cobre. Naturalmente, cuanto mayor sea el número de estados considerados más próximos estaremos de la incertidumbre real del precio del cobre.

Pensemos en un ejemplo muy simplificado pero de enorme importancia para entender las ideas subyacentes en las Finanzas modernas. Supongamos un caso en el que sólo consideremos *dos estados de la naturaleza y un único periodo de inversión con dos fechas, hoy y mañana (un año)*. Imaginemos que una empresa está considerando la posibilidad de perforar una mina de oro y que la fuente básica de incertidumbre es el precio que el oro tendrá en el mercado internacional. Si los países productores de oro se ponen de acuerdo y fijan una política concreta de extracción del oro, su precio alcanzaría los 280€/Oz (euros por onza) en un año y la mina propiedad de la empresa tendría un valor de 200 millones de euros. En caso contrario, el precio del oro se quedaría en 230€/Oz dentro de un año y la mina valdría 50 millones de euros. Supondremos que el oro puede almacenarse sin coste alguno, su precio hoy es igual a 250€/Oz y que el tipo de interés del activo seguro a un año es igual al 5,82% (nótese que el precio del bono básico hoy sería igual a 1/1,0582 = 0,945 euros). La situación queda reflejada en el cuadro 4.2.

Cuadro 4.2. La valoración de una mina de oro.

	HOY	EN UN AÑO	
Estados		Precio alto ($s = 1$)	Precio bajo ($s = 2$)
Precio oro	250€/Oz	280€/Oz	230€/Oz
Valor mina de oro	?	200 mill. euros	50 mill. euros
Valor bono básico	0,945 euros	1 euro	1 euro

El dato clave que a la empresa le interesa conocer es el valor de su mina de oro hoy. Lo habitual en un planteamiento de este tipo es preguntarse por las probabilidades de ocurrencia de cada uno de los estados de la naturaleza para poder asignar un valor esperado a los pagos futuros del oro y, por tanto, un valor esperado al valor de la mina.

¿Es ésta la única posibilidad que tenemos para valorar la mina de oro?

En absoluto. Nuestro argumento para demostrar que tenemos una potentísima herramienta de valoración bajo incertidumbre se basa en la construcción de una cartera de los activos existentes que replique los pagos futuros de la mina (activo a valorar). Ahora bien, ¿cuál es el activo subyacente? En este ejemplo, es evidente: el oro. Nótese que la mina es un activo contingente cuyo valor depende o es contingente con el valor futuro del oro. El oro es un activo sobre el cual podemos negociar en los mercados internacionales. La fuente de incertidumbre asociada al activo (real) a valorar y al subyacente es la misma y, además, tenemos dos estados de la naturaleza. Finalmente, sabemos que existe también la posibilidad de invertir en un activo seguro (el bono básico).

En definitiva, podemos replicar los pagos o valores futuros de la mina de oro mediante una cartera formada por oro (el activo subyacente) y por el activo seguro. Supongamos que compramos 3 millones de onzas de oro. Nuestra inversión valdrá 840 millones de euros en el primer estado y 690 millones de euros en el segundo estado. Nótese que estas cantidades representan 640 millones de euros más que el valor que alcanzaría la mina en cada uno de los dos estados. Si pedimos un préstamo por valor de $0,945 \times 640$ millones de euros para financiar la compra del oro, nuestra cartera tendrá unos valores o pagos futuros iguales a los que tiene la mina en cada uno de los dos estados. De esta forma, por tanto, hemos replicado los pagos futuros del activo a valorar, la mina de oro. Este activo por ausencia de arbitraje valdrá hoy lo mismo que el coste de la cartera réplica construida a base de bonos y oro. Como el oro y el bono básico son activos que se negocian en el mercado, sabemos con precisión el coste de la cartera réplica al poder observar sus precios de mercado y, lo que es lo mismo, el coste o valor de la mina de oro. Lo podemos comprobar en el cuadro 4.3.

Cuadro 4.3. Cartera réplica para valorar la mina de oro.

	HOY	EN UN AÑO	
Estados		$s = 1$	$s = 2$
Compra del oro	− 750 mill. euros	+ 840 mill. euros	+ 690 mill. euros
Préstamo	+ 604,8 mill. euros	− 640 mill. euros	− 640 mill. euros
Cartera réplica	145,2 mill. euros	200 mill. euros	50 mill. euros
Valor mina de oro	145,2 mill euros	200 mill. euros	50 mill. euros

Lógicamente, podemos seguir un procedimiento más general para obtener la cartera réplica del activo que deseamos valorar. Para ello, denominamos por z_{oro} al número de onzas de oro que compramos en nuestra cartera réplica y z_b a la cantidad en euros que necesitamos del bono básico. Ambas pueden ser negativas suponiendo que admitamos ventas en descubierto. Por supuesto, en el caso del bono básico, un z_b negativo indicaría que pedimos prestado lo que, naturalmente, es equivalente a una venta en descubierto del activo seguro.

Las cantidades z_{oro} y z_b se escogen de forma que los flujos de caja generados por la cartera réplica sean equivalentes a los flujos generados por la mina de oro en cada estado de la naturaleza. Este planteamiento nos conduce a un sencillo sistema de ecuaciones:

$$s = 1: 280z_{oro} + 1z_b = 200 \text{ mill.}$$

$$s = 2: 230z_{oro} + 1z_b = 50 \text{ mill.}$$

$$\Rightarrow z_{oro} = 3 \text{ mill. onzas}$$

$$\Rightarrow z_b = -640 \text{ mill. euros.}$$

El valor (coste) de la cartera réplica y, por tanto, el valor de la mina de oro consistente con la ausencia de arbitraje es

$$V = 250z_{oro} + 0{,}945z_b = 250 \times 3 - 0{,}945 \times 640 = 145{,}2 \text{ mill. euros.}$$

Es importante dejar claro desde el principio que si considerásemos, por ejemplo, cuatro estados de la naturaleza, necesitaríamos disponer de cuatro activos financieros que generen flujos de caja linealmente independientes, de forma que pudiéramos resolver un sistema de cuatro ecuaciones lineales para obtener la cantidad necesaria de los activos disponibles que repliquen el activo a valorar. Nótese que en el ejemplo anterior teníamos dos estados de naturaleza y dos activos disponibles linealmente independientes; el oro y el bono básico. Esto nos permitía resolver el sistema de ecuaciones para obtener z_{oro} y z_b. Con cuatro estados de la naturaleza necesitaríamos cuatro activos financieros. Si el ejercicio exigiera S estados de la naturaleza nos harían falta S activos financieros linealmente independientes. Recuérdese que esta exigencia es la misma que teníamos en el capítulo 2 cuando necesitábamos tantos bonos básicos como periodos de tiempo en los que el activo a valorar generaba flujos de caja. Aquí, tenemos un solo periodo temporal pero múltiples estados de la naturaleza. Allí, teníamos múltiples periodos de tiempo pero un único estado de la naturaleza (certeza).

A continuación desarrollamos las técnicas generales que nos permiten valorar activos bajo ausencia de arbitraje en el contexto del modelo de preferencia tiempo-estado. En otras palabras, generalizaremos el ejemplo anterior de forma que obtengamos una técnica de valoración de activos bajo incertidumbre basada en el supuesto fundamental de ausencia de arbitraje. Esta técnica es clave en las Finanzas modernas y su aplicación incluye prácticamente todos los modelos de valoración de activos conocidos. Ya hemos señalado que se trata de replicar los pagos de un activo en cada *estado* futuro, de la misma forma que en los capítulos anteriores replicábamos los pagos en cada *fecha* futura.

DEFINICIÓN: **Un activo contingente elemental o activo Arrow-Debreu es un activo que paga 1 euro si un determinado estado de la naturaleza ocurre y nada en caso contrario.**

Nótese que el concepto de activo Arrow-Debreu no es más que la extensión del concepto de bono básico al caso en que existe incertidumbre caracterizada por los estados de la naturaleza. La contingencia se asocia con la ocurrencia de un estado de la naturaleza concreto en el futuro, y así el precio del activo Arrow-Debreu nos proporciona el valor que tiene hoy un euro recibido en el futuro en un estado determinado. Es, sin duda alguna, uno de los conceptos más importantes en Economía Financiera.

En el ejemplo sobre la valoración de la mina de oro existían dos estados de la naturaleza. Por tanto, deben existir dos activos Arrow-Debreu. El activo #1 paga 1 euro en el estado $s = 1$ y nada en el estado $s = 2$. El activo Arrow-Debreu #2 paga 1 euro en el estado $s = 2$ y cero en el estado $s = 1$. Denominaremos como ϕ_s al precio hoy del activo Arrow-Debreu que paga 1 euro en el estado s y nada en caso contrario.

Volvamos a nuestro ejemplo. Si queremos replicar los valores futuros del oro mediante activos Arrow-Debreu deberíamos mantener una cartera con 280 títulos del activo Arrow-Debreu #1 y 230 títulos del activo Arrow-Debreu #2. Así, dada la definición de los activos Arrow-Debreu, los pagos de esta cartera en cada estado de la naturaleza son:

$$\underbrace{280}_{\text{títulos } A-D\#1} \times \underbrace{1}_{\text{pago en euros}} + \underbrace{230}_{\text{títulos } A-D\#2} \times \underbrace{0}_{\text{pago en euros}} = 280 \text{ euros}$$

$$\underbrace{280}_{\text{títulos } A-D\#1} \times \underbrace{0}_{\text{pago en euros}} + \underbrace{230}_{\text{títulos } A-D\#2} \times \underbrace{1}_{\text{pago en euros}} = 230 \text{ euros.}$$

Por tanto, para evitar las posibilidades de arbitraje, el coste hoy de esta cartera de activos Arrow-Debreu debe ser igual al valor hoy del oro.

$$\underbrace{280\phi_1 + 230\phi_2}_{\text{coste hoy cartera activos } A-D} = \underbrace{250,}_{\text{coste hoy oro}}$$

donde ϕ_1 es el precio hoy del activo Arrow-Debreu #1 y ϕ_2 es el precio hoy del activo Arrow-Debreu #2.

De la misma forma, los pagos del activo seguro pueden replicarse manteniendo una cartera compuesta de un título de cada activo Arrow-Debreu existente.

$$\underbrace{1}_{\text{títulos } A-D\#1} \times \underbrace{1}_{\text{pago en euros}} + \underbrace{1}_{\text{títulos } A-D\#2} \times \underbrace{0}_{\text{pago en euros}} = 1 \text{ euro}$$

$$\underbrace{1}_{\text{títulos } A-D\#1} \times \underbrace{0}_{\text{pago en euros}} + \underbrace{1}_{\text{títulos } A-D\#2} \times \underbrace{1}_{\text{pago en euros}} = 1 \text{ euros.}$$

De nuevo, para evitar arbitraje, el coste de la cartera de activos Arrow-Debreu debe ser igual al coste del activo seguro.

$$\underbrace{1\phi_1 + 1\phi_2}_{\text{coste hoy cartera activos } A-D} = \underbrace{0{,}945.}_{\text{coste hoy bono básico}}$$

En definitiva, uniendo ambas ecuaciones de valoración, nos encontramos con un sistema de dos ecuaciones (una para cada activo negociado en el mercado) y dos incógnitas (los precios de los activos Arrow-Debreu). Es fundamental entender que este sistema resulta de imponer la ausencia de oportunidades de arbitraje, y permite encontrar los precios de los activos Arrow-Debreu.

$$280\phi_1 + 230\phi_2 = 250$$

$$\phi_1 + \phi_2 = 0{,}945$$

$$\Rightarrow \phi_1 = 0{,}653$$

$$\Rightarrow \phi_2 = 0{,}292.$$

Es importante resaltar la siguiente relación:

$$\phi_1 + \phi_2 = b = \frac{1}{1+r},$$

donde r es el rendimiento a un año del activo seguro y b es el precio del bono básico que paga 1 euro en un año.[2] En general, para evitar las posibilidades de arbitraje debe ser cierto que

$$\sum_{s=1}^{S} \phi_s = \frac{1}{1+r}, \qquad [4.1]$$

siempre que estemos trabajando con modelos de un solo periodo o, alternativamente, con estrategias de negociación estáticas, en las que el horizonte de los inversores no va más allá de un único periodo de tiempo, aunque, naturalmente, al final del periodo pueden existir S estados de la naturaleza. Nótese también que la expresión [4.1] implica que la suma de los precios de los activos Arrow-Debreu no es, en ningún caso, igual a uno.[3] La intuición detrás de la ecuación [4.1] es bastante inmediata. Al final del periodo siempre debe ocurrir uno de los estados de la naturaleza. Si mantenemos un título de cada uno de los activos Arrow-Debreu existentes nos aseguramos que, al final del periodo, recibamos 1 euro. Pero este pago es idéntico al que recibiríamos por invertir en el bono básico. Por tanto, la cartera compuesta por una unidad de cada uno de los activos Arrow-Debreu y el bono básico deben tener hoy el mismo coste.

---

[2] Dado que todo el capítulo se centra en una economía de un único periodo, no empleamos el subíndice 1 en el precio del bono básico a un año para simplificar la notación.

[3] Excepto, evidentemente, cuando el tipo de interés es igual a cero. En general, $\sum_{s=1}^{S} \phi_s < 1$.

Una vez que disponemos de los precios de los activos Arrow-Debreu estamos en condiciones de poder valorar cualquier activo financiero. De hecho, estos precios son piezas clave en toda expresión de valoración de activos financieros. Reflejan lo que los inversores están dispuestos a pagar hoy por unidades de consumo (de euros) en cada uno de los estados de la naturaleza futuros. Recogen, por tanto, la incertidumbre asociada a cada uno de dichos estados y son, además, precios de hoy, por lo que incorporan un factor de descuento temporal. En definitiva, valoran hoy unidades de consumo futuras teniendo en cuenta tanto la incertidumbre de cada estado como la valoración temporal del dinero.

En cierta forma, también podemos entender los activos Arrow-Debreu como *seguros* que contratamos para recibir una determinada cantidad de dinero si un determinado estado de la naturaleza ocurre. Así, sus precios podrían entenderse como la prima del seguro de una póliza que nos cubre ante ciertas contingencias en el caso de que un estado de la naturaleza particular ocurra en el futuro. Por este motivo, si mantenemos una cantidad de todos y cada uno de los activos Arrow-Debreu sería equivalente a disponer de una póliza de seguros que nos cubriese ante cualquier contingencia posible.

Comprobemos cómo podemos valorar cualquier activo financiero a través de los precios de los activos Arrow-Debreu. Volviendo al valor de la mina de oro, nótese que podemos obtener su valor haciendo uso de ϕ_1 y ϕ_2.

$$V = 200\phi_1 + 50\phi_2 = 200 \times 0{,}653 + 50 \times 0{,}292 = 145{,}2 \text{ mill. euros,}$$

donde 200 y 50 son, en esta ecuación, los flujos de caja que genera la mina de oro (el activo a valorar) en cada uno de los estados de la naturaleza futuros.

En definitiva, sin emplear explícitamente las probabilidades asociadas a cada estado, los precios de los activos Arrow-Debreu son la herramienta más útil en la que podamos pensar para valorar activos financieros. Podemos concluir que los precios de los activos Arrow-Debreu pueden utilizarse para valorar cualquier activo (real o financiero) cuyos pagos puedan especificarse en cada estado de la naturaleza.

Ahora ya podemos presentar la *ecuación fundamental de valoración* de la Economía Financiera. Denominamos X_{js} al pago (flujo de caja) en euros del activo j en el estado de la naturaleza s y ϕ_s al precio del activo Arrow-Debreu que paga un euro en el estado s y cero en caso contrario. En ausencia de arbitraje, el valor actual de este activo j viene dado por la siguiente expresión

$$V_j = \sum_{s=1}^{S} \phi_s X_{js}. \qquad [4.2]$$

Esta es, esencialmente, la misma ecuación que presentamos en un mundo donde los flujos de caja se generaban a lo largo de múltiples periodos con absoluta certeza y que venía dada por la expresión [2.4]. Insistimos en que las probabilidades de cada estado no son necesarias para valorar activos; los precios hoy de las unidades de consumo recibidas en los estados de la naturaleza futuros (precios

Arrow-Debreu o precios de los activos contingentes elementales) son suficientes para valorar cualquier activo financiero mediante carteras réplica *siempre que existan tantos activos financieros con pagos linealmente independientes como número de contingencias o estados de la naturaleza.* Esta última frase es equivalente a decir *siempre que existan tantos activos Arrow-Debreu como contingencias o estados de la naturaleza;* es decir, siempre que exista un conjunto completo de activos Arrow-Debreu. Esta idea hace referencia a otro concepto fundamental en Economía Financiera que se denomina *mercados completos* que ya adelantamos en el capítulo 2 y que discutiremos ampliamente más adelante en este mismo capítulo.

Nótese que detrás de la expresión [4.2] se encuentran, una vez más, los argumentos de ausencia de arbitraje. Consideremos cualquier activo *j* que paga X_{js} en el estado *s*. Los inversores pueden replicar dicho pago manteniendo X_{js} títulos del activo Arrow-Debreu que paga en el estado *s*. Esta estrategia se podría seguir para todos los estados, *s* = 1, ..., *S*. Por tanto, para evitar posibilidades de arbitraje, el coste de la cartera réplica de activos Arrow-Debreu debe ser igual al coste del activo *j*. El coste de la cartera réplica de activos Arrow-Debreu es el resultado de multiplicar cantidades por precios y es igual a

$$\sum_{s=1}^{S} \underbrace{\phi_s}_{\text{precios}} \underbrace{X_{js}}_{\text{cantidades}}.$$

El coste del activo *j* es su precio o valor de mercado, V_j. En definitiva, debe satisfacerse la ecuación fundamental de valoración [4.2].

¿Cuál es la interpretación intuitiva que podemos dar de la ecuación [4.2]? Esta expresión nos dice simplemente que el precio o valor de cualquier activo *j* consistente con la ausencia de arbitraje es el valor actual de sus pagos futuros, donde los factores de descuento reflejan tanto la incertidumbre de cada estado donde se generan los flujos de caja como el valor temporal del dinero, y vienen recogidos por los precios de los activos Arrow-Debreu.

Una evidente dificultad que presenta conceptualmente la expresión [4.2] es cómo definir apropiadamente el número de estados de la naturaleza futuros en que el activo genera flujos de caja. En principio, éste puede ser enorme, por lo que surge una pregunta de forma inmediata, ¿podemos reducir el número de estados? La respuesta es sí, siempre que los inversores estén bien diversificados.[4] El siguiente ejemplo ilustra esta idea.

---

[4] La diversificación del riesgo por parte de los inversores es un concepto que discutiremos con mucha precisión en los próximos capítulos del libro. Se trata, en cualquier caso, de posiciones lógicas en individuos aversos al riesgo que tratan de disminuir la variabilidad de los precios de sus inversiones combinando activos cuyos rendimientos no están perfectamente correlacionados. De esta forma, los riesgos asociados a inversiones en empresas individuales se cancelan quedando exclusivamente el riesgo asociado a la economía en su conjunto o riesgo de mercado.

EJEMPLO 4.2.1

Imaginemos que los flujos de caja que genera una determinada empresa dependen de dos factores:

a) La situación general de la economía o de lo que denominaremos *mercado*. En este sentido, supongamos que esperamos dos estados de la naturaleza; el estado uno (expansión económica global) y el estado dos (recesión económica global).

b) La situación específica de la industria donde se fabrica el producto principal de esta empresa. Aquí, también tenemos dos estados; el estado uno (expansión de la industria) y el estado dos (recesión de la industria).

Así, tenemos cuatro estados de la naturaleza que representamos en el cuadro 4.4.

Cuadro 4.4. La reducción del número de estados.

		MERCADO GLOBAL	
		Expansión ($s = 1$)	Recesión ($s = 2$)
INDUSTRIA	Expansión ($s = 1$)	100 (0,4)	60 (0,1)
	Recesión ($s = 2$)	40 (0,2)	20 (0,3)

donde los números representan miles de euros generados por la empresa en cada uno de los cuatro estados y entre paréntesis aparecen las probabilidades asociadas a cada uno de los cuatro estados de la naturaleza. Así, podemos obtener las siguientes probabilidades:

Prob. M ($s = 1$) = 0,6

Prob. M ($s = 2$) = 0,4

Prob. I ($s = 1$) = 0,5

Prob. I ($s = 2$) = 0,5,

es decir, la probabilidad de que el mercado esté en expansión es el 60%, mientras que una recesión general se espera con un 40% de posibilidades. La industria presenta, sin embargo, la misma probabilidad para cada estado.

Una idea crucial es definir con precisión lo que entendemos por inversores bien diversificados. Podemos decir que los inversores bien diversificados son neutrales ante cualquier riesgo que no sea el riesgo global del mercado o la economía. Dadas sus posiciones diversificadas, el riesgo proveniente de industrias específicas o sectores concretos no es relevante para ellos. El único riesgo que les preocupa es el riesgo que, en último término, no pueden diversificar.

Se trata de obtener los flujos de caja que espera generar esta empresa condicionados a que el mercado (pero sólo el mercado) esté en un determinado estado de naturaleza:

$$E[X|M = 1] = (0,4 \times 100 + 0,2 \times 40)/0,6 = 80$$

$$E[X|M = 2] = (0,1 \times 60 + 0,3 \times 20)/0,4 = 30.$$

Es decir, la empresa espera generar 80.000 euros condicionado a que la economía se sitúe en el estado de expansión ($s = 1$) y 30.000 condicionado a que el mercado esté en el segundo estado. Lo importante es que la descripción de los estados de la naturaleza relevantes quede reducida a dos en lugar de los cuatro originales. Esto implica que los inversores bien diversificados se muestran indiferentes entre la situación o flujos de caja (en miles) representados en el siguiente cuadro:

Cuadro 4.5 (A)

Expansión (s = 1)	Recesión (s = 2)
80	30
80	30

y la situación original que venía dada en forma simplificada por:

Cuadro 4.5 (B)

Expansión (s = 1)	Recesión (s = 2)
100	60
40	20

Al final, los cuatro estados quedan reducidos a dos únicos estados relevantes desde el punto de vista de los inversores. Se trata de considerar exclusivamente los estados en donde la economía en su conjunto (el mercado) presenta niveles de riqueza diferentes. ■

4.3 Valoración de activos financieros: arbitraje y probabilidades neutrales al riesgo

A continuación presentaremos las ideas anteriores de manera más formal y compacta. Estas ideas representan toda una teoría de valoración de activos financieros. El resto de los capítulos de este libro extienden, para situaciones cada vez más precisas, las ideas de esta sección.

Denominaremos V_j al precio o valor de cualquier activo financiero j, para $j = 1, ..., N$, en un momento del tiempo t, que eliminaremos de la notación con el único fin de simplificarla. Simplemente debemos recordar que estamos en una economía de un solo periodo y dos fechas hoy (t) y mañana (T). El vector N-dimensional de precios de los activos financieros es:[5]

$$V = \begin{pmatrix} V_1 \\ V_2 \\ \vdots \\ V_N \end{pmatrix}$$

[5] Más adelante en esta sección trabajaremos con activos financieros como acciones, bonos y opciones. De momento, el marco de trabajo pretende ser general.

El conjunto de posibles estados de la naturaleza lo representamos por un vector S-dimensional,

$$\Omega = \begin{pmatrix} s_1 \\ s_2 \\ \cdot \\ \cdot \\ \cdot \\ s_S \end{pmatrix}$$

y donde, naturalmente, estos estados son mutuamente excluyentes, pero uno de ellos debe ocurrir necesariamente.

Llamaremos X_{js} al flujo de caja o pago en euros que cada activo financiero j genera si se presenta el estado de la naturaleza s. De esta forma, tenemos la denominada *matriz de pagos*, X, que será una matriz de orden $N \times S$:

$$X = \begin{pmatrix} X_{11} & X_{12} & \cdot & \cdot & X_{1S} \\ X_{21} & X_{22} & \cdot & \cdot & X_{2S} \\ \cdot & & & & \cdot \\ \cdot & & & & \cdot \\ X_{N1} & X_{N2} & \cdot & \cdot & X_{NS} \end{pmatrix}$$

donde cada fila representa lo que cada activo individual genera o paga en cada uno de los S posibles estados, y cada columna indica lo que cada uno de los N activos existentes paga en un determinado estado de naturaleza.

Si dividimos cada elemento de la matriz anterior por el precio actual de cada uno de los activos existentes que, dada la responsabilidad limitada, debe ser distinto de cero y positivo, obtenemos la rentabilidad bruta de cada activo j que representaremos por $\tilde{R}_j$. Así, tenemos la matriz de rentabilidades brutas, $\tilde{R}$, que viene dada por:

$$\tilde{R} = \begin{pmatrix} X_{11}/V_1 \equiv \tilde{R}_{11} & X_{12}/V_1 \equiv \tilde{R}_{12} & \cdot & \cdot & X_{1S}/V_1 \equiv \tilde{R}_{1S} \\ X_{21}/V_2 \equiv \tilde{R}_{21} & X_{22}/V_2 \equiv \tilde{R}_{22} & \cdot & \cdot & X_{2S}/V_2 \equiv \tilde{R}_{2S} \\ \cdot & & & & \\ \cdot & & & & \\ X_{N1}/V_N \equiv \tilde{R}_{N1} & X_{N2}/V_N \equiv \tilde{R}_{N2} & \cdot & \cdot & X_{NS}/V_N \equiv \tilde{R}_{NS} \end{pmatrix}$$

Supongamos, para concretar, que estamos analizando un mercado financiero que tiene *tres activos financieros*. El primero es el *activo seguro* en el que invertimos una cantidad determinada de dinero, B, cuya rentabilidad bruta a un horizonte de un único periodo y conocida con certeza es igual a $(1 + r)$. Si B fuera negativa significaría que hemos pedido un préstamo por dicha cantidad al tipo de interés del activo seguro. Si, por el contrario, B fuese positiva significaría que hemos prestado una cantidad igual a B también al tipo de interés del activo seguro. El segundo es un *activo incierto (acciones)* cuyo pago futuro puede ser más alto o más bajo respecto al nivel actual de su precio.[6] Esto implica que estamos pensando en dos posibles estados de la naturaleza, donde el primero será el estado al alza en el precio del activo y que denominaremos $s_1 = u$, mientras que el segundo es el estado a la baja en el precio del activo y que llamaremos $s_2 = d$.[7] Finalmente, el tercer activo será un *activo derivado* o activo contingente que denominaremos opción de compra (*call option*) y que otorga a su titular el derecho (pero no la obligación) de comprar un número determinado de títulos del activo subyacente incierto al final del periodo por un precio especificado hoy igual a K. En este caso, el vector de precios puede representarse como:

$$V = \begin{pmatrix} B \\ P \\ c \end{pmatrix}$$

donde B es la cantidad en euros prestada o pedida prestada al tipo de interés del activo seguro, P es el precio actual del activo incierto y c es el precio actual de la opción de compra.[8] Así, tenemos $N = 3$ activos y $S = 2$ estados de la naturaleza. La matriz de pagos, X, será en este caso una matriz de orden 3×2 que puede representarse como:

$$X = \begin{pmatrix} X_{11} \equiv (1 + r)B & X_{12} \equiv (1 + r)B \\ X_{21} \equiv P_u & X_{22} \equiv P_d \\ X_{31} \equiv c_u & X_{32} \equiv c_d \end{pmatrix} \qquad [4.3]$$

donde, dada la definición de la opción de compra,

$$c_u = \max (0, P_u - K)$$

$$c_d = \max (0, P_d - K),$$

ya que el titular sólo ejercerá su derecho en el caso de que el precio del subyacente al final del periodo sea superior al valor fijado en el contrato K. Recuérdese que el titular, en ese caso, tendría derecho a comprar por un precio K un activo que tiene un valor en el mercado secundario superior a K. Cuando el precio del subyacente es menor que K, el titular de la opción no ejercería su derecho. Sería preferible comprar el activo en el mercado secundario en lugar de ejercer la opción y tener que pagar K.

---

[6] Como estamos analizando un mundo de un único periodo y dos fechas podemos interpretar el pago del activo incierto al final del periodo como el precio final de dicho activo o precio al que se liquidaría dicha empresa.

[7] Dada la nomenclatura estándar en Finanzas, utilizaremos las iniciales del término anglosajón *up* para denominar al estado con precio al alza y *down* para referirnos al estado con precio a la baja.

[8] Es importante resaltar que B *no* hace referencia al precio por unidad, como en el caso del activo incierto y de la opción. Es la cantidad total invertida al tipo de interés cierto r. Alternativamente, la presentación se podría hacer a través de un bono básico cuyo precio actual sería b y el pago futuro un euro.

A continuación se presenta uno de los teoremas más importantes de la Economía Financiera. En primer lugar, en el contexto de los tres activos, dados el vector de precios, V, y la matriz de pagos X y suponiendo que los dos estados de la naturaleza tienen probabilidades positivas de ocurrir, puede afirmarse que:

a) Si existen dos constantes estrictamente positivas, ϕ_u y ϕ_d, tal que los precios de los activos financieros satisfacen la expresión:

$$\begin{pmatrix} B \\ P \\ c \end{pmatrix} = \begin{pmatrix} B(1+r) & B(1+r) \\ P_u & P_d \\ c_u & c_d \end{pmatrix} \begin{pmatrix} \phi_u \\ \phi_d \end{pmatrix} \qquad [4.4]$$

entonces no existen oportunidades de arbitraje.

b) Si el mercado financiero compuesto por el vector de precios, V, y la matriz de pagos, X, no presenta oportunidades de arbitraje, entonces podemos encontrar dos constantes estrictamente positivas, ϕ_u y ϕ_d, que satisfacen la expresión [4.4].

Naturalmente, estas constantes son los precios de los activos contingentes elementales que denominamos activos Arrow-Debreu que pagan 1 euro si un determinado estado de la naturaleza ocurre y nada en caso contrario. Este resultado puede generalizarse en el siguiente teorema:

TEOREMA 4.1 (*Primer Teorema Fundamental de la Economía Financiera*)[9]
La estructura financiera (V, X) está exenta de oportunidades de arbitraje si y sólo si existe un vector de constantes estrictamente positivas Φ, tal que $V = X\Phi$.

Las consecuencias prácticas del *Primer Teorema Fundamental de la Economía Financiera* son sorprendentes. Para verlo, nótese que la primera fila de la expresión [4.4], una vez que ambos lados se dividen por B, puede escribirse como

$$1 = (1+r)\phi_u + (1+r)\phi_d. \qquad [4.5]$$

Definamos a continuación los siguientes términos:

$$\pi_u^* \equiv (1+r)\,\phi_u \qquad [4.6]$$
$$\pi_d^* \equiv (1+r)\,\phi_d.$$

Dado que los precios de los activos Arrow-Debreu son positivos y dada la expresión [4.5], π_u^* y π_d^* tienen exactamente las mismas propiedades que una probabilidad. Así,[10]

---

[9] El apéndice de este capítulo contiene una presentación formalizada de este teorema.
[10] La desigualdad no estricta del lado derecho es necesaria para admitir la posibilidad de que exista sólo un estado de la naturaleza.

$$0 < \pi_s^* \leq 1; \ s = u, d$$

$$\pi_u^* + \pi_d^* = 1.$$

Como vemos, los términos π_s^* son números positivos y suman 1. Por tanto, *pueden interpretarse como probabilidades asociadas a los estados de la naturaleza* que, en este ejemplo, denominamos estados al alza y a la baja. Debe quedar muy claro que no son las originales probabilidades de ocurrencia de los distintos estados de la naturaleza. De hecho, las verdaderas probabilidades serán en general diferentes de π_u^* y π_d^* y, en principio, éstas últimas no ofrecen ningún tipo de evidencia directa o inmediata sobre las verdaderas probabilidades asociadas con los estados. Estas probabilidades se denominan *probabilidades neutrales al riesgo* o *probabilidades riesgo neutro*. La razón de este nombre resultará evidente en las siguientes líneas de este capítulo.

Dado un activo seguro que ofrece un rendimiento igual a r, las probabilidades neutrales al riesgo existen siempre que no existan oportunidades de arbitraje en el mercado financiero y viceversa; siempre que podamos encontrar las probabilidades neutrales al riesgo no existirán oportunidades de arbitraje en el mercado financiero. Estamos simplemente describiendo el *Primer Teorema Fundamental de la Economía Financiera* en términos de las probabilidades neutrales al riesgo en lugar de utilizar los precios de los activos Arrow-Debreu.

Ahora bien, ¿cuál es el uso que podemos hacer en la práctica de las probabilidades neutrales al riesgo? Puede parecer sorprendente, pero las aplicaciones prácticas de dichas probabilidades han sido decisivas para entender el mundo real de los mercados financieros en los últimos años.

Volvamos a la expresión [4.4] y separemos sus componentes:

$$1 = (1 + r)\phi_u + (1 + r)\phi_d$$

$$P = \phi_u P_u + \phi_d P_d \qquad [4.7]$$

$$c = \phi_u c_u + \phi_d c_d.$$

Evidentemente, estas expresiones no son más que una aplicación directa de la ecuación fundamental de valoración dada por la expresión [4.2]. Asimismo, la primera de las tres ecuaciones anteriores es simplemente la ecuación [4.1]. Multipliquemos a continuación el lado derecho de las dos últimas ecuaciones en [4.7] por $(1 + r)/(1 + r)$ y obtenemos

$$P = \frac{1}{(1 + r)} \ [(1 + r)\phi_u P_u + (1 + r)\phi_d P_d]$$

$$[4.8]$$

$$c = \frac{1}{(1 + r)} \ [(1 + r)\phi_u c_u + (1 + r)\phi_d c_d].$$

Dado que podemos interpretar $\pi_s^* \equiv (1 + r) \ \phi_s$ como una probabilidad, podemos escribir [4.8] como

$$P = \frac{1}{(1+r)} \left[\pi_u^* P_u + \pi_d^* P_d \right] = \frac{1}{(1+r)} \left[\pi_u^* P_u + (1-\pi_u^*) P_d \right]$$

$$c = \frac{1}{(1+r)} \left[\pi_u^* c_u + \pi_d^* c_d \right] = \frac{1}{(1+r)} \left[\pi_u^* c_u + (1-\pi_u^*) c_d \right].$$

[4.9]

Así, para cualquier activo j cuyo precio o valor venga dado por V_j y sus pagos por X_{js}, para un estado cualquiera s, la expresión [4.9] puede escribirse de forma generalizada como

$$V_j = \frac{1}{(1+r)} \sum_{s=1}^{S} \pi_s^* X_{js} = b \sum_{s=1}^{S} \pi_s^* X_{js}.$$

[4.10]

¿Cuál es la interpretación de la expresión [4.9] o, alternativamente, de su versión general [4.10]?

Los términos dentro del corchete en el lado derecho de las ecuaciones [4.9] son simplemente los valores *esperados* de los flujos futuros generados por ambos activos. Representan una media ponderada de los flujos futuros, donde las ponderaciones son las *probabilidades* asociadas a cada estado. Naturalmente, no son las probabilidades originales o verdaderas de cada estado de la naturaleza, sino las probabilidades neutrales al riesgo. En cualquier caso, las ponderaciones son probabilidades y los corchetes son, por tanto, valores esperados.

De esta forma, el valor de cualquier activo puede calcularse como el *valor esperado* de sus flujos futuros descontados al tipo de interés libre de riesgo. Una vez más, aparece la noción habitual de precio como valor actual de flujos futuros. Sin embargo, la noción que empleamos en las expresiones [4.9] y [4.10] no implica que los flujos futuros generados en un contexto de incertidumbre pueden descontarse al tipo de interés libre de riesgo. Esto sólo es así cuando las expectativas de los flujos futuros se toman respecto a la probabilidad neutral al riesgo y no respecto a la probabilidad verdadera.

Bajo este argumento, podemos escribir el siguiente modelo como forma general de expresar la valoración de activos financieros inciertos en un contexto de ausencia de arbitraje:

El precio de cualquier activo financiero es el valor actual (al tipo de interés libre de riesgo) de la expectativa, bajo la probabilidad neutral al riesgo, de sus flujos futuros de caja,

$$V_j = \frac{1}{(1+r)} \sum_{s=1}^{S} \pi_s^* X_{js} = \frac{1}{(1+r)} E^*[X_j],$$

[4.11]

donde E^* es el operador de expectativas bajo la probabilidad neutral al riesgo π^*.

Volvamos a nuestro ejemplo de la mina de oro para asegurarnos que obtenemos el mismo valor de la mina usando las probabilidades neutrales al riesgo. Recordemos que el tipo de interés del activo seguro era igual al 5,082% y los precios Arrow-Debreu que nos permitieron valorar la mina de oro eran

$$\phi_1 = 0,653$$

$$\phi_2 = 0,292.$$

Por tanto, las probabilidades neutrales al riesgo serán:

$$\pi_1^* = \phi_1(1 + r) = 0,653 \times 1,0582 = 0,6910$$

$$\pi_2^* = \phi_2(1 + r) = 0,292 \times 1,0582 = 0,3090.$$

De acuerdo con la expresión [4.10], la mina de oro tendría el siguiente valor:[11]

$$V = \frac{1}{(1 + r)} \left[\pi_1^* \times 200 + (1 - \pi_1^*) \times 50 \right] = \frac{1}{1,0582} \left[0,6910 \times 200 + 0,3090 \times 50 \right]$$

$$= \frac{1}{1,0582} \quad \underbrace{[153,65]}_{\substack{\text{valor esperado} \\ \text{bajo la probabilidad} \\ \text{neutral al riesgo } \pi^*}} = 145,2.$$

Tenemos dos formas equivalentes de aproximarnos al mismo problema. Podemos utilizar los precios de los activos Arrow-Debreu o, alternativamente, las probabilidades neutrales al riesgo. La valoración de activos financieros inciertos bajo ausencia de arbitraje descansa en cualquiera de los dos conceptos anteriores.

Es importante comprender que las probabilidades neutrales al riesgo son, de hecho, probabilidades que recogen el riesgo implícito en los recursos generados por las empresas o activos que deseamos valorar.

Para verlo, denominemos π_s a las verdaderas probabilidades de ocurrencia de los diferentes estados de la naturaleza. Asimismo, sea t la fecha actual y T la fecha futura donde se realizan los pagos futuros de los activos considerados en las expresiones [4.9].

Sabemos que la expectativa, bajo la verdadera probabilidad, de los flujos futuros para ambos activos puede escribirse como:

$$E[P_T] = [\pi_u P_u + \pi_d P_d]$$

$$E[c_T] = [\pi_u c_u + \pi_d c_d].$$

---

[11] Nótese que las probabilidades neutrales al riesgo suman uno.

Supongamos que el valor actual de ambos activos puede obtenerse descontando al tipo de interés libre de riesgo dicha expectativa verdadera. Denominemos a dichos valores actuales por P_t^n y c_t^n. Así,[12]

$$P_t^n = \frac{1}{(1 + r)} \, E[P_T]$$

$$c_t^n = \frac{1}{(1 + r)} \, E[c_T]$$

o, alternativamente,

$$\frac{E[P_T]}{P_t^n} = (1 + r)$$

$$\frac{E[c_T]}{c_t^n} = (1 + r).$$

Si estas expresiones fueran correctas, implicarían que el rendimiento esperado de cualquier activo incierto, bajo la verdadera expectativa, es igual al tipo de interés libre de riesgo. Esto es evidentemente falso.[13] Ningún inversor estaría dispuesto a soportar un riesgo sin recibir a cambio una compensación o prima por aceptar dicho riesgo. Nadie invertiría en activos inciertos. En otras palabras, los activos inciertos incorporan una prima por riesgo. Así,

$$\frac{E[P_T]}{P_t} = (1 + r + \text{prima de riesgo del activo})$$

$$\frac{E[c_T]}{c_t} = (1 + r + \text{prima de riesgo de la opción}).$$

La consecuencia inmediata para los verdaderos precios es que

$$P_t < \frac{1}{(1 + r)} \, E[P_T]$$

$$c_t < \frac{1}{(1 + r)} \, E[c_T]$$

Sin embargo, bajo la probabilidad neutral al riesgo y su expectativa asociada, tenemos que

---

[12] La presentación se hace para una economía de un solo periodo. En otras palabras $T - t = 1$.
[13] Sería correcto si todos los inversores fuesen neutrales al riesgo.

$$P_t = \frac{1}{(1+r)} \; E^*[P_T] \; = \; \frac{1}{(1+r)} \left[\pi_u^* P_u + (1 - \pi_u^*)P_d \right]$$

$$c_t = \frac{1}{(1+r)} \; E^*[c_T] \; = \; \frac{1}{(1+r)} \left[\pi_u^* c_u + (1 - \pi_u^*)c_d \right]$$

[4.12]

Es decir, las probabilidades neutrales al riesgo *internalizan* la prima de riesgo de los activos inciertos al penalizar $E^*[P_T]$ sobre $E[P_T]$ ya que, dadas las expresiones anteriores, $E^*[P_T] < E[P_T]$. Este es un resultado muy útil desde el punto de vista práctico. Los agentes económicos evitan la necesidad de estimar primas de riesgo de activos inciertos, tarea ciertamente compleja. Para valorar activos pueden, de forma alternativa, extraer de los precios de activos que se negocian en los mercados financieros reales las probabilidades neutrales al riesgo y utilizarlas para valorar cualquier activo financiero o real.

¿Por qué se denominan probabilidades neutrales al riesgo?

De acuerdo con la ecuación fundamental de valoración dada por la ecuación [4.2] y nuestro ejemplo en [4.4] sabemos que

$$P_t = \phi_u P_u + \phi_d P_d$$

$$c_t = \phi_u c_u + \phi_d c_d.$$

[4.13]

Dividiendo ambos lados de [4.13] por el precio actual de los respectivos activos financieros y multiplicando también ambos lados de [4.13] por $(1 + r)$ obtenemos:

$$\frac{(1+r)P_t}{P_t} = \frac{(1+r)\phi_u P_u}{P_t} + \frac{(1+r)\phi_d P_d}{P_t} \Rightarrow (1+r) = \frac{\pi_u^* P_u + \pi_d^* P_d}{P_t} = \frac{E^*[P_T]}{P_t}$$

$$\frac{(1+r)c_t}{c_t} = \frac{(1+r)\phi_u c_u}{c_t} + \frac{(1+r)\phi_d c_d}{c_t} \Rightarrow (1+r) = \frac{\pi_u^* c_u + \pi_d^* c_d}{c_t} = \frac{E^*[c_T]}{c_t}.$$

[4.14]

Obsérvese que [4.14] también se obtiene directamente de [4.12]. En definitiva, bajo la probabilidad π^*, todos los activos financieros (en el ejemplo, un activo incierto cualquiera y una opción de compra) tienen la misma rentabilidad esperada que, además, resulta igual al tipo de interés del activo seguro. Bajo las probabilidades originales, un resultado así sería cierto exclusivamente con agentes neutrales al riesgo. Es decir, con agentes que se muestran indiferentes ante el riesgo. Por tanto, parece oportuno denominarlas probabilidades neutrales al riesgo.

4.4 Opciones de compra y de venta

En la discusión anterior se ha introducido un activo financiero denominado opción de compra (*call option*). A continuación definimos con más cuidado las opciones financieras y analizamos su valoración tanto mediante las probabilidades neutrales al riesgo como a través de carteras réplica.

OPCIÓN DE COMPRA (*call option*): "Es un contrato que proporciona a su poseedor (el comprador) el derecho (no la obligación) a *comprar* un número especificado de acciones (u otro tipo de activo) a un *precio establecido* (precio de ejercicio) *en* una fecha estipulada en el contrato (fecha de vencimiento) o *hasta* una fecha especificada en el contrato".

OPCIÓN DE VENTA (*put option*): "Es un contrato que proporciona a su poseedor (el comprador) el derecho (no la obligación) a *vender* un número especificado de acciones (u otro tipo de activo) a un *precio establecido* (precio de ejercicio) *en* una fecha estipulada en el contrato (fecha de vencimiento) o *hasta* una fecha especificada en el contrato".

Si la opción sólo puede ejercerse en la fecha de vencimiento, se denomina *europea*, mientras que si puede ejercerse en cualquier momento del tiempo hasta la fecha de vencimiento, se llama *americana*.

Las opciones son activos contingentes al depender del comportamiento de un activo subyacente y concretamente del nivel de dicho subyacente relativo al precio de ejercicio en su fecha de vencimiento T. En la práctica, tanto los futuros como las opciones se denominan *activos derivados* y así nos referiremos a ellos durante el resto de los capítulos de este libro.

EJEMPLO 4.4.1

Imaginemos una opción de compra europea sobre una determinada acción cuyo precio actual en el mercado bursátil es igual a 60€. Dentro de un año, el comprador de la opción de compra puede (tiene el derecho a) comprar la acción por un precio de ejercicio igual a 65€. Denominaremos como K el precio de ejercicio y T la fecha de vencimiento de la opción.

Si en T el precio de la acción en el mercado bursátil es igual a 75€, el titular de la opción de compra ejercerá la opción que valdría en ese momento

$$c_T = P_T - K = 75 - 65 = 10.$$

El comprador ejerce su derecho ya que puede comprar por 65€ una acción que tiene un precio de mercado de 75€. Así, el comprador pagaría al vendedor de la opción de compra el precio de ejercicio, esto es, 65€ y el vendedor debería entregar la propiedad de la acción al titular de la opción de compra. Naturalmente, en el momento actual el comprador de la opción debe pagar al vendedor una prima (el precio de la opción en el momento del establecimiento del contrato) que le dará el derecho a ejercer dicha opción al vencimiento.

Si, por el contrario, la acción vale en T 48€, el titular simplemente no hará nada. Dejará que la opción expire ya que no merece la pena pagar 65€ por una acción que vale 48€. El precio de la opción en T no tendría valor alguno en este segundo estado de la naturaleza:

$$c_T = 0.$$

En este caso, el vendedor mantendría la prima pagada por el comprador en el momento de formalizar el contrato y no se produciría intercambio alguno adicional. El comprador perdería la prima pagada por la opción al vendedor en el momento del contrato.

En definitiva, en T (al vencimiento) la opción valdrá

$$c_T = \max(0, P_T - K). \blacksquare$$

Generalizando lo aprendido en el ejemplo, si el titular de la opción es un inversor racional, ejercerá la *call* exclusivamente si se beneficia con ello, situación que ocurre si el precio del subyacente en T, P_T, es superior al precio de ejercicio, K. Por el contrario si el precio del subyacente en T es igual o inferior al precio de ejercicio, su propietario no ejercerá y la opción vencerá sin valor alguno.

Los pagos de la *call* europea al vencimiento pueden resumirse como

$$\begin{array}{ll} P_T - K & \text{si} \quad P_T > K \\[6pt] 0 & \text{si} \quad P_T \leq K. \end{array} \qquad [4.15]$$

Una *opción de venta* o *put* otorga a su propietario el derecho a vender un determinado activo en las mismas condiciones que la opción de compra. Los pagos de una *put* europea al vencimiento son

$$\begin{array}{ll} 0 & \text{si} \quad P_T > K \\[6pt] K - P_T & \text{si} \quad P_T \leq K. \end{array} \qquad [4.16]$$

Existen en definitiva cuatro posiciones básicas en la negociación de las opciones:

- posición larga (compra) de una opción *call*:

$$\max (P_T - K, 0),$$

- posición corta (venta) de una opción *call*:

$$\begin{array}{l} - \max (P_T - K, 0) \\ \Rightarrow \min (K - P_T, 0), \end{array}$$

- posición larga (compra) de una opción *put*:

$$\max (K - P_T, 0),$$

- posición corta (venta) de una opción *put*:

$$\begin{array}{l} - \max (K - P_T, 0) \\ \Rightarrow \min (P_T - K, 0). \end{array}$$

Las estructuras de pagos ponen de manifiesto que una *call* corresponde a una posición larga en el subyacente. Si este subyacente, una acción por ejemplo, experimenta una subida en su precio observamos que la opción también incrementa su valor. Por el contrario, una opción *put* tendrá un pago mayor al vencimiento cuanto peor sea el comportamiento de la acción subyacente. De hecho, si somos propietarios simultáneamente de la acción subyacente y una *put* sobre dicha acción, podemos estar seguros que el resultado global será, al menos, el precio de ejercicio, K. Nótese que al comprar la *put*, el inversor propietario de la acción está comprando un seguro contra el riesgo a la baja que le suponía su posición larga en la acción. El titular de una opción de compra o de venta no tiene que ejercer obligatoriamente su derecho, por tanto, los pagos de una posición combinada de la acción y una *put* nunca son negativos y el valor de esta posición en el momento actual debe ser al menos igual a cero.

EJEMPLO 4.4.2

Imaginemos un inversor que compra 100 opciones de compra (*calls*) europeas sobre Telefónica (TEF) con un precio de ejercicio $K = 34$€ y supongamos que el precio actual de TEF es 36€. El vencimiento es a un mes (30 días) y el precio de la opción es igual a 2,40€. Estamos suponiendo un tipo de interés del activo libre de riesgo del 3,5% anual y una volatilidad (desviación estándar) del precio de TEF del 25%.

De acuerdo con la expresión [4.15], si en la fecha de vencimiento, TEF vale menos que 34€, el inversor no ejercerá la opción *call*, aunque en el momento de realizar el contrato tuviese que pagar 2,40€ por su derecho y a pesar de que ahora no lo ejerza. Supongamos que TEF vale 35 en un mes. Ejerciendo la opción, el inversor puede comprar 100 títulos de TEF por 3.400€. Si dichos títulos se venden inmediatamente en el mercado bursátil, el inversor gana 1 euro por acción (100€ en total) que es la diferencia entre 35 y 34 euros. Nótese, sin embargo, que en términos netos el inversor todavía pierde, ya que para ejercer el derecho pagó al comprar la *call* 2,40€.

Imaginemos a continuación que TEF vale al vencimiento de la *call* 38€. El inversor ejercería ganando 38 − 34 = 4 euros por acción o un total de 400€. Ahora también ganaría en términos netos, ya que 4 − 2,40 = 1,60 euros o 160 en total. Es evidente que el inversor en una *call* espera que el precio del subyacente suba, mientras que el inversor en una *put* esperaría que dicho precio disminuyese.

Estas situaciones las podemos representar en los denominados *diagramas de beneficios* al vencimiento de las opciones alternativas:

a) beneficio (pérdida) al vencimiento de una compra de una *call*: $c = 2,40$€; $K = 34$€ (precio de ejercicio),

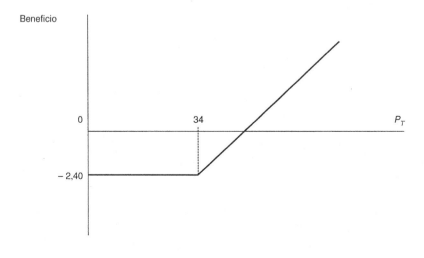

b) beneficio (pérdida) al vencimiento de una compra de una *put*: $p = 0{,}28€$; $K = 34€$,

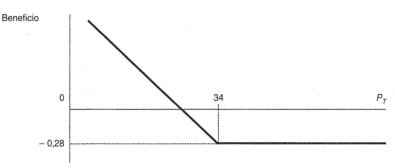

c) beneficio (pérdida) al vencimiento de una venta de una *call*: $c = 2{,}40€$; $K = 34€$,

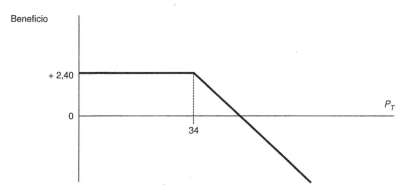

d) beneficio (pérdida) al vencimiento de una venta de una *put*: $p = 0{,}28€$; $K = 34€$.

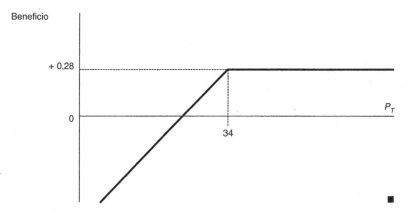

En el ejemplo anterior se han presentado las posiciones de beneficios/pérdidas al vencimiento en función de las posiciones alternativas que un inversor puede tomar en opciones tanto de compra como de venta. Mediante el supuesto de ausencia de arbitraje se puede establecer una relación muy importante entre los precios de las opciones *call* y *put* sobre el mismo subyacente y con el mismo tiempo hasta el vencimiento y precio de ejercicio. Dicha relación se conoce como la *relación de paridad put-call* para opciones europeas cuando el subyacente no paga dividendos durante la vida de la opción.

Para verlo, supongamos dos carteras. La primera se compone de una *call* europea más una cantidad de dinero igual al valor actual del precio de ejercicio, $K/(1 + r)$. La segunda incluye una *put* europea más un título del subyacente. Tanto la *call* como la *put* son opciones sobre el mismo subyacente, mismo tiempo al vencimiento (un periodo) y mismo precio de ejercicio.

Al vencimiento de las opciones en el momento T, ambas carteras valen

$$\max(P_T, K).$$

Como son opciones europeas no pueden ejercerse antes del vencimiento y, por tanto, para evitar posibilidades de arbitraje, ambas carteras deben tener hoy el mismo valor

$$c + \frac{K}{1 + r} = p + P,$$

donde p es el precio de la *put* en el momento actual t. Despejando el precio de la *call* se obtiene la *relación de paridad put-call*:

$$c = p + P - \frac{K}{1 + r}. \qquad [4.17]$$

Esta ecuación es, sin duda, importante, ya que permite deducir el valor de una *call* con un cierto precio de ejercicio y fecha de vencimiento mediante una *put* europea con sus mismas características.

EJEMPLO 4.4.3 Estrategia de arbitraje cuando la relación de paridad *put-call* no se satisface

Imaginemos que una acción que no paga dividendos se cotiza actualmente por 75€ y en el mercado se negocian una *call* y una *put* europeas sobre dicho subyacente con un precio de ejercicio igual a 70€, vencimiento de un año y tipo de interés de la letra a un año del 6%. El precio de la *call* en el mercado es 12€, mientras que la *put* se vende por 8€.

El valor actual del precio de ejercicio es 66€, por lo que $P - VA(K) = 75 - 66 = 9$ euros. Como $c - p = 12 - 8 = 4$, tenemos que $c - p < P - VA(K)$. Esto implica una oportunidad de arbitraje. Veamos la estrategia de arbitraje que podemos formar:

Estrategia de arbitraje	Hoy	$P_T > K (P_T = 80)$	$P_T \le K (P_T = 60)$
Comprar la *call*	− 12	+ 10	0
Vender la *put*	+ 8	0	− 10
Vender la acción (en descubierto)	+ 75	− 80	− 60
Invertir 66 euros en la letra del Tesoro al 6%	− 66	+ 70	+ 70
TOTAL	+ 5	0	0

Como puede observarse dicha estrategia nos permite ingresar 5€ en el momento actual sin tener obligación de pago futura independientemente del estado de la naturaleza que se produzca. ∎

Una esclarecedora discusión sobre la relación de paridad *put-call* puede hacerse usando el concepto de aseguramiento de cartera (*portfolio insurance*) desarrollado por Leland, O´Brian y Rubinstein en los años ochenta.

El aseguramiento de carteras es una particular forma de inversión que utiliza las opciones para proteger las posiciones que tengan los fondos de inversión o fondos de pensiones ante una caída importante del valor de dichas posiciones en una determinada fecha futura. La filosofía detrás del aseguramiento de carteras se basa en el potencial no limitado de ganancias que presentan las opciones y que, sin embargo, se ve acompañado de unos límites al riesgo de pérdidas.

Imaginemos que construimos una cartera compuesta de una opción *call* que vence en una fecha futura T y que tiene un precio de ejercicio igual a K y un bono cupón cero sin riesgo con un valor nominal igual a B. Este valor nominal del bono se convierte en la cota mínima del valor que puede alcanzar la cartera en T. De esta forma evitamos el riesgo a la baja en nuestra cartera imponiendo, además, un valor concreto al valor mínimo posible de nuestra cartera. Esta idea se ilustra en la figura 4.1.

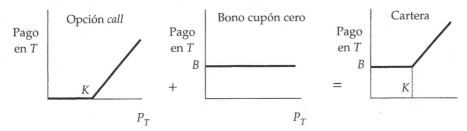

Figura 4.1

La función de pagos de la *call* al vencimiento es muy similar a la correspondiente figura del ejemplo 4.4.2. Sin embargo, en este caso no se tiene en cuenta el coste inicial de la opción y sólo se refleja el pago de la misma al vencimiento. Puede observarse cómo la cartera asegurada tiene un pago en T igual a $B + \max[P_T - K, 0]$. De esta forma, el valor de la cartera nunca es menor que el valor nominal del bono cupón cero sin riesgo. Nótese que si el precio del subyacente sobre el que cotiza la opción baja durante la vida de la *call*, la opción vencería sin valor alguno. Sin embargo, como la cartera también está compuesta del bono cupón cero, el valor de la misma en este caso sería igual a B. Naturalmente, si el subyacente experimenta una subida en su precio, la cartera valdrá B más el pago que proviene de ejercer la *call*. Así, hemos logrado asegurar la cartera. El valor actual de esta cartera asegurada es

$$V_C = c + \frac{B}{1+r}. \qquad [4.18]$$

Naturalmente, este razonamiento sería perfecto si los fondos de inversión y los fondos de pensiones estuviesen compuestos de *calls* y bonos cupón cero sin riesgo. El correspondiente aseguramiento de estas cartera, sería inmediato. Es evidente, sin embargo, que las carteras que tienen estas instituciones de inversión colectiva son muy diversas y mucho más complejas que una simple combinación de *calls* y letras del Tesoro.

La idea para asegurar carteras realistas es, curiosamente, la misma que aparece en la figura 4.1. Se trata simplemente de acomodarla de manera que obtengamos pagos similares a los de nuestra cartera, $B + \max [P_T - K, 0]$.

Ahora bien, ¿cómo hacerlo en la práctica? Los creadores del aseguramiento de carteras propusieron utilizar *opciones put sobre índices bursátiles*, de forma que el precio de ejercicio de la *put* determine la cota mínima que limita las pérdidas potenciales en el valor del índice utilizado. Existe otro importante problema para poner en marcha esta idea. La diversidad de precios de ejercicio sobre los que se negocian *puts* sobre índices bursátiles es, lógicamente, limitada. Incluso en varios de los precios de ejercicio donde encontremos cotización para las *puts*, la liquidez existente puede ser potencialmente muy pequeña. Ahora bien, los activos derivados puede replicarse mediante activos existentes. En particular, podemos replicar una *put* sobre un índice bursátil. Para verlo, debemos ser conscientes de que cualquier pago de dividendos que realiza una empresa implica liquidar en parte (aunque sea pequeña) la empresa. Así, la empresa valdrá menos y, por tanto, cuando se paga un dividendo, el precio de la acción debe caer en la misma magnitud del dividendo. Este simple razonamiento implica que la relación de paridad *put-call* cuando el subyacente paga dividendos durante la vida de las opciones es

$$p + P - D = c + \frac{K}{1 + r}$$

$$\Rightarrow c - p = P - \frac{K}{1 + r} - D,$$

[4.19]

donde D es el valor actual de los dividendos pagados durante la vida de las opciones, cantidad que se resta al precio del subyacente. Así, el valor actual de la cartera asegurada es

$$c + \frac{B}{1 + r} = P + p - \left[D + \frac{K}{1 + r} - \frac{B}{1 + r} \right].$$

[4.20]

El lado izquierdo de [4.20] es el valor actual de la cartera asegurada con una cota igual a B (valor mínimo que tendrá la cartera en T). El lado derecho implica que si un inversor tiene una cartera no asegurada por valor igual a P necesitará adquirir una *put* sobre dicho subyacente para conseguir que su valor sea el de una cartera asegurada. Asimismo, si se trata de trabajar con un aseguramiento de cartera sin coste, esto es, si queremos trabajar de forma que no tengamos que realizar posiciones en nuestra cartera base para adquirir la *put*, el lado derecho de [4.20] debe valer exactamente *P*. Esta restricción implica que el término en corchetes debe ser igual al precio de la *put*. Así, la cota mínima, *B*, y el precio de ejercicio de la *put*, *K*, que afecta al precio de la *put* deben escogerse cuidadosamente para lograr un aseguramiento sin coste.

Finalmente, para terminar nuestra discusión sobre aspectos básicos de las opciones, debemos señalar que un aspecto crucial que caracteriza a las opciones, tanto de compra como de venta, es que sus *precios aumentan con la volatilidad del precio del activo subyacente*. Un incremento de dicha volatilidad aumenta las posibilidades de que el subyacente se comporte muy bien o muy mal con relación al precio de ejercicio. Esto beneficia a los titulares de las opciones. En el caso de la *call*, el titular tiene más posibilidades de ejercer mientras que su riesgo a la baja está limitado ya que no está obligado a ejercer y sólo perdería el precio pagado por la opción. En el caso de la *put*, el razonamiento es similar ya que el propietario tiene limitado su riesgo de pérdida si se produce un aumento en el precio del subyacente.

Una vez establecidas estas nociones básicas, analizamos más directamente la valoración de la opciones: ¿cuánto valdría la opción en el momento del establecimiento del contrato?, ¿cuánto valdría la opción de compra europea hoy?

Antes de contestar a estas preguntas resulta conveniente discutir el *Primer Teorema Fundamental de la Economía Financiera* y comprobar el papel que juegan los precios de los activos Arrow-Debreu. Para ello, utilicemos los dos estados de la naturaleza provenientes de los dos posibles valores que toma la acción subyacente en el ejemplo 4.4.1: $P_u = 75$, $P_d = 48$.

Imaginemos que el tipo de interés del activo seguro sea igual al 10% y que invertimos 1 euro en dicho activo seguro. La ecuación fundamental de valoración expresada en notación matricial en [4.4] sería para este ejemplo:

$$\begin{pmatrix} 1 \\ 60 \\ c \end{pmatrix} = \begin{pmatrix} 1,10 & 1,10 \\ 75 & 48 \\ 10 & 0 \end{pmatrix} \begin{pmatrix} \phi_u \\ \phi_d \end{pmatrix},$$

de donde obtenemos las tres ecuaciones de valoración correspondientes a cada uno de los tres activos:

$$1 = (1,10)\phi_u + (1,10)\phi_d$$

$$60 = 75\phi_u + 48\phi_d$$

$$c = 10\phi_u + 0\phi_d.$$

Supongamos que la opción de compra se cotiza en el mercado por 5,5€. Así, podemos obtener los precios de los activos Arrow-Debreu de las dos últimas ecuaciones:

$$5,5 = 10\phi_u \Rightarrow \phi_u = 0,5500$$

$$60 = 75 \times 0,55 + 48\phi_d \Rightarrow \phi_d = 0,3906.$$

Sin embargo, a estos precios la primera ecuación no se satisface

$$(1,10)0,5500 + (1,10)0,3906 \neq 1.$$

Lo que está ocurriendo es que *no existen* dos constantes ϕ_u y ϕ_d que satisfagan simultáneamente las tres ecuaciones, dado un precio de la opción de compra igual a 5,5€. Este resultado implica que el precio de negociación de la opción de compra admite oportunidades de arbitraje.

Alternativamente, podemos usar la ecuación fundamental de valoración como herramienta para obtener el precio de no arbitraje de la opción de compra. En nuestro ejemplo, lo único que tenemos que hacer es resolver el sistema de dos ecuaciones y dos incógnitas que forman las dos primeras ecuaciones,

$$1 = (1,10)\phi_u + (1,10)\phi_d$$

$$60 = 75\phi_u + 48\phi_u$$

$$\Rightarrow \phi_u = 0,60606$$

$$\Rightarrow \phi_d = 0,30303,$$

y aplicar esta solución a la tercera ecuación,

$$\Rightarrow c = 0,60606 \times 10 + 0,30303 \times 0 = 6,06.$$

A este precio no existen oportunidades de arbitraje. Existen dos constantes positivas, ϕ_u y ϕ_d, cuya solución es además única, que valoran todos los activos financieros existentes en el mercado financiero de nuestro ejemplo.

Alternativamente, si utilizamos las probabilidades neutrales al riesgo,

$$\pi_u^* = (1 + r)\phi_u = 1,10 \times 0,60606 = 0,667$$

$$\pi_d^* = (1 + r)\phi_d = 1,10 \times 0,30303 = 0,333$$

$$c = \frac{1}{(1 + r)} E^*[c_T] = \frac{1}{(1 + r)}\left[\pi_u^* c_u + (1 - \pi_u^*)c_d\right] = \frac{1}{1,10}[0,667 \times 10 + 0,333 \times 0] = 6,06.$$

Aunque más adelante discutiremos con detalle el concepto de los mercados completos, es muy importante señalar que hemos sido capaces de obtener el único precio de la opción de compra consistente con la ausencia de arbitraje, ya que estamos trabajando con dos estados de la naturaleza y tenemos dos activos negociándose en el mercado cuyos pagos son linealmente independientes: el activo subyacente incierto y el activo seguro. Nótese que la misma fuente de incertidumbre afecta al activo subyacente y al activo (derivado) contingente —la opción de compra. El procedimiento de valoración no funcionaría si tuviéramos tres estados de la naturaleza como el siguiente caso:

$$\begin{pmatrix} 1 \\ 60 \\ c \end{pmatrix} = \begin{pmatrix} 1,10 & 1,10 & 1,10 \\ 75 & 65 & 48 \\ 10 & 0 & 0 \end{pmatrix} \begin{pmatrix} \phi_u \\ \phi_m \\ \phi_d \end{pmatrix}$$

Aquí, no podemos utilizar las dos primeras ecuaciones para determinar el único conjunto de precios $\phi_S > 0$, $S = u, m, d$, que puede introducirse en la tercera ecuación para obtener el valor de la opción de compra. De hecho, en este caso, existen múltiples soluciones para los precios de los activos Arrow-Debreu que satisfacen las tres ecuaciones de nuestro mercado financiero. Siempre que existen precios de activos Arrow-Debreu positivos, el *Primer Teorema Fundamental de la Economía Financiera* nos garantiza que no existan oportunidades de arbitraje en el mercado. Sin embargo, con más estados de la naturaleza que activos financieros no podemos garantizar un único precio de los activos Arrow-Debreu consistente con la valoración de no arbitraje de todos los activos financieros. Existirá, desde luego, un único conjunto de precios de activos Arrow-Debreu *correcto* o, lo que es lo mismo, un único conjunto de probabilidades neutrales al riesgo *correcto*. Sin embargo, estos precios *correctos* sólo se podrían obtener con *argumentos de equilibrio*.

EJEMPLO 4.4.4

Imaginemos una economía con un único periodo, esto es, dos fechas $t = 0$ y $t = 1$, y tres estados de la naturaleza (s_1, s_2, s_3). Además, pensemos en un mercado financiero en el que existen dos activos inciertos cuyos pagos son condicionales al estado de la naturaleza y se recogen en la siguiente matriz de pagos:

Estados / Activos	X_j en s_1	X_j en s_2	X_j en s_3
ACT. 1	2	4	6
ACT. 2	3	2	5

a) Se trata de saber cuáles de los siguientes precios de los activos 1 y 2 en $t = 0$ son consistentes con la ausencia de arbitraje:

a1) $(P_1; P_2) = (7; 4)$
a2) $(P_1; P_2) = (0,7; 0,4)$
a3) $(P_1; P_2) = (1; 2)$
a4) $(P_1; P_2) = (200; 50)$
a5) $(P_1; P_2) = (3; 3)$
a6) $(P_1; P_2) = (2; 7)$.

Recordemos que definimos arbitraje como la posibilidad de crear una cartera con un coste no positivo en $t = 0$ y recibir una cantidad estrictamente positiva en $t = 1$. De manera más formal, sea

z_j, $j = 1, ..., N$, el número de títulos de cada activo j que se mantiene en una determinada cartera. Arbitraje consiste en construir una cartera $\{z_j\}$ tal que

$$\sum_{j=1}^{N} z_j P_j \leq 0$$

y

$$\sum_{j=1}^{N} z_j X_{js} \geq 0; \forall s$$

y donde existirá, al menos, una desigualdad estricta en una de las $S + 1$ ecuaciones del sistema anterior.

Para contestar a la pregunta de este apartado a), buscaremos la ganancia de la estrategia de coste nulo consistente en vender el activo caro y comprar las unidades que podamos (para que el coste de la inversión sea igual a cero) del activo barato. Si las ganancias son positivas en todos los estados, esta estrategia será de arbitraje. Si son siempre negativas, el arbitraje consistiría en la estrategia inversa. Por último, si hay ganancias positivas y negativas, el arbitraje sería imposible.

a1) En este caso $P_1 > P_2$ y por cada título que vendamos del activo 1 podemos comprar $\frac{7}{4} = 1,75$ títulos del activo 2. Por tanto, teniendo en cuenta la matriz de pagos en $t = 1$ y que vendemos al descubierto un título del activo 1 y compramos 1,75 del activo 2, tendremos los siguientes pagos totales en los diferentes estados:

Estados Activos	X_j en s_1	X_j en s_2	X_j en s_3
ACT. 1	$-1 \times 2 = -2$	$-1 \times 4 = -4$	$-1 \times 6 = -6$
ACT. 2	$1,75 \times 3 = 5,25$	$1,75 \times 2 = 3,5$	$1,75 \times 5 = 8,75$
Ganancia neta	$+ 3,25 > 0$	$- 0,5 < 0$	$+ 2,75 > 0$

Así, mediante la estrategia supuesta obtendríamos una ganancia segura en los estados s_1 y s_3 pero no estaríamos "asegurados" en el estado s_2. Por tanto, no existe la posibilidad de arbitraje.[14]

a2) De forma análoga al caso a1), tampoco existiría la posibilidad de arbitraje.

a3) En este caso $P_1 < P_2$ y por cada título que vendamos del activo 2 podemos comprar 2 títulos del activo 1:

Estados Activos	X_j en s_1	X_j en s_2	X_j en s_3
ACT. 1	$2 \times 2 = 4$	$2 \times 4 = 8$	$2 \times 6 = 12$
ACT. 2	$-1 \times 3 = -3$	$-1 \times 2 = -2$	$-1 \times 5 = -5$
Ganancia neta	$+ 1 > 0$	$+ 6 > 0$	$+ 7 > 0$

[14] Nótese que la pregunta es si los precios son consistentes o no con la ausencia de arbitraje. Nos basta encontrar una estrategia que implique la ausencia de arbitraje para obtener la respuesta.

Luego existe la posibilidad de arbitraje; bajo nuestra estrategia de inversión, el activo 1 domina en todos los estados de la naturaleza al activo 2.

a4) En este caso $P_1 > P_2$ y por cada título que vendamos del activo 1 podemos comprar 4 títulos del activo 2:

Estados Activos	X_j en s_1	X_j en s_2	X_j en s_3
ACT. 1	$-1 \times 2 = -2$	$-1 \times 4 = -4$	$-1 \times 6 = -6$
ACT. 2	$4 \times 3 = 12$	$4 \times 2 = 8$	$5 \times 5 = 20$
Ganancia neta	$+10 > 0$	$+4 > 0$	$+14 > 0$

Una vez más, existe la posibilidad de arbitraje.

a5) $P_1 = P_2$ y, por tanto, no existe la posibilidad de arbitraje dada la matriz de pagos del ejemplo.

a6) En este caso $P_1 < P_2$ y por cada título que vendamos del activo 2 podemos comprar 3,5 títulos del activo 1:

Estados Activos	X_j en s_1	X_j en s_2	X_j en s_3
ACT. 1	$3,5 \times 2 = 7$	$3,5 \times 4 = 14$	$3,5 \times 6 = 21$
ACT. 2	$-1 \times 3 = -3$	$-1 \times 2 = -2$	$-1 \times 5 = -5$
Ganancia neta	$+4 > 0$	$+12 > 0$	$+16 > 0$

Luego existe posibilidad de arbitraje.

b) Los precios de dos activos financieros que tienen la matriz de pagos dada en el apartado anterior, $(P_1; P_2) = (4; 3)$, son consistentes con la ausencia de arbitraje. ¿Cuáles de los siguientes precios de activos contingentes Arrow-Debreu son consistentes con $(P_1; P_2) = (4; 3)$?

b1) (3/20; 4/10; 7/20).
b2) (3; 20; 1).
b3) (1/4; 1/2; 1/5).
b4) (− 1/3; − 6/27; 8/9).
b5) (9/20; 7/10; 1/20).

Para responder a esta pregunta basta con comprobar si la ecuación fundamental de valoración de no arbitraje se satisface:

$$P_j = \sum_{s=1}^{S} \phi_s X_{js}.$$

b1)

$$P_1 = \frac{3}{20}\, 2 + \frac{4}{10}\, 4 + \frac{7}{20}\, 6 = 4$$

$$P_2 = \frac{3}{20}\, 3 + \frac{4}{10}\, 2 + \frac{7}{20}\, 5 = 3$$

$\Rightarrow$ existe consistencia.

b2)

$$P_1 = 3 \times 2 + 20 \times 4 + 1 \times 6 = 92 \neq 4$$

$$P_2 = 3 \times 3 + 20 \times 2 + 1 \times 5 = 54 \neq 3$$

$\Rightarrow$ no existe consistencia tal como esperaríamos dado que, en este caso, $\phi_s \geq 1$.

b3)

$$P_1 = \frac{1}{4}\, 2 + \frac{1}{2}\, 4 + \frac{1}{5}\, 6 = 3{,}7 \neq 4$$

$$P_2 = \frac{1}{4}\, 3 + \frac{1}{2}\, 2 + \frac{1}{5}\, 5 = 2{,}75 \neq 3$$

$\Rightarrow$ no existe consistencia.

b4) En este caso, se consideran precios de activos Arrow-Debreu *negativos*. Sabemos que para que no exista posibilidad de arbitraje, tal como se enuncia en el *Primer Teorema Fundamental de la Economía Financiera*, dichos precios deben ser positivos. En otras palabras, en este caso, no tenemos un conjunto de probabilidades neutrales al riesgo. Por tanto, no encontraremos consistencia:

$$P_1 = -\frac{1}{3}\, 2 - \frac{6}{27}\, 4 + \frac{8}{9}\, 6 = 3{,}7 \neq 4$$

$$P_2 = -\frac{1}{3}\, 3 - \frac{6}{27}\, 2 + \frac{8}{9}\, 5 = 3 = 3$$

$\Rightarrow$ no existe consistencia.

b5)

$$P_1 = \frac{9}{20}\, 2 + \frac{7}{10}\, 4 + \frac{1}{20}\, 6 = 4$$

$$P_2 = \frac{9}{20}\, 3 + \frac{7}{10}\, 2 + \frac{1}{20}\, 5 = 3$$

$\Rightarrow$ existe consistencia.

Este caso refleja un resultado importante. Hemos comprobado que cuando existen más estados que activos, pueden existir precios de activos Arrow-Debreu que son positivos y consistentes con la ausencia de arbitraje. Sin embargo, *a no ser que el número de activos sea igual al número de estados, no tenemos garantía alguna de que dichos precios sean únicos*. En el apartado b) de este ejemplo, vemos cómo existen *dos* conjuntos de precios de activos Arrow-Debreu consistentes con la ausencia de arbitraje. La razón está, desde luego, en que este ejemplo presenta dos activos y tres estados de la naturaleza. De manera equivalente, nótese que en el apartado a) del ejemplo también comprobamos que pueden existir distintos precios de activos consistentes con la ausencia de arbitraje.

c) Supongamos que los precios de los activos Arrow-Debreu vienen dados por (3/20; 4/10; 7/20). ¿Cuál es el tipo de interés libre de riesgo?

$$b = \frac{1}{(1 + r)} = \sum_{s = 1}^{S} \phi_s \doteq \frac{3}{20} + \frac{4}{10} + \frac{7}{20} = 0{,}90$$

$$\Rightarrow r = 11{,}11\%. \blacksquare$$

Hemos visto cómo valorar activos financieros en un contexto de ausencia de arbitraje mediante los precios de los activos Arrow-Debreu o, alternativamente, mediante las probabilidades neutrales al riesgo. Ahora bien, *¿cuál es la relación entre estos procedimientos de valoración y la herramienta de carteras réplica que con tanto éxito estamos empleando a lo largo de este libro?*

Cuando planteamos la valoración bajo ausencia de arbitraje de un activo financiero cualquiera, tenemos dos posibilidades:

- utilizar activos existentes en el mercado para formar carteras que repliquen los pagos del activo que deseamos valorar y, una vez disponible dicha cartera, obtener su coste que será, en último término, el valor del activo que buscábamos valorar;

- utilizar los precios de los activos Arrow-Debreu o las probabilidades neutrales al riesgo y emplear la ecuación fundamental de valoración como forma de valorar cualquier activo financiero.

Lógicamente, los dos procedimientos son idénticos y nos darían exactamente los mismos precios de no arbitraje. Son dos formas alternativas de describir el *mismo* procedimiento de valoración. *Ahora bien, la ventaja de emplear probabilidades neutrales al riesgo es que no nos vemos forzados a construir una cartera réplica cada vez que queremos valorar un activo financiero.* Son probabilidades que pueden extraerse de los precios de mercado de los activos que se negocian. Esta es una ventaja muy importante y fundamenta el éxito, desde el punto de vista de los mercados reales, que han tenido las probabilidades neutrales al riesgo.

Para ver cómo podemos construir una cartera réplica que nos lleve al mismo precio de no arbitraje que las probabilidades neutrales al riesgo, desarrollaremos a continuación el ejemplo 4.4.5.

EJEMPLO 4.4.5

Queremos valorar una opción de compra sobre una acción cuyo precio actual es igual a 60€. El valor de la acción al vencimiento de la opción sería igual a 75€ o, en el estado negativo, igual a 48€. El tipo de interés del activo seguro es el 10% y el precio de ejercicio de la opción es 65€.

La situación puede describirse mediante el siguiente árbol binomial:

$$P_u = 75 = uP = u60 \Rightarrow u = 1{,}25$$

$$P = 60$$

$$P_d = 48 = dP = d60 \Rightarrow d = 0{,}80,$$

donde u y d son constantes que representan los rendimientos brutos de la acción en cada uno de los dos estados de la naturaleza del ejemplo. Nótese que para evitar las posibilidades de arbitraje $d < (1 + r) < u$.

Además, como en T la opción vale

$$c_T = \max(0, P_T - K),$$

tendremos que,

$$c_u = P_u - K = 75 - 65 = 10$$

$$c = ?$$

$$c_d = P_d - K = 48 - 65 \Rightarrow c_d = 0.$$

La estrategia de la cartera réplica consistirá en construir una cartera formada por los dos activos negociados en el mercado —la acción subyacente y el activo seguro— de forma que reproduzcamos los pagos de la opción de compra en cada uno de los estados de la naturaleza.

Para ello, denominamos B a la cantidad en euros que invertiremos (prestando o pidiendo un préstamo) en el activo seguro y Δ será el número de títulos de la acción subyacente que mantendremos en nuestra cartera réplica. La estrategia será aquella que replique los pagos de la opción en cada uno de los dos estados de la naturaleza futuros y, por tanto,

$$\Delta uP + B(1 + r) = c_u$$

$$\Delta dP + B(1 + r) = c_d.$$

[4.21]

De este sistema de ecuaciones podemos despejar B y Δ:

$$\Delta = \frac{c_u - c_d}{(u - d)P} = \frac{10 - 0}{(1{,}25 - 0{,}80)60} = 0{,}3704$$

$$B = \frac{uc_d - dc_u}{(u - d)(1 + r)} = \frac{1{,}25 \times 0 - 0{,}80 \times 10}{(1{,}25 - 0{,}80)(1{,}10)} = -16{,}17.$$

[4.22]

Es decir, si compramos 0,3704 títulos de la acción subyacente y financiamos dicha compra pidiendo un préstamo por 16,17€ seremos capaces de obtener en el vencimiento de la opción exactamente los mismos pagos que dicha opción. Para evitar las oportunidades de arbitraje, el coste de la cartera réplica debe ser igual al coste o precio de la opción,

$$c = \Delta P + B = 0{,}3704 \times 60 - 16{,}17 = 6{,}06,$$

[4.23]

que es precisamente el precio de la opción de compra que obteníamos mediante las probabilidades neutrales al riesgo (o mediante los precios de los activos Arrow-Debreu). Nótese que a diferencia del método de las probabilidades neutrales al riesgo, cada vez que quisiéramos valorar un activo tendríamos que deducir la estrategia réplica apropiada. Es decir, en cada valoración individual necesitaríamos obtener una determinada cartera réplica. Las probabilidades neutrales al riesgo nos permiten valorar todos los activos directamente. Esta es su gran ventaja. ∎

¿Podemos relacionar con mayor exactitud ambos enfoques? Sin duda.

Se trata simplemente de sustituir los valores de Δ y B obtenidos en la expresión [4.22] en el coste de la cartera dado por la ecuación [4.23]:

$$c = \Delta P + B = \left[\frac{c_u - c_d}{(u - d)P} \right] P + \frac{uc_d - dc_u}{(u - d)(1 + r)}$$

$$\Rightarrow c = \frac{1}{(1 + r)} \left\{ \left[\underbrace{\frac{(1 + r) - d}{u - d}}_{\pi_u^*} \right] c_u + \left[\underbrace{\frac{u - (1 + r)}{u - d}}_{\pi_d^*} \right] c_d \right\} = \frac{1}{(1 + r)} [\pi_u^* c_u + (1 - \pi_u^*) c_d]$$

$$\Rightarrow c = \frac{1}{(1 + r)} E^*[c_T]. \qquad [4.24]$$

Hemos señalado que para evitar arbitraje, $d < (1 + r) < u$. Esto implica que los términos entre corchetes de la ecuación [4.24] son efectivamente probabilidades:

$$0 < \frac{(1 + r) - d}{u - d} \leq 1$$

$$\frac{(1 + r) - d}{(u - d)} + \frac{u - (1 + r)}{(u - d)} = 1.$$

De hecho, estas son las probabilidades neutrales al riesgo:

$$\pi_u^* = \frac{(1 + r) - d}{u - d}$$

$$\pi_d^* = \frac{u - (1 + r)}{u - d} \qquad [4.25]$$

y, evidentemente,

$$\phi_u = \frac{1}{(1 + r)} \left[\frac{(1 + r) - d}{u - d} \right]$$

$$\phi_d = \frac{1}{(1 + r)} \left[\frac{u - (1 + r)}{u - d} \right] \qquad [4.26]$$

son los precios de los activos Arrow-Debreu. Naturalmente, estas expresiones son válidas (y únicas) en el contexto de este mercado particular donde el número de estados coincide con el número de activos disponibles (la opción es el activo a valorar y, desde este punto de vista, no disponible) y donde el valor del subyacente sólo puede tomar dos valores futuros. Este contexto se denomina *modelo binomial de valoración de opciones*.

Veamos que utilizando [4.25] efectivamente obtenemos las mismas probabilidades neutrales al riesgo que en el ejemplo 4.4.1:

$$\pi_u^* = \frac{(1+r)-d}{u-d} = \frac{(1,10)-0,80}{1,25-0,80} = 0,667$$

$$\pi_d^* = \frac{u-(1+r)}{u-d} = \frac{1,25-(1,10)}{1,25-0,80} = 0,333.$$

Es inmediato comprobar que los precios de los activos Arrow-Debreu también coinciden con los del ejemplo anterior.

Finalmente, es interesante hacer uso del modelo binomial para insistir en las razones ya señaladas para denominar probabilidades neutrales al riesgo a las expresiones [4.25]. Sabemos que bajo dichas probabilidades todos los activos financieros inciertos deben tener la misma rentabilidad esperada que debe ser, además, el tipo de interés libre de riesgo. Así, escribamos el valor esperado que tiene el precio de cualquier activo financiero incierto bajo π^*:

$$E^*[P_T] = \pi_u^* uP + (1-\pi_u^*)dP = \pi_u^*(u-d)P + dP,$$

usando $\pi_u^* = ((1+r)-d)/(u-d)$ en la expresión anterior obtenemos

$$E^*[P_T] = \left[\frac{(1+r)-d}{(u-d)}\right](u-d)P + dP = (1+r)P,$$

por lo que el precio de un activo financiero incierto crece a una tasa esperada, bajo π^*, igual al tipo de interés del activo seguro. Evidentemente, bajo las probabilidades originales este resultado sólo es cierto para inversores neutrales al riesgo.

EJEMPLO 4.4.6

Imaginar que un determinado índice bursátil puede tomar dos valores al final de un periodo dado. Dichos valores, transformados en euros, son 4.080 y 2.176. El valor en euros del índice en el momento actual es igual a 2.720. Suponiendo que el tipo de interés del activo seguro es el 10% y el precio de ejercicio de una opción de compra europea sobre dicho índice es 3.000, se pide:

a) El precio de los activos Arrow-Debreu que existirían en este mercado.
b) El valor de las probabilidades neutrales al riesgo.
c) El precio de la opción de compra sobre dicho índice.
d) El precio de un activo financiero cuyos pagos futuros son 10.000 o 7.000 dependiendo del estado de la naturaleza.

• Sabemos por la ecuación fundamental de valoración que el precio de cualquier activo financiero j puede escribirse como:

$$P_j = \sum_{s=1}^{S} \phi_s X_{js}.$$

Además sabemos que la suma de los precio de los activos Arrow-Debreu es igual al precio del bono básico a un periodo,

$$\frac{1}{1+r} = \sum_{s=1}^{S} \phi_s.$$

Utilizando ambas expresiones,

$$2.720 = 4.080\phi_u + 2.176\phi_d$$

$$0,9091 = \phi_u + \phi_d$$

$$\Rightarrow \phi_u = 0,3896; \ \phi_d = 0,5195.$$

Alternativamente, $uP = 4.080 \Rightarrow u = 1,50$ y $dP = 2.176 \Rightarrow d = 0,80$ ya que el precio del activo en el momento actual, P, es igual a 2.720. Así, podemos usar las expresión [4.21]:

$$\phi_u = \frac{1}{1,10} \left[\frac{1,10 - 0,80}{1,50 - 0,80} \right] = \frac{1}{1,10} \left[\frac{0,30}{0,70} \right] = 0,3896$$

$$\phi_d = \frac{1}{1,10} \left[\frac{1,50 - 1,10}{0,70} \right] = \frac{1}{1,10} \left[\frac{0,40}{0,70} \right] = 0,5195.$$

- Las probabilidades neutrales al riesgo son

$$\pi_u^* = \phi_u (1 + r) = 0,4286$$

$$\pi_d^* = \phi_d (1 + r) = 0,5714.$$

- La opción de compra toma dos posibles valores al final del periodo:

$$c_u = \max(P_u - K, 0) = 4.080 - 3.000 = 1.080$$

$$c_d = \max(P_d - K, 0) = 0.$$

Por tanto,

$$c = \frac{1}{1,10} [1.080 \times 0,4286] = 420,8$$

- El precio del activo financiero que paga 10.000 o 7.000 será

$$P = \frac{1}{1,10} [10.000 \times 0,4286 + 7.000 \times 0,5714] = 7.532,5. \ ∎$$

EJEMPLO 4.4.7

Este ejemplo presenta una posible obtención de los precios Arrow-Debreu con datos de un mercado financiero real.

El martes 26 de enero de 1993, el índice bursátil IBEX-35 tenía un nivel igual a 2.568. Ese día se negociaban 5 opciones de compra sobre el IBEX-35 cuya fecha de vencimiento era el 19 de febrero de 1993.

Un índice bursátil puede ser un excelente indicador de los estados de la naturaleza futuros que esperan los inversores en agregado. De hecho, los niveles de riqueza de la economía en su conjunto, que se deberían reflejar en el índice bursátil, serían los únicos estados de la naturaleza relevantes para agentes económicos bien diversificados y que, por tanto, se mostrasen indiferentes a los riesgos individuales y sólo se preocupasen de los niveles de riesgo que no pueden diversificar asociados a la incertidumbre inherente al estado de la economía en su conjunto. Así, los posibles niveles que un índice bursátil pueda alcanzar en un futuro fijado de antemano sugieren los estados de la naturaleza de la economía. Al negociarse opciones sobre índices bursátiles, el propio mercado define los posibles niveles que se espera alcance el índice bursátil en un futuro dado. Nótese que las opciones se negocian fijando un precio de ejercicio. La disponibilidad de este precio de ejercicio y de la fecha de vencimiento de las opciones nos permite definir con precisión los estados de la naturaleza que esperan los agentes al vencimiento de las correspondientes opciones.

El martes 26 de enero se negociaban 5 opciones de compra con los siguientes niveles de precios de ejercicio: $K_1 = 2.550$; $K_2 = 2.600$; $K_3 = 2.650$; $K_4 = 2.700$; $K_5 = 2.750$. Esto nos sugiere que el mercado esperaba 6 estados de la naturaleza para la fecha 19 de febrero, que es la fecha de vencimiento de estas opciones. Al no existir negociación alguna sobre un nivel del índice bursátil como, a modo de ejemplo, 3.000, podemos afirmar que un estado de la naturaleza que implicase una situación económica tan excelente como para suponer que el mercado alcanzase dicho nivel en tres semanas no es posible o, al menos, no es relevante como posible nivel de riqueza agregada.

Podemos afirmar que las opciones sobre índices bursátiles representan una forma práctica de establecer contratos contingentes sobre el nivel que puede tener una determinada economía y representan un avance enorme sobre las posibilidades que tienen los agentes económicos para mejorar su bienestar.

Los 6 estados de la naturaleza, según los niveles en los que podría estar el IBEX-35 el 19 de febrero, son los siguientes:

Cuadro 4.6(A). Estados de la naturaleza e índice bursátil.

ESTADOS	NIVELES	IBEX-35
$s = 1$	+ 2.800	$(2.750, \infty)$
$s = 2$	2.750	$(2.700, 2.750]$
$s = 3$	2.700	$(2.650, 2.700]$
$s = 4$	2.650	$(2.600, 2.650]$
$s = 5$	2.600	$(2.550, 2.600]$
$s = 6$	2.550	$(-\infty, 2.550]$

Nota: "(" implica "mayor que" y "]" implica "menor o igual que".

La matriz de pagos de las diferentes opciones, según la expresión $c_T = \max(0, P_T - K)$, y el vector de precios a los que se negociaban las 5 opciones de compra el 26 de enero son:

Cuadro 4.6(B). Opciones de compra sobre el índice bursátil.

Estados	$s = 1$ + 2.800	$s = 2$ 2.750	$s = 3$ 2.700	$s = 4$ 2.650	$s = 5$ 2.600	$s = 6$ 2.550	Precios calls (Pta.)
$K_1 = 2.550$	300	200	150	100	50	0	83
$K_2 = 2.600$	250	150	100	50	0	0	54
$K_3 = 2.650$	200	100	50	0	0	0	31
$K_4 = 2.700$	150	50	0	0	0	0	19
$K_5 = 2.750$	100	0	0	0	0	0	11

Nota: para todos los niveles en los que el IBEX-35 esté por encima de 2.800 puntos, suponemos un nivel medio igual a 2.850.

Se trata de utilizar la ecuación fundamental de valoración

$$P_j = \sum_{s=1}^{S} \phi_s X_{js}$$

y aplicarla a cada una de las opciones, tomando como precios de no arbitraje los precios a los que se están cotizando las opciones de compra. Por tanto,

$$100\phi_{(+\,2.800)} = 11$$
$$150\phi_{(+\,2.800)} + 50\phi_{(2.750)} = 19$$
$$200\phi_{(+\,2.800)} + 100\phi_{(2.750)} + 50\phi_{(2.700)} = 31$$
$$250\phi_{(+\,2.800)} + 150\phi_{(2.750)} + 100\phi_{(2.700)} + 50\phi_{(2.650)} = 54$$
$$300\phi_{(+\,2.800)} + 200\phi_{(2.750)} + 150\phi_{(2.700)} + 100\phi_{(2.650)} + 50f\phi_{(2.600)} = 83.$$

De donde obtenemos:

$$\phi_{(+\,2.800)} = 0,11$$
$$\phi_{(+\,2.750)} = 0,05$$
$$\phi_{(+\,2.700)} = 0,08$$
$$\phi_{(+\,2.650)} = 0,22$$
$$\phi_{(+\,2.600)} = 0,12$$
$$\phi_{(+\,2.550)} = ?$$

Para calcular el último de los precios de los activos Arrow-Debreu basta recordar que

$$\sum_{s=1}^{S} \phi_s = \frac{1}{(1+r)}.$$

El tipo de interés de las letras del Tesoro a un año el 26 de enero de 1993 era igual al 12,5%. Teniendo en cuenta que faltan 24 días al vencimiento,

$$\sum_{s=1}^{6} \phi_s = \frac{1}{[1 + (24/365)0,125]} = 0,9918.$$

Por tanto,

$$\phi_{(+\,2.550)} = 0,9918 - 0,5800 = 0,4118.$$

Conclusión: los precios de los activos Arrow-Debreu o las probabilidades neutrales al riesgo pueden extrarse de los precios de cotización de activos negociados y, por tanto, es el propio mercado el que nos ofrece la información. ∎

Para terminar esta sección sobre opciones debe destacarse un aspecto de enorme relevancia práctica y que resulta sencillo verlo en el contexto de la valoración binomial. Se trata de discutir el concepto de *cobertura delta*.

En el ejemplo 4.4.5 se ha replicado la opción de compra mediante una cartera compuesta de Δ títulos del subyacente y B euros del bono libre de riesgo. Para entender el impacto que las opciones han tenido en los mercados financieros es muy importante notar que también es posible replicar el bono libre de riesgo mediante una cartera con *una* posición corta en la opción (vendiendo una opción de compra) y una posición larga en la acción igual a Δ títulos. Esta cartera sin riesgo debe ofrecer un rendimiento igual al tipo de interés del activo seguro o, en caso contrario, existiría la posibilidad de arbitraje. Se trata de encontrar el número de títulos, Δ, que deben comprarse del subyacente para mantener una posición libre de riesgo. Si no se compraran títulos del subyacente, la cartera estaría sometida al riesgo asociado a la posición corta en la opción de compra. Sin embargo, al invertir también exactamente Δ títulos del subyacente se logra una posición libre de riesgo que cubre la posición arriesgada en la opción. Esta estrategia recibe el nombre de cobertura delta. En definitiva, Δ cubre la posición corta en la opción.

Con los datos del ejemplo 4.4.5, si la acción aumenta y termina con un valor igual a 75€, el valor de la cartera será 75Δ, mientras que el valor de la opción será igual a 10€. Como en la cartera de cobertura se ha vendido la opción *call* y su titular la ejercerá, el valor de la cartera será 75Δ – 10. Si la acción desciende a 48€, la cartera valdría 48Δ. La cartera de cobertura formada por la acción y la opción debe pagar lo mismo independientemente del estado de la naturaleza,

$$75\Delta - 10 = 48\Delta$$

$$\Rightarrow \Delta = 0{,}3704.$$

Por tanto, una cartera que replica la posición sin riesgo consiste en una posición larga de 0,3704 títulos en la acción y una posición corta de una opción *call*. En otras palabras, una posición Δ = 0,3704 títulos del subyacente cubre la posición corta en la opción. Al vencimiento de la opción, la cartera valdrá 75 (0,3704) – 10 = 17,78 = 48 (0,3704) independientemente del estado de la naturaleza que ocurra. El valor actual de dicha cantidad cierta es

$$V_C = \frac{17{,}78}{1{,}10} = 16{,}16.$$

Para evitar posibilidades de arbitraje, el coste de la cartera réplica hoy debe ser igual a 16,16€; esto es, al valor actual de la cantidad cierta recibida en el futuro,

$$60(0{,}3704) - c = 16{,}16$$

$$\Rightarrow c = 6{,}06,$$

tal como habíamos obtenido anteriormente.

Imaginemos a continuación que la vida de la opción se extiende a dos periodos de un año cada uno. Los rendimientos brutos $u = 1{,}25$ y $d = 0{,}80$ se suponen constantes. Además, dado que r es también constante, la probabilidad neutral al riesgo será la misma en cada periodo e igual a $\pi_u^* = 0{,}663$ y $\pi_d^* = 0{,}333$. El nuevo árbol binomial será

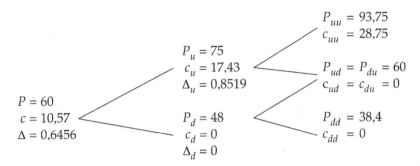

Al final de los dos periodos es inmediato conocer el precio de la opción de compra que vendrá dado por la expresión [4.15]. Cuando falta un periodo al vencimiento y estamos situado en un valor del subyacente igual a 75€, tendremos que

$$c_u = \frac{1}{1,10}\ [(0,667)(28,75) + (0,333)(0)] = 17,43$$

$$\Delta_u = \frac{c_u - c_d}{P(u-d)} = \frac{28,75 - 0}{93,75 - 60} = 0,8519.$$

Por otro lado, cuando $P = 48$, $c_d = 0$ y $\Delta_d = 0$. Retrocediendo un periodo más, el valor de la opción de compra en el momento inicial es

$$c = \frac{1}{1,10}\ [(0,667)(17,43) + (0,333)(0)] = 10,57.$$

Es interesante apuntar que el precio de la opción de compra se ha incremetado con relación a su valor del ejemplo 4.4.5 en el que sólo había un periodo hasta el vencimiento. Este es un resultado general. Sin dividendos, cuanto mayor es el tiempo hasta el vencimiento, mayor será el valor de la opción ya que el titular tiene más posibilidades de que el precio del subyacente ascienda. Se podría calcular directamente el precio actual de la opción de compra como

$$c = \frac{1}{(1+r)^T}\ [\pi_u^{*2}c_{uu} + 2\pi_u^{*}(1 - \pi_u^{*})c_{ud} + (1 - \pi_u^{*})^2 c_{dd}]$$

$$= \frac{1}{1,10^2}\ [(0,445)(28,75)] = 10,57.$$

Hemos mencionado la importancia de la volatilidad en la valoración de opciones. Es clave notar que la volatilidad del subyacente está implícita en las magnitudes de las constantes u y d que reflejan la variación en el precio del subyacente en cada periodo. Evidentemente, este modelo supone que la volatilidad del subyacente es constante durante la vida de la opción.

Observemos la evolución de la cobertura Δ. En un primer momento debemos mantener 0,6456 títulos del subyacente para cubrir la posición corta en la opción. Ahora bien, cuando el precio del subyacente aumenta (desciende), la Δ también aumenta (desciende). Este comportamiento de cobertura es lógico. Si el precio del subyacente se incrementa, el titular de la *call* tiene más probabilidades de ejercer su derecho al vencimiento por lo que el inversor con una posición corta en la opción está más descubierto que antes de la subida del subyacente. Para volver a cubrirse adecuadamente debe incrementar su presencia en el subyacente y aumentar el número de títulos del mismo, por lo que Δ debe aumentar necesariamente. En particular, debe incrementarse a 0,8519 títulos de la acción. El lector debería repetir este ejercicio con opciones de venta.

4.5 La valoración de los contratos de futuros

Ya definimos el contrato a plazo o contrato *forward* en el capítulo 3 como un acuerdo para comprar o vender una cantidad concreta de un activo en una fecha futura perfectamente definida y a un determinado precio también fijado a la firma del contrato. La fecha y el precio acordado se denominan fecha y precio de entrega.

Determinaremos el precio del contrato *forward*. Supongamos que, a modo de ejemplo, el firmante del contrato se compromete a comprar (a tomar una posición larga en) un barril de petróleo en una fecha T (imaginemos que dentro de un año) por un precio *forward* F especificado de antemano. El precio *forward* se establece de forma que el valor actual del contrato *forward* sea cero. Esta es una idea importante en la práctica diaria de los mercados financieros y refleja simplemente la idea de ausencia de arbitraje en los mercados. Analicemos con cuidado esta idea:

El contrato *forward* generará un determinado flujo de caja en el momento T. Este flujo será la diferencia entre lo que vale el barril de petróleo en T y que denominaremos P_T y el precio *forward* F. Así, el flujo de caja en T será: $P_T - F$, donde F se determina como aquel precio de entrega al que (obligatoriamente) se intercambiará la mercancía en T, de forma que el valor actual del contrato sea cero para ambas partes.

Aunque naturalmente nuestro razonamiento sirve para describir conceptualmente el precio *forward*, es necesario saber exactamente cuál es la expresión analítica del mismo. Para ello debemos replicar los pagos en T del contrato *forward*, ¿cuál es la estrategia apropiada o cartera réplica de activos existentes en el mercado?

Imaginemos que compramos un barril de petróleo en el mercado al contado por P y pedimos un préstamo para financiar dicha compra por una cantidad igual a $b_1 F$, esto es, un préstamo igual al valor actual del precio *forward*, donde b_1 es el precio hoy de un bono básico que vence en T (en un año). Veamos la estructura de pagos de esta estrategia:

	FLUJOS DE CAJA	
	$t = 0$	$t = 1$ (en T)
Contrato *forward*	0	$P_T - F$
Comprar petróleo contado	$-P$	P_T
Préstamo $b_1 F$	$b_1 F$	$-F$
Flujo total	$b_1 F - P$	$P_T - F$

En definitiva, la estrategia de cartera y el contrato *forward* producen los mismos flujos de caja en T. Por tanto, su coste hoy debe ser el mismo para evitar oportunidades de arbitraje:

$$0 = b_1 F - P$$

$$\Rightarrow F = \frac{P}{b_1} = P(1 + r). \qquad [4.27]$$

El *forward* teórico es, por tanto, igual al valor de contado (valor actual) del activo subyacente más la financiación al tipo de interés del activo libre de riesgo (una letra del tesoro al mismo plazo que el futuro). Es decir, el precio del *forward* debe ser tal que nos resulte indiferente comprar el activo al contado hoy que comprarlo en la fecha de vencimiento o fecha de entrega a su valor teórico teniendo en cuenta el coste de financiación al tipo de interés del activo sin riesgo.

Este es el ejemplo más sencillo de contrato *forward*. Sin embargo, debemos tener en cuenta que existen muchos tipos alternativos de contratos *forward*; tantos como activos subyacentes podamos imaginar. Nuestro ejemplo ha utilizado como activo subyacente el petróleo que es un bien o *commodity* y que hemos valorado suponiendo que no exista coste alguno de almacenamiento.

Cada tipo de contrato *forward* tiene su propia idiosincrasia a la hora de valorarlo aunque, naturalmente, la filosofía general corresponde a la de nuestro ejemplo y está basada en la ausencia de arbitraje.

Si reconocemos la existencia de costes de almacenamiento, el precio *forward* debe ser mayor que P/b_1 justamente por la magnitud de dichos costes. Si, por el contrario, estamos valorando un activo cuyos costes de almacenamiento son negativos como pueden ser los dividendos pagados por una cartera de acciones o los intereses de una cartera de bonos, el precio *forward* será menor que P/b_1 precisamente en la cantidad correspondiente a dichos dividendos o intereses.

Un contrato *forward* muy importante en el que puede apreciarse el impacto del pago de los dividendos es el *forward* sobre un índice bursátil. Este es uno de los contratos más populares y de mayor liquidez en los mercados bursátiles internacionales. Es evidente que las acciones que componen el índice bursátil pueden pagar dividendos durante la vida del contrato *forward*. En este caso, la expresión del *forward*, aunque es muy similar a la [4.27] debe verse modificada para incorporar los dividendos que entenderemos como un coste de almacenamiento negativo. El valor teórico del *forward* sobre el IBEX-35 sería:

Forward teórico = valor IBEX-35 hoy + financiación al tipo de interés libre de riesgo – dividendos del IBEX-35.

Imaginemos, a modo de ejemplo, que queremos valorar un *forward* sobre el IBEX-35 a un mes suponiendo que en estos momentos el IBEX esté a 9.200 puntos, el tipo de interés anualizado de las letras a un mes es igual al 3,5% y las acciones que componen el IBEX-35 pagan durante dicho mes una cantidad de dividendos igual a un valor de 3 puntos de IBEX, donde cada punto vale 10€.

Valor teórico del *forward* = (9.200 × 10) + (92.000 × 0,035 ÷ 12) – (3 × 10) =
= 92.240 euros.

Por tanto, observaremos que el IBEX-35 está cotizándose a 9.200 puntos mientras que su futuro teórico sería 9.224 puntos. La diferencia se denomina *base* y es la diferencia constante que, en principio, debe existir entre el *forward* y el contado. Esta diferencia, a medida que nos acercamos a la fecha de entrega o vencimiento, se va estrechando hasta hacerse cero en el momento de dicha entrega. Antes del vencimiento, sin embargo, la base puede ser negativa o positiva. Si el contado sube más que el futuro la base disminuye y decimos que la base se ha debilitado, mientras que si el futuro sube más, la base aumenta y decimos que se ha reforzado.

Por simplicidad no estamos distinguiendo entre contratos *forward* y contratos de futuro. De hecho, no estableceremos ninguna diferencia formal a lo largo de este libro, aunque en la práctica son importantes las diferencias por motivos institucionales.

En este sentido es importante destacar que, tal como hemos descrito los mercados *forward* o mercados a plazo, son contratos que se firman entre dos partes y que no implican grado alguno de estandarización institucional, sino un simple acuerdo entre dos partes. Este mecanismo hace que, en la práctica, exista una desconfianza mútua entre ambas partes debido al posible riesgo de insolvencia de una de las partes contratantes. Los mercados han evitado esta inconveniencia mediante una evidente estandarización de los contratos. De esta forma surgen los denominados *contratos de futuros* en lugar de los contratos *forward*. La estandarización afecta al nominal del contrato, a sus fechas de entrega y las características del activo subyacente, dotando a los contratos de futuros de una gran liquidez al resultar sencillo encontrar la contrapartida de la posición deseada.

Un componente clave de los mercados institucionalizados de futuros es la *cámara de compensación*. Su objetivo es eliminar el riesgo derivado del posible incumplimiento de lo pactado en el contrato por cualquiera de las partes firmantes. La cámara se interpone entre las partes de forma que se subroga como comprador ante el vendedor y como vendedor ante el comprador. Es la propia cámara la que se compromete a entregar el activo al comprador y el dinero al vendedor. Así, la cámara libera del riesgo de incumplimento al contrato de futuros al asumirlo ella misma. Para que la cámara quede protegida como institución ante las partes, existen dos mecanismos en los mercados de futuros que son los depósitos de garantía y las liquidaciones diarias de posiciones.

Los depósitos de garantía son unas cantidades de dinero que todos los participantes en los mercados de futuro deben depositar en el momento del establecimiento del contrato y quedar abierta una determinada posición. Lógicamente, estos depósitos se cancelan en cuanto la posición se cierra o simplemente vence.

La liquidación diaria es un procedimiento por el que al final de cada sesión diaria de negociación, la cámara procede a cargar o a abonar las pérdidas y ganancias realizadas durante ese día a las partes firmantes del contrato. Según se mueva el precio del futuro día tras día respecto al precio de entrega pactado, la cámara requerirá a la parte que haya realizado una pérdida que la ingrese en su cuenta de depósito y abonará el correspondiente beneficio a la parte contraria.

A partir de este momento no distinguiremos entre *forward* y futuros. De hecho, en la práctica, cuando los tipos de interés no son estocásticos el precio téorico de ambos activos es el mismo. En lo que resta de sección hablaremos siempre de futuros, aunque deberíamos ser conscientes que, en realidad, nos estamos refiriendo al mercado a plazo o *forward*.

La valoración neutral al riesgo de los contratos de futuros

Supongamos que estamos negociando un contrato de futuro sobre el petróleo a 90 días. Mediante este contrato el inversor queda obligado a comprar 100.000 barriles de petróleo por 20 euros/barril exactamente dentro de 90 días. Si el precio del barril a los 90 días aumenta a, por ejemplo, 25 euros/barril, el inversor ganaría 5 por barril comprado, ya que pagaría $20 \times 100.000 = 2.000.000$ euros al vencimiento y los podría vender en el contado por $25 \times 100.000 = 2.500.000$ euros. Sin embargo, dicho inversor perdería si el precio del barril de petróleo disminuye por debajo del precio de entrega o precio futuro que es igual a 20 euros/barril.

Para ser precisos en la valoración del contrato de futuro utilicemos el concepto de precio de entrega. Este es el precio del futuro que hace que el valor actual del contrato sea cero para ambas partes. Por tanto, siempre que el valor actual neto de cualquier operación de futuros es igual a cero (tal como debe ser para evitar arbitrajes) resulta equivalente hablar del precio de futuro o del precio de entrega.

Denominemos X al precio de entrega en un contrato de futuros. En el caso anterior, el precio de entrega sería igual a 20 euros/barril. En general, el valor de la posición del contrato de futuros para el comprador en la fecha de entrega o fecha de vencimiento, T, por unidad de activo entregado es

$$P_T - X, \qquad [4.28]$$

mientras que el valor de una posición corta o valor para el vendedor en T sería

$$X - P_T. \tag{4.29}$$

Dados estos pagos, utilicemos la valoración neutral al riesgo para valorar el contrato de futuros, V_f, en cualquier momento de tiempo:

$$V_f = \frac{1}{1+r} E^*[P_T - X], \tag{4.30}$$

Nótese, una vez más, que el precio de entrega X es una constante (no cambia a lo largo de la vida del contrato). Así,

$$V_f = \frac{1}{1+r} E^*[P_T] - \frac{1}{1+r} X. \tag{4.31}$$

Sabemos que bajo neutralidad al riesgo, el precio de cualquier activo incierto crece a una tasa esperada igual al tipo de interés libre de riesgo. Por tanto,

$$E^*[P_T] = P(1+r). \tag{4.32}$$

Sustituyendo en [4.31], obtenemos que el valor del contrato de futuros es

$$V_f = \frac{1}{1+r} P(1+r) - \frac{1}{1+r} X = P - \frac{1}{1+r} X. \tag{4.33}$$

Como en el momento inicial del contrato el valor del mismo, V_f, debe ser cero para ambas partes, se obtiene que

$$0 = P - \frac{1}{1+r} X \Rightarrow X = P(1+r)$$

y por [4.27], el precio de entrega en el momento inicial debe ser el precio del futuro F:

$$F = P(1+r).$$

En definitiva, hemos comprobado cómo la valoración de un activo derivado —en este caso el futuro— basado en la ausencia de arbitraje entre la cartera réplica y el propio derivado es exactamente igual a la valoración neutral al riesgo de dicho derivado.

EJEMPLO 4.5.1 Uso de los precios de los futuros para obtener probabilidades neutrales al riesgo

Imaginemos un mundo estático de un solo periodo y dos estados de la naturaleza, donde el IBEX-35 está actualmente en un nivel de 9.300 y al final del periodo puede tomar uno de los dos siguientes valores dependiendo de que el estado de la naturaleza sea bueno o recesivo: $P_u = 10.695$ o $P_d = 8.928$. El tipo de interés del activo libre de riesgo es igual al 6% y no se pagan dividendos durante la vida del contrato de futuros sobre el índice. Nótese que la rentabilidad bruta del índice en el estado al alza es $u = 10.695/9.300 = 1,15$, mientras que en el estado recesivo es $d = 8.928/9.300 = 0,96$. En este marco tan sencillo pero ilustrativo, el precio teórico del futuro viene dado por $F = P(1 + r) = 9.300(1,06) = 9.858$.

Sabemos que el precio teórico del contrato de futuro o precio de entrega en el momento de firmar dicho contrato es tal que el valor del contrato de futuros sea igual a cero, de forma que ambas partes entren en un contrato con valor actual neto igual a cero. Naturalmente, a lo largo de la vida del futuro, el contrato tendrá un valor positivo o negativo según evolucione el subyacente y, por consiguiente, el precio del futuro con relación al precio de entrega.

Sea $F = X$ el precio teórico inicial del contrato de futuro y supongamos que el precio del futuro puede convertirse en F_u o F_d al final del siguiente periodo, según que el valor del subyacente sea P_u o P_d. La ganancia o pérdida para un inversor con una posición larga en el futuro será $F_u - F$ si el estado bueno ocurre y $F_d - F$ si el estado negativo se produce. Así, el valor esperado de los flujos provenientes del contrato de futuros al final del periodo bajo la probabilidad neutral al riesgo sería:

$$\pi_u^*(F_u - F) + \pi_d^*(F_d - F) = \pi_u^*(F_u - F) + (1 - \pi_u^*)(F_d - F).$$

¿Cuál es el coste inicial para un inversor que entrase en un contrato de fututos de estas características? Sabemos que la toma de posiciones en un contrato de futuros en el momento inicial de establecer el contrato es igual a cero ya que no hay intercambio de dinero alguno, tal como hemos mencionado anteriormente. Por tanto, el valor actual de dicho contrato debe ser cero inicialmente, de forma que al aplicar la valoración neutral al riesgo tendremos:

$$0 = \frac{\pi_u^*(F_u - F) + (1 - \pi_u^*)(F_d - F)}{(1 + r)}$$

$$\Rightarrow F = \pi_u^* F_u + (1 - \pi_u^*)F_d.$$

[4.34]

Este resultado nos dice que el precio teórico del futuro es el promedio ponderado de sus precios futuros, donde dichas ponderaciones son precisamente las probabilidades neutrales al riesgo asociadas a cada estado de la naturaleza.

Recuérdese un resultado conceptualmente similar que nos decía que, bajo las probabilidades neutrales al riesgo, la rentabilidad esperada de cualquier activo incierto es igual a la rentabilidad del activo seguro,

$$\pi_u^* u + (1 - \pi_u^*)d = 1 + r.$$

Sabemos que el precio del futuro al vencimiento (en este caso al final del único periodo) coincidirá con el precio del activo subyacente. En nuestro ejemplo, esto implica que al vencimiento $P_u = F_u$ y $P_d = F_d$. Por tanto, el precio teórico del futuro es igual al valor esperado, bajo la probabilidad neutral al riesgo, de los valores o pagos del activo subyacente al vencimiento del contrato del futuro:

$$F = \pi_u^* P_u + (1 - \pi_u^*)P_d.$$

[4.35]

Como sabemos el valor actual del futuro que es igual a 9.858, podemos obtener la probabilidad neutral al riesgo a través de la expresión [4.35]:

$$\pi_u^* = \frac{F - P_d}{P_u - P_d} = \frac{9.858 - 8.928}{10.695 - 8.928} = \frac{930}{1.767} = 0,526$$

$$\pi_d^* = 0,474. \blacksquare$$

La relación entre el precio teórico del futuro (forward) y los precios de las calls y puts europeas

Un contrato de futuros recién firmado, cuyo valor inicial es cero, de forma que el precio téorico coincide con el precio de entrega, es equivalente a una cartera consistente en una posición larga en una *call* y una posición corta en una *put*, donde ambas opciones se negocian sobre el mismo subyacente, tienen la misma fecha de vencimiento que coincide con la fecha de entrega del futuro y ambas tienen el mismo precio de ejercicio que es igual al precio teórico del futuro.

Si estas dos carteras tienen el mismo pago futuro, debe ser cierto que el precio teórico del futuro debe ser aquel precio de ejercicio que iguale el precio teórico de la *call* y de la *put*. Si, por ejemplo, $c < p$, podríamos construir una estrategia de arbitraje comprando la *call*, vendiendo la *put* y vendiendo el futuro. Esta estrategia produciría una entrada de dinero igual a $(p - c) > 0$ y, sin embargo, no tendría compromiso de pago alguno en el futuro. La siguiente tabla reproduce estas ideas de forma más compacta.

	Momento actual t	Estados de la naturaleza futuros	
		$P_T \leq F$	$P_T > F$
Compra del futuro	0	$P_T - F \ (\leq 0)$	$P_T - F$
Compra *call*; $K = F$	$- c$	0	$P_T - F$
Venta *put*; $K = F$	p	$P_T - F \ (\leq 0)$	0
Total cartera	$p - c$	$P_T - F \ (\leq 0)$	$P_T - F$

Nótese que, para evitar posibilidades de arbitraje, los precios hoy deben ser tales que el coste de ambas carteras sea el mismo,

$$p - c = 0 \Rightarrow p = c,$$

lo que precisamente ocurre al ser $K = F$.

Utilicemos la relación de paridad *put-call* para opciones europeas para analizar la relación entre los futuros y las opciones. Sabemos que la relación de paridad *put-call* es

$$p + P = c + K \ \frac{1}{1 + r} \Rightarrow c - p = P - K \ \frac{1}{1 + r}.$$

También sabemos que F es aquel valor del precio de ejercicio para el cual $c = p$. Por tanto, usando la relación de paridad, tenemos que

$$0 = P - K \frac{1}{1+r} = P - F \frac{1}{1+r} \Rightarrow F = P(1+r),$$

que es el valor teórico del futuro que obtuvimos previamente. Asimismo, usando la relación de paridad *put-call* para opciones europeas cuando existen dividendos y haciendo el mismo razonamiento puede deducirse la expresión teórica del futuro cuando el subyacente paga dividendos.

4.6 La valoración binomial de bonos cupón cero

Veamos una sencilla aplicación del modelo binomial y de las probabilidades neutrales al riesgo a la valoración de activos de renta fija, así como su relación con las teorías sobre la estructura temporal de tipos de interés.

Imaginemos que hoy el tipo de interés libre de riesgo a un año, r, evoluciona de acuerdo con el siguiente árbol binomial:[15]

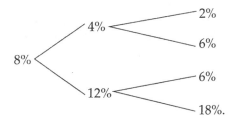

El tipo de interés actual es igual al 8% y dicho tipo de interés se incrementa o disminuye un 50% con probabilidad (original) π y $1 - \pi$ respectivamente. Existen tres bonos cupón cero sin riesgo con valor nominal igual a 10.000€ cada uno que denominamos C, M, L y con vencimientos a uno, dos y tres años respectivamente. Se trata de calcular el precio de los tres bonos cupón cero, teniendo en cuenta que la información disponible implica que tenemos la siguiente dinámica para los tres bonos:

---

[15] Basado en un ejemplo original de Hua He (University of California en Berkeley).

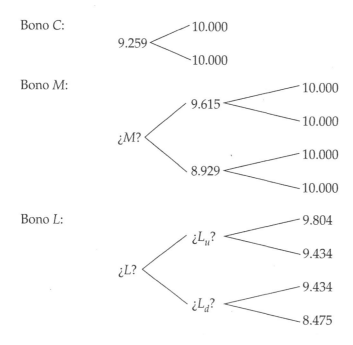

Bono C:

9.259 — 10.000 / 10.000

Bono M:

¿M? — 9.615 — 10.000 / 10.000 ; 8.929 — 10.000 / 10.000

Bono L:

¿L? — ¿L_u? — 9.804 / 9.434 ; ¿L_d? — 9.434 / 8.475

y con pagos de 10.000 al vencimiento independientemente del estado de naturaleza.

Consideremos una cartera réplica consistente en Δ títulos del bono L y una inversión de B euros en el bono C (que gana un tipo de interés r) de forma que

$$\Delta L_u + B(1 + r) = M_u$$
$$\Delta L_d + B(1 + r) = M_{d'}$$

[4.36]

solucionando el sistema obtenemos,

$$\Delta = \frac{M_u - M_d}{L_u - L_d} \; ; \quad B = \frac{L_u M_d - M_u L_d}{(L_u - L_d)(1 + r)}.$$

[4.37]

El precio de no arbitraje del bono a medio plazo debe coincidir con el coste de la cartera réplica y, por tanto, debe ser igual a $M = \Delta L + B$. Asimismo, multiplicando [4.36] por las probabilidades y sumando ambas ecuaciones tenemos que

$$\pi M_u + (1 - \pi)M_d = \Delta[\pi L_u + (1 - \pi)L_d] + (1 + r)\, B.$$

[4.38]

Como $M = \Delta L + B$, la expresión [4.38] queda

$$\pi M_u + (1 - \pi)M_d - (1 + r)M = \Delta[\pi L_u + (1 - \pi)L_d - (1 + r)L]$$

que, usando [4.37] para Δ, queda

$$\frac{\pi M_u + (1 - \pi)M_d - (1 + r)M}{M_u - M_d} = \frac{\pi L_u + (1 - \pi)L_d - (1 + r)L}{L_u - L_d}, \qquad [4.39]$$

expresión que debe ser *válida para todos los bonos* independientemente de su tiempo hasta el vencimiento. Denominamos al cociente anterior como λ, la cual es independiente del vencimiento que tengan los bonos y debe ser igual para todos los bonos o activos que sean dependientes del tipo de interés.

Usando λ, las expresiones de valoración para los bonos M y L pueden escribirse como

$$M = \frac{(\pi - \lambda)M_u + [1 - (\pi - \lambda)]M_d}{1 + r}$$

$$L = \frac{(\pi - \lambda)L_u + [1 - (\pi - \lambda)]L_d}{1 + r}. \qquad [4.40]$$

Éstas son las expresiones de valoración de los bonos cupón cero a diferentes vencimientos. Nótese que $(\pi - \lambda)$ es la probabilidad neutral al riesgo del modelo binomial, donde es fácil demostrar que

$$M = \frac{\pi^* M_u + (1 - \pi^*)M_d}{1 + r}$$

$$\pi^* = \frac{(1 + r)L - L_d}{L_u - L_d}. \qquad [4.41]$$

Así, los parámetros asociados a las probabilidades con las que evoluciona el tipo de interés y la prima de riesgo, λ, se incorporan al precio del bono L, de manera que su evolución se puede utilizar para valorar el bono M.

Si examinamos la prima de riesgo λ observamos que

$$\lambda = \frac{\pi M_u + (1 - \pi)M_d - (1 + r)M}{M_u - M_d} = \frac{[\pi M_u + (1 - r)\,M_d]/M - (1 + r)}{(M_u - M_d)/M}. \qquad [4.42]$$

El lado derecho de esta ecuación es la prima de riesgo esperada dividida por una medida de la magnitud con la que varía el precio del bono. Esta prima debe ser igual para todos los activos cuyos precios dependan de la evolución del tipo de interés. Si la hipótesis de las expectativas se satisface, λ debe ser igual a cero y las probabilidades neutrales al riesgo son iguales a las probabilidades originales. Por otra parte, la hipótesis de la preferencia por la liquidez implica que $\lambda > 0$, por lo que el rendimiento de los bonos (libres de riesgo) a más largo plazo excede el tipo de interés libre de riesgo a corto plazo.

EJEMPLO 4.6.1

Supongamos que la probabilidad al alza es $1/2$ y la prima de riesgo a un periodo es $\lambda_1 = 0.2$, mientras que la prima de riesgo a dos periodos es $\lambda_2 = 0.1$. Los precios de los bonos analizados previamente son:

$$M = \frac{1}{1,08}\ [(0,3)(9.615) + (0,7)(8.929)] = 8.458$$

$$L_u = \frac{1}{1,04}\ [(0,4)(9.804) + (0,6)(9.434)] = 9.213$$

$$L_d = \frac{1}{1,12}\ [(0,4)(9.434) + (0,6)(8.475)] = 7.909$$

$$L = \frac{1}{1,08}\ [(0,3)(9.213) + (0,7)(7.909)] = 7.685. ∎$$

EJEMPLO 4.6.2 En la práctica la prima de riesgo debe estimarse a partir de la estructura temporal de los tipos de interés observada.

Supongamos que $M = 8.300$; $L_u = 9.200$; $L_d = 7.800$. Como

$$M = \frac{1}{1,08}\ [(0,5 - \lambda)(9.615) + (0,5 + \lambda)(8.929)] \Rightarrow \lambda = 0,449$$

$$L_u = \frac{1}{1,04}\ [(0,5 - \lambda_u)(9.804) + (0,5 + \lambda_u)(9.434)] \Rightarrow \lambda_u = 0,138$$

$$L_d = \frac{1}{1,12}\ [(0,5 - \lambda_d)(9.434) + (0,5 + \lambda_d)(8.475)] \Rightarrow \lambda_d = 0,228. ∎$$

4.7 Valoración de activos financieros: rendimientos, martingalas y probabilidades neutrales al riesgo

Consideremos una economía de un sólo periodo en la que caracterizamos la incertidumbre a través de los estados de la naturaleza que pueden ocurrir al final del periodo considerado. Sabemos que la ecuación fundamental de valoración, que no es más que la *condición de no arbitraje*, se representa como en [4.2],

$$P_j = \sum_{s=1}^{S} \phi_s X_{js},$$

donde ϕ_s es el valor hoy de una unidad de consumo que se pagaría al final del único periodo de esta economía si el estado s ocurre y nada en caso contrario. Es lo que hemos denominado precio del activo Arrow-Debreu que paga una unidad de consumo en el estado s.

Debe quedar claro que un activo de estas características pagaría realmente *un euro* en el estado s; sin embargo, estamos suponiendo que en nuestra economía de un solo periodo los individuos consumirían dicho euro por lo que los activos Arrow-Debreu pagan, de hecho, *unidades de consumo.*

Por otra parte, al ser una economía de un solo periodo tendríamos dos fechas. Por un lado, la fecha actual a la que nos podríamos referir como momento *t* y, por otro, la fecha futura a la que denominaríamos momento *T*. Para simplificar nuestra notación, como hemos venido haciendo hasta ahora, tenderemos a no utilizar los subíndices *t* y *T* entendiéndose que hoy es *t* y el final del periodo en nuestra economía es *T* donde, a su vez, pueden existir *s* = 1, ..., *S* estados de la naturaleza.

Vamos a distinguir explícitamente las *probabilidades verdaderas* asociadas a los *S* estados de la naturaleza de las *probabilidades neutrales al riesgo*. Para las primeras usaremos la notación π_s para *s* = 1, ..., *S*, mientras que para las segundas usaremos nuestra notación habitual π_s^*.

Así, la ecuación de valoración de no arbitraje puede escribirse, bajo las verdaderas probabilidades, como

$$P_j = \sum_{s=1}^{S} \phi_s X_{js} = \sum_{s=1}^{S} \pi_S \left(\frac{\phi_S}{\pi_S}\right) X_{js},$$ [4.43]

donde aparece una nueva variable aleatoria (al depender de *s*) que denominaremos M_s y que viene dada por la expresión

$$M_S \equiv \frac{\phi_S}{\pi_S}$$ [4.44]

y que interpretamos como el precio del activo Arrow-Debreu *s*-ésimo por unidad de probabilidad verdadera del propio estado *s*.

Por tanto, [4.43] puede escribirse como

$$P_j = \sum_{s=1}^{S} \pi_s M_s X_{js} = E[MX_j]; \quad j = 1, ..., N.$$ [4.45]

Así, el precio de cualquier activo financiero *j* es el valor esperado, bajo la verdadera probabilidad π_s, de sus pagos o flujos de caja futuros ponderados por una variable agregada (igual que el precio de los activos Arrow-Debreu, la variable *M* no depende de cada activo individual *j*). *Dicha variable agregada M debe ser tanto un **factor de descuento** como una variable que **pondere** los flujos generados por j, según sea el estado de la naturaleza donde se reciben.*

La expresión [4.45] no es más que nuestra conocida ecuación fundamental de valoración bajo ausencia de arbitraje. Por tanto, debemos insistir en que para obtenerla sólo hemos supuesto que no existen oportunidades de arbitraje y que los precios de los activos Arrow-Debreu son positivos, así como las respectivas probabilidades asociadas a los estados de la naturaleza, de forma que la variable *M* es una variable positiva. Sin embargo, en muchas áreas de la Economía Financiera y, en particular, en los análisis empíricos sobre los mercados financieros, suele ser habitual escribir la ecuación fundamental de valoración como [4.45].

Durante nuestro análisis hemos presentado las ecuaciones de valoración siempre en términos de precios de los activos financieros. Como iremos comprobando a lo largo del libro, la Economía Financiera suele utilizar tasas de rendimiento esperadas en lugar de precios para describir las relaciones fundamentales existentes entre riesgo y rendimiento. De hecho, la expresión [4.45] puede fácilmente escribirse en términos de tasas de rendimiento. Para verlo dividamos cada lado de [4.45] o [4.43] por el precio del activo j y obtenemos:

$$1 = \sum_{s=1}^{S} \phi_s \tilde{R}_{js} = \sum_{s=1}^{S} \pi_s M_s \tilde{R}_{js} = E[M\tilde{R}_j]; \quad j = 1, ..., N, \qquad [4.46]$$

donde $\tilde{R}_{js}$ es el rendimiento bruto obtenido por el activo j si ocurre el estado s.[16] *Esta expresión dice que la expectativa, bajo la probabilidad verdadera, de los rendimientos esperados ponderados de todos los activos financieros inciertos debe ser constante e igual para todos ellos.*

Esta expresión no dice que los rendimientos esperados de todos los activos deben ser iguales. Dice que dichos rendimientos esperados son iguales una vez ponderados por la variable agregada M. Dado que M refleja la importancia que tiene recibir flujos de caja en uno u otro estado, y dado que los activos financieros tenderán a pagar o generar distintos flujos de caja en diferentes estados, la ponderación de los rendimientos o de los flujos de caja se convierte en la variable clave que debemos entender para comprender, en último término, la valoración de los activos.

La ecuación fundamental de valoración en términos de rendimientos esperados, [4.46], jugará un papel importantísimo en nuestra presentación. Cualquiera de los modelos de valoración de activos que presentaremos en este libro son versiones alternativas de ella. De momento, sólo hemos impuesto ausencia de arbitraje y sabemos interpretar M como un factor de descuento asociado a los precios de los activos Arrow-Debreu o a las probabilidades neutrales al riesgo. Bajo condiciones más exigentes, esto es, bajo condiciones de equilibrio (y, si se desea, incluso en contextos intertemporales), la variable agregada M representa la tasa o relación marginal de sustitución (intertemporal) del consumo agregado. Los supuestos alternativos sobre las preferencias de los agentes nos conducirán a expresiones diferentes pero precisas de la variable agregada M que, a su vez, nos llevará de forma natural a obtener modelos de valoración alternativos. Por último, los análisis y contrastes empíricos de los modelos de valoración suelen realizarse con la expresión [4.46] y una definición concreta de M. Esta caracterización más precisa del contenido y significado de M es lo que otorga contenido empírico a los modelos de valoración de activos, de manera que puedan ser sometidos a contrastes con datos de precios y rendimientos reales.

---

[16] $\tilde{R}_j$ es, por tanto, uno más la tasa porcentual de rendimiento R_j.

Estamos ya en disposición de introducir un concepto sobre el que descansa buena parte de la discusión sobre valoración seguida hasta el momento. Nos referimos al concepto de *martingala*.

Supongamos que en el momento t los agentes disponen de un conjunto de información relevante para su toma de decisiones que viene resumido por $\mathfrak{I}_t$ y que contiene el valor actual y todos los valores pasados de la propia variable aleatoria. Una variable aleatoria o, alternativamente, un proceso estocástico P_t es una *martingala bajo una determinada probabilidad, π*, si satisface la siguiente condición:

$$E[P_{t+\tau}|\mathfrak{I}_t] = E[P_{t+\tau}|P_t, P_{t-1}, P_{t-2}, ...] = P_t; \quad \text{para todo } \tau > 0$$

o, de forma equivalente, [4.47]

$$E[P_{t+\tau} - P_t|P_t, P_{t-1}, P_{t-2}, ...] = 0; \quad \text{para todo } \tau > 0.$$

Imaginemos que P_t representa las ganancias acumuladas o riqueza en una fecha t resultante de un determinado juego de azar en el que hemos participado en cada una de las posibles fechas pasadas. Un *juego actuarialmente neutro* es un juego para el cual la ganancia esperada para el siguiente periodo es simplemente igual a la riqueza de este periodo, una vez que dicha expectativa la hemos condicionado a la historia del juego. Alternativamente, un juego es *actuarialmente neutro* si las ganancias incrementales esperadas en cualquier momento son cero, cuando dicha expectativa la condicionamos a la historia del juego.

Si en lugar de pensar en juegos de azar pensamos en la inversión en activos financieros podemos hacer el mismo tipo de razonamiento, simplemente teniendo en cuenta que la variable aleatoria de interés es, en este caso, el precio de un activo financiero. Se trata de discutir si los precios de los activos son una martingala o pueden entenderse como inversiones (juegos) actuarialmente neutros.

Sabemos, según [4.45], que el precio de no arbitraje de un activo financiero j en cualquier momento t puede expresarse como la expectativa, bajo la verdadera probabilidad, de sus pagos ponderados en cualquier fecha futura $t + 1$, y todo ello teniendo en cuenta la información relevante en t:

$$P_{jt} = E[M_{t+1}X_{jt+1}|\mathfrak{I}_t]. \quad [4.48]$$

Naturalmente los pagos futuros incluyen el propio precio del activo j en dicha fecha más todas las rentas (dividendos o intereses) distribuidas entre ambos momentos de tiempo. Suponiendo cero dichas rentas, para evitar hablar de rentas acumuladas en ambos lados de la ecuación, podemos preguntarnos si los precios de los activos financieros son martingalas. Es evidente, dado [4.48], que *los precios de los activos no son martingalas bajo la verdadera probabilidad*.

Sin embargo, *los precios de los activos se convierten en martingalas bajo las probabilidades neutrales al riesgo*. Para analizar este resultado, escribamos los precios de los activos en unidades del bono cupón cero sin riesgo. Es decir, escribamos los precios de los activos en unidades del activo seguro o, lo que es lo mismo, consideremos lo que podemos denominar *precios descontados* de los activos.

Sabemos que el precio de un bono (básico) cupón cero que paga un euro al final del periodo es

$$b = \frac{1}{1+r} = \sum_{s=1}^{S} \phi_s. \qquad [4.49]$$

Así, el precio de cualquier activo j puede escribirse como:

$$\frac{P_j}{b} = \sum_{s=1}^{S} \frac{\phi_s}{b} X_{js} \Rightarrow P_j = b \sum_{s=1}^{S} \frac{\phi_s}{b} X_{js}. \qquad [4.50]$$

Ahora bien, ¿qué es ϕ_s/b? Recuérdese que la probabilidad neutral al riesgo, π_s^*, es precisamente el valor futuro del precio del activo Arrow-Debreu

$$\pi_s^* = (1+r)\phi_s = \frac{1}{b}\,\phi_s.$$

Por tanto, el precio del activo financiero j es:

$$P_j = b \sum_{s=1}^{S} \frac{\phi_s}{b} X_{js} = b \sum_{s=1}^{S} \pi_s^* X_{js} = bE^*[X_j] = \frac{1}{(1+r)} E^*[X_j], \qquad [4.51]$$

resultado que ya conocíamos pero que nos permite comprobar que, efectivamente, el precio de cualquier activo financiero es una martingala bajo la probabilidad neutral al riesgo o, lo que es equivalente, el precio descontado de cualquier activo o precio en unidades del bono cupón cero sin riesgo es una martingala.[17]

En definitiva, haciendo uso de los subíndices temporales, el precio de cualquier activo financiero j es:

$$P_{jt} = \frac{1}{(1+r)} E^*[X_{jt+1}|\Im_t]. \qquad [4.52]$$

Las probabilidades neutrales al riesgo que permiten, por tanto, que los precios de los activos financieros sean martingalas se conocen también como *medidas equivalentes de martingala*. A partir de ahora, utilizaremos indistintamente el nombre de probabilidad neutral al riesgo o medida equivalente de martingala.

Finalmente, relacionemos la variable agregada M definida en [4.44] con las probabilidades neutrales al riesgo:

---

[17] Una demostración formal con múltiples periodos aparece en el apartado 21.3 del último capítulo. La primera parte de dicho apartado se desarrolla en tiempo discreto mediante el modelo binomial de manera que puede seguirse a partir de los conceptos de este capítulo.

$$M_s = \frac{\phi_s}{\pi_s} = \frac{\pi_s^* b}{\pi_s}$$

$$\Rightarrow \pi_s^* = \frac{\pi_s M_s}{b}.$$

[4.53]

Así, usando [4.51], obtenemos, tal como hicimos en [4.45], el precio del activo j en función de la variable agregada M:

$$P_j = b \sum_{s=1}^{S} \pi_s^* X_{js} = b \sum_{s=1}^{S} \frac{M_s \pi_s}{b} X_{js} = \sum_{s=1}^{S} \pi_s M_s X_{js} = E[MX_j].$$

[4.54]

En este contexto, podemos comprobar, una vez más, cómo las probabilidades neutrales al riesgo *internalizan* la prima por riesgo de los activos inciertos. Usemos las dos expresiones de valoración claves:

$$P_j = \frac{1}{(1+r)} E^*[X_j]$$

[4.55A]

$$P_j = E[MX_j]$$

[4.55B]

donde [4.55A] es el precio bajo la probabilidad neutral al riesgo y [4.55B] es el mismo precio bajo la probabilidad verdadera.

Usando la definición de covarianza entre dos variables aleatorias, M y X_j, tenemos que:

$$P_j = E[MX_j] = E[M]E[X_j] + \text{cov}(M, X_j).$$

[4.56]

¿Qué es $E[M]$?

$$E[M] = \sum_{s=1}^{S} \pi_s M_s = \sum_{s=1}^{S} \pi_s \frac{\phi_s}{\pi_s} = \sum_{s=1}^{S} \phi_s = \frac{1}{(1+r)}.$$

[4.57]

Por tanto, el precio del activo j es:

$$P_j = \frac{E[X_j]}{(1+r)} + \underbrace{\text{cov}(M, X_j)}_{\text{prima de riesgo}}$$

[4.58]

Cuando las expectativas se toman respecto a la verdadera probabilidad, necesitamos, a diferencia de la expresión [4.55A], ajustar el valor actual (al tipo libre de riesgo) de los pagos futuros por una prima de riesgo que, además, tiene forma de covarianza entre la variable aleatoria agregada y los pagos del activo j.[18]

4.8 Valoración de activos financieros y mercados completos

Hemos visto cómo los precios de los activos Arrow-Debreu son suficientes para valorar cualquier activo financiero incierto bajo ausencia de arbitraje. Pero esto es verdad únicamente cuando existen suficientes activos financieros para que el mercado sea *completo*.

En el caso del ejemplo de la mina de oro teníamos suficientes activos negociables en el mercado para obtener todos los precios de los activos Arrow-Debreu necesarios. En particular, teníamos el oro y el activo seguro, lo que nos permitió calcular los precios de los dos activos Arrow-Debreu y, por tanto, de las dos probabilidades neutrales al riesgo o medidas equivalentes de martingala. Ahora bien, ¿en qué sentido estos dos activos eran suficientes? En nuestro ejemplo lo eran, ya que existían dos estados de la naturaleza posibles en el futuro. Por tanto, había tantas contingencias (estados de la naturaleza) como activos financieros negociables.

DEFINICIÓN: **Un mercado es completo si cada estructura imaginable de pagos futuros puede replicarse mediante los activos existentes.**

Discutamos con cuidado este importantísimo concepto. Debemos ser conscientes de que podemos hablar de mercados completos desde el punto de vista de los activos Arrow-Debreu o desde la perspectiva de los activos negociables. Se trata, en definitiva, de poder obtener cualquier estructura de pagos en el futuro (según sean nuestras pautas preferidas de consumo). Es decir, disponer de activos que nos produzcan los pagos deseados en cada estado de la naturaleza posible en el futuro.

¿Cómo podemos conseguir este objetivo? Lo podremos conseguir siempre que el mercado financiero sea *completo*, pero ¿en qué sentido? Se trata de que los agentes puedan alcanzar cualquier pauta de consumo imaginable a través de los activos financieros existentes. Pensemos en los activos Arrow-Debreu. Supongamos que existen tantos activos Arrow-Debreu como estados de la naturaleza. Esto es, supongamos que existe un conjunto completo de activos Arrow-Debreu. Como cada uno de ellos paga un euro si un determinado estado ocurre, sería suficiente formar carteras de activos Arrow-Debreu en la proporción deseada para obtener el pago buscado al final del periodo. Mediante combinaciones de estos activos podremos obtener cualquier estructura de pagos imaginable, ya que existen en número sufi-

---

[18] Una interpretación más precisa del significado que tiene la variable M puede verse en la sección 18.7 donde, en un contexto sencillo de elección de cartera, se relaciona con la utilidad marginal de los agentes económicos. Evidentemente, son necesarios unos conocimientos mínimos sobre preferencias y funciones de utilidad para seguir dicha presentación. Asimismo, el significado de dicha variable M en un contexto de equilibrio se discute en los apartados 19.3 y 19.5 del capítulo 19. Por último, el capítulo 20 desarrolla estas ideas en un entorno dinámico de múltiples periodos.

ciente para cubrir los pagos en todos y cada uno de los estados futuros posibles. Por tanto, *el mercado es completo si existe un conjunto completo de activos Arrow-Debreu.*

El problema es que los activos Arrow-Debreu no existen en la práctica de los mercados financieros. Analicemos la cuestión, por tanto, desde el punto de vista de los activos financieros negociables. *Si existen tantos activos financieros cuyos pagos son linealmente independientes como estados de la naturaleza posibles el mercado es completo.* Cabe preguntarnos ¿qué significa exactamente pagos linealmente independientes? Simplemente que no podemos combinar los activos financieros existentes y conseguir replicar los pagos de algún otro activo existente. Si esto fuera posible, implicaría que, dicho activo replicable mediante carteras de los otros, no sería un activo *diferente*. Sería un activo redundante. Por tanto, de hecho, no tendríamos tantos activos diferentes como en un principio pudiéramos pensar. Para que el mercado sea completo necesitamos un mercado financiero enormemente flexible y rico en la diversidad de activos existentes. Ya sabemos la regla, tantos como contingencias o estados de la naturaleza posibles.

La creación de múltiples activos financieros, y de buena parte de la denominada ingeniería financiera, obedece a la necesidad de enriquecer los mercados financieros de forma que los agentes vean completadas sus posibles pautas deseadas de consumo.

Volviendo a nuestra discusión conceptual, si tenemos tantos activos financieros linealmente independientes como estados podríamos, en realidad, crear sintéticamente cualquier activo Arrow-Debreu y, por tanto, tendríamos un mercado completo.

¿Cómo describimos el concepto de mercados completos desde un punto de vista analítico?

Escribamos la ecuación fundamental de valoración en notación matricial:

$$P_j = \sum_{s=1}^{S} \phi_s X_{js}; \text{ para cualquier } j = 1, ..., N$$

$$\Rightarrow P = X \, \Phi. \tag{4.59}$$

donde, P es el vector N-dimensional de precios o valores de los N activos financieros existentes en el mercado financiero:

$$P = \begin{pmatrix} P_1 \\ P_2 \\ \cdot \\ \cdot \\ P_N \end{pmatrix}$$

y, dado que existen S estados de la naturaleza, X es la matriz de pagos $N \times S$ que viene dada por:

$$X = \begin{pmatrix} X_{11} & X_{12} & \cdot & \cdot & X_{1S} \\ X_{21} & X_{22} & \cdot & \cdot & X_{2S} \\ \cdot & \cdot & \cdot & \cdot & \cdot \\ \cdot & \cdot & \cdot & \cdot & \cdot \\ X_{N1} & X_{N2} & \cdot & \cdot & X_{NS} \end{pmatrix}$$

donde, como ya sabemos, cada fila representa lo que cada activo individual genera o paga en cada uno de los s posibles estados; $s = 1, ..., S$ y cada columna indica lo que cada uno de los N activos existentes paga en un determinado estado de la naturaleza dado.

Finalmente, Φ es el vector S-dimensional de precios o valores de los S activos Arrow-Debreu:

$$\Phi = \begin{pmatrix} \phi_1 \\ \phi_2 \\ \cdot \\ \cdot \\ \phi_S \end{pmatrix}.$$

Sabemos que el mercado es completo cuando existe un conjunto completo de activos Arrow-Debreu lo que, de hecho, significa que para tener un mercado completo debemos ser capaces de obtener los precios de los S activos Arrow-Debreu. Pues bien, ¿cuándo o bajo qué circunstancias lo podemos lograr?

Usando nuestra notación matricial se trataría de obtener el vector de precios Φ de la expresión [4.59]:

$$\Phi = X^{-1}P, \tag{4.60}$$

donde X^{-1} es la matriz inversa de la matriz de pagos X. Nos queda por saber ¿cuándo podemos invertir la matriz de pagos X?

Precisamente cuando tenemos tantos activos financieros linealmente independientes como número de estados. En otras palabras, cuando el rango de la matriz X sea justamente S. Por análisis matricial sabemos que, en este caso, la matriz X puede invertirse. Así, en un conjunto de S activos, no podríamos replicar los pagos de ninguno de ellos mediante los $S - 1$ restantes. Si en estas circunstancias añadiéramos un activo adicional a los ya existentes, éste último podría valorarse mediante los activos originales.

Cuando, por el contrario, $S > N$, siendo N el número de activos linealmente independientes, la matriz de pagos es singular, lo que significa que su determinante es igual a cero y no es invertible. El mercado sería incompleto.

En el ejemplo de la mina de oro tendríamos una matriz de pagos, X, de orden 2×2 ya que $N = 2$ y $S = 2$ y un vector de precios de activos financieros negociables, P, con dos filas:

$$X = \begin{pmatrix} 280 & 230 \\ 1 & 1 \end{pmatrix}$$

$$P = \begin{pmatrix} 250 \\ 0,945 \end{pmatrix}.$$

La ecuación fundamental de valoración bajo ausencia de arbitraje es:

$$\begin{pmatrix} 280 & 230 \\ 1 & 1 \end{pmatrix} \begin{pmatrix} \phi_1 \\ \phi_2 \end{pmatrix} = \begin{pmatrix} 250 \\ 0,945 \end{pmatrix}$$

$$\Rightarrow X^{-1} = \begin{pmatrix} 0,02 & -4,6 \\ -0,02 & 5,6 \end{pmatrix}$$

$$\Rightarrow \begin{pmatrix} \phi_1 \\ \phi_2 \end{pmatrix} = \begin{pmatrix} 0,02 & -4,6 \\ -0,02 & 5,6 \end{pmatrix} \begin{pmatrix} 250 \\ 0,945 \end{pmatrix} = \begin{pmatrix} 0,653 \\ 0,292 \end{pmatrix}.$$

Esta discusión básicamente significa que cuando existen más estados de la naturaleza que activos financieros no podemos garantizar un único precio de los activos Arrow-Debreu. Sin embargo, siempre que existan dichos precios (positivos) Arrow-Debreu o probabilidades neutrales al riesgo sabemos que no existen oportunidades de arbitraje. Esto nos conduce al *Segundo Teorema Fundamental de la Economía Financiera*.

TEOREMA 4.2 (*Segundo Teorema Fundamental de la Economía Financiera*)
Los precios de los activos Arrow-Debreu de no arbitraje o, alternativamente, las probabilidades neutrales al riesgo son únicas si y sólo si el mercado es completo.[19]

Analicemos un mercado que admite más de una probabilidad neutral al riesgo y que, por tanto, es incompleto. Para ello nos basamos en un modelo trinomial en el que existen tres valores posibles del precio del activo al final del periodo: uP con probabilidad π_u; mP con probabilidad π_m y dP con probabilidad π_d y donde $u > m > d$. Además existe un activo libre de riesgo con tipo de interés igual a r.

Sabemos que bajo la valoración neutral al riesgo el precio de cualquier activo puede escribirse como:

$$P = \frac{1}{1+r} [uP\pi_u^* + mP\pi_m^* + dP\pi_d^*].$$

---

[19] En un contexto de ausencia de oportunidades de arbitraje, necesitamos enfatizar que los precios son aquellos que satisfacen la ecuación fundamental de valoración; esto es, precios de no arbitraje. En contextos de equilibrio no es necesario hacer esta distinción, ya que la condición de arbitraje es necesaria para la existencia de equilibrio.

Por tanto, para que $(\pi_u^*, \pi_m^*, \pi_d^*)$ sean probabilidades neutrales al riesgo deben satisfacer (además de ser positivas) que:

$$(1 + r) = u\pi_u^* + m\pi_m^* + d\pi_d^*$$
$$1 = \pi_u^* + \pi_m^* + \pi_d^*. \qquad [4.61]$$

Las expresiones [4.61] forman un sistema de ecuaciones con tres incógnitas y dos ecuaciones, de forma que existirán infinitas soluciones que satisfacen ambas ecuaciones. Este resultado implica que existen infinitas probabilidades neutrales al riesgo e infinitos precios de activos Arrow-Debreu.

Para comprobar que este mercado no es completo recordamos que un activo derivado cualquiera con pagos X_u, X_m y X_d en los tres estados respectivamente puede replicarse mediante una cartera compuesta de Δ títulos del subyacente y B euros invertidos en el bono sin riesgo si y sólo si Δ y B resuelven el sistema siguiente:

$$\Delta uP + B(1 + r) = X_u$$

$$\Delta mP + B(1 + r) = X_m$$

$$\Delta dP + B(1 + r) = X_d.$$

Fijándonos en las dos primeras ecuaciones de este sistema es inmediato comprobar que cualquier solución al sistema debe satisfacer que:

$$\Delta = \frac{X_u - X_m}{uP - mP}. \qquad [4.62]$$

Por otro lado, usando las dos últimas ecuaciones debe ser también cierto que:

$$\Delta = \frac{X_m - X_d}{mP - dP}. \qquad [4.63]$$

Es fácil notar $X_u = X_m = 1$ y $X_d = 0$ son unos pagos que hacen inconsistentes las soluciones [4.62] y [4.63]. El mercado es incompleto.

Por último cabe señalar que, aunque el mercado sea en la práctica incompleto, existe la posibilidad de valorar activos como si el mercado fuese de hecho completo. Este resultado será especialmente relevante para la valoración de activos derivados mediante estrategias dinámicas, tal como se discutirá más adelante en el libro. Así, nos encontramos con el denominado *Tercer Teorema Fundamental de la Economía Financiera*.

TEOREMA 4.3 (*Tercer Teorema Fundamental de la Economía Financiera*)
Bajo ciertas condiciones de continuidad, la capacidad que tienen los inversores para *revisar* la composición de sus carteras a lo largo del tiempo puede sustituir

o jugar el papel de los activos no existentes y convertir al mercado en una economía que sea equivalente al mercado completo.

EJEMPLO 4.8.1

Sea un mercado compuesto exclusivamente por el activo 1, cuyos pagos en el futuro $t = 1$ son en cada uno de los tres posibles estados de la naturaleza los siguientes:

s_1	s_2	s_3
1	2	3

¿Se puede replicar cualquier estructura de pagos imaginable? En otras palabras ¿es un mercado completo? Podríamos concretar aún más la pregunta. Sabemos que si el mercado es completo podemos obtener cualquier estructura de pagos deseada. Así, una pregunta equivalente sería ¿podemos obtener cualquier estructura de pagos? Pensemos por ejemplo en el activo Arrow-Debreu que paga (0; 0; 1); ¿podríamos obtenerlo o replicarlo con el único activo existente? Comprobemos que no:

$$\left. \begin{array}{l} 1z_1 = 0 \\ 2z_1 = 0 \\ 3z_1 = 1 \end{array} \right\} \quad \begin{array}{l} \rightarrow z_1 = 0 \\ \rightarrow z_1 = 1/3 \end{array} \quad \Rightarrow \text{no existe un único } z \text{ que satisfaga el sistema}$$

$$\Rightarrow \text{mercado incompleto.}$$

Esto era evidente ya que $S > N$, $\Rightarrow$ número de estados es mayor que el número de activos.

Ahora bien, ¿qué ocurre si añadimos un nuevo activo a nuestro mercado? Por ejemplo, añadamos un activo seguro que paga 1 euro independientemente del estado de la naturaleza:

	X_j en s_1	X_j en s_2	X_j en s_3
ACT. 1	1	2	3
ACT. 2	1	1	1

¿podemos obtener ahora la estructura de pagos que equivaldría a la existencia del activo Arrow-Debreu que paga (0; 0; 1)? Evidentemente no es posible:

$$\left. \begin{array}{l} z_1 + z_2 = 0 \\ 2z_1 + z_2 = 0 \\ 3z_1 + z_2 = 1 \end{array} \right\} \rightarrow \begin{array}{l} z_1 = -z_2 \\ 2z_1 - z_1 = 0 \\ z_2 = -2z_1 \\ 3z_1 - 2z_1 = 1 \end{array} \rightarrow \begin{array}{l} z_1 = 0; \quad z_2 = 0 \\ \\ z_1 = 1; \quad z_2 = -2 \end{array}$$

$\Rightarrow$ no existe un único $\{z_1, z_2\}$ que satisfaga el sistema y el mercado es de nuevo incompleto.

A continuación añadimos un tercer activo, pero de tales características que se puede replicar con los otros dos ya existentes comprando el activo #1 y pidiendo prestado el #2 (financiando la compra del #1 mediante un préstamo al tipo de interés del activo seguro):

	X_j en s_1	X_j en s_2	X_j en s_3
ACT. 1	1	2	3
ACT. 2	1	1	1
ACT. 3	0	1	2

Para ver si se pueden ahora replicar los pagos del activo Arrow-Debreu que paga (0; 0; 1) buscamos la solución al siguiente sistema:

$$\left.\begin{array}{r} z_1 + z_2 = 0 \\ 2z_1 + z_2 + z_3 = 0 \\ 3z_1 + z_2 + 2z_3 = 1 \end{array}\right\} \quad \left.\begin{array}{r} z_1 + z_3 = 0 \\ z_1 + z_3 = 1 \end{array}\right\}$$

$\Rightarrow$ no existe un único $\{z_1, z_2, z_3\}$ que satisfaga el sistema y el mercado es de nuevo incompleto.

Este último caso indica que no basta con la existencia del mismo número de activos financieros que estados de la naturaleza. Los activos existentes tienen que ser *suficientemente diferentes* en el sentido de no poder replicarse mediante la construcción de carteras con el resto de los activos. Esto es, los pagos de los activos deben ser linealmente independientes.

¿Qué ocurriría si el tercer activo que añadimos tuviese una estructura de pagos igual a (1; 0; 0)?

	X_j en s_1	X_j en s_2	X_j en s_3
ACT. 1	1	2	3
ACT. 2	1	1	1
ACT. 3	1	0	0

Entonces la matriz de pagos tiene rango igual a 3. Existen tantos activos linealmente independientes como número de estados y el mercado es completo:

$$\left.\begin{array}{r} z_1 + z_2 + z_3 = 0 \\ 2z_1 + z_2 = 0 \\ 3z_1 + z_2 = 1 \end{array}\right\} \quad \Rightarrow \quad \begin{array}{l} z_1 = 1 \\ z_2 = -2 \\ z_3 = 1. \end{array}$$

Mediante los tres activos existentes podemos replicar la estructura de pagos deseada y, de hecho, podemos replicar cualquier estructura de pagos imaginable. En palabras más formales, los tres activos existentes forman una "base generadora" en $\Re^3$ y, por tanto, pueden replicar cualquier estructura de pagos con tres posibles estados de la naturaleza.

CONCLUSIÓN: *Un mercado es completo si existen tantos activos linealmente independientes como estados de la naturaleza.* ◼

EJEMPLO 4.8.2 (Mark Garman, University of California en Berkeley)

Sabemos, por el *Primer Teorema Fundamental de la Economía Financiera*, que una condición necesaria y suficiente para que se garantice la ausencia de arbitraje en un mercado financiero es que exista un conjunto completo de precios de activos Arrow-Debreu que nos permita valorar cualquier activo financiero:

Así, para cualquier vector S-dimensional $\Phi > 0$,

$$\exists \Phi \Rightarrow \text{no arbitraje}$$

$$\text{no arbitraje} \Rightarrow \exists \Phi.$$

Veamos diferentes casos de este importantísimo resultado:

A) CASOS DONDE NO ES POSIBLE REALIZAR ESTRATEGIAS DE ARBITRAJE

A.1) Mercado completo:

Supongamos que tenemos la matriz de pagos dada en el cuadro 4.7(A) y el vector de precios de 5 activos financieros que se negocian en un determinado mercado,

Cuadro 4.7(A). Precios y pagos de activos financieros.

Activo	Precio ($t = 0$)	X_j en s_1	X_j en s_2	X_j en s_3
1	0,40	1	0	0
2	0,30	0	1	0
3	0,20	0	0	1
4	0,90	1	1	1
5	0,60	2	0	-1

Vemos que existen tres estados de la naturaleza y el mercado es completo, ya que tenemos un conjunto completo de activos Arrow-Debreu cuyos precios hoy son (0,40; 0,30; 0,20). Nótese que las tres primeras filas y columnas de la matriz de pagos ya forman el conjunto completo. Los otros dos activos —el activo seguro y el activo incierto— son, en este caso, activos redundantes ya que sus pagos podrían replicarse mediante carteras de los tres activos Arrow-Debreu.

Sabemos por el *Primer Teorema Fundamental de la Economía Financiera* que no hay posibilidades de arbitraje si el vector $\{\Phi: (\phi_1 = 0,40; \phi_2 = 0,30; \phi_3 = 0,20)\}$ nos permite valorar cualquier activo financiero. Esto es, si se cumple la ecuación fundamental de valoración para todos los activos existentes:

$$P_j = \sum_{s=1}^{S} \phi_s X_{js} \Rightarrow$$

$$P_1(= \phi_1) = 0,40 \times 1 + 0,30 \times 0 + 0,20 \times 0 = 0,40$$

$$P_2(= \phi_2) = 0,40 \times 0 + 0,30 \times 1 + 0,20 \times 0 = 0,30$$

$$P_3(= \phi_3) = 0,40 \times 0 + 0,30 \times 0 + 0,20 \times 1 = 0,20$$

$$P_4(= b_1) = 0,40 \times 1 + 0,30 \times 1 + 0,20 \times 1 = 0,90$$

$$P_5(= P_5) = 0,40 \times 2 + 0,30 \times 0 + 0,20 \times 1 = 0,60.$$

Con lo que se comprueba que en este mercado no existen oportunidades de arbitraje.

Supongamos que, en cualquier caso, intentamos realizar un arbitraje comprando 1 título del activo #4, realizando ventas en descubierto de $^1/_2$ título del activo #5, 0,9 títulos del activo #2 y 1,45 títulos del activo #3. La matriz de pagos de esta estrategia aparece en el cuadro 4.7 (B):

Cuadro 4.7 (B). Matriz de pagos.

	X_j en s_1	X_j en s_2	X_j en s_3
Compra 1 título del activo #4	$1 \times 1 = 1$	$1 \times 1 = 1$	$1 \times 1 = 1$
Venta en descubierto de 0,5 títulos del #5	$-\frac{1}{2} \times 2 = -1$	$-\frac{1}{2} \times 0 = 0$	$-\frac{1}{2} \times (-1) = 0,5$
Venta en descubierto de 0,9 títulos del #2	$-0,9 \times 0 = 0$	$-0,9 \times 1 = -0,9$	$-0,9 \times 0 = 0$.
Venta en descubierto de 1,45 títulos del #3	$-1,45 \times 0 = 0$	$-1,45 \times 0 = 0$	$-1,45 \times 1 = -1,45$
Total	0	0,10	0,05

Esta cartera produce pagos no negativos en todos los estados de la naturaleza y estrictamente positivos en algún estado. Si la cartera no tuviese hoy coste alguno tendríamos un arbitraje. Sin embargo, el coste de la cartera es

$$0,90 \times 1 - 0,60 \times \frac{1}{2} - 0,30 \times 0,9 - 0,20 \times 1,45 = 0,04.$$

Nótese que nos hubiera costado exactamente lo mismo comprar el patrón de pagos futuros que produce dicha estrategia a través de los activos Arrow-Debreu. Simplemente comprando 0,10 títulos del activo Arrow-Debreu #2 y 0,05 títulos del activo Arrow-Debreu #3 hubiéramos logrado el mismo patrón de pagos. El coste de esta cartera de activos Arrow-Debreu sería

$$\text{coste} = 0,10 \times 0,30 + 0,05 \times 0,20 = 0,04,$$

que coincide exactamente con el de la estrategia. Esto nos permite concluir que tal estrategia no es de arbitraje, ya que su coste es el que debería ser.

A.2) Mercado incompleto:
Supongamos el siguiente mercado financiero con tres activos y tres estados,

Cuadro 4.8. Precios y pagos de activos financieros.

Activo	Precio ($t = 0$)	X_j en s_1	X_j en s_2	X_j en s_3
1	1,20	1	1	2
2	2,10	1	2	4
3	3,30	2	3	6

Aunque pueda parecer que tenemos un mercado completo, nótese que el activo #3 puede replicarse comprando 1 título del activo #1 y otro del #2. Tenemos un mercado incompleto con 3 estados y únicamente 2 activos linealmente independientes. Siempre que existe algún vector positivo de precios de activos Arrow-Debreu que permitan valorar todos los activos existentes, no existe la posibilidad de arbitraje. ¿Existe en este ejemplo algún vector positivo de forma que nos garanticemos la ausencia de arbitraje? Para verlo,

$$1,20 = 1\phi_1 + 1\phi + 2\phi_3$$

$$2,10 = 1\phi_1 + 2\phi_2 + 4\phi_3$$

$$3,30 = 2\phi_1 + 3\phi_2 + 6\omega_3$$

$$\Rightarrow \phi_1 = 0,30 \text{ y } \phi_2 + 2\phi_3 = 0,90.$$

Existen muchos vectores de precios, incluso exigiendo que sean positivos, que satisfacen estas ecuaciones. Por ejemplo, {0,30; 0,30; 0,30} o {0,30; 0,50; 0,20}. Este resultado es suficiente para saber que, en este mercado, no existen oportunidades de arbitraje.

B) CASOS DONDE ES POSIBLE REALIZAR ESTRATEGIAS DE ARBITRAJE

B.1) Mercado completo: *no existe un conjunto de precios de activos Arrow-Debreu que sirva para valorar todos los activos financieros negociables en el mercado.*

Veamos el mismo caso que discutimos anteriormente, pero donde el precio al que se negocia el activo incierto #5 es igual a 0,80. La nueva matriz de pagos es:

Cuadro 4.9(A). Precios y pagos de activos financieros.

Activo	Precio ($t = 0$)	X_j en s_1	X_j en s_2	X_j en s_3
1	0,40	1	0	0
2	0,30	0	1	0
3	0,20	0	0	1
4	0,90	1	1	1
5	0,80	2	0	− 1

El sistema de precios de los activos contingentes {$\phi_1 = 0,4$; $\phi_2 = 0,3$; $\phi_3 = 0,2$} no es válido para el activo #5 ya que $2\phi_1 - 1\phi_3 = 0,6 \neq 0,8$. Debe existir una oportunidad de arbitraje. Por ejemplo, aquí tenemos una posible estrategia de arbitraje:

Cuadro 4.9(B). Matriz de pagos de la estrategia de arbitraje.

	Coste	X_j en s_1	X_j en s_2	X_j en s_3
Venta en descubierto de 1 título del activo #5	0,8	− 2	0	1
Compra de 2 títulos del activo #1	− 2 × 0,4 = − 0,8	2	0	0
Venta en descubierto de 1 título del activo #3	0,2	0	0	− 1
Total	0,2	0	0	0

Nótese que se trata de vender el activo que tiene un precio superior (es más caro) que su precio correcto, que sabemos que es igual a 0,60, y comprar una estrategia que replique los pagos del activo que vendemos. Como observamos, esta estrategia nos permite embolsarnos una cantidad positiva en $t = 0$ y, sin embargo, no nos compromete de modo alguno en el futuro, sea cual sea el estado de la naturaleza. Esta es, por tanto, una estrategia de arbitraje.

B.2) Mercado completo: *existe un conjunto de precios de activos Arrow-Debreu que sirve para valorar todos los activos financieros negociables en el mercado, pero uno de ellos es negativo.*

Cuadro 4.10. Precios y pagos de activos financieros.

Activo	Precio ($t = 0$)	X_j en s_1	X_j en s_2	X_j en s_3
1	0,40	1	0	0
2	0,90	1	1	1
3	2,30	3	2	1

El activo Arrow-Debreu #1 existe. El activo Arrow-Debreu #2 (que paga en el estado $s = 2$) puede crearse mediante una cartera que consiste en una posición larga (compra) de 1 título en el activo #3, posición corta (venta) de 1 título en el #2 y una posición corta (venta) de 2 títulos en el #1. El coste de esta cartera y, por tanto, el precio del activo Arrow-Debreu #2 es igual a 0,6. Finalmente, el activo Arrow-Debreu #3 (que paga en el estado $s = 3$) puede crearse mediante una cartera que consiste en una posición larga (compra) de 2 títulos en el activo existente #2, posición corta (venta) de 1 título en el #3 y una posición larga (compra) de 1 título en el #1. El coste de esta cartera y, por consiguiente, el precio del activo Arrow-Debreu #3 es igual a −0,1. Pero, esta estrategia o, lo que es o mismo, el activo Arrow-Debreu #3 supone recibir una entrada de dinero (no una salida, como es lógico al realizar una inversión con coste positivo) en $t = 0$ y, además, recibir pagos nulos en los dos primeros estados y un pago positivo (1 euro) en el tercer estado. Esto es en sí mismo una estrategia de arbitraje.

B.3) Mercado incompleto: Supongamos el mismo mercado incompleto que hemos discutido anteriormente, pero donde el precio del activo financiero #3 es igual a 3 y no como en dicho caso que era igual a 3,30:

Cuadro 4.11(A). Precios y pagos de activos financieros.

Activo	Precio ($t = 0$)	X_j en s_1	X_j en s_2	X_j en s_3
1	1,20	1	1	2
2	2,10	1	2	4
3	3	2	3	6

Ahora, el sistema de precios $\phi_1 = 0,3$ y $\phi_2 + 2\phi_3 = 0,9$ no es válido para el activo #3. Al no existir un conjunto positivo de precios de los activos Arrow-Debreu válido para todos los activos existentes debe ser posible realizar una estrategia de arbitraje. A modo de ejemplo, aquí describimos una:

Cuadro 4.11(B). Matriz de pagos de la estrategia de arbitraje.

	Coste	X_j en s_1	X_j en s_2	X_j en s_3
Venta en descubierto de 1 título del activo #1	1,2	− 1	−1	− 2
Venta en descubierto de 1 título del activo #2	2,1	− 1	−2	− 4
Compra del título del activo #3	− 3	2	3	6
Total	0,3	0	0	0

Esta estrategia nos permite tener una ganancia neta positiva en $t = 0$ sin compromiso de pago futuro alguno. Tenemos, por tanto, una estrategia de arbitraje. ■

APÉNDICE: PRIMER TEOREMA FUNDAMENTAL DE LA ECONOMÍA FINANCIERA

Imaginemos una economía de un solo periodo y dos fechas, $t = 0$ y $t = 1$, en la que existen N activos financieros negociándose. En $t = 1$, ocurre uno de los S ($s = 1, ..., S$) posibles estados de la naturaleza. Sea P_j el precio de cualquiera de los $j = 1, ..., N$ activos financieros inciertos que se negocian en este mercado y sea X_{js} el pago del activo j en $t = 1$ y estado de la naturaleza s.

Podemos representar esta información mediante un vector N-dimensional de precios $P = (P_1, ..., P_N)$ y una matriz $N \times S$ de pagos $X = (X_{js})$, donde la j-ésima fila de X contiene los pagos del activo j en los diferentes estados, y la s-ésima columna representa los pagos en el estado s de los múltiples activos. El par $\{P, X\}$ forma o define el mercado financiero en esta economía.

En este contexto, podemos representar una cartera de activos mediante un vector N-dimensional, $Z = (z_1, ..., z_N)$, $Z \in \Re^N$, cuyo j-ésimo componente representa el número de títulos del activo j en dicha cartera. Esto implica que el coste de la cartera en $t = 0$ es

$$\sum_{j=1}^{N} z_j P_j \qquad \text{[4A.1]}$$

y el pago de la cartera en $t = 1$ y estado s viene dado por

$$\sum_{j=1}^{N} z_j X_{js}; \; s = 1, ..., S. \qquad \text{[4A.2]}$$

En notación matricial, el coste de esta cartera es $Z'P$ y el vector de pagos de la cartera será, $Z'X$, que es un vector fila S-dimensional.

DEFINICIÓN DE NO-ARBITRAJE:

Supongamos que queremos encontrar la cartera de menor coste que produce pagos no negativos en cada estado de la naturaleza futuro. Esta problema puede representarse como un problema de programación lineal,

$$M = \min_{\{Z\}} \sum_{j=1}^{N} z_j P_j$$

$$\text{s.a} \sum_{j=1}^{N} z_j X_{js} \geq 0; \quad \forall s = 1, \ldots, S. \tag{4A.3}$$

¿Cuáles son las soluciones posibles de este problema?

- $M > 0$ es imposible dado que $Z = 0$ es admisible (satisface la restricción y puede construirse) y tiene un coste igual a cero.

- $-\infty < M < 0$ también es imposible. Supongamos lo contrario. Esto es, supongamos que existe una cartera óptima $\hat{Z}$ tal que $\hat{Z}'P = M < 0$ y $\hat{Z}'X \geq 0$. Entonces la cartera $2\hat{Z}$ sería admisible dado que $2\hat{Z}'X \geq 0$ y, además, costaría menos que $\hat{Z}$ ya que $2\hat{Z}'P = 2M < M$. Por tanto, $\hat{Z}$ no puede ser óptima.

Por tanto, sólo restan dos posibilidades. Podría no haber solución; esto es, por cada cartera admisible existiría otra cartera admisible con un coste estrictamente menor. Alternativamente, la segunda posibilidad es que exista una solución óptima cuyo coste es $M = 0$.

Así, podemos pasar a definir formalmente la ausencia de arbitraje:

DEFINICIÓN: **Un mercado $\{P, X\}$ se caracteriza por no tener oportunidades de arbitraje si y sólo si la solución al problema anterior existe y es $M = 0$.**

Esta definición es equivalente a la presentada en el capítulo que nos dice que un mercado $\{P, X\}$ no presenta oportunidades de arbitraje si y sólo si:

$$Z'X \geq 0 \Rightarrow Z'P \geq 0, \tag{4A.4}$$

es decir, si una cartera cualquiera tiene pagos no negativos en el futuro, entonces el coste hoy de dicha cartera debe ser también no negativo.

Discutamos a continuación el *Primer Teorema Fundamental de la Economía Financiera*:[20]

---

[20] Nótese que en esta versión del teorema admitimos que los precios de los activos Arrow-Debreu sean nulos. Para demostrar el teorema con precios estrictamente positivos, tal como aparece en el texto del capítulo, se necesita emplear el lema de Farkas. Véase Pliska (1997).

El mercado {P, X} se caracteriza por no tener oportunidades de arbitraje si y sólo si existe un vector $\Phi \in \Re^s$ tal que $\Phi \geq 0$ y $P = X\Phi$, donde $\Phi = (\phi_1, \phi_2, ..., \phi_S)$ se conoce (además de vector de precios de los activos Arrow-Debreu) como medida lineal de valoración.

Prueba:
$\Leftarrow$ (condición necesaria):
Si $P = X\Phi$ para algún $\Phi \geq 0$, entonces cada cartera admisible Z tiene un coste no negativo:

$$Z'X \geq 0 \Rightarrow Z'X\Phi \geq 0 \Rightarrow Z'P \geq 0.$$

La cartera $Z = 0$ es admisible y tiene coste cero. Por tanto, el mínimo en el problema [4A.3] existe y es igual a cero, de forma que el mercado {P, X} no presenta oportunidades de arbitraje.

$\Rightarrow$ (condición suficiente):
Supongamos que el mercado {P, X} no presenta oportunidades de arbitraje de forma que existe una solución para el problema [4A.3]. Consideremos el siguiente lagrangiano:

$$L = \sum_{j=1}^{N} z_j P_j - \sum_{s=1}^{N} \phi_s \left[\sum_{j=1}^{N} z_j X_{js} \right] . \qquad [4A.5]$$

Dado que las restricciones son lineales y el conjunto de carteras admisibles es convexo, el teorema de Khun-Tucker se satisface donde, además, recordemos que los signos de los multiplicadores de Khun-Tucker no pueden ser negativos. En particular, de acuerdo con este teorema, existen unas constantes no negativas

$$\phi_s \geq 0 \, ; \, \forall s = 1, ..., S \text{ tal que } P_j = \sum_{s=1}^{S} \phi_s X_{js} \, ; \, \forall j = 1, ..., N.$$

Sea $\Phi = (\phi_1, ..., \phi_S) \in \Re^S$, entonces $\Phi \geq 0$ y $P = X\Phi$. Con lo que queda demostrada la suficiencia del *Primer Teorema Fundamental de la Economía Financiera*.

Recordemos brevemente el teorema de Khun-Tucker:
Consideremos el siguiente problema de optimización con desigualdades en las restricciones:

$$\begin{aligned} & \min f(x) \\ & \text{sujeto a} \quad g_s(x) \geq 0; \; s = 1, ..., S. \end{aligned} \qquad [4A.6]$$

Teorema de Khun-Tucker: Si x^* es la solución de [4A.6] y las denominadas restricciones de cualificación en x^* se satisfacen, existe un conjunto de multiplicadores de Khun-Tucker $\phi_s \geq 0$, para $s = 1, ..., S$ tal que:

$$Df(x^*) = \sum_{s=1}^{S} \phi_s Dg_s(x^*),$$

donde, $Df(x) = \left(\dfrac{\partial f}{\partial x_1}, \ldots, \dfrac{\partial f}{\partial x_n} \right)$ es el vector gradiente.

Referencias

Copeland T. y F. Weston (1988). *Financial Theory and Corporate Policy*, Addison-Wesley, 3ª ed., cap. 5.

Grinblatt, M. y S. Titman (1998). *Financial Markets and Corporate Strategy*, Irwin-McGraw-Hill, cap. 7.

Huang, C. y R. Litzenberger (1987). *Foundations for Financial Economics*, North Holland, caps. 5 y 8.

Hull, J. (2000). *Options, Futures, and Other Derivatives*, Prentice Hall International Editions, 4ª ed., caps. 1, 3, 7 y 9.

Ingersoll, J. (1987). *Theory of Financial Decision Making*, Studies in Financial Economics, Rowman & Littlefield, cap. 2.

Jarrow, R., Maksimovic, V., y W. Ziemba (1995). "Finance", *Handbooks in Operations Research and Management Science*, vol. 9, North Holland, cap. 2.

Neftci, S. (1996). *An Introduction to the Mathematics of Financial Derivatives*, Academic Press, cap. 2.

Pliska, S. (1997). *Introduction to Mathematical Finance: Discrete Time Models*, Blackwell Publishers, caps. 1 y 4.

TERCERA PARTE:
SELECCIÓN DE CARTERA
Y VALORACIÓN

5. EL ANÁLISIS DE LA MEDIA-VARIANZA Y LAS CARACTERÍSTICAS DEL CONJUNTO DE OPORTUNIDADES DE INVERSIÓN

5.1 Los principios fundamentales

En los capítulos anteriores se han discutido los principios de valoración bajo ausencia de arbitraje que ayudan a establecer el marco más general de trabajo en el que descansa la Economía Financiera. Dicho contexto es, asimismo, muy general al modelizar la incertidumbre mediante los denominados estados de la naturaleza que, a su vez, permiten introducir el fundamental concepto de *mercado completo*. La herramienta básica de valoración consistente en construir una *cartera réplica* de los pagos futuros del activo a valorar de forma que, *bajo ausencia de arbitraje*, el coste de dicha cartera debe ser idéntico al valor del activo cuyo precio deseamos conocer, ha sido y seguirá siendo la idea en la que se basa la mayor parte de este libro.

En los siguientes capítulos, el concepto de cartera réplica vuelve a utilizarse aunque, y esto debe quedar muy claro, en un contexto más restringido a la hora de modelizar la incertidumbre. En particular, el supuesto clave de los próximos capítulos es que a los inversores sólo les preocupa *el rendimiento esperado (su media) y la varianza de dichos rendimientos* cuando se ven obligados a discriminar entre inversiones alternativas. En otras palabras, la incertidumbre se modeliza de manera mucho más restringida al asociar el riesgo de la inversión con la varianza del rendimiento de la misma. La varianza será definida con precisión en el siguiente apartado aunque, en líneas generales, la podemos describir como la variabilidad que experimentan los rendimientos (precios) de un activo alrededor de su media.

Esta nueva forma de modelizar la incertidumbre nos permite trabajar sobre la valoración de activos y, por tanto, sobre los factores determinantes de los precios o rendimientos esperados de los mismos en un marco más operativo que en el capítulo anterior. En particular, la variable agregada M que representa conceptualmente *un factor de descuento que pondera los flujos generados por un activo cualquiera j según cuál sea el estado de la naturaleza en que se reciben*, tendrá en el contexto media-varianza una expresión concreta y perfectamente definida. Esto ayuda a entender con más claridad cómo se valoran los activos financieros, aunque evidentemente el coste de esta precisión también debe ser reconocido. Así, decir que los inversores sólo se preocupan del rendimiento esperado y de la varianza, implica suponer que la distribución de probabilidad de los rendimientos de los activos es normal o, alternativamente, que los inversores tienen una forma muy particular de preferencias e incluso una forma particular de aversión al riesgo.

De hecho, este marco de trabajo se presenta generalmente una vez que se han introducido conceptos de *equilibrio*, donde se produce una interacción entre las preferencias de los inversores y la tecnología empresarial. Sin embargo, en este libro estos conceptos se presentarán en la última parte de manera que exista una única línea conductora a lo largo de la mayor parte de los capítulos del libro. De momento, el contexto media-varianza y sus consecuencias para la valoración de activos harán uso de los conceptos de ausencia de arbitraje y carteras réplica, lo que implica valorar activos financieros en relación siempre al valor de otros activos. En cualquier caso, es cierto que implícitamente se introducen razonamientos de equilibrio, aunque no los haremos completamente explícitos hasta que no se haya completado el análisis (bajo ausencia de arbitraje) de los diferentes campos de la Economía Financiera que se presentan en este libro.

La precisión y operatividad en el análisis que se logra al introducir el contexto media-varianza ha permitido su uso generalizado en el proceso de toma de decisiones financieras en entornos alternativos. Así, es un análisis que se emplea en las asignaciones internacionales de activos financieros, en las recomendaciones de inversión y evaluación de los fondos de inversión y fondos de pensiones, en las estrategias de cobertura ligadas a la gestión de riesgo por parte de las empresas, en el cálculo del coste de capital de los proyectos de inversión a los que se enfrentan las empresas y otros muchos. De hecho, la optimización de las inversiones en el contexto media-varianza, donde los agentes logran el máximo rendimiento esperado para un nivel de riesgo (varianza) dado, y que se debe al premio Nobel de Economía Harry Markowitz, se ha convertido en una de las herramientas que más aplicaciones ha tenido en las decisiones financieras en sentido amplio.

La imposición de un comportamiento para los inversores donde se valore positivamente el rendimiento esperado y negativamente la varianza tiene importantes implicaciones para la valoración de activos. Veremos cómo, en este contexto, *el rendimiento esperado de cualquier activo puede replicarse mediante una cartera que combina exclusivamte dos fondos o carteras*. Una de ellas será el activo seguro, activo que permite prestar o pedir prestado al tipo de interés libre de riesgo, mientras que el segundo fondo consiste en la denominada *cartera de mercado*, que incorpora todos los activos existentes en proporción cada uno de ellos a su valor de mercado o capitalización.[1] Este cartera réplica se construye de manera que tenga *riesgo* idéntico al activo que se desea valorar.

Ahora bien, cuando hablemos de riesgo en el contexto de la valoración de activos que surge del análisis media-varianza, es crucial señalar que dicho concepto será diferente si estamos valorando el riesgo de activos individuales o si, por el contrario, nos estamos refiriendo al riesgo asociado a la cartera que finalmente eligen los inversores. La capacidad que tienen los agentes económicos de formar carteras conduce de manera natural al concepto de *diversificación del riesgo*. La

---

[1] Se entiende por valor de mercado o capitalización el producto del precio del activo por el número de acciones o títulos desembolsados que tiene la empresa.

diversificación significa simplemente que los individuos son capaces de eliminar parte del riesgo (varianza) de sus inversiones combinando los activos disponibles en el mercado. Así, el riesgo no será relevante en su totalidad cuando nos preocupemos de construir la cartera réplica mediante los dos fondos mencionados. Únicamente aquella parte del riesgo que no puede eliminarse mediante la diversificación será relevante y, por tanto, valorada en el mercado. Esta parte del riesgo está directamente asociada al riesgo global de la economía o riesgo de mercado (*riesgo sistemático o riesgo no diversificable*), mientras que aquella que podemos diversificar es la asociada al riesgo de empresas o inversiones individuales (*riesgo propio o idiosincrásico*).

Dos ejemplos discuten a continuación la relevancia de estas ideas.

EJEMPLO 5.1.1 (Franklin Allen, Wharton, University of Pennsylvania)

Consideremos dos posibles inversiones. Los costes de ambas son los mismos, por tanto, nos podemos concentrar en los rendimientos que cada una ofrece:

(i) Un buscador de fortunas intenta encontrar oro en los Pirineos y decide emitir acciones para financiar sus gastos. La evidencia sugiere que si finalmente encuentra oro, el rendimiento de este proyecto de inversión será del 100%. Sin embargo, la probabilidad de éxito es solamente del 10%, con lo que existe un 90% restante de que el buscador no encuentre oro y en cuyo caso el rendimiento de la inversión sería de 0. Así, el rendimiento esperado es del 10% (0,90 × 0 + 0,10 × 100).

(ii) Una inversión equivalente en gasto es la compra de acciones de una compañía eléctrica. Si la economía va bien, el consumo de electricidad aumentará, los beneficios de la empresa subirán y las acciones producirán un rendimiento del 15%. La probabilidad de que esto ocurra es del 50%. La otra posibilidad es que la economía entre en recesión y el consumo eléctrico disminuya. En este caso, la rentabilidad obtenida es del 5%. La probabilidad del segundo evento es del 50%, con lo que el rendimiento esperado de esta inversión es del 10%.

Por tanto, ambas inversiones tienen la misma rentabilidad esperada. ¿Cuál de ellas es más arriesgada en un sentido financiero? Lo más natural es que la búsqueda de oro es mucho más arriesgada que la inversión en el sector eléctrico.[2] Si los inversores sólo pudieran escoger una de estas dos inversiones ésta sería la respuesta correcta. Sin embargo, el supuesto básico del contexto en el que nos movemos es el hecho de que los inversores pueden crear *carteras diversificadas* con diferentes títulos. Es decir, puede invertirse en múltiples proyectos similares al de nuestro buscador de oro, y también en múltiples compañías eléctricas. En este caso, la respuesta correcta es en realidad que invertir en la compañía eléctrica es más arriesgado. El riesgo de extracción de oro es independiente de cualquier otra cosa. En consecuencia, invirtiendo en varios proyectos similares es posible diversificar este riesgo. Si la inversión consistiese en mil proyectos de búsqueda de oro, es muy probable que alrededor del 10% (100) resulten con éxito. Podrían ser 98 o 102, pero es muy improbable que sean 80 o 120. Sin embargo, en el caso de la compañía eléctrica es muy difícil eliminar el riesgo por diversificación. Aún cuando se invirtiera en 1.000 compañías no se reduciría el riesgo ya que todas ellas *dependen de la marcha de la economía*. Si la economía está en auge las 1.000 compañías lo harán bien, si la economía va mal, las acciones de todas ellas bajarán. Nada se consigue diversificando en esta situación. En el contexto de creación de carteras de valores lo que importa es el riesgo que no puede ser diversificado, pues el riesgo diversificable desaparecerá una vez que un número suficientemente grande de títulos adecuados (poco o negativamente correlacionados) se ha incorporado en las carteras. ∎

---

[2] De hecho, en este ejemplo, la varianza de la inversión en oro es igual a 0,09, mientras que la varianza de la inversión en el sector eléctrico es sólo igual a 0,0025.

EJEMPLO 5.1.2 (Franklin Allen, Wharton, University of Pennsylvania)

Supongamos que las letras del Tesoro están al 4%. ¿Tiene sentido invertir en acciones de una empresa que ofrecen una rentabilidad esperada del 3%?

De nuevo la respuesta parece ser que no, pero en realidad la respuesta correcta es que sí. Lo importante es lo que ocurre en el contexto de creación de carteras, no lo que ocurre si se colocan todos los fondos en una u otra inversión. Una acción que sube su valor cuando el resto de acciones bajan tiene un valor adicional, ya que permite compensar las pérdidas en los estados desfavorables. De hecho, estos títulos ayudan al inversor de la misma forma que las compañías de seguros le compensan por determinadas pérdidas. Este valor adicional implica que el precio de esta acción ha de ser alto o, de forma equivalente, que su rendimiento esperado es bajo. De hecho, puede ser incluso inferior al tipo de interés de los activos sin riesgo. ■

En definitiva, la valoración de activos bajo incertidumbre juega continuamente con la interrelación entre carteras réplica y el concepto de diversificación. Ambas ideas están íntimamente conectadas. Gracias a la capacidad de los inversores para construir carteras bien diversificadas, donde sólo queda el riesgo de mercado, resulta posible combinar dos fondos (al activo seguro y la cartera de mercado) con riesgo idéntico al activo que deseamos valorar. Así, para evitar posibilidades de arbitraje, la cartera réplica y el activo a valorar deben tener el mismo rendimiento esperado.[3] Estas ideas conducen al denominado *"modelo de valoración de activos con cartera de mercado"* (*Capital Asset Pricing Model, CAPM*) que constituye una de las piezas fundamentales de la Economía Financiera en la actualidad.

El último capítulo de esta tercera parte del libro completa la idea de cartera réplica basada en el mercado para extenderla a la cartera réplica que hace uso del concepto de *múltiples factores de riesgo*. Todos ellos son factores de riesgo no diversificable por lo que afectan en mayor o menor grado a todos los activos existentes. Así, la cartera réplica está formada, en este caso, por el activo seguro y un determinado número de carteras que representan el riesgo asociado con dichos factores. Este último contexto conduce al segundo modelo de valoración que se analiza en esta parte del libro. Es el denominado *"modelo de valoración de activos bajo ausencia de arbitraje"* (*Arbitrage Pricing Theory, APT*).

5.2 La determinación del rendimiento esperado de las carteras

Sabemos desde el capítulo 3 que la tasa porcentual de rendimiento realizada u observada de cualquier activo *j* viene dada por la expresión:

---

[3] Es intesante señalar que el análisis de los activos derivados explota, como ya hemos visto en el capítulo 4, la idea de cartera réplica, pero sin necesidad de recurrir al concepto de diversificación. Como se observa en el capítulo 4, las opciones puede replicarse de forma *exacta* a través del activo seguro y el activo subyacente sobre el que se basa la opción. Esta exactitud que se consigue en la réplica de los derivados viene acompañada, en contextos realistas, de complicadas estrategias de réplica dinámicas. Este es, desde luego, el coste a pagar en el contexto de los derivados con relación a la réplica más imperfecta que se logra en esta parte del libro.

$$R_{jt} = \frac{P_{jt} - P_{jt-1} + D_{jt}}{P_{jt-1}}, \qquad [5.1]$$

donde P_{jt} es el precio del activo financiero j en la fecha t y D_{jt} es cualquier renta (dividendo, intereses, o cualquier renta asociada a las posibles variaciones en el capital de la empresa) distribuida por el activo j entre las fechas $t-1$ y t. En el caso de acciones, es útil separar los dos componentes del rendimiento en la parte proveniente de variaciones en precios (ganancias o pérdidas de capital) y en la asociada al reparto de dividendos. Así, la expresión [5.1] suele escribirse como:

$$R_{jt} = \frac{P_{jt} - P_{jt-1}}{P_{jt-1}} + \frac{D_{jt}}{P_{jt-1}}. \qquad [5.2]$$

También, como mencionamos en el capítulo 4, $(1 + R_{jt})$ se denomina *rendimiento bruto* del activo j.

Utilizando nuestra habitual modelización mediante estados de la naturaleza, el rendimiento esperado de un activo cualquiera j durante un determinado periodo de tiempo se define como[4]

$$E(R_j) = \sum_{s=1}^{S} \pi_s R_{js}, \qquad [5.3]$$

donde S es el número total de posibles estados de la naturaleza, π_s es la probabilidad de ocurrencia del estado s, y R_{js} es el rendimiento del activo j en el estado s.

EJEMPLO 5.2.1

Imaginemos tres estados de la naturaleza en los que los rendimientos de tres activos inciertos vienen dados en el cuadro 5.1.

Cuadro 5.1. Rendimientos de activos inciertos en tres estados.

Situación previsible de la economía	Probabilidad de los estados (π_s)	Rendimiento activo #1 (%)	Rendimiento activo #2 (%)	Rendimiento activo #3 (%)
Buena	1/4	14	17	3
Regular	1/2	8	9	9
Mala	1/4	4	6	15

El rendimiento esperado de cada activo será de acuerdo con [5.3] igual a

---

[4] En este capítulo y los siguientes de esta parte, tenderemos a pensar en el rendimiento de los activos durante un único periodo de tiempo dado. Por este motivo, no emplearemos los subíndices t en las expresiones analíticas.

$$E(R_1) = \pi_1 R_{11} + \pi_2 R_{12} + \pi_3 R_{13} = \frac{1}{4}(0,14) + \frac{1}{2}(0,08) + \frac{1}{4}(0,04) = 0,085$$

$$\Rightarrow E(R_1) = 8,5\%$$

$$\Rightarrow E(R_2) = 10,25\%$$

$$\Rightarrow E(R_3) = 9,0\%.$$

El rendimiento de una cartera es la media ponderada de los rendimientos de los activos individuales que la componen. La ponderación que recibe cada activo en la cartera, ω_j, es la fracción de la riqueza de la cartera que se mantiene en el activo j y viene dado por

$$\omega_j = \frac{\text{Valor en euros en } j}{\text{Valor en euros de la cartera}} = \frac{P_j n_j}{\sum\limits_{j=1}^{N} P_j n_j}, \qquad [5.4]$$

donde N es el número de activos o empresas que componen la cartera, n_j es el número de acciones de la empresa j que hay en la cartera y el producto $P_j n_j$ representa el *valor de mercado* de estas acciones. Nótese que la suma de las ponderaciones es igual a 1:

$$\sum_{j=1}^{N} \omega_j = 1.$$

Así, el rendimiento realizado u observado de la cartera c compuesta por N activos es

$$R_c = \sum_{j=1}^{N} \omega_j R_j. \qquad [5.5]$$

El rendimiento esperado de la cartera c será

$$E(R_c) = E\left(\sum_{j=1}^{N} \omega_j R_j\right) = \sum_{j=1}^{N} \omega_j E(R_j). \qquad [5.6]$$

Por tanto, *el rendimiento esperado de una cartera es la media ponderada de los rendimientos esperados de los activos componentes de dicha cartera, donde las ponderaciones vienen dadas por la expresión* [5.4].

Usando los datos del cuadro 5.1 y suponiendo que las ponderaciones que reciben los tres activos son $\omega_1 = 40\%$; $\omega_2 = 35\%$; $\omega_3 = 25\%$, el rendimiento esperado de dicha cartera será:

$$
\begin{aligned}
E(R_c) &= \omega_1 E(R_1) + \omega_2 E(R_2) + \omega_3 E(R_3) \\
&= 0,40(0,085) + 0,35(0,1025) + 0,25(0,09) = 0,0924 \\
\Rightarrow E(R_c) &= 9,24\%.
\end{aligned}
$$

Las ponderaciones, que en este ejemplo son todas positivas, podrían ser negativas cuando el inversor realiza una *venta en descubierto* en alguno de los activos componentes de la cartera. Así, ponderaciones que sumen 1 y que incluyan alguna negativa como $\omega_1 = 0,90$; $\omega_2 = 0,35$; $\omega_3 = -0,25$ indican que el 125% del total de la cartera se ha invertido en los dos primeros activos, cuya compra se ha financiado mediante la venta en descubierto del 25% en el activo #3. Alternativamente, la petición de un préstamo a través del activo seguro que permita la financiación de una inversión puede interpretarse igualmente como una venta en descubierto. En definitiva, una venta en descubierto equivale a mantener una ponderación negativa en alguno de los componentes de la cartera. ■

Una forma alternativa de estimar el rendimiento esperado de un activo o cartera es utilizar una serie de datos pasada para calcular el rendimiento medio que se ha producido durante el periodo disponible y emplearlo como estimación del rendimiento medio o esperado para el futuro. Debe quedar claro que es sumamente difícil estimar el rendimiento esperado de un activo o cartera. Por este motivo suelen emplearse series temporales muy largas cuando se trata de estimar cuál es el rendimiento esperado de una cartera como puede ser un índice bursátil.

El cuadro 5.2 contiene los índices del mercado bursátil español y del mercado de deuda pública representados por el Índice General de la Bolsa de Madrid (IGBM) y el Índice de Renta Fija del Banco de España respectivamente entre 1993 y 1998. Asimismo, el cuadro incluye los rendimientos anuales asociados a dichos índices y calculados mediante la expresión [5.1].

Cuadro 5.2. Mercado bursátil y mercado de deuda pública.

Años	IGBM	Índice de renta fija	Rendimiento del mercado Bursátil (%)	Rendimiento del mercado de deuda pública (%)
1993	322,77	232,49	—	—
1994	285,01	225,17	– 11,70	– 3,15
1995	320,07	264,24	12,30	17,35
1996	444,77	312,59	38,96	18,30
1997	632,55	351,74	42,22	12,52
1998	867,80	395,16	37,19	12,34
1993-98	—	—	23,79	11,47

Al final de las dos últimas columnas se muestra el rendimiento promedio del mercado bursátil y del mercado de deuda pública respectivamente entre 1993 y 1998. Podemos utilizar dicho promedio como rendimiento esperado de la renta variable y de la renta fija en el mercado español.[5] Naturalmente, resulta difícil

[5] Debemos tener en cuenta que el rendimiento de la deuda pública incluye tanto variaciones en precios de la deuda como el reparto de los intereses provenientes de los cupones. Nótese que durante dicho periodo se ha experimentado un fuerte descenso de los tipos de interés en España lo que ha propiciado un continuo aumento en los precios de la deuda pública (recuérdese la relación inversa entre los tipos de interés y los precios de los bonos). Por este motivo, el rendimiento de la deuda pública es positivo durante el periodo analizado.

aceptar que el rendimiento esperado del mercado bursátil mantenga el nivel promedio que aparece en el cuadro. Por ejemplo, el rendimiento medio de la Bolsa española entre 1963 y 1997 ha sido aproximadamente un 13% que, aunque puede parecer relativamente alto, está lejos de los rendimientos obtenidos por el mercado de renta variable durante los años noventa.

En el apartado 5.1 de este capítulo hemos introducido la idea de una cartera réplica que nos permitirá saber, bajo ciertas circunstancias, cuál es el rendimiento esperado de cualquier activo incierto. Esta cartera está formada mediante una determinada proporción, ω_m, en la denominada cartera de mercado y el resto, $(1 - \omega_m)$, en el activo libre de riesgo. Podemos aproximar la cartera de mercado por el IGBM y el activo libre de riesgo por el tipo de interés de las letras del Tesoro. Durante el periodo analizado, el rendimiento medio obtenido por las letras resultó igual al 6,79% al año. Sin embargo, al final de 1998 una inversión en letras del Tesoro a un año ofrecía un rendimiento libre de riesgo igual al 2,79%. Una cartera compuesta por el mercado (IGBM) y el activo seguro (letras) tendrá un rendimiento esperado para el año 1999 dado por:

$$E(R_c) = \omega_m\, E(R_m) + (1 - \omega_m)r, \qquad [5.7]$$

donde $E(R_m)$ es el rendimiento esperado de la cartera de mercado y r es el rendimiento libre de riesgo de la inversión en el bono cupón cero representado por la letra del Tesoro a un año. Si aceptamos que el rendimiento esperado por el mercado de renta variable para 1999 fuese del 13%, tendríamos que el rendimiento esperado de la cartera sería

$$E(R_c) = \omega_m(0{,}13) + (1 - \omega_m)(0{,}0279) = 0{,}0279 + (0{,}13 - 0{,}0279)\omega_m = 0{,}0279 + 0{,}1021\,\omega_m.$$

Así, cuanto mayor sea ω_m más elevado será el rendimiento esperado de la cartera. Si ω_m es incluso mayor que 1, tendríamos que $(1 - \omega_m)$ debería ser menor que cero lo que, a su vez, significa que estaríamos pidiendo prestado (vendiendo en descubierto) al tipo de interés libre de riesgo para invertir más del 100% en renta variable. En principio, podríamos obtener un rendimiento esperado tan alto como quisiéramos. Evidentemente, en la práctica, ninguna institución financiera estaría dispuesta a financiar una inversión de estas características. Si el mercado entrase en un periodo de crisis, el individuo no tendría fondos para devolver el préstamo solicitado. Nótese que el mercado representa la inversión en renta variable cuya *variabilidad* queda perfectamente reflejada en el cuadro 5.2. De hecho, resulta evidente que la variabilidad de los precios de los bonos de deuda pública es mucho menor que la variabilidad asociada al IGBM. En cualquier caso, la estructura de la expresión [5.7] es muy importante y volveremos sobre ella repetidamente a lo largo de este capítulo.

5.3 La varianza del rendimiento de carteras con dos activos

La varianza del rendimiento de un activo individual mide la dispersión de los rendimientos alrededor de la media y nos da una idea de la variabilidad que experimentan los precios de los activos. Su expresión es:

$$\sigma_j^2 = E[R_j - E(R_j)]^2 = \sum_{s=1}^{S} \pi_s [R_j - E(R_j)]^2. \tag{5.8}$$

Las tres notaciones siguientes, σ_j^2, $\sigma_j^2(R_j)$ y var(R_j) son equivalentes y serán usadas indistintamente en el libro. Utilizando los datos del ejemplo 5.2.1 podemos construir el cuadro 5.3 que nos ayuda a calcular la varianza del primero de los tres activos del ejemplo ($j = 1$):

Cuadro 5.3. Varianza de los rendimientos de activos individuales ($j = 1$).

Situación previsible de la economía	Probabilidad de los estados (π_s)	$[R_{js} - E(R_j)]$ (%)	$[R_{js} - E(R_j)]^2$ (%)^2	$\pi_s[R_{js} - E(R_j)]^2$ (%)^2
Buena	1/4	5,5	30,25	7,5625
Regular	1/2	– 0,5	0,25	0,1250
Mala	1/4	– 4,5	20,25	5,0625
				$\sigma_j^2 = \sum_{s=1}^{3} = 12,75$

En el caso de los otros dos activos, la varianza resulta igual a 16,69 y 18,00 respectivamente.

Como en el caso de los rendimientos, podemos hacer uso de observaciones pasadas para estimar la varianza del rendimiento del IGBM entre 1994 y 1998. Su cálculo está basado en la siguiente expresión de la varianza muestral:[6]

$$\sigma_{IGBM}^2 = \frac{1}{T} \sum_{t=1}^{T} [R_j - E(R_j)]^2 = \frac{1}{5} [(-0,1170 - 0,2379)^2 + (0,1230 - 0,2379)^2 + \dots$$

$$\dots + (0,3719 - 0,2379)^2] = \frac{1}{5} (0,2142) = 0,048.$$

---

[6] Dividiendo entre $T - 1$ en lugar de dividir entre T, obtendríamos un estimador insesgado de la varianza muestral. Se trata de ajustar por la pérdida de un grado de libertad al haber estimado la media muestral para realizar el cálculo.

Nótese que esta medida de dispersión no está representada en la misma unidad de medida que la variable rendimiento. Una medida que tiene el mismo significado que la varianza pero que sí está expresada en la misma unidad de medida que el rendimiento es la *desviación estándar o volatilidad* del rendimiento. Es simplemente la raíz cuadrada de la varianza. En el caso de la medida de dispersión que mira hacia el futuro, la volatilidad de los tres activos del ejemplo 5.2.1 es igual a 3,57%, 4,09% y 4,24% respectivamente. Por otra parte, la volatilidad anual del IGBM entre 1994 y 1998 resulta igual al 21,91%.

Es curioso notar que es más sencillo estimar la volatilidad que el rendimiento esperado. En concreto, es interesante observar que, a diferencia del rendimiento esperado, es conveniente emplear datos de mayor frecuencia. En general, cuanto más corto sea el intervalo entre observaciones mejores estimaciones obtendremos de la volatilidad de los activos.

El cuadro 5.4 presenta evidencia empírica sobre el rendimiento medio y volatilidad del IGBM durante los años comprendidos entre 1963 y 1997. Las estimaciones están hechas con datos mensuales que terminan anualizándose para su presentación en el cuadro. Una importante pieza del cuadro 5.4 es la estimación de la *prima de riesgo del mercado* bursátil español. En general, la prima de riesgo del mercado viene dada por la expresión:

$$\text{Prima de riesgo} = E(R_m) - r. \qquad [5.9]$$

En el cuadro, el rendimiento esperado del mercado se aproxima por la media muestral del rendimiento del IGBM, mientras que el rendimiento del activo seguro es la media muestral del tipo de interés de las letras del Tesoro a un año cotizadas en el mercado secundario.

Esta prima de riesgo mide el grado de aversión al riesgo que soporta un determinado mercado bursátil al reflejar lo que los inversores exigen, en promedio, sobre el tipo de interés libre de riesgo para invertir en renta variable. Como veremos a lo largo de los capítulos del libro, es una magnitud de gran importancia en Economía Financiera.

Como observamos en el cuadro, en promedio, *entre 1963 y 1997, la prima de riesgo del mercado bursátil español ha sido del 6,8%.* Asimismo, observamos cómo la prima de riesgo, tal como debería ser, tiende a ser positiva cuando utilizamos periodos de tiempo suficientemente largos. En otras palabras, en promedio, los inversores en el mercado bursátil español han sido compensados por soportar el riesgo asociado a la renta variable. Es de destacar el incremento experimentado por la prima de riesgo desde los niveles de los años sesenta y setenta. Desde 1980, la prima de riesgo alcanza prácticamente un 11%. Este incremento de la prima de riesgo ha venido acompañado por un aumento, en promedio, de la volatilidad del mercado. Mientras que en los años sesenta y setenta, la volatilidad del IGBM era aproximadamente del 14%, durante las dos últimas décadas la volatilidad del índice ha ascendido, en promedio, a niveles cercanos al 22%.

Cuadro 5.4. Prima de riesgos en el mercado bursátil español: enero 1963-junio 1997.

Periodo	Rendimiento del mercado en % (IGBM)[1]	Rendimiento de las letras del Tesoro (%)	Prima de riesgo (%)
1963-97	13,17 (18,55)[2]	6,40 (1,10)	6,77 (18,54)
1963-79	5,66 (14,20)	3,22 (0,33)	2,44 (14,28)
1980-97	20,47 (21,79)	9,49 (0,81)	10,98 (21,86)
1963-73	14,69 (11,11)	2,51 (0,19)	12,18 (11,11)
1974-85	6,09 (17,65)	6,69 (0,94)	− 0,60 (17,33)
1986-97	19,11 (19,67)	9,81 (0,69)	9,30 (24,43)
Enero[3]	4,49 (19,67)	0,54 (1,14)	3,95[4] (19,54)
Resto del año[3]	0,78 (18,08)	0,53 (1,10)	0,25 (18,09)

[1] Rendimiento anualizado del Índice General de la Bolsa de Madrid.
[2] Desviación estándar (volatilidad) anualizada.
[3] Rendimiento mensual promedio (volatilidad anualizada).
[4] Implicaría una prima de riesgo igual al 47,4% anual.

Por último, cabe destacar el sorprendente comportamiento del mercado durante el mes de enero. Si excluímos enero del análisis, observamos cómo los inversores apenas han sido compensados por el riesgo de la renta variable. La prima de riesgo *sin enero* ha sido únicamente del 0,25% mensual. Por otra parte, enero es responsable por sí mismo de aproximadamente un 60% de la prima de riesgo media entre 1963 y 1997. Esta fuerte estacionalidad del mercado bursátil español, característica que acompaña a otros mercados internacionales, ha recibido gran atención por la comunidad científica. Más adelante volveremos sobre este resultado.

La figura 5.1 muestra la evolución temporal de la prima de riesgo desde 1980 hasta 1998. Cabe destacar que la prima de riesgo es variable, fenómeno de gran importancia para entender la evidencia empírica sobre los modelos de valoración de activos, y que dicha prima ha permanecido positiva de manera sistemática a lo largo del periodo mostrado.

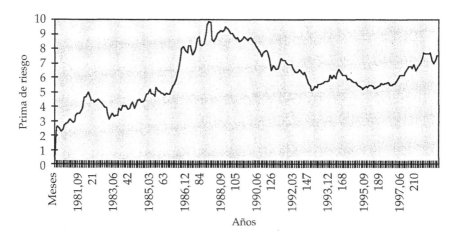

Figura 5.1. Prima de riesgo: 1980-1998. Mercado bursátil español.

Hemos destacado la importancia que tiene, por motivos de la diversificación del riesgo, la posibilidad que tienen los inversores de construir carteras. A continuación se presenta una importante discusión sobre la varianza del rendimiento de una cartera. Para ello comenzamos analizando una cartera compuesta únicamente por dos activos inciertos cuyo rendimiento esperado viene dado por:

$$E(R_c) = \omega_1 E(R_1) + \omega_2 E(R_2) = \omega_1 E(R_1) + (1 - \omega_1)E(R_2).$$

La varianza es:

$$
\begin{aligned}
\text{var}(R_c) \equiv \sigma_c^2 &= E\{\omega_1 R_1 + \omega_2 R_2 - [\omega_1 E(R_1) + \omega_2 E(R_2)]\}^2 \\
&= E\{\omega_1[R_1 - E(R_1)] + \omega_2[R_2 - E(R_2)]\}^2 \\
&= E\{\omega_1^2[R_1 - E(R_1)]^2 + 2\,\omega_1\omega_2[R_1 - E(R_1)][R_2 - E(R_2)] + \omega_2^2[R_2 - E(R_2)]^2\} \\
&= \omega_1^2\sigma_1^2 + \omega_2^2\sigma_2^2 + 2\,\omega_1\omega_2 \underbrace{E\{[R_1 - E(R_1)][R_2 - E(R_2)]\}}_{\text{cov}(R_1,\, R_2)\, \equiv\, \sigma_{12}}.
\end{aligned}
$$

Por lo que podemos concluir que la varianza de los rendimientos de una cartera compuesta de dos activos financieros es

$$\sigma_c^2 = \omega_1^2\sigma_1^2 + \omega_2^2\sigma_2^2 + 2\omega_1\omega_2\sigma_{12}, \qquad\qquad [5.10]$$

donde σ_{12} es la *covarianza* entre los rendimientos de los dos activos. La covarianza es una medida de cómo los rendimientos de los activos tienden a moverse (variar) conjuntamente, medida que juega un papel fundamental en la valoración de activos financieros. Nótese que, a diferencia de la varianza que nunca puede ser negativa, la covarianza puede serlo cuando los rendimientos de dos activos tiendan a moverse en direcciones opuestas.

Resulta muy útil normalizar la covarianza de forma que acotemos sus valores entre –1 y 1. Para ello, basta dividir la covarianza entre el producto de las desviaciones estándar de los dos activos y obtener el denominado *coeficiente de correlación*. Así, la covarianza puede escribirse en términos del coeficiente de correlación como

$$\text{cov}(R_1, R_2) \equiv \sigma_{12} = \rho_{12}\sigma_1\sigma_2, \qquad [5.11]$$

donde ρ_{12} es el coeficiente de correlación entre el rendimiento del activo #1 y el del activo #2. Sabemos que $-1 \leq \rho_{12} \leq 1$. Estas cotas permiten saber con precisión el grado de variación conjunta que experimentan los rendimientos de dos activos financieros.

Observando la expresión [5.10] es fácil deducir que el papel de la correlación entre los rendimientos de los activos que pertenecen a la cartera o, alternativamente, la propia covarianza entre dichos rendimientos juega un papel fundamental para entender el principio de la diversificación y la influencia que los activos individuales tienen en la varianza de una cartera.

En particular, es crucial entender que *si las ponderaciones que reciben los dos activos de la cartera son positivas, la varianza de la cartera (y su volatilidad) será más pequeña cuanto menor sea la correlación entre los rendimientos de los activos que componen la cartera.*

Alternativamente, la expresión [5.10] dice que la varianza de una cartera, a diferencia del rendimiento esperado de la cartera, *no es* (en general) la media ponderada de las varianzas de los rendimientos de sus componentes. La razón es el papel clave que juega la covarianza (la correlación) entre los rendimientos.

Utilicemos los datos del ejemplo 5.2.1 para calcular covarianzas y correlaciones entre los tres activos disponibles. El cálculo aparece en el cuadro 5.5:[7]

Cuadro 5.5. Covarianzas entre activos individuales.

Situación de la economía	π_s (1)	$[R_1 - E(R_1)]$ (2)	$[R_2 - E(R_2)]$ (3)	$[R_3 - E(R_3)]$ (4)	(1)(2)(3)	(1)(2)(4)	(1)(3)(4)
Buena	1/4	5,5	6,75	–6,0	9,2813	–8,25	–10,1250
Regular	1/2	–0,5	–1,25	0,0	0,3125	0,0	0,0
Mala	1/4	–4,5	–4,25	6,0	4,7813	–6,75	–6,3750
					σ_{12} $= \sum_{s=1}^{3} = 14,3751$	σ_{13} $= \sum_{s=1}^{3} = -15,0$	σ_{23} $= \sum_{s=1}^{3} = -16,5$

[7] La estimación de las covarianzas en el cuadro 5.5 necesita emplear la *distribución conjunta de probabilidades* donde se asocia una probabilidad a cada conjunto (par) de activos.

Los correspondientes coeficientes de correlación son:

$$\rho_{12} = \frac{\sigma_{12}}{\sigma_1 \sigma_2} = \frac{14,3751}{(3,5707)(4,0853)} = 0,9854$$

$$\rho_{13} = \frac{\sigma_{13}}{\sigma_1 \sigma_3} = \frac{-15,0}{(3,5707)(4,2426)} = -0,9902$$

$$\rho_{23} = \frac{\sigma_{23}}{\sigma_2 \sigma_3} = \frac{-16,5}{(4,0853)(4,2426)} = -0,9520.$$

Podemos observar que los dos primeros activos de este ejemplo están positiva-mente correlacionados. De hecho, el coeficiente de correlación es elevadísimo pa-ra lo que solemos encontrar en la práctica. Están, por tanto, (casi) perfecta y positivamente correlacionados. Por otro lado, el activo #3 está (casi) perfecta y ne-gativamente correlacionado con los dos primeros activos.

El cuadro 5.6 muestra las correlaciones muestrales para distintos activos de ren-ta variable en el mercado bursátil español entre julio de 1993 y junio de 1996.[8]

Cuadro 5.6. Correlaciones muestrales.

EMPRESAS	Argentaria (ARG)	Banco Bilbao Vizcaya (BBV)	Nueva Montaña Quijano (NMQ)	Viscofán (VIS)	Pryca (PRY)
ARG	1				
BBV	0,685	1			
NMQ	0,290	0,203	1		
VIS	0,411	0,135	0,408	1	
PRY	0,228	0,252	− 0,083	0,213	1

Observamos la alta correlación entre acciones pertenecientes a un mismo sec-tor. Así, BBV tiene una correlación positiva y elevada con relación a Argentaria, pe-ro mantiene coeficientes de correlación bajos, aunque positivos, con valores de otros sectores. En cualquier caso, lo habitual entre empresas que cotizan en Bolsa es que presenten correlaciones positivas entre ellas. Este es el resultado general del cuadro, a excepción de la correlación negativa entre Nueva Montaña Quijano, em-presa del sector industrial, y Pryca, empresa dedicada al comercio en grandes su-

---

[8] La estimación de las covarianzas muestrales y, por tanto, de los coeficientes de correlación, se lleva a cabo mediante una expresión similar a la utilizada en la estimación de la varianza muestral del IGBM.

perficies. Es muy poco común encontrar resultados de este tipo en renta variable, ya que son valores generalmente muy sometidos al riesgo global de la economía (riesgo de mercado), lo que les hace tender a moverse en la misma dirección.

Por otra parte, correlaciones muy pequeñas e incluso negativas suelen encontrarse entre los tipos de interés y los rendimientos de la renta variable. A modo de ejemplo, la correlación entre el rendimiento del IGBM y el tipo de interés asociado a la letra del Tesoro a un año resultó igual a $-0,036$ entre 1980 y 1996.

Ya hemos señalado que, dadas unas ponderaciones positivas, un coeficiente de correlación pequeño entre los rendimientos de dos activos permite reducir el riesgo total, medido por la varianza, simplemente combinando ambos activos en una cartera.

Para comprobar la relevancia de la correlación (o covarianza) entre los rendimientos de los activos en el riesgo total de una cartera, analicemos el siguiente caso con datos históricos reales. La volatilidad (anualizada) del BBV, Argentaria y Viscofán entre 1993 y 1996 fue igual a 18,60%, 27,06% y 39,63% respectivamente. Supongamos que invertimos en dos carteras. En la primera, combinamos el BBV con Argentaria manteniendo un 60% del valor de la cartera en el BBV y un 40% en Argentaria. En la segunda, construimos una cartera con un 60% en el BBV y un 40% en Viscofán. Las varianzas de ambas carteras, de acuerdo con la expresión [5.10] son

- BBV con Argentaria:

$$\sigma_{c1}^2 = (0,60)^2(0,1860)^2 + (0,40)^2(0,2706)^2 + 2(0,60)(0,40)(0,1860)(0,2706)(0,685) =$$
$$= 0,0125 + 0,0117 + 0,0165 = 0,0407 \Rightarrow \sigma_{c1} = 20,19\%,$$

- BBV con Viscofán:

$$\sigma_{c2}^2 = (0,60)^2(0,1860)^2 + (0,40)^2(0,3963)^2 + 2(0,60)(0,40)(0,1860)(0,3963)(0,135) =$$
$$= 0,0125 + 0,0251 + 0,0048 = 0,0424 \Rightarrow \sigma_{c2} = 20,59\%.$$

Nótese que Viscofán es, en sí mismo, un activo mucho más arriesgado que Argentaria. Sin embargo, al combinarlo con el BBV resulta en volatilidad prácticamente igual que la obtenida cuando combinamos BBV con Argentaria. La razón está en la baja correlación existente entre los rendimientos del BBV y Viscofán con relación a la existente entre el BBV y Argentaria. *Las ventajas de diversificar invirtiendo en activos poco (o negativamente) correlacionados* es un aspecto fundamental de la Economía Financiera. Volveremos sobre este punto clave en varias ocasiones a lo largo de estos capítulos.

5.4 La varianza del rendimiento de carteras con múltiples activos

Generalicemos la expresión [5.10] a múltiples activos inciertos. Para ello, empezamos con una cartera de tres activos:

$$\sigma_c^2 = \omega_1^2\sigma_1^2 + \omega_2^2\sigma_2^2 + \omega_3^2\sigma_3^2 + 2\omega_1\omega_2\sigma_{12} + 2\omega_1\omega_3\sigma_{13} + 2\omega_2\omega_3\sigma_{23} =$$

$$= \omega_1^2\sigma_1^2 + \omega_2^2\sigma_2^2 + \omega_3^2\sigma_3^2 + \underbrace{\omega_1\omega_2\sigma_{12} + \omega_1\omega_3\sigma_{13}}_{A} + \underbrace{\omega_2\omega_1\sigma_{21} + \omega_2\omega_3\sigma_{23}}_{B} + \underbrace{\omega_3\omega_1\sigma_{31} + \omega_3\omega_2\sigma_{32}}_{C},$$

donde hemos utilizado que $\sigma_{jh} = \sigma_{hj}$.

La primera parte del lado derecho de la ecuación anterior es la suma de las varianzas individuales ponderadas por las respectivas participaciones en la cartera al cuadrado:

$$\sum_{j=1}^{N} \omega_j^2\sigma_j^2. \qquad [5.12]$$

En la segunda parte sumamos tres llaves, A, B y C, con dos sumandos en cada una de ellas, donde además aparecen sólo los términos de covarianzas. Es decir, la varianza de una cartera se puede descomponer en una parte que contiene términos de varianzas y en una segunda parte que incluye los términos de covarianzas.

Nótese la forma en que se construyen los términos con covarianzas. En primer lugar, dentro de cada llave, sumamos sobre todos los activos en los que $j \neq h$ y en segundo lugar sumamos sobre todos los activos (sumando las tres llaves). Si generalizamos esta idea, tenemos que la parte de la varianza de una cartera que contiene los términos de covarianzas puede escribirse como:

$$\sum_{j=1}^{N} \sum_{\substack{h=1 \\ h \neq j}}^{N} \omega_j\omega_h\sigma_{jh}. \qquad [5.13]$$

Así, la varianza de los rendimientos de una cartera es la suma de [5.12] y [5.13]:

$$\sigma_c^2 = \sum_{j=1}^{N} \omega_j^2\sigma_j^2 + \sum_{j=1}^{N} \sum_{\substack{h=1 \\ h \neq j}}^{N} \omega_j\omega_h\sigma_{jh}, \qquad [5.14]$$

que teniendo en cuenta que $\sigma_j^2 = \sigma_{jj}$ también puede escribirse como:

$$\sigma_c^2 = \sum_{j=1}^{N} \sum_{h=1}^{N} \omega_j\omega_h\sigma_{jh}. \qquad [5.15]$$

Examinemos la expresión de la varianza de una cartera explotando su descomposición en dos componentes: los términos asociados a las varianzas y los términos asociados a las covarianzas. Para ello, supongamos dos casos:

(i) Imaginemos en primer lugar que los rendimientos de los activos que componen la cartera sean independientes, de forma que $\sigma_{jh} = 0$ para cualquier j y h que pertenezcan a la cartera. Así, [5.14] puede escribirse como,

$$\sigma_c^2 = \sum_{j=1}^{N} \omega_j^2 \sigma_j^2.$$

Imaginemos asimismo que ponderamos a cada activo de la cartera con el mismo peso, de forma que $\omega_j = 1/N$. Entonces,

$$\sigma_c^2 = \sum_{j=1}^{N} (1/N)^2 \sigma_j^2 = \frac{1}{N}\left(\sum_{j=1}^{N} \frac{\sigma_j^2}{N}\right) = \frac{1}{N}\,\bar{\sigma}_j^2, \qquad [5.16]$$

donde $\bar{\sigma}_j^2$ es la varianza media de todos los activos que componen la cartera. Por tanto, cuando aumenta indefinidamente el número de activos en la cartera, su varianza tiende a cero por lo que, en el caso de activos independientes, diversificando continuamente la cartera mediante el aumento continuo de sus componentes, logramos eliminar totalmente el riesgo de dicha cartera (la variabilidad de los rendimientos de la cartera se anula y su rendimiento esperado se vuelve conocido con certeza):

$$\lim_{N\to\infty} \sigma_j^2 = \lim_{N\to\infty} \frac{1}{N}\,\bar{\sigma}_j^2 = 0.$$

(ii) Consideremos el caso más realista en el que los rendimientos de los activos que componen cualquier cartera no sean independientes:

$$\sigma_c^2 = \sum_{j=1}^{N} (1/N)^2 \sigma_j^2 + \sum_{j=1}^{N} \sum_{\substack{h=1 \\ h\neq j}}^{N} (1/N)(1/N)\sigma_{jh}. \qquad [5.17]$$

Teniendo en cuenta que el producto de ponderaciones del componente de covarianzas puede escribirse como:

$$\left(\frac{1}{N}\right)\left(\frac{1}{N}\right) = \frac{(N-1)}{N}\,\frac{1}{N(N-1)},$$

la varianza de la cartera en [5.17] puede escribirse como:

$$\sigma_c^2 = \left(\frac{1}{N}\right)\bar{\sigma}_j^2 + \frac{(N-1)}{N} \sum_{j=1}^{N} \sum_{\substack{h=1 \\ h\neq j}}^{N} \left(\frac{\sigma_{jh}}{N(N-1)}\right). \qquad [5.18]$$

Nótese que

$$\bar{\sigma}_{jh} = \sum_{j=1}^{N} \sum_{\substack{h=1 \\ h\neq j}}^{N} \left(\frac{\sigma_{jh}}{N(N-1)}\right)$$

es la covarianza media de los rendimientos de todos los activos componentes de la cartera. Para verlo, simplemente téngase en cuenta que existen N^2 términos de σ_{jh}, incluidos los términos en los que $j = h$, pero sólo N términos de varianzas propiamente dichas o σ_{jj}. Por tanto, el número total de covarianzas es $N^2 - N = N(N-1)$. Por lo que,

$$\sigma_c^2 = \left(\frac{1}{N}\right) \bar{\sigma}_j^2 + \frac{(N-1)}{N}\, \bar{\sigma}_{jh} = \frac{1}{N}\,(\bar{\sigma}_j^2 - \bar{\sigma}_{jh}) + \bar{\sigma}_{jh}. \qquad [5.19]$$

Así, cuando el número de activos en la cartera crece indefinidamente,

$$\lim_{N\to\infty} \sigma_c^2 = \lim_{N\to\infty} \frac{1}{N}\,(\bar{\sigma}_j^2 - \bar{\sigma}_{jh}) + \bar{\sigma}_{jh} = \bar{\sigma}_{jh}. \qquad [5.20]$$

La interpretación de la expresión [5.20] es muy importante. La contribución a la varianza de una cartera de la varianza de los activos individuales que la componen se hace cero cuando N es grande. Sin embargo, la contribución de los términos de covarianza se aproxima a la covarianza promedio de los rendimientos de los componentes de la cartera cuando N es grande. En general, *el riesgo de una cartera, entendido como la variabilidad de sus rendimientos y medido como la varianza de los mismos, no puede eliminarse completamente y el grado de diversificación posible depende de cómo se muevan conjuntamente los rendimientos de los componentes de la misma.*

Resulta también útil obtener la expresión de la covarianza entre los rendimientos de dos carteras. Para ello, desarrollamos la fórmula cuando las dos carteras tienen dos componentes cada una para, posteriormente, presentar el resultado general de dos carteras con N activos individuales cada una. Sean ω_1 y ω_2 las ponderaciones de los dos activos en la primera cartera y w_1 y w_2 las de los dos activos en la segunda cartera. Así,

$$\begin{aligned}
\mathrm{cov}(R_{c1}, R_{c2}) &\equiv \sigma_{c1c2} = \mathrm{cov}\,(\omega_1 R_1 + \omega_2 R_2, w_1 R_1 + w_2 R_2) = \\
&= \omega_1 w_1 \mathrm{cov}(R_1, R_1) + \omega_2 w_2 \mathrm{cov}(R_2, R_2) + (\omega_1 w_2 + \omega_2 w_1)\mathrm{cov}(R_1, R_2) = \\
&= \omega_1 w_1 \sigma_1^2 + \omega_2 w_2 \sigma_2^2 + (\omega_1 w_2 + \omega_2 w_1)\sigma_{12}.
\end{aligned}$$

Nótese la similitud con la expresión [5.10] para la varianza de una cartera de dos activos. Finalmente, generalizamos la expresión anterior para el caso de N activos en cada cartera, donde las ponderaciones de la primera cartera son $(\omega_1, \omega_2, ..., \omega_N)$ y las ponderaciones de la segunda cartera vienen dadas por $(w_1, w_2, ..., w_N)$:

$$\mathrm{cov}(R_{c1}, R_{c2}) \equiv \sigma_{c1c2} = \sum_{j=1}^{N} \sum_{h=1}^{N} \omega_j w_h \sigma_{jh}. \qquad [5.21]$$

El último resultado que se discute en este apartado tiene una enorme importancia para varios de los resultados claves de este capítulo. Se trata de obtener una expresión para la covarianza entre el rendimiento de un activo individual,

R_j, y el rendimiento de una cartera, R_c, compuesta por N activos inciertos. Se demuestra que,

$$cov(R_j, R_c) \equiv \sigma_{jc} = \sum_{h=1}^{N} \omega_h \sigma_{jh}, \qquad [5.22]$$

donde σ_{jh} es la covarianza entre los rendimientos de dos activos cualesquiera de la cartera c y R_c es el rendimiento de dicha cartera que viene dado por $R_c = \sum_{j=1}^{N} \omega_j R_j$. Así,

$$cov(R_j, R_c) = cov\left(R_j, \sum_{h=1}^{N} \omega_h R_h\right) = E[R_j - E(R_j)]\left[\sum_{h=1}^{N} \omega_h R_h - \sum_{h=1}^{N} \omega_h E(R_h)\right] =$$

$$= E\left\{ [R_j - E(R_j)]\left[\sum_{h=1}^{N} \omega_h [R_h - E(R_h)]\right]\right\} =$$

$$= E\left\{ \sum_{h=1}^{N} \omega_h [R_j - E(R_j)][R_h - E(R_h)]\right\} =$$

$$= \sum_{h=1}^{N} \omega_h E\left\{ [R_j - E(R_j)][R_h - E(R_h)]\right\} = \sum_{h=1}^{N} \omega_h \sigma_{jh}.$$

En definitiva, la expresión [5.22] dice que *la covarianza entre el rendimiento de un activo individual cualquiera j y el rendimiento de una cartera c es la media ponderada de las covarianzas de los rendimientos de los activos en la cartera con el rendimiento del activo j, y donde las ponderaciones son las proporciones que recibe cada activo en la cartera.*

Este es un resultado especialmente relevante para entender el concepto apropiado de riesgo de un activo individual como su contribución al riesgo de una cartera.

EJEMPLO 5.4.1

Sean R_1 y R_2 los rendimientos de dos activos inciertos. Imaginemos que disponemos de la siguiente información:

Cuadro 5.7. Rendimientos de dos activos inciertos en cinco estados.

Situación previsible de la economía	Probabilidad de los estados (π_s)	Rendimiento activo #1 (%)	Rendimiento activo #2 (%)
1	0,10	20	1
2	0,20	4	– 5
3	0,40	10	10
4	0,20	3	10
5	0,10	8	3

a) Se pide obtener el rendimiento esperado, varianza, desviación estándar (volatilidad), covarianza y coeficiente de correlación para los dos activos:

$\pi_s R_1$	$\pi_s [R_1 - E(R_1)]^2$	$\pi_s R_2$	$\pi_s [R_2 - E(R_2)]^2$	$\pi_s [R_1 - E(R_1)]$ $[R_2 - E(R_2)]$
2	13,92	0,10	1,94	− 5,19
0,8	3,53	− 1,0	21,63	8,74
4	1,30	4	8,46	3,31
0,6	5,41	2	4,23	− 4,78
0,8	0,004	0,3	0,58	0,05
$E(R_1) = \sum\limits_{s=1}^{5} = 8,2$	$\sigma_1^2 = \sum\limits_{s=1}^{5} = 24,16$	$E(R_2) = \sum\limits_{s=1}^{5} = 5,4$	$\sigma_2^2 = \sum\limits_{s=1}^{5} = 36,84$	$\sigma_{12} = \sum\limits_{s=1}^{5} = 2,13$

Las desviaciones estándar y el coeficiente de correlación son:

$$\sigma_1 = \sqrt{24,16} = 4,9153$$

$$\sigma_2 = \sqrt{36,84} = 6,0696$$

$$\rho_{12} = \frac{2,13}{(4,9153)(6,0696)} = 0,0714.$$

b) Se pide calcular la media, varianza y desviación estándar de las siguientes carteras:

• % activo #1	125	100	75	50	25	0	− 25
• % activo #2	− 25	0	25	50	75	100	125

125% en #1 y − 25% en activo #2

$E(R_c) = (1,25)(8,2) + (− 0,25)(5,4) = 8,90$

$\sigma_c^2 = (1,25)^2(24,16) + (− 0,25)^2(36,84) + 2(1,25)(− 0,25)(2,13) = 38,72$

$\sigma_c = \sqrt{38,72} = 6,22.$

Usando los mismos procedimientos para el resto de las carteras:

% en #1	% en #2	$E(R_c)$	var(R_c)	σ_c
100	0	8,20	24,16	4,92
75	25	7,50	16,69	4,09
50	50	6,80	16,32	4,04
25	75	6,10	23,03	4,80
0	100	5,40	36,84	6,07
− 25	125	4,70	58,27	7,63

c) Imaginemos que la cartera *A* se compone del 75% en el activo #1 y 25% en el activo #2, mientras que la cartera *B* se compone del 25% en el activo #1 y 75% en el activo #2. Se pide la covarianza y el coeficiente de correlación entre los rendimientos de ambas carteras:

Utilizando la expresión

$$\text{cov}(R_{c1}R_{c2}) \equiv \sigma_{c1c2} = \sum_{j=1}^{N} \sum_{h=1}^{N} \omega_j w_h \sigma_{jh},$$

obtenemos

$$\text{cov}(R_A, R_B) = (0{,}75)(0{,}25)(24{,}16) + (0{,}25)(0{,}75)(36{,}84) +$$

$$+ (0{,}75 \times 0{,}75 + 0{,}25 \times 0{,}25)(2{,}13) = 12{,}77$$

$$\rho_{AB} = \frac{12{,}77}{(4{,}09)(4{,}80)} = 0{,}65. \ \blacksquare$$

5.5 Las combinaciones de dos activos financieros inciertos en el contexto media-varianza

Sabemos que el rendimiento esperado de una cartera formada por dos activos inciertos, cuyas ponderaciones son ω_1 y ω_2, viene dado por la expresión:

$$E(R_c) = \omega_1 E(R_1) + \omega_2 E(R_2) = \omega_1 E(R_1) + (1 - \omega_1)E(R_2), \qquad [5.23]$$

de forma que el rendimiento esperado es una combinación lineal de los rendimientos esperados de los activos individuales. Recuérdese que las ponderaciones pueden ser negativas en el caso de realizar una venta en descubierto en alguno de los dos activos, aunque evidentemente deben sumar 1.

Por otra parte, la varianza de una cartera formada por estos dos activos inciertos, viene dada por la expresión [5.10]:

$$\sigma_c^2 = \omega_1^2 \sigma_1^2 + \omega_2^2 \sigma_2^2 + 2\omega_1 \omega_2 \sigma_{12}.$$

Así, la desviación estándar o volatilidad de esta cartera puede escribirse como:

$$\begin{aligned} \sigma_c &= [\omega_1^2 \sigma_1^2 + (1 - \omega_1)^2 \sigma_2^2 + 2\omega_1(1 - \omega_1)\sigma_{12}]^{1/2} = \\ &= [\omega_1^2 \sigma_1^2 + (1 - \omega_1)^2 \sigma_2^2 + 2\omega_1(1 - \omega_1)\sigma_1\sigma_2\rho_{12}]^{1/2}. \end{aligned} \qquad [5.24]$$

A continuación, y a partir de las ecuaciones anteriores, analizaremos tres casos sobre posibles movimientos comunes o correlaciones entre los rendimientos de los dos activos. Para ello, imaginemos que los datos sobre los rendimientos esperados y volatilidades de ambos activos son los que aparecen en el cuadro 5.8.

Cuadro 5.8. Rendimientos esperados y volatilidades de dos activos inciertos.

Activos	Rendimiento esperado	Volatilidad
1	16%	10%
2	10%	4%

- **CASO 1:** Correlación perfecta y positiva entre los rendimientos de ambos activos, $\rho_{12} = +1$.

En este caso, la expresión [5.24] quedaría:

$$\sigma_c = [\omega_1^2 \sigma_1^2 + (1 - \omega_1)^2 \sigma_2^2 + 2\omega_1(1 - \omega_1)\sigma_1\sigma_2]^{1/2}.$$

Nótese que el interior del corchete de esta última expresión puede escribirse como $[\omega_1\sigma_1 + (1 - \omega_1)\sigma_2]^2$. Por tanto, la desviación estándar de la cartera es

$$\sigma_c = \left\{ [\omega_1\sigma_1 + (1 - \omega_1)\sigma_2]^2 \right\}^{1/2}$$

que, finalmente, escribimos como:

$$\sigma_c = \omega_1\sigma_1 + (1 - \omega_1)\sigma_2. \qquad [5.25]$$

Suponiendo que no admitamos la venta en descubierto en ninguno de los dos activos inciertos, de forma que $\omega_1 > 0$ y $\omega_2 > 0$, podemos concluir que la desviación estándar de una cartera de dos activos perfecta y positivamente correlacionados es la media ponderada de las desviaciones estándar de ambos activos. Cuando admitimos ventas en descubierto, concluimos que la desviación estándar de una cartera de dos activos con coeficiente de correlación igual a +1, es una combinación lineal de las desviaciones estándar de ambos activos. Alternativamente, con venta al descubierto, la volatilidad de una cartera es el valor absoluto del promedio ponderado de las volatilidades de ambos activos.[9] Recuérdese que esto es exactamente lo que ocurre, aunque independientemente de la magnitud del coeficiente de correlación, para el rendimiento esperado de la cartera.

---

[9] Esto implica que la línea recta que representa el conjunto de oportunidades de inversión que aparece en la figura 5.2 no continua hacia la izquierda del eje vertical. Sin embargo, de hecho, tampoco termina en el punto de corte con dicho eje tal como aparece en la figura 5.2. Las posibilidades de la venta al descubierto hacen que la recta *rebote*, desde el punto de corte con el eje vertical, hacia la derecha y hacia abajo. Aquí, no discutimos esta posibilidad. Sin embargo, aparecerá más adelante cuando analicemos el caso de correlación perfecta y negativa. El *rebote* de la recta en este segundo caso es más natural, ya que se produce sin necesidad de ventas en descubierto.

Por tanto, dado que en el caso en que $\rho_{12} = +1$ tanto el rendimiento esperado como la desviación estándar son combinaciones lineales de los rendimientos y volatilidades de los componentes de la cartera, todas las posibles combinaciones de ambos activos en el espacio media-desviación estándar están situadas en una línea recta.

Usando, para concretar, los datos del cuadro 5.8, y suponiendo que $\rho_{12} = +1$, tendremos

$$E(R_c) = 16\omega_1 + 10(1 - \omega_1) = 10 + 6\omega_1$$

$$\sigma_c = 10\omega_1 + 4(1 - \omega_1) = 4 + 6\omega_1 \Rightarrow \omega_1 = \frac{\sigma_c}{6} - \frac{4}{6}.$$

Así, el rendimiento esperado de la cartera es

$$E(R_c) = 10 + 6\left(\frac{\sigma_c}{6} - \frac{4}{6}\right) = 6 + \sigma_c,$$

lo que representa la ecuación de una línea recta, por lo que es cierto que conectando los rendimientos de los activos 1 y 2 en el espacio media-desviación estándar todas las posibles combinaciones están en dicha línea recta.

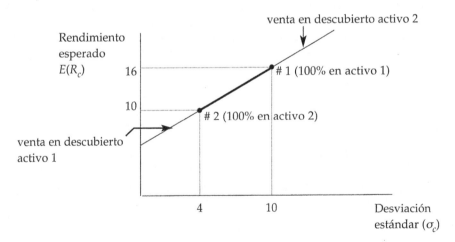

Figura 5.2. Conjunto de oportunidades de inversión en el espacio media-desviación estándar cuando los dos activos están perfecta y positivamente correlacionados.

La figura 5.2 representa todas las posibles combinaciones que un inversor puede conseguir mediante carteras compuestas por los dos activos inciertos del cuadro 5.8, siempre que el coeficiente de correlación sea +1. Como hemos demostrado en nuestros razonamientos anteriores, dichas posibilidades de inversión están situadas a lo largo de la recta que pasa por los dos activos disponibles. Así, los puntos extremos del tramo grueso de la recta corresponden a carteras que contienen el 100% en cada uno de los activos individuales. En el extremo grueso superior tenemos al activo #1 representado por el par $E(R_c) = 16\%$ y $\sigma_c = 10\%$, mientras que el extremo inferior del tramo grueso aparece la cartera con el 100% en el activo #2, representado por el par $E(R_c) = 10\%$ y $\sigma_c = 4\%$. Cualquier otra combinación para ponderaciones positivas en ambos activos estará situada en algún punto del tramo grueso de la recta.

Si admitimos la posibilidad de venta al descubierto, los inversores se podrían situar en los puntos de la recta a la derecha e izquierda del tramo grueso. Así, podrían conseguir combinaciones de elevado rendimiento esperado y alta volatilidad, invirtiendo más del 100% en el activo #1. Para ello, es necesario que se realice una venta en descubierto en el activo #2. Así, los fondos obtenidos por la venta en descubierto del activo #2 se destinarían a la compra de más títulos del activo #1. El inversor estaría situado (obtendría un par rendimiento esperado-volatilidad) a la derecha del tramo grueso.

Alternativamente, realizando una venta en descubierto del activo #1, podría situarse a la izquierda del tramo grueso, invirtiendo más del 100% en el activo #2. Nótese que esta operación, cuando el coeficiente de correlación es exactamente igual a +1, permite eliminar completamente el riesgo de la cartera.

¿Cuál es la cartera o combinación de los dos activos que, permitiendo la venta en descubierto, minimice la varianza de la cartera de ambos activos o, lo que es lo mismo en este caso particular, elimine todo el riesgo de la inversión?

Para minimizar la varianza de una cartera de dos activos inciertos derivamos la expresión general de la varianza dada por [5.10] e igualamos a cero. Así,

$$\sigma_c^2 = \omega_1^2 \sigma_1^2 + (1 - \omega_1)^2 \sigma_2^2 + 2\omega_1(1 - \omega_1)\sigma_1\sigma_2\rho_{12}$$

$$\frac{d\sigma_c^2}{d\omega_1} = 2\omega_1\sigma_1^2 - 2\sigma_2^2 + 2\omega_1\sigma_2^2 + 2\rho_{12}\sigma_1\sigma_2 - 4\omega_1\rho_{12}\sigma_1\sigma_2 = 0$$

$$\Rightarrow \omega_1(\sigma_1^2 + \sigma_2^2 - 2\rho_{12}\sigma_1\sigma_2) + \rho_{12}\sigma_1\sigma_2 - \sigma_2^2 = 0.$$

De donde, definitivamente, las ponderaciones que minimizan la varianza de una cartera de dos componentes vienen dadas por la expresión:

$$\omega_1^* = \frac{\sigma_2^2 - \rho_{12}\sigma_1\sigma_2}{\sigma_1^2 + \sigma_2^2 - 2\rho_{12}\sigma_1\sigma_2}. \qquad [5.26]$$

Con los datos del cuadro 5.8 y un coeficiente de correlación igual a +1, podemos comprobar que, introduciendo los datos en la ecuación [5.26], las ponderaciones óptimas son $\omega_1^* = -0,667$ (venta en descubierto) y $\omega_2^* = 1,667$, de forma que la cartera de varianza mínima tiene un rendimiento esperado igual al 5,998% y un riesgo nulo. Nótese que para comprobar que efectivamente el riesgo es nulo podemos usar la ecuación [5.25] con las ponderaciones óptimas y comprobar que la volatilidad es igual a cero.[10]

En los mercados financieros reales, no es posible encontrar dos acciones que presenten coeficientes de correlación iguales a +1. Sin embargo, si reconocemos la existencia de los activos derivados y, en particular, de una opción de compra cuyo precio depende enteramente del comportamiento del precio del activo subyacente, es fácil reconocer la posibilidad de tener un coeficiente de correlación igual a +1. De hecho, éste es el caso entre una opción de compra y su acción subyacente. Este razonamiento sugiere que, combinando una acción junto con una opción de compra sobre dicha acción, podemos obtener una cartera cuyo riesgo sea nulo y, por tanto, cuyo rendimiento coincida (para evitar oportunidades de arbitraje) con el rendimiento del activo seguro.

En el ejemplo 4.4.5 del capítulo anterior comprobamos que una opción de compra puede replicarse mediante una cartera que consiste en comprar un número de títulos de la acción subyacente y financiando dicha compra mediante un préstamo al tipo de interés del activo seguro. Alternativamente, una cartera que combine una venta de la opción y una compra de un número concreto de títulos de la acción replica al activo seguro. Este caso, que desarrollamos en el ejemplo 5.5.1, es equivalente al razonamiento que aparece en la figura 5.2. Una determinada combinación entre la opción de compra y el activo subyacente es capaz de eliminar completamente el riesgo de la cartera, ya que el coeficiente de correlación entre la opción y la acción es igual a +1.

EJEMPLO 5.5.1

Queremos valorar una opción de compra sobre una acción cuyo precio actual es igual a 60€. El valor de la acción al vencimiento de la opción sería igual a 75€ o, en el estado negativo, igual a 48€. El tipo de interés del activo seguro es el 10% y el precio de ejercicio de la opción es 65€.

Para valorar esta opción, y a diferencia de la forma en que valoramos esta misma opción en el ejemplo 4.4.5, construiremos una cartera compuesta por la acción y la opción de compra de forma tal que no exista incertidumbre alguna de la posición (varianza igual a cero) al vencimiento de la opción (un año). Consideraremos una cartera consistente en una posición larga (de compra) de Δ títulos de la acción y una posición corta (de venta) consistente en *una* opción de compra. Se trata de calcular el valor de Δ que fuerza a que dicha cartera no tenga riesgo alguno.

Si la acción experimenta una subida de su precio y termina con un valor igual a 75€, el valor de la posición en el subyacente será 75Δ, mientras que el valor de la opción de compra será igual a 10 (75 – 65), por lo que la cartera, al haber vendido la opción que naturalmente ejercerá el comprador, tendrá un valor de:

$$75\Delta - 10.$$

Si, por el contrario, el precio de la acción baja, el valor de las acciones será 48Δ y el valor de la opción será 0. Así, el valor de la cartera sería:

$$48\Delta.$$

---

[10] Nótese, por otra parte, que si no admitimos la venta en descubierto no tenemos ninguna posibilidad de eliminar el riesgo mediante combinaciones entre los dos activos. De hecho, en este caso, la cartera de mínima varianza se corresponde con el 100% de la inversión en el activo #2. Así, no existe ventaja alguna proveniente de una estrategia de diversificación del riesgo mediante la formación de carteras.

Para que la cartera sea una cartera sin riesgo debe tener los mismos pagos independientemente del estado de la naturaleza que ocurra. Por tanto, para que sea una cartera sin riesgo debe ser cierto que:

$$75\Delta - 10 = 48\Delta$$

$$\Rightarrow \Delta = 0{,}3704.$$

Una cartera sin riesgo consiste, por tanto, en una posición larga en la acción igual a 0,3704 títulos y la posición corta en la opción igual a un sólo contrato. El valor de la cartera al vencimiento de la opción será, independientemente del estado de naturaleza, igual a 17,78€. Al ser un valor sin riesgo, podemos calcular el valor actual de dicho valor al vencimiento utilizando el tipo de interés libre de riesgo. Así, el valor actual de la cartera es:

$$\frac{17{,}78}{1{,}10} = 16{,}16.$$

Para evitar arbitraje, 16,16 debe ser precisamente el coste de la cartera que replica el activo libre de riesgo y que está formada por la posición corta en la opción y la posición larga en Δ títulos de la acción. El coste hoy de la cartera es $60 \times 0{,}3704 - c = 22{,}22 - c$. Para evitar posibilidades de arbitraje:

$$22{,}22 - c = 16{,}16$$
$$\Rightarrow c = 6{,}06.$$

Nótese que éste era precisamente el valor de la opción de compra que obtuvimos en el ejemplo 4.4.5.

El mismo análisis lo podríamos repetir utilizando el entorno de la media-varianza que aparece en la figura 5.2. Para ello, necesitaríamos conocer la volatilidad de la opción y de la acción subyacente. En el ejemplo 5.5.1 hacemos uso de la idea del mercado completo con dos estados de la naturaleza y dos activos. En cualquier caso, ambas formas de entenderlo son posibles, ya que el coeficiente de correlación entre la opción de compra y su acción subyacente es igual a +1. ∎

• **CASO 2: Correlación perfecta y negativa entre los rendimientos de ambos activos,** $\rho_{12} = -1.$

En este segundo caso, la expresión [5.24] se simplifica de la siguiente forma:

$$\sigma_c = \left[\omega_1^2 \sigma_1^2 + (1 - \omega_1)^2 \sigma_2^2 - 2\omega_1(1 - \omega_1)\sigma_1\sigma_2 \right]^{1/2},$$

lo que implica,

$$\sigma_c = \left\{ \left[\omega_1\sigma_1 - (1 - \omega_1)\sigma_2 \right]^2 \right\}^{1/2} \text{ o,}$$
$$= \left\{ \left[-\omega_1\sigma_1 + (1 - \omega_1)\sigma_2 \right]^2 \right\}^{1/2},$$

ecuaciones que podemos escribir como:

$$\sigma_c = \omega_1\sigma_1 - (1 - \omega_1)\sigma_2 \text{ o,}$$
$$\sigma_c = -\omega_1\sigma_1 + (1 - \omega_1)\sigma_2.$$

[5.27]

Al ser la varianza un número no negativo, estas ecuaciones son válidas exclusivamente cuando su lado derecho sea no negativo, ya que no es posible tomar la raíz cuadrada de un número negativo.

Igual que en el primer caso, ahora nos encontramos que todas las posibles combinaciones de rendimiento esperado-volatilidad que podemos conseguir con ambos activos cuando $\rho_{12} = -1$ están situadas en una línea recta que tiene dos tramos perfectamente diferenciados. Así, nos podremos situar en uno u otro tramo dependiendo del valor que tome la ponderación ω_1 (y, por tanto, ω_2).

Para ser más precisos acudimos a la ecuación que proporciona las ponderaciones de la cartera de mínima varianza cuando la cartera está formada por dos activos inciertos. Esta ecuación viene dada por la expresión [5.26]. Al sustituir en esta ecuación el coeficiente de correlación igual a –1, obtenemos:

$$\omega_1^* = \frac{\sigma_2^2 + \sigma_1\sigma_2}{\sigma_1^2 + \sigma_2^2 + 2\sigma_1\sigma_2} = \frac{\sigma_2(\sigma_2 + \sigma_1)}{(\sigma_1 + \sigma_2)^2}$$
$$\Rightarrow \omega_1^* = \frac{\sigma_2}{\sigma_1 + \sigma_2}.$$

[5.28]

Para determinar los dos tramos de la línea recta que representa al conjunto de oportunidades de inversión en este segundo caso debemos notar que, igual que en el primer caso analizado, es posible combinar ambos activos de forma que la volatilidad de la cartera resultante sea cero. Es posible, en definitiva, encontrar una ponderación dada por [5.28] que anule el riesgo de la cartera. Así, usando la primera ecuación de [5.27],

$$\omega_1\sigma_1 - (1 - \omega_1)\sigma_2 = \omega_1(\sigma_1 + \sigma_2) - \sigma_2 = 0,$$

de manera que para obtener una volatilidad mayor o igual a cero, $\sigma_c \geq 0$, debe ser cierto que el primer tramo de la recta sea:

$$\sigma_c = \omega_1\sigma_1 - (1 - \omega_1)\sigma_2 \;\; \text{si} \;\; \omega_1 \geq \frac{\sigma_2}{\sigma_1 + \sigma_2}.$$

En palabras, debe ser cierto que el primer tramo de la recta, que identifica a todas las oportunidades de inversión, suponga una ponderación en el primer activo igual o mayor que la ponderación recibida por dicho activo en la cartera de varianza mínima dada por [5.28].

Para el segundo tramo de la recta usamos la segunda ecuación de [5.27], de forma que para obtener una volatilidad mayor que cero, tendremos que:

$$\sigma_c = -\omega_1\sigma_1 + (1 - \omega_1)\sigma_2 \;\; \text{si} \;\; \omega_1 < \frac{\sigma_2}{\sigma_1 + \sigma_2}.$$

Insistimos que en este segundo caso extremo es posible encontrar una combinación de ambos activos de varianza mínima que sea precisamente la cartera que hace nulo el riesgo de dicha cartera. A diferencia del primer caso, no es necesaria la venta en descubierto en alguno de los activos para conseguir el objetivo de riesgo nulo ya que, según [5.28], $0 \leq \omega_1^* \leq 1$. Una opción de venta tiene un coeficiente de correlación igual a –1 con relación a su acción subyacente. Así, podríamos combinar una opción de venta con su acción subyacente, ambos con ponderaciones positivas, y cancelar completamente el riesgo de la cartera simplemente empleando las ponderaciones de varianza mínima.

Volviendo a los dos activos inciertos del cuadro 5.8 y $\rho_{12} = -1$:

$$E(R_c) = 10 + 6\omega_1$$
$$\sigma_c = 10\omega_1 - 4(1 - \omega_1) \text{ o,}$$
$$\sigma_c = -10\omega_1 + 4(1 - \omega_1). \qquad [5.29]$$

La cartera de varianza mínima (riesgo nulo en este caso) es

$$\omega_1^* = \frac{4}{10 + 4} = 0{,}2857$$

$$\omega_2^* = 0{,}7143.$$

Por tanto, el rendimiento esperado y volatilidad de la cartera de varianza mínima son:

$$E(R_c) = 10 + 6(0{,}2857) = 11{,}71$$
$$\sigma_c = 10(0{,}2857) - 4(0{,}7143) = 0 \text{ o,}$$
$$\sigma_c = -10(0{,}2857) + 4(0{,}7143) = 0.$$

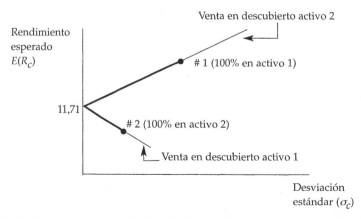

Figura 5.3. Conjunto de oportunidades de inversión en el espacio media-desviación estándar cuando los dos activos están perfecta y negativamente correlacionados.

En la figura 5.3 aparece representada la cartera de varianza mínima con volatilidad igual a cero y rendimiento esperado igual al 11,71% que, como ya hemos señalado, es posible obtenerla sin recurrir a la venta en descubierto. Este resultado es importante, ya que es una consecuencia directa del coeficiente de correlación igual a -1. Las posibilidades de la diversificación en este caso son máximas, ya que los movimientos de los rendimientos tenderán a cancelarse de manera que es posible combinar los dos activos según la expresión [5.28] y eliminar completamente el riesgo de la cartera.

Finalmente, las ecuaciones de ambos tramos (con pendientes positiva y negativa respectivamente) vienen dadas al sustituir las dos ecuaciones de la volatilidad en la ecuación del rendimiento esperado de la expresión [5.29]:

$$E(R_c) = 11,71 + (3/7)\sigma_c$$
$$E(R_c) = 11,71 - (3/7)\sigma_c.$$

Asimismo, usando las expresiones en [5.29] podemos obtener algunas de las posibles combinaciones de rendimiento esperado-volatilidad entre ambos activos cuando no permitimos la venta en descubierto. Los resultados aparecen en el cuadro 5.9, donde pueden apreciarse las ventajas de la diversificación cuando construimos carteras con ponderaciones positivas y con activos perfecta y negativamente correlacionados:

Cuadro 5.9. Rendimiento esperado y volatilidad para $\rho_{12} = -1$.

ω_1 (%)	0	15	25	28,57	35	50	70	100
$E(R_c)$ (%)	10,00	10,90	11,50	11,71	12,10	13,00	14,20	16,00
σ_c (%)	4,00	1,90	0,50	0	0,90	2,00	5,80	10,00

Nótese que a lo largo del tramo con pendiente negativa (correspondiente a los porcentajes del cuadro 5.9 hasta alcanzar los porcentajes de la cartera de varianza mínima) podemos aumentar el rendimiento esperado y, al mismo tiempo, disminuir la volatilidad de la cartera. A partir de las ponderaciones de la cartera de mínima varianza aparece la necesidad de equilibrar, según los deseos de los individuos, rendimiento esperado y volatilidad.

- **CASO 3: Coeficiente de correlación entre los rendimientos de ambos activos situado estrictamente entre -1 y $+1$, $-1 < \rho_{12} < +1$.**

Este es el caso más general. Todas las combinaciones posibles de rendimiento esperado-volatilidad están situadas a lo largo de una hipérbola, donde la cartera de mínima varianza viene dada por la expresión [5.26].

Hemos visto al discutir el primer caso de esta sección ($\rho_{12} = + 1$) que, con ponderaciones positivas, la volatilidad de una cartera es el promedio ponderado de las desviaciones estándar de los dos activos que la componen. Cuando el coeficiente de correlación es menor que 1 sabemos, por la expresión [5.10], que la volatilidad será más pequeña cuanto menor sea el coeficiente de correlación. Por tanto, la desviación estándar de una cartera con dos activos y ponderaciones positivas es menor que el promedio ponderado de las dos volatilidades de los activos que la componen. Este resultado hace aparecer la curvatura de la hipérbola que forma ahora el conjunto de oportunidades de inversión. Su grado de curvatura depende del coeficiente de correlación de los rendimientos de los dos activos. Cuanto menor sea dicho coeficiente, el grado de curvatura será mayor. La figura 5.4 representa las combinaciones posibles del par rendimiento esperado-volatilidad para activos que presentan coeficientes de correlación menor, igual y mayor que cero. El conjunto de oportunidades de inversión de la figura 5.4 sólo contiene carteras con ponderaciones positivas donde, por tanto, no admitimos la venta en descubierto. Los extremos de todas las posibles combinaciones de activos corresponden a la inversión del 100% en alguno de los dos activos disponibles. La venta en descubierto permitiría a los inversores situarse a la derecha de dichos extremos.

En la figura 5.4 se aprecia claramente que, dada una determinada ponderación y, por tanto, un determinado rendimiento esperado para la cartera, la correspondiente volatilidad será menor cuanto más bajo sea el coeficiente de correlación. Así, las ventajas de la diversificación serán mayores cuanto más pequeño sea dicho coeficiente de correlación.

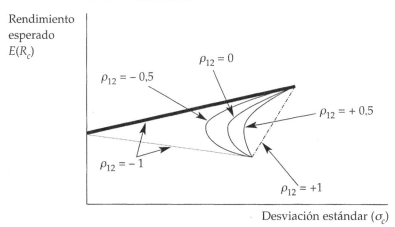

Figura 5.4. Conjunto de oportunidades de inversión sin ventas al descubierto en el espacio media-desviación estándar cuando el coeficiente de correlación está estrictamente entre − 1 y + 1.

El cuadro 5.10 contiene el mismo tipo de resultado que aparece en la figura anterior utilizando los dos activos del cuadro 5.8. Las dos expresiones que empleamos para completar el cuadro 5.10 son las siguientes:

$$E(R_c) = 10 + 6\omega_1$$

$$\sigma_c = \left[10^2\omega_1^2 + 4^2\omega_2^2 + 2\omega_1\omega_2(10)(4)\rho_{12}\right]^{1/2},$$

para $\rho_{12} = -0,5$; $\rho_{12} = 0$ y $\rho_{12} = +0,5$.

Nótese que el rendimiento esperado de la cartera es independiente del grado de correlación de los activos, mientras que cada volatilidad calculada en el cuadro 5.10 depende de cada uno de los tres coeficientes de correlación supuestos.

Resulta evidente que, dada una determinada cartera, la volatilidad tiende a aumentar al imponer un coeficiente de correlación mayor. De hecho, nótese que en la última fila del cuadro 5.10, cuando el coeficiente de correlación es positivo y relativamente elevado, la inversión del 100% en el activo #2 presenta una volatilidad más pequeña que la volatilidad de la cartera con una ponderación en el primer activo del 20%, cosa que no ocurre para el resto de las filas. Las ventajas de la diversificación tienden a desaparecer cuanto más positivamente correlacionados estén los activos que componen una cartera.

Cuadro 5.10. Rendimiento esperado y volatilidad para $-1 < \rho_{12} < +1$.

ω_1 (%)	0	20	40	60	80	100
$E(R_c)$ (%)	10,00	11,20	12,40	13,60	14,80	16,00
$\rho_{12} = -0,5$ σ_c (%)	4,00	2,80	3,49	5,38	7,63	10,00
$\rho_{12} = 0,0$ σ_c (%)	4,00	3,77	4,66	6,21	8,04	10,00
$\rho_{12} = +0,5$ σ_c (%)	4,00	4,54	5,60	6,94	8,43	10,00

EJEMPLO 5.5.2

Supongamos que los rendimientos esperados de dos activos inciertos son 10% y 4%, mientras que sus volatilidades son 5% y 2%, respectivamente. Imagine los siguientes tres casos: $\rho_{12} = +1$; $\rho_{12} = 0$; $\rho_{12} = -1$. Suponiendo que no se admiten las ventas al descubierto se pide:

a) La cartera de varianza mínima en cada uno de los tres casos:

La ponderación del activo #1 que nos permite obtener la cartera con volatilidad más pequeña viene dada por la expresión:

$$\omega_1^* = \frac{\sigma_2^2 - \rho_{12}\sigma_1\sigma_2}{\sigma_1^2 + \sigma_2^2 - 2\rho_{12}\sigma_1\sigma_2}.$$

- $\rho_{12} = +1$: Al no haber ventas al descubierto, la cartera de varianza mínima se obtiene invirtiendo el 100% en el activo #2.

- $\rho_{12} = 0$: En este caso, la expresión de la cartera de mínima varianza es

$$\omega_1^* = \frac{\sigma_2^2}{\sigma_1^2 + \sigma_2^2} = \frac{4}{9} = 0,138$$

$$\omega_2^* = 0,862.$$

- $\rho_{12} = -1$: Ahora, la expresión de la cartera de mínima varianza es

$$\omega_1^* = \frac{\sigma_2}{\sigma_1 + \sigma_2} = \frac{2}{7} = 0,286$$

$$\omega_2^* = 0,714.$$

b) El rendimiento esperado y la volatilidad que tiene la cartera con desviación estándar más pequeña en cada uno de los tres niveles del coeficiente de correlación:

- $\rho_{12} = +1$: $E(R_c) = 4\%$ y $\sigma_c = 2\%$

- $\rho_{12} = 0$:

$$E(R_c) = (0,138)(10) + (0,862)(4) = 4,828\%$$

$$\sigma_c^2 = (0,138)^2(25) + (0,862)^2(4) = 3,448 \Rightarrow \sigma_c = 1,857\%$$

- $\rho_{12} = -1$: $E(R_c) = 5,716\%$ y $\sigma_c = 0\%$.

c) El conjunto de oportunidades de inversión para los tres niveles del coeficiente de correlación:

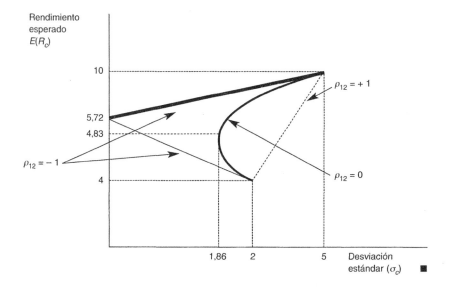

5.6 Combinaciones de un activo incierto y un activo seguro en el contexto media-varianza

Imaginemos una cartera compuesta de dos activos financieros, donde uno de ellos es un activo sin riesgo. En particular, supongamos que el activo 2 es un activo seguro. Esto significa que suponemos que los inversores pueden prestar y pedir prestado al tipo de interés libre de riesgo. A su vez, esto implica que su varianza, σ_2^2, y su covarianza con el otro activo, σ_{12}, son iguales a cero. Por tanto, la varianza de esta cartera tan particular pero importante es:

$$\sigma_2^2 = \omega_1^2 \sigma_1^2, \qquad\qquad [5.30]$$

y su desviación estándar viene dada por dos expresiones alternativas dependiendo de que la ponderación en el activo arriesgado 1 sea positiva, $\omega_1 > 0$, (compra o posición larga) o negativa, $\omega_1 < 0$, (venta en descubierto o posición corta):

$$\sigma_c = \omega_1 \sigma_1 \qquad\qquad [5.31a]$$

$$\sigma_c = -\omega_1 \sigma_1. \qquad\qquad [5.31b]$$

Por tanto, en este caso, también es cierto que la desviación estándar de una cartera es el valor absoluto del promedio ponderado de las volatilidades de ambos activos que son iguales a σ_1 y 0. Es evidente que, para cualquier ponderación entre 0 y 1 en ambos activos, cualquier cartera escogida tendrá una volatilidad inferior a la volatilidad obtenida en una inversión del 100% en el activo incierto. Por otra parte, si la ponderación en el activo seguro es negativa, $\omega_2 < 0$, lo que implica una ponderación mayor que 1 en el activo incierto, $\omega_1 > 0$, obtendremos una volatilidad de la cartera superior a la volatilidad correspondiente a una inversión del 100% en el activo incierto. Este es un resultado importante al que volveremos más adelante y que sugiere que una posición *apalancada* incrementa el riesgo de las carteras. La posición *apalancada* se produce cuando se pide un préstamo en el activo seguro para invertir los fondos del préstamo en el activo incierto. Nótese que una ponderación negativa en el activo seguro, $\omega_2 < 0$, es equivalente a una venta en descubierto o un préstamo en dicho activo.

Para obtener el conjunto de oportunidades de inversión, esto es, el par rendimiento esperado-volatilidad que puede conseguir un inversor colocando sus fondos en un activo incierto y un activo seguro, denominamos $E(R_1)$ al rendimiento esperado del activo incierto y r al tipo de interés libre de riesgo o rendimiento ofrecido por el activo seguro. Así, una cartera compuesta por ambos activos tendrá un rendimiento esperado dado por:

$$E(R_c) = \omega_1 E(R_1) + (1 - \omega_1)r. \qquad\qquad [5.32]$$

La volatilidad de dicha cartera es

$$\sigma_c = (\omega_1^2 \sigma_1^2)^{1/2} = \omega_1 \sigma_1$$

$$\Rightarrow \omega_1 = \frac{\sigma_c}{\sigma_1},$$

que sustituyendo en [5.32] nos permite obtener el rendimiento esperado de la cartera como promedio ponderado de los rendimientos de los componentes y donde la ponderación del activo incierto viene dada por el cociente entre la volatilidad de la cartera y la volatilidad del propio activo incierto, ponderación que es, por tanto, positiva:

$$E(R_c) = \frac{\sigma_c}{\sigma_1}\, E(R_1) + \left(1 - \frac{\sigma_c}{\sigma_1}\right) r \,. \qquad [5.33]$$

Simplificando [5.33], obtenemos el conjunto de todos los pares posibles de rendimiento esperado-volatilidad que pueden lograrse combinando un activo incierto y un activo seguro:

$$E(R_c) = r + \left[\frac{E(R_1) - r}{\sigma_1}\right] \sigma_c \,, \qquad [5.34]$$

y que implica que dichas combinaciones o conjunto de oportunidades de inversión entre un activo incierto y un activo seguro están situadas a lo largo de una línea recta en el espacio rendimiento esperado-desviación estándar.

La figura 5.5 muestra la ecuación [5.34], con intersección en el eje vertical igual a r (punto con volatilidad igual a cero) y pendiente $E(R_1) - r/\sigma_1$. Si se invierte el 100% en el activo incierto, el individuo estaría situado en el extremo derecho del tramo grueso de la recta donde, evidentemente, la volatilidad de la cartera coincide con la volatilidad del activo incierto. Ponderaciones para ambos activos entre 0 y 1, $(0 < \omega_1 < 1; 0 < \omega_2 < 1)$, sitúan al inversor en algún punto del tramo grueso de la recta.

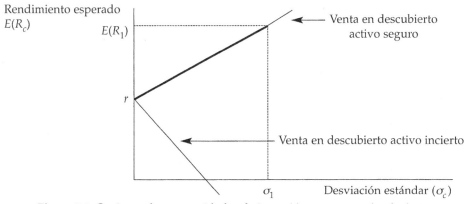

Figura 5.5. Conjunto de oportunidades de inversión entre un activo incierto y un activo seguro que ofrece un rendimiento igual a r.

Es importante notar que el inversor puede situarse a la derecha del extremo del tramo grueso, gracias a la posibilidad de pedir prestado (vender en descubierto) el activo seguro ($\omega_2 < 0$). Los fondos del préstamo (de la venta en descubierto) se colocarían en el activo incierto y el inversor tendría una posición *apalancada* que le permitiría obtener una elevada volatilidad pero con la expectativa de conseguir un alto rendimiento.

Finalmente, cuando se realiza una venta en descubierto del activo incierto ($\omega_1 < 0$), el inversor estaría situado en el tramo de la recta con pendiente negativa, ya que el rendimiento esperado del activo incierto es inferior al rendimiento del activo seguro. En este caso la volatilidad de la cartera vendría dada por la expresión [5.31b]:

$$\sigma_c = - \omega_1 \sigma_1,$$

por lo que la ponderación es

$$\omega_1 = - \frac{\sigma_c}{\sigma_1},$$

que sustituimos en [5.32] para obtener la ecuación de la recta con pendiente negativa de la figura 5.5:

$$E(R_c) = r - \left[\frac{E(R_1) - r}{\sigma_1} \right] \sigma_c. \tag{5.35}$$

EJEMPLO 5.6.1 (Escuela de Negocios de la University of California en Berkeley)

Dos activos financieros inciertos tienen un rendimiento $R_1 = -100\%$ y $R_2 = 15\%$ con probabilidad del 10%, un rendimiento $R_1 = 50\%$ y $R_2 = 15\%$ con probabilidad del 80% y un rendimiento $R_1 = 50\%$ y $R_2 = 165\%$ con probabilidad del 10%.

a) Se pide utilizar los datos de dicha distribución conjunta de probabilidades para calcular rendimientos esperados, varianzas y covarianzas para ambos activos.

$E(R_1) = 0,1(-1,0) + 0,8(0,5) + 0,1(0,5) = 0,35$ (35%)
$\text{var}(R_1) \equiv \sigma_1^2 = 0,1(-1,0 - 0,35)^2 + 0,8(0,5 - 0,35)^2 + 0,1(0,5 - 0,35)^2 = 0,2025$
$\Rightarrow \sigma_1 = 0,45$ (45%)

$E(R_2) = 0,1(0,15) + 0,8(0,15) + 0,1(1,65) = 0,30$ (30%)
$\text{var}(R_2) \equiv \sigma_2^2 = 0,2025$
$\Rightarrow \sigma_2 = 0,45$ (45%)

$\text{cov}(R_1, R_2) \equiv \sigma_{12} = 0,1(-1,0 - 0,35)(0,15 - 0,30)$
$\qquad\qquad\qquad + 0,8(0,5 - 0,35)(0,15 - 0,30)$
$\qquad\qquad\qquad + 0,1(0,5 - 0,35)(1,65 - 0,30) = 0,0225.$

b) Suponiendo que sólo existen esos dos activos, se pide dibujar el conjunto de oportunidades de inversión sin ventas al descubierto. Para ello calculamos el rendimiento esperado y volatilidad de cinco carteras que no admiten la venta en descubierto utilizando las expresiones [5.6] y [5.10]:

% en #1	% en #2	$E(R_c)$ (%)	σ_c^2	σ_c (%)
100	0	35,00	0,2025	45,0
75	25	33,75	0,1350	36,7
50	50	32,50	0,1125	33,5
25	75	31,25	0,1350	36,7
0	100	30,00	0,2025	45,0

Además, necesitamos conocer la cartera de mínima varianza que obtenemos según [5.26]:

$$\omega_1^* = \frac{\sigma_2^2 - 2\rho_{12}\sigma_1\sigma_2}{\sigma_1^2 + \sigma_2^2 - 2\rho_{12}\sigma_1\sigma_2} = \frac{0,2025 - 0,0225}{0,2025 + 0,2025 - (2)(0,0225)} = 0,50.$$

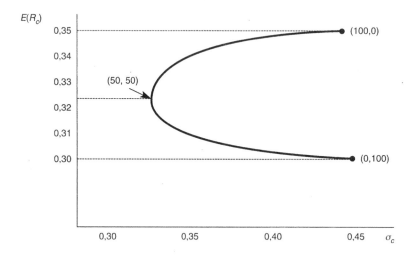

c) Para la siguiente pregunta se introduce el concepto de *carteras eficientes en sentido media-varianza*. Estas carteras, sobre las que volveremos en el siguiente capítulo, son las que generan el mayor rendimiento esperado dada una volatilidad y las que tienen una menor volatilidad dado un rendimiento esperado. ¿Qué carteras son eficientes en este ejemplo? El conjunto de carteras eficientes comienza con la cartera de varianza mínima y finaliza con el 100% en el activo #1 (recuérdese que no admitimos la venta en descubierto).

d) Demostrar que el activo #2 es dominado por el activo #1 en el sentido media-varianza pero forma parte de todas las carteras eficientes excepto una. ¿Cómo se puede explicar esta aparente contradicción? El activo #1 domina al activo #2 porque tiene un mayor rendimiento esperado y la misma varianza. Sin embargo, el activo #2 forma parte de las carteras eficientes debido a las ventajas de diversificación al ser un activo no perfectamente correlacionado con el activo #1 (el coeficiente de correlación entre ambos activos es igual a 0,11).

e) Suponer que existe la posibilidad de prestar pero no de pedir prestado. El tipo de interés sin riesgo para dicha posibilidad es igual al 5%. Dibujar las nuevas combinaciones del conjunto de oportunidades de inversión ¿Cuáles son eficientes?

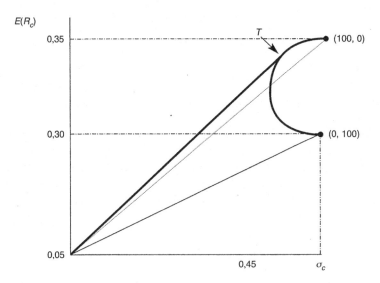

Existe la posibilidad de combinar una inversión (compra) del activo seguro y cualquiera de los dos activos inciertos lo que nos situaría, en ambos casos, en una línea recta. Por tanto, tenemos dos rectas que van desde el 5% hasta las dos posibilidades (100, 0) o (0, 100). Sin embargo, no existe la posibilidad de pedir prestado al 5% por lo que dichas líneas rectas no continuan hacia la derecha. Sin embargo, podemos combinar los dos activos inciertos a lo largo de la curva que conecta ambos activos, dado el coeficiente de correlación entre sus rendimientos que es igual a 0,11. Una de estas posibles combinaciones entre ambos activos inciertos es la cartera *T* que es, a su vez, un activo (cartera) con riesgo. Esta cartera también se puede combinar con la inversión en el tipo de interés libre de riesgo. Dicha combinación será una nueva línea recta entre el 5% y la cartera *T*, pero dicha recta tampoco continua a la derecha de *T* ya que no es posible endeudarse al 5%. Toda la frontera del cono forma el conjunto de las oportunidades de inversión, mientras que las carteras eficientes están situadas en la recta entre el 5% la cartera *T* y, además, la parte curva entre *T* y el (100, 0). ∎

EJEMPLO 5.6.2

Imaginemos un mercado financiero con dos activos inciertos, activo #1 y activo #2, cuyas volatilidades son 30% y 10% respectivamente. Se conoce el rendimiento esperado del activo #1 que es igual al 20%, pero se desconoce el rendimiento esperado del activo #2. El coeficiente de correlación entre los rendimientos de ambos activos es igual a – 1,0. Sabiendo que el rendimiento del activo seguro es igual al 10%, ¿cuál es el rendimiento esperado del activo #2?

Sea ω el porcentaje de los fondos que se invierte en el activo #1 en una cartera que combina ambos activos inciertos y $1 - \omega$ el porcentaje invertido en el activo #2. Sabemos por el CÁSO 2 de la sección 5.5 que un coeficiente de correlación igual a – 1,0 permite formar una cartera con los dos activos de forma que el riesgo de la misma sea nulo. Por tanto, existe una combinación de los activos #1 y #2 cuya σ_c^2. Así,

$$\sigma_c^2 = \omega^2(900) + (1 - \omega)^2(100) + 2\omega\,(1 - \omega)(-1)(30)(10) = 0$$

$$\Rightarrow \omega = 25\%$$
$$\Rightarrow (1 - \omega) = 75\%.$$

Para evitar posibilidades de arbitraje, esta cartera cuyo riesgo es nulo debe tener un rendimiento esperado igual al del activo seguro. Por tanto, el rendimiento de dicha cartera debe ser el 10%. Así,

$$E(R_c) = 0{,}25(20) + 0{,}75E(R_2) = 10$$

$$\Rightarrow E(R_2) = 6{,}67\%. \blacksquare$$

5.7 La covarianza entre los rendimientos de los activos financieros como varianza marginal

La sección 5.4 mostraba la importancia de la covarianza como componente no diversificable de la varianza de una cartera cuyo número de activos aumentaba indefinidamente. Esta sección vuelve a enfatizar la importancia que tiene la covarianza entre los rendimientos de los activos que componen una determinada cartera o, lo que es lo mismo, la covarianza entre el rendimiento de un activo en particular y el rendimiento de la cartera.[11]

La *varianza marginal* se define como el cambio en la varianza de una cartera ante un pequeño aumento (infinitesimal) en la ponderación que tiene un determinado activo de la cartera. Es importante notar que la covarianza entre el rendimiento de dicho activo y el rendimiento de la cartera es precisamente la varianza marginal.

Imaginemos que, dada una determinada cartera c, compramos una pequeña cantidad adicional de títulos del activo j y mantenemos constante la inversión en el resto de los activos. Esto es, supongamos que añadimos una pequeña cantidad de euros en el activo j. Sea z el total de euros adicionales en el activo j por cada euro invertido en la cartera. Naturalmente, esta compra adicional debe ser financiada de alguna manera. De momento, suponemos que es financiada por una posición corta de igual magnitud (venta en descubierto o endeudamiento) en el activo seguro. Esta posición de endeudamiento al tipo de interés libre de riesgo nos asegura que la suma de las ponderaciones, una vez añadida la cantidad adicional de activo j, siga siendo igual a 1.

Sea R_c el rendimiento de la cartera antes de añadir una pequeña cantidad del activo j, R_j el rendimiento del activo j y R_c^* el rendimiento de la nueva cartera, una vez realizada la inversión adicional en j. Este nuevo rendimiento viene dado por:

$$R_c^* = R_c + z(R_j - r) \tag{5.36}$$

donde, como siempre, r es el rendimiento del activo seguro al cual nos endeudamos para financiar la nueva posición.

Usando [5.36] y teniendo en cuenta que el activo seguro tiene volatilidad nula, la varianza del rendimiento de la nueva cartera es

$$\sigma_c^{2^*} = \sigma_c^2 + z^2\sigma_j^2 + 2z\sigma_{jc}. \tag{5.37}$$

La varianza marginal vendría dada por la derivada de la varianza de la nueva cartera con respecto a la cantidad adicional invertida en el activo j, pero evaluan-

---

[11] Recuérdese la expresión [5.22].

do dicha derivada en $z = 0$. De esta forma es posible determinar cómo se ve afectada la varianza de la cartera ante un incremento infinitesimal en el activo j:

$$\frac{\partial \sigma_c^{2^*}}{\partial z} = 2(z\sigma_j^2 + \sigma_{jc})$$

evaluando dicha derivada en $z = 0$, tenemos que:

$$\frac{\partial \sigma_c^{2^*}}{\partial z}\bigg|_{z=0} = 2\sigma_{jc}. \tag{5.38}$$

La covarianza entre el rendimiento del activo j y el rendimiento de la cartera puede interpretarse como la contribución al riesgo varianza de una cartera de un ligero incremento en la cantidad invertida en el activo j. Más concretamente, cuando financiamos la compra adicional en el activo j mediante endeudamiento al tipo de interés libre de riesgo, la varianza marginal es proporcional a la covarianza entre el rendimiento del activo j y el rendimiento de la cartera. Este es un resultado importante que, como se discutirá en el próximo capítulo, permite definir con precisión lo que se entiende por riesgo de un activo individual.

El énfasis en el *cambio infinitesimal* es relevante ya que el resultado de la expresión [5.38] es válido exclusivamente cuando el activo j no se convierte en un componente muy importante de la cartera. En otras palabras, la covarianza representa la varianza marginal sólo cuando la cartera a la que pertenece el activo j está bien diversificada. Naturalmente, para que la cartera esté bien diversificada, no podemos admitir que un único activo sea un componente dominante de la misma. Para ver que efectivamente necesitamos una cartera diversificada para hablar de la covarianza como varianza marginal, utilicemos la expresión de la varianza con N activos inciertos dada por [5.15]:

$$\sigma_c^2 = \sum_{j=1}^{N} \sum_{h=1}^{N} \omega_j \omega_h \sigma_{jh},$$

y derivemos dicha expresión con respecto a ω_j, el porcentaje del activo j invertido en la cartera:

$$\frac{\partial \sigma_c^2}{\partial \omega_j} = 2\omega_j \sigma_j^2 + 2 \sum_{\substack{h=1 \\ j \neq h}}^{N} \omega_h \sigma_{jh}. \tag{5.39}$$

Pensemos en una cartera equiponderada. Es fácil observar que al aumentar el número de activos de forma que nos aseguremos la disponibilidad de una cartera bien diversificada, ω_j tenderá a 0. Así, el componente de la varianza marginal que incluye términos de varianzas tenderá a desaparecer, mientras que el término relevante, como en [5.38], será aquel que contiene términos de covarianzas.

Recordando la expresión [5.22], es inmediato concluir la similitud entre las expresiones [5.38] y [5.39].

Entender la covarianza entre el rendimiento de un activo j y el rendimiento de una cartera como varianza marginal es también útil ya que permite concluir que la varianza de una cartera será mayor si se añade un activo cuya correlación con el rendimiento de la cartera es positivo, mientras que la varianza disminuirá (podremos reducir el riesgo volatilidad de una cartera) si añadimos un activo negativamente correlacionado con el rendimiento de la cartera.

A continuación se analiza el caso en que el incremento infinitesimal en el activo j se financia por una venta en descubierto de igual magnitud en otro componente de la cartera como, por ejemplo, el activo h. La expresión [5.36] es ahora:

$$R_c^* = R_c + z(R_j - R_h),$$ [5.40]

por lo que la varianza es

$$\sigma_c^{2*} = \sigma_c^2 + z^2(\sigma_j^2 + \sigma_h^2 + 2\sigma_{jh}) + 2z\text{cov}(R_c, R_j - R_h).$$ [5.41]

Derivando la varianza de la cartera respecto a z y evaluando dicha derivada en $z = 0$, obtenemos que la varianza marginal, cuando financiamos el incremento adicional del activo j mediante una venta en descubierto en el activo h, es proporcional a la diferencia entre las covarianzas del rendimiento de j con respecto a la cartera c y la covarianza de h con relación a la cartera c:

$$\frac{\partial \sigma_c^{2*}}{\partial z}\Big|_{z=0} = 2(\sigma_{jc} - \sigma_{hc}).$$ [5.42]

De esta forma, si la diferencia entre las covarianzas es positiva, incrementando la inversión de j en la cartera (y reduciendo en la misma pequeña magnitud la cantidad en h) aumentará la varianza de la misma, mientras que si dicha diferencia es negativa, un incremento del activo j en la cartera (con la correspondiente reducción en h) conseguirá reducir el riesgo volatilidad de la misma.

Esta última idea es muy importante ya que permite calcular la cartera de varianza mínima de una cartera con un número cualquiera de activos. La expresión [5.42] sugiere cómo reducir la varianza o volatilidad de una cartera. Si pensamos en el caso de una cartera sencilla de dos únicos activos podemos emplear la expresión [5.26]:

$$\omega_1^* = \frac{\sigma_2^2 - \rho_{12}\sigma_1\sigma_2}{\sigma_1^2 + \sigma_2^2 - 2\rho_{12}\sigma_1\sigma_2}$$

o, alternativamente, invertir una cantidad positiva en aquel activo que tenga una menor covarianza con el rendimiento de la cartera y financiar dicha posición mediante una posición corta en el activo con mayor covarianza. De esta forma se reduce, de acuerdo con la expresión [5.42], la volatilidad de la cartera. Este proceso continuaría hasta conseguir que los dos activos en la cartera tengan la misma covarianza con el rendimiento de la cartera. Una vez que ambos tengan la misma covarianza sería inútil intentar reducir en mayor medida la varianza la cartera. El inversor habría obtenido la cartera de varianza mínima.

Entre enero de 1988 y diciembre de 1998, la volatilidad anual del rendimiento del Índice General de la Bolsa de Madrid (IGBM) ha sido igual al 25,44%, mientras que la volatilidad de la rentabilidad de la deuda pública según el índice que calcula el Banco de España (IDP) ha resultado igual al 4,51%. La correlación entre ambos rendimientos ha sido del 0,3748. Para obtener la cartera de mínima varianza que esté compuesta por ambos índices calculemos, en primer lugar, la covarianza entre el rendimiento de la cartera que contiene al IGBM y al IDP con el rendimiento del IGBM:

$$\text{cov}[\omega R_B + (1 - \omega)R_D, R_B] = \omega\,\text{var}(R_B) + (1 - \omega)\text{cov}(R_D, R_B) =$$

$$= \omega\,(647,19) + (1 - \omega)(25,44)(4,51)(0,3748) =$$

$$= 43 + 604,19\omega,$$

donde R_B es el rendimiento del IGBM, R_D es el rendimiento del IDP y ω es la ponderación del IGBM en la cartera.

Hacemos la misma operación con respecto al rendimiento del IDP:

$$\text{cov}[\omega R_B + (1 - \omega)R_D, R_D] = \omega\,\text{cov}(R_B, R_D) + (1 - \omega)\text{var}(R_D) =$$

$$= \omega\,(25,44)(4,51)(0,3748) + (1 - \omega)(20,34) =$$

$$= 20,34 + 22,66\omega.$$

Igualando ambas covarianzas obtenemos las ponderaciones que minimizan la varianza de la cartera al resultar la varianza marginal, según [5.42], igual a cero:

$$43 + 604,19\omega = 20,34 + 22,66\omega$$

$$\Rightarrow \omega = -0,0390$$

$$\Rightarrow (1 - \omega) = 1,0390,$$

lo que implica vender en descubierto el IGBM en un 3,90% e invertir un 103,90% en el IDP.

Utilizando la expresión [5.26] obtenemos el mismo resultado:

$$\omega = \frac{20,34 - (0,3748)(25,44)(4,51)}{20,34 + 647,19 - 2(0,3748)(25,44)(4,51)} = -0,0390.$$

La generalización a múltiples activos es relativamente sencilla aunque la utilización de un ordenador es inevitable. Para verlo de forma esquematizada, imaginemos una cartera de 4 activos de los que disponemos de las covarianzas entre los rendimientos de todos ellos y las varianzas de cada uno. Igualamos las covarianzas de los cuatro activos y calculamos las ponderaciones que resuelven el sistema de ecuaciones donde se ha forzado dicha igualdad. Así,

$$\sigma_1^2\omega_1 + \sigma_{12}\omega_2 + \sigma_{13}\omega_3 + \sigma_{14}\omega_4 = 1$$

$$\sigma_{21}\omega_1 + \sigma_2^2\omega_2 + \sigma_{23}\omega_3 + \sigma_{24}\omega_4 = 1$$

$$\sigma_{31}\omega_1 + \sigma_{32}\omega_2 + \sigma_3^2\omega_3 + \sigma_{34}\omega_4 = 1$$

$$\sigma_{41}\omega_1 + \sigma_{42}\omega_2 + \sigma_{43}\omega_3 + \sigma_4^2\omega_4 = 1.$$

La elección de la constante que nos permite igualar todas las covarianzas de los cuatro activos es irrelevante. En el sistema de ecuaciones anterior, que contiene 4 ecuaciones y 4 incógnitas, se ha escogido una constante igual a 1. Nótese que, en cualquier caso, la solución de este sistema no puede interpretarse como las ponderaciones óptimas. Estamos forzados a escalar dicha solución de forma que los resultados sumen 1 y puedan entenderse como las ponderaciones que minimizan la varianza de la cartera.

Referencias

Brealey, R. y S. Myers (2000). *Principles of Corporate Finance*, McGraw-Hill, 6ª ed., cap. 7.

Copeland, T. y F. Weston (1988). *Financial Theory and Corporate Policy*, Addison-Wesley, 3ª ed., cap. 6.

Elton, E. y M. Gruber (1995). *Modern Portfolio Theory and Investment Analysis*, John Wiley & Sons, 5ª ed., caps. 4 y 5.

Grinblatt, M. y S. Titman (1998). *Financial Markets and Corporate Strategy*, Irvine-McGraw-Hill, cap. 4.

Sharpe, W., Alexander, G. y J. Bailey (1995). *Investments*, Prentice Hall International, 5ª ed., caps. 7 y 8.

6. Carteras eficientes y el riesgo de un activo individual

6.1 El conjunto de oportunidades de inversión con múltiples activos y las carteras eficientes en el sentido media-varianza

En el capítulo anterior hemos caracterizado el conjunto de oportunidades de inversión suponiendo que sólo existen dos activos inciertos o admitiendo la existencia de un activo incierto y un activo seguro que permite prestar o pedir prestado al tipo de interés libre de riesgo r. En este capítulo se generalizan estos resultados incorporando múltiples activos inciertos y suponiendo que al menos dos activos inciertos tengan rendimientos esperados y varianzas distintas.

En primer lugar, se deben caracterizar todas las posibles combinaciones de rendimiento esperado y volatilidad que pueden lograrse dado un número $N > 2$ de activos inciertos. El conjunto de todos los pares posibles forman el conjunto de oportunidades de inversión con múltiples activos en el entorno media-varianza. Por tanto, igual que en el capítulo 5, se supone que los individuos escogen sus carteras (exclusivamente) de acuerdo con el rendimiento esperado y varianza (o volatilidad) de sus inversiones.

Para describir geométricamente dicho conjunto de oportunidades de inversión es importante recordar dos ideas que aparecieron en el capítulo anterior:

(i) las combinaciones de dos activos nunca pueden tener más riesgo (volatilidad) que el obtenido cuando dichas combinaciones están situadas en una línea recta, al ser el coeficiente de correlación de ambos activos igual a +1 ($\rho_{12} = +1$);

(ii) la cartera de mínima varianza (CVM) está perfectamente caracterizada y, en particular, se obtiene a través de la expresión [5.26] o bien empleando las ideas contenidas en la ecuación [5.42].

Estos dos principios básicos implican que, cuando existen sólo dos activos inciertos, la porción del conjunto de oportunidades de inversión que está por encima de la cartera de varianza mínima es cóncava, mientras que la que está por debajo es convexa. Esta idea se representa en la figura 6.1:

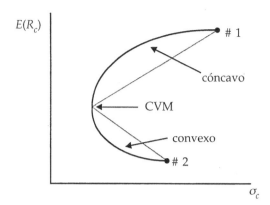

Figura 6.1. Conjunto de oportunidades de inversión con dos activos.

Si el coeficiente de correlación entre la cartera de varianza mínima (CVM) y el activo # 1 fuese +1, sus combinaciones estarían situadas en la línea recta de puntos con pendiente positiva. En ningún caso éstas podrían localizarse a la derecha de la recta al no poder ser el coeficiente de correlación superior a 1. Las únicas posibles combinaciones entre la CVM y el activo # 1, para el caso más habitual en que su coeficiente de correlación fuese mayor que –1, deben estar situadas en la curva que los une. Esta curva es necesariamente cóncava para poder alcanzar los pares rendimiento esperado-volatilidad factibles al variar las ponderaciones entre la CVM y el activo # 1.

En el caso del tramo inferior (con pendiente negativa), un razonamiento equivalente nos lleva a concluir que los pares rendimiento esperado-volatilidad factibles están situados necesariamente a lo largo de la curva convexa que une a la cartera CVM y al activo # 2.

Si introducimos múltiples activos (N) y empleamos los mismos razonamientos que en el caso anterior, las posibles combinaciones de rendimiento esperado-volatilidad factibles mediante la formación de carteras con los N activos vendrían representadas por la figura 6.2.

En este caso, $N > 2$, el conjunto de oportunidades de inversión comprende no sólo la curva exterior del conjunto de combinaciones rendimiento esperado-volatilidad de la figura 6.2, sino también cualquier punto interior de dicho conjunto. La curva exterior es la *frontera* del conjunto de oportunidades de inversión. La frontera izquierda del conjunto de pares rendimiento esperado-riesgo factibles es el *conjunto de carteras de menor varianza para un rendimiento esperado dado*.[1] Este conjunto de carteras de menor varianza viene dado por la curva frontera # 1 – CVM – # 2. Ahora bien, el tramo de pendiente positiva se denomina *eficiente*. En otras palabras, el tramo CVM – # 1 forma el conjunto de *carteras eficientes en el sentido media-va-*

---

[1] A pesar de trabajar en el espacio rendimiento esperado-desviación estándar (volatilidad), denominamos, por costumbre, a la frontera que contiene la menor volatilidad para cada nivel de rendimiento esperado, frontera de menor varianza.

rianza. Se corresponde con el concepto que se introdujo en el ejemplo 5.6.1 del capítulo anterior. Se definen como aquellas carteras que, dado un rendimiento esperado, tienen menor volatilidad y, dada una determinada volatilidad, tienen el mayor rendimiento esperado. Son carteras claves en la Economía Financiera ya que, suponiendo que los individuos prefieren un mayor rendimiento esperado para un mismo riesgo y un menor riesgo para el mismo rendimiento esperado, tal como hacemos en estos capítulos, se puede concluir que los inversores elegirán alguna de las carteras eficientes disponibles.

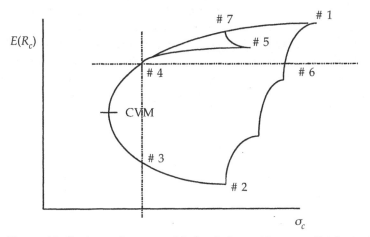

Figura 6.2. Conjunto de oportunidades de inversión con múltiples activos.

En la figura 6.2, la cartera # 4 es una cartera eficiente. De hecho y a modo de ejemplo, es una cartera que "domina" en el sentido media-varianza a la cartera # 3. Ambas tienen la misma volatilidad, pero la cartera # 4 tiene un rendimiento esperado más elevado. Asimismo, la cartera # 6 también es dominada por la cartera # 4, al ofrecer el mismo rendimiento esperado pero mayor riesgo. De hecho, las carteras eficientes no son dominadas en media-varianza por ninguna otra. Por otra parte, cualquier cartera interior tampoco será una cartera eficiente. Así, la cartera # 5 es dominada por alguna cartera que está en la frontera eficiente con rendimiento esperado igual que # 5 pero menor varianza y alguna otra cartera, también en la frontera eficiente, que tiene igual riesgo pero mayor rendimiento esperado (además de algunas otras con mayor rendimiento esperado y menor varianza a la vez).

Como se ha señalado anteriormente, el tramo de la frontera que comprende las carteras eficientes debe ser necesariamente cóncavo. Así, *no* puede representarse por la curva CVM – # 4 – # 5 – # 7 – # 1. Sabemos que siempre es posible formar carteras con # 4 y # 7 y las posibles combinaciones entre ellas deben situarse a la izquierda o en la línea recta que las une dependiendo de si el coeficiente de correlación, ρ_{47}, es menor o igual que 1. Por otra parte, como también hemos señalado anteriormente, el tramo con pendiente negativa de la frontera de carteras de menor varianza es necesariamente convexo y no eficiente. En definitiva, la frontera de carteras de menor varianza tiene una pendiente que cambia como máximo una vez de signo.

Nótese que en la figura 6.2 no existen carteras cuya volatilidad sea igual a cero. Esto implica que en dicho conjunto de oportunidades de inversión no hay activos o carteras cuyo coeficiente de correlación sea −1. Por otro lado, tampoco existen activos o carteras en la frontera de menor varianza cuya correlación sea + 1 al no haber segmentos rectos en la misma. Por último, al estar limitado el conjunto de oportunidades de inversión por la derecha sabemos que, en la figura 6.2, no se admiten ventas al descubierto. Si lo hiciéramos, dicho conjunto, con forma de hipérbola, se extendería ilimitadamente hacia la derecha y sería factible conseguir valores extremadamente elevados de rendimiento esperado y volatilidad. Así, tendríamos el caso de la figura 6.3, donde la frontera de menor varianza es simétrica sobre la cartera de varianza mínima global y donde los trazos discontinuos representan ventas en descubierto. El tramo grueso (continuo y discontinuo) de la frontera de menor varianza comprende el conjunto de carteras eficientes:

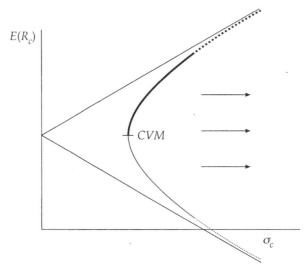

Figura 6.3. Conjunto de oportunidades de inversión con múltiples activos y venta en descubierto.

6.2 La determinación analítica de las carteras de menor varianza

Sabemos que una cartera es eficiente cuando satisface las dos condiciones siguientes:

(i)   tiene el rendimiento esperado más elevado posible dada su volatilidad y

(ii) tiene la volatilidad más pequeña posible dado su rendimiento esperado.

También sabemos que las carteras que satisfacen (ii) se denominan carteras de menor varianza. Así, dada dicha definición, cualquier cartera de menor varianza es el resultado del siguiente problema de optimización.[2]

$$\underset{\{\omega_j; \, j \, = \, 1, \, 2, \, ..., \, N\}}{\text{minimizar}} \quad \sigma_c^2 \qquad\qquad [6.1]$$

sujeto a las restricciones,

$$\sum_{j \, = \, 1}^{N} \omega_j E(R_j) = E(R_e) \qquad\qquad [6.2a]$$

$$\sum_{j \, = \, 1}^{N} \omega_j = 1, \qquad\qquad [6.2b]$$

donde σ_c^2 es la varianza de la cartera que tendrá, dada la solución al problema de minimización, la varianza más pequeña posible para un rendimiento esperado prefijado igual a $E(R_e)$, y ω_j es la ponderación del activo j en la cartera de menor varianza. Estas ponderaciones son las variables de elección en el problema [6.1] sujeto a las dos restricciones [6.2a] y [6.2b]. La primera restricción hace que la solución del problema sea aquella cartera de menor varianza dado el rendimiento esperado $E(R_e)$ y no otro. Así, la solución sólo obtiene una cartera de menor varianza que aparece representada en la figura 6.4 en el punto e. El resto de las carteras que forman la frontera de carteras de menor varianza se pueden obtener

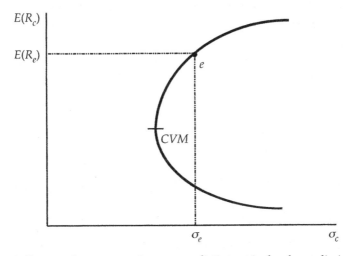

Figura 6.4. Carteras de menor varianza para distintos niveles de rendimiento esperado.

[2] Debe quedar claro que ninguno de los activos j es un activo libre de riesgo.

resolviendo el problema anterior de forma repetida y fijando en cada problema un rendimiento esperado diferente.

Nótese que, una vez resuelto el problema de minimización anterior, tendremos las ponderaciones óptimas que recibe cada activo en la cartera de menor varianza, lo que permite calcular el rendimiento esperado y volatilidad de dicha cartera. En el caso de la figura 6.4, la minimización anterior obtiene una cartera no sólo de menor varianza, sino también eficiente. Lógicamente, un planteamiento como el dado en [6.1] en el que se minimiza la varianza de una cartera para un nivel de rendimiento esperado, también permite obtener carteras de menor varianza en el tramo de pendiente negativa de la frontera.

Para resolver el problema de minimización [6.1] sujeto a [6.2a] y [6.2b] formamos el lagrangiano siguiente:

$$\sigma_c^2 + 2\lambda_1 \left[E(R_e) - \sum_{j=1}^{N} \omega_j E(R_j) \right] + 2\lambda_2 \left[1 - \sum_{j=1}^{N} \omega_j \right], \qquad [6.3]$$

donde λ_1 y λ_2 son los multiplicadores de Lagrange, que resulta conveniente escribirlos de esta forma como podrá apreciarse al resolver el problema de minimización.

Derivando [6.3] con respecto a ω_j e igualando dicha derivada a cero obtenemos:

$$\frac{\partial \sigma_c^2}{\partial \omega_j} - 2\lambda_1 E(R_j) - 2\lambda_2 = 0. \qquad [6.4]$$

Para obtener $\partial \sigma_c^2 / \partial \omega_j$ recordemos que la varianza de una cartera de N activos puede escribirse como en [5.14]:

$$\sigma_c^2 = \sum_{j=1}^{N} \omega_j^2 \sigma_j^2 + \sum_{j=1}^{N} \sum_{\substack{h=1 \\ h \neq j}}^{N} \omega_j \omega_h \sigma_{jh}.$$

Así,

$$\frac{\partial \sigma_c^2}{\partial \omega_j} = 2\omega_j \sigma_j^2 + 2 \sum_{\substack{h=1 \\ h \neq j}}^{N} \omega_h \sigma_{hj} = 2 \left[\omega_j \sigma_j^2 + \sum_{\substack{h=1 \\ h \neq j}}^{N} \omega_h \sigma_{hj} \right] = 2 \sum_{h=1}^{N} \omega_h \sigma_{jh}, \qquad [6.5]$$

donde el sumatorio aparece multiplicado por dos al tener que considerar tanto σ_{hj} como σ_{jh} y, evidentemente, $\sigma_{jh} = \sigma_{hj}$.

Por lo tanto, la condición de primer orden del problema de minimización dada por [6.4] puede escribirse como:

$$\frac{\partial \sigma_c^2}{\partial \omega_j} - 2\lambda_1 E(R_j) - 2\lambda_2 = 2 \sum_{h=1}^{N} \omega_h \sigma_{jh} - 2\lambda_1 E(R_j) - 2\lambda_2 = 0,$$

lo que justifica la utilización de $2\lambda_1$ y $2\lambda_2$ como los multiplicadores de Lagrange ya que así puede reescribirse como:[3]

$$\sum_{h=1}^{N} \omega_h \sigma_{jh} - \lambda_1 E(R_j) - \lambda_2 = 0;\ j = 1, 2, ..., N, \qquad [6.6]$$

donde ω_h, $h = 1, 2, ..., N$ son las ponderaciones específicas invertidas en cada activo individual que definen la cartera de menor varianza con rendimiento esperado igual a $E(R_e)$.

En definitiva, las N ecuaciones de la expresión [6.6] junto con las restricciones [6.2a] y [6.2b] determinan los valores de los multiplicadores de Lagrange, $2\lambda_1$ y $2\lambda_2$, y las ponderaciones que recibe cada activo individual en la cartera de menor varianza que tiene justamente un rendimiento esperado igual a $E(R_e)$.

En esta sección se ha mostrado cómo lograr carteras eficientes suponiendo que la única medida de riesgo relevante al invertir en carteras de activos financieros es la varianza o, lo que es lo mismo, la volatilidad. Nótese que en el interior del conjunto de pares rendimiento esperado-volatilidad factibles, múltiples combinaciones de activos pueden alcanzar un determinado par rendimiento esperado-volatilidad. Por otro lado, es muy importante resaltar que cada combinación de rendimiento esperado-riesgo en la frontera del conjunto de oportunidades de inversión se obtiene, sin embargo, con una *única* cartera de activos. Esta es una característica relevante del cálculo matemático de las carteras de menor varianza que permite simplificar la forma de obtener las carteras eficientes. La siguiente sección desarrolla estas importantes ideas.

6.3* Separación en dos fondos[4]

Volvamos a las N ecuaciones de la expresión [6.6] y las restricciones [6.2a] y [6.2b]. Supongamos, por el momento, que conocemos los valores de λ_1 y λ_2. Podemos emplear las N ecuaciones de [6.6] para obtener los valores de ω_j. Escribamos [6.6] en notación matricial:

$$V\omega = \lambda_1 E(R) + \lambda_2 1_N, \qquad [6.7]$$

---

[3] Dado que puede demostrarse la convexidad de σ_c^2 como función de ω_j, la condición de primer orden representa un mínimo y no un máximo.

[4] Aunque este apartado está señalado con *, los conceptos principales deberían entenderse incluso si se deciden ignorar las matemáticas.

donde V es la matriz $N \times N$ de varianzas y covarianzas de los rendimentos de los activos que componen la cartera,[5] ω es el vector $N \times 1$ de ponderaciones invertidas en cada activo, $E(R)$ es el vector $N \times 1$ de rendimientos esperados de los N activos y 1_N es un vector $N \times 1$ de unos.

Sea V^{-1} la matriz inversa de la matriz de varianzas y covarianzas de los rendimientos, con elementos dados por v_{jh}. Entonces, podemos resolver el sistema [6.7] y obtener el vector de ponderaciones ω:

$$\omega = \lambda_1 V^{-1} E(R) + \lambda_2 V^{-1} 1_N, \qquad [6.8]$$

que puede escribirse en la notación habitual como:

$$\omega_j = \lambda_1 \left[\sum_{h=1}^{N} v_{jh} E(R_h) \right] + \lambda_2 \left[\sum_{h=1}^{N} v_{jh} \right] ; j = 1, 2, ..., N. \qquad [6.9]$$

La expresión [6.9] representa las ponderaciones óptimas en cada activo j que definen la cartera de menor varianza de todas las carteras con rendimiento esperado igual a $E(R_e)$.

Pensemos en las ecuaciones [6.9] de forma alternativa. Se trata de considerar sólo los valores de λ_1 y λ_2 que son consistentes con las múltiples soluciones del problema de minimización dado por [6.1] y sus restricciones [6.2a] y [6.2b] para valores diferentes del rendimiento esperado $E(R_e)$. De esta forma, *variando λ_1 y λ_2 en [6.9] generamos los diferentes valores de las ponderaciones invertidas en cada activo en las carteras alternativas de menor varianza y obtenemos la frontera completa de dichas carteras.*

Naturalmente, el problema es encontrar las combinaciones de valores factibles de λ_1 y λ_2. Empecemos con λ_1. Para ello recordemos la expresión [6.6] que representa el sistema de N ecuaciones de ponderaciones óptimas de la cartera de menor varianza:

$$\sum_{h=1}^{N} \omega_h \sigma_{jh} - \lambda_1 E(R_j) - \lambda_2 = 0; j = 1, 2, ..., N.$$

Como [6.6] es válido para cualquier activo financiero, lo será para el activo i:

$$\sum_{h=1}^{N} \omega_h \sigma_{ih} - \lambda_1 E(R_i) - \lambda_2 = 0, \qquad [6.10]$$

por lo que ambas ecuaciones [6.6] y [6.10] implican:

---

[5] Se supone que $N \geq 2$ y que el rendimiento de cualquier activo no puede expresarse como una combinación lineal de los rendimientos de los activos restantes, de forma que la matriz V es no singular. Además, V es simétrica y definida positiva al ser las varianzas de las carteras de activos inciertos estrictamente positivas.

$$\sum_{h=1}^{N} \omega_h \sigma_{ih} - \lambda_1 E(R_i) = \sum_{h=1}^{N} \omega_h \sigma_{jh} - \lambda_1 E(R_j). \qquad [6.11]$$

Multiplicando esta última ecuación por ω_i, sumando sobre i, y teniendo en cuenta que $\sum_{i=1}^{N} \omega_i = 1$, se obtiene:

$$\sigma_e^2 - \lambda_1 E(R_e) = \sum_{h=1}^{N} \omega_h \sigma_{jh} - \lambda_1 E(R_j), \qquad [6.12]$$

despejando el rendimiento esperado del activo individual j escribimos la ecuación anterior como:

$$E(R_j) - E(R_e) = \frac{1}{\lambda_1} \left[\sum_{h=1}^{N} \omega_h \sigma_{jh} - \sigma_e^2 \right]; \ j = 1, 2, ..., N. \qquad [6.13]$$

Esta ecuación impone una determinada restricción sobre las ponderaciones de una cartera para que dicha cartera sea una cartera de menor varianza. Una vez que dichas ponderaciones son conocidas, la ecuación [6.13] indica que la diferencia entre el rendimiento esperado de cualquier activo individual j y el rendimiento esperado de una cartera de menor varianza es proporcional a la diferencia entre la covarianza del activo j y la cartera de menor varianza e y la varianza (riesgo) de la cartera e.[6] El factor de proporcionalidad es precisamente el inverso del multiplicador λ_1.

Recurriendo al concepto del multiplicador de Lagrange podemos interpretar $1/\lambda_1$. Es conocido que el multiplicador $2\lambda_1$ en [6.3] es la tasa de variación del valor mínimo de σ_c^2 en la función objetivo [6.1] con respecto a un incremento infinitesimal en el rendimiento esperado escogido de la cartera de menor varianza:

$$2\lambda_1 = \frac{d\sigma_e^2}{dE(R_e)}.$$

Por otra parte, la pendiente, θ_e, de la frontera de carteras de menor varianza en el punto e de la figura 6.4 es

$$\theta_e = \frac{dE(R_e)}{d\sigma_e}$$

Combinando ambas expresiones:

$$\frac{1}{\theta_e} = \frac{d\sigma_e}{dE(R_e)} = \frac{d\sigma_e}{d\sigma_e^2} \frac{d\sigma_e^2}{dE(R_e)} = \frac{1}{2\sigma_e} 2\lambda_1 = \frac{\lambda_1}{\sigma_e}.$$

---

[6] Una vez más, recuérdese la ecuación [5.22] del capítulo anterior.

Por tanto,

$$\frac{1}{\lambda_1} = \frac{\theta_e}{\sigma_e}.$$ [6.14]

Así, el factor de proporcionalidad en [6.13] es la pendiente de la frontera de menor varianza en el punto e en la figura 6.4 dividido por la volatilidad de la cartera de menor varianza e. Alternativamente, $\lambda_1 = \sigma_e / \theta_e$.

En la sección 6.1 y figura 6.3 se señaló que, con ventas al descubierto, la frontera de carteras de menor varianza es una hipérbola. Nótese que en el problema de minimización planteado en esta sección las ventas al descubierto son posibles. Esto implica que la frontera en la figura 6.3 se extiende indefinidamente hacia arriba y a la derecha desde la cartera de varianza mínima global (CVM) y, de forma simétrica, hacia abajo y a la derecha desde dicha cartera. Así, la pendiente (θ_e) de la frontera al desplazarnos desde la cartera CVM hacia arriba se mueve desde ∞ hacia una asíntota finita y positiva. A su vez, si nos desplazamos hacia abajo, la pendiente va desde $-\infty$ hasta una asíntota finita pero negativa. Como en dichos desplazamientos la volatilidad aumenta continuamente, podemos concluir que $\lambda_1 = \sigma_e / \theta_e$ puede tomar cualquier valor entre $-\infty$ e ∞.

Finalmente, recuérdese que $2\lambda_2$ es el multiplicador de Lagrange asociado a la restricción [6.2b], de manera que el valor apropiado de λ_2 es aquel valor que, para un λ_1 dado, haga que la suma de las N ponderaciones, ω_j, sea igual a 1.

Estamos en posición de describir cómo se genera el conjunto de carteras de menor varianza cuando admitimos la venta en descubierto. Para ello, es lógico que volvamos a la expresión que debe satisfacer cualquier ponderación óptima que defina una cartera de menor varianza y que venía dada por [6.9]:

$$\omega_j = \lambda_1 \left[\sum_{h=1}^{N} v_{jh} E(R_h) \right] + \lambda_2 \left[\sum_{h=1}^{N} v_{jh} \right]; j = 1, 2, ..., N.$$

A continuación, haciendo uso de la expresión [6.9], se definen dos nuevas carteras p y q cuyos rendimientos son:

$$R_p = \sum_{j=1}^{N} \omega_{jp} R_j$$

$$R_q = \sum_{j=1}^{N} \omega_{jq} R_j,$$ [6.15]

donde las ponderaciones ω_{jp} y ω_{jq} se definen, usando [6.9], de una forma muy concreta y respetando evidentemente que su suma en las respectivas carteras sea igual a 1:

$$\omega_{jp} = \frac{\sum\limits_{h=1}^{N} v_{jh}E(R_h)}{\sum\limits_{j=1}^{N}\sum\limits_{h=1}^{N} v_{jh}E(R_h)} \; ; j = 1, 2, ..., N \tag{6.16}$$

$$\omega_{jq} = \frac{\sum\limits_{h=1}^{N} v_{jh}}{\sum\limits_{j=1}^{N}\sum\limits_{h=1}^{N} v_{jh}} \; ; j = 1, 2, ..., N, \tag{6.17}$$

donde, efectivamente, se cumple que:

$$\sum_{j=1}^{N} \omega_{jp} = \sum_{j=1}^{N} \omega_{jq} = 1. \tag{6.18}$$

Se definen a continuación unos valores denominados w_{ep} y w_{eq} como:

$$w_{ep} = \lambda_1 \left[\sum_{j=1}^{N}\sum_{h=1}^{N} v_{jh}E(R_h) \right] \tag{6.19}$$

$$w_{eq} = \lambda_2 \left[\sum_{j=1}^{N}\sum_{h=1}^{N} v_{jh} \right], \tag{6.20}$$

de forma que las ponderaciones de menor varianza definidas en [6.9] pueden escribirse como:

$$\omega_j = w_{ep}\omega_{jp} + w_{eq}\omega_{jq}; \; j = 1, 2, ..., N. \tag{6.21}$$

Ahora bien, el doble sumatorio en [6.19] se compone de las inversas de las varianzas y covarianzas de los componentes de la cartera y de los rendimientos esperados de los mismos componentes. Todos ellos son valores dados que se toman como datos para el problema de minimización. Son, por tanto, constantes e independientes de λ_1. Como este último multiplicador puede tomar valores entre $-\infty$ e ∞, puede concluirse que w_{ep} en [6.21] puede tomar cualquier valor entre $-\infty$ e ∞. Utilizando el mismo razonamiento para λ_2, puede afirmarse que, para un valor dado de w_{ep} en [6.21], el valor apropiado de w_{eq} en [6.20] se escoge de forma que λ_2 en [6.21] sea tal que $\sum\limits_{j=1}^{N} \omega_j = 1$.

Utilizando las expresiones [6.18] y [6.21] tenemos que

$$\sum_{j=1}^{N} \omega_j = \sum_{j=1}^{N} \left(w_{ep}\omega_{jp} + w_{eq}\omega_{jq} \right) = w_{ep} + w_{eq}, \qquad [6.22]$$

de forma que para satisfacer $\sum_{j=1}^{N} \omega_j = 1$, debe ser cierto que

$$w_{ep} + w_{eq} = 1. \qquad [6.23]$$

Por tanto, dado [6.21], el rendimiento de cualquier cartera de menor varianza, e, puede escribirse como:

$$R_e = \sum_{j=1}^{N} \omega_j R_j = \sum_{j=1}^{N} \left(w_{ep}\omega_{jp} + w_{eq}\omega_{jq} \right) R_j$$

$$= w_{ep} \left(\sum_{j=1}^{N} \omega_{jp}R_j \right) + w_{eq} \left(\sum_{j=1}^{N} \omega_{jq}R_j \right). \qquad [6.24]$$

Como los dos componentes en paréntesis de la expresión anterior son los rendimientos de las carteras p y q, podemos concluir que el rendimiento de cualquier cartera de menor varianza, e, puede generarse como:

$$R_e = w_{ep}R_p + w_{eq}R_q. \qquad [6.25]$$

En definitiva, cualquier cartera de menor varianza y, en particular, cualquier cartera eficiente es el resultado de combinar las carteras p y q con ponderaciones w_{ep} y $w_{eq} = 1 - w_{ep}$ respectivamente. El conjunto de carteras de menor varianza incluye todas las combinaciones de p y q que satisfacen [6.23].

De momento, a las carteras p y q no se les ha dado un determinado significado con implicaciones económicas, pero ¿qué son o representan las carteras p y q? Curiosamente, ambas carteras son, a su vez, carteras de menor varianza.

Para verlo, nótese que la cartera p puede interpretarse como una cartera compuesta de p y q con ponderaciones $w_{ep} = 1$ y $w_{eq} = 0$ respectivamente y, naturalmente, la cartera q es una cartera compuesta de p y q con ponderación $w_{ep} = 0$ y $w_{eq} = 1$. Como cualquier combinación de las carteras p y q que satisface la expresión [6.23] es una cartera de menor varianza, puede concluirse que, efectivamente, *las carteras p y q son carteras de menor varianza*.

Asimismo, la cartera q es la cartera de varianza mínima global representada como CVM en las figuras 6.3 y 6.4. Nótese que en el punto CVM, $\lambda_{1CVM} = \sigma_{CVM}/\theta_{CVM} = 0$, al ser la pendiente ∞. Entonces, usando [6.21] junto con [6.19] y [6.20] tenemos,

$$\omega_{jCVM} = w_{CVMp}\omega_{jp} + w_{CVMq}\omega_{jq}; \quad j = 1, 2, ..., N, \qquad [6.26]$$

donde, ω_{jCVM} son las ponderaciones de cada activo j en la cartera de varianza mínima global y, además,

$$w_{CVMp} = \lambda_{1CVM} \left[\sum_{j=1}^{N} \sum_{h=1}^{N} v_{jh} E(R_h) \right] \qquad [6.27a]$$

con $\lambda_{1CVM} = 0$, y

$$w_{CVMq} = \lambda_{2CVM} \left[\sum_{j=1}^{N} \sum_{h=1}^{N} v_{jh} \right]. \qquad [6.27b]$$

Por tanto,

$$\omega_{jCVM} = \lambda_{2CVM} \left[\sum_{j=1}^{N} \sum_{h=1}^{N} v_{jh} \right] \omega_{jq}. \qquad [6.28]$$

Ahora, teniendo en cuenta que ω_{jq} viene dado por la expresión [6.17],

$$\omega_{jCVM} = \lambda_{2CVM} \sum_{h=1}^{N} v_{jh}. \qquad [6.29]$$

Sabemos que la suma de las ponderaciones de cada activo j en la cartera CVM debe ser igual a 1. Por tanto, sumando la expresión anterior sobre todos los activos:

$$\sum_{j=1}^{N} \omega_{jCMV} = \lambda_{2CVM} \sum_{j=1}^{N} \sum_{h=1}^{N} v_{jh} = 1.$$

Como, $\lambda_{2CVM} = \omega_{jCVM} \Big/ \sum_{h=1}^{N} v_{jh}$,

$$1 = \frac{\omega_{jCVM}}{\sum\limits_{h=1}^{N} v_{jh}} \sum_{j=1}^{N} \sum_{h=1}^{N} v_{jh}$$

$$\Rightarrow \omega_{jCVM} = \frac{\sum\limits_{h=1}^{N} v_{jh}}{\sum\limits_{j=1}^{N} \sum\limits_{h=1}^{N} v_{jh}},$$

que es precisamente ω_{jq} en la expresión [6.17]. Así, como las ponderaciones de cada activo j en la cartera q son idénticas a las ponderaciones de los mismos activos j en la cartera de varianza mínima global, CVM, podemos concluir que q es la cartera de varianza más pequeña entre todas las carteras de menor varianza.

Hemos llegado a un importantísimo resultado que condiciona en gran medida la selección de carteras en el contexto media-varianza. Como hemos demostrado que p y q son dos carteras de menor varianza y cualquier cartera de menor varianza puede construirse con las carteras p y q, concluimos que cualquier cartera de menor varianza es, a su vez, el resultado de combinar dos carteras de menor varianza. Alternativamente, *todas las carteras en la frontera de menor varianza pueden construirse como el promedio ponderado de dos carteras (o fondos) de menor varianza.*

Generalicemos aún más este resultado. Se comprueba a continuación que *cualquier* cartera de carteras de menor varianza es, a su vez, una cartera de menor varianza. Para verlo, nótese que el rendimiento de una cartera cualquiera c compuesta de carteras de menor varianza puede escribirse como:

$$R_c = \sum_{e=1}^{n} \omega_e R_e,$$
[6.30]

donde ω_e es la proporción de recursos invertidos en la cartera de menor varianza e y, por tanto, debe ser cierto que $\sum_{e=1}^{n} \omega_e = 1$, donde n es el número de carteras de menor varianza que empleamos para obtener R_c.

Utilizando la expresión [6.25], $R_e = w_{ep}R_p + w_{eq}R_q$, podemos escribir [6.30] como:

$$R_c = \sum_{e=1}^{n} \omega_e \left(w_{ep}R_p + w_{eq}R_q \right) = \left(\sum_{e=1}^{n} \omega_e w_{ep} \right) R_p + \left(\sum_{e=1}^{n} \omega_e w_{eq} \right) R_q.$$

Cualquier combinación de las carteras p y q con ponderaciones en p y q que sumen 1 es una cartera de menor varianza. Así, la cartera c es una cartera de menor varianza si:

$$\left(\sum_{e=1}^{n} \omega_e w_{ep} \right) + \left(\sum_{e=1}^{n} \omega_e w_{eq} \right) = 1,$$

pero, como queda claro en la expresión [6.25], cada una de las carteras componentes de la cartera c en la ecuación [6.30] es una cartera de p y q que satisface $w_{ep} + w_{eq} = 1$. Así, usando [6.25] y $\sum_{e=1}^{n} \omega_e = 1$, concluimos que

$$\sum_{e=1}^{n} \omega_e w_{ep} + \sum_{e=1}^{n} \omega_e w_{eq} = \sum_{e=1}^{n} \omega_e \left(w_{ep} + w_{eq} \right) = \sum_{e=1}^{n} \omega_e = 1,$$

por tanto, tal como queríamos demostrar, la cartera *c* definida en [6.30] es una cartera de menor varianza.

Se ha demostrado que *cualquier* cartera de carteras de menor varianza es, a su vez, una cartera de menor varianza. Así, cualquier cartera de dos carteras de menor varianza que sean diferentes (que tengan rendimientos esperados diferentes) es una cartera de menor varianza. Como dos carteras diferentes de menor varianza cualesquiera tienen rendimientos esperados diferentes, dada una ponderación apropiada a cada una de las dos carteras, podemos generar una cartera de menor varianza con cualquier nivel arbitrario de rendimiento esperado. En definitiva, *podemos emplear dos carteras cualesquiera de menor varianza para generar la frontera completa de carteras de menor varianza*. Este resultado se conoce como *separación en dos fondos*, donde cada fondo hace referencia a las dos carteras de menor varianza que pueden utilizarse para generar la frontera completa.

Además, podemos reconducir este resultado al conjunto de carteras de menor varianza realmente importantes desde el punto de vista de los inversores: las *carteras eficientes*. Si cualquier cartera de dos carteras de menor varianza es una cartera de menor varianza, entonces cualquier cartera de dos carteras eficientes es una cartera de menor varianza, ya que las carteras eficientes son carteras de menor varianza. Además, *cualquier cartera de dos carteras eficientes, donde las ponderaciones en las dos carteras son no negativas, es una cartera eficiente*. Esto es así, ya que dicha combinación de carteras eficientes es una cartera de menor varianza que tiene *necesariamente* un rendimiento esperado dentro del rango de rendimientos esperados que abarca el segmento de carteras eficientes de la frontera de carteras de menor varianza.

A modo de conclusión escribimos el resultado principal de la discusión de este apartado.

TEOREMA 6.1 (*Teorema de Separación de Fondos*)
Todas las carteras eficientes en el sentido media-varianza pueden construirse como el promedio ponderado de dos carteras (fondos) cualesquiera eficientes.

EJEMPLO 6.3.1

Consideremos un conjunto de oportunidades de inversión en el espacio rendimiento esperado-volatilidad compuesto de 5 acciones. Una de las carteras eficientes construida con las 5 acciones (primer fondo) tiene las siguientes ponderaciones: $w_1 = 30\%$, $w_2 = 10\%$, $w_3 = 10\%$, $w_4 = 30\%$ y $w_5 = 20\%$. La otra cartera (segundo fondo) se construye con la misma proporción en las dos primeras acciones $w_j = 20\%$, $j = 1, 2$; la misma en las dos últimas $w_j = 25\%$, $j = 4, 5$ y el resto en la acción $j = 3$, $w_3 = 10\%$. Por el teorema de separación en dos fondos, sabemos que el resto de las carteras eficientes se construye como el promedio ponderado de los dos fondos anteriores. Sea ω la ponderación en el primer fondo que nos permite generar la frontera eficiente, entonces es posible definir todas las carteras eficientes mediante las ponderaciones w_1, w_2, w_3, w_4 y w_5 que satisfacen las ecuaciones:

$$w_1 = 0{,}30\omega + 0{,}20(1 - \omega)$$

$$w_2 = 0{,}10\omega + 0{,}20(1 - \omega)$$

$$w_3 = 0{,}10\omega + 0{,}10(1 - \omega)$$

$$w_4 = 0{,}30\omega + 0{,}25(1 - \omega)$$

$$w_5 = 0{,}20\omega + 0{,}25(1 - \omega).$$

Si el primer fondo recibe, por ejemplo, el 40% y el segundo fondo el 60%, las ponderaciones de la nueva cartera eficiente en cada uno de sus 5 componentes serían: $w_1 = 24\%$, $w_2 = 16\%$, $w_3 = 10\%$, $w_4 = 27\%$ y $w_5 = 23\%$. Nótese que si un activo recibe la misma ponderación en ambos fondos (como la tercera acción), dicha ponderación es la que se recibe por la acción en cualquier cartera eficiente generada por los dos fondos. ■

6.4 Carteras eficientes cuando existe la posibilidad de invertir en un activo seguro

Se sabe por la discusión del capítulo 5 que la posibilidad de invertir en un activo seguro implica que los inversores puedan prestar y pedir prestado (endeudarse o realizar una venta en descubierto) al tipo de interés libre de riesgo r. Un resultado clave de esta nueva posibilidad de inversión era que, al combinar el activo seguro con cualquier activo incierto o cartera de activos inciertos, los pares factibles de rendimiento esperado-volatilidad se sitúan a lo largo de una línea recta.

Por este motivo, la incorporación de un activo seguro al conjunto de los múltiples N activos inciertos que se han considerado en las secciones anteriores de este capítulo tiene consecuencias tanto en la expansión del conjunto de posibilidades de inversión para los individuos como en la *forma* del conjunto de carteras eficientes.

Es evidente que, en este caso, la existencia de un activo seguro implica que la cartera de varianza global más pequeña posible es precisamente la inversión en el activo seguro (o *fondo* seguro en el lenguaje del apartado 6.3). De hecho, el fondo representado por el activo seguro tiene riesgo nulo. Por tanto, dicho fondo está en la nueva frontera de carteras eficientes y *sólo necesitamos encontrar un segundo fondo compuesto por activos inciertos* para, utilizando el teorema de separación en dos fondos, generar todo el conjunto de carteras eficientes disponibles para los inversores cuando existe un activo seguro. Así, el problema de encontrar los dos fondos eficientes cuya combinación resulte en el conjunto completo de carteras eficientes se simplifica de manera considerable en este caso.

Ahora bien, ¿cuál es ese segundo fondo de activos inciertos? Para verlo, basta analizar la figura 6.5, donde se representa el conjunto de oportunidades de inversión para N activos inciertos y se considera, además, la existencia de un activo seguro cuyo rendimiento es igual a r:

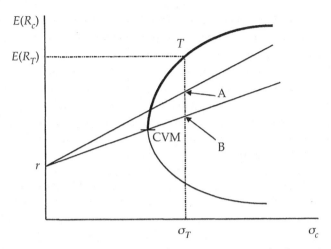

Figura 6.5. Carteras eficientes con un activo seguro y múltiples activos inciertos.

Dado el activo seguro con rendimiento r, cualquier inversor podría combinar dicho activo y la cartera de varianza mínima global. De esta forma sus combinaciones de pares rendimiento esperado-riesgo se situarían en algún punto de la línea recta que une r y CVM. Imaginemos que el inversor elige un nivel de riesgo igual a σ_T. Así, su cartera escogida sería la cartera B en la figura 6.5. Nótese que lo podría conseguir endeudándose al tipo de interés r e invirtiendo los fondos del préstamo en la cartera CVM.

Sin embargo, es evidente que podría hacerlo mejor. En otras palabras, podría combinar directamente la cartera de activos inciertos A (situada como B en el interior del conjunto de oportunidades de inversión) con el activo seguro. El inversor podría obtener el mismo riesgo σ_T pero un rendimiento esperado mayor. De hecho, para cualquier punto de la recta r-CVM-B existe al menos otro (el que esté en su mismo nivel de volatilidad) en la recta r-A que le domina en el sentido media-varianza.

Pero podría hacerlo aún mejor. Podría combinar la cartera de activos inciertos T con el activo seguro al tipo de interés r y situarse en cualquier punto de la recta r-T. De nuevo, podría obtener una volatilidad σ_T pero ahora con un rendimiento esperado $E(R_T)$ que es mayor que el rendimiento esperado de las dos alternativas analizadas anteriormente. Nótese que no podría situarse en una línea recta con mayor pendiente que la recta r-T. Para hacerlo, debería ser factible obtener una cartera de activos inciertos con riesgo igual a σ_T pero con un rendimiento esperado mayor que $E(R_T)$. Simplemente dicha inversión no existe en el conjunto de oportunidades de inversión representado en la figura 6.5.

La recta r-T es la *nueva frontera de carteras eficientes* cuando existen N activos inciertos y un activo seguro con rendimiento igual a r. Es la recta de mayor pendiente posible dado el conjunto de N activos inciertos y el activo seguro. T es la cartera de activos inciertos situada en la recta *tangente* a la frontera de carteras eficientes cuando sólo existen N activos inciertos. Nótese que, con expectativas homogéneas sobre el conjunto de oportunidades de inversión al que se enfrentan, todos los inversores se situarían en dicha cartera tangente. Es la *única* cartera de activos inciertos en la que se situarán los inversores, ya que ello les permite colocarse en la nueva frontera de carteras eficientes al combinar la cartera T con el activo seguro.

Por tanto, en este caso, los dos fondos que generan todo el conjunto de carteras eficientes son el *activo seguro y la cartera tangente T de activos inciertos*. Combinando ambos se puede conseguir cualquier par de rendimiento esperado-volatilidad que sea eficiente en el sentido media-varianza. En otras palabras, combinando T y el activo seguro con rendimiento r los inversores pueden situarse en cualquier punto de la recta r-T. Este resultado no es más que una nueva aplicación del teorema de separación en dos fondos de la sección anterior, donde ahora los dos fondos que generan el resto de carteras eficientes están perfectamente definidos. La frontera de carteras eficientes representada por la recta r-T es tan importante que tiene su propio nombre; se denomina *línea del mercado de capitales* (LMC). En resumen, en el contexto media-varianza, y suponiendo que existe un activo seguro, todos los inversores seleccionarán alguna cartera situada en la LMC.

Analicemos las carteras eficientes. Sea ω la ponderación invertida en la cartera tangente T y $(1 - \omega)$ la asignada al activo seguro con rendimiento r. Así, el rendimiento esperado de cualquier cartera eficiente c es

$$E(R_c) = \omega E(R_T) + (1 - \omega)r \qquad [6.31]$$

y su volatilidad,

$$\sigma_c = \omega \sigma_T; \ (1 - \omega) \leq 1. \qquad [6.32]$$

Sustituyendo $\omega = \sigma_c / \sigma_T$ en [6.31],

$$E(R_c) = \frac{\sigma_c}{\sigma_T} E(R_T) + \left(1 - \frac{\sigma_c}{\sigma_T}\right) r,$$

que simplificando resulta en la ecuación de la LMC, la cual expresa la relación que existe entre el rendimiento esperado y la volatilidad de cualquier cartera eficiente c:

$$E(R_c) = r + \left(\frac{E(R_T) - r}{\sigma_T}\right) \sigma_c. \qquad [6.33]$$

Nótese que cuando $\omega = 1$, todos los recursos de la cartera eficiente se destinan al fondo de activos inciertos T, mientras que si $\omega = 0$ se invierte completamente en el activo seguro. Las carteras eficientes con ponderaciones $0 < \omega < 1$ son carteras que pueden denominarse carteras eficientes "invertidas", ya que son combinaciones de rendimiento esperado-riesgo situadas entre r y T en la figura 6.5 que *invierten* una proporción positiva, pero menor que uno, tanto en el activo seguro como en la cartera tangente. Por otra parte, si $\omega > 1$, las carteras eficientes se denominan carteras eficientes "en préstamo". Son carteras que ofrecen la posibilidad de obtener una combinación rendimiento esperado-riesgo situada a la derecha de la cartera tangente T. Endeudándose al tipo de interés libre de riesgo, es posible destinar dichos recursos a la adquisición de una proporción mayor que el 100% en la cartera tangente.

Por tanto, las carteras eficientes se diferencian en la forma en que los recursos se dividen entre el fondo seguro y el fondo tangente incierto T, pero todas son simplemente combinaciones de ambos fondos. Naturalmente, la cartera tangente T es la *única* cartera eficiente compuesta de activos con varianzas estrictamente positivas. En otras palabras, T es la única cartera eficiente formada exclusivamente de activos inciertos.

Volviendo a la LMC en [6.33], es importante señalar que la pendiente de dicha recta, que denominamos θ_T y que está dada por

$$\theta_T = \left(\frac{E(R_T) - r}{\sigma_T} \right), \qquad [6.34]$$

mide la compensación de rendimiento extra sobre el activo seguro (prima de riesgo de T) por unidad de riesgo o, en otras palabras, la cantidad de riesgo y rendimiento que puede intercambiarse cuando se elige una cartera de activos inciertos como la cartera tangente T. Dicha pendiente se conoce como el *precio del riesgo* de la cartera T.[7] Pendientes de la LMC más elevadas implican que el conjunto de activos inciertos disponibles, representados por la cartera tangente T, ofrece incrementos marginales de rendimiento mayores para aumentos dados en el riesgo. Contrariamente, pendientes menores, indican que el conjunto de activos ofrece incrementos marginales de rendimiento pequeños ante determinados aumentos del riesgo.

Suponiendo que la cartera tangente T es el IGBM, el cuadro 6.1 muestra la relación de intercambio entre rendimiento y riesgo para el mercado español de valores en varios periodos de tiempo desde 1963.

Cuadro 6.1. Relación de intercambio entre rendimiento y riesgo en el mercado español de valores.

Periodos	Rendimiento medio del IGBM (en %)	Prima de riesgo (en %)	Volatilidad del rendimiento del IGBM (en %)	Pendiente LMC
1963-1997	13,17	6,77	18,55	0,365
1963-1979	5,66	2,44	14,20	0,172
1980-1997	20,47	10,98	21,79	0,504

[7] También se conoce como *Índice de Sharpe* de la cartera T.

Puede observarse cómo los inversores en el mercado español de valores han exigido, en promedio, un rendimiento esperado mayor por unidad de riesgo en los últimos años. En otras palabras, por cada unidad de riesgo dispuestos a soportar exigen, en promedio, un mayor rendimiento esperado. El *precio del riesgo del mercado español de valores* ha aumentado considerablemente desde principios de los años ochenta. Nótese como el mercado se ha vuelto más volátil pero, simultáneamente, ha experimentado una mayor compensación en términos de rendimiento. Esta mayor compensación ha superado ampliamente el aumento en el riesgo.

6.5 La composición de la cartera tangente de activos inciertos

Es crucial tener muy presente que la cartera tangente *T* es el *único* fondo de activos inciertos cuya composición es necesario conocer para poder generar todas las carteras eficientes en el contexto media-varianza. Una vez identificada dicha cartera *T*, se trata de combinarla con el activo seguro cuyo rendimiento es igual a *r* para obtener el rendimiento esperado y la volatilidad de cualquier cartera eficiente.

En la figura 6.6 se observa cómo la composición de la cartera tangente *T* se obtiene al situarnos en la recta de máxima pendiente en el espacio rendimiento esperado-volatilidad, dado el conjunto de activos inciertos disponibles y el activo seguro:

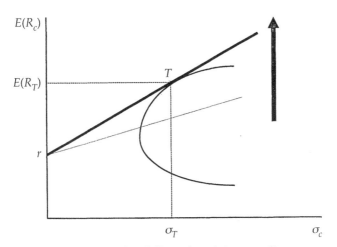

Figura 6.6. LMC: línea de máxima pendiente.

Analíticamente, se debe resolver:

$$\underset{\{\omega_{jT},\, j=1,\,2,\,...,\,N\}}{\text{maximizar}} \quad \theta_T = \left(\frac{E(R_T) - r}{\sigma_T}\right), \qquad [6.35]$$

sujeto a que las ponderaciones de cada activo *j* perteneciente a *T* sumen 1,

$$\sum_{j=1}^{N} \omega_{jT} = 1.$$

Nótese que el rendimiento del activo seguro lo podemos escribir como:

$$r = 1 \times r = \left(\sum_{j=1}^{N} \omega_{jT} \right) r.$$

Dado que el rendimiento esperado de la cartera tangente es $E(R_T) = \sum_{j=1}^{N} \omega_{jT} E(R_j)$, concluimos que:

$$E(R_T) - r = \sum_{j=1}^{N} \omega_{jT} \left[E(R_j) - r \right].$$ [6.36]

Por tanto, el problema de maximización [6.35] sujeto a su restricción, puede escribirse de forma compacta como:[8]

$$\max_{\{\omega_{jT}\}} \theta_T = \frac{\sum_{j=1}^{N} \omega_{jT} \left[E(R_j) - r \right]}{\left[\sum_{j=1}^{N} \omega_{jT}^2 \sigma_j^2 + \sum_{j=1}^{N} \sum_{\substack{h=1 \\ h \neq j}}^{N} \omega_{jT} \omega_{hT} \sigma_{jh} \right]^{1/2}},$$ [6.37]

donde en el denominador aparece la expresión de la desviación estándar de una cartera de N activos dada por [5.14].

Escribimos la pendiente θ_T como:

$$\theta_T = \left\{ \sum_{j=1}^{N} \omega_{jT} \left[E(R_j) - r \right] \right\} \underbrace{\left[\sum_{j=1}^{N} \omega_{jT}^2 \sigma_j^2 + \sum_{j=1}^{N} \sum_{\substack{h=1 \\ h \neq j}}^{N} \omega_{jT} \omega_{hT} \sigma_{jh} \right]}_{\text{var}}^{-1/2}$$

de forma que, para maximizar la pendiente, derivamos dicha expresión con respecto a las variables de elección e igualamos a cero para obtener:

---

[8] Se admiten las ventas en descubierto.

$$\frac{\partial \theta_T}{\partial \omega_{jT}} = \left\{ \sum_{j=1}^{N} \omega_{jT} \left[E(R_j) - r \right] \right\} \left[-\frac{1}{2} \cdot (\text{var})^{-3/2} \left(2\omega_{jT} \sigma_j^2 + 2 \sum_{\substack{h=1 \\ h \neq j}}^{N} \omega_{hT} \sigma_{hj} \right) \right]$$

$$+ \text{var}^{-1/2} \left[E(R_j) - r \right] = 0,$$

multiplicando ambos lados de la expresión anterior por $(\text{var})^{1/2}$, tenemos que

$$- \underbrace{\left\{ \frac{\sum_{j=1}^{N} \omega_{jT} \left[E(R_j) - r \right]}{(\text{var})} \right\}}_{\tilde{\theta}} \left[\omega_{jT} \sigma_j^2 + \sum_{\substack{h=1 \\ h \neq j}}^{N} \omega_{hT} \sigma_{hj} \right] + \left[E(R_j) - r \right] = 0$$

$$\Rightarrow - \tilde{\theta} \underbrace{\left[\omega_{jT} \sigma_j^2 + \sum_{\substack{h=1 \\ h \neq j}}^{N} \omega_{hT} \sigma_{hj} \right]}_{\sum_{h=1}^{N} \omega_{hT} \sigma_{jh}} + \left[E(R_j) - r \right] = 0,$$

donde obsérvese que $\tilde{\theta} = [E(R_T) - r]/\sigma_T^2$ es una constante una vez que conocemos las ponderaciones. Es decir, la expresión $\tilde{\theta}$ hace referencia a la cartera T y no a un activo j en particular. Este es un resultado muy importante sobre el que se vuelve más adelante.

Por tanto, desarrollando el corchete de la última expresión,

$$\frac{\partial \theta_T}{\partial \omega_{jT}} = - \left(\underbrace{\tilde{\theta} \, \omega_{1T} \sigma_{1j}}_{Z_1} + \underbrace{\tilde{\theta} \, \omega_{2T} \sigma_{2j}}_{Z_2} + \dots + \underbrace{\tilde{\theta} \, \omega_{jT} \sigma_j^2}_{Z_j} + \dots + \underbrace{\tilde{\theta} \, \omega_{NT} \sigma_{Nj}}_{Z_N} \right) + [E(R_j) - r] = 0.$$

Así, para cada activo incierto $j = 1, 2, \dots, N$ tenemos que su prima de riesgo puede escribirse como:

$$[E(R_j) - r] = Z_1 \sigma_{1j} + Z_2 \sigma_{2j} + \dots + Z_j \sigma_j^2 + \dots + Z_N \sigma_{Nj} \qquad [6.38]$$

que forma un sistema de N ecuaciones y N incógnitas (las Z_j).

Naturalmente, dado que se pretende conocer la composición de la cartera tangente T, realmente se necesitan las ponderaciones ω_{jT} y no simplemente las *pseudo ponderaciones* Z_j. Sin embargo, como $Z_j = \tilde{\theta}\omega_{jT}$, sumando para todo activo j y recordando que $\tilde{\theta}$ es una constante, tenemos que:

$$\sum_{j=1}^{N} Z_j = \tilde{\theta} \underbrace{\sum_{j=1}^{N} \omega_{jT}}_{1} = \tilde{\theta}.$$

Como $\omega_{jT} = Z_j/\tilde{\theta}$, concluimos que la ponderación que debe recibir cada activo j en la cartera tangente T, entendida como el único fondo de activos inciertos relevante, es:

$$\omega_{jT} = \frac{Z_j}{\displaystyle\sum_{j=1}^{N} Z_j} . \qquad\qquad [6.39]$$

EJEMPLO 6.5.1

Supongamos un mercado financiero compuesto de dos activos inciertos y un activo seguro con rendimiento $r = 5\%$. Los dos activos inciertos tienen rendimientos esperados y volatilidades iguales a $E(R_1) = 20\%$, $E(R_2) = 12\%$, $\sigma_1 = 30\%$ y $\sigma_2 = 20\%$, mientras que el coeficiente de correlación entre ambos activos es igual a $\rho_{12} = 0,30$. Se trata de calcular las ponderaciones óptimas de ambos activos inciertos o, lo que es lo mismo, la cartera tangente T para este mercado.

En primer lugar formamos el sistema de 2 ecuaciones con dos incógnitas dado por [6.38]:

$$(20 - 5) = 900Z_1 + \underbrace{(0,3)(30)(20)}_{\sigma_{12}}Z_2$$

$$(12 - 5) = \underbrace{(0,3)(30)(20)}_{\sigma_{21}}Z_1 + 400Z_2.$$

La solución viene dada por:

$$Z_1 = 0,0145$$

$$Z_2 = 0,0110.$$

Por tanto, sumando para ambos activos,

$$\sum_{j=1}^{2} Z_j = 0,0255 = \tilde{\theta}$$

y, las ponderaciones que reciben ambos activos en la cartera tangente son:

$$\omega_{1T} = \frac{0,0145}{0,0255} = 0,57$$

$$\omega_{2T} = \frac{0,0110}{0,0255} = 0,43.$$

Si todos los individuos en esta economía tienen expectativas homogéneas sobre los rendimientos esperados de los dos activos, sus volatilidades y el coeficiente de correlación, entonces todos los individuos destinarán los mismos porcentajes a los dos activos, de forma que el fondo incierto en el teorema de separación sea único.

Así, puede calcularse el rendimiento esperado y la volatilidad de la cartera T:

$$E(R_T) = (0,57)(20) + (0,43)(12) = 16,56$$

$$\sigma_T^2 = (0,57)^2(900) + (0,43)^2(400) + 2(0,57)(0,43)(0,3)(30)(20) = 454,61$$

$$\Rightarrow \sigma_T = 21,32.$$

Además,

$$\tilde{\theta}_T = \frac{[E(R_T) - r]}{\sigma_T^2} = \frac{16,56 - 5}{454,61} = 0,0255,$$

y, la pendiente de la LMC para esta economía, que representa la relación de intercambio entre riesgo y rendimiento, sería:

$$\theta_T = \frac{[E(R_T) - r]}{\sigma_T} = \frac{16,56 - 5}{21,32} = 0,54.$$

Así, los individuos estarían dispuestos a soportar 1 unidad adicional de riesgo (en unidades de desviaciones estándar) por cada 0,54 unidades adicionales de rendimiento esperado sobre el activo seguro.

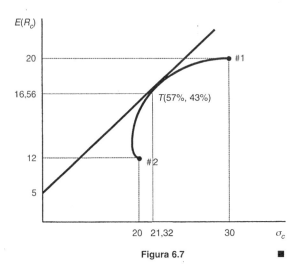

Figura 6.7

Existe una forma casi inmediata de calcular la composición de la cartera tangente, que tiene sorprendentes implicaciones para el análisis de la media-varianza y que ayuda a interpretar económicamente la forma de análisis anterior. Se ha señalado poco antes del ejemplo 6.5.1 que $\tilde{\theta} = [E(R_T) - r]/\sigma_T^2$ es constante en el sentido de que, *una vez obtenidas las ponderaciones óptimas*, dicha expresión no depende de un determinado activo individual j o, lo que es lo mismo, el cociente entre la prima de riesgo de la cartera tangente y la varianza de dicha cartera es igual para todo activo j. Analíticamente, esta fundamental idea implica que para dos activos cualesquiera h y j:

$$\frac{E(R_j) - r}{\text{cov}(R_j, R_T)} = \frac{E(R_h) - r}{\text{cov}(R_h, R_T)} = \frac{E(R_T) - r}{\sigma_T^2}; \ j = 1, 2, ..., N; \ h = 1, 2, ..., N. \quad [6.40]$$

Nótese que, si [6.40] no se cumple, entonces cualquier inversor podría aumentar el cociente entre el exceso de rendimiento de su cartera (sobre el rendimiento del activo seguro) y la varianza de la misma, incrementando la ponderación del activo que tuviese un mayor cociente, $\tilde{\theta}$, y disminuyendo la ponderación del activo con menor $\tilde{\theta}$. Pero si esta estrategia fuera posible, entonces la cartera T *no sería* la cartera tangente perteneciente a la LMC.

Volviendo al ejemplo 6.5.1, podemos usar [6.40] para resolver fácilmente el problema de encontrar la ponderación que recibe cada uno de los dos activos inciertos en la cartera tangente. Para ello, realizamos un ejercicio similar al empleado para obtener la composición de la cartera de varianza mínima. Entonces se trataba de encontrar aquella cartera que tuviese idéntica covarianza con cada activo individual. En este caso, la idea es encontrar aquella cartera cuya covarianza con cada activo j sea una proporción constante de la prima de riesgo del activo j. Esto es, usando [6.40] y siendo K un término constante, se satisface que:

$$\text{cov}(R_j, R_T) = [E(R_j) - r]K$$

donde,

$$K \equiv \frac{\sigma_T^2}{\left[E(R_T) - r\right]}.$$

En primer lugar, calculamos la covarianza entre los dos activos del ejemplo 6.5.1:

$$\sigma_{12} = \sigma_1 \sigma_2 \rho_{12} = (30)(20)(0,30) = 180.$$

A continuación, encontramos unas *pseudo ponderaciones* Z_1 y Z_2 (que, de hecho, no suman 1) que hacen que la covarianza entre el rendimiento de cada activo y el rendimiento de la cartera formada con dichas *pseudo ponderaciones* sea igual a la prima de riesgo de cada activo:[9]

---

[9] Nótese que es en este paso donde imponemos la expresión [6.40]. Además, el término constante K desaparece al normalizar cuando se calculan las verdaderas ponderaciones.

$$\text{cov}(R_1, R_T) = 900Z_1 + 180Z_2 = 15$$

$$\text{cov}(R_2, R_T) = 180Z_1 + 400Z_2 = 7.$$

Este sistema de dos ecuaciones y dos incógnitas nos permite calcular las *pseudo ponderaciones*:

$$Z_1 = 0,0145$$

$$Z_2 = 0,0110$$

cuya suma es, lógicamente, $\tilde{\theta} = 0,0255$. Así, finalmente, obtenemos la cartera tangente al normalizar dichas *pseudo ponderaciones* para que sumen 1:

$$\omega_{1T} = \frac{0,0145}{0,0255} = 0,57$$

$$\omega_{2T} = \frac{0,0110}{0,0255} = 0,43.$$

Aunque en este apartado se ha supuesto la existencia de un activo seguro a cuyo rendimiento se puede prestar y pedir prestado, su disponibilidad real en los mercados financieros puede ser discutible. Estrategias de inversión en bonos cupón cero que no se mantengan hasta el vencimiento, o economías con tasas de inflación que impliquen un riesgo en términos de tasas reales de rendimiento, son dos ejemplos que sugieren la importancia de un análisis que no imponga la existencia de un activo seguro. Es fácil extender el análisis anterior al caso más general en el que no se imponga la existencia de un activo de tales características.

Para ello, se emplea el teorema de separación en dos fondos. Uno de los dos fondos, que nos permitirá deducir el conjunto completo de carteras eficientes de activos inciertos es la cartera de mínima varianza, CVM. Para el segundo fondo, nótese que siempre podremos trazar una línea tangente desde cualquier punto del eje vertical en el espacio media-desviación estándar a la frontera (con forma de hipérbola) del conjunto de oportunidades de inversión en activos inciertos. La única excepción a este hecho es precisamente el punto en el eje vertical que representa el rendimiento esperado de la cartera CVM. Cualquier cartera tangente que resulte del trazado de dicha recta se denomina *cartera tangente hipotética*. En la práctica, estas carteras se obtendrán a base de suponer un determinado punto del eje vertical que hace el papel de activo seguro y que, para facilitar la interpretación final del resultado, debe ser menor que el rendimiento esperado de la cartera CVM.

Empleando los datos del ejemplo 6.5.1 podemos ilustrar la obtención del conjunto de carteras eficientes de activos inciertos sin suponer la existencia de un activo seguro, pero utilizando los argumentos de esta sección.

En primer lugar, calculamos la cartera de mínima varianza, CVM, dados los dos activos del ejemplo. Utilizando la expresión [5.26]:

$$\omega_1^* = \frac{400 - (0{,}30)(30)(20)}{900 + 400 - 2(0{,}30)(30)(20)} = 0{,}234$$

$$\omega_2^* = 0{,}766.$$

Su rendimiento esperado será:

$$E(R_{CVM}) = (0{,}234)(20) + (0{,}766)(12) = 13{,}87.$$

Por tanto, para el trazado de la tangente desde el eje vertical hasta una hipotética cartera tangente de activos inciertos, utilizamos cualquier rendimiento (que hará el papel del activo seguro aunque éste no exista) inferior al 13,87%. Por ejemplo, *podríamos suponer el 5%*. Una vez más, encontramos unas *pseudo ponderaciones* que hacen que la covarianza entre el rendimiento de cada activo y el rendimiento de la cartera formada con dichas "ponderaciones" sea igual a la prima de riesgo de cada activo:

$$900Z_1 + 180Z_2 = 20 - 5$$

$$180Z_1 + 400Z_2 = 12 - 5.$$

Naturalmente, como hemos impuesto como activo seguro precisamente el rendimiento del activo seguro del ejemplo 6.5.1, las ponderaciones finales resultantes coinciden con las obtenidas en dicho ejemplo, $\omega_1 = 57\%$ y $\omega_2 = 43\%$. Evidentemente, podríamos haber escogido cualquier otro rendimiento menor que 13,87% y hubiéramos encontrado otras ponderaciones. Imaginemos, sin embargo, que mantenemos la elección del 5%.

Las ponderaciones para los activos originales que describen las carteras eficientes generadas con las carteras CVM ($\omega_1 = 23{,}4\%$ y $\omega_2 = 76{,}6\%$) y la hipotética cartera tangente $\omega_1 = 57\%$ y $\omega_2 = 43\%$ vienen dadas por:

$$w_1 = 0{,}57\omega + 0{,}234(1 - \omega)$$

$$w_2 = 0{,}43\omega + 0{,}766(1 - \omega)$$

para cualquier $\omega > 0$.

6.6 El riesgo beta como medida de riesgo de los activos individuales

El resultado clave de la sección anterior sugiere que los inversores pueden identificar, mediante combinaciones entre dos únicos fondos, las carteras eficientes disponibles en el espacio media-desviación estándar. Si existe un activo seguro, cualquier cartera eficiente se puede generar a través de combinaciones entre dicho fondo seguro y el fondo o cartera tangente representado por una determinada (única) combinación de activos inciertos. Si no existe tal activo, los inversores pueden generar las carteras eficientes mediante la combinación de la cartera de mínima varianza, CVM, y cualquier cartera tangente hipotética.

En cualquier caso, lo relevante es que los inversores mantienen en último término carteras de activos inciertos eficientes y, de hecho, si existe un activo seguro y las expectativas son homogéneas, sólo existe una cartera eficiente de activos inciertos. Así, el riesgo apropiado al que se enfrentan los individuos es la volatilidad o desviación estándar de la cartera eficiente escogida. La variabilidad que experimenta el rendimiento de dicha cartera eficiente es la medida de riesgo final que debe preocupar al inversor.

Sin embargo, *no es lo mismo hablar de la cartera eficiente en la que invierte un individuo, en cuyo caso nos preocupará la volatilidad como medida de riesgo, que hablar de activos individuales donde lo que debe preocupar a los inversores es cómo y cuánto dicho activo individual* **contribuye** *al riesgo (volatilidad) de la cartera eficiente finalmente escogida.* La distinción entre el riesgo apropiado para carteras eficientes y para activos individuales es crucial en Economía Financiera.

En definitiva, parece evidente que cuanto más contribuya un activo individual a la variabilidad del rendimiento de la cartera eficiente escogida o, si existe un activo seguro, a la variabilidad del rendimiento de la cartera tangente T, más arriesgado será el activo en cuestión. Al fin y al cabo, un activo que contribuye en gran medida a la varianza o volatilidad de la cartera eficiente que mantiene un determinado individuo puede interpretarse como el activo *culpable* de la gran variabilidad y riesgo de la cartera. Ahora bien, la pregunta relevante es ¿cómo medir la contribución de un activo a la varianza o volatilidad (riesgo) de la cartera eficiente? Utilizamos en primer lugar un ejemplo para, posteriormente, desarrollar una presentación formal de la respuesta.

EJEMPLO 6.6.1

Supongamos que tenemos una cartera bien diversificada formada con 10 activos financieros.[10] La desviación estándar o volatilidad de cada uno de estos activos es la misma e igual a 0,40 (40% de volatilidad anual). La correlación entre los rendimientos de dos activos cualesquiera de dicha cartera es igual a 0,30. Estamos pensando en añadir un activo adicional a nuestra cartera y para ello tenemos 4 alternativas con las siguientes características:[11]

(i)   El activo *A* es idéntico a los otros 10, de forma que su volatilidad es 0,40 y el coeficiente de correlación con los demás también es igual a 0,30.

(ii)   El activo *B* tiene una volatilidad igual a 0,30 y el coeficiente de correlación con los demás es igual a 0,80.

---

[10] Recuérdese que, en una cartera bien diversificada, los términos de varianzas de los activos componentes de la cartera se eliminan reduciéndose el riesgo a los componentes covarianzas. El concepto de contribución de un activo individual al riesgo de una cartera de esta sección supone que la cartera eficiente elegida por cada individuo es una cartera bien diversificada. El capítulo 5 del libro también utiliza esta idea al presentar el concepto de covarianza como varianza marginal.

[11] En el ejemplo supondremos que las carteras son equiponderadas. Así, una vez que se añadan cada uno de los cuatro activos siguientes, cada componente de la cartera resultante recibirá una ponderación de $1/11$.

(iii)   El activo *C* tiene una volatilidad igual a 0,70 y el coeficiente de correlación con el resto es igual a 0,05.

(iv)   *D* tiene una volatilidad del 0,70 y un coeficiente de correlación igual a – 0,25 (sus precios y, por tanto, sus rendimientos tienden a moverse de manera contraria al resto de los activos de la cartera).

Representemos la varianza de la nueva cartera con 11 activos para el caso (i) en el que añadimos el activo *A* a la cartera original, en una matriz donde la diagonal corresponde a los términos de varianzas de los 11 activos y el resto de las casillas a los de covarianzas entre los activos:

0,0013	0,0004	0,0004	0,0004	0,0004	0,0004	0,0004	0,0004	0,0004	0,0004	0,0004
0,0004	0,0013	0,0004	0,0004	0,0004	0,0004	0,0004	0,0004	0,0004	0,0004	0,0004
0,0004	0,0004	0,0013	0,0004	0,0004	0,0004	0,0004	0,0004	0,0004	0,0004	0,0004
0,0004	0,0004	0,0004	0,0013	0,0004	0,0004	0,0004	0,0004	0,0004	0,0004	0,0004
0,0004	0,0004	0,0004	0,0004	0,0013	0,0004	0,0004	0,0004	0,0004	0,0004	0,0004
0,0004	0,0004	0,0004	0,0004	0,0004	0,0013	0,0004	0,0004	0,0004	0,0004	0,0004
0,0004	0,0004	0,0004	0,0004	0,0004	0,0004	0,0013	0,0004	0,0004	0,0004	0,0004
0,0004	0,0004	0,0004	0,0004	0,0004	0,0004	0,0004	0,0013	0,0004	0,0004	0,0004
0,0004	0,0004	0,0004	0,0004	0,0004	0,0004	0,0004	0,0004	0,0013	0,0004	0,0004
0,0004	0,0004	0,0004	0,0004	0,0004	0,0004	0,0004	0,0004	0,0004	0,0013	0,0004
0,0004	0,0004	0,0004	0,0004	0,0004	0,0004	0,0004	0,0004	0,0004	0,0004	0,0013

Para construir esta tabla hemos empleado la expresión [5.18] que nos permite separar los componentes de varianzas y los componentes de covarianzas, así como la ecuación [5.19] para calcular la varianza de esta cartera de 11 activos:

Varianzas:

$$\left(\frac{1}{11}\right)^2 \underbrace{0,16}_{= 0,40^2} = 0,0013.$$

Covarianzas:

$$\left(\frac{1}{11}\right)^2 \underbrace{0,048}_{= 0,40 \times 0,40 \times 0,30} = 0,0004.$$

Así, la varianza de la cartera de 11 activos que describimos en la tabla anterior y en la que añadimos a la cartera original el activo *A* es:

$$\sigma^2_{c(A)} = \frac{1}{N} \, (\overline{\sigma}^2_j - \overline{\sigma}_{jh}) + \overline{\sigma}_{jh} = \frac{1}{11} \, (0,16 - 0,048) + 0,048 = 0,0582$$

$$\Rightarrow \sigma_{c(A)} = 0,2412,$$

varianza que es, simplemente, la suma de todas las casillas.

El caso (ii) en el que añadimos el activo B sería:

0,0013	0,0004	0,0004	0,0004	0,0004	0,0004	0,0004	0,0004	0,0004	0,0004	0,00079
0,0004	0,0013	0,0004	0,0004	0,0004	0,0004	0,0004	0,0004	0,0004	0,0004	0,00079
0,0004	0,0004	0,0013	0,0004	0,0004	0,0004	0,0004	0,0004	0,0004	0,0004	0,00079
0,0004	0,0004	0,0004	0,0013	0,0004	0,0004	0,0004	0,0004	0,0004	0,0004	0,00079
0,0004	0,0004	0,0004	0,0004	0,0013	0,0004	0,0004	0,0004	0,0004	0,0004	0,00079
0,0004	0,0004	0,0004	0,0004	0,0004	0,0013	0,0004	0,0004	0,0004	0,0004	0,00079
0,0004	0,0004	0,0004	0,0004	0,0004	0,0004	0,0013	0,0004	0,0004	0,0004	0,00079
0,0004	0,0004	0,0004	0,0004	0,0004	0,0004	0,0004	0,0013	0,0004	0,0004	0,00079
0,0004	0,0004	0,0004	0,0004	0,0004	0,0004	0,0004	0,0004	0,0013	0,0004	0,00079
0,0004	0,0004	0,0004	0,0004	0,0004	0,0004	0,0004	0,0004	0,0004	0,0013	0,00079
0,00079	0,00079	0,00079	0,00079	0,00079	0,00079	0,00079	0,00079	0,00079	0,00079	0,00074

Su varianza es,

$$\sigma^2_{c(B)} = 0,0655$$

$$\Rightarrow \sigma_{c(B)} = 0,2560.$$

En el caso (iii) en el que se añade el activo C tenemos que,

0,0013	0,0004	0,0004	0,0004	0,0004	0,0004	0,0004	0,0004	0,0004	0,0004	0,00012
0,0004	0,0013	0,0004	0,0004	0,0004	0,0004	0,0004	0,0004	0,0004	0,0004	0,00012
0,0004	0,0004	0,0013	0,0004	0,0004	0,0004	0,0004	0,0004	0,0004	0,0004	0,00012
0,0004	0,0004	0,0004	0,0013	0,0004	0,0004	0,0004	0,0004	0,0004	0,0004	0,00012
0,0004	0,0004	0,0004	0,0004	0,0013	0,0004	0,0004	0,0004	0,0004	0,0004	0,00012
0,0004	0,0004	0,0004	0,0004	0,0004	0,0013	0,0004	0,0004	0,0004	0,0004	0,00012
0,0004	0,0004	0,0004	0,0004	0,0004	0,0004	0,0013	0,0004	0,0004	0,0004	0,00012
0,0004	0,0004	0,0004	0,0004	0,0004	0,0004	0,0004	0,0013	0,0004	0,0004	0,00012
0,0004	0,0004	0,0004	0,0004	0,0004	0,0004	0,0004	0,0004	0,0013	0,0004	0,00012
0,0004	0,0004	0,0004	0,0004	0,0004	0,0004	0,0004	0,0004	0,0004	0,0013	0,00012
0,00012	0,00012	0,00012	0,00012	0,00012	0,00012	0,00012	0,00012	0,00012	0,00012	0,00405

Su varianza es,

$$\sigma^2_{c(C)} = 0,0553$$

$$\Rightarrow \sigma_{c(C)} = 0,2351.$$

Finalmente en el caso (iv) en el que se añade el activo D tenemos que,

0,0013	0,0004	0,0004	0,0004	0,0004	0,0004	0,0004	0,0004	0,0004	0,0004	-0,00058
0,0004	0,0013	0,0004	0,0004	0,0004	0,0004	0,0004	0,0004	0,0004	0,0004	-0,00058
0,0004	0,0004	0,0013	0,0004	0,0004	0,0004	0,0004	0,0004	0,0004	0,0004	-0,00058
0,0004	0,0004	0,0004	0,0013	0,0004	0,0004	0,0004	0,0004	0,0004	0,0004	-0,00058
0,0004	0,0004	0,0004	0,0004	0,0013	0,0004	0,0004	0,0004	0,0004	0,0004	-0,00058
0,0004	0,0004	0,0004	0,0004	0,0004	0,0013	0,0004	0,0004	0,0004	0,0004	-0,00058
0,0004	0,0004	0,0004	0,0004	0,0004	0,0004	0,0013	0,0004	0,0004	0,0004	-0,00058
0,0004	0,0004	0,0004	0,0004	0,0004	0,0004	0,0004	0,0013	0,0004	0,0004	-0,00058
0,0004	0,0004	0,0004	0,0004	0,0004	0,0004	0,0004	0,0004	0,0013	0,0004	-0,00058
0,0004	0,0004	0,0004	0,0004	0,0004	0,0004	0,0004	0,0004	0,0004	0,0013	-0,00058
-0,00058	-0,00058	-0,00058	-0,00058	-0,00058	-0,00058	-0,00058	-0,00058	-0,00058	-0,00058	0,00405

Su varianza es

$$\sigma^2_{c(D)} = 0,0414$$

$$\Rightarrow \sigma_{c(D)} = 0,2035.$$

Es evidente que la cartera con menor varianza o volatilidad es la última cartera en la que hemos añadido a la cartera original de 10 activos el activo *D*. Éste tiene un coeficiente de correlación negativo con el resto de los componentes de la cartera a pesar de ser, junto con *C*, el activo que presenta una volatilidad individual mayor. El mensaje de este ejemplo es fundamental. El riesgo de un activo individual no se mide por la volatilidad o desviación estándar de sus rendimientos, sino por su *contribución a la varianza de la cartera* donde se incluye al activo. *Esta contribución depende, principalmente, del coeficiente de correlación de cada activo con el resto de los activos o, alternativamente, de la covarianza entre los rendimientos del activo y de la cartera.*[12]

Los resultados de las tablas anteriores pueden resumirse en el siguiente cuadro:

	AÑADIENDO LOS ACTIVOS			
	A	*B*	*C*	*D*
σ_c	0,2412	0,2560	0,2351	0,2035
σ_j	0,4000	0,3000	0,7000	0,7000
ρ_{jh}	0,3000	0,8000	0,0500	-0,2500

Nótese cómo el activo *B*, que presenta la menor variabilidad de sus rendimientos con una volatilidad del 30%, resulta ser el activo más arriesgado al ser el que contribuye en mayor medida a la varianza de la cartera de 11 activos, que es la cartera diversificada de referencia. Esta gran contribución proviene del alto y positivo coeficiente de correlación que tiene el activo *B* con el resto de los 10 activos de la cartera. Todo lo contrario ocurre con el activo *D* que resulta ser el menos arriesga-

---

[12] Cuando la cartera está perfectamente diversificada, la contribución depende exclusivamente de la covarianza entre los rendimientos del activo y de la cartera. En caso contrario, la volatilidad de cada activo también juega un papel que suele ser, para casos realistas, relativamente irrelevante.

do al tener un coeficiente de correlación negativo que le hace presentar la menor varianza de las cuatro posibilidades analizadas. ∎

A modo de resumen: *el riesgo de un activo individual se mide por su contribución al riesgo de la cartera bien diversificada y eficiente escogida por el inversor y se estima por la correlación o covarianza entre el rendimiento del activo en cuestión j y el rendimiento del resto de los activos que componen la cartera y que es cov(R_j, R_c).*

A continuación formalizamos esta importante idea. Para ello hacemos uso de la expresión [5.22] que muestra la covarianza entre el rendimiento de un activo individual y el rendimiento de una cartera de N activos inciertos que se supone eficiente:

$$\text{cov}\left(R_j, R_c\right) = \sum_{h=1}^{N} \omega_h \sigma_{jh}.$$

Por otra parte, la desviación estándar o volatilidad de la cartera c viene dada por la expresión:

$$\sigma_c = \left[\sum_{j=1}^{N} \sum_{h=1}^{N} \omega_j \omega_h \sigma_{jh} \right]^{1/2}.$$

Para conocer la contribución de cualquier activo j al riesgo de la cartera necesitamos saber en cuánto varía σ_c al variar la cantidad del activo j invertida en c, tal como hemos hecho en el ejemplo 6.6.1:

$$\frac{\partial \sigma_c}{\partial \omega_j} = 2 \frac{1}{2} \left[\sum_{h=1}^{N} \omega_h \sigma_{jh} \right] \left[\sum_{j=1}^{N} \sum_{h=1}^{N} \omega_j \omega_h \sigma_{jh} \right]^{-1/2} = \frac{\sum_{h=1}^{N} \omega_h \sigma_{jh}}{\sigma_c}, \qquad [6.41]$$

de forma que utilizando [5.22] en la expresión [6.41] obtenemos:

$$\frac{\partial \sigma_c}{\partial \omega_j} = \frac{\text{cov}\,(R_j, R_c)}{\sigma_c}. \qquad [6.42]$$

Como dicha contribución suele medirse en términos proporcionales, en el sentido de saber cuánto supone la contribución al riesgo dada por [6.42] sobre la volatilidad total de la cartera, tendremos que la *contribución proporcional de j al riesgo de la cartera eficiente c*, que denominaremos β_{jc}, es:

$$\frac{\text{cov}\,(R_j, R_c)/\sigma_c}{\sigma_c} = \frac{\text{cov}\,(R_j, R_c)}{\sigma_c^2} = \beta_{jc}. \qquad [6.43]$$

Así, la expresión [6.43] indica que *la medida de riesgo individual de un activo j es el cociente entre la covarianza del rendimiento del activo individual j y el rendimiento de la cartera eficiente c y la varianza de la cartera c. Esta medida de riesgo se denomina* **coeficiente beta** *del activo j.*

Si existe un activo seguro y la cartera eficiente de activos inciertos escogida por todos los inversores es la cartera tangente *T*, el riesgo de cualquier activo individual *j* vendría dado por el *coeficiente beta del activo j con relación a la cartera tangente T*:

$$\beta_{jT} = \frac{\text{cov}(R_j, R_T)}{\sigma_T^2}. \qquad [6.44]$$

El coeficiente beta, como medida de riesgo de un activo individual, se ha convertido en una de las herramientas de trabajo más útiles para analizar estrategias de inversión y coste de capital, análisis de cobertura, evaluación de la gestión de carteras y cualquier tipo de análisis financiero donde se requiera una medida analítica y precisa del riesgo. Los siguientes capítulos discuten con detalle dicho coeficiente desde diferentes perspectivas.

Es importante y útil señalar que la beta de una cartera cualquiera *c* con relación a la cartera tangente *T* (o con relación a cualquier cartera eficiente) es el promedio ponderado de los coeficientes betas de sus activos componentes:

$$\beta_{cT} = \frac{\text{cov}(R_c, R_T)}{\sigma_T^2} = \frac{\text{cov}(\omega_{1c}R_1 + \omega_{2c}R_2 + \dots + \omega_{Nc}R_N, R_T)}{\sigma_T^2}$$

$$= \omega_{1c}\frac{\text{cov}(R_1, R_T)}{\sigma_T^2} + \omega_{2c}\frac{\text{cov}(R_2, R_T)}{\sigma_T^2} + \dots + \omega_{Nc}\frac{\text{cov}(R_N, R_T)}{\sigma_T^2}$$

$$= \omega_{1c}\beta_{1T} + \omega_{2c}\beta_{2T} + \dots + \omega_{Nc}\beta_{NT}.$$

En definitiva,

$$\beta_{cT} = \sum_{j=1}^{N} \omega_{jc}\beta_{jT}. \qquad [6.45]$$

6.7 Una primera aproximación a la relación entre rendimiento esperado y riesgo

La posibilidad de generar carteras eficientes permite establecer con facilidad una expresión que relacione explícitamente el rendimiento esperado de cualquier activo financiero con su riesgo. En particular, si existe un activo seguro con rendimiento *r*, la ecuación [6.40],

$$\frac{E(R_j) - r}{\text{cov}(R_j, R_T)} = \frac{E(R_T) - r}{\sigma_T^2} \; ; \; j = 1, 2, \ldots, N$$

puede escribirse como

$$E(R_j) - r = \frac{\text{cov}(R_j, R_T)}{\sigma_T^2} \left[E(R_T) - r \right] \qquad [6.46]$$

y, por tanto, dada la definición de riesgo beta, la prima de riesgo del activo j es

$$E(R_j) - r = [E(R_T) - r]\beta_{jT}; \; j = 1, 2, \ldots, N \qquad [6.47]$$

que establece una relación lineal (y positiva) entre rendimiento esperado y riesgo beta, entendido como contribución del activo j al riesgo de la cartera tangente T.[13] Es importante entender que resulta posible obtener la relación lineal [6.47], debido a que hemos sido capaces de identificar la cartera tangente y eficiente de activos inciertos T.

Como ocurría en el caso de la LMC, la expresión [6.47] es la ecuación de una línea recta. De hecho, una vez trasladado el rendimiento del activo seguro al lado derecho de la ecuación, la línea recta resultante tiene la misma intersección en el eje vertical que la LMC, r, pero con pendiente dada por la prima de riesgo de la cartera T en lugar de venir expresada en términos del precio del riesgo, tal como lo definíamos en [6.34]. La ecuación [6.47] recibe el nombre de *línea del mercado de activos* (LMA). En otras palabras, la LMA relaciona el rendimiento esperado de cualquier activo (incluso los activos ineficientes en el sentido media-varianza) con el riesgo beta. Sin embargo, la LMC relaciona el rendimiento esperado y el riesgo volatilidad (o riesgo varianza) *para carteras eficientes*.

Es importante insistir en la diferencia entre ambos conceptos. Los argumentos que permiten distinguir entre la LMC y la LMA están basados en la figura 6.8. Nótese que tanto la cartera tangente T como el activo seguro con rendimiento igual a r aparecen en ambos paneles de la figura 6.8. Además, es inmediato comprobar que la beta de la cartera tangente T es igual a 1 y la beta del activo seguro es igual a cero. En particular,

$$\beta_T = \frac{\text{cov}(R_T, R_T)}{\sigma_T^2} = \frac{\sigma_T^2}{\sigma_T^2} = 1.$$

---

[13] Cabe señalar, además, que el coeficiente beta no es más que la pendiente de una regresión de mínimos cuadrados ordinarios entre la serie temporal de rendimientos del activo j y la serie temporal de rendimientos de la cartera tangente T.

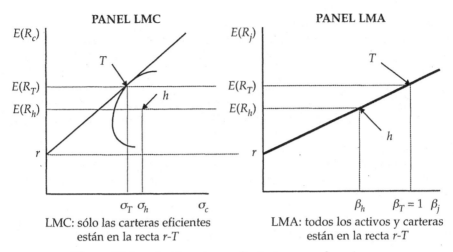

Figura 6.8. La relación entre rendimiento esperado y riesgo.

Asimismo, es imprescindible entender que, usando la LMA, el rendimiento esperado de un activo cualquiera h puede *replicarse* mediante una combinación lineal de la cartera tangente T de activos inciertos y el rendimiento del activo seguro:[14]

$$E(R_h) = r + [E(R_T) - r]\beta_{hT} = \beta_{hT}E(R_T) + (1 - \beta_{hT})r. \qquad [6.48]$$

Si interpretamos el coeficiente beta del activo h con relación a la cartera tangente T como la ponderación que recibe T en la cartera réplica de h, [6.48] puede escribirse como:

$$E(R_h) = \omega_T E(R_T) + (1 - \omega_T)r, \qquad [6.49]$$

donde $\omega_T \equiv \beta_{hT}$.

Así, cualquier activo financiero j, cuyo riesgo beta es conocido, puede *replicarse mediante una cartera compuesta por la cartera tangente de activos inciertos y el activo seguro*. Las ponderaciones de cada fondo vienen dadas precisamente por el coeficiente beta del activo a replicar.

Si se desea representar el activo h en el panel LMC, nótese que el único requisito es que forme parte del conjunto de oportunidades de inversión. Tal como aparece en la figura 6.8, el activo h es un activo factible pero ineficiente al estar situado en el interior del conjunto de posibilidades de inversión. Sin embargo, cada uno de los activos posibles que se representen en el panel LMC (ineficientes o no) pueden localizarse en algún punto de la línea del mercado de activos del panel LMA mediante una combinación lineal de T y el activo libre de riesgo.

---

[14] Obsérvese que detrás de la LMC existe un argumento de eficiencia media-varianza (carteras óptimas), mientras que detrás de la LMA sólo existe un argumento de arbitraje.

En otras palabras, cada cartera eficiente situada en algún punto de la línea del mercado de capitales del panel LMC y que se genera por unas determinadas ponderaciones de T y el activo seguro, se localiza en algún punto de la línea del mercado de activos en el panel LMA empleando exactamente las mismas ponderaciones de los dos fondos (cartera T y activo seguro). Pero es que además, en el caso de la línea del mercado de activos, cualquier activo ineficiente y, por tanto, no situado en la LMC, está también localizado en algún lugar de la LMA.

EJEMPLO 6.7.1

Dado el modelo que relaciona rendimiento esperado y riesgo beta, $E(R_j) - r = [E(R_T) - r]\,\beta_{jT}$, se pide discutir si es posible identificar los inversores que rechacen con mayor intensidad el riesgo beta de un activo (individuos más *aversos al riesgo*).

Puede hacerse uso de las expresiones [6.48] y [6.49] o, alternativamente, de la expresión [6.45]. Si empleamos esta última, tenemos que la beta de cualquier activo j puede escribirse como el promedio ponderado de la beta de la cartera tangente, β_T, y la beta del activo seguro, β_S. Así,

$$\beta_j = \beta_S(1 - \omega) + \beta_T \omega,$$

donde ω es la ponderación de la cartera tangente en la cartera réplica. Como $\beta_S = 0$ y $\beta_T = 1$, la beta del activo j es:

$$\beta_j = 0(1 - \omega) + 1(\omega) = \omega.$$

Por tanto, la ponderación que reciba la cartera T en la cartera réplica de cualquier activo j representa precisamente el riesgo beta de éste. Así, cuanto mayor sea dicha ponderación, el individuo estará dispuesto a soportar un mayor riesgo beta y será, en definitiva, menos averso ante dicho riesgo. ■

EJEMPLO 6.7.2

Si el rendimiento esperado de la cartera tangente es el 15% y el rendimiento del activo seguro es el 5%, se pide (i) encontrar la beta del activo cuyo rendimiento esperado es igual al 9%. (ii) ¿Qué porcentaje debe un inversor colocar en la cartera tangente de activos inciertos si quiere obtener un rendimiento esperado del 9%? Nótese que esta pregunta puede hacerse de la siguiente forma alternativa, ¿cuál es la cartera réplica formada por la cartera tangente T y el activo seguro que permite replicar un 9% de rendimiento esperado?

(i) Según la expresión $E(R_j) - r = [E(R_T) - r]\beta_{jT}$ tenemos que,

$$9 = 5 + (15 - 5)\beta_{jT} \Rightarrow 4 = 10\beta_{jT} \Rightarrow \beta_{jT} = 0{,}40.$$

(ii) Sabemos que la expresión $E(R_j) - r = [E(R_T) - r]\beta_{jT}$ puede escribirse como un promedio ponderado de los dos fondos generadores de carteras eficientes (T y el activo seguro):

$$E(R_j) = \omega E(R_T) + (1 - \omega)r.$$

Por tanto,

$$9 = \omega(15) + (1 - \omega)(5)$$

$$\Rightarrow \omega = \frac{9 - 5}{10} = 0{,}40,$$

por lo que habría que invertir un 40% en T y un 60% en el activo seguro. ■

EJEMPLO 6.7.3

Supongamos que estamos en una economía donde los inversores actúan de acuerdo con el modelo $E(R_j) - r = [E(R_T) - r]\beta_{jT}$. El coeficiente de correlación entre un fondo de inversión de renta variable conocido como *Cartera Bolsa* y la cartera tangente de activos inciertos T es igual a 0,80. La volatilidad del fondo es el 30% y la volatilidad de la cartera T es igual a 25%. ¿Cuál es la cartera réplica construida por el fondo de inversión y el activo seguro que permite obtener una cartera con riesgo beta igual a 1,8?

$$\rho_{CB,\,T} = \frac{\text{cov}(R_{CB},\,R_T)}{\sigma_{CB}\sigma_T}$$

$$\Rightarrow 0,8 = \frac{\text{cov}(R_{CB},\,R_T)}{(30)(25)} \Rightarrow \text{cov}(R_{CB},\,R_T) = 600$$

$$\beta_{CB} = \frac{\text{cov}(R_{CB},\,R_T)}{\sigma_T^2} = \frac{600}{25^2} = 0,96$$

$$\beta_j = \omega\beta_{CB} + (1 - \omega)\beta_s \Rightarrow 1,8 = \omega(0,96) \Rightarrow \omega = 1,875,$$

por lo que debemos invertir un 187,5% en el fondo de inversión y endeudarnos (pidiendo un préstamo) al tipo de interés del activo seguro en un 87,5%. ∎

Para completar este capítulo insistimos *formalmente* en las ideas principales que se contienen en los ejemplos anteriores. En particular, se trata de demostrar que si un activo financiero cualquiera *j* tiene la misma covarianza (varianza marginal) con respecto a la cartera tangente *T* que su cartera réplica, entonces el activo *j* y la cartera réplica tienen el mismo rendimiento esperado.[15] Lo que es clave enfatizar en este resultado es que, como ya sabemos por la expresión [6.48], la cartera de activos inciertos que forma parte de la cartera réplica *debe ser una cartera eficiente*. Si, por el contrario, la covarianza se calcula con respecto a una cartera ineficiente, simplemente no existe una relación lineal entre covarianza y rendimiento esperado.

Para verlo, imaginemos que la cartera tangente *T* tiene un rendimiento R_T. Supongamos que *añadimos una pequeña cantidad de euros en el activo j a la cartera T*. Así, sea *z* el total de euros adicionales en el activo *j* por cada euro invertido en la cartera. Además, financiamos esta compra mediante una venta en descubierto de la cartera réplica del activo *j*, donde la cartera réplica consiste en una ponderación ω_T en la cartera tangente y $(1 - \omega_T)$ en el activo seguro.

El rendimiento de la nueva cartera resultante al realizar esta operación, R_c, viene dado por la siguiente expresión:

$$R_c = R_T + z\{R_j - [\omega_T R_T + (1 - \omega_T)r]\} = R_T + z\{[R_j - r] - \omega_T[R_T - r]\}, \quad [6.50]$$

mientras que su rendimiento esperado será

$$E(R_c) = E(R_T) + z\{[E(R_j) - r] - \omega_T[E(R_T) - r]\}, \quad [6.51]$$

---

[15] Nótese que si un activo *j* y la cartera réplica tienen la misma covarianza con respecto a la cartera tangente *T*, entonces dicho activo y la cartera réplica tienen la misma beta con respecto a *T*.

donde, por las expresiones [6.48] y [6.49], la prima de riesgo de la cartera réplica es igual a $\omega_T[E(R_T) - r]$. Así, si la prima de riesgo del activo j es superior a la prima de riesgo de la cartera réplica, entonces la nueva cartera, c, tendrá un rendimiento mayor que la cartera réplica y al contrario.

La varianza de la nueva cartera, c, es:

$$\sigma_c^2 = \mathrm{var}(R_T + z\{[R_j - r] - \omega_T[R_T - r]\})$$
$$= \sigma_T^2 + \mathrm{var}(z\{[R_j - r] - \omega_T[R_T - r]\}) + 2\mathrm{cov}(R_T, z\{[R_j - r] - \omega_T[R_T - r]\})$$

y, por tanto,

$$\sigma_c^2 = \sigma_T^2 + z^2(\sigma_j^2 + \omega_T^2\sigma_T^2 - 2\omega_T\sigma_{jT}) + 2z(\sigma_{jT} - \omega_T\sigma_T^2). \qquad [6.52]$$

Así, podemos determinar cómo se ve afectada la varianza de la cartera c ante una variación infinitesimal de la cantidad invertida en el activo j:

$$\frac{\partial \sigma_c^2}{\partial z} = 2z(\sigma_j^2 + \omega_T^2\sigma_T^2 - 2\omega_T\sigma_{jT}) + 2(\sigma_{jT} - \omega_T\sigma_T^2),$$

evaluando dicha derivada en $z = 0$, tenemos que:

$$\frac{\partial \sigma_c^2}{\partial z}\Big|_{z=0} = 2\sigma_T^2\left(\frac{\sigma_{jT}}{\sigma_T^2} - \omega_T\right) = 2\sigma_T^2(\beta_{jT} - \omega_T). \qquad [6.53]$$

En definitiva, si el coeficiente beta del activo j con respecto a T es igual a la ponderación que recibe la cartera tangente en la cartera réplica, $\beta_{jT} = \omega_T$, la varianza de la nueva cartera no se verá modificada ante una variación infinitesimal del activo j.

Supongamos que en este caso la prima de riesgo del activo j es superior a la prima de riesgo de la cartera réplica. Esto es, supongamos que:

$$E(R_j) - r > \beta_{jT}[E(R_T) - r], \qquad [6.54]$$

de forma que un aumento infinitesimal del activo j en la cartera tangente T, financiado con una venta en descubierto de igual magnitud en la cartera réplica, no varía la varianza de T pero produce un aumento en su rendimiento esperado tal como se aprecia en [6.54]. Si esto fuera así, la nueva cartera dominaría en sentido media-varianza a la cartera tangente; sin embargo, por definición de la cartera tangente T, ésta no puede ser dominada al ser una cartera eficiente. La desigualdad contraria tampoco sería posible, ya que disminuyendo la cantidad invertida en el activo j, la cartera tangente sería de nuevo una cartera dominada en el sentido media-varianza.

Hemos demostrado que, cuando existe un activo seguro con agentes que tienen expectativas homogéneas y cuyas decisiones de inversión están basadas exclusivamente en el rendimiento esperado y varianza de los activos, entonces la prima de riesgo de cualquier activo financiero es igual a la prima de riesgo de su cartera réplica. En otras palabras, tal como sugeríamos en la expresión [6.47] mediante argumentos descriptivos, el rendimiento esperado de cualquier activo incierto en exceso del rendimiento del activo seguro es una función lineal (y positiva) del riesgo beta con relación a la cartera tangente:

$$E(R_j) - r = [E(R_T) - r]\beta_{jT}; \ j = 1, 2, \ldots, N.$$

Como veremos en el capítulo 8, el concepto de cartera réplica tiene múltiples aplicaciones en la gestión y selección de carteras. Como podemos observar, por tanto, la utilización del concepto de carteras réplicas y su herramienta básica de trabajo que consiste en no admitir oportunidades de arbitraje tienen consecuencias que van más allá de las descritas en los primeros capítulos de este libro. Su uso debe ser generalizado por lo que su comprensión debe ser un aspecto fundamental de la Economía Financiera tal como la entendemos hoy en día.

Referencias

Constantinides, G. y A. Malliaris (1995). "Portfolio Theory", en *Finance*, vol. 9, *Handbooks in Operations Research and Management Science*, editado por R. Jarrow, V. Maksimovic y W. Ziemba.

Copeland, T. Y F. Weston (1988). *Financial Theory and Corporate Policy*, Addison-Wesley, 3ª ed., caps. 6 y 7.

Elton, E. y M. Gruber (1995). *Modern Portfolio Theory and Investment Analysis*, John Wiley & Sons, 5ª ed., caps. 6 y 13.

Fama, E. (1976). *Foundations of Finance*, Basic Books, caps. 7 y 8.

Grinblatt, M. y S. Titman (1998). *Financial Markets and Corporate Strategy*, Irvine-McGraw-Hill, cap. 5.

Huang, C. y R. Litzenberger (1988). *Foundations for Financial Economics*, North Holland, caps. 3 y 4.

Ingersoll, J (1987). *Theory of Financial Decision Making*, Rowman & Littlefield, cap. 4.

Sharpe, W., Alexander, G. y J. Bailey (1995). *Investments*, Prentice Hall International, 5ª ed., caps. 9 y 10.

7. EL MODELO DE VALORACIÓN DE ACTIVOS FINANCIEROS CON CARTERA DE MERCADO: EL CAPM

7.1 La ecuación fundamental de valoración y la cartera tangente de activos inciertos

En el contexto media-varianza con un activo seguro y bajo expectativas homogéneas de los individuos sobre el conjunto de oportunidades de inversión, el capítulo anterior ha presentado una relación precisa entre el rendimiento esperado de cualquier activo financiero *y su cartera réplica*. Dado que la cartera réplica está formada por la cartera tangente de activos inciertos y el activo seguro, se puede concluir que existe una relación lineal (y positiva) entre el rendimiento de cualquier activo y su beta (o covarianza) respecto a la cartera tangente que debe ser, además, una cartera eficiente en el sentido media-varianza.

En este capítulo, profundizaremos en el concepto de cartera tangente con el objetivo de ser aún más precisos sobre cuál debe ser el *único significado posible de dicha cartera tangente* dados, una vez más, los supuestos de trabajo del capítulo anterior. Una vez que la cartera tangente esté bien definida, obtendremos el denominado modelo de valoración de activos financieros *con cartera de mercado* o CAPM.[1]

Por otra parte, es importante insistir que el CAPM es un caso especial del marco de trabajo sobre valoración que desarrollamos en el capítulo 4. Recordemos que el contexto general de valoración en el que está situado este libro descansa en la imposibilidad de construir estrategias de arbitraje de forma sistemática. Este marco de trabajo nos permitía obtener la denominada *ecuación fundamental de valoración* de activos que venía dada por la expresión:

$$P_j = \sum_{s=1}^{S} \phi_s X_{js},\qquad\qquad [7.1]$$

donde P_j representa el valor (precio) de cualquier activo financiero o real j, ϕ_s es el precio hoy del activo Arrow-Debreu que paga una unidad de consumo (unidad monetaria) en el estado s y nada en caso contrario y que juega el papel de factor de descuento en un contexto de incertidumbre y, finalmente, X_{js} representa el pago que genera el activo j al final del periodo (en $t = 1$) en el estado de la naturaleza s.

---

[1] CAPM son las siglas en inglés para *Capital Asset Pricing Model*.

El contexto de la media-varianza permite darle a la ecuación [7.1] un contenido empírico muy preciso que facilita en gran medida su utilización práctica en los mercados financieros reales. Tradicionalmente, la ecuación [7.1] se emplea en términos de tasas de rendimientos en lugar de su utilización directa en términos de precios. Tanto las propiedades estadísticas que caracterizan a los rendimientos de los activos, como la sencilla transformación de [7.1] en una ecuación que permite relacionar de manera muy intuitiva el rendimiento (esperado) y el riesgo para cada activo financiero, aconsejan el empleo de la *ecuación fundamental de valoración* en términos de rendimientos en lugar de precios.

Sabemos por el capítulo 4 que la *ecuación fundamental de valoración* expresada en tasas de rendimientos viene dada por:

$$E_t(M_{t+1}\tilde{R}_{jt+1}) = 1; j = 1, ..., N,$$

donde M_{t+1} es la variable aleatoria agregada (no depende de j) definida en el capítulo 4 y que representa un factor de descuento que pondera los flujos generados por el activo según sea el estado de la naturaleza donde se reciben. Recuérdese que la variable M_{t+1} representa simplemente los precios de los activos Arrow-Debreu normalizados por las probabilidades de cada estado de la naturaleza. Así, su realización en la fecha futura $t + 1$ depende del estado de la naturaleza que ocurra y es, por tanto, una variable aleatoria. Asimismo, E_t es la expectativa *condicional* a la información disponible en t de los rendimientos futuros ponderados por la variable M_{t+1} y $\tilde{R}_{jt+1}$ es el *rendimiento bruto* del activo j entre t y $t + 1$.[2]

En este capítulo, y con el fin último de simplificar la notación, escribiremos la ecuación fundamental de valoración anterior sin los subíndices temporales t y $t + 1$:[3]

$$E(M\tilde{R}_j) = 1; j = 1, ..., N. \tag{7.2}$$

Siguiendo nuestra conexión con el capítulo 4, y haciendo uso de la definición de covarianza, podemos escribir [7.2] como:[4]

$$E(M\tilde{R}_j) = E(M)E(\tilde{R}_j) + \text{cov}(M, R_j) = 1. \tag{7.3}$$

---

[2] Es importante tener claro que esta versión del modelo utiliza la expectativa bajo las verdaderas u originales probabilidades de los estados de la naturaleza y no bajo las probabilidades neutrales al riesgo. Recuérdese asimismo que rendimiento bruto significa 1 más la tasa porcentual de rendimiento del activo.

[3] Nótese que suponemos un contexto estático de un único periodo y dos fechas, tal como hemos venido haciendo hasta el momento, lo que nos permite sin mayores dificultades conceptuales ignorar los subíndices temporales.

[4] Debe tenerse en cuenta que $\text{cov}(M, \tilde{R}_j) = \text{cov}(M, 1 + R_j) = \underbrace{\text{cov}(M, 1)} + \text{cov}(M, R_j) = \text{cov}(M, R_j)$.

Esta expresión nos permite obtener una fórmula de valoración en términos del rendimiento esperado de cualquier activo incierto j:

$$E(\tilde{R}_j) = \frac{1}{E(M)} - \frac{cov(M, R_j)}{E(M)}.$$

También sabemos que:

$$E(M) = \frac{1}{(1 + r)}, \qquad\qquad [7.4]$$

donde r es el tipo de interés del activo libre de riesgo. Así, el rendimiento esperado del activo incierto j es:

$$E(\tilde{R}_j) = \frac{1}{E(M)} - \frac{cov(M, R_j)}{E(M)} = (1 + r) - \frac{cov(M, R_j)}{E(M)}.$$

Así, bajo la ecuación fundamental de valoración y ausencia de arbitraje, la *prima de riesgo* de cualquier activo incierto j, que está definida por el exceso de rendimiento esperado entre el activo j y el activo libre de riesgo, viene dada por:[5]

$$E(R_j - r) = \left\{ - \frac{1}{E(M)} \right\} cov(M, R_j). \qquad\qquad [7.5]$$

Esta es una expresión que el lector debe entender y recordar. En primer lugar, nótese que todo activo incierto debe tener una prima de riesgo positiva.[6] Ningún inversor estaría dispuesto a arriesgar sus recursos en un activo incierto si esperase un rendimiento menor que el tipo de interés que ofrece el activo libre de riesgo. En definitiva, intuitivamente $E(R_j - r) > 0$, para todo activo j incierto. Ahora nos podemos preguntar qué determina o cómo caracterizamos un activo incierto. Es evidente por la ecuación [7.5] que cualquier activo financiero j será un activo incierto si $cov(M, R_j) < 0$. En este caso tenemos dos signos negativos en el lado derecho de [7.5] que resulta en una prima por riesgo positiva. Naturalmente para comprender el al-

---

[5] En la ecuación [7.5], que está escrita en términos de prima de riesgo del activo j, nótese que R_j hace *ahora* el papel de tasa porcentual de rendimiento al haberse cancelado los unos asociados al rendimiento bruto del activo j y del activo seguro. Asimismo, en los términos donde aparece una covarianza, dado que la covarianza entre 1 y cualquier variable aleatoria es cero, la interpretación es indiferente.

[6] Formalmente, cualquier activo que tenga una prima de riesgo *distinta* de cero es un activo incierto. En otras palabras, un activo j es seguro cuando $E(R_j) = r$. Este razonamiento sugiere que activos con primas negativas son también inciertos y pueden existir en el mercado y ser demandados por los inversores como activos que permiten cubrirse al estar negativamente correlacionados con otros activos. En definitiva, nuestro razonamiento intuitivo debe interpretarse como un análisis de cada activo por sí mismo y no como componente de una cartera.

cance del significado de la cov(M, R_j) debemos en primer lugar darle un contenido empírico (de forma que el modelo sea contrastable) y económico a la variable agregada M. De momento sabemos que si un activo tiende a ofrecer rendimientos altos cuando la variable agregada presenta valores bajos, entonces dicho activo j debe ofrecer una prima de riesgo positiva.

En definitiva, dos aspectos claves deben destacarse de la ecuación de valoración [7.5]:

(i) Dicha ecuación no es más que una relación entre rendimiento esperado y riesgo que deben satisfacer todos los activos financieros de forma que no existan oportunidades de arbitraje. Esta sencilla interpretación implica que la forma apropiada de medir el riesgo de los *activos financieros indi-viduales es la covarianza* y no la desviación estándar o varianza de sus rendimientos. Esta idea es consistente con el contexto media-varianza del capítulo 6 y sugiere que la covarianza como medida de riesgo individual es un concepto absolutamente general, y no relacionado exclusivamente con los supuestos del modelo media-varianza.

(ii) Es crucial darle contenido empírico a la variable agregada M para discutir con detalle qué determina la prima de riesgo de los activos financieros. Lo que sabemos es que el factor determinante de la prima de riesgo de cualquier activo es la cov(M, R_j). Ahora bien, ¿qué es M en la práctica?, ¿qué supuestos necesitamos además de mercados completos y ausencia de arbitraje para darle un contenido empírico a la variable agregada M más allá de su relación con los precios de los activos Arrow-Debreu normalizados?

Los supuestos del modelo media-varianza empleados en el capítulo 6 nos permiten identificar a la variable aleatoria M con una función lineal del rendimiento de la cartera tangente (y eficiente) T de activos inciertos. Para verlo recordemos la relación entre rendimiento esperado y beta obtenida en el capítulo anterior:

$$E(R_j) = r + [E(R_T) - r]\beta_{jT}. \qquad [7.6]$$

Sea $\gamma_{1T} \equiv [E(R_T) - r]$ la prima de riesgo de la cartera tangente T, de forma que [7.6] puede escribirse como:

$$E(R_j) = r + \gamma_{1T}\beta_{jT}, \qquad [7.7]$$

ecuación que expresa la relación entre el rendimiento esperado de cualquier activo incierto y su riesgo medido como el coeficiente beta respecto al rendimiento de la cartera eficiente T. Escribiendo [7.7] en forma de *rendimientos brutos*, tendríamos que:

$$1 + E(R_j) = 1 + r + \gamma_{1T}\beta_{jT}. \qquad [7.8]$$

Usando el concepto de riesgo beta, la ecuación [7.8] puede escribirse como:

$$1 + E(R_j) - \gamma_{1T} \frac{\text{cov}(R_j, R_T)}{\sigma_T^2} = 1 + r$$

$$\Rightarrow [1 + E(R_j)] \frac{1}{1 + r} - \frac{\gamma_{1T} \text{cov}(R_j, R_T)}{(1 + r)\sigma_T^2} = 1$$

$$\Rightarrow [1 + E(R_j)] \frac{1}{1 + r} + \text{cov}\left\{ R_j, \frac{1}{1 + r} - \frac{\gamma_{1T}[R_T - E(R_T)]}{(1 + r)\sigma_T^2} \right\} = 1,$$

ya que $\text{cov}(R_j, 1/1 + r) = 0$.

Por tanto, dados $E(M) = 1/1 + r$ y nuestro modelo, tal como aparece en [7.3], debe ser cierto que M es

$$M \equiv \frac{1}{1 + r} \left\{ 1 - \frac{\gamma_{1T}[R_T - E(R_T)]}{\sigma_T^2} \right\},$$

donde se observa que la variable aleatoria M no depende de j, por lo que efectivamente debe ser una variable agregada que afecta a todos los activos inciertos, es un factor de descuento y, además, M depende de la diferencia entre el rendimiento realizado u observado (*ex-post*) de T y su rendimiento esperado (*ex-ante*). Esta sorpresa en el rendimiento de la cartera T es lo que convierte a la variable agregada M en una variable aleatoria.

Alternativamente M puede escribirse como:

$$M = \underbrace{\frac{1}{1 + r} + \frac{\gamma_{1T}[E(R_T) - R_T]}{(1 + r)\sigma_T^2}}_{} = \underbrace{\frac{1}{1 + r} + \frac{\gamma_{1T}E(R_T)}{(1 + r)\sigma_T^2}}_{\delta_{0T}} - \underbrace{\frac{\gamma_{1T}}{(1 + r)\sigma_T^2}R_T}_{\delta_{1T}}. \qquad [7.9]$$

Por lo que, finalmente, *la variable agregada M es una función lineal del rendimiento de la cartera tangente T de activos inciertos*:

$$M = \delta_{0T} + \delta_{1T}R_T. \qquad [7.10]$$

En definitiva, bajo los supuestos del contexto media-varianza y existiendo un activo seguro, el modelo de valoración de activos inciertos [7.6] puede escribirse como:

$$E[\tilde{R}_j(\delta_{0T} + \delta_{1T}R_T)] = 1; \quad j = 1, 2, ..., N, \qquad [7.11]$$

donde $\tilde{R}_j$ es rendimiento bruto y las constantes δ_{0T} y δ_{1T} vienen definidas en [7.9], siendo δ_{1T} negativa. Así, podemos concluir que la relación lineal (y positiva) entre rendimiento esperado y riesgo beta respecto a la cartera tangente T es un caso especial del modelo más general [7.2] obtenido exclusivamente bajo ausencia de arbitraje.[7]

En definitiva, de acuerdo con [7.11], los rendimientos esperados de todos los activos inciertos en el contexto de la media-varianza deben ser iguales a 1 una vez que son ponderados por $(\delta_{0T} + \delta_{1T} R_T)$, ponderación que permite incorporar la influencia de recibir los pagos o rendimientos en un estado u otro de la naturaleza.

Hemos dicho que cualquier activo financiero j que tenga una cov$(M, R_j) < 0$ es un activo incierto, ya que su prima de riesgo sería positiva dada la expresión [7.5]. Ahora, una vez que hemos definido la variable M, podemos entender dicho razonamiento. Una covarianza negativa entre M y R_j implica, dado que δ_{1T} es negativa, que un activo incierto tiene una prima de riesgo positiva si cov$(R_j, R_T) > 0$, o alternativamente cuando $\beta_{jT} > 0$. Este resultado es natural. Bajo los supuestos del capítulo 6, todos los inversores escogen la cartera tangente (y eficiente) de activos inciertos T. Si un individuo invierte en un activo j que tiende a ofrecer altos rendimientos justo cuando su cartera eficiente, T, también tiende a pagar altos rendimientos, dicho inversor exigiría una compensación para colocar una cantidad mayor de sus recursos en el activo j, ya que cuando los activos que forman T tengan bajos rendimientos, el activo j también los tendrá bajos. Por el contrario, si el activo j ofreciese altos rendimientos compensaría parcialmente la caída en la rentabilidad de la cartera del inversor, lo que llevaría a éste a no exigir una prima por riesgo positiva (dados los servicios de "aseguramiento" que ofrece este activo). Por tanto, exigiría una prima de riesgo positiva en j cuando cov$(R_j, R_T) > 0$. En este sentido, decimos que un activo financiero es arriesgado. Nótese que, en este caso, dicho activo j estaría incrementando la varianza de la cartera eficiente T (contribuiría al riesgo de la cartera eficiente seleccionada por el individuo). Por ello debe necesariamente ofrecer una compensación al inversor en forma de prima de riesgo positiva. Mientras que si la cov$(R_j, R_T) < 0$, reduciría la varianza de la cartera T y no se le exigiría una prima de riesgo positiva, sino que se le admitiría incluso un rendimiento esperado inferior al del activo seguro.

La ecuación [7.2] también suele representarse en términos de excesos de rendimientos del activo incierto j sobre el activo libre de riesgo. Nótese que la expresión [7.2] se cumple para todo activo, incluido el activo libre de riesgo. Denominando $r_j \equiv R_j - r$ a dicho exceso de rendimiento y restando la ecuación [7.2] para un activo j cualquiera y para el activo libre de riesgo se obtiene que:

$$E(Mr_j) = 0; \quad j = 1, 2, \ldots, N. \qquad [7.12]$$

Para concluir esta sección, el lector debe ser consciente de que la *ecuación fundamental de valoración* basada en el supuesto de ausencia de oportunidades de ar-

---

[7] Caso especial en el sentido de que necesitamos incorporar, además de ausencia de arbitraje, los supuestos del contexto media-varianza del capítulo 6.

bitraje nos permite recorrer un largo camino sobre valoración de activos sin recurrir a supuestos mucho más restrictivos sobre las preferencias de los agentes o sobre la función de distribución de los rendimientos. Así, las expresiones [7.2] y [7.5] son la base fundamental de donde nacen todos los modelos existentes de valoración de activos que presentamos a lo largo del libro. En este capítulo, introduciendo supuestos que permiten trabajar con agentes que toman sus decisiones exclusivamente basadas en el rendimiento esperado y varianza de sus inversiones, logramos identificar con mucha precisión los factores determinantes de los precios de los activos financieros. Una primera aproximación se ha llevado a cabo en esta sección. Sin embargo, podemos ir más allá en cuanto reconozcamos, con mayor exactitud, el significado de la cartera tangente de activos inciertos T. En cualquier caso, lo importante es que las expresiones [7.2] y [7.5] nos permiten ofrecer un contenido compacto y bien definido de lo que entendemos por Economía Financiera, tanto desde el punto de vista de los mercados como de la propia empresa. Cualquier otro modelo de valoración es, simplemente, un caso especial.

7.2 La relación entre rendimiento esperado y riesgo beta cuando no existe un activo seguro

Sin duda, puede parecer restrictivo suponer que existe un activo seguro al cual podemos prestar y pedir prestado sin restricciones. Es cierto que suponer su existencia facilita en gran medida la presentación del modelo que relaciona el rendimiento esperado de cualquier activo j con su riesgo beta. La cartera tangente está bien definida, es única y la medida de riesgo beta está, por tanto, también bien definida. Sin embargo, cabe preguntarse cuál es la relación entre el rendimiento esperado de cualquier activo incierto y su riesgo beta cuando no imponemos la existencia de un activo seguro pero admitimos la venta en descubierto de los activos inciertos.

Para ello, en la figura 7.1, identificamos una cartera e en la frontera eficiente de activos inciertos. Dibujamos una línea recta que sea tangente a dicha cartera eficiente e y denominamos $E(R_{0e})$ al intercepto en el eje vertical. Nótese que en ningún momento sugerimos que $E(R_{0e})$ sea el rendimiento del activo seguro. Es simplemente un número que resulta de trazar la recta tangente a la cartera e.

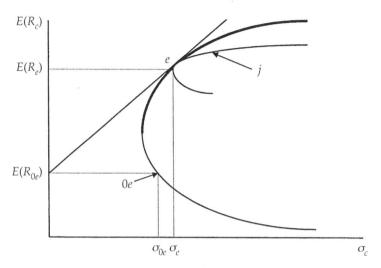

Figura 7.1. La relación entre rendimiento esperado y riesgo beta cuando no existe un activo seguro.

Consideremos a continuación una cartera c consistente en una proporción ω en el activo incierto (individual e ineficiente) j y una proporción $(1 - \omega)$ en la cartera eficiente e. Esta combinación genera una curva dentro del conjunto de oportunidades de inversión, donde la intersección con la cartera eficiente e se corresponde con una ponderación $\omega = 0$ en el activo j. Nótese que la línea tangente a la cartera e que se ha trazado desde la intersección con el eje vertical denominada $E(R_{0e})$, es también tangente a la curva interior que forman j y e. Por tanto, debe ser cierto que la pendiente de la línea recta es *igual* a la pendiente de la curva interior en el punto e que define a la cartera eficiente que estamos considerando. Naturalmente, cualquier otra cartera eficiente nos hubiese servido para nuestro razonamiento al no poder suponer que existe una única cartera eficiente compuesta exclusivamente por activos inciertos (recuérdese que en este análisis no existe un activo seguro).

Así, a lo largo de la curva interior, la cartera c que combina la cartera eficiente e y el activo incierto j tiene un rendimiento esperado y una varianza dados por:

$$E(R_c) = \omega E(R_j) + (1 - \omega)E(R_e)$$

$$\sigma_c^2 = \omega^2 \sigma_j^2 + (1 - \omega)^2 \sigma_e^2 + 2\omega(1 - \omega)\sigma_{je}.$$

Para obtener la pendiente de dicha curva interior en el punto e, debemos tener en cuenta que:

$$\frac{dE(R_c)}{d\omega} = E(R_j) - E(R_e)$$

$$\frac{d\sigma_c^2}{d\omega} = 2\sigma_j^2\,\omega - 2(1 - \omega)\sigma_e^2 + (2 - 4\omega)\sigma_{je}.$$

Evaluando esta última derivada en $\omega = 0$, y teniendo en cuenta que

$$\frac{d\sigma_c^2}{d\omega} = 2\sigma_c \frac{d\sigma_c}{d\omega},$$

tenemos que:

$$\frac{d\sigma_c}{d\omega} = \frac{d\sigma_c^2/d\omega}{2\sigma_c} \bigg|_{\omega=0} = \frac{2\sigma_{je} - 2\sigma_e^2}{2\sigma_e} = \frac{\sigma_{je} - \sigma_e^2}{\sigma_e}, \qquad [7.13]$$

ya que $\sigma_c = \sigma_e$ en $\omega = 0$.

En definitiva, la pendiente de la curva interior evaluada en $\omega = 0$ es

$$\frac{dE(R_c)}{d\sigma_c} \bigg|_{\omega=0} = \frac{[E(R_j) - E(R_e)]\sigma_e}{\sigma_{je} - \sigma_e^2}. \qquad [7.14]$$

Por otra parte, la pendiente de la línea recta tangente a la cartera e es

$$\frac{E(R_e) - E(R_{0e})}{\sigma_e}. \qquad [7.15]$$

Como la pendiente de la recta es igual a la pendiente de la curva interior en e, esto es, en $\omega = 0$:

$$\frac{[E(R_j) - E(R_e)]\sigma_e}{\sigma_{je} - \sigma_e^2} = \frac{E(R_e) - E(R_{0e})}{\sigma_e} \qquad [7.16]$$

y simplificando obtenemos:

$$E(R_j) - E(R_e) = [E(R_e) - E(R_{0e})] \frac{\sigma_{je} - \sigma_e^2}{\sigma_e^2} = [E(R_e) - E(R_{0e})](\beta_{je} - 1).$$

Despejando el rendimiento esperado del activo j, $E(R_j)$:

$$E(R_j) = E(R_{0e}) + [E(R_e) - E(R_{0e})]\beta_{je}, \qquad [7.17]$$

expresión que presenta la relación entre rendimiento esperado de cualquier activo incierto j y su riesgo beta con respecto a la cartera eficiente e. La expresión [7.17], una de las más relevantes del libro, es válida para cualquier cartera eficiente e. En cada caso, tendríamos una determinada intersección con el eje vertical en el espacio media-desviación estándar R_{0e} pero, dada cualquier cartera eficiente, una expresión como la [7.17] debe satisfacerse. Nótese que es un resultado básicamente matemático que debe ocurrir para cualquier cartera eficiente. Una vez más, tenemos una relación lineal entre rendimiento esperado de cualquier activo o cartera y su coeficiente beta respecto a una cartera eficiente. Alternativamente, *las dos expresiones siguientes son equivalentes*:

(i) Existe una relación lineal entre rendimiento esperado del activo j y su beta con respecto a cualquier cartera eficiente.

(ii) Si una cartera es eficiente en el sentido media-varianza, entonces una expresión lineal como [7.17], que relaciona el rendimiento esperado de cualquier activo j y su beta con respecto a dicha cartera eficiente, debe satisfacerse.

Por tanto, decir que [7.17] se cumple o decir que la cartera e es eficiente en el sentido media-varianza es exactamente lo mismo. Veremos más adelante en el libro que este resultado es muy importante para interpretar la evidencia empírica sobre el tipo de modelo que se discute en este capítulo.

Es crucial notar que:

$$E(R_j) = E(R_{0e})$$

si y sólo si la beta del activo j con respecto a la cartera eficiente e es igual a cero. Esto es, si $\beta_{je} = 0$ o, alternativamente, dicha igualdad se produce si y sólo si $\text{cov}(R_j, R_{0e}) = 0$. Por tanto, la *cartera de menor varianza* (situada en la frontera del conjunto de oportunidades de inversión, pero *no* en su segmento eficiente) que representamos como $0e$ y que tiene un rendimiento esperado igual a $E(R_{0e})$ y una volatilidad σ_{0e}, es aquella cartera que tiene *covarianza cero* (beta cero) con respecto a la cartera eficiente sobre la cual se ha trazado la línea recta tangente.

Como sabemos, por la separación en dos fondos, que dos carteras cualesquiera de menor varianza pueden generar cualquier cartera de menor varianza y, por tanto, cualquier cartera eficiente, podemos concluir *que cada cartera eficiente de activos inciertos es una combinación lineal de las carteras $0e$ y e.*

Asimismo, nótese que reordenando la ecuación [7.17] se obtiene que cualquier activo incierto j puede crearse mediante una cartera réplica que combine la cartera eficiente e y su cartera de covarianza cero:

$$E(R_j) = \beta_{je}E(R_e) + (1 - \beta_{je})E(R_{0e}), \qquad [7.18]$$

donde interpretamos el coeficiente beta, β_{je}, como la ponderación que recibe la cartera eficiente en la cartera réplica del activo j. Así, siempre es posible escribir:

$$E(R_j) = \omega_{je}E(R_e) + (1 - \omega_{je})E(R_{0e}). \qquad [7.19]$$

Una vez más, podemos replicar el rendimiento esperado de cualquier activo incierto j sin necesidad de que exista un activo seguro a cuyo rendimiento podamos prestar y pedir prestado. Es suficiente que exista una cartera, con volatilidad mayor que cero, cuyo rendimiento no esté correlacionado con la cartera eficiente de referencia.

Dado que hemos argumentado que el modelo que expresa la relación entre rendimiento esperado y riesgo beta, cuando no suponemos la existencia de un activo seguro, es el resultado *matemático* que debe cumplir cualquier activo con relación a una cartera eficiente, parece natural pensar que las secciones 6.2, sobre matemáticas de las carteras de menor varianza, y 6.3, sobre separación en dos fondos, deberían estar relacionadas con el modelo [7.17].

Efectivamente, en la sección 6.2 se demostró que existe una determinada restricción sobre las ponderaciones que reciben los componentes de una cartera para que dicha cartera sea de menor varianza (y, por tanto, para que sea eficiente). En particular, se obtuvo la expresión [6.13]:

$$E(R_j) - E(R_e) = \frac{1}{\lambda_1} \left[\sum_{h=1}^{N} \omega_h \sigma_{jh} - \sigma_e^2 \right]; \ j = 1, 2, \ldots, N,$$

donde $E(R_e)$ es el rendimiento esperado de una cartera de menor varianza (que aquí supondremos eficiente) y λ_1 es el multiplicador de Lagrange del problema de minimización de la varianza asociado a la restricción impuesta al elegir un determinado $E(R_e)$. De hecho, la ecuación [6.14] concluía que:

$$\frac{1}{\lambda_1} = \frac{\theta_e}{\sigma_e},$$

donde

$$\theta_e = \frac{dE(R_e)}{d\sigma_e}$$

es la pendiente de la frontera eficiente de activos inciertos evaluada en la cartera *e*. Observando la figura 7.1, podemos concluir que esta pendiente viene dada por la ecuación [7.15]:

$$\theta_e = \frac{E(R_e) - E(R_{0e})}{\sigma_e}.$$

Recuérdese, además, la ecuación [5.22]:

$$\text{cov}(R_j, R_c) \equiv \sigma_{jc} = \sum_{h=1}^{N} \omega_h \sigma_{jh}.$$

Teniendo en cuenta estas expresiones podemos escribir la ecuación [6.13], resultante del problema de minimización de varianza, de forma similar al modelo de este capítulo que relaciona rendimiento esperado y riesgo beta. Para ello sustituimos [6.14] y [5.22] en [6.13] resultando:

$$E(R_j) = [E(R_e) - \theta_e \sigma_e] + \frac{\theta_e}{\sigma_e} \text{cov}(R_j, R_e).$$ [7.20]

Usando [7.15] es evidente que el término entre corchetes de la ecuación anterior es:

$$E(R_e) - \theta_e \dot{\sigma}_e = E(R_{0e}),$$

el rendimiento esperado de la cartera con beta cero respecto a la cartera eficiente e. Así,

$$E(R_j) = E(R_{0e}) + \frac{\theta_e}{\sigma_e} \text{cov}(R_j, R_e).$$ [7.21]

Finalmente, sustituyendo θ_e en [7.21]:

$$E(R_j) = E(R_{0e}) + [E(R_e) - E(R_{0e})] \frac{\text{cov}(R_j, R_e)}{\sigma_e^2}$$ [7.22]

$$\Rightarrow E(R_j) = E(R_{0e}) + [E(R_e) - E(R_{0e})]\beta_{je}.$$

Nótese que si la cartera e es eficiente, entonces $\theta_e > 0$ y, por tanto, dado [7.15], es necesariamente cierto que $E(R_e) > E(R_{0e})$, por lo que el modelo [7.17] o [7.22] dice que la prima de riesgo de cualquier activo incierto j es una función lineal y positiva del riesgo beta. Así, cuanto mayor sea la beta de un activo j, mayor será la prima de riesgo o compensación que exigirán los inversores para comprar dicho activo j. Si, por el contrario, el activo j es un activo con β_{je} = 0, entonces el activo j tiene un rendimiento igual a $E(R_{0e})$ y puede considerarse un activo sin riesgo ya que no contribuye en absoluto al riesgo de la cartera eficiente e que es la cartera de activos inciertos que en último término mantiene cada individuo.

Finalmente, nótese que el modelo también es válido para cualquier cartera de menor varianza sin que necesariamente sea eficiente. Si la cartera e fuese de menor varianza pero ineficiente, entonces $\theta_e < 0$ y, por tanto, $E(R_e) <$ $E(R_{0e})$. La prima de riesgo del activo j sería una prima de riesgo negativa o *descuento de riesgo*: los individuos estarían dispuestos a pagar por mantener el activo j en sus carteras en lugar de exigir una compensación. En cualquier caso, debe quedar claro que, en el contexto media-varianza, todos los individuos se mostrarían interesados sólo en carteras eficientes. Así, es razonable interpretar el modelo [7.17] como un modelo que determina primas de riesgo de activos inciertos.

EJEMPLO 7.2.1

Supongamos un mercado financiero con dos individuos, G y J, que tienen expectativas homogéneas sobre el conjunto de oportunidades de inversión y dos activos financieros inciertos #1 y #2, donde no existe un activo seguro al cual prestar y pedir prestado al mismo tipo de interés. Se sabe que las volatilidades y rendimientos esperados de ambos activos son: $\sigma_1 = 25\%$, $\sigma_2 = 15\%$, $E(R_1) = 35\%$ y $E(R_2) = 20\%$ y, además, la covarianza entre los rendimientos de los dos activos, σ_{12}, es igual a cero.

El individuo G escoge su cartera eficiente de forma que invierte un 60% en el activo #1 y un 40% en el activo #2. Por otra parte, el individuo J elige su cartera eficiente invirtiendo un 40% en el activo #1 y un 60% en el activo #2. Nótese que a pesar de tener expectativas homogéneas sobre el conjunto de oportunidades de inversión las elecciones de ambos individuos no coinciden por no existir un activo seguro.

a) Se pide calcular la beta del activo #1 que estimará cada individuo. Para ello, nótese que la definición del coeficiente beta con relación al rendimiento de la cartera eficiente escogida por G es:

$$\beta_{1e(G)} = \frac{\text{cov}(R_1, R_{e(G)})}{\sigma^2_{e(G)}},$$

donde $R_{e(G)}$ y $\sigma^2_{e(G)}$ son el rendimiento y la varianza del rendimiento de la cartera eficiente escogida por G.

Necesitamos, en primer lugar, estimar $\text{cov}(R_1, R_{e(G)})$. Usamos la expresión [5.21] de la covarianza entre los rendimientos de dos carteras, entendiendo el activo #1 como una cartera compuesta del 100% del #1 y 0% del #2:

$$\text{cov}(R_{c1}, R_{c2}) \equiv \sigma_{c1c2} = \sum_{j=1}^{N} \sum_{h=1}^{N} \omega_j \omega_h \sigma_{jh}.$$

Así, dados los datos de este ejemplo:

$$\text{cov}(R_1, R_{e(G)}) = (1)(0,60)(625) + (0)(0,40)(225) + (1 \times 0,40 + 0 \times 0,60)(0) = 375.$$

La varianza de la cartera eficiente escogida por G la entendemos como:

$$\sigma^2_{e(G)} \equiv \text{cov}(R_{e(G)}, R_{e(G)}) = (0,60)(0,60)(625) + (0,40)(0,40)(225) + 0 = 261.$$

Por tanto, la beta del primer activo según G es

$$\beta_{1e(G)} = \frac{\text{cov}(R_1, R_{e(G)})}{\sigma^2_{e(G)}} = \frac{375}{261} = 1,4368.$$

Repitiendo el mismo procedimiento desde el punto de vista de la elección del individuo J:

$$\beta_{1e(J)} = \frac{\text{cov}(R_1, R_{e(J)})}{\sigma^2_{e(J)}},$$

donde $R_{e(J)}$ y $\sigma^2_{e(J)}$ son el rendimiento y la varianza del rendimiento de la cartera eficiente escogida por J.

Necesitamos, en primer lugar, estimar $\text{cov}(R_1, R_{e(J)})$. Dados los datos de este ejemplo:

$$\text{cov}(R_1, R_{e(J)}) = (1)(0,40)(625) + (0)(0,60)(225) + (1 \times 0,60 + 0 \times 0,40)(0) = 250.$$

La varianza de la cartera eficiente escogida por J es

$$\sigma^2_{e(J)} \equiv \text{cov}(R_{e(J)}, R_{e(J)}) = (0,40)(0,40)(625) + (0,60)(0,60)(225) + 0 = 181.$$

Por tanto, la beta del primer activo según J es

$$\beta_{1e(J)} = \frac{\text{cov}(R_1, R_{e(J)})}{\sigma^2_{e(J)}} = \frac{250}{181} = 1,3812.$$

Es muy importante tener en cuenta que ambos individuos, G y J, esperan un 35% de rendimiento del activo #1. Recuérdese que tienen expectativas homogéneas sobre el conjunto de oportunidad al que se enfrentan y, por tanto, ambos escogen sus carteras eficientes bajo los mismos datos concernientes a los dos activos. Sin embargo, su estimación de la beta es diferente, al serlo la cartera eficiente elegida por cada uno de ellos.

b) Se pide calcular la composición de las carteras *con beta cero* respecto a las respectivas carteras eficientes por parte de ambos individuos. Para ello, se explota la definición de la cartera que se entiende como activo seguro en el sentido de no contribuir al riesgo de la cartera eficiente escogida, ya que su covarianza con el rendimiento de la cartera eficiente es cero.

Sea $R_{0e(G)}$ el rendimiento de la cartera con beta cero para el individuo G. Así, por definición de dicha cartera:

$$\text{cov}(R_{0e(G)}, R_{e(G)}) = 0.$$

Usando la expresión [5.21] para la covarianza entre los rendimientos de dos carteras:

$$\text{cov}(R_{0e(G)}, R_{e(G)}) = \omega_{10}w_{1e}\sigma_1^2 + \omega_{20}w_{2e}\sigma_2^2 + (\omega_{10}w_{2e} + \omega_{20}w_{1e})\sigma_{12} = 0$$

$$\Rightarrow \omega_{10}(0,60)(625) + \omega_{20}(0,40)(225) + 0 = 0.$$

Como además, las ponderaciones deben sumar 1, tenemos un sistema con dos ecuaciones y dos incógnitas:

$$375\omega_{10} + 90\omega_{20} = 0$$

$$\omega_{10} + \omega_{20} = 1,$$

que nos permite obtener las ponderaciones que G invierte en ambos activos para construir su cartera con beta cero respecto de su cartera eficiente. En particular, resolviendo el sistema obtenemos: $\omega_{10} = -0,3158$ y $\omega_{20} = 1,3158$. Nótese que es fundamental admitir la venta en descubierto para que los agentes puedan construir tales carteras.

El rendimiento esperado de la cartera cero beta para el individuo G es, en definitiva,

$$E(R_{0e(G)}) = (-0,3158)(35) + (1,3158)(20) = 15,263\%,$$

y el rendimiento esperado de su cartera eficiente es

$$E(R_{e(G)}) = (0,60)(35) + (0,40)(20) = 29\%.$$

Usando el modelo [7.17] que nos especifica la relación entre rendimiento esperado y riesgo beta, tenemos que:

$$E(R_1) = E(R_{0e(G)}) + [E(R_{e(G)}) - E(R_{0e(G)})]\beta_{je(G)} =$$

$$= 15,263 + (29 - 15,263)1,4368 = 35\%.$$

Repitiendo los cálculos para el individuo *J* obtenemos que:

$$250\omega_{10} + 135\omega_{20} = 0$$

$$\omega_{10} + \omega_{20} = 1$$

$$\Rightarrow \omega_{10} = -1,1739$$

$$\Rightarrow \omega_{20} = 2,1739.$$

El rendimiento esperado de la cartera cero beta para el individuo *J* es, en definitiva,

$$E(R_{0e(J)}) = (-1,11739)(35) + (2,1739)(20) = 2,3915\%$$

y el rendimiento esperado de su cartera eficiente es

$$E(R_{e(J)}) = (0,40)(35) + (0,60)(20) = 26\%.$$

Usando de nuevo el modelo [7.17], tenemos que

$$E(R_1) = E(R_{0e(J)}) + [E(R_{e(J)}) - E(R_{0e(J)})]\beta_{je(J)}$$

$$= 2,3915 + (26 - 2,3915)1,3812 = 35\%.$$

A modo de conclusión, el individuo *G* replicaría el activo incierto #1, invirtiendo un 143,68% (su beta) en su cartera eficiente y realizando una *venta en descubierto* del 43,68% en su cartera cero-beta. A su vez, el individuo *J* replicaría el activo #1 mediante una inversión del 138,12% en su cartera eficiente y una venta en descubierto del 38,12% en su cartera cero-beta. ∎

7.3 El modelo de valoración de activos inciertos con cartera de mercado: el CAPM

En el capítulo anterior obtuvimos la medida apropiada del riesgo de un activo individual *j*. El coeficiente beta del activo *j* respecto del rendimiento de una cartera eficiente mide la contribución del activo *j* al riesgo (varianza) de dicha cartera eficiente. Si existe un activo seguro, todas las carteras eficientes de los distintos individuos contienen *la misma* cartera de activos inciertos. En este caso, el coeficiente beta de cada activo está bien definido y sería el mismo para todos los individuos.

Si no existiese un activo seguro hemos visto en el ejemplo 7.2.1 que cada individuo tendría su propia cartera eficiente y, por tanto, la beta de cada activo *j* sería diferente, aunque eso sí, el rendimiento esperado por cada individuo del activo *j* sería el mismo.

Es evidente que esta situación no debe dejarnos satisfechos. En esta sección, explotamos los supuestos que hemos introducido bajo el contexto mediavarianza e identificamos con mayor precisión cuál es la única cartera eficiente de activos inciertos que mantendrán todos los inversores *independientemente de si existe o no un activo seguro*. En *ambas* situaciones (con o sin activo seguro), observaremos que, de hecho, la cartera eficiente apropiada es la denominada *cartera de mercado* que pondera a cada activo financiero existente en el mercado según su *capitalización bursátil*. Entendemos por capitalización bursátil el producto del precio de mercado del activo y el número de acciones que tiene la empresa en circulación en el mercado. Así, la cartera de mercado es aquella cartera que incluye todos los activos financieros que existan en el mercado, ponderando a cada uno de ellos como:

$$\omega_{jm} = \frac{P_j \times n_{cj}}{\sum\limits_{j=1}^{N} P_j \times n_{cj}}, \qquad [7.23]$$

donde ω_{jm} es la ponderación de cada activo *j* en la cartera de mercado, P_j es el precio del activo *j*, n_{cj} es el número de títulos en circulación que tiene el activo (la empresa) *j*, y *N* es el número total de activos disponibles en la economía.

Nótese que este resultado nos permitirá entender la beta de cualquier activo de igual forma independientemente del individuo que estemos considerando. Así, el coeficiente beta relevante estará siempre basado en la covarianza entre el rendimiento del activo en cuestión y el de la cartera de mercado. Sea R_m el rendimiento de la cartera de mercado definida en [7.23] y σ_m^2 su varianza. El *coeficiente beta del activo j entendido como la contribución de j al riesgo de la cartera de mercado es*:

$$\beta_{jm} = \frac{\text{cov}(R_j, R_m)}{\sigma_m^2}. \qquad [7.24]$$

Ahora bien, ¿por qué es la cartera de mercado la cartera eficiente apropiada desde el punto de vista de cualquier individuo? A continuación se justifica la cartera de mercado como cartera tangente al suponer que existe un activo seguro. Más adelante, se presentará la justificación de la cartera de mercado como la cartera eficiente apropiada que escogerán todos los individuos incluso sin que exista un activo seguro.

(i) La cartera de mercado como cartera tangente cuando existe un activo seguro: el CAPM de Sharpe y Lintner[8]

Los supuestos del modelo son, en este caso, los siguientes:

a) Es un modelo estático. Existe un único periodo en el que los activos se negocian o intercambian al principio del periodo y el consumo se lleva a cabo al final del mismo cuando los activos producen un pago o rendimiento.

b) La oferta de los activos financieros está dada, y además éstos son perfectamente divisibles.

c) Existe un activo seguro con oferta neta igual a cero y a cuyo rendimiento, r, se puede prestar y pedir prestada una cantidad ilimitada de recursos.[9]

d) Todos los inversores escogen sus carteras exclusivamente según el rendimiento esperado y la varianza (o volatilidad) de las mismas. Este supuesto implica que la distribución de probabilidades de los rendimientos se especifica completamente por su media y varianza.[10] En particular, el modelo supone que los rendimientos de los activos se distribuyen como una variable Normal.

e) Las creencias o expectativas de todos los inversores sobre los rendimientos esperados, volatilidades y covarianzas entre los activos son las mismas. En otras palabras, todos los individuos tienen expectativas homogéneas sobre el conjunto de oportunidades de inversión al que se enfrentan.

f) Los mercados financieros son competitivos. Ningún inversor es suficientemente importante como para influir en los precios de los activos (son precio aceptantes).

g) No existen costes de transacción, impuestos o cualquier otra fricción en los mercados financieros.

h) No existen oportunidades de arbitraje.[11]

Dados estos supuestos, sabemos que todos los inversores combinan los activos inciertos en la misma proporción, ya que todos ellos invertirían en la única cartera eficiente de activos inciertos que es óptima dado un activo seguro. Por otra parte, debe resultar evidente que todos los activos existentes deben ser propiedad de al-

---

[8] W. Sharpe y J. Lintner fueron los economistas que, trabajando independientemente, demostraron este modelo de valoración de activos.

[9] La oferta neta del activo seguro debe ser igual a cero ya que la cantidad demandada de fondos por parte de los prestatarios debe ser igual a la cantidad que ofrecen los prestamistas.

[10] Como veremos más adelante en el libro, una forma alternativa de justificar el uso exclusivo de la media y varianza como medidas relevantes a la hora de decidir una inversión, es recurrir a una determinada forma de las preferencias de los individuos conocida como *preferencias cuadráticas*.

[11] El CAPM es, de hecho, un modelo de equilibrio. Por tanto, este supuesto, que es una condición necesaria para obtener el equilibrio, sobra formalmente. El apartado 19.6 del capítulo 19 demuestra el CAPM de una manera más formal al reconocer explícitamente el comportamiento optimizador de un agente representativo. Dicho apartado puede seguirse sin dificultad con conocimientos básicos sobre preferencias, utilidad esperada y distribuciones de probabilidad de los rendimientos de los activos.

gún inversor ya que su oferta neta es positiva. Sin embargo, en el modelo descrito el único activo (cartera) incierto que se demanda es la cartera tangente. Así, dicha cartera debe ser necesariamente la cartera de todos los activos existentes en el mercado donde, cada uno de ellos, esté en proporción a su valor de mercado o capitalización. En definitiva, dados los supuestos anteriores, *la cartera tangente de activos inciertos debe ser necesariamente la cartera de mercado*.

Este es un resultado que, de hecho, utiliza argumentos de equilibrio que van más allá de los puros argumentos de arbitraje que venimos utilizando. Más adelante en el libro seremos explícitos sobre estos argumentos. De momento cabe señalar que la coincidencia entre la cartera tangente de activos inciertos cuando existe un activo seguro y la cartera de mercado, implica que se produzca el denominado *vaciado de mercado* o que, en otras palabras, la oferta total (agregada) de activos financieros, que suponemos exógena en el modelo, sea igual a la demanda total (agregada) de activos.

EJEMPLO 7.3.1

Supongamos que a finales de agosto de 1999 el mercado financiero está compuesto únicamente de 4 activos cuyos precios y capitalización bursátil es la siguiente:

Empresas	Precio (en euros)	Acciones en circulación (en millones)	Capitalización (en millones de euros)	Porcentaje del mercado
Banco Popular	69,35	110,77	7.682	30,37
Iberdrola	13,60	901,54	12.261	48,48
Tabacalera	18,17	184,09	3.345	13,23
Dragados	11,63	172,23	2.003	7,92
TOTAL		1.368,63	25.291	100,00

Imaginemos, asimismo, que en este mercado existen 3 individuos cuya riqueza está distribuida de la siguiente forma:

Individuos	Riqueza en el mercado (en millones de euros)	Porcentaje de riqueza del mercado
J	12.491	49,39
G	10.200	40,33
B	2.600	10,28
TOTAL	25.291	100,00

Según el análisis de esta sección, bajo los supuestos del modelo, todos los individuos invierten en la misma cartera tangente de activos inciertos. Esto significa que los tres individuos de este mercado tendrían una cartera idéntica (en porcentaje) de activos inciertos. Lógicamente el tamaño de la cartera de cada inversor no es el mismo, sino que cada inversor debe tener un número de acciones de cada una de las 4 empresas que coincida con el porcentaje del mercado que posee. Esto es, el individuo *J* debería tener un 49,39% de los títulos de las cuatro empresas existentes, *G* el 40,33% y *B* el 10,28%. La consecuencia de estos porcentajes es que el 30,37% del valor de mercado de la cartera *de cada individuo* corresponde al Banco Popular, el 48,48% a Iberdrola, el 13,23% a Tabacalera y el 7,92% a Dragados tal como se observa en el cuadro 7.1. Estos porcentajes coinciden con las ponderaciones que recibe cada empresa en la cartera de mercado, ω_{jm}. Por este motivo, esta estrategia se denomina *estrategia pasiva* o, simplemente, *mantener la cartera de mercado*.

Cuadro 7.1. La cartera de mercado.

Empresa	Individuo *J*		Individuo *G*		Individuo *B*		Total	
	Accs.	Valor	Accs.	Valor	Accs.	Valor	Accs.	Valor
Popular	54,71 (0,4939 × 110,77)	3.794,14 (30,37%)	44,67 (0,4033 × 110,77)	3.097,86 (30,37%)	11,39 (0,1028 × 110,77)	789,90 (30,37%)	110,77	7.682 (30,37%)
Iberdrola	445,27	6.055,67 (48,48%)	363,59	4.944,82 (48,48%)	92,68	1.260,45 (48,48%)	901,54	12.261 (48,48%)
Tabacalera	90,92	1.652,02 (13,23%)	74,24	1.348,94 (13,23%)	18,92	343,78 (13,23%)	184,09	3.345 (13,23%)
Dragados	85,06	989,25 (7,92%)	69,46	807,82 (7,92%)	17,71	205,97 (7,92%)	172,23	2.003 (7,92%)
Total	675,96	12.491	551,96	10.200	140,70	2.600	1.368,63	25.291

En este cuadro observamos, además, que el número total de acciones de cada empresa que demandan en agregado los tres individuos es exactamente igual al número de acciones en circulación que tiene cada empresa. En otras palabras, el mercado se vacía al invertir cada individuo precisamente la proporción ω_{jm}, y no otra, en cada activo. *La cartera tangente, aquella cartera escogida por todos los individuos, es necesariamente la cartera de mercado.*

Supongamos, por el contrario, que los inversores quisieran mantener como cartera tangente una cartera que no sea la de mercado. Por ejemplo, imaginemos que cada uno de los individuos quiere *más* títulos de Dragados al ser el activo que se vende por un precio más bajo. Si esto fuera así, cada inversor desearía adquirir más títulos de Dragados que los disponibles, dada la oferta (exógena) de Dragados. Evidentemente, el mercado no podría vaciarse. Si todos desearan tener *menos* títulos del Popular que su porcentaje de mercado, querrían menos títulos del Popular que los existentes, dada la oferta de dicho banco. Así, el mercado tampoco se vaciaría. Para lograr un nuevo vaciado de mercado, dadas estas demandas de los individuos, el precio de Dragados debería subir y el del Popular bajar hasta que los inversores estuviesen dispuestos a mantener exactamente los títulos existentes de cada empresa. La conclusión es que, una vez más, la cartera tangente demandada por todos los individuos debe ser la cartera de mercado. ■

Por tanto, la relación entre el rendimiento esperado y el riesgo beta de cualquier activo financiero incierto debe ser la misma expresión [7.6] pero sustituyendo la cartera tangente *T* por la cartera de mercado:

$$E(R_j) = r + [E(R_m) - r]\beta_{jm}; \quad j = 1, 2, ..., N, \quad\quad [7.25]$$

que se denomina *modelo de valoración de activos con cartera de mercado* o *CAPM* de Sharpe y Lintner, donde el rendimiento esperado de la cartera de mercado es:

$$E(R_m) = \sum_{j=1}^{N} \omega_{jm} E(R_j) \qquad [7.26]$$

y el riesgo beta de cada activo viene dado por [7.24].

La covarianza, o simplemente el coeficiente de correlación entre el rendimiento de cualquier activo y el rendimiento de la cartera de mercado, se denomina *riesgo sistemático* o *riesgo de mercado,* al ser la sensibilidad de las variaciones en el precio del activo ante variaciones en el agregado económico representado por la cartera de mercado. Como veremos en el siguiente capítulo, el riesgo sistemático es aquella parte del riesgo que no puede eliminarse mediante la diversificación al depender del conjunto de la economía. El CAPM representa asimismo la línea del mercado de activos (LMA), una vez que reconocemos a la cartera tangente como la cartera de mercado. En definitiva, la LMA contiene la relación entre el rendimiento esperado de un activo *j* y su riesgo sistemático descrito mediante su coeficiente beta.

Este modelo puede entenderse como el rendimiento esperado (requerido) por cualquier inversor interesado en comprar el activo *j*. Así, el inversor exigiría al menos el tipo de interés, *r*, que ofrece el activo seguro. Pero, además, exigiría una compensación adicional por soportar el riesgo de invertir en el activo *j*. Esta compensación es la prima de riesgo del activo *j*, $[E(R_j) - r]$. Nótese que dicha prima tiene, según el CAPM, dos componentes. Por un lado, la beta del activo *j* o, lo que es lo mismo, la contribución del riesgo de *j* al riesgo (varianza) de la cartera de mercado. Por el otro, la prima de riesgo del mercado, $[E(R_m) - r]$ (que entre 1963 y 1997 ha sido del 6,77%, entendiendo como una *buena aproximación* de la cartera de mercado el Índice General de la Bolsa de Madrid). Independientemente de sus valores temporales promedios, es importante resaltar que, dado que la cartera de mercado es eficiente, dicha prima de riesgo debe ser positiva (*ex-ante*). Así, *el CAPM dice que el rendimiento esperado de cualquier activo es una función lineal y positiva del riesgo beta respecto a la cartera de mercado.*

Alternativamente, podemos escribir el modelo entendiendo la prima de riesgo de cualquier activo *j* como el producto del precio del riesgo (sistemático o de mercado) y la cantidad de riesgo (en número de unidades de riesgo sistemático de mercado):

$$E(R_j) = \underbrace{r}_{\substack{\text{compensación} \\ \text{valor temporal} \\ \text{del dinero}}} + \underbrace{\left(\frac{[E(R_m) - r]}{\sigma_m} \right)}_{\substack{\text{precio del riesgo} \\ \text{por unidad de riesgo} \\ \text{de mercado}}} \underbrace{\rho(R_j, R_m)\sigma_j}_{\substack{\text{cantidad} \\ \text{de riesgo}}}, \qquad [7.27]$$

donde $\rho_{jm} \equiv \rho(R_j, R_m)$ es la correlación entre el rendimiento de j y el de la cartera de mercado que, como hemos señalado, representa el riesgo sistemático del activo j. Como σ_j es la cantidad total de riesgo del activo j, el producto de ambos, $\rho(R_j, R_m)\sigma_j$, es el número de unidades de riesgo sistemático o cantidad de riesgo (sistemático) del activo j.

Bajo esta misma perspectiva, nótese que la línea del mercado de capitales (LMC) debe escribirse reconociendo a la cartera tangente como la cartera de mercado. Por tanto, la relación entre rendimiento esperado y riesgo para cualquier cartera eficiente es:

$$E(R_j) = r + \left(\frac{[E(R_m) - r]}{\sigma_m} \right) \sigma_c, \qquad [7.28]$$

donde la pendiente, $\left(\dfrac{[E(R_m) - r]}{\sigma_m} \right)$, es el precio del riesgo de mercado.

Por último, cabe señalar que el CAPM es un caso particular de nuestro modelo general de valoración dado por la expresión [7.2]:

$$E(M\tilde{R}_j) = 1; \; j = 1, \ldots, N,$$

donde, *la variable agregada M (o factor de descuento) es una función lineal del rendimiento de la cartera de mercado:*

$$M = \delta_{0m} + \delta_{1m}R_m \qquad [7.29]$$

y donde,

$$\delta_{0m} = \frac{1}{1 + r} + \frac{\gamma_{1m}E(R_m)}{(1 + r)\sigma_m^2} \qquad [7.30]$$

$$\delta_{1m} = - \frac{\gamma_{1m}}{(1 + r)\sigma_m^2},$$

siendo $\gamma_{1m} \equiv E(R_m) - r$.

EJEMPLO 7.3.2

Demostrar que nunca mantendríamos un activo incierto j con beta igual a β_{jm} que tenga una prima de riesgo más baja (alta) que una cartera en la LMC con el mismo riesgo beta. Para verlo, utilicemos la figura 7.2 que representa la LMC:

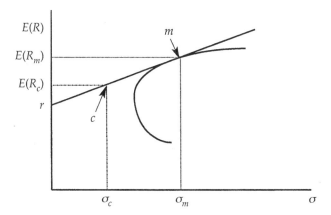

Figura 7.2. La LMC.

Consideremos un punto arbitrario en la LMC como la cartera c con rendimiento esperado y volatilidad igual a $E(R_c)$ y σ_c, y cuyas ponderaciones son ω_{cm} y $(1 - \omega_{cm})$ en la cartera de mercado y en el activo seguro respectivamente. Así, el rendimiento esperado de la cartera c viene dado por:

$$E(R_c) = \omega_{cm}E(R_m) + (1 - \omega_{cm})r = r + \omega_{cm}[E(R_m) - r].$$

Recuérdese, por otra parte, que $\beta_{cm} = \sum_{j=1}^{N} \omega_{jc}\beta_{jm}$, $\beta_m = 1$ y que la beta del activo seguro es igual a cero. Por tanto,

$$\beta_{cm} = \omega_{cm}1 + (1 - \omega_{cm})0 = \omega_{cm},$$

la beta de una cartera compuesta de la cartera de mercado y el activo seguro es precisamente la proporción de la cartera invertida en la cartera de mercado. En definitiva,

$$E(R_c) = r + \beta_{cm}[E(R_m) - r].$$

Supongamos que tenemos un activo incierto j con rendimiento esperado igual a $E(R_j)$ y riesgo beta igual a β_{jm}. Supongamos que existe una cartera con $\beta_{cm} = \beta_{jm}$ y $E(R_c) > E(R_j)$. Mediante un argumento de arbitraje, deberíamos vender el activo j (que ofrece un rendimiento esperado demasiado bajo dado su riesgo) y comprar la cartera c (que ofrece un rendimiento esperado más alto con el mismo riesgo). Dado que todos los individuos harían lo mismo, el precio del activo j disminuiría y su rendimiento esperado tendría que aumentar (ya que el coste de adquirir j es ahora más bajo), mientras que el precio de la cartera c aumentaría y su rendimiento esperado sería menor. Este proceso continuaría hasta que ambos rendimientos esperados sean iguales: $E(R_c) = E(R_j)$ y, por tanto, se debe satisfacer el modelo CAPM. ∎

EJEMPLO 7.3.3

Se pide demostrar que, en el contexto del CAPM, el precio de cualquier activo financiero j que tiene un pago aleatorio al final del periodo igual a X_j es igual a:

$$P_j = \frac{E(X_j) - \tilde{\theta}_m \text{cov}(X_j, R_m)}{1 + r}, \tag{7.31}$$

donde $\tilde{\theta}_m = \dfrac{E(R_m) - r}{\sigma_m^2}$.

Para ello, recordamos que bajo ausencia de arbitraje, demostramos en el capítulo 4 que el precio de cualquier activo financiero puede escribirse según la ecuación [4.37]:

$$P_j = E(MX_j) = \frac{E(X_j)}{1 + r} + \text{cov}(M, X_j).$$

Sabemos que, en el contexto del CAPM, la variable agregada M es

$$M = \delta_{0m} + \delta_{1m}R_m,$$

donde los coeficientes δ_{0m} y δ_{1m} son dos constantes. Así,

$$P_j = \frac{E(X_j)}{1 + r} + \text{cov}(\delta_{0m} + \delta_{1m}R_m, X_j) = \frac{E(X_j)}{1 + r} + \delta_{1m}\text{cov}(R_m, X_j).$$

Usando la expresión [7.30],

$$P_j = \frac{E(X_j)}{1 + r} - \frac{[E(R_m) - r]}{(1 + r)\sigma_m^2} \text{cov}(R_m, X_j) = \frac{E(X_j)}{1 + r} - \frac{\tilde{\theta}_m}{1 + r} \text{cov}(R_m, X_j),$$

de forma que obtenemos la expresión a demostrar [7.31].

La expresión [7.31] se conoce como la *fórmula de valoración con equivalente de certeza*. Nótese que el ajuste por el riesgo aparece en el numerador, penalizando el valor esperado de los pagos futuros. Este ajuste nos debería recordar a la valoración neutral al riesgo que empleamos para valorar opciones. Una vez que el ajuste se hace en el numerador, descontamos el valor futuro del activo *j* a la tasa libre de riesgo.

Alternativamente, la covarianza entre el rendimiento del activo *j* y el rendimiento de la cartera de mercado puede escribirse como:

$$\text{cov}(R_j, R_m) = \text{cov}\left(\frac{X_j}{P_j} - 1, R_m\right) = \frac{1}{P_j} \text{cov}(X_j, R_m). \qquad [7.32]$$

Sustituyendo [7.32] en [7.31], obtenemos que

$$P_j = \frac{E(X_j) - \tilde{\theta}_m P_j \text{cov}(R_j, R_m)}{1 + r},$$

despejando el precio del activo *j* se obtiene la expresión alternativa a la [7.31] donde el ajuste por el riesgo se hace en el denominador:

$$P_j = \frac{E(X_j)}{1 + r + \tilde{\theta}_m \text{cov}(R_j, R_m)} , \qquad [7.33]$$

que se conoce como la *fórmula de valoración bajo rendimientos ajustados por riesgo*. Es importante señalar que el denominador de esta ecuación es $1 + r + [E(R_m) - r]\beta_{jm}$, lo que indica que esta expresión descuenta los flujos que esperamos que genere el activo j al rendimiento que predice el CAPM, justificándose así su nombre de rendimiento ajustado por riesgo. ∎

EJEMPLO 7.3.4

Supongamos que una empresa opera con un horizonte temporal de un solo periodo en cuyo momento los propietarios recibirán el valor de liquidación de la misma. Sea X el valor de una variable aleatoria que representa el ingreso total de los acreedores al final del periodo. El rendimiento de la cartera de mercado y el ingreso de la empresa son $R_m = -7\%$ y $X = 3.000$ euros con probabilidad del 20%, $R_m = 10\%$ y $X = 15.000$ euros con probabilidad del 50% y $R_m = 20\%$ y $X = 30.000$ euros con probabilidad del 30%.

Suponemos que el rendimiento del activo seguro es el 5%. Imaginemos que la empresa emite un bono con nominal igual a 13.000€. Se pide, en el contexto del CAPM, determinar si el bono emitido es un bono libre de riesgo y, además, se pide el precio de dicho bono.

En primer lugar, obtenemos el valor esperado y varianza de la cartera de mercado, el valor esperado de los ingresos de los accionistas y la covarianza entre ambos:

$$E(R_m) = 0,20(-7) + 0,50(10) + 0,30(20) = 9,6$$

$$\sigma_m^2 = 0,20(-7-9,6)^2 + 0,50(10-9,6)^2 + 0,30(20-9,6)^2 = 87,64 \ (\sigma_m = 9,36\%)$$

$$E(X) = 0,20(3.000) + 0,50(15.000) + 0,30(30.000) = 17.100$$

$$\begin{aligned} \text{cov}(R_m, X) &= 0,20(-7-9,6)(3.000-17.100) + 0,50(10-9,6)(15.000-17.100) \\ &+ 0,30(20-9,6)(30.000-17.100) = 86.640. \end{aligned}$$

El precio de cualquier activo viene dado por:

$$P_j = \frac{E(X_j) - \tilde{\theta}_m \text{cov}(X_j, R_m)}{1+r},$$

donde $\tilde{\theta}_m = \dfrac{E(R_m) - r}{\sigma_m^2} = \dfrac{9,6-5}{87,64} = 0,0525.$

El precio del bono hoy será

$$B = \frac{E(X) - \tilde{\theta}_m \text{cov}(X, R_m)}{1+r} = \frac{17.100 - (0,0525)(86.640)}{1,05} = 11.954.$$

Resulta evidente que el bono es un activo incierto (como suele ser habitual en el caso de bonos empresariales), ya que los individuos sólo estarían dispuestos a pagar 11.954€ por el bono cuyo valor nominal actualizado a la tasa libre de riesgo es igual a 12.381€. ∎

EJEMPLO 7.3.5

Supongamos que el precio de un activo es igual 30€, su rendimiento esperado es el 15%, el rendimiento del activo seguro es el 6% y la prima de riesgo del mercado es el 6,77%. ¿Cuál debe ser el precio del activo hoy si su pago esperado futuro (el precio futuro) se mantiene igual pero la covarianza entre su rendimiento y el del mercado se triplica?

De acuerdo con el CAPM:

$$E(R_j) = r + [E(R_m) - r]\beta_{jm} = 6 + (6,77)\beta_{jm} = 15$$

$$\Rightarrow \beta_{jm} = 1,3294.$$

Si la covarianza se triplica, debería ser evidente que la beta se triplica:

$$\beta^*_{jm} = 3\beta_{jm} = 3,9882$$

$$\Rightarrow E(R^*_j) = 6 + (6,77)(3,9882) = 33\%.$$

Con el rendimiento esperado original y teniendo en cuenta que el activo vale inicialmente 30€, el pago esperado sería

$$P_j(1,15) = E(X_j) \Rightarrow E(X_j) = 30(1,15) = 34,50.$$

Una vez que la beta se modifica, el nuevo precio será

$$P_j = \frac{E(X_j)}{1 + r + \tilde{\theta}_m \text{cov}(R_j, R_m)} = \frac{E(X_j)}{1 + E(R_j)} = \frac{34,50}{1,33} = 25,94,$$

donde es crucial notar que, para un pago futuro igual, existe una relación inversa entre la prima de riesgo de cualquier activo incierto y su precio. ∎

EJEMPLO 7.3.6 (la idea original de este problema se debe a Robert Merton, Harvard University)

Imagine que usted es el gerente ejecutivo de un banco al que una empresa le solicita un préstamo para financiar la explotación de un campo de petróleo. Dicha empresa necesita un préstamo a un año por importe de 4 millones de euros. En el momento de solicitar el préstamo la empresa tiene un valor de mercado 15 millones de euros y se financia exclusivamente mediante acciones (no tiene deuda alguna). El único activo que tiene la empresa es su derecho a explotar dicho campo de petróleo. Una prospección geológica absolutamente exacta de la propiedad indica lo siguiente:

- con probabilidad 1/3, encontraremos 4 millones de barriles de petróleo,
- con probabilidad 1/3, encontraremos 2 millones de barriles de petróleo,
- con probabilidad 1/3, no encontraremos petróleo.

El coste de la extracción del petróleo supone un gasto inmediato de 4 millones de euros que le obliga a solicitar el préstamo. Suponga, además, lo siguiente:

- todo el petróleo se obtendrá y venderá al final del periodo a un precio totalmente seguro de 11€ barril,
- no hay costes de venta del petróleo,
- no hay impuestos,
- el tipo de interés del activo seguro es el 10%,
- el rendimiento esperado del mercado es el 18% y la desviación estándar del mercado es el 24%.

Antes de seguir negociando las condiciones del crédito usted, como responsable del banco, quiere conocer el rendimiento mínimo exigible a esta empresa dado su riesgo.

El flujo de caja o pago esperado por parte de la empresa será:

$$[1/3 \ (4 \ \text{mill.}) + 1/3 \ (2 \ \text{mill.}) + 1/3 \ (0 \ \text{mill.})]11 = 22 \ \text{millones de euros},$$

que evidentemente convierte la inversión es un proyecto incierto ya que la empresa está sometida al riesgo de no encontrar petróleo en su terreno.

El rendimiento exigido para invertir en cualquier activo o inversión incierta viene dado por el CAPM. Si denominamos *j* a la empresa en cuestión, sabemos que:

$$E(R_j) = r + \beta_{jm} [E(R_m) - r].$$

Tenemos todos los datos para evaluar dicha expresión excepto la beta de la empresa o, lo que es lo mismo, la beta del proyecto incierto al que se enfrenta la empresa. ¿Cuál es la beta de esta inversión? Nótese que el único riesgo al que se enfrenta la empresa es si encontrará petróleo o no. ¡Este riesgo no está correlacionado con el mercado! Su riesgo sistemático es igual a cero, ya que suponemos que el precio al que podrá vender la empresa es conocido con certeza.[12] Todo riesgo al que se enfrenta esta empresa es encontrar o no petróleo. Así, el rendimiento exigido no debe compensar el riesgo sistemático y, por tanto, no debe compensar el riesgo beta. El rendimiento mínimo exigido coincide, en este caso, con el rendimiento del activo seguro:

$$\Rightarrow \beta_{jm} = 0$$

$$\Rightarrow E(R_j) = r = 10\%. \blacksquare$$

(ii) El modelo de valoración de activos con cartera de mercado cuando no existe un activo seguro a cuyo interés libre de riesgo se puede prestar y pedir prestado: el cero-beta CAPM de Black.[13]

En esta sección se mantienen los supuestos que hemos empleado en el caso del CAPM de Sharpe y Lintner excepto que no imponemos la existencia de un activo seguro y que admitimos la venta en descubierto sin restricción alguna. Sabemos que, bajo estas condiciones, la relación entre rendimiento esperado y riesgo beta con relación a cualquier cartera eficiente viene dada por la expresión [7.17]:

$$E(R_j) = E(R_{0e}) + \left[E(R_e) - E(R_{0e}) \right] \beta_{je},$$

donde $E(R_{0e})$ es el rendimiento esperado de una cartera con riesgo beta igual a cero respecto a la cartera eficiente e. Se trata de comprobar que, efectivamente, la cartera eficiente, e, es la cartera de mercado, donde además entenderíamos como activo libre de riesgo a aquella cartera compuesta por activos inciertos, que no tiene riesgo beta (covarianza cero) con relación a la cartera de mercado y cuyo rendimiento esperado sería $E(R_{0m})$.

Sea $W_{i0} > 0$ la riqueza inicial del individuo i y ω_{ji} la proporción de la riqueza inicial invertida por dicho individuo i en el activo j. Así, la riqueza inicial total de la economía sería:

$$W_{m0} = \sum_{i=1}^{I} W_{i0}, \qquad [7.34]$$

siendo I el número total de individuos en esta economía.

---

[12] Es evidente que este es un supuesto extremo que pretende ilustrar el CAPM. En la práctica no se conocerá el precio futuro del petróleo por lo que cualquier inversión de estas caracteríticas estaría sometida al riesgo sistemático.

[13] F. Black fue el economista que desarrolló este modelo de valoración que generaliza el modelo de Sharpe y Lintner. Black es mundialmente conocido por la fórmula de valoración de opciones de Black y Scholes. Murió en agosto de 1997 antes de poder recibir el Premio Nobel.

Hemos visto en el ejemplo 7.3.1 que para que se produzca el vaciado de mercado la oferta total de activos dada (exógena) debe ser igual a la demanda agregada de los mismos. La riqueza agregada inicial, W_{m0}, representa el valor total de todos los activos existentes o, lo que es lo mismo, el valor inicial de la *cartera de mercado*. Sabemos por [7.23] que ω_{jm} es la proporción de cada activo en la cartera de mercado. Por tanto, para que se produzca el vaciado de mercado y la demanda sea igual a la oferta debe ocurrir que *para todo activo j*:

$$\sum_{i=1}^{I} \omega_{ji} W_{i0} = \omega_{jm} W_{m0}; \quad j = 1, 2, ..., N. \qquad [7.35]$$

Dividiendo ambos lados por el valor inicial de la cartera de mercado, W_{m0}, obtenemos la definición explícita de la denominada cartera de mercado:[14]

$$\omega_{jm} = \sum_{i=1}^{I} \omega_{ji} \frac{W_{i0}}{W_{m0}}; \quad j = 1, 2, ..., N, \qquad [7.36]$$

que, en palabras, nos dice que *la cartera de mercado es una combinación convexa de las carteras de los individuos existentes en el mercado o en una determinada economía.* Nótese que es una combinación convexa ya que $0 \le W_{i0}/W_{m0} \le 1$.

Recuérdese que, en el contexto media-varianza, todos los individuos invierten en carteras eficientes y, de acuerdo con la *separación en dos fondos*, dos carteras eficientes cualesquiera generan todo el conjunto de carteras eficientes. Esto es, una combinación convexa (y, por tanto, lineal) de dos carteras eficientes es una cartera eficiente. Por tanto, según [7.36], *la cartera de mercado es una cartera eficiente* (independientemente de que exista un activo seguro). En otras palabras, la demanda agregada de activos puede expresarse como una combinación convexa de las demandas (eficientes) individuales. Como el vaciado de mercado exige que la demanda agregada de activos sea igual a la oferta agregada, dicha oferta agregada debe estar situada en la frontera eficiente. Como la oferta agregada de activos es la cartera de mercado, dicha cartera, si el mercado se vacía, es eficiente.

A continuación se demuestra que existe una cartera de menor varianza cuyo rendimiento no está correlacionado con el rendimiento de la cartera de mercado, de forma que su beta respecto al mercado sea igual a cero. Para ello, escogemos dos carteras de menor varianza con rendimientos esperados diferentes. Sean estas dos carteras, la cartera de mercado, *m*, y una cartera de menor varianza cualquiera que denominamos *c*. Sea, finalmente, la cartera 0*m* aquella cartera con una proporción ω en *c* y $(1 - \omega)$ en *m*, de forma que el rendimiento de esta nueva cartera es:

---

[14] En el ejemplo 7.3.1 y para el Banco Popular sería: $0{,}3037 \times 0{,}4939 + 0{,}3037 \times 0{,}4033 + 0{,}3037 \times 0{,}1028 = 0{,}3037$.

$$R_{0m} = \omega R_c + (1 - \omega) R_m.$$

Sabemos, por la separación en dos fondos, que la cartera $0m$ es una cartera de menor varianza. Usando la definición de covarianza:

$$
\begin{aligned}
\mathrm{cov}(R_{0m}, R_m) &= E\left\{\left[\omega(R_c - E(R_c)) + (1 - \omega)(R_m - E(R_m))\right]\left[R_m - E(R_m)\right]\right\} \\
&= \omega E\left[(R_c - E(R_c))\right]\left[R_m - E(R_m)\right] + (1 - \omega)E\left[R_m - E(R_m)\right]\left[R_m - E(R_m)\right] \\
&= \omega\, \mathrm{cov}(R_c, R_m) + (1 - \omega)\sigma_m^2.
\end{aligned}
$$

Sabemos que la cartera cero-beta respecto al mercado debe cumplir que $\mathrm{cov}(R_{0m}, R_m) = 0$. Por tanto, igualamos a cero la expresión anterior:

$$\omega\, \mathrm{cov}(R_c, R_m) + (1 - \omega)\sigma_m^2 = 0,$$

para obtener

$$\omega = \frac{\sigma_m^2}{\sigma_m^2 - \mathrm{cov}(R_c, R_m)}, \qquad [7.37]$$

por lo que, efectivamente, existe una cartera $0m$ con covarianza igual a cero (y beta igual a cero) con respecto a la cartera de mercado.

Como tal cartera existe y la relación entre rendimiento esperado y riesgo [7.17] es válida para cualquier cartera eficiente, concluimos que debe ser válida para la cartera de mercado, ya que hemos demostrado que la cartera de mercado es eficiente. En definitiva, el *cero-beta CAPM* viene dado por la siguiente expresión:

$$E(R_j) = E(R_{0m}) + \left[E(R_m) - E(R_{0m})\right]\beta_{jm}; \quad j = 1, 2, \dots, N. \qquad [7.38]$$

Existe una relación lineal y positiva entre el rendimiento esperado de cualquier activo j y su beta con respecto a la cartera de mercado.

Como siempre, podemos escribir el modelo [7.38] como:

$$
\begin{aligned}
E(R_j) &= \beta_{jm}E(R_m) + (1 - \beta_{jm})E(R_{0m}) = \\
&= \omega_m E(R_m) + (1 - \omega_m)E(R_{0m}),
\end{aligned}
\qquad [7.39]
$$

de forma que el rendimiento de cualquier activo j puede *replicarse* mediante una cartera con ponderación ω_m en la cartera de mercado y ponderación $(1 - \omega_m)$ en la cartera $0m$ o cartera con covarianza cero respecto al mercado.

El cero-beta CAPM se representa gráficamente en la figura 7.3, donde tenemos la LMA con la cartera cero-beta:

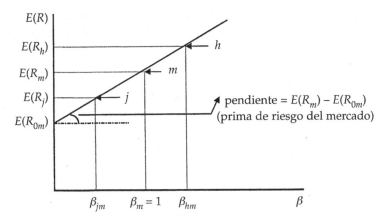

Figura 7.3. La LMA con cartera cero-beta.

Nótese que, de acuerdo con el modelo cero-beta CAPM de la expresión [7.38], todos los activos deben tener unos precios tales que sus pares rendimientos esperados-betas estén situados en algún punto de la LMA con cartera cero-beta. En caso contrario, tendríamos la posibilidad de realizar un arbitraje. La pendiente de la línea recta que muestra la relación entre rendimiento esperado y riesgo beta para activos individuales es la prima de riesgo del mercado que cuando no existe un activo seguro es $[E(R_m) - E(R_{m0})]$.

Debe enfatizarse que el coeficiente beta, una vez identificada la cartera de mercado, es siempre la contribución del riesgo de cada activo al riesgo total (varianza) de la cartera de mercado:

$$\beta_{jm} = \frac{\text{cov}(R_j, R_m)}{\sigma_m^2} \cdot$$

Este importante coeficiente de riesgo se interpreta como *la sensibilidad del rendimiento del activo j ante variaciones en el rendimiento de la cartera de mercado*. Las betas de los diferentes activos suelen estar situadas alrededor de la beta del mercado que es igual a 1. Así, si los activos son muy sensibles (pro-cíclicos) con la situación del mercado en su conjunto, tendrían betas mayores que 1. Por el contrario, si los activos son poco sensibles ante variaciones en la situación económica global, tendremos activos con betas menores que 1. Activos con $\beta_{jm} > 1$ se denominan *agresivos*, mientras que activos con $\beta_{jm} < 1$ se conocen como *defensivos*. Los activos agresivos experimentarán subidas (disminuciones) en sus precios superiores a las de la cartera de mercado cuando el propio mercado esté en un ciclo alcista (bajista). Por otra parte, los activos defensivos tendrán subidas (disminuciones) en sus precios inferiores a las de la cartera de mercado cuando dicho mercado esté en un ciclo alcista (bajista). Los capítulos siguientes discuten con mayor cuidado el concepto del coeficiente beta y su estimación empírica.

Por último, en el contexto del cero-beta CAPM, la variable agregada M es, una vez más, una función lineal del rendimiento de la cartera de mercado. Su interpretación es, por lo tanto, la misma. Sin embargo, las constantes que la acompañan en la expresión [7.29] son diferentes. En particular:

$$M = \delta_0 + \delta_1 R_m \qquad [7.40]$$

y donde,

$$\delta_0 = \frac{1}{1 + \gamma_0} + \frac{\gamma_1 E(R_m)}{(1 + \gamma_0)\sigma_m^2}$$

$$\delta_1 = -\frac{\gamma_1}{(1 + \gamma_0)\sigma_m^2}, \qquad [7.41]$$

siendo

$$\gamma_0 \equiv E(R_{0m})$$

$$\gamma_1 \equiv E(R_m) - E(R_{0m}).$$

EJEMPLO 7.3.7

Supongamos que el rendimiento de la cartera de mercado es $E(R_m) = 14\%$ y existe un activo incierto j con rendimiento esperado $E(R_j) = 8\%$ y beta $\beta_{jm} = 0,4$. Calcular el rendimiento esperado de la cartera cero-beta con el mercado y demostrar que si existiese otro activo h con rendimiento esperado $E(R_h) = 15\%$ y beta $\beta_{hm} = 0,7$ sería posible construir una estrategia de arbitraje.

Según el cero-beta CAPM, el activo j debe satisfacer la expresión:

$$8 = E(R_{0m}) + [14 - E(R_{0m})](0,4) \Rightarrow E(R_{0m}) = 4\%.$$

Por otra parte, podemos formar una cartera con 50% de nuestros fondos en el activo j y el restante 50% en la cartera de mercado. De esta forma, obtendríamos:

$$E(R_c) = (0,50)(14) + (0,50)(8) = 11\%$$

$$\beta_{cm} = (0,50)(1,0) + (0,50)(0,4) = 0,7.$$

El activo h tiene el mismo riesgo que la cartera anterior, pero su rendimiento esperado es mayor. Esto implica que deberíamos vender en descubierto la cartera c y comprar el activo h. Imaginemos que realizamos esta operación comprando 1.000€ del activo h y vendiendo (en descubierto) 1.000€ de la cartera c:

Estrategia	Situación actual	Rendimiento esperado	Riesgo beta
Vender en descubierto c	+ 1.000€	− 110€	− 0,7
Comprar h	− 1.000€	+ 150€	+ 0,7
	0€	+ 40€	0

Mediante tal estrategia de arbitraje obtenemos un ingreso positivo en el futuro sin estar sometidos a riesgo alguno (ya que, como se observa en el cuadro, el riesgo beta se cancela) y sin necesidad de invertir recurso alguno en el momento inicial.

Es evidente que el precio del activo *h* aumentará y su rendimiento esperado disminuirá (lo contrario para la cartera *c*) hasta que todos los activos se valoren de forma que su relación entre rendimiento esperado y riesgo beta esté en algún punto de la LMA. Bajo nuestros supuestos y trabajando en el contexto media-varianza, el cero-beta CAPM debe satisfacerse o, en caso contrario, tendríamos una oportunidad de arbitraje. ∎

Referencias

Constantinides, G. y A. Malliaris (1995). "Portfolio Theory", in *Finance*, vol. 9, *Handbooks in Operations Research and Management Science*, editado por R. Jarrow, V. Maksimovic y W. Ziemba.

Copeland, T. y F. Weston (1988). *Financial Theory and Corporate Policy*, Addison-Wesley, 3ª ed., cap. 7.

Elton, E. y M. Gruber (1995). *Modern Portfolio Theory and Investment Analysis*, John Wiley & Sons, 5ª ed., caps. 13 y 14.

Fama, E. (1976). *Foundations of Finance*, Basic Books, caps. 7 y 8.

Grinblatt, M. Y S. Titman (1998). *Financial Markets and Corporate Strategy*, Irvine-McGraw-Hill, cap. 5.

Huang, C. y R. Litzenberger (1988). *Foundations for Financial Economics*, North Holland, caps. 3 y 4.

Ingersoll, J (1987). *Theory of Financial Decision Making*, Rowman & Littlefield, cap. 4.

Sharpe, W. (1991). "Capital Asset Prices with and without Negative Holdings", *Journal of Finance*, 46, págs. 489-509.

Sharpe, W., Alexander, G. y J. Bailey (1995). *Investments*, Prentice Hall International, 5ª ed., cap.10.

8. El modelo de valoración de activos financieros bajo ausencia de arbitraje: el APT

8.1 La ecuación fundamental de valoración una vez más

En el capítulo 4 se desarrolló todo un marco general de valoración de activos financieros bajo incertidumbre, donde el principal supuesto consistía en imponer la imposibilidad de construir estrategias de arbitraje de forma sistemática. Los capítulos 5, 6 y 7 *especializan* dicho marco de trabajo en el contexto media-varianza, suponiendo que los agentes tienen expectativas homogéneas sobre el conjunto de oportunidades de inversión a la que se enfrentan. Esta *especialización* nos ha llevado al modelo de valoración de activos con cartera de mercado (CAPM), donde el vaciado de mercado permite identificar con precisión la cartera de activos inciertos óptima para todos los individuos. Esta cartera, denominada *cartera de mercado*, jugará un papel clave en casi todos los capítulos restantes de este libro.

Este capítulo *especializa* la ecuación fundamental de valoración de manera diferente y en un contexto de ausencia de arbitraje puro, sin recurrir, tal como discutiremos a lo largo del capítulo, al vaciado de mercado y, por tanto, a la interpretación de la cartera óptima de activos inciertos como cartera de mercado. La *especialización*, en este caso, se basa en imponer un determinado comportamiento en el proceso generador de rendimientos que denominaremos *modelo factorial*.

En cualquier caso, partimos una vez más de la ecuación [7.2] del capítulo anterior y, por tanto, recordamos que los precios de los activos financieros deben ser tales que satisfagan la conocida expresión:

$$E(M \tilde{R}_j) = 1; j = 1, ..., N,$$

es decir, el rendimiento esperado ponderado por la variable agregada M es constante e igual a 1 para todos los activos financieros.

Sabemos que esta expresión nos permite obtener una fórmula de valoración en términos de la prima de riesgo esperada de cualquier activo incierto j que viene dada por la ecuación [7.5] del capítulo anterior:

$$E(R_j - r) = \left\{ - \frac{1}{E(M)} \right\} \text{cov}(M, R_j).$$

Una manera de expresar esta ecuación para que sea potencialmente contrastable es trabajar con el modelo de valoración de activos con cartera de mercado (CAPM), de forma que la variable agregada M o factor de descuento sea lineal en el rendimiento de la cartera de mercado, tal como se expresa en la ecuación [7.29]:

$$M = \delta_{0m} + \delta_{1m}R_m,$$

donde las constantes δ_{0m} y δ_{1m} vienen dadas por la expresión [7.30] suponiendo la existencia de un activo libre de riesgo.

Para entender el modelo de valoración que presentamos en este capítulo es crucial notar que los inversores, al escoger como cartera óptima la cartera de mercado, están soportando *exclusivamente* el riesgo global de la economía o riesgo sistemático pero, en ningún caso, están, además, soportando riesgos específicos o idiosincrásicos asociados a los activos individuales que componen dicha cartera de mercado. En otras palabras, el vaciado de mercado que justifica al CAPM (esto es, el propio contexto teórico en el que se desarrolla el modelo) implica que los inversores están *perfectamente diversificados* al escoger como cartera óptima de activos inciertos la cartera de mercado. De esta forma, la medida de riesgo individual en el contexto del CAPM viene dada por el coeficiente beta o contribución de cualquier activo j al riesgo de la cartera de mercado. Nótese que se trata de incorporar exclusivamente el riesgo individual asociado al riesgo de mercado —covarianza entre el rendimiento de cualquier activo j y el rendimiento de la cartera de mercado—, ya que es éste el único riesgo que se valora en el mercado al haberse eliminado cualquier riesgo propio por la diversificación perfecta implícita en el modelo.

Ahora bien, imaginemos que existan múltiples factores o fuentes de riesgo sistemático que no puedan internalizarse de forma exclusiva mediante la cartera de mercado. Estos factores de riesgo global, cualesquiera que sean, afectarán en mayor o menor grado a todos los activos que existen en la economía ya que, por su propia definición, representan factores de riesgo sistemático o no diversificable. En este caso, haciendo una extensión natural de la expresión [7.29] y suponiendo que existan K factores de riesgo sistemático, la variable agregada M puede representarse como:

$$M = \delta_{0F} + \delta_{1F}F_1 + \delta_{2F}F_2 + \dots + \delta_{KF}F_K, \qquad [8.1]$$

donde δ_{0F}, δ_{1F}, ..., δ_{KF} son como en el caso anterior unas constantes, y F_1, F_2, ..., F_K son los factores de riesgo sistemático en la economía, de forma que el rendimiento esperado de todos los activos satisfaga la siguiente versión de la ecuación fundamental de valoración:

$$E[\widetilde{R}_j(\delta_{0F} + \delta_{1F}F_1 + \delta_{2F}F_2 + \dots + \delta_{KF}F_K)] = 1; \; j = 1, \dots, N. \qquad [8.2]$$

Es importante recordar que la variable aleatoria M es una variable agregada que no depende de ningún activo individual j. Por tanto, igual que en el caso del CAPM, el modelo de valoración que desarrollamos en este capítulo (denominado APT —*Arbitrage Pricing Theory*—) implica que los movimientos idiosincrásicos o específicos asociados a los activos financieros individuales no son valorados por el mercado y, por tanto, su precio de mercado es simplemente igual a cero. Los inversores pueden diversificar completamente estos riesgos puramente individuales. Como en el CAPM, la expresión [8.2] sugiere que los rendimientos esperados o primas de riesgo esperadas de los activos deberían estar relacionadas con las covarianzas de sus rendimientos con los factores de riesgo sistemáticos y comunes a todos los activos en la economía. En el contexto del CAPM, al recurrir al vaciado de mercado, se justificaba de forma inmediata o directa la nula importancia de los componentes de riesgo idiosincrásico. En el APT, la justificación es ciertamente más difícil. En cualquier caso, debe quedar claro que la relevancia del riesgo o riesgos sistemáticos como únicos riesgos con precio positivo (remunerados) en los mercados financieros es común a ambos modelos.

Sin embargo, nótese que, desde el punto de vista del CAPM, dos activos que tengan idénticas betas con respecto al rendimiento de la cartera de mercado tendrán rendimientos esperados idénticos. Para los gestores de carteras estos activos son sustitutos perfectos y las estrategias de cobertura o de inversión que lleven a cabo sólo tendrán en cuenta las betas respecto al riesgo mercado. Bajo el APT, la situación es muy diferente, ya que *esos dos activos con betas de mercado idénticas podrían responder de manera claramente diferente a cualquier otra fuente de riesgo sistemático de la economía.* Dichos activos no serían sustitutos perfectos y la estrategia de inversión o simplemente las estrategias de cobertura con ambos activos serían potencialmente diferentes.

La presentación del APT se hace en dos partes perfectamente diferenciadas. En primer lugar, discutiremos los denominados *modelos factoriales* que imponen un determinado proceso generador de rendimientos en los mercados financieros para, en un segundo bloque, presentar el propio modelo de valoración de activos APT. Ambos contextos están íntimamente interrelacionados. De hecho, el APT supone, además de la imposibilidad de arbitraje, un determinado proceso generador de rendimientos denominado *factorial*.

8.2 Los modelos factoriales de generación de rendimientos de los activos financieros

Pensemos sencillamente en cómo se generan los rendimientos de los activos financieros inciertos. Cualquier rendimiento observado se puede descomponer en dos partes fundamentales. Por un lado, tenemos el componente del rendimiento que era previamente esperado por los agentes económicos y, por otro, el componente sorpresa o no esperado del rendimiento observado que denominaremos *innovación*. Así,

$$R_j = \underbrace{E(R_j)}_{\text{componente esperado}} + \underbrace{\text{innovación en el rendimiento de } j.}_{\text{nueva información}}$$

A su vez, la innovación puede descomponerse en dos partes. Por un lado, están las sorpresas en los rendimientos de los activos individuales debidas a la llegada de nueva información a los mercados provenientes de la economía en general o de factores que afectan a todas las empresas en mayor o menor grado. Cualquier noticia de carácter macroeconómico puede ser uno de estos factores; por ejemplo, los acuerdos sobre la moneda única, los recortes de los tipos de interés, un *shock* inflacionario o cualquier otro tipo de noticia referente a la economía en su conjunto. Este componente lo denominaremos *innovación sistemática* ya que, por definición, afecta de manera sistemática a todas las empresas existentes.

Ahora bien, es evidente que cualquier noticia de este tipo no afecta por igual a todas las empresas. Una reducción drástica en el precio del petróleo no tendrá el mismo efecto sobre Telefónica que sobre Repsol aunque, en alguna medida, afectaría a ambas empresas. Cada empresa tendrá un nivel de sensibilidad diferente a las innovaciones macroeconómicas. Esta sensibilidad no es más que la correlación existente entre dichas innovaciones y los rendimientos de los activos individuales. En otras palabras, dichas sensibilidades se representan por la covarianza de la expresión [7.5], donde la variable agregada M recoge las innovaciones macroeconómicas.

Lógicamente, no pueden existir tantas innovaciones macroeconómicas como número de activos individuales. Se trata, por tanto, de conocer cuáles son aquellos factores macroeconómicos que son realmente las fuentes agregadas de riesgo que afectan a todas las empresas en mayor o menor grado. En general, supondremos que existen K factores de riesgo agregados, donde K es mucho menor que N, el número de activos individuales existentes en la economía. Es crucial entender que, independientemente del número de factores sistemáticos de riesgo, este componente no puede eliminarse mediante la diversificación de las carteras. Es, por tanto, un componente *no diversificable* del riesgo y consecuentemente del rendimiento de los activos.

El segundo componente de la innovación o rendimiento no esperado es un componente propio o idiosincrásico de cada activo individual. Representa la llegada de una nueva información que afecta, a diferencia del componente anterior, exclusivamente a un activo. Así, la adecuada combinación de activos individuales en carteras puede eliminar en parte este componente de riesgo individual. Es, en definitiva, el componente del rendimiento del activo j cuyo riesgo asociado es diversificable.

Analíticamente, podemos expresar estas ideas como,

$$R_j = E(R_j) + \underbrace{\beta_{j1}F_1 + \beta_{j2}F_2 + \ldots + \beta_{jK}F_K}_{\substack{\text{innovación sistemática} \\ \text{(fuentes agregadas de riesgo)}}} + \underbrace{\varepsilon_j}_{\substack{\text{innovación idiosincrásica} \\ \text{(fuentes de riesgo propia)}}} \qquad [8.3]$$

y que en general escribiremos como:

$$R_j = a_j + \beta_{j1}F_1 + \beta_{j2}F_2 + \dots + \beta_{jK}F_K + \varepsilon_j, \qquad [8.4]$$

donde

- $F_1, F_2, \dots, F_K$ son los factores de riesgo sistemáticos o agregados comunes a todos los activos existentes expresados como innovaciones por lo que sus valores esperados son iguales a cero y sus covarianzas entre dos factores cualesquiera son también cero;
- $\beta_{j1}, \beta_{j2} \dots, \beta_{jK}$ son las sensibilidades de los rendimientos del activo j a los diversos (K) factores de riesgo sistemático de la economía. Se denominan *betas de los factores*.
- $E(F_K) = E(\varepsilon_j F_K) = 0$, $\forall j$, k por lo que los factores de riesgo sistemático son innovaciones y no están correlacionados con el componente idiosincrásico;
- $E(\varepsilon_j) = E(\varepsilon_j \varepsilon_h) = 0$, $\forall j$ y $\forall j \neq h$ por lo que el componente idiosincrásico es también una innovación y dichos componentes no están correlacionados entre sí para las diversas empresas;
- $a_j = E(R_j)$, $\forall j$ ya que los factores sistemáticos de riesgo y el componente idiosincrásico son innovaciones cuyo valor esperado es igual a cero.

La ecuación [8.4] representa el *modelo factorial* o proceso generador de rendimientos que suponemos existe en los mercados financieros. Esta manera de interpretar la forma en que se generan los rendimientos observados, junto a la ausencia de arbitraje constituyen los supuestos claves del modelo de valoración APT. Nótese que el modelo [8.4] *no* es el modelo APT, sino únicamente el supuesto sobre generación de rendimientos que nos permitirá obtener el APT.

Como ya hemos adelantado en líneas anteriores, los factores, $F_1, \dots, F_K$, pueden interpretarse como aproximaciones de las nuevas noticias o nueva información que llega al mercado sobre variables macroeconómicas, y que son una fuente común y no diversificable de riesgo para todas las empresas. Por otro lado, las sensibilidades o betas de los factores, $\beta_{j1}, \dots, \beta_{jK}$, son los coeficientes de la regresión de los rendimientos del activo j sobre los factores o innovaciones macroeconómicas. Son, por tanto, una covarianza entre los rendimientos del activo j y los correspondientes factores de riesgo sistemático. Así, supongamos que el proceso generador de rendimientos viene dado por un modelo factorial de un solo factor, e imaginemos que dicho factor es la tasa de crecimiento del PIB que denominamos F_{PIB}:

$$R_j = a_j + \beta_{j\text{PIB}}F_{\text{PIB}} + \varepsilon_j. \qquad [8.5]$$

La sensibilidad de la empresa j ante innovaciones en la tasa de crecimiento del PIB viene dada por la beta del factor PIB que no es más que el coeficiente de regresión simple de la expresión [8.5]:

$$\beta_{j\text{PIB}} = \frac{\text{cov}(R_j, F_{\text{PIB}})}{\text{var}(F_{\text{PIB}})}, \qquad [8.6]$$

Una vez más, la covarianza nos mide el grado de reacción del rendimiento de un activo ante variaciones no esperadas en un factor de riesgo sistemático o agregado y que es, en definitiva, no diversificable. Así, la covarianza será una importantísima medida del riesgo de cada activo individual.

En el caso más habitual de un modelo factorial generador de rendimientos con múltiples factores como [8.4] las betas de los factores serán los correspondientes coeficientes de regresión múltiple. De nuevo, la covarianza se muestra como la forma clave de medición del riesgo o como la forma de conocer la sensibilidad de cada activo ante cualquier factor de riesgo sistemático que proviene de innovaciones macroeconómicas.

La pregunta que el lector debería hacerse en estos momentos sería ¿cuántos y cuáles son los factores sistemáticos de riesgo? Hasta ahora hemos hablado intuitivamente de innovaciones macroeconómicas porque parece evidente que este tipo de noticias afecta a todas las empresas en algún grado y son, por tanto, fuentes comunes de riesgo agregado. Sin embargo, no hemos sido capaces de concretar más sobre cuántas y cuáles son dichas fuentes de riesgo. Es importante resaltar que con una imposición tan pequeña sobre la estructura de los modelos de valoración de activos (sólo un supuesto sobre el proceso generador de rendimientos y un supuesto sobre la ausencia de arbitraje) no podemos ir más lejos. Para ser más precisos necesitamos imponer una estructura más fuerte y compleja en nuestros modelos. En otras palabras, necesitamos modelos de *equilibrio donde se produzca el vaciado de mercado*, tal como hicimos en el capítulo 7, e imponer una serie de restricciones sobre el comportamiento y las preferencias de los agentes económicos que discutiremos con detalle en la sexta parte de este libro. De momento sigamos profundizando en los modelos factoriales.

8.3 El modelo de mercado como un caso especial de los modelos factoriales

Nuestra intuición anterior sobre lo que representan dichos factores es, en cualquier caso, perfectamente válida. Pensemos en cómo podríamos resumir todas esas noticias macroeconómicas en un solo factor que tuviese, además, una interpretación económica inmediata. Una posibilidad sería pensar en el *rendimiento de la cartera de mercado* que, en la práctica, la podríamos aproximar por el rendimiento de un índice bursátil. Parece razonable pensar que la influencia de la diversidad de noticias macroeconómicas que llegan al mercado puede reflejarse en un sólo agregado que sería dicha cartera de mercado. Esta posibilidad, una vez más basada en razonamientos puramente intuitivos, nos llevaría a pensar en un modelo factorial de generación de rendimientos de un *único factor* o una única fuente de riesgo sistemático, que sería el rendimiento de esta cartera de mercado. Este modelo factorial es tan particular que tiene su propio nombre en la literatura financiera; se denomina *modelo de mercado* y así lo llamaremos a partir de ahora. Este caso especial de proceso generador de rendimientos resulta útil para entender con mayor profundidad las consecuencias de los supuestos de los modelos factoriales. Escribimos dicho proceso o modelo de mercado como:[1]

$$R_j = a_j + \beta_{jm}R_m + \varepsilon_j, \qquad\qquad [8.7]$$

donde suponemos que

$$E(\varepsilon_j R_m) = E(\varepsilon_j \varepsilon_h) = E(\varepsilon_j) = 0;\ \forall j\ \text{y}\ \forall j \neq h.$$

Así, el rendimiento del mercado no está correlacionado con el componente idiosincrásico del rendimiento, lo que implica suponer que la calidad de la expresión [8.7] para describir el proceso generador de rendimientos es independiente de cuál sea el rendimiento del mercado. Además, ε_j y ε_h tampoco están correlacionados por lo que, según [8.7], la *única razón* por la que los rendimientos de los activos tienden a moverse de forma conjunta es porque experimentan movimientos en común con la cartera de mercado como única fuente de riesgo sistemático. En otras palabras, si el modelo factorial verdadero fuese el modelo de mercado, no existirían otros factores de riesgo sistemático que afecten a los activos financieros. Toda fuente de riesgo agregado o sistemático se resumiría en la cartera de mercado.

Naturalmente, imponer el rendimiento de la cartera de mercado como único factor de riesgo agregado, *sin justificarlo* por motivos de elección óptima y vaciado de mercado como en el capítulo anterior, es un *supuesto ciertamente exigente*. Por ejemplo, si se produce una fuerte e inesperada caída en los tipos de interés las empresas constructoras se verán favorablemente afectadas (ya que resultará más barato financiar la compra de viviendas nuevas) al igual que la economía en su conjunto. El riesgo tipo de interés puede considerarse con toda probabilidad como uno de los factores agregados de riesgo que deberían formar parte del rendimiento de la cartera de mercado en [8.7] y, por tanto, es un riesgo no diversificable que no podremos eliminar invirtiendo en una cartera bien diversificada. Sin embargo, es lógico aceptar que la bajada de los tipos de interés afectará a las empresas constructoras de *manera específica* más allá de los efectos provenientes del tipo de interés como variable macroeconómica e incorporada a la cartera de mercado. Por tanto, la caída de los tipos de interés tendrá un efecto en el componente sistemático del modelo de mercado en la ecuación [8.7], $\beta_{jm}R_m$, pero es posible que, en general, este efecto no sea suficiente para explicar todo el aumento experimentado por los títulos de las empresas constructoras en el mercado bursátil. El impacto restante de la disminución de los tipos de interés aparece en el componente idiosincrásico de [8.7], ε_j. En definitiva, la variación en los tipos de interés, que es un factor de riesgo agregado no diversificable (y como tal formaría parte

---

[1] Este modelo utiliza para su estimación empírica series temporales de rendimientos. Nótese que estamos simplificando la notación al no incluir un subíndice temporal que nos indique que una determinada observación del rendimiento del activo *j* ocurre en una fecha *t*. Por tanto, lo correcto sería escribir el modelo de mercado como $R_{jt} = a_j + \beta_{jm}R_{mt} + \varepsilon_{jt}$.

de la cartera de mercado), podría también afectar al menos en parte al componente idiosincrásico del modelo de mercado. Si este fuera el caso, no sería cierto que la única razón de que las empresas constructoras experimentasen movimientos comunes estuviese asociada al riesgo proveniente de la cartera de mercado. Las empresas constructoras también tenderían a experimentar movimientos en común como resultado de su *propia exposición al riesgo tipo de interés*. Si, a pesar de ello, seguimos suponiendo que la única fuente de riesgo sistemático está asociada al comportamiento de la cartera de mercado,[2] no sería posible diversificar todo riesgo relacionado con la perturbación del modelo de mercado, ε_j, ya que el rendimiento de la cartera de mercado no recogería en su totalidad el riesgo sistemático al que se ven afectadas las empresas constructoras. En otras palabras, si existiesen factores de riesgo sistemático más allá que la propia cartera de mercado, pero utilizásemos el modelo de mercado como el verdadero modelo factorial, estaríamos entendiendo a la perturbación de dicho modelo como componente diversificable, cuando en realidad no lo sería. Entender correctamente el componente idiosincrásico del rendimiento y riesgo de los activos supone haber identificado correctamente las fuentes de riesgo sistemático. En un simple modelo factorial, no hay ningún razonamiento económico (a diferencia de lo que ocurre en el CAPM) que justifique la cartera de mercado como único factor de riesgo sistemático y, consecuentemente, tampoco hay justificación alguna que permita entender la perturbación de dicho modelo como componente idiosincrásico del rendimiento de un activo financiero. Es muy importante, en definitiva, mostrarse precavido cuando se emplea el modelo de mercado como modelo factorial.

A pesar de reconocer que el supuesto del mercado como único factor de riesgo es discutible, el modelo de mercado es intuitivamente sencillo de entender y facilita la presentación del fundamental principio de la diversificación. Si, por el contrario, quisiéramos ser más precisos, el componente idiosincrásico verdaderamente diversificable sólo resultará de un modelo factorial que incluya todos los factores de riesgo agregados existentes. No es extraño que la búsqueda de dichos factores sea una de las investigaciones más relevantes que se realizan en Economía Financiera. Desafortunadamente, la combinación de los supuestos de ausencia de arbitraje y modelos factoriales no es suficiente para obtener modelos que nos permitan identificar con precisión cuáles son dichos factores.

El modelo de mercado bajo supuestos estadísticos

Volviendo al modelo de mercado, insistimos en que este modelo lo podemos justificar como un proceso particular de la familia de los modelos factoriales presentados en la ecuación [8.4], o simplemente bajo un supuesto exclusivamente *estadístico* que describe los rendimientos de los activos individuales y del merca-

---

[2] Seguiríamos suponiendo que $E(\varepsilon_j\,\varepsilon_h) = 0$ para cualquier activo j y $j \neq h$, cuando en realidad $E(\varepsilon_j\,\varepsilon_h) \neq 0$.

do como variables aleatorias con distribución Normal bivariante. En cualquier caso no hay connotación alguna del modelo de mercado con razonamientos de equilibrio económico.

La idea del modelo de mercado como modelo puramente estadístico es muy importante y merece especial atención.[3] Recuérdese en primer lugar que la media o valor esperado de la distribución de R_j condicionada en (algún valor dado de) R_m es

$$E(R_j|R_m) = \int_{R_j} R_j f(R_j|R_m) dR_j.$$

Como sabemos, la media o valor esperado es una suma ponderada de todos los posibles valores de R_j. Aquí, al tomar el valor esperado condicional, la ponderación asociada a R_j es su función de densidad condicional, $f(R_j|R_m)$, en lugar de la función de densidad marginal, $f(R_j)$, que forma parte de la definición habitual de valor esperado.

Ahora bien, si la distribución conjunta de R_j y R_m es *Normal bivariante*, entonces el valor esperado de R_j condicionado en R_m, $E(R_j|R_m)$, es la función lineal dada por:

$$E(R_j|R_m) = a_j + \beta_{jm}R_m, \qquad [8.8]$$

donde la pendiente y la ordenada en el origen son

$$\beta_{jm} = \frac{\text{cov}(R_j, R_m)}{\text{var}(R_m)}; \; a_j = E(R_j) - \beta_{jm}E(R_m). \qquad [8.9]$$

Además, si la distribución conjunta de R_j y R_m es Normal bivariante, la distribución condicional de R_j dado R_m es Normal. Esto es lo mismo que decir que la función de densidad condicional $f(R_j|R_m)$ es la de una variable aleatoria con función de distribución Normal con media dada por [8.8] y varianza:

$$\text{var}(R_j|R_m) = \int_{R_j} [R_j - E(R_j|R_m)]^2 f(R_j|R_m) dR_j = \text{var}(R_j)(1 - \rho_{jm}^2), \qquad [8.10]$$

donde ρ_{jm} es el coeficiente de correlación entre el rendimiento del activo j y el rendimiento de la cartera de mercado y que viene dado por:

$$\rho_{jm} = \frac{\text{cov}(R_j, R_m)}{\sigma_j \sigma_m}, \qquad [8.11]$$

---

[3] El lector no interesado en detalles técnicos puede ignorar la discusión hasta la expresión [8.12] inclusive.

donde σ_j y σ_m son las desviaciones estándar o volatilidades de los rendimientos del activo j y del mercado respectivamente.

Nótese que en [8.10], como antes con el rendimiento esperado condicional, la varianza condicional pondera las desviaciones al cuadrado entre R_j y $E(R_j|R_m)$ por la función de densidad condicional $f(R_j|R_m)$, mientras que la varianza incondicional, σ_j^2, ponderaría las desviaciones al cuadrado entre R_j y $E(R_j)$ por la función de densidad incondicional $f(R_j)$. Es importante asimismo notar que la expresión [8.10] dice que, bajo Normalidad bivariante, la varianza condicional $\text{var}(R_j|R_m)$ tiene el mismo valor para todos los valores de R_m. Así, dado que la distribución condicional de R_j es Normal con varianza independiente de R_m, la desviación entre R_j y su valor esperado condicional, $\varepsilon_j = R_j - (a_j + \beta_{jm}R_m)$, es Normal con media y varianza dadas por:

$$E(\varepsilon_j|R_m) = E(\varepsilon_j) = 0$$

$$\text{var}(\varepsilon_j|R_m) = \text{var}(R_j|R_m) = \text{var}(R_j)(1 - \rho_{jm}^2) = \text{var}(\varepsilon_j).$$

[8.12]

De esta forma, la perturbación ε_j tiene la misma distribución condicional Normal para todos los valores de R_m, lo que significa que ε_j y R_m son independientes (su correlación y covarianza son iguales a cero; como además estamos suponiendo Normalidad, ambos son independientes).

Obsérvese que el modelo de mercado expresa, como todo modelo factorial, el rendimiento de cualquier activo j como la suma de dos partes: un componente no dependiente del mercado y que tiene su justificación en el componente exclusivamente propio del activo j y que viene dado por la suma de $a_j + \varepsilon_j$, y su componente de mercado, $\beta_{jm}R_m$:[4]

$$R_j = \underbrace{a_j}_{\substack{\text{componente} \\ \text{idiosincrásico} \\ \text{constante}}} + \underbrace{\beta_{jm}R_m}_{\text{sistemático}} + \underbrace{\varepsilon_j}_{\substack{\text{componente} \\ \text{idiosincrásico} \\ \text{aleatorio}}}$$

$$\underbrace{\phantom{\beta_{jm}R_m + \varepsilon_j componente idio}}_{\text{innovación}}$$

Como ε_j y R_m son independientes, la varianza del rendimiento del activo j, σ_j^2, también puede descomponerse en dos partes:

---

[4] Obsérvese que para interpretar el término a_j como el valor esperado del rendimiento del activo j, el modelo de mercado debería escribirse como $R_{jt} = a_j + \beta_{jm} [R_m - E(R_m)] + \varepsilon_{jt}$, de forma que el término en corchetes sea realmente la innovación del factor mercado. En general, lo escribimos de forma que la ordenada en el origen sea simplemente el componente idiosincrásico no aleatorio del rendimiento del activo j. De hecho, este será el caso siempre que escribamos el modelo factorial en términos de carteras de activos que replican a los factores comunes de riesgo. En el caso del modelo de mercado, el rendimiento de la cartera de mercado replica a un determinado factor de riesgo sistemático, ya que tiene una beta igual a 1 respecto a dicho factor y cero respecto al resto de los posibles factores si existiesen.

$$\sigma_j^2 = \beta_{jm}^2 \sigma_m^2 + \sigma_{\varepsilon_j}^2, \qquad\qquad [8.13]$$

donde σ_m^2 es la varianza del rendimiento de la cartera de mercado y $\sigma_{\varepsilon_j}^2$ es la varianza del componente del rendimiento que se debe a innovaciones o llegadas de nueva información que afectan únicamente a la empresa j.[5] El término $\sigma_{\varepsilon_j}^2$ se denomina *riesgo idiosincrásico* del activo j. Es la variabilidad del componente del rendimiento del activo j que se debe exclusivamente a noticias o nueva información que afecta de manera única a la empresa j. Insistimos en que este resultado supone que la única fuente de riesgo sistemático es el rendimiento de la cartera de mercado, con las limitaciones ya señaladas anteriormente.

La demostración de la ecuación [8.13] es inmediata. De acuerdo con el modelo de mercado tenemos que,

$$R_j = a_j + \beta_{jm}R_m + \varepsilon_j$$
$$\Rightarrow E(R_j) = E(a_j) + E(\beta_{jm}R_m) + E(\varepsilon_j) = a_j + \beta_{jm}E(R_m).$$

La varianza del rendimiento de j es

$$\sigma_j^2 = E[R_j - E(R_j)]^2 = E\{[a_j + \beta_{jm}R_m + \varepsilon_j] - [a_j + \beta_{jm}E(R_m)]\}^2$$
$$= E\{\beta_{jm}[R_m - E(R_m)] + \varepsilon_j\}^2$$
$$= \beta_{jm}^2 \underbrace{E[R_m - E(R_m)]^2}_{\sigma_m^2} + 2\beta_{jm}\underbrace{E\{[R_m - E(R_m)]\varepsilon_j\}}_{= 0} + \underbrace{E(\varepsilon_j)^2}_{\sigma_{\varepsilon_j}^2},$$

por lo que resulta la expresión [8.13].

Para examinar la proporción de la varianza del rendimiento de j que se debe a cada uno de estos dos componentes, dividimos ambos lados de [8.13] por σ_j^2:

$$1 = \frac{\beta_{jm}^2 \sigma_m^2}{\sigma_j^2} + \frac{\sigma_{\varepsilon_j}^2}{\sigma_j^2}.$$

Usando las expresiones [8.9] y [8.11] en la ecuación anterior obtenemos:

$$1 = \rho_{jm}^2 + \frac{\sigma_{\varepsilon_j}^2}{\sigma_j^2}$$
$$\Rightarrow \rho_{jm}^2 = 1 - \frac{\sigma_{\varepsilon_j}^2}{\sigma_j^2} = \frac{\sigma_j^2 - \sigma_{\varepsilon_j}^2}{\sigma_j^2}. \qquad [8.14]$$

[5] Este resultado es posible, ya que tanto la ordenada en el origen como el coeficiente beta son constantes y sabemos que la varianza de una constante es igual a cero y la varianza de una constante por una variable aleatoria es la constante al cuadrado por la varianza de la variable aleatoria.

Así, el coeficiente de correlación al cuadrado (R^2 en el habitual contexto de la regresión simple) es la proporción de la varianza del rendimiento de j que puede atribuirse al término $\beta_{jm}R_m$ en el modelo de mercado (proporción de la varianza que puede atribuirse a la relación entre R_j y R_m), mientras que $1 - \rho_{jm}^2$ es la proporción que puede asociarse con el componente idiosincrásico del rendimiento, ε_j.

El principio de la diversificación en el contexto del modelo de mercado

Sabemos por el capítulo 5 y, en particular, la ecuación [5.20] que la contribución a la varianza de una cartera de los términos de varianza de los activos individuales que la componen tiende a cero cuando N es muy grande. Sin embargo, la contribución de los términos de covarianza se aproxima a la covarianza promedio de los rendimientos de los componentes de la cartera cuando N es muy grande. En general, el riesgo de una cartera, entendido como la variabilidad de sus rendimientos y medido como la varianza de los mismos, no puede eliminarse completamente y el grado de diversificación posible depende de cómo se muevan conjuntamente los rendimientos de los componentes de la misma.

Este mismo tipo de razonamiento se puede hacer a través de los modelos factoriales y, en particular, mediante el modelo de mercado dado por la expresión [8.7]:

$$R_j = a_j + \beta_{jm}R_m + \varepsilon_j,$$

donde es importante recordar los supuestos habituales del modelo de mercado,

$$E(\varepsilon_j R_m) = E(\varepsilon_j \varepsilon_h) = E(\varepsilon_j) = 0; \; \forall j \; y \; \forall j \neq h,$$

y donde la varianza del rendimiento de j sabemos que viene dada por [8.13]:

$$\sigma_j^2 = \beta_{jm}^2 \sigma_m^2 + \sigma_{\varepsilon_j}^2.$$

Escribamos la covarianza entre los rendimientos de dos activos cualesquiera j y h en función de las betas de dichos activos con relación al mercado, donde suponemos que el modelo factorial válido es el modelo de mercado:

$$
\begin{aligned}
\sigma_{jh} &= E\{[R_j - E(R_j)][R_h - E(R_h)]\} \\
&= E\{[\beta_{jm}(R_m - E(R_m)) + \varepsilon_j][\beta_{hm}(R_m - E(R_m)) + \varepsilon_h]\} \\
&= \beta_{jm}\beta_{hm}E[R_m - E(R_m)]^2 \\
&\quad + \beta_{hm}\underbrace{E[\varepsilon_j(R_m - E(R_m))]}_{=\,0} + \beta_{jm}\underbrace{E[\varepsilon_h(R_m - E(R_m))]}_{=\,0} + \underbrace{E(\varepsilon_j\varepsilon_h)}_{=\,0},
\end{aligned}
$$

donde en la última igualdad hemos impuesto el modelo de mercado y donde es crucial que los rendimientos de los activos individuales no estén correlacionados de forma que $E(\varepsilon_j\varepsilon_h) = 0$.

Bajo el modelo de mercado hemos demostrado que los rendimientos de dos activos tienden a moverse conjuntamente como consecuencia de respuestas comunes ante las variaciones en el rendimiento del mercado. Así, la covarianza entre los rendimientos de dos activos individuales cualesquiera sólo depende del comportamiento del único factor de riesgo impuesto, el rendimiento del mercado:

$$\sigma_{jh} = \beta_{jm}\beta_{hm}\sigma_m^2.$$ [8.15]

Recordemos que la varianza de una cartera con N activos viene dada por la ecuación [5.14]:

$$\sigma_c^2 = \sum_{j=1}^{N} \omega_j^2\sigma_j^2 + \sum_{j=1}^{N} \sum_{\substack{h=1 \\ h \neq j}}^{N} \omega_j\omega_h\sigma_{jh}.$$

Sustituyendo las ecuaciones [8.13] y [8.15] en dicha expresión general de la varianza de una cartera tenemos:

$$\sigma_c^2 = \sum_{j=1}^{N} \omega_j^2\beta_{jm}^2\sigma_m^2 + \sum_{j=1}^{N} \sum_{\substack{h=1 \\ j \neq h}}^{N} \omega_j\omega_h\beta_{jm}\beta_{hm}\sigma_m^2 + \sum_{j=1}^{N} \omega_j^2\sigma_{\varepsilon_j}^2,$$ [8.16]

donde el último sumando del lado derecho de [8.16] hace uso, una vez más, del supuesto de la cartera de mercado como único factor de riesgo sistemático, de forma que los componentes idiosincrásicos de los rendimientos de los activos de una cartera no están correlacionados. Así, el riesgo idiosincrásico de una cartera en el contexto del modelo de mercado puede escribirse como,

$$\sigma_{\varepsilon_c}^2 = \sum_{j=1}^{N} \omega_j^2\sigma_{\varepsilon_j}^2.$$ [8.17]

Recordemos asimismo que la beta de una cartera, con relación al único factor de riesgo supuesto —el mercado—, es la media ponderada de las betas de los activos componentes de dicha cartera tal como se aprecia en la ecuación [6.45] del capítulo 6:[6]

$$\beta_{cm} = \sum_{j=1}^{N} \omega_j\beta_{jm}.$$

Por tanto, una vez que combinamos los términos de varianzas y covarianzas, la expresión [8.16] puede escribirse como:

---

[6] Esta propiedad se satisface para las betas de cualquier factor de riesgo sistemático que podamos imaginar.

$$\sigma_c^2 = \sum_{j=1}^{N} \sum_{h=1}^{N} \omega_j \omega_h \beta_{jm} \beta_{hm} \sigma_m^2 + \sum_{j=1}^{N} \omega_j^2 \sigma_{\varepsilon_j}^2 = \underbrace{\left(\sum_{j=1}^{N} \omega_j \beta_{jm} \right)}_{\beta_{cm}} \underbrace{\left(\sum_{h=1}^{N} \omega_h \beta_{hm} \right)}_{\beta_{cm}} \sigma_m^2 + \sum_{j=1}^{N} \omega_j^2 \sigma_{\varepsilon_j}^2.$$

Por tanto, obtenemos la expresión equivalente a [8.13] para carteras en lugar de activos individuales:

$$\sigma_c^2 = \beta_{cm}^2 \sigma_m^2 + \sum_{j=1}^{N} \omega_j^2 \sigma_{\varepsilon_j}^2 \qquad [8.18]$$

que tiene dos claros componentes:

$$\sigma_c^2 = \underbrace{\beta_{cm}^2 \sigma_m^2}_{\substack{\text{componente sistemático} \\ \text{no diversificable}}} + \underbrace{\sum_{j=1}^{N} \omega_j^2 \sigma_{\varepsilon_j}^2.}_{\substack{\text{componente idiosincrásico} \\ \text{diversificable}}}$$

Si la cartera en cuestión está bien diversificada ($\omega_j = 1/N$, $\forall j$) y $N \to \infty$, tendremos que:

$$\lim_{N \to \infty} \sigma_{\varepsilon_c}^2 = \lim_{N \to \infty} \frac{1}{N} \sum_{j=1}^{N} \frac{1}{N} \sigma_{\varepsilon_j}^2 = \lim_{N \to \infty} \frac{1}{N} \bar{\sigma}_{\varepsilon_j}^2 = 0$$

y, por tanto, la varianza de una cartera bien diversificada es

$$\sigma_c^2 = \beta_{cm}^2 \sigma_m^2$$
$$\Rightarrow \sigma_c = \beta_{cm} \sigma_m. \qquad [8.19]$$

Así, igual que en la ecuación [5.20] del capítulo 5, el límite de la diversificación está relacionado con la covarianza entre los rendimientos de los activos o, alternativamente y bajo el contexto del modelo de mercado, dicho límite está relacionado con la covarianza entre el rendimiento de la cartera diversificada y el rendimiento de la cartera de mercado. Es decir, es el propio factor de riesgo —en este caso el factor de riesgo es naturalmente el propio mercado— el que marca los límites de la diversificación al ser una fuente de riesgo agregada y, por tanto, común a todas las empresas existentes. Este riesgo sistemático no puede diversificarse y marca los límites a la posible reducción del riesgo en la gestión de carteras.

Si representamos estas ideas gráficamente nos encontramos con la figura 8.1 donde se relaciona el riesgo de una cartera, medido por la desviación estándar de sus rendimientos, y el número de activos que componen dicha cartera:

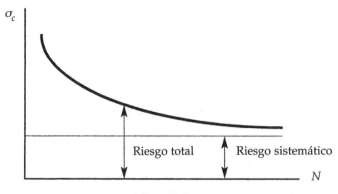

Figura 8.1

En este gráfico apreciamos que al aumentar el número de activos en la cartera, parte del riesgo total representado por la desviación estándar desaparece. Sin embargo, siempre quedará aquella parte del riesgo no diversificable y que está directamente relacionada con el factor (o factores en un contexto de un modelo factorial de múltiples factores) de riesgo común a todos los activos.

A modo de resumen, hemos señalado que el riesgo idiosincrásico de los activos financieros puede diversificarse en carteras grandes de activos, dado que los componentes propios de los rendimientos, ε_j, no están correlacionados.

Nótese que la figura 8.1 podría referirse a un riesgo idiosincrásico (y en general así será) que resulta de haber incorporado *múltiples* factores de riesgo sistemático y no sólo el riesgo del mercado. No debe olvidarse que el modelo de mercado es un caso particular que no tiene que entenderse como la única forma de medir el componente idiosincrásico de una cartera.

EJEMPLO 8.3.1

Sabemos que la varianza idiosincrásica o riesgo idiosincrásico de una cartera viene dada por:

$$\sigma^2_{\varepsilon_c} = \sum_{j=1}^{N} \omega^2_j \sigma^2_{\varepsilon_j}.$$

Imaginemos una cartera de dos activos donde las ponderaciones de cada activo son las mismas. Asimismo, supongamos que la varianza idiosincrásica de cada uno de los dos activos es igual a 0,05. El riesgo idiosincrásico de esta cartera será:

$$\sigma^2_{\varepsilon_c} = \omega^2_1 \sigma^2_{\varepsilon_1} + \omega^2_2 \sigma^2_{\varepsilon_2} = 0,25 \times 0,05 + 0,25 \times 0,05 = 0,025.$$

Si la cartera estuviese formada por 10 activos con la misma ponderación e igual varianza idiosincrásica tendríamos que:

$$\sigma^2_{\varepsilon_c} = \omega^2_1 \sigma^2_{\varepsilon_1} + \omega^2_2 \sigma^2_{\varepsilon_2} + \dots + \omega^2_{10} \sigma^2_{\varepsilon_{10}} = 0,01 \times 0,05 + 0,01 \times 0,05 + \dots + 0,01 \times 0,05 = 0,005.$$

Nótese que en el primer caso 0,025 es 1/2 del riesgo idiosincrásico de cada activo individual, donde 2 es el número de activos. En el segundo caso, 0,005 es 1/10 del riesgo idiosincrásico de cada activo, donde ahora 10 es el número de activos en la cartera. Repitiendo este mismo ejercicio para una cartera de N activos, resulta evidente que la varianza idiosincrásica de la cartera es 1/N veces el riesgo idiosincrásico de cada activo individual y que, por tanto, su desviación estándar es inversamente proporcional a la raíz cuadrada del número de activos en la cartera N. Este resultado se refleja en la continua caída del riesgo idiosincrásico o diversificable que se aprecia en la figura 8.1. ∎

EJEMPLO 8.3.2

Este ejemplo emplea las series mensuales de rendimientos de 50 activos individuales de renta variable que cotizaron en el mercado continuo español entre enero de 1991 y junio de 1996. Con estos 50 activos construimos aleatoriamente 6 carteras formadas por 1, 10, 20, 30, 40 y 50 acciones y calculamos la desviación estándar o volatilidad mensual de cada una de las diez carteras. La figura 8.2 contiene los resultados de este ejercicio donde se aprecia con enorme claridad los efectos de la diversificación al aumentar el número de activos en las carteras. Es muy interesante notar que los principales efectos de la diversificación ocurren al añadir los primeros diez activos. En otras palabras, las ventajas de la diversificación tienden a aparecer con carteras formadas con un número relativamente pequeño de activos.

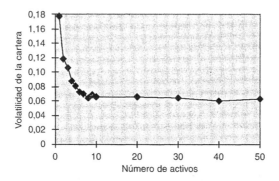

Figura 8.2. Los efectos de la diversificación. ▨

EJEMPLO 8.3.3 Estimaciones con el modelo de mercado

Sabemos por el capítulo 7 que el coeficiente beta asociado a la cartera de mercado es la denominada *beta del activo j con relación al mercado* y nos dice cómo tiende a variar el rendimiento del activo *j* ante variaciones en el rendimiento del mercado. Analíticamente viene dada por la expresión

$$\beta_{jm} = \frac{\mathrm{cov}(R_j, R_m)}{\mathrm{var}(R_m)},$$

por lo que dicho coeficiente no es más que el coeficiente de regresión entre el rendimiento de *j* y el rendimiento del mercado tal como se señala en la ecuación [8.9] del modelo de mercado. Disponemos de series mensuales del precio, dividendos y derechos de suscripción de los siguientes activos de renta variable entre enero de 1990 y junio de 1996: Azkoyen (AZK), Cepsa (CEP), Dragados (DRC), Endesa (ELE), Iberdrola (IBE), Koipe (KOI), Metrovacesa (MVC) y Banco Bilbao Vizcaya (BBV). Los rendimientos (en tanto por uno) de cada uno de estos activos se calculan para cada mes *t* como

$$R_{jt} = \frac{P_{jt} + D_{jt} + S_{jt} - P_{jt-1}}{P_{jt-1}}; \ j = 1, ..., 8, \qquad [8.20]$$

donde

P_{jt} es el precio de cada activo j al final del mes t;

D_{jt} es el dividendo pagado por el activo j durante el mes t si hubiese alguno;

S_{jt} es el precio (teórico) del derecho de suscripción del activo j durante el mes t si dicha empresa hubiera tenido alguna ampliación de capital.

Imaginemos que regresamos para cada empresa j la serie de su rendimiento en el rendimiento mensual del Índice General de la Bolsa de Madrid que nos sirve como aproximación de la cartera de mercado. En otras palabras, supongamos que utilizamos el modelo de mercado como modelo de regresión entre enero de 1990 y junio de 1996:

$$R_{jt} = a_j + \beta_{jm}R_{mt} + \varepsilon_{jt}; \quad j = 1, \ldots, 8 \text{ y } t = 1, \ldots, 78.$$

Los resultados que obtenemos aparecen en el cuadro 8.1. Podemos observar que existen empresas con betas de mercado superiores a 1 y que, en promedio, presentan unos rendimientos que se mueven más proporcionalmente que el mercado. Son empresas muy sensibles al factor de riesgo mercado y suelen ser empresas industriales y de la construcción. Reciben, como sabemos, el nombre de empresas agresivas, ya que tenderán a obtener rendimientos superiores a los del mercado en momentos de alza bursátil. Por otro lado, están las empresas con betas de mercado menores que 1 y que en media tienen unos rendimientos que se mueven menos proporcionalmente que el rendimiento del mercado. Suelen ser empresas eléctricas, reguladas o del sector de la alimentación. Se llaman, como ya comentamos en el capítulo 7, defensivas, ya que obtiene rendimientos mayores que el mercado en ciclos de baja bursátil. En el capítulo 10 presentaremos un análisis más detallado del comportamiento del coeficiente beta.

Cuadro 8.1. El modelo de mercado para activos individuales.

	Ordenada en el origen en % $\hat{a}_j$	Beta mercado $(\hat{\beta}_{jm})$	Riesgo idiosincrásico (σ_{ε_j})	R^2 (ρ^2_{jm})
AZK (siderometalúrgica) (estadístico t)	0,570 (0,43)	1,651 (7,09)	0,118	0,146
DRC (construcción)	− 0,067 (− 0,08)	1,389 (9,88)	0,071	0,557
MVC (inmobiliaria)	− 0,095 (− 0,15)	1,115 (10,27)	0,055	0,576
BBV (banca)	0,573 (1,29)	1,107 (14,35)	0,039	0,727
ELE (eléctrica)	1,709 (3,11)	0,863 (9,02)	0,048	0,511
IBE (eléctrica)	1,263 (2,45)	0,854 (9,52)	0,045	0,538
CEP (química)	1,088 (1,56)	0,820 (6,77)	0,061	0,368
KOI (alimentación)	0,744 (1,20)	0,503 (4,67)	0,055	0,213

Asimismo, vemos cómo el porcentaje de variabilidad en el rendimiento explicado por el componente de mercado, $\beta_{jm}R_m$, varía entre el 72,7% del BBV al 14,6% de Azcoyen. Así, un alto porcentaje de la variabilidad de la empresa Azcoyen se explica por motivos idiosincrásicos, mientras que lo contrario ocurre con el BBV, donde el mercado es un factor que explica en gran medida la variabilidad de su rentabilidad. De hecho, la volatilidad idiosincrásica anualizada de Azcoyen es igual a 40,88% ($0,118 \times \sqrt{12}$), mientras que la del BBV es sólo un 13,51%. ∎

8.4 Modelos factoriales, betas de los factores y carteras réplica

En esta sección extenderemos varios de los resultados que hemos obtenido para el caso particular del modelo de mercado a los modelos factoriales en general y analizaremos las implicaciones claves de los modelos factoriales para estrategias de inversión.

Sea el modelo factorial más general con K factores

$$R_j = a_j + \beta_{j1}F_1 + \beta_{j2}F_2 + \ldots + \beta_{jK}F_K + \varepsilon_j. \qquad [8.21]$$

Tal como ocurría para el modelo de mercado, las siguientes expresiones aplicadas a carteras de activos se satisfacen,

$$a_c = \sum_{j=1}^{N} \omega_j a_j$$

$$\beta_{c1} = \sum_{j=1}^{N} \omega_j \beta_{j1}$$

$$\beta_{c2} = \sum_{j=1}^{N} \omega_j \beta_{j2} \qquad [8.22]$$

$$\vdots$$

$$\beta_{cK} = \sum_{j=1}^{N} \omega_j \beta_K$$

$$\varepsilon_c = \sum_{j=1}^{N} \omega_j \varepsilon_j,$$

donde en todos los casos se cumple $\sum_{j=1}^{N} \omega_j = 1$.

EJEMPLO 8.4.1

Imaginemos que los rendimientos de los tres activos individuales, A, B y C se generan a través de un modelo bifactorial de la forma siguiente:

$$R_A = 0,09 + 4F_1 + 3F_2 + \varepsilon_A$$

$$R_B = 0,07 + 1F_1 - 3F_2 + \varepsilon_B$$

$$R_C = 0,05 + 2,5F_1 + 0,6F_2 + \varepsilon_C$$

y supongamos una cartera con ponderaciones idénticas para los tres activos. De acuerdo con [8.22] tendremos que

$$a_c = \frac{1}{3}(0{,}09) + \frac{1}{3}(0{,}07) + \frac{1}{3}(0{,}05) = 0{,}07$$

$$\beta_{c1} = \frac{1}{3}(4) + \frac{1}{3}(1) + \frac{1}{3}(2{,}5) = 2{,}5$$

$$\beta_{c2} = \frac{1}{3}(3) + \frac{1}{3}(-3) + \frac{1}{3}(0{,}6) = 0{,}2,$$

y donde el componente idiosincrásico del rendimiento de la cartera, ε_c, es el promedio de los tres ε_j. En definitiva, el proceso generador del rendimiento de la cartera es

$$R_c = 0{,}07 + 2{,}5F_1 + 0{,}2F_2 + \varepsilon_C,$$

por lo que podemos concluir que la cartera escogida es especialmente sensible a variaciones en el primer factor y poco sensible o defensiva ante el segundo factor de riesgo. ∎

Obsérvese la importancia de estas ideas. Una empresa como Aceralia está evidentemente ligada a la actividad general de la economía, por lo que resulta fácil adivinar que es una empresa sensible al factor representado por los cambios en la producción industrial. Sin embargo, una empresa como Carrefour, que puede competir abaratando los precios de los productos de consumo de primera necesidad, no se mostrará tan sensible al factor asociado a la producción industrial. Su beta respecto a este factor será baja o incluso negativa si los individuos tienden a concentrar sus compras de consumo en grandes superficies en los momentos de recesión económica. De esta forma, la estrategia en la formación de carteras para conseguir una mayor o menor sensibilidad ante los diversos factores es parte fundamental de los modelos factoriales de generación de rendimientos.

Asimismo, tal como ocurría con la expresión [8.15] en el caso especial del modelo de mercado, si suponemos que existen K factores de riesgo sistemático no correlacionados los unos con los otros y dos activos individuales j y h cuyos rendimientos se generan de la siguiente forma:

$$R_j = a_j + \beta_{j1}F_1 + \beta_{j2}F_2 + \dots + \beta_{jK}F_K + \varepsilon_j$$
$$R_h = a_h + \beta_{h1}F_1 + \beta_{h2}F_2 + \dots + \beta_{hK}F_K + \varepsilon_{h'}$$

la covarianza entre el rendimiento de j y h viene dada por

$$\sigma_{jh} = \beta_{j1}\beta_{h1}\text{var}(F_1) + \beta_{j2}\beta_{h2}\text{var}(F_2) + \dots + \beta_{jK}\beta_{hK}\text{var}(F_K). \qquad [8.23]$$

Así, las covarianzas entre los rendimientos de los activos se determinan completamente por las betas respecto de los factores y las varianzas de dichos factores. Los componentes idiosincrásicos de los rendimientos no tienen relevancia alguna. Este es el mismo resultado que obtuvimos con el modelo de mercado. Ahora bien, si los factores de riesgo sistemático están correlacionados, aunque los componentes idiosincrásicos siguen sin jugar papel alguno, es importante notar que la ecuación [8.23] debe modificarse para recoger las covarianzas entre los distintos factores de riesgo:

$$\sigma_{jh} = \sum_{k=1}^{K} \sum_{\varphi=1}^{K} \beta_{jk}\beta_{h\varphi}\text{cov}(F_{k}, F_{\varphi}). \qquad [8.24]$$

Las consecuencias tanto conceptuales como prácticas de estas expresiones son muy importantes. Si, a modo de ejemplo, calculamos la correlación entre los rendimientos mensuales desde 1990 hasta 1996 de Acesa y Aumar, dos empresas concesionarias de autopistas, nos encontramos lógicamente con un elevado coeficiente de correlación. En particular, dicho coeficiente es igual a 0,747. Sin embargo, las correlaciones de Acesa y Aumar con Puleva —empresa del sector alimentación— son iguales a 0,268 y 0,216, respectivamente. De acuerdo con dichas expresiones, las altas correlaciones entre Acesa y Aumar se explican al ser empresas sensibles a los mismos factores de riesgo sistemático como podrían ser los tipos de interés y el precio internacional de la energía. Estos últimos factores de riesgo no serían tan relevantes para empresas asociadas a la alimentación básica como Puleva.

De la misma forma, la expresión [8.13] del modelo de mercado que permitía obtener la varianza de los rendimientos de un activo individual a través de los componentes de varianza del mercado y riesgo idiosincrásico, se generaliza en el caso de un modelo factorial de K factores cuando dichos factores no están correlacionados a

$$\sigma_{j}^{2} = \beta_{j1}^{2}\sigma_{1}^{2} + \beta_{j2}^{2}\sigma_{2}^{2} + \dots + \beta_{jK}^{2}\sigma_{K}^{2} + \sigma_{\varepsilon_{j}}^{2}, \qquad [8.25]$$

donde $\sigma_{1}^{2}, \sigma_{2}^{2}, \dots, \sigma_{K}^{2}$ son las varianzas de los K factores.

EJEMPLO 8.4.2

Supongamos que las varianzas de los dos factores (no correlacionados) del ejemplo 8.4.1 son las mismas e iguales a 0,0180. Asimismo, imaginemos que las varianzas idiosincrásicas de los tres activos individuales A, B y C son 0,06, 0,08 y 0,10 respectivamente. Dado el modelo factorial que suponemos para los tres activos,

$$R_{A} = 0,09 + 4F_{1} + 3F_{2} + \varepsilon_{A}$$

$$R_{B} = 0,07 + 1F_{1} - 3F_{2} + \varepsilon_{B}$$

$$R_{C} = 0,05 + 2,5F_{1} + 0,6F_{2} + \varepsilon_{C},$$

el riesgo proveniente de los dos factores sistemáticos sería según la expresión [8.25]:

- Activo A: $16(0,0180) + 9(0,0180) = 0,45$
- Activo B: $1(0,0180) + 9(0,0180) = 0,18$
- Activo C: $6,25(0,0180) + 0,36(0,0180) = 0,119$.

Por tanto, la varianza del rendimiento de estos tres activos será

$$\sigma_{j}^{2} = \beta_{j1}^{2}\sigma_{1}^{2} + \beta_{j2}^{2}\sigma_{2}^{2} + \sigma_{\varepsilon_{j}}^{2}$$

$$\Rightarrow \sigma_{A}^{2} = 0,45 + 0,06 = 0,51 \Rightarrow \sigma_{A} = 71,4\%$$

$$\Rightarrow \sigma_{B}^{2} = 0,18 + 0,08 = 0,26 \Rightarrow \sigma_{B} = 51,0\%$$

$$\Rightarrow \sigma_{C}^{2} = 0,119 + 0,10 = 0,219 \Rightarrow \sigma_{C} = 46,8\%. \blacksquare$$

Modelos factoriales y carteras réplica

Los modelos factoriales se han vuelto muy populares como instrumento en el diseño institucional de carteras. En particular, nos permiten diseñar una estrategia de inversión que persigue tener una determinada *beta objetivo* con relación a un factor para, de esta forma, replicar el riesgo de un activo o cartera. Por ejemplo, supongamos que existen dos factores de riesgo sistemático e imaginemos que el Índice General de la Bolsa de Madrid (IGBM) compuesto por más de 100 acciones tiene una beta igual a 1,5 respecto al primer factor y una beta igual a 0,7 respecto al segundo factor. La aplicación de los modelos factoriales nos permite construir una cartera de pocos activos individuales (al menos deberían ser tres) que tenga como objetivo una beta de 1,5 relativa al primer factor y una beta de 0,7 respecto al segundo. Es decir, construimos una cartera que *replique el riesgo del IGBM*, que es precisamente nuestro objetivo. Naturalmente, no queremos que nuestra cartera tenga componentes idiosincrásicos por lo que, en la práctica, debería ser una cartera bien diversificada.

Concretemos la forma en que se construye una cartera réplica mediante los modelos factoriales:

(i)   Debemos determinar el número de factores de riesgo sistemático relevantes. Existe evidencia empírica, que discutiremos en el capítulo 12, que tanto en el mercado español de valores como en mercados de capitales de mayor volumen de negociación, cuatro o cinco factores son suficientes.

(ii) Debemos identificar los factores y las betas de los activos respecto a dichos factores. También lo discutiremos en el capítulo 12, aunque podemos adelantar que los procedimientos estadísticos basados en la metodología denominada *componentes principales asintóticos* resultan muy útiles.

(iii) Establecemos una ecuación para cada beta objetivo con relación a cada uno de los factores existentes. Así, igualamos la beta de la cartera réplica con relación a cada uno de los factores mediante las ponderaciones necesarias con la beta objetivo del correspondiente factor.

(iv) Calculamos las ponderaciones de forma que su suma sea igual a uno.

Por tanto, una vez que conocemos los K factores de riesgo sistemático y las correspondientes betas, planteamos el siguiente sistema de ecuaciones que debemos resolver suponiendo que la cartera réplica la forman N activos individuales:

$$\omega_1 \beta_{11} + \omega_2 \beta_{21} + \ldots + \omega_N \beta_{N1} = \text{beta objetivo para el factor 1}$$

$$\omega_1 \beta_{12} + \omega_2 \beta_{22} + \ldots + \omega_N \beta_{N2} = \text{beta objetivo para el factor 2}$$

$$\vdots$$

$$\omega_1 \beta_{1K} + \omega_2 \beta_{2K} + \ldots + \omega_N \beta_{NK} = \text{beta objetivo para el factor } K$$

$$\omega_1 + \omega_2 + \ldots + \omega_N = 1.$$

Resolviendo las ponderaciones en este sistema de ecuaciones obtenemos aquellas ponderaciones de la cartera réplica con las betas que nos hemos planteado como objetivo, donde al menos $K + 1$ activos individuales serían necesarios.

EJEMPLO 8.4.3

Supongamos 2 factores y 3 activos individuales. Queremos construir una cartera que replique el riesgo del IGBM respecto a los dos factores, donde la beta del IGBM respecto al primer factor es 1,5 y respecto al segundo es 0,7. Como los pasos (i) y (ii) están ya dados, debemos plantear los pasos (iii) y (iv), sabiendo que las betas de los activos A, B y C respecto a los dos factores son

$$\beta_{A1} = 3; \ \beta_{B1} = 0,5; \ \beta_{C1} = 1,5$$

$$\beta_{A2} = 2; \ \beta_{B2} = 0,5; \ \beta_{C2} = 3.$$

El sistema de ecuaciones a resolver es

$$\omega_A + \omega_B + \omega_C = 1$$

$$3\omega_A + 0,5\omega_B + 1,5\omega_C = 1,5 \text{ (beta objetivo primer factor)}$$

$$2\omega_A + 0,5\omega_B + 3\omega_C = 0,7 \text{ (beta objetivo segundo factor).}$$

Resolviendo este sistema obtenemos $\omega_A = 48,42\%$; $\omega_B = 72,63\%$; $\omega_C = -21,05\%$, donde la ponderación en este último activo implica una venta en descubierto. Una cartera compuesta de los tres activos A, B y C en dichas proporciones replica al IGBM, al tener exactamente su mismo riesgo sistemático; en otras palabras, al tener las mismas betas con respecto a los dos factores de riesgo sistemático que tiene el propio IGBM. ∎

¿Cuáles son las implicaciones de las posibilidades que nos plantean los modelos factoriales para la réplica de carteras?

Existe una fundamental. Los modelos factoriales y sus propiedades posibilitan el diseño de las denominadas *carteras réplica de los factores* o simplemente *carteras factoriales*. Las consecuencias de estas ideas, tanto para la formación de estrategias de inversión como para entender la relación entre rendimiento y riesgo, son muy importantes.

Para verlo definimos en primer lugar las carteras factoriales. Éstas no son más que carteras de activos financieros que replican a los propios factores de riesgo sistemático, de forma que tengan sensibilidad o correlación igual a 1 respecto a uno de los factores de riesgo y 0 respecto al resto de los factores. En una economía con K factores de riesgo agregado o sistemático, siempre es posible construir K carteras réplica de factores o carteras factoriales a través de $K + 1$ activos o carteras que no tengan riesgo idiosincrásico. En la práctica, se utilizan $K + 1$ *carteras* de activos bien diversificadas en lugar de $K + 1$ activos individuales que tendrían, sin duda, riesgo idiosincrásico.

EJEMPLO 8.4.4 La construcción de carteras factoriales

Supongamos que existen dos factores de riesgo sistemático —cambios en los tipos de interés y cambios en el precio internacional de la energía— y tres activos (carteras) financieros que *no presentan riesgo idiosincrásico* y cuyos rendimientos se generan mediante el siguiente modelo factorial

$$R_A = 0,09 + 2,5F_1 + 3F_2$$

$$R_B = 0,12 + 1,5F_1 + 2,8F_2$$

$$R_C = 0,09 + 3F_1 + 1F_2.$$

En primer lugar queremos construir una cartera factorial que sea sensible exclusivamente al factor 1 (con coeficiente de correlación igual a 1 respecto al primer factor y 0 respecto al segundo). Se trata de encontrar las ponderaciones en que debemos combinar los tres activos A, B y C de forma que la beta objetivo respecto al primer factor sea 1 y la beta objetivo del segundo factor sea 0:

$$2,5\omega_A + 1,5\omega_B + 3\omega_C = 1$$

$$3\omega_A + 2,8\omega_B + 1\omega_C = 0$$

$$\omega_A + \omega_B + \omega_C = 1$$

$$\Rightarrow \omega_A = -2,429; \; \omega_B = 2,143; \; \omega_C = 1,286.$$

La segunda cartera factorial sería:

$$2,5\omega_A + 1,5\omega_B + 3\omega_C = 0$$

$$3\omega_A + 2,8\omega_B + 1\omega_C = 1$$

$$\omega_A + \omega_B + \omega_C = 1$$

$$\Rightarrow \omega_A = -2,571; \; \omega_B = 2,857; \; \omega_C = 0,714.$$

Sabemos que la prima de riesgo de un activo financiero se define por la diferencia entre el rendimiento esperado de dicho activo y el rendimiento del activo seguro:

$$\text{prima de riesgo de } j = E(R_j) - r.$$

La notación habitual en la literatura asociada a los modelos factoriales denota como λ_K a la prima de riesgo del factor k para cualquier $k = 1, ..., K$. Esto implica que el rendimiento esperado de la cartera que replica al factor k o cartera factorial k sería $r + \lambda_K$. Sabemos que el componente esperado de cualquier activo individual j en el modelo factorial general,

$$R_j = a_j + \beta_{j1}F_1 + \beta_{j2}F_2 + ... + \beta_{jK}F_K + \varepsilon_j,$$

viene dado por el término a_j, donde los factores representan tasas de variación no esperadas o innovaciones en los riesgos sistemáticos. Así, usando [8.22], el rendimiento esperado de la cartera factorial 1 será:

$$a_{c1} = (-2,429)(0,09) + (2,143)(0,12) + (1,286)(0,09) = 0,154.$$

El proceso factorial generador de rendimientos para la cartera factorial 1 es

$$R_{cF1} = 0,154 + 1F_1 + 0F_2 = 0,154 + F_1.$$

Suponiendo que el rendimiento del activo seguro sea igual al 4%, tenemos que la prima de riesgo asociada a la primera cartera factorial es:

$$\lambda_1 = E(R_{cF1}) - r = 0,154 - 0,04 = 0,114. \tag{8.26}$$

Para la segunda cartera factorial tenemos que

$$a_{c2} = (-2{,}571)(0{,}09) + (2{,}857)(0{,}12) + (0{,}714)(0{,}09) = 0{,}176,$$

luego

$$R_{cF2} = 0{,}176 + 0F_1 + 1F_2 = 0{,}176 + F_2.$$

La prima de riesgo asociada a la segunda cartera factorial es

$$\lambda_2 = E(R_{cF2}) - r = 0{,}176 - 0{,}04 = 0{,}136. \ \blacksquare \qquad\qquad [8.27]$$

Estamos preparados para discutir la importancia que tienen las carteras factoriales respecto a la relación riesgo-rendimiento de los activos financieros. La idea es absolutamente clave. Se basa en que resulta más sencillo replicar una determinada inversión mediante una *cartera de carteras factoriales* (las que replican los factores de riesgo agregado) que mediante activos tradicionales. Supongamos una economía en la que existen dos factores de riesgo sistemático, e imaginemos que queremos replicar una inversión que tiene una beta de 0,75 respecto del primer factor y de 0,15 con relación al segundo factor. La *cartera de carteras factoriales* que debemos construir para replicar dicha inversión (nótese que para hacer este ejercicio ya hemos tenido que formar las carteras factoriales que repliquen a los factores de riesgo sistemático) se compone de un 75% de la primera cartera factorial y un 15% de la segunda cartera factorial. Para completar dicha cartera de forma que las ponderaciones sumen uno debemos invertir el 10% restante en el activo seguro.

Dada la discusión del capítulo 7, donde el rendimiento esperado de cualquier activo financiero podía replicarse mediante una cartera del activo seguro y del mercado (existía una única fuente de riesgo sistemático y, por tanto, dos fondos eran suficientes para replicar cualquier activo) con ponderaciones asociadas a la beta de mercado del activo en cuestión, no debe resultar sorprendente comprobar que la beta respecto de cada factor coincide con la ponderación que recibe su cartera factorial asociada y ninguna otra. Así, cada beta nos define individualmente las diferentes ponderaciones. Este resultado hace especialmente sencillo replicar una determinada inversión mediante una combinación de carteras factoriales. Nótese que, dado este resultado, cualquier inversión financiera (e incluso real) puede fácilmente replicarse mediante una combinación de carteras factoriales. Cualquier resultado que podamos obtener combinando activos financieros lo podemos obtener combinando simplemente las (pocas) carteras factoriales existentes dados los riesgos sistemáticos de la economía.

EJEMPLO 8.4.5

Imaginemos una economía donde existen los dos factores de riesgo sistemático del ejemplo 8.4.4 cuyas carteras factoriales (carteras réplicas) son

$$R_{cF1} = 0{,}154 + 1F_1 + 0F_2 = 0{,}154 + F_1$$

$$R_{cF2} = 0{,}176 + 0F_1 + 1F_2 = 0{,}176 + F_2.$$

Si el tipo de interés libre de riesgo es igual al 4%, podemos construir una *cartera de las carteras factoriales y del activo seguro* que replique cualquier inversión o activo financiero. Supongamos que queremos replicar un activo financiero cuyo proceso generador de rendimientos viene dado por el siguiente modelo factorial de los dos factores de esta economía:[7]

$$R_j = 0,16 + 2,5 \, F_1 + 0,20 \, F_2,$$

donde lo más importante de dicho proceso es que el activo *j* no tiene riesgo idiosincrásico (sería más adecuado, sin duda, pensar en *j* como una cartera donde parece más plausible imaginar que el riesgo idiosincrásico ha sido eliminado).

Así, estamos pensando en un activo o cartera *j* que tiene una beta de 2,5 respecto al primer factor (tipos de interés) y de 0,20 respecto del segundo factor (precio internacional de la energía). Para replicar este activo, formamos una cartera construida con una ponderación de 2,5 en la primera cartera factorial y una ponderación del 0,2 en la segunda cartera factorial. Estas ponderaciones suman 2,7 y sabemos que la suma de las ponderaciones debe ser igual a 1. Por tanto, debemos hacer una venta en descubierto del 1,7 (invertir − 1,7) en el activo seguro que significa pedir prestado al tipo de interés libre de riesgo por una ponderación de 1,7.[8]

La beta de dicha cartera réplica respecto al primer factor es

$$\beta_{cF1} = -1,7 \begin{bmatrix} \underbrace{0}_{\substack{\text{beta del} \\ \text{activo seguro} \\ \text{respecto del} \\ \text{primer factor}}} \end{bmatrix} + 2,5 \begin{bmatrix} \underbrace{1}_{\substack{\text{beta de la} \\ \text{cartera factorial} \\ \text{1 respecto al} \\ \text{primer factor}}} \end{bmatrix} + 0,2 \begin{bmatrix} \underbrace{0}_{\substack{\text{beta de la} \\ \text{cartera factorial} \\ \text{2 respecto al} \\ \text{primer factor}}} \end{bmatrix} = 2,5 \, ,$$

exactamente la misma que tiene el activo *j* y

$$\beta_{cF2} = -1,7 \begin{bmatrix} \underbrace{0}_{\substack{\text{beta del} \\ \text{activo seguro} \\ \text{respecto del} \\ \text{segundo factor}}} \end{bmatrix} + 2,5 \begin{bmatrix} \underbrace{0}_{\substack{\text{beta de la} \\ \text{cartera factorial} \\ \text{1 respecto al} \\ \text{segundo factor}}} \end{bmatrix} + 0,2 \begin{bmatrix} \underbrace{1}_{\substack{\text{beta de la} \\ \text{cartera factorial} \\ \text{2 respecto al} \\ \text{segundo factor}}} \end{bmatrix} = 0,2 \, ,$$

la misma beta respecto al segundo factor de riesgo sistemático que tiene el activo *j*. Al tener el mismo riesgo sistemático, el rendimiento de *j* y de la cartera formada por las carteras factoriales y el activo seguro (la cartera réplica de *j*) deben tener el mismo rendimiento esperado o existiría una oportunidad de arbitraje.

El rendimiento esperado de la cartera réplica es

$$\underbrace{-1,7(0,04) + 2,5(0,154) + 0,2(0,176)}_{\substack{\text{rendimiento esperado de la cartera réplica formada} \\ \text{con carteras factoriales y el activo libre de riesgo}}} = -0,068 + 0,385 + 0,035 = 0,352. \qquad [8.28]$$

[7] Obsérvese que el rendimiento esperado del activo *j* es igual al 16%.

[8] Al existir dos factores de riesgo sistemático, necesitamos 3 fondos para replicar cualquier activo o cartera.

Dado que el activo o cartera *j* ofrece sólo un 16% de rendimiento esperado cuando, dadas sus sensibilidades ante los dos riesgos sistemáticos, debería ofrecer un rendimiento esperado del 35,2%, disponemos de oportunidad de arbitraje basada en vender *j* y comprar la cartera réplica.

La ecuación que garantiza la ausencia de arbitraje es una de las expresiones más importantes del libro. Escribámosla de manera alternativa usando la idea de la prima de riesgo de las ecuaciones [8.26] y [8.27]:

$$E(R_j) = -1,7(0,04) + 2,5(0,154) + 0,2(0,176)$$

$$= -1,7(r) + 2,5[E(R_{cF1})] + 0,2[E(R_{cF2})]$$

$$= (1 - \beta_{j1} - \beta_{j2})(r) + \beta_{j1}[E(R_{cF1})] + \beta_{j2}[E(R_{cF2})]$$

$$= (1 - \omega_{c1} - \omega_{c2})(r) + \omega_{c1}[E(R_{cF1})] + \omega_{c2}[E(R_{cF2})]$$

$$= (1 - \beta_{j1} - \beta_{j2})(r) + \beta_{j1}(\lambda_1 + r) + \beta_{j2}(\lambda_2 + r) = r + \beta_{j1}\lambda_1 + \beta_{j2}\lambda_2$$

$$= r + \beta_{j1}\underbrace{[E(R_{cF1}) - r]}_{\lambda_1} + \beta_{j2}\underbrace{[E(R_{cF2}) - r]}_{\lambda_2}. \blacksquare$$

En general, si existe una economía con K factores de riesgo sistemático y un activo libre de riesgo cuyo tipo de interés es igual a r, resulta posible replicar cualquier activo financiero j o inversión que *no tenga riesgo idiosincrásico* y cuyas betas respecto a los factores sean $\beta_{j1}, \beta_{j2}, ..., \beta_{jK}$, mediante una cartera réplica con ponderaciones en las carteras factoriales iguales a $\omega_{c1} = \beta_{j1}, \omega_{c2} = \beta_{j2}, ..., \omega_{cK} = \beta_{jK}$ y ponderación en el activo seguro igual a $\left(1 - \sum_{k=1}^{K} \omega_{ck}\right) = \left(1 - \sum_{k=1}^{K} \beta_{jk}\right)$.

Para evitar la posibilidad de arbitraje, el rendimiento esperado del activo *j* debe ser igual al rendimiento esperado de la cartera que combina las carteras factoriales y el activo seguro y viene dado por la ecuación

$$E(R_j) = \left(1 - \sum_{k=1}^{K} \beta_{jk}\right) r + \sum_{k=1}^{K} \beta_{jk} E[R_{cFk}]$$

$$= r + \sum_{k=1}^{K} \beta_{jk} E[R_{cF2} - r] = r + \sum_{k=1}^{K} \beta_{jk}\lambda_k.$$

[8.29]

Así, para que no existan oportunidades de arbitraje siempre que los rendimientos de los activos se generen por un *modelo factorial de K factores sistemáticos sin riesgo idiosincrásico*, el rendimiento esperado de cualquier activo es el tipo de interés libre de riesgo más una prima de riesgo que viene dada por tantas betas como factores, multiplicadas por las primas de riesgo de las carteras que replican a dichos factores o carteras factoriales. Es evidente que el papel de las carteras factoriales es clave en la valoración de activos bajo ausencia de arbitraje. Este es el denominado APT que demostramos formalmente en la siguiente sección.

Nótese la similitud de la expresión [8.29] con el CAPM del capítulo 7. Si existiese un único factor de riesgo sistemático que pudiera replicarse mediante el rendimiento de la cartera de mercado, obtendríamos el CAPM a partir de [8.29]. Sin embargo, es crucial notar una fundamental diferencia entre ambos enfoques. En el CAPM, la cartera de mercado es una cartera perfectamente diversificada sin componentes idiosincrásicos. Además, es así por razones económicas de optimalidad y vaciado de mercado. Sin embargo, en el contexto de la expresión [8.29] nos vemos obligados a *suponer* que el modelo factorial empleado no contiene componente idiosincrásico alguno. Si el modelo factorial utilizado fuese el modelo de mercado, la aparición de la cartera de mercado como cartera perfectamente diversificada se debería a un *simple supuesto* y no como una consecuencia económica perfectamente justificada. Existe menos estructura impuesta en la ecuación [8.29] que en el CAPM, lo que puede resultar atractivo aunque, lógicamente, a costa de ser menos precisos en las conclusiones. En particular, no sabemos cuáles son los factores de riesgo sistemático.

8.5 El modelo de valoración de activos bajo ausencia de arbitraje o APT

Consideramos una economía en la que suponemos que:

a) Los rendimientos de los activos se generan por un proceso factorial de K factores de riesgo sistemático o fuentes comunes de riesgo.

b) No existen oportunidades de arbitraje.

c) Existe un gran número de activos individuales de forma que la diversificación permite eliminar el riesgo idiosincrásico en su totalidad. Este es un supuesto obviamente discutible. De hecho, no es válido en una economía con un número finito de activos financieros. Ya hemos señalado que no hay ninguna justificación económica en el modelo que permita realmente eliminar el riesgo idiosincrásico para todos los activos.

Pensemos en el siguiente modelo factorial de generación de rendimientos *sin riesgo idiosincrásico* donde utilizamos carteras que replican a los K factores y que denominaremos $R_{cF1}, R_{cF2}, ..., R_{cFK}$:[9]

$$R_j = a_j + \beta_{j1}R_{cF1} + \beta_{j2}R_{cF2} + ... + \beta_{jK}R_{cFK}.$$ [8.30]

Tal como se refleja en la ecuación [8.30] suponemos que no existe componente idiosincrásico alguno, por lo que $\varepsilon_j = 0$ para todo activo j. Por tanto, el modelo factorial [8.30] no incorpora término idiosincrásico alguno.

Imaginemos una cartera con ponderaciones $\left(1 - \sum_{k=1}^{K} \beta_{jk}\right)$ en el activo libre de

---

[9] En el apéndice de este capítulo se presenta una demostración similar partiendo del modelo factorial tradicional escrito en términos de factores en lugar de carteras réplicas de los factores. Los autores agradecen a Miguel A. Martínez la sugerencia de llevar a cabo esta demostración alternativa.

riesgo y β_{j1} en la cartera factorial 1, β_{j2} en la cartera factorial 2, ..., β_{jK} en la cartera factorial K. Es decir, formamos una cartera donde las propias betas son las ponderaciones asociadas a cada cartera factorial y la ponderación restante hasta sumar 1 en el activo libre de riesgo, tal como hemos discutido en la sección anterior.

La tasa de rendimiento de esta cartera será

$$R_c = \left(1 - \sum_{k=1}^{K} \beta_{jk}\right) r + \underbrace{\sum_{k=1}^{K} \beta_{jk} R_{cFk}}_{\text{componente factorial}}. \tag{8.31}$$

Podemos observar cómo el componente factorial de esta cartera en [8.31] replica y, por tanto, coincide con el componente factorial del activo j en [8.30].

Demostraremos que $a_j = \left(1 - \sum_{k=1}^{K} \beta_{jk}\right) r$ o, en caso contrario, existirá la posibilidad de un arbitraje. Para verlo supongamos que $a_j < \left(1 - \sum_{k=1}^{K} \beta_{jk}\right) r$. Si esto ocurre, podremos formar una cartera que invierta 1 euro en la cartera c y venda en descubierto 1 euro en el activo j. Naturalmente, esta nueva cartera tendrá coste cero y tasa de rendimiento dada por

$$\left(1 - \sum_{k=1}^{K} \beta_{jk}\right) r + \sum_{k=1}^{K} \beta_{jk} R_{cFk} - a_j - \sum_{k=1}^{K} \beta_{jk} R_{cFk} = \left(1 - \sum_{k=1}^{K} \beta_{jk}\right) r - a_j > 0$$

que, dado nuestro supuesto anterior, es una tasa de rendimiento estrictamente positiva. Hemos creado algo de la nada o una estrategia de arbitraje. Si, por el contrario, $a_j > \left(1 - \sum_{k=1}^{K} \beta_{jk}\right) r$ haríamos la operación contraria obteniendo, asimismo, una oportunidad de arbitraje. En definitiva, podemos concluir que para evitar las posibilidades de arbitraje debe ser cierto que[10]

$$a_j = \left(1 - \sum_{k=1}^{K} \beta_{jk}\right) r. \tag{8.32}$$

Así, la ecuación [8.30] queda:

---

[10] Debe quedar claro que cuando se presenta un modelo factorial con los rendimientos de las carteras factoriales en lugar de escribirlo en términos de los factores propiamente dichos, el término constante a_j no es el rendimiento esperado del activo j, ya que los rendimientos de las carteras factoriales *no son innovaciones* a diferencia de lo que representan los factores.

$$R_j = \left(1 - \sum_{k=1}^{K} \beta_{jk}\right) r + \sum_{k=1}^{K} \beta_{jk} R_{cFk'} \qquad [8.33]$$

de donde, tomando expectativas a ambos lados de [8.33], resulta en el APT *exacto* para el que es imprescindible suponer que $\varepsilon_j = 0$ para todo activo *j*:

$$E(R_j) = \left(1 - \sum_{k=1}^{K} \beta_{jk}\right) r + \sum_{k=1}^{K} \beta_{jk} E(R_{cFk})$$

y que, sacando factor común a β_{jk} suele escribirse como

$$E(R_j) = r + \sum_{k=1}^{K} \beta_{jk} \left[E(R_{cFk}) - r \right]; j = 1, \ldots, N. \qquad [8.34]$$

donde recordamos que R_{cFk} es la tasa de rendimiento de la cartera factorial que replica el factor de riesgo sistemático *k* y que se define como una cartera con sensibilidad (beta) igual a 1 respecto al factor *k* y cero respecto al resto de los factores. Sabemos que $\lambda_k = [E(R_{cFk}) - r]$ es la prima de riesgo asociada al factor *k*, de forma que el APT exacto (sin riesgo idiosincrásico) suele escribirse como

$$E(R_j) = r + \sum_{k=1}^{K} \beta_{jk} \lambda_k; j = 1, \ldots, N. \qquad [8.35]$$

La estructura del modelo es muy similar al resto de los modelos de valoración que analizaremos a lo largo del libro y, en particular, es muy similar al CAPM. Sin embargo, ya hemos indicado diferencias claves que el lector no debe olvidar. Estos modelos presentan una relación lineal y positiva entre rendimiento esperado y riesgo, entendido este último como las covarianzas —los diferentes parámetros β— respecto a los factores de riesgo sistemático $k = 1, \ldots, K$ que afectan los rendimientos de todos los activos inciertos.

En el caso del APT es evidente que no sabemos (con precisión) cuáles son los factores concretos que son valorados en el mercado y, por tanto, no sabemos el significado exacto de la prima por riesgo del factor que viene dada por λ_k. Esto no es más que una consecuencia de los pocos supuestos que hemos empleado para obtener la ecuación [8.35]. Es crucial notar que, a pesar de la poca estructura impuesta en el modelo, el riesgo viene medido por las covarianzas respecto a algunos factores comunes a todos los activos que reflejan las fuentes de riesgo sistemático de la economía.

Podemos derivar una expresión más general del APT sin imponer la existencia de un activo seguro. En este caso, en lugar de *r*, tendríamos el rendimiento de una cartera que tuviera sensibilidades relativas a todos los factores existentes iguales a cero:

$$E(R_j) = \lambda_0 + \beta_{j1}\lambda_1 + \beta_{j2}\lambda_2 + \ldots + \beta_{jK}\lambda_K; j = 1, \ldots, N, \qquad [8.36]$$

donde las λ's son las primas por riesgo asociadas a los diferentes factores con relación a la cartera que hace el papel de activo seguro, λ_0.

La dificultad del riesgo idiosincrásico

Recuérdese que hasta ahora hemos supuesto simplemente que el componente idiosincrásico del rendimiento que forma parte de la innovación en el modelo factorial generador de rendimientos es igual a cero. En el contexto del APT, sin embargo, no hay absolutamente nada que nos garantice que el rendimiento idiosincrásico y, por tanto, el riesgo idiosincrásico, no sea importante. En particular, no hay nada en el modelo que nos garantice que los inversores están perfectamente diversificados de manera que no quede componente alguno de riesgo individual o idiosincrásico. Precisamente, este hecho es lo que distingue a los modelos de valoración basados en la ausencia de arbitraje de los modelos de valoración (tipo CAPM) justificados bajo condiciones de equilibrio, donde justamente dicho equilibrio es el que garantiza que el riesgo idiosincrásico es cero.

En la demostración anterior, hemos supuesto que en el modelo factorial [8.30] no existía el componente idiosincrásico. En la práctica, si modelamos exclusivamente el riesgo factorial y, por tanto, el componente idiosincrásico es nulo por definición, necesitaríamos tantos factores como activos existentes al intentar explicar los rendimientos de dichos activos. Esto no es, obviamente, un resultado de interés. La idea es explicar los rendimientos esperados o primas de riesgo de los activos inciertos mediante un número reducido de fuentes de riesgo sistemático. Así, para explicar en la práctica un porcentaje elevado de la variabilidad de los rendimientos realizados de los activos financieros individuales, necesitamos introducir el término que representa su parte idiosincrásica ε_j.

Utilizando las innovaciones de los factores, el supuesto sobre el proceso generador de rendimientos sería

$$R_j = a_j + \sum_{k=1}^{K} \beta_{jk}F_k + \varepsilon_j$$

$$E(\varepsilon_j) = E(\varepsilon_j\varepsilon_h) = E(\varepsilon_jF_k) = E(F_k) = E(F_qF_k) = 0; \forall j, \forall j \neq h, \forall j, k, \forall q \neq k$$

$$E(\varepsilon_j)^2 = \sigma_{\varepsilon_j}^2, \qquad [8.37]$$

lo que implica que los componentes idiosincrásicos son independientes. En otras palabras, siempre que el inversor tuviera una cartera *muy grande* sería posible diversificar (eliminar) el riesgo idiosincrásico. Sin embargo, ésto sólo sería verdad en el límite, cuando el número de activos individuales en la cartera tiende a infinito. En caso contrario y utilizando razonamientos económicos necesitaríamos otra razón que nos permitiese ignorar el componente idiosincrásico. Una vez más, este planteamiento es radicalmente diferente cuando analicemos un modelo como el CAPM.

En particular, el rendimiento de una cartera con un *número infinito* de activos sería

$$R_c = \underbrace{\sum_{j=1}^{N \to \infty} \omega_j a_j}_{a_c} + \sum_{k=1}^{K} \underbrace{\left(\sum_{j=1}^{N \to \infty} \omega_j \beta_{jk} \right)}_{\beta_{ck}} F_k + \underbrace{\sum_{j=1}^{N \to \infty} \omega_j \varepsilon_j}_{\varepsilon_c}. \qquad [8.38]$$

Así, la varianza del componente idiosincrásico de esta cartera c, que suponemos bien diversificada de manera que $\omega_j = 1/N$, y haciendo uso de la independencia de los componentes idiosincrásicos individuales, será

$$\lim_{N \to \infty} \text{var} \left(\frac{\sum_{j=1}^{N} \varepsilon_j}{N} \right) = \lim_{N \to \infty} \frac{\sum_{j=1}^{N} \sigma_{\varepsilon j}^2}{N^2} = \lim_{N \to \infty} \frac{\sum_{j=1}^{N} \bar{\sigma}_{\varepsilon j}^2}{N} = 0, \qquad [8.39]$$

por lo que, una vez eliminado el componente idiosincrásico, recuperaríamos el modelo APT tal como lo hemos presentado. Así, siempre que exista un número infinito de activos, el APT de las expresiones [8.35] u [8.36] se satisface.

¿Qué ocurre si reconocemos que existe un número finito de activos financieros? En este caso, estrictamente hablando, lo único que podemos decir sin utilizar argumentos de equilibrio es que los rendimientos esperados de los activos están acotados por una cantidad ζ:

$$r + \sum_{k=1}^{K} \beta_{jk} \lambda_k - \zeta \leq E(R_j) \leq r + \sum_{k=1}^{K} \beta_{jk} \lambda_k + \zeta. \qquad [8.40]$$

Cuanto mayor sea el número de activos financieros que existan en la economía, las cotas serán más estrechas y el APT se aproximará a la habitual relación exacta de valoración.

Debemos señalar que la utilización práctica que se hace del APT ignora estas cuestiones y se centra en el APT *exacto* tal como aparece en [8.35] u [8.36]. De la misma forma, los contrastes que se han hecho del modelo también utilizan su versión exacta salvo excepciones muy concretas.

El APT utilizando directamente la ecuación fundamental de valoración

Veamos un desarrollo que emplea directamente la expresión fundamental de valoración [7.2] o, lo que es lo mismo, la ecuación [7.5]:

$$E(R_j - r) = \left\{ -\frac{1}{E(M)} \right\} \text{cov}(M, R_j),$$

y supongamos que el proceso generador de rendimientos viene dado por el modelo factorial de K factores:

$$R_j = a_j + \sum_{k=1}^{K} \beta_{jk} F_k + \varepsilon_j; \, j = 1, ..., N, \tag{8.41}$$

donde $E(\varepsilon_j, \varepsilon_h) = E(\varepsilon_j, F_k) = E(\varepsilon_j) = E(F_k) = 0; \, \forall j, \, \forall j \neq h, \, \forall j, k.$

Así, el rendimiento observado del activo j se compone de una parte esperada y de una innovación, que a su vez tiene un componente sistemático y un componente idiosincrásico.

Sustituyendo [8.41] en [7.5] obtenemos:

$$E(R_j) = r + \frac{\text{cov}(-M, R_j)}{E(M)} = r + \frac{\text{cov}\left(-M, a_j + \sum_{k=1}^{K} \beta_{jk} F_k + \varepsilon_j\right)}{E(M)}$$

$$= r + \frac{\text{cov}(-M, \beta_{j1} F_1)}{E(M)} + \frac{\text{cov}(-M, \beta_{j2} F_2)}{E(M)} + ... + \frac{\text{cov}(-M, \beta_{jK} F_K)}{E(M)} + \frac{\text{cov}(-M, \varepsilon_j)}{E(M)}$$

$$= r + \beta_{j1} \frac{\text{cov}(-M, F_1)}{E(M)} + \beta_{j2} \frac{\text{cov}(-M, F_2)}{E(M)} + ... + \beta_{jK} \frac{\text{cov}(-M, F_K)}{E(M)} + \frac{\text{cov}(-M, \varepsilon_j)}{E(M)}.$$
$$\tag{8.42}$$

Para entender el APT resulta fundamental ser consciente del papel que juega el último término del lado derecho de [8.42]. Si los agentes están perfectamente diversificados, sus carteras no mantendrán componente idiosincrásico alguno y la cov $(M, \varepsilon_j) = 0$. En definitiva, *para obtener un APT exacto, el supuesto fundamental que necesitamos es que dicha covarianza entre la variable agregada M y el rendimiento idiosincrásico del activo j sea igual a cero.* Efectivamente, bajo este crucial supuesto:

$$E(R_j) = r + \beta_{j1} \underbrace{\frac{\text{cov}(-M, F_1)}{E(M)}}_{\lambda_1} + \beta_{j2} \underbrace{\frac{\text{cov}(-M, F_2)}{E(M)}}_{\lambda_2} + ... + \beta_{jK} \underbrace{\frac{\text{cov}(-M, F_K)}{E(M)}}_{\lambda_K}$$

$$\Rightarrow E(R_j) = r + \beta_{j1}\lambda_1 + \beta_{j2}\lambda_2 + ... + \beta_{jK}\lambda_K, \tag{8.43}$$

que de forma compacta lo escribimos como:

$$E(R_j) = r + \sum_{k=1}^{K} \beta_{jk}\lambda_k; \, j = 1, ..., N. \tag{8.44}$$

Esta forma de presentar el modelo será muy útil cuando presentemos los contrastes empíricos del APT, ya que nos permitirá entender los signos de las primas por riesgo asociadas a los factores macroeconómicos que suelen imponerse en los contrastes del modelo.

Si R_{cFk} es el rendimiento de una cartera que replica al factor k (cartera factorial), F_k, de forma que tiene sensibilidad igual a 1 respecto a este factor, $\beta_k = 1$, y cero respecto al resto, tendremos que

$$E(R_{cFk}) = r + \underbrace{\beta_{k1}}_{= 0} \underbrace{\frac{\text{cov}(-M, F_1)}{E(M)}}_{\lambda_1} + \underbrace{\beta_{k2}}_{= 0} \underbrace{\frac{\text{cov}(-M, F_2)}{E(M)}}_{\lambda_2} + \dots$$

$$\dots + \underbrace{\beta_{kk}}_{= 1} \underbrace{\frac{\text{cov}(-M, F_k)}{E(M)}}_{\lambda_k} + \dots + \underbrace{\beta_{kK}}_{= 0} \underbrace{\frac{\text{cov}(-M, F_K)}{E(M)}}_{\lambda_K}$$

$$= r + 0\lambda_1 + 0\lambda_2 + \dots + 1\lambda_k + \dots + 0\lambda_K$$

$$\Rightarrow \lambda_k = E(R_{cFk} - r),$$

que es simplemente la prima de riesgo de la cartera k, donde dicha cartera replica al factor sistemático k. Por tanto, el APT puede escribirse según la expresión [8.34].

Nótese, asimismo, que el APT lo podemos interpretar a partir de la ecuación fundamental de valoración utilizando la definición de la variable agregada M como una función lineal de los rendimientos de las carteras factoriales. El siguiente desarrollo es simplemente la extensión natural de la expresión [7.29] del capítulo 7, tal como aparece en las ecuaciones [8.1] y [8.2] al principio de este capítulo, aunque a diferencia de estas últimas, empleamos los rendimientos de la carteras factoriales que replican los K factores de riesgo sistemático. Para verlo, fijémonos en una cualquiera de las covarianzas que aparecen en la ecuación [8.43]:

$$\frac{\text{cov}(-M, R_{cFk})}{E(M)}, \qquad [8.45]$$

que sabemos que debe ser igual a la prima de riesgo λ_k.

Este resultado debe ser consistente con el enfoque que señala a la variable M como una función lineal de los rendimientos de las carteras factoriales

$$M = \delta_{0F} + \delta_{1F}R_{cF1} + \delta_{2F}R_{cF2} + \dots + \delta_{KF}R_{cFK}, \qquad [8.46]$$

de forma que

$$E[\tilde{R}_j(\delta_{0F} + \delta_{1F}R_{cF1} + \delta_{2F}R_{cF2} + \dots + \delta_{KF}R_{cFK})] = 1; \; j = 1, \dots, N, \qquad [8.47]$$

donde δ_{0F}, δ_{1F}, ..., δ_{KF} son unas constantes iguales a

$$\delta_{0F} = \frac{1}{1+r} + \frac{\lambda_1 E(R_{cF1})}{(1+r)\sigma^2_{cF1}} + \ldots + \frac{\lambda_K E(R_{cFK})}{(1+r)\sigma^2_{cFK}}$$

[8.48]

$$\delta_{1F} = -\frac{\lambda_1}{(1+r)\sigma^2_{cF1}}, \ldots, \delta_{KF} = -\frac{\lambda_K}{(1+r)\sigma^2_{cFK}},$$

donde σ^2_{cFk} es la varianza del rendimiento de la cartera factorial que replica el factor de riesgo sistemático k.

Así, es fácil comprobar que la expresión [8.45] es efectivamente la prima de riesgo de la cartera factorial k, λ_k:

$$\frac{\text{cov}(-M, R_{cFk})}{E(M)} = -\frac{\text{cov}(\delta_{0F} + \delta_{1F}R_{cF1} + \ldots + \delta_{kF}R_{cFk} + \ldots + \delta_{KF}R_{cFK}, R_{cFk})}{1/1+r}$$

$$= -(1+r)\delta_{kF}\text{cov}(R_{cFk}, R_{cFk}) = -(1+r)\sigma^2_{cFK}\left[-\frac{\lambda_k}{(1+r)\sigma^2_{cFk}}\right] = \lambda_k,$$

demostración que resulta útil además para comprobar que los rendimientos de las carteras factoriales (y, de hecho, los propios factores de riesgo sistemático) deben ser ortogonales entre ellos.

EJEMPLO 8.5.1 Carteras de arbitraje y el APT con un único factor de riesgo sistemático

Supongamos el caso más sencillo de un solo factor (por ejemplo, la tasa de crecimiento del índice de producción industrial). El supuesto inicial del APT es que el proceso generador de rendimientos es

$$R_j = a_j + \beta_{j1}F_1 + \varepsilon_j.$$

[8.49]

Imaginemos un inversor que puede invertir en los siguientes tres activos:

Activos	$E(R_j)$ (en %)	β_{j1}
A	10	0,9
B	16	2,5
C	9	1,2

La idea intuitiva del APT es que los inversores exploren la posibilidad de formar *carteras de arbitraje* para conseguir incrementar el rendimiento esperado de su cartera sin modificar el riesgo. Una *cartera arbitraje* es una cartera que (i): no requiere inversión alguna por parte del inversor; (ii): no tiene sensibilidad alguna respecto a cualquiera de los factores sistemáticos y (iii): su rendimiento esperado es distinto de cero.

Sea w_j la cantidad *en euros* (no el porcentaje) invertida en el activo j. Así, pensando en los tres activos de la tabla, la suma de sus cantidades en euros invertidas en una cartera arbitraje debe ser cero:

$$w_A + w_B + w_C = 0 \qquad [8.50]$$

y, además, dado que la sensibilidad de una cartera es el promedio ponderado de la sensibilidad de sus componentes al factor o factores, la cartera arbitraje requiere

$$\beta_{A1}w_A + \beta_{B1}w_B + \beta_{C1}w_C = 0$$
$$\Rightarrow 0,9w_A + 2,5w_B + 1,2w_C = 0. \qquad [8.51]$$

Estrictamente hablando, una cartera arbitraje tampoco debería tener riesgo idiosincrásico. Igual que hicimos en la exposición anterior, vamos a suponer que es suficientemente pequeño para poder ignorarlo (o que N es infinito).

Por tanto, las carteras arbitraje vienen definidas (al menos) por las condiciones [8.50] y [8.51]. Hay tres incógnitas y dos ecuaciones, por lo que existen infinitas soluciones. Podemos asignar arbitrariamente el valor de 0,1 a w_A, de forma que

$$0,1 + w_B + w_C = 0$$
$$0,09 + 2,5w_B + 1,2w_C = 0$$

$$\Rightarrow w_A = 0,1$$
$$\Rightarrow w_B = 0,023$$
$$\Rightarrow w_C = -0,123.$$

Para comprobar si efectivamente dicha cartera es una cartera arbitraje, debemos asegurarnos de que su rendimiento esperado sea positivo (sería también válido si el rendimiento esperado fuese negativo, pero en este caso la estrategia de arbitraje consistiría en vender la cartera arbitraje). Sabemos que ésta es la tercera y última condición que define una cartera arbitraje:

$$w_A E(R_A) + w_B E(R_B) + w_C E(R_C) > 0. \qquad [8.52]$$

En el ejemplo,

$$0,10w_A + 0,16w_B + 0,09w_C > 0$$

$$\Rightarrow 0,10(0,1) + 0,16(0,023) + 0,09(-0,123) \Rightarrow 0,261\%,$$

$\Rightarrow$ hemos identificado una cartera arbitraje.

Dado que hemos encontrado una cartera arbitraje, parece evidente que los rendimientos de los activos que aparecen en el tabla anterior no pueden ser el resultado de unos precios que se mantengan de manera sistemática. En particular, existirá una presión al alza en los precios de los activos A y B, y una presión a la baja en el precio del activo C. De esta forma, los rendimientos esperados de A y B serán menores, mientras que el rendimiento esperado de C será mayor. Estas presiones continuarán hasta que no existan más oportunidades de arbitraje; esto es, hasta que no sean posibles carteras arbitraje. ■

La pregunta que debemos hacernos a continuación es inmediata: ¿cuándo no son posibles las carteras arbitraje? La respuesta es que no hay posibilidad de encontrar una cartera arbitraje cuando los rendimientos esperados de todos los activos se sitúen en una línea recta (en el caso de un único factor como en este ejemplo; sería un *plano* si tuviéramos dos factores) que viene dada por

$$E(R_j) = \lambda_0 + \beta_{j1}\lambda_1, \qquad [8.53]$$

de forma que satisfaga el APT dado por la ecuación [8.36] para el caso particular de este ejemplo en el que tenemos sólo un factor.

La relación riesgo-rendimiento bajo el APT con un solo factor para el caso en que existe un activo seguro con rendimiento igual a r se refleja en la figura 8.3. Nótese la relación lineal y positiva entre rendimiento esperado y riesgo donde el riesgo se cuantifica como la beta o covarianza del rendimiento del activo j respecto al único factor supuesto:

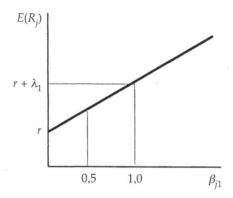

Figura 8.3. El ATP con un solo factor.

A modo de resumen, para que no exista una cartera arbitraje, para toda cartera que cumpla

$$w_A + w_B + w_C = 0 \qquad\qquad [8.54a]$$

$$\beta_{A1} w_A + \beta_{B1} w_B + \beta_{C1} w_C = 0, \qquad\qquad [8.54b]$$

necesariamente

$$w_A E(R_A) + w_B E(R_B) + w_C E(R_C) = 0. \qquad\qquad [8.54c]$$

Así, si el vector de ponderaciones es ortogonal al vector de unos y al vector de betas o sensibilidades, la ausencia de carteras arbitraje exige que el vector de ponderaciones sea ortogonal al vector de rendimientos esperados. Si esto es así, el vector de rendimientos esperados debe ser una combinación lineal de los vectores de unos y sensibilidades, es decir,[11]

$$\Rightarrow E(R_j) = \lambda_0 + \beta_{j1} \lambda_1.$$

---

[11] Esta forma de describir el APT se basa en un conocido resultado de álgebra lineal que, para poder aplicarse, necesita el habitual supuesto de riesgo idiosincrásico igual a cero para todos los activos. Véase la segunda parte del apéndice.

EJEMPLO 8.5.2 Condiciones de ausencia de arbitraje y el APT con múltiples (dos) factores de riesgo sistemático

Supongamos que el proceso generador de rendimientos es de la forma

$$R_j = a_j + \beta_{j1}F_1 + \beta_{j2}F_2 + \varepsilon_j, \qquad\qquad [8.55]$$

con $E(\varepsilon_j\varepsilon_h) = 0;\ \forall j,\ h$ tal que $j \neq h$.
Imaginemos los siguientes activos:

Activos	$E(R_j)$	β_{j1}	β_{j2}
A	12%	1,0	0,5
B	13,4%	3,0	0,2
C	12%	3,0	− 0,5

Igual que en el caso anterior, para evitar posibilidades de arbitraje, todos los activos deben situarse en algún punto de un plano (sus precios deben ser tales que sus rendimientos esperados con relación a sus sensibilidades o betas estén situados en algún punto de un plano). Nótese que antes teníamos dos activos que determinaban una recta; ahora tenemos tres activos que determinan un plano. ¿Cuál es la ecuación del plano?

$$E(R_A) = \lambda_0 + \lambda_1\beta_{A1} + \lambda_2\beta_{A2}$$

$$E(R_B) = \lambda_0 + \lambda_1\beta_{B1} + \lambda_2\beta_{B2}$$

$$E(R_C) = \lambda_0 + \lambda_1\beta_{C1} + \lambda_2\beta_{C2}.$$

En el caso particular del ejemplo:

$$0,120 = \lambda_0 + \lambda_1(1,0) + \lambda_2(0,5)$$

$$0,134 = \lambda_0 + \lambda_1(3,0) + \lambda_2(0,2)$$

$$0,120 = \lambda_0 + \lambda_1(3,0) - \lambda_2(0,5).$$

Tenemos un sistema de tres ecuaciones con tres incógnitas que solucionándolo nos permite obtener las primas de riesgo de los dos factores y el rendimiento de una cartera con betas igual a cero respecto a ambos factores:

$$\lambda_0 = 0,10\ (10\%)$$

$$\lambda_1 = 0,01\ (1\%)$$

$$\lambda_2 = 0,02\ (2\%).$$

Así, la ecuación del plano es

$$E(R_j) = 0,10 + 0,01\beta_{j1} + 0,02\beta_{j2}.$$

Gráficamente, tenemos que para evitar posibilidades de arbitraje los precios de todos los activos deben ser tales que sus rendimientos esperados se asocien a sus betas de forma que se sitúen en algún punto del plano de la figura 8.4:

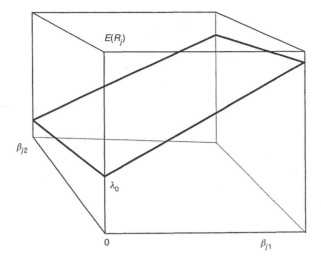

Figura 8.4. El APT con dos factores.

Imaginemos a continuación un cuarto activo, denominado D, que tiene (dado su precio actual) un rendimiento esperado del 16% y unas betas respecto a los dos factores iguales a $\beta_{D1} = 2{,}333$ y $\beta_{D2} = 0{,}067$. Compararemos este activo con una cartera E formada por los activos A, B y C donde invertimos un porcentaje de nuestra riqueza igual a 1/3 en cada uno de ellos. Las betas y rendimiento esperado de dicha cartera serán

$$\beta_{E1} = (1/3)(1{,}0) + (1/3)(3{,}0) + (1/3)(3{,}0) = 2{,}333$$

$$\beta_{E2} = (1/3)(0{,}5) + (1/3)(0{,}2) - (1/3)(0{,}5) = 0{,}067$$

$$E(R_E) = (1/3)(0{,}12) + (1/3)(0{,}134) + (1/3)(0{,}12) = 0{,}1247.$$

Según nuestra discusión del APT, la relación rendimiento-riesgo de la cartera E debería estar situada en el plano definido por la ecuación del modelo:

$$E(R_E) = 0{,}10 + 0{,}01(2{,}333) + 0{,}02(0{,}067) = 0{,}1247.$$

El resultado muestra que la cartera E está bien valorada (no existen posibilidades de arbitraje) al situarse en el plano o satisfacer el APT. Sin embargo, el activo D tiene un rendimiento esperado del 16% y el mismo riesgo que la cartera E al tener las mismas betas respecto a los dos factores. Esto, naturalmente, significa que el activo D está valorado incorrectamente; esto es, podemos construir una cartera arbitraje.

Sea "ARB" una cartera formada por el activo D y la cartera E, donde $w_E = -1.000$ euros y $w_D = 1.000$ euros (vendemos en descubierto la cartera E y compramos el activo D):

$$w_D + w_E = 0$$

$$w_D \beta_{D1} + w_E \beta_{E1} = 0$$

$$w_D \beta_{D2} + w_E \beta_{E2} = 0$$

$$w_D E(R_D) + w_E E(R_E) > 0.$$

Estrategia	Inversión	$E(R_j)$	β_{j1}	β_{j2}
Venta en descubierto de la cartera E	1.000 euros	$-1.000 \times 1,1247$ $= -1.124,7$ euros	$-2,333$	$-0,067$
Compra del activo D	-1.000 euros	$1.000 \times 1,16 =$ 1.160 euros	$+2,333$	$+0,067$
Total	0	$+35,3$ euros	0	0

Ante esta situación, el precio del activo D subirá hasta que su rendimiento esperado se ajuste (disminuya) a su riesgo dado por sus sensibilidades a los dos factores sistemáticos de la economía. En otras palabras, hasta que esté situado en la ecuación del plano que es

$$E(R_j) = \lambda_0 + \lambda_1 \beta_{j1} + \lambda_2 \beta_{j2}.$$

Recordemos que, tal como hemos discutido anteriormente, las constantes λ_0, λ_1 y λ_2 las podemos interpretar como primas por riesgo de las correspondientes carteras factoriales. Cuando $\beta_{j1} = \beta_{j2} = 0$, el activo j debería tener un rendimiento esperado igual al rendimiento del activo seguro al no existir término aleatorio alguno. Por tanto,

$$\Rightarrow \lambda_0 = r.$$

Cuando $\beta_{j1} = 1$ y $\beta_{j2} = 0$, tendremos una cartera cuyo rendimiento esperado, dado por $E(R_{cF1})$, es

$$E(R_{cF1}) = \lambda_0 + \lambda_1 = r + \lambda_1$$

$$\Rightarrow \lambda_1 = E(R_{cF1}) - r.$$

Así, λ_1 es la prima por riesgo de una cartera que tiene sensibilidad uno con respecto al primer factor y cero respecto al segundo.

De la misma forma, cuando $\beta_{j1} = 0$ y $\beta_{j2} = 1$, tendremos una cartera cuyo rendimiento esperado, dado por $E(R_{cF2})$ es

$$E(R_{cF2}) = \lambda_0 + \lambda_2 = r + \lambda_2$$

$$\Rightarrow \lambda_2 = E(R_{cF2}) - r.$$

Por tanto, λ_2 es la prima por riesgo de una cartera que tiene sensibilidad uno con respecto al segundo factor y cero respecto al primero.

Es muy importante notar que dichas *primas de riesgo deben ser únicas y, en definitiva, comunes a todos los activos inciertos existentes*. De hecho, una forma alternativa de comprobar que no existen oportunidades de arbitraje es asegurarnos que dichas primas de riesgo son únicas. Para verlo, imaginemos que tenemos las dos ecuaciones siguientes correspondientes a los activos A y B del ejemplo 8.5.2:

$$0,120 = 0,10 + 1\lambda_1 + 0,5\lambda_2$$

$$0,134 = 0,10 + 3\lambda_1 + 0,2\lambda_2$$

$$\Rightarrow \lambda_1 = 1\%; \lambda_2 = 2\%.$$

Utilicemos a continuación el caso del activo D cuyas betas son 2,333 y 0,067 respecto a los dos factores, pero tiene un rendimiento esperado igual al 16%, por lo que no cumplía el APT y admitía la construcción de una cartera arbitraje. Si formamos un sistema de dos ecuaciones con el activo B y el D tendremos

$$0,134 = 0,10 + 3\lambda_1 + 0,2\lambda_2$$

$$0,160 = 0,10 + 2,333\lambda_1 + 0,067\lambda_2$$

$$\Rightarrow \lambda_1 = 0,0365;\ \lambda_2 = -0,378,$$

que son diferentes de las primas de riesgo anteriores, por lo que la ecuación del APT no se satisface y existen, como ya descubrimos anteriormente, oportunidades de arbitraje. ∎

Para terminar esta sección, debemos mencionar que, lógicamente, la pregunta en la que se ha centrado el debate sobre el APT ha sido: ¿Cuáles son los factores de riesgo sistemático comunes a todos los activos? Una propuesta habitual hace uso de variables macroeconómicas como son:

 – la tasa de crecimiento del índice de producción industrial o, alternativamente, la tasa de crecimiento de las ventas totales de la economía;

 – la tasa de inflación no esperada;

 – los cambios en las expectativas de inflación;

 – el diferencial entre los tipos de interés a largo plazo y a corto plazo;

 – el diferencial entre los tipos de interés de la deuda del estado a largo plazo y la deuda empresarial a largo plazo (solvencia empresarial);

 – la propia rentabilidad de la cartera de mercado.

De momento sólo mencionamos dichas variables para proporcionar una cierta intuición sobre los factores que se han utilizado frecuentemente en la literatura. Un análisis más detallado de esta cuestión requiere discutir la evidencia empírica sobre los modelos de valoración de activos. Este análisis lo presentaremos en el capítulo 12, donde se presentarán tanto las técnicas de contraste de los modelos como la discusión de los resultados empíricos en el mercado español de valores y en el mercado estadounidense.

8.6 Una posible interpretación del CAPM con múltiples betas

Esta sección explora el significado de la beta de un activo individual con respecto al rendimiento de la cartera de mercado de forma que, además, nos permita analizar la posible relación entre el CAPM y el APT a un nivel intuitivo y no formal.

La idea es pensar que la *única* fuente de riesgo sistemático es el riesgo de mercado, pero que tal riesgo lo podemos *descomponer* en una serie de factores de riesgo macroeconómico de manera que obtengamos un CAPM con múltiples betas al estilo del APT. En definitiva, la clave es preguntarnos ¿qué hay detrás del coeficiente beta de mercado?

EJEMPLO 8.6.1 (Barr Rosenberg, University of California en Berkeley)

Supongamos que existen dos factores macroeconómicos que afectan a una determinada economía. En particular, imaginemos que estos factores son un *shock* energético relacionado con el precio del petróleo y un *shock* asociado a los tipos de interés. Suponemos además que ambos riesgos macroeconómicos son sucesos independientes. El rendimiento de la cartera de mercado (como único riesgo sistemático) y los rendimientos de los dos activos inciertos existentes en esta economía (activos *A* y *B*) se ven afectados de manera positiva, neutral o negativa de acuerdo con las siguientes contribuciones de cada factor macroeconómico:

Suceso económico	Resultado	Contribución al rendimiento en %		
		Mercado	Activo *A*	Activo *B*
	Positivo	+ 6	+ 4	+ 8
Energía	Neutral	0	0	0
	Negativo	− 6	− 4	− 8
	Positivo	+ 3	+ 6	0
Tipo de interés	Neutral	0	0	0
	Negativo	− 3	− 6	0

Cada estado de naturaleza tiene la misma probabilidad de ocurrencia, por lo que es igual a 1/3. Nótese que con relación al mercado, al activo *A* responde tanto como 2/3 al factor energía y tanto como 2 veces al factor tipo de interés, mientras que el activo *B* responde tanto como 4/3 al factor energía y simplemente no se ve afectado por el factor tipo de interés.

Los efectos de ambos sucesos macroeconómicos pueden representarse de la siguiente manera:

R_m	R_A	R_B	R_m	R_A	R_B	$\{R_m$	R_A	R_B	Prob.
			3	6	0	$\{$ 9	10	8	1/9
6	4	8 TI	0	0	0	$\{$ 6	4	8	1/9
			− 3	− 6	0	$\{$ 3	− 2	8	1/9
			3	6	0	$\{$ 3	6	0	1/9
E ⟨ 0	0	0 TI	0	0	0	$\{$ 0	0	0	1/9
			− 3	− 6	0	$\{$ − 3	− 6	0	1/9
			3	6	0	$\{$ − 3	2	− 8	1/9
− 6	− 4	− 8 TI	0	0	0	$\{$ − 6	− 4	− 8	1/9
			− 3	− 6	0	$\{$ − 9	− 10	− 8	1/9

En este contexto, la varianza del rendimiento del mercado tiene dos fuentes de incertidumbres provenientes de las varianzas de los dos sucesos macroeconómicos propuestos. Para verlo, debe tenerse en cuenta que, en el ejemplo, el rendimiento esperado del mercado es $E(R_m) = 0$, por lo que su varianza es

$$\sigma_m^2 = \frac{1}{9}\,(9^2 + 6^2 + 3^2 + 0 + 3^2 + 3^2 + 3^2 + 6^2 + 9^2) = 30.$$

Esta varianza puede descomponerse en las varianzas inducidas por los dos sucesos macroeconómicos independientes:

$$\text{var(energía)} = \frac{1}{3} \, (6^2 + 0 + (-6)^2) = 24$$

$$\text{var(tipo interés)} = \frac{1}{3} \, (3^2 + 0 + (-3)^2) = 6$$

$$\sigma_m^2 = 24 + 6 = 30.$$

Las contribuciones de los dos factores macroeconómicos a la varianza del mercado pueden resumirse señalando que el *shock* energético contribuye en 4/5 a la varianza del mercado, mientras que el *shock* tipo de interés contribuye en 1/5 a dicha varianza. En este contexto, la incertidumbre asociada al mercado es simplemente una consecuencia de la incertidumbre inherente a cada uno de los sucesos macroeconómicos que lo componen.

Por otra parte, sabemos que el activo A es menos sensible al factor energía que el propio mercado, mientras que el activo B es menos sensible al tipo de interés que el rendimiento del mercado. Así, parece lógico pensar en estimar el coeficiente beta de ambos activos:

$$\beta_A = \frac{\text{cov}(R_A, R_m)}{\sigma_m^2}.$$

Dado que $E(R_A) = 0$, la covarianza entre el rendimiento del activo A y el mercado es

$$\text{cov}(R_A, R_m) = \frac{1}{9} \, \big(9 \times 10 + 6 \times 4 + 3(-2) + 3 \times 6 + 0 + (-3)(-6) + (-3)2$$

$$+ (-6)(-4) + (-9)(-10)\big) = 28$$

$$\Rightarrow \beta_A = \frac{28}{30} = 0{,}933.$$

La idea clave del ejemplo es que la beta de cualquier activo puede descomponerse según los sucesos macroeconómicos que influyan en el comportamiento del mercado. En nuestro caso, la beta del activo A puede descomponerse en dos covarianzas (betas) relacionados con los dos sucesos que utilizamos:

$$\text{cov}(R_A, R_m) = E\big[(R_A^{ti} + R_A^{e})(R_m^{ti} + R_m^{e})\big]$$

$$= E\big[(R_A^{ti})(R_m^{ti})\big] + E\big[(R_A^{ti})(R_m^{e})\big] + E\big[(R_A^{e})(R_m^{ti})\big] + E\big[(R_A^{e})(R_m^{e})\big]$$

$$= E\big[(R_A^{ti})(R_m^{ti})\big] + E\big[(R_A^{e})(R_m^{e})\big] = \text{cov}(R_A^{ti}, R_m^{ti}) + \text{cov}(R_A^{e}, R_m^{e}).$$

Utilizando los datos del ejemplo,

$$\text{cov}(R_A, R_m) = \frac{1}{3} \, (4 \times 6 + 0 + (-4)(-6)) + \frac{1}{3} \, (6 \times 3 + 0 + (-6)(-3)) =$$

$$= \frac{2}{3} \left[\frac{1}{3} \, (6 \times 6 + 0 + (-6)(-6)) \right] + 2 \left[\frac{1}{3} \, (3 \times 3 + 0 + (-3)(-3)) \right].$$

Nótese que hemos escrito la covarianza usando su descomposición en dos covarianzas y, además, de forma que los corchetes sean precisamente las varianzas del mercado asociado al factor energía y al factor tipo de interés. Por tanto,

$$\text{cov}(R_A, R_m) = \frac{2}{3}\, \text{var}(R_m^e) + 2\, \text{var}(R_m^{ti})$$

$$\Rightarrow \beta_A = \frac{2}{3}\, \frac{\text{var}(R_m^e)}{\sigma_m^2} + 2\, \frac{\text{var}(R_m^{ti})}{\sigma_m^2}.$$

[8.56]

Por lo que las betas de ambos activos pueden descomponerse como:

$$\beta_A = \left(\frac{2}{3}\right)\left(\frac{24}{30}\right) + 2\left(\frac{6}{30}\right) = \left(\frac{2}{3}\right)\left(\frac{4}{5}\right) + 2\left(\frac{1}{5}\right) = 0{,}933$$

$$\beta_B = \left(\frac{4}{3}\right)\left(\frac{4}{5}\right) + 0\left(\frac{1}{5}\right) = 1{,}067,$$

donde debe recordarse que 2/3 es el factor de respuesta relativa o sensibilidad del activo *A* al factor energía y 2 es su factor de respuesta o sensibilidad al tipo de interés. De la misma forma, 4/3 y 0 son los correspondientes factores de sensibilidad del activo *B* a los dos sucesos macroeconómicos. ∎

Así, el nivel del coeficiente beta depende de dos componentes:

- el grado de incertidumbre asociado a los diversos sucesos macroeconómicos o lo que podemos denominar *la contribución proporcional de los sucesos a la varianza del mercado*;
- la respuesta o sensibilidad de los rendimientos de los activos a los sucesos macroeconómicos o *coeficientes de respuesta relativa*.

Si denominamos V_k a la contribución del suceso macroeconómico k a la varianza del mercado y b_{jk} al coeficiente de respuesta relativa del activo j al suceso k, podemos concluir que la beta de cualquier activo j es

$$\beta_{jm} = \sum_{k=1}^{K}\left(\frac{V_k}{\sum\limits_{k=1}^{K} V_k}\right) b_{jk},$$

[8.57]

de forma que la beta del activo j con respecto al mercado siempre la podremos interpretar como el promedio ponderado de los coeficientes de respuesta relativa, donde las ponderaciones son las proporciones de cada suceso macroeconómico en la varianza total del mercado.

Es importante señalar que este resultado nos permitiría interpretar el CAPM como un modelo de *múltiples betas*, entendiendo dichas betas como en la expresión [8.57]. Sería simplemente una interpretación alternativa de la cartera óptima *m* (eficiente y que implica el vaciado del mercado) al descomponerla en sus respectivos sucesos. Las múltiples betas que aparecerían en un modelo de estas características no son más que las respuestas ponderadas ante dichos sucesos por parte de los activos.

Sin embargo, el lector nunca debería interpretar al APT de esta forma ya que no hay ningún razonamiento económico en el APT que nos permita identificar a la cartera de mercado como un factor de riesgo agregado y menos aún como el único factor de riesgo sistemático.

APÉNDICE: EL APT CON K FACTORES Y SIN RIESGO IDIOSINCRÁSICO

La primera parte de este apéndice demuestra el APT a partir de un modelo factorial escrito de forma tradicional a diferencia de lo que se presenta en el apartado 8.5. Supongamos el siguiente modelo factorial de generación de rendimientos *sin riesgo idiosincrásico* donde utilizamos innovaciones de K factores sistemáticos:

$$R_j = a_j + \beta_{j1}F_1 + \beta_{j2}F_2 + \ldots + \beta_{jK}F_K, \tag{8A.1}$$

donde

- $F_1, F_2, \ldots, F_K$ son los factores de riesgo sistemáticos o agregados comunes a todos los activos existentes expresados como innovaciones por lo que sus valores esperados son iguales a cero, así como las covarianzas entre dos cualesquiera de ellos;
- $\beta_{j1}, \beta_{j2}, \ldots, \beta_{jK}$ son las sensibilidades de los rendimientos del activo j a los diversos (K) factores de riesgo sistemático de la economía.

Sabemos que el rendimiento de cualquier cartera factorial k que replique el factor de riesgo sistemático k puede escribirse como:

$$R_{cFk} = E(R_{cFk}) + F_k; \; \forall k = 1, \ldots, K. \tag{8A.2}$$

Imaginemos una cartera con ponderaciones $\left(1 - \sum\limits_{k=1}^{K} \beta_{jk}\right)$ en el activo libre de riesgo y β_{j1} en la cartera factorial 1, β_{j2} en la cartera factorial 2, ..., β_{jK} en la cartera factorial K. Es decir, formamos una cartera donde las propias betas son las ponderaciones asociadas a cada cartera factorial y la ponderación restante hasta sumar 1 en el activo libre de riesgo.

La tasa de rendimiento de esta cartera será

$$R_c = \left(1 - \sum\limits_{k=1}^{K} \beta_{jk}\right) r + \sum\limits_{k=1}^{K} \beta_{jk} E(R_{cFk}) + \underbrace{\sum\limits_{k=1}^{K} \beta_{jk} F_k}_{\text{componente factorial}}. \tag{8A.3}$$

Podemos observar cómo el componente factorial de esta cartera en [8A.3] replica y, por tanto, coincide con el componente factorial del activo j en [8A.1]. Demostraremos que $a_j = \left(1 - \sum\limits_{k=1}^{K} \beta_{jk}\right) r + \sum\limits_{k=1}^{K} \beta_{jk} E(R_{cFk})$ o en caso contrario existirá la posibili-

dad de un arbitraje. Para verlo supongamos que $a_j < \left(1 - \sum\limits_{k=1}^{K} \beta_{jk}\right) r + \sum\limits_{k=1}^{K} \beta_{jk} E(R_{cFk})$.

Si esto ocurre, podremos formar una cartera que invierte 1 euro en la cartera c y venda en descubierto 1 euro en el activo j. Esta nueva cartera tiene coste cero y tasa de rendimiento dada por

$$\left(1 - \sum_{k=1}^{K} \beta_{jk}\right) r + \sum_{k=1}^{K} \beta_{jk} E(R_{cFk}) + \sum_{k=1}^{K} \beta_{jk} F_k - a_j - \sum_{k=1}^{K} \beta_{jk} F_k =$$

$$= \left(1 - \sum_{k=1}^{K} \beta_{jk}\right) r + \sum_{k=1}^{K} \beta_{jk} E(R_{cFk}) - a_j > 0,$$

que, dado nuestro supuesto anterior, es una tasa de rendimiento estrictamente positiva por lo que existe una oportunidad de arbitraje.

Si, por el contrario, $a_j > \left(1 - \sum\limits_{k=1}^{K} \beta_{jk}\right) r + \sum\limits_{k=1}^{K} \beta_{jk} E(R_{cFk})$ haríamos la operación

contraria obteniendo, asimismo, una oportunidad de arbitraje. En definitiva, podemos concluir que para evitar las posibilidades de arbitraje debe ser cierto que

$$a_j = \left(1 - \sum_{k=1}^{K} \beta_{jk}\right) r + \sum_{k=1}^{K} \beta_{jk} E(R_{cFk}). \qquad [8A.4]$$

Así, la ecuación [8A.1] puede escribirse como

$$R_j = \left[\left(1 - \sum_{k=1}^{K} \beta_{jk}\right) r + \sum_{k=1}^{K} \beta_{jk} E(R_{cFk})\right] + \sum_{k=1}^{K} \beta_{jk} F_k, \qquad [8A.5]$$

de donde tomando expectativas a ambos lados de [8A.5] resulta en el APT *exacto* ya que $E(F_k) = 0$. Recuérdese que es imprescindible suponer que $\varepsilon_j = 0$ para todo activo j.

Una demostración alternativa utiliza argumentos de álgebra lineal. Supongamos que existen tres activos en la economía cuyos rendimientos vienen dados por el siguiente modelo factorial sin componente idiosincrásico y con un único factor y, por tanto, una única cartera réplica cuyo rendimiento es R_{cF}:

$$R_1 = a_1 + \beta_1 R_{cF}$$

$$R_2 = a_2 + \beta_2 R_{cF} \qquad [8A.6]$$

$$R_3 = a_3 + \beta_3 R_{cF}.$$

Se invierte w_j euros en el activo j como parte de una cartera arbitraje cuyo coste es cero:

$$w_1 + w_2 + w_3 = 0.$$

El rendimiento en euros (el precio o coste de la cartera arbitraje es cero por lo que no puede hablarse de la tasa de rendimiento) es

$$R = (a_1 w_1 + a_2 w_2 + a_3 w_3) + (\beta_1 w_1 + \beta_2 w_2 + \beta_3 w_3)R_{cF}.$$

Si la cartera es tal que no tiene riesgo,

$$\beta_1 w_1 + \beta_2 w_2 + \beta_3 w_3 = 0,$$

entonces, bajo ausencia de arbitraje, la siguiente expresión debe ser cero:

$$a_1 w_1 + a_2 w_2 + a_3 w_3 = 0.$$

Esto significa que los vectores $1_3 = \begin{pmatrix} 1 \\ 1 \\ 1 \end{pmatrix}$ y $\beta = \begin{pmatrix} \beta_1 \\ \beta_2 \\ \beta_3 \end{pmatrix}$ generan el vector $a = \begin{pmatrix} a_1 \\ a_2 \\ a_3 \end{pmatrix}$:

Esto es, cualquier vector ortogonal a 1_3 $(w'1_3 = 0)$ y al vector β $(w'\beta = 0)$, es ortogonal al vector a $(w'a = 0)$. Por tanto, el vector a debe ser una combinación lineal del vector 1_3 y del vector β. De esta forma existen unas constantes λ_0 y $\bar{\lambda}_1$ tal que:

$$a_j = \lambda_0 + \bar{\lambda}_1 \beta_j.$$

Utilizando [8A.6]:

$$R_j = \lambda_0 + \bar{\lambda}_1 \beta_j + \beta_j R_{cF} = \lambda_0 + \beta_j(\bar{\lambda}_1 + R_{cF}).$$

Tomando expectativas en esta última expresión,

$$E(R_j) = \lambda_0 + \beta_j[\bar{\lambda}_1 + E(R_{cF})] = \lambda_0 + \lambda_1 \beta_j,$$

donde $\lambda_1 = \bar{\lambda}_1 + E(R_{cF})$. Además, si existe un activo seguro con rendimiento igual a r, $\lambda_0 = r$.

Referencias

Connor, G. (1989). "Notes on the Arbitrage Pricing Theory", en *Theory of Valuation*, vol. 1, editado por S. Bhattacharya y G. Constantinides, Rowman & Littlefield.

Connor, G. y R. Korajczyk (1995). "The Arbitrage Pricing Theory and Multifactor Models of Asset Returns", en *Finance*, vol. 9, *Handbooks in Operations Research and Management Science*, editado por R. Jarrow, V. Maksimovic y W. Ziemba.

Copeland, T. y F. Weston (1988). *Financial Theory and Corporate Policy*, Addison-Wesley, 3ª ed., cap. 7.

Elton, E. y M. Gruber (1995). *Modern Portfolio Theory and Investment Analysis*, John Wiley & Sons, 5ª ed., caps. 8 y 16.

Grinblatt, M. y S. Titman (1998). *Financial Markets and Corporate Strategy*, Irvine-McGraw-Hill, cap. 6.

Huang, C. y R. Litzenberger (1988). *Foundations for Financial Economics*, North Holland, cap. 4.

Ingersoll, J (1987). *Theory of Financial Decision Making*, Rowman & Littlefield, cap. 7.

Rosenberg, B. y V. Marathe (1976), "Common Factors in Security Returns: Microeconomic Determinants and Macroeconomic Correlates", Institute of Business and Economic Research, University of California en Berkeley.

Sharpe, W., Alexander, G. y J. Bailey (1995). *Investments*, Prentice Hall International, 5ª ed., caps. 11 y 12.

CUARTA PARTE:
LA EVIDENCIA EMPÍRICA

9. LA EVIDENCIA EMPÍRICA: UNA INTRODUCCIÓN

9.1 Una discusión general sobre el comportamiento de los precios de los activos financieros

Durante los últimos veinte años se ha vivido un profundo cambio en la forma en que los economistas financieros se enfrentan a los determinantes de los precios de los activos. En los siguientes capítulos se pretende reflejar la importancia que la evidencia empírica, cada vez más rigurosa y con una mayor cantidad de datos financieros de gran calidad, ha tenido en la revolución experimentada en los modelos determinantes de los precios de los activos.

En una provocativa e interesante revisión de la literatura, Cochrane (1999) deja muy claro cuáles han sido los principales cambios que se han producido en la forma de entender el proceso de formación de precios de los activos. Parece evidente que durante muchos años las grandes ideas sobre las que descansaba gran parte de la literatura sobre la valoración de activos se centraba en los siguientes puntos:

El pasado

- El CAPM incorpora la medida apropiada de riesgo ya que los inversores sólo se preocupan de los rendimientos de las carteras y no del comportamiento de activos individuales específicos. Así, la contribución de un activo a la volatilidad de la *cartera de mercado* (fuente exclusiva de riesgo agregado) medida, como sabemos, por la covarianza entre el rendimiento del activo y el rendimiento del mercado es el único riesgo relevante. Si dicha covarianza, o beta, es la única medida de riesgo apropiada, entonces *el CAPM valora correctamente las rentabilidades medias de los activos.*
- *Los rendimientos de los activos financieros son impredecibles.* Así, en términos generales los movimientos de los precios de los activos son equivalentes al comportamiento observado en el lanzamiento de una moneda. Este comportamiento ha recibido durante muchos años el nombre de *paseo aleatorio* como forma de entender el comportamiento temporal de los cambios en los precios de los activos. En términos más precisos, el rendimiento esperado futuro de un activo es siempre el mismo o, alternativamente, los *rendimientos esperados son constantes.* Si existiese alguna forma de predecir los cambios de los precios de los activos, los costes de transacción eliminarían cualquier posibilidad de explotarla.

- Como un caso particular del punto anterior, *los rendimientos de los bonos no son predecibles*. La idea que subyace en esta afirmación es la aceptación de la hipótesis de las expectativas discutida en el capítulo 3. De esta forma, si la curva de tipos es creciente implica que los agentes esperan una subida futura de los tipos de interés a corto plazo. En ningún caso, una curva de tipos creciente significa que los agentes esperan un mayor rendimiento invirtiendo en tipos de interés a largo plazo en lugar de invertir en tipos a corto plazo. Simplemente, la ganancia por invertir a tipos a corto y a tipos a largo es la misma sobre cualquier horizonte temporal. La subida de los tipos a corto a lo largo de los años hace que una estrategia consistente en invertir una y otra vez en inversiones a corto acabe teniendo exactamente la misma rentabilidad que se obtendría por invertir directamente a tipos a largo plazo.
- La volatilidad de los rendimientos de los activos no cambia a lo largo del tiempo. Esto implica que los rendimientos de los activos no sólo resultan imposibles de predecir, sino que están idénticamente distribuidos a lo largo del tiempo. Realmente, el comportamiento de un activo financiero se puede reproducir mediante el lanzamiento continuado de una moneda.
- Los gestores profesionales de carteras son incapaces de superar el comportamiento de estrategias de inversión pasivas (estrategias que repliquen el comportamiento de un índice bursátil) una vez que sus resultados son ajustados por el riesgo beta. Al menos no son capaces de hacerlo mejor de forma sistemática, de manera que en media, y una vez tenidos en cuenta los costes de gestión que son transferidos a los clientes, los gerentes presentan peores resultados que la cartera de mercado. Incluso, una mayor rotación en las carteras implica una peor rentabilidad para los clientes finales del gestor.

Estos grandes principios basados ciertamente en la abundante literatura empírica que apareció en los años sesenta y setenta, ha sido revisada por nuevas formas teóricas de enfrentarse al proceso de formación de precios de los activos y por un profundo cambio en la manera de entender la evidencia empírica que aparece a partir de mediados de los años ochenta.

Los nuevos principios en los que descansa la economía financiera moderna los podemos resumir en los siguientes puntos:

El presente

- *Los rendimientos medios de los activos financieros no pueden explicarse por el CAPM y, por tanto, por la beta como única medida de riesgo.* Los modelos de *múltiples factores* representan una forma más precisa de describir el comportamiento medio de los rendimientos de los activos inciertos. Estos modelos asocian los rendimientos promedio con la tendencia de los rendimientos a moverse con varios factores de riesgo sistemático agregado además del riesgo proveniente de la cartera de mercado.

En definitiva, existe una creencia absolutamente extendida que acepta que otras fuentes de riesgo, además del riesgo de mercado, son relevantes en el proceso de la elección óptima de las carteras y, por tanto, el rendimiento esperado de cualquier activo dependerá de algo más que la simple covarianza de su rendimiento con el mercado. Múltiples betas aparecen de forma natural.

Imaginemos dos activos inciertos que tienen exactamente la misma beta con relación a la cartera de mercado. Sin embargo, uno de dichos activos obtiene buenos resultados (rendimientos positivos) en momentos de recesión económica, mientras que el segundo activo tiene un mal comportamiento durante dicha recesión (rendimientos negativos). Parece evidente que un gran porcentaje de individuos preferirá el activo que ofrece un buen comportamiento durante la recesión económica. Este activo compensaría con sus rendimientos positivos los *shocks* negativos que se producirían tanto en la renta financiera de los agentes como en su renta salarial. Naturalmente, estas preferencias elevarían el precio del activo que permite cubrirse en momentos de recesión económica o, lo que es lo mismo, los agentes estarían dispuestos a mantenerlo en sus carteras a un rendimiento esperado relativamente bajo. De la misma forma, el activo que se mueve exactamente con la situación económica experimentaría una disminución en su precio y, consecuentemente, debería ofrecer un rendimiento esperado más elevado.

La implicación más relevante de esta discusión es que existe otra covarianza, además de la covarianza con el mercado, que determina los rendimientos esperados de los activos inciertos. En particular, el modelo de valoración incluiría una covarianza entre el rendimiento de los activos y una medida de la recesión económica. Evidentemente, el rendimiento de la cartera de mercado también disminuiría en una época de recesión. El argumento de esta discusión implica que la recesión económica puede ser muy fuerte o, alternativamente, podría ser relativamente suave para un rendimiento *dado* de la cartera de mercado. Esta última posible diferencia en el grado de recesión económica para un nivel dado del mercado hace necesaria una covarianza adicional que explique el rendimiento esperado de los activos.

Nótese que este riesgo adicional unido a la idea de recesión económica es simplemente un ejemplo sobre una posible contingencia o estado de la naturaleza negativo. Podríamos pensar en múltiples fuentes de riesgo o contingencias que implicarían la aparición de covarianzas adicionales como determinantes del rendimiento esperado. Tendríamos un modelo de valoración con múltiples betas. En cualquier caso, lo fundamental es notar que el comportamiento de los agentes ante estas múltiples contingencias consiste en *cubrirse* ante las mismas. Esto es, los modelos multi-betas de valoración de activos surgen como consecuencia de los deseos que tienen los individuos de desarrollar comportamientos de *cobertura ante las contingencias futuras* a las que se enfrentan.[1]

En el capítulo 7 se discutió, en el contexto del CAPM, cómo el rendimiento esperado de un activo se determina por su demanda agregada. Así, deberíamos es-

[1] En la última parte del libro se presenta una discusión detallada de estas ideas.

perar una relación entre su rendimiento esperado y la dependencia del rendimiento del activo en cuestión con las diversas fuentes de incertidumbre existentes en la economía. Es claro que todos los individuos aversos al riesgo preferirían tener una menor incertidumbre para una corriente dada de rendimientos esperados y, sin duda, estarían dispuestos a sacrificar parte del rendimiento esperado de aquellos activos que fueran capaces de ofrecer cobertura ante cualquiera de las fuentes de riesgo existentes. En definitiva, si un activo contribuye tanto favorable como desfavorablemente a los deseos de cobertura que tienen los individuos ante los riesgos existentes, su rendimiento esperado se verá afectado. Aquel activo que contribuya de manera positiva ante cualquiera de las contingencias futuras desfavorables tendrá un rendimiento esperado significativamente más pequeño que el activo que esté correlacionado positivamente con la contingencia desfavorable y que, por tanto, añada volatilidad a las carteras.

En el contexto del CAPM se puede, evidentemente, razonar de la misma manera. Sin embargo, lo importante es que el riesgo agregado existente se reduce al comportamiento de la cartera de mercado. La extensión multi-beta incorpora fuentes adicionales de riesgo sobre las que los agentes se comportarán de la misma forma que se comportan ante las variaciones en la cartera de mercado en el contexto del CAPM. Existe, además, otra importante diferencia. El rechazo ante el riesgo asociado al comportamiento de la cartera de mercado es unánime entre los individuos. Esto no tiene que ser necesariamente cierto en el caso de fuentes alternativas de riesgo. Un conjunto de individuos podría considerar una posición larga en un activo como forma de reducir los riesgos que percibe, mientras que otro grupo tomaría una posición corta en el activo para controlar los riesgos que le afectan. Así, el rendimiento esperado del activo incorporará un diferencial positivo o negativo dependiendo de la agregación de las demandas de los individuos. Incluso, el signo de dicho diferencial podría fluctuar a lo largo del tiempo.

Las posibles fuentes de riesgo que podrían afectar a todos los individuos en un grado u otro podrían comprender la incertidumbre sobre los bienes de consumo que estarán disponibles en el futuro; la incertidumbre sobre los precios relativos de los bienes de consumo; incertidumbre sobre los ingresos salariales; incertidumbre sobre el capital humano; incertidumbre sobre el valor de los bienes no financieros e incertidumbre sobre las variaciones a lo largo del tiempo del conjunto de oportunidades de inversión. Debemos señalar que esta última fuente de incertidumbre se debe interpretar en un contexto intertemporal de valoración y no en el contexto estático en el que hemos desarrollado los modelos de valoración presentados hasta el momento en el libro.

Es interesante resaltar que, a diferencia del modelo intertemporal en el que aparecen múltiples betas por motivos de cobertura, existe la posibilidad de extender el CAPM a un contexto en el que la beta de cualquier activo relativa al mercado se mueve a lo largo del ciclo económico. Como se verá en el capítulo 12, esta importante idea transforma el CAPM tradicional en un modelo de múltiples betas cuyos factores de riesgo deben estar asociados con la capacidad de predecir la prima de riesgo esperada del mercado que es variable, precisamente como consecuencia de que las verdaderas betas de los activos son a su vez variables a lo largo de las diversas fases del ciclo económico.[2]

- *Los rendimientos de los activos son predecibles.* Existe incluso evidencia sobre los factores que ayudan a predecir dichos rendimientos. El cociente del agregado entre el valor contable y el valor de mercado de los activos, la rentabilidad agregada por dividendos, la estructura temporal de los tipos de interés y el diferencial de tipos entre bonos con diferentes grados de solvencia son buenos ejemplos. En particular, los rendimientos de los bonos son predecibles a corto plazo. Con una curva de tipos creciente, el rendimiento esperado de los bonos a largo plazo es mayor que el rendimiento esperado de los bonos a corto plazo. Naturalmente todas estas predicciones suponen un riesgo, pero debe quedar claro que la clave está en reconocer y aceptar que *los rendimientos esperados de los activos inciertos son variables a lo largo del tiempo y de los ciclos económicos.* Los rendimientos esperados de los activos inciertos *no* son constantes.
- *La volatilidad de los rendimientos de los activos cambia a lo largo del tiempo.* Momentos en los que se observa una elevada volatilidad sugieren una mayor volatilidad futura. Existe una cierta *persistencia* en volatilidad. Además, tiende a observarse una correlación negativa entre los cambios en los precios de los activos y la volatilidad. Momentos en los que se observan caídas en los precios van acompañados de aumentos en la volatilidad y viceversa. Los individuos presentan una aversión al riesgo que es decreciente en su nivel de riqueza. Así, cuando los precios de los activos disminuyen, los individuos pierden riqueza y se vuelven más aversos al riesgo. Por tanto, ante la llegada de cualquier nueva información a los mercados, se produce una reacción más intensa por parte de los agentes que provoca una mayor volatilidad.
- Algunos fondos de inversión son capaces de presentar resultados favorables cuando se les compara con los índices bursátiles y de renta fija habituales. La persistencia en sus resultados es, sin embargo, más discutible. Parece existir una cierta evidencia favorable a la persistencia de resultados cuando el riesgo se mide en el contexto del CAPM, pero dicha persistencia tiende a desaparecer cuando se controlan por fuentes de riesgo asociadas a los estilos de inversión puramente mecánicos que siguen los fondos. Por tanto, no parece que la evidencia de persistencia esté realmente relacionada con la habilidad continuada de los gerentes para ofrecer rendimientos superiores de manera consistente.

La evidencia empírica que presentaremos a lo largo de estos capítulos y en los capítulos dedicados a la evidencia disponible en los mercados de opciones, encajan de manera natural en los puntos anteriores. Antes, sin embargo, presenta-

---

[2] El siguiente punto también discute e incluso justifica estas últimas ideas.

mos un resumen de las ideas claves que fundamentan los contrastes empíricos en los mercados financieros.

9.2 Precios, rendimientos y distribuciones de probabilidad[3]

Definiciones y conceptos

Suponiendo que no existen rentas distribuidas en forma de dividendos o intereses, sabemos que el rendimiento de un activo financiero entre el momento t y el $t - 1$ se define como[4]

$$R_t = \frac{P_t}{P_{t-1}} - 1, \tag{9.1}$$

donde P_t es el precio del activo al final del periodo t y donde $(1 + R_t)$ se interpreta como el rendimiento bruto del activo.

Denominemos $(1 + R_t^\tau)$ al rendimiento bruto obtenido sobre los τ periodos más recientes desde $t - \tau$ hasta t. Entonces, dicho rendimiento es igual al producto de los τ rendimientos de un solo periodo desde $t - \tau + 1$ hasta t:

$$1 + R_t^\tau \equiv (1 + R_t)(1 + R_{t-1}) \ldots (1 + R_{t-\tau+1}) \tag{9.2}$$

$$= \frac{P_t}{P_{t-1}} \frac{P_{t-1}}{P_{t-2}} \frac{P_{t-2}}{P_{t-3}} \ldots \frac{P_{t-\tau+1}}{P_{t-\tau}} = \frac{P_t}{P_{t-\tau}}.$$

Tal como discutimos en el capítulo 2, estas tasas de variación en los precios son rendimientos compuestos.

El rendimiento *continuamente compuesto* o, lo que es lo mismo, el rendimiento logarítmico de un activo que definiremos como r_t es simplemente el logaritmo natural de su rendimiento bruto:[5]

$$r_t \equiv \ln(1 + R_t) = \ln \frac{P_t}{P_{t-1}} = p_t - p_{t-1}, \tag{9.3}$$

donde $p_t \equiv \ln P_t$.

La ventaja de utilizar rendimientos continuamente compuestos en un contexto de múltiples periodos es que son la *suma* de los rendimientos continuamente compuestos de los periodos individuales:

---

[3] El contenido del resto de este capítulo sigue de cerca los capítulos 1 y 2 de Campbell, Lo y MacKinley (1997).

[4] La expresión [5.1] representaba el rendimiento o, más formalmente, *la tasa de rendimiento* cuando se reconoce la presencia de dividendos.

[5] Véase el apéndice del capítulo 2.

$$r_t^\tau \equiv \ln(1 + R_t^\tau) = \ln((1 + R_t)(1 + R_{t-1}) \dots (1 + R_{t-\tau+1})) = \tag{9.4}$$

$$= \ln(1 + R_t) + \ln(1 + R_{t-1}) + \dots + \ln(1 + R_{t-\tau+1}) = r_t + r_{t-1} + \dots + r_{t-\tau+1}.$$

Existe un problema con esta definición de los rendimientos. Sabemos que el rendimiento de una cartera se define como:

$$R_{ct} = \sum_{j=1}^{N} \omega_{jc} R_{jt} , \tag{9.5}$$

esto es, como la suma ponderada de los rendimientos de los activos que forman la cartera. Debemos tener en cuenta que esta propiedad no se satisface por los rendimientos continuamente compuestos. Dado que el logaritmo de una suma no es igual que la suma de logaritmos, tenemos que:

$$r_{ct} \neq \sum_{j=1}^{N} \omega_{jc} r_{jt} , \tag{9.6}$$

Este resultado conduce a que la evidencia empírica sobre los modelos de valoración cuando se estudian en un contexto de sección cruzada, donde suele ser habitual el empleo de carteras, se basa en los rendimientos simples, mientras que la evidencia sobre el comportamiento temporal de los activos suele estar basada en los rendimientos continuamente compuestos.

Distribuciones de probabilidades

Sabemos por Estadística básica que una variable aleatoria X se suele especificar utilizando su *función de distribución* definida como:

$$F(x) \equiv \text{Prob}(X \leq x),$$

función que corresponde a la probabilidad de que una variable aleatoria X tome un valor menor o igual que el número real x. La variable X se llama continua o la distribución de probabilidades a ella asociada es continua si existe una función $f(x)$, llamada *función de densidad* de probabilidad, tal que para todo valor real x se verifique

$$F(x) \equiv \int_{-\infty}^{x} f(u)du ,$$

por lo que, por definición, la probabilidad de que $X \leq x$ es igual al área bajo la curva $f(x)$ a la izquierda del valor de x para una variable aleatoria continua.[6]

---

[6] En los puntos de continuidad de $f(x)$ se verifica que $F'(x) = f(x)$, donde $F'(x)$ es la derivada de la función de distribución.

Generalmente necesitaremos trabajar con múltiples activos financieros de manera simultánea por lo que su comportamiento se describirá por la denominada *función de distribución conjunta* definida como

$$F(x, y, ..., z) \equiv \mathrm{Prob}(X \leq x, Y \leq y, ..., Z \leq z).$$

Consideremos a continuación un conjunto de N activos, donde cada uno de ellos tiene un rendimiento aleatorio igual a R_{jt}, $j = 1, ..., N$; $t = 1, ...,T$. La manera más general de especificar este conjunto de rendimientos viene dada por la función de distribución conjunta de los rendimientos de los activos:

$$F(R_{11}, ..., R_{N1}; R_{12}, ..., R_{N2}; ...; R_{1T}, ..., R_{NT}) \qquad [9.7]$$

y que incluso puede ampliarse para incorporar el conjunto de variables estado, Z, que describen la situación del entorno económico en el cual dichos rendimientos aleatorios se determinan de forma conjunta. Obsérvese asimismo que existirá un vector de parámetros que de forma única determina la función de distribución conjunta F. De hecho, la evidencia que se presenta en estos capítulos puede interpretarse como el análisis de inferencia de este vector de parámetros, dada la ley de probabilidades F que gobierna el comportamiento de los precios de los activos y los rendimientos R_{jt}.

Es importante notar que la función de distribución conjunta en su expresión más general depende tanto de N (número de activos) como de T (periodos temporales). En los modelos estáticos de valoración que se han analizado hasta el momento, reducimos la expresión [9.7] a la función de distribución conjunta en un momento dado t:

$$F(R_{1t}, ..., R_{Nt}). \qquad [9.8]$$

Para ello, cuando se llevan a cabo los contrastes empíricos, necesitamos suponer que los rendimientos son estadísticamente independientes a lo largo del tiempo y que la distribución conjunta de los activos dada por [9.8] es idéntica en los distintos periodos de tiempo analizados.

La forma alternativa de analizar las funciones de distribución es fijar un activo cualquiera j y especificar su función de distribución conjunta en el tiempo. Esto es justamente lo contrario de lo que aparece en [9.8] y nos permite estudiar la dinámica de los rendimientos de los activos individuales independientemente de la estructura de sección cruzada existente. La función de distribución conjunta (en el tiempo) para un activo dado que escribimos como $F(R_{j1}, ..., R_{jt}, ..., R_{jT})$ puede entenderse como:

$$F(R_{j1}, ..., R_{jT}) = F(R_{j1})F(R_{j2} \mid R_{j1})F(R_{j3} \mid R_{j2}, R_{j1}) ..., F(R_{jT} \mid R_{jT-1}, ..., R_{j1}). \qquad [9.9]$$

Como hemos señalado al principio de este capítulo, uno de los aspectos de mayor interés en la literatura empírica sobre los mercados financieros ha sido la predecibilidad de los rendimientos de los activos. La expresión [9.9] permite apreciar las dependencias temporales implícitas en el rendimiento del activo *j* a lo largo del tiempo. La predecibilidad de los rendimientos está directamente conectada con el análisis de cómo la *distribución condicional* de los rendimientos (tal como aparece en la expresión [9.9]) evoluciona a lo largo del tiempo. Nótese que cuando la distribución condicional del rendimiento del activo *j* es igual a su *distribución marginal o incondicional*, $F(R_{jt} \mid R_{jt-\tau}) = F(R_{jt})$, los rendimientos son independientes a lo largo del tiempo y, por tanto, resultan impredecibles mediante el uso de los rendimientos pasados.

El modelo que más se ha utilizado en los contrastes empíricos sobre los factores que determinan los precios de los activos financieros se ha basado en suponer que los rendimientos de los activos son independientes y están idénticamente distribuidos en el tiempo. Además, la distribución tradicionalmente supuesta para describir el comportamiento de los activos ha sido la distribución Normal. Así, se suele suponer que los *rendimientos son idénticamente normales e independientes*.

Ahora bien, dado que las empresas tienen *responsabilidad limitada* (los individuos *no* están obligados a poner dinero adicional de su bolsillo, por lo que el precio de cualquier activo no puede ser inferior a cero, y dichos inversores no pueden tener un rendimiento negativo de su inversión inferior al – 100%), el supuesto sobre la distribución Normal es ciertamente discutible. Asimismo, la suma de variables Normales es Normal, pero los rendimientos multiperiódicos, tal como se indica en la expresión [9.2], son productos de los rendimientos de los periodos individuales y no sumas. Alternativamente, recuérdese que la ecuación [9.4] implica que la suma de rendimientos continuamente compuestos de periodos individuales *sí* puede entenderse como el rendimiento continuamente compuesto multiperiódico.

Las consecuencias que para la Economía Financiera han tenido estas dos serias dificultades que presenta la distribución de probabilidades Normal han sido muy relevantes. En particular, ha potenciado el uso de la denominada distribución logarítmico-normal o, para abreviar, la *distribución log-normal*.

Decimos que una variable aleatoria *X* es log-normal si el logaritmo natural de *X* es Normal. Alternativamente, si la variable aleatoria *Y* es Normal, entonces $X = e^Y$ es log-normal. Esto implica que los valores que puede tomar una variable log-normal están acotados entre 0 e ∞, por lo que dicha distribución es consistente con la responsabilidad limitada:

$$Y = \begin{cases} \infty \\ 1 \\ 0 \\ -\infty \end{cases} \Rightarrow X = \begin{cases} \infty \\ e \\ 1 \\ 0 \end{cases} . \qquad [9.10]$$

Otras propiedades de interés de la distribución log-normal son las siguientes:

- Dado que la suma de variables conjuntamente Normales es también Normal, el producto de variables conjuntamente log-normales es log-normal.
- Es importante destacar que:

$$E(X) = e^{\mu + \frac{1}{2}\sigma^2},$$ [9.11a]

donde $\mu = E(\ln X)$ y $\sigma^2 = \mathrm{var}(\ln X)$. Para verlo, dado que $Y \equiv \ln X$, tenemos que

$$E(X) \equiv \int_{-\infty}^{\infty} e^Y f(Y) dY,$$

donde la función de densidad de una variable Y Normal con media μ y varianza σ^2 es:

$$f(Y) = \frac{1}{\sigma\sqrt{2\pi}}\, e^{-(Y-\mu)^2/2\sigma^2}.$$

Entonces,

$$E(X) = \int_{-\infty}^{\infty} e^Y \frac{1}{\sigma\sqrt{2\pi}} e^{-(Y-\mu)^2/2\sigma^2} dY = \int_{-\infty}^{\infty} \frac{1}{\sigma\sqrt{2\pi}} e^{-(Y-\mu)^2/2\sigma^2 + Y} dY,$$

como el exponente de e es igual a $\mu + \dfrac{1}{2}\sigma^2 - (Y-\mu-\sigma^2)^2/2\sigma^2$,

$$E(X) = \left(e^{\mu + \frac{1}{2}\sigma^2}\right) \int_{-\infty}^{\infty} \frac{1}{\sigma\sqrt{2\pi}} e^{-[Y-(\mu-\sigma)^2]^2/2\sigma^2} dY = e^{\mu + \frac{1}{2}\sigma^2},$$

ya que $\int_{-\infty}^{\infty} f(Y) dY = 1$ y $(\mu - \sigma)^2$ puede interpretarse, igual que μ, como una constante.

- Asimismo, se puede demostrar que,

$$\mathrm{var}(X) = E(X)^2(e^{\sigma^2} - 1).$$ [9.11b]

En términos de precios de los activos financieros, si P_{jt} es log-normal, su logaritmo $p_{jt} \equiv \ln P_{jt}$ es normal y su rendimiento (continuamente compuesto), $r_{jt} = p_{jt} - p_{jt-1}$, es también normal. Esto implica que los rendimientos simples (brutos), $1 + R_{jt}$, son variables log-normales. El modelo log-normal en términos de los rendimientos de los activos lo podemos expresar en definitiva como:

$$r_{jt} \approx N(\mu_j, \sigma_j^2).$$

Bajo el modelo log-normal, si la media y varianza de r_{jt} son μ_j y σ_j^2 respectivamente, entonces la media y la varianza de los rendimientos simples (brutos) log-normales son

$$E(1 + R_{jt}) = e^{\mu_j + \frac{\sigma_j^2}{2}} - 1$$

$$\text{var}(1 + R_{jt}) = e^{2\mu_j + \sigma_j^2}\left(e^{\sigma_j^2} - 1\right).$$

Estas expresiones serán de gran utilidad cuando presentemos el modelo de valoración de opciones de Black y Scholes (1973).

Curtosis y asimetría

Las distribuciones no Gaussianas con colas más gruesas que la Normal y asimetrías hacia alguno de los lados se han vuelto muy populares en Economía Financiera. La correlación negativa entre los cambios en los precios de los activos y la volatilidad de los rendimientos es una manera de comprender que las distribuciones de los rendimientos de los activos suelen presentar distribuciones asimétricas por la izquierda. Como veremos, estas características de las distribuciones tienen importantes consecuencias para la valoración de activos derivados.

La asimetría o tercer momento normalizado de una variable aleatoria X con media μ y varianza σ^2 es

$$SK(X) \equiv E\left[\frac{(X - \mu)^3}{\sigma^3}\right]. \tag{9.12}$$

Por su parte, la curtosis o cuarto momento normalizado viene definido como:

$$KU(X) \equiv E\left[\frac{(X - \mu)^4}{\sigma^4}\right]. \tag{9.13}$$

La distribución Normal, como el resto de distribuciones simétricas, tiene asimetría igual a cero y curtosis igual a 3. Las distribuciones con colas gruesas donde se encuentra masa probabilística adicional en los extremos de la distribución presentan *exceso de curtosis*.

Los correspondientes estadísticos muestrales para T observaciones vienen dados por las siguientes expresiones: para la media muestral,

$$\hat{\mu} = \frac{1}{T}\sum_{t=1}^{T} X_t;$$

para la varianza muestral,

$$\hat{\sigma}^2 = \frac{1}{T} \sum_{t=1}^{T} (X_t - \hat{\mu})^2;$$

para la asimetría,

$$S\hat{K} = \frac{1}{T\hat{\sigma}^3} \sum_{t=1}^{T} (X_t - \hat{\mu})^3; \qquad\qquad [9.14]$$

para la curtosis,

$$K\hat{U} = \frac{1}{T\hat{\sigma}^4} \sum_{t=1}^{T} (X_t - \hat{\mu})^4. \qquad\qquad [9.15]$$

En muestras grandes de variables aleatorias Normales, los estimadores de la asimetría y curtosis dados por [9.14] y [9.15] se distribuyen con medias 0 y 3 y varianzas $6/T$ y $24/T$ respectivamente.

El cuadro 9.1 presenta evidencia sobre la distribución de los rendimientos del índice bursátil estadounidense (NYSE ponderado por capitalización tanto para rendimientos mensuales como para diarios) y español (IGBM para los datos mensuales e IBEX-35 para los datos diarios).[7]

Cuadro 9.1. Índices bursátiles S&P500 e IGBM.

Rendimientos diarios (en %). NYSE ponderado (2 enero 1962-30 diciembre 1994). IBEX-35 (15 enero 1992-30 noviembre 1999).				
Índice bursátil	Media	Volatilidad	Asimetría	Exceso de curtosis
NYSE (8.179 observ.)	0,044	0,82	− 1,33	34,92
IBEX-35 (1.982 observ.)	0,079	1,25	− 0,25	3,72

Rendimientos mensuales (en %). NYSE ponderado (enero 1962-diciembre 1994). IGBM (enero 1963-junio 1996).				
NYSE (396 observ.)	0,96	4,33	− 0,29	2,42
IGBM (402 observ.)	1,01	5,35	− 0,10	3,66

[7] Los datos de la Bolsa de Nueva York aparecen en Campbell, Lo y MacKinley (1997).

El índice del NYSE presenta una clara evidencia de asimetría negativa y significativa, siendo más pronunciada cuando se calcula con los rendimientos diarios. El índice bursátil español también presenta signos de asimetría negativa, aunque no parece ser significativa cuando se usan rendimientos mensuales. Esta evidencia sugiere una correlación negativa entre la volatilidad del mercado y los cambios en los precios de los activos, al menos para intervalos muestrales con frecuencias altas (diarios). Caídas en los mercados bursátiles parecen, por tanto, ir acompañadas en promedio con aumentos de volatilidad.

Para verlo, nótese que asimetrías negativas implican que la cola izquierda de la distribución es más gruesa que la Normal, mientras que la cola derecha es más estrecha. Así, existe más masa probabilística con rendimientos negativos que la obtenida bajo Normalidad y menos con rendimientos positivos. Esta situación debe venir provocada por una correlación negativa entre volatilidad y cambios en los precios ya que caídas en los precios harían aumentar la volatilidad al incrementar la probabilidad de observar grandes variaciones con relación a la Normal. Una cola izquierda más gruesa es la consecuencia final. Obtendríamos exactamente lo contrario si la correlación fuese positiva.

En el cuadro 9.1 también observamos una fuerte presencia de exceso de curtosis en los rendimientos diarios del mercado estadounidense y menos relevante, aunque también significativa, en los casos del mercado español y del NYSE con rendimientos mensuales. Todo ello es un claro síntoma de colas más gruesas que las observadas bajo Normalidad.

9.3 La eficiencia (informativa) de los mercados

La teoría de los mercados eficientes no es más que la *teoría del equilibrio competitivo* aplicada a los mercados financieros. Debemos recordar que una idea importante de la teoría del equilibrio competitivo es la ventaja comparativa. En el caso de los mercados financieros, la ventaja comparativa no se basa en las diferencias de productividad entre los productores, que es la idea Ricardiana del principio de la ventaja comparativa. Al contrario, en los mercados financieros, la ventaja comparativa se basa en *la diferencia de información entre los inversores*.

Bajo este marco de trabajo, la información compartida por todos los inversores no puede utilizarse para obtener beneficios extras una vez compensado el riesgo soportado. De esta forma, saber que los beneficios de una empresa vayan a crecer en el futuro no implica necesariamente que debamos comprar la acción esperando obtener rendimientos extras seguros. Si dicha información es conocida, el precio de dicha acción ya habrá *descontado* el aumento de los beneficios de forma que el coste de la inversión sería suficientemente elevado y el rendimiento esperado habría experimentado la correspondiente corrección a la baja.

A modo de resumen, debemos tener en cuenta que solamente la diferencia de información y, por tanto, la información no reflejada en los precios confiere ventaja comparativa y beneficios extras una vez compensado el riesgo de la inversión. Así, podemos decir que un mercado es eficiente desde el punto de vista informativo si no admite sistemáticamente tales ventajas comparativas.

Probablemente la definición más precisa que se ha hecho de un mercado financiero eficiente se debe a Beaver (1981) quien sugiere que *un mercado es eficiente con respecto a un conjunto de información, si revelando dicha información a todos los inversores los precios de equilibrio no cambian.* Así, un mercado financiero sería eficiente con respecto a una señal ξ si y sólo si la configuración de los precios de los activos financieros, P_j, es la misma que observaríamos en otra economía idéntica (con las mismas preferencias en los individuos y las mismas dotaciones) excepto que en esta otra economía cada individuo, i, recibiría tanto la señal ξ como la señal privada ξ^i.

En una línea muy similar, Malkiel (1992) añade a la idea anterior una forma de entender el concepto de eficiencia que tiene el potencial de ser contrastado en la práctica. En particular, Malkiel señala que un mercado es eficiente con respecto a un conjunto de información si los precios de los activos no se verían afectados al revelar dicha información a todos los agentes. Además, si el mercado es eficiente respecto a dicho conjunto informativo, *es imposible obtener beneficios económicos (ajustados por el riesgo) negociando sobre las bases de ese mismo conjunto de información.* Alternativamente, el valor actual neto de toda inversión financiera debe ser igual a cero en un mercado eficiente.

Rubinstein (1975) y Latham (1986) han criticado las definiciones de eficiencia informativa que, como las anteriores, están basadas en los precios de los activos ya que ignoran las consecuencias sobre las carteras (cantidades que se mantienen de cada activo) de los individuos. De hecho, una definición alternativa podría enfatizar el volumen de negociación observado en lugar de los precios. Así, se argumentó que un mercado podría ser eficiente bajo la definición basada en los precios ya que la demanda agregada podría ser la misma bajo cualquiera de las señales informativas, mientras que las posiciones de cartera de los individuos podrían ser diferentes. De esta forma, cada individuo podría no encontrarse en la misma situación económica en las dos situaciones informativas y, por tanto, la revelación de información podría tener consecuencias sobre los individuos aún siendo los precios los mismos. A modo de ejemplo, imaginemos que un grupo de individuos entiende una determinada señal como buena noticia, mientras que otro grupo la interpreta como una señal negativa. Negociarían entre ellos pero no tendría que producirse necesariamente efecto alguno en los precios.

Una característica clave de estas definiciones es que permiten considerar el concepto de eficiencia con respecto a conjuntos de información alternativos y bien definidos. En la práctica resulta útil (y tradicional) emplear la clasificación que hace Roberts (1967) de los posibles conjuntos de información:

- *Forma débil de eficiencia*: los precios reflejan el comportamiento pasado de los mismos y, por tanto, de los rendimientos asociados. El conjunto de información sólo incluye la historia de los precios y rendimientos.

- *Forma semi-fuerte de eficiencia*: los precios reflejan toda la información pública, de forma que el conjunto de información incluye toda la información conocida públicamente por los agentes participantes en el mercado.
- *Forma fuerte de eficiencia*: los precios reflejan toda la información, de manera que el conjunto de información incluye toda la información conocida por cualquier agente que participa en el mercado y, por tanto, incorpora información privada.

Nótese que cada conjunto o estructura informativa añade más información sobre la anterior, de forma que si un mercado es eficiente respecto a toda la información pública y privada (eficiencia fuerte) también lo será respecto al pasado de los precios y respecto a cualquier información pública (débil y semi-fuerte). Asimismo, si un mercado es eficiente respecto a cualquier información pública (semi-fuerte) también será eficiente respecto a los precios pasados (débil).

En los contrastes de eficiencia se trata de entender cómo se genera, transmite y absorbe la información en los mercados financieros y cómo el riesgo se refleja en los precios. Esta idea implica que para realizar contrastes de eficiencia necesitamos conectar el concepto de eficiencia con el concepto de equilibrio competitivo (y evidentemente con la ausencia de arbitraje).[8] Así, en cualquier contraste de eficiencia necesitaremos imponer una *hipótesis conjunta*: que el modelo de valoración de activos financieros empleado en el contraste (una particular relación entre rendimiento esperado y riesgo) se satisface y que el mercado sea eficiente desde el punto de vista informativo.

En este sentido resulta importante conocer la capacidad que tienen los modelos de valoración para explicar, en promedio, los precios (rendimientos esperados) de los activos financieros. Los capítulos 11 y 12 presentan una introducción al tipo de contrastes y evidencia existente a este respecto.

En cualquier caso, obsérvese que la idea anterior implica que *nunca* será posible concluir si un mercado es eficiente o no. Tampoco es tan relevante. La idea del mercado eficiente desde un punto de vista informativo es un concepto ideal que sirve como punto de referencia para medir el grado de eficiencia relativa entre mercados alternativos y no tanto para contrastar el concepto en sí mismo.

9.4 Predecibilidad y la importancia de la hipótesis conjunta en los contrastes de eficiencia

Este último apartado discute brevemente el marco de trabajo en el que la literatura ha pretendido contrastar la eficiencia informativa de los mercados desde un

---

[8] Aunque el concepto de equilibrio competitivo no aparezca formalmente definido en este libro hasta la sexta parte del mismo, podemos entenderlo como aquellos precios y cantidades demandadas de forma que los individuos optimicen sus carteras, el mercado se vacíe y, como condición necesaria para todo ello, que no existan oportunidades de arbitraje.

punto de vista débil y semi-fuerte. Contrastes respecto al conjunto de información público y privado (sentido fuerte) podrían entenderse en el marco de la evaluación de la gestión de carteras por los directivos profesionales de los fondos de inversión. El capítulo 13 contiene un repaso de la evidencia sobre la evaluación de las carteras gestionadas, por lo que estas ideas no se presentarán en esta sección.

(i) Predecibilidad

Los contrastes sobre la posibilidad que tienen los agentes de predecir los precios de los activos han descansado sobre los conceptos de *martingala* y *paseo aleatorio*.

Recordemos por la discusión del capítulo 4 lo que se entiende por martingala. Supongamos que en el momento t los agentes disponen de un conjunto de información que contiene el valor actual y todos los valores pasados de la propia variable aleatoria. Una variable aleatoria o, alternativamente, un proceso estocástico P_t es una *martingala bajo una determinada probabilidad, π*, si satisface la siguiente condición:

$$E[P_{t+\tau}|P_t, P_{t-1}, P_{t-2}, \ldots] = P_t; \quad \text{para todo } \tau > 0 \qquad [9.16a]$$

o, de forma equivalente,

$$E[P_{t+\tau} - P_t|P_t, P_{t-1}, P_{t-2}, \ldots] = 0; \quad \text{para todo } \tau > 0; \qquad [9.16b]$$

Si P_t representa el precio de un activo en una fecha t, la propiedad de martingala implica que el precio esperado en el siguiente periodo, dada toda la historia pasada de los precios del activo, es igual al precio observado hoy.

Durante bastantes años el concepto de martingala se ha entendido como una condición necesaria de eficiencia informativa. La propiedad de martingala implicaba que los precios de los activos reflejan de manera instantánea y completa toda la información relevante. Resultaría imposible negociar en los mercados de acuerdo con la información contenida en los precios pasados y obtener beneficios o, lo que es equivalente, no se pueden utilizar los precios pasados de forma que la expectativa condicional de los cambios en los precios sea positiva o negativa. Dicha expectativa condicional sólo puede ser igual a cero.

Como apuntan Campbell, Lo y MacKinley (1997), es sorprendente que el tema central de la Economía Financiera, que no es otro que la relación entre rendimiento esperado y riesgo, quedase al margen de la discusión anterior. Nótese que la definición de martingala no impone restricción alguna en el riesgo de los activos y simplemente lo hace en los rendimientos esperados. De esta forma, si el rendimiento esperado de un activo es positivo debe reflejar la prima que exigen los inversores como compensación ante el riesgo soportado. En definitiva, como de hecho ya sabíamos por el capítulo 4, la condición de martingala no es una condición suficiente ni necesaria para que los precios de los activos se determinen de forma racional dada la información disponible a los individuos.

Sin embargo, como también sabemos por el capítulo 4, la idea de martingala ha causado una auténtica revolución en la Economía Financiera moderna.

Debemos recordar que, una vez que los rendimientos de los activos se ajustan por el riesgo, la propiedad de martingala se satisface. Los precios de los activos adecuadamente *ponderados para reflejar el riesgo* que conllevan son una martingala. Esta es la idea subyacente a las probabilidades neutrales al riesgo con las importantes implicaciones que han tenido para la valoración de activos derivados y su uso como instrumentos de cobertura.

Por otra parte, la idea de martingala está íntimamente ligada a la hipótesis de paseo aleatorio que tanto éxito ha tenido entre los estudiosos de la dinámica de las variables aleatorias. El concepto de paseo aleatorio puede interpretarse bajo tres versiones alternativas que se diferencian por su grado de exigencia tal como sugieren Campbell, Lo y MacKinley (1997):

• *Un paseo aleatorio hace referencia a que los incrementos de una variable aleatoria son independientes y están idénticamente distribuidos.* De esta forma, el precio de cualquier activo financiero debe satisfacer que

$$P_t = \mu + P_{t-1} + \varepsilon_t,$$ [9.17]

donde la perturbación ε_t se distribuye de forma idéntica e independiente con media cero y varianza constante σ^2, y μ es el cambio esperado en el precio o *deriva*. La independencia de dicha perturbación sugiere que el paseo aleatorio es consistente con la idea de martingala. Sin embargo, independencia no sólo significa que los incrementos están incorrelados, sino que cualquier función no lineal de dichos incrementos esté también incorrelada. Esta última condición es mucho más fuerte que la implícita en la noción de martingala.

El paseo aleatorio entendido de esta forma nos permite introducir uno de los modelos que con mayor intensidad usaremos en la última parte de este libro. Si sustituimos de manera recursiva el precio retardado del activo en la ecuación [9.17] y tomamos su expectativa condicionada en el valor inicial del precio obtenemos:

$$E[P_t|P_0] = P_0 + \mu t$$
$$\text{var}[P_t|P_0] = \sigma^2 t.$$ [9.18]

Nótese que, de acuerdo con [9.18], el paseo aleatorio es un proceso no estacionario donde la media y varianza condicional son funciones lineales del tiempo.

Cuando en la definición anterior de paseo aleatorio suponemos *además* que los incrementos son Normales,

$$\varepsilon_t \approx \text{i.i.d. } N(0, \sigma^2)$$

obtenemos el denominado *movimiento browniano aritmético*. Este proceso puede ser modificado para evitar la desafortunada consecuencia que tiene el modelo al admitir que los precios (que se suponen Normales) tengan valores negativos. Se trata sencillamente de suponer que el logaritmo natural del precio, $\ln P_t$, sigue un paseo aleatorio con incrementos Normales:

$$\ln P_t = \mu + \ln P_{t-1} + \varepsilon_t; \; \varepsilon_t \approx \text{i.i.d } N(0, \sigma^2). \qquad [9.19]$$

Este modelo implica que los rendimientos continuamente compuestos son variables aleatorias independientes, idénticamente distribuidos de forma Normal con media μ y varianza σ^2. En este caso, $\ln P_t \equiv p_t$, sigue un proceso aritmético browniano con responsabilidad limitada o, lo que es lo mismo, $P_t = e^{p_t}$ sigue *un proceso geométrico browniano o proceso de difusión log-normal*. Este último proceso será fundamental en la exposición de la última parte del libro sobre valoración de activos derivados según el modelo de Black y Scholes.

Es evidente que exigir incrementos idénticamente distribuidos, tal como hacemos en la discusión anterior, no parece razonable desde el punto de vista de los mercados financieros y, en particular, no lo es cuando consideramos largos periodos de tiempo. La ley de probabilidades subyacente a los rendimientos de los activos durante largos intervalos de tiempo que comprenden diversos ciclos económicos, tecnológicos e institucionales es necesariamente cambiante.

- Cuando se relaja el supuesto de distribución idéntica, podemos entender el paseo aleatorio como aquel proceso con rendimientos *independientes pero no idénticamente distribuidos*. Obsérvese que esta definición es menos exigente que la anterior, aunque continúa caracterizando al paseo aleatorio como un proceso en el que los cambios en los precios de los activos son impredecibles en función de las variaciones pasadas de dichos precios.

- Desde un punto de vista empírico, la versión de paseo aleatorio que realmente se ha contrastado es aún menos exigente que la versión última. Así, un paseo aleatorio es aquel proceso en el que los incrementos son dependientes *pero están incorrelados*. Un ejemplo de un proceso que satisface esta versión pero que no cumpliría ninguna de las dos anteriores sería aquel proceso para el cual se cumple:

$$\text{cov}(\varepsilon_t, \varepsilon_{t-\tau}) = 0 \quad \text{para todo } \tau \neq 0 \,,$$

pero donde al mismo tiempo se satisface que

$$\text{cov}(\varepsilon_t^2, \varepsilon_{t-\tau}^2) \neq 0 \quad \text{para algún } \tau \neq 0.$$

El proceso está incorrelado, pero no puede ser independiente ya que sus incrementos al cuadrado están correlados a lo largo del tiempo.

En términos generales, la evidencia empírica muestra claros signos de predecibilidad. El cuadro 9.2 presenta las autocorrelaciones o correlación serial de los índices bursátiles españoles tanto para datos diarios como mensuales.

Cuadro 9.2. Autocorrelaciones de los índices bursátiles.

Periodo muestral	Tamaño muestral	Media (%)	Desv. estándar	ρ_1	ρ_2	ρ_3	ρ_4	ρ_5
Rtos. diarios IBEX	1.982 obs.	0,079	1,248	0,117	$-0,034$	$-0,037$	$-0,004$	0,002
Rtos. mensuales IGBM	402 obs.	1,007	5,351	0,198	$-0,043$	$-0,060$	0,023	0,096
Rtos. mensuales índice (Equipond.)	402 obs.	1,319	5,817	0,287	$-0,009$	0,006	0,073	0,108

La evidencia sobre la magnitud de las autocorrelaciones que contiene el cuadro 9.2 es habitual para los índices bursátiles internacionales. Tanto los rendimientos medios como las volatilidades corresponden a rendimientos diarios, la primera fila, y como a rendimientos mensuales, las dos últimas filas. Como ocurre en los mercados internacionales más representativos, el índice equiponderado presenta un mayor rendimiento medio y una mayor volatilidad que el índice ponderado por capitalización como es el IGBM. Esta observación sugiere que las empresas de menor tamaño (menor capitalización bursátil) tienden a obtener rendimientos medios superiores a los de las empresas de más capitalización. Volveremos sobre este resultado en el capítulo 11.

La autocorrelación de primer orden del IBEX-35 con rendimientos diarios, ρ_1, es igual al 11,7%. Bajo la hipótesis nula de rendimientos independientes e idénticamente distribuidos, la distribución asintótica de ρ_1 es Normal con media 0 y desviación estándar $1/\sqrt{T}$. Esto sugiere que, dado el tamaño muestral de 1.982 observaciones diarias, la desviación estándar es igual al 2,25%, por lo que una autocorrelación del 11,7% es estadísticamente significativa. Los índices bursátiles con rendimientos mensuales también presentan una autocorrelación de primer orden significativa, aunque conviene señalar que la autocorrelación del índice equiponderado es mayor que la del IGBM.

Dado que el R^2 de una regresión del rendimiento de cualquier índice bursátil en una constante y su rendimiento retardado es el cuadrado del coeficiente de autocorrelación de primer orden, concluimos que un 1,4% de la variación en el IBEX diario es predecible usando el rendimiento del día anterior. Este porcentaje aumenta hasta el 8,2% que resulta predecible del rendimiento del índice equiponderado con datos mensuales.

En Estados Unidos, entre julio de 1962 y diciembre de 1994 con rendimientos diarios, estos porcentajes son el 12,3% y 3,1% de los índices equiponderado y ponderado respectivamente.

Procedimientos más sofisticados de contrastación del paseo aleatorio, y que no discutiremos en este capítulo, también muestran de manera sistemática cierto grado de predecibilidad en los rendimientos de los índices bursátiles. Es curioso señalar, sin embargo, que las autocorrelaciones de los rendimientos de los activos individuales tienden a presentar signos negativos. Este resultado, contrario al signo que presentan los índices bursátiles y en general las carteras de activos, es interesante aunque como cabe suponer las magnitudes de autocorrelación que presentan los activos individuales no suelen ser significativas. Nótese que los rendimientos individuales contienen un componente idiosincrásico mucho mayor que las carteras, por lo que es lógico que resulte más difícil detectar la presencia de componentes predecibles en sus rendimientos.

En cualquier caso, esta evidencia débil de autocorrelación negativa y, simultáneamente, autocorrelación positiva en las carteras de activos implica que existen *autocorrelaciones cruzadas positivas* en los rendimientos de los activos individuales a lo largo del tiempo. En otras palabras, debe existir evidencia de una correlación positiva entre el rendimiento de un activo y los rendimientos de otros activos *retardados* un periodo. Campbell, Lo y MacKinley (1997) presentan evidencia favorable a esta hipótesis con rendimientos semanales de empresas estadounidenses y argumentan que estas autocorrelaciones cruzadas son la principal fuente de autocorrelaciones positivas en los rendimientos de los índices bursátiles. Asimismo, sugieren que esta evidencia explica el aparente éxito de las estrategias de inversión denominadas "contrarias" que implican vender empresas ganadoras y comprar perdedoras. La autocorrelación negativa de los activos individuales hace que aquellos activos que tienen disminuciones en los precios se vuelvan en promedio ganadores en los siguientes periodos y viceversa. Además, las autocorrelaciones cruzadas también contribuyen al éxito de estas estrategias. Si el mercado se compone de dos activos PRY y TPZ y si hoy el rendimiento de PRY es mayor que el rendimiento del mercado, la estrategia "contraria" consiste en vender PRY y comprar TPZ. Pero si, además, hay una autocorrelación cruzada positiva entre ambos, el mayor rendimiento positivo hoy de PRY implica que mañana TPZ obtendrá un rendimiento más elevado. Así, la estrategia "contraria" queda aún más reforzada.

Aunque en esta sección sólo hemos presentado una pequeña evidencia sobre la predecibilidad de los rendimientos de los activos, resulta apropiado concluir que los rendimientos son en cierto grado predecibles. Lo que es importante enfatizar, sin embargo, es que *esta potencial predecibilidad no es necesariamente evidencia de ineficiencia informativa de los mercados*. Fricciones en los mercados asociadas a la microestructura de los mismos y, sobre todo, *la variabilidad de los rendimientos esperados* de los activos que se debe a las cambiantes condiciones de los ciclos económicos, tal como discutiremos con más detalle en el capítulo 12, pueden explicar la predecibilidad observada dentro de un marco de trabajo racional e informativamente eficiente. De hecho, un mínimo grado de predecibilidad puede justificarse como la adecuada compensación que exigen los inversores ante los *riesgos de carácter dinámico* a los que se enfrentan.

(ii) La hipótesis conjunta en los contrastes de eficiencia

Hemos señalado que los contrastes de eficiencia necesitan imponer una relación riesgo-rendimiento específica, por lo que resulta imposible concluir inequívocamente que el mercado es eficiente o no respecto a un determinado conjunto de información. A modo de ejemplo presentamos un contraste sobre el comportamiento de las empresas que realizaron una oferta pública de venta (OPV) en el mercado bursátil estadounidense entre 1970 y 1990 y que se debe a Loughran y Ritter (1995). En particular, se analiza el comportamiento de 4.753 empresas que salieron a Bolsa, utilizando los rendimientos diarios desde el día siguiente de producirse la OPV hasta 3 o 5 años después (756 o 1.260 días más tarde).

La tasa porcentual de rendimiento correspondiente a una estrategia que consiste en comprar y mantener la empresa j que sale a Bolsa desde el momento inicial hasta la fecha final T, que en los resultados que presentamos es 5 años después de dicha salida, viene dada por:

$$R_{jT} = \left[\prod_{t=s}^{T} (1 + R_{jt}) - 1 \right] \times 100, \qquad [9.20]$$

donde s hace referencia a la fecha de salida y R_{jt} es el rendimiento de la empresa j en el día t.

Una vez que se ha calculado el rendimiento de la expresión [9.20] para cada una de las empresas que efectúan una OPV, podemos construir una cartera con todas ellas, teniendo en cuenta evidentemente que cada una de ellas sale en una fecha τ diferente, pero que para todas ellas calculamos el rendimiento durante los 5 años posteriores a la fecha τ

$$R_{\tau T} = \frac{1}{n} \sum_{j=1}^{n} R_{jT}, \qquad [9.21]$$

donde n es el número de empresas que salieron a Bolsa en la muestra disponible.

Para conocer su comportamiento necesitamos una *muestra de control* sobre la cual poder comparar los resultados del grupo de empresas que ha realizado una OPV. En otras palabras, para decidir si la inversión en la empresa media que ha llevado a cabo una OPV ha obtenido un rendimiento superior o inferior a su rendimiento exigible dado su riesgo, necesitamos compararlo con el de un grupo de empresas alternativo que tengan el *mismo riesgo* que las que efectúan una OPV.

Una forma de hacerlo es suponer que el tamaño de las empresas, según su capitalización bursátil, representa una buena medida del riesgo individual. Así, Loughran y Ritter clasifican a todas las empresas que *no* realizaron ninguna salida a Bolsa en los últimos 5 años según su capitalización bursátil a 30 de diciembre de cada año muestral. La empresa con la capitalización bursátil más próxima (pero más elevada) que la empresa que hace una OPV es escogida como parte de la muestra de control. Para este grupo de empresas se vuelven a calcular las expresiones [9.20] y [9.21].

Una vez que las dos muestras están formadas y los rendimientos de todos sus componentes calculados durante los 5 años siguientes a la OPV, podemos obtener la denominada "riqueza relativa" para cada año, definida como el cociente entre la riqueza del final del periodo conseguida por mantener una cartera de empresas que salen a Bolsa sobre las que no lo hacen pero tienen una capitalización similar:

$$RR = \frac{\sum\limits_{j=1}^{n} (1 + R_{jT})}{\sum\limits_{h=1}^{m} (1 + R_{hT})} \ , \qquad [9.22]$$

donde m es el número total de empresas que forman la muestra de control. Si este cociente fuese mayor que 1 (menor que 1), las empresas que realizan una OPV habrían obtenido una rentabilidad superior (inferior) durante los 5 años de análisis a la lograda por empresas de similar capitalización. Los resultados aparecen en el cuadro 9.3.[9]

Cuadro 9.3. Comportamiento de las empresas del NYSE que efectuaron una oferta pública de venta (OPV) entre 1970 y 1990 durante los 5 años posteriores a su salida a Bolsa.

AÑOS	OPV (en %)	MUESTRA DE CONTROL (en %)	RIQUEZA RELATIVA
1970	− 46,3	− 20,0	0,67
1971	− 31,6	6,1	0,64
1972	− 18,2	33,4	0,61
1973	0,8	104,4	0,49
1974	234,4	173,0	1,22
1975	117,9	127,3	0,96
1976	259,4	205,0	1,18
1977	173,8	234,0	0,82
1978	217,9	227,0	0,97
1979	52,6	193,1	0,52
1980	− 2,1	188,0	0,34
1981	14,9	194,7	0,39
1982	76,7	137,6	0,74
1983	3,8	67,2	0,62
1984	44,0	82,2	0,79

[9] Resultados similares se encontraron 3 años después de la salida a Bolsa.

Cuadro 9.3. (*Continuación*)

AÑOS	OPV (en %)	MUESTRA DE CONTROL (en %)	RIQUEZA RELATIVA
1985	9,5	58,6	0,69
1986	9,3	33,4	0,82
1987	6,2	14,0	0,93
1988	80,8	60,3	1,13
1989	44,4	25,3	1,15
1990	22,7	42,7	0,86
1970-90	15,7	66,4	0,70

La conclusión del cuadro 9.3 parece evidente. Las empresas que realizaron una OPV durante dichos años presentan unos resultados sorprendentemente inferiores a las empresas de similar tamaño que no efectuaron una salida a Bolsa. Para el grupo de empresas con OPV, el rendimiento medio para los 5 años posteriores a su salida a Bolsa es aproximadamente igual al 16%, mientras que la muestra de control alcanza un 66%. En términos de la riqueza relativa, el resultado es similar. Las empresas con una OPV sólo logran el 70% de los rendimientos obtenidos por las empresas del grupo de control.

La pregunta es inmediata: ¿son estos resultados aceptables?, ¿es posible que las empresas que lanzan una OPV tengan resultados tan pobres en los años posteriores?, ¿sugieren estos resultados una posibilidad de construir estrategias de arbitraje con posiciones largas en la muestra de control y cortas en la muestra de empresas con OPV?

Para responder a estas preguntas sin ambigüedad necesitaríamos conocer cuál es la verdadera relación entre rendimiento esperado y riesgo para activos inciertos. Nótese que en los resultados anteriores hemos supuesto que el riesgo se mide por la capitalización bursátil, ¿es este modelo correcto?, ¿estamos infravalorando el riesgo de las empresas que forman parte de la muestra de control al emplear la capitalización como medida de riesgo?

Estas cuestiones junto con *los costes de transacción* que supone poner en marcha una estrategia de arbitraje como la descrita en las líneas anteriores son los auténticos problemas de los contrastes de eficiencia informativa.

Imaginemos, a continuación, que se decide controlar no sólo por la capitalización bursátil (VM), sino también por *el cociente entre el valor contable de los recursos propios y el valor de mercado* (VC/VM).[10] Este cociente, que se discutirá en el capítu-

---

[10] El valor contable de los recursos propios se define como la suma del capital social, reservas y resultados del ejercicio, a la cual se deduce el dividendo a cuenta repartido durante dicho ejercicio.

lo 12 como parte de un modelo de múltiples betas alternativo al CAPM, es una de las características empresariales que parece estar relacionada con algún factor de riesgo sistemático en la economía. La idea es que las *expectativas de generación de recursos* de las empresas están asociadas con un factor de riesgo sistemático.[11] Empresas para las que el mercado asigna expectativas relativamente pobres de generación de riqueza para el accionista, se "señalizan" con un cociente VC/VM alto, por lo que están penalizadas con un coste de capital elevado o, lo que es equivalente, el rendimiento esperado que se exige por los individuos para invertir en ellas es suficientemente alto, para compensar el riesgo soportado.

A continuación consideramos el efecto de incorporar una posible medida de riesgo adicional. Se trata simplemente de comprobar si realizando un simple ajuste adicional por riesgo podemos reducir, en alguna medida, la importante diferencia de rentabilidad mostrada en el cuadro 9.3.

Para ello, los autores efectuaron una regresión de "sección cruzada" durante todos los meses del periodo muestral entre 1970 y 1990 con todas las empresas existentes en el mercado. La regresión viene dada por:

$$R_{it} = a_0 + a_1 \ln VM_{it} + a_2 \ln(VC/VM)_{it} + a_3 OPV_{it} + \varepsilon_{it}, \qquad [9.23]$$

donde i es cualquier empresa de la muestra, independientemente de que haya realizado una OPV o no.[12] La variable OPV_{it} es una variable binaria ficticia que toma el valor 1 si la empresa i ha llevado a cabo una OPV y 0 en caso contrario. El coeficiente asociado a esta variable nos mide la diferencia en rendimiento mensual existente entre las empresas que lanzan una OPV y el resto de empresas, una vez que controlamos por la capitalización bursátil y el cociente VC/VM como fuentes de riesgo. El resultado es que $\hat{a}_3 = -0{,}38\%$ mensual (4,5% anual aproximadamente). Es decir, las empresas que salen a Bolsa obtienen un rendimiento medio anual del 4,5% *inferior* al de las empresas que no lo hacen, una vez que hemos ajustado por el riesgo a través de la capitalización y del cociente VC/VM.

Si efectuamos la misma regresión sin incorporar el cociente VC/VM como medida de riesgo, la diferencia aumenta a un 0,49% mensual (5,9% anual). Aproximadamente el 25% del resultado anterior se explica, por tanto, como consecuencia de incluir un factor adicional de riesgo. En otras palabras, el 0,49% de rendimiento mensual que aparentemente lograríamos en una estrategia de arbitraje con una posición larga en empresas que no salen a Bolsa y una posición corta en las que salen, *no se debe en su totalidad a su comportamiento asociado a la

---

[11] Tal como se discutirá más adelante, esta es una afirmación controvertida.

[12] Estas regresiones se hacen en dos etapas. Cada mes se hace una regresión de sección cruzada con todas las empresas de la muestra. En una segunda etapa, los coeficientes temporales resultantes de dichas regresiones se suman sobre todos los meses y se dividen entre el número total de meses disponibles. La media temporal de dichos coeficientes se toma como resultado final. Volveremos sobre este planteamiento en el capítulo 11. En cualquier caso, los dos subíndices i y t que aparecen en la expresión [9.23] deben interpretarse en este contexto de dos etapas.

salida a Bolsa, sino que se explica en parte por no haber incorporado adecuadamente el riesgo asociado a la inversión. Naturalmente, cabe preguntarse si la diferencia del 0,38% también es consecuencia de no incluir algún otro factor de riesgo sistemático que explique la diferencia entre los rendimientos esperados de los activos inciertos. Una vez más, tenemos un problema de *hipótesis conjunta* del modelo impuesto y de la eficiencia informativa.[13]

La conclusión es que necesitamos entender cómo se contrastan los modelos de valoración de activos financieros y conocer los resultados de dichos contrastes como forma de valorar los resultados sobre eficiencia y, por tanto, sobre la capacidad de generar carteras de arbitraje en un contexto de incertidumbre. Este análisis se presenta en los capítulos 11 y 12 del libro. Antes, en el capítulo 10, discutimos maneras alternativas de estimar el riesgo beta, como contribución de un activo a la volatilidad del rendimiento de la cartera de mercado, además de estudiar su comportamiento temporal.

Referencias

Beaver (1981). "Market Efficiency", *Accounting Review*, 56, págs. 23-27.

Black, F. y M. Scholes (1973). "The Pricing of Options and Corporate Liabilities", *Journal of Political Economy*, 81, págs. 637-654.

Campbell, J., Lo, A. y A. C. MacKinley (1997). *The Econometrics of Financial Markets*, Princeton University Press, caps. 1 y 2.

Cochrane, J. (1999). "New Facts in Finance", *Journal of Economic Perspectives*, 12, págs. 36-58.

Latham, M. (1986). "Informational Efficiency and Information Subsets", *Journal of Finance*, 41, págs. 39-52.

Loughran, T. y J. Ritter (1995). "The New Issues Puzzle", *Journal of Finance*, 50, págs. 23-51.

Malkiel, B. (1992). "Efficient Market Hypothesis", en P. Newman, M. Milgate y J. Eatwell editores, *New Palgrave Dictionary of Money and Finance*, MacMillan, Londres.

Merton, R. (1977). "A Reexamination of the Capital Asset Pricing Model", en *Risk and Return in Finance*, editado por I. Friend y J. Bicksler, Ballinger Publishing Company, Cambridge.

Roberts, H. (1967). "Statistical *vs.* Clinical Prediction of the Stock Market". Manuscrito no publicado, Center for Research in Security Prices, University of Chicago.

Rubinstein, M. (1975). "Securities Market Efficiency in an Arrow-Debreu Economy", *American Economic Review*, 65, págs. 812-824.

---

[13] El uso del trabajo de Loughran y Ritter (1995) debe entenderse simplemente como una forma pedagógica de presentar las ideas sobre la hipótesis conjunta de los contrastes de eficiencia.

10. EL COMPORTAMIENTO DEL RIESGO BETA

10.1 El riesgo beta: una breve discusión conceptual

Una de las ideas más relevantes de los capítulos anteriores ha consistido en interpretar la covarianza entre el rendimiento de un activo j y el rendimiento de la cartera de mercado como medida de la contribución del activo j al riesgo de dicha cartera. Este concepto enfatiza la importancia del riesgo sistemático como medida de riesgo no diversificable, único riesgo remunerado en los mercados financieros. Suponiendo que sólo existe un factor de riesgo agregado en la economía, podemos recurrir al modelo de mercado para estimar el riesgo beta de cualquier activo financiero:

$$R_{jt} = a_j + \beta_{jm}R_{mt} + \varepsilon_{jt};\ j = 1, ..., N;\ t = 1, ..., T, \quad [10.1]$$

donde el riesgo beta de cualquier activo j viene dado por la expresión

$$\beta_{jm} = \frac{\text{cov}\,(R_{jt}, R_{mt})}{\sigma_m^2} \quad [10.2]$$

que, en la práctica, no es más que el estimador de mínimos cuadrados ordinarios (MCO) de regresar el rendimiento del activo j sobre el rendimiento de la cartera de mercado durante un periodo de tiempo determinado.

Como sabemos, el modelo de mercado se obtiene al suponer Normalidad bivariante entre el rendimiento del activo j y el de la cartera de mercado, donde la perturbación ε_{jt} tiene media cero, es independiente de R_{mt}, tiene varianza homocedástica, $\sigma_{\varepsilon_j}^2$, y está incorrelada a lo largo del tiempo de forma que:

$$E(\varepsilon_{jt}|R_{mt}) = E(\varepsilon_{jt}) = 0;\ t = 1, ..., T$$

$$\text{var}(R_{jt}|R_{mt}) = \text{var}(\varepsilon_{jt}|R_{mt}) = \sigma_{\varepsilon_{jt}}^2 = \sigma_{\varepsilon_j}^2;\ t = 1, ..., T$$

$$\text{cov}(\varepsilon_{jt}, R_{mt}) = \text{cov}(\varepsilon_{jt}, \varepsilon_{jt-\tau}) = 0;\ t = 1, ..., T;\ \tau \geq 1 \quad [10.3]$$

Este capítulo presenta un análisis empírico del comportamiento del coeficiente beta como medida de riesgo relevante haciendo uso de una muestra de valores bursátiles que cotizan en el mercado español de renta variable. La importancia del coeficiente beta se refleja en ser una medida de riesgo que va más allá de la propia validez del modelo teórico que la sustenta como medida de riesgo relevante. En otras palabras, este capítulo no presupone que el CAPM es el modelo de valoración válido en los mercados financieros. El capítulo 11 discutirá con detalle la evidencia empírica sobre los modelos de valoración alternativos. Simplemente, este capítulo se detiene en analizar el comportamiento del riesgo beta, al ser una medida de riesgo clave que se utiliza ampliamente en la gestión de carteras, en las estrategias de coberturas de riesgo con activos derivados, en la evaluación de la gestión de carteras y en estimaciones del coste de capital de las empresas. Incluso, cuando se emplean modelos de valoración que incorporan más de un factor de riesgo sistemático, el coeficiente beta en relación al mercado aparece como referencia fundamental en el análisis.

Antes de comenzar este estudio empírico conviene detenerse en un análisis puramente conceptual. Imaginemos que durante un periodo de tiempo el rendimiento del mercado toma un cierto valor. Podemos preguntarnos qué rendimiento puede esperarse, en promedio, de un activo financiero durante el mismo periodo de tiempo. Para responder a la interrogante anterior, y dado nuestro conocimiento de la economía en su conjunto y del activo financiero en particular, imaginemos que repetimos muchas veces los posibles tipos de sucesos inciertos que resultan plausibles durante ese periodo. Como consecuencia de cada uno de los experimentos anteriores surgiría un par de observaciones correspondientes al rendimiento del mercado y al rendimiento del activo financiero. Imaginemos que ajustamos una línea recta a los puntos surgidos del experimento. La pendiente de dicha línea nos refleja el coeficiente beta. Mide, en definitiva, el grado en que un mayor rendimiento del mercado conlleva un valor esperado mayor del rendimiento del activo financiero.

En cualquier caso, nótese que *ex-post* tendremos únicamente un par de rendimientos (rendimiento del mercado, rendimiento del activo). Si el rendimiento del mercado resultase igual a 10% y el rendimiento del activo igual a 20%, esta observación no implicaría que el coeficiente beta fuese igual a 2. El resultado final no tiene que ser necesariamente igual al esperado. El coeficiente beta, como término teórico, es un concepto *ex-ante*.

En la práctica, el riesgo beta se obtiene, tal como se sugiere en las ecuaciones [10.1]-[10.3], observando una serie temporal de pares de rendimientos. En parte, esto es equivalente a repetir el experimento en una secuencia de fechas. Desafortunadamente, esta simplificación plantea un serio problema. Al repetir el experimento en el sentido restringido anterior, suponemos implícitamente que la beta *no cambia* durante dicha secuencia de fechas. Es claro que conocer si realmente el coeficiente beta de un activo individual o de una cartera permanece invariable a lo largo del tiempo es fundamental para aceptar la bondad del método usado generalmente en la práctica. Más adelante en este capítulo investigamos precisamente la estabilidad temporal de la beta en el mercado bursátil español y algunos métodos de predicción.

Por otra parte, y aunque a primera vista una lectura rápida de los comentarios anteriores sugieren que el rendimiento del mercado es lo que genera el rendimiento del activo, debe quedar claro que el rendimiento del mercado, desde un punto de vista económico, *no causa* el rendimiento del activo. Ambos son una consecuencia de sucesos económicos.[1] En otras palabras, normalmente se suele interpretar que si la beta de un activo es igual a 2, un rendimiento del mercado del 10% causaría un rendimiento del activo del 20%. En realidad, la forma correcta de efectuar el razonamiento anterior sería señalar que como consecuencia de que el rendimiento del mercado y el del activo dependen de sucesos económicos, si observamos un rendimiento del mercado igual a 10%, el valor más probable del rendimiento del activo sería del 20%. En particular, el término *más probable* se debe interpretar de la siguiente manera: si el rendimiento del mercado es igual a 10% significa que los sucesos económicos son, lógicamente, de unas ciertas características. Si por cada conjunto de sucesos que podrían inducir un rendimiento del mercado del 10%, calculamos el rendimiento correspondiente del activo, entonces en promedio, el rendimiento esperado del activo, ponderado por la probabilidad de cada suceso, es del 20%.

El análisis empírico del riesgo beta que se realiza en este capítulo se basa en los rendimientos mensuales de 11 sectores económicos que están representados en el mercado bursátil español. La serie de rendimientos disponibles de cada sector comprende el periodo muestral entre enero de 1963 y junio de 1996. Como pretende ser un capítulo ilustrativo de las características del riesgo beta, se ha decidido emplear carteras sectoriales que nos permitan disponer de series largas y continuas de rendimientos mensuales. Sin embargo, cuando sea estrictamente necesario, se hará alguna referencia a resultados basados en las series temporales de rendimientos de valores individuales.

Las características generales de la muestra empleada en este capítulo aparecen en el cuadro 10.1. Los rendimientos mensuales de los 11 sectores se calculan utilizando todos los activos disponibles en un determinado mes y que pertenezcan a un sector en particular. Estos rendimientos son equiponderados, de forma que cualquier activo individual perteneciente a un sector concreto recibe la misma ponderación en la cartera a la que pertenece. Tal como se observó en el capítulo 5, las primas de riesgo estimadas durante periodos suficientemente largos de tiempo son positivas, independientemente del sector considerado. Asimismo, cabe señalar que todos los sectores experimentan una fuerte estacionalidad durante el mes de enero. Por último, debe notarse que el rendimiento de la cartera de mercado, aproximado por un índice bursátil equiponderado, es mayor en promedio que el rendimento del IGBM que es un índice donde los activos se ponderan según su capitalización bursátil. Este resultado sugiere que, en promedio, las empresas de menor tamaño (menor capitalización) obtuvieron un rendimiento superior al de las empresas de mayor tamaño, aunque al mismo tiempo su volatilidad fue también mayor.

Para estimar el coeficiente beta de cada sector en la muestra, se emplea el modelo de mercado, suponiendo que las expresiones [10.3] se satisfacen y conside-

---

[1] Véase el último apartado del capítulo anterior.

Cuadro 10.1. Características del Mercado Bursátil:
índices y sectores principales que cotizan en Bolsa, enero 1963 – junio 1996.

	Rendimiento medio (%)	Prima de riesgo (%)	Beta 63-96	Beta 90-96	Prima de riesgo enero (%)	Prima de riesgo resto año (%)
Mercado[1]	12,08 (18,5)[2]	5,66 (18,5)	1,000	1,000	3,94	0,15
Mercado[3]	15,83 (20,2)	9,41 (20,1)	0,843	0,842	5,14	0,38
Alimentación bebi. y tabac.	13,78 (20,7)	7,37 (20,6)	0,843	0,882	3,61	0,34
Banca	17,26 (23,8)	10,85 (23,8)	1,095	1,064	5,67	0,46
Cementos y constr.	18,12 (26,0)	11,71 (25,9)	1,135	1,342	5,52	0,55
Electricidad gas y agua	15,14 (18,3)	8,72 (18,1)	0,769	0,881	3,44	0,48
Inmobiliarias	15,82 (24,2)	9,41 (24,2)	0,992	1,301	4,89	0,40
Maquinaria auto, otras	14,58 (28,7)	8,16 (28,6)	1,156	1,217	5,58	0,23
Metales básicos	12,73 (31,2)	6,31 (31,6)	1,230	1,335	8,06	– 0,17
Papel y textil	13,78 (41,7)	7,36 (41,6)	1,431	1,614	9,75	– 0,23
Químicas y petróleos	14,24 (25,3)	7,83 (25,2)	1,052	0,889	4,69	0,28
Seguros	14,49 (27,6)	8,07 (27,6)	0,808	1,047	3,68	0,39
Servicios comunica.	17,83 (21,2)	11,41 (21,2)	0,882	0,777	3,35	0,73

[1] Mercado: índice calculado con ponderaciones basadas en la capitalización. A partir de enero de 1986 coincide con el IGBM; antes contiene todos los valores disponibles en cada mes.
[2] Desviación típica de los rendimientos (volatilidad).
[3] Mercado: índice equiponderado.

rando la cartera de mercado ponderada por capitalización. Dicha regresión de MCO se lleva a cabo para dos periodos muestrales. En el primero se emplean todos los rendimientos disponibles entre enero de 1963 y junio de 1996, mientras que la segunda estimación se lleva a cabo durante un periodo más reciente que comprende los meses entre enero de 1990 y junio de 1996. Es importante indicar que para ambos periodos los sectores industriales (cemento y construcción, maquinaria, metales básicos y papeleras y textiles) tienden a presentar betas mayores que 1, indicando que son sectores muy sensibles al ciclo macroeconómico y a la situación global de la economía. Por otra parte, empresas del sector eléctrico, gas y agua, alimentación y comunicaciones son sectores con betas relativamente bajas en ambos periodos. El sector inmobiliario y el sector seguros se han vuelto más *agresivos* al experimentar un importante incremento de la beta en la última parte del periodo muestral. Lo contrario le ha ocurrido al sector químico, mientras que la beta de la banca ha permanecido aparentemente estable.

10.2 El comportamiento temporal del riesgo beta

Es interesante analizar con más detalle cómo ha evolucionado el coeficiente beta de los distintos sectores a lo largo del tiempo. Conocer las características de la evolución temporal del riesgo beta implica conocer, al menos en parte, las características del comportamiento temporal de los rendimientos esperados de los activos.

El cuadro 10.2 presenta las estimaciones del coeficiente beta de los 11 sectores de la bolsa española para cada año comprendido entre 1968 y 1996. Las estimaciones se han realizado utilizando el modelo de mercado [10.1], empleando el índice de mercado equiponderado, y en base a 60 observaciones mensuales. De esta forma, la estimación para 1968 se efectuó utilizando los datos de rendimientos de cada uno de los sectores y del mercado comprendidos entre 1964 y 1968. Para el año 1969, se utilizaron los meses de los años entre 1965 y 1969 y así sucesivamente.

Los resultados del cuadro 10.2 sugieren que los niveles de las betas medias entre 1963 y 1996 de los sectores recogidos en el cuadro 10.1 que indicaban un comportamiento *agresivo* para sectores procíclicos industriales como cemento y construcción, maquinaria, metales básicos y papeleras y textiles se mantienen en valores superiores a 1 y, por tanto, permiten caracterizar a dichos sectores de manera relativamente estable como sectores con betas superiores a 1. Por su parte, sectores como el eléctrico, gas y agua, alimentación y comunicaciones presentan betas relativamente bajas y menores que 1 en prácticamente todos los años de la muestra. Los podemos calificar como sectores *defensivos* con cierto grado de confianza al mantenerse en niveles de riesgo beta bajos. El sector seguros y especialmente el sector inmobiliario se han vuelto más *agresivos* al experimentar un importante incremento del riesgo beta en los últimos años del periodo muestral. Lo contrario le ha ocurrido al sector químico, mientras que la beta de la banca ha permanecido en niveles bajos al menos desde el principio de los años ochenta, aunque experimentó considerables fluctuaciones en los años anteriores.

A pesar de la estabilidad en cuanto a la clasificación en sectores agresivos y defensivos, un crucial mensaje de la evidencia del cuadro 10.2 es que las betas de

Cuadro 10.2. Evolución anual de las betas de los sectores: (cartera de mercado: índice equiponderado).

	Alimen.	Banca	Cement.	Elect.	Inmob.	Maqu.	Metales	Papel	Química	Seguro	Comun.
1968	0,918	1,153	1,309	0,795	0,810	1,228	1,762	1,375	1,110	0,581	0,417
1969	0,981	0,800	1,257	0,738	0,706	1,506	1,755	1,136	1,281	0,448	0,341
1970	0,983	0,834	1,305	0,780	0,875	1,440	1,562	1,051	1,243	0,587	0,508
1971	0,978	0,831	1,284	0,782	0,891	1,469	1,546	1,018	1,243	0,653	0,503
1972	1,007	0,918	1,283	0,775	0,913	1,474	1,427	1,019	1,211	0,739	0,569
1973	0,930	0,944	1,174	0,694	0,782	1,442	1,447	1,117	1,150	0,463	0,720
1974	0,856	1,169	1,164	0,579	0,815	1,160	1,343	1,634	0,953	0,716	0,910
1975	0,814	1,280	1,096	0,479	0,763	1,139	1,306	1,784	0,888	0,690	0,916
1976	0,742	1,484	1,138	0,463	0,733	1,022	1,296	1,893	0,849	0,657	0,940
1977	0,747	1,526	1,137	0,422	0,744	0,935	1,343	2,007	0,829	0,728	0,891
1978	0,683	1,705	1,165	0,424	0,879	0,811	1,338	2,189	0,768	0,881	0,768
1979	0,574	1,853	1,106	0,590	0,922	0,809	1,280	1,844	0,733	0,845	0,785
1980	0,636	1,645	1,057	0,703	0,844	0,734	1,402	1,731	0,939	0,755	0,813
1981	0,704	1,086	1,120	0,685	0,912	0,978	1,542	1,467	1,063	0,677	1,117
1982	0,690	0,957	1,158	0,738	1,011	1,052	1,581	1,265	1,142	0,527	1,166
1983	0,913	0,792	1,262	0,741	1,012	1,198	1,316	1,400	1,232	0,354	1,206
1984	0,952	0,741	1,251	0,828	1,003	1,208	1,269	1,475	1,220	0,270	1,246
1985	0,992	0,712	1,157	0,810	1,035	1,273	1,336	1,277	1,159	0,724	1,181
1986	0,791	0,850	1,115	0,749	0,985	1,212	1,191	1,604	1,211	0,713	0,971
1987	0,853	0,736	1,025	0,624	0,998	1,333	1,192	1,579	1,208	0,667	0,897
1988	0,834	0,735	0,985	0,598	0,998	1,324	1,243	1,568	1,195	0,752	0,875
1989	0,848	0,723	1,019	0,585	0,999	1,325	1,268	1,531	1,229	0,751	0,842
1990	0,861	0,798	1,101	0,582	1,043	1,286	1,237	1,587	1,212	0,702	0,798
1991	0,949	0,716	1,134	0,546	1,074	1,370	1,344	1,494	1,202	0,755	0,756
1992	0,996	0,776	1,361	0,643	1,196	1,181	1,450	1,671	1,098	0,982	0,737
1993	0,915	0,848	1,363	0,684	1,187	1,320	1,386	1,756	1,035	1,022	0,693
1994	0,864	0,856	1,335	0,736	1,306	1,380	1,401	1,903	0,926	0,907	0,732
1995	0,793	0,736	1,357	0,736	1,313	1,408	1,484	1,952	0,850	0,920	0,722
1996	0,774	0,758	1,352	0,862	1,383	1,355	1,369	1,929	0,705	0,809	0,707

los sectores bursátiles *no han permanecido constantes a lo largo del tiempo*. El nivel del riesgo beta parece haber tenido un comportamiento temporal a lo largo de los diferentes ciclos económicos que ha vivido la economía española que *no* puede calificarse como constante. Si, efectivamente, el riesgo beta fuera relativamente estable, tendríamos más confianza en el significado de dicho estimador y sería más sencillo proyectar betas y ser capaces, en definitiva, de predecir rendimientos bursátiles. El cuadro 10.2 sugiere que la situación real es muy diferente y que incluso betas de carteras, como son los sectores utilizados en la estimación, presentan serias oscilaciones en el tiempo.

Para analizar con más detalle cómo es el comportamiento temporal de las betas se ha dividido el periodo muestral en cuatro subperiodos de siete años cada uno y se han estimado las betas de los 11 sectores en dichos subperiodos. Los resultados aparecen en el cuadro 10.3. Este análisis nos permite calcular las diferencias entre las betas de los 11 sectores y entre los diferentes subperiodos. Así, observamos en el cuadro 10.3 cómo los cambios que ha experimentado la beta del sector inmobiliario han sido siempre positivos, reflejando el continuo incremento del riesgo beta que ha vivido el sector. Sin embargo, otros sectores como metales básicos y banca han experimentado cambios en los niveles de sus betas que parecen moverse a la contra de la situación económica general. Sus betas experimentaron una fuerte caída entre 1975-81 y 1982-88, cuando la prima de riesgo del índice de mercado pasó de ser igual al – 6,13% (anual) entre 1975 y 1981 al 20,65% (anual) entre 1982 y 1988. Esta evolución negativa del nivel del riesgo beta con relación a la situación contemporánea de la economía resulta sorprendente y merece una investigación más formal que la que se discute en el cuadro 10.3.

Cuadro 10.3. Evolución temporal de las betas de los sectores: (cartera de mercado: índice equiponderado).

Periodos	Alimen.	Banca	Cement.	Elect.	Inmob.	Maqu.	Metales	Papel	Química	Seguro	Comun.
1968-74	0,908	1,050	1,208	0,631	0,809	1,296	1,395	1,376	1,072	0,574	0,755
1975-81	0,656	1,326	1,133	0,631	0,873	0,942	1,447	1,589	0,992	0,672	1,069
1982-88	0,867	0,750	1,038	0,635	1,008	1,318	1,211	1,519	1,206	0,680	0,887
1989-96	0,875	0,788	1,376	0,741	1,259	1,314	1,436	1,762	0,947	0,905	0,702

Diferencias entre niveles de betas

Periodos	Alimen.	Banca	Cement.	Elect.	Inmob.	Maqu.	Metal.	Papel	Química	Seguro	Comun.
1968-74[1] / 1975-81[2]	– 0,252	+0,276	– 0,075	0,000	+ 0,064	– 0,354	+ 0,052	+ 0,213	– 0,080	+ 0,098	+ 0,314
1975-81[2] / 1982-88[3]	+ 0,211	–0,576	– 0,095	+ 0,004	+ 0,135	+ 0,376	– 0,236	– 0,070	+ 0,214	+ 0,008	– 0,182
1982-88[3] / 1989-96[4]	+ 0,008	+0,038	+ 0,338	+ 0,106	+ 0,251	– 0,004	+ 0,225	+ 0,243	– 0,259	+ 0,225	– 0,185

Prima de riesgo del mercado bursátil en % (anualizada): [1] 14,41; [2] – 6,13; [3] 20,65; [4] – 4,85.

Una posible forma de comprobar si existe alguna relación entre la situación de la economía o *momento* bursátil y el nivel del riesgo beta es llevar a cabo la siguiente regresión tipo modelo de mercado pero con una variable ficticia binaria:

$$R_{jt} = a_{j1} + a_{j2}D_t + \beta_{jm1}R_{mt} + \beta_{jm2}(D_tR_{mt}) + \varepsilon_{jt}; \; j = 1, ..., 11; \; t = 1, ..., 342, \quad [10.4]$$

donde $D_t = 1$ si el mercado está en alza (1968-74, 1982-88, 1996) y 0 si está en baja (1975-81, 1989-95). Así, el coeficiente β_{jm2} nos mide el efecto diferencial de las condiciones de un mercado en alza sobre el riesgo beta. De esta forma, si dicho riesgo es diferente entre el mercado al alza y a la baja, el estimador de β_{jm2} será estadísticamente diferente de cero. Si, además, es negativo nos encontraríamos con una relación inversa entre *momento* bursátil y nivel del riesgo beta. Es decir, si $\beta_{jm2} < 0$, en momentos de alza bursátil, el coeficiente beta tendería a disminuir, mientras que en momentos de baja bursátil, el coeficiente beta tendería a aumentar.

Los resultados de la estimación de la regresión [10.4] aparecen en el cuadro 10.4.

Cuadro 10.4. Evolución temporal de las betas y el comportamiento del mercado (cartera de mercado: índice equiponderado).

	Alimen.	Banca	Cement.	Elect.	Inmob.	Maqu.	Metales	Papel	Química	Seguro	Comun.
β_{jm1}	0,794	0,967	1,294	0,708	1,119	1,173	1,429	1,714	0,960	0,819	0,834
β_{jm2}	0,093	− 0,155	− 0,212	− 0,076	− 0,147	0,134	− 0,186	− 0,236	0,217	− 0,120	0,023
	(1,54)	(− 1,77)	(− 3,45)	(− 1,07)	(− 2,20)	(1,76)	(− 2,04)	(− 1,58)	(3,23)	(− 0,94)	(0,34)

La evidencia empírica que contiene el cuadro 10.4 sugiere que en cinco sectores existe una cierta relación *negativa* entre la situación del ciclo económico y el nivel del riesgo beta. En cementos y construcción, inmobiliarias y metales básicos la relación es significativa desde el punto de vista estadístico al ser una estimación que no contiene tanto ruido como para no confiar en su validez (el estadístico *t* es mayor que 2 en valor absoluto). Los casos de la banca y del sector papel y textil son más discutibles al ser un estimador con bastante más ruido que en los casos anteriores. En estos cinco sectores, por lo tanto, cuando el mercado presenta en promedio una tendencia al alza, su riesgo beta tiende (también en promedio) a disminuir y viceversa. Se convierten en sectores relativamente más arriesgados en momentos de depresión económica y en sectores relativamente menos arriesgados en momentos de una buena coyuntura económica.

Por el contrario, el sector químicas y petróleos y, en menor medida, los sectores de maquinaria, automóviles y otras industrias y alimentación y bebidas presentan un comportamiento de riesgo beta que tiende a moverse de forma directa con el comportamiento del mercado. Son sectores relativamente más arriesgados cuando el mercado está en alza y viceversa. La figura 10.1 contiene la evolución gráfica de las betas de tres sectores bursátiles y del IGBM, dos moviéndose de manera inversa (cementos y construcción y banca) y uno de manera directa (químicas y petróleos).

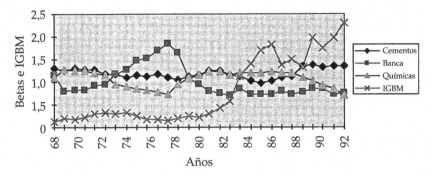

Figura 10.1. Evolución temporal de las betas.

A modo de conclusión, 8 de los 11 sectores analizados presentan un comportamiento temporal de su riesgo sistemático o riesgo beta que tiende a estar correlacionado con el momento bursátil. La beta parece que es una medida de riesgo no diversificable que tiende a presentar un comportamiento temporal relacionado con el comportamiento del mercado. *El riesgo beta no sólo parece tener un componente asociado a su nivel, sino que también parece tener un componente asociado a su comportamiento temporal con relación al mercado. Además, estas diferencias tanto de nivel como de evolución temporal son diferentes entre sectores.*

Dado que existe suficiente evidencia que nos permite concluir que el riesgo beta no tiende a ser en general constante, parece necesario conocer en qué circunstancias resulta más sencilla su predicción. Para ello, analizamos el efecto que tiene sobre el estimador del riesgo beta trabajar con carteras en lugar de hacerlo con activos individuales.

Es posible demostrar que la varianza del estimador de MCO del coeficiente beta en el modelo de mercado viene dada por la expresión

$$\sigma^2_{\hat{\beta}_{jm}} = \frac{\sigma^2_{\varepsilon_j}}{\sum\limits_{t=1}^{T} \left(R_{mt} - \bar{R}_m\right)^2}, \qquad [10.5]$$

donde $\bar{R}_m$ es la media del rendimiento de la cartera de mercado durante el período muestral y, como ya sabemos, $\sigma^2_{\varepsilon_j}$ es el riesgo idiosincrásico o varianza del componente idiosincrásico del rendimiento del activo j. Cuanto más pequeña sea la varianza del estimador de β_{jm}, $\sigma^2_{\hat{\beta}_{jm}}$, el estimador contiene menos ruido o, lo que es lo mismo, el estimador contiene un menor error de estimación.

Dado [10.5], una forma de conseguir la reducción de la varianza del estimador de beta es utilizar una serie larga de rendimientos, lo que nos asegura que el denominador sea grande y, por tanto, la varianza del estimador pequeña. Sin embargo, este enfoque depende crucialmente de suponer que el valor de β_{jm} es estacionario a lo largo del tiempo.[2] Este puede ser un supuesto difícil de aceptar y, en cualquier caso, cuando se estiman betas de activos individuales con 5 años de datos mensuales (e incluso con 10 años de observaciones mensuales), existe un considerable ruido en el estimador lo que sugiere que los errores en la estimación de betas individuales son importantes con relación a los verdaderos valores de las betas.

La otra posibilidad para disminuir la varianza del estimador del riesgo beta es reducir el numerador en [10.5]. Sabemos, por el capítulo 8, que una posibilidad es trabajar con carteras en lugar de hacerlo con activos individuales. A través del efecto de la diversificación se puede eliminar el riesgo idiosincrásico de carteras con un número suficiente de activos:[3]

$$\lim_{N \to \infty} \sigma^2_{\varepsilon_c} = \lim_{N \to \infty} \frac{1}{N} \sum_{j=1}^{N} \frac{\sigma^2_{\varepsilon_j}}{N} = \lim_{N \to \infty} \frac{1}{N} \bar{\sigma}^2_{\varepsilon_j} = 0.$$

Es importante notar que la estabilidad del coeficiente beta a lo largo del tiempo puede estar condicionada por el ruido que contenga el propio estimador del riesgo beta. Así, podemos pensar que cuanto más reducido sea el error de estimación de la beta mayor será, en principio, su estabilidad. En definitiva, parece razonable que la estabilidad temporal del coeficiente beta sea mayor empleando carteras en lugar de activos individuales. Tendremos más confianza en la predicción del riesgo beta de una cartera que en la de un activo individual.

Para comprobarlo, utilizamos una muestra de 168 activos individuales de renta variable que cotizan en el mercado bursátil español entre enero de 1968 y junio de 1996. Dicho periodo se dividió en tres grandes bloques tal como se refleja en el cuadro 10.5. Cada bloque se dividió asimismo en dos subperiodos de 84 meses cada uno. Las betas de cada uno de los activos individuales con datos completos en cada bloque se estimaron utilizando los 84 meses de rendimientos bursátiles de cada subperiodo. Los activos se clasificaron según su nivel de beta en el primer subperiodo de cada bloque y se asignaron a carteras de dos, cinco y

---

[2] Las variables aleatorias que siguen un proceso estocástico *estacionario* están idénticamente distribuidas. En un sentido más habitual (y menos exigente) se dice que un proceso es estacionario cuando los momentos de primer y segundo orden incluyendo las covarianzas y correlaciones para diversos retardos son invariables en el tiempo.

[3] Recuérdese que este enfoque es correcto, suponiendo que el modelo de mercado captura suficientemente las fuentes de riesgo sistemático. En otras palabras, el argumento supone que, dado el rendimiento del mercado como factor de riesgo, los rendimientos son mutuamente independientes. En caso contrario, tendríamos covarianzas entre los componentes de la perturbación del modelo de mercado.

diez componentes. Finalmente, se estimó el coeficiente de correlación entre las betas de los dos subperiodos de cada bloque según tengamos activos individuales o carteras de diferentes tamaños. Dicho coeficiente nos indica hasta qué punto las betas del primer subperiodo están relacionadas con las betas del subperiodo inmediatamente posterior. Así, las betas de los activos individuales utilizados tuvieron un coeficiente de correlación igual a 0,454 entre 1968-1974 y 1975-1981. Cabe señalar que, a nivel individual, la estabilidad del coeficiente beta parece haber ido en aumento a lo largo del periodo muestral, alcanzando una correlación del 0,572 entre los dos últimos subperiodos.

Cuadro 10.5. Estabilidad de las betas en el mercado bursátil español 1968-1996. Coeficientes de correlación entre betas para carteras de *N* títulos (*N* = 1, 2, 5, 10).

Número de títulos por cartera	1/68-12/74 1/75-12/81	1/75-12/81 1/82-12/88	1/82-12/88 1/89-6/96
1	0,454	0,481	0,572
2	0,614	0,656	0,746
5	0,874	0,881	0,901
10	0,976	0,968	0,983

Una segunda conclusión que puede desprenderse del cuadro 10.5 es la enorme diferencia en la estabilidad del coeficiente beta si utilizamos carteras en lugar de activos individuales. Este resultado parece confirmar la sugerencia asociada a la expresión [10.5]. Además, carteras con pocos componentes son suficientes para conseguir una elevada estabilidad en las betas que, sin duda, no se produce a nivel individual. Nótese cómo dicha estabilidad aumenta progresivamente al incluir componentes adicionales a las carteras. En definitiva, tendremos una mayor confianza en la predicción realizada sobre el riesgo beta cuando se emplean betas de carteras que al utilizar betas de activos individuales.

A modo de resumen, existe una importante variabilidad en el riesgo beta de los activos individuales, aunque dicha variabilidad está generalmente acotada por la pertenencia a un determinado sector (la beta de Iberdrola fluctúa a lo largo del tiempo pero en niveles inferiores a 1 tal como corresponde a una empresa del sector eléctrico). Dicha estabilidad aumenta sustancialmente al incorporar activos en carteras, de forma que resulta más razonable confiar en la predicción asociada a betas de carteras que a betas de activos individuales.

Para concluir este apartado de comportamiento temporal y estabilidad de las betas, nos preguntamos si en la variabilidad temporal que parece existir en el riesgo beta hay algún patrón de comportamiento característico. Si lo hubiera, dicho patrón podría tenerse en cuenta cuando analicemos posibles metodologías de estimación de betas que permitan una mejor predicción de las mismas.

Cuadro 10.6. Estimaciones de betas para sectores en dos periodos sucesivos, 1967 – 1996.

Sector	1/67-12/71	1/72-12/76	Sector	1/72-12/76	1/77-12/81
Comunic.	0,503	0,940***	Elect.	0,463	0,685***
Seguros	0,653	0,657	Seguros	0,657	0,677*
Elect.	0,782	0,463**	Inmob.	0,733	0,912***
Banca	0,831	1,484***	Alimen.	0,742	0,704
Inmob.	0,891	0,733	Química	0,849	1,063***
Alimen.	0,978	0,742**	Comunic.	0,940	1,117*
Papel	1,018	1,893**	Maquina.	1,022	0,978*
Química	1,243	0,849***	Cement.	1,138	1,120*
Cement.	1,284	1,138***	Metales	1,296	1,542**
Maquina.	1,469	1,022***	Banca	1,484	1,086***
Metales	1,546	1,296***	Papel	1,893	1,467***

* Tendencia hacia la gran media = 1.
** Tendencia hacia la media sectorial.
*** Tendencia hacia 1 y hacia la media sectorial.

En los distintos paneles del cuadro 10.6 aparecen las betas de los 11 sectores bursátiles que hemos empleado en cuadros anteriores para periodos no solapados de 60 meses. Dichos paneles comparan las betas entre los distintos subperiodos analizados. Si la beta de un sector entre dos periodos sucesivos se aproxima hacia la beta media del mercado, que es igual a 1, lo indicamos con (*), si su tendencia le hace evolucionar hacia la beta media del sector, se señala mediante (**). Finalmente, si la tendencia es aproximarse simultáneamente tanto a 1 como hacia la beta media del sector se indica con (***). Dos conclusiones pueden desprenderse del cuadro 10.6: (i) Existe una importante tendencia del riesgo beta a revertir hacia 1 (beta del mercado). (ii) Resulta aún más evidente la *tendencia a la reversión hacia la beta media del sector*. En cualquier caso, parece existir una importante tendencia del riesgo beta a revertir hacia una beta media de largo plazo. Esta tendencia resulta útil para escoger una técnica de estimación que permita mejorar la predicción de las betas teniendo en cuenta las características de su variabilidad temporal.

10.3 La predicción del riesgo beta

La experiencia nos sugiere que un número considerable de analistas de inversión, gerentes de carteras y gerentes financieros han empezado a utilizar el coeficiente beta como un *input* adicional en el proceso de toma de decisiones. Al mismo tiempo, hace ya algunos años surgieron a nivel internacional un número ciertamente relevante de compañías de servicios financieros que ofrecen estimaciones del coeficiente beta más o menos sofisticadas. Lógicamente, el principal uso que los agen-

Cuadro 10.6 (*continuación*). Estimaciones de betas para sectores en dos periodos sucesivos, 1967 – 1996.

Sector	1/77-12/81	1/82-12/86	Sector	1/82-12/86	1/87-12/91
Seguros	0,677	0,713***	Seguros	0,713	0,755***
Elect.	0,685	0,749*	Elect.	0,749	0,546**
Alimen.	0,704	0,791***	Alimen.	0,791	0,949***
Inmob.	0,912	0,985***	Banca	0,850	0,716
Maquina.	0,978	1,212***	Comunic.	0,971	0,756**
Química	1,063	1,211**	Inmob.	0,985	1,074***
Banca	1,086	0,850***	Cement.	1,115	1,134**
Comunic.	1,117	0,971***	Metales	1,191	1,344**
Cement.	1,120	1,115	Química	1,211	1.202***
Papel	1,467	1,604**	Maquina.	1,212	1,370**
Metales	1,542	1,191*	Papel	1,604	1,494***

Sector	1/87-12/91	1/92-6/96	Beta media (67-96)		
Elect.	0,546	0,862***	0,649		
Banca	0,716	0,758***	0,865		
Seguros	0,755	0,809*	0,746		
Comunica.	0,756	0,707	0,850		
Alimen.	0,949	0,744**	0,864		
Inmob.	1,074	1,383	1,038		
Cement.	1,134	1,352	1,163		
Química	1,202	0,705***	1,101		
Metales	1,344	1,369	1,327		
Maquina.	1,370	1,355***	1,248		
Papel	1,494	1,929**	1,583		

* Tendencia hacia la gran media = 1.
** Tendencia hacia la media sectorial.
*** Tendencia hacia 1 y hacia la media sectorial.

tes económicos hacen del estimador del riesgo beta está directamente relacionado con la capacidad de proyectar dichas estimaciones en el futuro. Así, disponer de metodologías que proyecten con precisión el riesgo beta futuro es lo que diferencia a los diversos servicios financieros que ofrecen estimaciones de dicho coeficiente.

Fundamentalmente, los usos que se hacen de las proyecciones del coeficiente beta suelen estar relacionados con la necesidad de disponer de alguna tasa de descuento que incorpore el riesgo de los proyectos de inversión, con el interés por parte de los analistas de inversión de identificar activos infra o sobrevalorados, con la necesidad que tienen los gerentes de carteras de diseñar combinaciones de activos que tengan riesgos ajustados a las preferencias o deseos de los diferentes clientes, con la posibilidad de coberturas mediante activos derivados o con la relevancia que tiene la posibilidad de identificar la calidad de los fondos de inversión al disponer de un binomio rentabilidad-riesgo beta. Es claro que todos los usos anteriores, y otros muchos, conllevan predicciones de los coeficientes beta.

En esta sección consideramos cuatro posibles metodologías de estimación futura del riesgo beta. Asimismo, comprobaremos la capacidad de las mismas en cuanto a su precisión en la predicción. Naturalmente, siendo éste nuestro objetivo, necesitamos en primer lugar una forma de medir la precisión de dichas predicciones.

Medida del error de predicción

El periodo comprendido entre 1974 y 1996 se dividió en 8 subperiodos de 3 años (36 meses) cada uno; 1974-76, ..., 1992-94, 1995-96.[4] Estos son los *periodos de predicción*. Durante los 60 meses anteriores a cada uno de los periodos de predicción, se estimaron los coeficientes beta de los 11 sectores bursátiles disponibles según cuatro metodologías diferentes.[5] Estas estimaciones son precisamente las predicciones del riesgo beta en las cuatro metodologías alternativas. A su vez, se estimaron las betas de cada sector por MCO usando los 36 meses de cada subperiodo de predicción. Estas últimas se consideran las betas "verdaderas" de cada uno de los sectores en cada subperiodo. Así, dispondremos de cuatro predicciones para cada subperiodo, así como la beta "verdadera" que tiene cada sector en cada subperiodo.

De esta forma, podemos comparar el coeficiente proyectado y el "verdadero" calculando su diferencia. Evidentemente, se trata de escoger aquel método que proporcione una diferencia más baja. En definitiva, nuestra medida deberá decidir la bondad de cada una de las cuatro estimaciones utilizadas según su capacidad en hacer lo más pequeño posible dicho error de predicción. Se trata de minimizar dicho error una vez que ha sido elevado al cuadrado y promediado sobre el número de sectores en la muestra que corresponde al número de predicciones realizadas. El estadístico resultante se conoce como *Error Cuadrático Medio* (*ECM*). Su expresión analítica es:

$$ECM^i = \frac{1}{N} \sum_{j=1}^{N} \left(\hat{\beta}_{jp}^i - \hat{\beta}_{jo} \right)^2, \qquad [10.6]$$

donde $\hat{\beta}_{jp}^i$ es la predicción de la beta para el sector j según el i-ésimo método de estimación propuesto, $\hat{\beta}_{jo}$ es la beta realmente observada y N es el número de sectores o número de predicciones realizadas con cada uno de los cuatro métodos.

---

[4] El último subperiodo tiene evidentemente sólo 18 meses.

[5] En uno de ellos, el método de Blume (1977), necesitamos estimar las betas en dos subperiodos de 60 meses cada uno anteriores al periodo de predicción. Así, para el primer caso, estimamos betas entre 1964 y 1968 y las volvemos a estimar para el siguiente subperiodo entre 1969 y 1973.

Métodos de predicción

(i) Mínimos Cuadrados Ordinarios (MCO)

Consiste en utilizar el modelo de mercado para estimar las betas durante los 60 meses del periodo de estimación. El coeficiente estimado de la pendiente de la regresión se emplea como predicción del riesgo beta para el periodo de predicción, esto es, es la $\hat{\beta}_{jp}$. El supuesto implícito es que las estimaciones de beta se mantienen constantes durante los tres años siguientes a dicha estimación. Este método ignora cualquier tendencia temporal, así como la falta de estabilidad de los riesgos betas observada en este capítulo. Es importante resaltar que si el comportamiento temporal de las betas no tuviera ningún tipo de tendencia o, teniéndola, no fuera suficientemente acentuada, el método de los MCO con el modelo de mercado podría potencialmente resultar el más preciso a pesar de la falta de estabilidad de los coeficientes beta.

(ii) Método de estimación de Blume (1977)

Debido principalmente a la tendencia generalizada del coeficiente beta hacia la beta de la cartera de mercado y, cuando empleamos sectores bursátiles, hacia la beta media del sector, Blume propone un método de predicción que recoge dicha tendencia. Dada la evidencia presentada en la sección anterior, parece conveniente analizar esta metodología.

Esencialmente, el método utiliza tres estimaciones del coeficiente beta. En primer lugar, las betas son calculadas mediante MCO para 2 periodos de tiempo no solapados, $T - 1$ y T. De esta forma tendremos el conjunto de betas estimadas $\hat{\beta}_{jT-1}$ y $\hat{\beta}_{jT}$ (para el primer subperiodo de predicción, estas betas corresponden a los años 1964-68 y 1969-73, respectivamente). El conjunto de las $\hat{\beta}_{jT}$ se regresa en el conjunto de las $\hat{\beta}_{jT-1}$, determinando así la tendencia desde el periodo $T - 1$ hasta el periodo T. Es decir, se lleva a cabo la siguiente regresión con 11 sectores bursátiles y, por tanto, con 11 observaciones:

$$\hat{\beta}_{jT} = a + b\hat{\beta}_{jT-1} + u_{jT}; j = 1, ..., 11. \qquad [10.7]$$

Los coeficientes a y b son finalmente utilizados para estimar un tercer conjunto de betas, $\hat{\beta}_{jT+1}$, que corresponde a las betas de los subperiodos de predicción (la beta β_{jp}^{Blume} de la expresión [10.6]):

$$\hat{\beta}_{jT+1} = \hat{a} + \hat{b}\hat{\beta}_{jT}. \qquad [10.8]$$

El método supone que la tendencia entre $T - 1$ y T es exactamente la misma que la tendencia entre T y $T + 1$. Aunque dichos coeficientes varían de periodo en periodo, la experiencia en el mercado bursátil español sugiere que, en promedio, $\hat{a} \simeq 0,30$ y $\hat{b} \simeq 0,70$. En nuestra aplicación, recordando que tenemos 8 subperiodos de predicción, el coeficiente $\hat{a}$ estuvo comprendido entre $-0,18$ y $0,96$, mientras que $\hat{b}$ estuvo entre $0,10$ y $1,18$.

(iii) Método de Vasicek (1973)
Este método también admite la tendencia temporal del coeficiente beta a revertir a la gran media o, alternativamente, a la media del sector. Sin embargo, no parece razonable ajustar a todos los activos o sectores en la misma magnitud hacia dicha media. Se trataría de llevar a cabo un ajuste que dependa de la magnitud de la incertidumbre asociada a la estimación de la beta o, lo que es lo mismo, que dependa del error de estimación en la beta. Así, cuanto mayor sea el error de estimación, mayor posibilidad habrá de que la beta se aleje de la media y, por tanto, mayor debería ser el ajuste.

En definitiva, este método es una suma ponderada de la beta media del sector y la beta del activo en cuestión estimada mediante MCO:

$$\hat{\beta}_{jT+1}\left(=\hat{\beta}_{jp}^{Vasicek}\right) = \frac{\sigma_{\bar{\beta}_{jT}}^2}{\sigma_{\bar{\beta}_{jT}}^2 + \sigma_{\hat{\beta}_{jT}}^2}\,\bar{\beta}_T + \frac{\sigma_{\hat{\beta}_{jT}}^2}{\sigma_{\bar{\beta}_{jT}}^2 + \sigma_{\hat{\beta}_{jT}}^2}\,\hat{\beta}_{jT}, \qquad [10.9]$$

donde las ponderaciones asociadas a la beta media de los 11 sectores, $\bar{\beta}_T$, y a la estimación de MCO, β_{jT}, suman 1.[6] Dichas ponderaciones incluyen el cuadrado del error estándar (varianza) del coeficiente beta del sector j estimado por MCO, $\sigma_{\hat{\beta}_{jT}}^2$, que representa el error de estimación en el coeficiente beta y, además, la varianza de la distribución de las estimaciones históricas de las betas, $\sigma_{\bar{\beta}_j}^2$, que es simplemente la varianza de las betas estimadas en la muestra de sección cruzada de todos los sectores empleados en el ejercicio.

El método ajusta en mayor medida hacia la media las betas con errores estándar elevados que las betas con errores de estimación pequeños. En otras palabras, el ajuste que realiza el método de Vasicek se basa en la posición relativa que una beta particular tiene en una distribución previa de todas las betas. Por ejemplo, si un determinado sector presenta una beta relativamente baja respecto a su media histórica y tiene además una varianza (error de estimación) pequeña durante dicho periodo de tiempo, dicha beta no se ajustaría hacia la media del sector tanto como una beta que fuese baja pero con un error de estimación mayor.

(iv) El método de Vasicek ajustado
Se trata de incorporar tendencias recientes de las betas en el método de Vasicek. Simplemente, se trata de sustituir la beta de MCO, $\hat{\beta}_{jT}$, en la expresión [10.9] por la siguiente beta:

$$\hat{\beta}_{jT}^a = 0,30 + 0,70\,\hat{\beta}_{jT},$$

donde 0,30 y 0,70 son los coeficientes históricos (*a la Blume*) que sugiere la experiencia histórica en el mercado bursátil español.

---

[6] En lugar de la beta media de los sectores podríamos haber empleado la beta media del mercado que es igual a 1.

Los resultados sobre la capacidad de predicción de los cuatro métodos propues
tos se presentan en el cuadro 10.7. La comparación entre los métodos se hace en
cada uno de los 8 subperiodos de predicción de 36 meses cada uno, calculando
también la media de todos los ECM obtenidos.

En primer lugar, parece claro que el método propuesto por Blume es el que
presenta un ECM mayor tanto en promedio como en un número considerable de
subperiodos. Este método es extremadamente sensible al cambio de tendencia
entre los tres periodos de tiempo necesarios para su utilización, $T - 1$, T y $T + 1$.
Cuando la tendencia entre $T - 1$ y T es similar a la tendencia entre T y $T + 1$, el
método de Blume es relativamente adecuado. Cuando dicha tendencia se rompe,
el método obtiene predicciones muy ineficientes.

Los métodos de Vasicek parecen dominar las metodologías de predicción.
Debido a la predicción para el subperiodo 1980-82, el método de Vasicek ajustado presenta un ECM medio inferior al resto. Sin embargo, si exceptuamos dicho
subperiodo, el método original de Vasicek de la expresión [10.9] es, comparati-
vamente al resto, un método de predicción competitivo.

En cualquier caso, debe quedar claro que la reducción en el error de predicción que se obtiene con el método de Vasicek es una consecuencia de la reducción en la tendencia habitual a sobrestimar sectores o activos con betas altas e
infraestimar aquellos con betas bajas. Esta reducción no debería sorprender, ya
que es precisamente el objetivo que busca dicha metodología. Debemos señalar
que el método de Blume persigue lo mismo, pero su incapacidad para capturar
explícitamente los errores de estimación de las betas, así como su necesidad de
operar con periodos más largos de tiempo, le convierte en un método inferior.

Cuadro 10.7. Error Cuadrático Medio (ECM) para 11 sectores.
Periodo de estimación: 60 meses; periodo de predicción: 36 meses.

Periodo de predicción	Mín. cuadrados ordinarios	Blume	Vasicek	Vasicek (con tendencia)
1974-76	0,29729	0,28878	0,29436	0,28143
1977-79	0,04159	0,05645	0,03579	0,03607
1980-82	0,24054	0,30335	0,20824	,0,14595
1983-85	0,06552	0,04170	0,05756	0,04609
1986-88	0,03265	0,08213	0,04700	0,05304
1989-91	0,03535	0,04201	0,03452	0,04232
1992-94	0,06836	0,06913	0,06908	0,08028
1995-96	0,07800	0,10792	0,07214	0,07938
TOTAL	0,10741	0,12393	0,10234	0,09557

Finalmente, es interesante apuntar que existe un criterio alternativo que permite
juzgar la conveniencia de los métodos de predicción del riesgo beta. La estimación de
las correlaciones entre los rendimientos de los activos y entre carteras se está convir-

tiendo en una herramienta de trabajo fundamental en los mercados. La sección del libro dedicada a derivados discutirá de forma directa la importancia que tienen las predicciones de los coeficientes de correlación entre los rendimientos de los activos.

Así, por la expresión [5.11] del capítulo 5 sabemos que

$$\rho_{jh} = \frac{\sigma_{jh}}{\sigma_j \sigma_h} \,. \qquad [10.10]$$

Nótese que la matriz de correlaciones que necesitaríamos estimar para trabajar con correlaciones entre los rendimientos de los activos como *inputs* para la toma de decisiones sobre estrategias de inversión en el marco media-varianza sería enorme. Por ejemplo, si la cartera tuviese 150 activos, necesitaríamos calcular 11.250 correlaciones. Sin embargo, la utilización del modelo de mercado permite un ahorro importante en los *inputs* necesarios.[7] En particular, haciendo uso de las ecuaciones [8.16] y [8.22] del capítulo 8, tenemos que el rendimiento esperado de una cartera y su varianza pueden escribirse como

$$E(R_c) = \sum_{j=1}^{N} \omega_j \, a_j + \sum_{j=1}^{N} \omega_j \beta_{jm} E(R_m)$$

$$\sigma_c^2 = \sum_{j=1}^{N} \omega_j^2 \beta_{jm}^2 \sigma_m^2 + \sum_{j=1}^{N} \sum_{\substack{h=1 \\ j \neq h}}^{N} \omega_j \omega_h \beta_{jm} \beta_{hm} \sigma_m^2 + \sum_{j=1}^{N} \omega_j^2 \sigma_{\varepsilon_j}^2 \,.$$

Estas ecuaciones implican que los *inputs* que necesitamos para calcular rendimientos esperados y varianzas de carteras son $\hat{a}_j$, $\hat{\beta}_j$, $\sigma_{\varepsilon_j}^2$, $E(R_m)$ y σ_m^2 que hacen un total de $3N + 2$ *inputs*. Así, con una cartera con 150 activos necesitaríamos 452 *inputs* en lugar de los 11.250 anteriores.

Estos resultados son consecuencia de la ecuación [8.15] del capítulo 8, que muestra que, bajo las condiciones del modelo de mercado, la covarianza entre los rendimientos de dos activos cualesquiera es

$$\sigma_{jh} = \beta_{jm} \beta_{hm} \sigma_m^2 \,.$$

Por tanto, [10.10] puede escribirse como

$$\rho_{jh} = \frac{\sigma_{jh}}{\sigma_j \sigma_h} = \frac{\beta_{jm} \beta_{hm} \sigma_m^2}{\sigma_j \sigma_h} \,. \qquad [10.11]$$

Así, una forma alternativa de comprobar la bondad de las metodologías de predicción de las betas es analizar la capacidad que los distintos métodos tienen

---

[7] El mismo argumento se podría hacer con un modelo factorial de múltiples fuentes de riesgo sistemático.

para predecir la matriz de correlaciones entre los rendimientos de los activos. Elton, Gruber y Urich (1999) realizan este ejercicio para la Bolsa estadounidense y muestran que el *peor* método de predicción de las correlaciones es precisamente la matriz de correlaciones histórica. Las consecuencias de este resultado son muy importantes ya que sugieren que una parte relevante de las correlaciones observadas entre los rendimientos de los activos y que no se captura por el modelo de mercado es puro ruido aleatorio. Las correlaciones relevantes parecen provenir de las correlaciones entre los rendimientos de los activos y el mercado y que vienen representadas por las estimaciones de las betas empleadas en la ecuación [10.11]. En otras palabras, el modelo de mercado no sólo representa un considerable ahorro en los *inputs* necesarios para calcular rendimientos esperados y varianzas de carteras, sino también representa una forma indirecta de mejorar las predicciones de las correlaciones entre los activos. Por último, y una vez que se reconoce la importancia del modelo de mercado, cabe señalar que dichos autores muestran que el método de Vasicek para predecir betas futuras es, a su vez, el mejor método de predicción ya que obtiene las mejores predicciones de las correlaciones entre los activos.

10.4 El efecto del intervalo de estimación en las betas

Es conocido desde hace bastantes años que los mecanismos del proceso de contratación de activos financieros afectan a los precios de dichos activos. Sin embargo, los problemas que las imperfecciones y fricciones causan en los mercados reales no suelen recibir siempre la atención adecuada por los analistas e investigadores. En principio, los modelos de valoración de los capítulos 7 y 8 se centran en un marco teórico basado en procesos "ideales" de generación de rentabilidades.

Esta sección describe cómo las fricciones en el proceso de contratación de activos fuerza a los analistas a trabajar exclusivamente con tasas de rendimientos *observadas* y no necesariamente tasas de rendimientos *verdaderas*. Estos rendimientos observados reflejan el impacto de unos factores conocidos como *ajustes de retraso* en los precios. Normalmente, los precios presentados en momentos discretos en el tiempo, como un día, una semana o un mes, representan una transacción ocurrida aleatoriamente antes del final de dichos periodos. Asimismo, los inversores contratan en el mercado bursátil solamente cuando la información y los costes de transacción han sido suficientemente compensados. En otras palabras, dadas las comisiones y otro tipo de costes que los inversores tienen que pagar cuando compran o venden en los mercados bursátiles, puede resultar óptimo acumular información de forma que la evaluación se produzca periódicamente más que continuamente. Esta acumulación de noticias producirá que las nuevas transacciones reflejen, en parte, el impacto de la antigua información.

Estos llamados *retrasos en los precios* introducirán un comportamiento de correlación en los rendimientos a lo largo del tiempo de un determinado activo (autocorrelación), así como una correlación cruzada entre los valores individuales e incluso mixta (autocorrelación y cruzada simultáneamente). Dado que los retrasos son finitos, dichos ajustes tenderán a desaparecer cuando el intervalo de observación entre los precios aumente o, lo que es equivalente, cuando la frecuencia entre observaciones disminuya. Esto es, los ajustes de retraso serán más importantes si la observación entre precios se produce cada día que si la realizamos cada mes.

Si el intervalo es demasiado pequeño, el estimador de la covarianza en el numerador de la beta estará sesgado hacia cero, ya que los rendimientos del activo en cuestión no corresponderán en general a rendimientos del mercado en el mismo periodo. En estos casos, decimos que el estimador de MCO de la beta del activo estará sesgado debido a la denominada *contratación asíncrona*. Si el índice que representa al mercado se *negocia con más frecuencia* que el activo en cuestión, su beta estará sesgada hacia cero y el analista podría interpretar que un determinado valor tiene poco riesgo beta cuando en realidad es un activo enormemente sensible a las fluctuaciones del mercado. Nótese que un índice de mercado donde las ponderaciones se basen en la capitalización de las empresas que lo componen tenderá a reflejar el grado de información que incorporan los rendimientos de empresas grandes que son, además, aquellas empresas que tienen una elevada frecuencia de contratación. De esta forma, la infravaloración del riesgo beta parece potencialmente más importante en aquellos mercados bursátiles donde la frecuencia y volumen de contratación esté centrado en un número relativamente pequeño de empresas. El mercado bursátil español es un claro ejemplo, por lo que deberíamos ser especialmente cuidadosos con la interpretación que se haga de betas estimadas con datos de alta frecuencia como pueden ser datos diarios.

Cohen, Hawawini, Maier, Schwartz y Whitcomb (1983) sugieren un estimador del riesgo beta que corrige por los problemas de contratación infrecuente o contratación asíncrona. Su estimador se basa en una distinción entre rendimientos observados y rendimientos verdaderos en el siguiente sentido:

$$R_{jt}^o = \sum_{\tau = 0}^{T} \gamma_{jt-\tau,\tau} \, R_{jt-\tau'} \tag{10.12}$$

donde R_{jt}^o es el rendimiento observado del activo j en el momento t, R_{jt} es el rendimiento verdadero del activo j en t, las variables aleatorias $\gamma_{jt-\tau,\tau}$ representan la proporción del rendimiento verdadero $R_{jt-\tau}$ del activo j generado en el periodo $t - \tau$ que se incorpora τ periodos más tarde en el rendimiento observado del momento t y T es el número de retrasos que se considera apropiado. Si no existiesen ajustes de retraso en los precios, las variables $\gamma_{jt-\tau,\tau}$ serían cero para todos los valores positivos de τ y uno para $\tau = 0$. Se puede demostrar que el sesgo en el estimador de MCO del coeficiente beta de un activo depende de la magnitud relativa de los ajustes de retraso en los precios de j, siendo éstos mayores cuanto más infrecuentemente se negocie un activo.

El estimador del coeficiente beta que no presentaría los sesgos asociados a la contratación asíncrona viene dado por

$$\hat{\beta}_{jt} = \frac{\beta_{jt}^o + \sum\limits_{\tau=1}^{T} \beta_{jt+\tau}^o + \sum\limits_{\tau=1}^{T} \beta_{jt-\tau}^o}{1 + \sum\limits_{\tau=1}^{T} \beta_{mt+\tau}^o + \sum\limits_{\tau=1}^{T} \beta_{mt-\tau}^o}, \qquad [10.13]$$

donde β_{jt}^o, $\beta_{jt+\tau}^o$, $\beta_{jt-\tau}^o$, $\beta_{mt+\tau}^o$ y $\beta_{mt-\tau}^o$ son los estimadores de MCO obtenidos con los rendimientos observados y dados por los siguientes coeficientes:

$$\beta_{jt}^o = \mathrm{cov}(R_{jt}^o, R_{mt}^o)/\mathrm{var}(R_{mt}^o)$$

$$\beta_{jt+\tau}^o = \mathrm{cov}(R_{jt+\tau}^o, R_{mt}^o)/\mathrm{var}(R_{mt}^o)$$

$$\beta_{jt-\tau}^o = \mathrm{cov}(R_{jt-\tau}^o, R_{mt}^o)/\mathrm{var}(R_{mt}^o) \qquad [10.14]$$

$$\beta_{mt+\tau}^o = \mathrm{cov}(R_{mt+\tau}^o, R_{mt}^o)/\mathrm{var}(R_{mt}^o)$$

$$\beta_{mt-\tau}^o = \mathrm{cov}(R_{mt-\tau}^o, R_{mt}^o)/\mathrm{var}(R_{mt}^o).$$

En definitiva, el estimador del riesgo beta dado por [10.13] incorpora betas estimadas por MCO con rendimientos observados, adelantados y retrasados tanto del activo *j* como del mercado. Pretende incorporar los retrasos que se producen en los rendimientos esperados al poder emplear únicamente los rendimientos observados y no los verdaderos. Nótese que el estimador también tiene en cuenta la posible autocorrelación en el rendimiento del mercado que aparece en el denominador de la expresión [10.13].

A modo de ejemplo, utilizamos los rendimientos diarios de una empresa con baja frecuencia de contratación en el mercado bursátil como es Nueva Montaña Quijano (NMQ) entre el 15 de enero de 1992 y el 18 de octubre de 1994 y los rendimientos diarios del IBEX-35 para las mismas fechas. Empleando el modelo de mercado regresamos el rendimiento diario de NMQ en el rendimiento diario del IBEX-35 y obtuvimos una beta igual a 1,039. Cuando usamos el estimador [10.13] con 5 retrasos y 5 adelantos en las regresiones, la beta de NMQ resultó igual a 1,680. Evidentemente, NMQ es un activo que tiende a negociarse con menos frecuencia que el IBEX (que los componentes del IBEX) y, por tanto, la covarianza contemporánea de los rendimientos refleja una seria asincronía entre ambos rendimientos que nos lleva a estimar una beta sesgada hacia cero al no incorporar adecuadamente la información. El reconocimiento de los retrasos en la llegada de la información mediante las regresiones con adelantos y retrasos dadas por [10.14] permite obtener una mejor aproximación del verdadero riesgo beta del activo. El mensaje desde el punto de vista de las posibles aplicaciones prácticas es que debemos ser *muy cuidadosos* con las betas estimadas con rendimientos diarios. Existe un claro peligro de estimar betas con *serios sesgos a la baja* en un porcentaje importante de activos.

Nótese que incluso con rendimientos *mensuales* pueden ser importantes los efectos de la negociación asíncrona. En particular, regresamos los rendimientos mensuales de una cartera formada por las empresas de menor capitalización bursátil sobre los rendimientos mensuales del IGBM entre enero de 1963 y junio de 1996. La beta de la cartera de empresas más pequeñas y que, aproximadamente, son también las de menor volumen de negociación bursátil resultó igual a 1,195. Cuando empleamos el estimador [10.13] con un retraso y un adelanto el riesgo beta estimado aumentó a 1,242.

Una forma alternativa de entender el efecto de la contratación asíncrona en el estimador del riesgo beta es analizar lo que ocurre con su estimación cuando se incrementa el intervalo de estimación. En particular, empleamos una muestra de 50 activos con datos diarios de precios y dividendos entre el 19 de abril de 1990 y el 29 de enero de 1996 que recogen convenientemente todos los sectores. Estimamos las betas de cada uno de los 50 activos mediante el modelo de mercado utilizando alternativamente 1.440 observaciones de rendimientos diarios, 720 con rendimientos calculados sobre un intervalo de 2 días, 480 sobre un intervalo de 3 días y así sucesivamente hasta las estimaciones de betas con 72 observaciones para cada activo que corresponden a rendimientos calculados sobre periodos de 20 días. Los resultados del ejercicio, una vez que promediamos las betas de los 50 activos para cada intervalo de estimación escogido, aparecen en el cuadro 10.8.

La evidencia empírica sugiere que al aumentar la longitud del intervalo utilizado en el cálculo de los rendimientos la estimación del riesgo beta aumenta de forma prácticamente monótona. Este resultado indica, una vez más, que la información tarda en incorporarse adecuadamente a los rendimientos observados por las propias fricciones existentes en los mecanismos de negociación de los mercados.

Cuadro 10.8. Efecto del intervalo de estimación en las betas. 50 empresas. 19/04/1990 – 29/01/1996.

Intervalo de días en la estimación	Número de observaciones	Beta promedio (50 empresas)
1	1.440	0,9470
2	720	0,9981
3	480	0,9942
4	360	1,0198
5	288	1,0219
10	144	1,1023
15	96	1,1205
20	72	1,1427

En definitiva, parece evidente que las betas deben estimarse al menos con rendimientos mensuales para evitar sesgos de contratación asíncrona. Alternativamente, la utilización de un índice de mercado equiponderado puede reducir la importancia del sesgo asociado a la contratación asíncrona, al ser un índice que tiene, en promedio, la frecuencia de negociación del activo medio y no la frecuencia de negociación más cercana a los valores de elevada capitalización. Por este motivo, una parte importante de las estimaciones de betas sectoriales realizadas en este capítulo han sido hechas con el índice de mercado equiponderado.

10.5 Riesgo beta y factores macroeconómicos

Tal como discutimos al final del capítulo 8, una forma de entender un modelo de valoración de activos de múltiples betas es interpretar que dichas sensibilidades son la respuesta de los rendimientos de los activos a fuentes de riesgo macroeconómico. En particular, en el modelo unifactorial el rendimiento de la cartera de mercado estaría capturando e internalizando en mayor o menor grado todos los riesgos sistemáticos asociados a variables de estado macroeconómicas. Variables que reflejan dichos riesgos, como la variación en la producción industrial, *shocks* relacionados con la inflación, variabilidad en la estructura temporal de los tipos de interés o *shocks* en los precios de las materias primas, entre otros, deberían capturarse por el coeficiente beta relativo al mercado.

A modo de ejemplo, pensemos en el riesgo inflación. El mercado bursátil reacciona negativamente ante innovaciones negativas en la inflación. En otras palabras, una elevada tasa de inflación por encima de la expectativa del mercado hace reaccionar negativamente a los mercados bursátiles. Este efecto negativo debería ser más pronunciado en aquellas empresas con betas más altas; es decir, la sensibilidad ante noticias adversas de cara al ciclo bursátil debería afectar en mayor medida a activos con riesgos betas elevados. La razón es que si la inflación no esperada es una mala noticia y la beta incorpora la correspondiente sensibilidad asociada a diferentes variables macroeconómicas, la reacción negativa ante la inflación no esperada debería ser mayor en aquellas empresas con betas más altas.

Para comprobarlo, Freixas y Rubio (1989) formaron diez carteras construidas según el nivel del coeficiente beta de sus componentes. Al final de cada año, la composición de las diez carteras se cambiaba de forma que nos asegurábamos que las carteras reflejaban consistentemente clases de riesgo diferentes. Los rendimientos mensuales *nominales* de las 10 carteras se transformaron en rendimientos *reales* según la expresión [3.26] del capítulo 3 y, dichos rendimientos se regresaron sobre una constante y la tasa de inflación mensual *no esperada*. El ejercicio se realizó para un periodo muestral comprendido entre enero de 1976 y diciembre de 1987. Los resultados aparecen en el cuadro 10.9.

Efectivamente, puede comprobarse que el coeficiente asociado a la tasa de inflación no esperada es negativo en las diez carteras. Este resultado refleja la reacción negativa que experimenta el mercado bursátil español ante la llegada de noticias no esperadas sobre la tasa de inflación. Sin embargo, además, dicha reacción negativa es mayor en aquellas carteras cuyas betas relativas a la cartera de mercado son más elevadas. En el cuadro 10.9 se aprecia la relación directa entre magnitud del riesgo beta y la reacción ante la inflación no esperada. La relación es también prácticamente monótona. Cuanto más elevado es el riesgo beta de un activo mayor será su reacción ante un *shock* macroeconómico adverso. En definitiva, este resultado sugiere que, efectivamente, el nivel del riesgo beta incorpora efectos macroeconómicos tal como uno esperaría si dicha beta fuese una buena medida de riesgo sistemático.

Cuadro 10.9. Nivel de beta e inflación no esperada. 1976 – 1987.

$$R_{jt} = \alpha_0 + \alpha_1 \mathrm{UIF}_t + \varepsilon_{jt}; j = 1, \ldots, 10,$$

donde R_{jt} es la tasa de rendimiento real y mensual de 10 carteras formadas según el nivel del riesgo beta de sus componentes y UIF_t es la tasa de inflación no esperada para el mes t.

Cartera	Beta	$\hat{\alpha}_1$
Beta 1 (baja)	0,497	– 1,888[1]
Beta 2	0,681	– 2,336
Beta 3	0,782	– 2,596
Beta 4	0,890	– 2,683
Beta 5	0,954	– 3,397
Beta 6	1,040	– 2,503
Beta 7	1,119	– 3,269
Beta 8	1,225	– 3,977
Beta 9	1,332	– 4,271
Beta 10 (alta)	1,502	– 4,562

[1] Todos los coeficientes estadísticamente significativos. El rendimiento real del IGBM cayó un 2,23% (acumulado) entre los días – 2 y + 1 alrededor del día en que el IPC fue publicado en prensa (sobre todos los anuncios mensuales publicados entre 1984 y 1988).

Referencias

Blume, M. (1977). "Betas and Their Regression Tendencies", en *Risk and Return in Finance*, editado por I. Friend y J. Bicksler, Ballinger Publishing Company, Cambridge.

Brealey, R. y S. Myers (1991). *Principles of Corporate Finance*, Fourth Edition, McGraw-Hill, Nueva York, cap. 9.

Cohen, K., Hawawini, G., Maier, S., Schwartz, R. y D. Whitcomb (1983). "Friction in the Trading Process and the Estimation of Systematic Risk", *Journal of Financial Economics*, 12, págs. 263-278.

Elton, E. y M. Gruber (1995). *Modern Portfolio Theory and Investment Analysis*, John Wiley & Sons, 5ª Edición, capítulo 7.

Elton, E., Gruber, M. y T. Urich (1999). "Are Betas Best?" en *Investments, vol. I: Portfolio Theory and Asset Pricing*, editado por E. Elton y M. Gruber, MIT Press, Cambridge.

Freixas, X. y G. Rubio (1989). "Inflation and Stock Returns: Evidence form the Spanish Market", FEDEA, Documento 89-08.

Grinblatt, M. y S. Titman (1998). *Financial Markets and Corporate Strategy*, Irvine-McGraw-Hill, cap. 6.

Vasicek, O. (1973). "A Note on Using Cross-Sectional Information in Bayesian Estimation of Security Betas", *Journal of Finance*, 28, págs. 1.233-1.239.

11. LOS CONTRASTES DEL CAPM: TIPOS DE CONTRASTES Y EVIDENCIA EMPÍRICA

11.1 Una breve discusión introductoria

Durante los primeros capítulos de este libro se han discutido con detalle los fundamentos de los modelos de valoración de activos financieros, así como varias especificaciones que surgen como consecuencia de especializaciones de dichos fundamentos.

Aprendimos que, como consecuencia del supuesto de imposibilidad de arbitraje, todos los activos que prometen ofrecer los mismos pagos futuros deben tener hoy el mismo precio. Bajo este marco de trabajo general, sabemos que debe satisfacerse la ecuación fundamental de valoración que, en su forma más general, puede escribirse como:

$$E_t(M_{t+1}\tilde{R}_{jt+1}) = 1; j = 1, ..., N \qquad [11.1]$$

y donde supuestos alternativos sobre la variable agregada (o factor de descuento) M_{t+1} permiten obtener modelos diferentes de valoración como el CAPM o el APT. Aunque no se han discutido de manera global las potenciales diferencias que conducen a modelos alternativos, cabe señalar que diversos supuestos sobre las preferencias y dotaciones de los agentes económicos, sobre los conjuntos de información y las tecnologías de producción, sobre los procesos estocásticos de generación de rendimientos íntimamente ligados con el proceso de llegada de nueva información, e incluso supuestos alternativos sobre las fricciones existentes en los mercados reales, explican las diferentes formas que adoptan los modelos de valoración de activos financieros.

Nótese que estos posibles planteamientos diferentes inciden directamente sobre la forma que tienen los diversos modelos de explicar la compensación por el riesgo soportado por los agentes económicos al tomar sus decisiones de cartera. Esto es, el modelo general de la expresión [11.1], puede resumirse como:

$E(R_j)$ = tipo de interés libre de riesgo + compensación por riesgo.

Es precisamente la forma explícita de dicha compensación por riesgo la que distingue a los diferentes modelos de valoración.

La relevancia de un modelo u otro dependerá de su habilidad para predecir lo más ajustadamente posible los rendimientos observados en los mercados. No es de extrañar, por tanto, que dada la importancia que tiene este tema para la práctica diaria de los mercados, exista una considerable literatura que contraste los modelos existentes de valoración. Este capítulo discute las metodologías más comunes de los contrastes empíricos del modelo de valoración con cartera de mercado (CAPM), así como la evidencia disponible más relevante sobre dicho modelo.

11.2 El planteamiento general y algunos problemas conceptuales

Sabemos que, de acuerdo con el CAPM, existe una relación lineal y positiva entre el rendimiento esperado de cualquier activo financiero j y su riesgo beta. Así, la versión de Sharpe y Lintner donde se supone la existencia de un activo libre de riesgo, viene dada por:[1]

$$E(R_j) = r + [E(R_m) - r]\,\beta_{jm};\ j = 1, ..., N, \qquad [11.2]$$

donde r es el tipo de interés libre de riesgo, $[E(R_m) - r]$ es la prima de riesgo de la cartera de mercado compuesta por todos los activos de la economía ponderados según su valor de mercado y $\beta_{jm} = \mathrm{cov}(R_{jt}, R_{mt})/\mathrm{var}(R_{mt})$.

Alternativamente, la versión de Black o cero-beta CAPM no exige que existan oportunidades de pedir prestado y prestar a la tasa libre de riesgo. Admitiendo ventas en descubierto, existe una cartera que tiene beta igual a cero respecto a la cartera de mercado que es, a su vez, una cartera eficiente en el sentido media-varianza:

$$E(R_j) = E(R_{0m}) + [E(R_m) - E(R_{0m})]\,\beta_{jm};\ j = 1, ..., N, \qquad [11.3]$$

donde $E(R_{0m})$ es el rendimiento esperado de la cartera con beta igual a cero respecto a la cartera de mercado m.

Nótese que podemos combinar ambas expresiones y escribir el CAPM en su forma más general posible en términos de *excesos de rendimiento* sobre el tipo de interés libre de riesgo:

$$\underbrace{E(R_j) - r}_{E(r_j)} = \underbrace{(E(R_{0m}) - r)}_{E(r_{0m})} + \left[\underbrace{(E(R_m) - r)}_{E(r_m)} - \underbrace{(E(R_{0m}) - r)}_{E(r_{0m})}\right]\beta_{jm}, \qquad [11.4]$$

donde denotamos los excesos de rendimiento de cualquier activo mediante minúsculas, de forma que, en su versión más general, el CAPM puede escribirse como:

$$E(r_j) = E(r_{0m}) + [E(r_m) - E(r_{0m})]\,\beta_{jm};\ j = 1, ..., N. \qquad [11.5]$$

---

[1] Aunque la ecuación fundamental de valoración [11.1] contiene la expectativa condicional en el relevante conjunto de información, por el momento supondremos que dicho conjunto incluye sólo los momentos incondicionales de los rendimientos de los activos.

Las implicaciones del CAPM para los rendimientos de los activos y que serán objeto de contrastación en las siguientes secciones son:

(i) Para el modelo de Sharpe y Lintner, en el que existen ilimitadas oportunidades de prestar y pedir prestado a la tasa libre de riesgo, se trata de contrastar las siguientes hipótesis:

$$E(r_{0m}) = 0 \text{ y } E(r_m) > 0,$$

de forma que las primas de riesgo de los activos sean, como en [11.2], proporcionales a sus betas. En términos de exceso de rendimiento significa que: $E(r_j) = E(r_m)\beta_{jm}$.

(ii) En la versión cero-beta de Black, donde se restringe la posibilidad de pedir prestado a la tasa libre de riesgo, las implicaciones del modelo a contrastar son menos precisas:

$$E(r_{0m}) \geq 0 \text{ y } [E(r_m) - E(r_{0m})] > 0.$$

Naturalmente, en este caso el modelo viene dado por la expresión [11.3]. Para simplificar la notación escribiremos el cero-beta CAPM de la ecuación [11.3] como:

$$E(R_j) = \gamma_0 + \gamma_1 \beta_{jm}; j = 1, \ldots, N, \qquad [11.6]$$

donde γ_0 y γ_1 son el rendimiento esperado de la cartera cero-beta respecto al mercado y la prima por riesgo del mercado respectivamente. Nótese, en definitiva, la relación *lineal y positiva* entre rendimiento esperado y riesgo beta de cada activo que implica el modelo.

Analicemos el contenido de dicha relación y los problemas a los que nos enfrentamos cuando contrastamos el modelo:

(i) El CAPM implica una relación entre riesgo y rendimiento *ex-ante*, en el sentido de incorporar rendimientos *esperados* y el riesgo beta que no son directamente observables. Así, debemos justificar los contrastes en términos de realizaciones de rendimientos (rendimientos observados) de un modelo con expectativas. En los contrastes que presentamos existe, de hecho, un supuesto sobre la racionalidad de las expectativas. Se supone que dichas expectativas son en promedio correctas y, por tanto, sobre periodos suficientemente largos de tiempo, los rendimientos observados pueden emplearse como aproximaciones adecuadas a dichas expectativas.

También lo podemos justificar de forma más explícita haciendo uso del modelo de mercado, donde suponemos que la distribución conjunta de rendi-

mientos de los activos y del mercado es Normal, estacionaria y serialmente independiente:[2]

$$R_{jt} = a_j + \beta_{jm}R_{mt} + \varepsilon_{jt},$$ [11.7]

donde $E(\varepsilon_{jt}) = 0$ y ε_{jt} es independiente de R_{mt}. El rendimiento esperado (incondicional) del activo j es

$$E(R_j) = a_j + \beta_{jm}E(R_m),$$

de forma que

$$E(R_j) - a_j - \beta_{jm}E(R_m) = 0.$$ [11.8]

Añadiendo [11.8] al lado derecho de la expresión [11.7] y ordenando los términos se obtiene que:

$$R_{jt} = E(R_j) + \beta_{jm}[R_{mt} - E(R_m)] + \varepsilon_{jt}.$$ [11.9]

Bajo la hipótesis de que el CAPM se satisface, sustituimos el rendimiento esperado dado por [11.2] en la ecuación [11.9] para obtener:

$$R_{jt} = r + (R_{mt} - r)\beta_{jm} + \varepsilon_{jt},$$ [11.10]

de forma que contrastar el modelo con datos observados *ex-post* parece razonable y apropiado.

(ii) EL CAPM es un modelo estático de un único periodo. Sin embargo, es evidente que los contrastes utilizan series temporales de datos que permiten calcular primas de riesgo medias y estimar betas. Al suponer, de hecho, que el
modelo se satisface periodo a periodo se introduce un supuesto de *estacionariedad* sobre las primas de riesgo y las propias betas. Dada nuestra discusión
del capítulo 10, parece apropiado utilizar *carteras* en los contrastes en lugar de
los rendimientos de los activos individuales. Este es efectivamente el caso en
la mayoría de los contrastes que presentaremos.

(iii) Un tercer y serio problema que tienen los contrastes del CAPM es la imposibilidad de observar la verdadera cartera de mercado. Es evidente
que múltiples activos no se negocian en mercados organizados de forma
que podamos observar continuamente sus precios. Empresas privadas,
inmuebles, obras de arte y capital humano son algunos ejemplos relevantes.[3]

---

[2] Continuamos suponiendo expectativas racionales.
[3] Roll (1977) discute con detalle este serio problema conceptual.

La consecuencia más relevante de este problema es que el CAPM como modelo teórico *no es contrastable* en la práctica. Los contrastes habituales suponen que el rendimiento de la verdadera cartera de mercado es una función lineal exacta del rendimiento de una cartera de activos, cuyos precios son observables. Naturalmente, el uso de dichas aproximaciones no aporta evidencia directa sobre si los contrastes aceptan o rechazan el modelo. Así:

- Sabemos por el capítulo 7 que siempre existe una cartera *p* (formada por todos los activos de la muestra) cuyo rendimiento esperado está linealmente relacionado con respecto a las betas estimadas con la cartera *p*. Como discutimos en dicho capítulo, esta cartera *p* es la cartera eficiente y tangente, de forma que, además, se satisface necesariamente la relación:

$$E(R_j) = E(R_{0p}) + [E(R_p) - E(R_{0p})]\beta_{jp}.$$ [11.11]

  Recuérdese que, precisamente por este motivo, si el CAPM se satisface implica necesariamente que la verdadera cartera de mercado es eficiente en el sentido media-varianza. Contrastar el CAPM es *equivalente* a contrastar que la verdadera cartera de mercado es eficiente. Una vez más, la no observabilidad de la verdadera cartera de mercado hace imposible realizar dicho contraste. *Al emplear una cartera de activos como aproximación a la verdadera cartera de mercado, estamos realizando simplemente un contraste sobre si dicha cartera es eficiente en el sentido media-varianza.* De hecho, ésta será la única conclusión válida que pueda obtenerse de los denominados contrastes del CAPM. Nunca podremos alcanzar una conclusión sobre el modelo teórico propiamente dicho.

- Nótese, por tanto, que el CAPM como modelo teórico podría ser incorrecto, pero la cartera empleada como aproximación (un índice bursátil en la mayoría de los casos) ser eficiente en media-varianza.

- Alternativamente, la cartera de activos que utilizamos como aproximación a la verdadera cartera de mercado podría no ser eficiente y, sin embargo, la verdadera cartera de mercado serlo, de manera que el CAPM como modelo teórico sea correcto.

En la práctica, si se descubre que una determinada cartera (observable) de activos es eficiente en media-varianza de forma que, en promedio, la relación [11.11] se satisface, no debe existir la menor duda sobre su uso como una aproximación apropiada para poder disponer de un modelo de rendimiento-riesgo que permita valorar el coste de capital de una empresa o proyecto de inversión, evaluar fondos de inversión, controlar por riesgo a la hora de construir determinadas estrategias de inversión o cualquier otra aplicación de interés. Y esto independientemente de si el CAPM como modelo teórico se satisface o no. Ahora bien, esta nota de realismo debe interpretarse también con la debida precaución. Si no tenemos una teoría que justifique el uso de dicha cartera como la cartera de referencia apropiada, aunque los contrastes empíricos no hayan sido capaces de rechazar su eficiencia, no parece probable que dicha cartera siga siendo eficiente en el futuro.

11.3 Los contrastes tradicionales de sección cruzada y algunos problemas econométricos

Imaginemos que se trata de contrastar la expresión [11.6] durante un determinado periodo muestral de T meses ($t = 1, ..., T$) y N activos ($j = 1,..., N$). Podríamos calcular la media de los rendimientos de los N activos durante dicho periodo muestral, así como la beta de cada activo utilizando el modelo de mercado [11.7] durante el mismo periodo muestral, empleando como rendimiento de la cartera de mercado el de un índice bursátil. Así, se llevaría a cabo una *única* regresión de sección cruzada de los rendimientos medios en las betas, siendo el número de observaciones de dicha regresión igual al número de activos disponibles N:

$$\bar{R}_j = \gamma_0 + \gamma_1 \hat{\beta}_j + v_j;\ j = 1, ..., N,\qquad [11.12]$$

donde $\bar{R}_j$ es el rendimiento muestral medio del activo j y $\hat{\beta}_j$ su beta estimada respecto al índice bursátil. Así, podríamos contrastar las hipótesis presentadas en el apartado anterior.

Un primer problema econométrico consiste en que las perturbaciones del modelo [11.12] no son homocedásticas. Las varianzas de los rendimientos de los activos son distintas y, además, dichas perturbaciones estarán probablemente correlacionadas *entre* los activos. Esto último será el caso si el mercado, o mejor el índice bursátil empleado, no es el único factor de riesgo relevante, de manera que una vez controlado el rendimiento por dicho mercado existan todavía fuentes agregadas de riesgo no incorporadas que provoquen correlaciones entre las perturbaciones. Esto implica que las estimaciones de MCO de la regresión [11.12] no sean eficientes (en sentido econométrico) y las estimaciones de las varianzas de los estimadores de γ_0 y γ_1 estén sesgadas, de forma que exista una elevada probabilidad de no rechazar la hipótesis nula cuando la hipótesis alternativa sea la verdadera.

En un influyente contraste del CAPM,[4] Fama y MacBeth (FM) (1973), propusieron un contraste que denominamos *contraste en dos etapas*. Una vez más se trata de contrastar la expresión:[5]

$$E(R_j) = \gamma_0 + \gamma_1 \beta_j.\qquad [11.13]$$

[4] Utilizamos CAPM para simplificar. Naturalmente la discusión del apartado anterior debe tenerse presente.
[5] No se añade el subíndice m a la beta de la ecuación [11.13] para reconocer que el contraste se llevará a cabo con una cartera que no será en ningún caso la verdadera cartera de mercado.

En una primera etapa, FM proponen estimar las betas de cada activo mediante el modelo de mercado [11.7], mientras que en una segunda etapa se trata de regresar en sección cruzada y *en cada mes*, los rendimientos de cada activo en la beta previamente estimada. Nótese que ahora no tenemos una única regresión como en [11.12], sino T regresiones con N observaciones cada una. En otras palabras, se realiza *una regresión de sección cruzada para cada mes* $t = 1, ..., T$. Así,

$$R_{jt} = \gamma_{0t} + \gamma_{1t}\hat{\beta}_{jt} + \eta_{jt}; \; j = 1, ..., N, \qquad [11.14]$$

donde R_{jt} es el rendimiento de cada activo j en el periodo t (generalmente un mes), $\hat{\beta}_{jt}$ es la beta del activo j estimada mediante el modelo de mercado durante (generalmente) los 60 meses anteriores al mes t y η_{jt} es la perturbación del modelo. Así, dados T periodos (meses) de datos, se estima la regresión [11.14] mediante MCO para cada mes t, $t = 1, ..., T$, de forma que se obtienen T estimadores de γ_{0t} y γ_{1t}. A continuación se examinan las series temporales de $\hat{\gamma}_{0t}$ y $\hat{\gamma}_{1t}$. Definamos $\gamma_0 = E[\gamma_{0t}]$ y $\gamma_1 = E[\gamma_{1t}]$. Las implicaciones del cero-beta CAPM son que $\gamma_0 > 0$ y $\gamma_1 > 0$, de forma que esperamos que el rendimiento esperado de la cartera cero-beta y la prima por riesgo del mercado sean, en promedio, estrictamente positivas.

Dado que los rendimientos de los activos se suponen Normales, independientes e idénticamente distribuidos, los estimadores de γ_{0t} y γ_{1t} también lo serán. Por tanto, dada la serie temporal de $\hat{\gamma}_{0t}$ y $\hat{\gamma}_{1t}$, podemos contrastar las dos implicaciones del modelo usando un estadístico t habitual:

$$t(\hat{\gamma}_i) = \frac{\hat{\gamma}_i}{\hat{\sigma}_{\gamma_i}}; \; i = 1, 2, \qquad [11.15]$$

donde

$$\hat{\gamma}_i = \frac{1}{T} \sum_{t=1}^{T} \hat{\gamma}_{it} \qquad [11.16]$$

y

$$\hat{\sigma}^2_{\gamma_i} = \frac{1}{T(T-1)} \sum_{t=1}^{T} (\hat{\gamma}_{it} - \hat{\gamma}_i)^2. \qquad [11.17]$$

La distribución del estadístico $t(\hat{\gamma}_i)$ es una t de Student con $(N-1)$ grados de libertad y, asintóticamente, se distribuye como una Normal estándar con media 0 y varianza 1.

Este enfoque ha resultado tremendamente útil y popular. Nótese que en las regresiones mensuales de sección cruzada mediante MCO, la varianza de los estimadores está sesgada y, por tanto, dichos estimadores mensuales, $\hat{\gamma}_{0t}$ y $\hat{\gamma}_{1t}$, no son eficientes. Sin embargo, al emplear las expresiones [11.16] y [11.17] para realizar las habituales inferencias, la estructura precisa de la matriz de varianzas y covarianzas de las perturbaciones en cada una de las regresiones mensuales es irrelevante al no jugar papel real alguno en la estimación final del estadístico [11.15]. De esta forma, este método evita, de hecho, el problema de heteroscedasticidad en las perturbaciones que sí aparecía en la regresión única de la expresión [11.12].

Desafortunadamente, sin embargo, existe otro problema econométrico serio que no se resuelve mediante la propuesta de FM. Incluso si existe una beta verdadera y estacionaria para un determinado activo j, todo lo que podemos emplear en las regresiones de sección cruzada es su estimador que está, necesariamente, sujeto a errores de medición muestral. Cualquier error de medida de este tipo en la beta empleada en la regresión [11.14] como variable explicativa hará que los estimadores de γ_{0t} y γ_{1t} sean inconsistentes incluso con muestras infinitas. En particular, $\hat{\gamma}_{1t}$ estará sesgado a la baja y, para betas positivas, $\hat{\gamma}_{0t}$ lo estará al alza. Este es el típico problema de *errores en variables* (EEV).

Para verlo, sea el estimador de beta igual a su beta verdadera más un error de medida:

$$\hat{\beta}_{jt} = \beta_{jt} + u_{jt},$$ [11.18]

donde el valor esperado y varianza del error de medida, u_{jt}, son $E(u_{jt}) = 0$ y $\sigma^2_{u_{jt}}$ respectivamente. Además, las perturbaciones de la regresión mensual de sección cruzada, η_{jt}, y los errores de medida en las betas no están correlacionados y tampoco lo están las betas verdaderas con los errores de medida de sus estimadores: $\text{cov}(u_{jt}, \eta_{jt}) = \text{cov}(u_{jt}, \beta_{jt}) = 0$. Sustituyendo [11.18] en la regresión [11.14] para un determinado j tenemos que:

$$R_{jt} = \gamma_{0t} + \gamma_{1t}(\hat{\beta}_{jt} - u_{jt}) + \eta_{jt} = \gamma_{0t} + \gamma_{1t}\hat{\beta}_{jt} + \underbrace{(\eta_{jt} - \gamma_{1t}u_{jt})}_{\xi_{jt}}.$$

Así, reconociendo los errores de medición en las betas, el modelo que realmente estimamos en la práctica no es [11.14] sino:

$$R_{jt} = \gamma_{0t} + \gamma_{1t}\hat{\beta}_{jt} + \xi_{jt};\ j = 1, ..., N,$$ [11.19]

donde los estimadores de γ_{0t} y γ_{1t} presentan el problema de EEV descrito anteriormente ya que la variable explicativa, $\hat{\beta}_{jt}$, está correlacionada con la nueva perturbación ξ_{jt}:

$$\text{cov}(\xi_{jt}, \hat{\beta}_{jt}) = \text{cov}(\eta_{jt} - \gamma_{1t}u_{jt}, \beta_{jt} + u_{jt}) = -\gamma_{1t}\sigma^2_{u_{jt}} \neq 0.$$ [11.20]

Así, el límite en probabilidad del estimador $\hat{\gamma}_{1t}$ incluso cuando $N \to \infty$ está sesgado a la baja es[6]

$$
\begin{aligned}
\operatorname*{plim}_{N \to \infty} \hat{\gamma}_{1t} &= \frac{\operatorname{cov}\left(R_{jt}, \hat{\beta}_{jt}\right)}{\sigma_{\hat{\beta}_{jt}}^2} = \frac{\operatorname{cov}\left(\gamma_{0t} + \gamma_{1t}\beta_{jt} + \eta_{jt}, \beta_{jt} + u_{jt}\right)}{\sigma_{\beta_{jt}}^2 + \sigma_{u_{jt}}^2} \\[2mm]
&= \gamma_{1t} \frac{\sigma_{\beta_{jt}}^2}{\sigma_{\beta_{jt}}^2 + \sigma_{u_{jt}}^2}
\end{aligned}
$$

[11.21]

de forma que el límite en probabilidad de $\hat{\gamma}_{1t}$ no será igual a su verdadero valor γ_{1t} mientras exista una varianza en el error de estimación de las betas. En otras palabras, mientras la beta del activo j sea estimada con un error de medición, $\sigma_{u_{jt}}^2 > 0$, sabemos por la ecuación [11.21] que, incluso en el límite, el estimador de la prima de riesgo del mercado estará sesgado a la baja.

Ya discutimos en el capítulo 10 que el error de estimación en las betas de los activos individuales podía ser importante. Sin embargo, tal como apuntamos en dicho capítulo, el error de estimación en las betas de carteras es más pequeño al cancelarse los errores de estimación individuales. La mayor parte de los contrastes empíricos utilizan carteras en lugar de activos individuales intentando reducir la relevancia del problema de EEV. Sin embargo, la construcción arbitraria de carteras puede ser tal que la dispersión entre las betas de dichas carteras sea mínima. Naturalmente, si todas las betas de las carteras empleadas en los contrastes empíricos fuesen iguales (si no presentaran dispersión alguna o tuvieran una dispersión muy pequeña), la ecuación [11.14] no tendría contenido empírico alguno como relación de sección cruzada. Por tanto, la estrategia que se utilice para formar carteras con el fin de reducir el problema de EEV debe buscar una máxima dispersión entre las betas de las carteras. Existen varias formas de construir carteras suficientemente dispersas que se han vuelto habituales en los contrastes empíricos. Generalmente se clasifican los activos en carteras según sus betas, su tamaño (capitalización bursátil), sector industrial al que pertenecen o, más recientemente, intersecciones entre tamaño y relación valor contable/valor de mercado, entre otras. En cualquier caso, debe reconocerse que aunque el problema quede mitigado en parte, en la práctica, no resulta posible eliminarlo en su totalidad, debido a que los errores de medida entre las betas de los activos que

---

[6] En esta discusión nos planteamos las propiedades de los estimadores cuando el tamaño muestral es muy grande. Esperamos que cuando $N \to \infty$, la probabilidad de que $\hat{\beta}$ sea diferente de β se haga muy pequeña. Así, el límite en probabilidad de $\hat{\beta}$, $\left(\operatorname*{plim}_{N \to \infty} \hat{\beta} \right)$, es igual a β si al aproximarse N a ∞, la probabilidad de que $|\beta - \hat{\beta}|$ sea más pequeña que un número positivo arbitrariamente pequeño se aproxima a 1. Además, $\hat{\beta}$ es un estimador *consistente* de β si el límite en probabilidad de $\hat{\beta}$ es β.

pertenecen a una determinada cartera están generalmente correlacionados y esto hace que $\sigma^2_{u_{ct}}$ sea diferente de cero.

Para verlo, imaginemos que cada cartera está compuesta por n activos equiponderados. Supongamos que los errores de medición de las betas entre dos componentes cualesquiera j y h de dicha cartera *no* están correlacionados. Además,
supongamos que la máxima varianza del error de estimación de las betas de los
activos que forman la cartera sea $\bar{\sigma}^2_{u_t}$. Así, la varianza del error de la beta de dicha
cartera será:

$$\sigma^2_{u_{ct}} = \sum_{j=1}^{n} \frac{\sigma^2_{u_{jt}}}{n^2} \leq \frac{\bar{\sigma}^2_{u_t}}{n}. \qquad [11.22]$$

Bajo estos supuestos, cuando el tamaño de la cartera se hace grande,

$$\lim_{n \to \infty} \sigma^2_{u_{ct}} \leq \bar{\sigma}^2_{u_t} \lim_{n \to \infty} \frac{1}{n} = 0. \qquad [11.23]$$

Desafortunadamente, sin embargo, en la práctica los errores de medición de
las betas entre los componentes de una determinada cartera están correlacionados
de forma que la expresión [11.22] no se satisface. La existencia de términos adicionales de covarianzas en la ecuación [11.22] hace que el problema de EEV siga
existiendo incluso en el caso de utilizar carteras.

Alternativamente, existe una propuesta de Shanken (1996) que permite corregir asintóticamente el sesgo introducido por el problema de EEV ajustando el error
estándar de los estimadores que aparece en la expresión [11.17] del procedimiento
sugerido por FM. Aunque más adelante volveremos explícitamente sobre dicho
ajuste, es suficiente por el momento señalar que se trata de multiplicar $\hat{\sigma}^2_{\gamma_i}$ por un
factor de ajuste dado por:

$$\left(1 + \frac{(\bar{R}_m - \hat{\gamma}_0)^2}{\hat{\sigma}^2_m}\right), \qquad [11.24]$$

donde $\bar{R}_m$ y $\hat{\sigma}^2_m$ son los estimadores del rendimiento medio y varianza muestrales (para $t = 1, ..., T$) del índice bursátil utilizado como aproximación a la cartera de mercado verdadera.

Aunque dicho procedimiento es sencillo y elegante, debe señalarse que no elimina la posibilidad de que otras variables puedan entrar de forma espuria en la regresión de sección cruzada como consecuencia de la imposibilidad de observar las
verdaderas betas. En este sentido, el procedimiento de FM permite con mucha facilidad introducir variables alternativas en la regresión de sección cruzada [11.14]:

$$R_{jt} = \gamma_{0t} + \gamma_{1t}\hat{\beta}_{jt} + \gamma_{2t}\text{VAR}_{jt} + \eta_{jt}; \, j = 1, ..., N, \qquad [11.25]$$

donde VAR_{jt} es una variable que caracteriza a cada activo o cartera y que se supone puede explicar los rendimientos medios de los activos. Se trata de contrastar si el estimador de γ_2 es significativamente distinto de cero. Por ejemplo, FM en su aplicación original contrastaron si el mercado valoraba el riesgo idiosincrásico al añadir como una posible VAR_{jt} la desviación estándar de los residuos del modelo de mercado para cada activo j, así como la β_{jt}^2, de forma que se contrastara la linealidad del modelo. Naturalmente, para que el CAPM se satisfaga, es imprescindible no sólo que $\hat{\gamma}_1$ sea significativamente positivo, sino también que la prima de riesgo asociada a cualquier otra característica que pueda considerarse relevante, $\hat{\gamma}_2$, sea estadísticamente igual a cero. De acuerdo con el modelo, ninguna otra variable puede ser valorada por el mercado de forma que el rendimiento medio del activo requiera una compensación adicional asociada a dicha nueva variable. El siguiente apartado presenta evidencia empírica reciente que emplea la regresión [11.25] como marco de trabajo.

11.4 La evidencia empírica de los contrastes de sección cruzada tradicionales

Esta sección discute la evidencia empírica más relevante sobre el CAPM basada en la regresión de sección cruzada en dos etapas de la expresión [11.25]. En este contexto, es evidente que en primer lugar debe decidirse cuáles son las variables explicativas que deben incorporarse como hipótesis alternativa al CAPM.

(i) Variables candidatas a explicar rendimientos bursátiles medios

En el capítulo 9 se apuntó la posibilidad de que el tamaño, entendido como capitalización bursátil, fuera una manera satisfactoria de controlar por el riesgo de los activos más allá de la propia beta. A su vez, el cociente entre el *valor contable de los recursos propios y el valor de mercado* o capitalización, (VC/VM), podría ser otra variable alternativa potencialmente relevante. Cuanto más elevado sea este cociente, mayor será la penalización que el mercado realiza sobre la empresa al considerar que la capacidad de la misma para generar recursos futuros es relativamente pobre. En otras palabras, los inversores exigirán una compensación adicional para invertir en este tipo de empresas que hará que presenten rendimientos medios más elevados sobre periodos de tiempo suficientemente largos.[7]

Una primera evidencia sobre estas variables se presenta en los siguientes cuadros. Así, el cuadro 11.1 contiene el rendimiento medio y la beta de 10 carteras formadas mediante la *capitalización bursátil* entre 1951 y 1989 para el mercado estadounidense. Al final de cada año del periodo muestral todas las empresas se clasifican según su capitalización bursátil o valor de mercado y se asignan a una

---

[7] Volveremos sobre estas variables en el capítulo 12 al presentar la evidencia empírica en el contexto del APT.

de las 10 posibles carteras que forman la muestra final. Nótese que cada año se vuelven a clasificar todas las empresas de forma que la cartera 1 contenga siempre las empresas de menor tamaño y la cartera 10 las de mayor capitalización. Sin embargo, cada empresa individualmente puede cambiar su pertenencia a cada una de las 10 carteras a lo largo del periodo muestral.

Cuadro 11.1. Rendimientos medios y betas de 10 carteras según tamaño (capitalización bursátil). Mercado estadounidense, 1951-1989.

Cartera	Rendimiento medio anualizado (%)	Beta	Capitalización bursátil (en millones de $)
Cartera 1 (más pequeña)	19,8%	1,17	9,7
2	17,8	1,19	23,2
3	16,1	1,15	41,4
4	15,4	1,17	68,0
5	16,0	1,11	109,8
6	14,5	1,05	178,9
7	14,4	1,04	291,4
8	14,8	1,03	502,3
9	13,0	1,01	902,1
10 (más grande)	11,9	0,95	3.983,0

Fuente: Hawawini y Keim (1995) y Grinblatt y Titman (1998).

Efectivamente, es evidente *la relación inversa* entre rendimiento medio y tamaño que muestran las empresas que cotizan en las bolsas estadounidenses. La diferencia media entre las empresas de mayor capitalización y las de menor tamaño es igual a un 7,9% anual que, como veremos más adelante, no parece explicarse por la diferencia entre sus betas que resulta igual a 0,22.

El cuadro 11.2 presenta una evidencia similar para el mercado bursátil español entre 1963 y 1996 con 5 carteras construidas de la misma forma que en el cuadro anterior. Lo interesante de esta relación inversa es que parece producirse en todos los mercados bursátiles alrededor del mundo, por lo que no es una característica específica de un mercado en particular. Además, alguna evidencia adicional también parece sugerir que la diferencia entre el rendimiento medio de las más grandes y las más pequeñas que es, en esta muestra, igual al 8,17% anual no suele poder explicarse por la diferencia de las betas entre ambas carteras que resulta igual, en este caso, a 0,34.[8]

---

[8] Desafortunadamente, la evidencia disponible de Rubio (1988) y Basarrate y Rubio (1994) no se ajusta al mismo periodo muestral que aparece en el cuadro 11.2. La sugerencia puede entenderse como una lectura basada en la evidencia histórica disponible.

Cuadro 11.2. Rendimientos medios y betas de 5 carteras según tamaño (capitalización bursátil). Mercado bursátil español, 1963-1996.

Cartera	Rendimiento medio anualizado (%)	Beta
Cartera 1 (más pequeña)	21,15%	1,15
2	17,83	1,08
3	16,58	0,96
4	11,46	0,99
5 (más grande)	12,98	0,81

La evidencia estadounidense para la variable VC/VM aparece en el cuadro 11.3. Una vez más, se construyen 10 carteras al final de cada año de acuerdo con el cociente anterior. El periodo muestral comprende los años entre 1962 y 1989. En dicho cuadro se observa que aquellas empresas con un cociente VC/VM más elevado obtienen en promedio un rendimiento también más alto. Obsérvese que las empresas con un mayor cociente VC/VM también tienen una capitalización más pequeña. Sin embargo, obsérvese la diferencia entre las magnitudes de la capitalización bursátil de los cuadros 11.1 y 11.3. Es evidente que aquellas empresas con un elevado cociente VC/VM no son las empresas más pequeñas existentes en el mercado. Los fenómenos que estamos discutiendo parecen ser diferentes. Nótese asimismo que la relación directa entre rendimientos medios y cociente VC/VM no viene acompañada en absoluto por una relación similar en las magnitudes de las betas. Incluso con mayor claridad que en el caso anterior, el cociente VC/VM parece explicar los rendimientos medios de los activos independientemente del riesgo beta.

Cuadro 11.3. Rendimientos medios y betas de 10 carteras según el cociente valor contable/valor de mercado. Mercado estadounidense, 1962-1989.

Cartera	Rendimiento medio anualizado (%)	Beta	Capitalización bursátil (en millones de $)
Cartera 1 (VC/VM más alto)	17,9%	1,04	260,5
2	17,5	0,95	401,2
3	13,0	0,90	619,5
4	13,4	0,83	667,7
5	11,5	0,90	641,1
6	9,8	0,91	834,6
7	10,3	0,98	752,3
8	11,2	1,02	813,0

Cuadro 11.3. (*Continuación*).

Cartera	Rendimiento medio anualizado (%)	Beta	Capitalización bursátil (en millones de $)
9	10,2	1,11	1.000,8
10 (VC/VM más bajo)	10,9	1,05	1.429,8

Fuente: Hawawini y Keim (1995) y Grinblatt y Titman (1998).

Finalmente, cabe señalar otra variable que parece ayudar a explicar los rendimientos medios y que ha recibido considerable atención en años recientes. Jegadeesh y Titman (1993) y Carhart (1997) sugieren que empresas con rendimientos elevados durante los pasados 6-12 meses tienden a obtener, en promedio, rendimientos también elevados durante los siguientes 6-12 meses. Este fenómeno se conoce como *momentum* y permite explicar la persistencia de los resultados que presentan los fondos de inversión cuando son analizados respecto a modelos sencillos como el CAPM.[9] Los resultados disponibles aparecen en el cuadro 11.4, donde se construyen 10 carteras en cada año clasificando a los activos según su comportamiento en los últimos 6 meses. Es sorprendente observar que la diferencia entre el rendimiento me-

Cuadro 11.4. Rendimientos medios de 10 carteras construidas según sus rendimientos medios de los últimos 6 meses (*momentum*). Mercado estadounidense, 1965-1989.

Carteras	Rendimiento medio anualizado (%)
(*Momentum* Mínimo)	
Cartera 1	9,48%
2	13,44
3	15,00
4	14,88
5	15,36
6	16,08
7	16,32
8	17,16
9	18,36
10	20,88
(*Momentum* Máximo)	

Fuente: Grinblatt y Titman (1998).

[9] Volveremos sobre este fenómeno en el capítulo 13. De momento, presentamos simplemente la evidencia disponible para llamar la atención sobre el mismo.

dio de las carteras extremas según su *momentum* sea igual al 11,4% de rendimiento anualizado. Aparentemente, de acuerdo con los autores anteriores, estrategias de inversión que compren activos con *momentum* máximos y vendan activos con *momentum* mínimos obtienen rendimientos no justificables por el riesgo beta.

Ahora bien, la evidencia de los cuadros anteriores entre las variables utilizadas y los rendimientos medios pueden deberse a la relación de dichas variables con las betas. Por este motivo, es de interés introducirlas simultáneamente en una misma regresión, que es lo que se hace en el siguiente epígrafe.

(ii) Los contrastes de sección cruzada para múltiples variables explicativas

Fama y French (FF) (1992) en un trabajo enormemente influyente emplean la regresión de sección cruzada en dos etapas dada por la expresión [11.25],

$$R_{jt} = \gamma_{0t} + \gamma_{1t}\hat{\beta}_{jt} + \gamma_{2t}\text{VAR}_{jt} + \eta_{jt}; \, j = 1, ..., N,$$

donde VAR_{jt} son, en este caso, la variable tamaño medida por el logaritmo neperiano del valor de mercado o capitalización bursátil, VM, de cada empresa j en cada mes t y el logaritmo neperiano del cociente VC/VM de cada activo j también en cada mes t.[10] Además, una vez realizadas dichas regresiones de sección cruzada en cada mes del periodo muestral, FF emplean las expresiones [11.15]-[11.17] para llevar a cabo las inferencias estadísticas correspondientes.

En definitiva, las regresiones de sección cruzada de FF vienen dadas por:[11]

$$R_{jt} = \gamma_{0t} + \gamma_{1t}\hat{\beta}_{jt} + \gamma_{2t}\ln VM_{jt} + \gamma_{3t}\ln(VC/VM)_{jt} + \eta_{jt}; \, j = 1, ..., N. \quad [11.26]$$

Utilizan datos de rendimientos mensuales entre enero de 1963 y diciembre de 1990 de una base de datos que incluye todas las empresas no financieras que cotizan en alguno de los tres mercados estadounidenses, NYSE, AMEX y NASDAQ y que figuran simultáneamente en la base de datos contables denominada COMPUSTAT.

Para asegurarse de que el dato del *valor contable de los recursos propios* se conoce en la práctica por los inversores antes de ser utilizado como variable explicativa en el correspondiente mes t de la regresión [11.26], se toma su valor en el mes $t - 6$; mientras que el valor de mercado que se emplea en la regresión como variable explicativa en el mes t es su valor al final del mes $t - 1$.

Dado que FF en sus regresiones de sección cruzada emplean *datos individuales* en lugar de carteras para aprovecharse de la precisión con la que son medidas las variables VM_{jt} y $(VC/VM)_{jt}$, se enfrentan a un grave problema de EEV asociado al estimador de la prima de riesgo del mercado ya que, como sabemos, las betas de los activos individuales presentan importantes sesgos de estimación.

---

[10] Se toman logaritmos para linealizar la relación entre los rendimientos medios y las variables explicativas asociadas al tamaño y al cociente VC/VM.

[11] Recuérdese la expresión [9.23] y la discusión de la hipótesis conjunta en los contrastes de eficiencia informativa de los mercados.

Para evitarlo, al final de cada mes de junio del periodo muestral clasifican a todas las acciones según su VM y construyen 10 carteras de acuerdo con la capitalización bursátil. Como se pretende tener suficiente dispersión en las betas que a su vez no esté relacionada con el tamaño, vuelven a dividir cada una de sus 10 carteras en otras 10 carteras según la beta de los activos individuales estimadas con los 60 meses anteriores. De esta forma tienen *100 carteras* donde sus activos componentes reciben el mismo peso con el fin de obtener los rendimientos de las mismas. Este procedimiento se repite cada mes de junio, por lo que los activos podrán variar su pertenencia a cada una de las 100 carteras anualmente.

Una vez que las 100 carteras están disponibles para todo el periodo muestral, estiman sus betas utilizando el modelo de mercado con todos los meses de la muestra y el índice bursátil que pondera por capitalización a las acciones que cotizan en alguna de las bolsas americanas. Así, disponen de 100 betas estimadas, una para cada una de las 100 carteras. Como en cada mes conocen a qué cartera en particular pertenece una empresa cualquiera, la beta de dicha cartera será la beta asignada a dicha empresa para dicho mes. Cada vez que una empresa cambie de cartera debido a la actualización de su clasificación, la beta de la misma también cambiará. De esta manera se dispone de betas individuales pero provenientes de carteras, aliviando así el problema de EEV.

El cuadro 11.5 presenta los resultados de la estimación, donde los coeficientes son las medias de los estimadores de sección cruzada obtenidos en cada mes según [11.26]. Por tanto, los resultados que contienen los siguientes cuadros están basados en las expresiones [11.15]-[11.17].

Cuadro 11.5. El CAMP en las regresiones de sección cruzada de Fama y French: 1963-1990.

$R_{jt} = \gamma_{0t} + \gamma_{1t}\hat{\beta}_{jt} + \eta_{jt}$ (REG. 1)
$R_{jt} = \gamma_{0t} + \gamma_{2t}\ln VM_{jt} + \eta_{jt}$ (REG. 2)
$R_{jt} = \gamma_{0t} + \gamma_{3t}\ln(VC/VM)_{jt} + \eta_{jt}$ (REG. 3)
$R_{jt} = \gamma_{0t} + \gamma_{1t}\hat{\beta}_{jt} + \gamma_{2t}\ln VM_{jt} + \gamma_{3t}\ln(VC/VM)_{jt} + \eta_{jt}$ (REG. 4)

	$\hat{\gamma}_1$ $(t(\hat{\gamma}_1))$	$\hat{\gamma}_2$ $(t(\hat{\gamma}_2))$	$\hat{\gamma}_3$ $(t(\hat{\gamma}_3))$
(REG. 1)	0,15 (0,46)	—	—
(REG. 2)	—	− 0,15 (− 2,58)	—
(REG. 3)	—	—	0,50 (5,71)
(REG. 4)	− 0,17 (− 0,62)	− 0,12 (− 2,52)	0,33 (4,80)

Fuente: Fama y French (1992).

De acuerdo con los resultados del cuadro 11.5 *el CAPM no parece describir correctamente los rendimientos medios de los activos.* Cuando se realiza una regresión con la beta como única variable explicativa, la prima por riesgo, $\hat{\gamma}_1$, resulta positiva pero no significativa. Este resultado implica que la relación entre la beta estimada y los rendimientos históricos medios es mucho más débil de lo que sugiere la teoría. La pendiente de la línea del mercado de activos (LMA) parece ser prácticamente nula; los inversores en promedio no parecen ser compensados por el riesgo beta.[12]

Sin embargo, sí parece existir una *relación inversa* y significativa entre los rendimientos medios y el tamaño, incluso una vez que el riesgo beta se ha tenido en cuenta como en la regresión 4. Además, nótese que el estimador de la prima por riesgo beta cuando se incluyen el tamaño y el cociente VC/VM se vuelve negativo aunque no significativo. Finalmente, también parece existir una *relación positiva* y muy significativa entre los rendimientos medios y el cociente VC/VM, independientemente de considerarlo como la única variable explicativa o junto a la beta y la capitalización bursátil. Así, parece confirmarse que activos cuyas expectativas de generación de recursos son relativamente mal valorados por el mercado, al menos con relación a sus valores contables históricos, son penalizados por los inversores que les exigen una prima de riesgo adicional para invertir en ellos. En promedio y para largos periodos de tiempo surge la relación positiva entre rendimientos medios y cociente VC/VM.[13]

Estos resultados han sido discutidos por Kothari, Shanken y Sloan (KSS) (1995) que defienden la validez del riesgo beta como un factor explicativo clave de las diferencias entre los rendimientos medios de los activos. Estos autores replican el trabajo de FF con una única pero importante diferencia. KSS estiman las betas de las 100 carteras con rendimientos *anuales* en lugar de mensuales y señalan que el CAPM no ofrece sugerencia alguna sobre cuál debe ser el horizonte temporal apropiado de estimación en el riesgo beta. Asimismo conviene recordar el efecto del intervalo de observación de los rendimientos en la estimación del coeficiente beta que presentamos en el capítulo 10. Sus resultados, estimando las regresiones de sección cruzada entre 1941 y 1990, aparecen en el cuadro 11.6.

---

[12] FF también contrastan el CAPM entre 1941 y 1990 y obtienen un estimador de la prima por riesgo del mercado igual a 0,24 con un estadístico *t* igual a 1,07. Una vez más, los inversores no parecen ser compensados por el riesgo beta.

[13] Estos argumentos que explican tanto los resultados asociados con la capitalización bursátil como con el cociente VC/VM (nótese que el precio de los activos forma parte de ambos conceptos e influye en sentido contrario a cada uno de ellos) están muy cercanos a razonamientos de tipo psicológico por parte de los inversores más que a explicaciones de racionalidad y optimalidad de los agentes económicos en sus tomas de decisiones. Volveremos sobre estos argumentos en el siguiente capítulo.

Cuadro 11.6. El CAMP en las regresiones de sección cruzada de Kothari, Shanken y Sloan: 1941-1990. [Betas estimadas con rendimientos anuales].

$R_{jt} = \gamma_{0t} + \gamma_{1t}\hat{\beta}_{jt} + \eta_{jt}$ (REG. 1)

$R_{jt} = \gamma_{0t} + \gamma_{2t} \ln VM_{jt} + \eta_{jt}$ (REG. 2)

$R_{jt} = \gamma_{0t} + \gamma_{1t}\hat{\beta}_{jt} + \gamma_{2t} \ln VM_{jt} + \eta_{jt}$ (REG. 3)

	$\hat{\gamma}_0$ $(t(\hat{\gamma}_0))$	$\hat{\gamma}_1$ $(t(\hat{\gamma}_1))$	$\hat{\gamma}_2$ $(t(\hat{\gamma}_2))$	R^2
(REG. 1)	0,81 (2,75)	0,49 (3,12)	—	0,12
(REG. 2)	1,71 (3,96)	—	− 0,13 (− 3,17)	0,13
(REG. 3)	1,32 (4,39)	0,27 (2,38)	− 0,09 (− 2,77)	0,17

Fuente: Kothari, Shanken y Sloan (1995).

Las conclusiones sobre la validez del riesgo beta son radicalmente diferentes. Los coeficientes estimados de la prima por riesgo del mercado, $\hat{\gamma}_1$, implican una prima anual entre un 3,24% y un 5,88% dependiendo de si se incluye el efecto del tamaño en las regresiones o no. *En cualquier caso, dicha estimación sugiere que los inversores son compensados significativamente por soportar riesgo beta.* Este es un resultado importante que valida en gran medida el coeficiente beta como medida apropiada de riesgo. Nótese, sin embargo, que este resultado *no* significa que el CAPM sea un modelo apropiado para explicar los rendimientos medios de los activos. El coeficiente asociado a la variable tamaño es negativo y significativo. De nuevo, aparece la relación inversa entre tamaño y rendimientos medios. *La beta por tanto no es la única medida de riesgo tal como sugiere el CAPM.* El riesgo beta es una buena medida de riesgo, pero el CAPM como modelo de valoración parece ser un modelo incompleto a la hora de explicar rendimientos medios de los activos financieros.

Por otra parte, la relación positiva entre el cociente VC/VM y los rendimientos medios encontrada por FF también es discutida por KSS. La base de datos COMPUSTAT que contiene la información contable de las empresas americanas sufre los llamados *sesgos de selección y supervivencia.* Básicamente, el argumento de KSS indica que COMPUSTAT tiene una mayor probabilidad de ofrecer datos de empresas que han sobrevivido por haber tenido una recuperación en sus cuentas de pérdidas y ganancias que no se pronosticaba, dada la situación delicada y el alto cociente VC/VM que presentaban inicialmente. Si la base de datos recoge exclusivamente las empresas que, presentando inicialmente un alto cociente VC/VM, acaban sobreviviendo, pero no ofrece información sobre aquellas empresas que terminan por desaparecer en periodos posteriores, el rendimiento

medio de las que sobreviven como grupo representativo de empresas con elevado cociente VC/VM está artificialmente sesgado al alza.

Este es un tema especialmente controvertido. Aunque parece evidente que la
fuerte relación entre VC/VM y los rendimientos medios de FF está sesgada, no
está claro que no exista dicha relación positiva aunque en una menor medida que
la pronosticada por FF. Una vez corregidos los sesgos de supervivencia, autores
como Chan, Jegadeesh y Lakonishok (1995) presentan evidencia favorable al cociente VC/VM como determinante de los rendimientos medios de los activos.[14]
Recientemente, sin embargo, Jagannathan y Wang (1996) en un relevante trabajo
muestran que características como el cociente VC/VM pueden aparecer significativas en el marco de regresiones de sección cruzada discutido en esa sección
pero *no* porque el mercado incorpore una prima de riesgo positiva asociada a dicha característica, sino simplemente porque el modelo utilizado entre rendimientos medios y riesgo beta esté mal especificado.[15]

Toda esta controversia se ha visto adicionalmente afectada por la importantísima *estacionalidad* que presentan los rendimientos de los activos financieros en
los mercados bursátiles de todo el mundo.

La figura 11.1 muestra la diferencia entre el rendimiento medio de las carteras
de menor y mayor tamaño, así como entre las carteras de mayor y menor cociente
VC/VM. Lo más interesante de la figura es que dichas diferencias en rendimientos
medios aparecen reflejadas *mes a mes*.

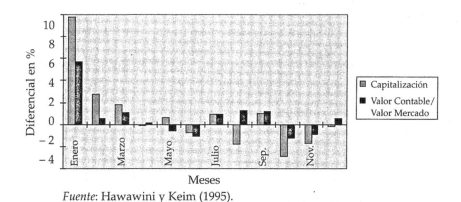

Fuente: Hawawini y Keim (1995).

Figura 11.1. Estacionalidad de rendimientos: mercado estadounidense 1962-1989.

Lo que se desprende de la figura 11.1 es que una parte fundamental de las ganancias diferenciales que obtienen las empresas de menor capitalización bursátil y las de

[14] En este trabajo empresas con alto cociente VC/VM se denominan *empresas con valor*, mientras
que las empresas con VC/VM pequeño reciben el nombre de *empresas con encanto o crecimiento*.

[15] Nuestra postura personal sobre estos temas aparece en el capítulo 12, una vez que presentemos la discusión en términos de factores de riesgo sistemático dentro del contexto del APT.

cociente VC/VM más elevado sobre las de mayor tamaño y menor VC/VM es consecuencia casi exclusivamente del mes de enero.[16] Los rendimientos de las empresas con menor capitalización o mayor VC/VM presentan una fuerte estacionalidad positiva durante el mes de enero. Aparentemente, si no fuese por dicho mes, regresiones de sección cruzada como las de FF no obtendrían coeficientes $\hat{\gamma}_2$ o $\hat{\gamma}_3$ significativos.

De hecho, dada esta evidencia podemos preguntarnos por lo que ocurre con la prima de riesgo del mercado, γ_1, de la regresión [11.14]. En otras palabras, dado que al estimar las regresiones de sección cruzada mes a mes disponemos de los coeficientes $\hat{\gamma}_{1t}$ para cada uno de los meses del periodo muestral, podemos calcular sus medias empleando la expresión [11.16] para cada mes. Como un ejemplo de la evidencia disponible sobre la estacionalidad de la prima de riesgo, Basarrate y Rubio (1990), usando datos del mercado bursátil español, encuentran que la prima de riesgo de enero estimada mediante la habitual regresión de sección cruzada entre 1970 y 1987 resultó igual al 7,21%, mientras que la prima de riesgo media para el resto de los meses resultó igual al 0,88%.[17]

Lo importante de esta estacionalidad con relación al CAPM es que los inversores parecen ser compensados por riesgo beta exclusivamente durante el mes de enero. Una vez más, nos encontramos que el CAPM como modelo de valoración no es capaz de explicar adecuadamente el comportamiento de los rendimientos medios de los activos. Además, debe tenerse en cuenta que a pesar de existir una fuerte relación positiva entre rendimiento medio y beta para el mes de enero, también encontramos un fuerte efecto tamaño y un relevante efecto VC/VM que sugiere que, incluso en enero, existen otros riesgos además del propio riesgo beta que resultan determinantes de los rendimientos de los activos financieros.

La explicación de esta fuerte estacionalidad se ha centrado en razonamientos de "maquillaje" por parte de las instituciones de inversión colectiva (que se desprenden de las empresas *perdedoras* en el mes de diciembre con el fin de presentar mejores resultados de su gestión y las vuelven a comprar en enero produciéndose una presión al alza de los precios durante dicho mes) y, especialmente, en razonamientos fiscales.

Roll (1983) sugiere que los inversores venden las empresas *perdedoras* al final del año fiscal con el fin de utilizar dichas minusvalías para compensar otros rendimientos e ingresos alternativos. En enero, los agentes vuelven a comprarlas con el fin de restablecer sus carteras produciéndose, por tanto, la presión al alza de los precios en enero y la habitual caída de los precios en los últimos meses del año. Para el mercado bursátil español, Basarrate y Rubio (1994) encuentran evidencia favorable para la hipótesis fiscal. Construyen carteras según el *potencial de contratación impositivo* que definen como el cociente entre el precio al final de cada año y

---

[16] Si no se le quiere asignar toda la responsabilidad al mes de enero, podemos afirmar al menos que dicho diferencial es consecuencia de los tres primeros meses del año.

[17] Para el periodo 1963-1982, Rubio (1988) encuentra una prima de riesgo para enero igual al 6,30% y una prima para el resto de los meses del 0,65%. Evidencias de similar magnitud sobre la estacionalidad de la prima de riesgo se encuentran en múltiples mercados bursátiles internacionales. Keim (1983) sugiere que la fuerte estacionalidad de enero se debe, de hecho, a la primera semana del año.

el precio máximo a lo largo del año. Las empresas con cocientes bajos son aquellas que han experimentado una mayor caída en sus precios desde el momento que tuvieron su precio máximo. Así, estas empresas son las que tienen un mayor potencial para ser utilizadas con fines fiscales. Basarrate y Rubio muestran que la estacionalidad positiva de enero (y, en menor medida, la negativa de diciembre) está especialmente asociada a este tipo de empresas y no tanto a las empresas de menor tamaño. Esta evidencia claramente favorable a los argumentos de tipo fiscal parece, al menos en parte, ser capaz de explicar la fuerte estacionalidad del mercado bursátil español al principio y final de cada año.

11.5 Una breve introducción a los contrastes tradicionales de series temporales

Tal como se discutió en el capítulo 8, el modelo de mercado es la consecuencia de imponer una serie de supuestos estadísticos sobre los rendimientos bivariantes de los activos y el mercado. Este modelo no tiene relación alguna con un modelo teórico de valoración como el CAPM. Sin embargo, ambos planteamientos pueden relacionarse. Para verlo recordemos que tomando valores esperados incondicionales en el modelo de mercado obtenemos,

$$E(R_j) = a_j + \beta_{jm}E(R_m).$$

Imponiendo el CAPM en la expresión anterior,

$$\gamma_0 + \gamma_1 \beta_{jm} = a_j + \beta_{jm}E(R_m). \tag{11.27}$$

Como bajo el CAPM debe cumplirse que[18]

$$E(R_m) = \gamma_0 + \gamma_1,$$

la ecuación [11.27] puede escribirse como

$$\gamma_0 + \gamma_1 \beta_{jm} = a_j + \beta_{jm}(\gamma_0 + \gamma_1),$$

por lo que la ordenada en el origen del modelo de mercado debe ser (bajo la hipótesis nula de que el CAPM se satisface) igual a

$$a_j = \gamma_0(1 - \beta_{jm}). \tag{11.28}$$

Este planteamiento sirve de base para un contraste de sección cruzada donde se regresa la ordenada en el origen del modelo de mercado en $(1 - \beta_{jm})$.[19]

---

[18] Dado que $\beta_{mm} = 1$.

[19] Esta es básicamente la especificación empleada por Black, Jensen y Scholes (1972) en un contraste que, como el de FM, ha tenido una gran influencia histórica.

Sin embargo, en este apartado queremos enfatizar los contrastes de series temporales que emplean una versión diferente del modelo de mercado. En particular, imaginemos que en lugar de regresar los rendimientos de los activos en el rendimiento del mercado, regresamos los excesos de rendimiento de los activos (sobre el tipo de interés del activo libre de riesgo) en el exceso de rendimiento del mercado:

$$R_{jt} - r_t = \alpha_j + b_{jm}(R_{mt} - r_t) + \varepsilon_{jt}, \qquad [11.29]$$

donde r_t es el rendimiento del activo seguro en el periodo t.

Esta es una de las expresiones con contenido empírico más importante de la Economía Financiera. Se volverá a ella múltiples veces a lo largo de estos capítulos. Obsérvese que al ser irrelevante la variabilidad a lo largo del tiempo del tipo de interés del activo libre de riesgo con relación a la variabilidad de los rendimientos de los activos y del mercado,[20] el coeficiente de la regresión [11.29] será igual (a todos los efectos prácticos) al coeficiente beta:

$$\hat{b}_{jm} = \frac{\text{cov}(R_{jt} - r_t, R_{mt} - r_t)}{\text{var}(R_{mt} - r_t)} = \frac{\text{cov}(R_{jt}, R_{mt})}{\text{var}(R_{mt})} = \hat{\beta}_{jm}. \qquad [11.30]$$

Además, el coeficiente de MCO de la constante en la regresión [11.29] viene dado por la expresión:

$$\hat{\alpha}_j = (\bar{R}_j - \bar{r}) - \hat{\beta}_{jm}(\bar{R}_m - \bar{r}), \qquad [11.31]$$

donde $\bar{R}_j$ es el rendimiento medio del activo j durante el periodo muestral en el que se ha llevado a cabo la regresión y $\bar{r}$ es el rendimiento medio del activo seguro durante el mismo periodo. Este coeficiente se denomina *alfa de Jensen* y resulta imprescindible detenernos en su significado, ¿cómo podemos interpretar este alfa estimado?, ¿cuál sería el alfa de esta regresión para cualquier activo j si el CAPM fuera el modelo correcto?

Sabemos que si el CAPM se satisface tendremos que

$$E(R_j) - r = \hat{\beta}_{jm}[E(R_m) - r].$$

Si la media muestral refleja, en promedio, lo que se esperaba en el mercado; esto es, si se satisface que

$$E(R_m) = \bar{R}_m$$
$$E(R_j) = \bar{R}_j,$$

entonces *el CAPM predice que el alfa de Jensen debe ser cero para todos los activos*:

---

[20] Véase el cuadro 5.4 del capítulo 5.

$$\overline{R}_j - r = \hat{\beta}_{jm} \, (\overline{R}_m - r)$$

$$\Rightarrow 0 = (\overline{R}_j - r) - \hat{\beta}_{jm} \, (\overline{R}_m - r)$$

$$\Rightarrow \hat{\alpha}_j = 0; \; j = 1, \, ..., \, N.$$

Así, podemos interpretar el alfa como la diferencia entre el rendimiento medio de un activo sobre el periodo muestral y el rendimiento que predice el modelo CAPM dado el riesgo beta del activo. Si el alfa estimado por la regresión [11.29] fuese mayor que cero, el activo habría obtenido un rendimiento superior al sugerido por su riesgo beta; si el alfa fuese menor que cero, el activo habría logrado un rendimiento inferior al propuesto por el modelo según su riesgo beta. En definitiva, bajo la hipótesis nula de que el CAPM se satisface, el coeficiente alfa nos permite determinar si un activo, cartera o inversión en general ha sido relativamente positiva o negativa, dado su riesgo.

El cuadro 11.7 presenta las estimaciones de la regresión [11.29] para las cinco carteras del cuadro 11.2 formadas con activos que cotizan en el mercado bursátil español entre 1963 y 1996. Realizamos dos regresiones diferentes según el índice bursátil que se emplea como aproximación de la verdadera cartera de mercado. Así, el panel A presenta las regresiones utilizando el índice bursátil ponderado por capitalización, IBPC, mientras que el panel B se basa en el índice bursátil equiponderado, IBEQ, donde todas las empresas reciben el mismo peso al calcular los rendimientos de dicho índice. Nótese que, dado el efecto tamaño discutido en el apartado anterior, éste último debería tener un comportamiento medio superior al índice IBPC.[21]

Los resultados muestran las alfas de Jensen estimadas para las cinco carteras con ambos índices bursátiles, así como las betas estimadas y el coeficiente de determinación. Obsérvese que las alfas están anualizadas. Resulta inmediato observar el efecto tamaño que reflejan dichas carteras. La cartera con acciones más pequeñas presenta un coeficiente alfa anualizado igual al 8,84% respecto al índice IBPC, y un 3,86% con relación al índice IBEQ. Ambas son significativas. Sin embargo, nótese que las empresas de mayor tamaño tienen unas alfas más bajas y estadísticamente no distintas de cero que resultan igual a 1,07% y − 1,03% con relación a los índices IBPC y IBEQ respectivamente. Las empresas de menor tamaño (capitalización bursátil) obtienen, por tanto, unos rendimientos más elevados de lo que su riesgo beta sugiere de acuerdo con el CAPM. Esto es así incluso cuando su riesgo beta se estima respecto al índice IBEQ. Así, el *alfa de Jensen* resulta tremendamente útil como una medida del *rendimiento ajustado por el riesgo beta*.

---

[21] Efectivamente, el IBPC tiene entre 1963 y 1996 un rendimiento medio anual del 12,1%, con una volatilidad igual a 18,5%, mientras que el IBEQ tiene un rendimiento medio anual igual a 15,8% y una volatilidad también más elevada del 20,2%.

Cuadro 11.7. Alfas de Jensen anualizadas (en %) para 5 carteras según tamaño
(capitalización bursátil). Mercado bursátil español, 1963-1996.

PANEL A: ÍNDICE BURSÁTIL PONDERADO (IBPC)			
	$\hat{\alpha}_j$ $(t(\hat{\alpha}_j))$	$\hat{\beta}_j$	R^2
Cartera 1 (más pequeña)	8,84% (3,13)	1,041	0,583
Cartera 2	5,78 (2,42)	0,954	0,641
Cartera 3	4,69 (2,79)	0,965	0,772
Cartera 4	− 0,60 (− 0,35)	0,997	0,779
Cartera 5 (más grande)	1,07 (1,42)	0,971	0,945
PANEL B: ÍNDICE BURSÁTIL EQUIPONDERADO (IBEQ)			
Cartera 1 (más pequeña)	3,86% (2,22)	1,155	0,844
Cartera 2	1,30 (0,94)	1,075	0,882
Cartera 3	1,12 (0,99)	0,962	0,901
Cartera 4	− 4,33 (− 4,07)	0,996	0,915
Cartera 5 (más grande)	− 1,03 (− 0,66)	0,807	0,766

El cuadro 11.7 también deja claro que las empresas más pequeñas son más arriesgadas al tener un coeficiente beta más alto y que el porcentaje de la variabilidad de los excesos de rendimiento de las carteras que se explica por el mercado (R^2) es más alto cuando se utiliza el IBEQ, excepto para el caso lógico de las empresas de mayor tamaño que, en el mercado bursátil español, dominan el IBPC al representar elevadísimos porcentajes de la capitalización bursátil total.

11. 6* Los contrastes de eficiencia en media-varianza de una determinada cartera

Es importante notar que la evidencia que hemos presentado sobre el CAPM mediante el marco de regresiones de sección cruzada en dos etapas es válida siempre con relación a una hipótesis alternativa concreta al añadir una determinada variable explicativa. Dado que argumentar que el CAPM se satisface es equivalente a decir que la cartera de mercado es eficiente en el sentido media-varianza, parece razonable plantear un *contraste directo sobre la eficiencia* de dicha cartera de mercado. Así, estaríamos contrastado directamente el modelo sin especificar una alternativa concreta.

Naturalmente, como la verdadera cartera de mercado no es observable, se trataría simplemente de contrastar si el índice bursátil que se utiliza para aproximar la verdadera cartera de mercado es eficiente o no. En otras palabras, se trata de contrastar directamente si el modelo de la expresión [11.13] se satisface respecto a una beta estimada con relación al índice bursátil cuya eficiencia se quiere contrastar.

(i) Los contrastes de sección cruzada de eficiencia media-varianza de una determinada cartera[22]

Una vez más se trata de contrastar el modelo

$$E(R_j) = \gamma_0 + \gamma_1 \beta_j; \ j = 1, ..., N,$$

donde la beta de cada activo j se estima respecto a un determinado índice bursátil cuya eficiencia es la que se desea contrastar y que pretende aproximar al rendimiento del mercado.

Escribimos esta ecuación en notación matricial de la forma:

$$E = X\Gamma, \qquad\qquad [11.32]$$

donde $X \equiv (1_N: \beta)$ es una matriz de orden $N \times 2$ que contiene el vector $N \times 1$ de unos, 1_N, y el vector $N \times 1$ de betas de los activos. Además, E es el vector $N \times 1$ de rendimientos esperados incondicionales de los activos y $\Gamma \equiv (\gamma_0, \gamma_1)'$ es el vector de orden 2×1 que incluye el rendimiento esperado de la cartera cero-beta y la prima de riesgo del mercado.

Supondremos que la distribución conjunta de los rendimientos de los activos es Normal, estacionaria y serialmente independiente y, de momento, supondremos además que la verdadera matriz $N \times N$ de varianzas y covarianzas de los rendimientos, V, es *conocida* y que las verdaderas betas son también *conocidas*.

Definimos $\eta_t \equiv R_t - E$, donde R_t es el vector $N \times 1$ de rendimientos observados de los activos en el periodo t. Así, bajo la hipótesis nula dada por [11.32] tenemos las regresiones de sección cruzada periodo a periodo, tal como aparecen en la expresión [11.14], pero escritas en notación matricial:

$$R_t = X\Gamma + \eta_{jt}; \ t = 1, ..., T, \qquad\qquad [11.33]$$

---

[22] Las próximas secciones son relativamente más avanzadas y requieren conocimientos sobre econometría asintótica y familiaridad con la notación matricial.

donde

$$E(\eta_t) = 0$$

y

$$\text{var}(\eta_t) = V.$$

Dado el problema de perturbaciones heteroscedásticas que mencionamos al comienzo del apartado 11.3, sabemos por econometría que el estimador más eficiente (insesgado de menor varianza) es el Estimador de Mínimos Cuadrados Generalizados (MCG). Usando observaciones para el periodo t y recordando que suponemos conocida la matriz de varianzas y covarianzas de los rendimientos y las betas, el estimador de MCG de Γ_t es

$$\hat{\Gamma}_t = (X'V^{-1}X)^{-1}X'V^{-1}R_t. \tag{11.34}$$

Dado el supuesto de estacionariedad e independencia, el estimador más eficiente de Γ usando datos de todo el periodo muestral en una *única regresión de sección cruzada con N observaciones* será:

$$\hat{\Gamma} = (X'V^{-1}X)^{-1}X'V^{-1}\bar{R}. \tag{11.35}$$

donde $\bar{R}$ es el vector $N \times 1$ de rendimientos medios muestrales de los N activos. La matriz de varianzas y covarianzas de los estimadores $\hat{\Gamma}$ utiliza, como sabemos por Econometría, la misma matriz V de ponderación que en la ecuación [11.35],[23] y viene dado por:

$$\text{var}(\hat{\Gamma}) = \frac{(X'V^{-1}X)^{-1}}{T}. \tag{11.36}$$

Una vez disponibles los estimadores (y sus varianzas) del rendimiento esperado de la cartera cero-beta y de la prima de riesgo del mercado, planteamos el problema de contrastar directamente la hipótesis nula (la eficiencia media-varianza del mercado) dada por la expresión [11.32]. Para ello, consideremos los residuos de la regresión de MCG de $\bar{R}$ en X anterior:

$$e = \bar{R} - X\hat{\Gamma}. \tag{11.37}$$

Si la hipótesis nula es correcta, los residuos no serán idénticamente igual a cero en una muestra dada, pero los observaremos alrededor de cero de manera absolutamente aleatoria. Sin embargo, si dicha hipótesis es falsa, observaremos

---

[23] Nótese que $\hat{\Gamma}$ representa el estimador de la media de $\hat{\Gamma}_t$ y, por tanto, su varianza debe ser la varianza de una media por lo que aparece dividida por el número de observaciones temporales T.

tanto desviaciones sistemáticas de los residuos alrededor de cero como desviaciones aleatorias. Estas desviaciones sistemáticas aparecerían como consecuencia de intentar ajustar una relación lineal cuando la verdadera relación entre rendimiento esperado y beta es no lineal y podría incorporar otras variables además de la propia beta.

Este razonamiento sugiere que un posible contraste de la linealidad del modelo podría basarse en la magnitud de los residuos al cuadrado dados por [11.37]. Una suma de los mismos *especialmente elevada* sugeriría un rechazo de la hipótesis nula. Evidentemente, necesitamos definir con precisión lo que se entiende por *especialmente elevada*. Ello requiere conocer la distribución de probabilidades de los residuos al cuadrado bajo la hipótesis nula. Escribamos la suma de los residuos al cuadrado pero *ponderando* cada observación de acuerdo con su varianza. Así, un posible estadístico que contraste la linealidad del modelo sería:

$$Q_V = e'\left(\frac{V}{T}\right)^{-1} e = Te'V^{-1}e. \qquad [11.38]$$

Recordemos el supuesto de Normalidad sobre el vector de residuos, e, que hemos impuesto desde el principio de este apartado. Sabemos por estadística que la suma de los cuadrados de N variables aleatorias independientes con media 0 y varianza 1 se distribuye como una χ^2 con N grados de libertad. Supongamos que calculamos la varianza muestral, $\hat{\sigma}^2$, de N observaciones de una variable Normal con varianza σ^2. Es fácil demostrar que $(N-1)\hat{\sigma}^2/\sigma^2$ se distribuye como una distribución χ^2 con $N-1$ grados de libertad. Como en nuestro caso suponemos conocida la matriz de varianzas V y hemos estimado dos parámetros mediante la regresión de sección cruzada, puede concluirse que el estadístico Q_V en [11.38] se distribuye de forma *exacta* como una χ^2 con $N-2$ grados de libertad. Ahora bien, en cuanto reconozcamos que la matriz de varianzas y covarianzas, V necesita ser estimada en la práctica, el estadístico Q_V se distribuye como una χ^2 con $N-2$ grados de libertad pero de forma *asintótica* y no de forma exacta. En definitiva, la hipótesis nula [11.32] se rechazaría si el estadístico Q_V excede un valor crítico pre-especificado de la distribución χ^2 con $N-2$ grados de libertad.

Naturalmente, suponer que la matriz de varianzas y covarianzas V que aparece como matriz de ponderación en los estimadores de MCG de Γ es conocida no es realista. Necesitamos un procedimiento que en la práctica nos permita emplear el marco de los MCG con una matriz de ponderaciones que pueda estimarse *antes* de llevar a cabo la regresión que estima los coeficientes γ_0 y γ_1 en [11.35]. Nótese que, en la práctica, necesitaríamos estimar de hecho la var(η_t). Para ello volvemos al modelo de mercado y analizamos la relación *condicional* entre rendimiento esperado y riesgo bajo la hipótesis nula de la relación incondicional [11.32].

La relación condicional entre rendimiento esperado y riesgo bajo la hipótesis nula de que el CAPM se satisface:

Escribamos el modelo de mercado en notación matricial para un periodo dado t:

$$R_t = a + \beta R_{mt} + \varepsilon_t; \; t = 1, \ldots, T, \qquad [11.39]$$

donde a es el vector $N \times 1$ de ordenadas en el origen, β en el vector $N \times 1$ de betas y ε_t es el vector $N \times 1$ de perturbaciones (condicionales dado R_{mt}) del modelo de mercado o componente idiosincrásico del rendimiento (dado R_{mt}). Si estimamos el modelo de mercado *para cada* activo j en la muestra usando las T observaciones temporales, obtenemos una serie de residuos de dicho modelo para cada activo. Estas series pueden emplearse en la práctica para estimar la matriz de varianzas y covarianzas $N \times N$ de los residuos del modelo de mercado. Denominamos a la matriz $N \times N$ poblacional de dichas perturbaciones condicionales como:

$$\text{var}(\varepsilon_t | R_{mt}) = \Sigma, \qquad [11.40]$$

donde

$$E(\varepsilon_t) = E(\varepsilon_t | R_{mt}) = 0$$

mientras que su varianza *estimada* la denominaremos como $\hat{\Sigma}$. Esta matriz juega un papel muy importante en el análisis de esta sección.

Denominando $E(R_m)$ al rendimiento esperado del mercado y tomando valores esperados incondicionales en [11.39],

$$E = a + \beta E(R_m). \qquad [11.41]$$

Trabajando con la hipótesis nula [11.32],

$$E = X\Gamma = \gamma_0 1_N + \gamma_1 \beta + \beta E(R_m) - \beta E(R_m) = \gamma_0 1_N + [\gamma_1 - E(R_m)]\beta + \beta E(R_m),$$

por lo que usando [11.41], $E = X\Gamma$ se satisface si y sólo si

$$a = \gamma_0 1_N + [\gamma_1 - E(R_m)]\beta \qquad [11.42]$$

que, dada la definición de la prima de riesgo del mercado, es equivalente a la expresión [11.28].

Tomemos a continuación valores esperados condicionales en el modelo de mercado [11.39]:

$$E(R_t | R_{mt}) = a + \beta R_{mt}. \qquad [11.43]$$

Usando el valor de la ordenada en el origen dado por [11.42] en la expresión [11.43],

$$E(R_t | R_{mt}) = \gamma_0 1_N + [\gamma_1 + R_{mt} - E(R_m)]\beta. \qquad [11.44]$$

Por tanto, la relación condicional (dado R_{mt}) entre rendimiento esperado y riesgo beta es también lineal bajo la hipótesis impuesta $E = X\Gamma$.

De manera equivalente, usando las expresiones [11.39], [11.43] y [11.44] tenemos que

$$R_t = \gamma_0 1_N + [\gamma_1 + R_{mt} - E(R_m)]\beta + \varepsilon_t = \gamma_0 1_N + \gamma_1 \beta + [R_{mt} - E(R_m)]\beta + \varepsilon_t.$$

Nótese que esta última expresión de la relación rendimiento-riesgo *ex-post* puede escribirse de forma más compacta como:

$$R_t = X\Gamma_t + \varepsilon_t; \; t = 1, \ldots, T; \qquad [11.45]$$

donde

$$\Gamma_t = \Gamma + [R_{mt} - E(R_m)] \begin{bmatrix} 0 \\ 1 \end{bmatrix}.$$

Lo fundamental de esta nueva relación lineal rendimiento-riesgo condicional es que el parámetro de la pendiente, γ_{1t}, es aleatorio al ser función del rendimiento del mercado en t, R_{mt}.

En definitiva, tenemos dos formas alternativas de representar el mismo proceso,

$$R_t = X\Gamma + \eta_t \qquad [11.46]$$

y

$$R_t = X\Gamma_t + \varepsilon_t. \qquad [11.47]$$

Las perturbaciones de ambas especificaciones se relacionan de la siguiente manera:

$$R_t = \underbrace{\gamma_0 1_N + \gamma_1 \beta}_{E} [R_{mt} - E(R_m)]\beta + \varepsilon_t.$$

Dado que $\eta_t = R_t - E$, tenemos que

$$\eta_t = \varepsilon_t + \beta [R_{mt} - E(R_m)], \qquad [11.48]$$

por lo que su matriz de varianzas y covarianzas V es

$$V = \Sigma + \beta \beta' \sigma_m^2, \qquad [11.49]$$

donde σ_m^2 es la varianza de la cartera de mercado. La expresión [11.49] es exactamente la misma expresión, pero escrita en notación matricial, que ya obtuvimos en el capítulo 8 con la expresión [8.13]. Todos los argumentos sobre la diversificación del riesgo del capítulo 8 son igualmente aplicables en este contexto.

Lo interesante de la estructura que tiene la matriz de varianzas y covarianzas de la expresión [11.49] es que puede demostrarse la siguiente igualdad:[24]

$$\left(X'V^{-1}X\right)^{-1}X'V^{-1} = \left(X'\textstyle\sum^{-1}X\right)^{-1}X'\textstyle\sum^{-1}.$$ [11.50]

Esto implica que el estimador de MCG de Γ viene dado por la siguiente expresión:

$$\hat{\Gamma} = \left(X'\textstyle\sum^{-1}X\right)^{-1}X'\textstyle\sum^{-1}\bar{R}.$$ [11.51]

Nótese que $\sum$ puede estimarse en una etapa previa a realizar la regresión de sección cruzada y que, por tanto, puede emplearse como matriz de ponderaciones en la obtención del estimador insesgado de menor varianza de Γ.

Por otro lado, el estimador de la varianza de $\hat{\Gamma}$ en [11.36] debe tener necesariamente en cuenta la expresión [11.49] que relaciona a las matrices de varianzas y covarianzas incondicional, V, y condicional, $\sum$. No es posible intercambiar una por la otra en [11.36]. La diferencia clave está en reconocer *el papel de la varianza del rendimiento del mercado*. Nótese que esta variabilidad es fundamental, ya que en la versión condicional de la relación rendimiento-riesgo aparece el rendimiento del mercado como un componente que introduce variabilidad en el estimador de la prima de riesgo, γ_1, tal como se deduce por [11.45]. Por tanto, la variabilidad del rendimiento del mercado debe tenerse en cuenta si escribimos la varianza del estimador de Γ en términos de $\sum$, pero de forma que sólo afecte al estimador de la prima de riesgo γ_1 y no al estimador de γ_0. Con todo ello, el estimador de la varianza de $\hat{\Gamma}$ en el contexto de una única regresión de sección cruzada es:

$$\mathrm{var}(\hat{\Gamma}) = \frac{(X'\textstyle\sum^{-1}X)^{-1}}{T} + \begin{bmatrix} 0 & 0 \\ 0 & 1 \end{bmatrix}\frac{\sigma_m^2}{T}.$$ [11.52]

Este estimador es equivalente al estimador propuesto por FM en el contexto de las regresiones de sección cruzada realizadas en cada mes para obtener finalmente el estimador de la varianza de γ_0 y γ_1 dado por [11.17]. Ambos enfoques son, por tanto, válidos. Se pueden realizar T regresiones de sección cruzada y utilizar [11.15] y [11.17], o una única regresión de sección cruzada con los rendimientos medios de los activos y las betas de todo el periodo muestral y emplear [11.51] y [11.52].

Asimismo, para llevar a cabo el contraste de eficiencia media-varianza de forma directa y comprobar la linealidad del modelo puede emplearse el estadístico Q_V modificado por la matriz de varianzas y covarianzas $\sum$:

[24] Véase Shanken (1985).

$$Q = Te' \textstyle\sum^{-1} e \qquad [11.53]$$

que, condicionado a conocer las verdaderas betas y la verdadera matriz de varianzas y covarianzas $\sum$, se distribuye como una χ^2 con $N - 2$ grados de libertad. En caso contrario, sólo tendríamos un resultado asintótico y dicha distribución no sería válida en muestras finitas como se analiza a continuación.

(ii) Los contrastes asintóticos de sección cruzada de eficiencia media-varianza para una determinada cartera

A continuación reconocemos que la beta verdadera no es observable y analizamos los efectos que tienen sus errores de estimación en los estadísticos anteriores. Para llevar a cabo este análisis partimos de la expresión [11.46] y tomamos valores medios muestrales de forma que escribimos,

$$\bar{R} = X\Gamma + \bar{\eta}, \qquad [11.54]$$

donde de acuerdo con la ecuación [11.48],

$$\bar{\eta} = \bar{\varepsilon} + \beta \, [\bar{R}_m - E(R_m)]. \qquad [11.55]$$

Además, recordemos que el error de estimación de las betas viene dado por la ecuación [11.18], que en notación matricial resulta,

$$u = \hat{\beta} - \beta, \qquad [11.56]$$

donde u es un vector $N \times 1$ de errores de estimación.

Combinando [11.54] y [11.55],

$$\bar{R} = \gamma_0 1_N + \gamma_1 \beta + \bar{\varepsilon} + \beta[\bar{R}_m - E(R_m)].$$

Utilizando [11.56],

$$\bar{R} = \gamma_0 1_N + \gamma_1 \hat{\beta} - \gamma_1 u + \bar{\varepsilon} + \beta[\bar{R}_m - E(R_m)],$$

por lo que la perturbación del modelo de regresión incorpora un término que ya apareció en la ecuación [11.19] de este capítulo, además de la innovación en el rendimiento del mercado como consecuencia de la aleatoriedad de la prima de riesgo del propio mercado:

$$\bar{R} = \hat{X}\Gamma + \{(\bar{\varepsilon} - \gamma_1 u) + \beta[\bar{R}_m - E(R_m)]\}, \qquad [11.57]$$

donde hemos remplazado la matriz que hasta ahora suponíamos conocida X por su estimación $\hat{X}$.

Definamos una matriz $\hat{A}$ de dimensión $2 \times N$, tal que $\hat{A} \hat{X} = I_2$, donde I_2 es la matriz identidad de orden 2×2,

$$\hat{A} \equiv (\hat{X}' \, \hat{\textstyle\sum}^{-1} \hat{X})^{-1} \hat{X}' \hat{\textstyle\sum}^{-1} \qquad\qquad [11.58]$$

y pre-multipliquemos ambos lados de [11.57] por $\hat{A}$ de forma que obtenemos,

$$\hat{A} \, \bar{R} - \Gamma = \hat{A} \left\{ (\bar{\varepsilon} - \gamma_1 u) + \beta[\bar{R}_m - E(R_m)] \right\}, \qquad\qquad [11.59]$$

donde nótese que $\hat{A} \bar{R}$ es precisamente el estimador de MCG de Γ.

Dado que para muestras grandes, cuando $T \to \infty$, se satisface que

$$E(\bar{\varepsilon}) = E(u) = E[\bar{R}_m - E(R_m)] = 0,$$

debe ocurrir que el límite en probabilidad del lado derecho de [11.59] es igual a cero,

$$\operatorname*{plim}_{T \to \infty} \left\{ (\bar{\varepsilon} - \gamma_1 u) + \beta[\bar{R}_m - E(R_m)] \right\} = 0, \qquad\qquad [11.60]$$

por lo que, asintóticamente cuando $T \to \infty$, el valor esperado del estimador de Γ es igual a su verdadero valor. Así, hemos demostrado que el estimador de MCG, $\hat{A} \bar{R}$, es consistente cuando $T \to \infty$. Esto *no* significa que cuando $N \to \infty$ desaparezca el problema de EEV comentado en el apartado 11.3 de este capítulo. Recuérdese que tenemos simultáneamente dos dimensiones en el problema, T y N. El problema de EEV está asociado con la inconsistencia del estimador cuando $N \to \infty$, como muestra la ecuación [11.21].

Analicemos la varianza asintótica de $\hat{\Gamma}$ cuando $T \to \infty$. Para ello recordemos en primer lugar que la varianza del estimador de la beta en el modelo de mercado viene dada por:[25]

$$\sigma^2_{\hat{\beta}_j} = \frac{\sigma^2_{\varepsilon_j}}{\displaystyle\sum_{t=1}^{T} (R_m - \bar{R}_m)^2}.$$

Dada esta expresión, no es sorprendente que pueda demostrarse que la varianza del error de estimación de las betas, σ^2_u, sea igual a:

$$\sigma^2_u = \left(\frac{1}{\sigma^2_m} \right) \textstyle\sum. \qquad\qquad [11.61]$$

Además, bajo los supuestos de Normalidad de los rendimientos de este capítulo, $\bar{\varepsilon}$, $\bar{R}_m$ y u son independientes. Por tanto, usando esta propiedad de independencia y la ecuación [11.61], tenemos la siguiente convergencia en distribución:

---

[25] Recuérdese la expresión [10.5] del capítulo 10.

$$\sqrt{T}\left\{(\overline{\varepsilon} - \gamma_1 u) + \beta[\overline{R}_m - E(R_m)]\right\} \rightarrow N\left\{\underbrace{0}_{\text{media}}, \underbrace{\Sigma\left(1 + \frac{\gamma_1^2}{\sigma_m^2}\right) + \beta\beta'\sigma_m^2}_{\text{varianza}}\right\} \quad [11.62]$$

En definitiva, usando la expresión [11.59], la varianza asintótica del estimador de Γ cuando reconocemos el error de estimación en las betas viene dada por:

$$\sqrt{T}\,(\hat{A}\overline{R} - \Gamma) \rightarrow N\left\{\underbrace{0}_{\text{media}}, \underbrace{A\Sigma A'\left(1 + \frac{\gamma_1^2}{\sigma_m^2}\right) + \begin{bmatrix} 0 & 0 \\ 0 & 1 \end{bmatrix}\sigma_m^2}_{\text{varianza}}\right\},$$

por lo que dada la definición de la matriz A en [11.58], tenemos que el estimador de la varianza asintótica de Γ viene finalmente dado por:

$$\sqrt{T}\,(\hat{A}\overline{R} - \Gamma) \rightarrow N\left\{\underbrace{0}_{\text{media}}, \underbrace{(X'\Sigma^{-1}X)^{-1}\left(1 + \frac{\gamma_1^2}{\sigma_m^2}\right) + \begin{bmatrix} 0 & 0 \\ 0 & 1 \end{bmatrix}\sigma_m^2}_{\text{varianza}}\right\}. \quad [11.63]$$

Obsérvese la similitud entre el resultado para la varianza asintótica de la expresión [11.63] y la varianza cuando se suponía beta conocido y que aparece en la ecuación [11.52].[26] Es muy importante destacar el término de ajuste que proviene de la varianza del error de estimación de las betas y que es:

$$\left(1 + \frac{\gamma_1^2}{\sigma_m^2}\right) \quad [11.64]$$

Este término de ajuste es el propuesto por Shanken (1996), tal como adelantábamos en la ecuación [11.24] de este capítulo. Su intuición es clara e importante. Es crucial observar que es un ajuste no negativo. Es una consecuencia del ruido adicional que tenemos en la regresión al no conocer la verdadera beta. Por tanto, este ruido adicional conduce a una estimación menos precisa de Γ, de forma que la varianza de su estimador sea mayor que si no existiese tal problema como ocurría en [11.52].

Si la variabilidad del mercado es alta en comparación con γ_1^2 (si la volatilidad del mercado es grande con relación a la prima de riesgo), la pérdida en precisión

---

[26] En la práctica, igual que en la ecuación [11.52], los componentes de la varianza en [11.63] se dividen entre T. Como siempre es la varianza de una media.

por no considerar el ajuste sería mínima. Sin embargo, el ajuste es muy sencillo de utilizar por lo que evidentemente se recomienda su uso.

De la misma forma que se ajusta la matriz de varianzas y covarianzas del estimador de Γ para reconocer los errores de estimación en las betas, también debe corregirse el estadístico que contrasta la linealidad del modelo en [11.53]. Se puede demostrar que el ajuste necesario en el estadístico Q es exactamente el mismo que en el caso de la varianza. Por tanto, el estadístico ajustado que se distribuye asintóticamente como una χ^2 con $N - 2$ grados de libertad es:

$$Q^A = \frac{Te'\sum^{-1}e}{\left(1 + \dfrac{\gamma_1^2}{\sigma_m^2}\right)}.$$

[11.65]

En las expresiones [11.63] y [11.65], los estimadores muestrales de los correspondientes valores poblacionales se sustituyen sin afectar a los resultados.

(iii) Estadísticos alternativos para los contrastes de sección cruzada de eficiencia media-varianza para una determinada cartera

Obsérvese con detalle el estadístico sin ajustar por los EEV que permite contrastar la eficiencia de un determinado índice bursátil:

$$Q = Te'\sum^{-1}e.$$

Efectivamente, al reconocer que la matriz de varianzas y covarianzas de los residuos del modelo de mercado debe estimarse tenemos que,

$$Q = Te'\hat{\sum}^{-1}e$$

[11.66]

se distribuye asintóticamente como una χ^2 con $N - 2$ grados de libertad. Por tanto, perdemos los resultados válidos en muestras finitas.

Ahora bien, debe recordarse que en un marco de trabajo univariante y lo más sencillo posible, si se dispone de una muestra de una variable aleatoria $Y_1, Y_2, ..., Y_T$ que tiene una media poblacional μ y varianza σ^2, el teorema central del límite implica que al tender $T \rightarrow \infty$, el estadístico $\sqrt{T}(\bar{Y} - \mu)/\sigma$ converge en distribución a una Normal con media 0 y varianza 1:

$$\sqrt{T}(\bar{Y} - \mu)/\sigma \rightarrow N(0, 1).$$

[11.67]

Por tanto, un contraste asintóticamente válido de que $\mu = 0$ puede llevarse a cabo remplazando la constante σ^2 por su estimador muestral insesgado $\hat{\sigma}^2$ y calculando el intervalo de confianza basado en la distribución Normal.

Los efectos que tiene el uso de este resultado asintótico son fácilmente reconocibles cuando la distribución poblacional de la serie es Normal. En este caso, el estadístico $\sqrt{T}(\bar{Y} - \mu)/\hat{\sigma}$ se distribuye de forma exacta (válido en muestras finitas) como una t de Student con $T - 1$ grados de libertad.

Se sabe que la distribución t de Student tiene *colas más gruesas* que la distribución Normal estándar. Así, existe una mayor probabilidad de obtener observaciones extremas bajo la distribución t que bajo la Normal debido al comportamiento estocástico del estimador $\hat{\sigma}^2$. La consecuencia de utilizar el contraste asintótico bajo la Normal en lugar de usar la distribución exacta t de Student es que el contraste asintótico rechazará la hipótesis nula $\mu = 0$ con demasiada frecuencia dado que trata al estimador $\hat{\sigma}^2$ como su límite en probabilidad σ^2 sin reconocer, en definitiva, que es un estimador.

También sabemos que el cuadrado de una variable aleatoria $N(0, 1)$ se distribuye como una χ^2 con 1 grado de libertad, $\chi^2 (1)$, mientras que el cuadrado de una variable t con $T - 1$ grados de libertad se distribuye como una F con 1 y $T - 1$ grados de libertad, $F(1, T - 1)$. Los comentarios anteriores implican, por tanto, que pueden esperarse observaciones más extremas de una variable $F(1, T - 1)$ que de una variable $\chi^2 (1)$. Este es un resultado crucial para entender los modernos contrastes de eficiencia de una determinada cartera.

Dado que el estadístico [11.66] se compone de un vector de medias resultante de los vectores aleatorios N-dimensionales, e_t, provenientes de los residuos de las regresiones de sección cruzada en cada periodo t, debemos introducir en estos comentarios el contexto multivariante. Así, supongamos que Y_t son ahora vectores aleatorios N-dimensionales en lugar de ser una serie univariante. Bajo la hipótesis nula de que el vector de medias es cero, $\mu = 0$, tenemos que

$$Q^* = T\bar{Y}'\hat{S}^{-1}\bar{Y} \qquad [11.68]$$

se distribuye *asintóticamente* como una χ^2 con N grados de libertad, donde $\hat{S}$ es la matriz de varianzas y covarianzas de Y_t con $T - 1$ en el denominador. Si esta matriz fuese conocida, el estadístico se distribuiría de forma exacta como una $\chi^2(N)$. Obsérvese además que el estadístico [11.68], dados los comentarios sobre el caso univariante equivalente, se distribuye de forma *exacta* como una distribución t *cuadrado* que, de hecho, se conoce como una distribución T^2 de Hotelling. Como antes para el caso univariante, el estadístico [11.68] se reduce en definitiva a una distribución F una vez que se realizan los ajustes correspondientes por los grados de libertad. Así, por estadística multivariante, sabemos que [11.68] puede transformarse como

$$F = \frac{Q^*(T - N)}{N(T - 1)} \qquad [11.69]$$

en una distribución válida en *muestras finitas* $F(N, T - N)$.

También por estadística multivariante sabemos que el valor esperado de la distribución $\chi^2(N)$ es igual a N, mientras que el valor esperado de la verdadera distribución es

$$E(Q^*) = \frac{N(T-1)}{(T-N-2)},$$

de forma que la utilización de la distribución asintótica para contrastar la hipótesis nula $\mu = 0$ será apropiada dependiendo de los valores relativos de T y N. A menos que N sea muy pequeño con relación a T, la expectativa verdadera excederá a la expectativa de la distribución asintótica. El uso de la distribución asintótica $\chi^2(N)$ en lugar de la exacta $F(N, T-N)$ tenderá a rechazar la hipótesis nula con demasiada frecuencia al no incorporar el comportamiento estocástico de la matriz de varianzas y covarianzas S.

Naturalmente, el estadístico que permite contrastar la eficiencia de un índice bursátil y que viene dado por la expresión [11.66] es muy similar al estadístico [11.68]. Si al contrastar la eficiencia usamos [11.66] bajo una distribución $\chi^2(N-2)$ tenderemos a rechazar la eficiencia del índice con demasiada frecuencia especialmente si N es grande con relación a T. La alternativa es usar la distribución F ajustada por grados en libertad. Suponiendo que las betas son conocidas, las diferencias entre [11.66] y [11.68] se resumen en dos consideraciones. En primer lugar, $T-1$ debería remplazarse por $T-2$ en el denominador de la matriz de residuos del modelo de mercado, Σ, ya que mediante dicho modelo hemos estimado dos coeficientes, a_j y β_j. Además N debe sustituirse por $N-2$ al haber estimado dos coeficientes en la regresión de sección cruzada, γ_0 y γ_1.

En resumen, la distribución exacta, válida en muestras finitas, del estadístico [11.66], *condicionada a que las betas sean conocidas*, es una distribución T^2 de Hotelling con $N-2$ y $T-2$ grados de libertad, $T^2(N-2, T-2)$. Esta distribución escrita en términos de la distribución F resulta en un estadístico para contrastar la eficiencia de un índice, válido en muestras finitas, igual a

$$F = \frac{Q(T-N+1)}{(N-2)(T-2)}, \qquad [11.70]$$

que se distribuye como $F(N-2, T-N+1)$.

Desafortunadamente, debe reconocerse que las betas se estiman con errores y que estamos arrastrando el problema de EEV. Esto implica que debe emplearse el estadístico Q *ajustado* dado por la expresión [11.65] con los correspondientes valores muestrales:

$$Q^A = \frac{T e' \hat{\Sigma}^{-1} e}{\left(1 + \dfrac{\hat{\gamma}_1^2}{\hat{\sigma}_m^2}\right)}. \qquad [11.71]$$

Este estadístico se distribuye *aproximadamente* como una $T^2(N-2, T-2)$ de Hotelling. No tenemos un resultado exacto. Asimismo,

$$F^A = \frac{Q^A(T - N + 1)}{(N - 2)(T - 2)},$$ [11.72]

se distribuye de forma *aproximada* como una $F(N - 2, T - N + 1)$. Aunque este estadístico es efectivamente sólo una aproximación, debe tenerse en cuenta que incorpora el comportamiento estocástico de $\hat{\Sigma}$, así como el ajuste por el error de estimación en betas. No tener en cuenta este ajuste sesgaría el contraste de eficiencia hacia una excesiva frecuencia de aceptación de la hipótesis nula.

A modo de resumen de esta sección, recuérdese que la hipótesis nula viene dada por la expresión

$$E = X\Gamma,$$

que contrastamos mediante una única regresión de sección cruzada de $\bar{R}$ en $\hat{X}$. El estimador de Γ viene dado por el estimador de MCG con la matriz de varianzas y covarianzas de los residuos del modelo de mercado:

$$\hat{\Gamma} = (\hat{X}'\hat{\Sigma}^{-1}\hat{X})^{-1}X'\hat{\Sigma}^{-1}\bar{R}$$ [11.73]

y su varianza por,

$$\operatorname{var}(\hat{\Gamma}) = \frac{(\hat{X}'\hat{\Sigma}^{-1}\hat{X})^{-1}\left(1 + \dfrac{\hat{\gamma}_1^2}{\hat{\sigma}_m^2}\right)}{T} + \frac{\begin{bmatrix} 0 & 0 \\ 0 & 1 \end{bmatrix}\hat{\sigma}_m^2}{T}.$$ [11.74]

Finalmente, el contraste de linealidad del modelo (y, por tanto, de eficiencia del índice utilizado) se puede hacer mediante los estadísticos [11.66] y [11.70], sin ajustar por EEV, y con [11.71] y [11.72] ajustándolos por el error de estimación en betas.

Los resultados de un contraste de eficiencia utilizando dos índices bursátiles españoles, uno ponderado por capitalización y otro equiponderado y los rendimientos de 10 carteras construidas por capitalización bursátil aparecen en el cuadro 11.8.[27] Nótense los resultados que se obtienen según se utilice uno u otro índice bursátil. La prima de riesgo nunca resulta significativa, pero al estimar las betas de los activos respecto al IGBM, su estimador aparece con signo negativo. Al hacerlo con el índice equiponderado, pasa a ser un 0,7% mensual. Desafortunadamente, dado el ruido con el que es estimada incluso en el caso del índice equiponderado, debe concluirse que los inversores no han sido compensados por el riesgo beta en el mercado bursátil español. De hecho, los estadísticos que contrastan la eficiencia de ambos índices rechazan la hipótesis nula independientemente de ajustarlos o no. En definitiva, los índices bursátiles en el mercado español de renta variable no son eficientes en el sentido media-varianza.

---

[27] Estos contrastes se han realizado con los programas mencionados en el prólogo.

Cuadro 11.8. Contrastes de eficiencia de los índices bursátiles españoles, 1963-1996.

	IBPC (IGBM)[1]	IBEQ[2]
$\hat{\gamma}_0$(en %)	1,230	0,666
$t(\hat{\gamma}_0)$	(1,63)	(1,38)
$\hat{\gamma}_1$(en %)	− 0,088	0,668
$t(\hat{\gamma}_1)$	(− 0,11)	(1,19)
Q	26,381	24,970
$F(8,393)$	3,240	3,067
$(p\text{-valor})$[3]	(0,00139)	(0,00231)
Q^A	26,239	24,645
$F(8,393)$	3,239	3,027
$(p\text{-valor})$	(0,00139)	(0,00260)

[1] Índice ponderado por capitalización; es el Índice General de la Bolsa de Madrid.
[2] Índice equiponderado.
[3] El p-valor representa la probabilidad de exceder un nivel dado en el estadístico correspondiente. Un p-valor menor de 0,05 suele entenderse como rechazo de la hipótesis nula.

El cuadro 11.9 contrasta el efecto tamaño utilizando la misma metodología, así como la linealidad del modelo cuando se incorpora una variable explicativa que recoge la capitalización de las 10 carteras anteriores. Puede observarse que los coeficientes de la prima de riesgo del mercado se vuelven negativos con mayor intensidad que en el cuadro anterior donde no se incorporaba la variable tamaño. Este resultado ya aparecía en el apartado 11.4 de este capítulo cuando se presentaron los resultados de Fama y French para el mercado estadounidense. En cualquier caso, no son significativos. Sin embargo, puede observarse que el coeficiente asociado a la variable tamaño es negativo y muy significativo independientemente del índice bursátil empleado. De hecho, todos los estadísticos sugieren que no se puede rechazar la hipótesis nula del efecto tamaño. Por tanto, en el mercado bursátil español existe una relación inversa y significativa entre rendimientos medios y capitalización bursátil. Además, no es posible rechazar la linealidad del modelo lo que confirma el rechazo de eficiencia de los índices bursátiles empleados.

Cuadro 11.9. Contrastes de linealidad del modelo con efecto tamaño en el mercado bursátil español, 1963-1996.

	IBPC (IGBM)[1]	IBEQ[2]
$\hat{\gamma}_0$(en %)	3,010	3,110
$t(\hat{\gamma}_0)$	(3,43)	(4,01)
$\hat{\gamma}_1$(en %)	− 0,089	− 0,935
$t(\hat{\gamma}_1)$	(−1,04)	(−1,36)

Cuadro 11.9. (*Continuación*)

	IBPC (IGBM)[1]	IBEQ[2]
$\hat{\gamma}_2$(en %)	− 0,477	− 0,556
$t(\hat{\gamma}_2)$	(− 4,13)	(− 4,05)
Q	8,875	8,109
$F(7,394)$	1,249	1,141
(*p*-valor)	(0,27486)	(0,33640)
Q^A	8,638	7,904
$F(7,394)$	1,215	1,112
(*p*-valor)	(0,29293)	(0,35438)

[1] Índice ponderado por capitalización; es el Índice General de la Bolsa de Madrid.
[2] Índice equiponderado.

11. 7* Los contrastes de eficiencia en media-varianza de una determinada cartera en un contexto de series temporales

De acuerdo con lo expuesto en el apartado 11.5 de este capítulo puede efectuarse una regresión de los excesos de rendimiento de cada activo incierto sobre el rendimiento de la cartera de mercado, de forma que el estimador de la constante de dicha regresión debe ser igual a cero para todos los activos si el CAPM se satisface:

$$R_{jt} - r_t = \alpha_{jm} + \beta_{jm}(R_{mt} - r_t) + \varepsilon_{jt}, \qquad [11.75]$$

donde $\alpha_{jm} = 0$ (para todo activo *j*) para que el CAPM describa correctamente los rendimientos de los activos. El cuadro 11.7 presentaba evidencia razonable sobre el incumplimiento de tal condición. En particular, las empresas más pequeñas parecen tener coeficientes alfas positivos y significativos. Sin embargo, para contrastar directamente la eficiencia del índice bursátil empleado en la regresión [11.75], debe contrastarse la hipótesis $\alpha_{jm} = 0$, para todo *j* de *forma conjunta* y no haciéndolo para cada activo de forma individual.

Un contraste conjunto de estas características es muy parecido a los contrastes efectuados en el apartado anterior. Se trata de analizar un estadístico que tiene forma cuadrática en las alfas, de manera similar al estadístico Q dado por la expresión [11.66]. Allí, el estadístico era una forma cuadrática (ponderada) en los residuos de la regresión de sección cruzada de rendimientos en betas y unos. Aquí, la hipótesis nula se establece sobre las alfas en lugar de hacerlo sobre dichos residuos. En particular, Gibbons, Ross y Shanken (1989) propusieron el siguiente estadístico de eficiencia de una cartera:

$$W = \frac{\hat{\alpha}'_m \hat{\Sigma}^{-1} \hat{\alpha}_m}{(1 + \hat{\theta}^2_m)}, \qquad [11.76]$$

donde

$$\hat{\theta}_m = \frac{\overline{r}_m}{s_m},$$ [11.77]

siendo $\overline{r}_m = \overline{R}_m - \overline{r}$ el exceso de rendimiento medio muestral de la cartera de mercado y s_m su desviación estándar con T en el denominador (en lugar de $T - 1$). Recuérdese que θ_m es lo que denominamos en el capítulo 6 *precio del riesgo* de la cartera de mercado.[28] Además, $\hat{\alpha}_m$ es un vector $N \times 1$ de estimadores de la constante en la regresión [11.75] y $\hat{\Sigma}$ es el estimador de la matriz de varianzas y covarianzas de los residuos de la regresión [11.75] con T en el denominador de cada uno de sus componentes.[29]

Puede demostrarse que, bajo Normalidad de los rendimientos y bajo la hipótesis nula $\alpha_{jm} = 0$, para todo j, el estadístico

$$\left(\frac{T(T - N - 1)}{NT} \right) W$$ [11.78]

tiene una *distribución exacta* (válida en muestras finitas) F con N y $T - N - 1$ grados de libertad, $F(N, T - N - 1)$. Este es un resultado de gran relevancia y que ha sido utilizado de forma masiva en la literatura empírica sobre modelos de valoración. Bajo este procedimiento, evitamos el problema de EEV que aparece en el contexto de sección cruzada, aunque como siempre en estas secciones es necesario suponer Normalidad de los rendimientos.

Para comprender intuitivamente el significado del estadístico W, es útil señalar que dicho estadístico puede escribirse como:

$$W = \frac{\sqrt{1 + \hat{\theta}^{*2}}}{\sqrt{1 + \hat{\theta}_m^2}} - 1 \equiv \varphi^2 - 1,$$ [11.79]

donde $\hat{\theta}^*$ es el *precio del riesgo ex-post* dada la muestra disponible de activos. En otras palabras, es el máximo exceso de rendimiento alcanzable en la muestra por cada unidad de desviación estándar. Corresponde al *precio de riesgo* de la cartera tangente en una determinada muestra, dado el rendimiento medio del activo seguro durante el periodo considerado. Nótese que, dadas estas definiciones, φ^2 no puede ser menor que 1 (el estadístico W no puede ser menor que cero).

---

[28] Aquí dividimos por la desviación estándar de los excesos de rendimiento. A todos los efectos, dada la escasa variabilidad del tipo de interés libre de riesgo con relación a la volatilidad del mercado, ambos enfoques son equivalentes.

[29] Al dividir entre T calculamos el estimador de máxima verosimilitud de la matriz de varianzas y covarianzas.

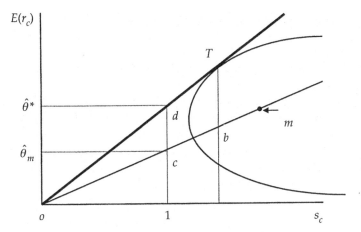

Figura 11.2. Eficiencia de la cartera *m*.

La figura 11.2 contiene la frontera de menor varianza construida *ex-post* con todos los activos disponibles en la muestra. Así, θ^* es la pendiente de la recta tangente a la frontera, siendo *T* la cartera tangente de activos inciertos. Por otra parte, $\hat{\theta}_m$ es la pendiente de la recta que pasa por la cartera de mercado, cuya eficiencia se quiere contrastar.[30] Para una volatilidad igual a 1, la distancia *od* es igual a $\sqrt{1 + \hat{\theta}^{*2}}$, mientras que la distancia *oc* es igual a $\sqrt{1 + \hat{\theta}_m^2}$. Por lo tanto, el estadístico *W* está representando el cociente (al cuadrado) entre las distancias *od* y *oc* para dicho nivel de volatilidad. Cuanto mayor sea la pendiente de la recta tangente *oT* con relación a la recta *om*, más alejado estará el estadístico *W* de uno y, por tanto, la eficiencia de *m* será rechazada con más claridad. En definitiva, el estadístico *W* está recogiendo lo *alejado* que la cartera *m* está de la cartera tangente *T*. Cuando θ^* es suficientemente mayor que $\hat{\theta}_m$, el rendimiento por unidad de riesgo de la cartera *m* es *menor* que el de la cartera tangente. Por tanto, la eficiencia de la cartera *m* debería rechazarse.

La literatura econométrica sugiere contrastes que son transformaciones monótonas del estadístico *W* y que están distribuidos de forma *asintótica* como una $\chi^2(N)$. Estos son los estadísticos de Wald, el contraste de la razón de verosimilitud (LRT) y el contraste del multiplicador de Lagrange (LMT):

$$\text{Wald} = TW$$

$$\text{LRT} = T\ln(1 + W) \qquad\qquad [11.80]$$

$$\text{LMT} = \frac{TW}{(1 + W)}.$$

[30] Obsérvese que en el eje de ordenadas se representan los rendimientos en exceso sobre el rendimiento del activo seguro, por lo que el origen del mismo indica el nivel del tipo de interés del activo libre de riesgo.

Los *p*-valores son siempre menores para el estadístico de Wald y mayores para el LMT. A modo de ejemplo, se puede demostrar que con relación a W y su estadístico F de la expresión [11.78], el uso del LRT con su distribución asintótica tendería a rechazar con demasiada frecuencia. Este excesivo rechazo sería peor cuanto mayor sea N con relación a T.

El cuadro 11.10 contiene un contraste de eficiencia para los índices ponderado y equiponderado en el mercado bursátil español usando las 10 carteras construidas por capitalización. Como en los cuadros anteriores, los contrastes rechazan la eficiencia media-varianza de ambos índices bursátiles, aunque también como en los casos previos, el comportamiento del índice equiponderado, IBEQ, es mejor que el del índice ponderado, IBPC.

Cuadro 11.10. Contrastes de eficiencia de una determinada cartera en un contexto de series temporales en el mercado bursátil español, 1963-1996.

	IBPC (IGBM)[1]	IBEQ[2]
Estadístico W	0,0953	0,0579
$F(10,391)$ (*p*-valor)	3,726 (0,00009)	2,263 (0,01400)
Wald (*p*-valor)	38,308 (0,00003)	23,268 (0,00980)
LRT (*p*-valor)	36,591 (0,00007)	22,620 (0,01224)
LMT (*p*-valor)	34,975 (0,00013)	21,995 (0,01513)

[1] Índice ponderado por capitalización; es el Índice General de la Bolsa de Madrid.
[2] Índice equiponderado.

11.8* El Método Generalizado de Momentos (MGM) y los contrastes de eficiencia

Los contrastes del CAPM que se han presentado en las secciones anteriores suponen que los rendimientos de los activos están distribuidos (conjuntamente) como variables Normales. Este supuesto, que resulta muy útil para obtener distribuciones exactas de los estadísticos que permiten realizar contrastes válidos en muestras pequeñas, puede relajarse y obtener formas alternativas de contrastar la eficiencia en media-varianza de una determinada cartera y, en general, conseguir un marco de contraste de los modelos de valoración de activos que se ha convertido en una referencia imprescindible en Economía Financiera.

La metodología que se presenta en esta sección, cuyas características no dependen del supuesto de Normalidad en los datos, se conoce como el *Método*

Generalizado de Momentos (MGM) y puede considerarse como una de las herramientas econométricas de mayor impacto de los últimos veinte años.

Una idea clave que permite entender el éxito que ha tenido el MGM como técnica de contrastación de los modelos de valoración de activos, es su *encaje natural* en la ecuación fundamental de valoración que se ha desarrollado de formas alternativas a lo largo de este libro. Recuérdese la expresión [11.1], teniendo en cuenta que representa la forma más general que tenemos para valorar activos:

$$E_t(M_{t+1}\tilde{R}_{jt+1}) = 1; \quad j = 1, ..., N,$$

donde E_t es la *expectativa condicionada al conjunto completo de información disponible por los agentes en el momento t*. Es importante recordar que, en el contexto del CAPM, la variable M_{t+1} viene dada por:

$$M_{t+1} = \delta_0 + \delta_1 R_{mt+1}, \qquad [11.81]$$

donde

$$\delta_0 = \frac{1}{1 + \gamma_0} + \frac{\gamma_1 E(R_{mt+1})}{(1 + \gamma_0)\mathrm{var}(R_{mt+1})} \qquad [11.82]$$

$$\delta_1 = -\frac{\gamma_1}{(1 + \gamma_0)\mathrm{var}(R_{mt+1})}. \qquad [11.83]$$

Pensemos en la estimación de modelos caracterizados por una forma funcional como la descrita en las ecuaciones anteriores. Evidentemente siempre podemos escribir la ecuación fundamental de valoración como,

$$E_t(M_{t+1}\tilde{R}_{jt+1}) - 1 = 0; \quad j = 1, ..., N. \qquad [11.84]$$

Sea X_{t+1} un vector de variables observables (por ejemplo, el rendimiento de la cartera de mercado o el índice bursátil que la aproxima) y θ el vector de parámetros a estimar (por ejemplo, δ_0 y δ_1 en las ecuaciones anteriores). Dado un modelo que especifica la variable agregada o factor de descuento,

$$M_{t+1} = M(X_{t+1}, \theta),$$

como puede ser el CAPM a través de las expresiones [11.81]-[11.83], resulta posible estimar los parámetros θ y estimar el modelo impuesto bajo condiciones o supuestos relativamente más débiles que en las secciones anteriores.

Definamos el siguiente error del modelo como:

$$\xi_{jt+1} = M(X_{t+1}, \theta)\tilde{R}_{jt+1} - 1. \qquad [11.85]$$

Nótese que la ecuación [11.1] implica que,

$$E_t(\zeta_{jt+1}) = 0; \quad j = 1, ..., N. \tag{11.86}$$

Así, las restricciones impuestas por la ecuación fundamental de valoración escritas como aparecen en la ecuación [11.84] pueden interpretarse como las perturbaciones asociadas a un modelo econométrico habitual, tal como queda evidenciado en [11.86].

Antes de seguir con el razonamiento resulta imprescindible describir la denominada *Ley de Expectativas Iteradas* que es también útil en múltiples contextos de Economía Financiera. Para ello, imaginemos que X es una variable aleatoria y Z e I son dos conjuntos de información, tal que cada conjunto en Z está también en I (Z contiene menos información que I). Entonces,

$$E[E[X|I]|Z] = E[X|Z] \tag{11.87}$$

o, lo que es lo mismo, es posible tomar expectativas respecto al conjunto de información que contiene menos información.

Dados N activos financieros y T observaciones temporales, podemos combinar los términos de error en [11.85] en una matriz $T \times N$ que denominamos ζ y que tendrá una fila cualquiera dada por ζ'_{t+1}. Sea Z_t una variable cualquiera del conjunto de información disponible en t (Z_t contiene menos información que el conjunto completo de información). Usando la Ley de Expectativas Iteradas, el modelo implica que,

$$E(\zeta_{jt+1}|Z_t) = 0; \quad j = 1, ..., N \text{ y } t = 1, ..., T. \tag{11.88}$$

Por tanto,

$$E(\zeta_{t+1} \, Z_t) = 0; \quad t = 1, ..., T, \tag{11.89}$$

donde E es la expectativa incondicional. La condición [11.89] dice que ζ_{t+1} es *ortogonal* al conjunto de información Z_t, por lo que $E(\zeta_{t+1}Z_t) = 0$ se denomina *condición de ortogonalidad*. Estas condiciones de ortogonalidad son la base fundamental del MGM. Obsérvese, en definitiva, que la metodología del MGM descansa en que la ecuación fundamental de valoración genera una familia de condiciones de ortogonalidad.

En línea con lo anterior, este tipo de contrastes están también basados en lo que se denomina *expectativas racionales*, concepto que ya aplicamos en la primera sección de este capítulo y que implica que la diferencia entre las realizaciones observadas de las variables y sus expectativas no debe estar relacionada con el conjunto de información sobre el que se basan dichas expectativas. Así, el término de error, $M_{t+1}\tilde{R}_{jt+1} - 1$, de la ecuación [11.85] *no puede* en ningún caso predecirse de forma que sea diferente de cero cuando utilizamos la información disponible en t. Si una parte de la variabilidad de $\tilde{R}_{jt+1}$ fuese predecible usando la información (o instrumento) Z_t, el modelo necesariamente implica que dicha capacidad de predicción desaparecería cuando $\tilde{R}_{jt+1}$ se multiplica por el factor de descuento M_{t+1}. Naturalmente, esta idea generaliza el concepto de paseo aleatorio introducido en el capítulo 9. Sabemos que si los rendimientos se caracterizan por seguir un paseo aleatorio, dichos rendimientos son impredecibles. El modelo del paseo aleatorio es, de hecho, un caso especial del modelo que estamos analizando ya que el factor de descuento, bajo las condiciones del paseo aleatorio, es una constante. *En este caso*, la ecuación $E_t(M_{t+1}\tilde{R}_{jt+1}) = 1$ implica que $\tilde{R}_{jt+1}$ no debería ser, desde el punto de vista de la predicción, diferente de una simple constante y, por tanto, el rendimiento esperado de cualquier activo sería necesariamente constante. Sin embargo, si M_{t+1} no es una constante es importante resaltar que los rendimientos esperados pueden ser variables a lo largo del tiempo y los rendimientos por sí mismos tener un componente predecible.

Centrándonos en la contrastación de los modelos mediante el MGM, sea $\zeta_{t+1}(\theta)$ el vector *N*-dimensional de perturbaciones dado por $(M(X_{t+1}, \theta)\tilde{R}_{t+1} - 1)$ y Z_t un vector *L*-dimensional de instrumentos (que forman parte del conjunto de información disponible) y que son conocidos en t. Definamos $g_T(\theta)$ como:

$$g_T(\theta) = \frac{1}{T} \sum_{t=1}^{T} (\zeta_{t+1}(\theta) \otimes Z_t), \qquad [11.90]$$

cuya dimensión es $NL \times 1$ y donde $\otimes$ representa el producto Kronecker. Es clave indicar que, apoyándonos en la idea que subyace en la expresión [11.89], $N \times L$ *es aquí el número de condiciones de ortogonalidad* con las que se estima el modelo.

Sea θ_0 el verdadero valor de los parámetros que deseamos estimar. Dada nuestra discusión anterior, la expresión [11.90] evaluada en $\theta = \theta_0$, y que denominamos $g_T(\theta_0)$, debería ser muy cercana a cero para T suficientemente grande.

Este planteamiento sugiere que si el número de condiciones de ortogonalidad $(N \times L)$ es igual al número de parámetros desconocidos a estimar (q), entonces el estimador θ_T de θ_0 es aquél que hace que la expresión de $g_T(\theta)$ sea igual a cero:

$$g_T(\theta_T) = \frac{1}{T} \sum_{t=1}^{T} (\zeta_{t+1}(\theta_T) \otimes Z_t) = 0. \qquad [11.91]$$

Ahora bien, y este es el caso más importante en el MGM, si $N \times L > q$, es decir, si el número de condiciones de ortogonalidad es mayor que el número de parámetros a estimar, se hace necesario reducir la dimensión de $g_T(\theta)$. Esto es posible hacerlo si premultiplicamos $g_T(\theta)$ por una matriz de dimensión adecuada, $q \times NL$, que denominamos A_T y que depende de la información muestral disponible.

En este caso, el estimador MGM de θ_T es aquél que se obtiene al igualar a cero la expresión:

$$A_T g_T(\theta_T) = 0. \qquad [11.92]$$

Alternativamente, la ecuación anterior puede reescribirse de manera que el estimador MGM sea el resultado de escoger aquel θ_T que minimice una forma cuadrática de los errores del modelo, tal como hemos hecho en otras secciones de este capítulo. Así, *el estimador MGM es aquel θ_T que minimice la siguiente función objetivo*:

$$H_T(\theta) = g_T(\theta)'W_T g_T(\theta), \qquad [11.93]$$

donde W_T es una matriz $NL \times NL$ simétrica definida positiva que puede depender de la información muestral.[31]

Las condiciones de primer orden para el problema de minimización [11.93] son

$$\frac{\partial g_T(\theta_T)'}{\partial \theta} W_T g_T(\theta_T) = 0, \qquad [11.94]$$

donde la matriz A_T que reduce la dimensión del problema en [11.92] es:

$$\frac{\partial g_T(\theta_T)'}{\partial \theta} W_T = A_T. \qquad [11.95]$$

Este procedimiento, dada la matriz de ponderaciones W_T, nos permitiría obtener los estimadores del vector de parámetros desconocido θ. Supongamos a continuación que $\sqrt{T}g_T(\theta_0)$ converge en distribución a una Normal multivariante con media 0 y matriz de varianzas y covarianzas S; esto es $N(0, S)$, donde S es simétrica definida positiva. Hansen (1982) demuestra que, para cualquier matriz W, los estimadores de θ que minimizan $g_T(\theta)'W_T g_T(\theta)$ son consistentes y asintóticamente Normales. Si, además, la matriz W se escoge como la inversa de la matriz de varianzas y covarianzas de las condiciones de ortogonalidad y, por tanto, como $W = S^{-1}$, los estimadores son asintóticamente eficientes (de menor varianza entre los que minimizan $g_T(\theta)'W_T g_T(\theta)$, dada una W).

Con todo ello, la matriz de varianzas y covarianzas asintótica del estimador MGM es

$$\text{var}(\theta) = \left(D'S^{-1}D\right)^{-1}, \qquad [11.96]$$

que tiene la forma habitual de la varianza de los estimadores de MCG, donde

$$D = E\left(\frac{\partial g(\theta)}{\partial \theta}\right), \qquad [11.97]$$

y donde $\partial g(\theta)/\partial \theta$ es una matriz de derivadas de orden $NL \times q$. Así, por [11.96],

$$\text{var}(\theta) = [E(\partial g(\theta)/\partial \theta)'S^{-1}E(\partial g(\theta)/\partial \theta)]^{-1}, \qquad [11.98]$$

---

[31] El problema que se resuelve en la expresión [11.93] es no lineal y requiere un procedimiento de solución numérico.

donde en las estimaciones con datos reales los valores poblacionales se sustituyen por sus análogos muestrales:

$$D_T = \left(\frac{\partial g_T(\theta_T)}{\partial \theta} \right) \qquad [11.99]$$

$$\text{var}(g_T(\theta)) = S_T = \frac{1}{T} \sum_{t=1}^{T} \sum_{\tau} (\zeta_{t+1} \zeta'_{t+1-\tau}) \otimes (Z_t Z'_{t-\tau}), \qquad [11.100]$$

donde se admite correlación serial en las condiciones de ortogonalidad.[32] Si dichas condiciones no presentan correlación serial, entonces

$$S_T = \frac{1}{T} \sum_{t=1}^{T} (\zeta_{t+1} \zeta'_{t+1}) \otimes (Z_t Z'_t). \qquad [11.101]$$

Nótese, por último, que

$$A_T = D'_T S_T^{-1}. \qquad [11.102]$$

Las restricciones impuestas por las condiciones de ortogonalidad (el modelo) se pueden contrastar mediante el estadístico J_T,

$$J_T = T g_T(\theta)' S_T^{-1} g_T(\theta) \qquad [11.103]$$

que se distribuye de forma asintótica como una $\chi^2(NL - q)$. Es decir, los grados de libertad son el número de condiciones de ortogonalidad menos el número de parámetros a estimar.

Debemos señalar que el propio estimador MGM necesita conocer previamente la matriz de ponderaciones. El procedimiento de estimación es necesariamente iterativo. En una primera etapa se impone la matriz de identidad como la matriz de ponderaciones y se estima el modelo bajo este supuesto. Con los estimadores resultantes se estima una nueva matriz de ponderaciones y así sucesivamente hasta lograr convergencia entre los estimadores.

11.9* Utilizando el Método Generalizado de Momentos: el caso del CAPM

Usando la expresión [11.81], la ecuación fundamental de valoración puede escribirse como:

---

[32] Ciertos problemas técnicos se resuelven mediante la matriz propuesta por Newey y West (1987) que utiliza la matriz de varianzas y covarianzas con correlación serial pero ponderando de una forma muy precisa los términos de autocorrelación.

$$E\left[(\delta_0 + \delta_1 R_{mt+1})\tilde{R}_{t+1} - 1\right] = 0, \qquad\qquad [11.104]$$

donde $\tilde{R}_{t+1}$ es el vector de rendimientos (brutos) de los activos. El vector de condiciones de ortogonalidad será:

$$g_T(\delta_0, \delta_1) = \frac{1}{T}\sum_{t=1}^{T}\left[(\delta_0 + \delta_1 R_{mt+1})\tilde{R}_{t+1} - 1\right], \qquad\qquad [11.105]$$

Siempre que el número de activos, N, sea mayor que 2 (el número de parámetros a estimar), el estadístico J será una $\chi^2(N-2)$.[33]

Curiosamente, también se puede contrastar el CAPM en su versión incondicional tradicional empleando el MGM. Para ello, definamos como $er_t = R_t - r_t 1_N$ al vector N-dimensional de excesos de rendimientos de los activos en el periodo t, siendo 1_N un vector N-dimensional de unos. Sea, asimismo, $\zeta_t = er_t - \beta r_{mt}$, el vector N-dimensional de perturbaciones, donde β es el vector N-dimensional de las betas de los excesos de rendimiento de los activos con respecto al exceso de rendimiento del mercado y $r_{mt} = R_{mt} - r_t$ es el exceso de rendimiento del mercado.

El CAPM implica que

$$E(\zeta_t) = E(\zeta_t r_{mt}) = 0. \qquad\qquad [11.106]$$

Sea Z_t el vector de instrumentos que definimos como el vector de orden 2×1 de la forma, $Z_t = (1, r_{mt})'$. Las condiciones de ortogonalidad serán:

$$g_T(\beta) = \frac{1}{T}\sum_{t=1}^{T}(er_t - \beta r_{mt})\otimes Z_t. \qquad\qquad [11.107]$$

Nótese que el número de condiciones de ortogonalidad es igual a $2N$. Esto es, $g_T(\beta)$ se compone de las siguientes condiciones de ortogonalidad:

$$\begin{bmatrix} \zeta_{1t}(\beta_1) \\ \zeta_{1t}(\beta_1)r_{mt} \\ \vdots \\ \zeta_{Nt}(\beta_N) \\ \zeta_{Nt}(\beta_N)r_{mt} \end{bmatrix} \qquad\qquad [11.108]$$

mientras que el número de parámetros a estimar (las betas) es igual a N. El modelo está sobreidentificado (el número de condiciones de ortogonalidad es mayor que el número de parámetros a estimar), como es habitual en este tipo de contextos en el

---

[33] El número de condiciones de ortogonalidad es $NL = N$ ya que $L = 1$ y $q = 2$. Un ejemplo de este contraste con datos estadounidenses aparecerá en el siguiente capítulo.

que necesitamos emplear el MGM y debemos, por tanto, utilizar el estadístico J_T para contrastar el CAPM. A este tipo de estimación le denominamos *caso restringido*.

Existe una última alternativa. Si regresamos por MCO los excesos de rendimiento de cada activo sobre el tipo de interés libre de riesgo en los excesos de rendimiento de la cartera de mercado tenemos la expresión [11.75]:

$$R_{jt} - r_t = \alpha_{jm} + \beta_{jm}(R_{mt} - r_t) + \varepsilon_{jt}.$$

Esto es, se trata de contrastar el CAPM bajo la hipótesis de que los rendimientos esperados de los activos son diferentes de las predicciones del CAPM por un vector de alfas de Jensen. Nótese que en el caso anterior se ha impuesto de hecho que las alfas eran iguales a cero. Es decir, en ese caso se ha *restringido* la estimación de las betas al imponer que las alfas son cero. En este otro caso, sin embargo, los errores del modelo son función de las propias alfas y el modelo se denomina *caso no restringido*:

$$\varepsilon_t = er_t - \alpha - \beta r_{mt'} \qquad [11.109]$$

donde ε_t es el vector N-dimensional de perturbaciones y α es el vector N-dimensional de alfas de Jensen. El modelo tiene ahora $2N$ condiciones de ortogonalidad y $2N$ parámetros a estimar.

$$g_T(\alpha, \beta) = \frac{1}{T} \sum_{t=1}^{T} (er_t - \alpha - \beta r_{mt}) \otimes Z_t. \qquad [11.110]$$

Esto es, $g_T(\alpha, \beta)$ se compone de las siguientes condiciones de ortogonalidad:

$$\begin{bmatrix} \varepsilon_{1t}(\alpha_1, \beta_1) \\ \varepsilon_{1t}(\alpha_1, \beta_1)r_{mt} \\ \vdots \\ \varepsilon_{Nt}(\alpha_N, \beta_N) \\ \varepsilon_{Nt}(\alpha_N, \beta_N)r_{mt} \end{bmatrix} \qquad [11.111]$$

En este caso, los parámetros se pueden estimar simplemente por MCO ya que al estar el modelo perfectamente identificado, los estimadores serían idénticos. Lo que *no* es igual es la matriz de varianzas y covarianzas de los estimadores. La varianza de MCO no resultaría en estimaciones eficientes (de menor varianza) y, por tanto, la estimación de la varianza dada por [11.96] sería la apropiada (a pesar de haber estimado α y β por MCO). Asimismo, se utilizaría el estadístico J_T con una matriz de ponderaciones que recogería un comportamiento en los residuos del modelo más rico que en el caso habitual del contraste, bajo Normalidad, W de Gibbons, Ross y Shanken (1989) de la expresión [11.76]. En particular, este contraste MGM admite covarianzas entre los residuos del modelo al cuadrado y el rendimiento del mercado (e incluso con el rendimiento del mercado al cuadrado). Admite lo que se conoce técnicamente como *heteroscedasticidad condicional* en los residuos. Esta diferencia surge al no tener que imponer un supuesto de Normalidad en los rendimientos de los activos cuando se estima por MGM, a diferencia de lo que ocurría con el estadístico W.

La evidencia que presentamos de los contrastes de eficiencia de una determinada cartera comprende resultados para el mercado estadounidense obtenidos por MacKinlay y Richardson (1991), así como los resultados para el mercado bursátil español. En ambos casos los contrastes emplean 10 carteras construidas por tamaño (capitalización bursátil).

El cuadro 11.11 contiene la evidencia norteamericana. Como suele ser habitual en los contrastes de eficiencia, el índice equiponderado (IBEQ) tiene un mejor comportamiento que el índice ponderado (IBPC), aunque en general para el periodo completo es posible rechazar la eficiencia de ambos índices. Una vez más, la implantación empírica del CAPM tiende a rechazar el modelo. Ahora bien, utilizando tanto el estadístico F de la expresión [11.78], basado en el estadístico W, como el estadístico de Wald y para el periodo completo, no se puede rechazar la eficiencia del índice equiponderado. Sin embargo, sí es posible rechazar su eficiencia empleando el MGM. Este es un resultado de gran interés que muestra el poder estadístico que tiene el MGM. De hecho, el estadístico de Wald infravalora sistemáticamente el estadístico J_T no restringido del MGM. Cabe señalar que la diferencia entre el contraste de Wald y el MGM es más evidente durante el periodo 1926-1957 (aunque no se muestra en el cuadro 11.11) que en el periodo final entre 1957 y 1988. Esto implica que los rendimientos durante el segundo periodo son más consistentes con el supuesto de Normalidad multivariante que en el primer periodo.

Cuadro 11.11. Contrastes de eficiencia de una determinada cartera en el mercado estadounidense, 1926-1988.

	IBPC[1]		IBEQ[2]	
	1926-1988	1957-1988	1926-1988	1957-1988
Estadístico F[3]	1,899	1,729	1,620	1,325
(p-valor)	(0,042)	(0,073)	(0,096)	(0,215)
Estadístico Wald[4]	18,99	17,29	16,20	13,25
(p-valor)	(0,040)	(0,068)	(0,094)	(0,210)
Estadístico MGM[5]	21,16	17,71	19,66	14,01
(p-valor)	(0,020)	(0,060)	(0,033)	(0,173)
(Wald/MGM) −1 (en %)	− 10,2	− 2,4	− 17,6	− 5,4

Fuente: MacKinlay y Richardson (1991).
[1] Índice Bursátil de Nueva York ponderado por capitalización.
[2] Índice Bursátil de Nueva York equiponderado.
[3] $F(N, T - N - 1)$. Basado en el estadístico W de Gibbons, Ross y Shanken.
[4] $\chi^2(N)$. Se corrige con el término $(T-N-1)/T$ para mejorar su comportamiento en muestras finitas.
[5] Es el contraste del MGM no restringido. Se corrige con el término $(T - N - 1)/T$ para mejorar su comportamiento en muestras finitas.

El cuadro 11.12 presenta la evidencia similar para el mercado bursátil español entre 1963 y 1996.[34] Los resultados vuelven a mostrar un mal comportamiento de los índices bursátiles habituales. La eficiencia media-varianza se rechaza mediante contrastes alternativos. Una vez más, también es cierto que el índice equiponderado presenta un comportamiento ligeramente superior al índice ponderado. Nótese, asimismo, el efecto que tiene (con relación al contraste F) utilizar la distribución asintótica en el MGM sin hacer el ajuste por muestras finitas del cuadro 11.11. El lector puede comprobar el rechazo de la hipótesis nula una vez que dicho ajuste se incorpora. En cualquier caso, de acuerdo con los resultados básicos de este capítulo, parece evidente que deben buscarse modelos alternativos de valoración de activos. El APT es una clara alternativa. Su comportamiento empírico se analiza en el siguiente capítulo.

Cuadro 11.12. Contrastes de eficiencia de una determinada cartera en el mercado bursátil español, el MGM, 1963-1996.

	IBPC[1] (IGBM)	IBEQ[2]
Estadístico F[3]	3,726 (0,00009)	2,263 (0,01400)
Estadístico MGM(NR)[4]	45,337 (0,00000)	27,675 (0,00203)
Estadístico MGM(R)[5]	50,673 (0,00000)	29,196 (0,00116)

[1] Índice General de la Bolsa de Madrid ponderado por capitalización.
[2] Índice bursátil español equiponderado.
[3] Estadístico $F(N, T - N - 1)$ basado en el estadístico W de Gibbons, Ross y Shanken.
[4] Es el contraste del MGM no restringido.
[5] Es el contraste del MGM restringido.

Referencias

Basarrate, B. y G. Rubio (1990). "A Note on the Seasonality in the Risk-Return Relationship", *Investigaciones Económicas*, 14, págs. 311-318.

Basarrate, B. y G. Rubio (1994). "La Imposición sobre Plusvalías y Minusvalías: Sus Efectos sobre el Comportamiento Estacional del Mercado de Valores", *Revista Española de Economía*, 11, págs. 247-277.

[34] Los autores desean agradecer la colaboración de Javier Gil (Universidad Carlos III) en la elaboración de este cuadro.

Black, F., Jensen, M. y M. Scholes (1972). "The Capital Asset Pricing Model: Some Empirical Tests", en *Studies in the Theory of Capital Markets*, M. Jensen editor, Praeger, Nueva York.

Campbell, J., Lo, A. y A. C. MacKinlay (1997). *The Econometrics of Financial Markets*, Princeton University Press, cap. 5 y apénd. A.2.

Carhart, M. (1997). "On Persistence in Mutual Fund Performance", *Journal of Finance*, 52, págs. 57-82.

Chan, L., Jegadeesh, N, y J. Lakonishok (1995). "Evaluating the Performance of Value versus Glamour Stocks. The Impact of Selection Bias", *Journal of Financial Economics*, 38, págs. 269-298.

Fama, E. (1976). *Foundations of Finance*, Basic Books, Nueva York, cap. 8.

Fama, E. y K. French (1992). "The Cross-Section of Expected Returns", *Journal of Finance*, 47, págs. 427-465.

Fama, E. y J. MacBeth (1973). "Risk, Return, and Equilibrium: Empirical Tests", *Journal of Political Economy*, 81, págs. 607-636.

Ferson, W. y R. Jagannathan (1996). "Econometric Evaluation of Asset Pricing Models", en *Handbook of Statistics*, vol. 14, eds. S. Maddala y C. Rao, Elsevier Sciences.

Gibbons, M., Ross, S. y J. Shanken (1989). "A Test of the Efficiency of a Given Portfolio", *Econometrica*, 57, págs. 1121-1152.

Grinblatt, M. y S. Titman (1998). *Financial Markets and Corporate Strategy*, Irvine-McGraw-Hill, cap. 5.

Hansen, L. (1982). "Large Sample Properties of Generalized Method of Moments Estimators", *Econometrica*, 50, págs. 1.029-1.054.

Hawawini, G. y D. Keim (1995). "On the Predictability of Common Stock Returns: World-Wide Evidence" en *Handbook in Operations Research and Management Science*, vol. 9, eds. R. Jarrow, V. Maksimovic y W. Ziemba, North-Holland.

Jagannathan, R. y Z. Wang (1996). "The Conditional CAPM and the Cross-Section of Expected Returns", *Journal of Finance*, 51, págs. 3-53.

Jegadeesh, N. y S. Titman (1993). "Returns to Buying Winners and Selling Losers: Implications for Stock Market Efficiency", *Journal of Finance*, 48, págs. 65-91.

Keim, D. (1983). "Size-Related Anomalies and Stock Return Seasonality: Further Empirical Evidence", *Journal of Financial Economics*, 12, págs. 13-32.

Kothari, S., Shanken, J. y R. Sloan (1995). "Another Look at the Cross-Section of Expected Stock Returns", *Journal of Finance*, 50, págs. 185-224.

Litzenberger, R. y C. Huang (1987). *Foundations for Financial Economics*, North-Holland, cap. 10.

MacKinlay, A. y M. Richardson (1991). "Using Generalized Method of Moments to Test Mean-Variance Efficiency", *Journal of Finance*, 46, págs. 511-527.

Newey, W. y K. West (1987). "A Simple Positive-Definite Heteroskedasticity and Autocorrelation Consistent Covariance Matrix", *Econometrica*, 55, págs. 703-708.

Roll, R. (1977). "A Critique of the Asset Pricing Theory´s Tests: Part I: On Past and Potential Testability of the Theory", *Journal of Financial Economics*, 4, págs. 129-176.

Roll, R. (1983). "Vas ist Das? The Turn of the Year Effect and the Return Premia for Small Firms", *Journal of Portfolio Management*, 9, págs. 18-28.

Rubio, G. (1988). "Further International Evidence on Asset Pricing: The Case of the Spanish Capital Market", *Journal of Banking and Finance*, 12, págs. 221-242.

Shanken, J. (1996). "Statistical Methods in Tests of Portfolio Efficiency: A Synthesis", en *Handbook of Statistics*, vol. 14, eds. S. Maddala y C. Rao, Elsevier Sciences.

Shanken, J. (1985). "Multivariate Tests of the Zero-Beta CAPM", *Journal of Financial Economics,* 14, págs. 327-348.

12. Los contrastes del APT y modelos multibeta: tipos de contrastes y evidencia empírica

12.1 Una breve discusión introductoria

Uno de los resultados en principio más sorprendentes de la evidencia empírica de los años noventa ha sido encontrar que una serie de características como el tamaño de las empresas (capitalización bursátil), el cociente valor contable con relación al valor de mercado (VC/VM) e incluso, aunque en menor medida, el *momentum* asociado al comportamiento reciente de los valores bursátiles, son capaces de explicar los rendimientos medios de los activos mejor que la beta del CAPM.

La controversia sobre el origen de esta evidencia no está resuelta en absoluto. En principio, y sin necesidad de recurrir a argumentos relacionados con ciertos comportamientos psicológicos por parte de los agentes que operan en los mercados bursátiles, la literatura reciente se ha centrado en interpretar a dichas características como factores de riesgo sistemático que no están reflejados en el riesgo beta tradicional. En particular, los activos que tienen unas ciertas características podrían estar expuestos a dichos factores de riesgo y, por tanto, *modelos con múltiples betas* serían imprescindibles para explicar los rendimientos medios de los activos.

Un ejemplo que puede tener una interpretación de este tipo es el cociente VC/VM. Sería perfectamente razonable que aquellas empresas que tienen un cociente VC/VM elevado estén sujetas a un riesgo sistemático no recogido por su riesgo beta. Estas empresas podrían ser especialmente sensibles al ciclo económico ya que sus condiciones de crédito podrían verse relativamente más afectadas en momentos de recesión económica. Este riesgo fundamental no vendría recogido por el riesgo beta y, sin embargo, estaría asociado a una determinada fuente de riesgo agregada o sistemática. Sin duda, este tipo de argumento está íntimamente conectado con la discusión introductoria que aparece en el capítulo 9. Volveremos sobre estas ideas cuando se discutan los resultados empíricos, aunque podemos adelantar nuestra postura *crítica* ante los autores que interpretan variables relacionadas con el precio de los activos como aproximaciones a fuentes o factores de riesgo sistemático.

Recuérdese que el APT, como modelo de múltiples betas, está basado en un supuesto de ausencia de arbitraje y en un modelo factorial generador de rendimientos que viene dado por la expresión

$$R_{jt} = a_j + \sum_{k=1}^{K} \beta_{jk} F_{kt} + \varepsilon_{jt}; \, j = 1, \, ..., \, N, \qquad [12.1]$$

donde, como sabemos, F_{kt} son las innovaciones en los factores de riesgo sistemático existentes en la economía y ε_{jt} representa el componente del rendimiento que es propio de la empresa j y que no está correlacionado con las fuentes de riesgo sistemático por lo que resulta posible diversificarlo.

Así, el APT exacto viene dado por la siguiente expresión:

$$E(R_j) = \lambda_0 + \sum_{k=1}^{K} \beta_{jk} \lambda_k; \, j = 1, \, ..., \, N, \qquad [12.2]$$

donde λ_k son las primas de riesgo esperadas de los factores de riesgo sistemático y que, como se discutió en el capítulo 8, representan los incrementos en el rendimiento esperado de los activos por cada unidad adicional de riesgo beta como sensibilidad al factor k.

En definitiva las implicaciones empíricas del APT se pueden resumir en tres ideas:

- El rendimiento esperado de la cartera que tiene betas igual a cero respecto a todos los factores de riesgo sistemático representa al activo que juega el papel del activo libre de riesgo como tal o simplemente como una cartera de cero-betas.
- El rendimiento esperado de los activos aumenta *linealmente* con incrementos en una beta cualquiera dada, β_{jk}.
- El rendimiento esperado de los activos no está determinado por ninguna otra característica de los activos que no sea una de las betas asociadas a alguno de los factores de riesgo sistemático.

La literatura empírica relacionada con el APT como modelo de múltiples betas puede clasificarse en tres grandes grupos que permiten una presentación ordenada de los resultados. En primer lugar, cabe interpretar a los factores de riesgo sistemático como *variables macroeconómicas* que inciden en mayor o menor grado en todas las empresas. En segundo lugar, *carteras réplicas* de los factores de riesgo pueden extraerse por procedimientos puramente *estadísticos* como análisis factorial o componentes principales (asintóticos) que emplean la matriz de varianzas y covarianzas de los rendimientos de los activos para extraer rendimientos de carteras asociadas a dichas fuentes comunes de riesgo. Finalmente, los factores sistemáticos pueden interpretarse como carteras de activos de coste cero (autofinanciadas) basadas en las *características* de los activos que parecen explicar los rendimientos medios de los mismos como el tamaño (capitalización bursátil) y el cociente VC/VM. La presentación de los contrastes del APT y su evidencia empírica sigue en este capítulo estas tres grandes líneas que han caracterizado el estudio del modelo. Finalmente, introduciremos el denominado *CAPM condicional* que, como veremos, puede escribirse como un modelo de múltiples betas. Este modelo es, a nuestro entender, clave para interpretar correctamente la evidencia empírica sobre los modelos de valoración, así como para comprender el papel real que juegan las variables explicativas relacionadas con el precio de los activos como el cociente VC/VM o la pura capitalización bursátil.

12.2 Las variables macroeconómicas como factores de riesgo sistemático

Chen, Roll y Ross (CRR) (1986), en un influyente trabajo sobre el APT imponiendo variables macroeconómicas como fuentes de riesgo agregado, especifican *ex-ante* una serie de factores con argumentos intuitivos sobre la influencia potencial que dichas variables tienen sobre los precios de los activos. Toman como punto de partida la ecuación fundamental de valoración escrita en términos de precios:

$$P_{jt} = E_t[M_{t+1}X_{jt+1}]; j = 1, ..., N,$$ [12.3]

donde X_{jt+1} representa los flujos que genera la empresa j en el futuro. Naturalmente, esta expresión no es más que el valor actual de los flujos futuros, donde M_{t+1} juega el papel de factor de descuento.

Las variables macroeconómicas que pueden afectar o bien a los flujos futuros que genere la empresa o al factor de descuento, son las variables que potencialmente pueden representar los factores de riesgo sistemático. Así, los *factores pre-especificados* fueron:

- El cambio mensual porcentual en el índice de producción industrial.
- Una medida de inflación no esperada.
- La variación mensual en la inflación esperada.
- La diferencia entre el tipo de interés de la deuda pública a largo plazo (como TIR) y a corto plazo, representada esta última mediante el tipo de interés de las letras del Tesoro a un mes. Este factor está asociado a los cambios en la estructura temporal de los tipos de interés.
- El *diferencial de insolvencia financiera*, representado por la diferencia entre el tipo de interés (como TIR) de la deuda empresarial a largo plazo y el tipo de interés de la deuda pública a largo plazo (también como TIR).

El tipo de contraste que se lleva a cabo es un contraste de sección cruzada a la Fama-MacBeth tal como se describió en el capítulo 11. Nótese que, *para cada mes* del periodo muestral disponible, puede realizarse la siguiente regresión de sección cruzada:[1]

---

[1] La siguiente regresión incluye el rendimiento de la cartera de mercado como factor de riesgo, al emplear la beta del mercado como variable explicativa en la sección cruzada.

$$R_{jt} = \gamma_{0t} + \gamma_{1t}\beta_{jmt} + \gamma_{2t}\beta_{jpit} + \gamma_{3t}\beta_{jinet}$$
$$+ \gamma_{4t}\beta_{jiet} + \gamma_{5t}\beta_{jett} + \gamma_{6t}\beta_{jdit} + \eta_{jt}; \ j = 1, ..., N, \qquad [12.4]$$

donde, en una primera etapa, las respectivas betas de los factores elegidos se estiman mediante la correspondiente versión del *modelo de mercado para cada factor de riesgo*. Así, β_{jpit}, β_{jinet}, β_{jiet}, β_{jett} y β_{jdit} representan las betas del rendimiento del activo j con respecto a cambios en el índice de producción industrial, inflación no esperada, cambios en la inflación esperada, diferencial de la estructura temporal de tipos y diferencial de insolvencia respectivamente. Asimismo, γ_{kt}, son las primas de riesgo esperadas de los diferentes factores de riesgo (variables macroeconómicas) para el periodo t, incluido el propio rendimiento de la cartera de mercado.

Este planteamiento no es más que la extensión del apartado 11.3 del capítulo anterior a una regresión de múltiples variables explicativas. Las estimaciones finales de las primas de riesgo se obtienen empleando las ecuaciones [11.15]-[11.17] de dicho capítulo. La inferencia estadística también puede hacerse corrigiendo el problema de EEV, *multiplicando la varianza de cada estimador*, dada por [11.17], por el término de ajuste similar al que se propuso en la ecuación [11.24]:

$$\left(1 + \frac{\hat{\gamma}_k^2}{\hat{\sigma}_k^2}\right); \ k = 1, ..., K \qquad [12.5]$$

y que, en este caso, se debe hacer para cada factor de riesgo k impuesto en la regresión, donde $\hat{\gamma}_k$ es la prima de riesgo estimada para el factor k y $\hat{\sigma}_k^2$ es la varianza muestral del mismo.

Siguiendo la metodología habitual, CRR utilizan 20 carteras construidas en base al tamaño de cada activo individual (capitalización bursátil) al final de cada año. Las betas de estas carteras respecto a los factores se estiman con 60 meses de datos pasados. Dado que sus resultados cubren el periodo comprendido entre enero de 1958 y diciembre de 1984, la primera regresión de sección cruzada se realiza en enero de 1958, por lo que se necesitan datos desde 1953.

Los resultados principales se muestran en el cuadro 12.1, donde se incluyen las regresiones que tienen en cuenta los índices bursátiles ponderado y equiponderado de la Bolsa de Nueva York, así como una regresión sólo con factores macroeconómicos.

**Cuadro 12.1. Variables macroeconómicas como factores de riesgo:
primas de riesgo estimadas (en %) con 20 carteras (Chen, Roll y Ross).**

Años	Constante	IBEQ[1]	IBPC[2]	IPI[3]	INE[4]	CIE[5]	ETT[6]	DIF[7]
1958–84	0,412 (1,36)[8]	–	–	1,359 (3,56)	– 0,063 (– 1,98)	– 0,013 (– 1,64)	– 0,521 (– 1,69)	0,721 (2,59)
1958–84	0,641 (1,85)	0,502 (1,22)	–	1,401 (3,77)	– 0,085 (– 2,54)	– 0,013 (– 1,67)	– 0,502 (– 1,58)	0,813 (2,86)
1958–84	1,071 (2,76)	–	– 0,240 (– 0,63)	1,176 (3,05)	– 0,080 (– 2,38)	– 0,012 (– 1,60)	– 0,591 (– 1,88)	0,827 (2,97)

Fuente: Chen, Roll y Ross (1986).
[1] Índice bursátil equiponderado.
[2] Índice bursátil ponderado por capitalización.
[3] Cambios en el índice de producción industrial.
[4] Inflación no esperada.
[5] Cambios en la inflación esperada.
[6] Estructura temporal de tipos de interés.
[7] Diferencial de insolvencia financiera.
[8] Estadístico *t*.

Los resultados son *aparentemente* muy favorables al APT con variables macroeconómicas. Las primas de riesgo medias estimadas para todo el periodo de análisis son estadísticamente significativas para la producción industrial, inflación no esperada y diferencial de insolvencia. Este resultado se mantiene independientemente de la inclusión de los rendimientos del mercado aproximado por el índice ponderado o equiponderado.

Los signos positivos de las primas por riesgo asociados a la producción industrial y al diferencial de insolvencia deben interpretarse igual que el signo positivo de la prima por riesgo de la beta del mercado. Si un activo tiende a tener rendimientos positivos cuando los cambios en el índice de producción industrial (como indicador relevante de la actividad industrial) son positivos, los agentes exigirán una compensación adicional por invertir en dicho activo en forma de mayor rendimiento esperado. Recuérdese la discusión de la primera sección del capítulo 7. En otras palabras, la *covarianza positiva* entre los rendimientos de los activos y la tasa de crecimiento de la producción industrial se interpreta como una fuente de riesgo no deseada por los agentes. Igual ocurre con el diferencial de insolvencia. Una covarianza positiva entre los rendimientos de los activos inciertos y el diferencial de la deuda que representa riesgo potencial de insolvencia es rechazada por los individuos que exigirían compensaciones adicionales para invertir en dichos activos. Nótese que este diferencial de insolvencia podría estar relacionado con el cociente VC/VM.

Por otra parte, observamos una *prima de riesgo negativa* asociada a la inflación no esperada. Sin duda, un aumento en la inflación no esperada es una mala noticia para los agentes que operan en los mercados. Así, una covarianza positiva entre los rendimientos de los activos y la inflación no esperada sugiere que dichos activos tenderán a ofrecer pagos elevados en momentos en los que la inflación no esperada es particularmente alta. Esto implica que dichos activos sirven de *cobertura* ante movimientos al alza en la inflación y son evidentemente bienvenidos por los individuos. De esta forma, no se les exigirá una compensación adicional sino todo lo contrario. El signo negativo de la prima está así justificado.

En cualquier caso, estos resultados implican que, una vez controlado el riesgo relacionado con los factores macroeconómicos, el riesgo beta *no parece* estar valorado en el mercado. Una vez más, nos encontramos con una mala noticia para el CAPM como modelo de valoración dominante.

Curiosamente estos resultados han sido cuestionados muy seriamente por varios autores. Como iremos comprobando a lo largo de este capítulo, los resultados aparentemente satisfactorios que se muestran en el cuadro 12.1 tienen explicaciones relacionadas con serios *sesgos* introducidos por el diseño estadístico empleado, o por cuestiones más fundamentales que se explican en un *contexto condicional* de los modelos de valoración en lugar del tradicional marco incondicional.

Shanken y Weinstein (1990), en uno de los documentos de trabajo no publicados más famosos de la literatura, recuerdan el posible ajuste asintótico de la expresión [12.5] que en principio deberían incorporar los errores estándar de las estimaciones de las primas por riesgo del cuadro 12.1. Por ejemplo, el error estándar de la prima por riesgo de la inflación no esperada sería un 14% más alto si se emplease el ajuste proveniente de la inconsistencia del estimador al emplear la beta respecto a la inflación no esperada como variable explicativa en la regresión de sección cruzada.

Sin embargo, el verdadero problema del cuadro 12.1 parece estar relacionado con el diseño estadístico empleado por CRR para formar carteras. Volviendo al procedimiento descrito en las líneas anteriores, nótese que algunas de las empresas clasificadas como pequeñas al final de cada año lo habrán sido como consecuencia de un mal comportamiento durante ese año.[2] Lo contrario ocurriría con algunas de las empresas asignadas a las carteras de mayor tamaño. Sin embargo, las betas de las carteras son estimadas con los cinco años anteriores. Para las empresas que han tenido ese mal comportamiento de forma que su precio al final del año sea pequeño, sus betas reflejarán toda la historia de los cinco años y no sólo el deterioro en su comportamiento del último año que le hace ser clasificada como empresa pequeña. El riesgo beta, al ser un promedio durante los cinco años anteriores, no recogerá adecuadamente el elevado riesgo de la nueva y mala situación de la empresa con la suficiente intensidad. Así, el riesgo beta de las empresas más pequeñas será más bajo que su verdadero riesgo, mientras que el riesgo beta de las empresas más grandes tendrá un sesgo al alza. Nótese que si las verdaderas betas de las carteras más pequeñas deben ser más grandes y las betas de las carteras de mayor tamaño deben ser más pequeñas, la regresión de sección cruzada se lleva a

---

[2] Se clasifican según la capitalización bursátil. Si ha existido un mal comportamiento, el precio (y la capitalización) de dichas empresas habría sufrido un descenso durante el año anterior.

cabo con una dispersión en las betas menor de la que realmente existe. De acuerdo con el análisis de Shanken y Weinstein, esta falta artificial de dispersión en las betas hace que las primas de riesgo estimadas estén sesgadas al alza. Si la dispersión de las betas en la regresión de sección cruzada fuera mayor, tal como debería ocurrir, las primas de riesgo estimadas en la regresión con múltiples factores serían más pequeñas.

En definitiva, la varianza de los estimadores debería ser mayor y los propios estimadores más pequeños de lo que se muestra en el cuadro 12.1. Estos autores replican el análisis de CRR, clasificando a las acciones en 20 carteras al principio del periodo de estimación de las betas en lugar de hacerlo al final de dicho periodo. Los resultados se presentan el cuadro 12.2.

Cuadro 12.2. Variables macroeconómicas como factores de riesgo: primas de riesgo estimadas (en %) con 20 carteras (Shanken y Weinstein).

Años	Constante	IBPC[1]	IBPC[2]	IPI[3]	INE[4]	CIE[5]	ETT[6]	DIF[7]
1958–83	0,00 (0,01)[8]	–	–	1,19 (2,38)	– 0,01 (– 0,33)	– 0,01 (– 1,00)	0,09 (0,28)	0,23 (0,77)
1958–83	0,30 (0,57)	0,15 (0,33)	–	0,83 (1,89)	– 0,03 (– 1,00)	– 0,01 (– 1,00)	– 0,04 (– 0,12)	0,43 (1,30)
1958–83	– 1,05 (– 1,81)	–	1,48 (2,43)	– 0,13 (– 0,25)	0,00 (0,10)	– 0,00 (– 0,40)	0,32 (0,80)	0,20 (0,50)

Fuente: Shanken y Weinstein (1990).
[1] Índice bursátil ponderado por capitalización y betas estimadas con datos previos a la estimación en sección cruzada.
[2] Índice bursátil ponderado por capitalización pero betas estimadas con datos contemporáneos.
[3] Cambios en el índice de producción industrial.
[4] Inflación no esperada.
[5] Cambios en la inflación esperada.
[6] Estructura temporal de tipos de interés.
[7] Diferencial de insolvencia financiera.
[8] Estadístico *t* ajustado por EEV.

Las dos primeras líneas muestran una evidencia muy diferente al cuadro anterior. Incluso sin recurrir al índice equiponderado, la significatividad de las primas de riesgo de las variables macroeconómicas desaparece a excepción de la producción industrial que, en cualquier caso, tiene mucha menos relevancia que en el caso anterior.

La última línea del cuadro 12.2 emplea *una única regresión de sección cruzada* y, por tanto, se estima con las betas contemporáneas de los factores de riesgo. La evidencia es aún más contraria al APT con variables macroeconómicas. Los estadísticos empleados en el contraste para esta última evidencia del cuadro 12.2 son las extensiones al caso de múltiples variables de las expresiones [11.71], [11.73] y

[11.74] del capítulo anterior. En particular, el estadístico para contrastar la linealidad del modelo es el estadístico T^2 de Hotelling que en este caso es:

$$Q_K^A = Te'\hat{\Sigma}^{-1}e\left(1 + \hat{\gamma}'_K \hat{S}_K^{-1}\hat{\gamma}_K\right)^{-1},$$
[12.6]

donde $\hat{\Sigma}$ es la matriz de varianzas y covarianzas de los residuos de un modelo factorial (la extensión del modelo de mercado) con los K factores de riesgo incorporados simultáneamente, e es el vector N-dimensional de los residuos de la única regresión de sección cruzada de los rendimientos medios en las betas factoriales, $\hat{\gamma}_K$ es el vector K-dimensional de las primas de riesgo estimadas de los K factores y $\hat{S}_K$ es la estimación de la matriz de orden $K \times K$ de varianzas y covarianzas de los correspondientes factores de riesgo o variables macroeconómicas en este caso. Este estadístico se distribuye aproximadamente como $F(N - K - 1, T - N + K)$.

Cuando los autores realizan el contraste de linealidad del modelo con 6 factores (las 5 variables macroeconómicas y el mercado) no son capaces de rechazar la hipótesis nula de linealidad. Desafortunadamente, sin embargo, estos resultados no son robustos al número de carteras empleadas en el análisis.

A modo de resumen, la evidencia empírica sobre la relevancia de las variables macroeconómicas como factores de riesgo es, en definitiva, dudosa y cuestionable.

12.3* Procedimientos estadísticos, carteras réplica y factores de riesgo sistemático: los componentes principales asintóticos[3]

Dada nuestra discusión en el capítulo 11, sabemos que un contraste alternativo al de sección cruzada consiste en utilizar un marco de regresiones temporales de los excesos de rendimiento de los activos en el exceso de rendimiento del mercado o, en este caso, en el exceso de rendimiento de unas *carteras que repliquen* a los múltiples factores de riesgo del APT. El análisis del modelo de valoración implica contrastar si el estimador de la constante de dicha regresión múltiple (la extensión del concepto de *alfa de Jensen* para múltiples factores de riesgo) es estadísticamente diferente de cero para todos los activos de la muestra. El concepto de cartera réplica que se utiliza en este apartado es exactamente el discutido en el capítulo 8.

Así, en esta sección no supondremos que los factores de riesgo son unas determinadas variables macroeconómicas, sino que son los rendimientos de unas carteras que replican los factores de riesgo cualesquiera que sean éstos. Naturalmente, este contexto requiere un procedimiento que permita estimar los rendimientos de estas K carteras réplicas. La metodología más habitual en la literatura se basa en la propuesta de Connor y Korajczyk (1988).

Escribamos el modelo factorial de generación de rendimientos del APT de la expresión [12.1] en notación matricial como,

---

[3] Los resultados globales y las implicaciones de las figuras que contiene esta sección pueden seguirse sin conocimientos técnicos.

$$R_t = E(R_t) + BF_t + \varepsilon_t, \qquad\qquad [12.7]$$

donde R_t es el vector N-dimensional de rendimientos de los activos, $E(R_t)$ es el vector de los N rendimientos esperados, F_t es el vector de innovaciones de los K factores de riesgo sistemático y B es la matriz $N \times K$ de sensibilidades (betas) de los N activos respecto a los K factores y ε_t es el vector N-dimensional de los componentes idiosincrásicos de los rendimientos con

$$E(F_t) = E(\varepsilon_t \mid F_t) = 0$$

$$E(\varepsilon_t \varepsilon_t') = \textstyle\sum \text{ (no diagonal).}$$

Este modelo, donde se admiten correlaciones entre los componentes idiosincrásicos de los rendimientos de los activos, se conoce como *modelo factorial aproximado*. Se suele distinguir del modelo en el que la matriz de varianzas y covarianzas de los residuos es diagonal, de forma que no se admiten tales correlaciones y que se conoce como *modelo factorial estricto*.

El APT tal como aparece en la expresión [12.2] pero escrito en notación matricial y suponiendo la existencia de un activo libre de riesgo es

$$E(R_t) = r1_N + B\lambda_t, \qquad\qquad [12.8]$$

donde r es el tipo de interés libre de riesgo, 1_N es un vector de unos y λ_t es el vector de las K primas de riesgo. Combinando [12.7] y [12.8],

$$R_t - r1_N = B(\lambda_t + F_t) + \varepsilon_t, \qquad\qquad [12.9]$$

que escribimos como

$$R_t - r1_N = B\tilde{F}_t + \varepsilon_t, \qquad\qquad [12.10]$$

donde $R_t - r1_N$ es el vector N-dimensional de excesos de rendimiento de los activos, y $\tilde{F}_t$ es el vector $K \times 1$ de realizaciones de $(\lambda_t + F_t)$. Nótese que al ser $E(F_t) = 0$, $\tilde{F}_t$ representa el vector no observable de los excesos de la tasa de crecimiento de los factores sobre el tipo de interés libre de riesgo o, en otras palabras, el vector de la prima de riesgo *realizada* de dichos factores durante el periodo t.

Si $\tilde{F}_t$ estuviera disponible, el marco de trabajo de la sección 11.7 del capítulo anterior se podría utilizar directamente. En otras palabras, podríamos llevar a cabo el sistema de regresiones temporales en [12.10] con una constante que representa al vector N-dimensional de alfas de Jensen:

$$R_t - r1_N = \alpha + B\tilde{F}_t + \varepsilon_t \qquad\qquad [12.11]$$

y contrastar si $\alpha = 0$.

Por tanto, se trata de estimar los valores no observables de $\tilde{F}_t$, dadas las correspondientes observaciones de los excesos de rendimientos de los activos y un valor dado de K (del número de factores existentes). En particular, se desean obtener los *rendimientos en exceso de las K carteras réplicas* de los correspondientes factores.

Para estimar dichas carteras factoriales que replican $\tilde{F}_t$, construyamos en primer lugar la matriz de varianzas y covarianzas de los excesos de rendimientos de los N activos individuales existentes en el mercado a lo largo del periodo muestral $t = 1$, ..., T. En particular se define la matriz Ω de orden $T \times T$ que viene dada por:

$$\Omega = \frac{1}{N} \left(R - r1_{NT}\right)'\left(R - r1_{NT}\right),$$ [12.12]

donde $\left(R - r1_{NT}\right)$ es la matriz $N \times T$ de excesos de rendimientos.

Se puede demostrar que, cuando $N \to \infty$, los primeros K vectores propios de la matriz Ω, se *aproximan* a una transformación no singular de la matriz $K \times T$ de los excesos de las tasas de crecimiento de los factores que llamamos $\tilde{F}$.[4]

Sea f la matriz $K \times T$ de los primeros K vectores propios de Ω, entonces Connor y Korajczyk (1988) muestran que

$$f = L\tilde{F} + \Phi,$$ [12.13]

donde L es una matriz $K \times K$ no singular y $\underset{N \to \infty}{\text{plim}} \, \Phi = 0$.

En definitiva, *la matriz estimada f de orden K × T representa los excesos de rendimientos de las K carteras que replican las realizaciones de los factores de riesgo no observables F̃.* La matriz Ω, siempre que el número de activos N sea suficientemente grande, contiene toda la información necesaria sobre los factores de riesgo $\tilde{F}$. El contraste de modelos APT con múltiples factores de riesgo representados por carteras réplica se lleva a cabo mediante las regresiones en excesos de rendimiento dadas por

$$R_t - r1_N = \alpha + Bf_t + \varepsilon_t,$$ [12.14]

donde f_t es el vector columna K-dimensional de la matriz f para el periodo t, de forma que se contraste si $\alpha = 0$ para todos los activos.

Para tener una idea intuitiva de la información que refleja o incorpora f_t, se pueden regresar los excesos de rendimientos de la cartera de mercado, aproximada por los índices bursátiles ponderados y equiponderados, en los K primeros factores estimados o K carteras réplicas. En otras palabras, se llevan a cabo las siguientes regresiones:

$$R_{mt} - r_t = a_m + \beta_{mf_1} f_{1t} + \beta_{mf_2} f_{2t} + \dots + \beta_{mf_K} f_{Kt} + \varepsilon_{mt}.$$ [12.15]

---

[4] En el apéndice se presenta una breve descripción de la metodología de componentes principales para el caso habitual. Aquí, dado que el resultado principal exige que el tamaño muestral de activos tienda a infinito, el procedimiento se denomina *componentes principales asintóticos*.

Los resultados, tanto para el mercado estadounidense como para el mercado bursátil español, aparecen en el cuadro 12.3. Dado que la técnica utilizada requiere muestras muy grandes, mientras que las muestras disponibles son evidentemente finitas, una falta de correlación entre las estimaciones de los rendimientos de las carteras réplicas y los del mercado sería una clara indicación de lo inapropiado que resulta la aproximación [12.13], ya que aquéllas no recogerían apropiadamente la variabilidad de este último.

Cuadro 12.3. Factores de riesgo estimados e índices bursátiles: R^2.

	Mercado bursátil USA (1964-83)		Mercado bursátil español (1980-90)	
	IBPC[1]	IBEQ[2]	IBPC	IBEQ
1 factor	73,8%	99,1%	77,8%	91,9%
5 factores	93,2	99,6	90,9	98,5
10 factores	–	–	92,1	98,8

Fuentes: Connor y Korajczyk (1988) y Rubio (1995).
[1] Índice bursátil ponderado por capitalización.
[2] Índice bursátil equiponderado.

Los resultados, por el contrario, sugieren que la aproximación [12.13] es una forma razonable de calcular los excesos de rendimiento de las carteras réplicas de los factores de riesgo sistemático existentes en la economía.[5] Obsérvese que, en ambos mercados, el porcentaje de la variabilidad del índice equiponderado que se explica por el primer factor es mayor que en el caso del índice ponderado. También es interesante indicar que en el mercado bursátil español parecen necesarios más de un factor para capturar las fuentes comunes de riesgo.

Una vez estimados los excesos de rendimiento de las carteras réplica, Connor y Korajczyk (1988) contrastan el APT con 5 y 10 factores. Emplean el marco de trabajo de las regresiones temporales de la expresión [12.14], añadiendo una variable ficticia que pretende capturar la estacionalidad de enero discutida en el capítulo 11. Estos autores utilizan 10 carteras construidas por capitalización bursátil como activos en las estimaciones de las alfas de Jensen; sin embargo, las estimaciones de las carteras réplica de los factores de riesgo de la ecuación [12.13] se hacen con todos los activos individuales disponibles, que durante el periodo muestral fueron en media 1.671.

El modelo a estimar, por tanto, es

$$R_t - r1_N = \alpha + Bf_t + \delta D_t + \varepsilon_t, \qquad [12.16]$$

---

[5] Suponiendo evidentemente que el riesgo del mercado es el de la economía en su conjunto.

donde D_t toma el valor 1 si el mes t es enero y cero en caso contrario, α es el alfa de Jensen que sugiere el exceso o defecto de valoración durante todos los meses del año en relación al APT y δ es dicho exceso o defecto de valoración durante el mes de enero. Para que el modelo fuese una buena descripción de la realidad debería satisfacerse de forma conjunta (para todos los activos) que $\alpha = 0$ y $\delta = 0$.

El estadístico que utilizan estos autores para contrastar conjuntamente la hipótesis nula, $\alpha = 0$, es la razón de máxima verosimilitud ajustado por un factor que mejora el comportamiento en muestras pequeñas de la distribución asintótica χ^2 (N):

$$ LRT = -\left(T - \frac{N}{2} - K - 1 \right) \left[\ln|\hat{\Sigma}_{NR}| - \ln|\hat{\Sigma}_R| \right], \qquad [12.17] $$

donde el ajuste para muestras pequeñas consiste en multiplicar el término entre corchetes de la expresión [12.17] por $-(T - N/2 - K - 1)$ en lugar de multiplicarlo por T. Además, $\hat{\Sigma}_{NR}$ es la estimación de la matriz $N \times N$ de varianzas y covarianzas de los residuos del modelo factorial cuando las regresiones se estiman con una constante y $\hat{\Sigma}_R$ es la matriz en el modelo de regresión estimado sin constante. Por último, $|\Sigma|$ representa al determinante de la matriz Σ.

Los resultados del contraste aparecen en el cuadro 12.4 donde se muestran los *p-valores* del estadístico anterior según se utilicen índices bursátiles o modelos APT con carteras réplica de 5 y 10 factores de riesgo. Los resultados rechazan el APT con 5 o 10 factores para el periodo completo, así como la eficiencia en media-varianza del índice ponderado. Curiosamente obsérvese que, para el periodo analizado, el estadístico LRT no puede rechazar la eficiencia en media-varianza del índice bursátil equiponderado. Esta evidencia sería favorable al CAPM con un sólo factor de riesgo representado por el rendimiento de la cartera equiponderada de todos los activos.

Un segundo resultado interesante que también refleja el cuadro 12.4 es la capacidad aparente del APT para explicar la estacionalidad de los rendimientos en enero (al ser δ no significativamente diferente de cero). El APT *no* puede rechazarse, independientemente de utilizar 5 o 10 factores durante los meses de enero. Este resultado es muy diferente en relación a la clara incapacidad que presenta el CAPM para explicar adecuadamente la estacionalidad de enero al tener la estimación de δ unos *p-valores* muy cercanos a cero.

Cuadro 12.4. APT *vs.* CAPM: *p-valores*. Mercado bursátil USA (1964–1983).

	IBPC[1]	IBEQ[2]	APT (5)	APT (10)
$\alpha = 0$ (todos los meses)	0,020	0,132	0,002	0,002
$\delta = 0$ (enero)	<0,001	<0,001	0,236	0,171

Fuente: Connor y Korajczyk (1988).
[1] Índice bursátil ponderado por capitalización.
[2] Índice bursátil equiponderado.

Debe señalarse que la comparación directa de los resultados entre los diferentes modelos puede resultar engañosa ya que éstos no están anidados. Así, un estadístico más grande en un modelo que en otro no significa necesariamente que el primer modelo explica peor los datos que el segundo modelo. Para entender este problema, imaginemos que deseamos contrastar si $\alpha_j = 0$ con un modelo que incluya el rendimiento ponderado del mercado en relación a un APT con 5 factores. El estadístico utilizado podría ser el sencillo estadístico t que divide el estimador de α por su error estándar. Así, el estadístico t puede ser grande porque el estimador sea elevado o, alternativamente, como consecuencia de que el error estándar es pequeño al haberse llevado a cabo la estimación con una mayor precisión. Sabemos que la regresión con 5 factores tenderá a incrementar el R^2 de la regresión por lo que la precisión con la que se estima α_j en el caso del APT será mayor. De esta forma, podríamos tener pequeñas desviaciones de la hipótesis nula en un sentido económico que, sin embargo, resultan significativas en un sentido estadístico. En el contexto del estadístico LRT la situación es mucho más compleja, aunque nuestro ejemplo pretende ilustrar el tipo de problemas que podríamos encontrar. La comparación entre distintos modelos de valoración es una tarea ciertamente compleja sobre la que volveremos en la última sección de este capítulo.

El cuadro 12.5 presenta la evidencia del APT con 5 y 10 factores para el mercado bursátil español entre 1980 y 1990 utilizando 10 carteras construidas según la capitalización bursátil de las empresas. Como en el caso anterior, las carteras réplica de los factores de riesgo se estimaron mediante el procedimiento de componentes principales asintóticos con 104 activos individuales. La eficiencia de ambos índices bursátiles se rechaza, así como el APT como modelo de valoración independientemente de suponer 5 o 10 factores.

Cuadro 12.5. APT *vs.* CAPM. Mercado bursátil español (1980-1990).

	IBPC[1]	IBEQ[2]	APT (5)	APT (10)
Estadístico $F(N, T - N - K)$[3]	3,547	2,094	2,602	2,472
(p-valores)	(0,0004)	(0,0303)	(0,0071)	(0,0106)

Fuente: Rubio (1995).
[1] Índice bursátil ponderado por capitalización.
[2] Índice bursátil equiponderado.
[3] Según el estadístico W_k de la expresión [12.18].

El estadístico que se emplea para obtener los resultados del cuadro 12.5 es una extensión a múltiples factores del estadístico W de Gibbons, Ross y Shanken (1989) que se discutió en la sección 11.7 del capítulo anterior. En particular,

$$W_K = \left(1 + \bar{f}'_K \hat{S}_K^{-1} \bar{f}_K\right)^{-1} \hat{\alpha}'_K \hat{\Sigma}^{-1} \hat{\alpha}_K,$$
[12.18]

donde $\bar{f}_K$ es el vector K-dimensional de los rendimientos medios de las carteras réplica estimados mediante componentes principales asintóticos, $\hat{S}_K$ es la matriz $K \times K$ de varianzas y covarianzas de dichas carteras réplica, $\hat{\alpha}_K$ es un vector N-dimensional de alfas de Jensen de una regresión con K carteras réplica de los factores y $\hat{\Sigma}$ es la matriz $N \times N$ de varianzas y covarianzas de los residuos de la regresión del modelo con K carteras réplica. Sabemos que

$$\frac{T(T-N-K)}{NT} \, W_K$$

se distribuye de forma exacta como $F(N, T - N - K)$ suponiendo Normalidad multivariante en los rendimientos de los activos.

La figura 12.1 contiene las alfas de Jensen *medias* para las 10 carteras en porcentaje anualizado y utilizando los índices bursátiles españoles y el APT con 5 factores, para dos periodos muestrales alternativos, 1980-90 y 1971-90. En ambos casos, se puede apreciar el mal comportamiento del CAPM cuando el índice bursátil pondera por capitalización a las diferentes empresas. Sin embargo, las alfas medias resultantes de realizar las regresiones con el índice equiponderado ofrece resultados ligeramente mejores que al emplear 5 carteras réplica de los supuestos factores de riesgo.

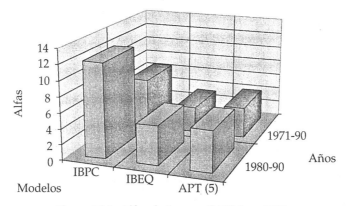

Figura 12.1. Alfas de Jensen: CAPM *vs.* APT.

La figura 12.2 contiene una evidencia similar pero estimando las alfas separadamente para los meses de enero y para el resto de los meses durante el periodo muestral comprendido entre 1971 y 1990. Puede apreciarse que los tres modelos presentan deficiencias en la valoración de los activos incluso cuando se estiman las alfas sin los meses de enero. Sin embargo, también es cierto que las alfas son aún mayores cuando los modelos se estiman exclusivamente durante los meses de enero. Es evidente que, al menos en el mercado bursátil español, una parte considerable de la incapacidad que tienen estos modelos para valorar correctamente los activos está relacionada con su incapacidad para capturar la fuerte estacionalidad de los rendimientos en enero.

A la vista de estos resultados, no parece que la implantación empírica del APT con variables macroeconómicas o mediante carteras réplica de factores de riesgo sea capaz de explicar adecuadamente los rendimientos medios de los activos financieros. Sin embargo, también parece evidente que la extensión del CAPM a modelos con múltiples betas resulta necesaria. La siguiente sección discute una tercera posibilidad que ha tenido un tremendo impacto tanto en la literatura académica como en la práctica de los mercados financieros.

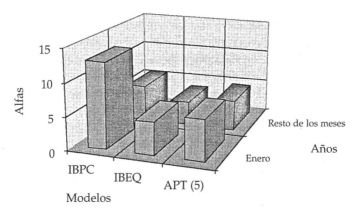

Figura 12.2. Alfas de Jensen 1971-90: enero *vs.* resto de los meses.

12.4 Los factores de riesgo de Fama y French

Dada la evidencia que presentamos en el capítulo 11 sobre la capacidad explicativa que parecen tener tanto la capitalización bursátil como el cociente VC/VM en un marco de sección cruzada, Fama y French (1993, 1996) argumentan que, de hecho, dicha evidencia refleja que estas características de los activos son aproximaciones a los verdaderos factores de riesgo sistemático no observables. El razonamiento descansa en que existen empresas cuyos activos y negocio están expuestos a los factores de riesgo asociados tanto a la capitalización bursátil como al cociente VC/VM. Además, estas exposiciones a los riesgos factoriales son independientes del propio riesgo de mercado sobre el que descansa el CAPM.

En base a estos argumentos, Fama y French (1993) sugieren un modelo APT con *tres factores de riesgo que pueden replicarse mediante unas determinadas carteras de los activos existentes en la economía*. El primero de ellos consiste en replicar el riesgo de mercado mediante una cartera de coste cero que contiene una posición larga en la propia cartera de mercado y una posición corta (endeudamiento) en el activo libre de riesgo. Naturalmente, la prima de riesgo de esta primera cartera réplica no es más que la prima de riesgo de la cartera de mercado que es el factor de riesgo asociado al CAPM.

La estimación de las otras dos carteras réplica restantes resulta más elaborada. Al final de cada mes de junio del periodo muestral disponible, todos los activos se clasifican según su capitalización bursátil. La mediana de los tamaños observados se emplea como forma de dividir la muestra de empresas en dos grupos, pequeñas y grandes (S y B). Asimismo y de forma independiente también dividen todas las empresas en tres grupos según el cociente VC/VM de las mismas. Así, el 30% de las empresas con VC/VM más pequeño se agrupan en una cartera (L), el 40% con cociente intermedio en otra cartera (M) y, finalmente, el 30% restante se integra en la cartera de cociente VC/VM más alto (H). Esta decisión de dividir en tres grupos según el cociente VC/VM y en dos carteras de acuerdo con la capitalización bursátil está relacionada con la evidencia más favorable al cociente VC/VM en las regresiones de sección cruzada de los mismos autores que presentamos en el capítulo 11.

Utilizando las posibles intersecciones de las dos carteras por tamaño y las tres carteras por VC/VM, Fama y French construyen 6 carteras que denominan S/L, S/M, S/H, B/L, B/M y B/H y que representan respectivamente las carteras de las acciones más pequeñas que *al mismo tiempo* forman parte del grupo de empresas con VC/VM más bajo (S/L), aquellas empresas más pequeñas con VC/VM mediano (S/M) y así sucesivamente hasta construir la cartera de aquellas empresas con capitalización más elevada y cociente VC/VM también más alto (B/H).

Los activos que terminan formando parte de cada una de las 6 carteras reciben una ponderación diferente según su capitalización bursátil. Esta clasificación se mantiene durante todo un año, de forma que al final del mes de junio del siguiente año se vuelve a repetir el proceso de clasificación de todas las empresas de la muestra.

La cartera que replica el factor de riesgo no observable pero que está asociado, según Fama y French, al tamaño entendido como capitalización bursátil se denomina SMB (pequeña menos grande). Para construirla, se calcula en cada mes la media de los rendimientos de las 3 carteras más pequeñas entre las 6 disponibles hasta el momento. Esto es, se calcula el rendimiento medio de las carteras S/L, S/M y S/H. Además, se calcula el rendimiento medio de las 3 carteras de mayor tamaño, B/L, B/M y B/H. Una vez están disponibles estas 2 nuevas carteras, se calcula la diferencia para cada mes entre los rendimientos de las mismas (pequeñas *menos* grandes). Esta es la cartera que replica el factor de riesgo aproximado por la capitalización bursátil. Nótese que representa la diferencia del rendimiento entre las empresas más pequeñas existentes y las más grandes con niveles similares del cociente VC/VM. En otras palabras, es una cartera que tiene una posición larga en las empresas más pequeñas y una posición corta en las más grandes pero controlando al mismo tiempo por los efectos potenciales del cociente VC/VM.

La construcción de la cartera que replica el factor riesgo aproximado por el cociente VC/VM sigue un procedimiento similar. En cada mes se calcula el rendimiento medio de las 2 carteras con cociente VC/VM más alto, S/H y B/H, así como el rendimiento medio de las 2 carteras con VC/VM más bajo, S/L y B/L. La diferencia entre los rendimientos de estas dos carteras es la cartera réplica del factor de riesgo asociado al cociente VC/VM y que se denomina HML (alto *menos* bajo). Así, esta cartera es el rendimiento de las empresas con mayor cociente VC/VM *menos* el rendimiento de las empresas con menor cociente VC/VM una vez que controlamos por el efecto del tamaño.

Se trata, por tanto, de obtener dos carteras réplica de los dos factores de riesgo no observables que, en la medida de lo posible, sean ortogonales entre ellas. Efectivamente, entre 1963 y 1991, el coeficiente de correlación entre los rendimientos mensuales de las carteras réplica SMB y HML es sólo un – 0,08.

Dadas estas carteras que pretenden replicar los tres factores de riesgo propuestos por Fama y French, las habituales regresiones temporales de los rendimientos de los activos en los rendimientos de estas carteras deberían ser capaces de explicar un alto porcentaje de la variabilidad que presentan los rendimientos de los activos. Así, utilizando como activos 25 carteras construidas por tamaño, y dentro de cada nivel de tamaño, por el cociente VC/VM, Fama y French llevan a cabo las siguientes regresiones entre 1963 y 1991:

$$R_{jt} - r_t = \alpha_j + \beta_{jm}(R_{mt} - r_t) + \beta_{jsmb}SMB_t + \beta_{jhml}HML_t + \varepsilon_{jt}; \ j = 1, ..., 25. \quad [12.19]$$

El R^2 de la regresión aumenta desde el 77,9% cuando sólo se incluye la cartera de mercado, hasta un 93,1% cuando se incorporan los tres factores propuestos. Desafortunadamente, los autores no contrastan de forma conjunta la hipótesis nula de $\alpha_j = 0; \ \forall j = 1, ..., N$ para las 25 carteras. Curiosamente sí lo hacen para 32 carteras que incluyen las 25 anteriores y 7 carteras de bonos empresariales con diferentes vencimientos y grados de solvencia. En el caso de las 32 carteras, utilizan el estadístico W_K de la expresión [12.18] y rechazan el modelo con un *p*-valor igual a 0,039.

El modelo de Fama y French, tal como aparece en el ecuación [12.19], se ha utilizado en los años noventa de manera absolutamente masiva como el modelo que permite controlar adecuadamente el riesgo de los activos financieros y que, por tanto, permite hacer evaluaciones de la gestión de carteras, calcular el coste de capital de las empresas y obtener conclusiones sobre la bondad de estrategias alternativas de inversión ya que permite tener, por parte de los agentes, una medida *alfa* que indica el *rendimiento ajustado por el riesgo factorial* de forma precisa. El éxito del modelo ha sido sorprendente. No sólo por el rechazo que, de hecho, sugiere el estadístico W_K, sino porque *si el modelo de Fama y French fuese adecuado las betas de los activos respecto a los tres factores de riesgo representados por la prima de riesgo del mercado,* SMB *y* HML *deberían explicar en un contexto de sección cruzada el rendimiento medio de los activos.* Esta evidencia aparece por primera vez en el trabajo de Jagannathan y Wang (1996) con muy malos resultados. Las regresiones de sección cruzada donde se emplean como variables explicativas las propias características de los activos en cuanto a capitalización y VC/VM *no* deberían ser válidas. De hecho, como discutiremos en la siguiente sección, *dichas características deben obtener buenos resultados en las re-*

gresiones de sección cruzada por construcción, pero esto no implica que sean sensibilidades o covarianzas respecto a los verdaderos factores de riesgo sistemático.

12.5* El CAPM condicional como modelo de múltiples betas

En la introducción al capítulo 9 se discutieron una serie de razonamientos que permitían justificar modelos con múltiples betas. En particular, se mencionaron los deseos de *cobertura* que tienen los agentes económicos ante posibles contingencias futuras desfavorables para sus patrones deseados de consumo. En un contexto dinámico o intertemporal pueden existir tantas betas como contingencias a las que se enfrentan los agentes como consecuencia del comportamiento estocástico del conjunto de oportunidades de inversión. En definitiva, en un entorno dinámico los individuos desean cubrirse ante una variedad de riesgos que no se perciben en entornos estáticos como los analizados hasta el momento. En la última parte del libro se discutirá el modelo teórico de valoración que permite incorporar explícitamente estas estrategias dinámicas de cobertura.

En esta sección también se obtendrá un modelo con múltiples betas. Sin embargo, la razón por la que aparecen estas múltiples fuentes de riesgo y sus respectivas covarianzas son distintas de las razones de cobertura expuestas en las líneas anteriores. *Obtenemos un modelo con múltiples betas porque el riesgo beta cambia con el ciclo económico y no porque los agentes se cubran ante decisiones intertemporales explícitas.*

Recordemos la evidencia empírica presentada en el capítulo 10. Parece claro que la beta de una empresa varía a lo largo del tiempo. Como apoyo conceptual podemos representar de forma esquemática los componentes del riesgo beta:

COMPONENTES DEL RIESGO BETA

Tipo de producto   Tipo de mercado   Oportunidades futuras   *Shocks*
                                        de inversión   tecnológicos

RIESGO RELACIONADO
CON LA INDUSTRIA A LA QUE PERTENECE LA EMPRESA

Apalancamiento operativo (costes variables *vs.* costes fijos)

RIESGO BETA DE LOS ACTIVOS $\Rightarrow$ **RIESGO DE NEGOCIO**

Estructura de capital   Características de la deuda
(deuda *vs.* recursos propios)

RIESGO BETA $\Rightarrow$ **RIESGO DE NEGOCIO**
Y RIESGO FINANCIERO

El esquema sugiere que el riesgo beta refleja tanto el riesgo asociado a las ca-racterísticas del negocio de la empresa como al riesgo financiero que tiene como consecuencia de la cantidad y características de su deuda. Así, en épocas de re-cesión, el riesgo financiero de las empresas con mayores dificultades económicas aumentará respecto al riesgo del resto de empresas provocando un aumento (re-lativo) de la beta de aquellas empresas. Al mismo tiempo, los ciclos de negocio o ciclos económicos inducidos por *shocks* tecnológicos modificarán la importancia relativa de los sectores económicos produciendo cambios (relativos) en las betas de las empresas pertenecientes a los mismos.

En este entorno cambiante, las betas, y consecuentemente las primas de ries-go esperadas, variarán con la naturaleza de la información que se genera en el mercado y que, como hemos señalado, provoca cambios tanto en el riesgo finan-ciero como en el riesgo de negocio. En definitiva, en un contexto condicional, siempre que la información cambie a lo largo del ciclo económico, tanto las betas como los rendimientos esperados de los activos también variarán.

El CAPM *condicional* es un modelo capaz de incorporar este entorno cambiante, a diferencia de los modelos *incondicionales* analizados en los capítulos anteriores. El CAPM implica que el rendimiento esperado de cualquier activo *j* condicionado a la información disponible es *lineal y positivo en su beta condicional*:

$$E(R_{jt+1}|Z_t) = \gamma_{0t} + \gamma_{1t}\beta_{jt}, \qquad [12.20]$$

donde:

– $E(R_{jt+1}|Z_t)$ es el rendimiento esperado condicional del activo *j* para el pe-riodo $t + 1$, dado el conjunto de información disponible por los agentes económicos al final del periodo *t* y que representamos como Z_t;
– γ_{0t} es el rendimiento esperado condicional de la cartera con beta cero res-pecto al mercado, de forma que $\gamma_{0t} \equiv E[\gamma_{0t+1}|Z_t]$;
– γ_{1t} es la prima de riesgo esperada condicional de la cartera de mercado, de forma que $\gamma_{1t} \equiv E[\gamma_{1t+1}|Z_t]$ y
– $\beta_{jt} = \text{cov}(R_{jt+1}, R_{mt+1}|Z_t)/\text{var}(R_{mt+1}|Z_t)$ es la *beta condicional* del activo *j*.

Tomando la expectativa incondicional en la expresión [12.20], usando la ley de expectativas iteradas y la definición de covarianza, se obtiene un modelo donde el rendimiento esperado (incondicional) de un activo *j* cualquiera presenta una re-lación lineal con la beta esperada y con la covarianza entre la beta condicional y la prima de riesgo condicional, *apareciendo más de un factor de riesgo*:

$$E(R_{jt+1}) = \gamma_0 + \gamma_1 \bar{\beta}_j + \text{cov}(\gamma_{1t}, \beta_{jt}), \qquad [12.21]$$

donde

$$\gamma_0 = E(\gamma_{0t}) \qquad \gamma_1 = E(\gamma_{1t}) \qquad \bar{\beta}_j = E(\beta_{jt})$$

son las expectativas incondicionales.

Nótese que los dos primeros términos de [12.21] corresponden exactamente el CAPM tradicional, tal como se presentó en el capítulo 11. La beta esperada (incondicional) es nuestro conocido riesgo beta, donde la única novedad es que la expectativa sobre la beta futura aparece de forma explícita al ser lo que realmente tiene interés para la determinación de los precios de los activos. Además, sabemos por nuestra discusión previa que la prima de riesgo condicional del rendimiento de la cartera de mercado y la beta condicional están correlacionadas al variar con la información generada a lo largo del ciclo económico. Esto implica que el último término de la ecuación [12.21] es *diferente de cero*, término que juega un papel fundamental en la determinación de los rendimientos esperados de los activos.

Se pueden analizar las consecuencias que un modelo de valoración como el representado en la expresión [12.21] tiene para el alfa de Jensen y, por tanto, para la interpretación de los resultados sobre la contrastación de los modelos de activos. Si el nuevo modelo es correcto, la última covarianza de la ecuación [12.21] debe afectar a la estimación del alfa de Jensen. Si realmente esta covarianza es distinta de cero, *pero* se estima un modelo de regresión donde no se controla por dicha covarianza, el estimador de alfa podría ser distinto de cero como consecuencia de que la covarianza entre la prima de riesgo y la beta condicional existe y no como consecuencia de que el modelo explica incorrectamente los datos.

En otras palabras, debe tenerse en cuenta que el modelo es condicional en la información disponible por los agentes. Esto es, la variación común o conjunta de la prima de riesgo y de la beta es consecuencia de los cambios en la *información pública*. Una vez que esta información pública se tiene en cuenta de forma explícita, tal como se hace en [12.21], el alfa de Jensen (condicional) debería ser cero para que el modelo fuese adecuado. Pero, conviene insistir, debe ser cero una vez que se ha controlado por la covarianza entre la prima de riesgo y la beta condicional.

Cualquier alfa incondicional diferente de cero puede deberse, por tanto, a la covariabilidad compartida por la prima de riesgo y la beta condicional y, en definitiva, podría ser simplemente una *mala medida* del funcionamiento del modelo para explicar los datos y no representar evidencia alguna sobre la *validez* real del modelo. Como veremos en el siguiente capítulo sobre la evaluación de la gestión de carteras, éste es un tema de gran relevancia.

Escribiendo el modelo en términos de múltiples betas
La beta condicional puede descomponerse en dos términos ortogonales de la siguiente manera:[6]

$$\beta_{jt} = \bar{\beta}_j + \upsilon_j(\gamma_{1t} - \gamma_1) + \zeta_{jt},$$ [12.22]

---

[6] Es una proyección de la beta condicional en la prima de riesgo del mercado.

donde

$$v_j = \mathrm{cov}(\beta_{jt}, \gamma_{1t})/\mathrm{var}(\gamma_{1t})$$
$$E(\zeta_{jt}) = 0$$
$$E(\zeta_{jt}\gamma_{1t}) = 0$$

Sustituyendo [12.22] en [12.21] obtenemos,

$$E(R_{jt+1}) = \gamma_0 + \gamma_1 \bar{\beta}_j + \mathrm{var}(\gamma_{1t})v_j. \qquad [12.23]$$

Escrito de esta forma alternativa, el modelo se convierte en un modelo de dos betas, donde el rendimiento esperado incondicional de cualquier activo j es lineal en la beta tradicional y en un nuevo *coeficiente beta* (coeficiente de regresión) que representa la covarianza entre la prima de riesgo y la beta condicional. Esta última beta o sensibilidad del activo j mide la *inestabilidad de la beta a lo largo del ciclo económico*. Así, activos que tienden a variar mucho con la prima de riesgo del mercado y, por tanto, son menos estables durante el ciclo económico tienen rendimientos esperados incondicionales más elevados ya que los individuos requieren una compensación adicional por la variabilidad del propio riesgo beta.

Desafortunadamente no observamos ni v_j ni $\bar{\beta}_j$. Sin embargo, tal como se ha hecho a lo largo de los capítulos anteriores, la beta esperada puede aproximarse por su estimador de MCO:

$$\beta_{jt} = \frac{\mathrm{cov}(R_{jt+1}, R_{mt+1})}{\mathrm{var}(R_{mt+1})}, \qquad [12.24]$$

que en la práctica se estimaría con datos hasta el periodo t.

Además, para aproximar v_j se puede observar directamente cómo responden los rendimientos (en lugar de la beta condicional) a las variaciones en la prima de riesgo del mercado. Así, v_j, la inestabilidad de la beta del activo a lo largo del ciclo económico, puede aproximarse por

$$\beta_{j\gamma} = \frac{\mathrm{cov}(R_{jt+1}, \gamma_{1t})}{\mathrm{var}(\gamma_{1t})}, \qquad [12.25]$$

donde, insistimos, γ_{1t} es la prima de riesgo esperada del mercado condicional al conjunto de información disponible en t.

Dada la estructura lineal del modelo, la expresión [12.23] puede escribirse como

$$E(R_{jt+1}) = \tilde{\lambda}_0 + \tilde{\lambda}_1 \bar{\beta}_{jm} + \tilde{\lambda}_2 \beta_{j\gamma} \qquad [12.26]$$

donde $\tilde{\lambda}_1$ y $\tilde{\lambda}_2$ son las primas de riesgo asociadas al riesgo beta tradicional y a la inestabilidad de la beta en el ciclo económico.

Obsérvese que el modelo representado por la ecuación [12.26] *no* es, de hecho, una versión del APT a pesar de ser un modelo con múltiples (dos) betas. En ningún momento se ha impuesto un determinado modelo factorial, sino que es un modelo (como el CAPM tradicional) basado en razonamientos de vaciado de mercado y comportamiento optimizador de los agentes económicos que implica una diversificación de los riesgos idiosincrásicos de los activos. Este modelo es, desde nuestro punto de vista, enormemente importante.

Contrastando el modelo

Es evidente que la estimación del coeficiente $\beta_{j\gamma}$ requiere observaciones de la prima de riesgo esperada (condicional) del mercado. El modelo de valoración condicional necesita, por tanto, *variables que permitan predecir el rendimiento del mercado en exceso del tipo de interés libre de riesgo*. Esta es una idea fundamental para entender muchos de los aspectos que han aparecido en la literatura en los años noventa. Las variables que se han propuesto como predictores razonables del comportamiento del mercado son variables que ya han aparecido en las secciones 12.2 y 12.4 de este capítulo. En particular, el diferencial de insolvencia, el diferencial entre tipos de la deuda pública a largo y corto plazo, el cociente dividendo/precio o rentabilidad por dividendos e incluso (aunque todavía no se han utilizado de forma explícita en un modelo condicional) el cociente VC/VM o la propia capitalización bursátil.

Nótese que en esta lista de predictores potenciales se incluyen dos grandes grupos de variables:

- *Variables relacionadas con los tipos de interés*: se supone que el tipo de interés o los correspondientes diferenciales son determinantes de la futura inversión real en la economía y, por tanto, pueden adelantarse a la futura evolución del rendimiento del mercado.
- *Variables relacionadas con el nivel del precio de los activos*: Tanto la rentabilidad por dividendos, D/P, como el cociente VC/VM o la capitalización bursátil incluyen el precio de los activos. En el caso de los cocientes D/P y VC/VM lo hacen en el denominador y, por tanto, en estos casos, el precio aparece en el lado inverso respecto a la capitalización bursátil.

Analicemos con detalle el denominado *efecto tamaño*, que lo entendemos como la relación inversa entre el rendimiento de los activos y el tamaño de los mismos medido por la capitalización bursátil. Imaginemos una economía con un solo periodo donde los flujos de caja esperados son los mismos para todos los activos y donde cada empresa tiene una sola acción desembolsada. Como los agentes son aversos al riesgo, y el riesgo asociado a los flujos de caja será distinto entre las empresas, los precios serán también diferentes para reflejar precisamente esas diferencias en riesgo. Dado que todas las empresas tienen el mismo flujo de caja esperado, empresas cuyos pagos futuros sean más arriesgados (empresas más arriesgadas) tendrán precios más bajos y, *por definición*, rendimientos esperados más elevados. Por ello, en una muestra de sección cruzada de activos, los precios o valores de mercado de los activos estarán *inversamente* relacionados con los rendimientos esperados. El efecto tamaño no debería ser considerado en ningún caso una anomalía que no puede explicarse por modelos como el CAPM o el APT. Berk (1995) muestra que, siempre que los rendimientos esperados de los activos estén positivamente correlacionados con los flujos de caja esperados, el resultado anterior será válido incluso sin necesidad de suponer que los flujos esperados de caja son los mismos para todas las empresas. En definitiva, *debe existir una correlación negativa entre rendimiento esperado y capitalización bursátil.*

Ahora, imaginemos que en lugar de analizar la relación entre capitalización bursátil y el rendimiento esperado, observamos la relación entre el rendimiento esperado de cualquier activo y el cociente entre el flujo de caja esperado y el valor de mercado de dicho activo, $E(X)/VM$, donde $E(X)$ es el flujo de caja esperado. Sin embargo, nótese que dicho cociente coincide evidentemente con la definición de rendimiento esperado. Ambos estarían, por tanto, perfecta y positivamente correlacionados. Ahora bien, el flujo de caja esperado de los activos *no es observable* y tal análisis no puede llevarse a cabo. Sorprendentemente, sí se ha hecho algo muy similar.

El valor contable de los recursos propios es una medida de la inversión pasada realizada por la empresa. Dado que la magnitud de la inversión llevada a cabo por cualquier empresa debe estar correlacionada con los flujos de caja esperados por dicha inversión, parece razonable suponer que el valor contable de los recursos propios está positiva y (muy) correlacionado con los flujos de caja esperados. Así, el valor contable de los recursos propios puede utilizarse como aproximación a los flujos de caja esperados y, en definitiva, el cociente VC/VM es una buena aproximación del cociente $E(X)/VM$. Naturalmente, este razonamiento nos sugiere que el cociente VC/VM es, a su vez, una buena aproximación del rendimiento esperado de los activos. No debe resultar sorprendente que, en media y durante largos periodos de tiempo, los rendimientos medios de los activos estén positivamente correlacionados con el cociente VC/VM de las empresas. *Lo sorprendente hubiera sido lo contrario.* El interés de las regresiones de sección cruzada a la Fama y French (1992) es muy discutible.[7]

Por otra parte, el razonamiento anterior sí sugiere que el cociente VC/VM sea un (muy) *buen predictor* de los rendimientos esperados de los activos y que, empleado como cociente agregado para todos los activos, sea también un buen predictor del rendimiento esperado del mercado. De hecho, tal como hemos mencionado, representa precisamente dicha expectativa sobre rendimientos futuros.[8]

Dado un predictor cualquiera de entre los mencionados en las líneas anteriores, y dada la estructura lineal del modelo, puede suponerse una relación lineal

---

[7] Los resultados empíricos que se presentan en la siguiente sección corroboran esta impresión.

[8] Un razonamiento similar se puede llevar a cabo sobre la rentabilidad por dividendos, D/P.

entre el predictor escogido y la prima de riesgo condicional del mercado. Imaginemos, tal como hacen Jagannathan y Wang (1996), que el predictor es el diferencial de insolvencia medido como la diferencia entre la rentabilidad al vencimiento (TIR) de la deuda empresarial muy arriesgada y la deuda empresarial de mayor calidad crediticia. Sea R_t^{dif} dicho diferencial de insolvencia. El supuesto de linealidad implica que:

$$E\left[\gamma_{1t+1} \mid Z_t\right] \equiv \gamma_{1t} = \kappa_0 + \kappa_1 R_t^{dif}. \qquad [12.27]$$

Puede definirse el coeficiente beta asociado a dicho diferencial:

$$\beta_{jdif} = \mathrm{cov}(R_{jt+1}, R_t^{dif})/\mathrm{var}(R_t^{dif}), \qquad [12.28]$$

que en la práctica puede estimarse mediante una regresión de MCO del rendimiento del activo *adelantado* un periodo en el diferencial de insolvencia:

$$R_{jt+1} = a_j + \beta_{jdif} R_t^{dif} + \varsigma_{jt+1}.$$

Estos argumentos implican que el modelo de valoración dado por la ecuación [12.26] puede escribirse, desde el punto de vista de su estimación, como

$$E(R_{jt+1}) = \lambda_0 + \lambda_1 \beta_{jm} + \lambda_2 \beta_{jdif}. \qquad [12.29]$$

Además, debe ser evidente que si introducimos más predictores para conseguir una mejor aproximación de la prima de riesgo condicional del mercado, obtendremos un modelo con la beta del mercado y con tantas betas adicionales como predictores se utilicen en la estimación. En cualquier caso, el modelo teórico es un modelo de dos únicas betas dado por la expresión [12.26].

Finalmente, Jagannathan y Wang (1996) argumentan que el rendimiento de la cartera de mercado debe incluir tanto el rendimiento de la riqueza financiera como el rendimiento asociado al capital humano de los individuos. Este último rendimiento puede aproximarse por la tasa de crecimiento del salario agregado, R_{st+1}, de forma que el rendimiento de la cartera de mercado presente una relación lineal con el rendimiento del índice bursátil, R_{bt+1}, y con el rendimiento del salario agregado:

$$R_{mt+1} = a_0 + b_1 R_{bt+1} + b_2 R_{st+1}. \qquad [12.30]$$

Además, es posible estimar la beta del activo j respecto al salario agregado:

$$\beta_{js} = \frac{\mathrm{cov}(R_{jt+1}, R_{st+1})}{\mathrm{var}(R_{st+1})} \qquad [12.31]$$

y, por supuesto,

$$\beta_{jb} = \frac{\mathrm{cov}(R_{jt+1}, R_{bt+1})}{\mathrm{var}(R_{bt+1})}, \qquad [12.32]$$

de forma que la beta del activo j con respecto al rendimiento de la cartera de mercado puede descomponerse en dos betas,

$$\beta_{jm} = c_b \beta_{jb} + c_s \beta_{js}. \qquad [12.33]$$

Bajo esta nueva especificación de la cartera de mercado, el modelo que finalmente estiman Jagannathan y Wang (1996) es

$$E(R_{jt+1}) = \lambda_0 + \lambda_1 \beta_{jb} + \lambda_2 \beta_{jdif} + \lambda_3 \beta_{js}. \qquad [12.34]$$

12.6* Contrastando modelos alternativos con múltiples betas: un análisis comparativo

En esta sección se presenta un marco de estimación de modelos de valoración lineales con una o varias betas y que permite la comparación explícita entre ellos. Modelos con múltiples factores de riesgo con variables macroeconómicos, factores de riesgo de Fama y French y especificaciones alternativas del modelo condicional de la sección anterior pueden analizarse de manera que compitan directamente unos contra otros. La discusión está basada en el Método Generalizado de Momentos, aunque la metodología de Fama y MacBeth también resulta útil.

Sabemos que la ecuación fundamental de valoración puede escribirse como

$$E_t(M_{t+1}\tilde{R}_{jt+1}) = 1, \qquad [12.35]$$

donde E_t es la expectativa condicional y, en el contexto del CAPM, la variable M_{t+1} viene dada por

$$M_{t+1} = \delta_0 + \delta_1 R_{mt+1}, \qquad [12.36]$$

donde

$$\delta_0 = \frac{1}{1+\gamma_0} + \frac{\gamma_1 E(R_{mt+1})}{(1+\gamma_0)\mathrm{var}(R_{mt+1})} \qquad [12.37]$$

$$\delta_1 = -\frac{\gamma_1}{(1+\gamma_0)\mathrm{var}(R_{mt+1})} \qquad [12.38]$$

de manera que, usando expectativas iteradas, se puede escribir

$$E\big[\tilde{R}_{jt+1}(\delta_0 + \delta_1 R_{mt+1})\big] = 1. \qquad [12.39]$$

Alternativamente, si el modelo de valoración viene dado por la expresión mul-tibeta [12.34], podemos generalizar esta última expresión y obtener

$$E\big[\tilde{R}_{jt+1}(\delta_0 + \delta_b R_{bt+1} + \delta_{dif} R_t^{dif} + \delta_s R_{st+1})\big] = 1, \qquad [12.40]$$

donde

$$\delta_0 = \frac{1}{1+\lambda_0} + \frac{1}{1+\lambda_0}\left[\frac{\lambda_1 E(R_{bt+1})}{\text{var}(R_{bt+1})} + \frac{\lambda_2 E(R_t^{dif})}{\text{var}(R_t^{dif})} + \frac{\lambda_3 E(R_{st+1})}{\text{var}(R_{st+1})}\right], \qquad [12.41]$$

y

$$\delta_b = -\frac{\lambda_1}{\lambda_0 \text{var}(R_{bt+1})}; \quad \delta_{dif} = -\frac{\lambda_2}{\lambda_0 \text{var}(R_t^{dif})}; \quad \delta_s = -\frac{\lambda_3}{\lambda_0 \text{var}(R_{st+1})}$$

Así, la variable agregada o factor de descuento M es ahora,

$$M_{t+1}(\delta) = \delta_0 + \delta_b R_{bt+1} + \delta_{dif} R_t^{dif} + \delta_s R_{st+1}. \qquad [12.42]$$

Suponiendo que existen N activos y utilizando notación matricial, la expre-sión [12.42] puede escribirse como

$$M_{t+1}(\delta) = Y_{t+1}'\delta, \qquad [12.43]$$

donde $Y_{t+1} \equiv (1, R_{bt+1}, R_t^{dif}, R_{st+1})'$ es un vector 4×1 de datos observables de rendimientos de las variables agregadas y δ es el vector de orden 4×1 de pará-metros a estimar.

Sea 1_N un vector N-dimensional de unos y $\tilde{R}_{t+1}$ el vector N-dimensional de rendimientos de los N activos disponibles para la estimación. Usando la notación del MGM, denominamos $g(\delta)$ a

$$g(\delta) = \tilde{R}_{t+1}M_{t+1}(\delta) - 1_N, \qquad [12.44]$$

de forma que $E[g(\delta)]$ es el vector N-dimensional de los errores de valoración del modelo. Así, si el modelo está especificado correctamente este vector de errores, $E[g(\delta)]$, debería ser cero. Es posible como siempre analizar la bondad relativa de las diferentes especificaciones del modelo mediante la comparación de la mag-nitud de sus correspondientes errores de valoración.

Para ello, tal como se discutió en el capítulo 11, debe obtenerse la forma cuadrática siguiente:

$$E[g(\delta)]'\, W\, E[g(\delta)], \qquad\qquad [12.45]$$

donde W es una matriz definida positiva que hace de matriz de ponderación como es habitual en el contexto del MGM. Se trata de escoger δ de forma que se minimice la expresión cuadrática [12.45].

En esta ocasión no se trata tanto de utilizar la técnica del MGM como de comparar los resultados relativos entre los modelos alternativos. Desde este punto de vista, la elección de la matriz de ponderaciones W es fundamental. Sabemos que la elección óptima, bajo el punto de vista del MGM y que ya empleamos en el capítulo 11, viene dada por

$$W = [\text{var}(g(\delta))]^{-1}. \qquad\qquad [12.46]$$

Con esta matriz de ponderaciones, sabemos que el estadístico del MGM se distribuye de forma asintótica como $\chi^2(N - K)$, siendo K el número de parámetros a estimar. Naturalmente, este contraste puede emplearse para valorar si los errores de valoración de un modelo en particular son cero.

Cuando se trata de comparar modelos alternativos, la matriz de ponderaciones escogida como en [12.46] será *diferente* para cada uno de los modelos analizados y, por tanto, no es posible comparar las magnitudes relativas de los errores de valoración de los diferentes modelos. En particular, si un determinado modelo se estima con menos precisión de forma que la varianza de $g_T(\delta)$ sea grande, el valor de la forma cuadrática que define el estadístico $\chi^2(N - K)$ será menor. En este caso, resultaría poco afortunado concluir que cuanto menos precisa sea la estimación de un modelo mejor sería su capacidad de valorar activos.

Jagannathan y Wang (1996) sugieren que la matriz de ponderaciones en cada caso venga dada por la matriz de varianzas y covarianzas de los rendimientos, de forma que dicha matriz sea *la misma para todos los modelos*:

$$W = E[\,\tilde{R}_{t+1}\, \tilde{R}'_{t+1}]. \qquad\qquad [12.47]$$

El vector de parámetros δ se estima, por tanto, minimizando la forma cuadrática en [12.45] y utilizando la matriz W dada por [12.47]. La raíz cuadrada de este estadístico se conoce como la *distancia de Hansen y Jagannathan* y se expresa como

$$\text{Dist}(\delta) = \sqrt{E[g(\delta)]'\, W^{-1} E[g(\delta)]}. \qquad\qquad [12.48]$$

En definitiva, es posible valorar el error de especificación de un factor de descuento dado, M, analizando el estadístico $\text{Dist}(\delta)$ en [12.48].

Recuérdese, por el apartado 11.8 del capítulo 11 que denominamos D a la matriz de derivadas:

$$D = E\left(\frac{\partial g(\delta)}{\partial \delta}\right).$$

Así, dadas las expresiones [12.43] y [12.44], resultan los valores muestrales siguientes:

$$D_T = \frac{1}{T} \sum_{t=1}^{T} \tilde{R}_{t+1} Y'_{t+1} \qquad\qquad [12.49]$$

$$g_T(\delta) = \frac{1}{T} \sum_{t=1}^{T} g(\delta) = D_T\delta - 1_N \qquad\qquad [12.50]$$

$$W_T = \frac{1}{T} \sum_{t=1}^{T} \tilde{R}_{t+1} \tilde{R}'_{t+1}. \qquad\qquad [12.51]$$

La distancia muestral de Hansen y Jagannathan será

$$\text{Dist}_T(\delta) = \sqrt{\min_{\delta} g'_T(\delta) W_T^{-1} g_T(\delta)}. \qquad\qquad [12.52]$$

Se escogerá el vector de parámetros δ_T que sea la solución a

$$\min_{\delta} g'_T(\delta) W_T^{-1} g_T(\delta),$$

donde la condición de primer orden viene dada por

$$D'_T W_T^{-1} g_T(\delta_T) = 0$$

que dadas las expresiones [12.49]-[12.51], hace posible obtener el estimador equivalente al estimador de MGM:

$$\delta_T = \left(D'_T W_T^{-1} D_T\right)^{-1} D'_T W_T^{-1} 1_N. \qquad\qquad [12.53]$$

Ahora bien, como la elección de la matriz de ponderación W no es óptima, la distribución asintótica del estadístico $T[\text{Dist}_T(\delta_T)]^2$ no es una $\chi^2(N-K)$ como en el caso habitual del MGM. Puede demostrarse, sin embargo, que la distribución del estadístico $T[\text{Dist}_T(\delta_T)]^2$ es una suma ponderada de variables aleatorias χ^2 cada una de ellas con 1 grado de libertad:[9]

---

[9] La inferencia estadística se lleva a cabo mediante técnicas de Montecarlo. Véase Jagannathan y Wang (1996) para los detalles.

$$\lim_{T \to \infty} T \left[\text{Dist}_T(\delta_T)\right]^2 \to \sum_{i=1}^{N-K} \lambda_i \chi_i \qquad [12.54]$$

donde las ponderaciones, $\lambda_1, ..., \lambda_{N-K}$, son los valores propios positivos de la matriz definida como:

$$A_T = S_T^{1/2} W_T^{-1/2} \left(I_N - (W_T^{-1/2})' D_T \left[D_T' W_T^{-1} D_T\right]^{-1} D_T' W_T^{-1/2}\right) (W_T^{-1/2})'(S_T^{1/2})',$$

donde, D_T, $g_T(\delta)$ y W_T se definen en [12.49]-[12.51] y S_T es

$$S_T = \frac{1}{T} \sum_{t=1}^{T} g_T(\delta)(g_T(\delta))' \qquad [12.55]$$

de forma que S_T es el estimador consistente de la matriz S cuando los rendimientos están incorrelacionados en el tiempo, donde

$$\sqrt{T} g_T(\delta) \to N(0,S).$$

Cuando la matriz W se escoge de forma que coincida con S^{-1}, tal como ocurre en el MGM tradicional, los valores propios de la matriz A son iguales a uno. En este caso, la distribución asintótica del estadístico es una $\chi^2(N-K)$.

Los resultados empíricos
Se emplean las 100 carteras construidas por Fama y French (1992) donde, en una primera etapa, se forman 10 carteras por tamaño, una vez disponibles, y para los componentes de cada una de ellas se hace una segunda clasificación en otras 10 carteras por betas. En primer lugar, en el cuadro 12.6 presentamos los resultados del modelo [12.34]

$$E(R_{jt+1}) = \lambda_0 + \lambda_1 \beta_{jb} + \lambda_2 \beta_{jdif} + \lambda_3 \beta_{js}.$$

El cuadro contiene información sobre dos tipos de contrastes. Se presentan los estimadores de las primas de riesgo asociadas al índice bursátil ponderado del mercado de Nueva York, $\hat{\lambda}_1$, al diferencial de insolvencia que captura la inestabilidad del coeficiente beta tradicional, $\hat{\lambda}_2$, y a la tasa de crecimiento del salario agregado, $\hat{\lambda}_3$.

Estos estimadores se obtienen mediante las regresiones en dos etapas de Fama y MacBeth y vienen dados por la expresión [11.15] del capítulo anterior. Sus estadísticos t se calculan mediante [11.16] una vez hecho el ajuste por EEV de la expresión [12.5]. Por último, también se estima el CAPM tradicional y su extensión incorporando el ln(VM) de cada una de las 100 carteras.

El primer resultado que conviene señalar es el importante incremento en el R^2 de la regresión de sección cruzada cuando se añade el tamaño al modelo que considera como única variable explicativa la beta de cada cartera con respecto al índice bursátil.[10] El ajuste de las regresiones pasa de un despreciable 1,35% hasta un 57,6% cuando se considera el tamaño como variable explicativa. Tal como hemos señalado en la sección anterior, este es exactamente el resultado que deberíamos esperar en regresiones de estas características. Obsérvese la relación negativa y significativa entre rendimientos medios y capitalización bursátil. Además, utilizando el estadístico de la distancia de Hansen y Jagannathan dado por [12.52] y la expresión [12.39], el CAPM *incondicional* se rechaza con un p-valor igual a 0,0022.

Cuadro 12.6. CAPM condicional con cartera de mercado ampliada y un único factor de predicción 1963-1990.

Coeficiente	λ_0	λ_1	λ_2	λ_3	$\lambda_{tamaño}$	R^2	HJ-dist
Estimador (Est. t)[1]	1,24 (5,16)	− 0,10 (− 0,28)	–	–	–	1,35	0,6548 (0,0022)[2]
Estimador (Est. t)	2,08 (5,77)	− 0,32 (− 0,94)	–	–	− 0,11 (− 2,30)	57,6	–
Estimador (Est. t)	0,81 (2,19)	− 0,31 (− 0,70)	0,36 (2,67)	–	–	29,3	0,6425 (0,0098)
Estimador (Est. t)	1,77 (4,53)	− 0,38 (− 1,05)	0,16 (2,40)	–	− 0,10 (− 1,84)	61,7	–
Estimador (Est. t)	1,24 (4,10)	− 0,40 (− 0,88)	0,34 (2,48)	0,22 (1,73)	–	55,2	0,6184 (0,1938)
Estimador (Est. t)	1,70 (4,14)	− 0,40 (− 1,06)	0,20 (2,72)	0,10 (1,89)	− 0,07 (− 1,30)	64,7	–
Estimador (Est. t)	1,67 (5,71)	− 0,22 (− 0,52)	–	0,23 (1,97)	–	30,5	0,6422 (0,0194)
Estimador (Est. t)	2,09 (5,70)	− 0,32 (− 0,95)	–	0,05 (1,20)	− 0,10 (− 2,11)	58,6	–

Fuente: Jagannathan y Wang (1996).
[1] El error estándar sobre el que se calcula el estadístico t está ajustado por los EEV.
[2] p-valor para la distancia de Hansen y Jagannathan.

Otro interesante y fundamental resultado que se aprecia en el cuadro 12.6 es la relación *positiva* y significativa entre los rendimientos medios y la beta de los activos con respecto al diferencial de insolvencia con un periodo de retardo, como medida de la inestabilidad del riesgo beta de mercado. El estimador de la pri-

---

[10] La estimación se hace mediante regresiones de sección cruzada en cada mes del periodo muestral. Los R^2 del cuadro 12.6 son los valores medios de todas ellas.

ma de riesgo λ_2 es siempre positivo y significativo. Los inversores son, por tanto, compensados por estar soportando un riesgo adicional como consecuencia de la propia variabilidad en el riesgo beta y de la consiguiente variabilidad de los rendimientos esperados. Este resultado se mantiene para todas las especificaciones del CAPM condicional. Sería interesante saber si este resultado se mantiene para predictores alternativos de la prima de riesgo del mercado.

El tercer resultado a destacar es la capacidad que tiene el CAPM condicional, representado por la especificación [12.34], para explicar los rendimientos medios de los activos financieros. El papel del capital humano, medido por el riesgo beta del salario agregado, es muy importante. No resulta posible rechazar el modelo sólo cuando se incluyen tanto la beta del diferencial de insolvencia como la beta del salario agregado. Sin embargo, cuando alguna de estas dos betas se incluye por separado, el modelo se rechaza.

Hemos identificado dos conceptos que junto con el riesgo beta ofrecen una razonable especificación de los modelos de valoración de activos. *El riesgo agregado proveniente tanto de la riqueza financiera como de la riqueza humana, además de la variabilidad del riesgo beta de mercado a lo largo del ciclo económico* son variables o formas de interpretar el riesgo en los mercados financieros fundamentales en la Economía Financiera moderna.

Por último, el efecto de la capitalización bursátil tiende a desaparecer cuando se incorpora el riesgo beta del diferencial de insolvencia. Desaparece por completo, desde el punto de vista de su significatividad estadística, cuando se incorpora además el capital humano. Este es un resultado lógico. En particular, Jagannathan y Wang sugieren que los rendimientos de las empresas más pequeñas tienden a estar muy correlacionados con el diferencial de insolvencia, sus betas de mercado son más elevadas cuando dicho diferencial es elevado y, además, sus rendimientos tienden a *covariar* más con el rendimiento del salario agregado que los rendimientos de las empresas de mayor tamaño.

Dado este excelente comportamiento del CAPM condicional parece evidente que el modelo debe compararse con la capacidad que tienen los modelos tipo APT con variables de riesgo macroeconómicas o con los factores de riesgo de Fama y French para explicar rendimientos medios.

El cuadro 12.7 presenta la evidencia en relación al APT con 4 variables macroeconómicas que ya discutimos en la sección [12.2]. No se consideran los cambios en la inflación esperada, pero se incluyen los cambios en la producción industrial, la inflación no esperada, las variaciones en la estructura temporal de tipos de interés y el diferencial de tipos entre deuda empresarial y pública:

$$E(R_{jt+1}) = \lambda_0 + \lambda_1 \beta_{jb} + \lambda_2 \beta_{jdif} + \lambda_3 \beta_{js}$$
$$+ \lambda_4 \beta_{jpi} + \lambda_5 \beta_{jine} + \lambda_6 \beta_{jet} + \lambda_7 \beta_{jidi}. \qquad [12.56]$$

Nótese que el APT con factores macroeconómicos *se rechaza* aunque el coeficiente asociado a la estructura temporal de los tipos de interés es negativo y significativo. Cuando se estima el modelo en su conjunto dado por la expresión

[12.56], no es posible rechazarlo con el estadístico de Hansen y Jagannathan, y los únicos coeficientes significativos son los del CAPM condicional.

Cuadro 12.7. El CAPM condicional *vs.* APT con factores macroeconómicos.

Coeficiente	λ_0	λ_1	λ_2	λ_3	λ_4	λ_5	λ_6	λ_7	R^2	HJ-dist
Estimador (Est. t)[1]	1,80 (5,16)	− 0,44 (− 0,28)			− 0,02 (− 0,15)	− 0,07 (− 1,68)	− 1,07 (− 2,12)	0,39 (1,41)	38,9	0,6529 (0,0016)[2]
Estimador (Est. t)	1,37 (4,97)	− 0,51 (− 1,15)	0,29 (2,81)	0,18 (1,93)	0,07 (0,48)	− 0,03 (− 0,78)	− 0,17 (− 0,36)	0,19 (0,72)	57,9	0,6152 (0,2206)

Fuente: Jagannathan y Wang (1996).
[1] El error estándar sobre el que se calcula el estadístico t está ajustado por los EEV.
[2] *p*-valor para la distancia de Hansen y Jagannathan.

Por último, el cuadro 12.8 contiene el comportamiento del CAPM condicional con respecto a los factores de riesgo de Fama y French. Si, efectivamente, los rendimientos de las carteras réplica SMB y HML fuesen factores de riesgo sistemáticos, *sus betas deberían explicar los rendimientos medios de los activos*. Este es el contraste clave para los factores de Fama y French y *no*, por supuesto, los contrastes de sección cruzada de los rendimientos en las propias características tamaño (VM) y VC/VM que, como sabemos por la discusión en el apartado 12.4, tienen una explicación razonable *y muy diferente de su interpretación como factores de riesgo, sin que por ello necesitemos acudir a comportamientos de tipo irracional en los agentes económicos.*
El modelo a contrastar es

$$E(R_{jt+1}) = \lambda_0 + \lambda_1 \beta_{jb} + \lambda_2 \beta_{jdif} + \lambda_3 \beta_{js}$$
$$+ \lambda_4 \beta_{jsmb} + \lambda_5 \beta_{jhml'} \qquad [12.57]$$

donde β_{jsmb} y β_{jhml} son las betas de los rendimientos con respecto a los dos factores de riesgo de Fama y French.

Cuadro 12.8. El CAPM condicional *vs.* APT con factores de Fama y French.

Coeficiente	λ_0	λ_1	λ_2	λ_3	λ_{smb}	λ_{hml}	R^2	HJ-dist
Estimador (Est. t)[1]	1,39 (5,99)	− 0,45 (− 0,94)			0,33 (1,51)	0,25 (0,95)	55,1	0,6432 (0,0065)[2]
Estimador (Est. t)	1,20 (4,60)	− 0,38 (− 0,70)	0,22 (2,95)	0,11 (1,99)	0,16 (0,68)	0,22 (0,74)	64,0	0,6123 (0,1858)

Fuente: Jagannathan y Wang (1996).
[1] El error estándar sobre el que se calcula el estadístico t está ajustado por los EEV.
[2] *p*-valor para la distancia de Hansen y Jagannathan.

Una vez más, los resultados muestran un comportamiento muy competitivo del CAPM condicional. El modelo de Fama y French se rechaza mediante el estadístico de Hansen y Jagannathan; ninguna de las primas de riesgo asociadas a las betas de sus factores de riesgo son significativas. Este es un resultado muy negativo para el modelo de Fama y French.[11] Como en el caso anterior, cuando además de las variables de Fama y French se incluyen las variables del CAPM condicional, no es posible rechazar el modelo. Igual que en los cuadros anteriores, los coeficientes de las variables representadas en el CAPM condicional son positivos y significativos.

Es interesante señalar que los R^2 de las regresiones que utilizan los factores de Fama y French son mayores que en el caso de las variables macroeconómicas o incluso del 55% que se obtiene en el cuadro 12.6 al considerar solamente las variables del CAPM condicional. Este resultado sugiere que existen otras formas más potentes de predecir el rendimiento de los activos que el diferencial de insolvencia. En particular, el CAPM condicional con el cociente VC/VM como predictor del rendimiento del mercado y, por tanto, como forma de capturar la inestabilidad del riesgo beta tiene, desde nuestro punto de vista, un gran potencial explicativo de los rendimientos medios.

A modo de resumen, los agentes económicos exigen una compensación adicional para invertir en activos que tiendan a ofrecer rendimientos elevados cuando la tasa de crecimiento del salario agregado es elevada y cuando existe una fuerte inestabilidad en el riesgo beta. Además, esto es así cuando se reconoce que los inversores incorporan el riesgo beta tradicional como forma de entender el riesgo de los activos financieros. Todo ello es una extensión natural del CAPM en un entorno cambiante y en un contexto que reconoce la importancia del capital humano. No es en absoluto un modelo diferente de lo que nos enseña el CAPM. No es el APT; es el CAPM condicional como modelo de valoración de activos.

12.7 La valoración de activos financieros y la imposición personal

El contexto en el que se han presentado los modelos de valoración de activos ha sido, generalmente, un mercado financiero competitivo y sin fricciones que distorsionen potencialmente las decisiones óptimas de los individuos. En esta última sección de este capítulo se presenta muy brevemente la importancia que la imposición personal puede tener para los modelos que determinan los precios de los activos.

Supongamos, en principio y para simplificar, un contexto de certeza en el que reconocemos la existencia de impuestos personales y donde, en particular, se supone que las rentas provenientes de las ganancias de capital están gravadas a un tipo impositivo menor que las rentas provenientes de los dividendos.

---

[11] Ferson y Harvey (1999) presentan, en un excelente trabajo, evidencia adicional muy desfavorable para el modelo de Fama y French.

El rendimiento *antes* de impuestos sería

$$\frac{(P_t - P_{t-1}) + D_t}{P_{t-1}} = \underbrace{\frac{P_t - P_{t-1}}{P_{t-1}}}_{\substack{\text{ganancia} \\ \text{de capital}}} + \underbrace{\frac{D_t}{P_{t-1}}}_{\text{dividendo}}. \qquad [12.58]$$

El rendimiento *después* de impuestos sería, sin embargo,

$$(1 - t_g)\frac{(P_t - P_{t-1})}{P_{t-1}} + (1 - t_d)\frac{D_t}{P_{t-1}}, \qquad [12.59]$$

donde t_g es el tipo de gravamen al que están sometidas las ganancias de capital y t_d es el tipo de gravamen de los dividendos. Nótese que, generalmente, $t_g < t_d$. Para entender la importancia relativa de las ganancias de capital respecto a los dividendos debe notarse fundamentalmente que los impuestos sobre dividendos deben pagarse inmediatamente, mientras que los impuestos sobre ganancias de capital se trasladan al momento en que efectivamente los activos se venden y las ganancias de capital se realizan. Los inversores pueden disponer de enormes ganancias de capital no realizadas que no se gravarán hasta el momento de la venta del activo.

Imaginemos una acción que en 1995 se compró por 15,00€ y que en 1999 se vendió por 25,00€. La ganancia de capital asciende a 10,00€ que, si las suponemos gravadas al 30%, implica un pago impositivo igual a 3,00€. Supongamos, por el contrario, que el inversor decide diferir la venta del activo durante 1 año y que el tipo de interés libre de riesgo es igual al 6%. El valor actual del impuesto, en euros de 1999, disminuye a

$$\frac{3,00}{1,06} = 2,83€,$$

lo que implica que el *tipo de gravamen efectivo* es sólo un 28,3% en lugar del 30%. Así, cuanto más tiempo se difiera la realización de la ganancia de capital, más bajo será el tipo de gravamen efectivo.

Imaginemos a continuación que el rendimiento de un activo después de impuestos es igual al 20%, el tipo de gravamen sobre ganancias de capital, t_g, es del 10% y el tipo de gravamen sobre dividendos, t_d, es igual al 18%.[12] Nótese la diferencia entre los rendimientos *antes* de impuestos si suponemos que todo el rendimiento del activo proviene de dividendos o de ganancias de capital:

---

[12] Se puede pensar que es el tipo de gravamen sobre las ganancias de capital efectivo.

- Si el rendimiento proviene completamente de los dividendos

$$0{,}20 = (1 - t_d)\,\frac{D_t}{P_{t-1}} = (1 - 0{,}18)\,\frac{D_t}{P_{t-1}}$$

$$\Rightarrow \frac{D_t}{P_{t-1}} = \frac{0{,}20}{1 - 0{,}10} = 0{,}2439 \Rightarrow 24{,}39\%,$$

que sería su rendimiento antes de impuestos.

- Si el rendimiento proviene completamente de las ganancias de capital,

$$0{,}20 = (1 - t_g)\,\frac{P_t - P_{t-1}}{P_{t-1}} = (1 - 0{,}10)\,\frac{P_t - P_{t-1}}{P_{t-1}}$$

$$\Rightarrow \frac{P_t - P_{t-1}}{P_{t-1}} = \frac{0{,}20}{1 - 0{,}10} = 0{,}2222 \Rightarrow 22{,}22\%,$$

que sería su rendimiento antes de impuestos.

Este ejemplo ilustra que activos que pagan elevados dividendos, de forma que una parte relativamente importante de su renta provenga de éstos en lugar de las ganancias de capital, deberían ofrecer un *rendimiento antes de impuestos mayor* que aquellos activos cuyas rentas provengan en mayor medida de las ganancias de capital. En otras palabras, para un flujo de caja futuro dado, activos que pagan altos dividendos se cotizarán en el mercado a un precio inferior a los activos cuyas rentas provienen fundamentalmente de las ganancias de capital.

Este intuitivo resultado sugiere que, incluso con expectativas homogéneas sobre los rendimientos esperados antes de impuestos, la frontera eficiente relevante a la que se enfrentan los individuos, que debe ser la frontera después de impuestos, será diferente para cada individuo y dependerá del tipo de gravamen correspondiente. Sin embargo, tal como se discutió en el capítulo 7, en agregado los mercados se vacían de forma que exista una relación entre el rendimiento y riesgo antes de impuestos. Litzenberger y Ramaswamy (1979) muestran que el rendimiento esperado antes de impuestos en este contexto debe ser

$$E(R_j) = \gamma_0 + \gamma_1 \beta_{jm} + \gamma_2(d_j - r), \tag{12.60}$$

siendo d_j la rentabilidad por dividendo del activo j que viene dada por $d_j = D_t/P_{t-1}$, y donde γ_2 puede demostrarse que es la media ponderada del tipo impositivo marginal de los individuos, por lo que será siempre positivo. Esto implica, naturalmente, que cuanto más elevada sea la rentabilidad por dividendo de un activo, mayor será su rendimiento esperado (exigido) antes de impuestos, una vez que se ha ajustado por el riesgo beta, ya que su carga impositiva también es mayor.

Este resultado es, evidentemente, consistente con el ejemplo anterior y sugiere que los rendimientos esperados no se distinguen exclusivamente por el riesgo beta, sino que el mayor gravamen de los dividendos en relación a las ganancias de capital, implica que existe otro factor determinante de los precios de los activos.

En Estados Unidos, Litzenberger y Ramaswamy estiman el modelo [12.60] con datos mensuales entre 1936 y 1977 y obtienen un estimador para γ_2 altamente significativo e igual a 0,236. Así, por cada euro pagado por dividendos, los inversores hubiesen exigido en promedio 23,6 céntimos de euros en rendimiento como compensación adicional por una mayor carga impositiva al recibir dividendos en lugar de ganancias de capital. En el mercado bursátil español, Basarrate (1987) obtiene un estimador de γ_2 también significativo e igual a 0,087 entre 1967 y 1984. Curiosamente, se muestra que la razón de observar este resultado depende en gran medida del periodo posterior a la entrada en vigor de la Reforma Fiscal de 1977 y 1978. En particular, el coeficiente $\hat{\gamma}_2$ es muy significativo e igual a 0,115 entre 1979 y 1984. Así, durante estos años y en promedio, los inversores exigieron por cada peseta gravable de renta por dividendos 11,5 céntimos adicionales de rentabilidad antes de impuestos.

Nótese que, en principio, este modelo podría recibir las mismas críticas que reciben las regresiones de sección cruzada de Fama y French con el cociente VC/VM. Sin embargo, el modelo de la expresión [12.60] es el resultado de una modelización teórica donde los agentes actúan de forma óptima, teniendo en cuenta las asimetrías impositivas existentes entre los tipos de renta que reciben y donde el mercado se vacía. En este contexto, los coeficientes del modelo tienen un significado preciso y bien definido. Sí es cierto, sin embargo, que es difícil concluir desde un punto de vista empírico si el resultado favorable a este modelo es una consecuencia de los efectos impositivos o de efectos asociados a razones de información, al ser el cociente dividendo/precio un buen predictor del rendimiento futuro de la cartera de mercado.

Existe una manera alternativa de conocer la importancia que tiene la imposición asimétrica entre dividendos y ganancias de capital para la determinación de los precios de los activos. Se trata de analizar el comportamiento del precio de las acciones en el momento del pago de los dividendos.

En un mundo neutral al riesgo y con imposición personal sobre los dividendos y las ganancias de capital, los precios en los mercados financieros se determinan de forma que el accionista marginal se muestre indiferente entre vender antes o después del momento en que la acción paga dividendos. Así, en modo simplificado pero suficientemente ilustrativo, el beneficio de vender las acciones justo antes del pago del dividendo debe ser igual al beneficio de vender inmediatamente después de realizar dicho pago:

$$P_{t-1} - t_g(P_{t-1} - P_0) = P_t - t_g(P_t - P_0) + D_t(1 - t_d), \qquad [12.61]$$

donde P_t es el precio en el día del pago del dividendo, P_{t-1} es el precio en el momento anterior y P_0 es el precio al que se compró originalmente la acción.

De la ecuación [12.61] se obtiene que

$$-\left(\frac{P_t - P_{t-1}}{D_t}\right) = \frac{1 - t_d}{1 - t_g} \qquad [12.62]$$

o, alternativamente,

$$P_{t-1} - P_t = \left(\frac{1 - t_d}{1 - t_g}\right) D_t.$$

En cualquiera de la dos formas en la que hemos escrito la expresión [12.62] queda claro que si no hubiese imposición personal o si los tipos de gravamen para dividendos y ganancias de capital fuesen los mismos, la caída en el precio del activo en el momento de pagar el dividendo sería exactamente igual a la magnitud del dividendo. Este resultado debería ser evidente. Cualquier empresa al pagar un dividendo está liquidando una pequeña parte de la empresa. Por tanto, dicha empresa debe tener un menor valor para reflejar precisamente dicha liquidación.

Supongamos que una empresa paga un dividendo por acción igual a 20,00€ y que el tipo de gravamen sobre ganancias de capital, t_g, es del 10% y el tipo de gravamen sobre dividendos, t_d, es igual al 18%. Según [12.62], si $t_g = t_d = 0$, la caída en el precio sería igual a 20,00€. Sin embargo, con los tipos de gravamen de este sencillo ejemplo

$$P_{t-1} - P_t = \left(\frac{1 - t_d}{1 - t_g}\right) D_t = \frac{1 - 0,18}{1 - 0,10} \; 20,00 = 18,22,$$

por lo que la disminución en el precio del activo es *menor* que la magnitud del dividendo.

Este resultado sugiere que observar el comportamiento de los precios en el día del pago de dividendos puede indicar la relevancia de la imposición asimétrica entre dividendos y ganancias de capital y su importancia para los agentes económicos y, en definitiva, para la determinación de los precios de los activos.

Basarrate y Rubio (1989) estudian dicho comportamiento para una muestra de 35 empresas que pagaron dividendos en 388 ocasiones durante 1983 y 1988 en el mercado bursátil español. Sus resultados muestran que el cociente de la ecuación [12.62], $P_t - P_{t-1}/D_t$, es igual a 0,7437. Así, en promedio los individuos se muestran indiferentes entre recibir 1 peseta de dividendos y 0,7437 pesetas de ganancias de capital. Dichas ganancias resultan por tanto más atractivas que los dividendos para el inversor medio. La razón parece estar en la mayor carga impositiva que sufren los dividendos en relación a las ganancias de capital.

A modo de conclusión, los efectos impositivos son potencialmente importantes para la formación de los precios en los mercados financieros. Esto es así cuanto mayor sea la asimetría entre las rentas que, por diferentes conceptos, reciben los individuos.

APÉNDICE: COMPONENTES PRINCIPALES: UNA BREVE DESCRIPCIÓN

La técnica que se conoce con el nombre de componentes principales trata de reducir el número de variables analizadas sin perder por ello mucha de la información contenida en la matriz de varianzas y covarianzas de los rendimientos de los activos. De esta forma, se trata de reducir la dimensión N que corresponde al número de activos en la economía a un número K (mucho más pequeño) que corresponde al número de factores de riesgo existentes.

Se denomina como primer componente principal de la matriz de varianzas y covarianzas de los rendimientos V y que juega el papel de primer factor de riesgo sistemático, a la combinación lineal de los rendimientos de los activos con máxima varianza. El segundo componente principal (segundo factor de riesgo) será la combinación lineal de los rendimientos de los activos con máxima varianza de todas las combinaciones ortogonales al primer componente principal, y así sucesivamente hasta K factores o componentes principales.

En particular, el primer componente principal es

$$x_1^{*\prime} R_t, \qquad \text{[12A.1]}$$

donde x_1^* es el vector $N \times 1$ que representa la solución al siguiente problema:

$$\max_{x_1} \{x_1' \hat{V} x_1\} \qquad \text{[12A.2]}$$

sujeto

$$x_1' x_1 = 1,$$

donde $\hat{V}$ es la matriz estimada de varianzas y covarianzas de los rendimientos de los activos. Además, x_1^* es el denominado *vector propio* asociado al mayor *valor propio* de la matriz $\hat{V}$.

Nótese que se puede facilitar de forma inmediata la interpretación de los factores o vectores propios como carteras. Para ello definimos el primer factor como

$$\omega_1' R_t, \qquad \text{[12A.3]}$$

donde ω_1 es x_1^* escalado por el recíproco de $1'x_1^*$ de forma que sus elementos suman uno.

De manera similar, el segundo componente principal soluciona el problema de maximización anterior para x_2 en lugar de x_1 con una restricción de ortogonalidad adicional:

$$x_1^{*\prime} x_2 = 0. \qquad [12A.4]$$

La solución x_2^* es el vector propio asociado con el segundo valor propio más grande de $\hat{V}$. Asimismo, la solución x_2^* puede escalarse por el recíproco de $1'x_2^*$ de forma que se obtiene ω_2 y podamos obtener la segunda cartera asociada al segundo factor que viene dada por $\omega_2' R_t$. Repitiendo estas observaciones, resulta posible calcular los K primeros vectores propios y sus correspondientes carteras factoriales. En la aplicación de la sección 12.3, se emplea la matriz Ω de orden $T \times T$ en lugar de la matriz de varianzas y covarianzas de rendimientos V.

Referencias

Basarrate, B. (1987). "Imposición Personal de Dividendos y Ganancias de Capital: Un Análisis Empírico sobre los Efectos en la Valoración de Activos Financieros", *Hacienda Pública Española*, 107, págs. 3-11.

Basarrate, B. y G. Rubio (1989). "La Valoración de los Dividendos en Relación a las Ganancias de Capital: Un Estudio del Comportamiento del Precio de las Acciones en el Día del Pago del Dividendo", *Revista de Economía Pública*, 2, págs. 31-52.

Berk, J. (1995). "A Critique of Size Related Anomalies", *Review of Financial Studies*, 8, págs. 275-286.

Campbell, J., Lo, A. y A.C. MacKinley (1997). *The Econometrics of Financial Markets*, Princeton University Press, cap. 6 y apénd. A.2.

Carhart, M. (1997). "On Persistence in Mutual Fund Performance", *Journal of Finance*, 52, págs. 57-82.

Chen, N., Roll, R., y S. Ross (1986). "Economic Forces and the Stock Market", *Journal of Business*, 59, págs. 383-403.

Connor, G. y R. Korajczyk (1988). "Risk and Return in an Equilibrium APT: Application of a New Test Methodology", *Journal of Financial Economics*, 21, págs. 255-289.

Connor, G. y R. Korajczyk (1995). "The Arbitrage Pricing Theory and Multifactor Models of Asset Returns", en *Handbook in Operations Research and Management Science*, vol. 9, eds. R. Jarrow, V. Maksimovic y W. Ziemba, North-Holland.

Copeland, T. y F. Weston (1988). *Financial Theory and Corporate Policy*, Addison Wesley Publishing, 3ª edicion, cap. 16.

Fama, E. y K. French (1992). "The Cross-Section of Expected Returns", *Journal of Finance*, 47, págs. 427-465.

Fama, E. y K. French (1993). "Common Risk Factors in the Returns on Stocks and Bonds", *Journal of Financial Economics*, 33, págs. 3-56.

Fama, E. y K. French (1996). "Multifactor Explanations of Asset Pricing Anomalies", *Journal of Finance*, 51, págs. 55-84.

Ferson, W. y R. Jagannathan (1996). "Econometric Evaluation of Asset Pricing Models", en *Handbook of Statistics*, vol. 14, eds. S. Maddala y C. Rao, Elsevier Sciences.

506 / ECONOMÍA FINANCIERA

Ferson, W. y C. Harvey (1999). "Conditioning Variables and the Cross-Section of Stock Returns", *Journal of Finance*, 54, págs. 1.325-1.360.

Gibbons, M., Ross, S. y J. Shanken (1989). "A Test of the Efficiency of a Given Portfolio", *Econometrica*, 57, págs. 1.121-1.152.

Grinblatt, M. and S. Titman (1998). *Financial Markets and Corporate Strategy*, Irvine-McGraw-Hill, cap. 6.

Jagannathan, R. y Z. Wang (1996). "The Conditional CAPM and the Cross-Section of Expected Returns", *Journal of Finance,* 51, págs. 3-53.

Litzenberger, R. y K. Ramaswamy (1979). "The Effect of Personal Taxes and Dividends on Capital Asset Prices: Theory and Empirical Tests", *Journal of Financial Economics*, 7, págs. 163-196.

Rubio, G. (1995). "Further Evidence on Performance Evaluation: Portfolio Holdings, Recommendations, and Turnover Costs", *Review of Quantitative Finance and Accounting*, 5, págs. 127-153.

Shanken, J. (1996). "Statistical Methods in Tests of Portfolio Efficiency: A Synthesis", en *Handbook of Statistics*, vol. 14, eds. S. Maddala y C. Rao, Elsevier Sciences.

Shanken, J., y M. Weinstein (1990). "Macroeconomic Variables and Asset Pricing: Estimation and Tests", Working Paper, University of Rochester.

13. LA EVALUACIÓN DE LA GESTIÓN DE CARTERAS

13.1 Una breve introducción al problema

La evaluación de los resultados que presentan los gerentes de grandes carteras institucionales como fondos de inversión o fondos de pensiones es un tema clave en Economía Financiera. Teniendo en cuenta la gran cantidad de recursos financieros que se asignan en todo el mundo a través de la inversión institucional, no debe ser sorprendente que así sea. En particular, el caso español es un ejemplo del espectacular crecimiento que han experimentado los fondos de inversión como componente fundamental dentro del mundo de la inversión colectiva. El cuadro 13.1 muestra la evolución del patrimonio de los fondos de inversión en España desde diciembre de 1991 hasta junio de 1999.

Cuadro 13.1. Evolución del patrimonio de fondos de inversión en España.

AÑOS	PATRIMONIO (en miles de millones de pesetas)
1991	3.869
1992	6.285
1993	10.257
1994	11.246
1995	12.198
1996	18.702
1997	27.017
1998	33.905
1999	34.324

Fuente: Comisión Nacional del Mercado de Valores.

A la vista de este crecimiento, parece evidente que nos preguntemos si los fondos están siendo profesionalmente gestionados y si los recursos puestos a su disposición se invierten de forma eficiente. Naturalmente, para llevar a cabo esta evaluación se necesitan conocer las técnicas disponibles que permitan no sólo conocer la gestión global de los profesionales de los fondos de inversión, sino incluso distinguir entre ellos en base a la calidad de su gestión. Por tanto, el objetivo de este capítulo es presentar las técnicas más relevantes de la evaluación de la gestión de carteras, sus problemas potenciales en las aplicaciones empíricas con datos reales, así como sus justificaciones económicas.

Cuatro razones concretas justifican la atención a la evaluación de la gestión de carteras:

- Desde el punto de vista de los inversores, es claro que una evaluación adecuada de la gestión de las carteras de las instituciones de inversión colectiva les favorece e interesa ya que sus resultados, una vez que se tenga en cuenta el riesgo soportado por el fondo, debería ser el punto de referencia fundamental para decidir la asignación de sus recursos entre gestoras y fondos alternativos.
- Por otra parte, el propio gestor puede beneficiarse de las herramientas correctas de evaluación ya que le permitiría identificar sus puntos fuertes y débiles en su gestión de los recursos de sus clientes.
- Asimismo, la evaluación es relevante desde el punto de la hipótesis de los mercados eficientes. Sabemos que bajo dicha hipótesis los precios deben reflejar la información disponible en los mercados. Los gestores de los fondos deberían obtener el rendimiento suficiente que les permita compensar el riesgo soportado por sus inversiones y los costes asociados a sus actividades de gestión.
- Finalmente, las tareas asignadas a las instituciones de regulación y control, como la Comisión Nacional del Mercado de Valores en el caso español, requieren una comprensión de las técnicas de evaluación que le permita establecer un marco competitivo y de salvaguarda de los intereses de los inversores más eficiente y justo.

Existen dos formas fundamentales de llevar a cabo la evaluación de carteras:

- La metodología más común, empleada por la mayoría de los trabajos técnicos existentes, se basa en estimar el rendimiento medio de los fondos durante un cierto periodo de tiempo. Estos rendimientos son generalmente ajustados por el comportamiento del mercado en el que invierte el fondo evaluado y por alguna medida del riesgo soportado por dicho fondo. Así, debe quedar claro que la evaluación de la gestión de carteras debe hacerse en términos *relativos* y no en términos absolutos. Por este motivo resulta muy importante identificar la correcta *cartera de referencia* sobre la que se evalúa a los fondos. En definitiva, se trata de identificar si existen gestores activos de carteras que son capaces de encontrar e interpretar la información de manera más eficiente y conseguir una predicción más precisa de los rendimientos futuros de los activos. Para ello se comparan los rendimientos de una cartera *gestionada activamente* con los de una *cartera de referencia pasiva* (una cartera que se supone comprada y que se mantiene durante el periodo de evaluación) y que tenga el mismo nivel de riesgo. Este tipo de evaluación requiere información sobre los rendimientos de los fondos, los rendimientos de las carteras de referencia, así como el rendimiento del activo libre de riesgo.

- Un segundo enfoque de la evaluación de la gestión se basa en la utilización de la *composición* de la cartera de los fondos, y aunque no requiere necesariamente identificar la cartera de referencia apropiada, sí es evidentemente necesario disponer de series históricas sobre las proporciones que tienen invertidos los fondos en los diferentes activos que los componen.

Ambos enfoques se analizarán en este capítulo, aunque cabe señalar que no sólo interesa determinar la existencia o no de información superior por parte de los gestores, sino conocer qué parte de dicha capacidad de gestión se debe a la selección correcta de activos individuales y qué parte se debe a la habilidad que tiene el gestor en modificar las proporciones invertidas entre los activos de manera que el riesgo del fondo se ajuste a las condiciones del mercado de manera apropiada a lo largo del tiempo. Estos dos conceptos, que forman parte fundamental de la evaluación de la gestión, se conocen como *selección* y *sincronización* respectivamente.

Desafortunadamente, existen múltiples dificultades para interpretar los resultados que obtenemos sobre la gestión de las carteras de acuerdo con las líneas básicas mencionadas en los párrafos anteriores:

- Debe quedar claro que las medidas tradicionales de riesgo y rendimiento no son necesariamente correctas en un contexto de información asimétrica entre el evaluador y el gerente del fondo de inversión. Nótese que es precisamente la información asimétrica lo que permitiría a ciertos gestores tener una información de superior calidad que les facilitaría la posibilidad de obtener rendimientos superiores a los de su cartera de referencia una vez ajustado el riesgo de ambas para que sean comparables. En este entorno, la composición de la cartera del fondo evaluado *cambiará* a lo largo del ciclo económico de acuerdo con la selección de activos y la sincronización que lleve a cabo el gerente. No es evidente, por tanto, que una única medida del riesgo sea lo más apropiado en un marco de trabajo cambiante. El problema de fondo que plantea esta cuestión es que las medidas disponibles de evaluación, tanto usando rendimientos como la composición de las carteras, suponen que los rendimientos de los fondos provienen de una distribución de probabilidades estacionaria.

- En segundo lugar, hay que tener en cuenta que cuando se establece una evaluación de los fondos y la correspondiente clasificación de los mismos usando los modelos desarrollados a lo largo de los capítulos anteriores, no está claro si dicha clasificación indica correctamente el verdadero comportamiento de los fondos y la habilidad e información superior o no de los gerentes o, por el contrario, refleja la *posición* de la cartera de referencia en el espacio media-desviación estándar. Así, la eficiencia media-varianza de la cartera de referencia es una cuestión previa ante cualquier medida de evaluación y clasificación de los fondos de inversión.

Al elegir una cartera de referencia se deberían tener en cuenta tres principios fundamentales que ayudarán a interpretar posteriormente los resultados:

— Cualquier cartera de referencia debería incluir todos los tipos de activos en los cuales invierte el fondo evaluado. Si estamos evaluando un fondo que se especializa en acciones de menor tamaño o en acciones con un determinado nivel de VC/VM, la cartera o carteras de referencias simultáneas deberían tener en cuenta el tipo de activos en los que está invirtiendo el fondo. Una cartera que sólo incluya el índice bursátil ponderado por capitalización puede llevarnos a resultados engañosos. Volveremos sobre este punto más adelante.
— La cartera de referencia debería reconocer e incorporar las restricciones legales a que están sometidos los fondos de inversión. Los fondos tienen limitaciones sobre el grado de diversificación al que están obligados a someterse, sobre la estructura de sus carteras, sobre la capacidad de endeudamiento, sobre las necesidades de liquidez, etc.
— Debería ser una cartera de referencia disponible para el fondo *ex-ante*. En otras palabras, la cartera de referencia debería haber estado a disposición del fondo en el momento de tomar sus decisiones.

• Finalmente, la distinción entre habilidad real y suerte es muy importante. En este sentido conocer la *persistencia* de los resultados de los fondos de inversión a lo largo del tiempo, puede ser el elemento último que nos permita tener una posición precisa sobre la habilidad de gestión de los gerentes. Sería además necesario que dicha persistencia se observase independientemente de la metodología empleada en su evaluación.

13.2 Los rendimientos de los fondos de inversión

El rendimiento de cualquier fondo de inversión se calcula en base a su *valor liquidativo* o valor de la participación. Este valor lo calcula diariamente la Sociedad Gestora del fondo y se obtiene al dividir el patrimonio neto del fondo entre el número de participaciones en circulación. El patrimonio neto es el resultado de deducir el importe de todas las cuentas acreedoras del fondo del valor (a precio de mercado) de todos los activos de fondo. Es importante señalar que al valorar el fondo, tanto los intereses devengados como las *comisiones de gestión y depósito*, impuestos y gastos a cargo del fondo se periodificarán diariamente. Nótese que el valor liquidativo es el valor del fondo en el caso en que se tuviese que liquidar el fondo ese mismo día y vender todos los activos que lo componen. Este es el motivo de aplicar dicho nombre al valor de cada participación del fondo.

Así, el rendimiento de cualquier fondo *f* sería:

$$R_{ft} = \frac{VL_{ft} - VL_{ft-1}}{VL_{ft-1}},$$ [13.1]

donde R_{ft} es el rendimiento del fondo en el periodo *t*, y VL_{ft} es su valor liquidativo en *t*.

En el mercado español la estructura de comisiones de los fondos está centrada principalmente en las denominadas comisiones de gestión y depósito que resultan del servicio que prestan los gestores y depositarios de los fondos. Además de estas comisiones existen también las comisiones de *suscripción y reembolso* que en ningún caso forman parte del valor liquidativo, pero que son mínimas en el mercado español. Es curioso notar que este sistema de comisiones es diferente del habitual en los mercados anglosajones, donde las comisiones de gestión y depósito son más bajas que en el caso español, pero donde las comisiones de reembolso y suscripción están generalizadas. Así, la duración de la inversión que mantiene un determinado partícipe permite anticipar si la costumbre anglosajona trata mejor o peor a los partícipes de los fondos. Si el periodo de inversión es largo, las comisiones de reembolso y suscripción dejan de tener importancia y, al final, son las comisiones de gestión y depósito las relevantes. Esto implica que si la inversión es a largo plazo, el sistema anglosajón sería posiblemente más adecuado para los inversores, mientras que lo contrario ocurriría en el sistema español. La razón última de esta diferencia se debe a que en nuestro país la gestora del fondo y su distribuidora pertenecen en una gran mayoría de los casos a la misma entidad financiera. Sin embargo, en el mundo anglosajón ambas suelen ser independientes lo que ha favorecido el uso extensivo de las comisiones de suscripción y reembolso. En el mercado español, las comisiones de gestión y depósito suelen ser del orden del 2,50% y 0,20% anual del patrimonio respectivamente.

EJEMPLO 13.2.1

Imaginemos que en un momento de tiempo $t - 1$ el valor de la cartera de un determinado fondo de inversión sea igual a 500 millones de euros y la ganancia o revalorización que ha experimentado el fondo en *t* haya sido igual a 150.000€. La suma de las comisiones de gestión y depósito del fondo resulta igual al 2,60%, el impuesto de sociedades representa el 1% y existen 300.000 participaciones. Se trata de calcular el valor liquidativo del fondo que se utilizaría en la expresión [13.1] para calcular sus rendimientos en *t*.

Dada esta información la ganancia bruta del fondo (*GB*) se define como la ganancia o revalorización del fondo (*G*) menos las comisiones de gestión y depósito por día (suponemos 365 días al año):

$$GB_t = G_t - CGD_t = 150.000 - 35.616/\text{día} = 114.384.$$

La ganancia neta (*GN*) tiene en cuenta el impuesto de sociedades. Así,

$$GN_t = 0,99 \times GB_t = 113.240.$$

El patrimonio neto (P) es el valor de la cartera del fondo (VC) más la ganancia neta:

$$P_t = VC_t + GN_t = 500.000.000 + 113.240 = 500.113.240.$$

El valor liquidativo (VL) será:

$$VL_t = \frac{P_t}{n_t} = \frac{500.113.240}{300.000} = 1.667,04,$$

donde n es el número de participaciones. ■

13.3 Medidas de evaluación basadas en los rendimientos ajustados por el riesgo

La clave de cualquier medida de evaluación de la gestión está en la forma de *definir y medir el riesgo* soportado por el fondo. El rendimiento, tal como hemos visto en la sección anterior, está perfectamente definido. Sin embargo, la medición del riesgo es una cuestión más sutil y compleja. Existen dos formas fundamentales de pensar en el riesgo. Si el inversor está bien diversificado y su inversión no está concentrada exclusivamente en el fondo evaluado, la medida adecuada del riesgo vendrá dada por el riesgo beta. Si, por el contrario, la única inversión del individuo es el fondo evaluado, la medida correcta del riesgo sería la desviación estándar o volatilidad de los rendimientos.

Medidas de evaluación basadas en el riesgo beta

(i) El alfa de Jensen
Si regresamos los excesos de rendimiento de un fondo en los excesos de rendimiento del mercado, suponiendo que la cartera de referencia es la cartera de mercado, tenemos la siguiente expresión:

$$R_{ft} - r_t = \alpha_f + \beta_f (R_{mt} - r_t) + \varepsilon_{ft}, \tag{13.2}$$

donde, intuitivamente, alfa es el exceso de rendimiento del fondo que hubiéramos esperado por invertir en dicho fondo si el exceso de rendimiento del mercado hubiera sido igual a cero. Bajo esta condición, el fondo debería haber ganado el rendimiento asociado al tipo de interés libre de riesgo, lo que sugiere que un alfa positivo es un resultado deseable para el fondo, mientras que un alfa negativo sería evidencia de un mal resultado.

El alfa de Jensen se calcula como la media aritmética de la diferencia entre el rendimiento del fondo y el rendimiento de una cartera réplica con el *mismo riesgo beta* del fondo y que, como sabemos, está compuesta por el activo libre de riesgo y la cartera de referencia con el nivel de beta como proporción de los fondos invertidos en la cartera de referencia:

$$\hat{\alpha}_f = \bar{R}_f - \bar{r} - \hat{\beta}_f(\bar{R}_m - \bar{r}) = \bar{R}_f - \left[\hat{\beta}_f \bar{R}_m + (1 - \hat{\beta}_f)\bar{r}\right]. \qquad [13.3]$$

Efectivamente, dado que todos los activos con la misma beta deben tener el mismo rendimiento esperado, *el valor esperado del alfa* de cualquier cartera gestionada de forma pasiva (comprada y mantenida) y cuyos rendimientos se calculan antes de costes de transacción, comisiones e impuestos, debe ser igual a cero. Así, si el responsable de una cartera que se gestiona de forma activa obtiene un alfa positiva podemos asignarle, en principio, una capacidad de gestión resultante de una calidad e interpretación de la información superior.

La figura 13.1 representa al alfa de Jensen, como la diferencia entre el rendimiento medio que ha obtenido el fondo durante el periodo de evaluación y el rendimiento que hubiese tenido que lograr dado el riesgo beta que soporta y que viene dado por el rendimiento que se obtiene de la Línea del Mercado de Activos (LMA).

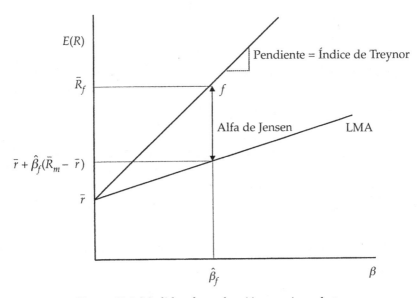

Figura 13.1. Medidas de evaluación con riesgo beta.

Debemos señalar que en la práctica el concepto del alfa de Jensen para evaluar carteras se ha generalizado a modelos de múltiples betas. Como discutiremos más adelante, se trata básicamente de tener un modelo de referencia que, *ex-ante*, sea el modelo que explique correctamente los rendimientos medios de los activos.[1] Además, también es fundamental tener en cuenta las características de los activos en los que invierte el fondo evaluado por lo que incluir características alternativas que representan, en palabras de Fama y French, factores agregados de riesgo o, alternativamente, índices que incorporen la influencia no sólo de los activos de renta variable, sino también de renta fija es importante.

Tres tipos de modelos se han empleado con relativa frecuencia en la práctica:

- APT con factores estadísticos *a la* Connor-Korajcyck (1988):

$$R_{ft} - r_t = \alpha_f + \beta_{f1}(R_{cF1t} - r_t) + ... + \beta_{fK}(R_{cFKt} - r_t) + \varepsilon_{ft},\qquad [13.4]$$

donde R_{cFk} es el rendimiento de la cartera réplica del factor de riesgo no observable k.

- APT con factores de riesgo *a la* Fama-French:[2]

$$R_{ft} - r_t = \alpha_f + \beta_{fm}(R_{mt} - r_t) + \beta_{fsmb}SMB_t + \beta_{fhml}HML_t + \varepsilon_{ft}.\qquad [13.5]$$

- APT con índices de renta variable y renta fija:

$$R_{ft} - r_t = \alpha_f + \beta_{fm}(R_{mt} - r_t) + \beta_{fD}(R_{Dt} - r_t) + \varepsilon_{ft},\qquad [13.6]$$

donde R_D es el rendimiento del índice de la deuda pública, como podría ser el rendimiento asociado al Índice de Renta Fija del Banco de España que ya comentamos en el capítulo 5.

(ii) El índice de Treynor
Se mide como la *prima de riesgo del fondo por unidad de riesgo beta* del mismo. Es, por tanto, la pendiente de la recta que une el rendimiento del activo libre de riesgo con el rendimiento del fondo f que se desea evaluar, tal como se refleja en la figura 13.1:[3]

$$IT_f = \frac{\bar{R}_f - \bar{r}}{\hat{\beta}_f}.\qquad [13.7]$$

---

[1] En términos de la cartera de mercado, es fundamental que dicha cartera utilizada como cartera de referencia sea eficiente en media-varianza en términos *ex-ante* con relación al conjunto de oportunidades de inversión generado por las estrategias pasivas que el gerente del fondo considera posibles.

[2] Recientemente este modelo se ha utilizado para evaluar fondos de inversión en Estados Unidos añadiendo un cuarto factor relacionado con el *momentum* de las empresas. Véase Carhart (1997).

[3] Para ser consistentes con la figura 13.1 se emplean valores muestrales. Como expresión teórica, el índice de Treynor debería escribirse como $(E(R_f) - r)/\beta_f$.

Sobre el periodo de estimación muestral, el CAPM sugiere que en promedio se satisface la siguiente expresión:

$$\bar{R}_f = \bar{r} + \hat{\beta}_f (\bar{R}_m - \bar{r}), \qquad\qquad [13.8]$$

por lo que bajo [13.8],

$$IT_f = \frac{\bar{R}_f - \bar{r}}{\hat{\beta}_f} = \bar{R}_m - \bar{r}. \qquad\qquad [13.9]$$

Nótese que para un intervalo o periodo muestral dado, el exceso de rendimiento medio del fondo podría desviarse del exceso de rendimiento medio del mercado. En este caso, [13.8] implica que

$$\bar{R}_f = \bar{r} + \hat{\beta}_f (\bar{R}_m - \bar{r}) + d_f, \qquad\qquad [13.10]$$

donde d_f es precisamente dicha desviación. Así, si $d_f > 0$, la gestión del fondo habrá sido exitosa ya que necesariamente, $(\bar{R}_f - \bar{r})/\hat{\beta}_f > (\bar{R}_m - \bar{r})$.

Una vez que tenemos esta forma de entender los resultados positivos de la gestión, nótese que el alfa puede calcularse directamente de la expresión [13.8]:

$$\hat{\alpha}_f = (\bar{R}_f - \bar{r}) - \hat{\beta}_f (\bar{R}_m - \bar{r}). \qquad\qquad [13.11]$$

Dividiendo ambos lados de esta última ecuación por $\hat{\beta}_f$ y ordenando términos,

$$\frac{\bar{R}_f - \bar{r}}{\hat{\beta}_f} = \frac{\hat{\alpha}_f}{\hat{\beta}_f} + (\bar{R}_m - \bar{r}). \qquad\qquad [13.12]$$

El lado izquierdo de la expresión [13.12] es precisamente el índice de Treynor. Dado que $(\bar{R}_f - \bar{r})/\hat{\beta}_f > (\bar{R}_m - \bar{r})$ representa un resultado positivo de la gestión del fondo, debe ser el caso que, para gestores con habilidad de gestión superior, $\hat{\alpha}_f/\hat{\beta}_f$ será también positivo. Como sugiere el capítulo 10, las betas de los activos y, en particular, las betas de los fondos suelen ser positivas por lo que es posible concluir que, en general aunque no necesariamente, una gestión positiva según el índice de Treynor implica una gestión superior de acuerdo con el alfa de Jensen y viceversa.

Ahora bien, si se busca una clasificación o *ranking* de los fondos de inversión, el análisis anterior implica que podrían encontrarse inconsistencias entre ambas medidas de evaluación de la gestión.

EJEMPLO 13.3.1

Supongamos que durante un determinado periodo de inversión el rendimiento medio de la cartera de mercado es igual al 5%, el tipo de interés de las letras del Tesoro es el 2,35% y la beta del fondo $f1$ es igual a 1,11. El rendimiento del fondo de acuerdo con el CAPM debería haber sido igual a

$$R_{f1} = 2,35 + 1,11(5 - 2,35) = 5,29\%.$$

Sin embargo, el rendimiento medio logrado por el fondo durante dicho periodo fue igual al 4%. Esto implica que el alfa de Jensen del fondo es negativa e igual a −1,29%. Por otra parte, su índice de Treynor es

$$IT_{f1} = \frac{4,0 - 2,35}{1,11} = 1,49,$$

mientras que el índice de Treynor de la cartera de referencia es

$$IT_m = \frac{5,0 - 2,35}{1} = 2,65,$$

que al ser superior al índice de Treynor del fondo, sugiere igual que el cálculo anterior del alfa, que el fondo ha tenido una mala gestión durante el periodo analizado.

Imaginemos a continuación un segundo fondo que durante el mismo periodo ha tenido un rendimiento medio del 4,95% y una beta igual a 1,5. Su alfa habrá sido

$$\hat{a}_{f2} = 4,95 - [2,35 + 1,5(5 - 2,35)] = -1,375\%.$$

Este cálculo implica que $\hat{a}_{f1} > \hat{a}_{f2}$ por lo que un ranking de fondos situaría antes al fondo $f1$ que al fondo $f2$. Por otra parte, el índice de Treynor de este segundo fondo es

$$IT_{f1} = \frac{4,95 - 2,35}{1,50} = 1,73.$$

Efectivamente, este índice también confirma, igual que su alfa negativa, la mala gestión del fondo. Con betas positivas, se observa cómo para ambos fondos, una evaluación negativa según el alfa de Jensen implica una gestión negativa según el índice de Treynor. Sin embargo, bajo el índice de Treynor clasificaríamos por delante al fondo $f2$ que al fondo $f1$. Este resultado implica que el *ranking* de fondos bajo ambas medidas puede ser diferente a pesar de emplear el riesgo beta como forma de medición del riesgo sistemático. ∎

(iii) El índice de valoración de Treynor
Se basa en el alfa de Jensen como medida de evaluación pero ajustándola por la cantidad de riesgo idiosincrásico que está dispuesto a soportar un gerente de fondos de inversión. Este índice representa al rendimiento ajustado por riesgo beta por unidad de riesgo idiosincrásico:

$$IVT_f = \frac{\alpha_f}{\sigma_{\varepsilon f}}, \tag{13.13}$$

donde $\sigma_{\varepsilon f}$ es la volatilidad del componente idiosincrásico del rendimiento del fondo f que se recoge en la expresión [13.2]. De esta forma, la medida de evaluación tradicional se penaliza cuanto mayor sea el riesgo idiosincrásico que soporta el fondo evaluado. Así, esta medida pretende *contrarrestar* la potencial ganancia que provenga de cierto tipo de información especial que pueda tener el gerente del fondo con el riesgo que aparecería como consecuencia de no mantener una cartera que estuviese bien diversificada.

Es evidente que los potenciales efectos del riesgo idiosincrásico de los fondos pueden tener interés. Para analizarlo con más detalle, puede emplearse la denominada *descomposición de Fama* (1972) que presentamos a continuación.

(iv) La descomposición de la evaluación de carteras de Fama:
En la figura 13.2 el alfa de Jensen del fondo evaluado $f1$ es igual a la diferencia dada por $\bar{R}_{f1} - \bar{R}_{f2}$, ya que ambos fondos $f1$ y $f2$ tienen la misma beta, pero $f2$ está situado en la Línea del Mercado de Activos (LMA):

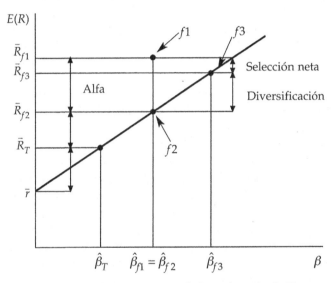

Figura 13.2. La descomposición de la evaluación de Fama.

Imaginemos que $f2$ es un fondo perfectamente diversificado, cuyo binomio rendimiento-riesgo volatilidad está situado en la línea del mercado de capitales (LMC). Los fondos $f1$ y $f2$ tienen el mismo riesgo beta pero distinta volatilidad ya que $f1$, a diferencia de $f2$, tiene riesgo idiosincrásico. Asimismo, existe un tercer fondo $f3$ que también está perfectamente diversificado, pero cuya volatilidad (riesgo total) es igual a la volatilidad de $f1$. Como este último fondo tiene un riesgo idiosincrásico positivo y sus varianzas son iguales, debe ocurrir que la beta de $f3$ es superior a la beta de los dos fondos restantes. Por la ecuación [8.19] del capítulo 8, el riesgo de una cartera bien diversificada como $f3$ es

$$\sigma_{f3}^2 = \beta_{f3}^2 \sigma_m^2. \tag{13.14}$$

Por la expresión [8.13], la varianza de $f1$, sin embargo, es

$$\sigma_{f1}^2 = \beta_{f1}^2 \sigma_m^2 + \sigma_{\varepsilon f1}^2. \qquad [13.15]$$

Teniendo en cuenta que las varianzas de ambos fondos son iguales, las expresiones [13.14] y [13.15] implican que $\beta_{f3} > \beta_{f1} = \beta_{f2}$.

Analizando estos tres fondos puede concluirse que el alfa de Jensen del fondo $f1$ puede descomponerse de la siguiente manera:

$$\hat{\alpha}_{f1} = \bar{R}_{f1} - \bar{R}_{f2} = \underbrace{\bar{R}_{f1} - \bar{R}_{f3}}_{\text{selección}} + \underbrace{\bar{R}_{f3} - \bar{R}_{f2}}_{\text{diversificación}}.$$

Es decir, puede descomponerse en una parte que representa la compensación adicional que permite *cubrir el riesgo diversificable* del fondo $f1$ y que viene dada por la diferencia entre $\bar{R}_{f3}$ y $\bar{R}_{f2}$ y otra segunda parte, denominada *selección neta*, que es consecuencia de una buena selección de activos por parte del gerente del fondo $f1$ y que se obtiene por la diferencia entre $\bar{R}_{f1}$ y $\bar{R}_{f3}$. La selección neta es una forma alternativa de representar el posible efecto que tiene el riesgo idiosincrásico en el alfa de Jensen y, en este sentido, tiene la misma interpretación que el índice de valoración de Treynor de la expresión [13.13].

Una segunda posibilidad consiste en descomponer la prima de riesgo que gana el fondo $f1$ y que viene dada por $\bar{R}_{f1} - \bar{r}$ en la figura 13.2. Suele ser habitual que los fondos tengan un nivel de riesgo beta objetivo (*target*) que, en este caso, denominamos $\hat{\beta}_T$. La prima de riesgo tendrá un primer componente que esté asociado al *riesgo del inversor* ya que representa lo se exige por encima del rendimiento del activo libre de riesgo como compensación por soportar el riesgo $\hat{\beta}_T$ y que en la figura 13.2 es $\bar{R}_T - \bar{r}$. Sin embargo, en la práctica el gerente del fondo $f1$ asume el riesgo $\hat{\beta}_{f1}$. Como este riesgo beta implica que el rendimiento que debe esperar el inversor es $\bar{R}_{f2}$, el segundo componente, que se conoce como *riesgo del gerente*, viene dado por $\bar{R}_{f2} - \bar{R}_T$. Finalmente, el tercer componente es el alfa de Jensen:

$$\bar{R}_{f1} - \bar{r} = \underbrace{(\bar{R}_T - r)}_{\substack{\text{riesgo} \\ \text{inversor}}} + \underbrace{(\bar{R}_{f2} - \bar{R}_T)}_{\substack{\text{riesgo} \\ \text{gerente}}} + \underbrace{(\bar{R}_{f1} - \bar{R}_{f2})}_{\alpha_{f1}}.$$

Medidas de evaluación basadas en el riesgo varianza o volatilidad

(i) El índice de Sharpe

Mide la prima de riesgo del fondo por unidad de riesgo volatilidad:

$$IS_f = \frac{\bar{R}_f - \bar{r}}{\hat{\sigma}_f}, \qquad [13.16]$$

donde, utilizando valores muestrales una vez más, $\hat{\sigma}_f$, es la estimación de la volatilidad de los rendimientos del fondo evaluado durante el periodo de análisis. Este índice, que debe recordarnos al análisis de eficiencia en media-varianza de una determinada cartera que se discutió en el apartado 11.7 del capítulo 11, representa la pendiente de la recta que une el rendimiento del activo libre de riesgo y el fondo denominado f en la figura 13.3, donde, a diferencia de la figura 13.1, se utiliza el espacio rendimiento esperado-volatilidad o desviación estándar. El índice de Sharpe del fondo f se compararía con el correspondiente índice de Sharpe de la cartera de referencia que, en el caso de la figura 13.3, es la cartera de mercado.

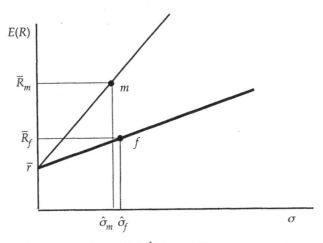

Figura 13.3. Índice de Sharpe.

Este procedimiento *sólo tiene sentido* cuando los gerentes de los fondos de inversión cuyos resultados se están evaluando controlan la totalidad de los recursos de un inversor. Dado que este caso no suele ocurrir en la práctica, ya que los inversores no tienen concentrada su riqueza en un único fondo, parece apropiado centrarnos en la contribución marginal del fondo al riesgo y rendimiento esperado de la cartera final del inversor. En definitiva, la beta es la medida natural de controlar el riesgo en la evaluación de la gestión de carteras. Nótese que estos mismos comentarios pueden aplicarse al índice de valoración de Treynor y a la selección neta de Fama.

Tanto el resultado de la evaluación como un posible *ranking* entre fondos pueden resultar diferentes si se utilizan técnicas de evaluación en función del riesgo beta, como el índice de Treynor o el alfa de Jensen, o técnicas basadas en el riesgo total. Por ejemplo, un fondo podría obtener una evaluación positiva mediante el índice de Treynor y, sin embargo, presentar un comportamiento inferior al de la cartera de referencia, siempre que dicho fondo tuviese un elevado riesgo idiosincrásico.

EJEMPLO 13.3.2

Supongamos que, continuando con los datos del ejemplo 13.2.1, la volatilidad de la cartera de mercado fuese igual al 8% y que un tercer fondo hubiese tenido un rendimiento medio igual al 4,6%, una volatilidad del 20% y una beta igual a 0,82. Recordemos que

$$IT_m = \frac{5,0 - 2,35}{1} = 2,65,$$

mientras que dicho índice calculado para el nuevo fondo sería

$$IT_{f3} = \frac{4,6 - 2,35}{0,82} = 2,74,$$

lo que implicaría una buena gestión del fondo al ser superior al índice de la cartera de referencia. Sin embargo, los índices de Sharpe tanto del mercado como del nuevo fondo serían

$$IS_m = \frac{5 - 2,35}{8} = 0,33$$

$$IS_{f3} = \frac{4,6 - 2,35}{20} = 0,11,$$

que implicaría una mala evaluación del fondo al presentar un índice de Sharpe inferior al del mercado. Naturalmente, la explicación está en el elevado riesgo idiosincrásico del tercer fondo. Utilizando la expresión [8.13] del capítulo 8,

$$\sigma^2_{\varepsilon_{f3}} = \sigma^2_{f3} - \beta^2_{fm}\sigma^2_m = 400 - 0,6724 \times 64 = 356,97 \Rightarrow \sigma_{\varepsilon_{f3}} = 18,89\%. \blacksquare$$

(ii) La medida M² de Modigliani y Modigliani

Modigliani y Modigliani (1997) (M²) proponen una nueva medida de evaluación de carteras que se ha hecho relativamente popular en los últimos años y que, como en los casos anteriores, trata de comparar dos carteras en base a sus rendimientos ajustados por el riesgo. La forma de entender el riesgo es volatilidad y, por tanto, está sujeta a las *mismas reservas* comentadas sobre el índice de Sharpe.

Teniendo en cuenta que la evaluación de una cartera debe hacerse en términos relativos, M² recuerdan que, una vez hemos ajustado el riesgo que soportan ambas carteras (la evaluada y la de referencia), lo único que resta es comparar sus rendimientos. Para ello, debemos recordar por nuestra discusión de los capítulos 5 y 6 que, dada una cartera o fondo de inversión f con rendimiento total R_f y volatilidad σ_f, es posible construir una nueva versión de dicha cartera que tenga cualquier nivel de riesgo deseado. Simplemente se trata de *apalancar* más o menos la cartera original hasta alcanzar el nivel de riesgo buscado. Sabemos que reducir el *apalancamiento* de una cartera consiste en vender una parte de dicha cartera y utilizar los recursos obtenidos para comprar activos sin riesgo. Naturalmente, una operación de este tipo reduciría el riesgo de la cartera, aunque también su rendimiento esperado.

Imaginemos, por tanto, que vendemos un porcentaje ω_f de la cartera y que destinamos dichos recursos a invertir en letras del Tesoro. Esta operación reducirá la dispersión (σ_i) de la cartera por un porcentaje igual a ω_f (ya que un porcentaje ω_f de los rendimientos se han vuelto ahora constantes). Lógicamente, también se reducirá el rendimiento de la cartera en el porcentaje ω_f. Evidentemente, lo mismo ocurriría pero a la inversa si *apalancamos* la cartera o el fondo.

Utilizando estos razonamientos, M² proponen la siguiente idea fundamental:

> *El rendimiento ajustado por el riesgo, RAR$_f$ es el rendimiento de una cartera f apalancada por una cantidad ω_f (siendo ω_f positivo o negativo) y donde ω_f es la cantidad de apalancamiento requerida para convertir a nuestra cartera en una cartera que tenga el mismo riesgo σ que la cartera de mercado.*

El valor de ω_f puede, por tanto, deducirse imponiendo la siguiente igualdad:

$$(1 + \omega_f)\sigma_f = \sigma_m, \qquad [13.17]$$

donde es importante destacar que, bajo esta medida, se ajusta el riesgo de la cartera o del fondo a evaluar de forma que se iguale al riesgo del mercado o cartera de referencia. Esto es fundamentalmente diferente de medidas como el alfa de Jensen, donde se ajusta el riesgo del mercado para igualarlo al riesgo del fondo a evaluar. La expresión [13.17] implica:

$$\omega_f = \frac{\sigma_m}{\sigma_f} - 1. \qquad [13.18]$$

Teniendo en cuenta el tipo de interés sobre ω_f, que es la cantidad que pedimos prestada (si ω_f es positivo) o la cantidad que prestamos (si ω_f es negativo), y que suponemos igual a r, obtenemos que:

$$\text{RAR}_f = (1 + \omega_f)\bar{R}_f - \omega_f \bar{r}, \qquad [13.19]$$

donde $\bar{R}_f$ es el rendimiento medio del fondo a evaluar.

Sustituyendo [13.18] en [13.19], escribimos la medida de evaluación M² como:

$$M^2 \equiv \text{RAR}_f = \left(\frac{\sigma_m}{\sigma_f}\right)\bar{R}_f - \left[\left(\frac{\sigma_m}{\sigma_f}\right) - 1\right]\bar{r}$$

$$= \bar{r} + \left(\frac{\sigma_m}{\sigma_f}\right)(\bar{R}_f - \bar{r}). \qquad [13.20]$$

Se trata de comparar RAR$_f$ con el rendimiento de la cartera de mercado:

- $RAR_f > \bar{R}_m \Rightarrow$ evaluación positiva.

- $RAR_f < \bar{R}_m \Rightarrow$ evaluación negativa.

Para terminar, cabe señalar que la medida M^2 establece rankings de fondos de inversión iguales que los del índice de Sharpe.

(iii) El cociente de información
Entre los gerentes profesionales de la gestión de carteras se ha extendido el uso del denominado cociente de información que mide el resultado de un fondo con relación a la evolución de una cartera de referencia, aunque en esta ocasión y a diferencia de otras medidas, tiene en cuenta el riesgo relativo asumido por el gestor al alejarse en mayor o menor medida de su índice de referencia. Se define como

$$CI_f = \frac{\bar{R}_f - \bar{R}_m}{\sigma_{(f-m)}},$$

[13.21]

donde $\sigma_{(f-m)}$ es la volatilidad del diferencial del rendimiento entre el fondo evaluado y la cartera de referencia y que suele denominarse el *tracking error* utilizando terminología anglosajona. Nótese que aunque este cociente puede ser útil desde el punto de vista de los gestores, no tiene realmente en cuenta el riesgo del fondo evaluado, al no considerar el riesgo propio de dicho fondo.

El cuadro 13.2 muestra la estimación de las diferentes medidas de evaluación analizadas para 4 fondos de inversión de renta variable elegidos de forma que tengamos dos casos de evaluación positiva y dos casos con evaluación negativa. Se emplean rendimientos mensuales entre enero de 1993 y diciembre de 1995.

Cuadro 13.2. Medidas de evaluación de la gestión de carteras. Fondos de inversión de renta variable: 1993-1995. (Estimaciones con observaciones mensuales y resultados anualizados).

FONDOS	Bexbolsa	Hispafondo	Santander Acciones	Fonbanif	IBPC[1]	IBEQ[2]
$\alpha_p{}^3$ (t)	− 5,57 (− 1,34)	− 2,64 (− 1,01)	2,82 (0,99)	3,48 (1,79)	—	—
$\hat{\alpha}_E{}^3$ (t)	− 7,45 (− 1,43)	− 3,88 (− 1,24)	0,80 (0,18)	1,74 (0,35)	—	—
$\hat{\alpha}_{PD}{}^4$ (t)	− 5,41 (− 1,25)	− 3,70 (− 1,44)	2,75 (0,93)	2,78 (1,44)	—	—
$\hat{\alpha}_{ED}$ (t)	− 9,06 (− 1,81)	− 5,50 (− 2,12)	− 1,07 (− 0,27)	− 0,96 (− 0,24)	—	—

Cuadro 13.2. (*Continuación*).

FONDOS	Bexbolsa	Hispafondo	Santander Acciones	Fonbanif	IBPC[1]	IBEQ[2]
$\hat{\alpha}_{ATP}$[5] (t)	− 8,33 (− 1,63)	− 3,32 (− 1,04)	− 0,86 (0,21)	1,60 (0,38)	—	—
IVT_P[6]	− 0,787	− 0,594	0,582	1,052	—	—
IVT_E	− 0,846	− 0,733	0,108	0,207	—	—
IT_P[7]	− 1,418	0,256	9,708	9,209	5,802	—
IT_E	− 1,755	0,310	12,771	11,402	—	10,193
IS[8]	− 0,072	0,013	0,545	0,502	0,334	0,517
RAR_P[9]	7,839	9,317	18,565	17,814	14,895	—
RAR_E	7,670	9,347	19,839	18,987	—	19,286
CI_P[10]	− 0,851	− 0,563	0,744	0,319	—	—
CI_E	− 0,981	− 0,771	− 0,147	− 0,260	—	—
CI_F	− 0,526	− 0,423	1,161	1,041	—	—

[1] Índice bursátil ponderado por capitalización.
[2] Índice bursátil equiponderado.
[3] Alfa de Jensen; *P* es IBPC y *E* es IBEQ; expresión [13.2].
[4] Alfa de Jensen con índices de renta variable y renta fija (deuda pública); expresión [13.6].
[5] Alfa de Jensen con *APT* de 5 factores estadísticos; expresión [13.4].
[6] Índice de valoración de Treynor; expresión [13.13].
[7] Índice de Treynor; expresión [13.7].
[8] Índice de Sharpe; expresión [13.16].
[9] M²; expresión [13.20].
[10] Cociente de Información (*F* es la cartera compuesta por todos los fondos de renta variable); expresión [13.21].

El cuadro 13.2 emplea todas las medidas de evaluación discutidas en las páginas anteriores y, además, para los índices de Treynor (IT y IVT), M² (RAR) y cociente de información (CI) utiliza dos carteras de referencia como son el índice bursátil ponderado por capitalización (Índice General de la Bolsa de Madrid) y el índice equiponderado. Las medidas asociadas al *alfa de Jensen* se obtienen para el caso exclusivo de los índices de renta variable, para combinaciones de renta variable con el Índice de Renta Fija del Banco de España y para un modelo APT con 5 factores estimados mediante el procedimiento de los componentes principales de Connor y Korajcyk (1988).

Dos ideas importantes sobresalen del cuadro 13.2. Si analizamos el resultado de la evaluación de la gestión para cualquiera de los fondos comparando los resultados entre las distintas técnicas de evaluación, se observa que los resultados son muy similares independientemente de cuál sea la medida empleada. Así, con todas las medidas, Bexbolsa e Hispafondo son los fondos peor gestionados, mientras que Fonbanif y Santander Acciones los mejores. Esta es una constante en la evaluación de la gestión de carteras. Autores como Lehmann y Modest

(1987), Cumby y Glen (1990), Grinblatt y Titman (1994) y Rubio (1995) para los fondos españoles, confirman que las técnicas alternativas disponibles tienden a evaluar de forma muy similar a los distintos fondos, aunque cuando se establecen *rankings* muy concretos las inevitables diferencias aparecen. En cualquier caso, más adelante volveremos sobre estos comentarios al presentar algunos problemas que presentan las medidas empleadas en el cuadro 13.2.

Una segunda idea relevante es que la cartera de referencia importa y mucho. Los resultados de la evaluación, en términos de la *magnitud* de la medida de rendimiento ajustado por riesgo empleada, son diferentes si se llevan a cabo con relación al índice ponderado por capitalización o si se hacen con respecto al índice equiponderado. Asimismo, es relevante añadir los efectos de la renta fija y, desde luego, el uso del APT con 5 factores sugiere que los resultados de la gestión de los fondos son peores que utilizando modelos de una única beta, al menos cuando se emplea el índice ponderado. Una vez más, autores como Lehmann y Modest (1987), Grinblatt y Titman (1989a), Elton, Gruber, Das y Hlavka (1993), Rubio (1995), Carhart (1997) y Daniel, Grinblatt, Titman y Wermers (1997) llegan a las mismas conclusiones sobre la importancia que tiene la elección de la cartera de referencia.

Como comentaremos con más detalle en este capítulo, la eficiencia en media-varianza del índice o cartera de referencia es una cuestión de gran importancia en temas relacionados con la evaluación de la gestión de carteras. Como sabemos, a menos que los rendimientos se generen realmente por un solo factor de riesgo, es muy poco probable que un índice bursátil representativo de una cartera bien diversificada sea eficiente.[4] Sin embargo, Grinblatt y Titman (1987) muestran que si los rendimientos se generan por un máximo de K factores de riesgo, entonces en ausencia de oportunidades de arbitraje, cualquier cartera bien diversificada de las K carteras réplica de los factores de riesgo es eficiente en media-varianza. Así, parece razonable pensar en utilizar modelos *a la* APT con múltiples factores de riesgo como una buena medida de prudencia.

Además, como mencionan Grinblatt y Titman (1989a), Elton, Gruber, Das y Hlavka (1993), Rubio (1995), Carhart (1997) es muy importante emplear una cartera de referencia que incorpore activos en los que está invirtiendo el fondo evaluado. Por ejemplo, si no corregimos por el posible efecto del cociente VC/VM y se está evaluando un fondo que invierte elevados porcentajes en activos con un cociente VC/VM alto, encontraremos que dicho fondo *bate* a los habituales índices bursátiles. Sin embargo, dicho resultado aparentemente positivo puede explicarse con toda seguridad por no haber utilizado un modelo de valoración que ajuste adecuadamente el riesgo soportado por el fondo. La clave, como ya hemos señalado, está en elegir una cartera de referencia (o una combinación de ellas) tal que sea eficiente en media-varianza en términos *ex-ante* con respecto al conjunto de oportunidades de inversión formado por estrategias pasivas factibles para el gestor.

---

[4] Véase la evidencia del capítulo 11.

13.4 La sincronización con el comportamiento del mercado y la evaluación de la gestión de carteras: una primera aproximación

Sin duda, el alfa de Jensen es la medida de evaluación de carteras más conocida. Curiosamente, existen pocos trabajos que intenten explicar los motivos de encontrar un alfa positiva o negativa. Dicho de otra forma, debería entenderse lo que realmente explica tanto el signo como la magnitud de un determinado coeficiente alfa. Este es un tema complejo que, en gran medida, requiere aceptar la linealidad de los modelos de valoración que se describen en este libro, pero al menos el coeficiente alfa puede descomponerse en dos partes que ayudan a interpretar con mayor claridad los resultados que presentan los fondos de inversión.

En relación al primer componente, es importante tener en cuenta que el alfa de Jensen de un determinado fondo de inversión o de una cartera en general es el promedio ponderado de las alfas de los activos individuales que lo componen:

$$\alpha_f = \sum_{j=1}^{N} \omega_j \alpha_j,$$

[13.22]

donde ω_j representa el porcentaje que el activo j supone sobre el patrimonio total del fondo f, y N es el número de activos que lo componen. Así, el alfa de cada fondo depende del alfa de cada activo individual seleccionado por el gestor. Por tanto, éste debe seleccionar activos que obtengan resultados superiores con relación a otros activos con betas similares. El alfa de Jensen tiene, por tanto, un primer componente que proviene de la *correcta selección de activos individuales*.

Sin embargo, éste no es el único componente del alfa. El gestor puede lograr alfas positivas o, lo que es lo mismo, puede conseguir resultados que supongan mejorar la cartera de referencia, una vez se ha ajustado el riesgo sistemático, mediante una segunda estrategia denominada *sincronización con el mercado*.[5] Así, el gestor puede cambiar los niveles de riesgo de su cartera en los momentos apropiados dependiendo de su pronóstico sobre el comportamiento futuro del mercado en agregado.

En definitiva, la sincronización consiste en construir una cartera con una beta alta justo antes de mercados alcistas y una cartera con beta baja inmediatamente antes de la llegada de mercados a la baja. *Refleja por tanto la adecuada sincronía entre movimientos del mercado y de reestructuración de la cartera*, lo que dependerá del correcto pronóstico sobre el comportamiento futuro del mercado. El gestor dispone de dos alternativas para lograr cambiar sus niveles de riesgo beta en los momentos adecuados:

- Puede cambiar sus posiciones entre activos individuales con diferentes betas.
- Tiene la posibilidad de cambiar las proporciones relativas entre renta variable y renta fija.

[5] En muchas ocasiones se emplea la terminología anglosajona *timing*.

Resumiendo, el coeficiente alfa de un fondo, que nos indica el rendimiento ajustado por el riesgo con relación a una determinada cartera de referencia, es la suma de dos componentes:

Alfa = selección de activos + sincronización con el mercado.

Una pregunta clave que debe hacerse es si, en la práctica, es posible distinguir entre ambos componentes de la medida de evaluación de la gestión. Hacerlo significaría conocer mejor el servicio real que ofrecen los fondos de inversión al poder describir con precisión las posibles ventajas comparativas que ofrecen los fondos a sus partícipes. Asimismo, la formación de precios de los activos podría ser diferente según sea la información que domine en el mercado. Esto es, podría ser información privada sobre el mercado en agregado (sincronización) o información privada sobre empresas individuales (selección).

La figura 13.4 muestra los pares resultantes de observar simultáneamente los excesos de rendimiento de un fondo y los del mercado. Si a dichos puntos se ajusta una línea de regresión con la habitual expresión [13.2], obtendríamos una alfa positiva tal como queda reflejado en la figura 13.4. Sin embargo, nótese que es posible obtener un alfa positiva como consecuencia de la correcta sincronización con el mercado. Esta posibilidad se refleja en la figura 13.5. En aquellos momentos en los que el mercado experimenta movimientos alcistas, el fondo evaluado también lo hace pero en mayor magnitud. Este comportamiento hace que la relación de puntos de los excesos de rendimientos adopte una *forma cuadrática* y que al ajustar la recta de regresión se obtenga también un alfa positiva. Además, este alfa se puede lograr exclusivamente como consecuencia de la buena sincronización con el mercado, sin que el gestor muestre capacidad alguna de seleccionar correctamente activos individuales.

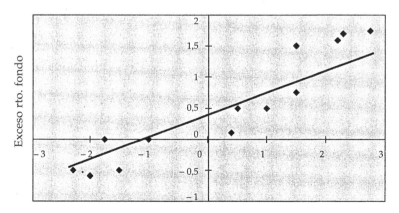

Exceso rto. mercado

Figura 13.4. Selección de activos.

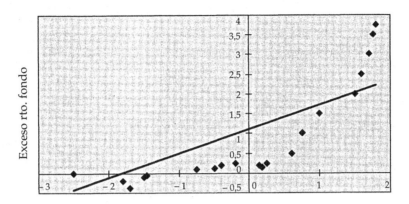

Exceso rto. mercado

Figura 13.5. Sincronización del mercado.

Tradicionalmente se han utilizado dos métodos para estimar el efecto de la sincronización: el método *cuadrático* y el método basado en la *opción* de reestructuración de la cartera.[6]

a) De acuerdo con el método cuadrático, el coeficiente beta de un fondo variará *progresivamente* con las variaciones del mercado. Cuando el mercado se halle en fase alcista, el rendimiento del fondo será mayor que el rendimiento de la cartera con beta igual a 1 al tener beta superior. Cuando el mercado esté es fase bajista el rendimiento del fondo también será mayor al no incurrir en pérdidas tan elevadas como el mercado gracias a una gestión prudente del gestor que escoge posiciones con betas inferiores a 1. Nótese que la sincronización implica necesariamente una gestión del fondo que mueva el riesgo beta de la cartera según sea el pronóstico sobre el comportamiento del mercado.

La figura 13.6 muestra la diferencia entre una gestión con una sincronización correcta, variando el riesgo beta en los momentos en los que debe hacerse y una gestión con una beta constante de un gestor que mantiene el mismo riesgo del fondo independientemente de cual sea el comportamiento del mercado. La convexidad de la curva cuando se produce la adecuada sincronización puede recogerse añadiendo un término cuadrático a la típica regresión dada por la expresión [13.2].

[6] El método cuadrático se debe a Treynor y Mazuy (1966) y a Admati, Bhattacharya, Pfleiderer y Ross (1986), mientras que el método de la opción se propuso por Merton (1981) y Henriksson y Merton (1981).

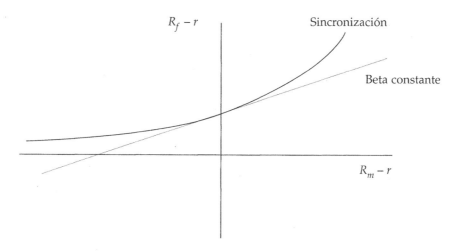

Figura 13.6. La sincronización del mercado y la beta constante.

La nueva regresión viene dada por la expresión:

$$R_{ft} - r_t = \alpha_f + \beta_{0f}(R_{mt} - r_t) + \beta_{1f}(R_{mt} - r_t)^2 + \varepsilon_{ft},$$ [13.23]

donde el argumento utilizado para dicha regresión se basa en que añadir el término cuadrático (que captura la forma de curvatura que debe observarse al existir sincronización) mejora el ajuste de la regresión de MCO. Si la sincronización es correcta, el estimador del coeficiente β_{1f} será positivo y estadísticamente distinto de cero.

En el contexto de la regresión anterior y bajo Normalidad de los rendimientos y cierto tipo de preferencias de los inversores que resultan en un coeficiente beta que es una *función lineal de la señal* que recibe el gestor sobre el comportamiento del mercado, el componente del resultado de la evaluación asociado a la sincronización viene dado por $\beta_{1f}\,\mathrm{var}(R_m)$, mientras que el componente asociado a la selección es α_f. El resultado global de la evaluación de la gestión sería la suma de ambos componentes $\alpha_f + \beta_{1f}\,\mathrm{var}(R_m)$.

Para ver que efectivamente el componente de sincronización tiene que ver con β_{1f} (y el componente de selección con α_f), supongamos que el gestor observa una señal sobre el exceso de rendimiento del mercado (y, por tanto, sobre el comportamiento de la economía en agregado y no sobre activos individuales) pero no lo hace de manera perfecta, sino que la observa con un cierto ruido que denominamos ξ. Por tanto, el gestor observa $(R_m - r) + \xi$. Bajo el fundamental supuesto de que la beta es una función lineal de la señal de sincronización,

$$\beta_f = \kappa_0 + \kappa_1[(R_m - r) + \xi],$$ [13.24]

tenemos que el exceso de rendimiento del fondo es

$$R_f - r = \left\{ \kappa_0 + \kappa_1 [(R_m - r) + \xi] \right\} (R_m - r_t) + \varepsilon_f \qquad [13.25]$$

que, operando, puede escribirse como:

$$R_f - r = \kappa_0 (R_m - r) + \kappa_1 (R_m - r)^2 + \underbrace{\kappa_1 \xi (R_m - r) + \varepsilon_f}_{\text{residuo}}, \qquad [13.26]$$

donde el tercer término del lado derecho de [13.26] puede interpretarse como el residuo de la regresión [13.23].

Observando la última ecuación, es evidente que κ_0 multiplica al exceso de rendimiento del mercado por lo que, al menos en muestras suficientemente grandes, debe coincidir con el coeficiente β_{0f} de la regresión [13.23]. Asimismo, κ_1 multiplica al término cuadrático por lo que debe ser igual a β_{1f}. Naturalmente, κ_1 es la parte de la beta que es dependiente del exceso de rendimiento del mercado, tal como se observa en la expresión [13.24], por lo que el componente de sincronización está asociado al coeficiente β_{1f}. Tomando expectativas en [13.26] se concluye además que $E(R_m - r)^2$ (la varianza del rendimiento de la cartera de mercado en definitiva) está también asociado a la sincronización y que $E(\varepsilon_f)$, que es el valor esperado de la parte restante, debe ser asintóticamente igual al coeficiente α_f de la regresión cuadrática [13.23].

b) El segundo método utilizado para identificar la sincronización en la gestión de carteras y que, como hemos señalado más arriba, representa una opción sobre la reestructuración de la cartera, consiste en suponer que el gestor puede prever únicamente *dos* tipos distintos de comportamientos del mercado, las situaciones alcistas y las bajistas, sin poder ajustar progresivamente la beta del fondo tal como se suponía en el método cuadrático. El mercado al alza se define como aquel en el que el rendimiento del mercado es superior al tipo de interés libre de riesgo ($R_m > r$), mientras que el mercado a la baja se produce cuando el rendimiento del mercado es inferior al tipo de interés del activo seguro ($R_m < r$). Así, bajo esta perspectiva, el gestor sólo pronostica si $R_m > r$ o viceversa, pero nunca la magnitud de los rendimientos relativos. Un gestor con habilidades de sincronización tendrá una cartera con beta alta cuando $R_m > r$ y, por el contrario, mantendrá una beta baja cuando $R_m < r$.

La figura 13.7 muestra los pares de los excesos de rendimiento de un fondo con relación a los excesos de rendimiento del mercado. Nótese que dicho comportamiento se podría capturar con *dos* regresiones diferentes, una para el periodo a la baja y una segunda para el periodo al alza. En otras palabras, la estructura completa de pagos que presenta el fondo de la figura 13.7 es *no lineal* y, recuérdese que pagos no lineales son precisamente los que producen las opciones.

Para ver la relación entre la sincronización y las opciones, imaginemos que un inversor puede colocar su dinero en un fondo capaz de predecir sin error que el mercado tendrá un rendimiento mayor o menor que el rendimiento del activo libre de riesgo. Si dicho fondo predice que $R_m > r$ invierte todos sus recursos en el mercado; si predice que $R_m < r$ invierte todo en letras del Tesoro. Sea F_t el valor actual del fondo y F_T su valor al final del periodo de la inversión T. De esta forma, el valor que promete tener el fondo sería el máximo entre F_T y $(1 + r)F_t$:

$$\max\left[F_T,\, (1 + r)F_t\right] = (1 + r)F_t + \max\left[0,\, F_T - (1 + r)F_t\right]. \qquad [13.27]$$

Alternativamente,

$$\max\left[F_T,\, (1 + r)F_t\right] = F_T + \max\left[0,\, (1 + r)F_t - F_T\right]. \qquad [13.28]$$

Bajo estas circunstancias, según [13.27], el valor de esta predicción puede interpretarse como una inversión sin riesgo por una cantidad igual a F_t *más la compra de una opción de compra* sobre el mercado (o sobre el fondo, ya que en este estado de naturaleza coincidirían) con precio de ejercicio igual a $(1 + r)F_t$. Este es precisamente el caso que refleja la estructura de pares de exceso de rendimiento de la figura 13.7. Alternativamente, según [13.28], su valor sería como invertir en el mercado más la compra de una opción de venta sobre el mercado con precio de ejercicio igual a $(1 + r)F_t$.

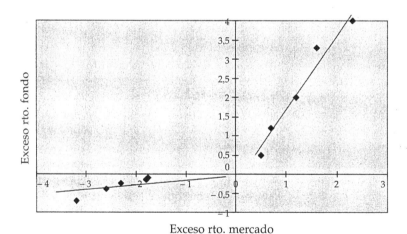

Figura 13.7. Sincronización y opciones.

Teniendo en cuenta esta relación con la estructura de pagos que presentan las opciones, imaginemos que para capturar el comportamiento observado de la figura 13.7 se realiza *una única* regresión en lugar de dos regresiones. Para ello se define una variable ficticia, D_t, que toma el valor 0 si $R_{mt} \geq r_t$ y toma un valor igual a -1 si $R_{mt} < r_t$:

$$R_{ft} - r_t = \alpha_f + \beta_{0f}(R_{mt} - r_t) + \beta_{1f}\left[D_t\,(R_{mt} - r_t)\right] + \varepsilon_{ft}. \qquad [13.29]$$

Si $D_t = -1$, la ecuación [13.29] es

$$\begin{aligned} R_{ft} - r_t &= \alpha_f + \beta_{0f}(R_{mt} - r_t) - \beta_{1f}(R_{mt} - r_t) + \varepsilon_{ft} = \\ &= \alpha_f + (\beta_{0f} - \beta_{1f})(R_{mt} - r_t) + \varepsilon_{ft}. \end{aligned} \qquad [13.30]$$

Esta última expresión es idéntica a la regresión en excesos de rendimiento habitual pero con la beta del fondo igual a la diferencia entre los coeficientes de la regresión [13.29]; $\beta_f = \beta_{0f} - \beta_{1f}$. Así, la diferencia entre ambos coeficientes representa la beta del fondo en periodos bursátiles a la baja.

Por el contrario, para el periodo alternativo o cuando $D_t = 0$, la ecuación [13.29] es, simplemente,

$$R_{ft} - r_t = \alpha_f + \beta_{0f}(R_{mt} - r_t) + \varepsilon_{ft}, \qquad [13.31]$$

donde β_{0f} es la beta del fondo en momentos bursátiles alcistas.

Sabemos que un gerente con una buena capacidad de sincronización tendrá una beta más elevada cuando $R_{mt} \geq r_t$ y más pequeña cuando $R_{mt} < r_t$. Dadas las expresiones anteriores, esto significa que para lograr una correcta sincronización deber ser cierto que $\beta_{0f} > \beta_{0f} - \beta_{1f}$, lo que a su vez implica que la estrategia de sincronización tiene éxito si $\beta_{1f} > 0$.

Sólo queda relacionar el contexto de la regresión con variable ficticia en [13.29] con la estructura de pagos no lineales de las opciones. Para ello escribimos dicha regresión de forma alternativa como:

$$R_{ft} - r_t = \alpha_f + \beta_{0f}(R_{mt} - r_t) + \beta_{1f}\max(0, r_t - R_{mt}) + \varepsilon_{ft}, \qquad [13.32]$$

donde la segunda variable explicativa, $\max(0, r_t - R_{mt})$, es el pago de una posición larga en una opción de venta europea sobre el mercado con precio de ejercicio igual al tipo de interés libre de riesgo. Tal como hemos demostrado en las líneas anteriores, una buena sincronización en la regresión [13.32] implica que $\beta_{1f} > 0$.

Es muy importante señalar que los dos procedimientos anteriores, el método cuadrático de la regresión [13.23], y la opción de reestructuración de la cartera de la regresión [13.32] son muy similares.[7] Naturalmente, en el método cuadrático, la beta del fondo fluctúa sobre muchos valores dependiendo de la magnitud del exceso de rendimiento del mercado. Así, la pendiente de la curva en la figura 13.6 aumenta continuamente desde la izquierda a la derecha.

---

[7] Ambos enfoques pueden extenderse a múltiples factores de riesgo *a la* APT, donde tendríamos sincronización con respecto a los factores de riesgo sistemáticos alternativos.

Por el contrario, en el método de la opción, la beta fluctúa sólo entre dos valores dependiendo de si $R_{mt} \geq r_t$ o $R_{mt} < r_t$. Sin embargo, en todos los aspectos restantes, los dos procedimientos de detectar sincronización son equivalentes.

Ahora bien, ¿qué problemas plantean estos dos procedimientos? Básicamente el primer problema radica en que la forma de entender la sincronización en los dos modelos descritos puede interpretarse como una opción sin coste alguno. En otras palabras, invirtiendo en un cierto tipo de opciones, tal como se aprecia en [13.27] y [13.28], obtendríamos estructuras de pagos similares a las que se logran mediante estrategias de sincronización con éxito. Naturalmente hay una diferencia fundamental, invertir en opciones tiene un coste, mientras que tal como están planteados los modelos la opción implícita en la sincronización es gratis. Esto introduce un problema de especificación incorrecta en las regresiones [13.23] y [13.32].[8]

Concretemos las consecuencias de este problema de especificación. Tal como está planteado el modelo, dado que un coeficiente β_{1f} positivo en la regresión [13.32] refleja la compra de una opción de venta sobre la cartera de mercado sin pagar precio alguno por dicha opción, el coste en que sin embargo se incurre en la práctica al llevar a cabo la adecuada sincronización se traslada al coeficiente alfa generando, por tanto, un alfa más pequeña que la que obtendríamos si reconociésemos el coste implícito de dicha opción. Nótese que dicha opción asociada a la sincronización debe tener de hecho un coste ya que, en caso contrario, tendríamos una oportunidad de arbitraje. El coste no aparece en el modelo como consecuencia de una mala especificación del mismo y no porque no exista en la realidad. En definitiva, un β_{1f} positivo tenderá a generar alfas negativas.

Alternativamente, un coeficiente β_{1f} negativo refleja la venta de una opción de venta sobre el mercado sin recibir el precio por dicha venta. Al no tenerlo en cuenta, dicho precio se trasladará al coeficiente alfa en la regresión. Así, un β_{1f} negativo tenderá a generar alfas positivas. Estos argumentos implican que en las regresiones [13.23] y [13.32] existe una *correlación negativa* entre el coeficiente asociado a la sincronización y el alfa.[9] Esta potencial correlación no es real, sino simplemente consecuencia de *una mala especificación de los modelos al no tener en cuenta el coste real de la opción implícita en la estrategia de sincronización*.

No es sorprendente que autores como Henriksson (1984) y Rubio (1995) encuentren coeficientes negativos asociados a la sincronización. Por ejemplo, con una muestra de fondos españoles de renta variable y renta variable mixta entre 1986 y 1990, Rubio (1995) encuentra que el coeficiente β_{1f} es, en promedio sobre todos los

---

[8] Es muy probable que el problema sea más grave en la especificación cuadrática que puede interpretarse como una opción continua sobre la reestructuración de la cartera.

[9] Si los inversores tienen preferencias por distribuciones de rendimientos con asimetrías positivas, donde se asigne una mayor probabilidad a la cola derecha de dichas distribuciones, el coeficiente asociado a la sincronización en las regresiones [13.23] y [13.32] estaría sesgado al alza. Se podría identificar a un gestor con una buena capacidad de sincronizarse con el mercado, cuando en realidad se podría estar capturando simplemente las preferencias por la asimetría positiva. Cuando existe tal preferencia, el CAPM se expande para incorporar una covarianza adicional dada por $\text{cov}(R_j, R_m^2)$.

fondos, igual a – 0,810 cuando se emplea el modelo cuadrático e igual a – 0,227 cuando se utiliza el modelo basado en la opción de reestructurar la cartera. De hecho, en todos los fondos de la muestra excepto en uno de ellos, los coeficientes son negativos. Es difícil aceptar que los gestores de carteras sincronicen sus riesgos de forma contraria a la que hubiese sido la correcta. Parece más razonable aceptar la mala especificación de dichos modelos a pesar de su generalizada utilización.

13.5* Algunos problemas adicionales en la evaluación de la gestión de carteras

(i) La distinción entre la habilidad y la suerte

Las evaluaciones de los fondos de inversión basadas en periodos históricos de tres meses, incluso de un mes como suelen verse en la prensa económica, deberían evitarse. La única forma que dispone un evaluador externo para distinguir entre la verdadera habilidad que tiene un gestor y su posible suerte, consiste en utilizar series históricas suficientemente largas.[10] Sin embargo, un gran porcentaje de fondos no tienen la historia necesaria para poder estimar razonablemente su contribución al binomio rendimiento-riesgo deseado por los partícipes. Es por tanto difícil establecer clasificaciones anuales e incluso premiar a los fondos en base a sus rendimientos anuales, si queremos mantener un mínimo nivel de exigencia que permita distinguir correctamente entre los fondos disponibles y aumentar el grado de competencia real en la industria.

Esta discusión podría incluso complicarse aún más desde dos puntos de vista. En primer lugar, debemos ser conscientes de que estamos evaluando a un gestor y no a un ente abstracto. Antes de emitir juicios sobre la calidad de la gestión, deberíamos asegurarnos de que estamos evaluando al mismo equipo de gestión. Es evidente que este es un tema complejo aunque, al menos, deberíamos ser conscientes de ello. Nos parecería imprescindible que las gestoras diesen una adecuada publicidad de los gerentes con responsabilidades en la política de inversión de los fondos, que indiquen el tipo de remuneración que se concede a dichos gestores y la forma en que son incentivados en función de los resultados que se presentan a los partícipes.

En segundo lugar, aunque realicemos un estudio sobre la persistencia temporal de los resultados de los fondos, siempre podemos cometer errores de gran importancia si estamos arrastrando lo que se conoce como *sesgo de supervivencia*. Imaginemos que para establecer una evaluación de fondos incluimos en la muestra exclusivamente fondos que existen al final del periodo de evaluación. Aquellos fondos que en su momento decidieron llevar a cabo políticas de inversión de alto riesgo tienen una mayor probabilidad de desaparecer a lo largo del periodo anali-

---

[10] Aunque, por otra parte, debe recordarse el problema crucial de la estacionariedad de los rendimientos.

zado y, por tanto, pueden no incluirse en la muestra final estudiada. Si consideramos globalmente la evaluación de los fondos supervivientes, la conclusión sobre la calidad de los mismos estará necesariamente sesgada al alza al no tener en cuenta los fracasos que se han perdido durante el periodo muestral.

En definitiva, la calidad de la gestión debe evaluarse. Sin embargo, el tratamiento de los datos disponibles siempre debe hacerse con un cuidado exquisito si queremos evitar errores de apreciación significativos.

(ii) Valoración de activos, evaluación de la gestión y las carteras de referencia
Una de las ideas más importantes de la moderna Economía Financiera es que la eficiencia en media-varianza de la verdadera cartera de mercado implica el CAPM y viceversa. Como sabemos por los capítulos anteriores, cuando la beta se estima con relación a una cartera eficiente, debe existir una relación lineal entre el rendimiento esperado y dicha beta. Este es un resultado que depende exclusivamente de las matemáticas que justifican las carteras eficientes. Además, una relación lineal entre rendimiento esperado y beta también debe existir cuando se emplean datos *ex-post* (observados) si la aproximación a la verdadera cartera de mercado (un índice bursátil) también es *ex-post-eficiente* en sentido media-varianza.

La implicación inmediata de estos comentarios es que todos los activos o carteras deben tener alfa igual a cero si realmente se utiliza una cartera de referencia eficiente. Así, en principio, no parece posible discriminar entre gestores de fondos cuando se emplean carteras eficientes y es, precisamente, en estos casos cuando la relación lineal tipo CAPM (y sus extensiones) se satisface y, por tanto, es cuando el riesgo beta tiene sentido.

Por otro lado, si la cartera de referencia está situada en el interior del conjunto de oportunidades de inversión (es una cartera ineficiente), los activos o carteras podrían tener alfas positivas o negativas. En este caso parece que podríamos evaluar los fondos e incluso establecer un *ranking* de los mismos. Sin embargo, no puede saberse si esta evaluación es el resultado de una gestión superior o, por el contrario, depende de la situación o posición que tenga la cartera de referencia en el interior del conjunto de oportunidades de inversión.

Parece, en definitiva, que la cartera de referencia debería ser al mismo tiempo eficiente e ineficiente en sentido media-varianza. Debería ser eficiente para que todos los fondos bajo gerentes no informados y todas las carteras gestionadas de forma pasiva, tuviesen alfas de Jensen igual a cero con absoluta seguridad. Por otro lado, debería ser ineficiente de forma que los gerentes con habilidades de gestión e información superiores tuviesen un alfa positiva.

Naturalmente estas ideas sugieren que estamos ante una tarea conceptualmente imposible de resolver, a no ser que la frontera eficiente en el espacio rendimiento esperado-volatilidad de los gerentes informados fuese diferente de la frontera eficiente que *observan* los gerentes no informados. Y éste es el caso; dos gerentes con conjuntos de información diferentes necesariamente tendrán fronteras eficientes (de hecho, fronteras de menor varianza) diferentes. Los gerentes informados utilizarán estrategias activas de inversión *sobreponderando* aquellos activos cuyas predicciones les hacen ser superiores en términos de rendimiento esperado-riesgo. Por tanto, la frontera de los gerentes no informados estará situada en el interior del conjunto de oportunidades de inversión al que se enfrentan los gerentes informados. Esta posibilidad se refleja en la figura 13.8, donde existen dos fronteras de menor varianza, una para los gerentes informados y la segunda (situada en el interior de la primera) para los no informados. La cartera tangente para los informados se denomina cartera TI (tangente informados), mientras que la cartera tangente para los no informados se llama TNI (tangente no informados). La idea fundamental es que la evaluación de la gestión de carteras puede llevarse a cabo en el contexto descrito por este capítulo, si se utiliza una cartera de referencia situada en algún punto de la recta que une r, el tipo de interés libre de riesgo, con la cartera TNI. Esta cartera sería eficiente con respecto a las carteras gestionadas de forma pasiva (sin información superior), pero no lo sería con respecto a carteras estructuradas de forma activa con gerentes que tuviesen una capacidad de gestión y una habilidad informativa superior.

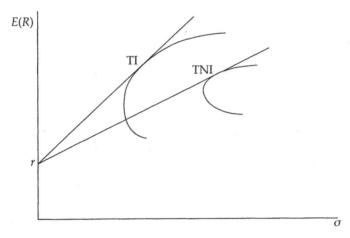

Figura 13.8. Fronteras eficientes para gerentes informados y no informados.

En particular, puede demostrarse que gerentes con información superior sobre activos individuales (capacidad de selección) pero sin información superior sobre el comportamiento del mercado (sin capacidad de sincronización) lograrían alfas positivas si la cartera de referencia fuese eficiente desde la perspectiva de un inversor o gestor sin habilidad alguna de predicción.[11] Es decir, obtendrían alfas positivas si el evaluador utilizase la cartera de referencia TNI.

Desafortunadamente, existen dos complicaciones prácticas de gran relevancia. El resultado anterior es válido siempre que el gerente mantenga constante el riesgo beta de la cartera escogida durante el periodo de evaluación. Esto implica

---

[11] Véase Dybvig y Ross (1985) y Grinblatt y Titman (1989b).

que el análisis de la figura 13.8 es adecuado siempre que el gerente no tenga capacidad alguna de sincronización. Además, la cartera eficiente del gestor pasivo que resuelve en principio el problema debe ser una cartera eficiente *ex-ante* y no una cartera eficiente observada y, por tanto, construida con datos *ex-post*. Encontrar una cartera eficiente *ex-ante* es una tarea evidentemente compleja. Es posible que lo mejor que pueda hacer un evaluador externo, usando rendimientos de los fondos como su fuente de información, sea utilizar varias carteras de referencia y asegurarse de que sus resultados no dependen, en la medida de lo posible, de la cartera de referencia escogida.

(iii) Selección, sincronización, información asimétrica y los sesgos del alfa de Jensen
Nótese que la evaluación mediante una regresión en excesos de rendimiento, como la [13.2], que permite estimar el alfa de Jensen obtiene una única alfa y una sola beta para todo el periodo muestral. Tanto el alfa como la beta constituyen la *media* de ambos coeficientes durante dicho periodo. En otras palabras, la medida del riesgo que se utiliza en la evaluación es simplemente una media del riesgo del fondo durante el periodo de estimación. La implicación inmediata es que la metodología de evaluación propuesta supone, de hecho, que *el riesgo del fondo permanece constante durante dicho periodo*. Dado que posibles políticas de inversión de los fondos podrían basarse en actuaciones de sincronización que, lógicamente, implicarían cambios frecuentes en los niveles de riesgo del fondo, la medida de evaluación alfa es apropiada siempre que el fondo no realice una sincronización con el mercado. En caso contrario, el alfa de Jensen como medida de evaluación de la gestión quedaría invalidada. Analicémoslo con detalle.

Una regresión del exceso de rendimiento del activo j en el exceso de rendimiento de una cartera eficiente *ex-ante* que denominamos cartera de mercado, m, implica como sabemos que:

$$R_j - r = \beta_j(R_m - r) + \varepsilon_j, \qquad [13.33]$$

donde

$$\beta_j = \frac{\text{cov}(R_j - r, R_m - r)}{\text{var}(R_m - r)}.$$

Dado que la cartera m es eficiente, el valor medio de ε_j es igual a cero. Así, el exceso de rendimiento de un fondo f que invierte en N activos es

$$R_f - r = \tilde{\beta}_f(R_m - r) + \varepsilon_f, \qquad [13.34]$$

donde la **beta dinámica** del fondo viene dada por

$$\tilde{\beta}_f = \sum_{j=1}^{N} \omega_j \beta_j \qquad [13.35]$$

y

$$\varepsilon_f = \sum_{j=1}^{N} \omega_j \, \varepsilon_{j'} \qquad [13.36]$$

siendo ω_j el porcentaje del activo j en el fondo f, que es una *variable aleatoria* ya que el gerente puede modificar la composición de su cartera en función de su información.

Tomando la esperanza de [13.34] obtenemos, por tanto,

$$E(R_f - r) = E(\tilde{\beta}_f)E(R_m - r) + \mathrm{cov}(\tilde{\beta}_f, R_m - r) + E(\varepsilon_f). \qquad [13.37]$$

El primer término del lado derecho de [13.37] es el rendimiento en exceso esperado del fondo condicionado a conocer el nivel del riesgo beta objetivo del fondo. El segundo término es la covarianza entre la beta del fondo y el exceso de rendimiento de la cartera de referencia, y representa la *contribución de la sincronización* al exceso de rendimiento del fondo. Es importante enfatizar que la beta del fondo es, en este caso, una variable aleatoria ya que los porcentajes ω_j los son.[12] El tercer término son las covarianzas entre los porcentajes (aleatorios) de cada activo j en el fondo y los correspondientes residuos:

$$
\begin{aligned}
E(\varepsilon_f) &= E(\omega_1 \, \varepsilon_1) + E(\omega_2 \, \varepsilon_2) + \dots + E(\omega_N \, \varepsilon_N) = \\
&= E(\omega_1)E(\varepsilon_1) + \mathrm{cov}(\omega_1, \varepsilon_1) + \dots + E(\omega_N)E(\varepsilon_N) + \mathrm{cov}(\omega_N, \varepsilon_N) = \\
&= \mathrm{cov}(\omega_1, \varepsilon_1) + \dots + \mathrm{cov}(\omega_N, \varepsilon_N),
\end{aligned}
$$

y que evidentemente puede escribirse como

$$E(\varepsilon_f) = \sum_{j=1}^{N} \mathrm{cov}(\omega_j, \varepsilon_j), \qquad [13.38]$$

que representa la *contribución de la selección* de activos individuales al exceso de rendimiento del fondo.

En este contexto inherentemente dinámico, puede demostrarse que una medida de evaluación global, representada por la suma de los dos últimos términos (contribución de la sincronización más la contribución de la selección al exceso de rendimiento del fondo), es igual a

$$\sum_{j=1}^{N} \mathrm{cov}(\omega_j, R_j). \qquad [13.39]$$

---

[12] Esta covarianza adicional debe recordarnos al CAPM condicional del capítulo 12. De hecho, más adelante en este capítulo se discutirá la enorme importancia que tiene la evaluación condicional de carteras y que, de forma paralela al CAPM condicional, ha sido ignorada hasta hace poco tiempo.

Tal como demuestran Grinblatt y Titman (1989b) esta covarianza debe ser *positiva* para poder afirmar que un determinado gerente tiene una capacidad o habilidad superior para predecir rendimientos.[13]

Asimismo, en este contexto en el que las ponderaciones que recibe cada activo son variables aleatorias, resulta posible *descomponer el alfa de Jensen* en tres partes que permiten entender con precisión los factores que determinan su nivel.[14] Aproximamos los valores esperados poblacionales mediante sus valores medios para muestras grandes o, lo que es lo mismo, a través de los límites en probabilidad de las respectivas variables. Así, sabemos que el alfa de Jensen se define como[15]

$$\alpha_f = \bar{r}_f - \bar{\beta}_f \, \bar{r}_m, \tag{13.40}$$

donde

$$\bar{r}_f = \plim_{T \to \infty} \left[\frac{1}{T} \sum_{t=1}^{T} (R_{ft} - r_t) \right]$$

$$\bar{r}_m = \plim_{T \to \infty} \left[\frac{1}{T} \sum_{t=1}^{T} (R_{mt} - r_t) \right]$$

y donde $\bar{\beta}_f$ es el límite en probabilidad del estimador de MCO de regresar el exceso de rendimiento del fondo en el exceso del rendimiento del mercado. Nótese que este estimador sería *diferente* del límite en probabilidad del valor medio de la beta del fondo calculada mediante la expresión [13.35], $\tilde{\beta}_f = \sum_{j=1}^{N} \omega_j \beta_{j}$, que reconoce explícitamente las variaciones en la composición de la cartera. El límite en probabilidad del estimador MCO de la beta, $\bar{\beta}_f$, supone implícitamente que el nivel de riesgo beta del fondo permanece constante.

Analicemos a continuación la expresión [13.34], donde trabajamos con la beta dinámica del fondo:

$$\bar{r}_f = \plim_{T \to \infty} \left[\frac{1}{T} \sum_{t=1}^{T} (\tilde{\beta}_{ft} \, r_{mt} + \varepsilon_{ft}) \right]$$

$$= \bar{\tilde{\beta}}_f \bar{r}_m + \plim_{T \to \infty} \left[\frac{1}{T} \sum_{t=1}^{T} \tilde{\beta}_{ft} (r_{mt} - \bar{r}_m) \right] + \bar{\tilde{\varepsilon}}_f, \tag{13.41}$$

---

[13] Véase el apartado 13.6.

[14] Se trata ahora de analizar la ecuación [13.37] desde el punto de vista de la estimación en lugar de hacerlo desde un punto de vista exclusivamente conceptual.

[15] Es la versión para muestras grandes de la expresión [13.3].

donde

$$\bar{\bar{\beta}}_f = \operatorname*{plim}_{T \to \infty} \left[\frac{1}{T} \sum_{t=1}^{T} \tilde{\beta}_{ft} \right]$$

$$\bar{\varepsilon}_f = \operatorname*{plim}_{T \to \infty} \left[\frac{1}{T} \sum_{t=1}^{T} \varepsilon_{ft} \right],$$

esto es, $\bar{\bar{\beta}}$, es el límite en probabilidad del valor medio de la beta dinámica del fondo calculada mediante la expresión [13.35].

Sustituyendo la ecuación [13.41] en [13.40] y ordenando términos obtenemos,

$$\alpha_f = \underbrace{\operatorname*{plim}_{T \to \infty} \left[\frac{1}{T} \sum_{t=1}^{T} (\tilde{\beta}_{ft} - \bar{\beta}_f) \right] \bar{r}_{mt}}_{\text{sesgo de estimación}}$$

$$+ \underbrace{\operatorname*{plim}_{T \to \infty} \left[\frac{1}{T} \sum_{t=1}^{T} \tilde{\beta}_{ft}(r_{mt} - \bar{r}_m) \right]}_{\text{sincronización}} \qquad [13.42]$$

$$+ \underbrace{\operatorname*{plim}_{T \to \infty} \left[\frac{1}{T} \sum_{t=1}^{T} \varepsilon_{ft} \right]}_{\text{selección}}.$$

Los tres términos que componen el alfa de Jensen son, por tanto,[16]

- el componente de la evaluación que resulta del sesgo (incluso en muestras grandes) en la estimación del coeficiente beta del fondo, que escrito de forma más compacta es:

$$Sg_\alpha = \left(\bar{\bar{\beta}}_f - \bar{\beta}_f \right) \bar{r}_m; \qquad [13.43]$$

- el componente que se debe a la habilidad sincronizadora del gestor:

$$TM_\alpha = \operatorname*{plim}_{T \to \infty} \left[\frac{1}{T} \sum_{t=1}^{T} \tilde{\beta}_{ft}(r_{mt} - \bar{r}_m) \right] \qquad [13.44]$$

[16] Nótese que la utilización práctica de estas medidas, tal como se observará en la última sección de este capítulo, requiere información sobre la composición de las carteras de los fondos. En particular, es necesaria para estimar la beta dinámica de los fondos.

y que para $T \to \infty$ representa $\operatorname{cov}(\tilde{\beta}_{ft}, R_{mt} - r_t)$;

- el componente que refleja la capacidad de seleccionar activos con comportamientos rendimiento-riesgo excelentes:

$$S_\alpha = \bar{r}_f - \plim_{T \to \infty} \left[\frac{1}{T} \sum_{t=1}^{T} \tilde{\beta}_{ft} \ r_{mt} \right]$$ [13.45]

que sustituyéndola en la expresión [13.41] resulta en

$$S_\alpha = \bar{\varepsilon}_f$$

que, como sabemos por [13.38], surge como consecuencia de las covarianzas positivas entre los porcentajes (aleatorios) de cada activo j en el fondo y los correspondientes residuos.

Esta discusión sirve para ilustrar, tal como hemos adelantado al comienzo de este epígrafe, que la posibilidad de capturar correctamente la calidad de la gestión mediante el alfa de Jensen está potencialmente limitada, siempre que el nivel del riesgo beta del fondo cambie. A continuación se presenta una discusión intuitiva de las implicaciones que tienen las ecuaciones anteriores. Si la beta del fondo aumentase al pronosticarse un incremento en el rendimiento de la cartera de referencia, la beta media estimada mediante la regresión [13.2] sobrestimaría el valor esperado de la verdadera beta del fondo, $E(\beta_f)$. La consecuencia es que el alfa de Jensen se infravaloraría por lo que podríamos calificar a un gerente como mal gestor cuando precisamente es capaz de poner en marcha estrategias correctas de sincronización. Para verlo, obsérvese la figura 13.9.

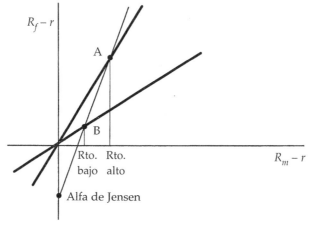

Figura 13.9. Sincronización y sesgo del alfa de Jensen.

Cada línea gruesa representa las combinaciones de exceso de rendimiento para la cartera de referencia y para el fondo alcanzables con dos estrategias de inversión que se diferencian por su riesgo beta. La estrategia con beta alta se representa por la línea gruesa de mayor pendiente —nótese que al utilizar excesos de rendimiento en los ejes, la pendiente de ambas líneas es precisamente el coeficiente beta— y la estrategia alternativa viene dada por la línea gruesa de menor pendiente. La cartera de referencia que se utiliza en la figura 13.9, *m*, se supone eficiente en media-varianza. Dado que los ejes de dicha figura miden los excesos de rendimiento del fondo y de la cartera de referencia, las dos líneas gruesas pasan por el origen. Por otra parte, el gestor recibe dos señales que le indican si el mercado subirá o bajará en el futuro más inmediato. Así, cuando el mercado es alcista, el gestor se situará correctamente en el punto A (a lo largo de la línea gruesa con mayor pendiente), mientras que si el mercado tiende a la baja, el gestor se colocará correctamente en el punto B (línea gruesa de menor pendiente).

La situación anterior refleja, sin duda, una adecuada sincronización con el mercado al explotar el gestor correctamente su información sobre la cartera de referencia. Desafortunadamente, el evaluador externo, al disponer exclusivamente de los valores liquidativos que le permiten calcular los rendimientos necesarios para la estimación del coeficiente alfa, no observa (existe información asimétrica) los cambios que se han producido en cada momento con relación a los niveles alternativos de riesgo. Dicho evaluador estimará el riesgo medio del fondo como la pendiente de la recta que une los puntos A y B (lo que hemos denominado $\bar{\beta}_f$). Es importante darse cuenta de que la pendiente de esta última recta, que refleja el riesgo beta finalmente empleado por el evaluador externo al conocer únicamente la situación media durante el periodo evaluado, es mayor (sobrevalora) que la pendiente de cualquiera de las dos líneas gruesas que sí reflejan, sin embargo, la situación real sobre los niveles de riesgo soportados adecuadamente por el gestor (y cuyo promedio ponderado hemos denominado $\bar{\bar{\beta}}_f$). En otras palabras, si existe sincronización, el coeficiente beta estará sesgado al alza y la intersección de la línea que une A y B con el eje vertical se produce en un *nivel negativo*. Nótese, por supuesto, que dicha intersección no es más que el coeficiente alfa que estimaría el evaluador externo, calificando como negativa la actuación del gestor como consecuencia, precisamente, de su habilidad en la sincronización con el mercado.

A modo de resumen, suponiendo que utilizamos una cartera eficiente *ex-ante* con respecto a los agentes no informados o con relación a las estrategias pasivas de inversión, el coeficiente alfa de Jensen es la medida correcta de evaluación siempre que no exista sincronización por parte del gerente del fondo ya que, en este caso, el nivel del riesgo beta del fondo sería efectivamente constante.

(iv) La medida de ponderaciones muestrales positivas (PMP)

Una medida alternativa al coeficiente alfa de Jensen y que evita los problemas descritos en el epígrafe anterior fue propuesta por Grinblatt y Titman (1989b). Se trata de una medida que resulta de una determinada ponderación temporal de los excesos de rendimiento de los fondos o carteras evaluadas. La idea es que si dichas ponderaciones son no negativas, y si el promedio ponderado de los excesos de rendimiento de la cartera de referencia, bajo las mismas ponderaciones no negativas, es igual a cero, entonces el promedio ponderado del exceso de rendimiento del fondo será positivo si y sólo si el gestor tiene capacidad de selección o de sincronización (o ambas) superior:

$$PMP_f = \sum_{t=1}^{T} \omega_t (R_{ft} - r_t), \qquad [13.46]$$

donde

$$\omega_t \geq 0$$

$$\sum_{t=1}^{T} \omega_t = 1$$

$$\sum_{t=1}^{T} \omega_t (R_{mt} - r_t) = 0,$$

siendo ω_t la ponderación no negativa que recibe el exceso de rendimiento del fondo en el periodo t.

La intuición es inmediata. Las ponderaciones empleadas fuerzan a que el promedio ponderado de los excesos de rendimiento de la cartera de referencia sea cero. Si, con las mismas ponderaciones, el promedio ponderado de los excesos de rendimiento del fondo evaluado es mayor que cero, entonces la evaluación debe ser necesariamente positiva.

La exigencia de ponderaciones no negativas es la clave de esta medida. Nótese que si se permitiesen ponderaciones negativas, cuando el exceso de rendimiento de la cartera de referencia es elevado, las ponderaciones en la última restricción, $\sum_{t=1}^{T} \omega_t (R_{mt} - r_t) = 0$, serían negativas. El uso posterior de tales ponderaciones podría implicar una medida de evaluación negativa, precisamente cuando el gestor tiene capacidad de sincronización. Nótese que esto es justamente lo que ocurre con el alfa de Jensen. Existe un motivo para que así sea. El alfa de Jensen puede escribirse como:

$$\alpha_f = \frac{1}{T} \sum_{t=1}^{T} \omega_t (R_{ft} - r_t), \qquad [13.47]$$

con unas ponderaciones muy concretas dadas por

$$\omega_t = \frac{\sigma_m^2 - (r_{mt} - \bar{r}_m)\,\bar{r}_m}{T\sigma_m^2}$$

que pueden tomar valores negativos.

Finalmente, es importante señalar que se puede obtener un estadístico t de la nueva medida de forma que pueda hacerse inferencia estadística. Para verlo, escribimos el PMP de la siguiente manera:

$$PMP_f = \sum_{t=1}^{T} \omega_t(\beta_f r_{mt} + \varepsilon_{ft}) = \beta_f \underbrace{\sum_{t=1}^{T} \omega_t r_{mt}}_{=\,0} + \sum_{t=1}^{T} \omega_t \varepsilon_{ft} = \sum_{t=1}^{T} \omega_t \varepsilon_{ft}.$$

Calcular la varianza de esta expresión, permite al evaluador obtener el habitual estadístico t:

$$PMP_f \left(\sigma_{\varepsilon_f}^2 \sum_{t=1}^{T} \omega_t^2 \right)^{-1/2} \qquad [13.48]$$

EJEMPLO 13.5.1

Los excesos de rendimiento de un determinado fondo f y de la cartera de referencia m para 4 trimestres de un año cualquiera son:

PERIODO	$R_f - r_t$	$R_m - r_t$
TRIM. 1	2,8%	5,0%
TRIM. 2	18,7	20,0%
TRIM. 3	10,3	5,0%
TRIM. 4	2,4	− 2,0%

Usando las expresiones en [13.46], las ponderaciones *no negativas* deben obtenerse de la solución al siguiente sistema de dos ecuaciones:

$$0,05\omega_1 + 0,20\omega_2 + 0,05\omega_3 - 0,02\omega_4 = 0$$

$$\omega_1 + \omega_2 + \omega_3 + \omega_4 = 1.$$

Una solución a dicho problema es $\omega_1 = 0,072$; $\omega_2 = 0,045$; $\omega_3 = 0,072$; $\omega_4 = 0,810$.
Por tanto, el PMP viene dada por

$$PMP_f = (0,072)(0,028) + (0,045)(0,187) + (0,072)(0,103) + (0,810)(0,024) = 0,03729$$

o, en términos anuales, este fondo hubiera obtenido una medida de evaluación igual al 14,9%. Utilizando la regresión habitual con los excesos de rendimiento, el coeficiente beta del fondo es igual a 0,76 y el alfa de Jensen 0,0325 que, en términos anuales, resulta igual al 13%. ∎

13.6* Medidas de evaluación basadas en la composición de la cartera de los fondos

Un problema subyacente en las medidas de evaluación de la gestión que emplean sólo valores liquidativos y, por tanto, rendimientos de los fondos es la evidente asimetría informativa entre el evaluador y el gestor. Los efectos de la sincronización sobre la estimación del riesgo del fondo es un buen ejemplo. Parece lógico pensar que una forma de reducir dichas asimetrías es permitir al evaluador conocer la composición y los cambios de la cartera del fondo. Desafortunadamente, la obtención de series suficientemente largas y con la frecuencia de observación adecuada de la composición de las carteras de los fondos no es una tarea sencilla.

En esta sección se discuten las nuevas medidas de evaluación de la gestión que suponen conocida la composición de los fondos a evaluar. Un supuesto importante de estas técnicas es la estacionariedad de los rendimientos de los activos. Este supuesto implica que las ponderaciones de cada activo en las carteras no pueden estar correlacionados con los rendimientos futuros de los activos que componen el fondo para aquellos gestores que *no* tienen capacidad predictiva alguna. Sin embargo, éste no sería el caso de aquellos gestores capaces de seleccionar correctamente los activos según su rendimiento futuro. *La covarianza entre las ponderaciones escogidas por gestores con capacidad de predicción y los rendimientos futuros sería positiva.* Si el rendimiento de un activo es elevado, un gestor con capacidad predictiva hubiese escogido un ponderación también elevada del activo. Alternativamente, si el rendimiento fuera bajo, la ponderación asignada a dicho activo por un buen gestor sería pequeña. Esta es la justificación intuitiva de la expresión [13.39], donde $j = 1, ..., N$ son los activos que componen un fondo cualquiera f:

$$\text{cov} = \sum_{j=1}^{N} \text{cov}(\omega_j, R_j).$$

Escribiendo esta ecuación de forma alternativa, usando la definición de covarianza, tenemos que

$$\text{cov} = \sum_{j=1}^{N} \left[E(\omega_j R_j) - E(\omega_j)E(R_j) \right] \qquad [13.49]$$

y que indica que la suma de las covarianzas entre las ponderaciones de cada activo y sus rendimientos *es igual* al rendimiento esperado del fondo, dado el conjunto de información del gerente, menos el rendimiento esperado cuando las ponderaciones y los rendimientos están incorrelados (esto es, menos el producto de los valores esperados de las ponderaciones y rendimientos). Teniendo en cuenta que una estrategia pasiva, sin información especial alguna, nunca lograría una correlación positiva entre ponderaciones y rendimientos, cualquier diferencia entre el rendimiento esperado que incorpora dicha correlación, $E(\omega_j R_j)$, y el rendimiento esperado que se lograría suponiendo que tal correlación no existiese, $E(\omega_j)E(R_j)$, debe ser consecuencia de una habilidad de gestión superior por parte del gerente.

Escribiendo la expresión [13.49] de forma ligeramente diferente, Grinblatt y Titman (1993), proponen una medida de evaluación, denominada GT, que utiliza *exclusivamente* las ponderaciones de los activos en las carteras de los fondos y no sus valores liquidativos. Dicha medida necesita, sin embargo, los rendimientos de los activos que componen los fondos.[17] La medida GT se escribe como:

$$GT = \sum_{j=1}^{N} E\left\{\left[\omega_j - E(\omega_j)\right]R_j\right\}.$$ [13.50]

Evidentemente, esta nueva medida requiere, no sólo las ponderaciones de cada activo, sino también el valor esperado de las mismas, $E(\omega_j)$. Para ponerla en práctica, se supone que dicho valor esperado viene dado por las ponderaciones que tenían los activos en algún periodo anterior (generalmente al final del trimestre anterior a la estimación de la medida, ya que la muestras disponibles sobre la composición de las carteras de los fondos son trimestrales). De esta forma, la medida GT estimada queda como:

$$GT = \sum_{j=1}^{N} \sum_{t=1}^{T} \frac{\left[R_{jt}\left(\omega_{jt} - \omega_{jt-v}\right)\right]}{T}.$$ [13.51]

EJEMPLO 13.6.1

Un fondo de inversión, compuesto por dos activos inciertos e inversión en letras del Tesoro, presenta el siguiente historial de inversión:

PERIODO	r	R_1	R_2	ω_1	ω_2	ω (letra)
TRIM. 0	—	—	—	0,60	0,30	0,10
TRIM. 1	1,0%	3,5%	1,2%	0,65	0,35	0,00
TRIM. 2	1,0	0,5	0,5	0,50	0,20	0,30
TRIM. 3	1,0	1,8	1,1	0,55	0,25	0,20
TRIM. 4	1,0	4,3	2,2	0,60	0,30	0,10

[17] Rubio (1995) también propone una medida de evaluación basada exclusivamente en ponderaciones y que descansa en las recomendaciones implícitas que hacen los gestores de los fondos cuando cambian las ponderaciones de los activos que componen sus carteras.

La medida GT vendría dada en este caso por:

$$GT = \sum_{j=1}^{3} \sum_{t=1}^{4} \left[\frac{R_{jt}(\omega_{jt} - \omega_{jt-1})}{4} \right],$$

de forma que:

$$\begin{aligned}
\hat{GT} = &((0{,}65 - 0{,}60)(3{,}5)+ (0{,}35 - 0{,}30)(1{,}2) \ + (0 - 0{,}10)(1{,}0) \\
&+ (0{,}50 - 0{,}65)(0{,}5) + (0{,}20 - 0{,}35)(0{,}5) \ + (0{,}30 - 0)(1{,}0) \\
&+ (0{,}55 - 0{,}50)(1{,}8) + (0{,}25 - 0{,}20)(1{,}1) \ + (0{,}20 - 0{,}30)(1{,}0) \\
&+ (0{,}60 - 0{,}55)(4{,}3) + (0{,}30 - 0{,}25)(2{,}20) + (0{,}10 - 0{,}20)(1{,}0))/4 = 0{,}13875 \\
\Rightarrow\ &13{,}875\%.
\end{aligned}$$

Nótese que no necesitamos información sobre los valores liquidativos del fondo. ■

Grinblatt y Titman (1993), utilizando esta medida, obtienen ganancias significativas del orden del 2% anual para los fondos denominados agresivos, que son aquellos fondos particularmente arriesgados. Desafortunadamente, esta medida tal como aparece en [13.51], puede presentar importantes sesgos que pueden conducir a una interpretación errónea de la evaluación.

En el capítulo 11 se comentó que los rendimientos de los activos parecen caracterizarse por el denominado *momentum* a corto plazo. Aquellos activos que en los últimos 6-12 meses han tenido resultados favorables, los siguen teniendo en promedio en los siguientes meses. Si la medida GT se emplea tal como está escrita en [13.51], un gestor que invirtiese de acuerdo con el *momentum* de los activos, lograría una evaluación necesariamente positiva. Este resultado *no* sería consecuencia, sin embargo, de la capacidad predictiva superior que tiene el gestor, sino de su simple estrategia de inversión basada en el patrón temporal que siguen los rendimientos de los activos; esto es, en su *momentum*.[18]

Para evitar este problema, Daniel, Grinblatt, Titman y Wermers (1997) han introducido dos nuevas medidas CS y CT que ajustan adecuadamente la expresión [13.51] para, usando exclusivamente la composición de sus carteras, lograr identificar a gestores que tienen valor añadido.[19] Estas medidas representan un avance muy importante en la evaluación de la gestión cuando se emplean porcentajes invertidos de los activos en los fondos en lugar de sus valores liquidativos.

La medida CS usa como cartera de referencia el rendimiento de una cartera de activos que se *empareja* al fondo evaluado según las características que definen al tipo de activo en el que invierte el fondo. En particular, estos autores construyen 125 carteras con todos los activos que cotizan en la Bolsa estadounidense. En primer lugar y para cada trimestre, clasifican a todos los activos en 5 carteras según su tamaño (capitalización bursátil). A su vez, todos los componentes de estas carteras se

---

[18] La metodología propuesta por Rubio (1995) tiene exactamente el mismo problema.

[19] CS se refiere a *characteristic selectivity* (selección controlando las características de los activos) y CT a *characteristic timing* (sincronización controlando las características de los activos).

vuelven a clasificar en 5 carteras según el cociente VC/VM. Así, tenemos 25 carteras. Por último, los componentes de cada una de ellas se vuelven a clasificar en otras 5 carteras según el *momentum* de cada activo en los últimos 12 meses. En definitiva, tenemos a todos los activos que cotizan en Bolsa clasificados en 125 carteras que se forman trimestre tras trimestre durante el periodo muestral. El uso del tamaño (capitalización bursátil), el cociente VC/VM y el *momentum* se explica por haber sido los fenómenos que más han llamado la atención en años recientes por sus "excelentes" resultados empíricos. Naturalmente, si estos son los factores de riesgo equivocados, tal como sugeríamos en el capítulo 12, la medida puede verse afectada y no obtener los resultados deseados en cuanto a la correcta evaluación.

Una vez que estas carteras están disponibles, cada uno de los activos que forman parte del fondo evaluado se identifica como componente de alguna de dichas carteras. Para cada trimestre t conocemos, por tanto, el rendimiento del activo j que es parte del fondo evaluado y el rendimiento de la cartera C de la cual el activo j era un componente más en el trimestre anterior $t-1$. Para cada trimestre t, la medida CS es

$$CS_t = \sum_{j=1}^{N} \omega_{jt-1}\left(R_{jt} - R_{Ct}^{t-1}\right), \qquad \cdot \qquad [13.52]$$

donde ω_{jt-1} es el porcentaje que recibe el activo j en el fondo evaluado al final del trimestre $t-1$, R_{jt} es el rendimiento del activo j en t y R_{Ct}^{t-1} es el rendimiento del trimestre t de la cartera C que se emparejó con el activo j en el trimestre $t-1$. La medida sobre todos los trimestres sería la media temporal de todos ellos:

$$CS = \sum_{t=1}^{T} \sum_{j=1}^{N} \frac{\left[\omega_{jt-1}\left(R_{jt} - R_{Ct}^{t-1}\right)\right]}{T}. \qquad [13.53]$$

Si el gestor es además capaz de sincronizarse con el tamaño, cociente VC/VM y *momentum* cuando estas características son más o menos rentables a lo largo del periodo muestral, se puede hablar de un componente de sincronización que no estaría recogido en [13.53]. Para ello proponen la medida CT que se escribe como:

$$CT = \sum_{t=1}^{T} \sum_{j=1}^{N} \frac{\left[\omega_{jt-1}R_{Ct}^{t-1} - \omega_{jt-5}R_{Ct}^{t-5}\right]}{T}. \qquad [13.54]$$

Así, si el fondo f incrementase su ponderación en activos con un elevado cociente VC/VM al principio del trimestre para el cual el *efecto* VC/VM fuese especialmente fuerte, entonces el fondo f tendría un componente CT positivo durante el trimestre. La medida global de evaluación viene dada por la suma de CS y CT.

Como comentario final de este apartado, debe enfatizarse que la gran ventaja que tienen las medidas que emplean la composición de la cartera es que no
contienen sesgos si existe sincronización con el mercado o las carteras de referencia, tal como le ocurre al alfa de Jensen. Sin embargo, muy recientemente han
aparecido nuevas medidas de evaluación que evitan este tipo de problema tradicional. Estas medidas están basadas sólo en la disponibilidad de los valores liquidativos y, además, se fundamentan en los modelos condicionales de
valoración que discutimos en el capítulo 12.

13.7* La evaluación condicional de la gestión de carteras

La idea detrás de la medida condicional de evaluación se basa en que las medidas
incondicionales —alfas de Jensen alternativas— no tienen en cuenta que el riesgo
y los rendimientos esperados varían con el ciclo económico y el estado de la economía. Si la exposición al riesgo de una cartera gestionada varía de forma predecible con el ciclo económico, pero el gestor no tiene capacidad de predicción
superior, el enfoque tradicional *confundirá* la variación común entre el riesgo del
fondo y el rendimiento esperado con la habilidad superior de gestión. Sólo gestores que utilizan correctamente información más allá de la que se conoce públicamente y la explotan adecuadamente pueden considerarse como gestores de éxito.

EJEMPLO 13.7.1 (La idea original de este ejemplo se debe a Ferson y Warther (1996))

Supongamos que existen dos estados de naturaleza con la misma probabilidad de ocurrencia. En el estado bueno, el Índice General de la Bolsa de Madrid (IGBM) tiene un rendimiento esperado igual al 25%,
mientras que en el estado malo, su rendimiento esperado es del 3%. El tipo de interés libre de riesgo es
igual al 4%. La situación en la que se encuentra el ciclo económico y las correspondientes expectativas
sobre el rendimiento del mercado forman parte del conjunto de información pública. Cualquier fondo que
utilice exclusivamente esta información debería tener un alfa igual a cero.

Imaginemos un fondo que invierte en el IGBM cuando el mercado está al alza (estado bueno) y
en letras del Tesoro en el estado a la baja. *Condicionado* al estado bueno de la economía, la beta
del fondo es igual a 1,0 (en este estado el fondo estaría invertido al 100% en el mercado y, como sabemos, la beta de la cartera de mercado es igual a 1,0) y el rendimiento esperado del fondo sería
25%. Así, el alfa sería igual a cero. *Condicionado* a que la economía está en el estado malo, la beta del fondo sería cero (igual que la beta de la letra del Tesoro) y el rendimiento esperado del fondo
igual al 4%. Una vez más, el alfa sería cero.

Analicemos a continuación la típica evaluación tradicional y que se establece en términos incondicionales. Sabemos que la beta incondicional del fondo se calcula como:

$$\beta_f = \frac{\text{cov}(R_f, R_m)}{\text{var}(R_m)}$$

y,

$$\text{cov}(R_f, R_m) = E\{[R_f - E(R_f)][R_m - E(R_m)]\}$$

$$= E\{[R_f - E(R_f)][R_m - E(R_m)]\| \ s = \text{bueno}\} \ \text{Prob (bueno)}$$

$$+ E\{[R_f - E(R_f)][R_m - E(R_m)]\| \ s = \text{malo}\} \ \text{Prob (malo)}.$$

Utilizando la información disponible,

$$\text{cov}(R_f, R_m) = [(0,25 - 0,145)(0,25 - 0,14)] \times 0,5$$
$$+ [(0,04 - 0,145)(0,03 - 0,14] \times 0,5 = 0,01155$$
$$\text{var}(R_m) = [(0,25 - 0,14)^2] \times 0,5 + [(0,03 - 0,14)^2] \times 0,5 = 0,01210$$
$$\Rightarrow \beta_f = \frac{0,01155}{0,01210} = 0,955.$$

Por tanto, el alfa de Jensen incondicional sería

$$\alpha_f = (0,145 - 0,04) - 0,955(0,14 - 0,04) = 0,0095 \Rightarrow 0,95\% > 0.$$

A pesar de tener un alfa incondicional positiva, este resultado *no* refleja habilidad superior por parte del gerente. Refleja simplemente la decisión del gestor del fondo de soportar más riesgo en aquellos momentos en los que el riesgo se premia en mayor medida por parte del mercado, siendo esto último información pública. Así, ningún individuo con la misma información pública sobre la economía estaría dispuesto a pagar una comisión de gestión al gestor simplemente por utilizar información pública. ■

El marco conceptual que permite realizar evaluaciones condicionales ha sido propuesto por Ferson y Schadt (1996) y Christopherson, Ferson y Glassman (1998) y se basa en el CAPM condicional del apartado 12.5 del capítulo 12. Recordemos que, suponiendo la existencia de un activo seguro, el CAPM condicional viene dado por:

$$E\big(R_{ft+1} - r_{t+1}\big|Z_t\big) = \beta_{ft}E\big(R_{mt+1} - r_{t+1}\big|Z_t\big), \qquad [13.55]$$

donde Z_t es el conjunto de información disponible en t y la beta condicional del fondo f es

$$\beta_{ft} = \frac{\text{cov}\big(R_{ft+1}, R_{mt+1}\big|Z_t\big)}{\text{var}\big(R_{mt+1}\big|Z_t\big)}. \qquad [13.56]$$

En términos de la regresión habitual de los excesos de rendimiento del fondo en los excesos de rendimiento del mercado, el CAPM condicional se puede escribir como:

$$R_{ft+1} - r_{t+1} = \beta_{ft}\big(R_{mt+1} - r_{t+1}\big) + \varepsilon_{ft+1} \qquad [13.57]$$

y donde los residuos de este modelo deben ser ortogonales al conjunto de información:

$$E(\varepsilon_{ft+1}|Z_t) = 0$$
$$E[\varepsilon_{ft+1}(R_{mt+1} - r_{t+1})|Z_t] = 0. \qquad [13.58]$$

En palabras, cualquier predicción de los rendimientos futuros de los activos y, por tanto, de cualquier fondo que permita obtener rendimientos ajustados por el riesgo beta distintos de cero debe basarse necesariamente en un conjunto de información que sea más completo (más informativo) que el conjunto de información pública Z_t.

En este contexto condicional es clave entender que los *shocks* informativos harán que las betas condicionales de los activos y, en definitiva, las betas condicionales de los fondos varíen con dicho conjunto informativo. Es necesario realizar un supuesto sobre la función que relaciona dichas betas con el conjunto de información. En concreto, se supone que las *betas condicionales son lineales en el conjunto de información*. Denominamos z_t al vector de instrumentos que forman parte del conjunto de información Z_t (y que es observable por el evaluador en t) y β_{2f} al vector de sensibilidades de las betas condicionales ante cambios (no esperados) en el vector de instrumentos. Así,

$$\beta_{ft} = \beta_{1f} + \beta'_{2f} z_t, \qquad [13.59]$$

donde β_{1f} es la media *incondicional* de la beta condicional del fondo f.[20]

Sustituyendo [13.59] en [13.57] obtenemos que

$$R_{ft+1} - r_{t+1} = \beta_{1f}\left(R_{mt+1} - r_{t+1}\right) + \beta'_{2f}\left[z_t\left(R_{mt+1} - r_{t+1}\right)\right] + \varepsilon_{ft+1}.$$

La nueva medida *alfa condicional* se obtendrá por tanto de la regresión anterior con constante:

$$R_{ft+1} - r_{t+1} = \alpha_{ft} + \beta_{1f}\left(R_{mt+1} - r_{t+1}\right) + \beta'_{2f}\left[z_t\left(R_{mt+1} - r_{t+1}\right)\right] + \varepsilon_{ft+1} \qquad [13.60]$$

y donde el vector de instrumentos z_t incluye aquellas variables que son capaces de predecir en alguna medida el rendimiento del mercado, como la rentabilidad por dividendos, el cociente VC/VM agregado, el diferencial de tipos entre deuda arriesgada y pública o el diferencial de tipos a largo y corto plazo. La expresión [13.60] se convertiría en un modelo de *múltiples betas* dependiendo del número de instrumentos que se utilicen como predictores del mercado. Si, por ejemplo, sólo empleásemos el cociente VC/VM agregado, el modelo de regresión sería, simplemente,

$$R_{ft+1} - r_{t+1} = \alpha_{ft} + \beta_{1f}\left(R_{mt+1} - r_{t+1}\right) + \beta_{2f}\left[\left(R_{mt+1} - r_{t+1}\right)\left(\frac{VC}{VM}\right)_{mt}\right] + \varepsilon_{ft+1}.$$

---

[20] Puede entenderse como la beta del fondo f que obtendríamos del marco tradicional incondicional.

Lo más importante de este marco de trabajo es que permite recordar que la omisión de información pública que covaría con las betas hace que se *infravaloren* los resultados de la evaluación de los fondos. Este resultado se asemeja al que presentamos en el apartado 13.5 cuando se discutió el posible sesgo introducido en el alfa de Jensen como consecuencia de la sincronización de los gestores con el mercado. La infravaloración puede corregirse si empleamos el marco condicional como técnica de evaluación sin necesidad de recurrir a datos sobre la composición de la cartera de los fondos.

Para completar la presentación de la evaluación de la gestión de carteras resta por mostrar un panorama de los *resultados disponibles* en los mercados español y estadounidense. La siguiente sección hace un resumen de esta evidencia, incluyendo los resultados de la metodología que utiliza la composición de la cartera de los fondos, así como la evaluación condicional.

13.8 Los resultados de la evaluación de la gestión de carteras

Después de la descripción y análisis crítico de las técnicas de evaluación más populares, pasamos a continuación a la presentación de los resultados de los fondos de inversión. Estos resultados se presentan para períodos alternativos de tiempo y para los mercados español y estadounidense.

Puede adelantarse que en el análisis de los resultados de la evaluación de los fondos han convivido dos hechos aparentemente contradictorios. Por un lado, los fondos de inversión han tenido un enorme éxito entre los inversores que los han empezado a utilizar como vehículo habitual en sus formas de ahorro. Por otro, como veremos en las siguientes páginas, los resultados tienden a mostrar evaluaciones negativas de manera generalizada. Reconciliar esta aparente contradicción tiene un gran interés no sólo para los inversores, sino también para entender cuáles son los determinantes últimos de los precios de los activos financieros.

(i) Los primeros resultados: alfas y carteras de referencia alternativas:[21]
En primer lugar se presentan los resultados para el periodo comprendido entre 1980 y 1990, agrupando los fondos individuales del mercado español en carteras. Utilizamos tres formas alternativas de construir carteras de fondos: fondos de renta variable y renta fija, fondos clasificados según su nivel de riesgo beta y, finalmente, fondos clasificados según su patrimonio. Asimismo, los resultados se presentan para tres carteras de referencia diferentes. El cuadro 13.3 contiene los resultados iniciales.

---

[21] Los siguientes apartados están basados en parte en el trabajo de Martínez y Rubio (1997).

Cuadro 13.3. Alfas[1] según carteras de referencia alternativas para carteras de fondos 1980-1990.

Fondos	Índice ponderado	Índice equiponderado	APT[2]	Beta
Renta variable	− 1,92	− 6,96*	− 4,96*	0,525
Renta fija	− 2,58	− 3,94*	− 3,56*	0,142
Beta baja	− 3,95	− 5,75*	− 5,18*	0,205
Beta media	− 2,77	− 8,16*	− 5,97*	0,567
Beta alta	1,39	− 5,02*	− 2,62*	0,674
Patrimonio pequeño	− 1,03	− 6,23*	− 4,26*	0,531
Patrimonio mediano	− 3,88	− 8,97*	− 6,90*	0,508
Patrimonio grande	5,68*	− 0,18	2,44	0,621

[1] Las alfas, estimadas con datos mensuales, aparecen anualizadas y en porcentaje. En las carteras de fondos clasificados por riesgo y patrimonio se incluyen exclusivamente fondos de renta variable.
[2] Es un APT estimado con 5 factores estadísticos.
* Indica que el coeficiente alfa es significativamente distinto de cero.

Dos aspectos del cuadro 13.3 resultan de especial interés. En primer lugar, los resultados son diferentes si se evalúan los fondos respecto a un índice bursátil que pondera los diferentes valores según su capitalización que si los evaluamos en términos de un índice equiponderado o un APT con cinco factores de riesgo. En segundo lugar, cabe señalar el bajo nivel del coeficiente beta en cualquiera de las clasificaciones empleadas en el cuadro. El carácter conservador de los fondos de inversión en España ha sido una constante hasta épocas muy recientes.[22]

Ambos resultados se deben a que los fondos invierten altos porcentajes en renta fija y, además, por la tendencia de los fondos a invertir en acciones de gran peso específico en la Bolsa española: valores de gran liquidez y capitalización. Dado que el índice equiponderado se aproxima más a la eficiencia en media-varianza, parece más apropiado juzgar y clasificar a los fondos de inversión en relación a este índice como se señaló previamente. Si lo hacemos, los resultados parecen sugerir un problema de selección de activos —uno de los componentes del alfa— que nos hace obtener resultados muy poco satisfactorios. Cabe destacar la similitud de los resultados entre el índice equiponderado y el APT lo que

[22] La beta de la cartera de fondos de renta fija es razonablemente pequeña. En una evaluación con datos semanales comprendidos entre 1991 y 1993, Álvarez (1995) obtiene un alfa media de los fondos de renta fija en España igual a –2,88%. Este alfa se obtiene usando dos carteras de referencia que son el índice de las letras del Tesoro y el índice de la deuda pública a medio y largo plazo.

es una constante en los análisis de evaluación de fondos independientemente del país y del periodo estudiado.[23]

Una pequeña parte de estos resultados negativos tienen su origen en la incapacidad de los fondos de adecuar sus estrategias de inversión a la fuerte estacionalidad de enero en la Bolsa española. Así, el alfa de Jensen para los fondos de renta variable con respecto al índice equiponderado sin incluir el mes de enero es igual al – 5,16% en lugar del – 6,96% del cuadro 13.3. Sin duda, no es esta una explicación completa de los malos resultados obtenidos.

En el apartado 13.5 se ha comentado que el coeficiente alfa puede estar potencialmente sesgado a la baja si el fondo evaluado practica técnicas de sincronización cambiando sus niveles de riesgo de acuerdo con su apreciación sobre el comportamiento futuro del mercado. Si esto fuera así, las alfas negativas encontradas en el cuadro anterior podrían ser una consecuencia de la sincronización y no de la cuestionable, en principio, gestión de los fondos. Desafortunadamente, cuando se replican los resultados utilizando la *medida de ponderaciones muestrales positivas* (PMP), se vuelven a encontrar resultados que confirman la evaluación negativa de los fondos. Sabemos por la discusión del epígrafe (iv) del apartado 13.5 que esta medida corrige el sesgo del alfa de Jensen ante la sincronización con el mercado. En particular, la PMP para los fondos de renta variable con los índices ponderado y equiponderado y para el APT son – 2,18, – 7,82 y – 5,86 respectivamente. Nótese que incluso son más negativos que las alfas del cuadro 13.3.

(ii) La importancia del componente sincronización en el rendimiento ajustado por el riesgo
Sabemos por la discusión de los apartados 13.4 y 13.5 que la única forma de separar los componentes del alfa —selección de activos individuales y sincronización con el mercado— consiste en disponer de una serie suficientemente larga sobre la composición de la cartera de un número representativo de fondos. La razón básica que justifica esta necesidad radica en que la variable clave para este tipo de análisis es el nivel del riesgo beta variable a lo largo del tiempo, tal como se aprecia en la ecuación [13.35]. En otras palabras, resulta imprescindible observar el nivel de riesgo o beta de cada momento en el tiempo y no, como ocurre cuando utilizamos valores liquidativos, el riesgo medio sobre el periodo de evaluación. Naturalmente, la única forma de estimar la beta dinámica de cada fondo consiste en conocer las ponderaciones de cada activo en que está invertido el fondo a lo largo de un número suficiente de observaciones.

Para llevar a cabo una evaluación que separe los componentes de selección y sincronización utilizamos la expresión [13.35], como forma de estimar la beta dinámica de cada fondo, así como las ecuaciones [13.44] y [13.45] para los componentes sincronización y selección respectivamente. Disponemos de una muestra de 14 fondos de inversión españoles de renta variable y renta variable mixta que contiene los *porcentajes mensuales* entre 1986 y 1990 que cada título individual de

---

[23] Se puede destacar el "buen" comportamiento de los fondos de inversión de mayor patrimonio.

renta variable, renta fija, fondos públicos y valores extranjeros representan sobre el patrimonio total del fondo.[24]

En primer lugar se necesita estimar las betas de los activos individuales que componen cada uno de los 14 fondos. Estas estimaciones se realizan mediante el modelo de mercado usando los 59 meses anteriores más el mes para el que se estima dicho coeficiente. Así, se obtienen una serie de betas móviles para cada activo de cada fondo y en cada mes del periodo muestral. Se utiliza tanto el Índice General de la Bolsa de Madrid (ponderado) como el índice equiponderado, por lo que tenemos dos series diferentes de coeficientes betas dinámicos.

Los títulos individuales de renta fija empresarial y fondos públicos, tanto de corto plazo como de largo plazo, se agrupan en tres componentes. La beta del componente deuda pública a corto plazo se supone igual a cero. En los dos casos restantes —deuda empresarial y deuda pública— se construyen dos índices de renta fija a largo plazo entre 1980 y 1990. Dichos índices permiten estimar rendimientos mensuales que constan de variaciones en precios e intereses pagados sobre el nominal. Estos índices se toman como las carteras representativas de los títulos de renta fija en los que invierten los fondos. Así, es posible utilizar el modelo de mercado y estimar betas móviles para la deuda pública a medio y largo plazo y para las obligaciones empresariales en relación a los dos índices bursátiles.

Los valores extranjeros también se agrupan en acciones extranjeras y obligaciones extranjeras. Como rendimientos representativos de ambas se toman el índice S&P 500 y el rendimiento de la deuda pública estadounidense. Así, se estiman dos series de betas móviles de valores extranjeros en relación a ambos índices bursátiles.

El cuadro 13.4 contiene los resultados empíricos. Tal como ha venido ocurriendo en los resultados anteriores, la evaluación de los fondos mediante el alfa de Jensen es negativa y particularmente pobre en relación al índice equiponderado. Nótese que este pobre resultado contrasta con el aparentemente buen resultado que obtendríamos si evaluáramos los fondos según su exceso de rendimiento medio sobre el rendimiento del activo seguro. Este es un buen ejemplo de la importancia que tiene realizar un ajuste por el riesgo soportado por los fondos antes de alcanzar conclusiones sobre su comportamiento.

El riesgo beta del agregado de fondos vuelve a ser sorprendentemente bajo. La beta dinámica promedio, que tiene en cuenta los continuos cambios que se producen en la composición de las carteras de los fondos, es también baja a pesar de corresponder a un periodo de excelente comportamiento bursátil de la Bolsa española. En cualquier caso, debe reconocerse que es más elevada que la beta estimada mediante la tradicional regresión de MCO.

Lo más interesante del cuadro 13.4 son los resultados radicalmente opuestos que presentan los componentes de selección y sincronización. A la vista de los re-

---

[24] La muestra representa un 93% de los fondos existentes de su clase en 1986, aunque sólo un 62% en 1990.

sultados de dicho cuadro, parece posible concluir que los resultados globales negativos se deben exclusivamente a una mala selección de activos individuales. Los resultados, aunque negativos a nivel global y de selección, no son significativos para el índice ponderado. Sin embargo, ambos conceptos se vuelven significativos y de gran magnitud en el caso del índice equiponderado. Efectivamente, los fondos no parecen haber seleccionado activos que tengan resultados superiores para niveles similares de riesgo. Más bien, parecen haber hecho lo contrario; tal como ocurría para la década completa de los ochenta (e incluso en los noventa), los fondos se concentran en activos de gran capitalización. Sin duda, las decisiones estratégicas de los fondos están sometidas a importantes limitaciones impuestas por sus deseos de mantener posiciones líquidas que les permitan entradas y salidas del mercado suficientemente rápidas.

Cuadro 13.4. Los componentes del alfa[1] de Jensen según carteras de referencia, 1986-1990.

	Índice ponderado	Índice equiponderado
Exc. rto. cartera de		
14 fondos (%)	10,54	10,54
Beta tradicional constante	0,609	0,567
Promedio beta dinámica[2]	0,660	0,624
Coeficiente alfa (%)	− 1,52	− 9,62*
Selección individual[3]	− 4,33	− 11,96*
Sincronización contemporánea[4]	0,353*	0,068
Sincronización adelantada (β_{t-1})	− 0,112	− 0,423
Sincronización retrasada (β_{t+1})	0,542*	0,254*
Sincronización retrasada (β_{t+2})	0,461*	0,107
Sincronización retrasada (β_{t+3})	0,219*	− 0,134

[1] Las alfas, estimadas con datos mensuales, aparecen anualizadas y en porcentaje. Los excesos de rendimientos están también anualizados.
[2] Basada en la expresión [13.35].
[3] Basada en la expresión [13.45].
[4] Cálculos basados en la expresión [13.44] pero transformados en coeficientes de correlación. Así, la sincronización contemporánea se mide por el coeficiente de correlación entre la beta dinámica del mes t y el exceso de rendimiento de la cartera de referencia en t. La correlación adelantada utiliza la beta del mes anterior; la retrasada usa el mes o meses siguientes.
* Indica que el coeficiente es significativamente distinto de cero.

Otro de los aspectos llamativos del cuadro 13.4 es la sincronización positiva y significativa que, a nivel agregado, obtienen los fondos en relación al índice ponderado. Aunque claramente superior para dicho índice, en ambos casos el coeficiente de correlación entre la beta dinámica y el exceso de rendimiento de la cartera de referencia es positivo. Las correlaciones son 0,35 y 0,07 para los índices ponderado y equiponderado respectivamente. Los fondos parecen tener cierta habilidad para cambiar sus niveles de riesgo dado el comportamiento del mercado.

El cuadro 13.4 también contiene los coeficientes de correlación entre la beta dinámica de la cartera agregada y el exceso de rendimiento de las carteras de referencia introduciendo un adelanto y varios retardos en las betas dinámicas. Se trata de averiguar si los fondos se adelantan a los movimientos agregados del mercado o si, por el contrario, existe un cierto retraso en su reacción ante dichos movimientos agregados. Una vez más, los resultados parecen claros. En relación a las dos carteras de referencia, el coeficiente de correlación más alto se produce al considerar la beta con un mes de retraso. Incluso el nivel del coeficiente de correlación, cuando la beta incorpora dos meses de retraso, tiene una magnitud considerable. Parece posible concluir que los fondos tienen cierta capacidad de ajustarse adecuadamente al comportamiento del mercado, tal como se refleja en el coeficiente de correlación contemporáneo, aunque es más importante su reacción uno y dos meses después de conocer los resultados del mercado bursátil. Parecen en definitiva seguir una estrategia de *momentum* agregado. Es interesante señalar que tres meses después el coeficiente de correlación disminuye de forma muy importante; los fondos tienden a ajustarse en períodos de aproximadamente dos meses. Por último, la sincronización adelantada que, en principio, debería ser la más relevante presenta una correlación negativa.

En resumen, las estrategias de sincronización contribuyen positivamente a los resultados globales que presentan los fondos, a pesar de la tardía reacción con que los gerentes de los fondos modifican los niveles de riesgo de sus carteras.

(iii) Carteras de referencia y restricciones legales de inversión[25]
En varios apartados de este capítulo se ha puesto de manifiesto la importancia de la cartera de referencia. Los candidatos naturales dependen del tipo de fondo a evaluar. Así, se ha utilizado algún índice de renta variable si el fondo a evaluar es de renta variable o algún índice de renta fija si el fondo es de renta fija. De esta manera, la cartera de referencia presentaría similares características en cuanto a tipo de activos a la mantenida por los fondos a evaluar.

Dados los malos resultados presentados hasta el momento en este capítulo cabe pensar que las carteras de referencia presentan alguna deficiencia que en la práctica tiene una gran trascendencia. Así, se ha ignorado que los fondos están sujetos a una serie de restricciones de inversión que garantizan una diversificación adecuada e impide determinados controles de empresas. Estas restricciones sobre la estructura de la cartera y sobre el tipo de instrumentos que se pueden

---

[25] Los detalles de este epígrafe pueden encontrarse en Martínez (1995).

incluir en ella garantizan por un lado cierta solvencia a estas instituciones, pero limitan por otro lado, en alguna medida, sus posibilidades de gestión. Ya que estas limitaciones pueden afectar a la operatividad de los fondos y, en definitiva, a sus resultados, cualquier cartera de referencia exógena empleada debería tenerlas en cuenta.

Martínez (1995) propone una forma de incorporar las restricciones legales sobre la inversión por empresa, por títulos cotizados en mercados organizados, por liquidez, por endeudamiento y por clase de activo que tienen los fondos españoles, teniendo en cuenta además posibles grados de aversión al riesgo que caracterizan a los fondos de inversión existentes.

Su muestra de fondos disponibles consiste en 25 fondos españoles de renta variable y renta variable mixta con datos mensuales desde 1980 hasta 1992. El cuadro 13.5 contiene los resultados para una cartera agregada de los 25 fondos y para distintos grados de aversión al riesgo. Asimismo y a efectos comparativos, también se incluye el alfa de Jensen para los índices habituales, ponderado y equiponderado.

Cuadro 13.5. Alfas[1] de Jensen para carteras de referencia alternativas sujetas a restricciones legales, 1986-1990.

	Aversión riesgo baja	Aversión riesgo media	Aversión riesgo alta	Índice equiponderado	Índice ponderado
Alfa(%)	− 4,70*	− 5,63*	− 6,53*	− 5,76*	− 1,66
Núm. fdos. alfa > 0[2]	0	0	0	0	3
Núm. fdos. alfa < 0[2]	8	10	8	9	2

[1] Las alfas, estimadas con datos mensuales, aparecen anualizadas y en porcentaje.
[2] Son alfas significativamente distintas de cero.
* Indica que el coeficiente es significativamente distinto de cero.

Una vez más, los resultados de la evaluación son malos. Independientemente de la cartera de referencia escogida, incluidas las que tienen en cuenta las restricciones a que se ven sometidos los gestores, las alfas son negativas y de considerable magnitud. Igual que en ocasiones anteriores, la única valoración neutral que puede hacerse es cuando se utiliza el índice bursátil ponderado. Existen pocas diferencias cuando la evaluación se hace con respecto a las carteras de referencia con restricciones en la inversión y cuando se realiza con respecto al índice equiponderado.

Parece, por tanto, que una mala selección individual suavizada por la sincronización con el mercado es responsable de las evaluaciones negativas de los fondos. Las restricciones legales de cartera no parecen justificar los malos resultados globales. Sin embargo, la explicación no es tan sencilla como parece. En las siguientes secciones pasamos a matizar estos malos resultados y a detectar las razones últimas de las alfas negativas.

(iv) El proceso de selección de activos individuales

En la muestra de 14 fondos utilizada en el cuadro 13.4 se dispone no sólo del porcentaje que cada activo supone en el patrimonio del fondo, sino también del número de títulos de cada activo que tiene cada fondo al final de cada mes durante el periodo muestral. De esta forma, si en un determinado mes se observa una importante disminución o aumento (digamos del 30%) en el número de títulos de alguno de los activos que forman parte del fondo, puede interpretarse como una recomendación de venta o de compra respectivamente.

En función del mes en que se producen dichas recomendaciones de compra y/o venta por parte del agregado de fondos, se puede analizar el comportamiento de la cartera de activos que han experimentado una recomendación de compra o una recomendación de venta. Si la selección de activos hubiera sido la correcta, deberíamos observar que los rendimientos ajustados por el riesgo de los activos para los que se recomienda la compra deberían experimentar una subida significativa en el periodo posterior a la recomendación. Al mismo tiempo, los activos que los fondos en su conjunto han recomendado vender, deberían tener rendimientos a la baja en el mismo periodo posterior.[26]

Se analiza el comportamiento, ajustado por el riesgo beta, de los activos recomendados tanto a la compra como a la venta desde 6 meses antes de la recomendación hasta 12 meses después. La muestra se compone de 82 recomendaciones de compra y 64 de venta. El cuadro 13.6 contiene las pérdidas y ganancias que se hubieran experimentado con una cartera de acciones formada por los activos recomendados a la compra o a la venta.

Los resultados son interesantes. Una cartera formada por las acciones que los fondos recomiendan comprar hubiera ganado un año después más del 2% de rentabilidad, una vez que el riesgo beta y el comportamiento del mercado han sido descontados. Más llamativo es el acierto de los fondos cuando realizan las recomendaciones de venta. Una cartera formada por las acciones recomendadas a la venta hubiera experimentado una pérdida del 8% un año después de la recomendación de venta.

¿Qué significan estos resultados? Nuestra conjetura sobre el problema de selección individual que aparentemente se escondía detrás de los coeficientes alfa negativos, no parece ser confirmada por la evidencia específica relacionada con el proceso actual de selección basado en los movimientos de sus carteras. El *momentum* no parece tampoco explicarlos. Los activos, antes de las correspondientes recomendaciones, se mueven de hecho en dirección contraria a la sugerida por el *momentum*. Las razones que expliquen los malos resultados de los fondos en términos de alfas deben justificarse, por lo tanto, por otros motivos que, ade-

---

[26] Esta metodología, que se debe a Rubio (1995), utiliza datos exclusivos de la composición de la cartera y está sometida a la crítica del *momentum* que también tiene la técnica de Grinblatt y Titman (1993). Sin embargo, dados los resultados específicos que se presentan más adelante, no parece que la crítica sea en este caso particular relevante.

más, deben situarse o ser inherentes a las características de la información utilizada cuando estimamos los coeficientes alfa.

Cuadro 13.6. Comportamiento de carteras formadas por activos recomendados a la compra o la venta por los fondos de inversión, 1986-1990.

Periodo relativo a la compra / venta	COMPRA (en %)		VENTA (en %)	
	Índice ponderado	Índice equiponderado	Índice ponderado	Índice equiponderado
6 meses anteriores[1]	0,83	− 0,28	6,49	2,69
Mes recomendación	2,86	3,31	3,43	3,26
2 meses después[2]	1,37	2,16	− 2,24	− 3,26
12 meses después	2,06	2,17	− 8,09	− 7,18

[1] Rendimientos ajustados por el riesgo y el comportamiento del mercado (según el índice bursátil empleado) acumulados durante los 6 meses previos a la recomendación.

[2] Rendimientos ajustados por el riesgo y el comportamiento del mercado (según el índice bursátil empleado) acumulados desde el mes de la recomendación. Lo mismo para los 12 meses.

(v) Costes de rotación y comisiones de gestión y depósito
Ya se indicó al principio de este capítulo que los valores liquidativos disponibles para el cálculo de los rendimientos utilizados en la estimación de los coeficientes alfa son netos de los costes de gestión y depósito. Falta, por tanto, por considerar los posibles efectos que estas comisiones tienen sobre los resultados. Es posible que la gestión de los patrimonios como tal sea correcta; esto es, ni superior ni inferior al comportamiento de las carteras de referencia correspondientes, pero que las comisiones cargadas sean excesivas para los resultados obtenidos una vez conocido el riesgo soportado. Si esto fuera así, el problema no sería tanto de gestión como de falta de competencia en el sector, lo que permite establecer comisiones por encima de lo que los propios gestores son capaces razonablemente de ofrecer en términos del binomio riesgo-rendimiento.

Para la muestra de los fondos de inversión del cuadro 13.5 y una vez obtenidas las comisiones anuales aplicables a cada fondo según la información proveniente de la Comisión Nacional del Mercado de Valores, se mensualizan dividiéndolas entre doce y se suma dicho resultado al rendimiento neto de comisiones de forma que se obtiene el rendimiento bruto. Así, las medidas de evaluación de la gestión de carteras aplicadas sobre estos rendimientos brutos reflejarán de forma más fiel el acierto o no de los gestores de los fondos de inversión.

Los resultados aparecen en el cuadro 13.7. En relación a los resultados agregados y a diferencia de lo que ocurría en el cuadro 13.5, los coeficientes alfa aunque negativos, no son en ningún caso significativamente distintos de cero. De la misma forma, alfas positivas se encuentran igual que en los casos anteriores cuando se hace la evaluación con respecto al índice ponderado. Además, el número de fondos con alfas negativas ha disminuido en todos los casos independientemente de la cartera de referencia utilizada.

Cuadro 13.7. Alfas respecto a carteras de referencia sujetas a restricciones legales con rendimientos brutos, 1980-1992.

	Aversión riesgo baja	Aversión riesgo media	Aversión riesgo alta	Índice equiponderado	Índice ponderado
Alfa(%)[1]	− 2,27	− 3,19	− 4,08	− 3,32	0,79
Núm. fdos. alfa > 0[2]	0	0	0	0	6
Núm. fdos. alfa < 0[2]	2	4	4	6	2

[1] Las alfas, estimadas con datos mensuales, aparecen anualizadas y en porcentaje.
[2] Son alfas significativamente distintas de cero.

La conclusión es que las comisiones de gestión y depósito tienen un importante efecto sobre el resultado de la evaluación de la gestión de los fondos de inversión. Los resultados asociados a las estrategias de inversión de los fondos no son tan negativos como parece en un primer análisis. Lo que sí es cierto, y sin duda preocupante, es que se cargan unas comisiones tan elevadas que los gestores no son capaces de recuperarlas mediante su gestión. Además, dado que los partícipes se muestran en muchas ocasiones obligados por motivos fiscales a mantener sus inversiones en los fondos, la elevada cuantía de las comisiones, a diferencia de los entornos occidentales más competitivos, termina por convertirse en una pesada carga para el inversor medio.

A la vista de los resultados, parece interesante analizar la existencia de una posible relación entre los coeficientes alfa y las comisiones cobradas por los fondos. Se puede analizar si son los fondos que más comisiones cobran los que obtienen alfas más elevadas, tal como se esperaría en un entorno competitivo. En principio, aquellos fondos que cobran más comisiones lo deberían hacer para compensar la recogida de información adicional que estaría justificada exclusivamente por un mayor rendimiento de su gestión ya que ésta se basará precisamente en la información obtenida. Una relación negativa entre alfas y comisiones tendría connotaciones muy negativas para la industria de los fondos de inversión, aunque explicaría parte de los resultados observados en los cuadros anteriores.

Para la muestra de 14 fondos para los que se dispone de la composición mensual de sus carteras, Rubio (1995) calcula el coste de rotación para cada fondo y en cada mes del periodo muestral entre 1986 y 1990. Este coste se define como el menor de los cocientes del valor efectivo de las compras o ventas de los fondos sobre el valor total (medio) de los activos de dichos fondos durante cada mes. La relación entre dichos costes y las alfas resulta negativa. Así, los fondos que tienden a rotar más sus carteras son precisamente los fondos que obtienen alfas más negativas. No resulta difícil imaginar que los fondos con mayor rotación en sus carteras sean precisamente aquellos fondos que cobren unas comisiones superiores.

Para comprobarlo, se regresan las alfas de los 25 fondos de renta variable y mixta del cuadro 13.5 sobre la suma de sus comisiones de gestión y depósito:

$$\alpha_f = a + g\mathrm{COM}_f + u_f; \ f = 1, ..., 25.$$

Si nuestra conjetura sobre la relación negativa entre alfas y comisiones se confirmase, el estimador del coeficiente g de la expresión anterior sería negativo y significativo. Los resultados aparecen en el cuadro 13.8.

Cuadro 13.8. **La relación entre las alfas de los fondos de inversión y las comisiones de gestión y depósito, 1980-1992.**

	Aversión riesgo baja	Aversión riesgo media	Aversión riesgo alta	Índice equiponderado	Índice ponderado
Pendiente[1] de la Regresión ($\hat{g}$)	– 0,363*	– 0,325*	– 0,317*	– 0,371*	– 0,436*

[1] Se basa en las alfas, estimadas con datos mensuales.
* La relación es significativamente distinta de cero.

La relación negativa y significativa entre alfas y comisiones confirma que éstas influyen decisivamente en los resultados de la gestión de carteras. La gestión menos apropiada tiende a relacionarse con los fondos que presentan unas comisiones más elevadas. Este es un resultado poco afortunado desde el punto de vista de la eficiencia de los mercados. Sugiere que el coste de información no se ve debidamente recompensado por la capacidad de la gestión y se podría explicar por la poca competencia existente en el sector durante los años empleados en la evaluación.[27] Debido también a la poca movilidad existente entre los partícipes, desafortunadamente incentivada por las cargas fiscales que deben soportar en tal caso dichos partícipes, los fondos que conocen su relativamente pobre capacidad de gestión pueden beneficiarse de altas comisiones de gestión y depósito que, desde el punto de vista de las gestoras y entidades depositarias, puede resultar beneficioso. Además, dado que la mayoría de ellas pertenecen a los grandes bancos, los fondos se pueden beneficiar de las agresivas campañas de publicidad efectuadas por los mismos.

[27] Desafortunadamente las cosas no parecen haber cambiado. Durante 1999, los fondos de inversión en activos del mercado monetario que invierten en repos sobre letras del Tesoro y que han ofrecido rendimientos sólo ligeramente superiores al 1%, cobran comisiones de hasta el 1,5%. Algo similar está ocurriendo con fondos de renta fija.

Sin duda, los fondos en el mercado español son demasiado caros para los rendimientos que ofrecen y el riesgo que soportan. Únicamente aquellos fondos que cobran comisiones relativamente bajas obtienen resultados neutrales desde el punto de vista de la gestión teniendo en cuenta tanto el riesgo como las comisiones. Dividiendo a los fondos de renta variable en tres categorías según el montante de sus comisiones, se encuentra que el alfa de Jensen con respecto al índice bursátil ponderado para la cartera de fondos con menores comisiones es igual a 1,67%, mientras que la cartera de fondos que cobran mayores comisiones tiene un alfa igual a $-1,13\%$.

(vi) Evaluación condicional de los fondos de inversión

La idea es que los gerentes que utilizan información pública no deberían ser considerados como gestores con habilidades superiores. Se trata, tal como se indica en el apartado 13.7, de controlar por la información pública antes de estimar el alfa de Jensen. Ferson y Schadt (1996) emplean una muestra de rendimientos mensuales de 67 fondos de inversión de renta variable y renta variable mixta en el mercado estadounidense entre 1968 y 1990 y proponen el modelo dado por la expresión [13.60]:

$$R_{ft+1} - r_{t+1} = \alpha_{ft} + \beta_{1f}\left(R_{mt+1} - r_{t+1}\right) + \beta_{2f}'\left[z_t\left(R_{mt+1} - r_{t+1}\right)\right] + \varepsilon_{ft+1},$$

donde el vector de instrumentos z_t se compone de la rentabilidad agregada de dividendos, el tipo de interés del activo seguro, el diferencial entre tipos a largo y a corto, el diferencial entre bonos empresariales de alto y bajo riesgo y una variable ficticia que toma el valor 1 si el mes es enero y 0 en caso contrario.

Los resultados que aparecen en el cuadro 13.9 sugieren una *mejor* evaluación para los fondos cuando se emplea el modelo condicional. Los fondos disponibles están agrupados en 4 carteras según su nivel de riesgo y en todos los casos el alfa del modelo condicional es mayor que el alfa del modelo incondicional. Parece, por tanto, que en la práctica, y tal como sugiere la discusión sobre la sincronización con el mercado, el alfa de Jensen tradicional tiende a infravalorar los resultados de los fondos.[28] En definitiva, en cualquier ejercicio de evaluación es aconsejable utilizar la evaluación condicional ya que evita los sesgos que, como consecuencia de la sincronización, aparecen en el alfa de Jensen tradicional.[29]

---

[28] Christopherson, Ferson y Glassman (1998) encuentran persistencia en los resultados de los peores fondos de inversión cuando utilizan la evaluación condicional.

[29] De hecho, en una reciente aplicación de esta técnica a fondos españoles, Basarrate y Rubio (1999) encuentran asimismo una evidente infravaloración del modelo incondicional con relación al condicional.

Cuadro 13.9. La evaluación condicional de los fondos de inversión. Mercado estadounidense, 1980-1992.

Carteras de fondos	Incondicional		Condicional	
	alfa[1]	*t*(alfa)	alfa	*t*(alfa)
Riesgo bajo	0,330	0,43	0,721	0,91
Riesgo bajo/medio	− 0,686	− 1,66	− 0,313	− 0,77
Riesgo alto/medio	− 0,919	− 1,35	− 0,466	− 0,72
Riesgo alto	− 0,965	− 0,65	1,010	0,68
Global	− 0,397	− 0,73	0,223	0,42

[1] Los coeficientes alfas están anualizados y en porcentaje.

(vii) Evaluación de la gestión en función exclusiva de la composición de la cartera de los fondos

Finalmente se presentan los resultados de las técnicas de evaluación más recientes propuestas por la literatura. Estas técnicas son las que se han discutido en el apartado 13.6 y emplean exclusivamente la composición de la cartera de los fondos. Aunque en principio son técnicas que no emplean carteras de referencia exógenas como suele ser habitual, en la práctica obligan a controlar por las características de los activos en los que invierten los fondos. Cuando se escogen las características de referencia, de hecho, se está imponiendo un determinado modelo de valoración de activos.[30]

El cuadro 13.10 contiene los resultados para una muestra de 2.500 fondos de renta variable y renta variable mixta entre 1975 y 1994 en el mercado estadounidense. Los resultados se deben a Daniel, Grinblatt, Titman y Wermers (1997) y es, con toda probabilidad, el estudio sobre la evaluación de fondos de inversión más completo publicado hasta la fecha. Los resultados agrupan a los fondos de inversión individuales en carteras de fondos según su riesgo beta. Se utilizan las siguientes medidas de evaluación, todas ellas discutidas en los apartados anteriores:

- Alfa de Jensen con un índice bursátil ponderado por capitalización (expresión [13.2]):

$$R_{ft} - r_t = \alpha_f + \beta_{fm}(R_{mt} - r_t) + \varepsilon_{ft}.$$

[30] El espíritu de estas técnicas es muy similar a la evaluación por *estilos de inversión* propuesta por Sharpe (1992). La diferencia está en que la técnica de Sharpe sólo necesita observar los valores liquidativos de los fondos y no la composición de sus carteras. Una interesante aplicación de esta forma de evaluar la gestión de los fondos de inversión en España se debe a Matallín y Fernández (1999) que también presentan una evaluación global negativa entre 1992 y 1996.

- Alfa de Jensen con los factores de riesgo de Fama-French (expresión [13.5]) más el factor de riesgo *momentum* que viene definido como la diferencia del rendimiento de una cartera compuesta por los activos que han tenido un mayor rendimiento en el último año y la cartera de aquellos otros con un rendimiento más bajo. Este modelo de 4 factores se debe a Carhart (1997):[31]

$$R_{ft} - r_t = \alpha_f + \beta_{fm}\left(R_{mt} - r_t\right) + \beta_{f\,smb}SMB_t + \beta_{f\,hml}HML_t + \beta_{f\,mom}MOM_t + \varepsilon_{ft}.$$

Estas dos medidas se utilizan como referencia para una mejor interpretación de los resultados con las nuevas técnicas que son:

- Medida de Grinblatt y Titman (1993) (expresión [13.51]):

$$GT = \sum_{j=1}^{N} \sum_{t=1}^{T} \frac{\left[R_{jt}(\omega_{jt} - \omega_{jt-\tau})\right]}{T},$$

donde ω_{jt} es el porcentaje del activo j en el patrimonio de un determiando fondo en el periodo t y R_{jt} es el rendimiento del activo j que está invertido en el fondo evaluado en el periodo t. Esta medida está sometida a la crítica del *momentum* y la inversión a través de cualquier otro tipo de estilo que genere rendimientos "anormales" no basados, sin embargo, en una información superior.

- Medida CS de Daniel, Grinblatt y Titman y Wermers (1997) (expresión [13.53]):

$$CS = \sum_{t=1}^{T} \sum_{j=1}^{N} \frac{\left[\omega_{jt-1}(R_{jt} - R_{Ct}^{t-1})\right]}{T},$$

donde recordamos que R_{Ct}^{t-1} es el rendimiento de la cartera que se empareja (por característica o estilo de inversión similar) a cualquier activo j en el periodo t.

---

[31] Carhart (1997) emplea este modelo de 4 factores para evaluar la *persistencia* de los fondos. Argumenta que la persistencia encontrada en la literatura se debe a no controlar por los factores adecuados. Así, concluye que no hay evidencia de persistencia significativa en los resultados de los fondos de inversión.

Cuadro 13.10. La evaluación de los fondos de inversión utilizando la composición de las carteras. Mercado estadounidense, 1975-1994.

Carteras de fondos	Alfa[1] 1 factor	Alfa 4 factores	Medida GT	Medida CS
Riesgo bajo	2,09 (3,40)[2]	0,82 (1,49)	0,74 (2,74)	0,02 (0,05)
Riesgo bajo/medio	0,80 (1,96)	0,24 (0,56)	0,93 (3,18)	0,19 (0,76)
Riesgo alto/medio	0,12 (0,19)	0,32 (0,63)	1,93 (4,66)	1,03 (2,43)
Riesgo alto	− 0,21 (− 0,14)	0,40 (0,43)	4,02 (6,01)	1,49 (1,66)
Global	0,60 (1,07)	0,39 (0,87)	1,94 (5,02)	0,79 (2,20)

[1] Los coeficientes alfas están anualizados y en porcentaje.
[2] Estadísticos *t* en paréntesis.

Los resultados sugieren que los fondos invierten intentando explotar las conocidas características de los activos que permiten obtener resultados positivos más allá de los justificados por el riesgo beta. Así, la medida GT que no corrige por tamaño, VC/VM o *momentum*, presenta unos resultados extraordinariamente positivos. Curiosamente, para el agregado de fondos y para los fondos arriesgados, la medida CS que corrige esas deficiencias de la medida anterior también presenta resultados *positivos y significativos*. En otras palabras, incluso ajustando por el tamaño (capitalización bursátil), cociente VC/VM y *momentum*, los fondos escogen los activos de forma que son capaces de mejorar sus carteras de control. Sin duda, ésta es una buena noticia para la capacidad que tienen los gestores estadounidenses de seleccionar activos. Sin embargo, obsérvese que esta medida no ajusta por el riesgo beta soportado y, por supuesto, no tiene en cuenta las comisiones de gestión y depósito. Cuando todo ello se incluye a través del alfa del modelo con 4 factores de Carhart, los resultados, aunque positivos, no son significativos. Una vez más, las comisiones que cobran los fondos son determinantes del rendimiento real que aportan a los partícipes. Al menos, cabe señalar que los resultados no son negativos como en el caso español. Esto puede deberse a las comisiones de gestión y depósito relativamente elevadas que se cargan en España. Por el contrario, los fondos del cuadro 13.10, a diferencia de los fondos españoles, sí cobran comisiones de suscripción y reembolso que no están recogidas por el alfa de Jensen y que podría convertir a los resultados medios positivos en negativos. Por otro lado, estos comentarios deben ser matizados por la posibilidad de que las alfas del cuadro 13.10 pudieran estar infravaloradas al no considerar la evaluación condicional.

Referencias

Admati, A, Bhattacharya, S, Pfleiderer, P. y S. Ross (1986). "On Timing and Selectivity", *Journal of Finance*, 41, págs. 715-730.

Álvarez, J. (1995). "Análisis de los Fondos de Renta Fija en España", *Investigaciones Económicas*, 19, págs. 475-488.

Basarrate, B. y G. Rubio (1999). "Nonsimultaneous Prices and the Evaluation of Managed Portfolios in Spain", *Applied Financial Economics*, 9, págs. 273-281.

Carhart, M. (1997). "On Persistence in Mutual Fund Performance", *Journal of Finance*, 52, págs. 57-82.

Christopherson, J., Ferson, W. y D. Glassman (1998). "Conditioning Manager Alphas on Economic Information: Another Look at the Persistence of Performance", *Review of Financial Studies*, 11, págs. 111-142.

Connor, G. y R. Korajczyk (1988). "Risk and Return in an Equilibrium APT: Application of a New Test Methodology", *Journal of Financial Economics*, 21, págs. 255-289.

Cumby, R. y J. Glen (1990). "Evaluating the Performance of International Mutual Funds", *Journal of Finance*, 45, págs. 497-521.

Daniel, K., Grinblatt, M., Titman, S. y R. Wermers (1997). "Measuring Mutual Fund Performance with Characteristic-Based Benchmarks", *Journal of Finance*, 52, págs. 1.035-1.058.

Dybvig, P. y S. Ross (1985). "Differential Information and Performance Measurement Using a Security Market Line", *Journal of Finance*, 40, págs. 383-399.

Elton, E., Gruber, M., Das, S. y M. Hlavka (1993). "Efficiency with Costly Information: A Reinterpretation of Evidence from Managed Portfolios", *Review of Financial Studies*, 6, págs. 1-22.

Fama, E. (1972). "Components of Investment Performance", *Journal of Finance*, 27, págs. 551-567.

Ferson, W. y R. Schadt (1996). "Measuring Fund Strategy and Performance in Changing Economic Conditions", *Journal of Finance*, 51, págs. 425-462.

Grinblatt, M. y S. Titman (1987). "The Relation between Mean-Variance Efficiency and Arbitrage Pricing", *Journal of Business*, 60, págs. 97-112.

Grinblatt, M. y S. Titman (1989a). "Mutual Fund Performance: An Analysis of Quarterly Portfolio Holdings", *Journal of Business*, 62, págs. 393-416.

Grinblatt, M. y S. Titman (1989b). "Portfolio Performance Evaluation: Old Issues and New Insights", *Review of Financial Studies*, 2, págs. 393-421.

Grinblatt, M. y S. Titman (1993). "Performance Measurement without Benchmarks: An Examination of Mutual Fund Returns", *Journal of Business*, 66, págs. 47-68.

Grinblatt, M. y S. Titman (1994). "A Study of Monthly Mutual Fund Returns and Performance Evaluation Techniques", *Journal of Financial and Quantitative Analysis*, 29, págs. 419-444.

Grinblatt, M. y S. Titman (1995)."Performance Evaluation" en *Handbook in Operations Research and Management Science*, Vol. 9, eds. R. Jarrow, V. Maksimovic y W. Ziemba, North-Holland.

Henriksson, R. (1984). "Market Timing and Mutual Fund Performance", *Journal of Business*, 57, págs. 73-96.

Henriksson, R. y R. Merton (1981). "On Market Timing and Investment Performance II: Statistical Procedures for Evaluating Forecasting Skills", *Journal of Business*, 54, págs. 513-533.

Lehmann, B. y D. Modest (1987). "Mutual Fund Performance Evaluation: A Comparison of Benchmarks and Benchmark Comparisons", *Journal of Finance*, 42, págs. 233-265.

Martínez, M. (1995). "Legal Constraints and Performance of Spanish Mutual Funds", II *Jornadas de Economía Financiera*, Fundación BBV-Universidad del País Vasco, Bilbao.

Martínez, M. y G. Rubio (1997). "La Evaluación de los Fondos de Inversión en el Mercado Español de Capitales" en *La Evaluación de los Fondos de Inversión en España*, X. Freixas, J. Marín, M. Martínez y G. Rubio, Biblioteca Civitas de Economía y Empresas, Editorial Civitas.

Matallín, J.C. y M.A. Fernández (1999). "Análisis de la Performance a través del Estilo del Fondo de Inversión", *Revista Española de Financiación y Contabilidad*, 28, págs. 413-442.

Modigliani, F. y L. Modigliani (1997). "Risk-Adjusted Performance", *Journal of Portfolio Management*, Winter, págs. 45-54.

Rubio, G. (1993). "Performance Measurement of Managed Portfolios", *Investigaciones Económicas*, 8, págs.3-41.

Rubio, G. (1995). "Further Evidence on Performance Evaluation: Portfolio Holdings, Recommendations, and Turnover Costs". *Review of Quantitative Finance and Accounting*, 5, págs. 127-153.

Sharpe, W. (1992). "Asset Allocation: Management Style and Performance Measurement", *Journal of Portfolio Management*, 18, págs. 7-19.

Treynor, J. y K. Mazuy (1966). "Can Mutual Funds Outguess the Market?", *Harvard Business Review*, 44, págs. 131-136.

QUINTA PARTE:
LA MICROESTRUCTURA
DE LOS MERCADOS

14. Aspectos institucionales de la microestructura de los mercados

14.1 Microestructura: una breve introducción

La microestructura de los mercados financieros es el estudio de los procesos y resultados que se producen en el intercambio de activos bajo reglas de negociación explícitas. Mientras que la Teoría Económica y, en particular, la Teoría Financiera que se ha discutido en los capítulos anteriores tiene que ver con la negociación de los activos financieros entre distintos individuos e instituciones, la microestructura de los mercados se centra en la *interacción* entre los mecanismos del proceso de negociación y sus resultados en términos de precios y cantidades negociadas. Por tanto, en los dos próximos capítulos se reconoce que las reglas específicas bajo las cuales se produce el proceso de negociación afectan directamente a los resultados de tales procesos. Esta es una premisa fundamental de la microestructura de los mercados. Se trata de entender el comportamiento concreto de los mercados financieros y los intermediarios que trabajan en los mismos.

Así, cuestiones como la eficiencia de un determinado mecanismo de contratación, la naturaleza del proceso de ajuste de los precios ante la llegada de nueva información, y el papel de la información asimétrica entre los diversos agentes que intervienen en las negociaciones son piezas claves de la microestructura de los mercados.

A modo de resumen, la idea fundamental es que los mecanismos específicos de negociación, contratación y liquidación, así como la organización concreta sobre la que trabajan los intermediarios afectan al comportamiento de los precios. Esto implica que los determinantes de los precios no pueden medirse exclusivamente en términos de rendimiento esperado y múltiples fuentes de riesgo. La propia estructura del mercado es en sí misma un determinante de los precios. La característica adicional y específica que aparece como determinante fundamental de los precios de los activos desde esta nueva perspectiva es la *liquidez* de los activos. El siguiente capítulo se centrará precisamente en analizar el concepto, comportamiento e influencia de la liquidez como el tercer gran aspecto a considerar en el análisis de los activos financieros, además del rendimiento esperado y el riesgo.

14.2 Los mercados financieros de renta variable: aspectos generales

Este apartado se ocupa de los instrumentos de renta variable con especial énfasis en las acciones. Antes de analizar cómo se organizan los mercados donde estos títulos se emiten (mercados primarios) y se negocian (mercados secundarios) es apropiado detallar una serie de características generales de los mercados de valores en el mundo. En general, en todos los países del mundo estos mercados son:

(i) *Mercados oficiales*. Es decir, la negociación de los mismos está reservada exclusivamente a aquellos agentes que sean miembros de dicho mercado. Por tanto, cualquier agente no miembro que quiera llevar a cabo una transacción con títulos que cotizan en un mercado de valores determinado deberá hacerlo a través de un miembro del mismo, que actuará como intermediario del agente no miembro.

(ii) *Mercados altamente regulados*. La idea fundamental es que los mercados de valores desempeñan una función social importante. No sólo sirven para canalizar ahorro e inversión productiva sino que además generan precios que transmiten información relevante sobre el futuro de la economía y ayudan a aumentar el bienestar de la sociedad en general. Por esta razón, entre otras, en todos los países existe una institución pública que supervisa e inspecciona los mercados financieros y vela por la transparencia del mercado, la correcta formación de precios y protección de los inversores. Todo se hace mediante la imposición de medidas legales con carácter coercitivo, medidas que tienden a asegurar la solvencia de los partícipes mediante requerimientos mínimos de capital, prohibición de determinadas prácticas como la expresa utilización de la información privilegiada, imposición de obligaciones concretas a determinados miembros, como al especialista en la Bolsa de Nueva York (NYSE), etc.

(iii) *Mercados que "facilitan" la negociación*. Esto se consigue por varias razones:
   – Concentración de la negociación física o electrónicamente. Generalmente los mercados de valores exigen que la negociación de los títulos que han admitido a cotización se lleve a cabo con exclusividad bien en el lugar físico que el mercado ha designado o a través del sistema informático que el mercado ha implantado.
   – Difusión de información. Aunque el número de miembros de cada mercado es muy pequeño, el número de posibles negociadores es enorme. Todos los mercados establecen sistemas de difusión de lo que ocurre bien en el corro o a través del sistema informático y en primer lugar a los miembros, después al público especializado y, finalmente, al público en general. Esto no quiere decir que lo hagan gratuitamente. La mayoría de los mercados de valores son sociedades anónimas con ánimo de lucro. La información referente a lo que se produce en el mercado (pre-

cios de negociación, volúmenes, número de cruces de operaciones, etc.) es propiedad de dicho mercado y por tanto pueden cobrar por la venta de dicha información. De hecho, aproximadamente el 20% de los ingresos del NYSE proviene de la venta de información.

- Facilitan el proceso de liquidación. Los mercados de valores suelen establecer mecanismos que minimizan el riesgo de liquidación en la negociación. El procedimiento comúnmente adoptado consiste en que el Mercado de Valores como empresa privada se sitúa como contrapartida de cualquier transacción. Por tanto, aunque un determinado negociador/agente incumpla, la Bolsa sigue cumpliendo con aquél que contrató. Además, las Bolsas establecen sistemas de compensación para liquidar solamente el neto de las operaciones realizadas lo que simplifica el proceso de liquidación.

- Minimizan los problemas de *agencia* que puedan surgir.[1] El inversor no miembro —el *principal*— obligatoriamente ha de actuar en los mercados de valores a través de un *agente* que hace de intermediario. El principal da las órdenes pertinentes a su agente esperando una buena ejecución de las mismas. El problema es que la ejecución de órdenes tiene siempre un componente de aleatoriedad. Por ejemplo, si se ordena a un intermediario que compre Telefónica al mejor precio posible de mañana y, al día siguiente, éste comunica que las compró a 28,00€, no es posible tener datos objetivos que demuestren que el agente (la Sociedad de Valores intermediaria) actuó de la mejor manera posible en beneficio de su cliente. Puede ser que 28,00€ sea de hecho el precio más bajo al que realmente se contrató Telefónica, pero podría también haber sido el precio más alto. Dicho intermediario podría incluso haber actuado por cuenta propia comprándolas a 27,00€ y revendiéndolas al ordenante a 28,00€.

Ante esta posibilidad real, lo importante es que los mercados generalmente imponen mecanismos que minimizan la ocurrencia de la segunda hipótesis. Así, los mercados prohiben que se haga un intercambio a precios fuera del intervalo de precios máximo y mínimo de la sesión, obligan a los intermediarios a facilitar los precios del libro de órdenes de la sesión a los clientes que los soliciten, etc. Además, existen otras medidas indirectas como incentivar la competencia entre intermediarios financieros, entendiendo que cuantas más sociedades capaces de contratar en Bolsa existan y los mecanismos sean más transparentes, menos prácticas abusivas se observarán.

[1] Problemas de incentivos diferentes e información asimétrica entre un individuo (el principal) que delega en otro (agente) para que lleve a cabo alguna operación por su cuenta y en su nombre. La teoría de agencia estudia la relación entre el principal y el agente y analiza la naturaleza de los costes en los que se incurre para resolver los conflictos de intereses entre ambas partes. Así, los costes de agencia que surgen entre accionistas, acreedores y gerentes son de crucial importancia en las Finanzas Empresariales.

Conviene también presentar una breve descripción de los procesos que han experimentado los mercados de valores en los últimos años:

(i) *Institucionalización*. Hasta finales de los años cincuenta, todos los mercados de valores estaban organizados de forma que facilitaban la negociación minorista, es decir, la negociación entre agentes que no solían intercambiar grandes paquetes de acciones (bloques). Durante los años sesenta en Estados Unidos y los ochenta en España, se produce la incorporación de los llamados Inversores Institucionales (Fondos de Pensiones, Fondos de Inversión, Compañías de Seguros, etc.). Estos inversores suelen negociar grandes paquetes de acciones y su llegada a los mercados de capitales provocó, en mayor o menor medida dependiendo del país, una serie de reformas tanto en los mecanismos de negociación como en el marco legal aplicable a los negociadores.

(ii) *Liberalización del mercado*. Casi todos los países cuentan con una fecha que marca la ruptura con un sistema de negociación muy controlado (controles sobre las comisiones cargadas por las sociedades intermediarias, sobre las inversiones de empresas e inversores extranjeros, etc.) y no completamente competitivo y la entrada de un sistema con controles mínimos y mayor grado de competitividad. La Ley 24/88 de Reforma del Mercado de Valores en España, el *May Day* de 1973 en Estados Unidos y el *Big Ban* de 1986 en el Reino Unido son buenos ejemplos.

(iii) *Securitización y desintermediación*. En esencia se entiende por *securitización* al proceso de creación de un nuevo tipo de título negociable donde antes existía un activo altamente ilíquido. Un ejemplo muy ilustrativo es la creación de títulos negociables con respaldo hipotecario o *Mortgage Backed Securities* (MBS). Estos títulos aparecieron inicialmente en el mercado estadounidense y su presencia en los mercados financieros no ha hecho más que crecer desde su aparición. En un MBS, un agente, generalmente un banco de inversión como *Merrill Lynch* o *Salomon Brothers*, compra un paquete de hipotecas a una serie de bancos comerciales. El banco de inversión se convierte así en el propietario de todos los pagos futuros de las hipotecas (pagos periódicos de intereses y amortizaciones, amortizaciones anticipadas, etc.). Dicho banco de inversión emite nuevos títulos, negociables en los mercados de valores, que individualmente prometen alguno de los flujos generados por las hipotecas y que globalmente agotan todos los pagos. Así, un título podría ofrecer el pago de los intereses, otro el pago de las cuotas de amortización y un tercero las amortizaciones anticipadas de las hipotecas. El banco de inversión convierte así un activo bancario poco líquido, el crédito hipotecario, en títulos negociables. Su beneficio vendría dado por la diferencia entre el precio de venta de estos títulos y el de la compra de las hipotecas originales. La razón económica que justifica que esta diferencia sea positiva es el hecho de que a través de los nuevos títulos, el banco de inversión puede captar clientes dispuestos a pagar una prima por comprar un título que se ajusta a sus preferencias y necesidades.

Obsérvese que estos procesos implican un mayor peso específico de la canalización del ahorro hacia la inversión vía mercados de valores (financiación directa) en lugar de hacerlo vía intermediarios financieros bancarios (financiación indirecta). Esto se conoce como *desintermediación* financiera.

(iv) *Avances tecnológicos.* Estos avances han afectado a casi todos los aspectos de los mercados bursátiles. En primer lugar, han afectado a los sistemas de negociación. Todos los mercados creados durante los últimos 15 años, así como varios de los que ya existían con anterioridad a esta fecha, cuentan con sistemas de negociación totalmente automatizados. Resulta paradójico que el mercado tal vez más importante del mundo, el NYSE, todavía utilice el corro físico como lugar donde cruzar las operaciones. La razón principal tiene que ver con intereses particulares de los agentes implicados en la negociación. Por ejemplo, la negociación electrónica deja sin ningún valor las habilidades que los agentes que contratan los valores *a suelo de mercado o parqué* han tardado años en adquirir (lenguaje de gestos con las manos, conocimiento del resto de los agentes competidores, etc.).

En segundo lugar, estos avances tecnológicos han sido decisivos para la publicidad de la información generada en dichos mercados. Debe mencionarse que estos avances en la rapidez y calidad de la transmisión de información no se han producido sin reticencias. Un primer ejemplo ilustrativo es el NYSE, que a pesar de contar con la tecnología necesaria retrasó la instalación de la pantalla donde aparecen las cotizaciones durante más de 5 años, aduciendo los miembros del mercado que cuando compran o venden activos están llevando a cabo un acuerdo privado que a nadie le incumbe. En otras palabras, los precios de cotización son de su propiedad. Un segundo ejemplo es el SIB (*Securities Investment Board*) inglés —equivalente a la Comisión Nacional del Mercado de Valores— que no sabía cómo obligar a los intermediarios de acciones inglesas pequeñas y medianas a que publicaran los precios de negociación con menos de dos días de retraso, lo que provocaba la ira de los gestores del mercado de derivados que no podían introducir futuros sobre dichos títulos.

(v) *Internacionalización de los mercados.* Es una realidad que las fronteras financieras entre países son prácticamente inexistentes en la actualidad. El avance tecnológico ha contribuido sin duda a ello. Es fácil encontrar fondos de inversión cuyas carteras están básicamente invertidas en su totalidad en títulos extranjeros o bancos de inversión que operan en la totalidad de los principales mercados de valores del mundo y que ofrecen a sus clientes productos financieros de esos países sin necesidad de que el cliente invierta directamente en los mercados de valores nacionales. La tendencia que claramente se observa en Europa hacia la creación de una Bolsa europea que compita directamente con la de Nueva York y Tokio es un excelente ejemplo de esta globalización que, facilitada por los avances tecnológicos que permiten interconexiones a tiempo real, es un proceso imparable.

14.3 El mercado primario: la salida a Bolsa

El mercado primario por definición es el mercado en el que se produce la financiación del agente emisor, sea empresa o Gobierno, y siempre implica la creación de un título nuevo o el aumento del número de títulos en circulación de los ya existentes. Desde el punto de vista económico, en toda emisión de títulos existe un problema de información asimétrica que resulta fundamental y que adquiere la forma de un problema de *selección adversa*.[2]

Cuando alguien intenta vender algún producto intenta convencer a la parte contratante de que realmente el producto vale el precio solicitado. Muchas veces resulta muy difícil establecer si esto es así, ya que el vendedor conoce el producto mejor que el comprador, tal como se evidencia en la descripción del problema de selección adversa que surge en estas situaciones. En los mercados financieros, en un sentido amplio, los compradores temen que el vendedor (empresa o Gobierno) se esté aprovechando de información no disponible para el público. La forma en que se van a financiar las empresas se verá afectada por estos problemas porque cada tipo de producto que la empresa vaya a utilizar para financiarse tendrá asociados unos costes de información diferentes. Entre otras cosas, la existencia de estos problemas de información da lugar a la aparición de una *serie de agentes que intentarán reducir dichos costes de información*. La presencia de estos agentes es necesaria para tener unos mercados primarios (y también secundarios) de títulos amplios y dinámicos.

En general, cuando se crea una empresa se financia con las aportaciones de un grupo de socios fundadores. Esto es así porque no existe una historia de crédito, lo que incrementa los problemas de información asimétrica. La empresa se deberá financiar con los fondos propios y los que vaya generando su actividad. Esta situación no es exclusiva de las nuevas empresas sino que es común también a casi todas las empresas pequeñas. Como esta financiación puede ser insuficiente, la empresa deberá acceder al crédito bancario o la emisión de deuda. Normalmente

---

[2] Se produce por la información asimétrica que existe entre las partes negociadoras en un contrato. El comprador no conoce con certeza la calidad del producto que le ofrece el vendedor. Así, cualquier precio del producto que sea atractivo para los vendedores de buena calidad será aún más atractivo para los vendedores de mala calidad. La selección adversa perjudica sobre todo a aquellas partes que tienen productos de mejor calidad, al verse tratados de igual forma que aquellos que venden la peor calidad. Finalmente, la selección del producto que se pone a la venta en el mercado no es una selección representativa, sino que será una selección sesgada a favor de los productos de mala calidad. Se suele producir en situaciones en las que la parte informada no tiene incentivos para suministrar adecuadamente su información privada.

recurrirá al crédito por el conocimiento más próximo entre banco y cliente y porque es más fácil comprobar el uso de los fondos para un banco que para un mercado de capitales anónimo. Nótese cómo el problema de información asimétrica y selección adversa aparece una y otra vez. Aparte de sustentarse en garantías personales, el riesgo de los bancos está limitado por el hecho de que un préstamo es una cantidad fija, no dependiendo de los resultados de la empresa ni del nivel de sus activos. El propietario de la empresa es el que conoce mejor la actuación de dicha empresa y sus perspectivas, mientras que los agentes externos a la empresa tienen muy poca información. Por este motivo es más costoso emitir acciones que emitir deuda o recurrir al crédito, pues el valor de las acciones depende del valor de los activos de la empresa, siempre difícil de determinar ya que, como hemos discutido, incluye los flujos de caja futuros descontados.

El siguiente paso de una empresa que fuera creciendo, sobre todo en un país como Estados Unidos aunque cada vez con mayor frecuencia también en Europa en general y en España en particular, sería emitir deuda al público a través de un banco de inversión, o vender acciones privadas, posiblemente después de que una sociedad capital riesgo haya entrado en la sociedad. El fin último de estas nuevas estrategias es acceder a una financiación más barata que el crédito bancario.[3] Estas dos instituciones, bancos de inversión y sociedades de capital riesgo, cumplen la misma función de proveer certificación al público sobre el verdadero valor de la sociedad. En la emisión de deuda entre los inversores se debe hacer pública gran cantidad de información que será auditada y certificada por el banco emisor. El banco de inversión tendrá incentivos a presentar una imagen verdadera de la empresa oferente por el carácter de juego repetido que tienen las colocaciones, estableciéndose un mecanismo de *reputación*. En la colocación privada de acciones (*private placement*) participan grandes inversores que tienen los medios para estudiar si el valor de la empresa es el que afirman los gestores. Las sociedades de capital riesgo cumplen esta función en un punto intermedio ya que si estas empresas entran en la operación, automáticamente su entrada se interpreta como una señal de buena calidad.

Finalmente, las grandes empresas no pueden limitarse a las colocaciones de acciones privadas ya que éstas se producen entre un grupo pequeño de inversores que no tienen suficiente potencia económica para absorber grandes emisiones de acciones y a la vez diversificar sus carteras. Las grandes empresas pueden soportar los costes implícitos de su salida al público (*going public*) o salida a Bolsa como pueden ser la obligación de facilitar información periódica al mercado de valores sobre sus Balances y cuentas de Pérdidas y Ganancias, así como los altos costes que supone la admisión y el mantenimiento de la cotización en Bolsa.

---

[3] Naturalmente debe tenerse en cuenta el aspecto negativo del endeudamiento que puede provocar la insolvencia de la empresa y, por tanto, la transferencia del control desde el innovador (empresario) a los titulares de la deuda. En múltiples ocasiones el empresario preferirá socios (aunque sean sociedades de capital riesgo) que le permitan garantizar que un mal año no suponga la pérdida de toda su invención.

Las operaciones que suelen asociarse al mercado primario son las ampliaciones de capital de empresas que ya cotizan en Bolsa, la salida a Bolsa de una empresa que previamente no cotizaba y que normalmente se hace mediante la emisión de nuevos títulos aunque a veces consiste simplemente en la colocación entre el público de un paquete de acciones significativas y, por último, aunque estrictamente no es una operación de mercado primario, la colocación entre el público de un paquete de acciones que anteriormente estaba en manos del Estado y que ha sido muy popular recientemente en España.

El procedimiento para la salida a Bolsa (*Initial Public Offering*, IPO) es similar al de emisión de deuda negociable por parte de las empresas. Se debe registrar en la Comisión Nacional del Mercado de Valores un prospecto con la información para los posibles compradores, presentar toda una serie de documentos y cumplir ciertos requisitos técnicos (por ejemplo, la emisión debe ser colocada entre más de 100 accionistas). Posteriormente, si todo es correcto, se pasa a la colocación propiamente dicha a través de una Sociedad de Valores y Bolsa, ya sea en la modalidad de aseguramiento, comisión o *stand by*, que consiste en un acuerdo con la Sociedad por la que ésta se compromete a comprar todas las acciones no colocadas entre el público. Se establece el precio de emisión y se aceptan peticiones de compra por parte de los inversores. Si la oferta es superior a la demanda, se hace un prorrateo, según las instrucciones establecidas en el prospecto. Es bastante común que se establezcan varios tramos en el mismo según el tipo de inversor, institucional o personal, e incluso según sea extranjero o no.

En el caso de las ofertas iniciales públicas de venta el problema económico de información asimétrica y selección adversa que se ha discutido en las líneas anteriores, se refleja en que, en promedio, los precios de salida están por debajo del valor que alcanzan al final del primer día de negociación. Para que los inversores acepten comprar acciones de una empresa que sale al mercado por primera vez, el precio deberá ser inferior al precio teóricamente justo o correcto. Si, en media, los precios de salida están por debajo de los precios a que se podrán revender las acciones al final del primer día, podríamos pensar en estrategias de inversión que exploten esta oportunidad. Sin embargo, no es tan sencillo como parece. El problema es que participar en estas salidas a Bolsa no depende tan sólo de uno mismo, sino de la demanda que haya por estas acciones, mayor cuanto mejores sean las perspectivas de las empresas que emitan. Dado el sistema de prorrateo vigente, cuando la demanda es superior a la oferta (*buenas* empresas) se obtendrán menos acciones de las solicitadas, mientras que en los casos *malos* se conseguirán todas las acciones que se soliciten. Este fenómeno se llama "maldición del ganador", que simplemente significa que, en algunos casos, salir ganador de una subasta puede ser una mala señal. Por otro lado, la evidencia empírica sugiere, tal como se observó en el capítulo 9, que, en promedio, si es cierto que a corto plazo las acciones que salen a Bolsa parecen ofrecer un alto rendimiento, a largo plazo se comportan peor que el resto de empresas de características similares.

14.4 El mercado secundario de negociación de acciones

Como se ha mencionado implícita o explícitamente a lo largo de este libro, las acciones existentes se cotizan en el mercado bursátil secundario. Es conveniente hacer una clasificación de los diversos sistemas que existen de organizar dichos mercados y, por tanto, la negociación bursátil.

Por un lado, están los mercados en donde existe una concentración temporal y física al realizarse la contratación en corros y en períodos de tiempo limitados y establecidos de antemano. Son los mercados de *"lote o grupo"* (*batch markets*) y se corresponde con el tipo de negociación que existió en la Bolsa española hasta 1988 y que todavía se utiliza en las Bolsas locales de Madrid, Barcelona, Bilbao y Valencia. Por otro lado, existen los *"mercados continuos"* donde se establecen los mecanismos necesarios para que la información se distribuya de forma continua durante las horas diarias en las que permanecen abiertos.

Los mercados continuos pueden a su vez dividirse en mercados de *concentración* (también conocidos como mercados *dirigidos por órdenes* o mercados de *subasta doble competitiva*) y mercados de *creadores de mercado* o mercados *dirigidos por precios*.

Todos los mercados bursátiles son mercados de *open outcry*, es decir, mercados donde las órdenes deben hacerse públicas a todo el que esté interesado en la negociación de los correspondientes títulos. Esto es así, ya que como discutiremos con detalle más adelante en este capítulo, conocer las intenciones de los demás es una información útil para elaborar las propias órdenes.

Los mercados de *concentración* se caracterizan porque hacen converger toda la oferta y demanda, siendo la interacción de los agentes en el mercado lo que forma el precio de equilibrio. La idea de doble subasta se refiere a que hay todo un grupo de agentes compitiendo para vender y otro grupo compitiendo para comprar. La sesión de negociación es un continuo tira y afloja entre miembros de los dos grupos. Nótese, por el contrario, que la subasta de letras del Tesoro es una subasta *simple* pues sólo una parte del mercado emite ofertas (los demandantes de títulos).[4] En este tipo de mercados, primero son las órdenes las que llegan al mercado y a partir de éstas, mediante los correspondientes emparejamientos, se establece el precio de equilibrio. Por este motivo, también se denominan **mercados dirigidos por órdenes** y así les llamaremos a lo largo de estos capítulos. Estos mercados pueden organizarse mediante la contratación *electrónica* en pantalla, como el mercado continuo español o el caso francés, o mediante la presencia física de corros en el parqué (*floor*), como en el caso de Nueva York

En los mercados con *creadores de mercado* todas las operaciones se hacen, como su propio nombre sugiere, a través de los denominados creadores de mercado o *market makers*, que son unos agentes que negocian por cuenta propia y que tienen la obligación en todo momento de ofrecer precios de compra y venta de los títulos, así como las cantidades que están dispuestos a comprar y vender a dichos precios.

---

[4] Aunque evidentemente este caso se refiere al mercado primario.

Se denomina **precio de venta** (*ask*) el precio al que los creadores de mercado están dispuestos a vender los activos, mientras que el **precio de compra** (*bid*) es aquel precio al cual dichos creadores están dispuestos a comprar los activos. En este tipo de mercados son los precios los que inician la negociación ya que el creador de mercado cotiza, como hemos señalado, continuamente y son precisamente estos precios los que motivan la llegada de órdenes de compra y venta. Este es el motivo por el que también se les conoce como *mercados dirigidos por precios* y así les llamaremos a lo largo de estos capítulos. El mercado bursátil londinense, el NASDAQ estadounidense o el Nuevo mercado español creado para la negociación de valores tecnológicos son típicos ejemplos de este tipo de funcionamiento.[5]

En España, a partir de la Ley del Mercado de Valores de 1988 se modifica la estructura y organización del mercado de forma muy importante. Antes, el mercado se basaba en un sistema de negociación con concentración física mediante corros. Una vez al día se reunían en el parqué todos los oferentes y demandantes de un título que a voz de grito iban comunicando y cruzando operaciones. La negociación de cada título duraba diez minutos y el título en cuestión no volvía a ser negociado hasta el día siguiente. Tenía la ventaja de reunir toda la demanda y oferta de un título en un plazo muy corto de tiempo, pero resultaba un mercado poco líquido e inestable con una enorme concentración de volumen negociado en muy pocas empresas y con prácticas como el aprovechamiento de la información privilegiada y autocartera[6] muy poco reguladas y controladas. La Bolsa era un mercado cerrado donde, para operar en ella, se debía estar autorizado (ser miembro) y donde los únicos agentes autorizados para poner órdenes eran los Agentes de Cambio y Bolsa que eran personas físicas con carácter de fedatario público. El mercado estaba fragmentado al realizarse la contratación de los valores de manera aislada e inconexa en las cuatro Bolsas existentes.

Con la nueva Ley existe una comunicación directa y en tiempo real entre las Bolsas, de manera que se forma un solo precio a través de un único libro de órdenes. Los cambios más relevantes introducidos son los siguientes:

(i) Creación de la Comisión Nacional del Mercado de Valores (CNMV) que regula y supervisa los mercados de valores y la actuación de los agentes que en ellos participan. Verifica las condiciones de emisión, admisión a cotización, las ofertas públicas de adquisición de valores y las ofertas públicas de venta. La CNMV puede suspender o incluso excluir de cotización a la sociedad infringidora y multar a sus administradores. Está creada a imagen de la *Securities Exchange Commission* (SEC) estadounidense. De forma especial in-

---

[5] El National American Securities Dealers Association Quotation System (NASDAQ) es un mercado especializado en pequeñas y medianas empresas con gran potencial tecnológico y con elevadas oportunidades de crecimiento futuras, donde la negociación es totalmente descentralizada, electrónica, dirigida por precios y a la que sólo tienen acceso los creadores de mercado. El Nuevo mercado español es, de hecho, un sistema de negociación mixto.

[6] Mediante la autocartera las empresas compraban sus propias acciones para alterar su cotización.

tenta proteger al inversor, detectando prácticas ilícitas que afectan a la correcta formación de los precios. En particular, se prohíbe la contratación con información privilegiada (*insider trading*) y se establecen importantes requisitos de capital humano y tecnológico para poder operar en los mercados. La CNMV establece acuerdos con otros entes reguladores extranjeros con el objetivo de incrementar el grado de coordinación internacional.

(ii) Creación de las figuras legales de Sociedad de Valores (SV), Sociedad de Valores y Bolsa (SVB), Agencia de Valores (AV) y Agencia de Valores y Bolsa (AVB). Éstas deben crearse bajo la figura de Sociedad Anónima y suponen la extinción del fedatario público —Agente de Cambio y Bolsa. Las sociedades y agencias son las únicas entidades que pueden participar en Bolsa por lo que todas las transacciones deben hacerse a través de ellas. La diferencia fundamental entre ambas es que las sociedades pueden operar por cuenta propia y ajena, mientras que las agencias sólo pueden hacerlo por cuenta ajena. Por ejemplo, en una emisión de títulos, una Sociedad puede hacer un aseguramiento, mientras que la Agencia sólo puede hacer una colocación. Además, las sociedades pueden otorgar créditos relacionados con operaciones de compra y venta de valores mientras que las agencias no lo pueden hacer. Como contrapartida, las sociedades deben tener un capital mínimo mayor que las agencias.

(iii) Establecimento del Sistema de Interconexión Bursátil (SIBE) que da lugar al Mercado Continuo. Es un mercado no localizado físicamente sino electrónico, donde se negocian las empresas más importantes del mercado español. Es un sistema con información en tiempo real en sus pantallas y difusión automática de la información de la contratación, de forma que la transparencia está absolutamente garantizada. El sistema es gestionado por la Sociedad de Bolsas, que es una Sociedad Anónima constituida por las sociedades rectoras de las cuatro Bolsas. La Sociedad Rectora de cada Bolsa es, a su vez, una Sociedad Anónima cuyo accionariado está integrado exclusiva y obligatoriamente por sociedades y agencias de Valores y Bolsa, que en definitiva son los propietarios de la correspondiente Bolsa. La Sociedad Rectora está encargada de la gestión de la Bolsa correspondiente, autorizan la cotización de títulos (junto con la CNMV), proponen a la Comisión la suspensión de la cotización de títulos y elaboran y facilitan la información relativa a la contratación.

(iv) Creación del Servicio de Liquidación y Compensación de Valores (SCLV) que empezó a operar en diciembre de 1992. A través de este servicio se llevan a cabo las anotaciones en cuenta de las operaciones, así como la liquidación y compensación de valores por efectivo de forma electrónica. La compensación se produce 3 días hábiles después de cerrar la operación. Además, hay un sistema para los agentes no residentes que facilita el acceso a extranjeros al mercado español. Estas medidas en conjunto modernizaron de forma muy significativa todos los aspectos del mercado bursátil español.

14.5 El mercado continuo bursátil en España

La negociación en el mercado continuo se sustentó, en un principio, en el sistema CATS (*Computer Assisted Trading System*) desarrollado por la Bolsa de Toronto en 1977 y utilizado por las Bolsas de Tokio (desde 1982) y París (desde 1986). Desde noviembre de 1995 lo hace sobre el nuevo Sistema de Interconexión Bursátil Español (SIBE). Los diferentes agentes que operan en el mercado están conectados a través de una red de ordenadores mediante la cual introducen las órdenes y observan las órdenes de los demás. Por tanto, es un mercado caracterizado por la existencia de un *libro público de órdenes*, característica muy importante del mercado y que, además, les permite tener acceso a la información referente a la situación del mercado en todo momento y obtener información sobre las negociaciones que se van efectuando. Es, en definitiva, un mercado dirigido por órdenes.

Ahora bien, se ha señalado anteriormente que, *a diferencia de lo que ocurre en el mercado bursátil español*, en un mercado dirigido por precios, los creadores de mercado tienen la obligación de ofrecer un precio de venta (P_v) al cual están dispuestos a vender los activos, y un precio de compra (P_c) al cual dichos creadores están dispuestos a comprar los activos. Obsérvese que la función principal de los creadores de mercado en un sistema dirigido por precios es *otorgar liquidez al mercado*. Cualquier inversor tiene la posibilidad de encontrar una contrapartida en los precios (y cantidades) que anuncia el creador de mercado. La compensación que recibe el creador de mercado es la diferencia entre el precio de venta y el precio de compra. Esto es, si un inversor quiere comprar un activo y simultáneamente quiere venderlo, tendrá que pagar el precio de venta (P_v) que está ofreciendo el creador de mercado para vender, mientras que al vender el activo el agente recibirá el precio al que el creador de mercado está dispuesto a comprar (P_c). Naturalmente, el *servicio de liquidez* tiene una compensación que viene dada por $P_v - P_c$. Esta diferencia se denomina diferencial de precios u *horquilla* y jugará un papel muy importante en el siguiente capítulo. La horquilla es positiva para el creador de mercado y negativa para el inversor que a cambio recibe el *servicio de inmediatez* al poder encontrar contrapartida a sus preferencias.

En el mercado continuo español (así como en Toronto, Tokio y París entre otros), cualquier orden que ponga un inversor aparecerá en el libro electrónico de órdenes, y debe especificar un número de operador, el título y la cantidad que se desea comprar o vender, el precio y las limitaciones que pueda tener la orden. La cantidad de títulos disponibles a la compra y a la venta se denomina **profundidad**. *No existe un agente referencial como el creador de mercado*. El ordenador mantiene en pantalla las 5 mejores órdenes recibidas (de compra y venta, según el precio) hasta que dos órdenes son casadas o bien llega una orden mejor.[7] Si hay varias órdenes iguales, se casan estrictamente según el orden de llegada. Si la orden no ha sido casada puede ser retirada, pero no se puede anular una operación.

EJEMPLO 14.5.1 La negociación en el sistema SIBE

Supongamos que en un determinado momento la pantalla indica los siguientes precios y cantidades disponibles a la venta y a la compra para una empresa ficticia que llamamos TEL.

ACCIÓN	CANTIDAD	P_c	P_v	CANTIDAD
TEL	1.500	10,25	10,35	850

Esta pantalla nos indica que existe un inversor (o varios) dispuesto a comprar un total de 1.500 acciones de TEL a un precio de 10,25€ por acción y existe otro inversor que está dispuesto a vender 850 títulos por 10,35€. Estas órdenes originadas por los deseos de los inversores son introducidos en el libro por los correspondientes operadores. Mientras la pantalla siga así, tenemos la seguridad de que no se produce transacción alguna. Ahora supongamos que el inversor que quiere comprar decide aflojar un poco su postura y modifica su orden cambiando el precio de 10,25€ a 10,30€. La nueva pantalla sería:

ACCIÓN	CANTIDAD	P_c	P_v	CANTIDAD
TEL	1.500	10,30	10,35	850

La orden de compra anterior a 10,25€ es eliminada. Esto no sería así si el que pone la nueva orden es otro inversor (operador) diferente del que puso la primera. En este último supuesto, la orden a 10,25€ permanecería en la memoria del ordenador, y reaparecería si la orden nueva desapareciese a no ser que fuera anulada. En cualquier caso, nótese que todavía no se ha producido intercambio alguno. A continuación supongamos que el inversor que quiere vender se da cuenta de que no va a conseguir un mejor precio por lo que está de acuerdo en vender las acciones a 10,30€. El operador tecleará *V* (vender) 850 10,30. La operación se casa automáticamente. Una vez realizado el cruce, la nueva pantalla podría ser:

ACCIÓN	CANTIDAD	P_c	P_v	CANTIDAD
TEL	650	10,30	10,40	900

El inversor que quería comprar ha podido comprar únicamente 850 acciones a 10,30€. Como quería comprar 1.500 acciones, la orden sólo se ha cumplido parcialmente, por lo que permanece una orden de compra por el resto de las acciones que, en este caso, son 650 a 10,30€. El inversor que ha vendido ha salido del mercado por lo que el ordenador recupera la orden que había antes de que el vendedor pusiera la suya. En este caso estamos suponiendo que esta antigua segunda mejor orden era de

---

[7] Como se discute en el ejemplo 14.5.1 en el mercado dirigido por órdenes también existe la horquilla.

venta de 900 acciones a 10,40€. Este proceso entre compradores y vendedores se mantiene hasta el final de cada sesión. Es importante señalar que en nuestras pantallas ficticias se supone que sólo existe un nivel de precios y cantidades. En la práctica, la pantalla (el libro) contendría los *5 mejores niveles* a la compra y a la venta con sus correspondientes cantidades, precios, número de órdenes aparcadas en cada lado del mercado, así como la hora a la que llega la orden en décimas de segundo. ■

La negociación en el mercado continuo es de lunes a viernes de 9:00 de la mañana a 17:30 de la tarde. Entre las 8:30 y las 9:00 de la mañana se realiza la *sesión de preapertura*. En ella no se cruzan operaciones sino sólo propuestas y a partir de éstas se computa el precio de apertura para las 9:00 de la mañana. Para calcularlo, el sistema establece continuamente una relación entre oferta y demanda y calcula como primer precio aquél al que se consiga negociar un mayor volumen de títulos. Dicho precio se establece mediante un cierre aleatorio que dura entre las 9:00 y las 9:00 y 30 segundos. Durante estos segundos se pueden seguir introduciendo propuestas y en un instante aleatorio de los 30 segundos mencionados queda establecido el precio de apertura. La idea es evitar posibles manipulaciones facilitadas por conocer exactamente el momento del cierre del período de preapertura.

Durante la sesión regular o mercado abierto, el precio no puede diferir más de un 15% del de apertura, aunque a instancias de la Sociedad de Bolsas y siempre que haya un desfase entre oferta y demanda, se puede abrir un nuevo periodo de preapertura para el correspondiente valor. Además, durante la negociación el precio de las acciones debe variar a intervalos establecidos. En particular para precios inferiores a 50€, la variación mínima del precio (*tick*) es de 0,01€, mientras que para precios superiores a 50€, la variación mínima es de 0,10€. Finalmente, la sesión termina con una subasta de 5 minutos que tiene las mismas características que la subasta de apertura y que se produce entre las 17:30 y las 17:35, con un cierre aleatorio de 30 segundos. El precio resultante de esta subasta es el precio de cierre de la sesión. En caso de que no existan precios de subasta, el precio de cierre será uno de los correspondientes a las 500 últimas acciones negociadas. En el caso de no haberse negociado 500 títulos durante la sesión, el precio de cierre será el de la sesión anterior.

Cabe mencionar que existe también la modalidad *fixing* destinada a los valores con menor liquidez dentro del SIBE. Con el objetivo de conseguir una formación de sus precios más eficiente, se crean dos subastas a lo largo del día (a las 12:00 y 16:00 horas) de similares características a la subasta de preapertura donde se concentran todas las órdenes de compra y de venta asociadas a dichos valores.

Los tres tipos de órdenes que pueden hacerse en el mercado continuo son:

(i) Orden de mercado (*market order*): es una orden sin precio de oferta/demanda, por lo que persigue cerrar la operación al mejor precio que se ofrezca en el mercado en ese momento. Son órdenes que normalmente se realizan inmediatamente, comprando al precio de venta que aparece en el libro de órdenes y vendiendo al precio de compra del libro. Por tanto, la orden se negocia a los precios del lado contrario *barriendo* el libro. Si no encuentra contrapartida queda posicionada en el libro como orden de mercado y, por tanto, sin precio limitado.

(ii) Orden limitada o límite (*limit order*): Es una orden a ejecutar a su precio límite mejor. Así, cuando se introduce una orden límite se indica el precio máximo para las compras y el precio mínimo para las ventas. Son las órdenes que representan un mayor porcentaje en el libro de órdenes.

(iii) Orden por lo mejor (*market to limit order*): Es la orden que se limita a posicionarse al mejor precio del lado contrario. La parte no ejecutada se sitúa en el libro como orden límite a dicho precio. En el caso de que no existiese contrapartida, el sistema no admite la orden. Finalmente, cabe señalar que durante las subastas se comporta como una orden de mercado.

Las órdenes de mercado tienen la ventaja de garantizar la ejecución casi inmediata, mientras que las órdenes límite están sujetas al desconocimiento de la evolución del mercado. Por otro lado, la ventaja de las órdenes límite es que aminoran el problema de agencia, es decir, la incertidumbre respecto a lo bien que lo ha hecho el intermediario actuando por cuenta del cliente. Por ejemplo, en un momento de alta volatilidad, un intermediario podría fácilmente justificar una mala ejecución de la orden de mercado (precio excesivamente alto para las compras y excesivamente bajo para las ventas) aduciendo que no pudo cruzar la orden por la excesiva agitación del mercado hasta varios minutos más tarde, momento en el que ya se había producido un cambio adverso en el precio.

Estas son las órdenes que pueden introducirse en el sistema electrónico. Otra cosa es el tipo de orden que un inversor puede transmitir a su intermediario (la Sociedad o Agencia de Valores correspondiente). En general, para estas últimas no existen tipos específicos. Así, podría solicitar al intermediario una orden que indicara una compra si el precio de negociación no es superior a 15,00€ y los precios de los dos últimos cruces hubieran sido estrictamente inferiores a 15,00€ generando un volumen no inferior a 2.000 títulos. Esta sería una orden compleja de un inversor que quiere comprar cuando el mercado es alcista y con suficiente volumen de negociación. Evidentemente, este tipo de órdenes son mucho más caras, tanto en términos de comisión del intermediario como de incertidumbre respecto a su ejecución, que las órdenes de mercado o límite.

Las comisiones que cobran los intermediarios han disminuido en los últimos años, lo que ha causado una mayor concentración de los intermediarios desapareciendo los más pequeños. El corretaje aplicado por la administración y custodia por parte de las SVB y AVB es, como máximo, del 0,25% sobre el efectivo, mientras que existe una comisión bancaria del 0,35% también sobre el efectivo como consecuencia de la pura labor de intermediación y unos cánones por operación y liquidación en euros cuya suma varía entre 0,04€ para operaciones menores de 30€ hasta 14,20€ para operaciones superiores a los 300.000€.

Además de la *contratación principal*, que como hemos visto se hace durante el periodo de preapertura y durante el mercado regular o mercado abierto, existen también lo que se denominan *operaciones especiales*. Este mercado tiene un horario de 17:30 a 20:00 y sirve para la negociación de *bloques* de acciones o *aplicaciones* con contrapartidas fijadas de antemano. Un inversor podría querer vender en una única operación 900€ millones. Aunque el mercado continuo es muy líquido, no puede absorber tantos títulos en muy poco tiempo por lo que el precio caería en picado. Idénticamente, si quisiera comprar un gran volumen, el precio del título tendería al infinito. Por este motivo es razonable que existan mecanismos fuera de mercado para este tipo de situaciones.

En función de su volumen efectivo y de su precio estas operaciones pueden ser:

(i) *Operaciones especiales comunicadas*: El volumen efectivo debe ser mayor a 300.000€ y mayor que el 20% del efectivo medio diario contratado en el último trimestre. El precio debe situarse alrededor del 5% del precio de cierre.

(ii) *Operaciones especiales autorizadas*: Estas operaciones deben ser aprobadas por la Comisión de Contratación y Supervisión de la CNMV. El efectivo debe ser mayor a 1.500.000€ y al 40% del efectivo medio diario.

Como norma general en estas operaciones el vendedor introduce su parte de la operación y el comprador la confirma, sin posibilidad de que otro miembro del mercado interfiera en la misma. Finalmente, cabe señalar que el mercado de bloques permite realizar operaciones por parte de los miembros del mercado que estén fuera de la horquilla de precios de compra y venta.

14.6 Otros mercados bursátiles internacionales

En este apartado se comentarán los aspectos más relevantes de los mercados bursátiles de Nueva York, que utilizan un sistema de concentración con negociación en corro, y el de Londres, que es un mercado puro de creadores de mercado con transacciones automatizadas.

(i) Bolsa de Nueva York

Para describir este mercado, aunque sea brevemente, debe hacerse mención de dos fechas claves en su desarrollo. En 1933 se publicó la denominada *Glass Steagall Act* que tiene su origen en la crisis del mercado bursátil de 1929. Las prácticas especulativas bursátiles de la banca comercial americana fueron en gran medida la causa que inició y agravó la crisis del 29. La *Glass Steagall Act*, una ley motivada por esta creencia, introduce una serie de medidas dirigidas a restringir el campo de actuación de la banca comercial en Estados Unidos. Entre otras cosas, se le prohibió operar en varios estados, se le restringió la capacidad de tenencia de acciones de empresas y se le prohibió desempeñar funciones de los bancos de inversiones. A partir de ese momento la separación entre la banca comercial y la banca de inversión es muy clara, tanto a nivel de actividades (la primera dedicada a la intermediación bancaria o crediticia y la segunda a la intermediación en los mercados de capitales) como de agencias regulatorias (la primera regulada por la Reserva Federal, FED, y la segunda por la *Securities Exchange Commission*, SEC). En parte, esta medida es una de las principales razones que explica la diferencia entre los sistemas financieros europeos (a excepción del Reino Unido) y japonés con relación al mercado estadounidense. En los primeros, la banca comercial siempre ha podido jugar un papel de banca universal, lo que ha sido fundamental para entender su predominante papel en la financiación empresarial, mientras que en Estados Unidos el papel de los mercados de capitales en dicha financiación es mucho mayor.

El segundo acontecimiento es el llamado *May Day* de 1973. A partir de ese momento se introducen una serie de medidas tendentes a *liberalizar* el mercado de capitales estadounidense. Entre otras, se eliminaron las comisiones fijas que cargaban los intermediarios creándose una fuerte competencia entre ellos.

El mercado bursátil de Nueva York, NYSE, es una empresa privada regulada por la SEC. Su historia se podría relatar como una serie de regulaciones ingeniosas, aunque siempre tardías, que hasta los años sesenta permitían evitar escándalos y organizar la negociación minorista en Bolsa y, a partir de los sesenta, sirven para acomodar la negociación de los inversores institucionales.

La voluntad del NYSE ha sido siempre la de centralizar todas las operaciones en el corro o parqué, de forma que se obligaba a que la negociación sobre las empresas que cotizaban en la Bolsa neoyorquina se llevase a cabo siempre dentro del mercado, prohibiéndose la negociación fuera del mismo. La llegada de la inversión institucional obligó a que esta regla fuera revisada ya que el impacto sobre los precios de órdenes institucionales de gran tamaño podría colapsar el mercado cuando varias de estas órdenes llegasen simultáneamente. En particular, el NYSE decidió mantener la obligatoriedad de que toda negociación llevada a cabo por parte de los miembros del mercado debía ser ejecutada en el corro, a la vez que regulaba el mecanismo para ejecutar operaciones entre miembros fuera de mercado. El mercado desarrollado para la negociación de bloques de acciones fuera del propio mercado se conoce como el mercado *upstairs*.

Antes de comentar algunas características de dicho mercado, debemos analizar la figura clave de la contratación bursátil en el mercado de corros del NYSE que se conoce con el nombre de *especialista*. El NYSE es un mercado de doble subasta competitiva o mercado de concentración que utiliza el corro como lugar físico donde cotizar y cruzar operaciones y en el que sólo pueden operar los miembros o propietarios del mismo que, en general, son bancos de inversión. Toda la negociación en cualquiera de los títulos listados se ha de hacer a través del especialista o especialistas del corro correspondiente a dicho título. El especialista es un agente que puede actuar *por cuenta propia y por cuenta de terceros,* incluidos otros intermediarios. La figura del especialista surge por la necesidad de concentrar la negociación aprovechando las obvias economías de escala. Supongamos que el último cruce de IBM se produjo a 31,00$. A la vista de este precio, un inversor da una orden a su intermediario de comprar IBM a 30,00$. Si no existiese un especialista, el intermediario tendría que ir al parqué y buscar a otro inversor dispuesto a vender por 30,00$. Esto es muy ineficiente. Existe, por tanto, un incentivo para designar al especialista como "intermediario de intermediarios": alguien al que el intermediario del inversor que desea comprar IBM a 30,00$ transmitiese la orden y que, o bien la cruzara con otras que ya tiene en su libro, o bien la mantuviese abierta para su cruce futuro. Así, el especialista va registrando en su libro (que es un libro privado de órdenes) todas las órdenes que le van llegando a la vez que puede introducir las suyas propias. De esta forma se evita la necesidad de que cada intermediario tenga que buscar la contrapartida.

Inicialmente era el NYSE quien determinaba el número de especialistas para cada acción según el volumen de contratación de dicha acción. Esta actuación creaba una situación privilegiada para el especialista que pronto desembocó en abusos. Por ello, a principios de los años cincuenta, el NYSE llevó a cabo una serie de reformas sobre las funciones del especialista entre las que destacan:

(i) Todo miembro del mercado puede ser especialista. Es decir, el NYSE ya no impone cuántos especialistas han de operar en cada acción.

(ii) El especialista está obligado a garantizar la continuidad de los precios de negociación. Así, a través de posiciones por cuenta propia (siempre que sean necesarias) el especialista tiene que garantizar que entre el precio de cruce y el siguiente no se produzca un salto brusco que, generalmente, no puede ser superior a $1/16$ de dólar.

La primera medida elimina el monopolio del especialista y tiene por objeto aumentar el grado de competitividad entre especialistas; la segunda pretende garantizar precios de acciones continuos lo que tiene, como veremos en el apartado de derivados de este libro, gran importancia para la formación de precios. Además, el especialista está sujeto a otras reglas como, por ejemplo, no poder negociar "por delante" de sus clientes (si varias órdenes se colocan a un mismo precio, el especialista debe cruzar primero la de sus clientes) o poder comprar por cuenta propia sólo cuando el precio de la compra está por debajo del precio de cruce anterior (*downticks*) y vender en *upticks*.

Naturalmente, a cambio de estas restricciones el especialista disfruta de ciertos beneficios. En primer lugar, el especialista tiene mejor información que el resto del mercado dado que es el agente que recibe todas las órdenes. Cada 2 minutos, el especialista hace públicos los precios de venta y de compra así como las cantidades disponibles y negociadas, pero durante esos 2 minutos tiene un monopolio exclusivo de información. Además, dado que en el NYSE una orden se mantiene a no ser que sea explícitamente cancelada (a diferencia de otros mercados donde pasados un cierto número de minutos la orden es eliminada), el especialista puede actuar de nuevo de forma ventajosa.

Aproximadamente, entre el 55 y el 60% de los beneficios que obtienen los especialistas se debe a posiciones por cuenta propia, mientras que el resto proviene de su actividad como intermediarios.

Una vez analizada la figura del especialista y la forma en que se negocia en el corro, veamos cómo funciona el mercado de bloques *upstairs*. Supongamos que el Fondo de Pensiones de General Motors quiere comprar 1.000.000 de acciones de Dupont para reajustar el riesgo global de su cartera, ¿qué alternativas tiene el fondo?

(i)   Podría buscar una contrapartida (alguien dispuesto a vender 1.000.000 de Dupont). Naturalmente esto es difícil y costoso.

(ii) Podría acudir a un profesional como un banco de inversión tipo Merrill Lynch. Ahora bien, ¿qué puede hacer Merril Lynch?

    (ii.1) Podría acudir al corro de Dupont y dar una orden de compra al especialista. En general, una operación así es cara ya que el mercado reaccionará inmediatamente. Una orden compradora tan importante generaría expectativas en el mercado al atribuirse el deseo de compra a un agente informado que sabe que Dupont está infravalorada. De esta forma, el precio de Dupont subiría lo cual no le interesa al fondo de pensiones. Otra alternativa es que el intermediario divida la orden en órdenes pequeñas y una vez conseguida una de ellas vaya poniendo el resto hasta comprar todas las acciones deseadas. Esta estrategia evitaría la subida brusca del precio, pero el mercado, al observar una cadena sucesiva de órdenes compradoras, reaccionaría exigiendo precios más altos. Además, existe el peligro de que la orden tarde varios días en cerrarse en su totalidad. Un fondo interesado en una compra rápida no puede estar supeditado a lo que pueda pasar con las acciones de Dupont durante varios días.

    (ii.2) Podría ponerse en contacto con otro u otros inversores institucionales que Merrill Lynch sabe que tienen acciones de Dupont. Para ello puede utilizar toda su red de intermediarios y podría ser que al final del día se haya contactado con 7 instituciones que venden todo el paquete, aunque el precio que recibe cada una de ellas sea distinto. En este caso la operación estaría cerrada ya que el fondo de pensiones de la General Motors habría logrado comprar el millón de títulos de Dupont del resto de instituciones. Esto es en esencia lo que se conoce como el mercado *upstairs*. Sin embargo, existe un problema adicional. Merrill Lynch es miembro del NYSE y, por tanto, está obligado a bajar al parqué a cruzar la orden. Lo que sigue es una especie de ritual que se ha de hacer para satisfacer esta restricción. Imaginemos que Merrill Lynch elige un momento en el que el mercado tiene la siguiente situación:

ACCIÓN	CANTIDAD	P_c		P_v	CANTIDAD
			30,00		
Dupont	X	30,00		30,25	Y
			30,125		

El intermediario de Merrill Lynch anuncia una orden de compra de 1.000.000 de títulos de Dupont a 30,125$ y, automáticamente, anuncia una de venta por la misma cantidad y precio. A esto se llama *contratación cruzada* y cualquiera que quiera comprar o vender a ese precio puede hacerlo aunque sean paquetes pequeños de acciones.

La aparición y crecimiento del mercado *upstairs* ha perjudicado notablemente al especialista y beneficiado a los intermediarios. El especialista sale perjudicado porque el mantenimiento de la continuidad de los precios se convierte en una tarea más costosa. En principio, cuanto más importante sea el mercado *upstairs*, menor es la liquidez en el corro. Por otro lado, los intermediarios salen beneficiados porque no sólo cobran comisiones tanto en el corro como en el mercado *upstairs* por las transacciones en sí, sino que además cobran por los servicios de búsqueda y negociación empleados en el mercado *upstairs*. Este mecanismo de contratación, que se le suele llamar *dual trading*, permite al intermediario cobrar hasta 4 comisiones por una sola transacción.

Es interesante señalar que en el mercado de futuros sobre los índices bursátiles se usa exclusivamente el corro y no existe un mercado *upstairs* para los contratos negociados en dichos mercados. Los organizadores de los mercados de futuros quieren que el corro sea extremadamente líquido por lo que imponen su exclusividad en la negociación. Esto resulta un tanto paradójico si se tiene en cuenta que los inversores institucionales son tal vez los inversores más importantes en los mercados de futuros. Una posible explicación reside en la diferente naturaleza de ambos mercados desde el punto de vista del riesgo-información. En los mercados de futuros sobre índices bursátiles el riesgo depende de factores de riesgo sistemático, mientras que la contratación de acciones individuales se ve influenciada además por factores idiosincrásicos de las propias empresas. Lo importante es que mientras la información sobre los factores de riesgo sistemático es relativamente pública, la referente a los componentes idiosincrásicos de las empresas está distribuida de forma asimétrica entre los agentes económicos. Ante estas ideas, es posible sugerir que el proceso de negociación en sí puede ser un mecanismo donde se transmite información sobre estos factores. Nótese que la información transmitida en las negociaciones bilaterales que se producen en el mercado *upstairs* es mayor que la transmitida en un mercado completamente anónimo. Puede concluirse, por tanto, que la verdadera razón de la existencia del mercado *upstairs* para acciones individuales y no para futuros sobre índices bursátiles es posiblemente la necesidad de recabar información sobre los factores de riesgo idiosincrásico para las acciones, lo cual no es tan necesario en el caso del mercado de futuros.

(ii) Bolsa de Londres

La fecha clave para el mercado bursátil londinense fue el *Big Bang* de 1986. Esta reforma consistió en la liberalización de las comisiones, la apertura a la inversión extranjera y la creación de la *Securities and Investment Board* (SIB), equivalente a la CNMV. Después de la reforma, el mercado bursátil de Londres —*London Stock Exchange*— (LSE), queda configurado como un mercado de creadores de mercado dirigido por precios. Toda la negociación tiene lugar a partir de las cotizaciones que los creadores de mercado introducen a través de terminales de ordenador instaladas en las centrales de negociación de todos los miembros. A este sistema de publicidad de órdenes se le llama *Stock Exchange Automated Quotations* (SEAQ), y es un procedimiento de contratación que replica el NASDAQ estadounidense y es similar al Nuevo mercado español que comenzó a funcionar en abril del 2000.

Cabe señalar que es el único que funciona de hecho las 24 horas del día, siendo también el único que puede conectar en tiempo continuo con Tokio y Nueva York. El LSE empezó a cotizar con un total de 64 creadores de mercado que cotizaban sobre más de 3.500 valores. En este mercado se distingue entre valores *alfa*, que son empresas de gran tamaño y con fuertes volúmenes de negociación y en los que están asociados más de 16 creadores de mercado, los valores *beta* con 9 creadores de mercado y las *gama* con 2 o 3 creadores de mercado. Otro hecho relevante está relacionado con la publicidad de las operaciones, donde la información instantánea sobre los datos de negociación sólo se produce para los valores *alfa*. Por último, el SEAQ tiene tres secciones correspondientes a los valores ingleses (SEAQ *equities*), los extranjeros (SEAQ *international*) y deuda pública inglesa (SEAQ *gilts facility*).[8]

14.7 Los mercados financieros de renta fija

El mercado de renta fija pública en España tuvo una primera etapa que puede asociarse con los años comprendidos entre 1980 y 1987, donde la característica principal era el uso de herramientas de política financiera poco ortodoxas. El frecuente uso del coeficiente de caja, la imposición de coeficientes de inversión obligatoria en deuda pública y el recurso a instrumentos de deuda pública de muy corto plazo marcaron esta etapa. A partir de 1987 el Banco de España comienza a trabajar en un entorno más competitivo de precio-aceptante y todo el mercado de deuda se reestructura. La actuación clave fue la creación en 1987 de la *Central de Anotaciones en Cuenta* (CAC), que instauraba la desmaterialización

---

[8] A partir de octubre de 1997, las acciones del índice FTSE 100 se negocian en dos sistemas paralelos, el SEAQ aquí descrito y un nuevo sistema electrónico dirigido por órdenes (parecido al SIBE español) denominado SETS–Stock Exchange Electronic Trading Service.

de los títulos, convirtiéndolos en simples anotaciones en cuenta lo que facilitaba su transmisión y reducía los costes de transacción.

Además, el Banco de España pretendía incrementar la liquidez del mercado de renta fija mejorando las condiciones de oferta y demanda. En este sentido fue muy importante el establecimiento por el Tesoro de un calendario regular de emisiones de deuda pública y la reorganización del mercado secundario con el nombramiento de una docena de creadores de mercado y la formación de un sistema de negociación electrónico anónimo.

Así, aunque parte de la negociación de los títulos de deuda se lleva a cabo en la Bolsa (por lo que existe un segmento del mercado secundario de deuda que es bursátil), lo verdaderamente relevante es el mercado primario de emisiones de deuda pública y el secundario de deuda pública anotada en cuenta. Ambos se articulan a través de la CAC, siendo ésta un servicio público que el Banco de España gestiona por cuenta del Tesoro. A través de la CAC se lleva a cabo la gestión de las emisiones de títulos, la amortización de los títulos incluidos en el sistema de anotaciones, así como el pago de intereses y transferencias de saldos por operaciones en el mercado secundario. En cualquier caso, conviene señalar que los pagos y cobros se efectúan a través de las correspondientes cuentas en el Banco de España.

En la CAC existen los Titulares de Cuenta a Nombre Propio que actúan exclusivamente en nombre propio, no pudiendo representar a otros agentes económicos. Asimismo, existen las Entidades Gestoras que pueden actuar tanto por cuenta ajena como por cuenta propia, siempre que además sean titulares. Cualquier particular que quisiera comprar títulos de deuda pública en una emisión debería contactar con alguna de estas entidades que tienen la capacidad de actuar en nombre de terceros y que son bancos, cajas de ahorro, agencias y sociedades de valores y otras entidades financieras. Algunas gestoras tienen capacidad plena de actuación lo que implica mantener un determinado saldo mínimo en la cuenta de terceros, demostrando así una capacidad relevante de colocar deuda de forma permanente. Todos estos agentes deben estar autorizados por el Ministerio de Economía, debiendo cumplir determinados requisitos técnicos y de capacidad operativa, además de capital. Una vez autorizados, quedan bajo la regulación y supervisión del Banco de España. Debe enfatizarse que un objetivo importante del Tesoro es facilitar la incorporación del pequeño inversor al mercado de deuda pública. Precisamente por este motivo se configuraron las entidades gestoras como entidades eminentemente colocadoras de deuda a terceros. Además, junto con la CNMV, propició la creación de los Fondtesoros que son fondos de inversión que invierten exclusivamente en títulos del Tesoro.

(i) El mercado primario: el proceso de emisión de las letras del Tesoro

A principio de cada año el Tesoro presenta un calendario de subastas para los próximos 12 meses. Las subastas de letras a un año se realizan los miércoles en semanas alternas. Las letras a plazos menores se emiten de forma más irregular, siempre en los miércoles que no hay subastas a un año.

Existen dos tipos de peticiones de compra por parte de los agentes que acuden a la subasta: competitivas y no competitivas. Las primeras ofertan precio y cantidad, y deben comunicarse al Banco de España a través de una entidad gestora antes de las 9:00 del día de la subasta, expresándose el precio en tanto por ciento del nominal con dos decimales en intervalos de 1 punto básico (0,01%) y exigiéndose unas cantidades mínimas dependiendo del plazo de vencimiento de las letras. En las peticiones no competitivas sólo se indica el total de dinero que se quiere invertir sin indicar el precio que se está dispuesto a pagar. El Banco de España efectúa los cálculos y hace públicos los resultados de la subasta ese mismo día.

EJEMPLO 14.7.1 Subasta de letras del Tesoro (basado en un ejemplo de Ignacio Ezquiaga (1991) sobre una subasta de julio de 1991)

Imaginemos que el Banco de España ya ha recibido las siguientes ofertas de letras a 1 año:

PRECIO	VOLUMEN SOLICITADO (en millones)
90,51	0,2
90,52	50,3
90,53	25,3
90,54	20,3
90,55	20,7
90,56	100,2
90,57	115,8
90,58	100,1
90,59	250,2
90,60	0,1

A la vista de las ofertas, el Banco de España elabora la curva de demanda de letras. En este caso supongamos que ha decidido emitir 566,4 millones de euros en letras. Esto implica desestimar las demandas por debajo de 9.056€ por letra. Nótese que los precios son porcentajes sobre el nominal de 10.000€. Las cantidades asociadas a los precios comprendidos entre 90,56 y 90,6 suman un total de 566,4 millones de euros que es la cantidad deseada. Por tanto, 90,56 es el *precio marginal* de la emisión o el denominado (de manera muy gráfica) *stop out price*. Se puede calcular el tipo de interés implícito en este precio marginal usando la relación entre precio y rendimiento de una letra, expresión que viene dada por la ecuación:

$$B = \frac{100}{[1 + (r/100)(d/360)]}, \tag{14.1}$$

donde B es el precio de la letra en porcentaje sobre el nominal, r es el tipo de interés efectivo anual equivalente con base año de 360 días y d es el número de días hasta el vencimiento. Así,

$$90{,}56 = \frac{100}{[1 +(r364/36.000)]} \Rightarrow r = (100 - 90{,}56)(36.000/364 \times 90{,}56)$$

$$\Rightarrow r = 10{,}309\%,$$

que es el *tipo de interés marginal.* ∎

Antes de la subasta, el Tesoro tiene implícito un objetivo sobre este tipo de interés marginal (*stop out rate*). La decisión sobre cuántas letras emitir depende tanto de las necesidades inmediatas de financiación como del tipo de interés marginal que desee el Tesoro por lo que, a su vez, el precio de las letras depende tanto de las fuerzas del mercado como de la política monetaria del Banco Central Europeo.

Curiosamente, el precio marginal no es el que pagan los agentes que consiguen letras en la subasta. Para conocerlo debe calcularse el *precio medio ponderado y redondeado.* Éste es el resultado de multiplicar los precios ofertados y cantidades adjudicadas a cada agente, agregarlo para todos ellos y dividir por la cantidad emitida. Se cogen tres decimales, redondeando por exceso. En el ejemplo, el precio medio es 90,579. En definitiva, el pago por las letras vendrá dado por el siguiente esquema:

- Si $P_{marginal} \leq P_{ofertado} < P_{medio} \Rightarrow$ se paga $P_{ofertado}$
- Si $P_{ofertado} \geq P_{medio} \Rightarrow$ se paga P_{medio}.

Cuando existen peticiones no competitivas, éstas siempre se asignan y se les aplica el precio medio ponderado y redondeado. La liquidación (pago y anotaciones en cuenta de los títulos) se efectúa al cabo de dos días, el viernes siguiente a la subasta.

(ii) El Mercado primario: el proceso de emisón de bonos y obligaciones del Estado

Como en el caso de las letras, a principio de año el Tesoro publica un calendario oficial de subastas pero, además, cada mes se concretan las características de la próxima subasta. Las subastas son mensuales; las de bonos a 3 años y obligaciones a 10 años se realizan el martes siguiente al último lunes de cada mes, mientras que los bonos a 5 años y obligaciones de 15 y 30 años, el miércoles siguiente al último lunes del mes. Las peticiones de compra deben comunicarse al Banco de España antes de las 9:00 del día de la subasta, los precios deben ser expresados en tanto por ciento del nominal y en intervalos de 5 puntos básicos (0,05%) para los bonos y 10 puntos básicos (0,10%) para las obligaciones.

El mecanismo de subastas se lleva a cabo por tramos y al principio de cada emisión el Tesoro fija el cupón que pagarán los títulos en las tres próximas subastas o tramos. La subasta es muy parecida a la de las letras: el Banco de España adjudica los títulos hasta un precio de corte, el marginal, calculando posteriormente el precio medio y ponderado y determinando los precios definitivos que pagará cada agente. Los títulos que se subastan en cada bloque de tres subastas

(3 tramos) son iguales, de forma que se consigan grandes volúmenes de cada título. La liquidación tiene lugar al cabo de 15 días de realizada la subasta. Un factor a tener en cuenta en los cálculos es que los títulos del primer y segundo tramo no empiezan a "correr" hasta que lo hace el tercer tramo en el día de su liquidación. Esto se hace así, para que coincidan las fechas de amortización de forma que estos títulos sean más líquidos en el mercado secundario.

Tanto en las letras como con los bonos y obligaciones, cada subasta puede estar seguida de una "segunda ronda" en la que sólo participa un grupo especial de grandes creadores de mercado y en la que el precio de las peticiones de compra debe ser superior al precio medio de la subasta. El Banco de España está obligado a aceptar un volumen de emisión para la segunda ronda que depende de los resultados de la subasta. Cuantas más peticiones haya aceptado en la subasta, menos volumen está obligado a conceder en la segunda ronda. El motivo de su existencia es asegurar a los participantes en el mercado que las emisiones serán de considerable tamaño y que, por tanto, los títulos serán líquidos en el mercado secundario.

(iii) El Mercado secundario

El mercado secundario se podría dividir en dos ámbitos, las operaciones entre titulares de cuenta en el sistema de anotaciones y las operaciones entre éstos y los particulares o terceros como individuos o empresas que obviamente no son titulares. La breve descripción de este epígrafe se centra en el primer ámbito ya que es el mercado mayorista y en él se forman los tipos de referencia para el segundo nivel. Las diferencias entre los tipos de interés de los dos ámbitos del mercado dependen principalmente de la competencia entre titulares por colocar deuda entre el público. Cabe señalar, sin embargo, que el mercado entre titulares y terceros se basa en las operaciones con pacto de recompra o *repos* más que en las compras o ventas simples y que no es un mercado realmente minorista ya que los fondos de inversión y las tesorerías de empresas juegan un papel relevante.[9]

En el mercado secundario entre titulares de cuenta existe desde 1987 un conjunto de entidades gestoras con plena capacidad que han sido nombradas por el Banco de España como *creadores de mercado* y que, por tanto, se comprometen a dar precios de compra y venta permanentemente para la deuda, proporcionando así liquidez al mercado secundario mayorista. Se les conoce como *primary dealers*. También se comprometen a participar en las subastas de emisión de deuda. A cambio de todo ello reciben información del Tesoro sobre la política que se va a seguir y participan en la emisión de deuda española en el

---

[9] El *repo* consiste en una operación de venta de títulos de renta fija por una determinada cuantía con el compromiso expreso de volver a comprarlos a un precio superior en una fecha determinada. Un *repo* se puede entender como un préstamo a corto plazo o bien como una compraventa. En España adquiere legalmente la segunda forma ya que los cupones van a parar al poseedor del título en el momento que se pagan. En Estados Unidos se distingue entre un *repo*, donde la propiedad del título no cambia y el dueño original recibe el cupón y el *buy/sell back* que es lo que se hace en el mercado español.

extranjero. Estos creadores de mercado son el núcleo fundamental del mercado secundario entre titulares de cuenta.

A la vez que creó este grupo de creadores de mercado, el Banco de España definió el papel de los mediadores entre creadores de mercado, también conocidos como *"medas"* o *creadores de mercado entre intermediarios*. Éstos deben estar separados de cualquier otra entidad financiera y su finalidad es proporcionar una red electrónica de negociación a la que tienen acceso los creadores de mercado y otro conjunto de entidades que son llamadas *aspirantes a creadores de mercado*. Éstas deben su nombre a que no cumplen los requisitos necesarios en lo que se refiere al volumen de operaciones que realizan, y no están obligadas a dar precios de compra y venta.

Existen en realidad dos sistemas de negociación. Por un lado, hay un sistema *directo* de contratación telefónica a través del cual vendedores y compradores intentan encontrar una contrapartida, en general con la ayuda de un intermediario. Una vez se encuentra la contrapartida se cierra la operación por acuerdo entre las dos partes y se comunica al Servicio Telefónico del Mercado de Dinero (STMD) para que se efectúe la liquidación y compensación de la operación.

El segundo sistema es el llamado *mercado ciego* y es donde entran los creadores de mercado y los *medas*. Mientras que los creadores de mercado ofrecen precios de venta (P_v) y compra (P_c), donde naturalmente $P_v > P_c$, los *medas* proporcionan un sistema electrónico por el que cada participante observa en pantalla el mejor precio de compra y el mejor precio de venta, de modo que los usuarios de la red (creadores de mercado y aspirantes) pueden comprar y vender rápidamente al mejor precio existente. En este sentido es un sistema de cotización centralizada. Cuando se casa una orden, se le comunica al STMD para la correspondiente liquidación y compensación de la operación.

El adjetivo *ciego* proviene de que los *medas* no comunican a las partes involucradas con quién se está haciendo la operación, de forma que se preserva el secreto sobre las estrategias que cada creador de mercado quiere poner en práctica. En el mercado *ciego* se pueden llevar a cabo operaciones al contado y a plazo, pero no *repos*, y siempre a través de uno de los *medas* autorizados y nunca directamente. Los *repos* se deben realizar en el sistema directo, aunque una forma de hacer un *repo* en el mercado *ciego* es replicarlo mediante compras/ventas simultáneas al contado y a plazo por lo que hoy se vende un título al contado y, al mismo tiempo, se compra a plazo.

Para concluir, debe enfatizarse que el principal objetivo de este diseño es garantizar la *liquidez* del mercado de deuda pública. Los creadores de mercado saben que pueden cotizar precios de venta y compra de forma continua porque saben que los desajustes temporales de sus carteras (para hacer frente por ejemplo a una gran orden compradora) se pueden ver reajustados a través del mercado *ciego* sin un coste elevado. Esto implica que las horquillas entre los precios de venta y compra no son muy elevadas. Un mercado donde continuamente existen cotizaciones y la horquilla no es muy grande es, por definición, un mercado líquido.

(iv) Los mercados de renta fija privada

El proceso de emisión de un título de deuda por parte de un ente privado empieza con el registro en la CNMV. Ésta regula y supervisa los mercados de títulos, controla las emisiones y protege a los inversores. El potencial emisor debe suministrar a la CNMV información sobre la empresa, balance, auditorías, etc. y el prospecto con la información que se diera al público en general que ha de ser estudiado y aprobado por la CNMV.

El proceso de registro y colocación de los títulos entre el público se lleva a cabo normalmente a través de uno o más intermediarios financieros que, en general, son grandes bancos. El intermediario puede comprar los títulos al emisor y venderlos por su cuenta a un precio más alto, procedimiento denominado *venta en firme* o *aseguramiento*. Como esto tiene un riesgo importante, no todos los intermediarios están autorizados a hacerlo. Otra manera alternativa consiste en que el intermediario sólo pone a disposición del emisor su red de colocación, cobrando una *comisión* por título vendido. Aquí existe el peligro de que no se consigan vender todos los títulos y que el emisor no consiga el dinero que necesitaba. En el tercer método que igual que en la renta variable se llama *stand by*, el intermediario trabaja a comisión pero se compromete a comprar a un precio prefijado los títulos que no pueda colocar entre el público. En este procedimiento hay un mayor incentivo para el intermediario y un reparto más equitativo del riesgo.

Para la colocación de los títulos normalmente se abre un periodo de suscripción, en el que el intermediario recibe las ofertas de compra, resolviendo posteriormente mediante subasta, prorrateo, etc. en los casos en que la emisión tiene una demanda superior a la oferta. Si la emisión es especialmente grande, se suele contratar a un grupo de intermediarios, siendo entonces una emisión sindicada.

Cabe mencionar que sólo las emisiones de deuda de algunas autonomías, grandes empresas y bancos son calificadas en cuanto a su riesgo de emisión por agencias internacionales independientes de *rating* como Standard & Poor o Moody. La existencia de este *rating* (si es bueno) les permite conseguir fondos en mejores condiciones, pero el coste aumenta al tener que pagar por sus servicios. Por este motivo, sólo compensa si el recurso al mercado es importante y continuado.

En cuanto al mercado secundario cabe señalar el papel de las Bolsas de Valores y, principalmente, del mercado AIAF (Asociación de Intermediarios de Activos Financieros). En AIAF no se puede negociar deuda pública del Estado, que sólo se puede negociar en el mercado de deuda anotada, ni obligaciones convertibles o *warrants* que se han de negociar exclusivamente en las Bolsas.[10] La negociación en Bolsa tiene un carácter eminentemente minorista. El sistema de negociación es electrónico, similar al utilizado para las acciones.

---

[10] Un *warrant* es equivalente a una opción pero asociada a una empresa para financiarse y a plazos más largos que las opciones. Los emisores de warrants suelen ser entidades financieras distintas de las empresas emisoras de las acciones subyacentes.

El mercado AIAF es un mercado oficial, mayorista y abierto, en el que participan gran cantidad de entidades financieras e intermediarios. La AIAF organiza el mercado bajo la supervisión de la CNMV, admite los títulos a cotización y establece los métodos de negociación y liquidación. La operativa se basa en intermediarios y un sistema de pantallas. Las entidades comunican las órdenes de compra y venta a los intermediarios que, cuando las casan, lo comunican a las partes. El mercado es muy flexible por lo que también se pueden hacer operaciones entre las partes. La liquidación y compensación se producen a través de una Agencia de Valores en concreto que anota en cuenta los títulos y compensa los pagos. En el mercado AIAF se negocia gran cantidad de títulos diferentes y entre ellos los *Bonos Matador*. Éstos son bonos emitidos en España por prestatarios extranjeros que se someten a la regulación de las autoridades españolas.

Los mercados de renta fija privada en Europa tienen un enorme potencial, a pesar de haber sido un mercado relativamente reducido en los años ochenta y noventa.

(v) El mercado interbancario

El mercado interbancario es aquél en el que bancos y otras entidades de depósito se hacen préstamos entre ellos, además de negociar otros instrumentos financieros. Hasta 1976, cuando aparece el STMD, era un mercado de búsqueda directa, poco transparente y sin cotizaciones. Con la creación del STMD se agiliza la negociación en dicho mercado. En la actualidad, la negociación se puede hacer directamente o través de intermediarios, existiendo también una serie de sociedades que actúan por cuenta propia como creadores de mercado. El mercado interbancario es un mercado mayorista y cerrado.

En sus operaciones diarias, los bancos pueden incurrir en excesos o defectos de recursos en efectivo. Una entidad puede sufrir retiradas de dinero superiores a las esperadas o haber concedido demasiados préstamos en un mismo día. Naturalmente, estos problemas temporales de tesorería deben compensarse a medio y largo plazo, pero evidentemente también deben solucionarse a nivel diario por lo que es fundamental un sistema de cesión de depósitos (préstamos) entre bancos que, en general, serán a muy corto plazo.

Los instrumentos que se negocian en el mercado interbancario son depósitos, certificados del Banco de España y deuda pública anotada y poseída por las entidades participantes. La negociación se realiza a través de terminales de ordenador, jugando un papel muy importante los intermediarios (al ser un mercado muy descentralizado) y los creadores de mercados, que son las denominadas Sociedades Mediadoras del Mercado de Dinero (SMMD). El sistema de soporte del mercado interbancario fue hasta enero de 1999 el ya mencionado STMD. A partir de dicha fecha el sistema se denomina Sistema de Liquidación del Banco de España (SLBE) y precisamente a través de dicho sistema se ponen en conocimiento del Banco de España las operaciones realizadas, que son liquidadas y compensadas en las cuentas que las entidades financieras tienen en el propio Banco. Hay que resaltar que todos los sistemas de pagos nacionales, incluido el español, se tuvieron que adaptar a las características exigidas por el sistema de pagos que se emplea para instrumentar la política monetaria única, así como las operaciones de los mercados monetarios de la tercera fase de la Unión Económica y Monetaria (UEM). Este nuevo sistema se conoce como TARGET (*Trans-European Automated Real-time Gross Settlement Express Transfer*) y es un sistema de pagos en tiempo real y descentralizado ya que utiliza las infraestructuras localizadas en cada uno de los países miembros.

En el mercado de depósitos se negocian *préstamos a plazo fijo* con garantía personal·entre entidades. Estos préstamos no son negociables y, por tanto, no se pueden transferir. Las transacciones se hacen por valores elevados y a corto plazo ya que cumplen, como hemos señalado, un papel muy importante en la gestión de tesorería de las entidades.

La imposibilidad de negociar dichos préstamos significa que los préstamos no se pueden cancelar anticipadamente, ni transferirlos en un mercado secundario. Imaginemos que una entidad presta 6 millones de euros a una semana en el interbancario. Si al cabo de tres días necesita 4 millones de euros, deberá pedir un préstamo por esa cantidad en el interbancario. Nótese que si los préstamos fueran negociables, la entidad podría vender el préstamo inicial en el mercado secundario. La posición final no variará ya que la entidad tiene una posición neta favorable de 2 millones de euros. Ahora bien, al ser préstamos no negociables y debido a la regulación sobre requerimientos de capital en la banca, la entidad debería mantener un nivel de reservas por un crédito de 6 millones de euros, mientras que si fueran negociables, al cuarto día sólo tendría que mantener un nivel de reservas por un préstamo de 2 millones de euros, con el correspondiente ahorro.

Estas situaciones dieron lugar en 1992 a los *depósitos interbancarios transferibles* (DIT) que pueden ser emitidos y negociados estrictamente en el ámbito interbancario. Son títulos a corto plazo (1, 3, 6, 9 y 12 meses), emitidos a la par y con un único pago de cupón y principal al vencimiento. Estos depósitos permiten alargar los plazos de los préstamos interbancarios e incrementar su liquidez. De hecho, gracias a los DIT, el mercado interbancario de depósitos es también un mercado secundario.

Tradicionalmente, las entidades tomadoras de préstamos en el interbancario son la banca extranjera y, en menor medida, la banca privada nacional. Las cajas de ahorro son prestadoras netas. La razón está en las diferentes estructuras de negocio y mercado de estas entidades. La banca extranjera tiene una base de mercado muy pequeña y no puede competir en la captación de depósitos al ser una competencia muy dependiente del tamaño de la red de oficinas. Por otro lado, las cajas disponen de una gran capacidad de captar depósitos aunque, por falta de tradición, carecen de estrategias para emplear los recursos de forma productiva. En definitiva, terminan siendo prestatarios netos en el interbancario.

Finalmente, debe señalarse la importancia que los tipos de referencia de los mercados interbancarios han tenido en los bonos y préstamos a tipo variable y en los *swaps*.[11] Así, tenemos el ejemplo del LIBOR (*London Interbank Offered Rate*) en los mercados internacionales, del MIBOR (*Madrid Interbank Offered Rate*) en nuestro mercado y, más recientemente, del EUROIBOR.

14.8 Los mercados derivados

En España, los mercados de productos derivados se han organizado históricamente a través de dos entidades, MEFF Renta Fija y MEFF Renta Variable, localizadas en Barcelona y Madrid respectivamente.

En la primera se negocian instrumentos derivados sobre renta fija, siendo sus principales contratos los futuros sobre los *bonos nocionales*[12] a 5, 10 y 30 años (futuros y opciones sobre tipos de interés a largo plazo), futuros sobre Euroibor a 90 días (futuros y opciones sobre tipos de interés a corto plazo) y el contrato de futuros sobre la cesta entregable de bonos europeos soberanos (DEBS), que no ha tenido el éxito esperado por sus creadores. En MEFF Renta Fija cada agente opera a través de un sistema electrónico, denominado MEFFTRACS, en el que se ofrecen en tiempo real las mejores ofertas de compra y venta disponibles en el mercado. Las órdenes son enviadas al ordenador central vía telefónica y son casadas con las mejores órdenes contrarias o se mantienen en el sistema para su posterior ejecución.

En MEFF Renta Variable se negocian los euro futuros IBEX-35, cuyo activo subyacente es el IBEX-35 y cuyo multiplicador es igual a 10€, de forma que el nominal del contrato en cada momento es el valor del índice en ese instante multiplicado por 10€, las euro opciones IBEX-35, cuyo subyacente es el contrato de euro-futuro IBEX-35 y que son de tipo europeo, y las euro opciones sobre 14 acciones que son opciones americanas cuya liquidación, a diferencia de las anteriores, se hace por entrega física. Recientemente, se han empezado a negociar futuros sobre acciones individuales. Por último, en 1999, MEFF Renta Variable empezó a negociar los primeros derivados internacionales como son los futuros y opciones sobre los índices DJ Stoxx. El soporte de MEFF Renta Variable es un mercado electrónico, denominado MEFF SMART, que incluye los futuros y las opciones sobre acciones. En el caso de las opciones sobre el IBEX-35, la contratación se sigue haciendo por vía telefónica aunque existen planes de convertirlo en un sistema electrónico como los demás.

---

[11] Es un acuerdo de intercambio de los flujos de caja asociados a dos activos (de renta variable o renta fija) o divisas que se realiza entre dos partes de acuerdo con una fórmula preestablecida en el contrato.

[12] Para definir las características de estos contratos de futuros no es conveniente tomar una obligación o bono específico, cuyo plazo se acortaría diariamente, complicando mucho los cálculos de los rendimientos. Es preferible definir una obligación o bono *nocional* que no tiene existencia material en el mercado al contado, sino que sirve únicamente como base de negociación de los contratos. Éste corresponde a una obligación (bono) representativa del conjunto de obligaciones (bonos) entregables al vencimiento.

Cabe señalar que como parte de un proceso de concentración europeo de los mercados sobre productos derivados, en octubre de 1999, el Consejo de Administración de MEFF decidió integrar la gestión de sus filiales de renta fija y variable.

Referencias

Analistas Financieros Internacionales (2000). "Guía del Sistema Financiero Español en el Nuevo Contexto Europeo". *Biblioteca de Economía y Finanzas*, CECA, 3ª ed., caps. 6, 7, 8, y 10.

Ezquiaga, I. (1991). *El Mercado Español de Deuda del Estado. Estructura y Formación de Precios*, Ariel Economía, Barcelona, caps. 2, 3 y 4.

Ferrán, E. (2000). "SIBE 2000: Modificaciones para un Nuevo Entorno", Bolsa de Madrid, 86, págs. 42-44.

Grossman, S. (1992). "The Informational Role of Upstairs amd Downstairs Trading", *Journal of Business*, 75, págs. 509-528.

Pellicer, M. (1992). "Los Mercados Financieros Organizados en España", *Estudios Económicos*, Banco de España, nº 50.

Rodríguez, L., Parejo, J.A., Cuervo, A. y B. Calvo (1993). *Manual del Sistema Financiero Español*, Ariel Economía, 6ª ed., Barcelona.

Securities and Investment Board (1994). "Regulation in the United Kingdom Equity Market", SIB Discussion Paper.

Tapia, M. (2000). "Notas de Clase sobre Microestructura", *Master Análisis Financiero*, Universidad Carlos III, Madrid.

15. Microestructura y formación de precios

15.1 La modelización teórica de la microestructura de los mercados financieros

El capítulo anterior ha descrito las características fundamentales de los mecanismos de contratación de valores tanto de renta variable como de renta fija. La idea clave que fundamenta la teoría de la microestructura es que *dichos mecanismos afectan al proceso de formación de precios*. En otras palabras, la determinación de los precios de los activos financieros no es neutral al tipo de mecanismo establecido para facilitar la negociación entre los diversos agentes.

Bajo esta perspectiva, conviene centrar la discusión en el repaso, aunque sea breve, de los modelos teóricos que han sentado las bases para explicar cómo se relacionan los mecanismos de negociación con el proceso de formación de los precios. Una vez presentados los grandes esquemas sobre los que descansa la teoría de la microestructura, la discusión se centrará en la liquidez de los activos como componente o característica primordial de los mismos.

(i) Órdenes de mercado, estrategias de los agentes informados y sus efectos en los precios de los activos

En los modelos más sencillos de formación de precios, el creador de mercado observa el flujo neto de órdenes que colocan los inversores y establece un único precio al cual el mercado se vacía. Las órdenes son simples peticiones para comprar y vender activos al precio que prevalezca y, por tanto, son *órdenes de mercado* de ejecución inmediata que no están condicionadas al precio al que la transacción se lleva a cabo.

Este contexto tan simplificado no permite caracterizar la horquilla de precios (la diferencia entre el precio de venta y el precio de compra de los creadores de mercado) y, por supuesto, tampoco admite la posibilidad de entender el mercado financiero como un mercado de negociación secuencial donde la propia contratación transmite información que se incorpora al comportamiento dinámico de la horquilla. Sin embargo, tiene su relevancia ya que sí es posible caracterizar *el comportamiento estratégico de los inversores mejor informados* y estudiar los efectos de tales conductas sobre la formación de los precios.

Es crucial notar que en estos modelos se introduce de forma explícita la noción del papel que juega *la información* en los mercados financieros. Para hacerlo, una posibilidad consiste en que un agente que tiene información sobre el verdadero valor del activo coloque una orden en cada oportunidad de contratación existente hasta que los precios se ajusten completamente a la información disponible por el mercado. Si existiesen múltiples inversores informados parece posible que, debido a la naturaleza competitiva del mercado, la situación descrita tuviese sentido. Pero si existiese un único agente informado o un pequeño grupo, la situación del mercado sería evidentemente diferente ya que dicho inversor actuaría estratégicamente para explotar su ventaja de monopolista. Es precisamente éste el entorno que enfatiza el primer tipo de modelos que se describe en esta sección del capítulo. En concreto, el agente informado elegirá tanto el tamaño de sus órdenes como la frecuencia e intensidad de su negociación, siempre teniendo en cuenta que desea maximizar el valor de su información privada. Este contexto permite a su vez caracterizar cómo se incorpora la información en los precios dado el uso estratégico que el inversor informado hace de su conocimiento sobre la situación real del activo.

En un importante trabajo, Kyle (1985) se centra en dicho comportamiento estratégico, suponiendo la existencia de tres tipos de agentes que se muestran indiferentes ante el riesgo:

- Los inversores que negocian activos por razones de liquidez y que no tienen información alguna sobre el verdadero valor del activo.
- Un único inversor informado que conoce exactamente el valor del activo.
- Un grupo (puede interpretarse como un único creador de mercado) de creadores de mercado cuya labor es determinar, una vez que conocen el exceso de demanda agregado ya que observan el flujo neto de órdenes, un precio que vacíe el mercado.

El modelo permite caracterizar una regla de precios que resulta lineal en la cantidad agregada de los agentes participantes, una medida de la selección adversa existente en el mercado y, además, permite determinar las variables de las que depende dicha medida de selección adversa.

En particular, suponemos que los tres tipos de agentes negocian un activo financiero cuyo valor es una *variable aleatoria* que denominamos V. El agente informado conoce u observa V, mientras que el creador de mercado desconoce el valor del activo, aunque tiene una creencia a *priori* sobre dicho valor. El valor del activo, esto es, V, es una variable aleatoria Normal con media igual a P_0 y varianza σ_0^2. Naturalmente, dada su función como creador de mercado, éste observa el flujo de órdenes o demandas *conjuntas* del agente informado y de los inversores con restricciones de liquidez, pero no observa las demandas individuales de cada grupo de agentes.

Es clave entender el papel que juegan estos últimos inversores. Si sólo existiese el agente informado, el creador de mercado, observando su flujo de órdenes, podría deducir con facilidad la información con la que negocia. Naturalmente, considerar que también existen agentes que introducen órdenes o demandas como consecuencia exclusiva de sus necesidades monetarias hace que el flujo de órdenes que finalmente observa el creador de mercado contenga una considerable cantidad de *ruido*. Esto implica que el creador de mercado no puede inferir toda la información al observar el flujo neto de órdenes conjunta que llega al mercado.

El inversor que actúa por motivos de liquidez no lo hace de forma estratégica, sino que simplemente coloca una orden cuya cantidad, que denominamos u, es una variable aleatoria Normal con media cero y varianza σ_u^2. Esta variable aleatoria se supone independiente de la distribución del valor del activo V.

Denominamos z a la orden del agente informado. El creador de mercado anuncia el precio del activo a la vista de las órdenes de mercado conjuntas que colocan los agentes con restricciones de liquidez y el inversor informado. Bajo el supuesto de neutralidad al riesgo, éste fijará un precio igual a la expectativa sobre el valor futuro del activo *condicionada* a la orden conjunta $z + u$. En este sentido, el precio es eficiente ya que se selecciona por el creador de mercado en función de su información disponible. De esta forma, la función de precios $P(z + u)$ viene dada por la expresión:

$$P(z + u) = E\,[V \mid z + u]. \qquad [15.1]$$

Esta ecuación, por tanto, representa la regla de formación de precios en el modelo de forma que el beneficio esperado por el creador de mercado sea igual a cero.[1]

Naturalmente, una parte fundamental del modelo es reconocer la actuación estratégica del agente informado. Este agente conoce la regla de precios dada por la expresión [15.1] y la distribución de las órdenes de los agentes con restricciones de liquidez. De esta forma puede intentar esconder la magnitud de su orden entre el volumen de los agentes que actúan por motivos de liquidez. Sin embargo, el inversor informado no conoce la realización exacta de las órdenes de dichos agentes por lo que no puede condicionar su comportamiento en la magnitud de las órdenes que provienen de los agentes con restricciones de liquidez. En definitiva, el agente informado maximiza sus beneficios esperados, camuflando su flujo de órdenes bajo las de los agentes con restricciones de liquidez, y lo hace seleccionando una orden de mercado condicionada a la información privada que tiene disponible.

Denominamos como $Z(V)$ a la estrategia del agente informado en cuanto a su flujo de órdenes, y $\Pi[Z(V), P(z + u)]$ a su función de beneficios. Entonces, el agente informado exige que las órdenes de mercado bajo la estrategia $Z(V)$ maximicen el valor esperado de sus beneficios condicionado al valor del acti-

---

[1] Si analizamos el modelo con múltiples creadores de mercado resulta más sencillo entender la regla de precios dada por la expresión [15.1]. Si algún creador de mercado ofreciera un precio inferior al establecido por dicha regla, obtendría unos beneficios esperados negativos. Esto no podría ser un precio de equilibrio ya que cualquier otro que tendiese a la regla [15.1] obtendría un beneficio esperado igual a cero. Por el contrario, si los creadores de mercado fijasen un precio más elevado que el de la regla [15.1], existirían incentivos para desviarse de esta situación, ya que cualquier creador de mercado querría reducir su precio para absorber toda la demanda. Este conflicto de precios sólo terminará cuando los beneficios esperados sean iguales a cero.

vo. Esto es, el inversor informado escoge aquella estrategia $Z(V)$ que maximiza $E\{\Pi[Z(V), P(z + u)] \mid V\}$ para cada V.

Ya tenemos las condiciones claves que caracterizan una situación de equilibrio de forma que el mercado se vacíe. Estas condiciones son una regla de precios eficiente $P(\cdot)$ y un beneficio esperado óptimo en base a la estrategia maximizadora $Z(\cdot)$. Nótese que el beneficio del agente informado no es más que $\Pi = (V - P)z$.

Sea $q \equiv z + u$. En particular, Kyle (1985) demuestra que en dicha situación de equilibrio debe ser cierto que

$$Z(V) = \beta(V - P_0)$$
$$P(w) = P_0 + \lambda q, \tag{15.2}$$

donde w es volumen efectivo y

$$\beta = \frac{\sigma_u}{\sigma_0} \tag{15.3}$$

$$\lambda = \frac{1}{2}\left(\frac{\sigma_0}{\sigma_u}\right). \tag{15.4}$$

Cabe destacar dos características fundamentales de este resultado:

→ La cantidad óptima de la orden que coloca el agente informado depende de la varianza del flujo de órdenes de los inversores con restricciones de liquidez que viene dada por σ_u^2. Esta característica del resultado es lógica ya que el inversor informado no conoce exactamente la orden del agente que actúa por motivos de liquidez, pero al menos conoce su distribución lo que le permite esconder su orden entre el flujo agregado que observa el creador de mercado. Como su cantidad óptima depende de σ_u^2, su beneficio esperado también dependerá de dicha varianza y, de hecho, tal como puede deducirse de las ecuaciones [15.2] y [15.3], cuanto mayor sea dicha varianza el agente informado tiene más posibilidades de camuflar su información en las órdenes que coloca y mayor será su beneficio.

→ La regla de precios es lineal en la cantidad agregada q. Como dicha cantidad depende de las órdenes tanto del agente informado como de los inversores con restricciones de liquidez, la variable λ indica el ajuste que lleva a cabo el creador de mercado en el precio del activo para reflejar el contenido informativo de la negociación y, por tanto, se entiende como una *medida de selección adversa*. Alternativamente, esta variable λ, que se obtiene endógenamente en este modelo, nos sugiere el volumen necesario para variar el precio del activo en una unidad. Así, λ depende inversamente de la varianza de la demanda de los inversores no informados que actúan por motivos de liquidez (del ruido existente en el mercado) y directamente de la información privada de que dispone el agente informado y que aún no ha sido revelada.

(ii) Los modelos de negociación secuencial y la caracterización de la horquilla de precios

El epígrafe anterior ha enfatizado uno de los *dos aspectos* que analizan los modelos basados en los efectos de la información de los inversores sobre el precio de los activos. En particular, se ha centrado en los efectos del comportamiento estratégico de un inversor informado con capacidad para ejercer de monopolista respecto a su información. Un segundo aspecto crucial de los modelos de información examina la dinámica del mercado para centrarse en los ajustes que se producen en el proceso de determinación de los precios ante la llegada de información. Este último contexto se analiza con detalle en este segundo epígrafe de este apartado.

La discusión del apartado 14.5 del capítulo anterior sugiere que los inversores que desean vender un activo obtendrían un precio *menor* que el precio que deberían pagar si, simultáneamente, quisieran comprar dicho activo. Esta diferencia, que se produce tanto en los mercados dirigidos por precios como en los mercados dirigidos por órdenes, se conoce como la horquilla de precios tal como se definía en dicha sección. Denominemos SP a la horquilla de cualquier activo,[2] que queda definida como:

$$SP = P_v - P_c.$$ [15.5]

Resulta de interés abstraerse de la magnitud del precio al que se está negociando el activo, por lo que suele emplearse la *horquilla relativa* que se define como:

$$SPR = \frac{P_v - P_c}{(P_v + P_c)/2}.$$ [15.6]

Esta horquilla tiene tres componentes:

(i) *Costes operativos* (también llamados costes de procesamiento de órdenes), que reflejan parte de los costes que soporta el creador de mercado por mantener una posición operativa en el mercado que le permite contratar activos financieros. Incluye costes administrativos, información, comisiones, corretajes, etc. En definitiva, es el coste actual de operar en el mercado bursátil y son costes en los que también incurren los agentes que colocan sus órdenes límite en los mercados dirigidos por órdenes.

(ii) *Costes de cartera*, que son los que soportan los creadores de mercado como coste de oportunidad por mantener una determinada cartera de activos. Estos costes son por tanto consecuencia de la capacidad que tienen los operadores de mercado de actuar en los mercados por *cuenta propia*. Compensan los posibles desequilibrios que sufren los creadores de mer-

---

[2] De la palabra inglesa *spread* o *bid-ask spread*.

cado en sus carteras al tener que ofrecer de manera continua tanto precios como cantidades.

(iii) *Costes de información o selección adversa.* Estos son los costes claves en este epígrafe al incorporar de forma natural la información contenida en la propia contratación dinámica de los activos en los precios de venta y compra de los mismos y, por tanto, en su horquilla. Surgen en mercados dirigidos por precios y también en mercados dirigidos por órdenes al tener que negociar, tanto los creadores de mercado como los agentes que colocan sus órdenes límite, con inversores potencialmente mejor informados.

Nuestro análisis se centra en un mercado dirigido por precios con creadores de mercado (aunque todo el razonamiento es válido para los mercados dirigidos por órdenes). La idea clave es que el inversor medio pierde con respecto al rendimiento del mercado en su contratación a lo largo del tiempo. Esta pérdida es consecuencia de la existencia de *inversores informados* que tienen, como en el epígrafe anterior, información superior sobre el verdadero valor del activo. El creador de mercado sabe que algunos agentes tienen mejor información que la que él mismo tiene. Naturalmente, los agentes informados compran cuando saben que el precio del activo es demasiado bajo y venden cuando saben que es demasiado alto. Además, estos agentes tienen la opción de no colocar sus órdenes a diferencia del creador de mercado que siempre tiene la obligación de ofrecer precios y cantidades. Así, el creador de mercado es consciente de que al negociar con un agente informado perderá, por lo que se ve obligado a recuperar dichas pérdidas cuando negocia con agentes no informados que lo hacen por motivos de liquidez. Esta ganancia o compensación por su negociación con agentes informados se incorpora a la horquilla de precios. Esto es, independientemente de los costes operativos y de cartera, la diferencia entre el precio de venta y el precio de compra que ofrece el creador de mercado incluye también una compensación por la *selección adversa* o, lo que es lo mismo, por negociar con agentes informados. En este epígrafe nos centramos en la dinámica de los precios de los activos cuando la horquilla refleja el coste informativo de negociar con individuos informados.

Nótese que, en este contexto, la propia contratación o cruces que se producen en el mercado revelan potencialmente la información subyacente en dicha contratación y por tanto debe afectar al comportamiento de los precios de los activos. Como el entorno es inherentemente dinámico permite al creador de mercado *aprender* de la información que los agentes informados están incorporando en los precios a través de sus flujos de órdenes. La habilidad de aprendizaje que se le reconoce al creador de mercado hace que la trayectoria que sigue el precio del activo en el tiempo o, simplemente, su comportamiento *no sea independiente* de la información privada sobre su verdadero valor. Así, el análisis sobre cómo se transmite la información a los precios que, de forma un tanto superficial se discute en el concepto de eficiencia informativa de los mercados, queda bien definido a través de los propios mecanismos de contratación que existen en los mercados financieros.

En definitiva, la negociación secuencial, donde existen agentes informados y donde los creadores de mercado aprenden de la propia contratación que observan, hace que su comportamiento se ajuste para reflejar dicha información. Este es el marco de trabajo propuesto por Glosten y Milgrom (1985), en uno de los trabajos más relevantes de la teoría de la microestructura, y que se discute a continuación.

Si una orden de venta se coloca de forma anónima en el mercado se podría interpretar que dicho agente tiene información negativa sobre el activo. Sin embargo, podría ser una orden proveniente de un agente no informado cuyo único motivo se asocia a sus restricciones de liquidez. Como el creador de mercado desconoce cuál de estas dos posibilidades es la correcta, la llegada de una orden de venta hace que sus expectativas sobre el verdadero valor del activo disminuyan de forma que el precio al que está dispuesto a comprar, P_c, sea más bajo. De manera similar, si la orden es de compra, sus expectativas sobre el valor del activo incrementarían y el precio al que está dispuesto a vender, P_v, será más alto. Así, el creador de mercado, que establece precios eficientes tal como hemos visto en el epígrafe anterior, ofrecerá un precio de venta, P_v, mayor que su precio de compra, P_c, resultando una horquilla positiva.

En el modelo de Glosten y Milgrom (1985) todos los agentes son neutrales al riesgo y actúan de manera competitiva. Se negocia un activo cuyo verdadero valor aleatorio es V y cada contratación hace referencia a una unidad del activo.[3] La negociación se realiza de manera secuencial y cualquier cruce en dicha negociación se hace al precio de venta, o al precio de compra establecidos por el creador de mercado.

Una fracción de todas las órdenes proviene de los agentes con restricciones de liquidez y son exógenas al propio comportamiento del activo. El resto de las órdenes llegan a través de agentes informados. Estos últimos observan buenas noticias (*BN*) o malas noticias (*MN*) de forma que $E[V \mid BN] > E[V \mid MN]$.

El creador de mercado, por su parte, establece unos precios de venta y compra de forma que su beneficio esperado sobre cualquier contratación sea igual a cero. Como en el caso anterior de comportamiento estratégico, este resultado se justifica por la competitividad entre los creadores de mercado. Así, el precio de venta, P_v, debe ser el valor esperado del activo condicionado a que haya llegado una orden de *compra*. Por otra parte, el precio de compra P_c, debe ser el valor esperado del activo condicionado a que haya llegado una orden de *venta*. En resumen, el problema del creador de mercado se reduce a calcular dichas expectativas condicionales.

Utilizando dicho razonamiento, el precio de venta que ofrece el creador de mercado para la primera negociación del día será

$$P_v(1) = E[V \mid BN] \, \text{prob}(BN \mid \varsigma_1) + E[V \mid MN] \, \text{prob}(MN \mid \varsigma_1), \qquad [15.7]$$

---

[3] Esto implica que se hable en términos de la horquilla para la compra y venta simultánea de una unidad. Este es un supuesto importante que ha condicionado gran parte de la literatura empírica sobre el tema.

donde ς_1 es el suceso que indica que la primera orden que llega es una orden de compra.

De forma similar, el precio de compra sería

$$P_c(1) = E[V \mid BN] \, \text{prob}(BN \mid v_1) + E \, [V \mid MN] \, \text{prob}(MN \mid v_1), \qquad [15.8]$$

donde v_1 es el suceso que indica que la primera orden que llega es una orden de venta.

Las probabilidades de buenas o malas noticias condicionadas a la llegada de una orden de compra pueden determinarse por la regla de Bayes, que dice:[4]

$$\text{prob}(BN \mid \varsigma_1) = \frac{\text{prob}(BN)\text{prob}(\varsigma_1 \mid BN)}{\text{prob}(\varsigma_1)}, \qquad [15.9]$$

donde $\text{prob}(BN)$ es la probabilidad inicial (incondicional) de que lleguen buenas noticias y $\text{prob}(\varsigma_1)$es la probabilidad incondicional de recibir una orden de compra en la primera ronda de negociación.

Igualmente,

$$\text{prob}(MN \mid v_1) = \frac{\text{prob}(MN)\text{prob}(v_1 \mid MN)}{\text{prob}(v_1)}, \qquad [15.10]$$

donde $\text{prob}(MN)$ es la probabilidad incondicional de que lleguen malas noticias y $\text{prob}(v_1)$ es la probabilidad incondicional de recibir una orden de venta en el primer momento. Además, también podríamos calcular $\text{prob}(BN \mid v_1)$ y $\text{prob}(MN \mid \varsigma_1)$.

Como el agente informado compra al recibir buenas noticias y vende cuando le llegan malas noticias, debe ser cierto que $\text{prob}(\varsigma_1 \mid BN) > \text{prob}(\varsigma_1 \mid MN)$ y $\text{prob}(v_1 \mid MN) > \text{prob}(v_1 \mid BN)$. Estas desigualdades implican que $\text{prob}(\varsigma_1 \mid BN) > \text{prob}(BN)$ por lo que, usando Bayes, una compra aumenta la probabilidad condicional de buenas noticias y $\text{prob}(v_1 \mid MN) > \text{prob}(MN)$ por lo que una venta aumenta la probabilidad condicional de malas noticias.

Supongamos que, dadas unas determinadas órdenes y unos precios de venta y compra por parte del creador de mercado, se produce una compra después de haberse producido también una compra en la primera ronda. El creador de mercado, dada esa nueva compra, vuelve a repetir el mismo planteamiento anterior de forma que su nuevo precio de venta sería

$$P_v(2) = E[V \mid BN] \, \text{prob}(BN \mid \varsigma_1, \varsigma_2) + E \, [V \mid MN] \, \text{prob}(MN \mid \varsigma_1, \varsigma_2), \qquad [15.11]$$

de manera que el proceso continuaría de la misma forma. Para otros casos, obtendríamos una expresión similar.

---

[4] Véase el apéndice para una breve descripción del Teorema de Bayes.

Dado que la distribución de las órdenes difiere si ha ocurrido una mala o una buena noticia y el creador de mercado observa en todo momento las órdenes y las contrataciones, eventualmente aprenderá de la información que utiliza el agente informado. Así, en este modelo, los precios finalmente convergerían a sus valores completamente informativos y la horquilla desaparecería. En cualquier caso, durante el proceso los precios nunca pueden revelar completamente la información, aunque son eficientes en sentido débil ya que son martingalas. Para verlo, utilizamos la ley de expectativas iteradas del capítulo 11 y la definición de martingala del capítulo 4. El precio en cualquier momento es la expectativa condicionada al conjunto de información que tiene el creador de mercado sobre el valor del activo:

$$E\big[P_{t+1} \mid \mathfrak{I}_t\big] = E\Big[E\big[P_{t+1} \mid \mathfrak{I}_t\big] \big| \mathfrak{I}_t\Big] = E\big[V \mid \mathfrak{I}_t\big] = P_t, \qquad [15.12]$$

donde $\mathfrak{I}_t$ es el conjunto de información disponible en t por el creador de mercado. En este modelo, el precio del activo es una martingala.

Este proceso de convergencia gradual hacia el valor completamente informativo hace que la horquilla juegue un papel crucial en reflejar el riesgo de negociar con agentes informados. En todo momento el creador de mercado se estará cubriendo al ofrecer los precios de venta y de compra de manera que la diferencia entre ellos refleje la compensación que busca por negociar potencialmente con un informado.

A modo de resumen:

→ La horquilla se forma porque al querer un agente comprar un activo el creador de mercado revisa al alza sus expectativas sobre su verdadero valor y el correspondiente precio de venta que establece y, por tanto, la horquilla. Los precios son expectativas dada la información pública disponible y, tal como demuestran los autores, el componente de selección adversa de la horquilla depende de la naturaleza de la información subyacente disponible por el agente informado, del número de inversores informados y de las elasticidades de demanda de los agentes.

→ El modelo presenta la típica característica de los modelos con selección adversa. En particular, si existen demasiados agentes informados, el creador de mercado se verá obligado a establecer una horquilla tan grande que impedirá la negociación en el mercado. Dado que la información se refleja en los precios precisamente a través de la contratación entre agentes, la falta de dicha contratación colapsaría el mercado. En cualquier caso, la presencia de agentes informados hace que la selección de horquillas resultante esté sesgada y no sea la mejor de las posibles.

Easley y O'Hara (1987) proponen una importante extensión de este modelo argumentando que no existirá una única horquilla al variar la misma con el tamaño de la orden o de la operación. Así, muestran que la horquilla será mayor cuanto más grande sea el tamaño de la operación. Sugieren que este resultado es una consecuencia del incremento en la horquilla al aumentar la probabilidad de enfrentarse a un agente informado cuanto más grande sea el tamaño de la operación. Esta importante característica de la horquilla tiene serias consecuencias para el concepto de liquidez que se discutirá en la siguiente sección.

EJEMPLO 15.1.1 La versión numérica del modelo de Glosten y Milgron

Suponemos que el valor esperado del activo es igual a 1 si llega una buena noticia e igual a 0 si la noticia es mala. La probabilidad (incondicional) de que llegue una buena noticia es la misma que la de recibir una mala noticia, por lo que ambas probabilidades son igual a $\frac{1}{2}$. Además, suponemos que existen $\frac{1}{4}$ de agentes informados y $\frac{3}{4}$ de no informados y que la probabilidad de una compra por parte de un inversor no informado es igual a su probabilidad de venta e igual a $\frac{1}{2}$. Se pide determinar los precios de venta y de compra del creador de mercado en *dos rondas de contratación consecutivas* suponiendo que en la primera etapa llegó una orden de compra, lo cual sólo se conoce una vez calculados los precios de venta y compra que ofrecerá el creador de mercado en la primera ronda. Nótese que este resultado no se conoce hasta que el creador de mercado ya ha establecido los precios de la primera ronda y, por tanto, nos permite calcular los precios de mercado en la segunda ronda.

a) Precios y horquilla para la primera ronda:
   Mediante la regla de Bayes se puede calcular la probabilidad (posterior) de que ha llegado una mala noticia cuando se produce una venta dada por [15.10]:

$$\text{prob}(MN \mid v_1) = \frac{\text{prob}(MN)\text{prob}(v_1 \mid MN)}{\text{prob}(v_1)},$$

donde

$$\text{prob}(v_1) = \text{prob}(MN)\text{prob}(v_1 \mid MN) + \text{prob}(BN)\text{prob}(v_1 \mid BN).$$

Calculamos en primer lugar $\text{prob}(v_1 \mid MN)$:

$$\text{prob}(v_1 \mid MN) = \text{prob(inf.)}\text{prob}(v_1 \mid \text{inf.}) + \text{prob(no inf.)}\text{prob}(v_1 \mid \text{no inf.}),$$

donde, evidentemente, $\text{prob}(v_1 \mid \text{inf.}) = 1$.

Por tanto,

$$\text{prob}(v_1 \mid MN) = \frac{1}{4}(1) + \frac{3}{4}\left(\frac{1}{2}\right) = \frac{5}{8}.$$

De forma similar,

$$\text{prob}(v_1 \mid BN) = \frac{1}{4}(0) + \frac{3}{4}\left(\frac{1}{2}\right) = \frac{3}{8}.$$

La probabilidad posterior es

$$\text{prob}(MN \mid v_1) = \frac{(1/2)(5/8)}{(1/2)(5/8) + (1/2)(3/8)} = \frac{5}{8}.$$

Si se produce una compra, tendremos que calcular

$$\text{prob}(MN \mid \varsigma_1) = \frac{\text{prob}(MN)\text{prob}(\varsigma_1 \mid MN)}{\text{prob}(MN)\text{prob}(\varsigma_1 \mid MN) + \text{prob}(BN)\text{prob}(\varsigma_1 \mid BN)} \,.$$

Entonces,

$$\text{prob}(\varsigma_1 \mid MN) = \frac{1}{4}(0) + \frac{3}{4}\left(\frac{1}{2}\right) = \frac{3}{8}$$

$$\text{prob}(\varsigma_1 \mid BN) = \frac{1}{4}(1) + \frac{3}{4}\left(\frac{1}{2}\right) = \frac{5}{8}$$

$$\text{prob}(MN \mid \varsigma_1) = \frac{(1/2)(3/8)}{(1/2)(3/8) + (1/2)(5/8)} = \frac{3}{8} \,.$$

Dadas esas probabilidades tendremos que $\text{prob}(BN \mid v_1) = 3/8$ y $\text{prob}(BN \mid \varsigma_1) = 5/8$, de forma que el precio de venta que establece el creador de mercado vendrá dado por la expresión [15.7] y será igual a

$$P_v(1) = 1\left(\frac{5}{8}\right) + 0\left(\frac{3}{8}\right) = \frac{5}{8} \,,$$

y el precio de compra se obtiene de la ecuación [15.8]:

$$P_c(1) = 1\left(\frac{3}{8}\right) + 0\left(\frac{5}{8}\right) = \frac{3}{8} \,,$$

por lo que la horquilla es

$$SP(1) = P_v(1) - P_c(1) = \frac{5}{8} - \frac{3}{8} = \frac{1}{4} \,.$$

b) Precios y horquilla para la segunda ronda suponiendo que en la primera ronda ocurrió una orden de compra:

$$\text{prob}(MN \mid \varsigma_1, \varsigma_2) = \frac{\text{prob}(MN \mid \varsigma_1)\text{prob}(\varsigma_2 \mid MN)}{\text{prob}(MN \mid \varsigma_1)\text{prob}(\varsigma_2 \mid MN) + \text{prob}(BN \mid \varsigma_1)\text{prob}(\varsigma_2 \mid BN)}$$

$$= \frac{(3/8)(3/8)}{(3/8)(3/8) + (5/8)(5/8)} = \frac{9}{34} = 0{,}2647.$$

$$\text{prob}(MN \mid \varsigma_1, v_2) = \frac{\text{prob}(MN \mid \varsigma_1)\text{prob}(v_2 \mid MN)}{\text{prob}(MN \mid \varsigma_1)\text{prob}(v_2 \mid MN) + \text{prob}(BN \mid \varsigma_1)\text{prob}(v_2 \mid BN)}$$

$$= \frac{(3/8)(5/8)}{(3/8)(5/8) + (5/8)(3/8)} = \frac{15}{30} = \frac{1}{2}.$$

Por tanto, los precios y horquilla son:

$$P_v(2) = (1)(0,7353) + (0)(0,2647) = 0,7353$$

$$P_c(2) = (1)\left(\frac{1}{2}\right) + (0)\left(\frac{1}{2}\right) = \frac{1}{2},$$

y la horquilla,

$$SP(2) = P_v(2) - P_c(2) = 0,7353 - \frac{1}{2} = 0,2353.$$

En definitiva,

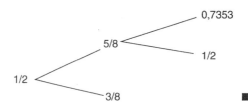

15.2 Liquidez: concepto y características

La descripción institucional del capítulo anterior y la modelización fundamental en la que se basa la moderna teoría de la microestructura desarrollada en el apartado 15.1, permiten analizar una característica muy relevante de los mercados financieros como es la *liquidez* de los activos. Junto con el rendimiento esperado y el riesgo, la liquidez forma el conjunto de los tres puntos de referencia en la toma de decisiones de cualquier inversión financiera.[5]

La liquidez del mercado se refiere a la capacidad de un inversor de negociar rápidamente las cantidades deseadas a precios razonables, de acuerdo con las condiciones subyacentes de demanda y oferta. Esto es, un activo es líquido si es posible negociar una gran cantidad del mismo inmediatamente después de que se decida hacerlo y a un precio lo más cercano posible a los precios que prevalecen antes y después de la contratación. Por tanto, un mercado financiero líquido debería ser capaz de absorber o acomodar rápidamente grandes niveles de contratación sin distorsionar los precios.

Nótese que en esta discusión conceptual de la liquidez aparecen *dos* componentes que hacen referencia a precios y a cantidades. Si un inversor quiere comprar (vender) un título de una empresa de forma *inmediata* el precio que está obligado a pagar (recibir) será superior (inferior) al precio de equilibrio del activo. La diferencia entre estos dos precios es el *coste de inmediatez* que los inversores que demandan liquidez deben soportar. Naturalmente, esta diferencia tiene un nombre que, tal como se ha señalado en las secciones anteriores, se denomi-

---

[5] La fiscalidad de la inversión sería la cuarta referencia fundamental.

na *horquilla de precios*, y que es la diferencia entre el precio de venta y el precio de compra que un inversor debe pagar por querer negociar de manera inmediata y simultánea a la compra y a la venta una unidad del activo.

Este coste debe entenderse como un coste de transacción adicional sobre los habituales corretajes de las sociedades de bolsa y de las comisiones bancarias. Como tal coste de transacción, la liquidez o coste de inmediatez es una de las características más importantes de la *calidad* de un mercado financiero y, sin duda debido a la globalización de los mercados, se ha convertido en un instrumento competitivo clave en el diseño organizativo de los mismos. Además, este coste afecta tanto a la propia volatilidad de los activos como a la posibilidad de diseñar estrategias de arbitraje mediante ellos.

Ahora bien, estos comentarios hacen referencia al componente precio. Existe otro componente que está relacionado con la *cantidad*. Los costes de liquidez o inmediatez en términos relativos dependen del tamaño de la operación. Esto implica que no existe un único diferencial de precios u horquilla representativo de los costes de liquidez, sino que cada tamaño de la operación puede definir una horquilla de precios diferente. Así, aparece el segundo componente asociado al concepto liquidez que se denomina *profundidad*, entendiendo que un activo es más profundo cuantas más posiciones compradoras y vendedoras existan en cualquier momento, teniendo en cuenta además la amplitud o tamaño de dichas cantidades compradoras y vendedoras.

En definitiva, dos componentes son necesarios para definir liquidez:

→ *horquilla de precios* (diferencial entre el precio de venta y el precio de compra)

→ *profundidad* (cantidades disponibles a la compra y a la venta).

Para entender la necesidad de incluir ambos componentes en el concepto de liquidez, se analiza la figura 15.1, donde aparecen dos posibles reglas de precios de un creador de mercado.

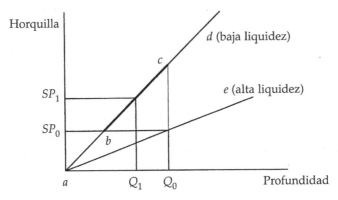

Figura 15.1. Liquidez: la relación entre la horquilla y la profundidad.

Las líneas *a-e* (alta liquidez) y *a-d* (baja liquidez) pueden interpretarse como las funciones o reglas de precios de un creador de mercado que denominamos $P(Q)$ y $P'(Q)$ respectivamente.[6] En un primer momento el creador de mercado ofrece el par (SP_0, Q_0) situado en la función $P(Q)$. Sin embargo, en un segundo momento el creador de mercado se muestra menos dispuesto a negociar y se sitúa en algún punto de la nueva regla $P'(Q)$ que representa una regla que permite una *menor liquidez* en el mercado. Nótese que en la línea *a-e* y, por tanto, usando la regla $P(Q)$, se puede negociar la misma cantidad con un impacto en precios menor que en la línea *a-d* utilizando la regla $P'(Q)$. Esto implica que cualquier punto de la recta *a-d* representa una situación inequívocamente de menor liquidez que cualquier punto de la recta *a-e*. Por ejemplo, si el creador de mercado pasa a ofrecer el par (SP_1, Q_1) es evidente que estamos en una situación de menor liquidez ya que la horquilla es ahora mayor y simultáneamente la profundidad (la cantidad disponible a los precios que configuran la horquilla) es menor. El coste de inmediatez es mayor no sólo porque cuesta más comprar y vender, sino porque hay menos cantidad disponible para hacerlo.

Imaginemos a continuación que para medir la liquidez del activo sólo utilizamos uno de estos dos componentes. Por ejemplo, supongamos que sólo se emplea la horquilla y definimos liquidez exclusivamente en función de la magnitud de la horquilla. Efectivamente, si nos movemos del par de mayor liquidez (SP_0, Q_0) al par de menor liquidez (SP_1, Q_1), y nos fijamos sólo en la horquilla, obtendríamos el resultado correcto de menor liquidez ya que $SP_1 > SP_0$. Lo mismo ocurriría si empleásemos exclusivamente la profundidad ya que $Q_1 < Q_0$ y concluiríamos correctamente que la liquidez es menor. De hecho, si el creador de mercado se moviese a la nueva regla $P'(Q)$, de forma que se situase en algún punto del tramo grueso de la nueva regla que viene dado por *b-c*, entonces utilizar como concepto de liquidez sólo uno de sus dos componentes nos llevaría a la conclusión correcta.

Sin embargo, y esta es la idea fundamental, en general el uso exclusivo de uno de los dos componentes *no* conduce necesariamente a la conclusión correcta sobre el grado de liquidez de un activo financiero o mercado. Por ejemplo, imaginemos que el creador de mercado establece una horquilla y una profundidad que le sitúa en el tramo *a-b* de la línea de *menor* liquidez. Imaginemos que sólo empleamos la horquilla como medida para caracterizar la liquidez del activo negociado. Nótese que en el tramo *a-b* pasaríamos necesariamente a una horquilla *menor* que la original SP_0. Así, concluiríamos erróneamente que hemos pasado a una situación de mayor liquidez al ser la horquilla menor. De la misma forma, supongamos que el creador de mercado se coloca en algún punto del tramo *c-d* de la línea de *menor* liquidez. Si ahora para caracterizar la liquidez se emplea sólo la profundidad, situarnos en el tramo *c-d* implica necesariamente tener una profundidad *mayor* que la original Q_0. Una vez más, concluiríamos equivocadamente que estamos en una situación de mayor liquidez.

---

[6] Véase Lee, Mucklow y Ready (1993).

En definitiva, el concepto de liquidez tiene dos componentes e intentar medirlo o caracterizarlo exclusivamente con uno de ellos puede conducir a conclusiones equivocadas. Para que un activo o, en general, un mercado sea *más líquido* debe producirse de foma *simultánea una disminución en la horquilla y un aumento en la profundidad*. De la misma forma, para que un activo o, en general, un mercado sea *menos* líquido debe producirse de foma *simultánea un incremento en la horquilla y una disminución en la profundidad*.

15.3 La evidencia empírica sobre la horquilla y la profundidad

En este apartado se presentan las características en corte transversal y temporales de las horquillas de precios y, en alguna medida, de la profundidad. Existe una completísima evidencia del comportamiento de la horquilla para el mercado estadounidense, aunque cabe señalar que la evidencia existente para el mercado español, siendo aún escasa, tiende a confirmar los resultados básicos que se encuentran para la Bolsa de Nueva York a pesar de contar con características diferentes en cuanto a los mecanismos de provisión de liquidez.

El estudio más completo que se ha hecho sobre la horquilla de precios en el mercado bursátil español se debe a Blanco (1999), quien se centra en analizar la influencia que tienen las variaciones mínimas de precios (*ticks*) sobre la horquilla y argumenta que ésta *subestima* los movimientos tanto temporales como de sección cruzada de la liquidez. También deben mencionarse los trabajos de Rubio y Tapia (1996), quienes estudian el comportamiento de la horquilla ante la llegada de nueva información sobre dividendos, y Acosta, Osorno y Rodríguez (2000) que caracterizan la horquilla según sus componentes de selección adversa y costes de procesamiento y operativos.

Rubio y Tapia (1996) utilizan una muestra comprendida entre los años 1991 y 1994 de 70 acciones que cotizan en el mercado continuo español que, como se discutió en el apartado 14.5, es un mercado dirigido por órdenes. Para cada una de estas empresas se tiene la horquilla media diaria correspondiente a las cinco mejores posiciones del libro de órdenes y la profundidad media asociada. Al final de cada año, todas las empresas se clasifican según su capitalización bursátil y se asignan a una de cinco posibles carteras cuyos componentes se mantienen a lo largo de cada año, pero pueden cambiar entre un año y otro. Las horquillas relativas medias para cada cartera, calculadas según la expresión [15.6] durante todo el período muestral, se presentan en el cuadro 15.1 junto con la profundidad media y la capitalización bursátil. La profundidad es el número medio diario de títulos disponibles tanto a la venta como a la compra.

Los resultados de este cuadro ya permiten resumir con bastante precisión las características de la horquilla. Existe una estacionalidad diaria de la horquilla relativa que sugiere una *mayor* horquilla los lunes que durante el resto de los días de la semana. Esta evidencia se confirma en contrastes formales por estos autores y también por el estudio de Blanco (1999) que emplea datos del periodo comprendido entre septiembre de 1995 y febrero de 1996 con observaciones *intradiarias* de acuerdo a 12 tramos de media hora cada uno. Al mismo tiempo, la profundidad media es menor los lunes por lo que resulta posible concluir que la contratación bursátil durante los lunes presenta, en promedio, una *menor* liquidez. Por otra parte, la horquilla relativa durante el mes de enero es también, en promedio, mayor que durante el resto de los meses.

Cuadro 15.1. Características de la horquilla y profundidad. Mercado bursátil español, 1991-1994.

Carteras	Horquilla (%)	Profundidad	Capitalización bursátil (en millones Pta.)
VM1 (pequeña)	2,221	5.332	4.973
VM2	1,710	3.523	19.701
VM3	1,471	2.553	49.687
VM4	0,835	5.969	112.477
VM5 (grande)	0,464	19.472	541.684
Mercado	1,340	7.370	—
Enero	1,537	7.698	—
Resto meses	1,323	7.340	—
Lunes	1,510	6.921	—
Resto días	1,300	7.483	—

En cuanto a la evidencia de corte transversal, las horquillas más grandes se asocian a las empresas de menor capitalización bursátil, aunque curiosamente no ocurre igual para la profundidad. No parece haber, por tanto, una relación directa perfecta entre capitalización y liquidez, aunque sí es cierto que las empresas de máxima capitalización son, en promedio, más líquidas que las empresas de mínima capitalización. Una vez más, este resultado también se obtiene por Blanco (1999).

Estos resultados se confirman en la figura 15.2, donde se presentan las horquillas para las cinco carteras construidas según su tamaño y para cada uno de los cinco días de la semana.

Efectivamente se observa que, en todos los días de la semana, las empresas más pequeñas tienen una horquilla relativa media mayor que el resto de empresas. De hecho, existe una relación monótona decreciente para cada uno de los cinco días de la semana. Asimismo, la horquilla relativa media de los lunes es siempre mayor independientemente de la cartera observada.

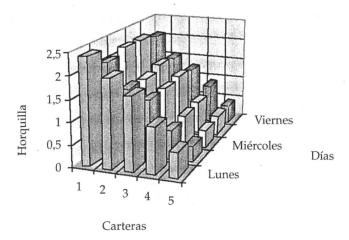

Figura 15.2. Horquillas por tamaño y días de la semana (1 pequeña, 5 grande).

La figura 15.3 contiene la profundidad media para cada una de las cinco carteras durante cada día de la semana. Existe una gran diferencia entre la profundidad de las mayores empresas y la del resto de carteras en la muestra. Este gráfico sugiere que, efectivamente, una característica que define al mercado bursátil español es la concentración del volumen negociado entre un grupo de empresas muy definido. Para ellas (aunque también en menor medida para el resto de las carteras), puede apreciarse una menor profundidad los lunes, aunque es el único patrón que parece observarse en cuanto a los días de la semana. Es curioso notar asimismo que la profundidad repunta ligeramente, independientemente del día de la semana, para las empresas de menor capitalización bursátil.

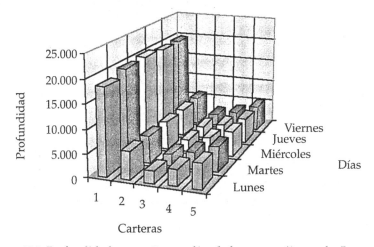

Figura 15.3. Profundidad y tamaño por días de la semana (1 grande, 5 pequeña).

En relación al efecto tamaño de las horquillas cuando se emplean observaciones *intradiarias*, Blanco (1999) encuentra que, independientemente del tramo horario analizado, existe una relación inversa entre capitalización y horquilla. Esta evidencia se refleja en la figura 15.4, donde se presenta la horquilla promedio para cuatro carteras formadas por capitalización bursátil para los cuatro primeros y cuatro últimos tramos de media hora a lo largo de las sesiones. Asimismo, se observa un importante patrón intradiario, donde las horquillas más elevadas se producen, para todas las carteras, al principio y al final de las sesiones bursátiles. Son especialmente relevantes las magnitudes de las horquillas al *principio de cada día* lo que avala la importancia que la selección adversa tiene en la horquilla en un mercado dirigido por órdenes.[7] Aunque no se presentan los resultados, la fuerte estacionalidad intradiaria que, como se observa en la figura 15.4, tiende a presentar una forma de J invertida, se produce para todos los días de la semana, aunque es especialmente pronunciada los lunes. La diferencia de las horquillas entre los lunes y el resto de los días de la semana es máxima durante el primer intervalo de la sesión y tiende a ser menos importante a medida que avanza la sesión, llegando a ser incluso negativa durante los dos últimos intervalos. De esta forma, la estacionalidad diaria encontrada por Rubio y Tapia (1996) parece que es consecuencia del comportamiento de las horquillas durante los primeros intervalos de la sesión. Este resultado sugiere que el tamaño de las horquillas al inicio de las sesiones depende directamente del tiempo en el que el mercado ha estado cerrado, apoyando argumentos de selección adversa como forma de explicar las estacionalidades de la horquilla. Cabe también señalar que el aumento que se observa en la figura 15.4 de las horquillas al final de la sesión se localiza, de hecho, durante los últimos minutos de la sesión.

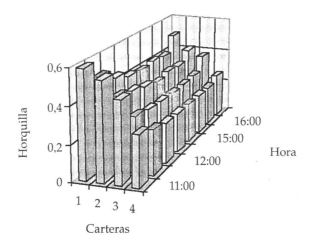

Figura 15.4. Horquillas por tamaño a lo largo del día (1 pequeña, 4 grande).

---

[7] Una evidencia similar se encuentra en los mercados dirigidos por precios.

Dada la potencial importancia que el componente de selección adversa tiene en el comportamiento de la horquilla como forma de explicar el comportamiento intradiario de la misma, la literatura empírica se ha preocupado extensivamente de estimar los componentes de la horquilla que, tal como se sugería en el apartado 15.1, son los costes operativos, los costes de cartera (en mercados dirigidos por precios o en mercados dirigidos por órdenes con una fuerte presencia de creadores de mercado tipo *especialistas* como en el mercado de Nueva York) y los costes de selección adversa.

Básicamente, existen dos formas alternativas de estimar el componente de selección adversa que están directamente relacionadas con los dos planteamientos teóricos de formación de precios que discutimos en el apartado 15.1. Por un lado, se puede estimar la selección adversa en el contexto del comportamiento estratégico del agente informado en el modelo de Kyle (1985). Recuérdese que, en este marco de trabajo, el coeficiente λ dado por la expresión [15.2] se podía interpretar como una medida de selección adversa.

La idea que subyace a este primer planteamiento empírico es enfatizar la respuesta que se produce en los precios de los activos ante una variación no esperada en el volumen negociado. Nótese que este concepto coincide con la λ de Kyle, aunque se matiza al emplear exclusivamente el volumen no esperado. Si el volumen intercambiado está serialmente correlacionado o puede predecirse mediante los cambios pasados en los precios, la parte del flujo de órdenes contemporáneo negociado que es predecible no debería formar parte de la estimación de la λ como medida del contenido informativo del volumen negociado.

Sea ΔP_t la variación en el precio en el periodo t y sea q_t la cantidad negociada en t correspondiente a dicho cambio en el precio, donde al estar interesados en incorporar la información proveniente del flujo de órdenes, se señala a q_t con un signo negativo si se asocia con una venta y con un signo positivo si es una compra. En particular, si el precio de transacción se produce al precio de compra, P_c, (o está más cerca de él), entonces se considera que el flujo de órdenes se inició por un agente vendedor y se le coloca un signo negativo. Si, por el contrario, el precio de transacción se produce al precio de venta, P_v (o está más cerca de él), entonces se considera que el flujo de órdenes se inició por un agente comprador y se le coloca un signo positivo.

Así, se puede modelizar y estimar el componente no esperado de q_t mediante la regresión siguiente:

$$q_t = \alpha + \sum_{\tau = 1}^{T} \beta_\tau \Delta P_{t - \tau} + \sum_{\tau = 1}^{T} \gamma_\tau q_{t - \tau} + u_t. \qquad [15.13]$$

Esta ecuación obtiene el volumen de negociación esperado al regresar q_t en las variables retardadas del cambio en precios y volumen, que son precisamente aquéllas que ayudan a predecir el volumen contemporáneo. De esta forma, el residuo de esta regresión, u_t, representa el componente no esperado del volumen intercambiado.

En una segunda etapa, los cambios en el precio se regresan en dicho volumen no esperado y en una variable ficticia D_t que es igual a 1 si q_t se asocia a una compra y 0 si es una venta:[8]

$$\Delta P_t = a + b(D_t - D_{t-1}) + \lambda u_t + \varepsilon_t, \qquad [15.14]$$

donde el estimador de b se interpreta como el coste fijo operativo que se paga sólo cuando el precio se mueve desde el precio de compra al precio de venta o viceversa. Naturalmente, el coeficiente asociado al volumen no esperado, λ, se interpreta como el componente de selección adversa que, como hemos señalado, formaría parte de la horquilla.

El segundo procedimiento de estimación del componente de selección adversa se basa en el espíritu del modelo de Glosten y Milgrom (1985) y, por tanto, la propia horquilla es una variable clave del proceso de estimación. La idea, una vez más, es que los creadores de mercado modifican sus precios de acuerdo con el contenido informativo de las transacciones ocurridas en el mercado. Así, se define el *precio medio* en el período t como:

$$PM_t = \frac{P_{vt} + P_{ct}}{2} \qquad [15.15]$$

y la (mitad) de la *horquilla efectiva* como la diferencia entre el precio de transacción (precio al que realmente se cruza una operación) y el precio medio:

$$SPE_t = P_t - PM_t, \qquad [15.16]$$

donde $SPE_t < 0$ para una orden de venta y $SPE_t > 0$ para una orden de compra.

El creador de mercado revisará sus expectativas sobre el verdadero valor del activo y, por tanto, modificará sus precios de venta y de compra, de acuerdo con la llegada de una orden de venta o de compra. Por tanto, utilizando la expresión [15.16] sus nuevos precios serían:

$$P_{ct+1} = P_{ct} + \lambda SPE_t$$
$$P_{vt+1} = P_{vt} + \lambda SPE_t, \qquad [15.17]$$

de forma que si ha llegado una orden de venta, sus precios disminuirían y si la orden es de compra se incrementarían.

---

[8] Estas regresiones en la práctica se hacen con datos intradiarios, donde los retardos empleados no suelen ser menores de cinco, aunque la elección final dependerá de la frecuencia con la que se observan los datos en cada aplicación. Este procedimiento ha sido empleado, entre otros, por Glosten y Harris (1988), Foster y Viswanathan (1993) y Brennan y Subramanyam (1996).

Este contexto permite estimar la selección adversa observando la horquilla media y los precios de transacción. Así, una medida de selección adversa se obtiene mediante la siguiente regresión para cada activo en la muestra:

$$PM_{t+1} - PM_t = \lambda SPE_t + \varepsilon_{t+1}, \qquad [15.18]$$

donde el estimador del coeficiente λ se interpreta como el componente de selección adversa de la horquilla.

Para el mercado estadounidense, Lin, Sanger y Booth (1995) estiman este modelo con observaciones intradiarias de 150 empresas para 1988. En particular, encuentran que el componente de selección adversa no permanece constante para tamaños de operaciones diferentes. Este patrón se observa con claridad en la figura 15.5, donde el tamaño de las transacciones se divide en 7 tramos según su magnitud. Evidentemente, independientemente del tramo horario que analicemos, *la selección adversa aumenta considerablemente con el tamaño de la transacción,* aunque es importante señalar que es especialmente relevante durante la primera hora de negociación de las sesiones.

Para volúmenes pequeños, la selección adversa representa un 19,8% de la horquilla efectiva (46% son costes operativos), mientras que para volúmenes grandes, la selección adversa alcanza el 62,6% (22,4% los costes operativos).

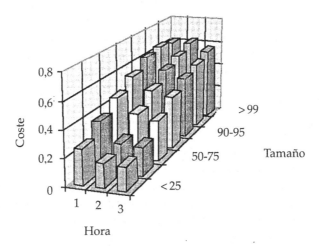

Figura 15.5. Selección adversa por tamaño (1=9:30-10:30, 2=10:30-15:00, 3=15:00-16:00).

Este resultado confirma la conjetura de Easley y O'Hara (1987) que, como ya hemos adelantado, argumentan que el tamaño de las operaciones introduce un serio problema de selección adversa en los mercados ya que, *si* los agentes informados desean contratar los valores, están dispuestos a contratar *grandes cantidades* cualquiera que sea el precio dado. Esto sugiere que volúmenes grandes tienden a incorporar una mayor información al creador de mercado que reacciona modificando sus precios en una mayor cuantía que en los casos donde el tamaño de la operación es pequeño.[9]

En el mercado bursátil español, Acosta, Osorno y Rodríguez (2000) estiman los componentes de la horquilla con datos intradiarios para una muestra de 132 valores para los 21 días de mercado de marzo de 1998, utilizando el marco de trabajo de la regresión [15.18]. En media, el componente de selección adversa representa el 38% de la horquilla efectiva (43% los costes operativos) y, como en el caso anterior, dicho porcentaje aumenta al incrementarse el tamaño de las transacciones. Así, el componente de selección adversa pasa de un 33,2% para tamaños pequeños a un 39,7% para tamaños grandes.

15.4 La medición de la liquidez

La liquidez es un concepto que se caracteriza simultáneamente mediante dos componentes, que son la horquilla y la profundidad. Esto implica que para conocer la liquidez de un activo es necesario relacionar la horquilla de precios de venta y de compra con la magnitud de la profundidad asociada a dichos precios. Esta relación se denomina *función de liquidez*.

Glosten (1994) y Blanco (1999) sugieren que la función de liquidez se puede derivar a partir de los precios de venta y de compra que se observan en el libro de órdenes de un mercado dirigido por órdenes y de sus cantidades correspondientes.[10] La figura 15.6 muestra gráficamente la obtención de la función de liquidez. Se supone que existen tres niveles de precios a la venta y a la compra con sus cantidades asociadas. Por ejemplo, en el primer gráfico, se observa que el *mejor* precio de venta, P_{v1}, es el precio de venta más bajo que figura en el libro de órdenes y, por tanto, sería el precio más barato que un inversor que quiere comprar el activo puede *pagar* siempre que esté dispuesto a comprar hasta Q_{v1}, que es la cantidad disponible a la venta a ese precio. Al mismo tiempo, el *mejor* precio de compra disponible en el libro es P_{c1}, que es el precio más alto que *recibiría* un individuo dispuesto a vender hasta una cantidad del activo igual a Q_{c1}.

En el ejemplo de la figura 15.6, al segundo mejor precio a la venta disponible en el libro de órdenes, P_{v2}, es posible comprar una cantidad mayor del activo. En particular, se podría comprar cualquier cantidad de títulos del activo entre Q_{v2} y

---

[9] George, Kaul y Nimalendran (1991) y Huang y Stoll (1997), entre otros, también estiman los componentes de la horquilla en el mercado estadounidense donde el especialista juega un papel de creador de mercado a pesar de ser un mercado dirigido por órdenes. Jong, Nijman y Röell (1996) son los primeros autores en estimar dichos componentes en un mercado dirigido por órdenes sin creadores de mercado como es la Bolsa de París. Estos autores estiman un componente de selección adversa entre un 30% y un 45% de la horquilla según el tamaño de las transacciones.

[10] El mismo tipo de análisis se podría llevar a cabo en un mercado dirigido por precios siempre que el libro del creador de mercado fuese público.

Q_{v1}. Esto implica que Q_{vi} ($i = 1, 2, 3$) representan las cantidades *acumuladas* de venta disponibles, mientras que Q_{ci} ($i = 1, 2, 3$) son las cantidades acumuladas de compra asimismo disponibles.

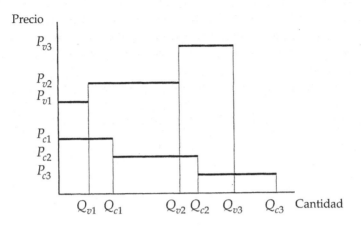

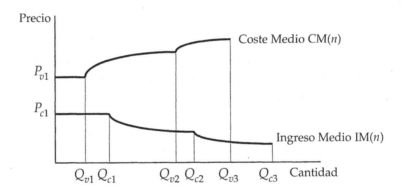

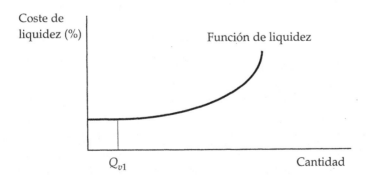

Figura 15.6. La función de liquidez.

Utilizando toda esta información se pueden calcular los precios *medios* de venta y de compra para órdenes de tamaño inferior a Q_{v3} y Q_{c3}. El precio medio de venta para una orden de tamaño n es el cociente entre el coste de la operación y su tamaño, mientras que el precio medio de compra para una orden de magnitud igual a n es el cociente entre el ingreso de dicha operación y su tamaño. Estos precios medios se reflejan en el segundo gráfico de la figura 15.6, donde se obtienen las *funciones de coste medio* (o función de oferta) y de *ingreso medio* (o función de demanda).

Analíticamente, la *función de coste medio* es (nótese que debe ser coste ya que representa el precio medio que debe pagar un inversor que quiere comprar el activo a los precios de venta disponibles en el libro de órdenes):

$$CM(n) = \begin{cases} P_{v1} & \text{si } n < Q_{v1} \\[2ex] \dfrac{P_{v1}Q_{v1} + P_{v2}(n - Q_{v1})}{n} & \text{si } Q_{v1} \leq n < Q_{v2} \\[3ex] \dfrac{P_{v1}Q_{v1} + P_{v2}(Q_{v2} - Q_{v1}) + P_{v3}(n - Q_{v2})}{n} & \text{si } Q_{v2} \leq n \leq Q_{v3}. \end{cases} \quad [15.19]$$

La función de *ingreso medio* es (nótese que debe ser ingreso ya que representa el precio medio que recibe un inversor que quiere vender el activo a los precios de compra disponibles en el libro de órdenes):

$$IM(n) = \begin{cases} P_{c1} & \text{si } n < Q_{c1} \\[2ex] \dfrac{P_{c1}Q_{c1} + P_{c2}(n - Q_{c1})}{n} & \text{si } Q_{c1} \leq n < Q_{c2} \\[3ex] \dfrac{P_{c1}Q_{c1} + P_{c2}(Q_{c2} - Q_{c1}) + P_{c3}(n - Q_{c2})}{n} & \text{si } Q_{c2} \leq n \leq Q_{c3}. \end{cases} \quad [15.20]$$

Tal como muestran Glosten (1994) y Blanco (1999), la función de coste medio es una función creciente (nótese que es una función de oferta) y cóncava por tramos, mientras que la función de ingreso medio es decreciente (es una función de demanda) y convexa por tramos.[11]

---

[11] Se puede demostrar que la primera derivada de la función de coste medio dada por [15.19] es positiva y su segunda derivada negativa, mientras que las derivadas primera y segunda para la función de ingreso medio en [15.20] son negativa y positiva respectivamente. Naturalmente, las derivadas son cero para los tramos menores a Q_{v1} y Q_{c1}.

A partir de las funciones de coste e ingreso medio, Martínez, Rubio y Tapia (2000) obtienen la función de liquidez como la función que relaciona el diferencial de precios medios con la cantidad asociada a cada operación:

$$L(n) = \frac{CM(n) - IM(n)}{V^*},$$ [15.21]

donde V^* es una aproximación al verdadero valor del activo que se define como el promedio ponderado de todos los precios observados en el libro de órdenes:

$$V^* = \frac{\sum_{i=1}^{5} \left\{ \left[P_{vi} \times Q_{vi} \right] + \left[P_{ci} \times Q_{ci} \right] \right\}}{\sum_{i=1}^{5} \left[Q_{vi} + Q_{ci} \right]},$$ [15.22]

donde, como sabemos, Q_{vi} es la cantidad disponible a la venta en el nivel i del libro, y Q_{ci} es la cantidad disponible a la compra.[12]

Una posible representación de la función de liquidez aparece en el tercer gráfico de la figura 15.6. Es posible demostrar que dicha función es *creciente con el tamaño*, aunque no tiene que adoptar necesariamente la forma convexa de la figura.

Esta función nos proporciona el coste de comprar y vender simultáneamente una determinada cantidad de un activo financiero. Así, cualquier activo A cuya función de liquidez esté siempre a la derecha de la función de liquidez de un segundo activo B, tendrá un coste de liquidez menor para cualquier tamaño de operación. Por tanto, el activo A sería más líquido que el activo B. Nótese que es posible concluir, una vez más, que la horquilla es una medida incompleta de liquidez. La caracterización completa de la liquidez viene dada por la denominada *función de liquidez* tal como se expresa en la ecuación [15.21].

EJEMPLO 15.4.1 La función de liquidez de ACESA

El cuadro 15.2 presenta las cuatro primeras entradas del libro de órdenes de ACESA (ACE) en el primer día de negociación en julio de 1999.

Obsérvese cómo en el segundo instante (10:00:06:67) entran órdenes de venta por un total de 500 títulos a un precio de 1.153, indicando que hay uno o varios agentes dispuestos a vender 500 títulos por 1.153. Este es el precio que alguien que quisiera comprar hasta 500 títulos de Acesa tendría que pagar. Como este precio es más favorable que el mejor anterior de 1.154, se coloca en el primer nivel desplazando al precio anterior al segundo nivel. De la misma forma, en el tercer instante llegan órdenes de venta por un total de 20.000 títulos. Finalmente, en el cuarto instante se produce un cruce al llegar una orden para vender 742 acciones a 1.151, que sólo se puede ejecutar parcialmente ya que únicamente están disponibles 280 acciones en el libro a ese precio. La parte no ejecutada de la orden, 462 acciones, se transforma en una orden de venta que aparece registrada en el cuarto instante.

[12] Recuérdese que se observan los cinco primeros niveles a cada lado del mercado, aunque en el gráfico y funciones anteriores sólo se han considerado tres por sencillez.

Cuadro 15.2. Libro de órdenes de ACESA. (En pesetas: 1 euro = 166,386 Pta.)

	9:59:29:09 Nº Accs. precio		10:00:06:67 Nº Accs. precio		10:00:30:96 Nº Accs. precio		10:01:19:63 Nº Accs. precio	
	POSICIONES A LA VENTA							
Nivel 5	1.500	1.164	1.000	1.162	1.000	1.162	25.600	1.160
Nivel 4	1.000	1.162	5.600	1.160	**25.600**	1.160	2.208	1.155
Nivel 3	5.600	1.160	2.208	1.155	2.208	1.155	2.687	1.154
Nivel 2	2.208	1.155	2.687	1.154	2.687	1.154	500	1.153
Nivel 1	2.687	1.154	**500**	**1.153**	500	1.153	**462**	**1.151**
	POSICIONES A LA COMPRA							
Nivel 1	280	1.151	280	1.151	280	1.151	**813**	**1.150**
Nivel 2	813	1.150	813	1.150	813	1.150	100	1.149
Nivel 3	100	1.149	100	1.149	100	1.149	1.000	1.145
Nivel 4	1.000	1.145	1.000	1.145	1.000	1.145	400	1.143
Nivel 5	400	1.143	400	1.143	400	1.143	2.050	1.138

En el cuadro 15.3 aparecen las horquillas y profundidad (suma de cantidades a la venta y a la compra) calculadas en el primer instante para los diferentes niveles del libro. Nótese que ambas características de la liquidez serían diferentes en cada instante, por lo que debe ser evidente que la liquidez varía a lo largo del tiempo para todos los activos. El lector debería repetir el cálculo de las horquillas y profundidad para los distintos instantes disponibles del libro y sacar sus propias conclusiones sobre la evolución temporal de las mismas. Recuérdese que la horquilla relativa se obtiene mediante la expresión [15.6].

Cuadro 15.3. Horquillas y profundidad de ACESA a las 9:59:29:09.

(En pesetas: 1 euro = 166,386 Pta.)

Niveles	Horquilla relativa (%)	Horquilla (Pta.)	Profundidad (nº títulos)
1	0,2603	3	2.967
2	0,4338	5	3.021
3	0,9528	11	5.700
4	1,4783	17	2.000
5	1,8205	21	1.900

Horquilla media (Pta.)	11,40
Horquilla media ponderada (Pta.) (por profundidad)	10,30
Horquilla relativa media (%)	0,989
Horquilla relativa media ponderada (%) (por profundidad)	0,894
Profundidad media (nº títulos)	3.118

En la figura 15.7 aparecen los precios de venta y de compra con sus volúmenes acumulados para los cinco niveles del libro de órdenes tal, como a nivel teórico, aparecían en la figura 15.6. Nótese la importante diferencia en cuanto a la disponibilidad de títulos que existía en Acesa entre ambos lados del mercado. Evidentemente hay muchos más títulos disponibles a la venta que a la compra, lo que se aprecia en la asimetría que presenta la figura 15.7.

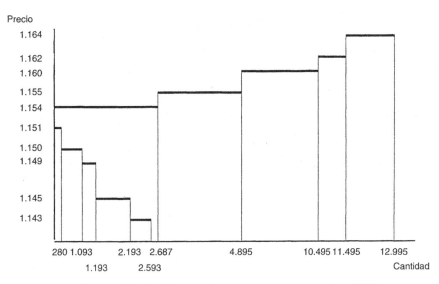

Figura 15.7. Posiciones a la venta y a la compra de ACESA para los primeros 5 niveles a las 9:59:29:09.

A partir de estos precios y sus volúmenes acumulados podemos calcular la función de coste medio e ingreso medio de acuerdo con las expresiones [15.19] y [15.20] para el primer instante del libro. Así, el coste medio para algunos niveles de operación significativos, CM(n), viene dado por:

$\Rightarrow$ 1.154 hasta 2.687 acciones

$\Rightarrow$ $\dfrac{1.154 \times 2.687 + 1.155(4.895 - 2.687)}{4.895} = 1.154{,}45$ para 4.895 acciones

$\Rightarrow$ $\dfrac{1.154 \times 2.687 + 1.155(4.895 - 2.687) + 1.160(10.495 - 4.895)}{10.495}$
= 1.157,41 para 10.495 acciones

$\Rightarrow$ $\dfrac{1.154 \times 2.687 + 1.155(4.895 - 2.687) + 1.160(10.495 - 4.895) + 1.162(11.495 - 10.495)}{11.495}$
= 1.157,81 para 11.495 acciones

$\Rightarrow$ $\dfrac{\begin{array}{c} 1.154 \times 2.687 + 1.155(4.895 - 2.687) + 1.160(10.495 - 4.895) + \\ + 1.162(11.495 - 10.495) + 1.164(12.995 - 11) \end{array}}{12.995} =$
= 1.158,52 para 12.995 acciones.

Mediante cálculos equivalentes, el ingreso medio para los distintos niveles de operación, IM(n), viene dado por:

$\Rightarrow$ 1.151 hasta 280 acciones
$\Rightarrow$ 1.150,26 para 1.093
$\Rightarrow$ 1.150,15 para 1.193
$\Rightarrow$ 1.147,80 para 2.193
$\Rightarrow$ 1.147,06 para 2.593.

Estas funciones de coste medio e ingreso medio del primer instante aparecen en la figura 15.8.

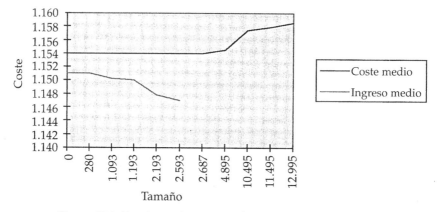

Figura 15.8. Funciones de coste medio e ingreso medio.

Utilizando estos valores para el coste e ingreso medio asociados a las diferentes cantidades disponibles podemos calcular el **coste de liquidez** *para los distintos tamaños en el primer instante* según la expresión [15.21], donde V^* viene a su vez dado por la ecuación [15.22], coste que evidentemente es *creciente* en el tamaño de la operación:

$$L(280) = \frac{1.154 - 1.151}{1.156,62} = 0,002594 \Rightarrow 0,2594\%$$

$$L(1.093) = \frac{1.154 - 1.150,26}{1.156,62} = 0,003234 \Rightarrow 0,3234\%$$

$$L(1.193) = \frac{1.154 - 1.150,15}{1.156,62} = 0,003329 \Rightarrow 0,3329\%$$

$$L(2.193) = \frac{1.154 - 1.147,80}{1.156,62} = 0,005360 \Rightarrow 0,5360\%$$

$$L(2.593) = \frac{1.154 - 1.147,06}{1.156,62} = 0,006000 \Rightarrow 0,6000\%.$$

La función de liquidez para el primer instante del libro se representa en la figura 15.9.

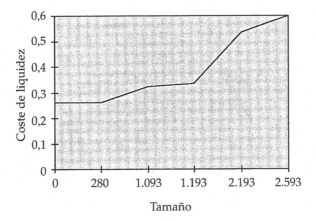

Figura 15.9. La función de liquidez. ■

En la figura 15.10 aparecen la funciones de liquidez de Acesa (ACE), Acerinox (ACX), Gas Natural (CTG), Telefónica (TEF) y Tele Pizza (TPZ) para todo el mes de julio de 1999 promediando sobre tramos horarios de 15 minutos y en función del porcentaje del libro negociado en lugar de hacerlo sobre la profundidad. Obsérvese que son crecientes y tienden a presentar forma de J invertida, siendo el coste de la liquidez especialmente elevado en los primeros momentos del día, independientemente del porcentaje del libro de órdenes negociado.

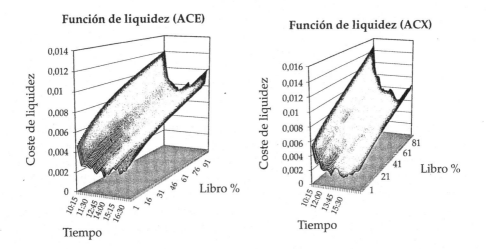

Figura 15.10

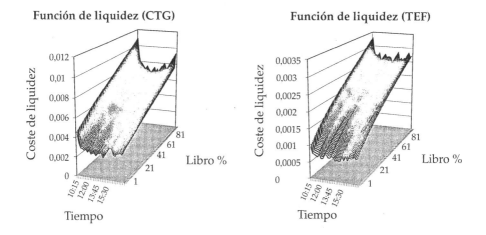

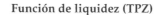

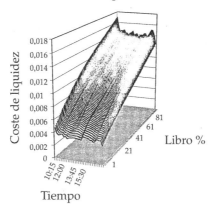

Figura 15.10. (*Continuación***)**

La forma de J invertida que presenta el coste de la liquidez puede apreciarse mejor en la figura 15.11, donde sólo se muestran cinco porcentajes diferentes del libro para los distintos tramos horarios de 15 minutos y para cada una de las cinco empresas. Este es el patrón temporal intradiario típico que sigue el coste de liquidez, el cual está justificado por el comportamiento temporal de la selección adversa que es mayor para los primeros momentos de negociación después de haber permanecido el mercado cerrado y es también más elevado en los últimos instantes del día.

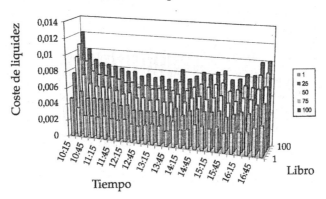

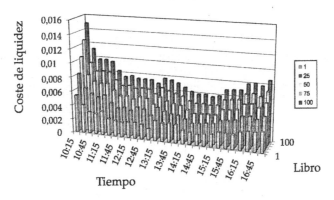

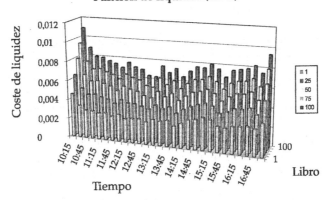

Figura 15.11

Función de liquiedez (TEF)

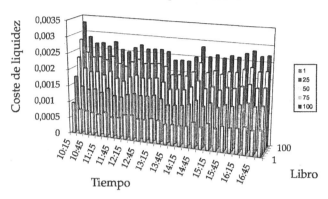

Función de liquidez (TPZ)

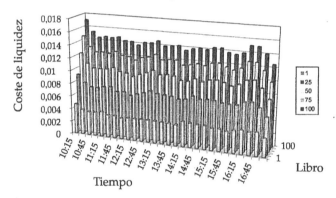

Figura 15.11. (*Continuación*)

15.5 La prima de liquidez

Una vez caracterizada la liquidez de los activos financieros, es imprescindible conocer si efectivamente la liquidez como tal tiene precio en los mercados bursátiles. Bajo la teoría de la microestructura, los mecanismos de contratación afectan a los precios de los activos y, dado que la provisión de liquidez es una de las piezas claves de dicha teoría, parece razonable relacionarla con la teoría de valoración desarrollada en los capítulos anteriores. En particular, tiene especial interés analizar si existe una *prima positiva asociada al coste de liquidez*.

En principio, debería existir una relación positiva entre la prima por riesgo esperada de cualquier activo *j* y su coste de liquidez. Cuanto menor sea la liquidez de un activo financiero o, en palabras alternativas, cuanto mayor sea su coste de liquidez mayor debería ser el rendimiento esperado, ya que los inversores exigirían una compensación adicional por dicha falta de liquidez.

En la siguiente presentación formal, que permite justificar los razonamientos intuitivos anteriores, entendemos la liquidez como el volumen necesario para variar el precio del activo en una unidad (como coste de selección adversa). Se trata simplemente de introducir esta idea en la ecuación fundamental de valoración del capítulo 4. En concreto, recuérdese la expresión [4.33]:

$$P_j = E(MX_j); \ j = 1, ..., N.$$

Sin embargo, de acuerdo con nuestro concepto de liquidez, los precios se forman en función de la magnitud de la orden de compra o venta, q_j.[13] Por tanto, puede escribirse que

$$P_j + \lambda_j q_j = E(MX_j),$$ [15.23]

donde λ_j es el número de títulos necesarios para modificar el precio del activo j en una unidad, representando el coste de selección adversa.[14]

Utilizando la definición de covarianza y el rendimiento bruto del activo j,

$$1 + \frac{\lambda_j}{P_j} \ q_j = E(M\tilde{R}_j) = E(M)E(\tilde{R}_j) + cov(M, R_j)$$

y recordando que

$$E(M) = \frac{1}{1 + r},$$

podemos despejar el rendimiento esperado del activo j y obtener:

$$E(\tilde{R}_j) = (1 + r) - (1 + r)cov(M, R_j) + (1 + r) \ \frac{q_j \lambda_j}{P_j},$$ [15.24]

Bajo el contexto del CAPM, sabemos que la variable agregada M es una función lineal del rendimiento de la cartera de mercado, de forma que

$$M = \delta_0 + \delta_1 R_m.$$ [15.25]

[13] Este mismo razonamiento se hace por Brennan y Subrahmanyam (1996) como forma de justificar la medida de selección adversa que utilizan en su contraste empírico.

[14] Este planteamiento está basado en el modelo de Kyle (1985), aunque formalmente dicho modelo deriva la expresión concreta del parámetro λ bajo creadores de mercado neutrales al riesgo. Aquí, se supone que el precio del activo j, P_j, coincide con el valor medio del verdadero valor del activo. El modelo de Kyle (1985) y sus extensiones de Admati y Pfleiderer (1988) y Subrahmanyam (1991) obtienen un considerable soporte empírico en el trabajo de Brennan y Subrahmanyam (1995), donde se concluye que cuanto mayor sea el número de analistas que hacen un seguimiento de los activos menor es la selección adversa.

Asimismo, en el CAPM la cartera de mercado como cartera tangente óptima para todos los individuos hace que el mercado se vacíe de forma que, en agregado, debe cumplirse que las cantidades demandadas coinciden con la oferta disponible para cada activo j que denominamos n_j. Por tanto, debe satisfacerse que

$$q_j = n_j; \quad j = 1, \ldots, N. \tag{15.26}$$

Sustituyendo [15.25] y [15.26] en [15.24], se obtiene:

$$E\left(R_j\right) - r = -(1 + r)\,\text{cov}\left[(\delta_0 + \delta_1 R_m), R_j\right] + (1 + r)\frac{n_j\lambda_j}{P_j},$$

que puede escribirse como

$$E\left(R_j\right) - r = -(1 + r)\delta_1\text{cov}\left(R_j, R_m\right) + (1 + r)\frac{n_j\lambda_j}{P_j}, \tag{15.27}$$

Se sabe por la ecuación [7.41] que el coeficiente δ cuando existe un activo seguro al cual se puede pedir prestado y prestar al tipo de interés r viene dado por:

$$\delta_1 = -\frac{\gamma_1}{(1 + r)\sigma_m^2}, \tag{15.28}$$

donde γ_1 es la prima por riesgo esperada de la cartera de mercado.

Sustituyendo [15.28] en [15.27], simplificando y recordando la definición del riesgo beta, obtenemos el modelo de valoración de activos con prima de liquidez y cartera de mercado (LCAPM) que escribimos como:

$$E\left(R_j\right) - r = \gamma_1\beta_{jm} + (1 + r)\frac{n_j\lambda_j}{P_j}, \tag{15.29}$$

donde el coste de selección adversa, que en este modelo representa el coste de la liquidez, es:

$$C_{SA} = \frac{n_j\lambda_j}{P_j}, \tag{15.30}$$

Así, el segundo término en la derecha de la expresión [15.29] representa la compensación que exigirían los inversores por soportar coste (o riesgo) de liquidez. Nótese que, para todo lo demás constante, cuanto mayor sea la selección adversa, λ_j, mayor será el rendimiento esperado del activo j.

Versiones alternativas del LCAPM se han contrastado para el mercado bursátil estadounidense. Básicamente, existen dos enfoques que buscan estimar la prima de liquidez exigida por los inversores. En el primero de ellos, y de forma un tanto *ad hoc*, se utiliza la horquilla relativa como forma de aproximar la liquidez. Así, el modelo a estimar mediante las habituales regresiones de sección cruzada del capítulo 11 sería:

$$E(R_j) = \gamma_0 + \gamma_1 \beta_{jm} + \gamma_2 SPR_j \qquad [15.31]$$

y donde γ_2 representa la prima de liquidez cuyo estimador se espera que sea *positivo* y significativo.

Los resultados de este primer enfoque se muestran en el cuadro 15.4. Amihud y Mendelson (1986) encuentran evidencia de una prima de liquidez *positiva y significativa*, incluso cuando en el modelo de sección cruzada dado por [15.31] se añade como variable explicativa el logaritmo de la capitalización bursátil. Además, estos autores argumentan que inversores con horizontes de inversión más alejados en el tiempo tienden a invertir más en aquellos activos cuyas horquillas relativas sean especialmente elevadas, ya que el coste de la liquidez se amortizaría en un número mayor de años. Asimismo, encuentran evidencia favorable para este argumento de *clientela* en la demanda de liquidez.

Cuadro 15.4. La prima de liquidez a través de la horquilla relativa.

PANEL A: Amihud y Mendelson (1961-1980)	
Prima de liquidez (en %)	0,211
(estadístico *t*)	(6,83)
Prima de liquidez	
Incluyendo variable tamaño	0,158
	(2,34)
PANEL B: Eleswarapu y Reinganum (1961-1990)	
Prima de liquidez (en %)	0,148
(estadístico *t*)	(2,32)
Prima de liquidez	
Incluyendo variable tamaño	0,088
	(1,40)
Prima de liquidez enero	1,702
	(4,90)
Prima de liquidez enero	
Incluyendo variable tamaño	1,307
	(4,65)

En un segundo trabajo, Eleswarapu y Reinganum (1993) también encuentran, en principio, evidencia favorable para la prima de liquidez, aunque el coeficiente de dicha prima deja de ser significativo cuando incluyen el tamaño como variable explicativa. Sin embargo, muestran una fuerte evidencia de *estacionalidad* en la prima de liquidez. Es elevada y positiva en enero, pero se vuelve negativa para el resto de los meses. Este es un resultado sorprendente y sugiere que el modelo no está bien especificado cuando se utiliza la horquilla como aproximación de la liquidez. Es posible que los resultados estén recogiendo la influencia de incluir la variable precio en la aproximación de la liquidez y, por tanto, que estemos capturando efec- · tos relacionados con el precio en sí mismo más que efectos provenientes de la liquidez en sentido económico.[15]

El segundo enfoque que estima la prima de liquidez se debe a Brennan y Subrahmanyam (1996) que utilizan estimaciones del coste de liquidez según la expresión [15.30].[16] Es decir, dichos autores entienden liquidez como el coste de selección adversa que, a su vez, lo estiman según el procedimiento de la expresión [15.14]. Es importante señalar que este procedimiento les permite estimar no sólo λ sino también el coste fijo asociado al coste operativo. Así, en las regresiones de sección cruzada incluyen como variables explicativas tanto $n_j \lambda_j / P_j$, como el coste fijo de negociación. Encuentran una clara evidencia favorable a esta especificación del LCAPM. La prima de liquidez es *positiva y significativa*, tomando valores entre 0,64 y 1,25 dependiendo del procedimiento de estimación. Además, sus estimaciones no parecen presentar la fuerte estacionalidad que se encuentra cuando se emplea la horquilla relativa. Desafortunadamente, las limitaciones de datos temporales con las que se enfrentan al tener que estimar previamente la selección adversa hace que su período muestral se reduzca a los años comprendidos entre 1984 y 1991.

En cualquier caso, nuestra opinión es *muy optimista* con respecto al LCAPM. La disponibilidad de series cada vez más largas que permitan estimar de forma precisa las correctas aproximaciones a la liquidez, facilitarán con toda probabilidad encontrar evidencia favorable a una compensación positiva y significativa del coste de liquidez.

APÉNDICE: EL TEOREMA DE BAYES

Se quiere determinar la probabilidad de que ocurra un determinado suceso, S, dada una serie de datos que denominamos X. Para ello, se necesita conocer la probabilidad de observar dichos datos suponiendo que haya ocurrido el suceso, $\text{prob}(X \mid S)$,

---

[15] Recuérdese la discusión del apartado 12.5 del capítulo 12. Es interesante señalar que Rubio y Tapia (1998) encuentran una fuerte estacionalidad en la prima de la liquidez asociada a la horquilla relativa incluso controlando por los factores de Fama y French.

[16] A pesar de que dicho coste de liquidez incluye también la variable precio en el denominador, Brennan y Subrahamanyam en sus estimaciones econométricas ajustan el posible efecto distorsionador de los precios. Además, controlan el riesgo de acuerdo con los factores de Fama y French.

y la probabilidad de observarlos suponiendo que no haya ocurrido, prob($X \mid NS$). Con estas dos probabilidades, puede calcularse la probabilidad incondicional de observar tales datos:

$$\text{prob}(X) = \text{prob}(X \mid S)\text{prob}(S) + \text{prob}(X \mid NS)\text{prob}(NS). \qquad [15A.1]$$

Asimismo, la probabilidad de observar a la vez los datos y el suceso es simétrica e igual a

$$\text{prob}(X, S) = \text{prob}(S \mid X)\text{prob}(X) = \text{prob}(X \mid S)\text{prob}(S).$$

Por tanto,

$$\text{prob}(S \mid X) = \frac{\text{prob}(X \mid S)\text{prob}(S)}{\text{prob}(X)},$$

pero la prob(X) viene dada por [15A.1], por tanto, la regla de Bayes dice:

$$\text{prob}(S \mid X) = \frac{\text{prob}(X \mid S)\text{prob}(S)}{\text{prob}(X \mid S)\text{prob}(S) + \text{prob}(X \mid NS)\text{prob}(NS)}.$$

Referencias

Acosta, J, Osorno, M y M. Rodríguez (2000). "Los Costes de Selección Adversa en el Mercado Bursátil Español", Documento de Trabajo, Departamento de Análisis Económico, Universidad de la Laguna.

Admati, A. y P. Pfleiderer (1988). "A Theory of Intraday Patterns: Volume and Price Variability", *Review of Financial Studies*, 1, págs. 3-40.

Amihud, Y. y H. Mendelson (1986). "Asset Pricing and the Bid-Ask Spread, *Journal of Financial Economics*, 17, págs. 223-249.

Blanco, R. (1999). "Análisis de la Liquidez en el Mercado Español de Renta Variable e Impacto de las Regulaciones sobre Variaciones Mínimas de Precios" en *El Mercado Español de Renta Variable. Análisis de la Liquidez e Influencia del Mercado de Derivados* por Roberto Blanco, Banco de España, Servicio de Estudios nº 66, Madrid.

Brennan, M. y A. Subrahmanyam (1995). "Investment Analysis and Price Formation in Securities Markets", *Journal of Financial Economics*, 38, págs. 361-381.

Brennan, M. y A. Subrahmanyam (1996). "Market Microstructure and Asset Pricing: On the Compensation for Illiquidity in Stock Returns", *Journal of Financial Economics*, 41, págs. 441-464.

Caballé, J. (1991). "Expectativas Racionales, Competencia Perfecta y Comportamiento Estratégico en los Mercados Financieros", *Investigaciones Económicas*, 15, págs. 3-34.

Easley, D. y M. O'Hara (1987). "Price, Trade, Size, and Information in Securities Markets", *Journal of Financial Economics*, 19, págs. 69-90.

Eleswarapu, V. y M. Reinganum (1993). "The Seasonal Behavior of the Liquidity Premium in Asset Pricing", *Journal of Financial Economics*, 34, págs. 373-386.

Foster, D. y S. Viswanathan (1993). "Variations in Trading Volume, Return Volatility, and Trading Costs: Evidence on Recent Price Formation Models", *Journal of Finance*, 48, págs. 187-211.

George, T., Kaul, G. y M. Nimalendran (1991). "Estimation of the Bid-Ask Spread and Its Components: A New Approach", *Review of Financial Studies*, 4, págs. 623-656.

Glosten L. (1994). "Is the Electronic Open Limit Order Book Ineviatble?", *Journal of Finance*, 49, 1.127-1.161.

Glosten, L. y P. Milgrom (1985). "Bid, Ask, and Transaction Prices in a Specialist Market with Heterogenously Informed Traders", *Journal of Financial Economics*, 14, págs. 71-100.

Glosten, L. y L. Harris (1988). "Estimating the Components of the Bid-Ask Spread", *Journal of Financial Economics*, 21, págs. 123-142.

Huang, R. y H. Stoll (1997). "The Components of the Bid-Ask Spread: A General Approach", *Review of Financial Studies*, 10, págs. 995-1.034.

Jong, F., Nijman, T. y A. Röell (1996). "Price Effects of Trading and Components of the Bid-Ask Spread on the Paris Bourse", *Journal of Empirical Finance*, 3, págs. 193-214.

Kyle, A. (1985). "Continuos Auctions and Insider Trading", *Econometrica*, 53, págs. 1.315-1.335.

Lee, C., Mucklow, B. y M. Ready (1993). "Spreads, Depth and the Impact of Earnings Information: An Intraday Analysis", *Review of Financial Studies*, 6, págs. 345-374.

Lin, J., Sanger, G. y G. Booth (1995). "Trade Size and Components of the Bid-Ask Spread", *Review of Financial Studies*, 8, págs. 1.153-1.183.

Martínez, M.; Rubio, G. y M. Tapia (2000). "Understanding Liquidity: A Closer Look at the Limit Order Book", Documento de Trabajo, Departamento de Fundamentos del Análisis Económico, Universidad del País Vasco.

O'Hara, M. (1995). *Market Microstructure Theory*, Blackwell, Cambridge, caps. 3, 4 y 8.

O'Hara, M. (1995). "Market Microstructure", en *Handbook in Operations Research and Management Science*, vol. 9, eds. R. Jarrow, V. Maksimovic y W. Ziemba, North-Holland.

Rubio, G. y M. Tapia (1996). "Adverse Selection, Volume and Transactions Around Dividend Announcements in a Continuous Auction System", *European Financial Management*, 2, págs. 39-67.

Rubio, G. y M. Tapia (1998). "The Liquidity Premium in Equity Pricing under a Continuous Auction System", *European Journal of Finance*, 4, págs. 1-28.

Subrahmanyam, A. (1991). "Risk Aversion, Market Liquidity, and Price Efficiency", *Review of Financial Studies*, 3, págs. 417-441.

SEXTA PARTE:
PREFERENCIAS, EQUILIBRIO
Y VALORACIÓN

16. AGENTE RACIONAL Y EQUILIBRIO WALRASIANO

16.1 Introducción

En la segunda parte de este libro se estudió el problema de valoración de activos financieros en ausencia de arbitraje. En dicha construcción se tomaban como dados los precios de los activos financieros de la economía y se buscaban las condiciones que dichos precios debían satisfacer de forma que no existiesen oportunidades de arbitraje. En ningún momento se endogeneizó la procedencia de dichos precios. Así, por ejemplo, dichos precios podrían prevalecer en una economía donde la autoridad financiera interviene en los mercados fijando los precios de los títulos o, como asumimos en la tercera parte del libro, en una economía donde los inversores eligen carteras óptimas en un contexto media-varianza y los mercados se vacían. Esta segunda vía, donde los agentes toman decisiones óptimas y los precios de los títulos garantizan el vaciado del mercado, es la que se conoce como valoración de activos financieros en *equilibrio*.

Nuestro principal interés en la tercera parte era presentar el modelo más sencillo de valoración en equilibrio, el modelo CAPM, como un caso especial del modelo general de valoración en ausencia de arbitraje. Por ello, el análisis se planteó de forma sucinta —sin entrar en determinados aspectos formales de la derivación— y particular —presentando el caso concreto del modelo CAPM—. En esta sexta parte del libro abordamos el problema de valoración de activos financieros en equilibrio de forma más rigurosa y general. En nuestro estudio analizaremos en detalle tanto el problema de selección de cartera por parte de los inversores como el de la determinación de los precios de equilibrio. Como veremos, dichos precios seguirán siendo precios que no dan lugar a oportunidades de arbitraje, (y, por tanto, la valoración en equilibrio se convierte en un caso particular de la valoración en ausencia de arbitraje) y, en general, serán función de las variables *fundamentales* de la economía.

Una de las grandes ventajas de plantear el problema de valoración desde una perspectiva de equilibrio es que nuestro estudio nos va a permitir discutir otros aspectos claves de la Economía Financiera. Así, por ejemplo, además de valorar activos podremos establecer resultados sobre el *bienestar* que el uso de instrumentos financieros reporta a los inversores. En este sentido, seremos capaces de comparar distintas estructuras financieras en función del grado de bienestar que los inversores obtienen. Este análisis es crucial para entender y juzgar las medidas de política financiera y las actividades de diseño de títulos por parte de individuos, intermediarios y mercados. Por otro lado, también presentaremos resultados generales sobre la naturaleza de las carteras de los inversores. En resumen, aunque inicialmente motivados por el problema de valoración de activos en equilibrio, en esta parte en realidad vamos a estudiar el *equilibrio financiero* de forma global. Dicho estudio se centrará en la caracterización de las carteras óptimas de los agentes, la valoración de los títulos y el bienestar de los agentes.

Como mencionamos anteriormente, un ingrediente básico en el estudio del equilibrio financiero es la toma de decisiones *óptimas* por parte de los inversores. Es decir, no podemos hablar de una teoría del equilibrio financiero sin contar con una teoría de la toma de decisiones por parte de los inversores. Nuestra posición en este punto es entender a nuestro agente inversor como *un agente racional* tal y como se entiende en la teoría económica. Con el fin de que nuestra exposición sea autocontenida, comenzamos este capítulo con una presentación del planteamiento general del problema de decisión de los agentes económicos *racionales*. Este planteamiento es eminentemente abstracto y, como tal, no directamente aplicable al problema de decisión del inversor en los mercados financieros. En sucesivos capítulos iremos especializando este planteamiento general al caso concreto de la Economía Financiera.

Suponemos que los agentes económicos tienen unas preferencias sobre distintas alternativas a elegir. Estas alternativas pueden ser bienes de consumo diferentes entre sí (naranjas, peras, etc.), disponibles en distintas fechas (naranjas hoy, naranjas el año próximo), disponibles en distintos lugares geográficos (naranjas españolas, israelíes) o disponibles en distintas contingencias futuras de la economía —*estados de la naturaleza*— (naranjas si mañana llueve, si no llueve).[1] El principal interés de la Economía Financiera no es determinar la distribución del presupuesto familiar entre distintos bienes de consumo, sino el uso y valoración de instrumentos financieros que pueden servir para trasladar poder de compra a lo largo del tiempo, del presente al futuro o del futuro al presente, o entre estados de la naturaleza, renunciando a parte del poder adquisitivo en los estados favorables (por ejemplo, situación en la que un trabajador está empleado) a cambio de aumentarlo en los estados menos favorables (situación de desempleo del trabajador). Por ello, en la mayor parte de nuestro análisis supondremos que sólo existe un bien de consumo en cada periodo o estado de la naturaleza, bien al que indistinguiblemente llamaremos "renta", "consumo" o "riqueza" del agente.

Presentamos dos formas de representar las preferencias de los agentes económicos: *pre-órdenes completos* y *funciones ordinales de utilidad*. La primera es la forma

---

[1] En general, el conjunto de alternativas no tiene por qué reducirse al caso de bienes de consumo. Estas alternativas se pueden referir a cualquier acción que el agente puede elegir y que le pueda proporcionar alguna satisfacción presente o futura. Ejemplos que afectan a un estudiante típico podrían ser: alternativas relacionadas con el futuro profesional (dejar la universidad y empezar a trabajar, continuar la universidad y entonces buscar trabajo, continuar la universidad y entonces hacer un máster, etc.), alternativas de inversión (pedir un préstamo para comprar una vivienda, hacer un acuerdo *a plazo* para la entrega de una vivienda dentro de 5 años, esperar y comprar la vivienda dentro de 5 años, etc.), etc. De hecho, esta visión generalista es la que se suele encontrar en la mayoría de los manuales. Por simplicidad, en este capítulo nos centramos en un conjunto de elección integrado exclusivamente por bienes de consumo.

más general. En concreto, esta representación sólo exige que el agente sea capaz de establecer una *relación de preferencia* entre distintas cestas de bienes, relación que satisface una serie de axiomas o "verdades auto evidentes". Estos axiomas son el mínimo requerimiento de racionalidad que exigimos. Es decir, entendemos por agente económico racional a aquel que posee unas preferencias que satisfacen dichos axiomas. Una vez imponemos una serie de restricciones adicionales llegamos a una nueva representación de las preferencias por medio de funciones de utilidad. Esta será la representación que utilizaremos en sucesivos capítulos a la hora de analizar aspectos concretos de la Economía Financiera. Un inversor será un agente que elige entre distintos objetos a su alcance (bienes de consumo, activos financieros, etc.) con el objetivo de maximizar su bienestar global, es decir, maximizar su función de utilidad.

Una vez formalizado el problema de toma de decisiones por parte de agentes racionales introducimos el primer y más sencillo escenario donde se puede estudiar el equilibrio económico: una economía estática de intercambio puro (o economía *walrasiana* de intercambio puro). Se trata de una economía donde no existe producción y donde los agentes están dotados de unas determinadas cantidades de bienes que intercambian entre sí a unos determinados precios. En estas economías no existe una dimensión temporal y, por tanto, no se puede hablar de un componente financiero. Nos centraremos en el equilibrio que se obtiene cuando todos los agentes son precio-aceptantes. Esta situación donde los agentes competitivos eligen cestas de bienes de consumo óptimas mediante el intercambio de sus dotaciones iniciales a unas determinadas tasas de intercambio (precios), tales que la demanda de bienes es igual a la oferta de bienes se conoce como *equilibrio competitivo* o *walrasiano*.

La economía walrasiana descrita anteriormente representa una realidad económica bien distinta a la Economía Financiera, donde existen activos financieros y donde el problema fundamental de los agentes es asignar recursos intertemporalmente. Sin embargo, como veremos, nuestro estudio del equilibrio walrasiano va a ser crucial a la hora de entender la existencia y propiedades de bienestar del equilibrio financiero. Por ello, nuestra decisión de empezar esta sexta parte sobre el equilibrio financiero con el estudio del equilibrio walrasiano no es caprichosa, sino estrictamente motivada por nuestro objeto principal de estudio. No obstante, nos limitaremos a una breve presentación de los principales conceptos y resultados del entorno walrasiano, pues hoy más que nunca su conocimiento forma parte de la cultura general del economista.

16.2 Los axiomas de racionalidad

Suponemos que existen n bienes en la economía. Vectores como $x = (x_1, x_2, ..., x_n)$ e $y = (y_1, y_2, ..., y_n)$ denotan cestas de estos bienes, donde x_j denota la cantidad del bien j en la cesta x. Por Z denotamos el conjunto de todas las posibles cestas de bienes. Por agente racional se entiende a aquel que conoce los bienes de elección y es capaz de compararlos según sus propios gustos. El agente inversor siempre va a ser capaz de comparar estas cestas decidiendo si una cualquiera de ellas le gusta más, menos o igual que cualquiera de las otras cestas en Z. Es decir, un agente racional nunca puede decir que "no sabe si la cesta x le gusta más, menos o igual que la cesta y". Para formalizar esta idea, definimos la relación binaria de preferencia, " $\succeq$ ", que puede ser leída como "al menos tan bueno como". De esta relación podemos derivar las dos siguientes:

$\succ$ denota "estrictamente preferido a",

$\approx$ denota "equivalente a".

Formalmente, estas nuevas relaciones binarias de preferencia se definen como:

- $x \succ y$ si y sólo si $x \succeq y$ se cumple e, $y \succeq x$ no se cumple, donde $x \in Z$ e $y \in Z$.
- $x \approx y$ si y sólo si $x \succeq y$ e, $y \succeq x$, donde $x \in Z$ e $y \in Z$.

La idea de que un agente racional conoce sus preferencias sobre distintos objetos de elección se puede formalizar suponiendo que la relación de preferencia cumple los siguientes axiomas.

Axioma A.1 ($\succeq$ es completa):
Para todo par de cestas $x \in Z$ e $y \in Z$, bien $x \succeq y$, o $y \succeq x$, o ambas, en cuyo caso $x \approx y$.

Este axioma simplemente formaliza la idea de que un agente racional es capaz de comparar objetos según sus preferencias, de forma que los plátanos sean al menos tan buenos como las naranjas o que las naranjas sean al menos tan buenas como los plátanos, o ambas cosas a la vez, en cuyo caso plátanos y naranjas son objetos equivalentes.

Axioma A.2 ($\succeq$ es reflexiva):[2]
Para toda cesta $x \in Z$, $x \succeq x$.

Este axioma sólo exige que la relación de preferencia sea consistente de forma que toda cesta sea al menos tan buena como ella misma.

Axioma A.3 ($\succeq$ es transitiva):
Para cualesquiera cestas $x \in Z$, $y \in Z$ y $z \in Z$, si $x \succeq y$ e $y \succeq z$, entonces $x \succeq z$.

Este supuesto exige que si un agente, por ejemplo, prefiere los plátanos a las naranjas y las naranjas a las peras, entonces también deberá preferir los plátanos a las peras.

---

[2] Nótese que este axioma es, de hecho, una implicación directa del axioma A.1. Seguimos aquí la tradición de otros muchos manuales al incluirlo como axioma de racionalidad, a pesar de ser redundante.

Cualquier relación binaria que satisface los tres axiomas anteriores constituye un *pre-orden completo*. Aunque en principio parecen supuestos con bastante "sentido común", en realidad son bastante restrictivos. Por un lado, es fácil pensar en situaciones que surgen en la realidad donde decidir lo que es mejor y peor no es sencillo. Esta decisión a veces conlleva un proceso de evaluación complicado e incluso costoso. El axioma A.1 ignora esta problemática por completo. Por otro lado, el axioma de la transitividad ha estado sujeto a diversas críticas desde el mismo momento de su aparición como axioma de racionalidad. Es fácil encontrar situaciones en las que el principio no parece ser válido. Un ejemplo típico es el del "azúcar en el café". Así, consideremos un individuo al que se le ofrecen dos tazas de café, una con un poco más de azúcar que la otra. Ahora ofrezcámosle otra vez dos tazas: la que más azúcar tenía antes y una nueva con un poco más de azúcar, y así sucesivamente. Parece razonable pensar que el agente se muestre indiferente entre cada par de tazas, pero tal vez no sea indiferente entre la primera taza (muy poco azúcar) y la última (mucho azúcar).

En algunas áreas de la economía esta serie de axiomas es todo lo que se necesita para poder construir teorías con predicciones suficientemente explícitas. Un ejemplo es la teoría de la *elección social*. Sin embargo, para analizar y dar respuesta a la mayoría de las preguntas de interés en el terreno de la Economía Financiera este planteamiento es insuficiente, o al menos, no lo suficientemente operativo. Una forma de proseguir es imponer restricciones adicionales que nos permitan representar las preferencias de un agente racional por medio *de funciones ordinales de utilidad.*

16.3 Funciones ordinales de utilidad

Una función ordinal de utilidad es una representación (forma funcional) que asigna valores numéricos al nivel de satisfacción o de bienestar de un agente, valores que tienen significado cuando se comparan entre sí y no por su magnitud tomada aisladamente. Por ejemplo, un nivel de utilidad 100 es preferido a un nivel de utilidad 50, pero de modo alguno implica el doble de satisfacción. Es el orden lo que importa no la magnitud del valor numérico *per se*. Una función ordinal de utilidad, definida sobre elementos del conjunto Z, $U(\cdot)$, posee las siguientes propiedades:

$$U(x) > U(y) \text{ si y sólo si } x \succ y$$
$$U(x) = U(y) \text{ si y sólo si } x \approx y.$$

Así, una función de utilidad, $U(x)$, es una representación de unas determinadas preferencias "$\succeq$" sobre cestas de consumo $x \in Z$. Como es el orden, o la clasificación a que da lugar dicha función de utilidad, lo que importa y no los valores que toma en sí, es fácil entender que esta función de utilidad, $U(x)$, que representa " $\succeq$ " *no es única*. De hecho, cualquier transformación estrictamente creciente de la misma da lugar a una nueva función ordinal de utilidad que representa las mismas preferencias.

Hasta ahora hemos hablado de *pre-órdenes* y funciones ordinales de utilidad como dos formas de representar las preferencias de un individuo. De hecho, las funciones ordinales de utilidad son una forma *más restrictiva* de representar las preferencias, dado que existen *pre-órdenes* que no pueden ser representados a través de una función ordinal de utilidad.[3] El ejemplo típico es el de las preferencias que constituyen un orden lexicográfico (ordenación de las palabras en el diccionario). Por ejemplo, supongamos que un individuo siempre prefiere las cestas con la mayor cantidad de naranjas, independientemente de la cantidad de peras que contengan dichas cestas, y que sólo cuando se enfrenta a cestas con la misma cantidad de naranjas prefiere las que contengan más peras. En concreto, una cesta con 2 naranjas y cero peras es preferida a una cesta con una naranja y 10.000 peras; una cesta con dos naranjas y dos peras es preferida a una que contiene dos naranjas y una pera, etc.

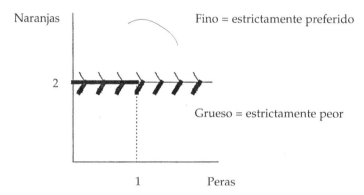

Figura 16.1. Órdenes lexicográficos.

Estas preferencias están representadas en la figura 16.1. Las líneas de trazado grueso representan todas las cestas estrictamente no preferidas a la cesta (1, 2), cesta que contiene una pera y dos naranjas, mientras que las cestas estrictamente preferidas a la misma vienen representadas con las líneas de trazado fino. En concreto, todas las cestas en la línea gruesa y por debajo de la línea gruesa y fina son estrictamente peores y todas las cestas en la línea fina y por encima de la línea gruesa y fina son estrictamente preferidas a la cesta (1, 2).

Intuitivamente es fácil ver por qué no es posible construir una función de utilidad para el caso de preferencias lexicográficas. Estas preferencias son tales que no existen dos cestas que proporcionen el mismo nivel de utilidad. Por ejemplo,

---

[3] Por otro lado, se puede demostrar que sólo las relaciones de preferencia que satisfacen los axiomas A.1 a A.3 (pre-órdenes completos) pueden ser representados a través de una función de utilidad.

respecto a la cesta $(1, 2)$, todas las demás son estrictamente preferidas o estrictamente no preferidas, jamás equivalentes. La existencia de una función de utilidad implicaría que es posible asignar valores numéricos a todas estas cestas guardando el correcto orden de preferencia. Sin embargo, esto no es posible. Supongamos que a la cesta $(1, 2)$ le asignamos un nivel de utilidad 1. Ahora supongamos que le asignamos un nivel de utilidad x a todas las cestas que contienen 2 naranjas y x peras (cestas a la derecha de $(1, 2)$ a lo largo de la horizontal). A continuación fijémonos en todas las cestas en la vertical por encima de la cesta $(1, 2)$ —cestas que contienen 1 pera y más de 2 naranjas—. Estas cestas también son preferidas a la cesta $(1, 2)$: les correspondería, por tanto, un índice de utilidad estrictamente mayor que 1. El problema surge porque sea cual sea el número que les asignemos, y, implicaría que cestas a lo largo de esta línea son equivalentes a cestas a las que les asignamos el índice x, lo que violaría el hecho de que las primeras son estrictamente preferidas a estas últimas.

Necesitamos una restricción adicional que elimine estos casos y garantice la existencia de una función ordinal de utilidad. A esta restricción se le suele llamar *axioma de continuidad*. Si nos fijamos en el ejemplo anterior, el problema surgía por el hecho de que toda cesta sólo era equivalente a sí misma. Al imponer el supuesto de continuidad garantizamos que toda cesta cuente con otras cestas para las que el agente es indiferente. A diferencia de los axiomas anteriores, éste tiene una naturaleza eminentemente técnica y puede ser expresado de distintas maneras.

Axioma A.4 ($\succeq$ es continua):

Para toda cesta $x \in Z$, los dos subconjuntos de cestas estrictamente preferidas y cestas estrictamente no preferidas son abiertos.[4]

Los *pre-órdenes* lexicográficos violan esta condición pues el conjunto de las cestas estrictamente preferidas a una dada no forman un conjunto abierto. Cuando el axioma se cumple existe un conjunto (con más de un elemento) de cestas para las que el agente es indiferente. En el caso de R^2_+ (dos bienes que sólo se pueden elegir en cantidades positivas), este conjunto se representa mediante las conocidas "curvas de indiferencia". La figura 16.2 ilustra estas curvas y la separación entre cestas estrictamente preferidas y estrictamente no preferidas a que dan lugar:

---

[4] Formalmente, los conjuntos de cestas estrictamente preferidas a x (EP^x) y estrictamente no preferidas a x (ENP^x) son:

$$EP^x = \{y \in Z \mid y \succ x\}$$
$$ENP^x = \{y \in Z \mid y \prec x\}$$

Por otro lado, una forma equivalente de expresar el axioma de continuidad es:

"$\succeq$ es continua si se conserva bajo límites. Es decir, para cualquier secuencia $\{(x^n, y^n)\}_{n=1}^{\infty}$, con $x^n \succeq y^n$ para todo n, $x = \lim_{n \to \infty}(x^n)$ e $y = \lim_{n \to \infty}(y^n)$, entonces $x \succeq y$".

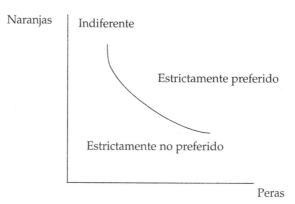

Figura 16.2. Curvas de indiferencia.

El axioma de continuidad no es el único que garantiza la existencia de una función ordinal de utilidad pero es el más frecuentemente utilizado. Además, este axioma garantiza no sólo la existencia sino, además, la continuidad de las funciones de utilidad. Por otro lado, a pesar de que las funciones de utilidad constituyen una representación de las preferencias más restrictiva que los *preórdenes* completos, la verdad es que los casos de preferencias que quedan excluidos son relativamente pocos y no muy relevantes desde el punto de vista económico.

El resultado que hemos estado comentando en los últimos párrafos puede ser expresado formalmente a través del siguiente teorema:

TEOREMA 16.1 (*Representación de preferencias mediante funciones de utilidad*):

Para toda relación binaria, $\succeq$, que satisfaga los axiomas A.1 a A.4 definida en un conjunto de cestas, Z, cerrado y convexo, existe una función ordinal de utilidad U(x) que representa $\succeq$.

En ciertos contextos es útil restringir un poco más el conjunto de preferencias admisibles imponiendo condiciones adicionales a la función de utilidad (o a la relación binaria que define las preferencias). Así, se suele exigir que la función de utilidad sea dos veces diferenciable, que tenga derivadas parciales estrictamente positivas (más es mejor) y que sea estrictamente cóncava. Este será, de hecho, el grado de exigencia que impondremos a las preferencias de un inversor en la mayor parte de este libro. Cuando el conjunto de elección corresponde a algún subconjunto del espacio euclídeo, estas condiciones garantizan que las curvas de indiferencia sean estrictamente convexas y que el nivel de utilidad aumente en la dirección nordeste de dicho espacio. En el caso concreto de $Z = R_+^2$, tenemos el caso típico reflejado en la figura 16.3:

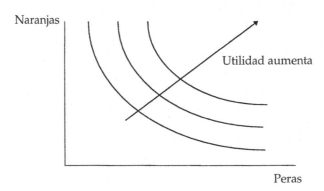

Figura 16.3. Preferencias "típicas".

16.4 El problema de decisión de un agente económico

Una vez tenemos un agente cuyas preferencias pueden ser representadas mediante una función de utilidad que satisface las propiedades del apartado anterior, podemos definir su problema de decisión como el de elegir la alternativa en Z que le proporciona el máximo nivel de utilidad, dado el *entorno económico* en el que el agente se encuentra y las *restricciones económicas* a las que se enfrenta.

El entorno económico se refiere al contexto concreto en el que el agente lleva a cabo su toma de decisiones. Si atendemos al número de periodos en los que el agente toma decisiones, podemos distinguir entre entornos económicos *estáticos*, donde sólo existe una fecha, y *multiperiodo*, donde son varias las fechas y, por tanto, los periodos. En Economía Financiera estamos interesados en contextos económicos multiperiodo pues, como ya vimos, no se puede hablar de una dimensión financiera de la economía a no ser que se conciba la posibilidad de trasvasar poder adquisitivo intertemporalmente.[5] Existen varios niveles de análisis de la toma de decisiones en contextos multiperiodo. En primer lugar, según el grado de conocimiento que tenga el agente respecto a la posible evolución de la economía en el futuro, distinguimos entre economías con *certeza*, donde el agente sabe con seguridad lo que va a suceder en el futuro, y economías con *incertidumbre*, donde son varias las posibles evoluciones de la economía en el futuro. Otra clasificación distingue entre economías de *intercambio puro* y las economías *de producción*. En las primeras, los agentes sólo deciden cómo intercambiar sus dotaciones iniciales de bienes de consumo para obtener nuevas asignaciones que conduzcan a un mayor grado de satisfacción. En las segundas, además de agentes consumidores, existen empresas que utilizan

---

[5] Como se ha señalado en el capítulo 1, las economías con un único periodo y dos fechas que son las analizadas en la mayor parte del libro, suelen denominarse también *economías estáticas* al no existir la posibilidad de renegociar carteras y a pesar de tener un componente intertemporal evidente. Las economías multiperiodo con más de dos fechas las denominamos *economías intertemporales* (dinámicas) y serán objeto de estudio en la séptima parte del libro.

recursos en determinados procesos productivos. Dichas empresas son propiedad de los consumidores. El principal objeto de este libro es el estudio de la selección de carteras de activos financieros y la valoración de los mismos. Por ello nos centraremos casi exclusivamente en economías de intercambio puro, evitando así la complejidad asociada a la toma de decisiones de inversión a nivel empresarial. Finalmente, si atendemos a la tecnología financiera existente, podemos distinguir entre economías *intermediadas,* en las que existe una institución concreta —que genéricamente denominaremos "banco"— que ofrece contratos que permiten la asignación de recursos intertemporalmente, y economías *no intermediadas o de activos financieros,* caracterizadas por la existencia de mercados donde se pueden negociar una variedad de activos financieros, ya sean de renta fija o de renta variable.

Por otro lado, la toma de decisiones de un agente suele encontrarse sujeta a ciertas limitaciones. Es posible que varias de las alternativas de elección en el conjunto Z sean inviables o inaccesibles para el agente por razones de presupuesto, por razones legales o, simplemente, por razones contractuales. Así, distinguimos entre los siguientes tipos de restricciones a las que se puede enfrentar el agente decisor:

- *Restricción presupuestaria.* El agente económico sólo puede elegir entre aquellas alternativas que sean financieramente viables, es decir, aquellas que sean financiables dada la renta y poder de endeudamiento del agente. Esta restricción va a estar siempre presente en el análisis de este libro.
- *Restricciones del entorno.* El agente económico se puede encontrar en contextos económicos donde existen restricciones adicionales específicas que limitan su ámbito de elección. Estas restricciones adicionales pueden ser de naturaleza diversa: legales (no violar alguna ley establecida por las autoridades económicas), contractuales (no violar una cláusula de un contrato que el agente decisor ha establecido con otro agente), etc. Ejemplos del primer tipo serían las restricciones al endeudamiento a que se enfrentan los inversores institucionales (fondos de pensión y de inversión) en la mayoría de los países o la prohibición de negociar en los mercados financieros con cierto tipo de información privilegiada (*insider trading*). Un ejemplo del segundo tipo sería el caso del gestor de un fondo de pensiones que tiene instrucciones explícitas del consejo de administración en el sentido de no asumir riesgos en la inversión por encima de un determinado nivel. Sólo ocasionalmente incluiremos explícitamente este tipo de restricciones en nuestro análisis.

En general, el problema de decisión de un agente financiero que se encuentra en un determinado entorno económico, H, se puede definir como:

"Dado el entorno económico H, el agente resuelve:
$$\text{Max}_{x \in Z} \, U(x)$$
sujeto a: (1) Restricciones presupuestarias.
(2) Restricciones del entorno H."

En el siguiente apartado planteamos este problema de decisión en el contexto de una economía estática (una única fecha) de intercambio puro y en los siguientes capítulos lo replantearemos en economías multiperiodo con activos financieros. Lo importante es tener presente que la metodología que subyace a todos ellos es la misma: toma de decisiones por parte de agentes racionales que se enfrentan a restricciones tanto presupuestarias como derivadas del entorno específico donde se encuentran.

16.5 Economía estática de intercambio puro: el equilibrio walrasiano

Empezamos nuestro estudio del equilibrio en un entorno estático (una única fecha) donde existen muchos individuos. Éstos están caracterizados por unas determinadas preferencias sobre el consumo de bienes y tenencia de dotaciones iniciales de los mismos. El principal problema al que se enfrentan es que dichas asignaciones iniciales puede que no sean las que más bienestar (utilidad) les reporten. Es decir, es posible que mediante el intercambio de bienes entre los distintos agentes se logre un mayor nivel de utilidad para todos ellos. Por ejemplo, consideremos el caso de 2 agentes, señor A y señor B, y dos bienes de consumo, naranjas (bien 1) y peras (bien 2). Ambos agentes tienen las mismas preferencias, siendo la utilidad por el consumo de ambos bienes estrictamente creciente y estrictamente cóncava (es decir, ambos agentes quieren consumir lo máximo posible de cada uno de los bienes, y unidades sucesivas del mismo bien reportan incrementos decrecientes de utilidad). En estas condiciones está claro que si, por ejemplo, inicialmente A poseyese todas las naranjas de la economía y B todas las peras, ambos estarían interesados en el intercambio de peras por naranjas. En la economía no existen oportunidades de producción y, como se puede apreciar, el problema básico es reasignar los recursos existentes entre agentes y no entre consumir o invertir en procesos productivos. Por esta razón, denominamos a este entorno economía de intercambio puro.

En este entorno hacemos tres supuestos básicos sobre las posibilidades de intercambio:

i) *Libre mercado*. Para cada uno de los bienes de la economía existe un mercado abierto donde los agentes pueden libremente intercambiar dichos bienes a unos determinados precios. Es, por tanto, en estos mercados donde se generan los precios a los que los individuos intercambian bienes entre sí.

ii) *Mercados perfectos*. No existen fricciones de ningún tipo. No existe Gobierno ni impuestos sobre transacciones, consumos, renta, etc; tampoco existen comisiones que pagar a intermediarios en las transacciones; tampoco existen costes de búsqueda de información para aprender sobre la calidad de los bienes de consumo; etc.

iii) *Agentes precio aceptantes*. Aunque trabajaremos siempre con un número finito de agentes, suponemos que ninguno de ellos tiene poder de mercado.

Estamos, por tanto, en un contexto de economía de libre mercado donde existe un mercado abierto para cada uno de los bienes de la economía y donde los
agentes son precio aceptantes. En este contexto se consigue un equilibrio cuando
los agentes eligen sus cestas de bienes óptimas —*optimalidad*— y los precios son
tales que la demanda de bienes en las cestas de consumo no es superior a la oferta de bienes (dada por las dotaciones iniciales)—*vaciado*.

(i) Equilibrio en una economía sencilla

Comencemos con el caso de una economía donde sólo existen dos agentes que denotamos con el índice i ($i = A, B$) y dos bienes de consumo que denotamos con el
índice j ($j = 1, 2$). Cada agente dispone de unas determinadas *dotaciones iniciales* o
recursos de cada uno de los bienes. Con $e_i = (e_{i1}, e_{i2})$ denotamos las dotaciones del
agente i. Por tanto, e_{ij} representa el número de unidades del bien j que el agente i
posee y que, por tanto, puede consumir o intercambiar. Además, denotamos con
$q = (q_1, q_2) \in R^2_{++}$ el vector de precios de los bienes de consumo. Por último, cada
agente tiene unas preferencias sobre el consumo de dichos bienes que vienen dadas por una determinada función de utilidad, $U_i(c_i)$, donde $c_i = (c_{i1}, c_{i2})$ representa de forma genérica las distintas cestas de consumo o *asignaciones* que el agente i
puede elegir. En general, supondremos que los agentes sólo consumen cantidades
no negativas de ambos bienes. Por ello, suponemos que $c_i \in Z = R^2_+$. Veamos ahora en detalle en qué consisten las condiciones de optimalidad y vaciado.

A. Condición de optimalidad

Dados unos determinados precios de los bienes, q, cada agente elige sus asignaciones óptimas de consumo de entre todas aquellas que son "financiables". Es decir, elige aquellas cestas que maximizan su utilidad de entre todas las que satisfacen
la restricción presupuestaria. La restricción presupuestaria exige que el coste o valor de las asignaciones elegidas no sea superior a la riqueza del individuo, W_{i0}, que
viene dada por el valor de las dotaciones iniciales a dichos precios $q = (q_1, q_2)$.
Formalmente, la restricción presupuestaria del agente i viene dada por:

$$q_1 c_{i1} + q_2 c_{i2} \leq q_1 e_{i1} + q_2 e_{i2} \equiv W_{i0}.$$

Al conjunto de asignaciones $c_i = (c_{i1}, c_{i2})$ que satisface dicha restricción se le denomina conjunto de *asignaciones financiables* o *conjunto de posibilidades de consumo*.
Nótese que dicho conjunto se ve inalterado cuando dividimos ambos lados de la
desigualdad por una constante positiva. Es decir, podemos normalizar tomando el
precio de uno de los bienes como el bien numerario de la economía. En lo que sigue tomaremos el bien 1 como numerario y supondremos que su precio es igual a
1. Bajo dicha normalización la restricción presupuestaria quedaría como:

$$c_{i1} + q_2 c_{i2} \leq e_{i1} + q_2 e_{i2}. \tag{16.1}$$

Por otro lado, es fácil entender que bajo el supuesto de función de utilidad creciente en ambos argumentos, la restricción presupuestaria se cumplirá con igualdad. Bajo dicho supuesto, el individuo jamás elegirá no consumir recursos que sean financiables. Podemos representar gráficamente el conjunto de consumos financiables y no financiables. La restricción [16.1] se puede expresar también como:

$$c_{i2} = \frac{1}{q_2}(e_{i1} - c_{i1}) + e_{i2} \tag{16.2}$$

que representamos en la figura 16.4. En dicha figura, el conjunto de consumos financiables viene dado por las asignaciones sobre y por debajo de la recta (restricción presupuestaria) y el de no financiables por las cestas por encima de la recta. Como ya se indicó, bajo el supuesto de función de utilidad estrictamente creciente, el individuo siempre se situará *sobre* la recta.

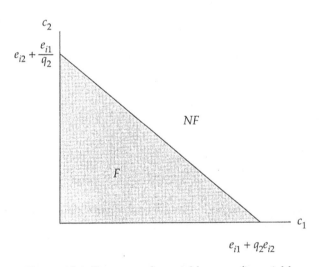

Figura 16.4. Consumos financiables y no financiables.

Para cualquier precio dado q_2, cada agente i elegirá una cesta c_i^* que sea solución al siguiente problema de optimización:

$$\begin{aligned} \underset{c_i}{\text{Max }} & U_i(c_{i1}, c_{i2}) \\ \text{s.a.} \quad & c_{i1} + q_2 c_{i2} = e_{i1} + q_2 e_{i2} \\ & c_{i1} \geq 0, c_{i2} \geq 0. \end{aligned} \tag{16.3}$$

Como vimos el apartado anterior, cuando la función de utilidad es estrictamente creciente y estrictamente cóncava (o estrictamente cuasi-concava) las curvas de indiferencia son convexas y la utilidad aumenta conforme se eligen asignaciones más alejadas del origen. Gráficamente es fácil ver que la asignación óptima del agente será aquella para la que una de las curvas de indiferencia sea tangente a la restricción presupuestaria. Es decir, la asignación óptima c_i^* es aquella para la que "la pendiente de la curva de indiferencia evaluada en c_i^* es igual a la pendiente de la restricción presupuestaria $(-1/q_2)$". En la figura 16.5 se recoge dicho resultado. Además se ofrece una situación donde el agente se mueve desde unas dotaciones iniciales, e_i, que le ofrecían un nivel de utilidad bajo a una cesta de consumo, c_i^*, que ofrece un nivel de utilidad mucho mayor. Para ello, el agente vende parte de sus tenencias del bien 1 y compra unidades del bien de consumo 2.

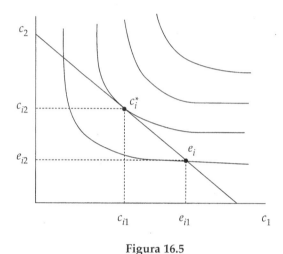

Figura 16.5

Con la ayuda del gráfico, podemos encontrar ahora la condición que caracteriza las asignaciones óptimas. En primer lugar, utilizando [16.2] tenemos que:

$$\text{Pendiente restricción presupuestaria} = -\frac{1}{q_2}.$$

Ahora tenemos que calcular la pendiente de la curva de indiferencia. Recordemos que una curva de indiferencia recoge distintas combinaciones de consumo que dan al agente el mismo nivel de utilidad. La pendiente de las curvas de indiferencia sería, por tanto, igual a la tasa de cambio del consumo de un bien por el del otro (o relación marginal de sustitución en el consumo, RMS) manteniendo la utilidad del agente constante. Centrémonos, por ejemplo, en aquellas cestas que dan un nivel de utilidad U^0:

$$U_i(c_{i1}, c_{i2}) = U^0.$$

Diferenciando ambos lados de la igualdad, tenemos:

$$\frac{\partial U_i(c_{i1}, c_{i2})}{\partial c_{i1}} dc_{i1} + \frac{\partial U_i(c_{i1}, c_{i2})}{\partial c_{i2}} dc_{i2} = dU^0 = 0,$$

Esto implica que:

$$\text{RMS}^i_{12} \equiv \frac{dc_{i2}}{dc_{i1}} = - \frac{\dfrac{\partial U_i(c_{i1}, c_{i2})}{\partial c_{i1}}}{\dfrac{\partial U_i(c_{i1}, c_{i2})}{\partial c_{i2}}}.$$

Por tanto, dado q_2, la asignación c_i^* será óptima si satisface:

$$\text{RMS}^i_{12} = \text{Pdte. Res. Pres.} \Leftrightarrow \frac{\dfrac{\partial U_i(c_{i1}^*, c_{i2}^*)}{\partial c_{i1}^*}}{\dfrac{\partial U_i(c_{i1}^*, c_{i2}^*)}{\partial c_{i2}^*}} = \frac{1}{q_2}. \qquad [16.4]$$

A este mismo resultado se puede llegar de forma analítica a través de las condiciones de primer orden del problema de optimización del agente *i*. Tengamos en cuenta que bajo los supuestos mantenidos, dichas condiciones son necesarias y suficientes para la existencia de una solución al problema. Denotemos con λ al multiplicador de Lagrange asociado a la restricción presupuestaria. Para el caso de soluciones interiores (es decir aquellas en las que el agente consume cantidades estrictamente positivas de ambos bienes), tenemos:

$$\begin{aligned}\frac{\partial U_i(c_{i1}^*, c_{i2}^*)}{\partial c_{i1}^*} &= \lambda \\[2mm] \frac{\partial U_i(c_{i1}^*, c_{i2}^*)}{\partial c_{i2}^*} &= \lambda q_2\end{aligned} \quad \Rightarrow \quad \frac{\dfrac{\partial U_i(c_{i1}^*, c_{i2}^*)}{\partial c_{i1}^*}}{\dfrac{\partial U_i(c_{i1}^*, c_{i2}^*)}{\partial c_{i2}^*}} = \frac{1}{q_2}.$$

Este es el mismo resultado obtenido en la ecuación [16.4].

Podemos resolver el problema de optimización del agente para distintos precios. A la curva que une las distintas cestas óptimas asociadas a cada precio se le conoce como *curva de oferta* (véase la figura 16.6).

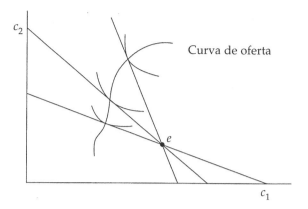

Figura 16.6. Curva de oferta.

B. Condición de vaciado del mercado

Para que exista un equilibrio, además, se ha de cumplir que la cantidad demandada total para cada bien sea igual a su oferta agregada. En nuestra sencilla economía de intercambio puro, la oferta agregada no es más que la suma de las dotaciones de todos los agentes de la economía. Por ello, se producirá el vaciado del mercado cuando:

$$c_{A1} + c_{B1} = e_{A1} + e_{B1} \text{ (vaciado mercado del bien 1)}$$

$$c_{A2} + c_{B2} = e_{A2} + e_{B2} \text{ (vaciado mercado del bien 2).}$$

Nótese que la bien conocida *Ley de Walras* se ha de cumplir en esta economía. Dicha ley establece que el vaciado de un mercado se produce de forma automática una vez todos los demás mercados estén vacíos. Es fácil comprobar que la misma se cumple en nuestra simple economía. Para ello, recordemos las restricciones presupuestarias de ambos agentes:

$$c_{A1} + q_2 c_{A2} = e_{A1} + q_2 e_{A2}$$

$$c_{B1} + q_2 c_{B2} = e_{B1} + q_2 e_{B2}.$$

Utilizando estas dos ecuaciones obtenemos:

$$\left[\left(c_{A1} + c_{B1} \right) - \left(e_{A1} + e_{B1} \right) \right] + q_2 \left[\left(c_{A2} + c_{B2} \right) - \left(e_{A2} + e_{B2} \right) \right] = 0.$$

Así, si el mercado del bien 1 está vacío el primer término es igual a cero. Como el precio del bien 2 es distinto de cero, la ecuación anterior implica que el mercado del bien 2 también ha de estar vacío. De la misma forma, el vaciado del mercado del bien 2 implica el vaciado del mercado del bien 1. En resumen, una de las dos condiciones de vaciado del mercado es *redundante*.

Ahora ya estamos en condiciones de definir el equilibrio competitivo o walrasiano de nuestra sencilla economía.

DEFINICIÓN 16.1 *(Equilibrio competitivo o walrasiano en la economía 2 × 2):* $\{q^*, (c^*_{A1}, c^*_{A2}), (c^*_{B1}, c^*_{B2})\}$ *constituyen un equilibrio walrasiano o competitivo si satisfacen las siguientes dos condiciones:*

i) (OPT^W): Dado q_2^*, para cada i, c_i^* es solución al siguiente problema:

$$\begin{array}{c} \underset{c_{i1}, c_{i2}}{\text{Max}}\; U_i(c_{i1}, c_{i2}) \\ \text{s.a.}\quad c_{i1} + q_2 c_{i2} = e_{i1} + q_2 e_{i2} \\ c_{i1} \geq 0,\, c_{i2} \geq 0. \end{array}$$

ii) (VAC^W):

$$c^*_{A1} + c^*_{B1} = e_{A1} + e_{B1}$$
$$c^*_{A2} + c^*_{B2} = e_{A2} + e_{B2}.$$

Resumiendo, en la economía walrasiana de intercambio puro partimos con una serie de individuos caracterizados por unas determinadas preferencias y dotaciones iniciales. Estas preferencias y dotaciones iniciales constituyen las *primitivas* o variables fundamentales de la economía. El equilibrio se consigue cuando existen precios a los que los agentes intercambian bienes entre sí logrando combinaciones de consumo óptimas, y los mercados se vacían. Los precios y los consumos óptimos son las variables endógenas de la economía. Sus valores en equilibrio serán función de las primitivas de la economía. Este planteamiento es bien distinto al de ausencia de arbitraje ofrecido en la segunda parte del libro. Allí tomábamos los precios como dados. Los precios en sí eran las primitivas de la economía. Entonces establecíamos relaciones entre ellos de forma que no se pudiesen producir oportunidades de arbitraje. La variable endógena del problema eran *los precios de no arbitraje* de los activos existentes y de otros cualesquiera que se introdujesen en la economía.

EJEMPLO 16.5.1

Consideremos una economía con dos bienes ($j = 1, 2$) y dos agentes ($i = 1, 2$) cuyas funciones de utilidad vienen dadas por:

$$U_i(c_{i1}, c_{i2}) = \pi \ln(c_{i1}) + (1 - \pi)\ln(c_{i2}).$$

El agente 1 posee una unidad del bien 1 y el agente 2 una unidad del bien 2. Es decir, $e_1 = (e_{11}, e_{12}) = (1, 0)$; $e_2 = (e_{21}, e_{22}) = (0, 1)$.

Se pide:
1) Calcular la demanda walrasiana de cada agente.
2) Representar la curva de oferta de cada agente cuando $\pi = 1/2$.
3) Calcular el equilibrio walrasiano cuando $\pi = 1/2$.

1) Cada agente i resuelve:

$$\text{Max } \pi\ln(c_{i1}) + (1 - \pi)\ln(c_{i2})$$
$$c_i$$
$$\text{s.a.} \quad c_{i1} + qc_{i2} = e_{i1} + qe_{i2} \equiv W_{i0}$$
$$c_{i1} \geq 0, \, c_{i2} \geq 0.$$

Para una solución interior tenemos las siguientes condiciones de primer orden:

$$\left.\begin{array}{c} \pi\dfrac{1}{c_{i1}} = \lambda_i \\[2ex] (1 - \pi)\dfrac{1}{c_{i2}} = \lambda_i q \\[2ex] c_{i1} + qc_{i2} = W_{i0} \end{array}\right\} \iff \left.\begin{array}{c} \dfrac{\pi}{1 - \pi}\dfrac{c_{i2}}{c_{i1}} = \dfrac{1}{q} \\[2ex] c_{i1} = W_{i0} - qc_{i2} \end{array}\right\}$$

Resolviendo este sistema obtenemos:

$$c_{i1} = \pi W_{i0}$$

$$c_{i2} = \frac{1 - \pi}{q}W_{i0}.$$

Bajo los supuestos del enunciado, $e_1 = (1, 0)$ y $e_2 = (0, 1)$, tendremos:

$$W_{10} = 1$$
$$W_{20} = q.$$

Por lo tanto, las demandas walrasianas vendrán dadas por:

$$c_{11} = \pi \qquad\qquad c_{12} = (1 - \pi)/q$$
$$c_{21} = \pi q \qquad\qquad c_{22} = 1 - \pi.$$

2) y 3) Como se puede apreciar, la demanda del bien 1 del señor 1 y la del bien 2 del señor 2 son constantes. Esto nos va a permitir una representación sencilla de las curvas de oferta. En la figura que sigue aparecen las curvas de oferta de cada agente en la caja de Edgeworth para el caso $\pi = {}^1/_2$.

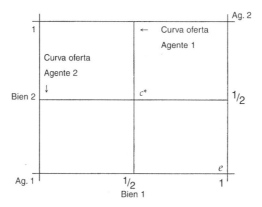

De hecho, en este ejemplo podemos obtener el equilibrio gráficamente observando dichas curvas de oferta. Necesariamente, el punto $c^* = (c_1^*, c_2^*) = ((^1/_2, ^1/_2), (^1/_2, ^1/_2))$ es la asignación de equilibrio. La restricción presupuestaria vendrá dada por la recta que pasa por las dotaciones iniciales, e, y el punto c^*. Esta recta (ver gráfico abajo) tiene una pendiente igual a -1. Como sabemos que la pendiente de la restricción presupuestaria es igual a $-1/q_2$, concluimos que:

$$-\frac{1}{q_2^*} = -1 \;\Rightarrow\; q_2^* = 1.$$

Es decir, gráficamente obtenemos que el precio de equilibrio q_2^* es igual a 1.

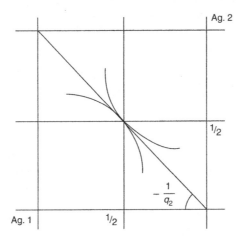

Podemos ver esto también de forma analítica. Por la Ley de Walras es suficiente con que vaciemos un mercado, por ejemplo, el del bien 1:

$$c_{11} + c_{21} = \frac{1}{2} + \frac{1}{2} q^* = 1$$

$$\Rightarrow q^* = 1. \blacksquare$$

(ii) Economía general de intercambio puro

Para finalizar definimos una economía general de intercambio puro y el equilibrio walrasiano de la misma. Esta construcción será una referencia crucial en capítulos posteriores, cuando discutamos las propiedades de existencia y bienestar del equilibrio financiero. Consideramos una economía con I agentes, utilizando el índice $i = 1, 2, \ldots, I$ para denotar a cada uno de ellos, y con $J + 1$ bienes, utilizando el índice $j = 0, 1, \ldots, J$ para denotar cada uno de ellos. El resto de variables de la economía se define como sigue:

- $e_i = (e_{i0}, e_{i1}, \ldots, e_{ij}, \ldots, e_{iJ})$ es el vector de dotaciones iniciales del agente i. Es un vector que supondremos pertenece al conjunto R_+^{J+1} en el que cada componente indica la cantidad del bien correspondiente que inicialmente posee el agente i. Así, e_{ij} denota el número de unidades del bien j que el agente i posee antes de efectuar transacciones. Además, definimos el vector de dotaciones iniciales de la economía $e = \{e_i\}_{i = 1, \ldots, I} = \{e_1, \ldots, e_I\}$, que no es más que la colección de las dotaciones iniciales de todos los agentes.

- $c_i = (c_{i0}, c_{i1}, \ldots, c_{ij}, \ldots, c_{iJ})$ es el vector de asignaciones (o consumo) del agente i. Al igual que el vector de dotaciones iniciales, este vector pertenece al conjunto R_+^{J+1} y cada componente c_{ij} denota el número de unidades del bien j que es asignado al agente i. Asimismo, definimos el vector $c = \{c_i\}_{i = 1, \ldots, I} = \{c_1, \ldots, c_I\}$ que no es más que la colección de las asignaciones de los distintos individuos. Decimos que una asignación es *factible* si no usa más recursos de los disponibles en la economía. Es decir, una asignación c^* es factible si y sólo si:

$$\sum_{i=1}^{I} c_{ij}^* \leq \sum_{i=1}^{I} e_{ij} \quad \text{para todo bien } j = 0, 1, \ldots, J.$$

- $q = (1, q_1, \ldots, q_j, \ldots, q_J)$ es el vector de precios de los $J + 1$ bienes de la economía, donde ya se incorpora la normalización del precio del primer bien de consumo, bien 0, a la unidad, $q_0 = 1$. En nuestra exposición sólo consideraremos precios estrictamente positivos, $q \in R_{++}^{J+1}$.

- $U_i(c_{i0}, c_{i1}, \ldots, c_{ij}, \ldots, c_{iJ})$ es la función de utilidad del agente i. En lo sucesivo supondremos que dicha función de utilidad es n veces diferenciable ($n > 2$), estrictamente creciente en cualquiera de sus argumentos y estrictamente cóncava. Aunque la mayoría de los resultados que presentaremos son ciertos bajo condiciones menos restrictivas sobre las funciones de utilidad (o preferencias de los individuos), elegimos la presente especificación para evitar discutir aspectos particulares de la economía walrasiana y centrarnos en lo fundamental desde el punto de vista de la Economía Financiera.

Así, la economía walrasiana viene caracterizada por unas primitivas o variables fundamentales *dadas*, $\{U_i(\cdot), e_i\}_{i = 1, \ldots, I}$, y unas variables *endógenas*, $\{q, \{c_i\}_{i = 1, \ldots, I}\}$, a determinar en equilibrio. Por ello, definimos la economía walrasiana en función de sus primitivas con la siguiente notación:

$$\xi^W = \{U_i(\cdot), e_i\}_{i = 1, \ldots, I}.$$

Definimos ahora el equilibrio competitivo o walrasiano de la economía general de intercambio puro definida arriba.

DEFINICIÓN 16.2 *(Equilibrio competitivo o walrasiano en la economía $I \times (J + 1)$):* $\{q^*, \{c_i^*\}_{i = 1, \ldots, I}\}$ es un *equilibrio competitivo o walrasiano* de la economía ξ^W si satisface las siguientes condiciones:

i) (OPT^W): dado q^*, para cada agente i, c_i^* es solución al siguiente problema de optimización:

$$\text{Max } U_i(c_i)$$
$$c_i$$

$$\text{s.a.} \quad \sum_{j=0}^{J} q_j^* c_{ij} = \sum_{j=0}^{J} q_j^* e_{ij}$$

$$c_{ij} \geq 0, \; \forall j.$$

ii) (VAC^W): a los precios q^*:

$$\sum_{i=1}^{I} c_{ij}^* = \sum_{i=1}^{I} e_{ij}, \quad j = 0, 1, ..., J.$$

Una vez definido el equilibrio walrasiano, presentamos a continuación resultados bien conocidos sobre la existencia del mismo y sus propiedades de bienestar.

(iii) Existencia y eficiencia del equilibrio walrasiano

La primera pregunta que nos planteamos es si el equilibrio definido en el apartado anterior siempre existe y es único. Como se puede apreciar, la condición OPT^W da lugar a un sistema de $I(J + 1)$ ecuaciones y la de VAC^W a un sistema de J ecuaciones (téngase en cuenta que por la Ley de Walras el vaciado de uno de los mercados es redundante dado el vaciado de los restantes J mercados). La existencia de solución a dicho sistema de $I + J(I + 1)$ ecuaciones no está garantizada, en general. Este no es el lugar para entrar en detalle sobre esta problemática. Referimos al lector a otros manuales, como por ejemplo el libro de Mas-Colell, Whinston y Green (1995), para un tratamiento detallado del tema. Para nuestros propósitos nos es suficiente recordar que existen supuestos sobre las primitivas que garantizan la existencia del mismo. Sin embargo, en general dicho equilibrio no es único; es decir, el sistema de ecuaciones definido arriba generalmente admite varias soluciones. No obstante, se puede demostrar que bajo determinadas circunstancias dichos equilibrios son localmente únicos. Esto quiere decir que dado cualquiera de los equilibrios, es imposible encontrar otro tan próximo a él como queramos. El siguiente teorema, que no demostramos, formalmente establece estos resultados.

TEOREMA 16.2 *(Existencia del equilibrio competitivo o walrasiano):*

Bajo nuestros supuestos sobre la función de utilidad y suponiendo que $e_i \gg 0$ (es decir, $e_{ij} > 0$ para todo i y todo j), el equilibrio walrasiano existe y es (genéricamente) localmente único.

A continuación, nos planteamos investigar sobre el grado de bienestar que los individuos y la sociedad en su conjunto obtienen en dicho equilibrio. Es inmediato ver que ningún agente estará peor en equilibrio que en autarquía (es decir, cuando cada agente se ve obligado a consumir sus dotaciones iniciales). Esto es así porque en el equilibrio walrasiano cada agente puede siempre decidir no intercambiar bienes con el resto de individuos. Por ello, si en equilibrio un agente vende parte de sus dotaciones para adquirir otros bienes es porque dichas transacciones generan utilidad adicional. Poco más, en general, se puede decir sobre el bienestar de los individuos y de la sociedad en agregado sin recurrir a algunos de los conceptos sobre eficiencia en la asignación de recursos (bienestar) presentados en la literatura. El criterio más famoso y comúnmente aceptado es el de *eficiencia paretiana* (o eficiencia en sentido de Pareto) que a continuación definimos.

DEFINICIÓN 16.3 *(Eficiencia paretiana)*:
Una asignación de consumo $c = \{c_i\}_{i=1, \ldots, I}$ es Pareto eficiente si es factible y no existe otra asignación factible $\hat{c} = (\hat{c}_1, \ldots, \hat{c}_I)$, tal que:

$$U_i(\hat{c}_i) \geq U_i(c_i) \text{ para todo } i$$
$$U_i(\hat{c}_i) > U_i(c_i) \text{ para algún } i.$$

Por tanto, una asignación es eficiente en sentido de Pareto si es imposible encontrar otra asignación factible para la que al menos un agente mejore —obtenga una utilidad mayor— sin que los demás empeoren —obtengan una utilidad inferior.

Es importante resaltar que la definición de eficiencia en sentido de Pareto sólo tiene que ver con propiedades de las asignaciones en función del nivel de bienestar (utilidad) que proporcionan a los individuos. Por tanto, una asignación puede ser o no ser eficiente independientemente del mecanismo a través del cual haya sido obtenida (libre mercado, autoridad económica, etc.). En concreto, los precios de los bienes no intervienen en absoluto a la hora de establecer si una determinada asignación es o no eficiente en sentido de Pareto. Por otro lado, aunque indudablemente se trata de una propiedad deseable de una asignación de recursos, la eficiencia paretiana no tiene implicaciones sobre equidad, justicia social, etc.. Así, por ejemplo, una asignación donde todos los bienes de la economía están a disposición de un individuo mientras los demás agentes no tienen nada es eficiente en sentido de Pareto (bajo el supuesto hasta ahora mantenido de utilidad marginal positiva).

Para identificar y caracterizar las asignaciones eficientes volvamos al caso de una economía de intercambio puro con dos bienes ($j = 1, 2$) y dos agentes ($i = 1, 2$). Bajo nuestros supuestos podemos representar el mapa de curvas de indiferencia de ambos individuos tal y como aparece en la figura 16.7:

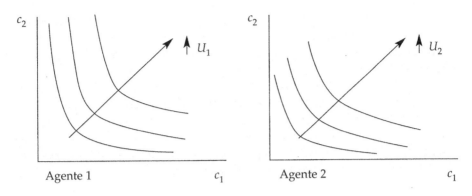

Figura 16.7

donde, como ya sabemos, la utilidad de cada agente aumenta conforme nos alejamos del origen de coordenadas. Dados unos determinados recursos de la economía, E_1 y E_2, podemos ahora superponer ambos gráficos y construir la famosa caja de Edgeworth. Nótese que el tamaño de la caja (longitud y altura) viene dado por los recursos totales de la economía, independientemente de la distribución de estos entre los dos agentes.

La caja de Edgeworth nos servirá como herramienta gráfica para identificar y caracterizar las asignaciones eficientes. En la figura 16.8 tenemos una caja de Edgeworth donde se recogen las curvas de indiferencia de los dos individuos que pasan por una asignación arbitraria, $c = \{(c_{11}, c_{12}), (c_{21}, c_{22})\}$.

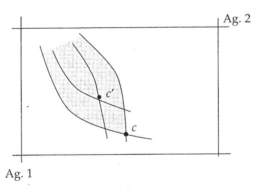

Figura 16.8. Asignaciones no eficientes.

Es inmediato observar que dicha asignación no es Pareto eficiente, pues cualquier asignación en el área sombreada es factible y da un nivel de utilidad mayor a ambos agentes. Así, por ejemplo, la asignación c' es una de estas muchas asignaciones que *domina* en sentido de Pareto a la asignación c. De hecho, esta última, c', tampoco es Pareto eficiente pues cualquier asignación dentro del área definida por las dos curvas de indiferencia que pasan a través de ella la dominan. Este ejemplo claramente sugiere que si una asignación es Pareto eficiente entonces las curvas de indiferencia de los dos agentes que pasan a través de ella han de ser tangentes. De hecho, esta es la caracterización de todas las asignaciones Pareto eficientes *interiores*, es decir estrictamente dentro de la caja de Edgeworth. Para las asignaciones Pareto eficientes *esquina* (situadas sobre alguno de los cuatro lados de la caja) la condición de tangencia no se ha de cumplir necesariamente. En la figura 16.9 se recogen estos dos casos. En la 16.9a. la asignación c^* es interior y la condición de tangencia se cumple; en la 16.9b se recoge el caso de una asignación Pareto eficiente esquina donde la condición de tangencia no se cumple.

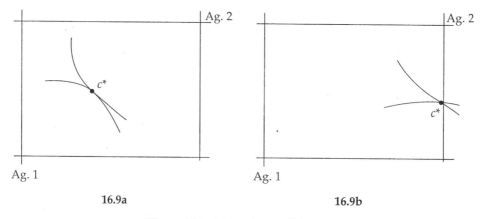

16.9a   16.9b

Figura 16.9. Asignaciones eficientes.

Al conjunto de todas las asignaciones eficientes en sentido de Pareto se le conoce como *conjunto paretiano*. La figura 16.10 recoge una posible configuración del mismo.

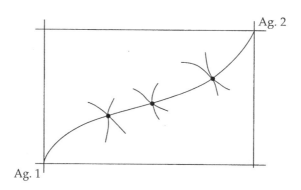

Figura 16.10. Conjunto paretiano.

En este libro nos centraremos en el caso de asignaciones eficientes interiores y sólo ocasionalmente hablaremos de las esquina. Como para las primeras la condición de tangencia se cumple, normalmente hablaremos indistintamente de una asignación Pareto eficiente, $c^* = \{c_1, c_2\}$, o asignación para la que se cumple:

$$\frac{\dfrac{\partial U_1(c_1^*)}{\partial c_{11}}}{\dfrac{\partial U_1(c_1^*)}{\partial c_{12}}} = \frac{\dfrac{\partial U_2(c_2^*)}{\partial c_{21}}}{\dfrac{\partial U_2(c_2^*)}{\partial c_{22}}} \, .$$

Antes de abandonar este análisis mediante el uso de la caja de Edgeworth queremos reiterar el principal problema al que los agentes se enfrentan en la economía competitiva de intercambio puro. Como ya se indicó anteriormente, está economía esta definida por la existencia de una serie dé agentes, cada uno con unas determinadas dotaciones iniciales de recursos y con preferencias representadas por una función de utilidad. En general, hemos de esperar que dicha dotación inicial de recursos sea una asignación en la caja de Edgeworth para la que la condición de tangencia no se cumple (basta con comprobar que el conjunto paretiano es "mucho más pequeño" que el de asignaciones no eficientes). Cuando la dotación inicial no es Pareto eficiente ambos agentes pueden mejorar su bienestar mediante el intercambio de bienes. Dicha mejora podría llevarles incluso a un punto en el conjunto donde, por definición, la mejora de un agente sin el empeoramiento del otro es imposible. Este tramo (subconjunto) del conjunto paretiano donde ambos agentes obtienen un nivel de utilidad no inferior al asociado a sus dotaciones iniciales se denomina *curva de contratos*. La figura 16.11 recoge una posible configuración de este conjunto.

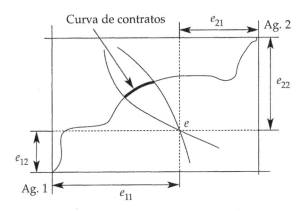

Figura 16.11. La curva de contratos.

En nuestra economía walrasiana hacíamos el supuesto de que existían mercados donde los agentes podían libremente intercambiar bienes a unos determinados precios. Las únicas restricciones que nuestro concepto de equilibrio exigía era que los agentes optimizasen respetando sus restricciones presupuestarias y que los mercados se vaciasen. La pregunta inmediata es si, partiendo de unas dotaciones iniciales arbitrarias, este concepto de equilibrio es capaz de generar asignaciones finales que mejoren la situación de los agentes hasta colocarles en un punto de la curva de contratos o no. En otras palabras, ¿es la asignación del equilibrio walrasiano eficiente en el sentido de Pareto?[6] Esta pregunta encuentra respuesta en el bien conocido *primer teorema básico del bienestar*. En pocas palabras, dicho teorema establece que cualquiera de las asignaciones correspondientes a un equilibrio walrasiano es eficiente en sentido de Pareto. Sin lugar a dudas se trata de uno de los más importantes resultados en economía al proporcionar fundamento teórico al viejo argumento de la "mano invisible" de Adam Smith y, por tanto, a la "idoneidad" del sistema de libre mercado como mecanismo de asignación de recursos. En nuestra economía sencilla de 2 agentes y 2 bienes es fácil comprobar la afirmación anterior gráficamente. Para ello, simplemente incluimos la restricción presupuestaria de cada agente en la caja. Ambas restricciones han de coincidir en la misma recta pues ambos agentes se enfrentan a los mismos precios. Si a esto unimos la condición de vaciado del mercado, llegamos a la conclusión de que la única posibilidad consistente con equilibrio es que en el punto correspondiente a la asignación de equilibrio las curvas de indiferencia de ambos agentes sean tangentes. En la figura 16.12 representamos las asignaciones correspondientes a dos posibles precios. En el panel A tenemos un precio del bien 2 (seguimos con la normalización del precio del bien 1) que no da lugar a la condición de tangencia. A dicho precio no se produce el vaciado pues existe exceso de demanda del bien 1 y de oferta del bien 2. Por ejemplo, para el caso del bien 1, el agente 1 ofrece una cantidad x y el agente 2 demanda una cantidad y, donde y es mayor que x. En el panel B tenemos un nuevo precio (mayor precio del bien 2, q_2) donde el vaciado se produce y la condición de tangencia también.

---

[6] Téngase en cuenta que ningún agente estará dispuesto a hacer intercambios a no ser que los mismos le garanticen un nivel de utilidad al menos tan grande como el asociado a sus dotaciones iniciales. Por ello, si el equilibrio walrasiano da lugar a asignaciones Pareto eficientes, éstas han de estar en la curva de contratos.

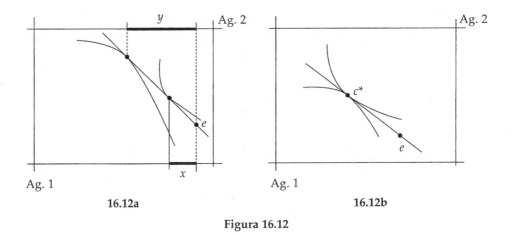

16.12a   16.12b

Figura 16.12

Es crucial entender que la situación anterior se produce porque existe un mercado abierto para cada uno de los bienes y los agentes pueden intercambiar ambos bienes entre sí. En general, no deberíamos esperar que la asignación de equilibrio fuese Pareto eficiente cuando el mercado de alguno de los bienes estuviese cerrado. Así, por ejemplo, si la autoridad económica prohibiese el intercambio del bien 1 (es decir, cerrase dicho mercado) es fácil ver que la única asignación de equilibrio es la correspondiente a las dotaciones iniciales. Esta asignación, en general, no es Pareto eficiente, a no ser que se encuentre situada en el conjunto paretiano. Si el mercado del bien 1 está cerrado, cualquier intercambio del bien 2 entre los agentes aumentaría la utilidad del que recibe y reduciría la del que entrega. Ningún agente, por tanto, estaría dispuesto a entregar cantidades positivas del bien 2. En equilibrio cada agente consumiría sus dotaciones iniciales. La figura 16.13 recoge este equilibrio donde se supone que la asignación correspondiente a las dotaciones iniciales no pertenece al conjunto paretiano.

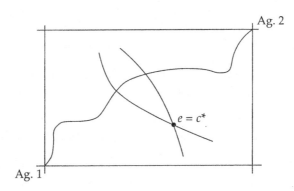

Figura 16.13. Equilibrio con un mercado de bienes cerrado.

Volvamos ahora a nuestra economía general con I agentes y $J + 1$ bienes. De nuestro estudio de la caja de Edgeworth podemos concluir que cualquier asignación interior (es decir, para la que todos los individuos consumen cantidades estrictamente positivas de todos los bienes) es Pareto eficiente si y sólo si las relaciones marginales de sustitución para cada par de bienes es igual para todos los individuos. En concreto, y dado que tomamos el bien 0 como el numerario de la economía, c^* es una asignación interior Pareto eficiente si y sólo si:

$$\frac{\dfrac{\partial U_i(c_i^*)}{\partial c_{ij}}}{\dfrac{\partial U_i(c_i^*)}{\partial c_{i0}}} = \frac{\dfrac{\partial U_k(c_k^*)}{\partial c_{kj}}}{\dfrac{\partial U_k(c_k^*)}{\partial c_{k0}}} \quad \left\{ \begin{array}{l} \forall i = 1, \dots, I \\[6pt] \forall k = 1, \dots, I \\[6pt] \forall j = 0, \dots, J. \end{array} \right. \qquad [16.5]$$

Este resultado puede ser derivado formalmente. La siguiente proposición proporciona una caracterización de las asignaciones Pareto eficientes que nos servirá de ayuda.

PROPOSICIÓN 16.1 *(Caracterización de la eficiencia paretiana):*
Una asignación factible $c^* = \{c_1^*, \dots, c_I^*\}$ es Pareto eficiente si y sólo si simultáneamente resuelve el siguiente problema P_i para todo $i = 1, 2, \dots, I$:

$$\left. \begin{array}{l} \underset{c}{\text{Max }} U_i(c_i) \\[6pt] \text{s.a. } \displaystyle\sum_{i=1}^{I} c_{ij} \le \sum_{i=1}^{I} e_{ij} \qquad \forall j \qquad\qquad (1) \\[12pt] \quad\;\; U_k(c_k^*) \le U_k(c_k) \qquad \forall k,\, k \ne i \qquad (2) \\[10pt] \quad\;\; c_i > 0 \end{array} \right\} (P_i).$$

En primer lugar, se debe observar que bajo nuestros supuestos sobre las funciones de utilidad y dotaciones iniciales, la solución a los distintos problemas P_i existe. Por otro lado, en todo problema P_i buscamos una asignación que maximice la utilidad de agente i, que sea factible (restricción 1) y que no dé menos utilidad al resto de agentes de la que obtienen con la asignación c^* (restricción 2). Además, tenemos I de estos problemas (uno para cada agente). La demostración de la proposición, por tanto, es casi trivial pues el planteamiento es el correcto para identificar las asignaciones Pareto eficientes. Formalmente tenemos:

i) $\Leftarrow$ (si c^* resuelve $P_1, \dots, P_I$, entonces c^* es P.E.) Lo demostramos por contradicción. Supongamos que no es cierto (es decir, c^* es factible y resuelve $P_1, \dots, P_I$, pero c^* no es P.E.). Entonces, existe c' factible tal que:

$$U_i(c_i') \ge U_i(c_i^*) \text{ para todo } i$$
$$U_i(c_i') > U_i(c_i^*) \text{ para algún } i.$$

Pero, entonces, c^* no puede ser solución a los problemas P_i, pues c' es factible y da más utilidad a los agentes. Contradicción.

ii) $\Rightarrow$ (si c^* es P.E., entonces, c^* resuelve los problemas $P_1, ..., P_I$). De nuevo, por contradicción. Supongamos que es falso. Entonces existe una solución a los problemas que es admisible y da más utilidad que c^* a al menos un agente sin reducir la de los demás. Esto contradice el supuesto de que c^* es P.E. Contradicción.

Si nos centramos ahora en asignaciones P.E. interiores, podemos definir el lagrangiano de cada uno de los problemas P_i como:

$$\pounds_i(c, \alpha, \beta) = U_i(c_i) - \sum_{j=0}^{J} \alpha_j \left(\sum_{i=1}^{I} c_{ij} - \sum_{i=1}^{I} e_{ij} \right) - \sum_{\substack{k=1 \\ k \neq i}}^{I} \beta_k (U_k(c_k^*) - U_k(c_k)).$$

Las condiciones de primer orden son:

$$\frac{\partial U_i(c_i^*)}{\partial c_{i0}} = \alpha_0$$

$$\frac{\partial U_i(c_{ij}^*)}{\partial c_{ij}^*} = \alpha_j \qquad j = 1, 2, ..., J$$

$$\beta_k \frac{\partial U_k(c_{k0}^*)}{\partial c_{k0}} = \alpha_0 \qquad \forall\, k \neq i$$

$$\beta_k \frac{\partial U_k(c_{kj}^*)}{\partial c_{kj}} = \alpha_j \qquad \forall\, k \neq i,\, j = 1, 2, ..., J.$$

Por tanto, para dos agentes distintos cualesquiera i, k, tenemos:

$$\frac{\dfrac{\partial U_i(c_i^*)}{\partial c_{ij}}}{\dfrac{\partial U_i(c_i^*)}{\partial c_{i0}}} = \frac{\alpha_j}{\alpha_0} = \frac{\dfrac{\partial U_k(c_k^*)}{\partial c_{kj}}}{\dfrac{\partial U_k(c_k^*)}{\partial c_{k0}}}.$$

Este es el mismo resultado al que llegamos inspeccionando la caja de Edgeworth (ecuación [16.5]). Por tanto, una asignación es Pareto eficiente si y sólo si las relaciones marginales de sustitución de todos los agentes, evaluadas en dicha asignación, son iguales.

Por último, queremos presentar aquí una caracterización frecuentemente utilizada en la literatura de la que haremos uso en sucesivos capítulos. Se trata de la caracterización de asignaciones Pareto eficientes a través del problema de elección del "planificador central". Se trata de suponer que en la economía existe un planificador que elige las asignaciones de cada individuo de forma centralizada. Dicho planificador conoce las preferencias de todos los individuos y los recursos totales de la economía. El planificador central resuelve el siguiente problema de optimización:

Dado $\lambda_i > 0$, $i = 1, \ldots, I$

$$\text{Max}_{c} \sum_{i=1}^{I} \lambda_i U_i(c_i)$$

$$\text{s.a.} \sum_{i=1}^{I} c_{ij} \leq \sum_{i=1}^{I} e_{ij}, \quad \forall j$$

$$c_{ij} > 0, \quad \forall i, \forall j.$$

Es decir, el planificador tiene unas preferencias donde aparecen las preferencias de cada agente i con una ponderación $\lambda_i > 0$ y elige asignaciones factibles. De nuevo, para el caso de soluciones interiores, el lagrangiano:

$$\pounds(c, \gamma) = \sum_{i=1}^{I} \lambda_i U_i(c_i) - \sum_{j=0}^{J} \gamma_j \left(\sum_{i=1}^{I} c_{ij} - \sum_{i=1}^{I} e_{ij} \right)$$

da lugar a las siguientes condiciones de primer orden:

$$\lambda_i \frac{\partial U_i(c_i)}{\partial c_{i0}} = \gamma_0$$

$$\lambda_i \frac{\partial U_i(c_i)}{\partial c_{ij}} = \gamma_j \qquad\qquad j = 1, 2, \ldots, J$$

$$\lambda_k \frac{\partial U_k(c_k)}{\partial c_{k0}} = \gamma_0 \qquad\qquad \forall\, k \neq i$$

$$\lambda_k \frac{\partial U_k(c_k)}{\partial c_{kj}} = \gamma_j \qquad\qquad \forall\, k \neq i,\ j = 1, 2, \ldots, J.$$

Por tanto, para agentes i, k cualesquiera tenemos que:

$$\frac{\dfrac{\partial U_i(c_i)}{\partial c_{ij}}}{\dfrac{\partial U_i(c_i)}{\partial c_{i0}}} = \frac{\gamma_j}{\gamma_0} = \frac{\dfrac{\partial U_k(c_k)}{\partial c_{kj}}}{\dfrac{\partial U_k(c_k)}{\partial c_{k0}}}$$

Como se puede apreciar, las asignaciones resultantes del problema de asignación del planificador central satisfacen también la condición de tangencia y, por lo tanto, son asignaciones Pareto eficientes. Por ello, en lo sucesivo a veces demostraremos la eficiencia paretiana de las asignaciones simplemente comprobando si son solución al problema del planificador central. Formalmente, diremos que una asignación c^* es Pareto eficiente si podemos encontrar $\lambda_i > 0$, $i = 1, \ldots, I$, tales que c^* es solución al problema del planificador central. Estamos ya en condiciones de establecer y demostrar el primer teorema básico del bienestar.

TEOREMA 16.3 *(Primer teorema básico del bienestar):*

Bajo nuestros supuestos sobre funciones de utilidad (estrictamente crecientes y estrictamente cóncavas) y dotaciones iniciales (no negativas), si (c^*, q^*) es un equilibrio walrasiano con c^* interior, entonces la asignación c^* es Pareto eficiente.

Prueba
Como c^* es una asignación de equilibrio walrasiano, sabemos que es solución al problema de optimización de los agentes (OPT^W). Al ser interior la asignación de cada individuo nos podemos olvidar de las condiciones de no-negatividad en el problema de optimización. Definamos ahora el lagrangiano para un agente cualquiera i.

$$\pounds(c, \lambda_i; q, e_i) = U_i(c_i) - \lambda_i \left(\sum_j q_j c_{ij} - \sum_j q_j e_{ij} \right),$$

donde λ_i es el multiplicador de Lagrange asociado a la restricción presupuestaria del agente i. Como bajo nuestros supuestos las condiciones de primer orden son necesarias y suficientes para la existencia de una solución al problema de optimización, sabemos que c_i^* satisface:

$$\frac{\partial U_i(c_i^*)}{\partial c_{i0}} = \lambda_i$$

$$\vdots$$

$$\frac{\partial U_i(c_i^*)}{\partial c_{ij}^*} = \lambda_i q_j$$

$$\vdots$$

$$\frac{\partial U_i(c_i^*)}{\partial c_{iJ}^*} = \lambda_i q_J.$$

Esto implica que:

$$\frac{\dfrac{\partial U_i(c_i^*)}{\partial c_{ij}}}{\dfrac{\partial U_i(c_i^*)}{\partial c_{i0}}} = q_j \qquad j = 1, 2, \ldots, J.$$

Como se puede observar, la parte derecha de la expresión anterior no depende del agente y, por lo tanto, será la misma para cualquier otro agente k. Acabamos de demostrar que:

$$\frac{\dfrac{\partial U_i(c_i^*)}{\partial c_{ij}}}{\dfrac{\partial U_i(c_i^*)}{\partial c_{i0}}} = q_j = \frac{\dfrac{\partial U_k(c_k^*)}{\partial c_{kj}}}{\dfrac{\partial U_k(c_k^*)}{\partial c_{k0}}} \qquad [16.6]$$

para todo agente i y k y para todo bien j. Esta es de hecho, la condición necesaria y suficiente de Pareto optimalidad que derivamos anteriormente (véase la ecuación [16.5]).

Este teorema se puede obtener bajo supuestos menos restrictivos que los aquí utilizados. En realidad lo único que se necesita es monotonicidad de las preferencias (o que la función de utilidad sea estrictamente creciente en cada uno de sus argumentos). Esto garantiza que la restricción presupuestaria se cumpla con igualdad. No es necesario supuesto alguno sobre convexidad de las preferencias (convexidad de las curvas de indiferencia o estricta cuasi-concavidad de la función de utilidad) porque la existencia del equilibrio walrasiano está asumida en la afirmación del teorema.

16.6 ¿Por qué estudiamos aquí el equilibrio walrasiano?

Aunque se trata de una economía extremadamente sencilla, la economía de intercambio puro y el equilibrio walrasiano que se obtiene en la misma, es de extremada utilidad a la hora de entender y valorar problemas de otras muchas ramas de la economía, incluida la Economía Financiera. Existe la opinión incluso de que "todo lo importante en economía puede ser relacionado o entendido en el contexto del equilibrio walrasiano de intercambio puro". Aunque sin dudas exagerada, la afirmación tiene cierto sentido.

Para entender esto, veamos cómo este concepto de equilibrio se relaciona al caso concreto de la Economía Financiera. En primer lugar, en Economía Financiera necesitamos una dimensión temporal. En los sucesivos capítulos analizaremos dos entornos básicos: el primero es una economía con muchos periodos y certidumbre;

el segundo, una economía con sólo dos fechas e incertidumbre al final del periodo, donde existen varios posibles estados de la naturaleza. El problema de los agentes es trasladar recursos intertemporalmente o entre estados de la naturaleza. Utilizando los activos disponibles en la economía, los agentes intentarán trasvasar riqueza (o poder de compra de bienes de consumo) desde los periodos/estados donde tienen exceso de recursos a los periodos/estados con déficit. Esto no es muy distinto a lo que hace el agente walrasiano que vende parte de sus dotaciones "excedentarias" para comprar las deficitarias. La única diferencia esencial es que mientras en la economía walrasiana suponemos que todos los mercados están abiertos y que las posibilidades de intercambio son totales, en la Economía Financiera es posible que la estructura financiera existente no permita unas posibilidades de intercambio tan amplias. Por ello, el equilibrio walrasiano será un punto de referencia crucial para entender el funcionamiento de una estructura financiera concreta a la hora de asignar recursos entre los agentes.

Veamos con un poco de más detenimiento cómo se pueden comparar economías tan distintas. En primer lugar, siempre es posible encontrar una economía walrasiana con un número de bienes igual al de la Economía Financiera que estemos considerando. Empecemos, por ejemplo, con el caso de dos de las economías financieras más sencillas que analizaremos en los sucesivos capítulos: 1) economía de dos periodos ($t = 0, 1, 2$), con un bien de consumo en cada fecha y certidumbre, y 2) una economía con un periodo e incertidumbre al final del mismo, donde pueden ocurrir dos estados de la naturaleza (estado 1 y estado 2) y con un bien de consumo en cada fecha/estado. Por tanto, el número total de bienes en ambas economías es tres. La economía walrasiana "comparable" ha de tener, por tanto, tres bienes de consumo. La siguiente tabla recoge la equivalencia entre notación y la realidad económica que cada bien representa en cada escenario:

Bien	Ec. walrasiana estática	Ec. financiera, 2 periodos y certidumbre	Ec. financiera, 1 periodo e incertidumbre
c_0	Consumo bien 0	consumo bien disponible en $t = 0$	Consumo bien disponible en $t = 0$
c_1	Consumo bien 1	Consumo bien disponible en $t = 1$	Consumo bien disponible en $t = 1$, estado 1
c_2	Consumo bien 2	Consumo bien disponible en $t = 2$	Consumo bien disponible en $t = 1$, estado 2

Aunque estos tres escenarios son muy distintos, el problema de un agente en cualquiera de ellos es muy parecido, pues en todos ellos intentará asignar sus recursos para conseguir asignaciones óptimas de consumo de los tres bienes. En general, siempre podremos incrementar el número de bienes en la economía walrasiana para comparar los bienes de ésta y los de las economías financieras. En concreto, para el caso de bienes en distintas fechas, asociaremos el bien j de la economía walrasiana como el bien disponible en la fecha t ($j = t$); para el caso de bienes en distintas fechas y estados de la naturaleza, asociaremos el bien j walrasiano con el bien disponible en la fecha t y estado de la naturaleza s ($j = (t, s)$).

Lo importante para nuestros propósitos es que en determinados casos vamos a ser capaces de comparar asignaciones, no sólo redefinir variables. Como veremos, bajo determinadas circunstancias se puede demostrar que la asignación que cada agente recibiría en el equilibrio financiero es idéntica a la que recibe en el equilibrio walrasiano de una economía estática con el mismo número de bienes. En estos casos, el estudio llevado a cabo en el presente capítulo será de gran importancia, pues de forma automática podremos hablar de existencia y optimalidad del equilibrio financiero sin necesidad de resolver explícitamente dicho equilibrio.

Adelantando acontecimientos, veremos que esta equivalencia entre equilibrio walrasiano y financiero se producirá cuando los mercados financieros sean *completos* y no existan oportunidades de arbitraje (nuestro viejo caballo de batalla). En estas condiciones, el equilibrio financiero existe y da lugar a asignaciones Pareto eficientes. Entonces podremos reinterpretar la condición de mercados completos desde una nueva perspectiva.

Como vimos, la asignación del equilibrio walrasiano es Pareto eficiente porque hacíamos el supuesto de existencia de un número de mercados abiertos para cada bien de la economía. En estas condiciones, las posibilidades de intercambio entre los agentes son totales. Si, por el contrario, alguno de los mercados estuviese cerrado, la asignación, en general, dejaría de ser Pareto eficiente (véase la figura 16.13). Nuestro resultado de equivalencia nos dice que una estructura financiera completa ofrece al inversor un conjunto de oportunidades de intercambio tan grande como las asumidas en la economía walrasiana. Pero, además, nuestro comentario anterior sugiere que si los mercados fuesen incompletos no deberíamos esperar asignaciones Pareto eficientes. La Economía Financiera con mercados incompletos (donde no existe mercado para algún activo no colineal con los existentes) se puede relacionar, por tanto, con la economía walrasiana donde alguno de los mercados de bienes está cerrado.

Esperamos que los comentarios anteriores convenzan al lector de la gran utilidad del equilibrio walrasiano a la hora de entender algunos aspectos esenciales del equilibrio financiero, y de que realmente vale la pena dedicar parte de este libro al mismo.

16.7 Resumen

En este capítulo hemos presentado distintas maneras de formalizar el problema de decisión de un agente racional y analizado el equilibrio competitivo en la economía más sencilla y tradicional en economía —economía de intercambio puro con agentes precio aceptantes.

El planteamiento empieza con una definición del concepto de agente racional y con la representación de las preferencias de dicho tipo de agentes. Existen otras formas de entender la racionalidad económica. Sin embargo, y a pesar de las muchas críticas existentes, creemos que la alternativa aquí presentada es acertada no sólo porque los axiomas de racionalidad son bastante intuitivos sino, además, porque dicho planteamiento sólo deja fuera una serie de casos de escasa relevancia económica. Una vez se acepta el criterio de racionalidad aquí presentado, lo importante es tener presente que existen distintos grados de generalidad a la hora de representar las preferencias de los agentes y que conforme nos movemos hacia representaciones más restrictivas estamos excluyendo del análisis conductas que son racionales según el criterio de racionalidad aquí presentado.

Nuestro análisis del equilibrio walrasiano se ha centrado en los aspectos de existencia y de eficiencia en sentido paretiano de las asignaciones a las que da lugar. Lo importante para nuestros propósitos no es dicha economía en sí, sino su aplicabilidad a la hora de entender la Economía Financiera. Así, lo importante es entender que las propiedades de eficiencia son ciertas porque en la economía walrasiana los agentes tienen a su alcance posibilidades de intercambio absolutas. La existencia de mercados abiertos para todos y cada uno de los bienes de la economía permite que el mecanismo de libre mercado sea capaz de proporcionar asignaciones Pareto eficientes. Esta idea es fundamental para entender las propiedades de bienestar del equilibrio financiero. Como veremos, mientras determinadas estructuras financieras serán capaces de ofrecer un conjunto de posibilidades de intercambio tan grandes como las aquí asumidas, otras no lo serán. Por tanto, las primeras garantizarán que los individuos disfruten asignaciones Pareto eficientes en equilibrio mientras que las otras no.

Por último insistimos en que no hemos entrado en los aspectos más técnicos del problema analizado. En concreto, no hemos presentado demostraciones formales de la mayoría de los resultados. El lector interesado puede acudir a otros manuales donde se presenta un tratamiento más riguroso (por ejemplo, véase Mas-Colell, Winston y Green (1995), Kreps (1990), Varian (84), etc.).

Referencias

Kreps, D. (1990). *A Course in Microeconomic Theory*, Princeton University Press, caps. 3 y 6.

Mas-Colell, A., M. D. Whinston y J. Green (1995). *Microeconomic Theory*, Oxford University Press, caps. 1, 2, 3, 10, 15, 16 y 17.

Varian, H. R. (1984). *Microeconomic Analysis*, W. W. Norton & Company, caps. 3 y 5. (Traducción en castellano publicada por Antoni Bosch, editor).

17. EL EQUILIBRIO FINANCIERO: EXISTENCIA, EFICIENCIA Y VALORACIÓN

17.1 Introducción

En este capítulo introducimos la dimensión temporal al problema de asignación de recursos de los agentes. Por primera vez en esta parte sobre el análisis del equilibrio introducimos activos financieros como instrumentos que permiten a los agentes, en mayor o menor medida, trasladar poder de compra intertemporalmente. En nuestro estudio seguiremos manteniendo los supuestos básicos del entorno walrasiano: economía de libre mercado, mercados perfectos y agentes precio aceptantes.

Empezamos con el entorno financiero más sencillo que podemos imaginar: una economía de intercambio puro con *certeza* en un contexto *multiperiodo de horizonte finito*. En entornos de certeza los inversores conocen (con plena seguridad) los pagos futuros de los activos financieros. La única característica desconocida de los mismos es el precio al que se negocian en la actualidad. A continuación introducimos incertidumbre en el análisis. Nos centraremos en el entorno más sencillo consistente en una economía de un solo periodo, al final del cual pueden ocurrir distintos estados de la naturaleza. A diferencia del entorno de certeza, en éste los agentes no saben con seguridad qué pagos van a obtener al final del periodo con la compra de activos financieros. En ambas situaciones definimos el *equilibrio financiero* como una situación en la que los agentes eligen consumos y carteras de activos financieros óptimos y los mercados, tanto de bienes como de activos financieros, se vacían. Nuestro estudio se centrará en tres aspectos básicos del equilibrio financiero: su existencia, sus propiedades de eficiencia y las reglas de valoración de activos financieros que del mismo se derivan.

Los resultados sobre el equilibrio walrasiano obtenidos en el capítulo anterior jugarán un papel crucial en el análisis de este capítulo. Haciendo uso de los mismos seremos capaces de establecer condiciones sobre las *primitivas* (o variables fundamentales) de la economía que garantizan la existencia del equilibrio financiero y la eficiencia paretiana de las asignaciones de consumo del mismo. En concreto, estableceremos que si en la economía existe una estructura de activos financieros suficientemente rica (mercados *completos*) —por ejemplo, un conjunto completo de bonos básicos en la economía de certeza o un conjunto completo de activos Arrow-Debreu en la de incertidumbre— el equilibrio financiero existe y da lugar a asignaciones Pareto eficientes. Además, en dicho equilibrio, todos los activos financieros de la economía tienen precios que satisfacen la ecuación fundamental de valoración (o de ausencia de arbitraje) que utilizamos en la segunda parte del libro. Como allí, los precios de los bonos básicos (certeza) o los de los activos Arrow-Debreu (incertidumbre) juegan un papel crucial en dicha ecuación de valoración. Sería erróneo pensar, sin embargo, que nuestro análisis aquí es redundante, en el sentido de que reproduce resultados conocidos. Así, por ejemplo, centrándonos en el entorno de certeza, mientras en la segunda parte tomábamos los precios de los bonos básicos (o tipos de interés de la economía) como dados, aquí los derivamos. Esto nos va a permitir identificar las variables económicas relevantes (primitivas o variables fundamentales) que intervienen en la determinación de los tipos de interés a distintos plazos.

17.2 Un modelo simple de equilibrio en el mercado de capitales

En este apartado analizamos el equilibrio en una economía multiperiodo de intercambio puro en un *contexto de certeza*. Como siempre, empezamos con el escenario más sencillo: una economía con un único periodo y dos fechas. En la misma, los distintos agentes deciden cómo asignar sus recursos entre el presente ($t = 0$) y el futuro ($t = 1$). Hacemos el supuesto simplificador de que en cada momento sólo existe un único bien de consumo. Dicho bien de consumo es *perecedero*, es decir, sólo se puede consumir en el momento en el que está disponible. Cada agente i, por tanto, viene caracterizado por la tenencia de unas determinadas dotaciones iniciales del bien de consumo presente y futuro $e_i = (e_{i0}, e_{i1})$. Estrictamente hablando, estas dotaciones son unidades físicas del único bien de la economía (maíz, por ejemplo). Como veremos, dichas variables pueden ser interpretadas de forma más realista y hablaremos de e_{i0} como la renta o riqueza inicial de individuo (por ejemplo, renta salarial en el presente) y de e_{i1} como la renta o riqueza futura del mismo. Con $c_i = (c_{i0}, c_{i1})$ denotamos la asignación de consumo del agente i. Cada agente tiene unas preferencias sobre el consumo de dichos bienes definidas por una determinada función de utilidad, $U_i(c_i)$. Como siempre, supondremos que dichas funciones de utilidad son estrictamente crecientes en cada argumento y estrictamente cóncavas, supuestos que garantizan la estricta convexidad de las curvas de indiferencia de cada agente.

En esta economía suponemos que existe un mercado abierto para cada bien de consumo en cada fecha. Sin embargo, nótese que ambos mercados están abiertos en momentos distintos (a diferencia del modelo walrasiano donde todos los mercados están abiertos simultáneamente). Es fácil ver que, en ausencia de activos o contratos financieros, estos mercados estarían inactivos. Ningún agente estaría dispuesto a entregar parte de sus tenencias de un determinado bien pues esta operación sólo serviría para reducir su nivel de bienestar. Los agentes estarían, por tanto, condenados a consumir sus dotaciones iniciales. Así, por ejemplo, un agente con toda su riqueza materializada en dotaciones del bien presente disfrutaría con el consumo de los mismos en la actualidad pero, literalmente, "moriría de hambre" en el futuro. En el otro extremo tendríamos un agente con toda su riqueza consistente en bienes futuros. Éste "moriría de hambre" en la actualidad. Está claro que ambos agentes estarían interesados en intercambiar bienes presentes por futuros, pero la tecnología actual de mercados de bienes no se lo permite. Los activos o contratos financieros surgen precisamente como instrumentos que resuelven este problema de asincronía temporal en la asignación de recursos.

Existen varias formas de introducir activos financieros y, por tanto, de definir el mercado de capitales en esta economía tan primitiva. Empezamos con un mercado de capitales consistente en la posibilidad de realizar préstamos personales de unos individuos a otros. Para simplificar, supondremos que el mercado es anónimo (de forma que no tenemos que especificar a quién se presta o a quién se pide prestado) y hablaremos de cantidad de dinero que un agente presta o pide prestado. En concreto, con L_i denotamos la cantidad de dinero que el agente i presta, independientemente de quién sea el agente o agentes que se repartan el préstamo. Bajo esta convención, ha de quedar claro que si $L_i > 0$ el agente presta una cantidad de L_i euros y si $L_i < 0$, el agente recibe un préstamo por valor de L_i euros. Finalmente, suponemos que dichos préstamos se hacen a un tipo de interés r. Es decir, si un agente pide un préstamo en $t = 0$ por X euros, tendrá que devolver $X(1 + r)$ euros en la fecha $t = 1$.

Es importante entender por qué este tipo de acuerdos de préstamo resuelven el problema de asignación intertemporal de recursos. Cuando estos préstamos existen, un agente que quiera aumentar su consumo en la actualidad pide un préstamo con el que aumenta su poder de compra en el presente. Cuando devuelva el préstamo en el momento 1 comprobará cómo su poder de compra en dicho momento se ve disminuido. Pero este es el coste por trasvasar recursos allí donde más utilidad le reportan. Por otro lado, el agente que presta observa cómo le ocurre lo contrario: su poder de compra aumenta en el futuro y se ve reducido en el presente. Si nos fijamos bien, el mercado de préstamos hace que los mercados de bienes estén abiertos "casi simultáneamente" pues transacciones en dicho mercado implican operaciones automáticas en ambos mercados de bienes. En esencia el mercado de capitales nos aleja de la situación de autarquía (donde los dos mercados de bienes están inactivos) y nos acerca a ese ideal walrasiano donde todos los mercados están abiertos simultáneamente. El lector avanzado podrá ver ya una relación clara entre el tipo de interés de los préstamos y el precio relativo de los bienes 1 y 0 del equilibrio walrasiano.

Ya tenemos todas las variables relevantes de la economía con mercados financieros o simplemente *economía financiera*. Por un lado tenemos las primitivas:

- preferencias: $U_i(c_i)$, $i = 1, ..., I$
- dotaciones iniciales de los agentes: $e_i = (e_{i0}, e_{i1})$, $i = 1, ..., I$

y, por otro, las variables endógenas:

- asignaciones de consumo: $c_i = (c_{i0}, c_{i1})$, $i = 1, ..., I$
- préstamos personales: L_i, $i = 1, ..., I$

- precios de los bienes de consumo: $q = (q_0, q_1)$
- precio de los activos financieros: r (el tipo de interés de los préstamos).

Como siempre, el equilibrio se produce cuando los agentes optimizan y los mercados se vacían. En el caso concreto del equilibrio financiero que estamos considerando, esta definición incorpora dos novedades, respecto al walrasiano del capítulo anterior. Por un lado, los agentes además de elegir las asignaciones óptimas de consumo, eligen también el nivel de préstamos óptimo. Por otro lado, además del vaciado del mercado de bienes, necesitamos que el mercado de capitales también se vacíe. En nuestra sencilla economía el vaciado del mercado de capitales se produce cuando la suma agregada de prestamos es igual a cero. Esto es así porque cualquier préstamo concedido ($L_i > 0$) tiene su contrapartida en un préstamo recibido ($L_j < 0$). En agregado ambos se cancelan y la oferta neta de préstamos es igual a cero. Por tanto, el equilibrio financiero en la economía $\xi = \{\{U_i(\cdot), e_i\}_{i = 1, \dots, I}\}$ se define de la siguiente manera:

$\{\{c_i, L_I\}_{i = 1, \dots, I}, q, r\}$ es un *equilibrio financiero* si:

i) (Optimización) Dados (q_0, q_1, r), para cada agente i, (c_i, L_i) es la solución al siguiente problema de optimización:

$$\underset{\{c_{i0}, c_{i1}, L_i\}}{\text{Max}} \quad U_i(c_{i0}, c_{i1})$$

$$\text{s.a.} \quad q_0 c_{i0} = q_0 e_{i0} - L_i \qquad \text{(restricción } t = 0)$$

$$q_1 c_{i1} = q_1 e_{i1} + L_i(1 + r)$$

$$c_{i0} \geq 0, \, c_{i1} \geq 0. \qquad \text{(restricción } t = 1)$$

ii) (Vaciado de los mercados) (q_0, q_1, r) son tales que la demanda es igual a la oferta en todos los mercados:

$$\sum_{i = 1}^{I} c_{i0} = \sum_{i = 1}^{I} e_{i0} \text{ (vaciado mercado de bienes de consumo del momento } t = 0)$$

$$\sum_{i = 1}^{I} c_{i1} = \sum_{i = 1}^{I} e_{i1} \text{ (vaciado mercado de bienes de consumo del momento } t = 1)$$

$$\sum_{i = 1}^{I} L_i = 0 \qquad \text{(vaciado mercado de capitales).}$$

Empecemos con las restricciones presupuestarias. A diferencia del equilibrio walrasiano, donde cada agente se enfrenta a una única restricción presupuestaria, en la economía intertemporal de un único periodo y dos fechas tenemos dos restricciones presupuestarias, una para cada momento. Esto es así porque siempre se ha de cumplir que el gasto total (en bienes de consumo y/o ahorro) de un agente no exceda sus recursos totales en cada momento en que pueda efectuar transacciones. Nótese asimismo que en ambas fechas aparece un término extra que recoge el efecto del uso del crédito para aumentar o disminuir el gasto en cada periodo. Así, en $t = 0$ el agente podrá consumir por el total del valor de sus dotaciones iniciales menos la cantidad de recursos que presta a otros agentes para que aumenten su consumo presente. Si L_i fuese negativa, entonces el agente podría aumentar su consumo por el valor del préstamo obtenido. En el momento $t = 1$ aparece el ajuste correspondiente en el valor del consumo por el ahorro efectuado en el momento $t = 0$ ($L_i > 0$) o por la devolución del préstamo ($L_i < 0$). En segundo lugar, obsérvese que escribimos las restricciones presupuestarias con signo de igualdad. Esto es así por el supuesto de funciones de utilidad estrictamente crecientes en cada argumento. Por último, nada cambia en las restricciones presupuestarias si dividimos por una cantidad estrictamente positiva ambos lados. Es decir, tenemos un grado de libertad para normalizar el precio de un bien en cada fecha. En el resto del libro haremos el supuesto de que el precio del bien de consumo de cada momento está normalizado a la unidad:

$$q_0 = 1, \ q_1 = 1 \ ,$$

que en esencia es un supuesto de ausencia de inflación en la economía. Bajo esta normalización, las restricciones presupuestarias son:

$$c_{i0} = e_{i0} - L_i \qquad\qquad\qquad [17.1]$$

$$c_{i1} = e_{i1} + L_i(1 + r) \ . \qquad\qquad\qquad [17.2]$$

Ahora podemos resolver las restricciones [17.1] y [17.2] para obtener:

$$c_{i1} + (1 + r)c_{i0} = e_{i1} + (1 + r)e_{i0}$$

o, de forma equivalente,

$$c_{i0} + \frac{1}{1 + r} \ c_{i1} = e_{i0} + \frac{1}{1 + r} \ e_{i1}. \qquad\qquad\qquad [17.3]$$

Gracias a la existencia de los préstamos personales podemos ahora escribir las restricciones presupuestarias como una única *restricción presupuestaria intertemporal*. Como se puede apreciar, ésta es casi idéntica a la que obtuvimos en el capítulo anterior para el caso de dos bienes de consumo. La única diferencia es que $1/(1 + r)$ juega aquí el papel que q_1 jugaba en el modelo walrasiano. La relación entre ambos ha de quedar clara. Dada la normalización $q_0 = 1$ en el modelo walrasiano, q_1 representa el número de unidades del bien 0 a las que el agente ha de renunciar para adquirir una unidad del bien 1. Bajo la normalización $q_0 = q_1 = 1$ en el modelo financiero, $1/1 + r$ representa exactamente el mismo concepto. Así, si el agente renuncia en $t = 0$ a consumir $1/1 + r$ unidades del bien 0, consigue un ahorro de $1/1 + r$ (ya que $q_0 = 1$) que puede prestar al tipo r. Este ahorro le garantiza unos pagos $\dfrac{1}{1 + r}(1 + r) = 1$ en $t = 1$, suficientes para adquirir una unidad del bien 1 (al ser $q_1 = 1$). Por tanto, q_1 en el modelo walrasiano y $1/1 + r$ en el modelo financiero representan exactamente lo mismo: cantidad del bien de consumo 0 a la que el agente ha de renunciar para aumentar su consumo del bien 1 en una unidad. Lo importante es que esta equivalencia sólo es cierta cuando existen los préstamos personales. En general, será cierta cuando exista un conjunto de activos financieros que permitan al agente mover recursos intertemporalmente para obtener un conjunto de consumos tan rico como el que se puede obtener en el modelo walrasiano. Esto se habría podido conseguir también si en vez de contar con una tecnología de préstamos personales, en la economía existiese el bono básico 1.

Utilizando la notación del capítulo 2 denominemos b_1 al precio en $t = 0$ de un bono que paga 1€ en $t = 1$. Cada agente i resolvería ahora el siguiente problema de optimización:

$$\underset{\{c_{i0},\, c_{i1},\, z_{i1}\}}{\text{Max}} \quad U_i(c_{i0}, c_{i1})$$

$$\text{s.a.} \quad c_{i0} = e_{i0} - z_{i1}b_1$$

$$c_{i1} = e_{i1} + z_{i1}$$

$$c_{i0} \geq 0, \quad c_{i1} \geq 0,$$

donde z_{i1} denota el número de unidades del bono básico 1 que el agente i compra en $t = 0$. En este caso obtenemos de nuevo la restricción presupuestaria intertemporal, que adopta la forma:

$$c_{i0} + b_1 c_{i1} = e_{i0} + b_1 e_{i1}.$$

Este resultado también lo podíamos haber obtenido directamente de [17.3], pues como sabemos existe una relación clara entre los precios de los bonos básicos y los tipos de interés de la economía: $b_1 = \dfrac{1}{1 + r}$. Lo importante es que si comparamos la restricción intertemporal financiera con la restricción presupuestaria walrasiana, vemos que b_1 juega el papel de q_1. No podía ser de otra forma: en la economía financiera, el pago de q_1 euros garantiza la compra de una unidad del bien de consumo 1; en la economía financiera, el pago de b_1 euros garantiza la obtención de 1€ en $t = 1$ con el que se puede comprar una unidad del bien del momento 1.

Como se puede apreciar, la economía con préstamos personales y la economía con el bono básico 1 ofrecen al agente las mismas oportunidades de consumo que, además coinciden con las de la economía walrasiana. Ambas representan situaciones de posibilidades de intercambios "plenos" o de *mercados completos*. En nuestra economía sencilla sólo tenemos un periodo en el futuro, y un solo activo financiero (préstamos personales) es suficiente para garantizar que la estructura financiera es completa.

Volviendo a nuestra restricción presupuestaria intertemporal [17.3], tenemos que:

$$c_{i1} = e_{i1} + (1 + r)e_{i0} - (1 + r)c_{i0} \, ,$$

lo que nos permite obtener la representación gráfica de la misma. La figura 17.1 recoge dicha restricción presupuestaria y dos distintas posibles asignaciones óptimas de un agente cualquiera.

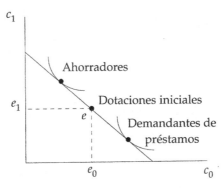

Figura 17.1. Asignaciones óptimas con mercados completos.

En dicha figura aparece clara la distinción entre agentes ahorradores (los que eligen asignaciones a la izquierda del punto correspondiente a las dotaciones iniciales) y agentes que se endeudan (los que eligen asignaciones a la derecha). Es importante destacar que la restricción presupuestaria siempre pasa a través del punto correspondiente a las dotaciones iniciales.

EJEMPLO 17.2.1 (Mercados completos)

José Martínez posee una riqueza inicial de 100 millones de euros, $e_0 = 100$€ mill., y en la economía existe un banco que presta y acepta depósitos al 20%. Esta es la única oportunidad de inversión disponible. ¿Qué podría hacer José con sus 100 millones? Representa gráficamente su restricción presupuestaria.

Una posibilidad sería disfrutar de la vida en el presente gastando todo el dinero en viajes, hoteles y diversión, y vivir en la pobreza durante su vejez. Otra posibilidad consistiría en disfrutar de un nivel de vida moderado en el presente gastando 50 millones y depositando los restantes 50 millones en el banco, lo que le proporcionará 60 millones para su vejez. José incluso podría vivir en la miseria en el presente y depositar los 100 millones en el banco con el fin de disfrutar de una vejez de lujo con los 120 millones que recibirá del banco. Estas tres alternativas vienen representadas en la figura 17.2. La primera corresponde al punto A, la segunda al punto B y la tercera al punto C. De hecho, José podría elegir cualquier combinación o cesta de consumo a lo largo y por debajo de la línea. Esta línea es la restricción presupuestaria y el conjunto de cestas sobre y bajo la línea constituyen el conjunto de posibilidades de consumo.

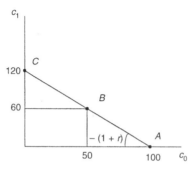

Figura 17.2

Es fácil comprobar que analíticamente esta recta corresponde a la función:

$$c_1 = 120 - 1{,}2\, c_0.$$

¿De dónde proviene esta función? Como ya sabemos, no es más que la restricción presupuestaria intertemporal que se obtiene en una economía con dos fechas y un mercado de capitales completo. Es decir, no es más que la solución a:

$$c_0 = e_0 - L$$

$$c_1 = (1 + r)\, L.$$

Es decir, en $t = 0$, el agente puede consumir por valor de su riqueza inicial menos lo que ahorre en el banco, mientras que en el momento $t = 1$, el agente podrá consumir el principal más los intereses del ahorro. Si resolvemos para L en la primera expresión y sustituimos en la segunda, obtenemos que:

$$c_1 = - (1 + r)\, (c_0 - e_0)$$

o

$$c_1 = (1 + r) e_0 - (1 + r)\, c_0. \ \blacksquare$$

Respecto a las condiciones de vaciado, tenemos una ecuación más que en el vaciado walrasiano —el vaciado del mercado de préstamos personales—. La Ley de walras adquiere una forma especial en esta economía. En esta sencilla economía tenemos tres mercados, dos de bienes de consumo y uno de capitales. En $t = 0$ tenemos dos mercados, el del bien de consumo 0 y el del mercado de crédito; en el momento $t = 1$ el del mercado del bien 1. Es fácil ver que una vez el mercado de crédito está vacío, los mercados de bienes de consumo también lo están. La razón es que el vaciado del mercado de crédito en el periodo $t = 0$ automáticamente implica el vaciado del mercado del bien de consumo 0. Una vez vacío este último, el mercado del bien 1 también se vacía. Esto es fácil de comprobar analíticamente.

Cuando el mercado de crédito está vacío sabemos que $\sum_{i=1}^{I} L_i = 0$. Ahora, sumando las restricciones presupuestarias (ecuaciones [17.1] y [17.2]) para todos los agentes y teniendo en cuenta la condición anterior observamos cómo directamente obtenemos las condiciones de vaciado en los dos mercados de bienes de consumo. Utilizando un argumento similar se puede ver que el vaciado del mercado de bienes implica el vaciado del mercado de capitales. Así, si el mercado del bien 0 está vacío, la suma de las restricciones presupuestarias del momento $t = 0$ nos da el vaciado del mercado de capitales. Una vez esté vacío, sumando las restricciones presupuestarias del momento 1 obtenemos el vaciado del mercado del bien 1. Resumiendo, la Ley de Walras en esta economía establece que una de las condiciones de vaciado de mercado, bienes o capitales, es redundante, pues el vaciado de un mercado implica automáticamente el vaciado del otro.

Una vez definido el equilibrio financiero pasamos a estudiar sus propiedades básicas de existencia, eficiencia y determinación de precios.

(i) Existencia y eficiencia del equilibrio financiero

Ahora estamos en condiciones de relacionar el equilibrio financiero de esta economía con el equilibrio walrasiano de una economía con dos bienes y donde los agentes tienen las mismas preferencias y dotaciones iniciales que en la economía financiera.[1] El cuadro 17.1 recoge el conjunto de condiciones que definen el equilibrio financiero (EF) y el equilibrio walrasiano (EW) de estas dos sencillas economías.

Si nos fijamos, sólo existen dos diferencias entre las condiciones que definen ambos equilibrios: las restricciones presupuestarias y la condición de vaciado del mercado de capitales. Sin embargo, como ya sabemos esta última es redundante dado el vaciado del mercado de bienes y, por tanto, podemos eliminarla. En definitiva, hemos derivado el siguiente resultado:

---

[1] Al decir "mismas preferencias y dotaciones iniciales" estamos haciendo uso de la transformación de variables discutido en el apartado 16.5 del capítulo anterior. Así, por ejemplo, si un agente tiene 2 unidades del bien de consumo del periodo 0 (trigo hoy) y 3 unidades del bien de consumo del momento 1 (trigo el año que viene), su homólogo de la economía walrasiana tendrá 2 unidades del bien de consumo 0 (naranjas) y 3 unidades del bien de consumo 1 (peras).

Cuadro 17.1

Equilibrio walrasiano (EW)	Equilibrio financiero (EF)
OPT^W: $\forall i$, c_i resuelve:	OPT^F: $\forall i$, (c_i, L_i) resuelve:
Max $U_i(c_{i0}, c_{i1})$	Max $U_i(c_{i0}, c_{i1})$
s.a. $c_{i0} + q_1 c_{i1} = e_{i0} + q_1 e_{i1}$	s.a. $c_{i0} + \dfrac{1}{1+r} c_{i1} = e_{i0} + \dfrac{1}{1+r} e_{i1}$
$c_{i0} \geq 0$, $c_{i1} \geq 0$	$c_{i0} \geq 0$, $c_{i1} \geq 0$
VAC^W:	VAC^F:
$\displaystyle\sum_{i=1}^{I} c_{i0} = \sum_{i=1}^{I} e_{i0}$	$\displaystyle\sum_{i=1}^{I} c_{i0} = \sum_{i=1}^{I} e_{i0}$
$\displaystyle\sum_{i=1}^{I} c_{i1} = \sum_{i=1}^{I} e_{i1}$	$\displaystyle\sum_{i=1}^{I} c_{i1} = \sum_{i=1}^{I} e_{i1}$
	$\displaystyle\sum_{i=1}^{I} L_i = 0$

PROPOSICIÓN 17.1 *(Equivalencia economía simple)*:

$\{q_1, \{c_i\}_{i=1, ..., I}\}$ es un equilibrio walrasiano si y sólo si $\{r, (c_i, L_i)_{i=1, ..., I}\}$ es un equilibrio financiero, donde $q_1 = 1/1 + r$, $L_i = e_i - c_i$.

En esencia este resultado nos dice que si conocemos el equilibrio de una de las dos economías podemos caracterizar completamente el de la otra. Nosotros estamos especialmente interesados en la dirección que nos lleva del equilibrio walrasiano al financiero. En el capítulo anterior establecimos claramente las condiciones de existencia y eficiencia (en sentido de Pareto) del equilibrio walrasiano. Supongamos que dichas condiciones sobre las funciones de utilidad y dotaciones iniciales de los agentes se cumplen y denominemos $\{q_1^*, c_i^*, i = 1, ..., I\}$ a las asignaciones y precios de equilibrio walrasianos. La proposición anterior automáticamente implica lo siguiente:

1. El equilibrio financiero existe.
2. El equilibrio financiero $\{r, \{c_i, L_i\}_{i=1, ..., I}\}$ viene dado por:

$$r = \frac{1 - q_1^*}{q_1^*}, \qquad c_i = c_i^*; \quad L_i = e_i - c_i^*, \qquad i = 1, ..., I$$

3. El equilibrio financiero es Pareto eficiente.

Destacamos, no obstante, que esta equivalencia es cierta porque los agentes pueden hacer uso de los préstamos personales. Si estos no fuesen permitidos, entonces la equivalencia podría ser no cierta. De hecho, como vimos, el único equilibrio posible en esta situación sería la situación de autarquía, donde los agentes consumen sus dotaciones iniciales en equilibrio. Las dotaciones iniciales (genéricamente) son asignaciones no eficientes. En resumen, un único activo financiero (préstamos personales) en esta economía es suficiente para "completar los mercados" y dar lugar a equilibrios con asignaciones Pareto eficientes. Si dicho activo no existiese, estaríamos en una situación de mercados financieros incompletos siendo las asignaciones del equilibrio financiero no eficientes en sentido paretiano (excepto en el caso especial en el que las dotaciones iniciales pertenecen al conjunto paretiano).

Es importante observar que cualquier otro activo, en oferta neta cero y precio estrictamente positivo, distinto a los préstamos personales nos habría llevado a la misma conclusión. Esto se puede deducir directamente de la definición del cuadro 17.1 del equilibrio financiero. En dicha definición, la única referencia a un activo financiero aparece en la condición de vaciado del mercado de capitales, que como sabemos es redundante. Lo que realmente importa es que los agentes se enfrenten a una única restricción presupuestaria intertemporal.

En definitiva, la economía financiera con el bono básico 1 y la economía con préstamos personales *son idénticas*. La razón fundamental es que ambas dan lugar a una estructura financiera completa.

Volviendo al equilibrio financiero, destacamos que la variable más importante que se determina en el mismo es el tipo de interés de equilibrio de la economía. En general, éste será una función de las primitivas: dotaciones iniciales y preferencias (parámetros de la función de utilidad). A continuación, presentamos un ejemplo concreto donde se puede calcular explícitamente el nivel óptimo de ahorro de cada agente y el tipo de interés de equilibrio de la economía, lo que nos permite hacer ejercicios de estática comparativa.

EJEMPLO 17.2.2 (Tipos de interés en una economía de intercambio puro con dos fechas)

Supongamos que todos los agentes tienen preferencias que vienen representadas por una función de utilidad logarítmica, con una *tasa de preferencia temporal* en el consumo, ρ. En concreto:

$$U_i(c_{i0}, c_{i1}) = \ln(c_{i0}) + \rho\ln(c_{i1}), \, \forall i.$$

En este caso, las condiciones de primer orden para cada agente i vienen dadas por:

$$-\frac{1}{e_{i0} - L_i} + \frac{(1 + r)\rho}{e_{i1} + (1 + r)L_i} = 0$$

o,

$$L_i = \frac{e_{i0}\rho}{(1 + \rho)} - \frac{e_{i1}}{(1 + r)(1 + \rho)}.$$

Es decir, *ceteris paribus*, un agente prestará más fondos cuanto mayor sea el tipo de interés, cuanto mayor sea ρ (cuanto más prefiera el consumo futuro en relación al presente), cuanto mayores sean sus dotaciones de bienes en $t = 0$ y cuanto menores sean sus dotaciones de bienes en $t = 1$. Como se puede apreciar todos estos resultados de estática comparativa tienen el signo "intuitivamente" correcto. En equilibrio:

$$\sum_{i=1}^{I} L_i = 0$$

o,

$$\sum_{i=1}^{I} e_{i1} = (1 + r)\rho \sum_{i=1}^{I} e_{i0}$$

$$r = \frac{\displaystyle\sum_{i=1}^{I} e_{i1}}{\displaystyle\rho \sum_{i=1}^{I} e_{i0}} - 1.$$

Es decir, r depende exclusivamente del ratio de la oferta agregada de bienes de consumo en el periodo $t = 1$ respecto al periodo $t = 0$ y de ρ. Cuanto mayor es el ratio, mayor es el tipo de interés y cuanto mayor es ρ menor es el tipo de interés. Un caso especial es el de oferta de bienes constante a lo largo del tiempo. En este caso, el tipo de interés vendría exclusivamente determinado por la tasa de sustitución entre el consumo presente y el futuro. ∎

Hasta ahora hemos supuesto que sólo se permiten los préstamos personales (o transacciones del bono básico 1) en la economía. ¿Qué sucedería si existiesen otros activos en la economía, como los bonos y las acciones?

Supongamos que los agentes pueden comprar y vender en $t = 0$ acciones de una empresa. En el contexto de nuestra sencilla economía una acción viene totalmente caracterizada por su precio en $t = 0$ y el pago (cierto) en $t = 1$ que recibirá el que la compra. En concreto, cada acción tiene un precio en el momento $t = 0$, que denotamos P_A, y da el derecho a la percepción de un pago, X_{A1}, en $t = 1$. Este pago futuro está expresado en unidades de cuenta (es decir, en términos del precio del bien de consumo del momento 1) y correspondería al valor liquidativo de la empresa por acción (pues $t = 1$ es la última fecha en nuestra economía). Además de acciones, suponemos que existen también bonos con cupón negociables en $t = 0$. Con P_B denotamos el precio en $t = 0$ de un bono que promete un solo pago en el momento $t = 1$ que consiste en el nominal, N, y un cupón del $i\%$. El siguiente esquema resume las características fundamentales de cada título.

	$t = 0$ (precios)	$t = 1$ (pagos)
Acción	P_A	X_{A1}
Bono	P_B	$N(1 + i)$

Para simplificar el análisis, supondremos que estos dos activos se encuentran en oferta neta cero en la economía. En el apartado 17.7 discutimos el caso de activos en oferta neta positiva.

En principio se podría pensar que los agentes preferirán esta estructura financiera a la anterior, donde sólo existía la posibilidad de efectuar préstamos personales, al ofrecer un mayor número de instrumentos financieros para asignar recursos intertemporalmente. Esto no es así, como veremos a continuación. Para empezar, consideremos el problema de optimización al que se enfrenta un agente cualquiera i en esta economía con préstamos, bonos y acciones:

$$\underset{\{c_{i0},\, c_{i1},\, L_i,\, z_{iA},\, z_{iB}\}}{\text{Max}} \quad U_i(c_{i0},\, c_{i1})$$

$$\text{s.a.} \quad c_{i0} = e_{i0} - L_i - (z_{iA}P_A + z_{iB}P_B) \tag{17.4}$$

$$c_{i1} = e_{i1} + L_i(1 + r) + (z_{iA}X_{A1} + z_{iB}N(1 + i)) \tag{17.5}$$

$$c_{i0} \geq 0,\, c_{i1} \geq 0,$$

donde, z_{iA} y z_{iB} representan el número de acciones y de bonos que el agente compra, respectivamente. Si estas variables tomasen valores negativos, estaríamos hablando de ventas en descubierto de dichos títulos. Los dos nuevos términos en las dos restricciones presupuestarias corresponden al coste de la cartera de acciones y bonos que el agente elige (ecuación [17.4]) y que afectan a la disponibilidad de recursos para el consumo en $t = 0$ y a los pagos que dicha cartera proporciona en el momento $t = 1$ (ecuación [17.5]). Para soluciones interiores, las condiciones de primer orden (necesarias y suficientes, bajo nuestros supuestos, para la existencia de una solución al problema de optimización) correspondientes a este problema de optimización son:

$$-\frac{\partial U_i(c_{i0},\, c_{i1})}{\partial c_{i0}} + (1 + r)\frac{\partial U_i(c_{i0},\, c_{i1})}{\partial c_{i1}} = 0$$

$$-P_A\frac{\partial U_i(c_{i0},\, c_{i1})}{\partial c_{i0}} + X_{A1}\frac{\partial U_i(c_{i0},\, c_{i1})}{\partial c_{i1}} = 0$$

$$-P_B\frac{\partial U_i(c_{i0},\, c_{i1})}{\partial c_{i0}} + N(1 + i)\frac{\partial U_i(c_{i0},\, c_{i1})}{\partial c_{i1}} = 0.$$

Estas condiciones implican que

$$\frac{\partial U_i(c_{i0},\, c_{i1})\big/\partial c_{i0}}{\partial U_i(c_{i0},\, c_{i1})\big/\partial c_{i1}} = 1 + r = \frac{X_{A1}}{P_A} = \frac{N(1 + i)}{P_B}.$$

Así, por ejemplo, para un determinado tipo de interés de los préstamos personales, r, se ha de cumplir necesariamente que:

$$P_A = \frac{X_{A1}}{1 + r} ; \quad P_B = \frac{N(1 + i)}{1 + r} . \qquad [17.6]$$

Por tanto, los precios de ambos activos han de ser igual al valor presente de sus pagos futuros descontados al tipo de los préstamos personales. Nuestro planteamiento indica que si esta condición no se cumpliese, no existiría solución al problema de optimización del inversor. Lo importante es ver que dicha condición no es más que la condición de no arbitraje en nuestra economía simple. Es decir, si dicha relación no se cumpliese existirían oportunidades de arbitraje en nuestra economía. Por ejemplo, supongamos que $r = 10\%$ y $X_{A1} = 110€$. La ecuación [17.6] establece que el precio de la acción ha de ser igual a 100€. ¿Qué pasaría si el precio fuese 90€? Existirían oportunidades de arbitraje; es decir, se podría encontrar una cartera de préstamos y acciones que bien:

i)   tiene coste cero y pagos estrictamente positivos o,
ii) tiene coste negativo y pagos cero.

Por ejemplo, a esos precios se podría pedir un préstamo de 90€ y comprar una acción. Si hacemos esto, en el periodo final recibiremos 110€ por la acción y sólo tendremos que devolver 99€ por el préstamo. Es decir, ganamos 11€ por cada acción que compremos utilizando préstamos sin incurrir en coste alguno en el momento $t = 0$. Esto es una clara oportunidad de arbitraje. Además, si este tipo de oportunidades existiese, sería mejor para el agente pedir 180€ en vez de 90€ y comprar dos acciones. De esta forma ganaría 22€ sin hacer inversión alguna. De hecho, un préstamo de 360€ y compra de 4 acciones sería aún mejor, y así sucesivamente. Como podemos apreciar, cuando la condición [17.6] no se cumple, existen oportunidades de arbitraje y no existe cartera de activos óptima para el inversor, pues siempre existirá una cartera que da más beneficios de arbitraje que cualquier otra con beneficios de arbitraje finitos. ¿Qué cree el lector que pasaría si $P_A = 105$?

El resultado obtenido en el párrafo anterior es fundamental y debe ser recordado: *las condiciones de primer orden del problema de optimización de los agentes identifican las condiciones necesarias para la ausencia de arbitraje en la economía.*

Por otro lado, la relación [17.6] nos dice que la tasa de rendimiento de cualquiera de los tres activos ha de ser la misma. Así, utilizando la definición de rendimiento (bruto) de un activo

$$1 + R_A \equiv \frac{X_{A1}}{P_A} ; \quad 1 + R_B \equiv \frac{N(1 + i)}{P_B} ,$$

según [17.6], para que no existan oportunidades de arbitraje se ha de cumplir que:

$$1 + R_A = 1 + R_B = 1 + r. \tag{17.7}$$

Este resultado también nos da una idea de que, en realidad, los tres activos representan lo mismo: la posibilidad de prestar y pedir préstamos al $r\%$. Es decir, estamos en presencia de activos *redundantes*: cualquiera de ellos es replicable con carteras de los otros. Por ejemplo, supongamos que los préstamos personales son el único activo existente en la economía. Introduzcamos ahora las acciones de la empresa. ¿Podemos encontrar un préstamo personal que ofrezca los mismos pagos que la compra de una acción? La respuesta es afirmativa. Una acción ofrece pagos X_{A1}. Por cada L euros prestados obtenemos un pago en $t = 1$ de $L(1 + r)$ euros. Es fácil ver que existe un L^R que exactamente replica el pago de la acción. En concreto, $L^R = X_{A1}/1 + r$. Si, por ejemplo, hubiésemos supuesto que el bono es el título original, es fácil comprobar que existe una cartera de bonos, z^R, que exactamente replica el pago de la acción. En concreto, $z^R = \dfrac{X_{A1}}{(1 + i)N}$.

Tenemos aquí otro mensaje básico: a través de las condiciones de primer orden del problema de optimización de los agentes seremos capaces de descubrir si existen activos redundantes en la economía y la naturaleza de las estrategias que podrían explotar oportunidades de arbitraje en presencia de los mismos.

Veamos ahora si la existencia de dichos activos realmente aumenta las oportunidades de intercambio entre los agentes permitiéndoles lograr asignaciones de consumo "mejores" que las que obtienen cuando sólo se permiten los préstamos personales. Para ver esto, impongamos la condición [17.7] —es decir, supongamos que los precios de los activos son los de ausencia de arbitraje— en las restricciones presupuestarias de cualquier agente i:

$$c_{i0} = e_{i0} - (L_i + z_{iA}P_A + z_{iB}P_B)$$
$$c_{i1} = e_{i1} + (L_i + z_{iA}P_A + z_{iB}P_B)(1 + r).$$

Ahora podemos definir $\bar{L}_i \equiv L_i + z_{iA}P_A + z_{iB}P_B$ y expresar las restricciones presupuestarias como:

$$c_{i0} = e_{i0} - \bar{L}_i$$
$$c_{i1} = e_{i1} + \bar{L}_i(1 + r).$$

Que en realidad es la misma restricción presupuestaria que teníamos cuando sólo existía la posibilidad de préstamos personales (ecuaciones [17.1] y [17.2]) y que da lugar a la restricción presupuestaria intertemporal que obtuvimos antes (ecuación [17.3]. Por tanto, concluimos que en presencia de activos redundantes valorados en ausencia de arbitraje, los agentes no obtienen oportunidades de intercambio más amplias que las que obtienen con los activos originales (no redundantes).

Un problema que surge cuando tenemos activos redundantes en la economía es que las carteras de los agentes van a estar indeterminadas. La razón es que existen infinitas carteras de activos que producen un mismo trasvase intertemporal de recursos. No obstante, a pesar de que la posición de cada agente en cada título está indeterminada, el ahorro o endeudamiento agregado de cada agente, $\bar{L}_i$, no lo está.

Por lo tanto, en este contexto de una sola fecha futura es suficiente con tener un único activo para que los agentes gocen de unas oportunidades de intercambio tan amplias como las de los agentes en la economía walrasiana.[2] Este activo puede ser: préstamos personales, bonos básicos, acciones o bonos. Por esta razón, definimos una estructura financiera completa de la siguiente manera:

DEFINICIÓN 17.1 *(Mercados completos $t = 0,1$):*

En una economía con $T = 1$ (una sola fecha futura o un único periodo) la estructura financiera es *completa* si existe el bono básico 1 o si éste es replicable con los activos existentes.

Hasta ahora hemos visto que la introducción de bonos y acciones no aumenta las oportunidades de intercambio entre los agentes de nuestra economía sencilla. Pero, ¿cambian las asignaciones de equilibrio? Es fácil ver que las asignaciones de consumo de equilibrio de la economía con un sólo activo (por ejemplo, préstamos personales) también es una asignación de equilibrio en la economía con tres activos (donde, por ejemplo, los agentes no compran ni venden acciones ni bonos).

Nuestro estudio del impacto de la existencia de activos redundantes sobre las restricciones presupuestarias y condiciones de equilibrio deja claro que las asignaciones y precios de equilibrio son los mismos en las siguientes estructuras financieras alternativas: economía con bono básico 1, economía con préstamos personales, economía con bonos, economía con acciones, economía con combinaciones arbitrarias de los activos anteriores. Por todo ello, en lo sucesivo nuestro tratamiento de los activos redundantes consistirá en: 1) valorarlos según la relación de no arbitraje y, 2) eliminarlos del análisis, pues en su ausencia obtenemos el mismo equilibrio financiero que cuando están presentes.

(ii) Valoración

En este apartado presentamos una metodología general para valorar los activos financieros (originales y redundantes). Como es de esperar, derivaremos las mismas fórmulas de valoración que obtuvimos en el apartado anterior.

A estas alturas ha de estar claro que nuestra economía con préstamos personales es idéntica, entre otras, a una economía donde se pudiese comprar y vender unidades del bono básico 1. Por motivos meramente pedagógicos suponemos en lo que sigue que dicho bono básico existe. En estas condiciones un agente cualquiera i resuelve el siguiente problema de optimización:

---

[2] Por supuesto, si existiesen otros activos éstos han de tener precios que no den lugar a oportunidades de arbitraje. De lo contrario, las oportunidades de intercambio serían mayores, pero el equilibrio sería inviable.

$$\underset{\{c_{i0},\, c_{i1},\, z_{i1}\}}{\text{Max}} \quad U_i(c_{i0},\, c_{i1})$$

$$\text{s.a.} \quad c_{i0} = e_{i0} - z_{i1}b_1$$

$$c_{i1} = e_{i1} + z_{i1}$$

$$c_{i0} \geq 0,\, c_{i1} \geq 0.$$

Centrándonos en el caso de soluciones interiores, tenemos las siguientes condiciones de primer orden (necesarias y suficientes para la existencia de un óptimo bajo nuestros supuestos):

$$-b_1 \, \frac{\partial U_i(c_{i0},\, c_{i1})}{\partial c_{i0}} + \frac{\partial U_i(c_{i0},\, c_{i1})}{\partial c_{i1}} = 0.$$

Esto implica que

$$b_1 = \frac{1}{1+r} = \frac{\partial U_i(c_{i0},\, c_{i1}) / \partial c_{i0}}{\partial U_i(c_{i0},\, c_{i1}) / \partial c_{i1}} > 0.$$

Por tanto, el precio del bono básico 1 ha de ser estrictamente positivo. Si el precio fuese negativo no existiría solución al problema de optimización y, por tanto, no existiría el equilibrio financiero (pues una de las condiciones que exige no se cumple). Por otro lado, dicho precio ha de ser igual a las relaciones marginales de sustitución en el consumo de los agentes —RMS. En principio cada agente podría valorar dichos bonos básicos de distinta manera y tener precios del bono básico no únicos. Sin embargo, como ya sabemos, las asignaciones de los agentes en esta economía son Pareto eficientes. Como estas asignaciones están caracterizadas por la igualación de la RMS de todos los agentes, concluimos que el precio del bono básico 1 ha de ser *único* en nuestra economía e igual a la RMS de cualquier agente.

Introduzcamos ahora un activo genérico adicional en nuestra economía donde existe el bono básico 1. Dicho activo, que denominamos activo "y", tiene un precio P_y en $t = 0$ y ofrece un pago X_{y1} en $t = 1$. En presencia de estos dos activos, cualquier agente i resuelve el siguiente problema de optimización:

$$\underset{\{c_{i0},\, c_{i1},\, z_{i1},\, z_{iy}\}}{\text{Max}} \quad U_i(c_{i0},\, c_{i1})$$

$$\text{s.a.} \quad c_{i0} = e_{i0} - z_{i1}b_1 - z_{iy}P_y$$

$$c_{i1} = e_{i1} + z_{i1} + z_{iy}X_{y1}$$

$$c_{i0} \geq 0,\, c_{i1} \geq 0,$$

donde z_{iy} denota el número de unidades del activo y en la cartera del agente i. Centrándonos de nuevo en el caso de soluciones interiores, tenemos las siguientes condiciones de primer orden:

$$-b_1 \frac{\partial U_i(c_{i0}, c_{i1})}{\partial c_{i0}} + \frac{\partial U_i(c_{i0}, c_{i1})}{\partial c_{i1}} = 0$$

$$-P_y \frac{\partial U_i(c_{i0}, c_{i1})}{\partial c_{i0}} + X_{y1} \frac{\partial U_i(c_{i0}, c_{i1})}{\partial c_{i1}} = 0.$$

Estas ecuaciones implican que:

$$P_y = b_1 X_{y1} = \frac{1}{1+r} X_{y1}. \qquad [17.8]$$

La ecuación anterior no es más que la versión más sencilla posible de nuestra ecuación fundamental de valoración en ausencia de arbitraje (véase el capítulo 2). La misma establece que, para que no exista arbitraje, todo activo ha de tener un precio igual al valor presente de sus pagos futuros, utilizando como factor de descuento el tipo de interés de la economía o, precio del bono básico 1. Lo importante en el presente contexto es que esta condición ha sido derivada formalmente como una *condición necesaria* para la existencia del equilibrio financiero. Insistimos en que, si dicha condición no se cumpliese, no existiría solución al problema de optimización de los agentes y, por lo tanto, no existiría equilibrio. Por último, a diferencia del análisis del capítulo 2 donde los precios de los bonos básicos eran simples números estrictamente positivos que tomábamos como dados, en el presente contexto son obtenidos endógenamente. Ahora sabemos que los mismos han de ser iguales a las relaciones marginales de sustitución en el consumo de los agentes y, en general, dependerán de las primitivas de la economía.

El análisis de este apartado —deliberadamente presentado de forma parsimoniosa, incluso repetitiva— es fundamental para entender los principales resultados de los capítulos que siguen. Resumimos aquí las ideas fundamentales extensibles a escenarios más generales que el aquí analizado:

1. El ideal de mercados completos corresponde a una situación donde la estructura financiera ofrece a los agentes oportunidades de intercambio tan amplias como las de los agentes walrasianos. En nuestra economía con una sola fecha futura, un único activo es suficiente para lograr este ideal. En las secciones siguientes ofreceremos una definición general de mercados completos.

2. Cuando los mercados son completos:

   a) El equilibrio financiero existe.

   b) Las asignaciones de consumo de los agentes son Pareto eficientes.

   c) Cualquier activo nuevo incorporado a la economía es redundante.

d) El precio de cualquier activo (incluidos los redundantes) viene unívo-
camente dado por la condición de ausencia de arbitraje (o ecuación
fundamental de valoración). Esta condición se puede obtener a través
de las condiciones de primer orden del problema de optimización de
un inversor cualquiera, pues es una condición necesaria para la existencia de solución a dicho problema.

3. El equilibrio financiero (asignaciones, precios y propiedades de eficiencia)
se ve inalterado si eliminamos del análisis todos los activos redundantes.

17.3 Extensión a múltiples periodos

La extensión de los resultados expuestos en el último párrafo al caso más general de un entorno de certeza con un número arbitrario de periodos, T, es casi inmediata. Existen, no obstante, algunos obstáculos en el camino que vale la pena
discutir en detalle. Para fijar las ideas, planteamos primero el problema en el contexto de una economía con dos periodos y tres fechas. En esta economía los agentes disponen también de dotaciones del bien del momento $t = 2$, e_{i2}, y funciones
de utilidad que dependen del consumo de dicho bien, $U_i(c_{i0}, c_{i1}, c_{i2})$. En cuanto a
la estructura financiera de la economía, sin pérdida de generalidad, empecemos
suponiendo que existe el siguiente conjunto de bonos básicos: bonos básicos 1, 2
y "12". Este último es un bono que se emite en $t = 1$ y que paga 1€ en $t = 2$.
Supondremos que la oferta agregada de cada uno de ellos es igual a cero. La figura 17.3 recoge la distribución de pagos, notación de precios y rentabilidades de
estos tres activos financieros:

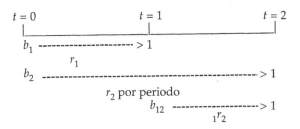

Figura 17.3

Nuestro primer objetivo es simplemente ver cómo esta estructura financiera
afecta al problema de asignación intertemporal de recursos para identificar una
estructura financiera completa y la posible existencia de activos redundantes.
Para ello, empecemos con el problema de optimización de un agente cualquiera i. Dados los precios b_j ($j = 1, 2, $ "12"), cada agente i elige una cartera de activos $z_i = (z_{i1}, z_{i2}, z_{i12})$ —donde z_{ij} denota el número de unidades del bono básico
j ($j = 1, 2$) que el agente i compra en $t = 0$, y z_{i12} la cantidad del bono básico "12"

que el agente i compra en $t = 1$— y unas asignaciones de consumo que son solución al siguiente problema de optimización:

$$\underset{\{c_{i0},\, c_{i1},\, c_{i2},\, z_{i1},\, z_{i2},\, z_{i12}\}}{\text{Max}} \quad U_i(c_{i0},\, c_{i1},\, c_{i2})$$

$$\text{s.a.} \quad c_{i0} = e_{i0} - (z_{i1}b_1 + z_{i2}b_2)$$

$$c_{i1} = e_{i0} + z_{i1} - z_{i12}b_{12}$$

$$c_{i2} = e_{i2} + z_{i2} + z_{i12} \qquad [17.9]$$

$$c_{i0} \geq 0,\, c_{i1} \geq 0,\, c_{i2} > 0.$$

Como se puede apreciar, en el momento $t = 0$ aparece el coste de la cartera de bonos 1 y 2 (los únicos que se pueden negociar en dicho momento); en la fecha $t = 1$ aparece el pago por la posición en el bono 1 y el coste de la compra de bonos tipo "12"; en el momento 2 aparecen los pagos de los dos bonos que vencen en $t = 2$, el bono 2 y el "12". Es importante tener presente que al escribir estas restricciones presupuestarias hemos hecho el supuesto de que los bonos *no son "renegociables"*. Es decir, estamos suponiendo que un bono se compra o se vende en la fecha en que se emite y los agentes mantienen la posición hasta el vencimiento. Si los bonos fuesen renegociables tendríamos que hacer ajustes en la restricción presupuestaria del momento 1 recogiendo posibles compras o ventas del bono 2 que se emitió en $t = 0$ y vence en $t = 2$. Este caso correspondería al de una economía *intertemporal dinámica*, a diferencia de la multiperiodo que aquí consideramos. Si hubiésemos supuesto que en cada periodo hay un mercado abierto para todos los activos en circulación, las restricciones presupuestarias serían:

$$c_{i0} = e_{i0} - (z_{i1}b_1 + z_{i2}b_2)$$

$$c_{i1} = e_{i1} + z_{i1} - z_{i12}b_{12} + b_2(1)(z_{i2} - z_{i2}(1))$$

$$c_{i2} = e_{i2} + z_{i2}(1) + z_{i12},$$

donde $b_2(1)$ es el precio al que se negocia el bono básico 2 en el momento $t = 1$ y $z_{i2}(1)$ es el número de unidades del bono básico 2 que el agente retiene en dicho momento. La diferencia $z_{i2} - z_{i2}(1)$ corresponde al número de bonos básicos que el agente vende en $t = 1$. Si $z_{i2} - z_{i2}(1) = 0$, el agente no habrá efectuado transacciones (en $t = 1$ mantiene el mismo número de bonos que en $t = 0$); si $z_{i2} - z_{i2}(1) > 0$, el agente habrá vendido bonos (pues en $t = 0$ tenía más bonos en cartera que en $t = 1$), y si $z_{i2} - z_{i2}(1) < 0$, el agente habrá comprado $z_{i2}(1) - z_{i2}$ bonos. Como se puede apreciar, en este caso el análisis es bastante más complicado. Sin embargo, la mayoría de nuestros resultados no cambiarían. Para que nos hagamos una idea, comparemos compras del bono "12" con compras del bono 2 en $t = 1$. En el primer caso el inversor paga b_{12} a cambio de recibir 1€ en $t = 2$. En el segundo caso el inversor paga $b_2(1)$ a cambio de recibir 1€ en $t = 2$. Al ofrecer los mismos pagos ambos precios han de ser iguales también: $b_2(1) = b_{12}$. En esencia, en presencia del bono básico intermedio, las transacciones en el momento $t = 1$ del bono 2 son redundantes. Podemos ignorarlas, por tanto. Este punto no implica que el análisis dinámico es equivalente al multiperiodo. Existen otros problemas adicionales que van más allá de lo que aquí podemos cubrir. Por ello, a partir de ahora supondremos que los agentes sólo pueden negociar bonos en el periodo en que se emiten.

Volvamos al problema [17.9] para averiguar la forma que la condición de ausencia de arbitraje adopta en el presente contexto. Las condiciones de primer orden asociadas a una solución interior son:

$$-b_1 \frac{\partial U_i(c_{i0}, c_{i1}, c_{i2})}{\partial c_{i0}} + \frac{\partial U_i(c_{i0}, c_{i1}, c_{i2})}{\partial c_{i1}} = 0$$

$$-b_2 \frac{\partial U_i(c_{i0}, c_{i1}, c_{i2})}{\partial c_{i0}} + \frac{\partial U_i(c_{i0}, c_{i1}, c_{i2})}{\partial c_{i2}} = 0 \qquad [17.10]$$

$$-b_{12} \frac{\partial U_i(c_{i0}, c_{i1}, c_{i2})}{\partial c_{i1}} + \frac{\partial U_i(c_{i0}, c_{i1}, c_{i2})}{\partial c_{i2}} = 0.$$

Una consecuencia inmediata de [17.10] es que los precios de los bonos básicos han de ser estrictamente positivos, de lo contrario existirían oportunidades de arbitraje en la economía. Por otro lado, [17.10] implica que:

$$b_2 = b_1 b_{12}$$

o, en términos de rentabilidades:[3]

$$(1 + r_2)^2 = (1 + r_1)(1 + {}_1r_2).$$

Como antes, si los precios de los bonos básicos no cumpliesen esta condición, existirían oportunidades de arbitraje. Esta segunda manifestación de la condición de ausencia de arbitraje pone de manifiesto que existen activos redundantes en la economía. Existen dos formas de trasvasar recursos entre el momento $t = 0$ y el momento $t = 2$. Así, si un agente deseara aumentar su nivel de consumo en $t = 2$, podría (i) comprar un bono básico 2 o (ii) comprar un bono básico 1 y hacer el *rollover* con el bono básico "12" (es decir, reinvertir en el "12" lo que le paga el 1). La condición anterior nos dice que los pagos por euro invertido en cada una de ellas han de coincidir, de lo contrario existirían oportunidades de arbitraje. Así, si $(1 + r_2)^2 > (1 + r_1)(1 + {}_1r_2)$, existe una oportunidad de arbitraje que cada agente puede explotar simplemente endeudándose por una cantidad Y en

---

[3] Para ver esto, simplemente recordar las definiciones del rendimiento de cada título:

$$1 + r_1 \equiv \frac{1}{b_1}; \quad (1 + r_2)^2 \equiv \frac{1}{b_2}; \quad 1 + {}_1r_2 \equiv \frac{1}{b_{12}}.$$

la estrategia de *rollover* e invirtiendo dicha cantidad en el bono a largo, bono 2. Una vez la condición de no arbitraje se cumple, las dos estrategias anteriores consiguen exactamente lo mismo. Por tanto, algunos de los activos implicados en ellas han de ser redundantes. En concreto, si el bono básico 2 existe, el "12" es redundante. Por otro lado si el bono básico "12" existe, entonces el bono básico 2 es redundante. En lo que sigue supondremos que los bonos básicos 1 y 2 existen y, sin pérdida de generalidad (véase apartado anterior), eliminaremos del análisis el bono básico "12".

Ahora podemos ver que las restricciones presupuestarias del problema [17.9] pueden ser reexpresadas como:

$$c_{i0} + b_1 c_{i1} + b_2 c_{i2} = e_{i0} + b_1 e_{i1} + b_2 e_{i2}.$$

Como se puede observar, al igual que en el caso de un periodo, el conjunto de restricciones presupuestarias se puede expresar como una única restricción intertemporal, muy parecida a la que se enfrentan los agentes en la economía walrasiana. Esto ya nos da una idea de que el equilibrio financiero de esta economía va a estar íntimamente relacionado con el walrasiano en una economía estática con tres bienes. En esta economía, por tanto, el ideal de mercados completos se consigue con los bonos básicos 1 y 2 (u otros cualesquiera capaces de replicarlos) al ofrecer éstos un conjunto de posibilidades de intercambio tan grandes como las de la economía walrasiana. En su presencia tenemos garantizada no sólo la existencia del equilibrio financiero, sino, además, la eficiencia de sus asignaciones de consumo.

En cuanto a valoración, es fácil ver que cualquier bono j con pagos arbitrarios X_{j1} y X_{j2} en $t = 1$ y $t = 2$, respectivamente, ha de tener un precio, P_j, dado por:

$$P_j = b_1 X_{j1} + b_2 X_{j2}.$$

Como se puede apreciar, los resultados obtenidos en el caso de un solo periodo son ciertos también en el caso de 2 periodos.

Podemos ahora definir un entorno de *certeza general* con T periodos ($t = 0$, 1, ..., T) y en el que existen N bonos complejos. El bono complejo j es un activo que ofrece un pago X_{jt} en cada periodo $t > 0$ y que en la actualidad tiene un precio que denotamos P_j.[4] La mayoría de los bonos que existen en los mercados reales son un caso particular de éste. Así, un bono con nominal N, vencimiento en T y cupón por periodo del i% es un bono complejo con pagos $X_t = iN$ para todo $t = 1, ..., T - 1$ y con un último pago $X_T = (1 + i)N$. Un bono al descuento con nominal N y con vencimiento en $t' > 0$, sería un bono complejo con pagos $X_t = 0$

---

[4] Para ser coherentes con la habitual descripción de las economías con certeza, nos referimos a los activos de este apartado como bonos. Sin embargo, utilizaremos la notación empleada para activos en general de forma que sus pagos los denominaremos X y sus precios P.

para todo $t \neq t'$ y $X_{t'} = N$. Por último, los bonos básicos también son un caso particular de bonos complejos. Así, el bono básico t no es más que un bono complejo que paga 1€ en t y 0 en todas las demás fechas.

Los pagos y precios de estos bonos complejos pueden ser expresados en forma matricial. En concreto, definimos el vector de precios (P) y la matriz de pagos (X) de la siguiente forma:

$$P = \begin{pmatrix} P_1 \\ \vdots \\ P_j \\ \vdots \\ P_J \end{pmatrix}$$

$$X = \begin{pmatrix} X_{11} & \cdots & X_{1t} & \cdots & X_{1T} \\ \vdots & \ddots & \vdots & \ddots & \vdots \\ X_{j1} & \cdots & X_{jt} & \cdots & X_{jT} \\ \vdots & \ddots & \vdots & \ddots & \vdots \\ X_{J1} & \cdots & X_{Jt} & \cdots & X_{JT} \end{pmatrix}.$$

En dicha matriz, la fila j recoge los pagos del activo j en los distintos periodos futuros y la columna t recoge los pagos de todos los activos en el periodo t. Como los activos financieros están totalmente caracterizados por sus precios y pagos futuros, definimos al par $\{P, X\}$ como la *estructura financiera* de la economía.

Nuestro estudio de las economías con 1 y 2 periodos sugieren la siguiente definición general de mercados completos.

DEFINICIÓN 17.2 (*Mercados completos economía con T periodos*):

En la economía general de $T + 1$ fechas, la estructura financiera $\{P, X\}$ es completa (mercados completos) si y sólo si existen T bonos básicos (distintos), o si estos pueden ser replicados con los existentes.

Ahora ya podemos presentar la extensión de nuestros resultados anteriores a la economía general en forma de teorema:

TEOREMA 17.1

Si la estructura financiera de la economía con T periodos es completa, entonces:

1. *El equilibrio financiero existe.*
2. *Las asignaciones de equilibrio son eficientes en sentido paretiano.*
3. *Los precios de los bonos básicos son únicos y vienen dados por las RMS de los agentes (que se igualan en equilibrio):*

$$b_t = \frac{\dfrac{\partial U_i(c_i)}{\partial c_{it}}}{\dfrac{\partial U_i(c_i)}{\partial c_{i0}}} = \frac{\dfrac{\partial U_k(c_k)}{\partial c_{kt}}}{\dfrac{\partial U_k(c_k)}{\partial c_{k0}}} > 0, \ t = 1, 2, ..., T.$$

4. *Los bonos complejos tienen precios únicos que satisfacen la ecuación fundamental de valoración. Así, un bono complejo arbitrario, j, tiene un precio P_j tal que:*

$$P_j = b_1 \, X_{j1} + ... + b_T X_{jT} \,.$$

Estos cuatro puntos son las extensiones naturales de los resultados obtenidos en los apartados 17.2 y 17.3. Aunque aquí no presentamos una demostración formal de los mismos, ésta quedará clara una vez estudiemos el entorno de incertidumbre que empezamos en el siguiente apartado. Los entornos de incertidumbre están más próximos a la realidad de los mercados financieros. Por ello, preferimos plantear el estudio formal de la economía general en dicho entorno.

17.4 El equilibrio financiero en condiciones de incertidumbre

Introducimos ahora incertidumbre en el análisis. Para hacer esto retomamos la economía básica del capítulo 4. Esta economía dura un periodo y tiene dos fechas, $t = 0, 1$, con incertidumbre respecto a qué estado va a ocurrir en $t = 1$. En concreto en $t = 1$ ocurrirá uno de entre S posibles estados de la naturaleza. Con el índice $s = 1, 2, ..., S$ denotamos cada uno de estos estados de la naturaleza. El siguiente árbol describe la estructura temporal y de incertidumbre en que ahora nos movemos:

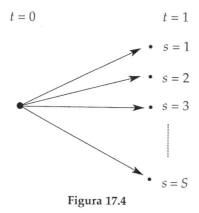

Figura 17.4

A menudo nos referiremos al momento $t = 0$ como $s = 0$. Es decir, utilizaremos $s = 0, 1, ..., S$, donde $s = 0$ se refiere a la fecha $t = 0$ y $s > 0$ a cualquiera de los S

posibles estados en $t = 1$. El siguiente planteamiento ilustra lo que entendemos por estados de la naturaleza. Supongamos que sólo pueden pasar tres cosas en el futuro: que la economía se encuentre en un auge expansivo, que la economía mantenga los niveles de crecimiento actuales o que la economía se encuentre en plena recesión económica. En este caso podemos asociar el estado 1 a la situación de auge, el estado 2 a la de "continuidad" y el estado 3 a la de recesión económica. En $t = 0$ los agentes económicos no saben con seguridad cuál de estas situaciones (estados) se producirá en el futuro, pero una vez llegado el periodo 1 sólo una de ellas ocurre. Nuestro planteamiento teórico puede ser, por tanto, interpretado de forma realista con gran facilidad (relegamos al lector al capítulo 4 para más detalles sobre la interpretación de los estados de la naturaleza).

En esta economía existen agentes que de nuevo denotamos con el índice $i = 1,..., I$. En cada periodo y estado existe un mercado donde los agentes competitivamente intercambian el único bien de consumo de la economía para maximizar su utilidad. Como siempre, los agentes están caracterizados por sus preferencias y dotaciones iniciales de dicho bien. Así, el agente i se caracteriza por su función de utilidad:

$$U_i(c_{i0}, c_{i1}, ..., c_{is}, ..., c_{iS})$$

y sus dotaciones iniciales:

$$e_i = (e_{i0}, e_{i1}, ..., e_{is}, ..., e_{iS}),$$

donde e_{is} denota las unidades del bien de consumo del estado s que el agente posee y c_{is} las unidades de dicho bien que el agente consume. Aunque estrictamente hablando el bien de la economía sería un bien como, por ejemplo, el trigo y, por lo tanto, deberíamos hablar de dotaciones de un agente cualquiera como las unidades de "trigo hoy" que tiene en $t = 0$, "trigo mañana si la economía está en auge" que tiene en el estado 1, "trigo mañana si la economía está en recesión" que tiene en el estado 3, etc., podemos interpretar dichas tenencias como la riqueza no financiera del agente en cada periodo/estado. Asi hablaremos de riqueza del agente (por ejemplo, su renta salarial) en el presente, en el futuro si la economía está en auge, en el futuro si la economía está en recesión, etc.

En esta economía es posible que las dotaciones iniciales de cada agente no les reporten un elevado nivel de utilidad y que se puedan conseguir grandes ganancias en términos de bienestar mediante el intercambio de bienes entre agentes. Así, por ejemplo, un agente podría tener una gran riqueza en el estado 1 (auge económico) y una riqueza muy baja en el estado 3 (recesión). Se podría tratar, por ejemplo,[5] de un trabajador empleado en una empresa que fabrica coches (empresas que son pro-

---

[5] Con fines puramente ilustrativos presentamos aquí un ejemplo que implícitamente asume la existencia de, al menos, dos bienes de consumo en la economía.

cíclicas). En el otro extremo podríamos tener un trabajador en una empresa anticíclica (por ejemplo, empleado en una fábrica de pan —típico ejemplo de un bien inferior—), que vería cómo sus rentas salariales son más altas en el estado de recesión económica que en el estado de auge económico. Parece razonable pensar que dichos agentes están interesados en intercambiar el bien del estado 1 por el bien del estado 3. El problema es que estos dos bienes no se negocian simultáneamente. Llegado el periodo 1, si el estado que ocurre es el 1 entonces los agentes podrán intercambiar este bien y, si ocurre el estado 3, podrán intercambiar el bien del estado 3. Pero jamás podrán intercambiar el bien del estado 1 con el del estado 3 haciendo uso del mercado de bienes. Cuando sólo existe el mercado de bienes, los agentes están obligados a consumir sus dotaciones iniciales.

Los activos financieros precisamente intentan resolver este problema. En nuestra economía vamos a suponer que existe un mercado de capitales en $t = 0$ donde los agentes pueden intercambiar activos financieros. Estos activos permiten a los agentes trasvasar poder de compra entre periodos y estados de la naturaleza. Así, utilizando el ejemplo anterior, es posible que mediante la creación de carteras el trabajador de la empresa automovilística consiga reducir su consumo del bien de consumo del estado 1 y aumente el del estado 3. Incluso, como veremos muy pronto, la estructura financiera puede llegar a ser tan rica en activos financieros que proporcione a los agentes oportunidades de intercambio tan plenas como las que disfrutan los agentes walrasianos en una economía estática, donde todos los mercados de bienes están abiertos simultáneamente. La existencia de activos financieros puede provocar, por tanto, un gran impacto en el bienestar de los agentes.

El lector se puede preguntar, ¿cómo es posible que un activo financiero "permita a los agentes trasvasar poder de compra entre estados"? Al fin y al cabo, estos estados nunca ocurren de forma simultánea. Aunque esta pregunta es legítima, el lector ha de entender que su respuesta sólo requiere haber entendido bien los apartados anteriores donde se estudiaba el problema del intercambio en economías intertemporales en condiciones de certidumbre, donde el mercado de cada bien sólo estaba abierto en el periodo al que dicho bien pertenecía. En ausencia de activos financieros y, por tanto, haciendo uso exclusivo del mercado de bienes era imposible, por ejemplo, que un agente aumentase el consumo del bien de consumo de la fecha $t = 2$ reduciendo su consumo del bien de consumo de $t = 1$. Sin embargo, como vimos, una de las implicaciones de la existencia de préstamos personales, bonos básicos, bonos complejos, etc. era que mediante la negociación en los mismos se podían conseguir estos ajustes en las asignaciones intertemporales de consumo. Creemos, no obstante, que el nuevo planteamiento requiere aclaraciones específicas y a ello dedicamos el ejemplo que sigue. Antes debemos dejar claro qué entendemos por activos financieros en nuestra nueva economía.

En primer lugar definimos los *activos elementales* o *activos Arrow-Debreu*. Estos son activos que ofrecen a su poseedor 1€ en un sólo estado de la naturaleza futuro y 0€ en todos los demás. Así, el activo Arrow-Debreu 1 es un activo que paga 1€ en el estado 1 y 0€ en todos los demás estados $s = 2, 3, \ldots, S$. Continuando con la notación del capítulo 4, con ϕ_s denotamos el precio en $t = 0$ del activo Arrow-Debreu s. Como se puede apreciar, estos activos son el homólogo de los bonos básicos en el contexto actual de incertidumbre en el que ahora nos movemos. Por otro lado tenemos los activos *complejos*. Esos ofrecen pagos arbitrarios X_s en cada estado de la naturaleza s. Así, el activo complejo j es un activo que se negocia en $t = 0$ a un precio P_j y que ofrece pagos X_{js} en cada estado de la naturaleza $s > 0$. El cuadro 17.2 recoge la estructura de precios y pagos de un activo Arrow-Debreu y de un activo complejo genérico.

Cuadro 17.2

$t = 0$	$t = 1$				
	Estado 1	....	Estado s	....	Estado S
ϕ_s	0	...	1	...	0
P_j	X_{j0}	...	X_{js}	...	X_{jS}

Así, por un lado podemos entender un activo Arrow-Debreu como un caso particular de activo complejo. Por otro lado, los activos complejos se pueden entender como carteras de activos Arrow-Debreu. En concreto, es fácil ver que el activo j del cuadro 17.2 ofrece unos pagos idénticos a los de una cartera consistente en X_{j1} unidades del activo Arrow-Debreu 1, X_{j2} unidades del activo Arrow-Debreu 2, ... Por supuesto, en la afirmación anterior hacemos el supuesto de que existe un activo Arrow-Debreu para cada estado de la naturaleza del futuro.

A continuación, presentamos un ejemplo que ilustra cómo los agentes pueden asignar recursos entre el presente y el futuro y entre estados de la naturaleza, haciendo uso de los activos financieros de la economía. Con fines ilustrativos, en dicho ejemplo tomamos como dados los precios en $t = 0$ de los activos financieros. *Uno de los principales objetivos de esta parte del libro es endógenamente determinar dichos precios.*

EJEMPLO 17.4.1

Supongamos que estamos en una economía con dos fechas y con dos posibles estados de la naturaleza al final del periodo. El primer estado (estado 1) se refiere a una posible expansión de la economía y el segundo (estado 2) se refiere a una posible recesión económica. En dicha economía habita un agente que trabaja en una empresa procíclica, la empresa Volkswagen. Si en el futuro la economía entra en una situación de auge, la empresa Volkswagen vende más coches, aumenta sus beneficios y el precio de sus acciones aumenta de 10€ a 15€. Además, en dicha situación Volkswagen decide aumentar el sueldo del trabajador de 100.000€ a 150.000€ anuales. Por el contrario, si la economía entra en una recesión, Volkswagen empieza a tener pérdidas, su precio en bolsa cae hasta 0€ y despide al trabajador. En la economía, además, existe un banco que presta y acepta depósitos al 0% por periodo. Por tanto, por cada 1€ ahorrado se obtiene 1€ en $t = 1$, independientemente de que la economía esté en auge o recesión. Por último, en la economía se pueden negociar los activos Arrow-Debreu 1 y 2, que tienen unos precios $\phi_1 = 2/3$ y $\phi_2 = 1/3$. El siguiente cuadro recoge la distribución de la riqueza del trabajador y los precios y pagos de los activos existentes.

		$t = 1$	
	$t = 0$	Estado 1	Estado 2
Riqueza del trabajador	100.000	150.000	0
Precio acción Volkswagen	10	15	0
Ahorro	1	1	1

El trabajador quiere consumir lo mismo en el presente y en el futuro ($c_0 = c_1 = c_2 = c$). Sin pérdida de generalidad suponemos que el precio del bien de consumo en el presente y en el futuro (estados 1 y 2) es igual a 1. Se pide lo siguiente:

1. ¿Es dicho objetivo alcanzable cuando el trabajador puede comprar y vender los activos Arrow-Debreu? En caso afirmativo ofrezca explícitamente la cartera de dichos activos.
2. ¿Se podría conseguir dicho objetivo recurriendo al ahorro/crédito y comprando/vendiendo acciones de Volkswagen? En caso afirmativo ofrezca la cartera que lo consigue.

1) Denotemos con z_1 y z_2 al número de activos Arrow-Debreu 1 y 2, respectivamente en la cartera del trabajador. Por cada unidad del activo Arrow-Debreu 1 que compre en $t = 0$, el trabajador conseguirá 1€ extra en el estado 1 con el que podrá comprar una unidad del bien de consumo de dicho estado. Para conseguir esto, en $t = 1$ el trabajador tendrá que pagar 2/3 por la compra del activo Arrow-Debreu 1, lo que reducirá su consumo del bien de consumo del periodo 0 en 2/3. Del mismo modo, la compra de una unidad del activo Arrow-Debreu 2 reducirá el consumo presente del trabajador en 1/3 unidades de consumo del bien del periodo 0 y aumentará el consumo futuro en el estado 2 en 1 unidad del bien de consumo del estado 2. Por tanto, queremos encontrar un consumo "c" y una cartera (z_1, z_2) que satisfaga el siguiente sistema de ecuaciones:

$$c = 100.000 - z_1 \frac{2}{3} - z_2 \frac{1}{3}$$

$$c = 150.000 + z_1$$

$$c = z_2.$$

En cada ecuación igualamos el consumo deseado del trabajador a su riqueza inicial (dotaciones iniciales) más el ajuste en unidades de consumo producido por las transacciones en activos Arrow-Debreu. La primera ecuación nos da el consumo en $t = 0$ y la segunda y tercera los consumos en el estado 1 y 2 del periodo $t = 1$, respectivamente. Evidentemente, estas ecuaciones no son más que las restricciones presupuestarias del trabajador forzadas a proporcionar un consumo "c" en todos los periodos/estados.

Es fácil ver que dicho sistema tiene solución cuando $c = 100.000$. En este caso, obtenemos:

$$z_2 = -50.000$$

$$z_2 = 100.000.$$

Por tanto, para conseguir su objetivo, el trabajador tendrá que vender (en descubierto) 50.000 unidades del activo Arrow-Debreu 1 y comprar 100.000 unidades del activo Arrow Debreu 2. Con la venta recauda $\frac{100.000}{3}€ \left(= 50.000 \times \frac{2}{3} \right)$ que utiliza en la compra que le cuesta $\frac{100.000}{3}€ \left(= 100.000 \times \frac{1}{3} \right)$. Por tanto, en $t = 0$ podrá consumir 100.000 unidades del bien de consumo presente. Por otro lado, con la compra de 100.000 unidades del activo Arrow-Debreu 2 consigue obtener 100.000€ en el estado 2 con los que podrá comprar 100.000 unidades del bien de consumo del estado 2. Por último, al vender en descubierto 50.000 unidades del activo Arrow-Debreu 1 se compromete a devolver un total de 50.000€. Estos 50.000€ los consigue vendiendo 50.000 unidades del bien de consumo del estado 1. Por tanto, su consumo de este bien en este estado cae de 150.000 a 100.000.

2) Denotemos ahora con z_a el número de acciones que el trabajador compra en $t = 0$, y con L la cantidad de dinero que ahorra en el banco en el mismo periodo. Usando un argumento similar al del apartado anterior, pero ahora utilizando los pagos y precios de estos dos activos, tenemos que comprobar si el siguiente sistema de ecuaciones tiene solución:

$$c = 100.000 - z_a 10 - L$$

$$c = 150.000 + z_a 15 + L$$

$$c = L.$$

De nuevo, es fácil ver que cuando $c = 100.000$, el sistema tiene la siguiente solución:

$$z_a = -10.000$$
$$L = 100.000.$$

Es decir, el trabajador puede conseguir su consumo deseado de 100.000 unidades del bien de cada periodo vendiendo en descubierto 10.000 acciones de Volkswagen y ahorrando en el banco 100.000€. En $t = 0$ consume sus dotaciones iniciales porque coloca en el banco exactamente lo mismo que recibe por la venta en descubierto de las acciones. Por otro lado, el ahorro le garantiza 100.000€ en el estado 2 con los que puede adquirir 100.000 unidades del bien de consumo del periodo 2. Por último, en el estado 1 el trabajador entrega los 100.000€ que recibe del banco y vende 50.000 unidades del bien de consumo para devolver los 150.000€ que le corresponden por la venta en descubierto de las acciones.

Este ejemplo ilustra no sólo que el uso de activos financieros ayuda a resolver el problema de asignación intertemporal del consumo de los agentes, sino que, además pone de manifiesto que en muchos casos se puede obtener lo mismo utilizando distintas carteras de activos. Si en el caso 1) y el 2) el agente consigue los mismos consumos presente y futuro, necesariamente la cartera de activos Arrow-Debreu y la de acciones y ahorro han de tener el mismo coste y mismos pagos futuros (dejamos al lector que compruebe esta afirmación como ejercicio). ∎

Este ejemplo deja claro el papel de los activos financieros en entornos de incertidumbre. En concreto, *mediante la creación de carteras de activos financieros los agentes pueden trasvasar recursos del presente al futuro y entre los distintos estados de la naturaleza*. Como siempre, nos planteamos si estos activos ofrecen oportunidades plenas de intercambio entre los agentes o no. Como ya hemos señalado en varias partes, asociamos el concepto de mercados completos con esta situación de posibilidad de intercambio plenas. Con el análisis de las secciones anteriores a mano, sabemos que una estructura financiera es completa cuando cada agente puede formar carteras capaces de generar cualquier patrón de pagos futuros deseado. Podemos ahora definir lo que entendemos por estructura financiera completa en el presente contexto de incertidumbre.

DEFINICION 17.3 (*Mercados completos en entornos de incertidumbre*):

La estructura financiera de la economía con S estados futuros de la naturaleza es completa si y sólo si existe un conjunto completo de activos Arrow-Debreu (es decir, uno para cada posible estado futuro), o si estos pueden ser replicados con los activos financieros existentes.

En los siguientes apartados iremos analizando el papel que distintas estructura financieras desempeñan en la resolución del problema de asignación de recursos de los agentes. Para ello en cada caso definiremos el equilibrio financiero de la economía y centraremos nuestra atención, como siempre, en tres aspectos esenciales del mismo: existencia del equilibrio, propiedades de eficiencia de las asignaciones a las que da lugar y valoración de los activos existentes y nuevos que se puedan introducir en la economía. Empezamos con el caso de una economía donde existe un conjunto completo de activos Arrow-Debreu y terminamos con el caso de una economía con un conjunto completo de activos complejos.

17.5 Economías con un conjunto completo de activos Arrow-Debreu

Analizamos ahora el caso de una economía con un periodo y dos fechas ($t = 0, 1$) y con incertidumbre en $t = 1$ donde pueden ocurrir S estados de la naturaleza. En dicha economía, cada agente i está caracterizado por la tenencia de dotaciones iniciales de cada uno de los bienes de consumo $e_i = (e_{i0}, e_{i1}, ..., e_{iS})$ y unas preferencias sobre el consumo de éstos, dadas por una función de utilidad $U_i(c_i)$, donde $c_i = (c_{i0}, c_{i1}, ..., c_{iS})$ representa la asignación de consumo del agente i.

Respecto a la estructura financiera, suponemos que existe un conjunto completo de activos Arrow-Debreu. En concreto, para cada estado $s > 0$ existe un activo que paga 1€ en dicho estado s y 0 en los demás estados. Como siempre, con ϕ_s denotamos el precio en $t = 0$ de dicho activo. Con $z_i = (z_{i1}, z_{i2}, ..., z_{is}, ..., z_{iS})$ denotamos la cartera de activos Arrow-Debreu del agente i, donde z_{is} denota el número de unidades del activo Arrow-Debreu s que el agente i compra ($z_{is} > 0$) o vende en descubierto ($z_{is} < 0$) en $t = 0$. Cuando se produce una venta en descubierto el agente se compromete a entregar 1€ en el estado s. Por último, suponemos que los activos Arrow-Debreu están en oferta neta cero.

Una vez definida la notación para las primitivas y variables endógenas recogemos a continuación los supuestos básicos que mantendremos a lo largo del presente análisis.

Primitivas: En la economía $\xi = \{\{U_i, e_i\}_{i = 1, ..., I},$ activos Arrow-Debreu 1 a $S\}$ hacemos los siguientes supuestos:

Supuesto 1: $U_i(c_{i0}, c_{i1}, ..., c_{iS})$, es estrictamente creciente en todos sus argumentos y estrictamente cóncava.

Supuesto 2: $e_i >> 0$ para todo i.

Supuesto 3: Existe un activo Arrow-Debreu para cada uno de los estados $s = 1, 2, ..., S$ (mercados completos).

Variables endógenas:

Supuesto 1: $c_i \geq 0$, para todo i.

Supuesto 2: $\phi_s > 0$, para todo s.

Tecnología: Mercados de activos Arrow Debreu abiertos en $t = 0$ donde los agentes eligen libre y competitivamente sus carteras de títulos.

Ahora ya estamos en condiciones de definir el equilibrio financiero de nuestra economía.

DEFINICIÓN 17.4 *(Equilibrio financiero economía con activos Arrow-Debreu):*

$\{\{c_i, z_i\}_{i = 1, ..., I}, \phi_s, s = 1, ..., S\}$ es un *equilibrio financiero* de la economía ξ si cumple las siguientes condiciones:

i) (OPT^F) Dados ϕ_s, $s = 1, ..., S$, para cada agente i, (c_i, z_i) es solución al siguiente problema de optimización:

$$\underset{\{c_i, z_i\}}{\text{Max }} U_i(c_{i0}, c_{i1}, ..., c_{iS})$$

$$\text{s.a.} \quad c_{i0} = e_{i0} - \sum_{s = 1}^{S} z_{is}\phi_s$$

$$c_{i1} = e_{i1} + z_{i1}$$

$$\vdots$$

$$c_{is} = e_{is} + z_{is}$$

$$\vdots$$

$$c_{iS} = e_{iS} + z_{iS}$$

$$c_{is} \geq 0 \quad \text{para todo } s = 0, 1, ..., S.$$

ii) (Vaciado de los mercados) ϕ_s, $s = 1, ..., S$ son tales que la demanda es igual a la oferta en todos los mercados:

$$\sum_{i = 1}^{I} c_{is} = \sum_{i = 1}^{I} e_{is} \quad s = 0, 1, ..., S \text{ (vaciado mercados de bienes)}$$

$$\sum_{i = 1}^{I} z_{is} = 0 \quad s = 1, 2, ..., S \text{ (vaciado mercados de capitales)}.$$

Es fácil ver que esta definición da lugar a un sistema de ecuaciones de gran dimensionalidad cuya resolución no es trivial. Al igual que hicimos en apartados anteriores, intentaremos ver si podemos identificar dicha solución y sus principales características utilizando métodos indirectos. Empezamos con el estudio de la existencia y propiedades de eficiencia del equilibrio financiero definido arriba.

(i) Existencia y eficiencia del equilibrio financiero

Para responder a las preguntas anteriores, comparamos de nuevo la definición del equilibrio financiero con la del walrasiano en una economía estática con $S + 1$

bienes de consumo, donde los agentes tienen las mismas dotaciones y preferencias que los de la economía financiera (interpretando las variables apropiadamente). Para facilitar la comparación, recogemos aquí la definición de este último.

DEFINICIÓN 17.5 (*Equilibrio walrasiano en economía estática con $S + 1$ bienes*): $\{\{c_i\}_{i=1, \ldots, I}, q_s, s = 0, 1, \ldots, S\}$ es un equilibrio walrasiano si:

i) (OPT^W): dados $q_s, s = 1, \ldots, S$, para cada i, c_i es solución al siguiente problema de optimización:

$$\underset{\{c_i\}}{\text{Max }} U_i(c_{i0}, c_{i1}, \ldots, c_{iS})$$

s.a. $\quad c_{i0} + q_1 c_{i1} + \ldots + q_s c_{is} + \ldots + q_S c_{iS} = e_{i0} + q_1 e_{i1} + \ldots + q_s e_{is} + \ldots + q_S e_{iS}$

$$c_{is} \geq 0, \quad \text{para todo } s = 0, 1, \ldots, S$$

ii) (VAC^W): $q_s, s = 1, \ldots, S$ son tales que:

$$\sum_{i=1}^{I} c_{is} = \sum_{i=1}^{I} e_{is} \quad s = 0, 1, \ldots, S \text{ (vaciado mercados de bienes).}$$

Si comparamos ambas definiciones, vemos cómo aparecen dos diferencias básicas. Primero, mientras en el equilibrio walrasiano los agentes se enfrentan a una única restricción presupuestaria, en el financiero se enfrentan a un total de $S + 1$ restricciones presupuestarias. Segundo, en la condición de vaciado del equilibrio financiero aparecen S condiciones de vaciado del mercado de capitales inexistentes en la condición de vaciado walrasiano. Sin embargo, es fácil ver que la condición de vaciado del mercado de capitales es redundante, dada la del vaciado del mercado de bienes, y que las $S + 1$ restricciones presupuestarias se reducen a una única restricción presupuestaria "walrasiana".

Así, sumando las restricciones presupuestarias de todos los agentes de cada estado ($s > 0$), tenemos:

$$\sum_{i=1}^{I} c_{is} = \sum_{i=1}^{I} e_{is} + \sum_{i=1}^{I} z_{is} \implies \sum_{i=1}^{I} c_{is} - \sum_{i=1}^{I} e_{is} = \sum_{i=1}^{I} z_{is}, \quad s = 1, 2, \ldots, S.$$

Si el mercado de bienes para cada bien $s = 1, \ldots, S$ está vacío, la parte izquierda de la última expresión es igual a cero y, por lo tanto, también lo ha de ser la parte derecha. Es decir, el mercado de cada activo Arrow-Debreu ha de estar vacío.

Por otro lado, es fácil ver que cuando $q_s = \phi_s, s = 1, \ldots, S$, el agente walrasiano y el financiero eligen asignaciones pertenecientes al mismo conjunto de elección. Es decir, ambos se enfrentan a la misma restricción presupuestaria. Para ver esto, en OPT^F despejemos z_{is} en la restricción presupuestaria del estado $s, s > 0$.

Una vez hecho esto, sustituyamos z_{is} en la restricción presupuestaria de $t = 0$. Reagrupando términos obtenemos:

$$c_{i0} + \phi_1 c_{i1} + \dots + \phi_s c_{is} + \dots + \phi_S c_{iS} = e_{i0} + \phi_1 c_{i1} + \dots + \phi_s e_{is} + \dots + \phi_S e_{iS}.$$

Con este procedimiento reducimos las $S + 1$ restricciones presupuestarias en OPT^F a una única restricción presupuestaria intertemporal. Bajo el supuesto $q_s = \phi_s$, $s = 1, \dots, S$, esta restricción presupuestaria intertemporal del equilibrio financiero es idéntica a la del equilibrio walrasiano. En ambas economías, por tanto, los agentes tienen acceso a las mismas asignaciones de consumo. En otras palabras, la existencia de un conjunto completo de activos Arrow-Debreu proporciona a los agentes posibilidades de intercambio tan amplias como las que disfrutan los agentes walrasianos. Por último, insistimos en que la equivalencia en precios, $q_s = \phi_s$, es natural. Por un lado, el pago de q_s euros en la economía walrasiana garantiza la obtención de una unidad del bien de consumo s; por otro, el pago de ϕ_s euros en la economía financiera garantiza la obtención de 1€ en el estado s con el que se podrá comprar una unidad el bien de consumo de dicho estado. Por tanto, ambos precios representan lo mismo: el coste en que hay que incurrir para conseguir una unidad del bien s.

En esta economía se cumple, por tanto, el siguiente teorema de equivalencia:

TEOREMA 17.2 *(Teorema de equivalencia con un conjunto completo de activos Arrow-Debreu):*

Supongamos que existen los S activos Arrow-Debreu —mercados completos— y con precios estrictamente positivos (no hay oportunidades de arbitraje), entonces: (c^*, q^*) es un equilibrio walrasiano si y sólo si (c^*, ϕ^*) es un equilibrio financiero, donde $q^* = \phi^*$.

Como se puede apreciar, cuando en la economía existe un conjunto completo de activos Arrow-Debreu, el equilibrio financiero es idéntico al walrasiano en una economía con $S + 1$ bienes de consumo. Las implicaciones de este resultado han de ser bien conocidas a estas alturas del capítulo. En concreto:

i) Si el equilibrio walrasiano existe (algo garantizado bajo nuestros supuestos sobre las funciones de utilidad y dotaciones iniciales), el financiero también existe.

ii) Las asignaciones de equilibrio en el equilibrio walrasiano y el financiero son las mismas. Por tanto, las de este último son eficientes en sentido paretiano.

iii) Los precios de los activos Arrow-Debreu son iguales a los de los bienes de consumo walrasianos.

(ii) Valoración con un conjunto completo de activos Arrow-Debreu

Ahora nos planteamos cómo valorar un activo complejo en esta economía donde existe un conjunto completo de activos Arrow-Debreu. Consideremos el caso de un activo complejo genérico que ofrece unos pagos X_s en cada estado futuro s y que en la actualidad tiene un precio que denotamos P. Nuestro objetivo es encontrar el precio de este activo en equilibrio. Para ello utilizamos las condiciones de primer orden de un agente cualquiera (al igual que hicimos en los apartados anteriores). En concreto, el problema para un agente cualquiera i vendría dado por:

$$\max_{\{c_i, z_i, y\}} U_i(c_{i0}, c_{i1}, ..., c_{iS})$$

$$\text{s.a.} \quad c_{i0} = e_{i0} - \sum_{s=1}^{S} z_{is}\phi_s - yP$$

$$c_{i1} = e_{i1} + z_{i1} + yX_1$$

$$\vdots$$

$$c_{is} = e_{is} + z_{is} + yX_s$$

$$\vdots$$

$$c_{iS} = e_{iS} + z_{iS} + yX_S$$

$$c_{is} \geq 0, \quad \text{para todo } s = 0, 1, ..., S,$$

donde "y" es el número de unidades del activo complejo que el inversor compra. Para una solución interior, las condiciones de primer orden son:

$$-\phi_s \frac{\partial U_i(c_i)}{\partial c_{i0}} + \frac{\partial U_i(c_i)}{\partial c_{is}} = 0 \qquad s = 1, ..., S$$

$$-P \frac{\partial U_i(c_i)}{\partial c_{i0}} + X_1 \frac{\partial U_i(c_i)}{\partial c_{i1}} + ... + X_S \frac{\partial U_i(c_i)}{\partial c_{iS}} = 0.$$

El primer conjunto de restricciones implica que:

$$\phi_s = \frac{\partial U_i(c_i)/\partial c_{is}}{\partial U_i(c_i)/\partial c_{i0}} > 0, \qquad s = 1, ..., S. \tag{17.11}$$

Según esta expresión, los precios de los activos Arrow-Debreu han de ser estrictamente positivos e iguales a las RMS de los agentes. Un problema que surge y que discutiremos con más detenimiento en el siguiente apartado es que, como sabemos, dichas RMS no siempre son iguales para todos los agentes en equilibrio. Cuando esto ocurre, dos agentes distintos pueden valorar 1€ en el estado s de forma distinta. Es decir, es posible que estos precios no sean únicos. En el caso que ahora analizamos esto no es un problema. Como vimos en el apartado anterior, cuando los mercados son completos las asignaciones de equilibrio son Pareto eficientes. En el capítulo 16 vimos que la característica fundamental de las asignaciones Pareto eficientes es que las relaciones marginales de sustitución son iguales para todos los agentes. Utilizando la ecuación [17.11] para dos agentes distintos, tendremos que:

$$\phi_s = \frac{\partial U_i(c_i) \big/ \partial c_{is}}{\partial U_i(c_i) \big/ \partial c_{i0}} = \frac{\partial U_k(c_k) \big/ \partial c_{ks}}{\partial U_k(c_k) \big/ \partial c_{k0}} \quad \forall i, k; \quad s = 1, 2, \dots, S,$$

lo que garantiza que los precios de los activos Arrow-Debreu sean únicos en nuestra economía.

Sustituyendo [17.11] en la última restricción presupuestaria, obtenemos:

$$P = \phi_1 X_1 + \phi_2 X_2 + \dots + \phi_S X_S. \tag{17.12}$$

Acabamos de derivar la ecuación fundamental de valoración a partir de las condiciones de primer orden del problema de optimización de un agente cualquiera. En nuestra economía con un conjunto completo de activos Arrow-Debreu todo activo viene valorado de forma única según esta ecuación. Esta ecuación fue utilizada en el capítulo 4. Allí tomábamos los precios de los activos Arrow-Debreu como dados y veíamos como en ausencia de arbitraje el precio de cualquier activo debía de ser igual a la media ponderada de los pagos futuros de dicho activo utilizando los precios de los activos Arrow-Debreu como ponderaciones o factores de descuento. La herramienta básica entonces era la construcción de carteras réplica. De hecho, es fácil ver que dicha construcción también es cierta aquí. Dada la existencia de un conjunto completo de activos Arrow-Debreu, cualquier activo complejo es redundante. En concreto, una cartera que contiene a todos los activos Arrow-Debreu, cada uno en una cantidad igual al pago que ofrece el activo complejo en el correspondiente estado, es una cartera que ofrece los mismos pagos que el activo complejo. Estos activos se pueden valorar utilizando un argumento simple de arbitraje, que exige que el precio del activo complejo sea igual al coste de la cartera réplica. Es decir, este argumento de ausencia de arbitraje nos conduce a la misma condición [17.12]. La principal diferencia es que mientras allí necesitábamos empezar con unos determinados precios como dados, ϕ_s, aquí los derivamos endógenamente.

Cuando los mercados son *incompletos*, las cosas cambian drásticamente. En este caso sabemos que la asignación de equilibrio en general no van a ser Pareto eficientes. Es decir, las relaciones marginales de sustitución no se van a igualar para todos los agentes en equilibrio. Por ello hemos de esperar que sean varios los posibles precios de no arbitraje de los activos Arrow-Debreu y, por tanto, de los activos complejos.

En el ejemplo 17.4.1 vimos cómo el trabajador podía conseguir las mismas asignaciones de consumo utilizando los activos Arrow-Debreu y los activos complejos. Nos preguntamos ahora cuándo una estructura financiera con activos complejos es capaz de producir asignaciones y precios como los de la economía aquí analizada, donde existe un conjunto completo de activos Arrow-Debreu. La respuesta a esta pregunta tiene interés, pues los mercados reales están caracterizados por la existencia de activos complejos. En el siguiente apartado abordamos este caso más general.

17.6* Economía general con activos complejos

¿Seguirá siendo cierto el teorema de equivalencia y la valoración de activos mediante la ecuación fundamental de valoración, si en vez de una estructura financiera completa con activos Arrow-Debreu tuviésemos una estructura con activos complejos?

Manteniendo todos los supuestos sobre las primitivas (dotaciones iniciales y preferencias) del apartado anterior, supongamos ahora que tenemos un conjunto de N activos complejos. Cada activo j ofrece unos pagos X_{js} en el estado s de $t = 1$ y tiene un precio en la actualidad que denotamos P_j. Podemos expresar estas variables en forma matricial.[6] En concreto definimos el vector de precios (P) y la matriz de pagos (X) de la siguiente forma:

$$P = \begin{pmatrix} P_1 \\ \vdots \\ P_j \\ \vdots \\ P_N \end{pmatrix}.$$

$$X = \begin{pmatrix} X_{11} & \cdots & X_{1s} & \cdots & X_{1S} \\ \vdots & \ddots & \vdots & \ddots & \vdots \\ X_{j1} & \cdots & X_{js} & \cdots & X_{jS} \\ \vdots & \ddots & \vdots & \ddots & \vdots \\ X_{N1} & \cdots & X_{Ns} & \cdots & X_{NS} \end{pmatrix}.$$

En dicha matriz, la fila j recoge los pagos del activo j en los distintos estados de la naturaleza futuros y la columna s recoge los pagos de todos los activos en el estado s. Como los activos financieros están totalmente caracterizados por sus precios y pagos futuros, definimos al par $\{P, X\}$ como la *estructura financiera* de la economía.

---

[6] En este apartado vamos a usar notación matricial intensamente. En determinados contextos hemos de entender determinadas colecciones de números utilizadas hasta ahora, como vectores columna. En concreto, las asignaciones de consumo $c = (c_0, ..., c_S)$ y $e = (e_0, ..., e_S)$ se deberán entender como:

$$c = \begin{pmatrix} c_0 \\ c_1 \\ \vdots \\ c_S \end{pmatrix}; \quad e = \begin{pmatrix} e_0 \\ e_1 \\ \vdots \\ e_S \end{pmatrix}.$$

Queremos ver ahora si la estructura financiera anterior es completa o no. Para ello tenemos que comprobar si dicha estructura financiera es capaz de replicar el conjunto completo de activos Arrow-Debreu. Es decir, queremos ver si es posible encontrar S carteras, cada una de las cuales replique uno de los activos Arrow-Debreu. Denotemos con z una cartera cualquiera. En concreto,

$$z = \begin{pmatrix} z_1 \\ \vdots \\ z_j \\ \vdots \\ z_N \end{pmatrix},$$

donde z_j representa la cantidad de unidades del activo j en la cartera z. En forma matricial, los pagos de una cartera z vienen dados por:

$$\text{pagos cartera } z \equiv \begin{pmatrix} \text{pago estado 1} \\ \vdots \\ \text{pago estado } s \\ \vdots \\ \text{pago estado } S \end{pmatrix} = \begin{pmatrix} \sum_{j=1}^{N} z_j X_{j1} \\ \vdots \\ \sum_{j=1}^{N} z_j X_{js} \\ \vdots \\ \sum_{j=1}^{N} z_j X_{jS} \end{pmatrix} = X'z. \quad [17.13]$$

Como se puede apreciar, los pagos de la cartera en cada uno de los estados futuros son combinaciones lineales de los pagos de cada uno de los activos en la cartera. Utilizando lecciones básicas de álgebra lineal caracterizamos el tipo de pagos que se pueden obtener en nuestra economía con activos complejos en función de las características de la matriz X. Una primera observación es que siempre que el rango de la matriz X (Rango(X)) sea inferior al número de filas N (número total de activos financieros) tendremos varias filas que son combinación lineal de las restantes. Por ejemplo, si Rango(X) = $M < N$, sabemos que $N - M$ filas se pueden expresar como combinaciones lineales de las restantes M filas. En términos financieros, el resultado anterior quiere decir que existen carteras de M activos financieros que replican los pagos de los restantes $N - M$ activos. Estamos, por tanto, en presencia de activos redundantes, cuyo precio vendrá dado por la condición de no arbitraje y que podemos eliminar del análisis sin pérdida de generalidad porque el conjunto de equilibrios financieros sin ellos y con ellos es el mismo.[7] Una vez eliminados estos, nos centramos en el caso Rango(X) = N. Tenemos dos posibilidades:

[7] Los equilibrios coinciden en las asignaciones de consumo de los agentes en equilibrio (y, por lo tanto, sus propiedades de eficiencia) y los precios de los M activos financieros. En la economía con N activos (que incluye activos redundantes), los activos financieros redundantes vendrán valorados por la relación de no arbitraje (sus precios han de ser iguales al coste de las carteras con M activos financieros que los replican). Por otro lado, en esta economía las carteras óptimas de los agentes estarán indeterminadas pues existen infinitas carteras generando cualquier pago arbitrario.

1. $\text{Rango}(X) = N = S$. En este caso X es una matriz cuadrada y no singular; es decir, la matriz X es invertible (existe X^{-1}). Es fácil ver que se puede generar con ella cualquier pago futuro que deseemos. Supongamos que queremos replicar un pago cualquiera y, donde:

$$y = \begin{pmatrix} y_1 \\ \vdots \\ y_s \\ \vdots \\ y_S \end{pmatrix}.$$

Nos preguntamos si existe una cartera $\hat{z} = (\hat{z}_1, \hat{z}_2, ..., \hat{z}_N)'$ que genere dichos pagos. Utilizando la expresión [17.13], dicha cartera ha de satisfacer:

$$X'\hat{z} = y.$$

Es decir, la cartera $\hat{z}$ ha de ofrecer pagos en cada estado s, $\sum_{j=1}^{N} \hat{z}_j X_{js}$, iguales al pago deseado, y_s. Como X es invertible, X' también lo es. Por lo tanto, $\hat{z}$ existe y viene dada por:

$$\hat{z} = (X')^{-1}y.$$

Como hemos cogido unos pagos "y" arbitrarios, el resultado anterior se cumple para el caso concreto de los pagos de los activos Arrow-Debreu. Por ejemplo, el activo Arrow-Debreu s ofrece unos pagos:

$$y = \begin{pmatrix} 0 \\ \vdots \\ 1 \\ \vdots \\ 0 \end{pmatrix}.$$

Es decir, un pago cero en todos los estados, excepto el s donde paga $1\in$. De hecho, podemos dar una solución explícita a todas las carteras que replican los distintos activos Arrow-Debreu. Denotemos con $Z = (z_{a1}, z_{a2}, ..., z_{aS})$ a la matriz de carteras réplica de *todos* los activos Arrow-Debreu. En esta matriz, z_{as} (columna s de la matriz Z) es la cartera que replica el activo Arrow-Debreu s. Como la matriz X que recoge los pagos de *todos* los activos Arrow-Debreu no es más que la matriz identidad (I), la matriz de carteras Z ha de satisfacer:

$$X'Z = I.$$

Por lo tanto,

$$Z = (X')^{-1}.$$

Utilizando nuestra definición de mercados completos, llegamos a la conclusión de que cuando Rango$(X) = N = S$ estamos en presencia de una estructura financiera con mercados completos.

2. Rango$(X) < S$. En este caso no podremos replicar todos los activos Arrow-Debreu. Este es el caso de mercados incompletos.

EJEMPLO 17.6.1 (Mercados incompletos)

Supongamos que existen dos estados futuros $s = 1, 2$ y que en la economía existe un sólo activo con pagos:

$$X = (1, 3).$$

Es decir, dicho activo paga 1€ en el estado 1 y 3€ en el estado 2. ¿Es la estructura financiera completa?

Si este activo diese lugar a una estructura financiera completa debería ser capaz de generar cualquier pago que deseemos en $\Re^2$. Es decir, deberíamos poder formar carteras que paguen $y = (y_1, y_2)$, donde y es un punto arbitrario en $\Re^2$ (como los puntos y, y', y'', etc. en la figura 17.5).

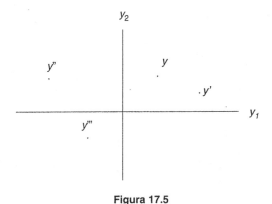

Figura 17.5

¿Es esto posible? Es fácil ver que no. Utilizando nuestra expresión general para los pagos de una cartera, es inmediato ver que los pagos, y, correspondientes a cualquier cartera arbitraria, z, satisfacen:

$$y = \begin{pmatrix} y_1 \\ y_2 \end{pmatrix} = X'z = \begin{pmatrix} z \\ 3z \end{pmatrix} \Rightarrow \begin{matrix} y_1 = z \\ y_2 = 3z \end{matrix}.$$

Por tanto, los pagos asociados a dichas carteras z estarán situados en la recta:

$$y_2 = 3y_1.$$

La estructura financiera, por tanto, es incapaz de generar pagos fuera de esta recta. Por ejemplo, es imposible generar un pago como el $y' = (2, 1)$ representado en la figura 17.6. Estamos, por tanto, en presencia de mercados incompletos.

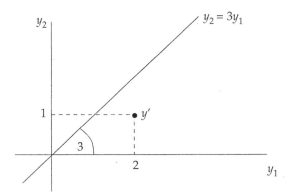

Figura 17.6

Ahora ya podemos definir el equilibrio financiero de nuestra economía con activos complejos.

DEFINICION 17.6 (*Equilibrio financiero economía general*):

$\{\{c_i, z_i\}_{i=1, \ldots, I}; P\}$ es un equilibrio financiero de la economía $\xi = \{\{U_i(\cdot), e_i\}_{i=1, \ldots, I}; X\}$ si satisface las siguientes condiciones:

i) $(\text{OPT})^F$: dado P, para cada i $\{c_i, z_i\}$ es solución al siguiente problema de optimización:

$$\text{Max } U_i(c_{i0}, c_{i1}, \ldots, c_{iS})$$
$$\{c_i, z_i\}$$

$$\text{s.a.} \quad c_{i0} = e_{i0} - \sum_{j=1}^{N} z_{ij} P_j$$

$$c_{i1} = e_{i1} + \sum_{j=1}^{N} z_{ij} X_{j1}$$

$$\vdots$$

$$c_{is} = e_{is} + \sum_{j=1}^{N} z_{ij} X_{js}$$

$$\vdots$$

$$c_{iS} = e_{iS} + \sum_{j=1}^{N} z_{ij} X_{jS}$$

$$c_{is} \geq 0, \quad \text{para todo } s = 0, 1, \ldots, S.$$

ii) $(VAC)^F$:

$$\sum_{i=1}^{I} c_{is} = \sum_{i=1}^{I} e_{is} \quad s = 0, 1, 2, ..., S \quad \text{(vaciado mercado de bienes)}$$

$$\sum_{i=1}^{I} z_{is} = 0 \quad s = 1, 2, ..., S \quad \text{(vaciado mercado de capitales)}.$$

La notación utilizada es bien conocida y no requiere comentario adicional.

(i) Caracterización de mercados completos y ausencia de oportunidades de arbitraje

Antes de presentar y demostrar nuestro teorema general de equivalencia, caractericemos las condiciones de mercados completos y ausencia de oportunidades de arbitraje.

En el apartado anterior vimos que la réplica de todos los activos Arrow-Debreu sólo se produce cuando la matriz X es no singular (un caso especial es aquel en el que la matriz X es la matriz identidad y donde, por lo tanto, existe un conjunto completo de activos Arrow-Debreu). Llegamos, por tanto, a la siguiente caracterización general de una estructura financiera completa:

TEOREMA 17.3 (*Caracterización de mercados completos*):

La estructura financiera $\{P, X\}$ es completa si y sólo si la matriz X es no-singular, es decir, invertible.

Nótese que la "completitud" de los mercados depende exclusivamente de propiedades de la matriz de pagos, X, y no del vector de precios, P.

Pasemos ahora a estudiar la caracterización de la condición de no arbitraje en esta economía. Primero recordemos que la ausencia de arbitraje se refiere a la imposibilidad de encontrar carteras que ofrezcan, bien pagos positivos con coste cero, o pagos cero con coste negativo. El coste de una cartera arbitraria $z = (z_1, ..., z_N)$ viene dado por:

$$\text{Coste cartera } z = \sum_{j=1}^{N} z_j P_j.$$

Podemos ahora definir la matriz global precios-pagos, R, donde:

$$R = \begin{bmatrix} -P' \\ X' \end{bmatrix} = \begin{pmatrix} -P_1 & \cdots & -P_j & \cdots & -P_N \\ X_{11} & \cdots & X_{j1} & \cdots & X_{N1} \\ \vdots & \ddots & \vdots & \ddots & \vdots \\ X_{1s} & \cdots & X_{js} & \cdots & X_{Ns} \\ \vdots & \ddots & \vdots & \ddots & \vdots \\ X_{1S} & \cdots & X_{jS} & \cdots & X_{NS} \end{pmatrix} = \begin{pmatrix} R_0 \\ R_1 \\ \vdots \\ R_s \\ \vdots \\ R_S \end{pmatrix}.$$

Esta matriz de dimensión $(S + 1) \times N$ describe plenamente una estructura financiera. La primera fila de la misma (R_0) recoge el negativo de los precios de cada activo. El resto de filas recogen los pagos de los distintos activos complejos para un mismo estado de la naturaleza futuro. Así, la fila s (R_s) recoge los pagos de los distintos activos en el estado s.

Para ver la utilidad de esta notación, veamos qué se obtiene cuando multiplicamos dicha matriz por una determinada cartera $z = (z_1, ..., z_N)'$:

$$Rz = \begin{pmatrix} -P' \\ \\ X' \\ \\ \end{pmatrix} z = \begin{pmatrix} R_0 z \\ R_1 z \\ \vdots \\ R_s z \\ \vdots \\ R_S z \end{pmatrix} = \begin{pmatrix} -\sum_{j=1}^{I} z_j P_j \\ \sum_{j=1}^{I} z_j X_{j1} \\ \vdots \\ \sum_{j=1}^{I} z_j X_{js} \\ \vdots \\ \sum_{j=1}^{I} z_j X_{jS} \end{pmatrix}.$$

Como se puede apreciar, $R_0 z$ es el negativo del coste de la cartera. Si este término es negativo, la cartera cuesta en $t = 0$ una cantidad positiva de dinero (el inversor "entrega" recursos para adquirir la cartera); si es positivo, la cartera tiene un coste negativo (el inversor "recibe" recursos al adquirir la cartera). Los demás términos recogen los pagos de dicha cartera en cada uno de los distintos estados de la naturaleza. Se producirá una oportunidad de arbitraje, por tanto, cuando se pueda encontrar una cartera que de lugar a $R_s z \geq 0$, para todo $s = 0, 1, ..., S$, siendo alguno de estos términos estrictamente positivo. Ahora podemos presentar una definición de ausencia de arbitraje en la economía de forma más formal y compacta.

DEFINICIÓN 17.7 (*Ausencia de arbitraje*):

La estructura financiera $\{P, X\}$ está ausente de oportunidades de arbitraje si es imposible encontrar una cartera $\hat{z}$ tal que $R\hat{z} \geq 0$, con estricta desigualdad en alguno de sus componentes.

Hay que destacar que la ausencia de oportunidades de arbitraje no sólo depende de la matriz de pagos X sino, también, del vector de precios, P.

En el apéndice del capítulo 4 mencionamos el lema de Farkas que podía ser utilizado para caracterizar la condición de ausencia de arbitraje en la economía. En concreto:

TEOREMA 17.4 (*Caracterización de la condición de no arbitraje*):

La estructura financiera $\{P, X\}$ está ausente de oportunidades de arbitraje si y sólo si existe un vector $\lambda = (1, \lambda_1, ..., \lambda_T)' \gg 0$ tal que $\lambda' R = 0$; es decir:

$$P_j = \lambda_1 X_{j1} + ... + \lambda_S X_{jS}, \quad j = 1, 2, ..., N,$$

(donde, sin pérdida de generalidad, hemos normalizado $\lambda_0 = 1$).

Antes de continuar, dejemos claro que las dos expresiones del teorema son equivalentes. Para ver esto, hagamos explícita la expresión $\lambda' R = 0$:

$$\lambda' R = 0 \Leftrightarrow (1, \lambda_1, ..., \lambda_S) \begin{pmatrix} -P_1 \cdots -P_j \cdots -P_N \\ X_{11} \cdots X_{j1} \cdots X_{N1} \\ \vdots \ddots \vdots \ddots \vdots \\ X_{1s} \cdots X_{js} \cdots X_{Ns} \\ \vdots \ddots \vdots \ddots \vdots \\ X_{1S} \cdots X_{jS} \cdots X_{NS} \end{pmatrix} = 0$$

$$\Leftrightarrow \begin{aligned} -P_1 + \lambda_1 X_{11} + ... + \lambda_S X_{1S} &= 0 \\ &\vdots \\ -P_j + \lambda_1 X_{j1} + ... + \lambda_S X_{jS} &= 0 \\ &\vdots \\ -P_N + \lambda_1 X_{N1} + ... + \lambda_S X_{NS} &= 0. \end{aligned}$$

Por tanto, tenemos que:

$$\lambda' R = 0 \Leftrightarrow \quad P_j = \lambda_1 X_{j1} + ... + \lambda_S X_{jS}, \; j = 1, 2, ..., N.$$

Con esta caracterización de la ausencia de arbitraje a mano, analicemos ahora las condiciones del problema de optimización de un agente i cualquiera que, como hemos visto en reiteradas ocasiones, juega un papel crucial a la hora de identificar las condiciones de ausencia de arbitraje de la economía.

Denominemos $\bar{\lambda}_{is}$ al multiplicador de Lagrange asociado a la restricción presupuestaria del agente i en el periodo/estado $s = 0, 1, ..., S$. Obtenemos las siguientes condiciones de primer orden (necesarias y suficientes para la existencia de una solución bajo nuestros supuestos):

$$\frac{\partial U_i(c_i)}{\partial c_{is}} = \bar{\lambda}_{is} \qquad\qquad s = 0, 1, ..., S$$

$$-\bar{\lambda}_{i0} P_j + \bar{\lambda}_{i1} X_{j1} + ... + \bar{\lambda}_{iS} X_{jS} = 0, \quad j = 1, 2, ..., N.$$

Estas condiciones nos dicen que los multiplicadores de Lagrange han de ser igual a las utilidades marginales del consumo. Bajo nuestros supuestos, estas son estrictamente positivas. Por tanto, podemos dividir por $\bar{\lambda}_{i0}$ las últimas N ecuaciones. Así, definiendo:

$$\lambda_{is} \equiv \frac{\bar{\lambda}_{is}}{\bar{\lambda}_{i0}} = \frac{\dfrac{\partial U_i(c_i)}{\partial c_{is}}}{\dfrac{\partial U_i(c_i)}{\partial c_{i0}}} > 0, \qquad\qquad [17.14]$$

las últimas N ecuaciones se pueden escribir como:

$$P_j = \lambda_{i1}X_{j1} + \ldots + \lambda_{iS}X_{jS}, \quad j = 1, 2, \ldots, N.$$

Es decir, las condiciones de primer orden nos dicen que *necesariamente* los precios de los activos han de ser iguales a la suma ponderada de los pagos futuros, donde las ponderaciones son cantidades estrictamente positivas. ¿Resulta familiar esta expresión? Utilizando el teorema [17.4], podemos ahora decir que el sistema de ecuaciones [17.14] establece que para que exista solución al problema de optimización de cualquiera de los agentes, los precios de los activos han de ser precios que no den lugar a oportunidades de arbitraje. Por tanto, [17.14] es la condición de ausencia de arbitraje de nuestra economía.

En resumen, hemos llegado a la conclusión de que la condición de ausencia de arbitraje es una condición necesaria para que exista solución al problema de optimización de los agentes y, por lo tanto, para que exista el equilibrio financiero. Surge un problema inmediato, no obstante. La ecuación [17.14] ha de ser cierta para cualquier activo. En concreto, los precios de los activos Arrow-Debreu han de satisfacerla. Como estos activos sólo ofrecen un pago de 1€ en un solo periodo futuro, tenemos que:

$$\phi_s = \lambda_{is} \equiv \frac{\overline{\lambda}_{is}}{\overline{\lambda}_{i0}} = \frac{\dfrac{\partial U_i(c_i)}{\partial c_{is}}}{\dfrac{\partial U_i(c_i)}{\partial c_{i0}}} \quad s = 1, 2, \ldots, S.$$

Es decir, el precio del activo Arrow-Debreu s ha de ser igual a la RMS del agente i. Dicho precio ahora sabemos que ha de ser un número estrictamente positivo (pues las RMS lo son). Usando un argumento similar, concluiríamos que dicho precio también debería de ser igual a la RMS del agente k. Como, en principio, en equilibrio dichas RMS en el consumo pueden ser diferentes para distintos individuos, los precios de los activos Arrow-Debreu pueden ser no únicos.

Por otro lado, si la asignación de equilibrio en la economía fuese Pareto eficiente (por ejemplo, porque las dotaciones iniciales de los agentes pertenecen al conjunto paretiano), entonces las RMS de los agentes se igualarían y los precios de los activos Arrow-Debreu serían únicos. En estas condiciones, podríamos decir que de forma unívoca, el precio de cualquier activo financiero j en equilibrio debe de venir dado por:

$$P_j = \phi_1 X_{j1} + \ldots + \phi_S X_{jS}, \quad j = 1, 2, \ldots, N,$$

de lo contrario existirían oportunidades de arbitraje. Esta es la ecuación fundamental de valoración que hemos venido utilizando a lo largo del libro. En nuestro contexto de equilibrio, la ecuación fundamental de valoración es una propiedad de los equilibrios que dan lugar a asignaciones Pareto eficientes. Es decir, dicha ecuación es válida siempre que estemos en presencia de asignaciones Pareto eficientes, aun cuando la estructura financiera no sea completa.

Siguiendo nuestra costumbre de apartados anteriores, presentamos ahora los principales resultados sobre la existencia y propiedades de eficiencia del equilibrio financiero.

(ii) Existencia y eficiencia del equilibrio financiero

Presentamos ahora el teorema más general de equivalencia entre el equilibrio financiero de incertidumbre y el walrasiano.[8] Del mismo se derivarán las condiciones bajo las cuales el equilibrio financiero existe y es Pareto eficiente.

TEOREMA 17.5 *(Equivalencia equilibrio financiero y walrasiano):*

Si:
1. *Los mercados son completos; es decir, "X^{-1} existe".*
2. *No existen oportunidades de arbitraje, es decir, "existe $\lambda = (1, \lambda_1, ..., \lambda_s)' >> 0$ tal que $\lambda'R = 0$".*

Entonces:

(c^*, q^*) *es un equilibrio walrasiano si y sólo si (c^*, P^*) es un equilibrio financiero donde:*

$$q^* = \lambda \ (es \ decir, \ q_s^* = \lambda_s \ para \ todo \ s).^9$$

Antes de remitirnos a la demostración, que se presenta en el apéndice, es conveniente hacer los siguientes comentarios:

1. El teorema no prueba la existencia de los equilibrios, pero implica la existencia y proporciona la caracterización de cualquiera de ellos una vez conozcamos la existencia del otro. Así, por ejemplo, si conocemos el equilibrio walrasiano (c^*, q^*), podemos calcular explícitamente:

i) Los precios de los activos financieros. Por lo visto anteriormente, considerando el caso $X = I$ llegamos a la conclusión de que $\phi_s = \lambda_s$. Como el teorema establece que $q^* = \lambda$, concluimos que $\phi = q^*$. Por otro lado, como sabemos que $\lambda'R = 0$ (no arbitraje), entonces el precio de cada activo vendrá dado por:

$$P_j = q_1^* X_{j1} + ... + q_S^* X_{jS}, \ j = 1, 2, ..., N$$

---

[8] La única extensión que aquí no consideramos es el caso en que en cada periodo existan $C > 1$ bienes de consumo, en vez del único bien de consumo que aquí estudiamos. El teorema es cierto también en este caso (por supuesto, aumentando de forma apropiada el número de bienes de la economía walrasiana) y su demostración, que aquí no incluimos, se puede solicitar a los autores de este manual.

[9] Como ya hemos hecho las normalizaciones $q_0 = 1 = \lambda_0$, en realidad la equivalencia se refiere a las variables referentes a los estados futuros, $s > 0$.

o, simplemente,

$$P_j = \phi_1 X_{j1} + \ldots + \phi_S X_{jS}, \quad j = 1, 2, \ldots, N.$$

En forma matricial:

$$P = \phi' X'.$$

ii) Carteras en equilibrio de los agentes. Una vez conocido c_i^* es fácil obtener la cartera de equilibrio de cada agente i a través de sus restricciones presupuestarias. Podemos escribir de forma compacta las restricciones presupuestarias de cada agente i como:

$$c_{is} - e_{is} = R_s z_i, \quad s = 0, 1, \ldots, S.$$

Evaluándolas en la asignación de equilibrio c_i^* y considerando las últimas S restricciones tenemos que:

$$z_i^* = \begin{pmatrix} z_{i1}^* \\ \vdots \\ z_{ij}^* \\ \vdots \\ z_{iN}^* \end{pmatrix} = (X')^{-1} \begin{pmatrix} c_{i1}^* - e_{i1} \\ \vdots \\ c_{is}^* - e_{is} \\ \vdots \\ c_{iS}^* - e_{iS} \end{pmatrix}.$$

En esta última expresión hemos de tener en cuenta que estamos en el caso $N = S$.

2. En el teorema sólo imponemos supuestos sobre la estructura financiera $\{P, X\}$. El problema es que mientras X es una primitiva de la economía sobre la que se pueden hacer los supuestos que sean necesarios, P es una variable endógena. No obstante, el único supuesto sobre P que se hace es que no de lugar a oportunidades de arbitraje. Como vimos en el apartado anterior ésta es una condición necesaria del equilibrio financiero. Por lo tanto, el supuesto no es restrictivo pues la negación del mismo es equivalente a la no existencia del equilibrio.

3. Este teorema demuestra todo lo visto en este capítulo. En primer lugar, la economía con un conjunto completo de activos Arrow-Debreu es un caso particular de la presente donde $X = I$. Por otro lado, todos los casos analizados en el entorno de certeza son también casos particulares de éste. Para ello, consideremos la economía con T periodos y $T + 1$ fechas y J bonos complejos. Es fácil ver que la definición del equilibrio financiero en aquella economía es idéntica a la de la que ahora analizamos. Tan sólo tenemos que intercambiar las "tes por las eses". Es decir, llamar "bien de consumo del periodo t al bien de consumo del estado s". Por tanto, una vez demostrado este teorema, se pueden dar por demostradas también todas nuestras afirmaciones de la última parte del apartado 17.3 (especialmente, el teorema 17.1)

Prueba: *véase el apéndice*.

Ahora ya estamos en condiciones de establecer los resultados deseados sobre existencia y optimalidad del equilibrio financiero. Sabemos que bajo nuestros supuestos sobre las funciones de utilidad y dotaciones iniciales de los agentes, el equilibrio walrasiano existe y da lugar a asignaciones Pareto eficientes. Si a estos supuestos añadimos el de mercados completos, el teorema de equivalencia anterior implica que el equilibrio financiero existe y es Pareto eficiente. Por otro lado, como las asignaciones Pareto eficientes están caracterizadas por la igualación de las relaciones marginales de sustitución de todos los agentes, concluimos también que los precios de los activos Arrow-Debreu serán únicos. En resumen, si las funciones de utilidad y las dotaciones iniciales satisfacen los supuestos mantenidos y los mercados son completos, se cumple que:

1. El equilibrio financiero existe.
2. La asignación de equilibrio del equilibrio financiero es Pareto eficiente.
3. Los precios de los activos Arrow-Debreu son estrictamente positivos y únicos. Es decir, $\phi_s = \lambda_{is} = \lambda_{ks}$, para todo agente i, k y para todo estado s, donde λ_{is} es la RMS del consumo del bien del estado s y el bien 0 para el agente i.
4. El precio de cualquier activo complejo j es único y viene dado por la ecuación fundamental de valoración:

$$P_j = \phi_1 X_{j1} + \dots + \phi_S X_{jS}, \quad j = 1, 2, \dots, N.$$

17.7 Comentarios finales y extensiones

i) Generalidad del resultado

Todos los resultados presentados en este capítulo apuntan en la misma dirección: en presencia de mercados completos el equilibrio financiero existe, las asignaciones de consumo del mismo son Pareto eficientes y los activos financieros —tanto los existentes como los nuevos que se puedan introducir en la economía— tienen precios únicos que satisfacen la condición de ausencia de arbitraje o ecuación fundamental de valoración. El resultado es absolutamente general, pues sólo exige funciones de utilidad que satisfagan supuestos estándar y dotaciones iniciales estrictamente positivas. Así, por ejemplo, el resultado es inmediatamente cierto en el caso de preferencias más específicas, como la utilidad esperada de Von Neumann-Morgestern que estudiamos en el capítulo siguiente.

Por otro lado, el resultado es válido tanto en entornos intertemporales con certidumbre como en entornos de incertidumbre. Lo verdaderamente crucial es contar con una estructura financiera donde la matriz de pagos garantice que los mercados financieros son completos. Así, la existencia de un conjunto completo de activos básicos (bonos básicos o activos Arrow-Debreu) o la existencia de activos complejos (bonos complejos o activos complejos propiamente dichos) capaz de replicar los básicos es todo lo que se necesita para alcanzar asignaciones de equilibrio con propiedades de eficiencia tan importantes como la eficiencia paretiana. Por ello podemos afirmar sin reservas que los mercados financieros en general pueden producir un gran impacto sobre el bienestar de los agentes al permitirles alcanzar asignaciones de consumo mucho mejores que las que estarían condenados a consumir en ausencia de mercados de capitales.

Destacamos asimismo que el resultado anterior es válido cuando cambiamos algunos de los supuestos de este capítulo. En concreto, es fácil demostrar que bajo el supuesto más realista de existencia de más de un bien de consumo en cada fecha o estado el resultado sigue siendo válido. Lo único que se necesita, de nuevo, es que la estructura financiera sea completa. El resultado también es válido cuando introducimos más periodos en el modelo de incertidumbre. En este caso, una vez permitimos el reajuste de carteras en cada momento futuro, el requerimiento que se necesita para que el equilibrio financiero sea Pareto eficiente es algo menos restrictivo que la condición de mercados completos. En concreto, es suficiente con que los mercados sean *dinámicamente completos*. Volveremos sobre esta cuestión en el capítulo 20 donde estudiaremos economías intertemporales dinámicas en las que los individuos pueden renegociar sus carteras en cada periodo.

Por otro lado, en nuestro estudio nos hemos centrado en el caso de activos financieros en oferta neta cero. Muchos activos en la economía corresponden a esta categoría. Por ejemplo, las opciones y los futuros son activos financieros en oferta neta cero. Sin embargo, la mayoría de los activos de la economía están en oferta positiva. De hecho, no se puede hablar, por ejemplo, de "acciones de una empresa en oferta neta cero". ¿Siguen siendo ciertos nuestros resultados cuando en la economía existen activos en oferta positiva? La respuesta es afirmativa. Es fácil ver que nada cambia en nuestros teoremas de equivalencia cuando los agentes tienen dotaciones de activos financieros además de dotaciones de bienes de consumo. No obstante, hay que ser cuidadoso a la hora de comparar economías, pues, cuando los activos están en oferta positiva, los agentes tienen dos fuentes de riqueza: bienes que poseen y bienes a los tienen derecho por sus tenencias de activos financieros. En el capítulo 19 presentamos una economía donde los agentes tienen dotaciones del bien de consumo del periodo $t = 0$ y dotaciones de activos financieros, que están en oferta neta positiva. Dichos activos ofrecen pagos consistentes en unidades del bien de consumo de cada estado futuro. Esto no supone un cambio realmente sustancial porque es equivalente hablar, por ejemplo, de una activo que paga 1€ en el estado s —con el que se puede comprar una unidad del bien de consumo del estado s— que de un activo que directamente paga una unidad del bien de consumo del estado s. En estas condiciones, la oferta de bienes en cada estado futuro viene dada por los pagos en cada estado de todos los activos existentes. El teorema de equivalencia sigue siendo válido en dicha economía. Lo único que necesitamos es considerar una economía walrasiana donde los agentes tienen dotaciones de bienes de consumo iguales a los pagos que cada agente financiero obtiene por sus dotaciones de activos financieros.

Como se puede apreciar, los resultados de este capítulo son absolutamente generales. De hecho, se podría decir que son demasiado generales al no dejar claro el papel que ciertas variables económicas de interés desempeñan. Así, por ejemplo, en nuestro estudio de la economía con incertidumbre no hemos necesitado especificar las probabilidades que los agentes asignan a la ocurrencia de los estados futuros de la naturaleza. Sin esta variables es imposible saber que *esperan* obtener los agentes con la compra de activos o el *riesgo* de los mismos. En el capítulo siguiente imponemos nuevos supuestos que nos van a permitir entender mejor el proceso de toma decisiones de los agentes en entornos de incertidumbre y la naturaleza del equilibrio financiero.

Hasta ahora nos hemos centrado en las ventajas de contar con una estructura financiera completa pero, ¿qué ocurre cuando los mercados no son completos?

ii) Mercados incompletos

Cuando los mercados son incompletos las cosas cambian drásticamente. Por un lado, pueden existir problemas de existencia del equilibrio financiero.[10] Por otro lado, cuando el equilibrio existe, en general no dará lugar a asignaciones Pareto eficientes. Podemos visualizar este resultado haciendo uso de nuestra caja de Edgeworth. Supongamos que tenemos dos fechas ($t = 0, 1$) y dos estados de la naturaleza en $t = 1$ ($s = 1, 2$). En la economía viven dos agentes, $i = 1, 2$, que sólo obtienen utilidad por el consumo del bien de consumo de los estados 1 y 2. Es decir, los agentes no consumen en $t = 0$ (esto nos permitirá ilustrar nuestros argumentos gráficamente). El agente 1 posee toda la oferta del bien de consumo del estado 1 y el 2 toda la oferta del bien de consumo del estado 2. Supongamos que los activos Arrow-Debreu 1 y 2 existen y que, por tanto, el mercado es completo. Por lo estudiado en apartados anteriores, esta economía es idéntica a la walrasiana de dos bienes. Como los mercados son completos, los individuos conseguirán situarse en un punto de la curva de contratos. En general, para llegar a dicho equilibrio, el agente 1 vende el activo Arrow-Debreu 1 y compra el Arrow-Debreu 2. Con estas transacciones consigue reducir sus tenencias del bien del estado 1 (del que inicialmente tiene toda la oferta) y aumentar las del bien del estado 2. En términos financieros, las ventas del 1 y las compras del 2 permiten al agente aumentar su riqueza en el estado 2 (donde es muy pobre) reduciendo su riqueza del estado 1 (donde es muy rico). El agente 2 hace las transacciones complementarias (es decir compra el activo Arrow-Debreu 1 y vende el Arrow-Debreu 2). La figura 17.7, donde suponemos que ambos agentes tienen la misma función de utilidad, ilustra este resultado en la caja de Edgeworth.

Supongamos ahora que uno de los dos activos Arrow-Debreu, por ejemplo, el 1, no existe y que, por lo tanto, los mercados son incompletos. ¿Cuál es la nueva asignación de equilibrio? Es fácil ver que la nueva asignación de equilibrio es la correspondiente a las dotaciones iniciales, *e*. ¿Por qué? En ausencia del activo Arrow-Debreu 1 no se producirá negociación en el Arrow-Debreu 2. La razón es

---

[10] Remitimos al lector al artículo de Magill y Shafer (1990) donde se estudian estos problemas.

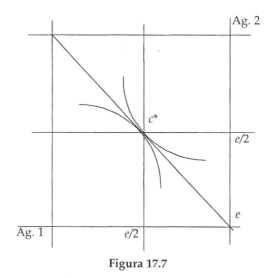

Figura 17.7

que, aunque el agente 2 está interesado en comprar el activo Arrow-Debreu 2 para aumentar su consumo del bien del estado 2, el agente 1 se negará a vendérselo. Si lo hiciese sólo conseguiría reducir su consumo del bien del estado 2 sin aumentar el consumo del bien del estado 1.

Este ejemplo ilustra claramente que en situaciones extremas de mercados incompletos la asignación de equilibrio financiero puede ser tan "mala" como la autarquía misma. En general, la asignación del equilibrio financiero no será ni tan mala como las dotaciones iniciales ni tan eficiente como la que se obtiene con mercados completos. Es importante, no obstante, mencionar que en ciertos casos (supuestos especiales sobre las preferencias de los individuos o riesgo de la economía) el mercado es capaz de generar asignaciones Pareto eficientes con un número de activos inferior al de mercados completos. En estos casos decimos que el mercado es *efectivamente completo*. Más adelante estudiaremos alguno de estos casos. Por el momento, sólo mencionar que nuestras prescripciones sobre valoración seguirán siendo válidas en dichos casos. Dado que el equilibrio da lugar a asignaciones Pareto eficientes, las RMS de los agentes se igualarán en equilibrio. Por tanto, los precios de los activos Arrow-Debreu, o el de los bonos básicos, serán únicos y cualquier activo complejo tendrá, por tanto, un precio único según la condición de ausencia de arbitraje o ecuación fundamental de valoración.

En todos los demás casos las asignaciones de equilibrio con mercados incompletos, en general, no serán Pareto eficientes. Esto justifica la intervención en los mercados para intentar mejorar el bienestar de los agentes. Dicha intervención puede tener carácter público o privado. El sector público ha sido históricamente un gran innovador no sólo por sus actividades de creación de distintas modalidades de títulos deuda, sino, además, por la puesta en marcha de diversos programas que cubren necesidades que, presumiblemente, el sector privado no cubre o cubriría de forma inadecuada (seguridad social, seguro desempleo, etc.). Por otro lado, el sector privado ha sido una fuente continua de creación de nuevos activos financieros. Al mismo debemos la aparición de activos financieros enormenente exitosos como los futuros, las opciones, los *swaps*, los títulos con respaldo hipotecario, los *hedge funds*, etc. La innovación financiera, entendida como el estudio de los factores que justifican la creación de nuevos activos financieros, y la ingeniería financiera, dedicada a la implantación en la práctica de las innovaciones financieras, son dos ramas de la economía financiera que han adquirido enorme popularidad en los últimos años.

APÉNDICE: EQUIVALENCIA EQUILIBRIO FINANCIERO Y WALRASIANO

Antes de empezar la demostración, escribimos la definición de ambos equilibrios de forma compacta y establecemos *dos resultados preliminares* de utilidad.

1) Definición de equilibrios

EQUILIBRIO WALRASIANO (EW)	EQUILIBRIO FINANCIERO (EF)
(OPT^W) Max $U_i(c_i)$ s.a. $q'(c_i - e_i) = 0$ $c_i > 0$ (VAC^W) $\sum_{i=1}^{I} (c_i - e_i) = 0$	(OPT^W) Max $U_i(c_i)$ s.a. $c_i - e_i = Rz_i$ $c_i > 0$ (VAC^W) $\sum_{i=1}^{I} (c_i - e_i) = 0$ $\sum_{i=1}^{I} z_i = 0$

2) Resultados preliminares
   • No arbitraje:

$$\lambda'R = 0 \Leftrightarrow (1, \lambda_1, ..., \lambda_S) \begin{pmatrix} R_0 \\ R_1 \\ \vdots \\ R_S \end{pmatrix} = 0$$

$$R_0 = - \lambda_1 R_1 - ... - \lambda_S R_S . \tag{17A.1}$$

Es decir, la condición de no arbitraje implica que R_0 es una combinación lineal de las R_s restantes.

• Mercados completos:

$$\text{Rango }(Y) = S \Leftrightarrow \text{Rango } \begin{pmatrix} R_1 \\ \vdots \\ R_S \end{pmatrix} = S. \text{ Por tanto,}$$

$$\begin{pmatrix} R_1 \\ \vdots \\ R_S \end{pmatrix} \text{ es una matriz no singular.} \qquad [17A.2]$$

Demostremos el teorema. La prueba tiene dos partes:

Parte 1: demostrar que la condición de vaciado del mercado de capitales es redundante en la definición del equilibrio financiero.

Parte 2: demostrar que el conjunto de posibilidades de consumo para un agente en la economía walrasiana es idéntico al de un agente en la economía financiera. Formalmente, este paso consiste en demostrar que cuando $q = (1, q_1, ..., q_S) = (1, \lambda_1, ..., \lambda_S)$, $c_i \in \text{CPC}_i^{EW} \Leftrightarrow c_i \in \text{CPC}_i^{EF}$, donde

$$\text{CPC}_i^{EW} = \{ c_i \in \Re_+^{S+1} | q'(c_i - e_i) = 0 \}$$

$$\text{CPC}_i^{EF} = \{ c_i \in \Re_+^{S+1} | \exists \ z_i \in \Re^N \text{ tal que } (c_{is} - e_{is}) = R_s z_i \ \ s = 0, 1, ..., S \},$$

definen el conjunto de posibilidades de consumo del agente walrasiano y financiero, respectivamente.

Parte 1:
Queremos demostrar que $\sum_{i=1}^{I} z_i = 0$ es redundante en la definición del equilibrio financiero. Consideremos las restricciones presupuestarias del agente i en EF:

$$c_{is} - e_{is} = R_s z_i, \quad s = 0, 1, ..., S.$$

Sumando ahora las de todos los agentes en EF, obtenemos:

$$\sum_{i=1}^{I} (c_{is} - e_{is}) = R_S \sum_{i=1}^{I} z_i, \quad s = 0, 1, ..., S.$$

Utilizando la condición de vaciado del mercado de bienes en EF, la expresión anterior se convierte en:

$$R_s \sum_{i=1}^{I} z_i = 0, \qquad s = 0, 1, ..., S.$$

que implica que:

$$\begin{pmatrix} R_1 \\ \vdots \\ R_S \end{pmatrix} \sum_{i=1}^{I} z_i = 0.$$

Ahora, utilizando el resultado preliminar [17A.2], obtenemos $\sum_{i=1}^{I} z_i = 0$. Por tanto, las condiciones de vaciado son idénticas en el EF y el EW.

Parte 2:
Queremos demostrar que $c_i \in CPC_i^{EW} \Leftrightarrow c_i \in CPC_i^{EF}$, cuando $q = \lambda$.

i) Supongamos que $c_i \in CPC_i^{EF}$ (queremos demostrar que $c_i \in CPC_i^{EW}$).
   Bajo este supuesto, c_i satisface:

$$c_{i0} - e_{i0} = R_0 z_i$$
$$c_{i1} - e_{i1} = R_1 z_i$$
$$\vdots$$
$$c_{iS} - e_{iS} = R_S z_i.$$

Nada cambia en la expresión anterior si multiplicamos cada ecuación por su correspondiente λ:

$$c_{i0} - e_{i0} = R_0 z_i$$
$$\lambda_1(c_{i1} - e_{i1}) = \lambda_1 R_1 z_i$$
$$\vdots$$
$$\lambda_S(c_{iS} - e_{iS}) = \lambda_S R_S z_i.$$

Si ahora sumamos todas estas ecuaciones tenemos:

$$\lambda'(c_i - e_i) = (R_0 + \lambda_1 R_1 + ... + \lambda_S R_S) z_i.$$

Utilizando el resultado preliminar [17A.1], sabemos que el término en paréntesis de la parte derecha es igual a cero. Por tanto,

$$\lambda'(c_i - e_i) = 0.$$

Usando la relación entre q y λ establecida en el teorema tenemos:

$$q'(c_i - e_i) = 0.$$

Es decir, $c_i \in CPC_i^{EW}$ como queríamos demostrar.

ii) Supongamos que $c_i \in \mathrm{CPC}_i^{EW}$ (queremos demostrar que $c_i \in \mathrm{CPC}_i^{EF}$).
El resultado preliminar [17A.2] junto al hecho que $\lambda \gg 0$ implican que:

$$\begin{pmatrix} \lambda_1 R_1 \\ \vdots \\ \lambda_S R_S \end{pmatrix} \text{ es una matriz no singular.}$$

Esto quiere decir que existe un vector $z_i \in \Re^N$ capaz de generar *cualquier* vector $y \in \Re^S$:

$$\begin{pmatrix} \lambda_1 R_1 \\ \vdots \\ \lambda_S R_S \end{pmatrix} z_i = y.$$

Fijemos:

$$y = \begin{pmatrix} q_1(c_{i1} - e_{i1}) \\ \vdots \\ q_S(c_{iS} - e_{iS}) \end{pmatrix}.$$

Entonces, tenemos que z_i satisface:

$$\lambda_1 R_1 z_i = q_1(c_{i1} - e_{i1})$$
$$\vdots$$
$$\lambda_S R_S z_i = q_S(c_{iS} - e_{iS}). \qquad [17A.3]$$

Como en el teorema $q_s = \lambda_s$, tenemos:

$$R_1 z_i = c_{i1} - e_{i1}$$
$$\vdots$$
$$R_S z_i = c_{iS} - e_{iS},$$

que son las restricciones presupuestarias de los estados 1 a S del agente i en EF. Acabamos de demostrar que siempre se puede encontrar una cartera que genera las asignaciones de consumo walrasianas de los bienes $s > 0$. Nos falta comprobar que dicha cartera z_i es financiable permitiendo también el consumo walrasiano del bien 0. Es decir, tenemos que demostrar que la restricción presupuestaria de $s = 0$ también se cumple. Para ver que este es el caso, sumemos las ecuaciones en [17A.3]:

$$(\lambda_1 R_1 + \dots + \lambda_S R_S)z_i = \sum_{s=1}^{S} q_s(c_{is} - e_{is}). \qquad [17A.4]$$

Como $c_i \in \text{CPC}_i^{CE}$, satisface:

$$\sum_{s=0}^{S} q_s(c_{is} - e_{is}) = 0.$$

Por lo tanto, la parte derecha de la expresión [17A.4] es igual a:

$$\sum_{s=1}^{S} q_s(c_{is} - e_{is}) = -(c_{i0} - e_{i0}).$$

Por otra parte, utilizando el resultado preliminar [17A.2] podemos expresar la parte izquierda de [17A.4] como:

$$(\lambda_1 R_1 + \dots + \lambda_S R_S)z_i = -R_0 z_i.$$

Como [17A.4] establece que estas dos últimas expresiones son iguales, tenemos:

$$c_{i0} - e_{i0} = R_0 z_i,$$

que es la restricción presupuestaria del periodo $t = 0$. Acabamos de demostrar que $c_i \in \text{BS}_i^{EF}$.

Referencias

Allen, F. y D. Gale (1990). *Financial Innovation and Risk Sharing*, MIT Press, caps. 1 a 5.

Arrow, K.J. (1964). "The Role of Securities in the Optimal Allocation of Risk Bearing", *Review of Economic Estudies*, 31, págs. 91-96.

Debreu, G. (1959). *The Theory of Value*, Nueva York, John Wiley & Sons. (Existe una edición en castellano publicada por Antoni Bosch, editor).

Magill, M. y W. Shafer (1990). "Incomplete Markets", en *Handbook of Mathematical Economics*, vol. IV, editado por W. Hildebrand y H. Sonnenschein, North Holland.

18. La teoría de la utilidad esperada y la aversión al riesgo

18.1 Introducción

Este capítulo describe una de las formas más habituales de analizar el comportamiento de los agentes en entornos de incertidumbre. Obsérvese que en el capítulo anterior se ha incorporado la incertidumbre de manera excesivamente general. Así, no fue necesario en ningún momento indicar las probabilidades de los distintos estados de la naturaleza, a pesar de ser éstas unas variables que, en principio, deberían influir en la toma de decisiones de los agentes. Estas probabilidades son de hecho las que dichos inversores utilizarán para calcular los rendimientos que esperan obtener por la inversión en distintos activos financieros. En este sentido, tal como ya se ha señalado, el planteamiento anterior es demasiado general y no resalta el papel de determinadas variables económicas.

En este capítulo analizaremos cómo en contextos de incertidumbre es posible llegar a la representación de las preferencias de los agentes económicos mediante la llamada *utilidad esperada*. Para llegar a este resultado impondremos supuestos adicionales sobre el comportamiento del agente racional. Como veremos, estos supuestos adicionales son restricciones intuitivas, naturales y razonables. A pesar de ser, por tanto, una forma de representar las preferencias de los agentes más restrictiva que el uso de funciones ordinales de utilidad, tenemos la convicción de que el uso de la utilidad esperada sólo excluye comportamientos no excesivamente relevantes. La ventaja es que este nuevo criterio nos va a permitir interpretar mejor la toma de decisiones de los agentes. En definitiva, el uso de la utilidad esperada aunque, por un lado, excluye algunos comportamientos que serían racionales según la representación mediante funciones ordinales de utilidad, por otro lado, nos proporciona un mayor grado de concreción y comprensión de la toma de decisiones. Además, debe recordarse que todos los resultados obtenidos en los capítulos precedentes seguirán siendo válidos en el caso de la utilidad esperada, ya que ésta no es más que un caso especial de la formalización anterior.

Las funciones de utilidad que se emplean a lo largo de este capítulo son funciones que dependen de la *riqueza* del agente o de su *consumo*. Si se analizan horizontes de inversión de un sólo periodo, resulta indistinto hablar de riqueza o de consumo como argumento de la función de utilidad, ya que se supone que al final del periodo se consume la riqueza en su totalidad. Sin embargo, en contextos intertemporales dinámicos la distinción será necesaria y las funciones de utilidad incorporarían al consumo como argumento de las mismas en lugar de la riqueza. Denominamos como W a la riqueza y C al consumo. Siendo más precisos, imaginemos que un agente se enfrenta a una determinada inversión o juego W que ofrece las siguientes posibles ganancias (riqueza) $W_1, ..., W_n$ con probabilidades dadas por $\pi_1, ..., \pi_n$. Una forma de entender lo atractivo que resulta tal inversión o juego es suponer que dicha inversión puede caracterizarse por su valor esperado:

$$E(W) = \sum_{i=1}^{n} \pi_i W_i. \tag{18.1}$$

Sin embargo, nótese que no existe razón alguna que nos haga pensar que una ganancia media de 10.000€ tenga para el jugador un valor que sea exactamente el doble de una ganancia media de 5.000€. La idea fundamental de este razonamiento puede apreciarse mediante la denominada paradoja de *San Petersburgo*. Supóngase que se lleva a cabo el siguiente juego mediante el lanzamiento de una moneda. El jugador que ha escogido "cara" recibe 2^n euros si sale cara por primera vez en el n-ésimo lanzamiento. Este suceso tiene una probabilidad de ocurrir igual a $1/2^n$ o, alternativamente, la probabilidad de que salga cruz en las $n-1$ tiradas anteriores y cara en la última es $(1/2^{n-1})(1/2)$. Por tanto, el valor monetario esperado de este juego es infinito:

$$\frac{1}{2} \, 2^1 + \frac{1}{2} \, \frac{1}{2} \, 2^2 + ... + \frac{1}{2^{n-1}} \, \frac{1}{2} \, 2^n = \sum_{n=1}^{\infty} \frac{1}{2^n} \, 2^n = \infty.$$

Sin embargo, es evidente que ningún agente racional preferiría esta apuesta a recibir una elevada cantidad de dinero fija. En otras palabras, ningún agente estaría dispuesto a pagar una cantidad infinita por participar en este juego, por lo que el valor real del juego es menor que su valor esperado. Dicho valor esperado y el valor que los agentes atribuyen al juego no son intercambiables. Debe generalizarse el comportamiento que implica la expresión [18.1]. Una posibilidad consiste en asociar a las ganancias del juego una función creciente y cóncava (no lineal) antes de tomar la expectativa. El efecto de esta transformación sería reducir lo atractivo que podría resultar para un jugador una situación como la descrita a través de dicho juego y evitar, por tanto, la paradoja de *San Petersburgo*. En definitiva, se sugiere que los individuos poseen funciones de utilidad, de forma que evalúan lo atractivo que resulta una inversión o un juego según la denominada *utilidad esperada*:

$$EU(W) = \sum_{i=1}^{n} \pi_i U(W_i), \tag{18.2}$$

donde para calcularla se necesitan los pagos que produce cada alternativa, la utilidad asociada a dichos pagos y las probabilidades de cada una de dichas alternativas.

EJEMPLO 18.1.1 La elección entre dos activos financieros

Supongamos una economía con 3 estados de la naturaleza, cada uno con las mismas probabilidades, y 2 activos financieros cuyos rendimientos previstos para cada uno de los estados vienen dados en el siguiente cuadro:[1]

Situación previsible de la economía	Probabilidad de los estados (π_s)	Rendimiento activo #1 (%)	Rendimiento activo #2 (%)
Estado 1	1/3	25	20
Estado 2	1/3	18	15
Estado 3	1/3	9	12

Para decidir la elección entre ambos activos utilizando la expresión [18.2] debemos asignar una *ponderación* o *valor* a cada uno de los posibles resultados o rendimientos disponibles. Estas ponderaciones reflejan las preferencias del agente que lleva a cabo la elección. Imaginemos que el agente asigna las siguientes ponderaciones, de forma que puede determinarse el valor que dicho agente asigna a cada rendimiento disponible o, en otras palabras, la utilidad que le reporta cada rendimiento:

Rendimiento (R)	Ponderación	Valor del resultado U(R)
25	0,80	20,0
20	0,95	19,0
18	1,05	18,9
15	1,20	18,0
12	1,40	16,8
9	1,60	14,4

Si, efectivamente, las ponderaciones elegidas son apropiadas para representar las preferencias del agente, podría emplearse la expresión [18.2] y obtener la utilidad esperada que permite al agente escoger entre ambos activos. Naturalmente, en este caso, que será el habitual en el resto de los capítulos, las alternativas $i = 1, ..., n$ de la ecuación [18.2] se corresponden con los distintos rendimientos o pagos que obtienen los activos en *cada estado de la naturaleza*. La expresión de la utilidad esperada puede en definitiva escribirse como:

$$EU(W) = \sum_{s=1}^{S} \pi_s U(W_s),$$ [18.3]

por lo que generalmente los distintos pagos o alternativas estarán asociadas a los posibles estados de la naturaleza futuros.

[1] Con fines ilustrativos empleamos aquí una función de utilidad definida sobre rendimientos en lugar de riqueza o consumo.

Por tanto, resolviendo para los dos activos:

$$EU(\#1) = U(25)(1/3) + U(18)(1/3) + U(9)(1/3) = 20(1/3) + 18,9(1/3) + 14,4(1/3) = 17,77$$
$$EU(\#2) = U(20)(1/3) + U(15)(1/3) + U(12)(1/3) = 19(1/3) + 18(1/3) + 16,8(1/3) = 17,93,$$

de manera que seleccionaría el activo #2. Nótese que la satisfacción que obtiene el individuo en un estado de la naturaleza debe ser *independiente* de la satisfacción que consigue en cualquier otro. En otras palabras, la función de utilidad esperada es aditiva, lo que implica que, de hecho, se está suponiendo un determinado comportamiento en los agentes cuando se maximiza la utilidad esperada como criterio de decisión. ∎

Por tanto, debemos formalizar y justificar la expresión de la utilidad esperada como regla de decisión bajo incertidumbre. Para ello, en el siguiente apartado de este capítulo se presentan los axiomas básicos que se imponen sobre la conducta de los individuos, de manera que su elección entre alternativas mutuamente excluyentes pueda hacerse mediante el concepto de utilidad esperada.

18.2* Axiomas y teorema de la utilidad esperada

Para simplificar el análisis, suponemos que existe un solo bien en la economía. De hecho, este es el supuesto típico utilizado en Economía Financiera, donde el objetivo primordial no es la distribución del presupuesto familiar entre distintas cestas de bienes, sino, como ya se ha dicho en el capítulo 16, la inversión en activos financieros para trasladar recursos económicos en el tiempo y entre estados de la naturaleza. De todas formas, el análisis para el caso de muchos bienes de consumo es idéntico al aquí presentado simplemente sustituyendo el único bien del presente análisis por un vector de bienes (cesta).

Introducimos la incertidumbre mediante el concepto de *lotería*. Una lotería L es un conjunto de posibles niveles de consumo (premios en definitiva), $(W_1, ...,W_n)$, con sus respectivas probabilidades, $(\pi_1, ...,\pi_n)$. Por ejemplo, la lotería (20, 30) con probabilidades (0,4; 0,6) ofrece 20 unidades de consumo con una probabilidad del 40% y 30 unidades de consumo con una probabilidad del 60%. Nótese que una lotería especial es el caso de certidumbre, lotería que ofrece un determinado nivel de consumo con una probabilidad del 100%.

Para formalizar la toma de decisiones en contextos de incertidumbre consideramos a las loterías como las cestas del capítulo 16. Así, suponemos que existe un conjunto ℓ de posibles loterías al alcance del agente decisor y que éste es capaz de definir sus preferencias entre cualquier pareja de estas loterías mediante una relación binaria. Los símbolos, "$\succeq$, $\approx$, $\succ$" se interpretan de la misma forma que en el capítulo 16.

La decisión de un agente racional en términos de comparar y elegir entre diversas loterías tiene una interpretación directa para el caso de elección entre distintos activos financieros. En cierta medida, un activo financiero puede ser interpretado como una lotería. Al igual que éstas, la inversión en un activo de renta variable (activo incierto) da lugar a pagos distintos en el futuro dependiendo del estado de la naturaleza que ocurra. Además, estos pagos ocurrirán con la probabilidad de que ocurra el correspondiente estado de la naturaleza. Por tanto, una vez que se comprenda lo que guía la toma de decisiones en presencia de distintas loterías, estaremos en condiciones de determinar las variables que guían el proceso de elección entre activos financieros, uno de los objetivos fundamentales de este manual.

Detallamos a continuación los axiomas que vamos a suponer satisface la relación de preferencia, $\succeq$.

Axioma A.1 ($\succeq$ es completa):
Para todo par de loterías, $L_1 \in \ell$ y $L_2 \in \ell$, debe ser el caso que $L_1 \succeq L_2$ o $L_2 \succeq L_1$, o ambas, en cuyo caso $L_1 \approx L_2$.

Axioma A.2 ($\succeq$ es reflexiva):
Para toda lotería, $L \in \ell$, debe ser el caso que $L \succeq L$.

Axioma A.3 ($\succeq$ es transitiva):
Para toda lotería $L_1 \in \ell$, $L_2 \in \ell$, $L_3 \in \ell$ si $L_1 \succeq L_2$ y $L_2 \succeq L_3$, entonces $L_1 \succeq L_3$.

Axioma A.4 ($\succeq$ es continua):
Para toda lotería, $L \in \ell$, los dos subconjuntos de loterías estrictamente preferidas y loterías estrictamente no preferidas son abiertos.

Estos cuatro axiomas son los equivalentes a los axiomas 1 a 4 del capítulo 16 para el caso de loterías en vez de cestas, y son los que garantizan la existencia de una función de utilidad. Para garantizar la existencia de la *función de utilidad esperada* debemos imponer, además, los siguientes axiomas:

Axioma A.5 (Independencia de las alternativas irrelevantes):
Consideremos la lotería $L_1 \in \ell$,

$$(W_1, ..., W_i, ..., W_j, ..., W_m)$$

$$(\pi_1, ..., \pi_i, ..., \pi_j, ..., \pi_m).$$

Ahora, definamos la lotería $L_2 \in \ell$ como una lotería que difiere de la L_1 solamente en los pagos *intermedios* $W_{ij} = W_i, ..., W_j$, los cuales son reemplazados por los pagos $Y = (Y_1, ..., Y_n)$ con probabilidades $(\gamma_1, ..., \gamma_n)$ cumpliéndose que,

$$\pi_i + ... + \pi_j = \gamma_1 + ... + \gamma_n = \gamma.$$

Es decir, la lotería L_2 viene definida como:

$$(W_1, ..., Y_1, ..., Y_n, ..., W_m)$$

$$(\pi_1, ..., \gamma_1, ..., \gamma_n, ..., \pi_m).$$

Ahora supongamos que el agente decisor es indiferente entre la lotería W_{ij} que viene dada por:

$$(W_1, ..., W_j)$$

$$(\pi_i/\gamma, ..., \pi_j/\gamma)$$

y la lotería Y:

$$(Y_1, ..., Y_n)$$

$$(\gamma_1/\gamma, ..., \gamma_n/\gamma),$$

entonces el agente ha de ser indiferente también entre las loterías L_1 y L_2.

Axioma A.6 (Continuidad):[2]
Sean las loterías $L_1 \in \ell, L_2 \in \ell$ y $L_3 \in \ell$. Si $L_1 \succeq L_2 \succeq L_3$, entonces existe una probabilidad π tal que el agente es indiferente entre la lotería L_2 y una lotería que ofrece la lotería L_1 con probabilidad π y la lotería L_3 con probabilidad $1 - \pi$.

Axioma A.7 (Dominancia):
Sea $L_1 \in \ell$, la lotería que ofrece los niveles de riqueza (W_1, W_2) con probabilidades $(\pi_1, 1 - \pi_1)$ y $L_2 \in \ell$ una lotería que ofrece los mismos premios pero con probabilidades $(\pi_2, 1 - \pi_2)$. Si $W_1 > W_2$, entonces $L_1 \succ L_2$ si y sólo si $\pi_1 > \pi_2$.

Una vez especificados estos axiomas podemos establecer el siguiente teorema:

TEOREMA 18.1: *Es equivalente representar el comportamiento de un agente en condiciones de incertidumbre a través de preferencias sobre loterías que satisfacen los axiomas A.1 a A.7 o a través de la utilidad esperada. En otras palabras, si se cumplen los axiomas anteriores, dadas dos loterías L_1 y L_2 existen unos números $U_1, U_2, ...,$ que representan preferencias o utilidades asociadas con los pagos de las loterías, resultando posible a partir de las mismas establecer una preferencia global sobre L_1 y L_2 calculando el valor esperado de las utilidades para cada lotería. Por tanto,*

$$L_1 \succ L_2 > \Leftrightarrow \sum_{i=1}^{n_1} \pi_{i1} U(W_{i1}) > \sum_{i=1}^{n_2} \pi_{i2} U(W_{i2}). \qquad [18.4]$$

La demostración formal de este teorema tiene dos partes. En primer lugar, se trata de demostrar que las preferencias que satisfacen los axiomas pueden ser representadas mediante la utilidad esperada. En segundo lugar, hay que demos-

---

[2] Tanto este axioma A.6 como el A.7 son implicaciones del axioma de independencia. De todas formas, siguiendo la tradición de otros manuales, decidimos aquí presentarlos como axiomas "adicionales".

trar que la utilidad esperada genera preferencias que satisfacen los axiomas anteriores. A continuación ilustramos ambos aspectos de la demostración.[3]

1. ¿Por qué las preferencias sobre las loterías que satisfacen los axiomas pueden ser representadas a través de la utilidad esperada?

Para responder a esta pregunta debemos demostrar que es posible construir un índice de utilidad esperada, $EU(L)$, para toda $L \in \ell$, tal que

$$EU(L_i) > EU(L_j) \Leftrightarrow L_i \succ L_j$$

$$EU(L_i) = EU(L_j) \Leftrightarrow L_i \approx L_j.$$

Para ver que esto es posible pueden emplearse los siguientes pasos:

(i) Identifiquemos los dos pagos (o niveles de consumo) ciertos extremos, es decir, el pago más alto, A, y el más bajo, B.

(ii) Para cualquier lotería encontremos la lotería equivalente a ésta y consistente en una combinación de los dos pagos extremos. A esta lotería se le denomina *lotería extrema equivalente* y consiste en el pago de A con probabilidad π y el pago de B con probabilidad $1 - \pi$, donde π es elegida de forma que el agente sea indiferente entre la lotería inicial y la extrema equivalente. Según el axioma A.6, siempre es posible encontrar dicha lotería.

(iii) Según el axioma A.5, siempre podemos sustituir las loterías arbitrarias por sus extremas equivalentes. Por lo tanto, sustituyamos todas las loterías por sus extremas equivalentes, de forma que todas ellas tengan iguales pagos aunque, lógicamente, con diferente probabilidad de ocurrencia.

(iv) Utilicemos la probabilidad π de cada lotería extrema equivalente como índice de utilidad de la correspondiente lotería arbitraria. Si dos loterías L_1 y L_2 tienen la misma lotería extrema equivalente, entonces el agente ha de ser indiferente entre ambas loterías y, por lo tanto, $EU(L_1) = EU(L_2) = \pi$. Por otro lado, si L_1 y L_2 son tales que sus loterías extremas equivalentes satisfacen $\pi_1 > \pi_2$, entonces por el axioma A.7, $EU(L_1) = \pi_1 > EU(L_2) = \pi_2$.

Ilustremos este procedimiento con un ejemplo. Supongamos que los valores extremos de consumo son 100 y 0. Considere las siguientes loterías:

---

[3] Lo que a continuación se detalla es una simple ilustración y en modo alguno constituye una prueba formal del teorema. El lector interesado puede acudir a otros manuales, como Kreps (1990), donde se ofrece un tratamiento más riguroso.

$$L_1: \quad (25,9)$$
$$(0,6; 0,4)$$
$$L_2: \quad (10,5)$$
$$(0,5; 0,5)$$
$$L_3: \quad (16,1)$$
$$(0,25; 0,75),$$

y supongamos que el agente tiene las siguientes preferencias: $L_1 \succ L_2 \succ L_3$. Queremos encontrar un índice de utilidad para estas tres loterías dado que sabemos que las loterías extremas equivalentes del individuo son:

$$L_1 \approx L_{1E}: \quad (100,0)$$
$$(0,42; 0,58)$$

$$L_2 \approx L_{2E}: \quad (100,0)$$
$$(0,27; 0,73)$$

$$L_3 \approx L_{3E}: \quad (100,0)$$
$$(0,175; 0,825).$$

Por lo tanto, la ordenación de las distintas alternativas quedaría como sigue:

$$L_1 \approx L_{1E} \succ L_2 \approx L_{2E} \succ L_3 \approx L_{3E}$$

y, concretamente, el siguiente *ranking* define las preferencias mediante un índice numérico:

Lotería	EU(W)
L_1	0,42
L_{1E}	0,42
L_2	0,27
L_{2E}	0,27
L_3	0,175
L_{3E}	0,175

Nótese que el índice de utilidad de la segunda columna corresponde a la utilidad esperada de la lotería.

Suponiendo que se utilice π como índice de utilidad estamos de hecho asignando un índice de utilidad 1 a la mejor lotería y un índice de utilidad 0 a la peor.

Si hubiésemos utilizado otra normalización, por ejemplo, asignando una utilidad U_1 al pago cierto A y U_2 al pago cierto B, donde $U_1 > U_2$, habríamos obtenido una ordenación equivalente, siendo el nuevo índice igual a $\pi U_1 + (1 - \pi)U_2$. El índice resultante no es más que una *transformación lineal y creciente* del anterior y, obviamente, no altera la ordenación de las preferencias.[4]

2. ¿Genera la utilidad esperada preferencias que satisfacen los axiomas A.1-A.7?

Consideremos una función $U = U(W)$ que es continua. Evidentemente, esta función puede generar un valor de utilidad esperada para cada lotería. Por lo tanto, conforme a la expresión [18.3], el axioma de preferencias completas es claramente satisfecho. Por otro lado, es fácil ver que los axiomas de transitividad, reflexividad y continuidad también se satisfacen. Respecto al axioma de independencia de las alternativas irrelevantes, tenemos que:

$$EU(L_1) = \pi_1 U(W_1) + \ldots + \pi_i U(W_i) + \ldots + \pi_j U(W_j) + \ldots + \pi_m U(W_m);$$
$$EU(W_{ij}) = (\pi_i U(W_i) + \ldots + \pi_j U(W_j))/\gamma;$$
$$EU(Y) = (\gamma_1 U(Y_1) + \ldots + \gamma_n U(Y_n))/\gamma;$$
$$EU(L_2) = \pi_1 U(W_1) + \ldots + \gamma_1 U(Y_1) + \ldots + \gamma_n U(Y_n) + \ldots + \pi_m U(W_m).$$

Es inmediato ver que si $EU(W_{ij}) = EU(Y)$, entonces $EU(L_1) = EU(L_2)$. Dicho axioma, por lo tanto, también se satisface.

Por último, también es fácil comprobar que los axiomas A.6 y A.7 se satisfacen, dejándose como ejercicio para el lector.

A continuación, ilustramos esta segunda parte de la demostración a través de un ejemplo. Supongamos que el individuo tiene la siguiente función de utilidad:

$$U(W) = W^{0,5}.$$

En este caso, es fácil apreciar que las loterías del apartado anterior L_1, L_{1E}, L_2, ..., tienen las siguientes utilidades esperadas:

Lotería	$EU(W)$
L_1	$0{,}6 \times 25^{0,5} + 0{,}4 \times 9^{0,5} = 4{,}2$
L_{1E}	$0{,}42 \times 100^{0,5} + 0{,}58 \times 0 = 4{,}2$
L_2	$0{,}5 \times 10^{0,5} + 0{,}5 \times 5^{0,5} = 2{,}7$
L_{2E}	$0{,}27 \times 100^{0,5} + 0{,}73 \times 0 = 2{,}7$
L_3	$0{,}25 \times 16^{0,5} + 0{,}75 \times 1^{0,5} = 1{,}75$
L_{3E}	$0{,}175 \times 100^{0,5} + 0{,}825 \times 0 = 1{,}75$

[4] Puede demostrarse que sólo las transformaciones lineales positivas (afines positivas) mantienen el mismo orden de preferencias en incertidumbre.

Estos valores de la utilidad esperada son 10 veces más grandes que los del caso anterior. En otras palabras, son una transformación lineal y creciente del índice antes obtenido y, por lo tanto, representan las preferencias sobre loterías descritas en la primera parte.

En general, siempre es posible representar las preferencias de un individuo sobre loterías a través de una relación de preferencia que satisface A.1-A.7 o a través de la utilidad esperada. Este resultado fue inicialmente demostrado por Von Neumann y Morgenstern. Por ello, a la utilidad esperada de este tipo frecuentemente se le denomina *utilidad esperada de Von Neumann-Morgenstern* (1944).

18.3 Algunos comentarios sobre la representación mediante la utilidad esperada

En general, a lo largo de los capítulos restantes, cuando representemos las preferencias mediante funciones de utilidad supondremos que el agente decisor tiene una determinada función de utilidad sobre su consumo, $U(C)$. Se supone asimismo que el individuo conoce la probabilidad de conseguir determinados niveles de consumo y que elegirá entre distintas alternativas *maximizando la utilidad esperada de su consumo*. Así, por ejemplo, si denotamos por π_i a la probabilidad que el agente asigna a un determinado nivel de consumo C_i, la utilidad esperada vendría dada por:

$$EU(C) = \sum_{i=1}^{n} \pi_i U(C_i). \qquad [18.5]$$

Es fácil observar que la incertidumbre asociada al consumo es una variable distinta a la utilidad del consumo. Por ejemplo, en el caso de dos posibles niveles de consumo, C_1 con probabilidad π y C_2 con probabilidad $(1 - \pi)$, el consumo esperado, $E(C)$, la varianza del consumo, $\mathrm{Var}(C)$ y la utilidad esperada del consumo vienen dados por:

$$E(C) = \pi C_1 + (1 - \pi)C_2$$

$$\mathrm{Var}(C) = \pi[C_1 - E(C)]^2 + (1 - \pi)[C_2 - E(C)]^2$$

$$EU(C) = \pi U(C_1) + (1 - \pi)U(C_2).$$

Así, por ejemplo, por un lado se puede hablar del riesgo (o variabilidad) del consumo en sí (algo que se puede medir a través de la varianza del consumo) y por otro de la actitud del agente frente al riesgo (algo que viene exclusivamente definido por su función de utilidad). De esta forma, se está separando el riesgo de la actitud frente al riesgo. Mientras el riesgo es un concepto que depende de las características específicas de la lotería o activo financiero que consideramos, la actitud frente al riesgo va a depender del individuo en sí y, por lo tanto, puede ser distinta para distintos agentes. De hecho, dependiendo de la forma de la función de utilidad, podemos distinguir tres tipos de actitudes frente al riesgo: aversión al riesgo, neutralidad al riesgo y propensión al riesgo. Analicemos más detenidamente esta distinción:

(i) Utilidad marginal positiva y decreciente: aversión al riesgo

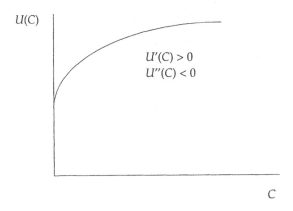

La primera derivada de la función de utilidad es positiva, por lo que la función de utilidad es creciente en el consumo. Además, en este caso, la segunda derivada es negativa por lo que una unidad extra de consumo genera más utilidad para niveles bajos de consumo que para niveles altos de consumo; la utilidad marginal del consumo es decreciente. En la mayor parte de este libro se ha supuesto que los agentes tienen funciones de utilidad de este tipo, es decir, que son aversos al riesgo.

(ii) Utilidad marginal positiva y constante: neutralidad frente al riesgo

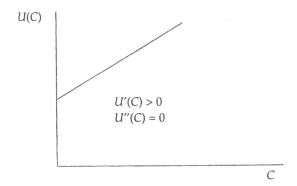

En este caso, una unidad de consumo extra genera el mismo aumento de bienestar, independientemente del nivel inicial de consumo. La segunda derivada de la función de utilidad es igual a cero y los individuos son neutrales al riesgo.

(iii) Utilidad marginal positiva y creciente: propensión al riesgo

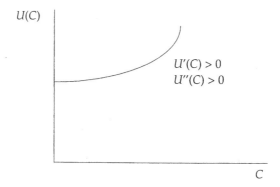

En este caso, unidades sucesivas de consumo dan lugar a mayores aumentos en utilidad. No sólo la utilidad es una función creciente en el consumo y su primera derivada es positiva, sino que la segunda derivada es también positiva.

Analicemos con un poco más de detalle el caso más habitual de aversión al riesgo y veamos cómo se asocia la aversión al riesgo a las funciones de utilidad como la de este caso. Para ello imaginemos a un individuo con la siguiente función de utilidad:

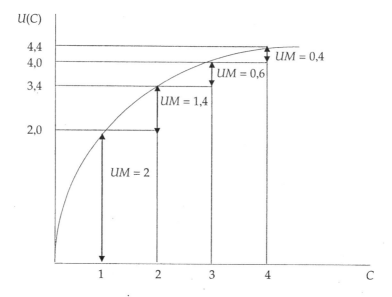

Veamos ahora cómo elige este individuo entre distintas loterías:

Lotería 1: Esta lotería ofrece al individuo un consumo $C = 2$ con certidumbre (es decir, con probabilidad 1). El consumo medio, la varianza del consumo y la utilidad esperada ofrecidos por esta lotería son

$$E(C) = 2$$

$$\text{var}(C) = 0$$

$$EU(C) = 3,4.$$

Lotería 2: Esta lotería ofrece un nivel de consumo 1 con una probabilidad del 50% y un nivel de consumo 3 con una probabilidad del 50%. Es fácil ver que:

$$E(C) = 0,5 \times 1 + 0,5 \times 3 = 2$$

$$\text{var}(C) = 0,5 \, (1 - 2)^2 + 0,5 \, (3 - 2)^2 = 1$$

$$EU(C) = 0,5 \times U(1) + 0,5 \times U(3) = 0,5 \times 2 + 0,5 \times 4 = 3.$$

Comparando estas loterías apreciamos que, aunque ambas ofrecen el mismo consumo medio, de acuerdo con el criterio de utilidad esperada, el individuo estrictamente prefiere la primera a la segunda. La razón es que la segunda ofrece el mismo consumo en promedio pero con una mayor varianza. Por ello se llama *averso al riesgo* a un individuo con estas preferencias. Intuitivamente, ¿por qué esta mayor varianza afecta negativamente al agente averso al riesgo? Comparando ambos casos, la mitad de las veces el consumo ha disminuido de 2 a 1 unidad, entonces la utilidad decrece en 1,4. La otra mitad de las veces, el consumo aumenta de 2 a 3 unidades, pero esto provoca solamente un aumento de 0,6 en utilidad. Así, aunque en promedio el consumo es el mismo, la caída en utilidad provocada por caídas en el consumo no se ve compensada por el aumento en utilidad provocada por subidas en el consumo. El inversor claramente prefiere un determinado nivel de consumo con certidumbre a un nivel igual en promedio pero que incorpora además riesgo. Nótese que este resultado depende exclusivamente de la *curvatura* de la función de utilidad. Es fácil ver que si el inversor tuviese una función de utilidad con utilidad marginal positiva y constante sería *neutral al riesgo* y que si tuviese una función de utilidad con utilidad marginal positiva y creciente, sería *propenso o amante al riesgo*. En el caso de neutralidad, la disminución en la utilidad cuando el consumo cae es igual al aumento en utilidad cuando el consumo se incrementa. Así, la utilidad esperada es la misma en ambos casos. En el caso de propensión al riesgo, la caída en utilidad al disminuir el consumo es más pequeña que el aumento en la utilidad cuando el consumo se incrementa, de forma que el individuo está mejor con riesgo que sin riesgo.

Finalmente, introducimos una lotería adicional para ilustrar que los inversores aversos al riesgo siempre preferirán loterías que ofrezcan mayor consumo medio cuando todo lo demás permanece constante.

Lotería 3: Esta lotería ofrece un nivel de consumo igual a 2 con probabilidad 0,5 y un nivel de consumo igual a 4 también con probabilidad 0,5. Así,

$$E(C) = 3$$

$$\text{var}(C) = 0,5 \ (2 - 3)^2 + 0,5 \ (4 - 3)^2 = 1$$

$$EU(C) = 0,5 \times 3,4 + 0,5 \times 4,4 = 3,9.$$

Si comparamos las loterías 2 y 3, vemos que ambas tienen la misma varianza. Sin embargo, la 3 es preferida por ofrecer un mayor consumo medio.

Por otra parte, si se compara la lotería 3 frente a la lotería 1, es fácil concluir que la 3 es siempre preferida a la 1, ya que la lotería 3 nunca tiene un consumo menor de 2. Este resultado puede hacer pensar que los agentes económicos siempre mejoran en situaciones que tienen mayor valor esperado y mayor varianza, lo cual no es cierto. Por ejemplo, imaginemos una cuarta lotería que ofrece un nivel de consumo igual a 2,5 (cuya utilidad es 3,5) con probabilidad 0,5 y un consumo igual a 4 con probabilidad también de 0,5:

$$E(C) = 0,5 \times 2,5 + 0,5 \times 4 = 3,25$$

$$\text{var}(C) = 0,5 \ (2,5 - 3,25)^2 + 0,5 \ (4 - 3,25)^2 = 0,5625$$

$$EU(C) = 0,5 \times U(2,5) + 0,5 \times U(4) = 0,5 \times 3,5 + 0,5 \times 4,4 = 3,95.$$

Una quinta lotería ofrece con certeza un consumo igual a 3. Así, la lotería 4 tiene mayor valor esperado y mayor varianza que la lotería 5 y, sin embargo, su utilidad esperada es menor que la de la lotería 5, ya que $U(3) = 4$.[5]

EJEMPLO 18.3.1

Un agente que debe elegir entre distintos juegos se comporta de la siguiente forma:

(i) Se muestra indiferente entre recibir 100€ con probabilidad $1/_2$ o 1.000€ con probabilidad $1/_2$ y recibir 500€ con certeza.

(ii) Se muestra indiferente entre recibir 100€ con probabilidad $1/_3$ o 1.000€ con probabilidad $2/_3$ y recibir 600€ con certeza.

Dado este comportamiento, si este agente posee una función de utilidad creciente respecto a los pagos recibidos, ¿qué elecciones realizaría en los siguientes casos?:

a) 500€ con probabilidad $1/_4$ o 1.000€ con probabilidad $3/_4$ frente a 600€ con probabilidad $1/_2$ o 1.000€ con probabilidad $1/_2$.

b) 100€ con probabilidad $1/_5$ o 600€ con probabilidad $4/_5$ frente a 500€ con certeza.

c) 500€ con probabilidad $1/_2$ o 1.000€ con probabilidad $1/_2$ frente a 600€ con certeza.

---

[5] Los autores agradecen esta puntualización a Manuel Moreno de la Universitat Pompeu Fabra.

Sabemos que su comportamiento implica que:

$$\tfrac{1}{2}\, U(1.000) + \tfrac{1}{2}\, U(100) = U(500)$$

$$\tfrac{2}{3}\, U(1.000) + \tfrac{1}{3}\, U(100) = U(600).$$

Solucionando el problema para sus distintos apartados, obtenemos:

a) $\tfrac{3}{4}\, U(1.000) + \tfrac{1}{4}\, U(500)$ frente a $\tfrac{1}{2}\, U(1.000) + \tfrac{1}{2}\, U(600) \Rightarrow$

$$\tfrac{3}{4}\, U(1.000) + \tfrac{1}{8}\, U(1.000) + \tfrac{1}{8}\, U(100)$$

frente a

$$\tfrac{1}{2}\, U(1.000) + \tfrac{2}{6}\, U(1.000) + \tfrac{1}{6}\, U(100)$$

$\Rightarrow$ $\tfrac{7}{8}\, U(1.000) + \tfrac{1}{8}\, U(100)$ frente a $\tfrac{5}{6}\, U(1.000) + \tfrac{1}{6}\, U(100)$

$\Rightarrow$ $\tfrac{1}{24}\, U(1.000)$ frente a $\tfrac{1}{24}\, U(100)$,

al ser su función de utilidad creciente en los pagos, el agente escogería la primera lotería.

b) $\tfrac{1}{5}\, U(100) + \tfrac{4}{5}\, U(600)$ frente a $U(500) \Rightarrow$

$$\tfrac{1}{5}\, U(100) + \tfrac{8}{15}\, U(1.000) + \tfrac{4}{15}\, U(100)$$

frente a

$$\tfrac{1}{2}\, U(1.000) + \tfrac{1}{2}\, U(100)$$

$\Rightarrow$ $\tfrac{8}{15}\, U(1.000) + \tfrac{7}{15}\, U(100)$ frente a $\tfrac{7,5}{15}\, U(1.000) + \tfrac{7,5}{15}\, U(100)$

$\Rightarrow$ $\tfrac{0,5}{15}\, U(1.000)$ frente a $\tfrac{0,5}{15}\, U(100)$,

al ser su función de utilidad creciente en los pagos, el agente escogería la primera lotería.

c) $\tfrac{1}{2}\, U(1.000) + \tfrac{1}{4}\, U(500)$ frente a $U(600) \Rightarrow$

$$\tfrac{1}{2}\, U(1.000) + \tfrac{1}{4}\, U(1.000) + \tfrac{1}{4}\, U(100)$$

frente a

$$\tfrac{2}{3}\, U(1.000) + \tfrac{1}{3}\, U(100)$$

$\Rightarrow$ $\tfrac{3}{4}\, U(1.000) + \tfrac{1}{4}\, U(100)$ frente a $\tfrac{2}{3}\, U(1.000) + \tfrac{1}{3}\, U(100)$

$\Rightarrow$ $\tfrac{1}{12}\, U(1.000)$ frente a $\tfrac{1}{12}\, U(100)$,

al ser su función de utilidad creciente en los pagos, el agente escogería la primera lotería. ∎

EJEMPLO 18.3.2

Una empresa con 100.000€ en activos tiene por objetivo localizar petróleo. Una segunda empresa le ha ofrecido la mitad de los beneficios y costes de la siguiente prospección petrolífera que supone una inversión inicial de 80.000€:

Costes de perforación e ingresos

Suceso	Costes perforación	ingresos
No petróleo	120.000€	0€
Petróleo a 1.200 metros	120.000€	130.000€
Petróleo a 900 metros	100.000€	180.000€
Petróleo a 600 metros	70.000€	350.000€
Petróleo a 300 metros	20.000€	700.000€

Durante la reunión del consejo directivo de la empresa a la que se ofreció dicha oportunidad, el consejero delegado se hace varias preguntas y realiza las siguientes afirmaciones:

"En los campos donde realizaremos la prospección, creo que las oportunidades de encontrar petróleo a 900 o 1.200 metros son muy buenas. Yo diría que la probabilidad de cada una es la misma, mientras que la probabilidad de encontrar petróleo a 300 metros es tan buena como la posibilidad de no encontrar petróleo."

"¿Cuántas posiciones estaría dispuesto a jugar en una ruleta con 20 números por un premio de 100€ para resultarme igualmente tentador que una oferta de 100€ si hubiese petróleo a 600 metros y nada en caso contrario? Estaría dispuesto a jugar el doble de posiciones que en el caso de que la oferta se hubiese hecho sobre 300 metros. Bien, después de pensar más sobre ello, la respuesta sería 4 si, lógicamente, confiase plenamente en que se me pagara."

"En una apuesta de 60-40 a mi favor, estaría dispuesto a arriesgar todo mi salario de 100.000€ si pudiese obtener una cantidad neta de 300.000€. Si ganase, tendría 400.000€ para poder jugar."

"¿Qué opino de un juego en el que existe una probabilidad de ganar 300.000€ netas de 0,5 y una probabilidad de quedarme igual también de 0,5? Cambiaría dicho juego por recibir 100.000€ (además de las 100.000€ que ya tengo) con absoluta certeza."

"¿Cuánto estaría dispuesto a gastar de mi propio dinero para asegurarme contra la pérdida total de mi salario de 100.000€ con una probabilidad de 0,25? Esta pregunta es realmente difícil. Sería una catástrofe si pierdo todo, aunque por otro lado tengo una probabilidad de 0,75 de no perder nada. Bien, daría 35.000€ de mi propio dinero. Con los otros 65.000€ podría empezar de nuevo."

a) Representar el problema mediante un árbol de decisión.
b) Determinar las probabilidades subjetivas que asigna el consejero delegado a cada uno de los posibles sucesos.
c) Especificar tantos puntos como sean posibles de la función de utilidad del consejero delegado. Representarlo gráficamente. Imponer que $U(400.000) = 1$ y $U(0) = 0$.
d) ¿Se debería aceptar la oferta por parte del consejero delegado?
e) ¿Cuál es el beneficio esperado neto de la proposición? Relaciónese con el punto d).

Es conveniente esquematizar el problema en un árbol de decisión. Así empezamos respondiendo al apartado a):

a)

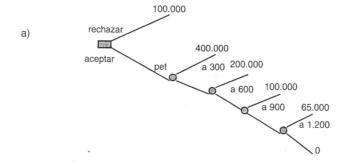

Sea W_0 la riqueza inicial e I_0 la inversión inicial. Entonces, la riqueza final, W, sería:

$$W = \frac{1}{2} \text{ (Ingresos} - \text{Costes)} + \left(W_0 - \frac{I_0}{2} \right).$$

Denominamos S_i ($i = 1, 2, ..., 5$) a los 5 posibles sucesos; encontrar petróleo a 300 metros, a 600, a 900, a 1.200 y no encontrar. Así, la riqueza final en cada suceso es

$$S_1 \text{ (encontrar a 300)} \Rightarrow \frac{1}{2} \text{ (700.000} - 20.000) + \left(100.000 - \frac{80.000}{2} \right) = 400.000$$

$$S_2 \text{ (encontrar a 600)} \Rightarrow \frac{1}{2} \text{ (350.000} - 70.000) + \left(100.000 - \frac{80.000}{2} \right) = 200.000$$

$$S_3 \text{ (encontrar a 900)} \Rightarrow \frac{1}{2} \text{ (180.000} - 100.000) + \left(100.000 - \frac{80.000}{2} \right) = 100.000$$

$$S_4 \text{ (encontrar a 1.200)} \Rightarrow \frac{1}{2} \text{ (130.000} - 120.000) + \left(100.000 - \frac{80.000}{2} \right) = 65.000$$

$$S_5 \text{ (no encontrar)} \Rightarrow \frac{1}{2} \text{ (0} - 120.000) + \left(100.000 - \frac{80.000}{2} \right) = 0.$$

b) $\pi(S_2) = 2\pi(S_1)$, ya que jugaría el doble de posiciones

$$\pi(S_2) = \frac{4}{20} = \frac{1}{5}$$

$$\pi(S_1) = \frac{1/5}{2} = \frac{1}{10} = \pi(S_5)$$

$$\pi(S_4) + \pi(S_3) + \frac{1}{5} + \frac{1}{10} + \frac{1}{10} = 1$$

como $\pi(S_4) = \pi(S_3)$,

$$2\pi(S_4) = \frac{3}{5}; \pi(S_4) = \frac{3}{10} = \pi(S_3).$$

Por tanto,

$$\pi(S_1) = 0,10; \quad \pi(S_2) = 0,20; \quad \pi(S_3) = 0,30; \quad \pi(S_4) = 0,30; \quad \pi(S_5) = 0,10.$$

c) Siguiendo las afirmaciones del consejero delegado puede deducirse que:

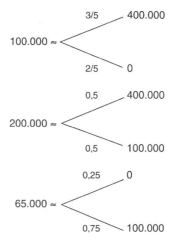

De estas posiciones de indiferencia pueden deducirse varios puntos en la función de utilidad del consejero delegado; recordemos, además, que $U(400.000) = 1$ y $U(0) = 0$:

$$U(100.000) = 3/5 \; U(400.000) = 3/5 = 0,60$$

$$U(200.000) = 0,5 \; U(400.000) + 0,5 \; U(100.000) = 0,5 + 0,5 \times 0,60 = 0,80$$

$$U(65.000) = 0,25 \; U(0) + 0,75 \; U(100.000) = 0,75 \times 0,60 = 0,45$$

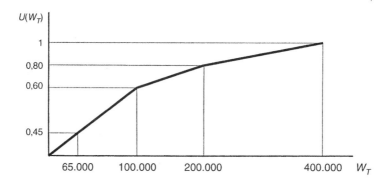

d) La decisión debe basarse en la maximización de la utilidad esperada:

$$EU(\text{Aceptar}) = \sum_{i=1}^{5} \pi(S_i)U(W_i) = 0,10U(400.000) + 0,20U(200.000) +$$

$$+ \; 0,30U(100.000) + 0,30U(65.000) + 0,10U(0) = 0,58$$

$$EU(\text{Rechazar}) = U(100.000) = 0,60.$$

Por tanto, se debe rechazar el proyecto.

e) Si no se tuviese en cuenta la no linealidad de la función de utilidad y se maximizase el beneficio esperado de la operación, tendríamos lo siguiente:

Beneficio esperado = $0,10 \times 400.000 + 0,20 \times 200.000 + 0,30 \times 100.000 + 0,30 \times 65.000$

$$= 129.500 > 100.000 \Rightarrow \text{aceptar.} \blacksquare$$

18.4 Algunas críticas a la teoría de la utilidad esperada de Von Neumann-Morgenstern

A pesar de ser éste un manual sobre Economía Financiera, se ha decidido abordar con cierto detalle la axiomatización necesaria para la obtención del criterio de la utilidad esperada. Con ello se ha pretendido dejar claro lo restrictivo que es el análisis que presentaremos en capítulos posteriores.

Con relación al uso de funciones de utilidad ordinal, la utilidad esperada sólo exige el cumplimiento adicional de los axiomas A.5, A.6 y A.7. Por lo tanto, la teoría de la utilidad esperada será restrictiva en la medida en que estos axiomas lo sean. Cuando Von Neumann y Morgenstern propusieron esta teoría insistieron en que estos axiomas eran eminentemente razonables y que, por lo tanto, la teoría en sí no restringía sustancialmente el ámbito del análisis. Sin embargo, de forma casi simultánea a la aparición de esta teoría surgieron críticas a la misma. Entre ellas cabe mencionar la paradoja de Allais (1953) quien criticó el supuesto de independencia de las alternativas irrelevantes, así como la paradoja de Ellsberg (1961).

Todas estas críticas provienen de la economía experimental, una rama de la economía donde se efectúan experimentos encaminados a comprobar el grado de realismo de ciertas prescripciones teóricas. Así, en un "laboratorio" se experimenta con individuos, a través de cuestionarios, mercados simulados, etc., para comprobar si sus respuestas se ajustan a lo que la teoría predice. Aunque estos estudios han generado bastante controversia en varios campos de la economía y cuentan con un número no negligible de adeptos, también han sido severamente criticados. Los detractores de estos estudios argumentan que dichos estudios son excesivamente artificiales: los sujetos del experimento, que por lo general suelen ser estudiantes de licenciatura, no suelen ser expertos en la materia (por ejemplo, participantes en los mercados financieros en un experimento sobre negociación bursátil), no suelen recibir los incentivos necesarios para participar de forma seria en el experimento (en la vida real a veces uno tiene que decidir entre la vida y la muerte; mientras que algunos sujetos se quedan dormidos mientras hacen el experimento), el diseño de los experimentos a veces no tiene nada que ver con la realidad económica que se quiere contrastar, etc. A pesar de las críticas, creemos que es justo reflejar aquí algunos de los resultados que esta literatura ha *provocado*.

La paradoja de Allais

Consideremos las siguientes dos loterías, *A* y *B*, donde los números de cada rama representan la probabilidad de obtener el correspondiente pago monetario (así, por ejemplo, la lotería *A* ofrece 2.500€ con una probabilidad del 33%, ...):

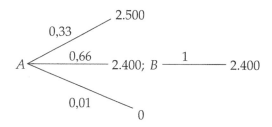

¿Qué lotería es preferida? La inmensa mayoría de las personas escogerían la lotería B.

Consideremos ahora las siguientes loterías C y D:

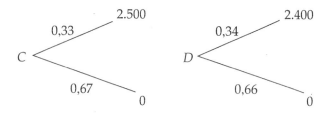

En la elección entre estas dos loterías, los individuos eligen mayoritariamente la C. El problema surge porque estas dos elecciones son inconsistentes con la utilidad esperada de Von Neumann-Morgenstern. Veamos esto con más detalle. Según la utilidad esperada, la elección de B sobre A implica que:

$$U(2.400) > 0{,}33\, U(2.500) + 0{,}66\, U(2.400) + 0{,}01\, U(0)$$

o, de forma equivalente,

$$0{,}34\, U(2.400) > 0{,}33\, U(2.500) + 0{,}01\, U(0).$$

Por otro lado, la elección de C sobre D, implica:

$$0{,}33\, U(2.500) + 0{,}67\, U(0) > 0{,}34\, U(2.400) + 0{,}66\, U(0)$$

o, lo que es igual,

$$0{,}34\, U(2.400) < 0{,}33\, U(2.500) + 0{,}01\, U(0).$$

Por lo tanto, ambas elecciones son inconsistentes con la utilidad esperada de Von Neumann-Morgenstern. Así, los agentes protagonistas de estas elecciones parecen seguir criterios diferentes a los propuestos por los axiomas que sustentan la utilidad esperada de Von Neumann-Morgenstern.

La paradoja de Ellsberg
Daniel Ellsberg propuso y analizó el siguiente experimento. Supongamos que tenemos una urna con 300 bolas de colores; 100 de estas bolas son rojas y las 200

restantes son una mezcla de bolas azules y verdes (es decir, no se sabe qué proporción de estas bolas es azul y qué proporción es verde). El individuo ha de elegir un color y sacar (a ciegas) una bola de la urna.

Propuesta 1: El individuo recibirá un millón de euros si la bola que saca es del color que eligió. ¿Qué color elegirá el rojo o el azul?

Propuesta 2: El individuo recibirá un millón de euros si la bola que saca NO es del color que eligió. ¿Qué color elegirá el rojo o el azul?

La respuesta típica es que el color rojo es *estrictamente* preferido en ambas propuestas.

Este tipo de elección representa en realidad una violación de una teoría más general que la utilidad esperada de Von Neumann-Morgenstern, la teoría de la *utilidad esperada con creencias subjetivas de Anscombe-Aumann*, teoría que establece que los agentes utilizan sus probabilidades subjetivas a la hora de calcular la utilidad esperada. Sin embargo, en cierta medida también refleja una crítica a la teoría de la utilidad esperada de Von Neumann-Morgenstern.

La violación se produce por lo siguiente: el individuo elige el color rojo en la primera pregunta porque debe creer que la proporción de bolas rojas es mayor que la de bolas azules, es decir, que existen menos de 100 bolas azules en la urna. Pero entonces debe de ser cierto que el sujeto cree que existen más de 100 bolas verdes en la urna. Por lo tanto, debe de ser cierto que el sujeto cree que la suma de bolas rojas y verdes debe de exceder de 200. Dadas estas creencias, el sujeto debería elegir el color azul en la segunda propuesta. Sin embargo, el sujeto elige de nuevo el color rojo en la segunda propuesta.

Recogemos aquí sólo algunas de las críticas que la teoría de la utilidad esperada (y otras versiones similares de teorías sobre la decisión en condiciones de incertidumbre) ha recibido desde su aparición.[6] A pesar de ser muchas las críticas, la teoría de la utilidad esperada sigue siendo la teoría más ampliamente aceptada y, consiguientemente, utilizada. Tal vez sea debido a su utilidad; tal vez por el "dudoso" origen de sus críticas (economía experimental); o simplemente porque nos hemos educado como economistas asumiéndola y no cuestionándola; la verdad es que creemos que va a seguir estando ahí durante mucho tiempo.

A continuación, presentamos un ejemplo que ilustra otra de las muchas críticas que el criterio de la utilidad esperada ha recibido desde la economía experimental.

EJEMPLO 18.4.1 (Seguro probabilístico)

Supongamos que nuestra casa vale en la actualidad W euros y estamos considerando la posibilidad de asegurarla contra el potencial deterioro por causa de incendio. Se sabe que un incendio provocaría una pérdida por valor de X euros ($X < W$) y que, dado el precio de la póliza de un *contrato estándar de seguro* (P), nos es indiferente suscribir la póliza o dejar la casa sin asegurar. Dicha póliza consiste en que pagamos hoy P y la compañía de seguros nos indemniza por valor X si se produce el incendio. A la vista de esta situación decidimos buscar otras modalidades de

___

[6] Existen varios textos donde se discute en más detalle estas y otras críticas a la teoría de la utilidad esperada. Recomendamos el tratamiento dado en Kreps (1990) y Machina (1982).

seguro en el mercado y encontramos un contrato que se denomina *contrato de seguro probabilístico* que consiste en lo siguiente: en la actualidad pagamos el 50% de P, y en caso de siniestro, con una probabilidad del 50% pagamos la otra mitad de la prima y la compañía nos compensa por valor X, y con probabilidad del 50% recobramos la prima que pagamos pero no recibimos la indemnización. Por ejemplo, si el incendio se produce en un día par del mes, pagamos otros P/2 euros y recibimos X euros, pero si el incendio se produce en un día impar, la compañía nos devuelve P/2 y no nos compensa con los X euros. Por supuesto, si la casa no se quema, la compañía se queda con la prima que pagamos (P/2) y no indemniza. Supongamos que todos los meses tienen 30 días.

En el caso de un agente que maximiza la utilidad esperada y es averso al riesgo, ¿qué tipo de contrato preferirá, el de seguro probabilístico o el estándar? Para simplificar el análisis, supongamos que no existe descuento (el tipo de interés sin riesgo, r, es igual a 0).

Antes de contestar, recopilemos la notación que vamos a utilizar.

$X \equiv$ Valor pérdida por incendio.
$\pi \equiv$ Probabilidad de incendio.
$P \equiv$ Precio (prima) seguro estándard (SE).
$0,5P \equiv$ Precio (prima) seguro probabilístico (SP).
$W \equiv$ Su riqueza (valor de la casa en la actualidad).
$U(\cdot) \equiv$ Su función de utilidad.

Antes de ofrecer una respuesta veamos qué utilidad esperada obtiene un individuo bajo distintas alternativas:

i)   Si no se asegura (NS), su riqueza final es

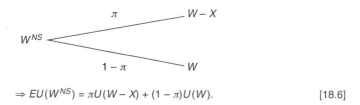

$$\Rightarrow EU(W^{NS}) = \pi U(W - X) + (1 - \pi)U(W).$$ [18.6]

ii)   Si contrata el seguro estándar (SE), tenemos:
El seguro ofrece

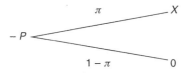

Como no hay descuento (r = 0), su riqueza final en este caso será

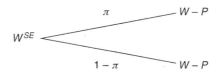

que no es más que la suma de los pagos en *i*) y los de la póliza de seguro.

$$EU(W^{SE}) = U(W - P).$$ [18.7]

iii) Si contrata el seguro probabilístico (*SP*), tenemos que el seguro ofrece:

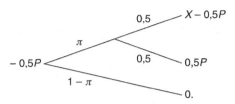

Como no existe descuento, en este caso la riqueza final del individuo es

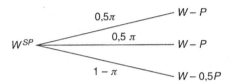

$$\Rightarrow EU(W^{SP}) = 0,5\pi U(W - P) + 0,5\pi U(W - X) + (1 - \pi)U(W - 0,5P). \qquad [18.8]$$

Sabemos que el individuo es indiferente entre i) y ii). Por lo tanto:

$$U(W - P) = \pi U(W - X) + (1 - \pi)U(W). \qquad [18.9]$$

Ahora demostramos que *preferirá el seguro probabilístico al seguro estándard si y sólo si es averso al riesgo.*

Sin pérdida de generalidad, podemos normalizar la utilidad de los dos pagos extremos. Por ejemplo, fijemos:

$$U(W) = 1$$

$$U(W - X) = 0.$$

Entonces, [18.9] se convierte en:

$$U(W - P) = 1 - \pi. \qquad [18.10]$$

Tenemos que demostrar que $EU(W^{SP}) > EU(W^{SE})$ si y sólo si $U(\cdot)$ es una función estrictamente cóncava. Utilizando la normalización anterior y las expresiones [18.7], [18.8] y [18.9], tenemos:

$$EU(W^{SP}) > EU(W^{SE}) \Leftrightarrow 0,5\pi(1 - \pi) + (1 - \pi)U(W - 0,5P) > (1 - \pi).$$

Simplificando en la expresión de la derecha, obtenemos que:

$$EU(W^{SP}) > EU(W^{SE}) \Leftrightarrow U(W - 0,5P) > 1 - 0,5\pi. \qquad [18.11]$$

Ahora es fácil ver que esta última condición [18.11] se cumple si y sólo si $U(\cdot)$ es una función estrictamente cóncava. Para entender por qué esto es cierto, veamos qué utilidad asignaría un agente neutral al riesgo al pago $W - 0,5P$. Como ya sabemos, un agente neutral al riesgo tiene una función de utilidad lineal en los pagos. En el siguiente gráfico representamos los pagos en el eje de abscisas (*x*) y las utilidades en el de ordenadas (*y*).

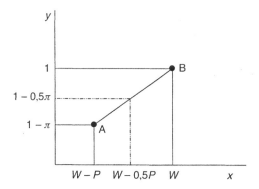

Utilizando la normalización impuesta arriba, es fácil ver que la recta que pasa por los puntos A y B corresponde a la función de utilidad de un agente neutral al riesgo. Para obtener la utilidad que dicho tipo de agente asigna al pago $W - 0,5P$ tenemos que encontrar la ecuación de esta recta y evaluarla en el punto $x = W - 0,5P$. La ecuación general de la recta es

$$y = a + bx.$$

Utilizando los valores de los puntos A y B, obtenemos:

$$a = 1 - \frac{\pi}{P}\, W \qquad b = \frac{\pi}{P}.$$

Por tanto, la ecuación de la recta (o función de utilidad de un agente neutral al riesgo) es

$$y = \left(1 - \frac{\pi}{P}\, W\right) + \frac{\pi}{P}\, x.$$

Si evaluamos esta función en el punto $x = W - 0,5P$, obtenemos:

$$y = 1 - 0,5\pi.$$

Es decir, si el individuo fuese neutral al riesgo, $U(W - 0,5P) = 1 - 0,5\pi$. Obviamente, la condición que buscamos [18.11] será cierta si, y sólo si, su función de utilidad es estrictamente cóncava. Por lo tanto, si es averso al riesgo preferirá el seguro probabilístico al estándar.

Finalmente, sólo decir que en la mayoría de los experimentos, los individuos prefieren el seguro estándar al probabilístico. Por ello, muchos economistas consideran este tipo de resultado como una crítica adicional a la teoría de la utilidad esperada de Von Neumann-Morgestern. ∎

18.5 La aversión al riesgo: una breve discusión conceptual

En el apartado anterior se ha señalado que el supuesto básico que se mantendrá en la mayor parte del resto de este libro es concebir a un inversor como un agente racional que elige entre diferentes alternativas de inversión con el propósito de maximizar su utilidad esperada. También se indicó que si el individuo tiene una función de utilidad cóncava, estamos en presencia de un inversor averso al riesgo. Este va a ser el supuesto básico de análisis. De hecho, sólo en contadas ocasiones se comentarán las posibles consecuencias de la existencia de inversores neutrales o propensos al riesgo. En este capítulo se aborda en detalle el significado e implicaciones del supuesto de aversión al riesgo. Se comienza discutiendo lo razonable que es este supuesto.

En nuestra opinión, el uso de este supuesto está justificado porque implica un comportamiento de los inversores más razonable que el que obtendríamos haciendo cualquiera de los otros dos supuestos. Para entender nuestra posición, consideremos el siguiente ejemplo ilustrativo. En la actualidad, $t = 0$, José Averso trabaja en una empresa que produce paraguas obteniendo un salario de 6.000€ ($e_0 = 6.000$). En el futuro, $t = 1$, se pueden dar dos situaciones (o estados de la naturaleza) con la misma probabilidad. El estado 1 está caracterizado por intensas lluvias y el estado 2 por una sequía absoluta. En estas condiciones, es razonable suponer que en el estado 1 la empresa venderá muchos paraguas y que José no sólo mantendrá su empleo, sino que posiblemente incluso verá aumentar su renta salarial, digamos a 9.000€ ($e_{11} = 9.000$). Por otro lado, se puede pensar que en el estado 2 José posiblemente perderá su empleo, $e_{12} = 0$. El siguiente cuadro recoge los valores del salario, e, así como los posibles precios de una acción de la empresa donde José trabaja, Paraguas, S. A.

	$t = 0$	$t = 1$	
		Estado 1	Estado 2
Salario de José	6.000	9.000	0
Precio acción "Paraguas, S. A."	10	15	0

Evidentemente, José se enfrenta a una situación de riesgo por la naturaleza de su renta salarial. Parece razonable pensar que la preocupación fundamental de José es el estado 2 en el futuro donde, literalmente, moriría de hambre. José estaría dispuesto a renunciar a parte de su poder de compra en el periodo cero, $t = 0$, y en el estado 1 a cambio de aumentar su poder adquisitivo en el estado 2. Una forma de conseguir esto sería contratar una póliza de seguros que le pague dinero cuando se encuentre desempleado. Debido a problemas de información asimétrica (selección adversa y riesgo moral), este tipo de pólizas de seguros no suelen existir en los mercados reales. De todas formas, lo que queremos resaltar aquí es que esta preferencia absoluta por trasladar poder de compra del presente al futuro y del estado 1 al 2 sólo sería cierta si el agente es averso al riesgo. Si fuese neutral al riesgo no tendría preferencia alguna por el presente y el futuro ni entre estados en el futuro; si fuese propenso al riesgo, nuestro agente preferiría cualquier operación que le permitiese aumentar su consumo en el estado 1 (si el lector no tiene claras estas afirmaciones, sugerimos que use ejemplos de utilidad concretos y compruebe nuestras afirmaciones). Así, parece que la única decisión apropiada sería la que tomaría un agente averso al riesgo.

En resumen, el supuesto de aversión al riesgo parece razonable. Al menos más razonable que cualquiera de las otras dos alternativas. Sin embargo, dicho supuesto no está libre de críticas. Por ejemplo, en la vida cotidiana se observan individuos comprando pólizas de seguro (consistente con aversión al riesgo) y jugando a la lotería o en los casinos (inconsistente con aversión al riesgo). Estos dos hechos son difíciles de reconciliar. Una posible explicación es que los individuos disfrutan por el mero hecho de jugar (obtienen utilidad) y que es el placer de ver la ruleta girar o de ver las cartas lo que les compensa por los pagos monetarios en sí. Sea cual sea el caso, nuestra posición es que los inversores en los mercados financieros están principalmente interesados en la remuneración monetaria, que no encuentran placer *per se* en el hecho de invertir y que, por tanto, son aversos al riesgo.

18.6 Medidas formales de la aversión al riesgo

Existen dos conceptos ampliamente utilizados que intentan captar la noción de *precio del riesgo* o *prima de riesgo*. Antes de analizarlas es conveniente definir lo que se conoce como un *juego suma cero*. Un juego suma cero es un juego con un rendimiento medio igual a cero. Así, el rendimiento aleatorio ε es un juego suma cero si:

$$E(\varepsilon) = 0.$$

En el caso de distribución discreta con sólo dos realizaciones (distribución de Bernoulli), tendríamos:

$$\varepsilon = \begin{cases} \varepsilon_1 & \text{con prob.} \quad q \\ -\varepsilon_2 & \text{con prob.} \quad (1-q), \end{cases}$$

donde para simplificar se supone que el juego es simétrico, es decir, que $\varepsilon_1 = \varepsilon_2$ y que $q = 0,5$. Denotemos por σ_ε^2 la varianza de dicha variable aleatoria; es decir, $\sigma_\varepsilon^2 = E(\varepsilon^2) > 0$.

- La primera de las dos nociones a la que nos referimos al principio de este epígrafe se conoce como *prima compensatoria de riesgo*, $\prod_c$, que formalmente se define como la cantidad de dinero que habría que pagar a un individuo para que acepte un juego suma cero. Supongamos que un individuo tiene inicialmente un nivel de riqueza W_0 y una función de utilidad que es función de su riqueza, $U(W)$. En estas condiciones, la prima compensatoria de riesgo, $\prod_c$, viene implícitamente definida por:

$$U(W_0) = EU(W_0 + \varepsilon + \prod_c) \qquad [18.12]$$

Gráficamente, en la figura 18.1, inicialmente el individuo disfruta de un nivel de bienestar $U(W_0)$:

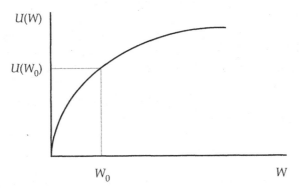

Figura 18.1. Función de utilidad cóncava de un agente averso al riesgo.

Al imponer el juego de suma cero al individuo, se observa en la figura 18.2 cómo su bienestar disminuye:

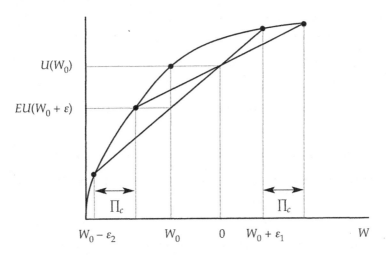

Figura 18.2. La aversión al riesgo: la utilidad del valor esperado del juego *vs.* la utilidad esperada del juego.

$\prod_c$ es la cantidad de dinero que le compensa por esta pérdida de bienestar, es decir, la cantidad de dinero que lo deja con un nivel de utilidad igual al que disfrutaba antes de soportar el juego suma cero.

- La segunda noción de "precio de riesgo" es la *prima de seguro de riesgo*, $\prod_s$, que se define como la cantidad de dinero que estaría dispuesta a pagar una persona que soporta un juego suma cero para dejar de soportarlo. Formalmente, es el valor de $\prod_s$ implícitamente definido en la ecuación:

$$EU(W_0 + \varepsilon) = U(W_0 - \textstyle\prod_s).\qquad\qquad[18.13]$$

Cuando el juego suma cero es suficientemente pequeño ambos conceptos dan lugar a la misma prima de riesgo, en el sentido de que $\prod_c \cong \prod_s \cong \prod$. De hecho, en este caso, tal como veremos más adelante, se puede incluso obtener una aproximación explícita a la prima.

La figura 18.2 sugiere que cualquier individuo será averso al riesgo si y sólo si se satisface la siguiente expresión:

$$U[E(W)] > EU(W_0 + \varepsilon).\qquad\qquad[18.14]$$

En palabras, para cualquier agente averso al riesgo, la utilidad que le reporta el valor esperado de un juego es mayor que la utilidad esperada de jugar. Si además el juego es de suma cero, sabemos que un individuo averso al riesgo no jugará ese juego; prefiere su riqueza inicial (que coincide con el valor esperado del juego) a jugarlo. Nótese que la diferencia entre la utilidad del valor esperado del juego y su utilidad esperada depende del grado de curvatura de la función de utilidad que es, en definitiva, lo que captura el grado de aversión al riesgo para agentes con funciones de utilidad cóncavas (la segunda derivada de la función de utilidad es negativa).

Asimismo, la neutralidad al riesgo y la propensión al riesgo pueden definirse respectivamente como:

$$U[E(W)] = EU(W_0 + \varepsilon)\qquad\qquad[18.15]$$

$$U[E(W)] < EU(W_0 + \varepsilon).\qquad\qquad[18.16]$$

EJEMPLO 18.6.1

Un individuo con riqueza inicial igual a 15.000€ se enfrenta a un juego de suma cero que le permite alcanzar con idéntica probabilidad una cantidad igual a 10.000€ o un pago de 20.000€. El valor esperado del juesgo es, por tanto, igual a 15.000€. El individuo que se enfrenta a este juego tiene una función de utilidad logarítmica:

$$U(W) = \ln W.$$

Por tanto, la utilidad del valor esperado del juego será

$$U[E(W)] = U(15.000) = \ln 15.000 = 9{,}616.$$

Por otro lado, la utilidad esperada del juego es

$$EU(W_0 + \varepsilon) = EU(W_0) = \frac{1}{2}U(20.000) + \frac{1}{2}U(10.000) = \frac{1}{2}\ln 20.000 + \frac{1}{2}\ln 10.000 = 9{,}557.$$

Puede concluirse que $U[E(W)] > EU(W)$, por lo que el individuo con una función de utilidad logarítmica es averso al riesgo. Obsérvese que en este caso, $U''(W) < 0$, tal como esperaríamos para cualquier función de utilidad que representa individuos aversos al riesgo. ∎

Es muy útil discutir el denominado *equivalente de certeza* que permite obtener una definición alternativa de la prima de riesgo. Para ello, nótese que en un juego de suma cero, el valor esperado de dicho juego es precisamente igual a la riqueza inicial y puede escribirse que $E(W) = W_0$, donde W se refiere a la riqueza final que se obtiene con el juego. El *equivalente de certeza* es la cantidad que un individuo debería recibir con certeza para mostrarse indiferente entre dicha cantidad y el juego. Sea EC el equivalente de certeza. De acuerdo con la definición, debe satisfacerse que

$$U(EC) = EU(W). \qquad [18.17]$$

Nótese la similitud con la expresión [18.13]. Como $E(W) = W_0$, puede concluirse que la prima de seguro de riesgo, $\prod_s$, se define en términos del equivalente de certeza como:

$$\prod_s = E(W) - EC. \qquad [18.18]$$

Volviendo al ejemplo 18.6.1, para calcular el equivalente de certeza se necesita saber cuál es el nivel de riqueza que ofrece una utilidad igual a la utilidad esperada y, por tanto, igual a 9,557:

$$U(EC) = 9{,}557$$

$$\Rightarrow \ln EC = 9{,}557 \Rightarrow EC = e^{9{,}557} = 14.143.$$

Gráficamente puede representarse el EC tal como se hace en la figura 18.3:

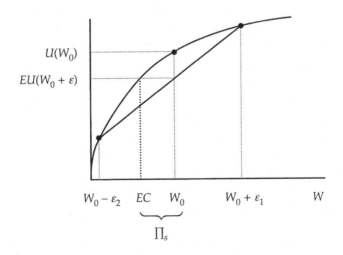

Figura 18.3. El equivalente de certeza y la aversión al riesgo.

Para cualquier individuo averso al riesgo su equivalente de certeza será *menor* que el valor esperado del juego. En nuestro ejemplo, 14.143 < 15.000. Además, la prima de riesgo será igual a:

$$\prod_s = E(W) - EC = 15.000 - 14.143 = 857.$$

Todo individuo averso al riesgo exigirá una prima de riesgo positiva. En este caso, el individuo estaría dispuesto a pagar hasta 857 euros para evitar el juego. En otras palabras, si le ofreciesen un seguro más caro, no estaría dispuesto a pagarlo.

También se podría obtener la prima compensatoria de riesgo, $\prod_c$, como:

$$9{,}916 = \frac{1}{2} \ln(20.000 + \prod_c) + \frac{1}{2} \ln(10.000 + \prod_c).$$

EJEMPLO 18.6.2 (Miguel A. Martínez, Universidad del País Vasco)

La función de utilidad de un individuo es $U(W) = W^{1/2}$. Si se incendia la casa donde vive su riqueza será de 25.000€, mientras que si no se produce un incendio se mantendrá el valor de 40.000€. La probabilidad de que ocurra un incendio es igual a 1/10.

a) Si una compañía de seguros pide un precio de 4.000€ por asumir el riesgo del incendio, ¿sería interesante suscribir la póliza?, ¿y si el precio fuera de 1.500€?

b) El Ayuntamiento instala un nuevo parque de bomberos en la ciudad y, como consecuencia de la mayor protección, el daño que puede ocasionar el fuego se reduce a la mitad. ¿Cuál sería el precio máximo que estaría dispuesto a pagar el propietario de la casa por la póliza de seguro en esta nueva situación?

Nótese que el individuo se enfrenta a una lotería en la que obtiene 25.000€ con probabilidad 0,10 y 40.000€ con probabilidad igual a 0,90. Por tanto, la utilidad esperada será:

$$EU(W) = 0{,}10 U(25.000) + 0{,}90 U(40.000) = 0{,}10(25.000^{1/2}) + 0{,}90(40.000^{1/2}) = 195{,}81.$$

a) Cuando le proponen un seguro con precio 4.000€, su utilidad será:

$$U(40.000 - 4.000) = 36.000^{1/2} = 189{,}74,$$

que al ser una cantidad menor que su utilidad esperada hace que el individuo no contrate el seguro.

Al ofrecerle la prima de 1.500€, tendremos que:

$$U(40.000 - 1.500) = 38.500^{1/2} = 196{,}21,$$

que es superior a su utilidad esperada, por lo que ahora sí contraría el seguro.

b) La nueva situación consistiría en obtener 32.500€ con probabilidad 0,10 o quedarse con 40.000€ con probabilidad 0,90. Su utilidad esperada sería:

$$EU(W) = 0{,}10\, U(32.500) + 0{,}90 U(40.000) = 0{,}10(32.500^{1/2}) + 0{,}90(40.000^{1/2}) = 198{,}03.$$

El equivalente de certeza se obtiene de la expresión:

$$U(EC) = 198{,}03 \Rightarrow EC^{1/2} = 198{,}03 \Rightarrow EC = 198{,}03^2 = 39.215{,}88.$$

La prima máxima que el individuo estaría dispuesto a pagar sería:[7]

$$\Pi_s = W_0 - EC = 40.000 - 39.215,88 = 784,12. \ \blacksquare$$

Como ya se ha adelantado, cuando el juego de suma cero es suficientemente pequeño, es posible obtener una aproximación explícita a la prima de riesgo que tiene importantes consecuencias para la Economía Financiera. Reflejamos aquí dicha aproximación para el caso de la prima de seguro del riesgo, aunque ya sabemos que en este caso ambos conceptos de prima serían aproximadamente iguales. El proceso consiste en utilizar el desarrollo o expansión de Taylor para aproximar polinomios a la parte derecha e izquierda de la ecuación [18.13], $EU(W_0 + \varepsilon) = U(W_0 - \Pi_s)$, y luego igualar ambos polinomios. Recordemos que si queremos evaluar la función $Y = f(X)$ alrededor del punto a en términos de sus derivadas puede escribirse:

$$f(X) = f(a) + f'(a)(X - a) + \frac{f''(a)(X - a)^2}{2!} + \frac{f'''(a)(X - a)^3}{3!} + \ldots + \frac{f^{(n)}(a)(X - a)^n}{n!}.$$

Así, utilizando la expresión del desarrollo de Taylor en la parte izquierda de la ecuación [18.13] y haciendo el cambio de variable, $X = W_0 + \varepsilon$, $a = W_0$, obtenemos:

$$U(W_0 + \varepsilon) = U(W_0) + \varepsilon U'(W_0) + \frac{\varepsilon^2}{2} U''(W_0) + \ldots$$

Aplicando el operador de esperanza matemática en ambos lados de la igualdad obtenemos:

$$EU(W_0 + \varepsilon) = U(W_0) + U'(W_0)E(\varepsilon) + U''(W_0) \frac{E(\varepsilon^2)}{2} + \ldots$$

Como ε es un juego suma cero, obtenemos:

$$EU(W_0 + \varepsilon) = U(W_0) + U''(W_0) \frac{\sigma_\varepsilon^2}{2} + \ldots \qquad [18.19]$$

Operando de similar forma en la parte derecha de [18.13], llegamos a la aproximación:

$$U(W_0 - \Pi_s) = U(W_0) - \Pi_s U'(W_0) + \frac{\Pi_s^2}{2} U''(W_0) + \ldots \qquad [18.20]$$

Ahora nos limitamos al caso de aproximación de Taylor de segundo orden y simplificamos suponiendo que Π_s^2 es cero (ya que para un juego suma cero muy pequeño es razonable suponer —véase la figura 18.3— que Π_s^2 es mucho más pequeño que σ_ε^2). En estas condiciones, si igualamos las expresiones [18.19] y [18.20], obtenemos:

---

[7] Obsérvese que el juego no es de suma cero.

$$U(W_0) + U''(W_0)\,\frac{\sigma_\varepsilon^2}{2} \cong U(W_0) - \textstyle\prod_s U'(W_0).$$

Reagrupando términos llegamos a:

$$\prod_s \cong -\,\frac{U''(W_0)}{U'(W_0)}\,\frac{\sigma_\varepsilon^2}{2}. \qquad\qquad [18.21]$$

Así, la prima de seguro depende de dos términos. El primero, $\sigma_\varepsilon^2/2$, se refiere exclusivamente al riesgo del juego suma cero. Según este término, cuanto mayor es el riesgo del juego, mayor es la prima de seguro. El otro término depende exclusivamente de las características del individuo, su función de utilidad. Por tanto, este término parece un buen candidato como medida de la aversión al riesgo del individuo. Obsérvese que según la expresión [18.21], la prima de seguro será positiva si y sólo si el individuo es averso al riesgo, ya que la segunda derivada de la función de utilidad sería negativa en dicho caso. Para un individuo neutral al riesgo la prima será cero y para uno propenso al riesgo la prima será negativa. De hecho, este término refleja una buena aproximación al grado de aversión al riesgo de un individuo. En concreto, la función

$$A(W) = -\,\frac{U''(W)}{U'(W)} \qquad\qquad [18.22]$$

es conocida como el *coeficiente de aversión absoluta al riesgo de Arrow-Pratt* para un individuo con una función de utilidad $U(W)$.

Se ha señalado en varias ocasiones que el grado de concavidad de la función de utilidad refleja el grado de aversión al riesgo que tiene un individuo. Así, parece lógico pensar que la segunda derivada de $U(W)$ se asocie con el grado de aversión al riesgo. Curiosamente, la expresión [18.22] no incluye sólo la segunda derivada sino que se normaliza por la primera derivada de dicha función. Para entender este ajuste nótese que $U''(W)$ tiene un claro inconveniente como medida de aversión al riesgo. En particular, sean $U_1(W)$ y $U_2(W)$ dos funciones de utilidad que reflejan las mismas preferencias. Por ejemplo, $U_2(W)$ podría ser: $U_2(W) = \alpha + \beta U_1(W)$, $\beta > 0$. Sabemos que dicha transformación lineal no altera el orden de preferencias o, en otras palabras, ambas funciones de utilidad son equivalentes en cuanto a la ordenación de preferencias. Sin embargo, el valor de la segunda derivada sí cambia con la transformación: $U_2''(W) = \beta U_1''(W)$. Por tanto, se necesita algo más para medir analíticamente la aversión al riesgo. Si dividimos las segundas derivadas por las primeras, obtenemos:

$$\frac{U_2''(W)}{U_2'(W)} = \frac{\beta U_1''(W)}{\beta U_1'(W)} = \frac{U_1''(W)}{U_1'(W)},$$

por lo que el cociente entre la segunda y la primera derivada de la función de utilidad sí se mantiene constante ante transformaciones lineales, que mantienen las mismas preferencias.

Otra medida útil de la aversión al riesgo de un individuo es el *coeficiente de aversión relativa al riesgo de Arrow-Pratt* que se define como:

$$R(W) = - W \; \frac{U''(W)}{U'(W)} = WA(W), \qquad\qquad [18.23]$$

y que captura la aversión al riesgo en términos relativos o porcentuales.

En el caso de la aversión absoluta al riesgo se analiza la cantidad en euros que un individuo invierte en actividades arriesgadas. Por ejemplo, supongamos que inicialmente un individuo con una riqueza de 10.000€ invierte en riesgo 100€ y cuando su riqueza aumenta a 10.000.000€ su inversión en riesgo se incrementa a 1.000€. Esta situación sería la habitual, ya que cuanto más rico sea un individuo, en principio, estará dispuesto a invertir una cantidad mayor de euros en riesgo. Así, decimos que la aversión absoluta al riesgo de este individuo es *decreciente* (la derivada de la aversión absoluta al riesgo respecto a la riqueza es *negativa*). Sin embargo, en el primer caso invierte un porcentaje de su riqueza en riesgo igual al 1%, mientras que en el segundo el porcentaje de su riqueza en riesgo ha disminuido al 0,01%. Esto implica que (en términos relativos o porcentuales) la aversión relativa al riesgo es *creciente* (la derivada de la aversión relativa al riesgo respecto a la riqueza es *positiva*) al invertir una proporción menor de su riqueza en riesgo cuando dicha riqueza aumenta.

EJEMPLO 18.6.3

Supongamos que un individuo tiene la siguiente función de utilidad $U(W) = - \dfrac{1}{W}$.

a) ¿Es averso al riesgo?

b) ¿Cuál es su expresión de la aversión absoluta al riesgo?

c) ¿Cuál es su expresión de la aversión relativa al riesgo?

d) Supongamos que dicho individuo se enfrenta a un juego que le supone doblar su nivel inicial de riqueza con una probabilidad de 0,333 o quedarse con la mitad de su nivel inicial de riqueza con una probabilidad de 0,667. Su nivel inicial de riqueza, W_0, es igual a 100. ¿Cuál es la cantidad máxima que el individuo estaría dispuesto a pagar para evitar el juego?

e) ¿Qué proporción de su riqueza estaría dispuesto a pagar para evitar el juego? ¿Cómo cambiaría la respuesta a dicha pregunta al producirse una variación de su riqueza inicial?

f) Suponer que el individuo se enfrenta a un juego con una probabilidad de 0,5 de ganar o perder 10 sobre su riqueza inicial, ¿a qué nivel de riqueza inicial se mostraría indiferente entre aceptar el juego y pagar 5 unidades monetarias?

Las soluciones a las distintas partes de este ejercicio hacen uso de los conceptos desarrollados en esta sección.

a) Para comprobar si cualquier individuo cuyas preferencias están representadas por la función de utilidad $U(W) = - 1/W$ presenta aversión al riesgo, simplemente debe comprobarse que el signo de la segunda derivada de dicha función de utilidad es negativo:

$$U'(W) = \frac{1}{W^2} > 0$$

$$U''(W) = -\frac{2}{W^3} < 0,$$

por lo que puede concluirse que es averso al riesgo.

b) $A(W) = -\dfrac{U''(W)}{U'(W)} = -\dfrac{-2/W^3}{1/W^2} = \dfrac{2}{W}$.

c) $R(W) = WA(W) = W\dfrac{2}{W} = 2.$

d) La utilidad esperada del juego al que se enfrenta el individuo es

$$EU(W) = 0{,}333U(200) + 0{,}667U(50) = 0{,}333\left(-\frac{1}{200}\right) + 0{,}667\left(-\frac{1}{50}\right) = -\frac{1}{66{,}6}.$$

Para calcular el EC, imponemos la igualdad:

$$U(EC) = EU(W) = -\frac{1}{66{,}6} \Rightarrow EC = 66{,}6,$$

por lo que la cantidad máxima que estaría dispuesto a pagar sería la prima de riesgo:[8]

$$\textstyle\prod_s = E(W) - EC = 100 - 66{,}6 = 33{,}4.$$

e) La proporción de su riqueza que estaría dispuesto a pagar para evitar el juego sería

$$\frac{\prod_s}{W_0} = \frac{33{,}4}{100} = 0{,}334.$$

Nótese que,

$$\frac{dA(W)}{dW} = -\frac{2}{W^2} < 0,$$

por lo que cualquier individuo con esta función de utilidad presenta aversión absoluta al riesgo decreciente. Así, cuanto mayor fuese su riqueza estaría dispuesto a invertir una mayor cantidad de euros en riesgo. Sin embargo, su aversión relativa al riesgo es constante,

$$\frac{dR(W)}{dW} = 0,$$

por lo que en términos relativos la inversión en riesgo no se verá afectada al modificarse su riqueza.

---

[8] Al ser un juego de suma cero se cumple que $W_0 = E(W)$.

f) Ante el juego que se plantea debe ser cierto que:

$$U(W_0 - 5) = 0,5U(W_0 + 10) + 0,5U(W_0 - 10).$$

Por tanto,

$$-\frac{1}{W_0 - 5} = \left(\frac{1}{2} - \frac{1}{W_0 + 10} - \frac{1}{W_0 - 10} \right) \Rightarrow W_0 = 20. \ \blacksquare$$

18.7 El problema de selección de cartera: estática comparativa en carteras óptimas

En este apartado estamos interesados en plantear el problema de selección de cartera de un inversor y estudiar algunas de las propiedades de las carteras óptimas. A partir de ahora consideramos inversores que eligen carteras para maximizar la utilidad esperada de su consumo. En el siguiente epígrafe retomamos el problema de optimización de un agente inversor en una economía de un único periodo y dos fechas, $t = 0,1$, e incertidumbre en $t = 1$, presentado en el capítulo 17. Para centrarnos en el caso de selección de cartera supondremos que el agente no consume en $t = 0$. En dicho periodo, por tanto, el agente simplemente distribuye de forma óptima su riqueza inicial entre los distintos activos disponibles en la economía. Al final del apartado presentamos varios ejercicios de estática comparativa sobre las carteras óptimas de los inversores. Adelantamos que las medidas de aversión al riesgo presentadas en la sección anterior jugarán un papel crucial en dichos ejercicios de estática comparativa.

(i) Planteamiento del problema de selección de carteras óptimas
Consideremos la economía con incertidumbre del apartado 17.5, para analizar el problema de selección de cartera de un inversor cualquiera. Para simplificar el análisis y centrarnos en la caracterización de las carteras óptimas, hacemos los tres siguientes supuestos: 1) el agente no consume en $t = 0$; 2) el agente no tiene dotaciones de bienes en $t = 1$ y, 3) los activos de la economía se encuentran en oferta positiva. Así, un agente se encuentra caracterizado por unas determinadas preferencias sobre el consumo final de bienes y la tenencia de dotaciones iniciales de los activos de la economía. Analicemos el caso sencillo en el que en la economía sólo existen dos activos financieros. El primero es un bono con una tasa de rendimiento r. Dicho bono tiene un precio P_{b0} en $t = 0$ y ofrece un pago $P_{b0}(1 + r)$ en $t = 1$, independientemente del estado de la naturaleza que ocurra. El segundo activo son acciones de una empresa. Cada acción tiene un precio en $t = 0$, que denotamos con P_{a0}, y ofrece un pago $X_a = (X_{a1}, \ldots, X_{aS})$ en $t = 1$. Así, X_{as} es el pago de una acción en el estado futuro s, que ocurre con una probabilidad π_s. El agente inversor inicialmente posee una determinada cantidad de acciones y bonos que denotamos z_a^e y z_b^e, respectivamente. Por tanto, podemos

ahora definir la riqueza inicial del agente, W_0, como el valor a precios de mercado de sus dotaciones iniciales. Es decir,

$$W_0 \equiv z_a^e P_{a0} + z_b^e P_{b0}.$$

En $t = 0$ el agente elegirá una cartera $z = (z_a, z_b)$, donde z_a y z_b denotan el número de acciones y bonos en la cartera del inversor, respectivamente, que maximice la utilidad esperada y satisfaga las restricciones presupuestarias. Dicha cartera tiene un coste en $t = 0$ y ofrece unos pagos en cada estado s de $t = 1$ dados por:

$$\text{Coste cartera } (t = 0) = z_a P_{a0} + z_b P_{b0}.$$

$$\text{Pago cartera estado } s\ (t = 1) \equiv W_{1s} = z_a X_{as} + z_b P_{b0}(1 + r).$$

Antes de plantear el problema de optimización, veamos qué forma adopta la restricción presupuestaria del agente en el presente contexto. Como el agente no consume en $t = 0$, la restricción presupuestaria de $t = 0$ exige que toda la riqueza inicial del individuo esté invertida en acciones y bonos. Por tanto, en $t = 0$ la riqueza inicial ha de ser igual al coste de la cartera:

$$W_0 = z_a P_{a0} + z_b P_{b0}.$$

Por otro lado, en cada estado s de $t = 1$, el consumo ha de ser igual al valor (o pagos) de la cartera elegida en $t = 0$, pues el agente no tiene dotaciones de bienes en dichos estados. Por tanto, en cada estado s futuro, la restricción presupuestaria del agente adopta la forma:

$$c_s = W_{1s} = z_a X_{as} + z_b P_{b0}(1 + r).$$

En palabras, en cada estado futuro el agente consumirá toda su riqueza financiera. Esto, de hecho, nos permite definir la función de utilidad del agente como una función de su riqueza futura (pues ésta ha de ser igual al consumo futuro). Ahora ya podemos plantear el problema de optimización del agente como:

$$\underset{z_a,\, z_b}{\text{Max}}\ \sum_{s=1}^{S} \pi_s U(W_{1s})$$

$$\text{s. a.}\quad W_0 = z_a P_{a0} + z_b P_{b0} \qquad\qquad (a)$$
$$\phantom{\text{s. a.}\quad} W_{1s} = z_a X_{as} + z_b P_{b0}(1 + r);\ \ s = 1, \dots, S. \quad (b)$$

Por tanto, el agente se enfrenta a un total de $S + 1$ restricciones presupuestarias. El programa anterior se puede escribir de forma más compacta. En primer lugar, denotando con W_1 la riqueza del agente en $t = 1$, podemos expresar (b) como:

$$W_1 = z_a X_a + z_b P_{b0}(1 + r).$$

Nótese que W_1 es una variable aleatoria que toma los valores W_{1s} con probabilidades π_s, $s = 1, ..., S$.

Por otro lado, despejando $z_b P_{b0}$ en (a):

$$z_b P_{b0} = W_0 - z_a P_{a0} \qquad [18.24]$$

y sustituyendo en (b), podemos expresar las restricciones presupuestarias (a) y
(b) como

$$W_1 = W_0(1 + r) + z_a(X_a - P_{a0}(1 + r)).$$

Por tanto, el programa de optimización inicial se puede expresar como:

$$\underset{z_a}{\text{Max}} \quad EU(W_1)$$

$$\text{s. a. } W_1 = W_0(1 + r) + z_a(X_a - P_{a0}(1 + r)). \qquad [18.25]$$

Una vez resuelto este problema tendremos el número óptimo de acciones que
el agente desea tener en cartera. Utilizando [18.24] obtenemos el número óptimo
de bonos en dicha cartera.

El problema de selección de cartera planteado arriba está definido en términos del *número* de acciones que el agente óptimamente desea mantener en cartera. Lo podemos también expresar en términos de la *cantidad de dinero invertida* en
cada título, o del *porcentaje* que cada título representa en la cartera óptima. Así,
definamos w_a y w_b como la cantidad de dinero invertida en acciones y bonos, respectivamente. Es decir,

$$w_a \equiv z_a P_{a0}; \qquad w_b \equiv z_b P_{b0}.$$

Es fácil ver ahora que el problema de selección de cartera [18.25] se puede escribir de forma equivalente como:

$$\underset{w_a}{\text{Max}} \quad EU(W_1)$$

$$\text{s. a. } W_1 = W_0(1 + r) + w_a(R_a - r), \qquad [18.26]$$

donde $R_a \equiv \dfrac{X_a}{P_{a0}} - 1$ es la tasa de rendimiento de las acciones. Para obtener w_b utilizamos la restricción presupuestaria de $t = 0$, (a), que establece que $W_0 = w_a + w_b$.
Por tanto, $w_b = W_0 - w_a$.

Definamos ahora ω_a y ω_b como el porcentaje (sobre la riqueza inicial del inversor) que las acciones y los bonos, respectivamente, representan en la cartera.
Es decir,

$$\omega_a \equiv \frac{w_a}{W_0} \quad ; \quad \omega_b \equiv \frac{w_b}{W_0};$$

El problema de selección de cartera [18.25] se puede escribir ahora como:

$$\underset{\omega_a}{\text{Max}} \ \ EU(W_1)$$

$$\text{s. a. } \ W_1 = W_0[(1 + r) + \omega_a(R_a - r)]. \qquad [18.27]$$

Para calcular ω_b utilizamos la restricción presupuestaria en $t = 0$, que establece que $1 = \omega_a + \omega_b$. Por tanto, $\omega_b = 1 - \omega_a$.

En varias partes del libro hemos hablado del rendimiento de una cartera como la media ponderada de los rendimientos de los títulos en la misma, utilizando como ponderaciones el porcentaje que cada título representa en la cartera. En el análisis de este apartado todas las carteras consisten en una inversión de W_0 euros que ofrece unos pagos futuros de W_1 euros. Podemos, por tanto, definir la tasa de rentabilidad de las carteras de este apartado como: $R_c \equiv \dfrac{W_1}{W_0} - 1$. Si ahora utilizamos la restricción presupuestaria en [18.27], y tenemos en cuenta que $\omega_b = 1 - \omega_a$, obtenemos:

$$R_c = (1 + r) + \omega_a(R_a - r) - 1 = \omega_b r + \omega_a R_a.$$

Es decir, la fórmula que hemos venido utilizando a lo largo del libro para calcular las tasas de rendimiento de carteras arbitrarias no es más que la restricción presupuestaria del inversor. De hecho, a menudo plantearemos el problema de selección de cartera como la obtención de una solución, z, al problema:

$$\underset{z}{\text{Max}} \ \ EU(W_1)$$

$$\text{s. a. } \ W_1 = W_0(1 + R_c).$$

Todos los resultados aquí obtenidos se pueden generalizar al caso de una economía con más de dos activos financieros. Como el planteamiento sólo requiere redefinir los costes y pagos de carteras arbitrarias, dejamos esta extensión como ejercicio para el lector.

Analicemos a continuación la condición de primer orden del problema [18.26]:

$$E\left[U'(W_1)(R_a - r)\right] = 0. \qquad [18.28]$$

Esta es una ecuación muy importante. Naturalmente, es la *ecuación de no arbitraje* con un activo seguro que ya obtuvimos en la expresión [7.12] del capítulo 7 y que es una extensión de la expresión habitual que venía dada por $E(M\tilde{R}_j) = 1$ donde $\tilde{R}_j$ es el rendimiento bruto de un activo incierto j cualquiera. Este resultado sugiere que la variable M, que surgía de forma natural en un contexto puro de ausencia de arbitraje, tiene una interpretación precisa y útil cuando se trabaja en un contexto de optimización. En particular, M está asociada con *la utilidad marginal de la riqueza del agente.*[9] De esta forma, más adelante seremos capaces de ofrecer una interpretación de la prima por riesgo de un activo arriesgado al entenderla como la *covarianza entre el rendimiento de cualquier activo incierto y la utilidad marginal de la riqueza (o consumo).* Alternativamente, de acuerdo con la expresión [4.32] del capítulo 4, el precio del activo Arrow-Debreu para un determinado estado de la naturaleza tiene una interpretación inmediata en términos de la utilidad marginal de la riqueza en dicho estado:

$$\phi_s = \pi_s M_s = \pi_s U'(W_{1s}). \qquad [18.29]$$

Evidentemente, este resultado también implica que la *probabilidad neutral al riesgo* debe estar asimismo asociada con la utilidad marginal dada la expresión [4.6] del capítulo 4. Estos resultados se discuten con detalle en el capítulo 19.

Obsérvese, además, que la condición de primer orden dada por [18.28] implícitamente define la cantidad óptima de dinero invertido en el activo arriesgado (la acción), w_a. Una vez conocida esta cantidad, sabemos cuál es la cantidad de dinero invertido en bonos y la riqueza que el inversor dispondrá en el futuro. La cantidad óptima w_a, en general, será una función de los parámetros del problema: la riqueza inicial W_0, el tipo de interés sin riesgo, r, posibles parámetros de la función de utilidad y estadísticos de la variable aleatoria R_a (tasa de rendimiento medio, varianza, etc.).

(ii) Algunos ejercicios de estática comparativa en carteras óptimas

Además de ser interesantes en sí mismas, las medidas de la aversión al riesgo definidas en el apartado anterior son muy útiles para caracterizar las carteras óptimas de los agentes. Este tipo de resultados es crucial no sólo desde el punto de vista teórico al derivar ciertos modelos sobre determinación de los precios de los activos financieros, sino, además, desde el punto de vista práctico. Así, por ejemplo, con el suficiente instrumental econométrico a mano, es fácil ver cómo los resultados aquí derivados pueden ayudar al gestor de un fondo de inversión en su decisión sobre el tipo de fondo que debe diseñar (más arriesgado, más conservador) para captar una mayor clientela de participantes. Ilustramos el uso de estas medidas de aversión al riesgo en la estática comparativa de las carteras óptimas en el contexto de una economía muy sencilla.

Sin lugar a dudas, es muy interesante saber cómo cambia la cartera óptima del inversor cuando cualquiera de los parámetros que caracterizan su elección cambia. Así, por ejemplo, sería deseable saber si un inversor aumenta sus tenencias de acciones cuando su riqueza inicial aumenta o cuando el tipo de interés de la economía

---

[9] Dos puntualizaciones son importantes. La variable M es una variable agregada que, en equilibrio, no depende de ningún activo en particular, ni de un individuo concreto. En el contexto de este capítulo, implicaría suponer que se está analizando el caso del agente representativo, donde W es la riqueza *agregada* de la economía. Por otra parte, como veremos con mayor detalle en el siguiente capítulo, M es realmente el cociente entre la utilidad marginal del consumo futuro y presente y, por tanto, *es la relación marginal de sustitución entre consumo presente y futuro.*

sube. Lo importante es que alguno de estos ejercicios de estática comparativa se pueden resolver aun cuando se desconozca la función de utilidad del inversor. Lo único que se necesita es saber qué tipo de aversión al riesgo tiene el inversor. Ilustramos a continuación el caso de la variación de la cartera óptima del inversor cuando su riqueza inicial cambia. Sin pérdida de generalidad, restringimos nuestra atención al caso de soluciones interiores de w_a (es decir, $w_a \in (0, W_0)$).

En términos matemáticos, estamos interesados en determinar el signo de dw_a/dW_0 cuando se sabe que w_a está implícitamente definida en la ecuación [18.28]. Para calcular esta derivada hacemos uso del *teorema de la función implícita* o simplemente hacemos diferenciación total de una función de varias variables. Así, una ecuación de la forma

$$f(x, y) = 0$$

puede ser diferenciada totalmente obteniendo

$$(\partial f(x, y)/\partial x)dx + (\partial f(x, y)/\partial y)dy = 0$$

o,

$$\frac{dy}{dx} = -\frac{\dfrac{\partial f(x, y)}{\partial x}}{\dfrac{\partial f(x, y)}{\partial y}}.$$

La condición de primer orden [18.28] tiene la forma $f(W_0, w_a)$. Utilizando la expresión anterior, obtenemos

$$\frac{dw_a}{dW_0} = -\frac{\dfrac{\partial f(W_0, w_a)}{\partial W_0}}{\dfrac{\partial f(W_0, w_a)}{\partial w_a}} = -\frac{E[U''(W_1)(1 + r)(R_a - r)]}{E[U''(W_1)(R_a - r)^2]}. \qquad [18.30]$$

Como $(1 + r)$ es una constante, esta expresión se puede escribir como:

$$\frac{dw_a}{dW_0} = -(1 + r)\frac{E[U''(W_1)(R_a - r)]}{E[U''(W_1)(R_a - r)^2]}. \qquad [18.31]$$

El denominador de [18.31] es siempre negativo ya que aversión al riesgo implica $U''(\cdot) < 0$. Por lo tanto,

$$\text{Signo}\left(\frac{dw_a}{dW_0}\right) = \text{Signo}\left(E[U''(W_1)(R_a - r)]\right). \qquad [18.32]$$

A continuación, veremos cómo este signo depende de que la aversión absoluta al riesgo del inversor sea decreciente, constante o creciente. Analizamos aquí el caso de aversión absoluta decreciente. En este caso, el signo es positivo. Es decir, cuando el inversor tiene una función de utilidad que exhibe aversión absoluta al riesgo decreciente, invertirá más dinero en el activo arriesgado conforme su riqueza aumenta.

Obsérvese en primer lugar que si $A(W)$ es decreciente, entonces es cierto que $W^{**} \geq W^*$ implica $A(W^{**}) \leq A(W^*)$. En segundo lugar, la expresión de la derecha de [18.32] es la suma[10] de varios términos que pueden ser positivos o negativos dependiendo de que la realización de la variable aleatoria R_a sea mayor o menor que r. Analicemos ambos términos separadamente.

(i) Casos donde $R_a \geq r$ (formalmente, "consideremos aquellos estados de la naturaleza, s, para los que $R_{as} \geq r$"):

$$W_1 = W_0(1 + r) + w_a(R_a - r) \geq W_0(1 + r).$$

Como la aversión absoluta al riesgo es decreciente, se debe cumplir que:

$$A(W_1) \leq A[W_0(1 + r)]. \tag{18.33}$$

Si usamos la definición de $A(W)$, [18.33] se convierte en

$$-\frac{U''(W_1)}{U'(W_1)} \leq A[W_0(1 + r)].$$

Multiplicando ambos lados de la desigualdad por $-U'(W_1)(R_a - r)$ tenemos:

$$U''(W_1)(R_a - r) \geq -A[W_0(1 + r)]U'(W_1)(R_a - r). \tag{18.34}$$

(ii) Casos donde $R_a < r$ (formalmente, "consideremos aquellos estados de la naturaleza, s, para los que $R_{as} < r$"):

$$W_1 < W_0(1 + r).$$

Siguiendo los mismos pasos que antes, llegamos a que:

$$-\frac{U''(W_1)}{U'(W_1)} > A[W_0(1 + r)].$$

Multiplicando ambos lados de la desigualdad por $-U'(W_1)(R_a - r)$, obtenemos:

$$U''(W_1)(R_a - r) > -A[W_0(1 + r)]U'(W_1)(R_a - r). \tag{18.35}$$

---

[10] El operador de expectativas simplemente es la suma ponderada por las probabilidades de la función evaluada en las distintas realizaciones de la variable aleatoria.

Es decir, en ambos casos llegamos a la misma expresión, con la única diferencia de que en el segundo caso la desigualdad es estricta. Ahora tomamos el valor esperado teniendo en cuenta que $A[W_0(1 + r)]$ es una constante y obtenemos que:

$$E[U''(W_1)(R_a - r)] > -A[W_0(1 + r)]E[U'(W_1)(R_a - r)]. \qquad [18.36]$$

Teniendo en cuenta las condiciones de primer orden, $E[U'(W_1)(R_a - r)] = 0$, vemos que:

$$E[U''(W_1)(R_a - r)] > 0 \qquad [18.37]$$

y utilizando [18.32], concluimos:

$$\frac{dw_a}{dW_0} > 0.$$

Utilizando un procedimiento parecido al anterior, se puede demostrar que en los casos de aversión absoluta al riesgo constante y creciente se obtiene que $\frac{dw_a}{dW_0} = 0$ y $\frac{dw_a}{dW_0} < 0$, respectivamente.

Por otro lado, las técnicas aquí utilizadas también pueden ser aplicadas para caracterizar la estática comparativa de las carteras óptimas como función de la aversión relativa al riesgo. En este caso, se puede demostrar que en el caso de aversión relativa decreciente, es la proporción de la riqueza inicial invertida en el activo arriesgado la que aumenta. De forma similar, aversión relativa constante y creciente implican que la proporción permanece constante y decrece, respectivamente.

Todos los resultados anteriores quedan recogidos en el siguiente teorema:

TEOREMA 18.2. En el contexto de la economía descrita en el presente apartado:

i) $A'(W) < 0 \Rightarrow dw_a/dW_0 > 0$

ii) $A'(W) = 0 \Rightarrow dw_a/dW_0 = 0$

iii) $A'(W) > 0 \Rightarrow dw_a/dW_0 < 0$

iv) $R'(W) < 0 \Rightarrow d\omega_a/dW_0 > 0$

v) $R'(W) = 0 \Rightarrow d\omega_a/dW_0 = 0$

vi) $R'(W) > 0 \Rightarrow d\omega_a/dW_0 < 0,$

donde w_a es la cantidad de dinero invertida en el activo arriesgado (acción) y $\omega_a \equiv w_a/W_0$.

Aunque parece intuitivamente evidente que la aversión absoluta al riesgo es decreciente para la mayoría de los individuos, resulta mucho más complejo alcanzar conclusiones generalizadas para el caso de la aversión relativa al riesgo. Arrow (1970) es una referencia fundamental para profundizar en estas cuestiones.

18.8 Funciones de utilidad frecuentemente utilizadas

Recogemos a continuación las características principales de algunas funciones de utilidad extensamente utilizadas en la literatura.

(i) Función de utilidad cuadrática
Suele representarse mediante la siguiente forma funcional:

$$U(W) = aW - bW^2, \quad b > 0, \tag{18.38}$$

donde $W < \dfrac{a}{2b}$ para que la utilidad sea creciente en la riqueza. En otras palabras, dado que

$$U'(W) = a - 2bW$$

la función exhibe utilidad marginal negativa para niveles de riqueza $W > \dfrac{a}{2b}$. Gráficamente:

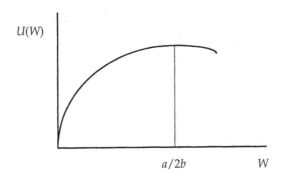

Se caracteriza por tener las siguientes propiedades:

$$U'(W) = a - 2bW$$

$$U''(W) = -2b < 0 \Rightarrow \text{averso al riesgo}$$

$$A(W) = -\frac{-2b}{a - 2bW}$$

$$\frac{dA(W)}{dW} = \frac{(2b)^2}{(a - 2bW)^2} > 0 \Rightarrow \text{creciente}$$

$$R(W) = WA(W) = \frac{2b}{(a/W) - 2b}$$

$$\frac{dR(W)}{dW} = \frac{2ab}{(a - 2bW)^2} > 0 \Rightarrow \text{creciente.}$$

Esta función, aunque útil y ampliamente utilizada en Economía Financiera, tiene el claro inconveniente de presentar aversión absoluta al riesgo creciente que, como hemos señalado, no parece reflejar el comportamiento natural de los inversores. Sin embargo, bajo esta función de utilidad el análisis de la media-varianza es consistente con el criterio de maximización de la utilidad esperada, resultado imprescindible para obtener el CAPM *sin* necesidad de suponer Normalidad de los rendimientos de los activos.

(ii) La función de utilidad exponencial negativa (CARA)
Tiene la siguiente forma funcional:

$$U(W) = -e^{-\alpha W},$$

[18.39]

donde $\alpha > 0$. Gráficamente:

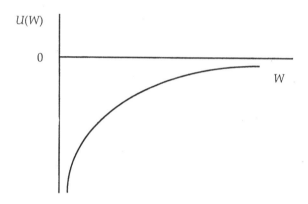

Se caracteriza por las siguientes propiedades:

$$U'(W) = -(-\alpha)e^{-\alpha W}$$

$$U''(W) = -\alpha^2 e^{-\alpha W} < 0 \Rightarrow \text{averso al riesgo}$$

$$A(W) = -\frac{-\alpha^2 e^{-\alpha W}}{\alpha e^{-\alpha W}} = \alpha$$

$$\frac{dA(W)}{dW} = 0 \Rightarrow \text{constante}$$

$$R(W) = WA(W) = \alpha W$$

$$\frac{dR(W)}{dW} > 0 \Rightarrow \text{creciente.}$$

Nótese que $A'(W) = 0$, por lo que esta función de utilidad exhibe *aversión abso-luta al riesgo constante*. Por esta razón, *la inversión en el activo arriesgado de un inver-sor con esta función de utilidad es independiente de su riqueza inicial*. A pesar de esta propiedad no deseable, la función exponencial negativa es ampliamente aceptada. La principal razón es que esta función, combinada con el supuesto de Normalidad de la distribución de los rendimientos de los activos financieros, permite la obten-ción de formas explícitas para las carteras óptimas.

(iii) La función de utilidad potencial
Tiene la forma funcional:

$$U(W) = \frac{W^{1-\gamma} - 1}{1 - \gamma},$$

[18.40]

donde $\gamma > 0$. Gráficamente:

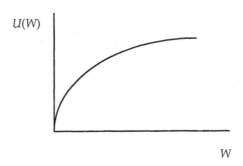

Se caracteriza por:

$$U'(W) = W^{-\gamma}$$

$$U''(W) = -\gamma W^{-\gamma-1} < 0 \Rightarrow \text{averso al riesgo}$$

$$A(W) = -\frac{-\gamma W^{-\gamma-1}}{W^{-\gamma}} = \frac{\gamma}{W}$$

$$\frac{dA(W)}{dW} = -\frac{\gamma}{W^2} < 0 \Rightarrow \text{decreciente}$$

$$R(W) = WA(W) = \gamma$$

$$\frac{dR(W)}{dW} = 0 \Rightarrow \text{constante.}$$

Es decir, exhibe *aversión absoluta al riesgo decreciente*. Además, una característica importante es que γ es precisamente *el coeficiente de aversión relativa al riesgo*. En definitiva, presenta aversión relativa al riesgo constante, por lo que la proporción de la riqueza invertida en riesgo es independiente de la riqueza y se conoce como una función de utilidad perteneciente a la familia de funciones de utilidad *isoelásticas*. Es, como veremos, muy utilizada en la práctica.

(iv) Función de utilidad logarítmica
Esta función tiene la forma:

$$U(W) = \ln(W) \tag{18.41}$$

De hecho, es fácil comprobar (utilizando la regla de L'Hôpital) que esta función corresponde al caso de la función potencial cuando $\gamma \to 1$. Gráficamente:

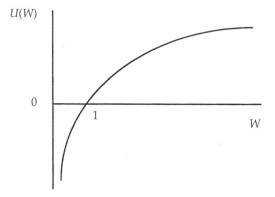

Sus propiedades son:

$$U'(W) = \frac{1}{W}$$

$$U''(W) = \frac{-1}{W^2} < 0 \Rightarrow \text{averso al riesgo}$$

$$A(W) = \frac{1/W^2}{1/W} = \frac{1}{W}$$

$$\frac{dA(W)}{dW} = \frac{-1}{W^2} < 0 \Rightarrow \text{decreciente}$$

$$R(W) = WA(W) = 1$$

$$\frac{dR(W)}{dW} = 0 \Rightarrow \text{constante.}$$

Por lo tanto, esta función exhibe aversión absoluta decreciente y aversión relativa constante con un coeficiente de aversión relativa al riesgo igual a 1.

(v) Clase HARA

Se puede comprobar fácilmente que todas las funciones de utilidad anteriormente descritas son casos particulares de la clase de Aversión Absoluta al Riesgo Hiperbólica (*Hyperbolic Absolute Risk Aversion o HARA*). Dichas funciones de utilidad presentan tolerancia al riesgo (inversa de la aversión absoluta al riesgo) lineal y son soluciones particulares de la expresión:[11]

$$- \frac{U'(W)}{U''(W)} = \alpha + \beta W. \tag{18.42}$$

Debe señalarse que cuando los agentes exhiben preferencias que pueden representarse por las funciones de utilidad pertenecientes a la familia HARA, el teorema de *separación en dos fondos* del capítulo 6 se satisface.[12]

EJEMPLO 18.8.1 (Cartera óptima con función de utilidad logarítmica)

Considere una economía con dos fechas, $t = 0, 1$, y en la que sólo existen dos activos financieros: bonos y acciones de una empresa. En el presente, $t = 0$, existe incertidumbre respecto a cuál de los dos posibles estados de la naturaleza va a ocurrir en el futuro. Se sabe que si ocurre el estado 1, la tasa de rentabilidad de las acciones será R_{a1} y si ocurre el estado 2, será R_{a2}. La probabilidad asignada a la ocurrencia del estado 1 es π. Cada bono tiene una tasa de rendimiento sin riesgo, r.

Considere al Sr. Cánovas que inicialmente tiene una riqueza de W_0 euros, es racional en el sentido de Von Neuman-Morgenstern y tiene una función de utilidad, definida sobre su riqueza en el periodo final (es decir, no consume en el periodo inicial), que viene dada por:

$$U(W_1) = \ln (W_1).$$

(i) Sabiendo que $R_{a1} > r > R_{a2}$, y que $E(R_a) > r$ calcule la cartera óptima del señor Cánovas expresándola de las siguientes formas:
   – En términos de los euros invertidos en acciones y en bonos.
   – En términos del porcentaje invertido en cada título.

(ii) ¿Cómo afectaría un aumento de la riqueza inicial del señor Cánovas a su tenencia óptima de acciones? ¿Es su respuesta consistente con lo establecido en el texto del capítulo?

(i)   Como ya vimos en el apartado 18.7, el señor Cánovas resolverá el siguiente problema de optimización:

$$\begin{array}{c} \text{Max} \quad EU(W_1) \\ {}_{w_a} \end{array}$$

$$\text{s. a. } W_1 = W_0(1 + r) + w_a(R_a - r),$$

---

[11] Las soluciones alternativas que corresponden a las funciones de utilidad discutidas anteriormente dependen del valor del parámetro β. El capítulo 19 contiene más detalles.

[12] Véase Huang y Litzenberger (1988) para un resumen de la prueba. Los detalles se pueden encontrar en Cass y Stiglitz (1970).

que en nuestro caso,

$$\text{Max}_{w_a} \quad E[\ln W_1]$$

$$\text{s. a.} \quad W_{11} = W_0(1 + r) + w_a(R_{a1} - r)$$
$$W_{12} = W_0(1 + r) + w_a(R_{a2} - r),$$

lo que equivale a maximizar

$$\text{Max}_{w_a} \quad \pi\ln[W_0(1 + r) + w_a(R_{a1} - r)] + (1 - \pi)\ln[W_0(1 + r) + w_a(R_{a2} - r)].$$

La condición de primer orden de este problema es

$$\frac{\pi(R_{a1} - r)}{W_{11}} + \frac{(1 - \pi)(R_{a2} - r)}{W_{12}} = 0$$

$$\Leftrightarrow \pi W_{12}(R_{a1} - r) + (1 - \pi)W_{11}(R_{a2} - r) = 0$$

$$\Leftrightarrow w_a = -\frac{\pi(R_{a1} - r) + (1 - \pi)(R_{a2} - r)}{(R_{a1} - r)(R_{a2} - r)}(1 + r)W_0$$

$$\Leftrightarrow w_a = -\frac{E(R_a - r)}{(R_{a1} - r)(R_{a2} - r)}(1 + r)W_0,$$

donde w_a representa la cantidad de euros invertidos en acciones. Obviamente, si w_b denota la cantidad invertida en bonos, entonces:

$$w_b = W_0 - w_a.$$

Definiendo ω_a y ω_b como los porcentajes de riqueza invertidos en acciones y bonos, respectivamente, es fácil ver que:

$$\omega_a = \frac{E(R_a - r)}{(R_{a1} - r)(R_{a2} - r)}(1 + r); \quad \omega_b = 1 - \omega_a.$$

(ii) Si la riqueza inicial del señor Cánovas aumentase, la cantidad de euros invertida en acciones aumentaría (dados los supuestos sobre R_{a1} y R_{a2} del enunciado) de tal forma que el porcentaje invertido en dicho tipo de activo se mantiene constante. Esto es exactamente lo que deberíamos esperar de un inversor con unas preferencias que exhiben aversión absoluta al riesgo decreciente y aversión relativa al riesgo constante. ∎

18.9 Un caso especial: el análisis de la media-varianza

La última parte de este libro empezó representando las preferencias de los individuos de forma muy general (poco restrictiva) mediante el uso de una relación de preferencia entre los objetos a elegir. La imposición de restricciones adicionales en el comportamiento de los agentes económicos permite la representación de sus preferencias mediante la utilidad esperada de Von Neumann-Morgenstern. Cierto tipo de parametrización permite trabajar en el contexto de la utilidad esperada bajo funciones de utilidad que exhiben tolerancia al riesgo lineal y separación en dos fondos y que hemos denominado funciones HARA. Por último, a través del uso de ciertas condiciones aún más restrictivas en el comportamiento individual *dentro* de la familia HARA llegamos al análisis de la *media-varianza*, que es el más conocido y usado en el campo de la Economía Financiera, tal como se ha visto en la segunda parte de este libro. En definitiva, la representación de preferencias con la media y la varianza requiere supuestos muy exigentes. Por ello, si bien el criterio media-varianza ofrece la ventaja de su sencillez, no hemos de olvidar que esta ventaja se ha obtenido al coste de supuestos muy restrictivos y que, por lo tanto, dicha representación deja fuera del análisis muchos tipos de comportamientos racionales.

En general, cuando un inversor resuelve el problema de selección de cartera mediante la maximización de la utilidad esperada de su riqueza (consumo), se enfrenta a un problema donde todos los momentos estadísticos de la distribución de su riqueza futura, W, pueden importar. Podemos ver esto mediante una expansión de Taylor de la utilidad esperada alrededor de la media de la riqueza futura, $E(W)$. En concreto:

$$EU(W) = \sum_{n=0}^{\infty} \frac{1}{n!} U^n[E(W)]E[W - E(W)]^n. \qquad [18.43]$$

Sin embargo, existen casos en los que sólo los dos primeros momentos, $E(W)$ y var(W), importan. Es decir, existen casos en los que la función $EU(W)$, puede ser expresada como una función $V[E(W), \text{var}(W)]$. Cuando nos encontramos en alguno de estos casos, decimos que estamos en el *contexto media-varianza*. Lo importante es que este contexto es muy útil porque nos va a permitir caracterizar las carteras de los individuos como una función de las rentabilidades medias y la varianza de las rentabilidades de los títulos incluidos en dichas carteras. El análisis detallado de sus consecuencias ha sido presentado en los capítulos 5 y 6 de este libro.

a) Representación informal
Cuando estamos en el contexto media-varianza podemos representar las preferencias del inversor a través de curvas de indiferencia en el espacio (media, varianza). Estas curvas son el lugar geométrico de combinaciones de medias y varianzas que ofrecen un nivel constante de utilidad esperada. ¿Qué forma tienen estas curvas? Una persona aversa al riesgo estará mejor cuanto mayor sea la media de su riqueza futura (o rentabilidad) y estará peor cuanto mayor sea la varianza de la misma. Por lo tanto, para mantener a un agente indiferente, un aumento de la varianza ha de venir acompañado por un aumento de la rentabilidad media. En consecuencia, un agente averso al riesgo deberá tener curvas de indiferencia como en la figura 18.4.

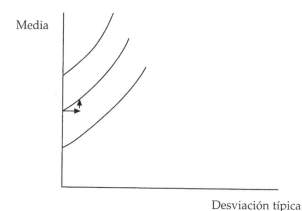

Figura 18.4. Curvas de indiferencia en el contexto media-varianza con aversión al riesgo.

En el gráfico anterior hemos utilizado la desviación típica en vez de la varianza con el fin de utilizar variables en los ejes expresadas en las mismas unidades de medida. Como la desviación típica no es más que la raíz cuadrada positiva de la varianza, la *forma* de la curva es la misma para cualquiera de ellas.

Por otro lado, es fácil comprender que cuanto más aversa al riesgo sea una persona, mayor ha de ser la pendiente de sus curvas de indiferencia. La razón es simplemente que cuanto más averso sea el individuo mayor será el aumento en media necesario para que le compense por un incremento dado de desviación típica. Las figuras 18.5 y 18.6 reflejan el caso de una persona muy aversa y una persona poco aversa al riesgo, respectivamente:

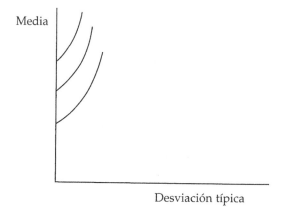

Figura 18.5. Aversión al riesgo elevada.

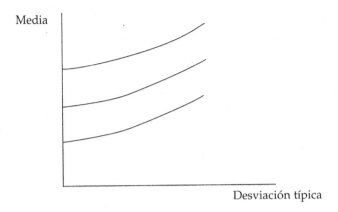

Figura 18.6. Aversión al riesgo baja.

¿Cómo serían las curvas de indiferencia de una persona neutral al riesgo? Obviamente, en este caso, las curvas serían completamente horizontales. La utilidad esperada de una persona neutral al riesgo no se ve afectada en absoluto por la varianza y, por lo tanto, no necesita un aumento en la media que le compense por aumentos en la varianza. Por lo tanto, sus curvas serían como en la figura 18.7.

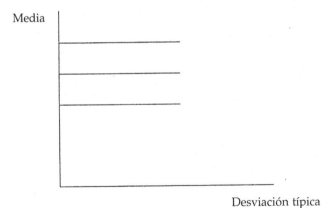

Figura 18.7. Las curvas de indiferencia con neutralidad al riesgo.

Por último, observamos que una persona propensa al riesgo tendría curvas de indiferencia como en la figura 18.8.

Media

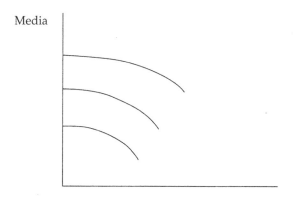

Desviación típica

Figura 18.8. Las curvas de indiferencia con propensión al riesgo.

La curva es decreciente porque un incremento en desviación típica requiere una disminución de la media para mantener al agente con el mismo nivel de utilidad esperada.

Observamos que, en el primer caso, la utilidad esperada del inversor aumenta conforme nos movemos en la dirección noroeste; en el segundo, cuando nos movemos en la dirección norte y, en el tercero, en la dirección noroeste. Insistimos en que nuestro análisis estará casi exclusivamente centrado en el caso de inversores aversos al riesgo.

b) Restricciones formales que dan lugar al análisis media-varianza
Existen dos conjuntos alternativos de restricciones que dan lugar al análisis media-varianza. A continuación se reflejan ambos conjuntos de restricciones en términos de funciones de utilidad y de distribución de los rendimientos.

(i) Función de utilidad cuadrática
Cuando un inversor tiene una función de utilidad cuadrática es fácil ver que su utilidad esperada depende exclusivamente de la media y la varianza de su riqueza final. En concreto, si la forma funcional de la función de utilidad es como la siguiente expresión:

$$U(W) = W - \frac{b}{2} W^2 \qquad [18.44]$$

y tomamos el valor esperado, obtenemos que:

$$EU(W) = E(W) - \frac{b}{2} E(W^2)$$

$$= E(W) - \frac{b}{2} [\text{Var}(W) + E(W)^2]. \qquad [18.45]$$

Por lo tanto, la utilidad esperada de este inversor depende *exclusivamente* de los dos primeros momentos de la distribución de la riqueza final; es decir, la utilidad esperada se puede escribir como una función $F[E(W), var(W)]$. Nótese que, en este caso, no importa cómo está distribuida la riqueza final; la función de utilidad cuadrática es una condición suficiente para el análisis media-varianza.

(ii) Los rendimientos de los activos están distribuidos conjuntamente de acuerdo con la distribución Normal
Denotemos por R_N al vector de rendimientos de los N activos financieros inciertos. Para simplificar la exposición, supongamos que todos los activos lo son (el lector debe analizar el caso en el que existe un activo sin riesgo en la economía). Si suponemos que,

$$R_N \approx N(\mu_N, V),$$

donde μ_N es el vector de rendimientos esperados y V la matriz de varianzas-covarianzas de los rendimientos, entonces la riqueza final también estará distribuida mediante la distribución Normal. Para simplificar la notación, denotemos la media y la varianza de la riqueza final como $\mu_W \equiv E(W)$ y $\sigma_W^2 \equiv Var(W)$, Así,

$$W \approx N(\mu_W, \sigma_W^2).$$

Como la riqueza sigue una distribución Normal, la utilidad esperada es

$$EU(W) = \int_{-\infty}^{\infty} U(W) \left[\frac{1}{(2\pi\sigma_W^2)^{1/2}} \exp \left\{ -\frac{1}{2} \left(\frac{W - \mu_W}{\sigma_W} \right)^2 \right\} \right] dW. \quad [18.46]$$

Una vez imponemos condiciones que garanticen que esta integral existe, está claro que su valor depende exclusivamente de los dos primeros momentos de la distribución de W. Es decir, al igual que en el caso anterior, podemos escribir la utilidad esperada como una función $G[E(W), var(W)]$ y, por tanto, estamos en un caso media-varianza. Nótese que la forma de la función de utilidad no influye en absoluto en este resultado.

Observamos, además, que aunque existen otras distribuciones completamente caracterizadas por la media y la varianza, la Normal es especial porque tiene la propiedad de que la suma de varias Normales es una Normal. Así, por ejemplo, aunque la distribución logarítmica está también caracterizada por la media y la varianza, la suma de varias variables aleatorias distribuidas de esta forma no está distribuida logarítmicamente. Por lo tanto, una cartera integrada por varios activos con rentabilidades distribuidas logarítmicamente no da lugar a una riqueza distribuida según la distribución logarítmica y, consecuentemente, no da lugar al análisis media-varianza.

En resumen, funciones de utilidad cuadráticas y rendimientos distribuidos según la distribución Normal son supuestos *alternativos suficientes* para la utilidad esperada en el contexto media-varianza. Desafortunadamente, ninguno de estos supuestos es ideal a la hora de modelizar los mercados financieros. Respecto a la función de utilidad cuadrática, como vimos, exhibe ciertas propiedades no deseables (ser aplicable sólo en una parte del dominio y exhibir aversión absoluta al riesgo creciente). Respecto a la distribución Normal, existe amplia evidencia empírica que sugiere que esta distribución no es la que mejor se ajusta a los datos. Además, al utilizar la distribución Normal, estamos implícitamente suponiendo que los rendimientos de los activos pueden llegar a ser $-\infty$, algo no muy razonable desde el punto de vista económico. A pesar de estos inconvenientes, el análisis media-varianza es tan fácil de interpretar que estamos dispuestos a continuar en esta dirección.

c) La elección de carteras eficientes en el contexto media-varianza
En el apartado *a)* sugerimos que, cuando estamos en el contexto media-varianza, es razonable pensar que la utilidad del inversor es creciente en la riqueza media y decreciente en la varianza de la riqueza (para el caso de un agente averso al riesgo). Con esta intuición construimos las curvas de indiferencia aplicables a distintos tipos de inversores. Ahora podemos ver formalmente que este es, de hecho, el caso y analizar sus consecuencias sobre las elecciones óptimas de cartera por parte de los agentes económicos en el contexto media-varianza. Estos resultados nos permiten justificar formalmente el análisis de los capítulos 5 y 6, así como entender con mayor profundidad los resultados del capítulo 7 que conducen al CAPM.

Suponemos que en la economía existen múltiples individuos, $i = 1, ..., I$, con funciones de utilidad crecientes y estrictamente cóncavas (aversión al riesgo). Además, existen N activos inciertos, $j = 1, ..., N$ con una distribución Normal multivariante. A continuación demostramos que, bajo estas condiciones, cada individuo escogerá una *cartera eficiente* en sentido media-varianza. Sea c la cartera escogida por un individuo cualquiera i. Sabemos que el rendimiento de dicha cartera es Normal. La utilidad esperada de la elección llevada a cabo por el individuo i es

$$E\{U_i[W_{i0}(1 + R_c)]\} = E\{U_i[W_{i0}(1 + E(R_c) + \sigma_c \varepsilon)]\}, \qquad [18.47]$$

donde W_{i0} es la riqueza inicial del individuo i, $E(R_c)$ es el rendimiento esperado de la cartera elegida, σ_c es su desviación estándar y ε es una variable Normal estándar. Esta forma de expresar la Normalidad de la riqueza final del agente económico i resulta inmediata al escribir el rendimiento realizado de la cartera como su valor esperado más una innovación:

$$R_c = E(R_c) + \eta,$$

donde η es una variable aleatoria $N(0, \sigma_c^2)$ y $\varepsilon = \dfrac{\eta}{\sigma_c}$. Así, la utilidad esperada de i queda completamente especificada mediante la media y varianza de los rendimientos de la cartera que, a su vez, determinan la media y varianza de su riqueza final. Por tanto, podemos representar [18.47] como una función V_i tal que $V_i[E(R_c), \sigma_c]$.

Bajo los supuestos impuestos sobre la función de utilidad de i, debe ser el caso que (todo lo demás constante) dicho individuo prefiere más rendimiento esperado a menos:

$$\frac{\partial V_i[E(R_c), \sigma_c]}{\partial E(R_c)} = E[U'_i(W_{i1})W_{i0}] > 0, \qquad [18.48]$$

donde $W_{i1} = W_{i0}[1 + E(R_c) + \sigma_c \varepsilon]$ representa la riqueza final del individuo i.

Además, dicho individuo prefiere, todo lo demás constante, la menor varianza posible:

$$\frac{\partial V_i[E(R_c), \sigma_c]}{\partial \sigma_c} = E[U'_i(W_{i1})\varepsilon W_{i0}] = W_{i0}\mathrm{cov}[U'_i(W_{i1}), \varepsilon] < 0. \qquad [18.49]$$

El signo negativo de la expresión anterior se razona de la siguiente manera. La riqueza final, W_{i1}, y ε están perfectamente correlacionados; además $U'_i(\cdot)$ es estrictamente decreciente, por lo que $U'_i(W_{i1})$ y ε están perfecta y negativamente correlacionados. Por tanto, $\mathrm{cov}[U'_i(W_{i1}), \varepsilon] < 0$. En definitiva, un agente estrictamente averso al riesgo preferirá tener menos varianza en su cartera.

A continuación es necesario demostrar que las curvas de indiferencia en el espacio media-desviación estándar tienen *pendiente positiva* y justificar el razonamiento intuitivo anterior. Diferenciando totalmente la función V_i con respecto a $E(R_c)$ y σ_c e igualando el resultado a cero se obtiene el resultado deseado:

$$\frac{dE(R_c)}{d\sigma_c} = -\frac{E[U'_i(W_{i1})\varepsilon]}{E[U'_i(W_{i1})]} > 0. \qquad [18.50]$$

Así, los individuos, tal como se observa en la figura 18.9, escogerán carteras eficientes.

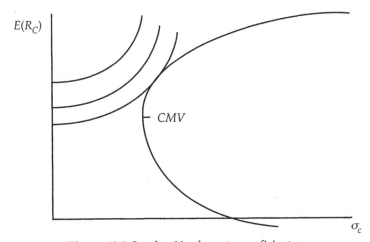

Figura 18.9. La elección de carteras eficientes.

Como se ha señalado anteriormente, mayores niveles de utilidad se alcanzan moviéndonos en dirección noroeste. La elección óptima se alcanza en el *punto de tangencia* entre su curva de indiferencia y la frontera del conjunto de oportunidades de inversión. Entonces, la pendiente estrictamente positiva de su curva de indiferencia implica que los individuos escogerán una cartera eficiente. El análisis restante de la media-varianza de los capítulos 5 y 6 y sus consecuencias para la valoración de activos en el capítulo 7, aparecen ahora plenamente justificados.

EJEMPLO 18.9.1 (La aversión absoluta al riesgo constante o preferencias CARA)

Supongamos la siguiente función de utilidad exponencial negativa:

$$U(W) = -e^{-\alpha W}.$$

Si la riqueza final W se distribuye como una variable aleatoria Normal con media μ y desviación estándar σ, entonces usando la fórmula de la función generatriz de momentos de una distribución Normal se obtiene que:[13]

$$EU(W) = E[-e^{-\alpha W}] = -e^{[-\alpha(\mu - 1/2\alpha\sigma^2)]} = U[E(W) - \frac{\alpha}{2}\text{var}(W)]. \qquad [18.51]$$

Nótese que la expresión $[E(W) - \frac{\alpha}{2}\text{var}(W)]$ es el equivalente de certeza de una riqueza aleatoria con coeficiente de aversión absoluta al riesgo α. Esta expresión suele utilizarse en contextos donde se reconoce la existencia de información asimétrica entre los agentes. ∎

Ahora podemos utilizar el resultado del ejemplo anterior para resolver un problema de selección de cartera con preferencias CARA (aversión absoluta al riesgo constante).

EJEMPLO 18.9.2 (Cartera óptima en el contexto CARA-Normal)

Considere una economía con dos fechas, $t = 0, 1$, y en la que existen dos activos financieros: un activo con riesgo (acciones) y un activo sin riesgo (bonos). Cada acción ofrece unos pagos futuros (en euros), X_a, distribuidos según la Normal y con media μ_x y varianza σ_x^2. El bono tiene una tasa de rendimiento r. En esta economía habita un individuo cuya función de utilidad, definida sobre su riqueza en el periodo final (es decir, no consume en el periodo inicial), viene dada por:

$$U(W_1) = -e^{-\alpha W_1}, \ \alpha > 0 \ \text{(donde } \alpha \text{ es una constante).}$$

El individuo es racional (en el sentido de que maximiza su utilidad esperada) y dispone de una riqueza inicial consistente en dos acciones del activo arriesgado (esto simplemente quiere decir que nuestro agente dispone de una riqueza inicial, W_0, que es igual al valor en el momento cero de dichas acciones). Respondamos las siguientes preguntas:

a) Derivemos expresiones para la cartera óptima de dicho agente reflejando el resultado de las siguientes formas:

---

[13] Sea X una variable aleatoria continua con función de densidad $f(x)$, la función generatriz de momentos se define como: $M_x(\alpha) = \int_{-\infty}^{\infty} e^{\alpha x} f(x)dx$; es simplemente el valor esperado de $e^{\alpha X}$. En el caso de que X sea $N(\mu, \sigma^2)$, entonces, $M_x(\alpha) = e^{\alpha(\mu + 1/2\alpha\sigma^2)}$.

i) Número de acciones y de bonos que el agente deseará poseer.
ii) Cantidad de dinero (euros) que el agente tendrá invertido en cada activo (acciones y bonos).

b) Derivemos expresiones para los coeficientes de aversión absoluta y relativa al riesgo.

c) ¿Cómo variará el número óptimo de acciones que el individuo desea tener, cuándo:
 ci) Su riqueza inicial, W_0, aumenta.
 cii) Su aversión absoluta al riesgo aumenta.
 ciii) El tipo de interés sin riesgo, r, aumenta.
 civ) La media de los pagos futuros de la acción, μ_x, aumenta.
 cv) La varianza (volatilidad) de los pagos futuros, σ_x^2, aumenta.

d) De los anteriores cambios, ¿cuál (o, cuáles) le parece contraintuitivo? ¿Qué propiedad de la función de utilidad aquí utilizada cree que provoca ese efecto contraintuitivo?

Antes de resolver cada punto, recordemos el problema de selección de cartera que el agente resuelve. Expresado en términos del número de acciones tenemos:

$$\underset{z_a}{\text{Max}} \quad E(-e^{-\alpha W_1})$$

$$\text{s. a. } W_1 = W_0(1+r) + z_a[X_a - P_{a0}(1+r)],$$

donde se utiliza la notación introducida en el apartado 18.7. Como X_a está distribuido según la normal, W_1 también lo está. En concreto, W_1 es normal con media y varianza:

$$EW_1 = W_0(1+r) + z_a[\mu_x - P_{a0}(1+r)]; \text{Var}(W_1) = (z_a)^2\sigma_x^2 . \qquad [18.52]$$

Por ello, podemos ahora utilizar la ecuación [18.51] del texto y escribir el problema de optimización de arriba como:

$$\underset{z_a}{\text{Max}} \quad -e^{-\alpha[E(W_1) - \alpha/2\,\text{var}(W_1)]}, \qquad [18.53]$$

donde la media y la varianza de W_1 vienen dados por [18.52]. Destacamos que en la función objetivo ya no aparece el operador de expectativas.

Con fines ilustrativos, presentamos ahora dos formas de proceder a partir de aquí para calcular la condición de primer orden del problema anterior.

Forma directa: utilizando [18.52], la condición de primer orden del problema [18.53] es

$$-e^{-\alpha[E(W_1) - \alpha/2\,\text{var}(W_1)]}\{-\alpha[\mu_x - P_{a0}(1+r)] + \alpha^2 z_a\sigma_x^2\} = 0.$$

Como el primer término siempre es distinto de cero y α es una constante positiva, tenemos la siguiente condición de primer orden:

$$\mu_x - P_{a0}(1+r) = \alpha z_a\sigma_x^2 .$$

Forma indirecta: en primer lugar tenemos que [18.53] es equivalente a:

$$\underset{z_a}{\text{Min}} \quad e^{-\alpha[E(W_1) - \alpha/2\,\text{var}(W_1)]}.$$

Por otro lado, como vimos en el texto, cualquier transformación monótona creciente de la función de utilidad preserva las preferencias del inversor. Así, el problema anterior tiene la misma solución (haciendo una transformación logarítmica) que:

$$\underset{z_a}{\text{Min}} \; - \alpha[E(W_1) - \alpha/2 \, \text{var}(W_1)].$$

Al ser α una constante estrictamente positiva, este problema puede ser expresado como:

$$\underset{z_a}{\text{Max}} \; E(W_1) - \frac{\alpha}{2} \, \text{Var}(W_1).$$

Este es un resultado importante. Bajo el supuesto de pagos (o rendimientos) distribuidos con la Normal y función de utilidad exponencial negativa, el problema de selección de cartera siempre consiste en elegir la cartera que maximiza la diferencia entre la media de la riqueza final y la varianza de la riqueza multiplicada por el coeficiente $\alpha/2$. Ahora podemos calcular la condición de primer orden. En concreto, obtenemos:

$$\mu_x - P_{a0}(1 + r) = \alpha z_a \sigma_x^2,$$

es decir, la misma expresión que obtuvimos con el método directo. Ahora ya podemos responder las preguntas del enunciado.

ai) Utilizando la condición de primer orden tenemos:

$$z_a = \frac{\mu_x - P_{a0}(1 + r)}{\alpha \sigma_x^2} \;\; \text{(acciones)}; \; z_b = \frac{W_0 - z_a P_{a0}}{P_{b0}} \; \text{(bonos)}.$$

aii) Por otro lado, definiendo $w_a \equiv z_a P_{a0}$ y $w_b \equiv z_b P_{b0}$, tenemos:

$$w_a = P_{a0} \frac{\mu_x - P_{a0}(1 + r)}{\alpha \sigma_x^2} \;\; \text{(euros)}; \; w_b = W_0 - w_a \; \text{(euros)}.$$

b) Utilizando la definición de aversión absoluta, $A(W)$, y relativa, $R(W)$, al riesgo, en el presente caso tenemos:

$$A(W) = \alpha; \, R(W) = \alpha W.$$

c) El número óptimo de acciones en la cartera del individuo:
  i) No cambia cuando aumenta W_0.
  ii) Disminuye cuando aumenta el coeficiente de aversión absoluta al riesgo, α.
  iii) Disminuye cuando aumenta el tipo de interés sin riesgo.
  iv) Aumenta cuando aumentan los pagos esperados de las acciones.
  v) Disminuye cuando aumenta la varianza (o volatilidad) de las acciones.

d) Como se puede observar, casi todos los ejercicios de estática comparativa del apartado anterior tienen el signo intuitivamente correcto. Así, el inversor quiere aumentar sus tenencias de títulos cuanto menos averso al riesgo es, cuanto mayores son los pagos que ofrece la acción, cuanto menos arriesgada es la acción y cuanto menor es el tipo de interés de los bonos (por ser las acciones y bonos inversiones que compiten por los recursos del inversor). El único signo contraintuitivo es el correspondiente a los cambios en la riqueza inicial del inversor. Este resultado obedece al hecho de que el inversor tiene preferencias que exhiben aversión absoluta al riesgo constante. En estos casos, como ya sabemos, la cantidad de dinero invertida en acciones no cambia. De hecho, se puede demostrar que el porcentaje que las acciones representan en la cartera del inversor disminuye al aumentar la riqueza inicial. ¿Por qué? ■

Referencias

Allais, M. (1953). "Le Comportement de l'Homme Rationnel devant le Risque, Critique des Postulates et Axiomes de l'École Américaine", *Econometrica*, 21, págs. 503-546.

Arrow, K. (1970). *Essays in the Theory of Risk-Bearing*, North Holland, cap. 3.

Cass, D. y J. Stiglitz (1970). "The Structure of Investor Preferences and Asset Returns, and Separability in Portfolio Allocation: A Contribution to the Pure Theory of Mutual Funds", *Journal of Economic Theory*, 2, págs. 122-160.

Copeland, T. y F. Weston (1988). *Financial Theory and Corporate Policy*, Addison-Wesley, 3ª edición, cap. 4.

Ellsberg, D. (1961). "Risk, Ambiguity, and the Savage Axioms", *Quarterly Journal of Economics*, 75, págs. 643-669.

Elton, E. y M. Gruber (1995). *Modern Portfolio Theory and Investment Analysis*, John Wiley & Sons, 5ª edición, cap. 10.

Huang, C. y R. Litzenberger (1988). *Foundations for Financial Economics*, North Holland, caps. 1 y 4.

Kreps, D. (1990). *A Course in Microeconomic Theory*, Princeton University Press, cap. 3.

Machina, M. (1982). *The Economic Theory of Individual Choice Under Uncertainty: Theory, Evidence and New Directions*, Cambridge University Press, Cambridge.

Pratt, J. (1964). "Risk Aversion in the Small and in the Large", *Econometrica*, 32, págs. 122-136.

Von Neumann, J. y O. Morgenstern (1944). *Theory of Games and Economic Behavior*, Princeton University Press, Nueva Jersey.

19. LA VALORACIÓN DE ACTIVOS EN EQUILIBRIO

19.1 Introducción

La mayor parte de este libro sobre valoración de activos se ha basado en las restricciones que el supuesto natural de ausencia de arbitraje impone sobre los precios de los activos. En esta parte del libro se ha introducido explícitamente el comportamiento optimizador de los individuos en un marco general de trabajo, así como la caracterización de su comportamiento racional como agentes maximizadores de la utilidad esperada. Este contexto tiene consecuencias fundamentales para la valoración de activos en una situación en que los individuos optimizan su elección de cartera maximizando su utilidad esperada y los mercados se vacían. Este capítulo analiza precisamente dichas consecuencias para la valoración de activos. En un primer momento el contexto optimizador se presenta de forma muy general para, posteriormente, especializar el comportamiento individual mediante la introducción de una serie de restricciones sobre las preferencias de los agentes y sobre sus creencias probabilísticas. Este nuevo contexto nos permitirá caracterizar con precisión la variable agregada M que, a través de su papel como factor de descuento que pondera los pagos de los activos en los diferentes estados, ha jugado un papel absolutamente fundamental en la valoración de activos en los capítulos precedentes. Así, obtendremos el denominado CAPM con Consumo Agregado (CCAPM). Especializando aún más dicha caracterización, se recuperará el CAPM como modelo básico de valoración. Finalmente, también se discute, aunque de manera más formal que en el capítulo 4, la enorme utilidad que tienen las opciones como forma de completar los mercados, así como su relevancia al ser un instrumento fundamental que permite estimar las probabilidades neutrales al riesgo implícitas en el mercado.

19.2 La descripción de la economía y la asignación óptima del consumo mediante un conjunto completo de activos Arrow-Debreu

Analicemos la economía del capítulo 17 en un contexto de preferencias Von Neumann-Morgenstern. En particular, consideramos la economía de intercambio puro con incertidumbre en la que existe un solo periodo y dos fechas y se consume un único bien de consumo no duradero en ambas fechas. Los individuos, $i = 1, ..., I$, deciden su consumo para el momento presente $t = 0$ y escogen entre un conjunto de activos contingentes o activos Arrow-Debreu que les permite consumir el único bien existente en el momento futuro $t=1$. Naturalmente, la incertidumbre se modeliza a través de los múltiples estados de la naturaleza que pueden ocurrir en el momento $t = 1$ futuro. Suponemos que los individuos tienen funciones de utilidad sobre el bien de consumo que son estrictamente crecientes, estrictamente cóncavas (aversión al riesgo) y diferenciables y que satisfacen los axiomas de la utilidad esperada de Von Neumann-Morgenstern. El bien de consumo de cada momento se emplea como numerario, de forma que el precio de las unidades de consumo en el momento presente $t = 0$ y las del momento futuro $t = 1$ es igual a 1.

Sea Ω el conjunto de los estados de la naturaleza posibles $\{s = 1, ..., S\}$. Denotamos a las asignaciones de consumo *admisibles* para el momento presente y el momento futuro en los diferentes estados como $\{c_{i0}, c_{is}$ para $s \in \Omega; i = 1, ..., I\}$. Sabemos que una asignación de consumo presente y consumo contingente entre los individuos existentes en la economía es admisible o factible si y sólo si:

$$\sum_{i=1}^{I} c_{i0} = C_0 , \qquad [19.1]$$

donde C_0 es el consumo agregado en el momento $t = 0$ y además,

$$\sum_{i=1}^{I} c_{is} = C_s, \text{ para cualquier estado } s \in \Omega, \qquad [19.2]$$

donde C_s es el consumo agregado en el estado s y momento futuro $t = 1$.[1]

Tal como se señala en el capítulo 16, para cada *asignación óptimo paretiana* existe un conjunto de números *no negativos* $\{\lambda_i; i = 1, ..., I\}$ tal que la misma asignación de consumo puede lograrse por un planificador central que maximiza la combinación lineal de las funciones de utilidad esperada de los individuos usando como ponderaciones estos números no negativos, sujeto a las restricciones impuestas por los recursos disponibles en la economía.[2] Por tanto, *las asignaciones de consumo resultante del siguiente problema de maximización son óptimo paretianas*:

$$\underset{\{c_{i0}, c_{is}; \ i = 1, ..., I\}}{\text{Max}} \pounds = \sum_{i=1}^{I} \lambda_i \left[\sum_{s=1}^{S} \pi_{is} U_{is}(c_{i0}, c_{is}) \right] + \phi_0 \left(C_0 - \sum_{i=1}^{I} c_{i0} \right) + \sum_{s=1}^{S} \phi_s \left(C_s - \sum_{i=1}^{I} c_{is} \right),$$

$$[19.3]$$

---

[1] C_0 y C_s, que denominamos consumo agregado en $t = 0$ y $t = 1$ y estado s respectivamente, son realmente el total de recursos de la economía en dichos momentos y estado. Son, por tanto, variables exógenas.

[2] Como sabemos, una asignación de consumo presente y contingente se dice que es *óptimo paretiana o eficiente en sentido de Pareto* si es una asignación admisible y si no existe otra asignación admisible que pueda incrementar al menos la utilidad de un individuo sin disminuir la del resto.

donde ϕ_0 y ϕ_s para $s = 1, ..., S$ son los correspondientes multiplicadores de Lagrange o *precios sombra* de las unidades de consumo en los correspondientes momentos de tiempo y estados de la naturaleza[3] y donde π_{is} es la probabilidad de ocurrencia que asigna cada individuo i a cada estado de la naturaleza s. Nótese que en el problema [19.3] la función de utilidad depende de cada individuo y de cada estado por lo que escribimos $U_{is}(\cdot)$.

Las condiciones de primer orden del problema [19.3] son:[4]

$$\lambda_i \sum_{s=1}^{S} \pi_{is} \frac{\partial U_{is}}{\partial c_{i0}} = \phi_0; \quad i = 1, ..., I \qquad [19.4]$$

$$\lambda_i \pi_{is} \frac{\partial U_{is}}{\partial c_{is}} = \phi_s; \quad s = 1, ..., S; \quad i = 1, ..., I \qquad [19.5]$$

$$\sum_{i=1}^{I} c_{is} = C_s; \quad s = 1, ..., S \qquad [19.6]$$

$$\sum_{i=1}^{I} c_{i0} = C_0. \qquad [19.7]$$

Dividiendo [19.5] entre [19.4] se obtiene:

$$\frac{\pi_{is} \partial U_{is} / \partial c_{is}}{\sum_{s=1}^{S} \pi_{is} \partial U_{is} / \partial c_{i0}} = \frac{\phi_s}{\phi_0}; \quad s = 1, ..., S; \quad i = 1, ..., I. \qquad [19.8]$$

Nótese que el numerador de la ecuación [19.8] es la utilidad marginal del consumo en cada estado de la naturaleza futuro para el individuo i, mientras que el denominador es la utilidad marginal del consumo presente. Por tanto, el cociente entre ambas utilidades marginales es la *relación marginal de sustitución entre consumo presente y consumo futuro contingente*, pero teniendo en cuenta las probabilidades de ocurrencia de cada estado. Como dicha relación marginal de sustitución es igual al cociente de los precios sombra de los consumos que son idénticos para todos los individuos, la expresión [19.8] nos dice que la relación marginal de sustitución entre consumo presente y consumo futuro es la *misma*

[3] Por motivos pedagógicos, que resultarán evidentes más adelante, en el problema [19.3] denominamos ϕ_0 y ϕ_s, $s = 1, ..., S$, a los multiplicadores de Lagrange.
[4] Dados nuestros supuestos sobre las funciones de utilidad, las condiciones de primer orden del problema [19.3] son condiciones necesarias y suficientes para que la solución sea un óptimo global.

para todos los individuos. Además, dado que la asignación resultante del problema de maximización [19.3] es una asignación óptimo paretiana, podemos concluir que las asignaciones óptimo paretianas se caracterizan por tener idéntica relación marginal de sustitución entre consumo presente y consumo futuro entre todos los individuos.

A continuación, se supone que los individuos pueden contratar un conjunto completo de activos Arrow-Debreu para satisfacer sus preferencias de consumo.[5] En otras palabras, los individuos intercambian los activos Arrow-Debreu de forma que satisfacen sus deseos de consumo, teniendo en cuenta que existen activos Arrow-Debreu para todos los estados de la naturaleza posibles. Dada esta posibilidad, nos encontramos con una de las implicaciones del *Teorema de Equivalencia* del capítulo 17 en el contexto de la utilidad esperada.

TEOREMA 19.1. *En una economía competitiva es posible alcanzar asignaciones de consumo entre los individuos óptimo paretianas si existe un conjunto completo de activos Arrow-Debreu:*

Para verlo, hay que analizar las condiciones de primer orden de un problema de maximización de la utilidad esperada donde, en este caso, los individuos pueden intercambiarse los activos Arrow-Debreu existentes de forma que optimizan sus deseos de consumo y el mercado se vacía. Si dichas condiciones de primer orden son las mismas que caracterizan las asignaciones óptimo paretianas de la expresión [19.8] entonces la posibilidad de negociar en un entorno competitivo un conjunto completo de activos Arrow-Debreu garantizaría asignaciones óptimo paretianas.

Como en el capítulos anteriores, sea ϕ_s el precio hoy de un activo Arrow-Debreu que paga 1€ si ocurre el estado s y nada en caso contrario. Naturalmente, el precio de las unidades de consumo hoy, ϕ_0, es igual a 1. Los individuos se enfrentan ahora con el siguiente problema de maximización de la utilidad esperada:

$$\underset{\{c_{i0},\, c_{is};\, i\, =\, 1,\, ...,\, I\}}{\text{Max}} \pounds = \sum_{s=1}^{S} \pi_{is} U_{is}(c_{i0},\, c_{is}) + \eta_i \left[e_{i0} - c_{i0} + \sum_{s=1}^{S} \phi_s(e_{is} - c_{is}) \right], \qquad [19.9]$$

donde e_{i0} y e_{is} son las dotaciones que tiene el individuo i de unidades de consumo en el momento $t = 0$ y en el momento $t = 1$ y estado s respectivamente, y donde η_i es el multiplicador de Lagrange asociado a las restricciones del individuo i dadas sus dotaciones de consumo.

---

[5] Un conjunto completo de activos Arrow-Debreu significa que se negocian activos Arrow-Debreu para cada uno de los estados de la naturaleza posibles. Así, existen tantos activos Arrow-Debreu como estados de la naturaleza.

Las condiciones de primer orden del problema son

$$\sum_{s=1}^{S} \pi_{is} \frac{\partial U_{is}}{\partial c_{i0}} = \eta_i \qquad [19.10]$$

$$\pi_{is} \frac{\partial U_{is}}{\partial c_{is}} = \eta_i \phi_s; \quad s = 1, ..., S \qquad [19.11]$$

$$e_{i0} + \sum_{s=1}^{S} \phi_s e_{is} = c_{i0} + \sum_{s=1}^{S} \phi_s c_{is}. \qquad [19.12]$$

Es muy importante tener en cuenta que, por la expresión [19.10], el precio *sombra* η_i es estrictamente positivo al ser las funciones de utilidad estrictamente crecientes en el consumo.

Dividiendo [19.11] entre [19.10] se obtiene:

$$\frac{\pi_{is} \partial U_{is} \big/ \partial c_{is}}{\sum_{S=1}^{S} \pi_{is} \partial U_{is} \big/ \partial c_{i0}} = \phi_s; \quad s = 1, ..., S. \qquad [19.13]$$

Además, en equilibrio, las condiciones de vaciado de mercado se satisfacen. En otras palabras, en equilibrio se cumple que:

$$\sum_{i=1}^{I} c_{is} = C_s; \quad s = 1, ..., S$$

$$\sum_{i=1}^{I} c_{i0} = C_0.$$

Se trata simplemente de comparar las condiciones de primer orden [19.4] y [19.5] con las condiciones [19.10] y [19.11], donde simplemente $\lambda_i = \frac{1}{\eta_i}$, lo que es posible hacer ya que ambos, λ_i y η_i, son dos números estrictamente positivos. Es, por tanto, evidente que la expresión [19.8], que caracteriza las asignaciones óptimo paretianas, es la misma que la expresión [19.13]. Las relaciones marginales de sustitución entre consumo presente y futuro son las mismas para todos los individuos. Así, puede concluirse que las asignaciones resultantes de una economía competitiva donde se negocia un conjunto completo de activos Arrow-Debreu son óptimo paretianas.

Recuérdese por los capítulos 4 y 17 que disponer de un conjunto completo de activos Arrow-Debreu permite replicar cualquier patrón deseado de consumo por parte de los individuos. En otras palabras, al existir tantos activos Arrow-

Debreu como estados de la naturaleza el mercado es *completo*. Por tanto, se ha demostrado que las asignaciones resultantes de una economía competitiva con mercados completos son óptimo paretianas o eficientes en sentido de Pareto.

19.3 La economía con activos financieros, asignación óptima de consumo y valoración

En la práctica, evidentemente, se negocian activos financieros complejos como acciones y bonos por lo que, a continuación, se analiza la caracterización de las asignaciones óptimas de consumo entre los individuos cuando se intercambian dichos activos financieros complejos.

La idea fundamental ya se discutió en el apartado 4.5 del capítulo 4. Sin embargo, el reconocimiento explícito de las preferencias en el marco de la utilidad esperada nos permite ser mucho más precisos sobre las importantes implicaciones de dicho apartado.

Un primer mensaje fundamental de este apartado es que *para preferencias arbitrarias*, la eficiencia paretiana del equilibrio competitivo cuando se negocian activos financieros complejos depende de que el número de activos financieros linealmente independientes sea *igual* al número de estados de la naturaleza. En otras palabras, depende de que el mercado financiero sea completo y que, por tanto, cualquier activo Arrow-Debreu pueda replicarse mediante carteras de activos complejos pudiendo lograr así cualquier patrón deseado de consumo.

En esta nueva economía se negocian $j = 1, ..., N$ activos financieros complejos (bonos y acciones) que pagan X_{js} unidades de consumo en $t = 1$ y estado s para $s = 1, ..., S$. Por tanto, los pagos que ofrecen los activos financieros que se negocian e intercambian entre los individuos les *permiten llevar a cabo el consumo en el futuro*. Los agentes presentan funciones de utilidad como las descritas en la sección anterior y tienen dotaciones de unidades de consumo en el momento presente, así como dotaciones de activos financieros.

Así, cada individuo i dispone inicialmente de z_{ij}^e unidades del activo j y de e_{i0} unidades de consumo en $t = 0$. Cada uno de estos individuos compra el bien de consumo en el mercado de contado en $t = 0$ y, además, invierte en consumo contingente (futuro) a través de la compra de activos financieros en el mercado bursátil. Sean z_{ij} el número de unidades de cada activo j que adquiere el individuo i en equilibrio y P_j el precio (de equilibrio) del activo j en $t = 0$. En este contexto, los individuos maximizan su utilidad esperada a través del intercambio de activos financieros que les permita satisfacer de manera óptima sus preferencias de consumo en el tiempo y entre estados, de forma que los mercados se vacíen. En el siguiente problema de optimización es crucial notar que el consumo futuro de cada individuo depende de su elección de cartera en dicho problema de maximización. Así, será cierto que:

$$c_{is} = \sum_{j=1}^{N} z_{ij} X_{js}; \quad s = 1, ..., S; \quad i = 1, .., I. \qquad [19.14]$$

El problema de maximización de la utilidad esperada al que se enfrenta cada individuo en esta economía será, por tanto,

$$\underset{\{c_{i0},\, z_{ij};\, j = 1,\, ...,\, N\}}{\text{Max}} \sum_{s=1}^{S} \pi_{is} U_{is}\left(c_{i0}, \sum_{j=1}^{N} z_{ij} X_{js} \right), \qquad [19.15]$$

sujeto a

$$c_{i0} + \sum_{j=1}^{N} z_{ij} P_j = e_{i0} + \sum_{j=1}^{N} z_{ij}^{e} P_j. \qquad [19.16]$$

Formando el correspondiente lagrangiano y reordenando las condiciones de primer orden, se obtiene que la *elección óptima de cartera para cada individuo i* debe satisfacer la siguiente expresión:

$$\sum_{s=1}^{S} \pi_{is} \frac{\partial U_{is} \big/ \partial c_{is}}{\sum_{s=1}^{S} \pi_{is} \partial U_{is} \big/ \partial c_{i0}} X_{js} = P_j; \quad j = 1, ..., N. \qquad [19.17]$$

Esta es una ecuación importante. Cada individuo i ajustará su consumo del momento inicial $t = 0$ y su *elección de cartera* de activos financieros de forma que [19.17] se satisfaga. Ahora bien, recuérdese que el consumo futuro se logra a través de la inversión óptima de activos financieros resultante de la expresión [19.17]. Es muy importante notar que esta condición de optimalidad en cuanto a su elección de cartera *no implica necesariamente que las relaciones marginales de sustitución entre consumo presente y consumo contingente futuro sean idénticas para todos los individuos*, tal como exige la condición de optimalidad paretiana en la ecuación [19.8] o [19.13].

Si el mercado financiero no fuese completo, existiría la posibilidad de intercambiar unidades de consumo entre los individuos que *no están disponibles* a través de los activos financieros existentes. Así, negociando dichas unidades de consumo sería posible mejorar el bienestar de algún individuo sin empeorar el bienestar del resto. En definitiva, no sería posible alcanzar a través de los activos financieros existentes cualquier patrón deseado de consumo; el *mercado no es completo* y las asignaciones de consumo resultantes *no serían óptimo paretianas* a pesar de que la expresión [19.17] se satisface respecto a los activos financieros existentes.

De acuerdo con la expresión [19.17], cuando el mercado no es completo, la relación marginal de sustitución entre consumo presente y consumo futuro *depende de cada individuo i*. Dicha expresión puede escribirse, por tanto, como

$$\sum_{s=1}^{S} \pi_{is} M_{is} X_{js} = P_j; \quad j = 1, ..., N. \qquad [19.18]$$

Igual que en el capítulo 18, la expresión anterior nos recuerda a la ecuación fundamental de valoración, excepto que la variable agregada M depende, en este caso, de cada individuo i al no ser el mercado completo. Alternativamente, [19.18], según la ecuación [4.32] del capítulo 4, puede escribirse en términos de los precios de los activos Arrow-Debreu como:

$$\sum_{s=1}^{S} \phi_{is} X_{js} = P_j; \quad j = 1, ..., N. \tag{19.19}$$

Una vez más, cuando el mercado no es completo, existen multiples precios para las unidades de consumo en los diferentes estados. Los precios de los activos Arrow-Debreu no son únicos para todos los agentes. Esta noción está basada en el Segundo Teorema Fundamental de la Economía Financiera del capítulo 4.

En definitiva, cuando existen menos activos financieros que estados de la naturaleza y el mercado no es completo, lo más probable es que $\phi_{is} \neq \phi_{ks}$ para dos individuos cualesquiera i y k. En particular, si $\phi_{is} > \phi_{ks}$ para algún estado s, debería existir otro estado de la naturaleza τ tal que $\phi_{i\tau} < \phi_{k\tau}$. Como las funciones de utilidad son estrictamente cóncavas y, por tanto, la utilidad marginal es decreciente, existirán unas cantidades de consumo en los estados s y τ que denominamos Δ_s y Δ_τ y unos precios ϕ_s y ϕ_τ tal que:

$$\phi_{is} = \pi_{is} \frac{\partial U_{is} / \partial(c_{is} + \Delta_s)}{\sum_{s=1}^{S} \pi_{is} \partial U_{is} / \partial c_{i0}} \geq \phi_s \geq \pi_{ks} \frac{\partial U_{ks} / \partial(c_{ks} - \Delta_s)}{\sum_{s=1}^{S} \pi_{ks} \partial U_{ks} / \partial c_{k0}} = \phi_{ks}$$

$$\phi_{i\tau} = \pi_{i\tau} \frac{\partial U_{is} / \partial(c_{i\tau} - \Delta_\tau)}{\sum_{\tau=1}^{S} \pi_{i\tau} \partial U_{i\tau} / \partial c_{i0}} \leq \phi_\tau \leq \pi_{k\tau} \frac{\partial U_{k\tau} / \partial(c_{k\tau} + \Delta_\tau)}{\sum_{\tau=1}^{S} \pi_{k\tau} \partial U_{k\tau} / \partial c_{k0}} = \phi_{k\tau}. \tag{19.20}$$

$$\Delta_s \phi_s + \Delta_\tau \phi_\tau = 0.$$

En palabras, incluso si satisface [19.17], si el mercado no es completo de forma que $\phi_{is} > \phi_{ks}$ y $\phi_{i\tau} < \phi_{k\tau}$, el individuo i puede mejorar su bienestar comprando Δ_s unidades de consumo del estado s al precio ϕ_s y vendiendo Δ_τ unidades de consumo del estado τ al precio ϕ_τ de forma que $\Delta_s \phi_s = \Delta_\tau \phi_\tau$. El individuo k haría exactamente la operación contraria. En definitiva, intercambiando unidades de consumo no disponibles a través de los activos financieros, siempre será posible encontrar algún individuo que mejore su bienestar sin empeorar el de ningún otro.

Por el contrario, si el mercado fuese completo, los precios de los activos Arrow-Debreu serían únicos para todos los individuos y no existirían unas cantidades de consumo Δ_s y Δ_τ y unos precios ϕ_s y ϕ_τ tal que el sistema [19.20] se cumpla.

Si el mercado financiero es completo sabemos que el número de activos financieros linealmente independientes es igual al número de estados de la naturaleza. Para ilustrar esta idea, escribimos la expresión [19.17] de la siguiente forma:[6]

$$
\begin{pmatrix}
X_{11} & X_{12} & \cdot & \cdot & X_{1S} \\
X_{21} & X_{22} & \cdot & \cdot & X_{2S} \\
\cdot & \cdot & \cdot & \cdot & \cdot \\
\cdot & \cdot & \cdot\cdot & & \cdot \\
\cdot & \cdot & \cdot & & \cdot \\
X_{N1} & X_{N2} & \cdot & \cdot & X_{NS}
\end{pmatrix}
\begin{pmatrix}
\pi_{i1} \dfrac{\partial U_{is}/\partial c_{i1}}{\sum\limits_{s=1}^{S} \pi_{is}\partial U_{is}/\partial c_{i0}} \\[12pt]
\pi_{i2} \dfrac{\partial U_{is}/\partial c_{i2}}{\sum\limits_{s=1}^{S} \pi_{is}\partial U_{is}/\partial c_{i0}} \\[12pt]
\vdots \\[6pt]
\pi_{iS} \dfrac{\partial U_{is}/\partial c_{iS}}{\sum\limits_{s=1}^{S} \pi_{is}\partial U_{is}/\partial c_{i0}}
\end{pmatrix}
=
\begin{pmatrix}
P_1 \\ P_2 \\ \cdot \\ \cdot \\ \cdot \\ P_N
\end{pmatrix}
\cdot \quad [19.21]
$$

Cuando el mercado es completo, al ser el número de activos financieros linealmente independientes igual al número de estados, la matriz de pagos del lado izquierdo de [19.21] es de rango S y, por tanto, es invertible. Esto implica que podemos solucionar el sistema [19.21] y obtener las relaciones marginales de sustitución entre consumo presente y consumo futuro de forma que queden como una función de la matriz de pagos y del vector de precios. Nótese que tanto dicha matriz de pagos como el vector de precios no dependen de los individuos, de forma que en el caso de un mercado financiero completo obtenemos:

$$
\pi_{is} \frac{\partial U_{is}/\partial c_{is}}{\sum\limits_{s=1}^{S} \pi_{is}\partial U_{is}/\partial c_{i0}} = K_s; \quad i = 1, ..., I \qquad [19.22]
$$

y las relaciones marginales de sustitución (multiplicadas por la probabilidad del individuo i para cada estado) son iguales a unas constantes K_s, $s = 1, ..., S$, que son independientes de los individuos. Sabemos que la expresión [19.22] recoge las condiciones necesarias y suficientes para que las asignaciones de consumo admisibles sean óptimo paretianas.

---

[6] En la matriz de pagos de los activos no se incluyen activos redundantes siguiendo el tratamiento de la matriz de pagos del capítulo 17.

Por tanto, cuando el número de activos financieros linealmente independientes es igual al número de estados, las asignaciones de consumo resultantes del intercambio de activos financieros son óptimo paretianas y, además, es cierto que $\phi_s = K_s$ para cualquier estado s, donde evidentemente ϕ_s es el precio hoy de un activo Arrow-Debreu que paga 1€ si el estado s ocurre y nada en caso contrario. Esto es, bajo mercado completos:[7]

$$\pi_{is} \frac{\partial U_{is} \big/ \partial c_{is}}{\displaystyle\sum_{s=1}^{S} \pi_{is} \partial U_{is} \big/ \partial c_{i0}} = \phi_s; \quad i = 1, ..., I. \tag{19.23}$$

Estas expresiones representan la interpretación económica, más allá de la pura ausencia de arbitraje, de los precios de los activos Arrow-Debreu. Dichos precios contienen, por tanto, no sólo las probabilidades de los estados de la naturaleza, sino también las relaciones marginales de sustitución entre el consumo a lo largo del tiempo. De la misma forma, recuérdese que esta interpretación es igualmente válida para las probabilidades neutrales al riesgo que venían dadas para cada estado de la naturaleza s por la expresión $\pi_s^* = \phi_s(1 + r)$.

Con todo ello, la expresión [19.17] con mercados completos representa la *ecuación fundamental de valoración*:

$$P_j = \sum_{s=1}^{S} \phi_s X_{js}; \quad j = 1, ..., N, \tag{19.24}$$

donde los precios de los activos Arrow-Debreu vienen dados por [19.23] y son válidos (únicos) para valorar cualquier activo financiero.

19.4 Reglas óptimas de reparto, tolerancia al riesgo lineal y el agente representativo

Dado el marco general de trabajo que se ha discutido en el apartado anterior, a continuación se presentan las restricciones sobre preferencias y creencias probabilísticas que permiten obtener los modelos de valoración más conocidos en un contexto de equilibrio. Un aspecto fundamental de este apartado es que, bajo dichas restricciones y supuestos sobre las probabilidades de los estados, las asignaciones de consumo entre los individuos son óptimo paretianas incluso *sin* necesidad de que el mercado financiero sea completo. En definitiva, los modelos de valoración resultantes son consistentes con las asignaciones obtenidas bajo mercados completos, aunque pueden deducirse sin necesidad de suponer completitud. El coste de dicho

---

[7] Estos resultados formalmente demuestran que el resultado de eficiencia del teorema de equivalencia del capítulo 17 sigue siendo válido cuando los activos se encuentran en oferta positiva.

resultado es que las preferencias deben pertenecer a la familia de funciones de utilidad que presentan *tolerancia al riesgo lineal* y, por tanto, forman parte de la familia HARA, además de necesitar creencias probabilísticas homogéneas.

En particular, se supone que la función de utilidad para cualquier individuo $i = 1, ..., I$ puede escribirse como:

$$U_{is}(c_{i0}, c_{is}) = U_{i0}(c_{i0}) + U_i(c_{is}),$$ [19.25]

lo que indica que las funciones de utilidad se suponen *aditivas temporalmente e independientes de los estados de la naturaleza*. Lo que se consume en el primer momento no tiene influencia alguna sobre la utilidad del consumo en el futuro. Lo mismo ocurre entre los estados de la naturaleza alternativos del momento $t = 1$.

Además, los individuos tienen *creencias probabilísticas homogéneas* sobre los diferentes estados de la naturaleza:

$$\pi_{is} = \pi_s; \quad i = 1, ..., I; \quad s = 1, ..., S.$$ [19.26]

Fijemos una asignación óptimo paretiana tanto para el consumo en $t = 0$, como para el consumo futuro en los diferentes estados. Como en el segundo apartado de este capítulo, sea λ_i, $i = 1, ..., I$, el conjunto de ponderaciones estrictamente positivas asociadas con dichas asignaciones. En definitiva, el análisis *parte* de asignaciones óptimo paretianas ya que se supone que las escogemos de las asignaciones resultantes del problema de optimización [19.3].

Dadas las funciones de utilidad que satisfacen los supuestos [19.25] y [19.26], las condiciones de primer orden asociadas al problema [19.3] y que vienen dadas por las expresiones [19.4] y [19.5] pueden escribirse respectivamente como:

$$\lambda_i \frac{\partial U_{i0}(c_{i0})}{\partial c_{i0}} \equiv \lambda_1 U'_{i0}(c_{i0}) = \phi_0; \quad i = 1, ..., I$$ [19.27]

$$\lambda_i \frac{\pi_s \partial U_i(c_{is})}{\partial c_{is}} \equiv \lambda_1 \pi_s U'_i(c_{is}) = \phi_s; \quad i = 1, ..., I; \quad s = 1, ..., S,$$ [19.28]

donde es importante enfatizar que la utilidad del momento futuro es independiente de s.

Además, también se satisfacen las condiciones de vaciado de mercado [19.6] y [19.7]:

$$\sum_{i=1}^{I} c_{is} = C_s; \quad s = 1, ..., S$$

$$\sum_{i=1}^{I} c_{i0} = C_0.$$

A continuación, se analizan las importantes consecuencias que dichas expresiones tienen para el reparto de las asignaciones de consumo entre los individuos y para la valoración de activos. Debe tenerse en cuenta que cualquier análisis de valoración de activos en condiciones de equilibrio tiene como punto de partida las ecuaciones anteriores. Como las creencias probabilísticas se suponen homogéneas, las condiciones de primer orden [19.27] y [19.28] implican respectivamente que:

$$\lambda_i U'_{i0}(c_{i0}) = \lambda_k U'_{k0}(c_{k0}) \qquad \text{para cualquier individuo } i \text{ y } k \qquad [19.29]$$

$$\lambda_i U'_i(c_{is}) = \lambda_k U'_k(c_{ks}) \qquad \text{para cualquier individuo } i \text{ y } k. \qquad [19.30]$$

Imaginemos dos estados de la naturaleza s y τ tal que el consumo agregado de la economía en el estado s, C_s, sea mayor que el consumo agregado en el estado τ, C_τ. Esto es, supongamos que $C_s > C_\tau$. Bajo los supuestos de este apartado, debe ser necesariamente cierto que el consumo de cualquier individuo resultante del problema de optimización cuyas condiciones de primer orden son [19.27] y [19.28] son *mayores* para el estado s que para el estado τ. Esto es, si $C_s > C_\tau$, debe ser cierto que para cualquier individuo i, $c_{is} > c_{i\tau}$.

Este es un resultado importante. Para comprobar que efectivamente dicha relación debe satisfacerse, nótese que al ser $C_s > C_\tau$, debe existir necesariamente un individuo k tal que su consumo individual sea mayor en el estado s que en el estado τ; esto es, $c_{ks} > c_{k\tau}$. Así, teniendo en cuenta la estricta concavidad de las funciones de utilidad que hace que la utilidad marginal sea estrictamente decreciente en el consumo, tenemos que:

$$\lambda_k U'_k(c_{ks}) < \lambda_k U'_k(c_{k\tau}). \qquad [19.31]$$

A su vez, según [19.30], debe ser cierto que $\lambda_i U'_i(c_{is}) = \lambda_k U'_k(c_{ks})$, por lo que unido a [19.31] resulta en:

$$\lambda_i U'_i(c_{is}) < \lambda_i U'_i(c_{i\tau}), \qquad \text{para cualquier individuo } i \text{ y } k. \qquad [19.32]$$

De nuevo, por la concavidad estricta de la función de utilidad y dado [19.32], puede concluirse que $c_{is} > c_{i\tau}$ para todo individuo i.

Por tanto, para unas ponderaciones estrictamente positivas, λ_i, *existe una relación de uno a uno entre el consumo agregado en un estado dado y la asignación óptima de cualquier individuo en dicho estado.* Además, como las funciones de utilidad se suponen independientes entre estados, dicha relación también es independiente de cualquier estado de la naturaleza.

Analíticamente, este resultado implica que existen unas funciones, f_i, tal que puede escribirse:

$$c_i = f_i(C); \quad i = 1, ..., I, \qquad [19.33]$$

donde tanto el consumo individual, c_i, como el consumo agregado, corresponden al consumo futuro y son, por tanto, variables aleatorias.

La existencia de tales funciones $f_i(\cdot)$ implica que las asignaciones de consumo óptimo paretianas, que son las que estamos analizando, son idénticas para aquellos estados en los que el consumo agregado es el mismo. En otras palabras, únicamente aquellos estados en los que el consumo agregado es diferente resultan relevantes de cara a las decisiones óptimas de inversión y consumo. En definitiva, las funciones $f_i(\cdot)$ *reparten* las asignaciones óptimo paretianas del consumo agregado entre los individuos. De hecho, se denominan *reglas de reparto óptimo paretianas* y constituyen la pieza fundamental que nos permite asociar las variables individuales con las variables agregadas para obtener modelos de valoración de equilibrio, donde es necesario el correspondiente vaciado del mercado. Para ello, restrinjamos la forma funcional de tales reglas de reparto.

TEOREMA 19.2. *Cuando las reglas de reparto óptimo paretianas son lineales, las asignaciones resultantes de un equilibrio competitivo en una economía con activos financieros complejos son siempre eficientes en sentido de Pareto si existe un activo seguro a cuyo tipo de interés se puede prestar y pedir prestado.*

Para verlo, imaginemos unas asignaciones de consumo óptimo paretianas que estén linealmente relacionadas con el consumo agregado de la siguiente forma:

$$f_i(C) = a_i + b_i C; \quad i = 1, ..., I. \tag{19.34}$$

Tal como hemos visto, en una economía competitiva con activos financieros, los individuos tienen una dotación inicial de consumo presente y de activos financieros que podrían vender al ser parte de sus recursos iniciales de acuerdo con la siguiente estrategia:

- El individuo i podría comprar en $t = 0$ una cantidad del bono (básico) cupón cero, que suponemos que existe, por un total de a_i unidades. Esto implica que en $t = 1$ se asegurará una cantidad en euros igual al término constante en la expresión [19.34], ya que cada bono básico paga 1€ con certeza en el futuro.
- Sabemos que la cartera de mercado de todos los activos inciertos existentes tendría un valor en $t = 1$ igual al valor de la riqueza o consumo agregado y que es exactamente C.
- Por tanto, el término aleatorio, $b_i C$, puede lograrse comprando o invirtiendo una fracción b_i de la cartera de mercado en $t = 0$.
- El resto de la riqueza inicial puede emplearse para consumir en $t = 0$.

Mediante esta estrategia de inversión, cualquier individuo podría replicar el lado derecho de la expresión [19.34] y, por tanto, obtener asignaciones de consumo (el lado izquierdo) que son óptimo paretianas.

Este es un resultado muy interesante que *nos debería recordar* la separación en dos fondos que se obtenía en el contexto media-varianza y que permitía, en el modelo CAPM, replicar cualquier activo incierto j invirtiendo un porcentaje β_j en la cartera de mercado y $(1 - \beta_j)$ en el activo libre de riesgo.

Aunque no se demuestra, es crucial notar que las condiciones necesarias y suficientes *sobre las funciones de utilidad* de los individuos para que las reglas de reparto óptimo paretianas *sean lineales* para todas las ponderaciones estrictamente positivas λ_i, son que dichas funciones sean aditivas en el tiempo e independientes entre estados y además que solucionen la siguiente ecuación diferencial:[8]

$$-\frac{U_i'(c)}{U''_i(c)} = \alpha_i + \beta c.$$

[19.35]

Las funciones de utilidad que solucionan dicha ecuación se denominan, tal como se comentó en el capítulo 18, HARA o *Hyperbolic Absolute Risk Aversion*. Dicha ecuación diferencial tiene tres conjuntos de soluciones dependiendo del valor de β:

$$\beta \neq 0,1 \quad U_i(c) = [\gamma/(1-\gamma)](\alpha_i + \beta c)^{1-\gamma}$$

[19.36a]

$$\beta = 1 \quad U_i(c) = \ln(\alpha_i + c)$$

[19.36b]

$$\beta = 0 \quad U_i(c) = -\alpha_i e^{-1/\alpha_i c},$$

[19.36c]

donde $\gamma \equiv \dfrac{1}{\beta}$.

Estas funciones de utilidad, cuyas versiones más simplificadas ya fueron presentadas en el apartado 18.8 del capítulo anterior, se denominan respectivamente función de utilidad potencial generalizada, logarítmica generalizada y exponencial negativa. La palabra *generalizada* se asocia con las dos primeras cuando $\alpha_i \neq 0$. Cuando $\alpha_i = 0$, las dos primeras funciones se conocen simplemente como función potencial y logarítmica. Como ya señalamos en el capítulo 18, estos dos tipos de funciones de utilidad se conocen como isoelásticas y presentan aversión relativa al riesgo constante. Sabemos que el coeficiente de aversión relativa al riesgo en la función potencial es precisamente $\gamma \equiv 1/\beta$, coeficiente que representa una medida de la disposición de un individuo a soportar riesgo. Así, el término β mide la *tolerancia hacia el riesgo* de los individuos. Nótese además que la función de utilidad *cuadrática* también pertenece a esta familia y se obtiene haciendo $\beta = -1$. Por último, la función de utilidad exponencial negativa presenta aversión absoluta al riesgo constante cuyo coeficiente es igual a $1/\alpha$.

Como la expresión [19.35] es la inversa de la aversión absoluta al riesgo de Arrow-Pratt, decimos que las funciones de utilidad que satisfacen [19.35] *exhiben tolerancia al riesgo lineal en el consumo agregado con idéntica pendiente o coeficiente de precaución β.*

---

[8] Véase Huang y Litzenberger (1988) para una prueba relativamente sencilla.

Insistimos que cuando las preferencias de los individuos tienen tolerancia al riesgo lineal en el consumo y existe un activo libre de riesgo, el equilibrio en una economía competitiva con activos financieros *implica la separación en dos fondos* ya que, en equilibrio, todos los agentes mantendrán una fracción de la cartera de mercado y el resto se invertirá (a largo o a corto) en el activo libre de riesgo.

EJEMPLO 19.4.1

Sea una economía con tres estados de naturaleza donde se negocian tres activos Arrow-Debreu y la función de utilidad del único agente existente es aditiva en el tiempo e independiente entre los estados. Además, la función de utilidad es logarítmica:

$$U(C) = \ln C,$$

donde c representa el consumo de dicho agente al final del único periodo existente. Se dispone del vector de precios de los tres activos Arrow-Debreu, así como del vector de probabilidades:

$$\phi = \begin{bmatrix} 0,45 \\ 0,25 \\ 0,20 \end{bmatrix} ; \qquad \pi = \begin{bmatrix} 0,40 \\ 0,45 \\ 0,15 \end{bmatrix}.$$

La riqueza inicial que el agente desea distribuir de forma óptima entre los tres activos Arrow-Debreu es igual a $W_0 = 18.500$ euros. Se trata de obtener la cartera óptima de activos que sea admisible con las posibilidades que tiene el inversor.

Es importante tener en cuenta que se intercambian activos Arrow-Debreu que pagan 1€ si un determinado estado ocurre y nada en caso contrario. Por ello, la riqueza o consumo al final del periodo si finalmente se produce el estado 1 sería

$$C_1 = 1 \times z_1 + 0 \times z_2 + 0 \times z_3 = 1 \times z_1 = z_1,$$

donde z_j, $j = 1, 2, 3$, es el número de cada tipo de activos Arrow-Debreu que tendría el inversor. Por tanto, la utilidad esperada sería el producto de las probabilidades de los estados por las utilidades asociadas al número de títulos de los activos Arrow-Debreu en cada estado (al consumo final en cada estado):

$$EU(C) = \pi_1 U(z_1) + \pi_2 U(z_2) + \pi_3 U(z_3).$$

La restricción presupuestaria sería asimismo:

$$W_0 = z_1 \phi_1 + z_2 \phi_2 + z_3 \phi_3.$$

El problema de optimización del inversor puede, por tanto, escribirse como:[9]

$$\underset{\{z_1, z_2, z_3\}}{\text{Max}} \quad \sum_{s=1}^{S} \pi_s U(z_s) + \eta \left(W_0 - \sum_{s=1}^{S} z_s \phi_s \right).$$

[9] Nótese su similitud con el problema [19.9] excepto que en el ejemplo se trabaja con los supuestos del apartado 19.4.

Las condiciones de primer orden son

$$\pi_s U'(z_s) - \eta\phi_s = 0$$

$$\Rightarrow \eta = \frac{\pi_s}{\phi_s} U'(z_s).$$

Evidentemente, esta condición es similar a la expresión [19.28] excepto que $\eta \equiv 1/\lambda$. En dicha expresión, $U'(z_s)$ es la utilidad adicional de cada unidad de consumo (o activo Arrow-Debreu) en el estado s, $1/\phi_s$ es el número de activos Arrow-Debreu que se pueden comprar con 1€, de manera que $\pi_s/\phi_s U'(z_s)$ es la utilidad esperada adicional con cada euro gastado en el activo Arrow-Debreu tipo s. Así, para que una determinada cartera sea óptima la expresión $\pi_s/\phi_s U'(z_s)$ debe ser *igual* para todos los activos Arrow-Debreu. La razón está naturalmente asociada al concepto del multiplicador de Lagrange, η, que nos indica la tasa marginal de incremento en la función objetivo (la utilidad esperada) por cada unidad adicional de relajación en la restricción (por cada euro adicional de riqueza). Nótese que el rendimiento (bruto) de un activo Arrow-Debreu que paga 1€ en cualquier estado s es igual a $1/\phi_s$, por tanto, su rendimiento esperado sería π_s/ϕ_s. Así, las condiciones de optimalidad, $\pi_s/\phi_s U'(z_s)$, tienen dos componentes. Por un lado π_s/ϕ_s hace que se tienda a invertir más en activos que tengan un mayor rendimiento esperado, mientras que $U'(z_s)$ limita el grado de deseabilidad hacia mayores rendimientos esperados al ser la utilidad marginal decreciente. Analíticamente, si

$$\frac{\pi_s}{\phi_s} > \frac{\pi_\tau}{\phi_\tau}$$

para que

$$\frac{\pi_s}{\phi_s} U'(z_s) = \frac{\pi_\tau}{\phi_\tau} U'(z_\tau)$$

debe cumplirse que

$$U'(z_s) < U'(z_\tau) \Rightarrow z_s > z_\tau,$$

por lo que se invierte más en activos con mayor rendimiento esperado.

Obsérvese que al ser la utilidad marginal decreciente, en aquellos estados en los que el consumo es elevado, rendimientos adicionales se valoran poco, mientras que por el contrario, los rendimientos adicionales se valoran mucho precisamente en aquellos estados en los que el consumo es pequeño.

En este caso, la utilidad marginal de la función logarítmica viene dada por:

$$U'(z_s) = \frac{1}{z_s}.$$

Por tanto, para que la cartera sea óptima debe cumplirse que:

$$\frac{0,40}{0,45} \frac{1}{z_1} = \frac{0,45}{0,25} \frac{1}{z_2} = \frac{0,15}{0,20} \frac{1}{z_3}$$

$$\Rightarrow 1,125 z_1 = 0,556 z_2 = 1,333 z_3.$$

Además, debe satisfacerse la restricción:

$$18.500 = 0,45 z_1 + 0,25 z_2 + 0,20 z_3 .$$

Así, la cartera óptima será

$$z_1 = 16.450$$
$$z_2 = 33.285$$
$$z_3 = 13.884,$$

y la utilidad esperada marginal por cada euro gastado en los tres activos Arrow-Debreu es la misma e igual a 0,000054. ∎

En este ejemplo se ha escogido la cartera óptima tomando como dados los precios de los activos Arrow-Debreu. Esto implica que nos hemos movido en una única dirección desde los precios a las carteras. Sin embargo, para comprender cómo se determinan realmente los precios debemos recorrer de manera *simultánea* la dirección contraria desde las carteras hacia los precios. Los precios de equilibrio resultarán de un proceso de comportamiento óptimo por parte de los inversores de forma que se vacíe el mercado igualando la oferta exógena de los activos con la demanda agregada de los mismos. El siguiente ejemplo analiza este proceso en una economía con dos individuos y tres activos Arrow-Debreu.

EJEMPLO 19.4.2 (Basado en un problema original de N. Strong y M. Walker)

Supongamos una economía con dos individuos, A y B, que tienen funciones de utilidad logarítmicas dadas por $U_i(c_{is}) = \ln c_{is}$ para $i = A$, B y donde c_{is} es el consumo de cada individuo en el estado s. En esta economía se suponen 3 estados, se negocian 3 activos Arrow-Debreu y la oferta total depende de la inversiones reales de la única empresa existente que emite títulos para financiarlas. Los recursos generados por esta empresa j en los diferentes estados, que al ser la única empresa existente representan la oferta total en el futuro, así como las probabilidades de los mismos, vienen dados en el siguiente cuadro:

	$s = 1$	$s = 2$	$s = 3$
Oferta agregada: X_j (recursos futuros generados por la única empresa j)	2	3	3
π_A	1/6	1/3	1/2
π_B	1/2	1/4	1/4

El individuo A tiene el 60% de la empresa j, y el individuo B tiene el 40% restante. Por tanto, las dotaciones de cada individuo i en cada estado s, que llamamos z_{is}^e, son:

	$s = 1$	$s = 2$	$s = 3$
Oferta agregada: X_j	2	3	3
A (60%)	1,2	1,8	1,8
B (40%)	0,8	1,2	1,2

La restricción de cada individuo viene dada por:

$$W_{i0} \equiv \sum_{s=1}^{S} z_{is}^{e} \phi_{s} = \sum_{s=1}^{S} z_{is} \phi_{s}.$$

El problema al que se enfrenta cada individuo i puede escribirse como:

$$\underset{\{z_{is}; \, s = 1, 2, 3\}}{\text{Max}} \quad \sum_{s=1}^{S} \pi_{is} U(z_{is}) + \eta \left(\sum_{s=1}^{S} z_{is}^{e} \phi_{s} - \sum_{s=1}^{S} z_{is} \phi_{s} \right).$$

Las condiciones de primer orden son:

$$\frac{\pi_{is}}{\phi_{s}} \, U_{i}'(z_{is}) = \eta; \; \forall i, \, s.$$

El problema se soluciona suponiendo que $\phi_1 = 1$ por lo que este primer activo hace las veces de numerario.[10] Esto implica que obtendremos precios *relativos* de los 3 activos Arrow-Debreu. Comenzamos con el individuo A:

$$\mathcal{L} = \frac{1}{6} \ln(z_{A1}) + \frac{1}{3} \ln(z_{A2}) + \frac{1}{2} \ln(z_{A3}) + \eta \left[1,2 + 1,8\phi_2 + 1,8\phi_3 - (z_{A1} + \phi_2 z_{A2} + \phi_3 z_{A3}) \right].$$

Derivando las condiciones de primer orden obtenemos:

$$\frac{1}{z_{A1}} \frac{1}{6} = \eta \Rightarrow z_{A1} = \frac{1}{6\eta}$$

$$\frac{1}{z_{A2}} \frac{1}{3} = \eta \phi_2 \Rightarrow \phi_2 \, z_{A2} = \frac{1}{3\eta}$$

$$\frac{1}{z_{A3}} \frac{1}{2} = \eta \phi_3 \Rightarrow \phi_3 z_{A3} = \frac{1}{2\eta}.$$

Mediante la restricción presupuestaria obtenemos que:

$$\underbrace{\frac{1}{6\eta} + \frac{1}{3\eta} + \frac{1}{2\eta}}_{\substack{S \\ \sum_{s=1}^{} \phi_s z_{js}}} = \underbrace{W_{A0}}_{\substack{S \\ \sum_{s=1}^{} \phi_s z_{is}^{e}}}$$

y, por tanto,

$$\frac{1}{\eta} \left(\frac{1}{6} + \frac{1}{3} + \frac{1}{2} \right) = W_{A0} \Rightarrow \frac{1}{\eta} = W_{A0}.$$

---

[10] Obsérvese que al no existir consumo en el momento $t = 0$, podríamos utilizar como numerario uno cualquiera de los precios de los activos Arrow-Debreu. Aquí, se ha elegido $\phi_1 = 1$.

De esta forma, las demandas pueden escribirse en función de los precios todavía desconocidos:

$$z_{A1} = \frac{W_{A0}}{6}$$

$$z_{A2} = \frac{W_{A0}}{3\phi_2}$$

$$z_{A3} = \frac{W_{A0}}{2\phi_3}.$$

Repitiendo los cálculos para el individuo B se obtiene que:

$$z_{B1} = \frac{W_{B0}}{2}$$

$$z_{B2} = \frac{W_{B0}}{4\phi_2}$$

$$z_{B3} = \frac{W_{B0}}{4\phi_3}.$$

Para obtener los precios de equilibrio, el mercado debe vaciarse de forma que la demanda agregada sea igual a la oferta agregada en cada estado. Empezando por el primer estado tenemos que:

$$z_{A1} + z_{B1} = 2 = \text{Oferta}$$

$$\frac{W_{A0}}{6} + \frac{W_{B0}}{2} = 2.$$

Usando las correspondientes dotaciones obtenemos,

$$\frac{1,2 + 1,8\phi_2 + 1,8\phi_3}{6} + \frac{0,8 + 1,2\phi_2 + 1,2\phi_3}{2} = 2$$

$$\Rightarrow 3,6 + 5,4\phi_2 + 5,4\phi_3 = 12.$$

Para el resto de los estados:

$$\frac{1}{\phi_2} \, (7,2 + 10,8\phi_2 + 10,8\phi_3) = 36$$

$$\frac{1}{\phi_3} \, (3,2 + 4,8\phi_2 + 4,8\phi_3) = 12.$$

Usando estas dos últimas ecuaciones obtenemos los precios (relativos) de equilibrio:

$$\begin{bmatrix} \phi_1 \\ \phi_2 \\ \phi_3 \end{bmatrix} = \begin{bmatrix} 1 \\ 2/3 \\ 8/9 \end{bmatrix}.$$

Las asignaciones de consumo contingente (futuro) son, por tanto,

	$s = 1$	$s = 2$	$s = 3$
Oferta agregada: X_j	2	3	3
z_A	2/3	2	9/4
z_B	4/3	1	3/4

Estas asignaciones, dado que el mercado es completo, son asignaciones óptimo paretianas. Nótese que cada una de ellas se obtiene como:

$$z_{A1} = \frac{1{,}2 + 1{,}8(2/3) + 1{,}8(8/9)}{6} = 2/3$$

y así sucesivamente para calcular el resto. ■

EJEMPLO 19.4.3 (University of California en Berkeley)

El ejemplo anterior se ha construido admitiendo que los individuos tengan *diferentes* creencias probabilísticas sobre los estados. Curiosamente, tal como se ha demostrado en el apartado 19.4 de este capítulo, resulta interesante y útil suponer que dichas creencias son homogéneas entre los individuos. Se gana en sencillez, precisión y además, si efectivamente los mercados financieros son eficientes y los precios reflejan la información relevante de manera que el valor actual neto de las operaciones financieras sea cero, existe una importante razón de peso para hacerlo. Bajo esta perspectiva, lo mejor que puede hacer cada inversor individual es invertir *como si* tuviera la misma información que el mercado en su conjunto. En definitiva, no existen oportunidades de arbitraje.

Bajo esta perspectiva de *creencias probabilísticas homogéneas*, supongamos una economía con 5 estados de la naturaleza donde se negocian 5 activos Arrow-Debreu de forma que el mercado es completo. La demanda de cada activo por parte de los individuos, así como la oferta de títulos total existente junto con los precios de los 5 activos Arrow-Debreu aparecen en el siguiente cuadro:

	$s = 1$	$s = 2$	$s = 3$	$s = 4$	$s = 5$
Individuo A	500	600	750	750	1.000
B	630	660	700	700	750
C	5.000	6.000	7.500	7.500	10.000
.	.	.	. .	.	.
.	.	.	.	'	.
Oferta total	100.000	150.000	220.000	220.000	300.000
Precios	0,30	0,23	0,15	0,15	0,09
Probabilidad	0,20	0,20	0,20	0,20	0,20

Nótese que a pesar de no hacer supuesto alguno sobre las preferencias de los agentes, el ejemplo supone que el mercado es completo. Además, de acuerdo con el análisis de este capítulo, las mismas asignaciones óptimo paretianas se lograrían bajo preferencias HARA y creencias probabilísticas homogéneas, algo que sí supone el ejemplo.

Lo interesante del cuadro anterior es que todos los individuos demandan activos en la misma dirección; esto es, demandan un mayor número de títulos en aquellos estados donde la riqueza es mayor (en términos de oferta total entendida, a su vez, como número de títulos, al pagar cada activo Arrow-Debreu 1€ en su correspondiente estado en el futuro). Asimismo, nótese que a pesar de que todos los estados tienen la misma probabilidad de pagar 1€, aquel activo que paga 1€ en el peor de los estados ($s = 1$) es precisamente el que tiene un precio mayor en el mercado. La razón es que los individuos valoran más (mayor utilidad marginal) recibir 1€ en un estado malo (con riqueza agregada pequeña) que en un estado bueno. Es importante recordar y enfatizar que este mismo razonamiento ya apareció en los apartados 7.1 y 7.3 del capítulo 7. El modelo de valoración del siguiente apartado nos dirá exactamente lo mismo. Además, la justificación formal de estos argumentos se basa en las reglas de reparto óptimo paretianas de este capítulo.

En definitiva, el cuadro anterior se puede resumir notando que:

$$\text{oferta}_1 \text{ (riqueza agregada}_1) \le \text{oferta}_2 \le \text{oferta}_3 \le \text{oferta}_4 \le \text{oferta}_5$$

$$\Rightarrow \text{ en equilibrio}$$

$$\Rightarrow \phi_1 \ge \phi_2 \ge \phi_3 \ge \phi_4 \ge \phi_5$$

$$\Rightarrow z_{i1} \le z_{i2} \le z_{i3} \le z_{i4} \le z_{i5}; \ \forall i.$$

Una vez más, recuérdese que al utilizar activos Arrow-Debreu, empleamos z_{is} para identificar consumo futuro ya que el número demandado de títulos iría multiplicado por 1€. Con activos financieros complejos la notación mantendría evidentemente la más habitual del capítulo; esto es, c_{is}.

Imaginemos que intercambiamos los títulos de los estados 3 y 4 por títulos de un nuevo estado que denominamos 3,5:

	$s = 1$	$s = 2$	$s = 3,5$	$s = 5$
Individuo A	500	600	750	1.000
B	630	660	700	750
C	5.000	6.000	7.500	10.000
.	.	.	.	.
.	.	.	.	.
Oferta total	100.000	150.000	220.000	300.000
Precios	0,30	0,23	0,30	0,09
Probabilidad	0,20	0,20	0,40	0,20

En este caso, los precios de los activos Arrow-Debreu no van en dirección opuesta a la oferta total, ya que las probabilidades de los estados, aunque siguen representando creencias homogéneas, no son las mismas entre los estados. Sin embargo, tal como se señalaba en el ejemplo 19.4.1, lo importante es que exista una relación inversa de las demandas individuales con el cociente ϕ_s/π_s, y esto sí se mantiene en el cuadro dado que:

$$\frac{\phi_1}{\pi_1} \ge \frac{\phi_2}{\pi_2} \ge \frac{\phi_{3,5}}{\pi_{3,5}} \ge \frac{\phi_5}{\pi_5}.$$

Como sabemos, ϕ_s/π_s es el inverso del rendimiento (bruto) esperado de cada activo. Por tanto, se da una relación directa entre riqueza agregada y rendimiento esperado de los activos Arrow-Debreu. La conclusión, que es válida para cualquier modelo de valoración discutido en este libro, es que en aquellos estados en los que la riqueza agregada (consumo agregado) es mayor, los inversores exigirían una prima adicional para ser compensados por recibir rentas adicionales en dichos estados (en los que la utilidad marginal de la riqueza en consumo es menor). Así, en el CAPM, cuando un activo tiene beta positiva y tiende, por tanto, a pagar un rendimiento mayor cuando el rendimiento de la cartera de mercado (rendimiento de la riqueza agregada) es mayor, se le exigirá una prima adicional en términos de rendimiento esperado. ■

EJEMPLO 19.4.4

Supongamos un inversor con una riqueza inicial $W_0 = 100$. Existen tres estados y se negocian tres activos Arrow-Debreu. Los pagos de cada uno de ellos, así como sus precios y las probabilidades que asigna el individuo a cada estado aparecen en el siguiente cuadro:

Activos Arrow-Debreu	Precios	$s = 1$	$s = 2$	$s = 3$
#1	0,1	1	0	0
#2	0,3	0	1	0
#3	0,2	0	0	1
π_s	-	0,2	0,3	0,5

Suponiendo que la función de utilidad del individuo fuese cuadrática:

$$U(W) = W - W^2,$$

se pide obtener la elección óptima de cartera.

Usando las condiciones de primer orden [19.28] se obtiene de forma inmediata que:

$$z_1 = 116,43$$
$$z_2 = 232,36$$
$$z_3 = 93,24. \blacksquare$$

EJEMPLO 19.4.5 (Equilibrio con preferencias logarítmicas)

A continuación presentamos un ejemplo de *cálculo del equilibrio financiero con activos complejos en lugar de emplear activos Arrow-Debreu como en los casos anteriores*. Consideremos de nuevo el escenario del ejemplo 18.8.1 y supongamos que además del señor Cánovas, en la economía también vive el señor Domínguez. Este individuo es idéntico al señor Cánovas. Es decir, tiene las mismas preferencias y dotaciones iniciales. Consideremos los siguientes casos:

1. Supongamos que el número de acciones emitidas es cero (es decir, las acciones se encuentran en oferta neta cero):
   1i) Calculemos el precio de equilibrio de las acciones.
   1ii) Calculemos la prima de riesgo del activo arriesgado.

2. Supongamos ahora que la oferta agregada de acciones es igual a 2 (cada agente inicialmente posee una de ellas).

2i) Démos una expresión para el precio de equilibrio de las acciones.

2ii) Sin necesidad de resolver explícitamente, ¿será la prima de riesgo del activo arriesgado estrictamente positiva ahora?

Denotemos con el subíndice c las variables referidas al señor Cánovas y con el subíndice d las referidas al señor Domínguez. Así, por ejemplo, w_{ca} y w_{da} denotan la cantidad de dinero invertida en acciones por el señor Cánovas y por el señor Domínguez, respectivamente. En el ejemplo 18.8.1 vimos que:

$$w_{ca} = \frac{E(R_a) - r}{(R_{a1} - r)(R_{a2} - r)} \, (1 + r) W_{c0}.$$

Como el señor Domínguez tiene las mismas preferencias y dotaciones iniciales que el señor Cánovas, es inmediato que:

$$w_{da} = \frac{E(R_a) - r}{(R_{a1} - r)(R_{a2} - r)} \, (1 + r) W_{d0}.$$

1. Para calcular el precio de equilibrio tenemos que vaciar el mercado de acciones (el de bonos se vaciará automáticamente por la ley de Walras). Como en este caso la acción está en oferta cero, la condición de vaciado es:

$$z_{ca} + z_{da} = 0.$$

Multiplicando en ambos lados por el precio de la acción en $t = 0$, la condición anterior se convierte en:

$$w_{ca} + w_{da} = 0.$$

Si sustituimos las expresiones anteriores, obtenemos:

$$\frac{E(R_a) - r}{(R_{a1} - r)(R_{a2} - r)} \, (1 + r)(W_{c0} + W_{d0}) = 0.$$

Es decir,

$$E(R_a) = r . \tag{19.37}$$

Por tanto, si denotamos con X_{a1} y X_{a2} los pagos, en euros, de la acción en el estado 1 y el 2, respectivamente, [19.37] implica:

$$P_{a0} = \frac{E(X_a)}{1 + r} .$$

El precio de la acción es igual al valor presente de los pagos esperados en el futuro, utilizando el tipo de interés libre de riesgo como factor de descuento. Por otro lado, [19.37] directamente implica que la prima de riesgo de la acción es cero. Esto es así porque el riesgo agregado de la economía es nulo. Por un lado, los agentes no tienen dotaciones iniciales de bienes futuros. Por otro, el activo arriesgado está en oferta cero. En estas condiciones los agentes no tienen que soportar riesgo y, por tanto, no exigen una prima de riesgo.

2i) En este caso existen dos acciones en la economía. Por tanto, la condición de vaciado es $z_{ca} + z_{da} = 2$. Multiplicando ambos lados por el precio de la acción obtenemos $w_{ca} + w_{da} = 2\,P_{a0}$. Por tanto, la condición de vaciado es:

$$\frac{E(R_a) - r}{(R_{a1} - r)(R_{a2} - r)} \, (1 + r)2\, P_{a0} = 2\, P_{a0}.$$

En la expresión anterior hemos tenido en cuenta que la suma de la riqueza de ambos agentes es $2P_{a0}$. Por tanto, obtenemos:

$$E(R_a) - r = \frac{(R_{a1} - r)(R_{a2} - r)}{1 + r} \, .$$

Esta ecuación implícitamente define el precio de las acciones. Téngase en cuenta que la tasa de rendimiento de la acción es una función de su precio en $t = 0$.

2ii) Por otro lado, la expresión anterior nos da directamente la prima de riesgo de las acciones que, como se puede apreciar, es estrictamente positiva. Al estar los activos en oferta positiva, los agentes se enfrentan a una situación con riesgo. En principio, ambos agentes querrían no soportar este riesgo, pero la condición de vaciado les obliga a soportarlo. Como ambos agentes son aversos al riesgo exigen una prima que les compense por soportar el riesgo agregado de la economía. ∎

EJEMPLO 19.4.6 (Equilibrio con CARA y normalidad)

En este ejemplo vamos a valorar acciones y futuros en un contexto de equilibrio. También ofreceremos resultados sobre la demanda de activos financieros por motivos de cobertura. Lo haremos en distintos pasos.

• La economía básica es la de los ejemplos 18.9.1 y 18.9.2. En concreto, la economía tiene dos fechas $t = 0,1$, y existen dos activos financieros: un bono con tasa r y acciones. Cada acción ofrece unos pagos futuros (en euros), X_a, distribuidos según la normal y con media μ_x y varianza σ_x^2. Suponemos ahora que en la misma habitan dos agentes, $i = 1, 2$, que maximizan la utilidad esperada y que tienen funciones de utilidad:

$$U_i(W_1) = - e^{-\alpha_i W_1}, \quad \alpha_i > 0 \quad \text{(donde } \alpha_i \text{ es una constante).}$$

Cada agente está dotado inicialmente con una acción. Se pide:
   a) El precio de equilibrio de la acción.
   b) El precio cuando uno de los agentes es neutral al riesgo.

Antes de plantear nuevas cuestiones, respondamos estas dos preguntas. Utilizando nuestro planteamiento del ejercicio 18.9.2 es inmediato que la demanda óptima de acciones de cada agente viene dada por:

$$z_{ia} = \frac{\mu_x - P_{a0}(1 + r)}{\alpha_i \sigma_x^2} \, .$$

Como la condición de vaciado es $z_{1a} + z_{2a} = 2$, en equilibrio el precio de la acción ha de ser:

$$P_{a0} = \frac{1}{1 + r} \left[\mu_x - 2 \frac{\alpha_1 \alpha_2}{\alpha_1 + \alpha_2} \sigma_x^2 \right].$$ [19.38]

Así, el precio de equilibrio de la acción es creciente en los pagos esperados de las acciones y decreciente en el tipo de interés sin riesgo, la varianza (o volatilidad) de los pagos futuros y la aversión al riesgo de los agentes. Es fácil ver (lo dejamos como ejercicio para el lector) que la prima de riesgo es estrictamente positiva.

Si el α_i de alguno de los inversores se hiciese cero, estaríamos en presencia de un agente neutral al riesgo. En este caso, utilizando [19.38], concluiríamos con que el precio de la acción sería igual al valor presente de los pagos esperados. Es decir, en este caso la prima de riesgo del activo sería cero. La razón es que, cualquier agente neutral al riesgo estaría dispuesto a soportar todo el riesgo de la economía sin exigir compensación.

• Supongamos ahora que en esta economía sencilla introducimos un contrato de futuros. Este contrato tiene como activo subyacente una acción, se negocia en un mercado organizado donde no existe un sistema de márgenes y al vencimiento se liquida por diferencias (es decir, se paga o recibe la diferencia entre el precio al contado y el negociado sin necesidad de entregar la acción). Se pide calcular el precio del futuro y el de la acción.

Denominemos con z_{if} el número de contratos que compra (posición larga) el agente i. Por otro lado denominemos $F(0,1)$ al precio del futuro (esto es lo que el comprador se compromete a pagar en $t = 1$ a cambio de recibir una acción, que valdrá X_a). Por tanto, una posición larga en el contrato ofrece unos pagos $[X_a - F(0,1)]$ en $t = 1$. Como no existe sistema de márgenes, la compra de un futuro en $t = 0$ no exige desembolso alguno. Por todo ello, ha de estar claro que cada agente i resuelve el siguiente problema de optimización:

$$\underset{z_{ia}, z_{if}}{\text{Max}} \quad E\left(- e^{- \alpha_i W_1}\right)$$

$$\text{s.a. } W_1 = W_0 (1 + r) + z_{ia} [X_a - P_{a0}(1 + r)] + z_{if}[X_a - F(0,1)].$$

Como W_1 está distribuida según la Normal, podemos utilizar el resultado obtenido en el ejercicio 18.9.2 y escribir el problema anterior como:

$$\underset{\{z_{ia}, z_{if}\}}{\text{Max}} \quad E(W_1) - \alpha_i/2 \, \text{Var}(W_1) \,,$$

donde:

$$E(W_1) = W_0 (1 + r) + z_{ia} [\mu_x - P_{a0}(1 + r)] + z_{if}[\mu_x - F(0, 1)]$$

$$\text{Var}(W_1) = (z_{ia} + z_{if})^2 \sigma_x^2 \,.$$

Este problema tiene las siguientes condiciones de primer orden:

$$\mu_x - P_{a0}(1 + r) = \alpha_i(z_{ia} + z_{if})\sigma_x^2$$

$$\mu_x - F(0, 1) = \alpha_i(z_{ia} + z_{if})\sigma_x^2 \,.$$

Tres observaciones inmediatas. Primero, como la parte de la derecha de ambas ecuaciones es idéntica, también lo ha de ser la de la parte izquierda. Por lo tanto, para que exista solución al problema de cartera (condición necesaria) se ha de cumplir que:

$$F(0, 1) = P_{a0}(1 + r) \,.$$ [19.39]

Hemos llegado, por tanto, a la fórmula de valoración de los futuros del modelo *cost of carry* del capítulo 4. Como era de esperar la obtenemos aquí porque, si recordamos el capítulo 17, las condiciones de primer orden del problema de optimización de un agente nos dan la valoración de activos redundantes mediante la condición de ausencia de arbitraje.

La segunda observación es que las condiciones de primer orden nos determinan la demanda conjunta de acciones y futuros, pero no la de cada una de ellas de forma individualizada.

Por último, nótese que una vez conocido P_{a0}, utilizando [19.39] podemos calcular el precio del futuro. Nos queda, por tanto, determinar el precio de la acción utilizando las condiciones de vaciado del mercado de acciones y futuros:

$$z_{1a} + z_{2a} = 2$$
$$z_{1f} + z_{2f} = 0.$$

Sumando la primera condición de primer orden de ambos agentes y usando las condiciones de vaciado anteriores obtenemos:

$$\frac{\mu_x - P_{a0}(1 + r)}{\alpha_1 \sigma_x^2} + \frac{\mu_x - P_{a0}(1 + r)}{\alpha_2 \sigma_x^2} = z_{1a} + z_{2a} = 2.$$

Por tanto, en equilibrio tenemos los siguientes precios:

$$P_{a0} = \frac{1}{1 + r}\left[\mu_x - 2\frac{\alpha_1 \alpha_2}{\alpha_1 + \alpha_2}\sigma_x^2\right]$$

$$F(0,1) = \mu_x - 2\frac{\alpha_1 \alpha_2}{\alpha_1 + \alpha_2}\sigma_x^2.$$

• Cambiemos ahora nuestra economía para introducir necesidades de cobertura por parte de los inversores. Los agentes 1 y 2 son dos agricultores que poseen explotaciones de maíz. La producción de maíz de estos agricultores estará disponible en el periodo $t = 1$ (no tienen maíz en la actualidad) y esta es la única riqueza que poseen. Cada agricultor i sabe que su producción en dicha fecha será de K_i Kg de maíz y que el precio por Kg de maíz será de X_m euros. Podemos formalizar esta situación suponiendo que cada agricultor i tiene unas dotaciones del bien del periodo $t = 1$, e_i, donde: es decir, la riqueza futura de cada agricultor es igual al valor futuro de su producción de maíz. Se sa-

$$e_i = K_i X_m,$$

be que el precio futuro del maíz, X_m, está distribuido según la Normal, con media μ_m y varianza σ_m^2. En esta economía existe un mercado de futuros donde se negocian contratos cuyo activo subyacente es un Kg de maíz. En este mercado no existe un sistema de márgenes. Las funciones de utilidad son idénticas a las de los dos agentes del apartado anterior.

Se pide:
a) El precio de equilibrio del futuro, $F(0, 1)$
b) La posición en futuros de cada agricultor en equilibrio.
c) La riqueza final de cada agricultor en equilibrio.
d) Responder a), b) y c) cuando el agricultor 1 es neutral al riesgo.

En este caso, cada agente i tiene dos fuentes de consumo en $t = 1$: sus dotaciones iniciales y los pagos por transacciones en el mercado de futuros. Teniendo esto en cuenta a la hora de derivar las restricciones presupuestarias, es fácil ver que cada agricultor i resuelve el siguiente problema de optimización:

$$\text{Max} \quad E(-e^{-\alpha_i W_1})$$
$$\{z_{if}\}$$

$$\text{s.a. } W_1 = e_i + z_{if}[X_m - F(0, 1)].$$

Como W_1 está distribuida según la normal, podemos utilizar el resultado obtenido en el ejercicio 18.9.2 y escribir el problema anterior como:

$$\text{Max} \quad E(W_1) - \alpha_{i/2} \text{Var}(W_1),$$
$$\{z_{if}\}$$

donde:

$$E(W_1) = Ee_i + z_{if}[\mu_m - F(0, 1)]$$

$$\text{Var}(W_1) = z_{if}^2 \sigma_m^2 + 2 z_{if} \text{Cov}(e_i, X_m).$$

La condición de primer orden de este problema es

$$\mu_m - F(0,1) = \alpha_i \left[z_{if}\sigma_m^2 + \text{Cov}(e_i, X_m) \right].$$

Por tanto, la demanda óptima de futuros del agente i viene dada por:

$$z_{if} = \frac{\mu_m - F(0, 1)}{\alpha_i \sigma_m^2} - \frac{\text{Cov}(e_i, X_m)}{\sigma_m^2}.$$

Si comparamos esta demanda con cualquiera de las obtenidas antes para activos con riesgo, vemos cómo aparece un nuevo término. Este término depende de la covarianza entre los pagos del contrato de futuro y el valor de las dotaciones del agente. Se trata del componente de cobertura en la demanda de futuros. Si las dotaciones iniciales del agente están positivamente correlacionadas con el futuro, el agente venderá contratos de futuros para cubrirse (es decir, disminuir el riesgo por las fluctuaciones del precio del maíz). Con estas ventas el agricultor se compromete a entregar maíz (sabiendo que podrá entregarlo) a cambio de que se le garantice un precio fijo por toda o parte de la cosecha.

a) Para obtener el precio del futuro necesitamos vaciar el mercado de futuros. En concreto, la condición $z_{1f} + z_{2f} = 0$ se satisface si y sólo si:

$$F(0, 1) = \mu_m - \frac{\alpha_1 \alpha_2}{\alpha_1 + \alpha_2} \; [\text{Cov}(e_1, X_m) + \text{Cov}(e_2, X_m)].$$

b) Sustituyendo el precio de equilibrio en las demandas óptimas obtenemos la demanda en equilibrio de cada agente. Como $\text{Cov}(e_i, X_m) = K_i \sigma_m^2$, obtenemos:

$$z_{1f} = \frac{\alpha_2 K_2 - \alpha_1 K_1}{\alpha_1 + \alpha_2} \qquad z_{2f} = \frac{\alpha_1 K_1 - \alpha_2 K_2}{\alpha_1 + \alpha_2}.$$

Por tanto, cuanto mayor es la producción de un agente (K), más contratos de futuros vende. El caso en que $\alpha_1 = \alpha_2$ es más ilustrativo. Bajo este supuesto el agente que más produce (mayor K) vende contratos y el que menos produce compra contratos.

c) Para calcular la riqueza futura de cada agricultor en equilibrio simplemente tenemos que sustituir las expresiones anteriores de la demanda y precios de equilibrio en la restricción presupuestaria del mismo. Haciendo esto se obtiene:

Para el agente 1:

$$W_{11} = X_m \frac{\alpha_2(K_1 + K_2)}{\alpha_1 + \alpha_2} - z_{1f} F(0, 1).$$

Para el agente 2:

$$W_{21} = X_m \frac{\alpha_1(K_1 + K_2)}{\alpha_1 + \alpha_2} - z_{2f} F(0, 1).$$

d) Si el agente 1 es neutral al riesgo, estará dispuesto a asumir todo el riesgo de la economía sin que se le compense. Es fácil ver que en este caso:

$$F(0, 1) = EX_m$$

$$z_{1f} = K_2$$

$$z_{2f} = -K_2$$

$$W_{11} = X_m(K_1 + K_2) - K_2 F(0, 1)$$

$$W_{21} = K_2 F(0, 1).$$

Como se puede observar, el agente averso al riesgo, 2, vende toda su cosecha futura (K_2) en el mercado de futuros, de forma que deja de soportar riesgo. El uso de un mercado de futuros y la existencia de agentes neutrales al riesgo le permiten asegurarse de forma completa (obsérvese que su riqueza final deja de ser aleatoria). Por otro lado, el agente neutral al riesgo termina con una riqueza final que es igual al valor de toda la producción de maíz en la economía menos lo que paga vía futuros para adquirir la producción del agente 1. Por último, como era de esperar, la prima de riesgo del futuro es igual a cero.

Este ejemplo ilustra claramente el papel que los mercados financieros juegan en la asignación del riesgo entre los distintos agentes. De forma específica hemos visto cómo agentes más tolerantes al riesgo ofrecen seguros a los más aversos. Recomendamos al lector que analice el caso en que sólo un agente tiene riesgo en sus dotaciones iniciales. Por ejemplo, considere el caso en que $K_2 = 0$. En este caso quedará muy claro cómo los agentes *comparten* riesgos a través de la negociación de activos financieros. ■

19.5 El agente representativo y el modelo de valoración de activos financieros con consumo (CCAPM)

(i) La valoración de activos: cuestiones previas

Haciendo uso de las condiciones de primer orden del problema de optimización individual con activos financieros dado por la expresión [19.15] y que se muestran en la ecuación [19.23], pero suponiendo creencias probabilísticas homogéneas y preferencias aditivas temporalmente e independientes entre estados obtenemos que:

$$\frac{\pi_s U_i'(c_{is})}{U_{i0}'(c_{i0})} = \phi_s; \quad i = 1, ..., I; \quad s = 1, ..., S. \tag{19.40}$$

Haciendo uso de la ecuación [19.24], $P_j = \sum_{s=1}^{S} \phi_s X_{js}$, puede escribirse que:

$$P_j = \sum_{s=1}^{S} \pi_s \frac{U_i'(c_{is})}{U_{i0}'(c_{i0})} X_{js} = E\left[\frac{U_i'(c_i)}{U_{i0}'(c_{i0})} X_j\right], \tag{19.41}$$

que nos dice que los precios de los activos financieros, desde la perspectiva de cada individuo optimizador, *son lineales* en los pagos de dichos activos. Es evidente que, en equilibrio, cada precio no puede ser diferente dependiendo del individuo que estemos considerando. Por un lado, sabemos que bajo mercados completos, los precios de los activos Arrow-Debreu son únicos (y positivos), de forma que, por la expresión [19.24] y la ausencia de arbitraje, el precio de cualquier activo financiero es igual al coste de la cartera de activos Arrow-Debreu que replican el activo y, por tanto, es también único para todos los individuos de la economía.

Asimismo, el precio de un bono básico (bono cupón cero) puede escribirse como:

$$b = \sum_{s=1}^{S} \phi_s 1 \Rightarrow 1 + r = \frac{1}{b} = \frac{1}{\sum_{s=1}^{S} \phi_s} \tag{19.42}$$

tal como se discutió en el capítulo 4.

Siguiendo aquella discusión, definimos la probabilidad neutral al riesgo como,

$$\pi_s^* = \frac{\phi_s}{\sum_{s=1}^{S} \phi_s} = (1 + r)\phi_s, \tag{19.43}$$

de forma que,

$$P_j = \sum_{s=1}^{S} \phi_s X_{js} = \sum_{s=1}^{S} b\pi_s^* X_{js} = \frac{1}{1+r} \sum_{s=1}^{S} \pi_s^* X_{js} = \frac{1}{1+r} E^*[X_j]. \tag{19.44}$$

Esta es la valoración neutral al riesgo de los activos financieros, donde la expectativa se toma respecto a la *probabilidad π**. Como se señalaba en el capítulo 4, esta probabilidad se conoce asimismo como la *medida equivalente de martingala*. Recuérdese que:

(i) π^* es una *probabilidad equivalente* a la verdadera probabilidad, π, ya que[11]

$$\pi^* = 0 \ (> 0) \Leftrightarrow \pi_s = 0 \ (> 0).$$

(ii) π^* se denomina *martingala* ya que los precios de los activos descontados son una martingala bajo dicha probabilidad. Para verlo, empleamos un contexto dinámico en el que el precio de cualquier activo j en el momento t es:

$$P_{jt} = \frac{1}{(1 + r)^{\Delta t}} \ E^*[X_{jt + \Delta t}] \qquad [19.45]$$

que puede reescribirse en forma de *precio descontado* a la tasa libre de riesgo como,

$$\frac{P_{jt}}{(1 + r)^t} = E^*\left[\frac{X_{jt + \Delta t}}{(1 + r)^{t + \Delta t}}\right]. \qquad [19.46]$$

Sea $V_t = \dfrac{P_{jt}}{(1 + r)^t}$ el precio del activo j descontado. Entonces, la expresión [19.46] es,

$$V_t = E^*[V_{t + \Delta t}|\mathfrak{I}_t], \qquad [19.47]$$

donde $\mathfrak{I}_t$ es el conjunto de información disponible en t y $E^*[\cdot|\cdot]$ es la expectativa condicionada bajo π^*. Nótese que [19.47] es precisamente la condición que debe satisfacer un proceso $\{V_t\}_{t=0}^T$ para ser una martingala.

(ii) El agente representativo

La expresión anterior de valoración dada por [19.41] aparece en términos de las utilidades marginales de un individuo en particular i. A continuación se presenta un importante teorema conocido como el *teorema del agente representativo* bajo el cual se deriva el CCAPM.

TEOREMA 19.3. *El agente representativo*

Si se cumplen las siguientes condiciones:
  (i) *Todos los agentes tienen creencias probabilísticas homogéneas y funciones de utilidad aditivas temporalmente e independientes entre estados que son estrictamente crecientes, estrictamente cóncavas y diferenciables.*
  (ii) *Los mercados son completos.*[12]

---

[11] Esta propiedad es una implicación directa de las expresiones [19.40] y [19.43].
[12] Este supuesto se podría haber relajado suponiendo que la economía con agentes heterogéneos obtiene asignaciones óptimo paretianas.

Entonces, los precios de los activos Arrow-Debreu resultantes del equilibrio competitivo con agentes heterogéneos $\{\phi_s; s = 1, ..., S\}$ son asimismo los precios de equilibrio de una economía donde sólo existe un único agente (agente representativo) cuyas dotaciones son precisamente los consumos (riqueza) agregados para los distintos periodos y estados de naturaleza:

$$\sum_{i=1}^{I} e_{i0} = C_0; \quad \sum_{i=1}^{I} e_{is} = C_{1s}; \quad s = 1, ..., S.$$

Para verlo, se trata de *construir* las preferencias del agente representativo. Sabemos que, bajo los supuestos de este teorema, donde puede suponerse que se negocia un conjunto completo de activos Arrow-Debreu, *cada individuo* se enfrenta al siguiente problema de maximización:

$$\underset{\{c_{i0}, c_{is} ; i = 1, ..., I\}}{\text{Max}} \pounds_i = U_{i0}(c_{i0}) + \sum_{s=1}^{S} \pi_s U_i(c_{is}) + \eta_i[e_{i0} - c_{i0} + \sum_{s=1}^{S} \phi_s(e_{is} - c_{is})] , \quad [19.48]$$

donde las condiciones de primer orden son

$$U_i'(c_{i0}) = \eta_i \qquad [19.49]$$

$$\pi_s U_i'(c_{is}) = \eta_i \phi_s; \quad s = 1, ..., S. \qquad [19.50]$$

Ahora supongamos que el *agente representativo* tiene las siguientes funciones de utilidad en $t = 0$ y $t = 1$ (independiente de los estados), $U_0(c_0)$ y $U(c_s)$ respectivamente. Estas funciones de utilidad vienen dadas por:

$$U_0(C_0) = \underset{\{c_{i0}; i = 1, ..., I\}}{\text{Max}} \left\{ \sum_{i=1}^{I} \lambda_i U_{i0}(c_{i0}) \text{ sujeto a } \sum_{i=1}^{I} c_{i0} = C_0 \right\}$$

$$[19.51]$$

$$U(C_s) = \underset{\{c_{is}; i = 1, ..., I\}}{\text{Max}} \left\{ \sum_{i=1}^{I} \lambda_i \pi_s U_i(c_{is}) \text{ sujeto a } \sum_{i=1}^{I} c_{is} = C_{1s}; \quad s = 1, ..., S \right\} ,$$

donde λ_i son ponderaciones estrictamente positivas para todo individuo i.

El *agente representativo* entonces se enfrenta al siguiente problema de optimización de su elección de consumo:

$$\underset{\{c_0, c_s; s = 1, ..., S\}}{\text{Max}} U_0(c_0) + \sum_{s=1}^{S} \pi_s U(c_s) \qquad [19.52]$$

sujeto a

$$c_0 + \sum_{s=1}^{I} \phi_s{}^{AR} c_s = C_0 + \sum_{s=1}^{I} \phi_s{}^{AR} C_{1s'} \qquad [19.53]$$

donde ϕ_s^{AR} son los precios de los activos Arrow-Debreu en la economía con un agente representativo.

Sea θ el multiplicador de Lagrange del problema al que se enfrenta el agente representativo. Las condiciones de primer orden del problema anterior son

$$U_0'(c_0) = \theta \qquad\qquad [19.54]$$

$$\pi_s U'(c_s) = \theta \phi_s^{AR}; \quad s = 1, ..., S. \qquad\qquad [19.55]$$

Utilizando [19.51], estas condiciones de primer orden pueden escribirse mediante el denominado *teorema de la envolvente* como:

$$U_0'(c_0) = \sum_{i=1}^{I} \lambda_i U_{i0}'(c_{i0}) \frac{dc_{i0}}{dC_0} \qquad\qquad [19.56]$$

$$\pi_s U'(c_s) = \pi_s \sum_{i=1}^{I} \lambda_i U_i'(c_{is}) \frac{dc_{is}}{dC_s}; \quad s = 1, ..., S. \qquad\qquad [19.57]$$

Haciendo $\lambda_i = \eta_i^{-1}$ y utilizando las condiciones de primer orden [19.49] y [19.50], obtenemos que las expresiones [19.56] y [19.57] puede escribirse como:

$$U_0'(c_0) = \sum_{i=1}^{I} \eta_i^{-1} \eta_i \frac{dc_{i0}}{dC_0} = 1 \qquad\qquad [19.58]$$

$$\pi_s U'(c_s) = \pi_s \sum_{i=1}^{I} \eta_i^{-1} \eta_i \frac{\phi_s}{\pi_s} \frac{dc_{is}}{dC_{1s}} = \phi_s; \quad s = 1, ..., S. \qquad\qquad [19.59]$$

Volviendo a las condiciones de primer orden del problema del agente representativo, [19.54] y [19.55], observamos que cuando los precios de los activos Arrow-Debreu son los mismos en ambas economías, $\phi_s^{AR} = \phi_s$, entonces $\theta = 1$. Esto significa que a dichos precios, resulta óptimo para el agente representativo llevar a cabo una demanda óptima de consumo que coincide con su dotación inicial de consumo agregado. Además, es evidente que a dichos precios el mercado se vacía. Por tanto, las asignaciones y precios $\{C_0, C_s, \phi_s; s = 1, ..., S\}$ representan un equilibrio competitivo en una economía con un agente representativo.

(iii) El modelo de valoración de activos con consumo agregado: el CCAPM
Supongamos que en la economía anterior con un agente representativo se introduce un nuevo activo incierto j con precio igual a P_j y cuyos pagos futuros son X_{js}. Sea z_j la cantidad a invertir en este activo. El agente representativo se enfrenta ahora al siguiente problema de optimización:

$$\underset{\{z_j\}}{\text{Max}} \ U_0(C_0 - z_j P_j) + \sum_{s=1}^{S} \pi_s U(C_{1s} + z_j X_{js}) \qquad [19.60]$$

que, evidentemente, en términos de utilidad esperada puede escribirse como:

$$\underset{\{z_j\}}{\text{Max}} \ U_0(C_0 - z_j P_j) + EU(C_1 + z_j X_j), \qquad [19.61]$$

donde C_1 hace referencia al consumo agregado futuro.

Las condiciones de primer orden son:

$$- P_j U_0'(C_0 - z_j P_j) + E\big[U'(C_1 + z_j X_j)X_j\big] = 0. \qquad [19.62]$$

De acuerdo con los resultados del teorema del agente representativo, las asignaciones óptimas de consumo son precisamente los consumos agregados. Por tanto, en el óptimo debe ser cierto que $z_j = 0$. De esta forma tenemos que,

$$- P_j U_0'(C_0) + E\big[U'(C_1)X_j\big] = 0, \qquad [19.63]$$

por lo que despejando el precio del activo j obtenemos que:

$$P_j = \frac{E\big[U'(C_1)X_j\big]}{U_0'(C_0)}, \qquad [19.64]$$

expresión que debe ser válida para cualquier activo financiero j, $1, ..., N$.

Esta expresión de valoración es muy importante y concluye todo un ciclo de los modelos de valoración presentados en este libro y que comenzaron con la ecuación fundamental de valoración del capítulo 4. Así, nótese que la ecuación [19.40], en una economía con agente representativo resulta en,

$$\frac{\pi_s U'(C_1)}{U_0'(C_0)} = \phi_s; \ s = 1, ..., S. \qquad [19.65]$$

En equilibrio, el precio del activo Arrow-Debreu en el estado s es la probabilidad asignada por el agente representativo a dicho estado multiplicada por la relación marginal de sustitución (cociente de utilidades marginales del consumo agregado) entre el consumo agregado presente y consumo agregado futuro.

Además, usando [19.65]), la expresión [19.64] es una forma alternativa (bajo equilibrio) de escribir la ecuación fundamental de valoración tal como se ha venido representando cuando se hacía el análisis bajo ausencia de arbitraje:

$$P_j = \sum_{s=1}^{S} \phi_s X_{js} = \sum_{s=1}^{S} \pi_s \frac{U'(C_{1s})}{U'(C_0)} X_{js} = \frac{E\big[U'(C_1)X_j\big]}{U_0'(C_0)} \ ; \ j = 1, ..., N.$$

Por último, nótese que la *variable aleatoria agregada M*, que ha jugado un papel fundamental en los modelos de valoración de este libro y que representa el factor de descuento que pondera los pagos generados por cualquier activo *j* según sea el estado de la naturaleza en el que se reciben, tiene asimismo una interpretación muy precisa en condiciones de equilibrio en una economía con agente representativo.

Recuérdese que el modelo de valoración bajo ausencia de arbitraje podía escribirse como:

$$P_j = \sum_{s=1}^{S} \pi_s \frac{\phi_s}{\pi_s} X_{js} = \sum_{s=1}^{S} \pi_s M_s X_{js} = E[MX_j]; \quad j = 1, ..., N,$$

lo que implica que, en equilibrio, *M* es el cociente de utilidades marginales de consumo agregado o la relación marginal de sustitución entre consumo agregado presente y consumo agregado futuro. Por tanto, *en equilibrio, el factor de descuento que pondera los flujos generados por cualquier activo j es dicha relación marginal de sustitución*:

$$M = \frac{U'(C_1)}{U'_0(C_0)}. \qquad [19.66]$$

Naturalmente, *M* es una variable *agregada* al estar asociada a las utilidades marginales del *consumo agregado* y es *aleatoria* al depender de la utilidad marginal del *consumo agregado futuro*.[13]

Es importante señalar asimismo que, en equilibrio, el precio de un bono básico (cupón cero) que paga 1€ independientemente del estado de la naturaleza es:

$$b = E\left[\frac{U'(C_1)}{U'_0(C_0)}\right]. \qquad [19.67]$$

Como $b = 1/(1 + r)$, obtenemos que el tipo de interés libre de riesgo de equilibrio viene dado por la expresión:

$$E[M] = E\left[\frac{U'(C_1)}{U'_0(C_0)}\right] = \frac{1}{(1 + r)}. \qquad [19.68]$$

tal como ocurría, bajo ausencia de arbitraje, en el capítulo 4.

La expresión habitual que da nombre al modelo de valoración de activos con consumo agregado, CCAPM, se obtiene de forma casi inmediata a partir de la ecuación [19.64]. Para ello se dividen ambos lados de dicha ecuación por P_j:

$$\frac{E[U'(C_1)\tilde{R}_j]}{U'_0(C_0)} = 1; \quad j = 1, ..., N, \qquad [19.69]$$

---

[13] Esta presentación formaliza las discusiones parciales hechas en los apartados 18.7 del capítulo 18 y 19.3 en este mismo capítulo.

donde, en esta expresión, $\tilde{R}_j$ es el rendimiento bruto del activo j. Si dicho activo j fuese el activo libre de riesgo, [19.69] sería:

$$\frac{E[U'(C_1)(1 + r)]}{U'_0(C_0)} = 1 \qquad [19.70]$$

restando [19.70] de [19.69] queda,[14]

$$\frac{E[U'(C_1)(R_j - r)]}{U'_0(C_0)} = 0; \ j = 1, ..., N$$

o,

$$E[U'(C_1)(R_j - r)] = 0; \quad j = 1, ..., N. \qquad [19.71]$$

Usando la definición de covarianza, la *prima por riesgo en equilibrio* para cualquier activo incierto j debe ser:

$$E(R_j - r) = -\left\{\frac{1}{E[U'(C_1)]}\right\} \text{cov}[U'(C_1), R_j], \qquad [19.72]$$

que se conoce como el ***modelo de valoración con consumo agregado, CCAPM***. Nótese que $E[U'(C_1)]$ es estrictamente positivo y la utilidad marginal del consumo agregado es decreciente. Así, *este modelo implica que cualquier activo incierto j cuyo rendimiento esté positivamente correlacionado con el consumo (riqueza) agregado debe tener una prima de riesgo positiva. Alternativamente, un activo j tendrá una prima de riesgo positiva cuando la correlación entre el rendimiento del activo y la utilidad marginal del consumo agregado sea negativa.*

En el CCAPM, como incluso en el tradicional CAPM, la intuición que explica el razonamiento anterior es inmediata pero muy importante. En equilibrio, cuando los individuos tienen una utilidad marginal del consumo agregado muy alta (consumo agregado es bajo), valoran mucho cada euro adicional de renta o riqueza recibido. Si, en estos casos, el activo tiende a ofrecer rendimientos bajos (covarianza negativa), los individuos exigen una prima adicional como incentivo adicional para invertir en un activo que les resulta poco atractivo. Este es, precisamente, el razonamiento subyacente a los resultados del ejemplo 19.4.3 de este mismo capítulo. Una unidad de consumo en un estado donde los recursos agregados son abundantes tiene *menos valor* que una unidad de consumo en aquellos estados donde los recursos agregados son bajos.

---

[14] Recuérdese el apartado 18.7 del capítulo anterior.

A modo de resumen:

- $\mathrm{cov}(C_1, X_j) > 0 \Rightarrow P_j$ será pequeño $\Rightarrow$ la valoración que hace el mercado de la empresa j será baja $\Rightarrow E(R_j - r)$ alta;
- $\mathrm{cov}[U'(C_1), X_j] < 0 \Rightarrow P_j$ será pequeño $\Rightarrow$ la valoración que hace el mercado de la empresa j será baja $\Rightarrow E(R_j - r)$ alta.

Los mismos resultados se obtienen empleando el rendimiento, R_j, en lugar del pago en euros, X_j. Evidentemente, los resultados serán los contrarios cambiando los signos de las covarianzas.

El CCAPM también suele escribirse de forma ligeramente alternativa. Se trata de dividir y multiplicar el lado derecho de la expresión [19.72] por $U'_0(C_0)$ y usar [19.68] para obtener:

$$E(R_j - r) = - (1 + r) \frac{\mathrm{cov}[U'(C_1), R_j]}{U'_0(C_0)}. \qquad [19.73]$$

Por último, es posible especializar la expresión del CCAPM. Supongamos que en el mercado se negocia una cartera, m, cuyos pagos futuros, W_{1m}, son idénticos a la riqueza agregada de la economía en el momento $t = 1$. Esta cartera es naturalmente la *cartera de mercado*. En este caso, teniendo en cuenta que el rendimiento de dicha cartera es igual a R_m, podemos escribir [19.72] como:

$$E(R_m - r) = - \left\{ \frac{1}{E[U'(W_{1m})]} \right\} \mathrm{cov}[U'(W_{1m}), (R_m - r)], \qquad [19.74]$$

ya que $\mathrm{cov}[U'(W_{1m}), r] = 0$.

Esta expresión será válida no sólo para la prima de riesgo de la cartera de mercado, sino para cualquier activo individual j. Por tanto, despejando $E[U'(W_{1m})]$, se obtiene que para cada activo incierto j se satisface la siguiente expresión:

$$E(R_j - r) = \frac{\mathrm{cov}[U'(W_{1m}), R_j]}{\mathrm{cov}[U'(W_{1m}), R_m]} E(R_m - r). \qquad [19.75]$$

El término $\dfrac{\mathrm{cov}[U'(W_{1m}), R_j]}{\mathrm{cov}[U'(W_{1m}), R_m]}$ es la medida de *riesgo sistemático* que representa

una *generalización* de la tradicional beta del mercado. Si se impone una función de utilidad cuadrática, dicho término se convierte en la beta, β_{jm}, y el modelo [19.75] resulta en el tradicional CAPM.

(iv) Valoración de activos, reglas de reparto óptimo paretianas y preferencias HARA

Una forma alternativa de asociar los consumos individuales óptimos con el consumo agregado, además del teorema del agente representativo, consiste en suponer que los agentes tienen funciones de utilidad pertenecientes a la familia HARA con tolerancia al riesgo lineal y que existe un activo libre de riesgo. De esta forma, no es necesario, como en el caso del agente representativo, suponer que el mercado sea completo. Los consumos individuales mantienen una relación directa (y lineal) con el consumo agregado a través de las reglas de reparto óptimo paretianas. Se puede demostrar que las *mismas* expresiones de valoración de equilibrio a través de la utilidad marginal del consumo agregado se satisfacen.

En particular, uno de los modelos de valoración más conocidos, y que se discutirá con detalle en el contexto intertemporal del siguiente capítulo, supone que la función de utilidad (del agente representativo) es potencial y, por tanto, isoelástica, con coeficiente de aversión relativa al riesgo constante:

$$U(C_1) = \rho \, \frac{C_1^{1-\gamma} - 1}{1 - \gamma} \, , \qquad \qquad [19.76]$$

donde γ es el coeficiente de aversión relativa al riesgo y ρ el parámetro de *preferencia temporal*, que es simplemente un factor de descuento de las preferencias del momento $t = 1$ al momento $t = 0$.

Si utilizamos la versión [19.69] del CCAPM, y teniendo en cuenta que la utilidad marginal del consumo agregado futuro bajo la utilidad isoelástica es:[15]

$$U'(C_1) = \rho C_1^{-\gamma} \qquad \qquad [19.77]$$

obtenemos el siguiente modelo de valoración:

$$E\left[\rho \left(\frac{C_1}{C_0}\right)^{-\gamma} \widetilde{R}_j \right] = 1; \quad j = 1, ..., N, \qquad \qquad [19.78]$$

siendo, como siempre, $\widetilde{R}_j$ el rendimiento bruto del activo j y donde el factor de descuento M es:

$$M = \rho \left(\frac{C_1}{C_0}\right)^{-\gamma} \qquad \qquad [19.79]$$

por lo que el rendimiento esperado de cualquier activo j sería función de la covarianza entre la tasa de crecimiento del consumo agregado entre $t = 0$ y $t = 1$ y el rendimiento de dicho activo j. En este caso, tendríamos un *coeficiente beta* que asociaría a los rendimientos de los activos con la tasa de crecimiento del consumo agregado.

---

[15] La misma expresión se obtiene para la utilidad marginal del consumo presente, sin necesidad de incorporar el parámetro de preferencia temporal.

19.6 El modelo de valoración de activos con cartera de mercado (CAPM): una demostración formal

Supongamos un individuo que se enfrenta a un problema de selección de cartera y que desea maximizar su utilidad esperada en el contexto de la media-varianza. Sabemos que la maximización de la utilidad esperada definida sobre la riqueza final es consistente con la maximización de la utilidad esperada definida exclusivamente sobre la media y la varianza de la riqueza final, bajo preferencias cuadráticas o suponiendo que la distribución de probabilidad de los rendimientos de los activos es Normal.

(i) Suponiendo Normalidad de los rendimientos
El problema de optimización de cartera, que supone la existencia de un activo seguro, puede escribirse como:

$$\underset{\{\omega_j\}}{\text{Max}}\, E\left[U\left(W_{i0}\sum_{j=1}^{N}\omega_j\tilde{R}_j\right)\right] - \lambda\left(\sum_{j=1}^{N}\omega_j - 1\right), \qquad [19.80]$$

donde W_{i0} es la riqueza inicial del individuo i, λ es el multiplicador de Lagrange asociado a la restricción $\sum_{j=1}^{N}\omega_j = 1$, y $\tilde{R}_j$ es el rendimiento bruto del activo j.

Las condiciones de primer orden son:

$$W_{0i}E[\tilde{R}_j\,U'(W_{i1})] = \lambda;\ j = 1, ..., N, \qquad [19.81]$$

donde W_{i1} es la riqueza final del individuo i,

$$W_{i1} = W_{i0}\sum_{j=1}^{N}\omega_j\,\tilde{R}_j. \qquad [19.82]$$

La misma condición para el activo libre de riesgo es

$$W_{0i}(1 + r)E[U'(W_{i1})] = \lambda. \qquad [19.83]$$

Igualando ambas condiciones se obtiene:

$$(1 + r)E[U'(W_{i1})] = E[\tilde{R}_j\,U'(W_{i1})], \qquad [19.84]$$

de donde, aplicando la definición de covarianza,

$$(1 + r)E[U'(W_{i1})] = E(\tilde{R}_j)E[U'(W_{i1})] + \text{cov}[R_j, U'(W_{i1})],$$

por lo que podemos decir que, para cualquier individuo i, debe satisfacerse la siguiente expresión como valor esperado de cualquier activo incierto j:[16]

$$E(R_j) = r + \left\{ -\frac{1}{E[U'(W_{i1})]} \right\} \text{cov}[R_j, U'(W_{i1})]. \qquad [19.85]$$

Esta ecuación tiene exactamente la misma intuición que se discutió en el caso del CCAPM. Cada individuo asigna a cada activo j una prima de riesgo esperada positiva cuando la covarianza entre sus rendimientos y la utilidad marginal de su riqueza es negativa (o, lo que es lo mismo, cuando la covarianza entre el rendimiento y la riqueza es positiva; esto es, cuando la beta del activo es positiva).[17] Obsérvese que, en dicho caso, la prima de riesgo esperada para el activo j es positiva, algo que, naturalmente, corresponde a un activo incierto.

A continuación se impone el supuesto de *Normalidad en los rendimientos*. Este supuesto nos permite emplear la siguiente propiedad de variables aleatorias Normales:

Sea (x, y) Normal bivariante y sea $g(y)$ una función diferenciable de y. Entonces,

$$\text{cov}[x, g(y)] = E[g'(y)]\text{cov}(x, y). \qquad [19.86]$$

Esta propiedad de las variables aleatorias Normales se emplea en la expresión [19.85], donde el rendimiento hace el papel de x y la utilidad marginal de la riqueza final hace el papel de $g(y)$. Esto es, se supone que los rendimientos y la riqueza final es Normal bivariante:

$$E(R_j) = r + \left\{ -\frac{E[U''(W_{i1})]}{E[U'(W_{i1})]} \right\} \text{cov}(R_j, W_{i1}). \qquad [19.87]$$

Es importante notar que el término en llaves:

$$\theta_i \equiv -\frac{E[U''(W_{i1})]}{E[U'(W_{i1})]} \qquad [19.88]$$

es la aversión absoluta al riesgo (en esperanzas) del individuo i. Así,

$$E(R_j) = r + \theta_i \text{cov}(R_j, W_{i1}), \qquad [19.89]$$

---

[16] En la ecuación se cancelan los 1 del rendimiento bruto del activo j y del activo seguro, igual que al tomar covarianzas.

[17] Nótese que la asociación entre el comportamiento individual y la riqueza agregada puede justificarse formalmente recordando que el modelo se desarrolla en el contexto media-varianza que, a su vez, puede justificarse suponiendo preferencias cuadráticas que forman parte de la familia de funciones de utilidad HARA.

por lo que cada individuo *i* exige una compensación por riesgo (rendimiento por encima del tipo de interés que ofrece el activo seguro) que depende de la *covarianza de los rendimientos con su riqueza y de su aversión absoluta al riesgo*.

Agregando sobre todos los individuos para obtener la demanda agregada:

$$[E(R_j) - r] \sum_{i=1}^{I} \theta_i^{-1} = \text{cov}\left(R_j, \sum_{i=1}^{I} W_{i1} \right).$$ [19.90]

El equilibrio de mercado requiere que el valor futuro de la riqueza demandada sea igual al valor futuro de la riqueza ofertada de forma que se vacíe el mercado:

$$\sum_{i=1}^{I} W_{i1} = W_{m0}\tilde{R}_{m'}$$ [19.91]

donde W_{m0} es la riqueza agregada actual y $\tilde{R}_m$ es el rendimiento bruto de la cartera de mercado (de la riqueza agregada). Por tanto,

$$E(R_j) = r + \left(\sum_{i=1}^{I} \theta_i^{-1} \right)^{-1} \text{cov}(R_j, W_{m0}\tilde{R}_m)$$

o

$$E(R_j) = r + \tilde{\theta}_m \, \text{cov}(R_j, R_m),$$ [19.92]

donde $\tilde{\theta}_m$ es la *aversión relativa al riesgo agregada* (de la economía en su conjunto).

Sumando sobre todos los activos de acuerdo a su proporción ω_{jm} de mercado (según su capitalización) obtenemos que:

$$\sum_{j=1}^{N} \omega_{mj}E(R_j) = r \sum_{j=1}^{N} \omega_{mj} + \tilde{\theta}_m \, \text{cov}\left(\sum_{j=1}^{N} \omega_{mj}R_j, R_m \right),$$

por lo que, por definición de la cartera de mercado,

$$E(R_m) = r + \tilde{\theta}_m \, \text{var}(R_m) \,,$$ [19.93]

de forma que, en este contexto, la *aversión relativa al riesgo agregada* no es más que el *precio del riesgo por unidad de riesgo*:

$$\tilde{\theta}_m = \frac{E(R_m) - r}{\sigma_m^2} \,.$$ [19.94]

Por tanto, *la prima de riesgo esperada de la cartera de mercado depende de la variabilidad de dicha cartera y de la aversión relativa al riesgo existente en la economía.*

Desde el punto de vista de cada activo j puede concluirse que:

$$E(R_j) = r + \left(\frac{E(R_m) - r}{\sigma_m^2} \right) \text{cov}(R_j, R_m) \, , \qquad [19.95]$$

que evidentemente resulta en el tradicional CAPM:

$$E(R_j) = r + \beta_{jm} [E(R_m - r)], \qquad [19.96]$$

donde

$$\beta_{jm} = \frac{\text{cov}(R_j, R_m)}{\sigma_m^2}$$

es el coeficiente beta del activo j o la contribución del activo j al riesgo de la cartera de mercado.

(ii) Suponiendo preferencias cuadráticas para el agente representativo
Utilizando la expresión [19.75],

$$E(R_j - r) = \frac{\text{cov}[U'(W_{m1}), R_j]}{\text{cov}[U'(W_{m1}), R_m]} E(R_m - r)$$

y suponiendo que la función de utilidad del agente representativo es

$$U(W_{m1}) = aW_{m1} - \frac{b}{2} W_{m1}^2; \ a, b > 0 \qquad [19.97]$$

se obtiene una utilidad marginal igual a:

$$U'(W_{m1}) = a - b \, W_{m1},$$

que sustituyéndola en la ecuación [19.75] resulta en

$$E(R_j - r) = \frac{\text{cov}[(a - b \, W_{m1}), R_j]}{\text{cov}[(a - b \, W_{m1}), R_m]} E(R_m - r). \qquad [19.98]$$

Dado que la riqueza agregada al final del periodo es igual a

$$W_{m1} = W_{m0} \tilde{R}_m,$$

la ecuación [19.98] queda

$$E(R_j - r) = \frac{- W_{m0}\, b\, \text{cov}(R_j, R_m)}{- W_{m0}\, b\, \text{cov}(R_m, R_m)}\ E(R_m - r),$$

expresión que es, una vez más, el CAPM.

19.7 Mercados completos y opciones

A lo largo de este capítulo ha quedado patente la relevancia que tienen los mercados completos para la valoración de activos en un contexto de equilibrio. La alternativa es suponer preferencias potencialmente restrictivas en el comportamiento de los inversores. Parece claro que es interesante analizar formas alternativas de completar los mercados que, además, nos permitirá plantear tanto la valoración de opciones en un contexto general como la estimación de los precios de los activos Arrow-Debreu y, en definitiva, de las probabilidades neutrales al riesgo implícitas en los precios de mercado.

Sabemos que un mercado completo permite obtener cualquier patrón deseado de pagos futuros mediante la adecuada combinación de los activos existentes. Esta característica hace, en principio, deseable alcanzar un mercado completo. Sin embargo, es evidente que en la práctica no existen ni pueden existir los mercados completos.

En cualquier caso, la posibilidad de que los individuos tengan una gran flexibilidad y una amplia gama de oportunidades de inversión es deseable desde un punto de vista social. Por ello, cabe preguntarse cómo transformar un mercado financiero para aproximarse en la mayor medida posible a un mercado completo. En otras palabras, ¿qué tipos de activos deben crearse para que los mercados financieros se aproximen al mercado completo?, ¿podemos crear activos que puedan completar los mercados? En este apartado comprobamos que, bajo ciertas condiciones, las opciones pueden desempeñar esta función.

Para verlo supongamos tres estados de la naturaleza y un único activo financiero incierto que tiene un vector de pagos (precios) futuros en euros igual a P_T:

$$P_T = [1\ 2\ 3].$$

Este mercado es incompleto, ya que resulta imposible conseguir un patrón de pagos futuros y, por tanto, una asignación de consumo futura igual, por ejemplo, a $(0, 0, 1)$. Esto es, nuestro mercado financiero no puede replicar el activo Arrow-Debreu que paga una unidad de consumo si y sólo si el tercer estado de la naturaleza ocurre.

Imaginemos que las autoridades monetarias deciden permitir la negociación de dos opciones (europeas) *call* sobre dicho activo financiero incierto con precios de ejercicio $K_1 = 1$ y $K_2 = 2$. Sabemos que el precio o pago de estas opciones de compra al vencimiento se obtiene de la expresión:

$$c_{jT} = \text{Max}(0, P_T - K_j);\ j = 1, 2. \tag{19.99}$$

Luego el vector de pagos de estas opciones al vencimiento será:

$$c_{1T} = [0\ 1\ 2]$$

$$c_{2T} = [0\ 0\ 1].$$

Estos tres activos financieros forman ahora una matriz de pagos, X, cuyo rango es completo por lo que, efectivamente, se ha *completado el mercado*.[18] Tenemos tres activos financieros linealmente independientes y tres estados de la naturaleza:

$$X = \begin{bmatrix} 1 & 2 & 3 \\ 0 & 1 & 2 \\ 0 & 0 & 1 \end{bmatrix}.$$

Antes de seguir, conviene introducir una conocida y útil estrategia de inversión en el mercado de opciones que se denomina *spread mariposa*. Es importante entender que las opciones permiten ajustar el perfil riesgo-rendimiento de las carteras de los inversores a sus expectativas. Las estrategias que pueden construirse a través de apropiadas combinaciones de las opciones disponibles permiten obtener ganancias cuando el mercado es alcista, bajista o cuando presenta una gran volatilidad o permanece, por el contrario, estable. Cualquier limitación en las pérdidas potenciales es posible pero, naturalmente, a costa de limitar las potenciales ganancias.

A continuación, analizaremos una de las estrategias complejas más habituales en la práctica de la gestión e inversión en opciones que se conoce como *spread mariposa* y que tiene consecuencias fundamentales para la valoración de activos financieros en general. El análisis se hace mediante el denominado *diagrama de beneficio*, donde las líneas finas representarán la relación entre el beneficio y el precio del subyacente al vencimiento (en T) para cada activo componente de la cartera. La línea gruesa representa la relación entre el beneficio y el precio del subyacente en T *para la cartera* que hayamos construido. Esta última línea gruesa es el resultado final o estructura de pagos final que obtenemos con la estrategia compleja. En nuestro análisis utilizaremos siempre opciones europeas.

Los *spread mariposa* consisten en tomar posiciones en opciones con tres precios de ejercicio diferentes. Pueden crearse comprando una *call* con precio de ejercicio, K_1 (relativamente bajo), comprando otra *call* con precio de ejercicio K_3 (relativamente alto) y vendiendo 2 *calls* con precio de ejercicio, K_2, intermedio entre K_1 y K_3. Generalmente, además, K_2 está muy próximo al precio al que se está cotizando la acción subyacente. En la figura 19.1 suponemos que $K_2 = (K_1 + K_3)/2$.

---

[18] Naturalmente, no cualquier par de opciones permite completar el mercado; hay que buscar los precios de ejercicio apropiados.

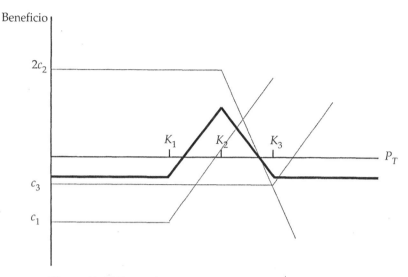

Figura 19.1. El *spread mariposa* con opciones de compra.

Como puede observarse en la figura 19.1, un *spread mariposa* puede obtener beneficios si el precio de la acción permanece cercano a K_2, pero puede dar lugar a una pequeña pérdida si el precio se mueve de forma significativa en cualquier dirección a partir de dicho precio de ejercicio. Este tipo de estrategia es apropiada, por tanto, si el inversor piensa que la volatilidad del precio de la acción subyacente es muy pequeña.

Los pagos vienen dados en el cuadro 19.1:

Cuadro 19.1. Los pagos del *spread mariposa* con opciones de compra.

Precio acción (estado de la naturaleza)	Pago en T de la primera *call* comprada	Pago en T de la segunda *call* comprada	Pago en T de las 2 *calls* vendidas	Pago total del *spread mariposa* en T
$P_T \leq K_1$	0	0	0	0
$K_1 < P_T \leq K_2$	$P_T - K_1$	0	0	$P_T - K_1$
$K_2 < P_T \leq K_3$	$P_T - K_1$	0	$-2(P_T - K_2)$	$K_3 - P_T$
$P_T > K_3$	$P_T - K_1$	$P_T - K_3$	$-2(P_T - K_2)$	0

EJEMPLO 19.7.1

Supongamos que una determinada acción se está vendiendo por 52€ e imaginemos un inversor que piensa que es muy poco probable que el precio de la acción experimente variaciones significativas en el próximo mes. Los precios de las *calls* a un mes que se están negociando en el mercado son los siguientes:

Precio de ejercicio (en euros)	Precio de las *calls* (en euros)
$K_1 = 40$	$c_1 = 12,12$
$K_2 = 50$	$c_2 = 3,05$
$K_3 = 60$	$c_3 = 0,15$

El inversor puede crear un *spread mariposa* comprando la *call* de 12,12€, comprando la *call* de 0,15€ y vendiendo 2 *calls* de 3,05€ con un coste total igual a:

$$12,12 + 0,15 - 2 \times 3,05 = 6,17 \text{ euros.}$$

Los beneficios y pérdidas futuras serán:

Precio acción (estado de la naturaleza)	Pago en *T* de la primera *call* comprada	Pago en *T* de la segunda *call* comprada	Pago en *T* de las 2 *calls* vendidas	Pago total del *spread mariposa* en *T*
$P_T \leq 40$	0	0	0	$-6,17$
$40 < P_T \leq 50$	$P_T - 40$	0	0	$(P_T - 40) - 6,17$
$50 < P_T \leq 60$	$P_T - 40$	0	$-2(P_T - 50)$	$(60 - P_T) - 6,17$
$P_T > 60$	$P_T - 40$	$P_T - 60$	$-2(P_T - 50)$	$-6,17$

Si el precio de la acción dentro de un mes fuera, por ejemplo, 51€, el inversor tendría un beneficio igual a $(60 - 51) - 6,17 = 2,83$ euros por cada *spread mariposa* formado. Tal como se aprecia en la figura 19.1, el beneficio máximo ocurre cuando el subyacente termina al mismo nivel que el precio de ejercicio intermedio.

Los *spread mariposa* también pueden crearse mediante *puts* aunque, en este caso, si trabajamos con opciones europeas, el pago de la mariposa con *calls* o *puts* es el mismo. Además, por la relación de paridad *put-call*, el coste inicial es el mismo en ambos casos.

Aunque hemos utilizado en nuestro análisis el caso de la *mariposa comprada*, dado que estábamos imaginando un inversor cuyas expectativas se centraban en la poca volatilidad del subyacente, debemos señalar que también podríamos formar el *spread mariposa vendida*. Para crear la mariposa vendida tendríamos que mantener las mismas posiciones que hemos descrito, pero donde se decía comprar (vender) deberíamos decir vender (comprar). Esta estrategia produciría un beneficio modesto si se producen movimientos significativos en el precio del subyacente y pérdidas si la volatilidad es muy baja. ∎

Una vez descrito el *spread mariposa*, volvemos al mercado financiero que se ha completado con opciones de compra al principio de este apartado. Si en dicho mercado quisiéramos replicar el activo Arrow-Debreu que paga una unidad de consumo cuando ocurre el estado de la naturaleza uno y nada en caso contrario, compraríamos una unidad del activo incierto, compraríamos una opción *call* con precio de ejercicio alto y venderíamos dos opciones *call* con pre-

cio de ejercicio igual a 1. Estas cantidades las obtenemos, como ya sabemos, resolviendo el siguiente sistema de tres ecuaciones con tres incógnitas:

$$1z_0 + 0z_1 + 0z_2 = 1$$

$$2z_0 + 1z_1 + 0z_2 = 0$$

$$3z_0 + 2z_1 + 1z_2 = 0,$$

donde $z_0 = 1$; $z_1 = -2$; $z_2 = 1$ representan respectivamente el número de títulos del
activo incierto, el número de opciones con precio de ejercicio igual a K_1 y el número de opciones con precio de ejercicio igual a K_2. Nótese que venderíamos 2
opciones con precio de ejercicio igual a K_1.

Si entendemos al activo incierto como una opción *call* con precio de ejercicio
$K_0 = 0$, algo que siempre es posible hacer, la estrategia anterior no es más que un
spread mariposa donde, recuérdese, se tomaban posiciones en opciones con tres
precios de ejercicio diferentes. En este caso, el *spread mariposa* se ha creado comprando una *call* con un precio de ejercicio, K_0, relativamente bajo; comprando
una opción *call* con precio de ejercicio, K_2, relativamente alto; y vendiendo 2 *calls*
con precio de ejercicio, K_1, intermedio entre K_0 y K_2.

Si se tratase de replicar el activo Arrow-Debreu que paga en el estado intermedio, la cartera réplica de activos financieros sería: $z_0 = 0$; $z_1 = 1$; $z_2 = -2$. Finalmente,
si quisiéramos replicar el activo Arrow-Debreu que paga en el tercer estado, deberíamos formar la siguiente cartera: $z_0 = 0$; $z_1 = 0$; $z_2 = 1$. Debe quedar claro que cualquier estructura de pagos imaginable puede replicarse con estos tres activos.

Lo que hemos demostrado con este sencillo ejercicio es que las opciones sobre el único activo incierto han completado el mercado. Si la capacidad que tienen las opciones es tan grande, cabe preguntarse qué impide en la práctica
completar los mercados financieros mediante la creación de opciones.

Por un lado, resulta imposible completar el mercado si el activo subyacente
existente no distingue mediante sus pagos entre los diferentes estados de la naturaleza. Imaginemos que el activo tiene los siguientes pagos al final del periodo:

$$P_T = [2 \quad 3 \quad 3].$$

En este caso es imposible crear opciones que distingan los dos últimos estados. Imaginemos dos opciones con los precios de ejercicio $K_1 = 1$ y $K_2 = 2$. La nueva matriz de pagos sería:

$$X = \begin{bmatrix} 2 & 3 & 3 \\ 1 & 2 & 2 \\ 0 & 1 & 1 \end{bmatrix}.$$

Nótese que las dos últimas columnas de la matriz de pagos no pueden distinguir entre los estados de la naturaleza segundo y tercero. Por ello, cualquier
cartera de estos tres activos pagará lo mismo en ambos estados y no se podrán

replicar activos que presenten diferentes pagos en ellos. Este resultado se mantendría para cualquier precio de ejercicio y el mercado nunca sería completo a pesar de haber introducido opciones.

Tenemos, por tanto, una idea importante que debemos resaltar. La capacidad de las opciones para completar los mercados queda reducida a situaciones en las que el activo o activos originales tienen pagos que distinguen los estados de la naturaleza. Esta es una condición necesaria si se pretende completar los mercados mediante opciones.

Supongamos que el mercado financiero original está compuesto de dos activos inciertos y cuatro estados de la naturaleza:

$$[P_{1T} \, P_{2T}] = \begin{bmatrix} 2 & 2 & 3 & 3 \\ 2 & 3 & 2 & 3 \end{bmatrix}.$$

Obsérvese que esta matriz de pagos (precios futuros) tiene las cuatro columnas diferentes. Por tanto, esta matriz parece cumplir la condición necesaria que nos permitiría completar el mercado creando opciones. En concreto, supongamos que creamos dos opciones *call* europeas para tener cuatro activos y completar el mercado. La primera opción tiene un precio de ejercicio $K_1 = 1$ y está creada sobre el primer activo subyacente, mientras que la segunda opción se crea sobre el segundo activo incierto con $K_2 = 2$. En este caso la matriz de pagos sería:

$$X = \begin{bmatrix} 2 & 2 & 3 & 3 \\ 2 & 3 & 2 & 3 \\ 1 & 1 & 2 & 2 \\ 0 & 1 & 0 & 1 \end{bmatrix}.$$

Sin embargo, este mercado no es completo. Los activos no son linealmente independientes. Por ejemplo, si sumamos los pagos de las columnas primera y cuarta obtenemos un patrón de pagos igual al que obtenemos sumando las columnas segunda y tercera.

Este resultado implica que la condición necesaria no es suficiente. Al menos con opciones sobre activos individuales, puede que no podamos completar el mercado, incluso cuando las columnas de la matriz de pagos de los activos originales son diferentes entre estados.

¿Existe alguna solución? De hecho, la respuesta es afirmativa. La condición necesaria anterior de columnas diferentes (columnas que distinguen entre estados) se vuelve también una condición suficiente cuando podemos crear *opciones sobre carteras de activos individuales inciertos*. Esta posibilidad existe en los mercados financieros reales donde se negocian con enorme éxito opciones sobre índices bursátiles que representan la cartera de mercado.

Se sabe que el pago de una cartera es una combinación convexa (y, por tanto, lineal) de los pagos de los activos que la forman. Sean X_1, X_2, ..., X_N los pagos (precios más cualquier dividendo posible) de los N activos inciertos al final del periodo de inversión T y sean z_1, z_2, ..., z_N unas constantes tales que

$$0 < z_j < 1 \text{ y } \sum_{j=1}^{N} z_j = 1 \, ,$$

de forma que el valor de la cartera en T sería: $\sum_{j=1}^{N} z_j X_j$. Una opción de compra europea sobre dicha cartera con precio de ejercicio K tendría un pago al vencimiento T igual a:

$$\text{Max}\left[0, \left(\sum_{j=1}^{N} z_j X_j - K\right)\right]. \qquad [19.100]$$

Una opción de venta europea sobre la misma cartera tendría un pago en T:

$$\text{Max}\left[0, \left(K - \sum_{j=1}^{N} z_j X_j\right)\right]. \qquad [19.101]$$

Usando los precios del ejemplo anterior como pagos de cada activo en T donde, recuérdese, las columnas son diferentes para los distintos estados:

$$[P_{1T} \ P_{2T}] = \begin{bmatrix} 2 & 2 & 3 & 3 \\ 2 & 3 & 2 & 3 \end{bmatrix}$$

y construyendo una cartera compuesta de dos títulos del activo incierto 1 y un título del activo 2, obtenemos unos pagos $X_c = 2P_{1T} + P_{2T}$:

$$X_c = [6 \ 7 \ 8 \ 9]$$

cartera que, evidentemente, distingue mediante sus pagos los cuatro estados de la naturaleza. Este mercado, ahora original, con un activo —la cartera— y cuatro estados puede completarse creando tres opciones de compra con precios de ejercicio $K_1 = 6$, $K_2 = 7$ y $K_3 = 8$. La matriz final de pagos sería:

$$X = \begin{bmatrix} 6 & 7 & 8 & 9 \\ 0 & 1 & 2 & 3 \\ 0 & 0 & 1 & 2 \\ 0 & 0 & 0 & 1 \end{bmatrix},$$

cuyo rango es completo por lo que hemos completado el mercado.

En definitiva, hemos visto que con opciones creadas sobre carteras se puede completar el mercado, siempre y cuando no existan dos columnas de la matriz de pagos de los activos individuales originales idénticas. Para las opciones sobre activos individuales esto es una condición necesaria pero no suficiente. Para las opciones sobre carteras es una condición necesaria y suficiente.

Formalicemos estas ideas. Supongamos que existe una cartera de activos financieros que paga al final del periodo de inversión X_s, donde $s = 1, ..., S$ son los estados de la naturaleza posibles. Además, suponemos que:

$$X_s > 0$$
$$X_s \neq X_{s'} \text{ para } s \neq s',$$

[19.102]

de forma que los pagos distingan entre los estados de la naturaleza posibles. Esta cartera suele denominarse *cartera indicadora de estados*, donde además sin pérdida de generalidad suponemos que $X_s < X_{s'}$ si $s < s'$.

Consideremos un número de opciones de compra sobre dicha cartera igual a $S - 1$, donde S es el número total de estados. Los precios de ejercicio de estas opciones son: $K_1 = X_1$, $K_2 = X_2$, ..., $K_{S-1} = X_{S-1}$. La matriz de pagos de la cartera y sus opciones es, por tanto,

$$
X = \begin{bmatrix}
X_1 & X_2 & X_3 & \cdots & X_S \\
0 & X_2 - X_1 & X_3 - X_1 & \cdots & X_S - X_1 \\
0 & 0 & X_3 - X_2 & \cdots & X_S - X_2 \\
\cdot & \cdot & \cdot & \cdots & \cdot \\
\cdot & \cdot & \cdot & \cdots & \cdot \\
\cdot & \cdot & \cdot & \cdots & \cdot \\
0 & 0 & 0 & \cdots & X_S - X_{S-1}
\end{bmatrix},
$$

donde la primera fila representa los pagos de la *cartera indicadora de estados* y el resto de las filas son los pagos de las opciones que se crean sobre dicha cartera.

Esta matriz tiene rango completo porque $X_1 \neq 0$, y así la cartera y las $S - 1$ opciones de compra son activos linealmente independientes. El mercado es, por tanto, completo. Exactamente el mismo ejercicio puede hacerse con opciones de venta.

En la práctica la *cartera indicadora de estados* no es más que la cartera de mercado —cartera compuesta de todos los activos financieros inciertos en sus proporciones de mercado— que se aproxima por un índice bursátil que pretende representar el comportamiento agregado de la economía. Cada valor del correspondiente índice es una indicación del nivel o estado de la naturaleza en que se encuentra una economía. Por tanto, son carteras que, por definición, distinguen los distintos estados de la naturaleza posibles. Cuando no exista un precio de ejercicio sobre el que se negocie una opción sobre un índice bursátil, dicho estado de la economía no se considera posible y no resulta necesario tenerlo en cuenta a efectos de completar el mercado.

Esta no es una discusión exclusivamente académica. El éxito que han tenido los derivados sobre índices bursátiles ha sido impresionante. Estos nuevos derivados ofrecen una enorme flexibilidad en cuanto a las posibilidades de pagos (y coberturas) para los inversores. En definitiva, permiten aproximarse al ideal del mercado completo.

19.8 Opciones sobre el consumo agregado, la utilidad de las opciones y los precios de los activos Arrow-Debreu: el *spread mariposa* de Breeden y Litzenberger

Hemos visto desde dos puntos de vista alternativos la importancia de pensar en estados de la naturaleza en términos de los valores que toma la cartera de mercado o alguna representación de la riqueza agregada de la economía. En el capítulo 4 vimos que inversores diversificados sólo tendrán en cuenta aquellos estados en los que la economía se encuentre en niveles diferentes, logrando una reducción efectiva del número de estados a considerar. Aquí hemos discutido la idea de que el mercado sea completo en relación a los estados en que la economía presenta (a través de un índice bursátil o de la *cartera indicadora de estados*) niveles de riqueza distintos.

A continuación, observaremos que los precios de los activos Arrow-Debreu tienen una estructura especial cuando los mercados son completos en relación con los estados para los que la riqueza agregada es diferente (únicos estados relevantes).[19] Esta estructura especial nos permite valorar cualquier activo financiero en la línea de lo sugerido en el capítulo 4 sin necesidad de conocer el conjunto completo de precios de los activos Arrow-Debreu. En concreto, formalizaremos el ejemplo 4.3.5 del capítulo 4.[20]

También es importante recordar que nos encontramos en un contexto estático de un único periodo por lo que podemos hablar indistintamente de riqueza agregada o de consumo agregado. Se supone que al final de dicho periodo la riqueza agregada simplemente se consume. De hecho, este epígrafe lo plantearemos en términos del consumo agregado.

$$P_j = \sum_{s=1}^{S} \phi_s X_{js} \, .$$

Sabemos que cualquier activo financiero puede valorarse según la ecuación:
Sea S_K el subconjunto del total de estados S tal que $S_K = \{s: C_s = K\}$. En pala-

---

[19] Recuérdese asimismo las reglas de reparto óptimo paretianas que conllevan consecuencias similares sobre la importancia del consumo agregado de cara a las asignaciones de consumo individual.

[20] Por supuesto, el contexto del capítulo 4, y en general de la valoración de opciones, se basa en la ausencia de arbitraje. La ventaja de este capítulo es que podemos interpretar los precios de los activos Arrow-Debreu en términos de las relaciones marginales de sustitución del consumo agregado entre los diferentes estados y de las probabilidades de los mismos. Así, las ecuaciones que se presentan a continuación pueden fácilmente interpretarse en un contexto de equilibrio.

bras, S_K es el subconjunto de estados de la naturaleza para los cuales el consumo agregado, C_s, tendrá un nivel K determinado. Asimismo, ϕ_K es el precio en $t = 0$ de un activo sobre el consumo agregado que paga una unidad del consumo en $t = 1$ si $C = K$ y nada en caso contrario. No es más que el precio del activo Arrow-Debreu que paga si y sólo si $C = K$. Por último, π_K es la probabilidad de que $C = K$ en $t = 1$.

A continuación desarrollamos la ecuación fundamental de valoración haciendo uso de la variable agregada M y suponiendo que los únicos estados relevantes son aquellos para los cuales el nivel del consumo agregado es diferente. En otras palabras, desarrollamos la ecuación fundamental de valoración *suponiendo que el mercado es completo en relación al conjunto de estados para los que el consumo*

$$P_j = \sum_{s=1}^{S} \phi_s X_{js} = \sum_K \sum_{s \in S_K} \phi_s X_{js} = \sum_K \sum_{s \in S_K} \pi_s M_s X_{js} = \sum_K M_k \sum_{s \in S_K} \pi_s X_{js}$$

$$= \sum_K \frac{\phi_s}{\pi_K} \sum_{s \in S_K} \pi_s X_{js} = \sum_K \phi_k \sum_{s \in S_K} \frac{\pi_s}{\pi_K} X_{js} = \sum_K \phi_K E[X_j | C = K],$$

agregado es diferente:

$$\sum_{s \in S_K} \frac{\pi_s}{\pi_K} X_{js} = \sum_{s \in S_K} \frac{\pi_s}{\sum_{s \in S_K} \pi_s} X_{js} = \sum_{s \in S_K} \text{Prob } (s|C = K) X_{js}.$$

donde la última igualdad utiliza la definición de expectativa condicional:

$$P_j = \sum_K \phi_K E[X_j | C = K]. \qquad [19.103]$$

En definitiva, el precio de cualquier activo financiero puede escribirse como:
Es decir, puede calcularse utilizando el pago esperado condicionado al consumo agregado en cada estado y usando el precio de los activos Arrow-Debreu sobre dicho consumo agregado. Es clave que hemos simplificado el problema al considerar sólo aquellos estados en los que el consumo agregado es diferente.[21]

Si aceptamos que los agentes valoran los activos financieros en términos de los estados para consumos agregados diferentes, la estimación de los precios de los activos Arrow-Debreu que necesitamos para valorar activos queda evidentemente simplificada. A continuación, calcularemos el precio de dichos activos sobre el consumo agregado a través de opciones de compra (o venta) sobre el consumo agregado. Nótese que en nuestro ejemplo del capítulo 4 ya lo hicimos suponiendo que el consumo agregado se representaba mediante un índice bursátil.

---

[21] Una vez más, la posibilidad de pensar sólo en estados donde el consumo agregado es diferente puede formalizarse al imponer reglas de reparto óptimo paretianas y preferencias HARA.

Para verlo, supongamos que el consumo agregado en $t = 1$ puede tomar los valores 1, 2, 3, ..., Y. Además, existen tres opciones de compra europeas con precios de ejercicio $K = 0$, $K = 1$ y $K = 2$. Nótese que la primera opción es equivalente al propio subyacente que, en este caso, es el consumo agregado. La matriz de pagos sería,

	$X(K = 0)$	$X(K = 1)$	$X(K = 2)$
$C = 1$	1	0	0
$C = 2$	2	1	0
$C = 3$	3	2	1
$C = 4$	4	3	2
.	.	.	.
.	.	.	.
.	.	.	.
$C = Y$	Y	$Y - 1$	$Y - 2$

Si aumentamos el precio de ejercicio de una *call* desde K a $K + 1$, el vector de pagos experimenta dos cambios:

(i)   Los pagos en el conjunto de estados en los que $C = K + 1$ se hacen igual a cero. Por ejemplo, sea $K = 0$; para $C = K + 1 = 0 + 1 = 1$, ¿cuál es el pago al pasar K de 0 a 1 cuando $C = 1$? Podemos comprobar en la matriz de pagos anterior que $X(K = 1) = 0$. De la misma forma, sea $K = 1$ y $C = 2$, ¿cuál es el pago al pasar K de 1 a 2 cuando $C = 2$? Podemos comprobar en la matriz de pagos anterior que $X(K = 2) = 0$. Si seguimos comprobando veríamos cómo en todos los casos el pago correspondiente sería cero.

(ii) Los pagos en el conjunto de estados en los que $C \geq K + 2$ se reducen en 1; esto es, se reducen en el cambio de K. Por ejemplo, sea $K = 0$ y $C = K + 2 = 2$, ¿cuál es el pago al pasar K de 0 a 1 cuando $C = 2$? Se observa en la matriz de pagos que $X(K = 1) = 1$ cuando antes era $X(K = 0) = 2$; esto es, disminuye en 1. De manera equivalente, sea $K = 1$ y $C = K + 2 = 3$, ¿cuál es el pago al pasar K de 1 a 2 cuando $C = 3$? Se observa en la matriz de pagos que $X(K = 2) = 1$ cuando antes era $X(K = 1) = 2$ y, por tanto, disminuye en 1.

Una consecuencia importante del patrón de pagos que observamos es que para todos los estados en los que $C \geq 1$ tendremos que la diferencia $[X(K = 0) - X(K = 1)] = 1$ y para todos los estados en los que $C \geq 2$, la diferencia $[X(K = 1) - X(K = 2)] = 1$. Es decir,

$$[X(K=0) - X(K=1)] = \begin{bmatrix} 1 \\ 1 \\ 1 \\ \cdot \\ \cdot \\ \cdot \\ 1 \end{bmatrix} \quad \text{y} \quad [X(K=1) - X(K=2)] = \begin{bmatrix} 0 \\ 1 \\ 1 \\ \cdot \\ \cdot \\ \cdot \\ 1 \end{bmatrix}.$$

De esta forma podemos construir un activo Arrow-Debreu sobre el consumo agregado que paga una unidad de consumo si y sólo si $C = 1$ a través de la siguiente cartera de opciones:

$$[X(K=0) - X(K=1)] - [X(K=1) - X(K=2)] = \begin{bmatrix} 1 \\ 1 \\ 1 \\ \cdot \\ \cdot \\ \cdot \\ 1 \end{bmatrix} - \begin{bmatrix} 0 \\ 1 \\ 1 \\ \cdot \\ \cdot \\ \cdot \\ 1 \end{bmatrix} = \begin{bmatrix} 1 \\ 0 \\ 0 \\ \cdot \\ \cdot \\ \cdot \\ 0 \end{bmatrix}.$$

Nótese que la cartera se compone de la compra de una opción *call* con precio de ejercicio bajo, compra de una *call* con precio de ejercicio alto y venta de dos opciones *call* con precio de ejercicio intermedio. Una vez más, tenemos un *spread mariposa*. Lo fundamental es que *mediante un spread mariposa con opciones call sobre el consumo agregado somos capaces de replicar activos tan básicos como los activos Arrow-Debreu*. Naturalmente, este ejercicio se puede hacer para cualquier nivel de consumo agregado y para cualquier activo Arrow-Debreu.

En general, Breeden y Litzenberger (1978), en uno de los artículos más influyentes en la Economía Financiera de las últimas décadas, mostraron que la cartera que ofrece una unidad de consumo agregado si y sólo si el consumo en $t = 1$ es igual a K, consiste en comprar una opción de compra con precio de ejercicio $K - 1$ (bajo), comprar otra opción de compra con precio de ejercicio $K + 1$ (alto) y vender dos opciones de compra con precio de ejercicio K (intermedio).

Por ejemplo, supongamos que $Y = 3$ y se negocian tres opciones de compra sobre el consumo agregado con precios de ejercicio $K = 0$, $K = 1$ y $K = 2$. La correspondiente matriz de pagos es

	$X(K=0)$	$X(K=1)$	$X(K=2)$
$C = 1$	1	0	0
$C = 2$	2	1	0
$C = 3$	3	2	1

Sabemos que mediante la correspondiente *spread mariposa* podemos replicar los activos Arrow-Debreu y, en particular, el activo que paga si y sólo si $C = 3$. En este caso es inmediato, ya que consistiría en comprar una opción de compra con precio de ejercicio $K = 2$. Esto es equivalente al siguiente *spread mariposa* que refleja la idea general de Breeden y Litzenberger, tal como se describe en el párrafo anterior:

$$[X(K=2) - X(K=3)] - [X(K=3) - X(K=4)] = \begin{bmatrix} 0 \\ 0 \\ 1 \end{bmatrix} - \begin{bmatrix} 0 \\ 0 \\ 0 \end{bmatrix} = \begin{bmatrix} 0 \\ 0 \\ 1 \end{bmatrix}.$$

Dado el conjunto de precios de las opciones de compra que se negocian en el mercado con $K = 0$, $K = 1$ y $K = 2$, y que suponemos que son: $c(K = 0) = 1{,}85$; $c(K = 1) = 0{,}9$ y $c(K = 2) = 0{,}1$, podemos obtener los precios de los tres activos Arrow-Debreu correspondientes a los tres posibles niveles del consumo agregado. Dadas las carteras provenientes de los *spread mariposa* para $C = 3$, $C = 2$ y $C = 1$ y que replican los pagos de los activos Arrow-Debreu debe ser cierto que, para evitar las posibilidades de arbitraje, se satisfaga:

$$\phi_3 = [c(K=2) - c(K=3)] - [c(K=3) - c(K=4)] = [0{,}1 - 0] - [0 - 0] = 0{,}1$$

$$\phi_2 = [c(K=1) - c(K=2)] - [c(K=2) - c(K=3)] = [0{,}9 - 0{,}1] - [0{,}1 - 0] = 0{,}7$$

$$\phi_1 = [c(K=0) - c(K=1)] - [c(K=1) - c(K=2)] = [1{,}85 - 0{,}9] - [0{,}9 - 0{,}1] = 0{,}15$$

$$1 + r = \frac{1}{\sum\limits_{s=1}^{3} \phi_s} = \frac{1}{0{,}95} = 1{,}0526.$$

La relación entre los activos Arrow-Debreu y los pagos del *spread mariposa* puede apreciarse gráficamente. Imaginemos que se negocian opciones sobre un índice bursátil que puede tomar los valores 1, 2, 3, ..., 11. Observamos en la figura 19.2 que podemos construir un *spread mariposa* que paga una unidad si y sólo si el índice bursátil toma un valor igual a 6. Consistiría en comprar una opción *call* sobre el índice bursátil con $K = 5$, comprar otra *call* con $K = 7$ y vender dos *calls* con $K = 6$.

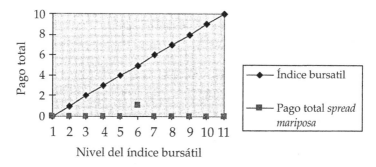

Figura 19.2. *Spread mariposa* y activos Arrow-Debreu.

Generalicemos estos sencillos casos para encontrar una expresión formal de los precios de los activos Arrow-Debreu a través de los precios de las opciones sobre el consumo agregado. Las implicaciones prácticas de este ejercicio están marcando las actuales técnicas de valoración de los activos derivados, como la generalización de los árboles binomiales de Rubinstein (1994). Una vez más, el lector no debería entender la siguiente discusión como un mero ejercicio conceptual.

Si la distancia entre los posibles valores que puede tomar el consumo agregado es δ (nótese que en nuestro ejemplo era 1) y siendo K un posible valor del consumo agregado, tendremos que:

$$[X(K) - X(K + \delta)] = \begin{bmatrix} 0 \\ \cdot \\ \cdot \\ 0 \\ \delta \\ \cdot \\ \cdot \\ \delta \end{bmatrix},$$

donde los ceros se corresponden con los casos para los que $C \leq K$ y los δ se corresponden con los casos en los que $C \geq K + \delta$.

La cartera de opciones *calls* que paga una unidad de consumo si $C = K$ y cero en caso contrario sería el siguiente *spread mariposa*:

$$\frac{1}{\delta} [(X(K - \delta) - X(K)) - (X(K) - X(K + \delta))],$$

donde se compran opciones *call* con precios de ejercicio $(K - \delta)$ y $(K + \delta)$ y se venden *calls* con precio de ejercicio igual a K, y donde $1/\delta$ será el número de opciones de cada tipo que debe contener la cartera. Esta cantidad se justifica al notar que estamos, en principio, replicando mediante el *spread mariposa* un activo que paga δ en un determinado estado y nada en caso contrario. Como queremos replicar un activo Arrow-Debreu que paga 1 cuando $C = K$, debemos mantener $1/\delta$ opciones de cada tipo para lograr el pago de una unidad de consumo en lugar de δ unidades de consumo.

Para evitar la posibilidad de arbitraje, el precio del activo Arrow-Debreu que paga 1 unidad de consumo si y sólo si $C = K$ debe ser el mismo que el coste de la cartera:

$$\phi_K = \frac{1}{\delta} [(c(K - \delta) - c(K)) - (c(K) - c(K + \delta))]. \qquad [19.104]$$

Usando la expresión de valoración condicionada en los niveles del consumo agregado dada por [19.103] tenemos que:

$$P_j = \sum_K \phi_K E[X_j \mid C = K] = \sum_K \left\{ \frac{(c(K - \delta) - c(K))}{\delta} - \frac{(c(K) - c(K + \delta))}{\delta} \right\} E[X_j \mid C = K].$$
$$[19.105]$$

Supongamos, además, que el consumo agregado tiene una distribución continua y el precio de la opción es dos veces diferenciable respecto a su precio de ejercicio. Así,

$$\lim_{\delta \to 0} \frac{\phi_K}{\delta} = \frac{\phi_K}{dK} = \lim_{\delta \to 0} \frac{\dfrac{\big(c(K - \delta) - c(K)\big)}{\delta} - \dfrac{\big(c(K) - c(K + \delta)\big)}{\delta}}{\delta} = \frac{\partial^2 c(K)}{\partial K^2}. \qquad [19.106]$$

Así, en el límite, los precios de los activos Arrow-Debreu están relacionados con la segunda derivada del precio de la opción de compra sobre dicho consumo agregado en relación a su precio de ejercicio. En definitiva, la idea es que la disponibilidad de los precios de opciones sobre el consumo agregado (en la práctica con opciones sobre índices bursátiles) nos permite aproximar los precios de los activos Arrow-Debreu y, por consiguiente, valorar de forma consistente cualquier activo financiero bajo ausencia de arbitraje. Esta es la idea fundamental que subyacía en el ejemplo 4.3.5.

Bajo estas condiciones,

$$\lim_{\delta \to 0} P_j = \lim_{\delta \to 0} \sum_K \frac{\phi_K}{\delta} E[X_j \mid C = K]\delta$$

$$[19.107]$$

$$\Rightarrow P_j = \int_0^\infty \frac{\partial^2 c(K)}{\partial K^2} E[X_j \mid C = K]dk.$$

Una aclaración técnica, pero importante. Hemos visto que:

$$\lim_{\delta \to 0} \frac{\phi_K}{\delta} = \frac{\phi_K}{dK} = \frac{\partial^2 c(K)}{\partial K^2}. \qquad [19.108]$$

Para que exista la segunda derivada, el precio del activo Arrow-Debreu que paga una unidad si ocurre un estado en el que el consumo agregado toma un valor concreto K entre los *infinitos posibles* valores de consumo debe ser igual a cero. Esto es compatible con el supuesto de la distribución continua para el consumo agregado ya que, en este caso, la probabilidad de un punto concreto —que se produzca un determinado nivel de consumo agregado— es cero. Por tanto, el precio del activo que garantiza una unidad si ocurre única y exclusivamente algo que tiene probabilidad cero debe ser igual a cero.

En definitiva, debemos entender ϕ_K/dK como la *densidad de precios de los activos Arrow-Debreu* o también llamada *densidad de precios estado* sobre el consumo agregado.

Referencias

Breeden, D. y R. Litzenberger (1978). "State Contingent Prices Implicit in Option Prices", *Journal of Business*, 51, págs. 621-651.

Campbell, J., Lo, A. y C. MacKinlay (1997). *The Econometrics of Financial Markets*, Princeton University Press, cap. 12.

Constantinides, G. (1989). "Theory of Valuation: Overview and Recent Develpoments" en *Frontiers of Modern Financial Theory*, eds. S. Bhattacharya y G. Constantinides, *Studies in Financial Economics*, Rowman & Littlefield.

Cox, J. y M. Rubinstein (1985). Options Markets, Prentice-Hall, cap. 8.

Huang, C. y R. Litzenberger (1988). *Foundations for Financial Economics*, North Holland, caps. 1, 4 y 5.

Ingersoll, J. (1987). *Theory of Financial Decision Making: Studies in Financial Economics*, Rowman & Littlefield, cap. 8.

Rubinstein, M. (1974). "An Aggregation Theorem for Securities Markets, *Journal of Financial Economics*, 1, págs. 225-244.

Rubinstein, M. (1994). *Implied Binomial Trees, Journal of Finance*, 49, págs. 771-818.

Strong, N. y M. Walker (1987). *Information and Capital Markets*, Blackwell, caps. 1 y 2.

SÉPTIMA PARTE:
LA VALORACIÓN
INTERTEMPORAL DE ACTIVOS

20. LA VALORACIÓN INTERTEMPORAL: EQUILIBRIO

20.1 Introducción

La mayor parte de este libro sobre valoración de activos se ha basado en un horizonte temporal de inversión de un único periodo. En este capítulo se cambia la perspectiva para analizar la situación más realista de un horizonte intertemporal de inversión. Así, se presentan los modelos dinámicos de formación de precios en contextos de equilibrio, donde la posibilidad que tienen los agentes de modificar sus carteras es fundamental, ya que los *mercados se abren múltiples veces* a lo largo del horizonte intertemporal de inversión.

En los capítulos precedentes se ha analizado una economía de un solo periodo donde existe un conjunto completo de activos Arrow-Debreu y donde los agentes intercambian dichos activos antes de conocer el estado de la naturaleza futuro (intercambian en $t = 0$). Una vez conocido el estado de la naturaleza (en $t = 1$), los individuos consumen la cantidad asignada a cada uno de ellos en el contexto de optimización y vaciado de mercado descrito. Sabemos que la asignación de consumo resultante es óptimo paretiana.

A continuación, considérese una economía donde se negocian activos financieros que, como antes, se intercambian antes de la revelación del estado de la naturaleza. Sin embargo, la economía tiene múltiples periodos y los individuos tienen acceso a los mercados al contado cada vez que se produce la apertura de los mismos. Esto implica que la economía se caracteriza por tener una *secuencia de mercados* en donde se pueden comprar unidades del bien de consumo usando los pagos contingentes a los estados que provienen de la inversión precedente en los activos financieros. Si el conjunto de activos es completo, en el sentido de que *los pagos de los activos generan el espacio de estados de la naturaleza*, entonces las asignaciones de equilibrio resultantes en esta economía son óptimo paretianas.

Es fundamental notar que en economías dinámicas o intertemporales, donde existe una secuencia de mercados, se puede remplazar el extenso conjunto de activos que se necesitaba en la economía estática por un *conjunto de activos más pequeño* compuesto por activos generadores del espacio de estados. Las asignaciones de equilibrio resultantes en estas economías dinámicas son asimismo óptimo paretianas. Así, tenemos lo que en el capítulo 4 se denominó el *tercer teorema fundamental de la economía financiera*: "Bajo ciertas condiciones de continuidad, la capacidad que tienen los inversores para *revisar* la composición de sus carteras a lo largo del tiempo puede sustituir o jugar el papel de los activos no existentes y completar el mercado".

Supongamos la siguiente economía con dos periodos y tres fechas $t = 0$, $t = 1$ y $t = 2$. En las dos primeras fechas se abre el mercado y los agentes pueden determinar sus carteras óptimas. En cada fecha, existen dos posibles estados de la naturaleza, de forma que la economía puede representarse por el siguiente árbol binomial:

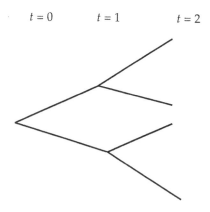

Supongamos una economía en la que el mercado no se abre en $t = 1$, de forma que los agentes no puedan revisar la composición de sus carteras una vez conocido el estado de la naturaleza que ocurre en $t = 1$. El mercado sería completo, siempre que se pudiera negociar un conjunto completo de activos Arrow-Debreu (o un número de activos financieros linealmente independientes igual al número de estados). Ahora bien, en la economía descrita en el árbol anterior se necesitan 6 activos Arrow-Debreu para completar el mercado: 2 en la primera fecha y 4 más ya que existen 4 formas alternativas de llegar a los nodos finales del árbol.

Supongamos, sin embargo, que en dicha economía existe una secuencia de mercados, es decir, el mercado se abre tanto en $t = 0$ como en $t = 1$. Nótese que *en cada fecha* donde se produce la apertura de la negociación, el mercado sería completo con sólo dos activos, ya que existen únicamente dos estados de la naturaleza. Esto implica que se necesitan exclusivamente 2 activos en lugar de los 6 que necesitaba la economía estática. Se produce, en definitiva, un considerable ahorro de activos y, en este caso, decimos que el mercado es *dinámicamente completo*.

Por supuesto, subyacente al modelo dinámico se encuentra la condición de ausencia de arbitraje. Si tales oportunidades existiesen no sería posible obtener precios de equilibrio al demandar los agentes cantidades ilimitadas de aquellos activos que coticen por debajo de su precio de no arbitraje. Por tanto, los supuestos de mercados dinámicamente completos y la imposibilidad de construir estrategias de arbitraje, posibilitan un proceso de determinación de precios similar al analizado a lo largo de los capítulos anteriores.

20.2 El contexto intertemporal, la ausencia de arbitraje y los mercados dinámicamente completos[1]

Consideramos una economía de intercambio puro en la que existe un único bien de consumo perecedero en cada periodo. Dicha economía se caracteriza por tener múltiples periodos o, alternativamente, por $T + 1$ fechas de negociación o aperturas del mercado, $t = 0, 1, 2, ..., T$. Una cualquiera de las posibles formas de llegar a los nodos finales en la fecha T, se denomina estado de la naturaleza $s = 1, ..., S$. Al conjunto completo de estados se le conoce como Ω. Nótese que a diferencia de lo que ocurría en la economía estática, el verdadero estado de la naturaleza en las economías dinámicas se revela parcialmente a lo largo del tiempo y completamente en la fecha final T. Resulta muy conveniente representar este tipo de economías mediante un árbol que se denomina *estructura informativa* del mercado financiero. Supongamos un caso con 3 fechas y 5 estados de la naturaleza:

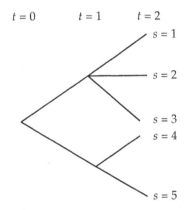

En la fecha $t = 0$, la única información disponible es que el verdadero estado de la naturaleza pertenece a uno de los cinco posibles estados $\{s_1, s_2, s_3, s_4, s_5\}$. Al ir revelándose parcialmente la información, los agentes *aprenden* en $t = 1$ que el verdadero estado es uno de los que están en $\{s_1, s_2, s_3\}$ o uno de los que aparecen en $\{s_4, s_5\}$. Naturalmente, en $t = 2$, el verdadero estado se revela.

En este tipo de estructuras informativas se denomina *suceso* a un subconjunto de Ω. En el árbol anterior, $\{s_1, s_2, s_3\}$ es un suceso ya que nos dice que uno de estos tres estados es el verdadero. En $t = 1$, nos encontramos con dos *sucesos disjuntos*, los cuales ocurren cuando su intersección está vacía. Así, la estructura informativa permite aprender a los agentes al revelarse gradualmente la información. Si existen dos sucesos disjuntos, sabemos que el verdadero estado se encuentra necesariamente en uno de los dos sucesos como en el caso del ejemplo.

---

[1] Este apartado sigue de cerca partes de los capítulos 7 y 8 de Huang y Litzenberger (1988).

Una *partición* de Ω es una colección de sucesos disjuntos tal que la unión de los mismos es igual a Ω y las intersecciones de cada dos sucesos cualesquiera están vacías. Se dice que una partición A es *más precisa* que otra B, si cualquier suceso de la partición B es una unión de sucesos de la partición A.

En la estructura informativa representada por el árbol anterior, el suceso Ω forma una partición en $t = 0$. Los sucesos $\{s_1, s_2, s_3\}$ y $\{s_4, s_5\}$ forman una partición en $t = 1$ más precisa que la anterior. Finalmente, en $t = 2$, los cinco estados individualmente forman una partición, siendo naturalmente esta última más precisa que la inmediatamente anterior. Nótese que las estructuras informativas a través de los árboles son muy útiles para describir las economías intertemporales, ya que la revelación de la información representada por un árbol se puede describir por una familia de particiones del conjunto de estados Ω que pueden identificarse según el tiempo o las fechas de negociación y donde, además, con el paso del tiempo dichas particiones son cada vez más precisas.

Denominamos como $\Im = \{\Im_t; t = 0, 1, \ldots, T\}$ a la estructura informativa *común* a todos los individuos, la cual se considera que forma parte parte de las dotaciones iniciales. Así, $\Im$ es una familia de particiones Ω tal que $\Im_\tau$ es *más precisa* que $\Im_t$ si $\tau > t$. Evidentemente, $\Im_0 = \{\Omega\}$, mientras que $\Im_T$ es la partición generada por todos los estados de la naturaleza individuales. Así, los agentes saben en $t = 0$ que el verdadero estado está en Ω y que lo conocerán en T. $\Im_t$ se conoce técnicamente como *filtración*, siendo *cada uno de los elementos* de la filtración $\Im_t$ un determinado suceso que se asocia con cada nodo del árbol y que denominaremos ξ_t. En otras palabras, $\Im_t$ representa simplemente el conjunto de información disponible en la fecha t. Cada nodo del árbol o suceso ξ_t es un elemento de la filtración $\Im_t$ de forma que $\xi_t \in \Im_t$. En el árbol anterior, $\xi_1 = \{s_1, s_2, s_3\}$ y $\xi_1' = \{s_4, s_5\}$ son dos sucesos o nodos que pertenecen a la filtración $\Im_1$.

En las economías intertemporales se pueden definir los correspondientes activos Arrow-Debreu de forma similar a como se ha hecho a lo largo del libro. Así, *un activo Arrow-Debreu en suceso-tiempo es un activo que paga una unidad de consumo en la fecha $\tau \geq 1$ y suceso o nodo $\xi_\tau \in \Im_\tau$ y nada en caso contrario*. Simplemente se trata de definir los habituales activos Arrow-Debreu para múltiples fechas futuras, teniendo en cuenta que en dichas fechas existen múltiples sucesos que forman parte de los estados de la naturaleza y que, además, al ser la economía dinámica es imprescindible situarnos en un determinado suceso que nos permita reconocer lo aprendido sobre el verdadero estado de la naturaleza con el paso del tiempo. Tendremos, en definitiva, precios de activos Arrow-Debreu *condicionados*. Por tanto, $\phi_{\xi_\tau}(\xi_t)$, es el precio de un activo Arrow-Debreu condicionado a estar hoy en el suceso o nodo ξ_t y fecha t y que paga una unidad en el suceso o nodo ξ_τ y fecha τ y nada en caso contrario.

Tal como se señalaba en el primer apartado de este capítulo, los individuos tienen la posibilidad de lograr asignaciones óptimo paretianas cuando se les permite realizar negociaciones después del momento inicial $t = 0$, de manera que puedan recomponer sus carteras a lo largo del tiempo. Esto es posible, en principio, sin tener un conjunto completo de activos Arrow-Debreu en suceso-tiempo o, alternativamente, sin que el número de activos financieros linealmente independientes sea el suficiente.

Obsérvese que en una economía estática o en una economía con múltiples periodos en los que no se permitiese la negociación a lo largo del tiempo, el número de activos linealmente independientes necesarios para completar el mercado sería igual a $\sum_{t=1}^{T} \#\{\mathfrak{I}_t\}$ donde $\#\{\mathfrak{I}_t\}$ es el número de sucesos disjuntos en $\mathfrak{I}_t$. Así, en el árbol anterior, se necesitarían 7 activos linealmente independientes, que corresponden al número de nodos del árbol o de la estructura informativa (sin contar el nodo en $t = 0$). Sin embargo, en una economía intertemporal con una secuencia de mercados, el mercado puede completarse mediante una estrategia dinámica en activos financieros si en cada nodo del árbol que representa la estructura informativa, el mercado es completo respecto a los siguientes nodos. De hecho, en el árbol del ejemplo, demostraremos que 3 activos linealmente independientes son suficientes para completar el mercado de forma dinámica siempre que sus precios no admitan oportunidades de arbitraje. Nótese que, en general, para completar el mercado el número de activos no debe ser menor que el máximo número de ramas que salen de cada nodo en la estructura informativa. Naturalmente, en el árbol anterior el máximo número de ramas desde un nodo cualquiera es precisamente igual a 3.

EJEMPLO 20.2.1 (C. F. Huang y R. Litzenberger)

Supongamos el siguiente mercado financiero representado por la estructura informativa similar a la que aparecía en el árbol anterior, con tres activos financieros, donde en cada nodo aparecen los precios y en las ramas se indican ya las probabilidades que estimaremos como parte del ejercicio:

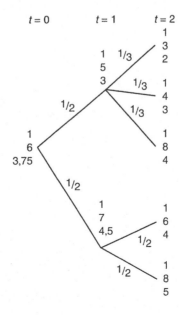

En una economía sin posibilidad de negociación a lo largo del tiempo se necesitarían 7 activos Arrow-Debreu para completar el mercado al existir 7 nodos sin contar el nodo en $t = 0$. Supongamos una economía dinámica con secuencia de mercados donde se negocian 3 activos financieros cuyos precios vienen dados en los correspondientes nodos y donde ya sabemos que existen 5 estados de la naturaleza $\{s_1, s_2, s_3, s_4, s_5\}$. Visto desde $t = 0$, el primer activo es un bono libre de riesgo que paga 1€ independientemente de la fecha y estado de la naturaleza. Nótese que el tipo de interés libre de riesgo en esta economía es igual a 0. *Se trata de comprobar que el mercado es dinámicamente completo.*

(i) En primer lugar, se comprueba que los precios de los activos existentes no admiten oportunidades de arbitraje. Para ello, de acuerdo con el primer teorema de la economía financiera, debe demostrarse la existencia de las probabilidades neutrales al riesgo o medida equivalente de martingala. Al ser el tipo de interés igual a cero, los precios de los activos Arrow-Debreu en suceso-tiempo coinciden con las probabilidades neutrales al riesgo. Así, según la ecuación fundamental de valoración debe satisfacerse el siguiente sistema *si nos situamos en el primer nodo de la rama superior del árbol:*

$$\pi_1^* + \pi_2^* + \pi_3^* = 1$$

$$3\pi_1^* + 4\pi_2^* + 8\pi_3^* = 5$$

$$2\pi_1^* + 3\pi_2^* + 4\pi_3^* = 3.$$

Las soluciones que se obtienen representan las probabilidades neutrales al riesgo *condicionadas* a estar en la fecha $t = 1$ en el suceso $\{s_1, s_2, s_3\}$. Dichas probabilidades son $\{\pi_1^* = 1/3; \pi_2^* = 1/3, \pi_3^* = 1/3\}$. De hecho, no sólo existen, sino que además son únicas.

Si repetimos el cálculo, situándonos en $t = 1$ y segundo suceso o nodo $\{s_4, s_5\}$, obtenemos las correspondientes probabilidades neutrales al riesgo *condicionadas* a estar en la fecha $t = 1$ y suceso $\{s_4, s_5\}$:[2]

$$6\pi_1^* + 8\pi_2^* = 7$$

$$4\pi_1^* + 5\pi_2^* = 4,5.$$

Dichas probabilidades son $\{\pi_1^* = 1/2; \pi_2^* = 1/2\}$ que, además, permiten valorar el bono libre de riesgo correctamente. Una vez más, no sólo existen sino que son únicas.

Desde $t = 0$, se obtiene:

$$5\pi_1^* + 7\pi_2^* = 6$$

$$3\pi_1^* + 4,5\pi_2^* = 3,75,$$

por lo que las probabilidades neutrales al riesgo en la fecha $t = 0$ son $\{\pi_1^* = 1/2; \pi_2^* = 1/2\}$ que, como antes, permiten valorar el bono libre de riesgo correctamente. De nuevo son únicas.

Así, las probabilidades neutrales al riesgo incondicionales (implícitas en las condicionadas) son

$$[\pi_1^* = 1/6; \pi_2^* = 1/6; \pi_3^* = 1/6; \pi_4^* = 1/4; \pi_5^* = 1/4].$$

Sabemos, por tanto, que el sistema de precios de dicho mercado financiero no admite oportunidades de arbitraje.[3]

---

[2] Para simplificar la notación, no se distingue en la forma de denominar a las probabilidades neutrales al riesgo una vez que indicamos sobre qué suceso y fecha en particular estamos condicionando.

[3] Si el precio del segundo activo en $t = 1$ y rama superior fuese, por ejemplo, igual a 3 en lugar de ser igual 5, el sistema de precios admitiría la posibilidad de arbitraje. Nótese que los pagos en $t = 2$ y en los 3 estados son mayores o iguales que 3. De esta forma, el activo 2 domina al activo libre de riesgo. Se vendería al descubierto el activo libre de riesgo y se compraría el activo 2. Podríamos obtener una cantidad estrictamente positiva en $t = 1$ y no tener compromisos de pagos en $t = 2$.

(ii) Además, como dichas probabilidades neutrales al riesgo son únicas (los precios de los activos Arrow-Debreu en suceso-tiempo son únicos), sabemos por el segundo teorema fundamental de la economía financiera que el mercado es (dinámicamente) completo. Para asegurarnos, se demuestra que somos capaces de replicar cualquier activo Arrow-Debreu en suceso-tiempo mediante una cartera dinámica (explotando la oportunidad que ofrece el mercado al abrirse en cada fecha a lo largo del tiempo) compuesta por los tres activos financieros existentes. En particular, se demuestra que puede replicarse el activo Arrow-Debreu en suceso-tiempo que paga una unidad de consumo en $t = 2$ si y sólo si el verdadero estado de la naturaleza es s_1.

Para ello, empecemos suponiendo que en $t = 1$ *aprendemos* que el verdadero estado es uno de los tres siguientes: $\{s_1, s_2, s_3\}$. De esta forma, en $t = 1$ estaremos situados en el nodo superior del árbol. Sea z_0 la cantidad de títulos del activo libre de riesgo, y z_j para $j = 1, 2$ los títulos de ambos activos inciertos. Para replicar al activo Arrow-Debreu que paga si y sólo si el estado s_1 se cumple, debe ocurrir que la cartera de los tres activos financieros pague 1 unidad en el primer estado y nada en caso contrario:

$$z_0 + 3z_1 + 2z_2 = 1$$

$$z_0 + 4z_1 + 3z_2 = 0$$

$$z_0 + 8z_1 + 4z_2 = 0.$$

La única solución de este sistema viene dada por $z_0 = 8/3$; $z_1 = 1/3$; $z_2 = -4/3$.

Imaginemos, por el contrario, que estamos situados en el nodo inferior y, por tanto, que el verdadero estado está en el suceso $\{s_4, s_5\}$. Como el activo que estamos replicando es aquel que paga si y sólo si ocurre el primer estado de naturaleza que forma parte del del otro suceso, no construiremos cartera alguna y el pago será igual a cero en s_4 o s_5.

A continuación, debemos retroceder hasta $t = 0$. En $t = 1$ sabemos que debemos formar una cartera compuesta como $z_0 = 8/3$; $z_1 = 1/3$; $z_2 = -4/3$. Por tanto, para tener fondos suficientes que nos permitan seguir dicha estrategia, necesitaremos $\frac{1}{3} = \left(\frac{8}{3} \times 1 + \frac{1}{3} \times 5 - \frac{4}{3} \times 3 \right)$ unidades en el nodo superior y nada en el inferior. Así, la cuestión es conocer la cartera que debemos formar en $t = 0$ para obtener en $t = 1$ un pago igual a 1/3 en el nodo superior y nada en el inferior. Esto es, se debe solucionar el siguiente sistema:

$$z_0 + 5z_1 + 3z_2 = 1/3$$

$$z_0 + 7z_1 + 4,5z_2 = 0.$$

Una de las posibles soluciones es $z_0 = 7/6$; $z_1 = -1/6$; $z_2 = 0$. Esta cartera, construida en $t = 0$, permite tener los recursos necesarios para poder formar en $t = 1$ la cartera que replique el activo Arrow-Debreu que paga en $t = 2$ en el primer estado. Por tanto, es la cartera réplica del activo Arrow-Debreu que paga en el primer estado. El coste de dicha cartera réplica debe ser igual al precio del activo Arrow-Debreu que paga en el primer estado o, en caso contrario, sería posible realizar un arbitraje:

$$\phi_1 = \frac{7}{6} - 6 \times \frac{1}{6} = \frac{1}{6}$$

que, al ser el tipo de interés libre de riesgo igual a cero, coincide con la probabilidad neutral al riesgo incondicional del primer estado que hemos obtenido anteriormente.

A modo de conclusión, hemos replicado el activo Arrow-Debreu deseado. Podríamos haber replicado cualquiera de ellos y, por tanto, el mercado es dinámicamente completo. Lo importante es que se ha completado este mercado de 5 estados con sólo 3 activos financieros. La explicación se basa en que por cada nodo del árbol, los precios de los tres activos financieros en los nodos siguientes forman una matriz cuyo rango es igual al número de nodos siguientes. El mercado es completo para cada una de las subeconomías de un único periodo que componen la economía dinámica. La disponibilidad de una secuencia de mercados es una herramienta muy útil para la valoración intertemporal de los activos financieros y justifica, en gran medida, los modelos que se discuten a continuación. ∎

20.3* El modelo intertemporal de valoración de activos con consumo agregado

La presentación del modelo intertemporal básico con consumo agregado se puede hacer en el contexto de los precios de los activos Arrow-Debreu o probabilidades neutrales al riesgo o, alternativamente, a través de un enfoque más tradicional basado en la programación dinámica. Veamos cada uno de ellos.

(i) Ausencia de arbitraje, mercados (dinámicamente) completos y el agente representativo

Partiendo de la ecuación fundamental de valoración en un marco estático,

$$P_j = \sum_{s=1}^{S} \phi_s X_{js} \, ,$$

es inmediato comprobar que, bajo ausencia de oportunidades de arbitraje y en el contexto intertemporal, el precio de cualquier activo financiero j en la fecha actual t y suceso ξ_t perteneciente a la partición $\Im_t$ viene dado por:

$$P_{jt}(\xi_t) = \sum_{\tau=t+1}^{T} \sum_{\substack{\xi_\tau \in \Im_\tau \\ \xi_\tau \subseteq \xi_t}} \phi_{\xi_\tau}(\xi_t) X_{j\xi_\tau} , \qquad [20.1]$$

donde $\phi_{\xi_\tau}(\xi_t)$ es el precio de un activo Arrow-Debreu en la fecha t y suceso ξ_t (hoy) que paga una unidad de consumo en la fecha futura τ y suceso ξ_τ:

$$\phi_{\xi_\tau}(\xi_t) = \begin{cases} 0 & \text{si } t \geq \tau \\ 0 & \text{si } t < \tau \text{ para } \xi_\tau \not\subset \xi_t \\ \phi_{\xi_\tau}(\xi_t) & \text{si } t < \tau \text{ para } \xi_\tau \subseteq \xi_t . \end{cases}$$

Además, $X_{j\xi_\tau}$ es el pago del activo incierto j en el suceso ξ_τ de la fecha futura τ. Nótese que dicho pago se compone tanto del posible dividendo que paga j, $D_{j\xi_\tau}$, como del precio futuro del propio activo j, $P_{j\xi_\tau}$.[4]

Como en el capítulo 19, se supone una economía con mercados (ahora dinámicamente) completos donde los individuos tienen creencias probabilísticas homogéneas y funciones de utilidad temporalmente aditivas e independientes entre los

---

[4] Al estar analizando economías de más de un periodo conviene distinguir entre el componente dividendo y el componente precio.

estados, además de monótonamente crecientes y estrictamente cóncavas. Sabemos que, bajo esta caracterización del mercado, podemos justificar una economía con un agente representativo dotado con el consumo agregado.

El problema de maximización intertemporal al que se enfrenta el agente representativo consiste en maximizar su *utilidad esperada intertemporal*:

$$\underset{\{C_{\xi_\tau}\}}{\text{Max}}\, U(C_{\xi_t}) + \sum_{\tau = t + 1}^{T} \sum_{\substack{\xi_\tau \in \Im_\tau \\ \xi_\tau \subseteq \xi_t}} \pi_{\xi_\tau}(\xi_t) U(C_{\xi_\tau}) \qquad [20.2]$$

sujeto a,

$$e_{\xi_t} + \underbrace{\sum_{\tau = t + 1}^{T} \sum_{\substack{\xi_\tau \in \Im_\tau \\ \xi_\tau \subseteq \xi_t}} \phi_{\xi_\tau}(\xi_t) e_{\xi_\tau}}_{W_{\xi_t}} = C_{\xi_t} + \sum_{\tau = t + 1}^{T} \sum_{\substack{\xi_\tau \in \Im_\tau \\ \xi_\tau \subseteq \xi_t}} \phi_{\xi_\tau}(\xi_t) C_{\xi_\tau}, \qquad [20.3]$$

donde $\pi_{\xi_\tau}(\xi_t)$ es la probabilidad condicionada, dado el conjunto de información disponible que nos dice que el verdadero estado está en el suceso ξ_t, asignada por el agente representativo al suceso ξ_τ en la fecha τ. Usando la regla de Bayes, dicha probabilidad condicionada satisface:

$$\pi_{\xi_\tau}(\xi_t) = \begin{cases} 0 & \text{si } \xi_\tau \not\subset \xi_t \\[2mm] \dfrac{\pi_{\xi_\tau}}{\pi_{\xi_t}} & \text{si } \xi_\tau \subseteq \xi_t. \end{cases}$$

Además, $C(\cdot)$ representa al consumo agregado y $e_{\xi_{(\cdot)}}$ indica la dotación inicial de consumo agregado en un determinado suceso o nodo, por lo que W_{ξ_t} representa la riqueza agregada disponible en el suceso ξ_t.

Las condiciones de primer orden del problema intertemporal [20.2] escritas de forma compacta son

$$\frac{\pi_{\xi_\tau}(\xi_t) U'(C_{\xi_\tau})}{U'(C_{\xi_t})} = \phi_{\xi_\tau}(\xi_t) \qquad [20.4]$$

que, evidentemente, es similar a la expresión [19.62] del capítulo anterior.

Sustituyendo [20.4] en la expresión general de valoración [20.1] se obtiene,

$$P_{jt}(\xi_t) = \sum_{\tau = t + 1}^{T} \sum_{\substack{\xi_\tau \in \Im_\tau \\ \xi_\tau \subseteq \xi_t}} \frac{\pi_{\xi_\tau}(\xi_t) U'(C_{\xi_\tau})}{U'(C_{\xi_t})} X_{j\xi_\tau}. \qquad [20.5]$$

Sumando sobre los sucesos posibles en la fecha siguiente y usando la definición de $P_{jt+1}(\xi_{t+1})$, de forma que se distingue entre el pago por dividendos y el pago proveniente del precio futuro, la expresión [20.5] puede escribirse de forma que se evite el sumatorio sobre fechas futuras:

$$P_{jt}(\xi_t) = \sum_{\substack{\xi_{t+1} \in \Im_{t+1} \\ \xi_{t+1} \subseteq \xi_t}} \frac{\pi_{\xi_{t+1}}(\xi_t)U'(C_{\xi_{t+1}})}{U'(C_{\xi_t})} [D_{j\xi_{t+1}} + P_{jt+1}(\xi_{t+1})]. \qquad [20.6]$$

Al tener sólo un sumatorio sobre sucesos y sus respectivas probabilidades, se puede usar el operador de la expectativa condicional, de forma que [20.6] resulta:

$$P_{jt} = E\left[\sum_{\tau=t+1}^{T} \frac{U'(C_\tau)}{U'(C_t)} (D_{j\tau} + P_{j\tau}) \,|\, \Im_t \right]. \qquad [20.7]$$

Utilizando la definición de P_{jt+1} la expresión de valoración queda:

$$P_{jt} = E\left[\frac{U'(C_{t+1})}{U'(C_t)} (D_{jt+1} + P_{jt+1}) \,|\, \Im_t \right] \qquad [20.8]$$

que resulta muy útil escribirla como:

$$U'(C_t)P_{jt} = E\left[U'(C_{t+1})(D_{jt+1} + P_{jt+1}) \,|\, \Im_t \right]. \qquad [20.9]$$

Esta es una expresión muy importante. Se conoce como la *condición de optimalidad* o *condición de Euler* de un problema de optimización dinámica del proceso consumo-inversión de un agente representativo. Como en el caso estático, la expresión [20.9] sugiere que un activo financiero que paga mucho (tiene altos dividendos y precio elevado) cuando el consumo agregado C_{t+1} es bajo (cuando la utilidad marginal de dicho consumo es alta) se valorará de forma especialmente positiva por el mercado en el momento actual. Esta intuición, que es la misma que comparten los modelos de valoración estáticos de los capítulos precedentes, sugiere que la ecuación [20.9] es una forma alternativa de escribir la ecuación fundamental de valoración de la que surgen los modelos diferentes de valoración.

Conviene, en cualquier caso, insistir sobre las implicaciones que tiene dicha expresión, ya que facilita la interpretación de los modelos intertemporales. Nótese que representa la igualdad de dos términos que sugieren el siguiente razonamiento:

- el lado izquierdo de [20.9] indica el coste en términos de consumo perdido al comprar una unidad adicional del activo financiero;
- el lado derecho nos da el beneficio que se deriva del consumo esperado en el futuro gracias al precio (y en su caso al dividendo) de dicho activo financiero.

Es, en otras palabras, una medida actualizada de la ganancia marginal esperada de la utilidad derivada del consumo que se obtiene al disponer de una unidad adicional del activo financiero.

La igualdad de ambos términos implica que, en el óptimo, el agente representativo se muestra indiferente entre consumir el último euro o ahorrarlo.

Evidentemente, la ecuación de Euler dada por la expresión [20.9] puede escribirse en términos de rendimientos dividiendo ambos lados de la misma por el precio actual del activo *j* y recordando que el rendimiento (bruto) de dicho activo *j* es

$$\tilde{R}_{jt+1} = \frac{D_{jt+1} + P_{jt+1}}{P_{jt}} . \qquad [20.10]$$

Por tanto,

$$E\left[\frac{U'(C_{t+1})}{U'(C_t)}\tilde{R}_{jt+1} \,\middle|\, \Im_t\right] = 1; \; j = 1, ..., N, \qquad [20.11]$$

que no es más que la *versión intertemporal* de la expresión general de valoración (en equilibrio) que se ha venido utilizando a lo largo de todo el libro. Es una condición necesaria de óptimo en el problema de elección entre consumo e inversión (ahorro) en cada periodo *t*, así como una condición sobre la distribución de la riqueza entre los activos en el mismo periodo *t*. En términos de elección de cartera, el sistema [20.11] implica que la demanda de activos en equilibrio debe ser tal que el precio de cada uno de ellos iguale el valor esperado de ese activo en el periodo siguiente, evaluado al precio relativo de una unidad marginal de consumo de ese periodo en términos del consumo en el periodo presente. Así, *los rendimientos esperados de todos los activos adecuadamente descontados y ponderados por la relación marginal de sustitución entre consumos de distintos periodos deben ser iguales en equilibrio*. En caso contrario, el individuo encontraría ventajoso variar la composición de su cartera incrementando la demanda de los activos que ofrecen una rentabilidad descontada (ponderada) superior en perjuicio de aquellos cuyo rendimiento descontado es inferior. El valor esperado ponderado de los rendimientos de todos los activos es el mismo, siendo las ponderaciones las relaciones marginales de sustitución, de forma que aquellos rendimientos que se perciben en periodos de utilidad marginal baja reciben poco peso, mientras los obtenidos en periodos de alta utilidad marginal tienen un peso importante.

Además, la expresión [20.11] también debe ser cierta para el activo libre de riesgo con tasa de rendimiento (localmente) cierto igual a r_{t+1}:

$$E\left[\frac{U'(C_{t+1})}{U'(C_t)}(1 + r_{t+1}) \,\middle|\, \Im_t\right] = 1. \qquad [20.12]$$

Como [20.11] puede escribirse como:

$$E\left[\frac{U'(C_{t+1})}{U'(C_t)}\tilde{R}_{jt+1} - 1\Big|\Im_t\right] = 0; \; j = 1, \ldots, N$$

obtenemos que,

$$E\left[U'(C_{t+1})(R_{jt+1} - r_{t+1})|\Im_t\right] = 0; \; j = 1, \ldots, N. \qquad [20.13]$$

Tal como se hizo en el capítulo 20, utilizando la definición de covarianza se obtiene la versión intertemporal (condicional) del CCAPM más general:

$$E(R_{jt+1} - r_{t+1}|\Im_t) = -(1 + r_{t+1})\text{cov}_t\left[\frac{U'(C_{t+1})}{U'(C_t)}, R_{jt+1}\right] \qquad [20.14]$$

y que tiene la interpretación habitual.

Una versión muy popular del CCAPM en el contexto intertemporal sugiere que la prima esperada de cualquier activo incierto se relaciona de forma lineal y positiva con la beta del activo j con respecto al consumo agregado. Una forma de verlo consiste en suponer una función de utilidad cuadrática de la forma:

$$U(C_t) = \rho^t\left(aC_t - \frac{b}{2}C_t^2\right), \qquad [20.15]$$

donde ρ es la tasa de preferencia temporal que está implícita en las funciones de utilidad y que, como en el capítulo 19, se hace explícita en la ecuación [20.15].

Su utilidad marginal es

$$U'(C_t) = \rho^t(a - bC_t). \qquad [20.16]$$

Por tanto, [20.14] bajo preferencias cuadráticas, puede escribirse como:

$$E(R_{jt+1} - r_{t+1}|\Im_t) = -(1 + r_{t+1})\text{cov}_t\left[\frac{\rho^{t+1}(a - bC_{t+1})}{\rho^t(a - bC_t)}, R_{jt+1}\right] =$$

$$= -(1 + r_{t+1})\rho\,\text{cov}_t\left[\frac{a - bC_{t+1}}{a - bC_t}, R_{jt+1}\right] =$$

$$= \frac{(1 + r_{t+1})\rho b}{a - bC_t}\,\text{cov}_t(C_{t+1}, R_{jt+1}). \qquad [20.17]$$

Sea R_C el rendimiento de un activo o cartera perfectamente correlacionado con el consumo agregado de forma que:

$$\text{cov}_t(R_{Ct+1}, C_{t+1}) = \text{var}_t(R_{Ct+1}). \qquad [20.18]$$

Como la ecuación [20.17] también se satisface para este activo o cartera perfectamente correlacionado con el consumo agregado,

$$E(R_{Ct+1} - r_{t+1}|\mathfrak{I}_t) = \frac{(1 + r_{t+1})\rho b}{a - bC_t} \ \text{cov}_t(C_{t+1}, R_{Ct+1}) =$$

$$= \frac{(1 + r_{t+1})\rho b}{a - bC_t} \ \text{var}_t(R_{Ct+1}). \qquad [20.19]$$

Las expresiones [20.17] y [20.19] implican, finalmente, que

$$E(R_{jt+1} - r_{t+1}|\mathfrak{I}_t) = \underbrace{\frac{\text{cov}_t(R_{jt+1}, C_{t+1})}{\text{var}_t(R_{Ct+1})}}_{\beta_{jC}} \ E(R_{Ct+1} - r_{t+1}|\mathfrak{I}_t). \qquad [20.20]$$

Por tanto, de acuerdo con el CCAPM intertemporal, las betas de cada activo incierto j con respecto al consumo agregado deben explicar los rendimientos esperados de los activos. El consumo agregado como fuente fundamental de riesgo sistemático aparece de manera natural en un marco de equilibrio intertemporal con agente representativo. La prima por riesgo esperada de cualquier activo es positiva cuando el rendimiento del activo está positivamente correlacionado con el consumo agregado.

(ii) La programación dinámica

Bajo esta perspectiva, que naturalmente obtiene exactamente las mismas conclusiones que el epígrafe anterior, el agente representativo maximiza su función de utilidad esperada intertemporal consumiendo en el momento actual y escogiendo la cartera óptima de activos para cada momento de tiempo futuro. Sea $\omega_{j\tau}$ el porcentaje de los fondos destinados a inversión que el agente representativo asigna en cada periodo τ al activo j, donde $j = 1, 2, ..., N$. Bajo una función de utilidad con separabilidad aditiva, el problema de optimización intertemporal es:

$$\underset{\{C, \, \omega_{j\tau}; \, j = 1, ..., N\}}{\text{Max}} E\left[\sum_{\tau = t}^{T} U(C_\tau, \mathfrak{I}_\tau)|\mathfrak{I}_t \right] \qquad [20.21]$$

sujeto a,

$$W_{t+1} = (W_t - C_t) \sum_{j=1}^{N} \omega_{jmt}\widetilde{R}_{jt+1}, \qquad\qquad [20.22]$$

donde $\widetilde{R}_{jt+1}$ es el rendimiento bruto de cada activo j, y $\displaystyle\sum_{j=1}^{N} \omega_{jmt}\widetilde{R}_{jt+1} = \widetilde{R}_{mt+1}$ que es, como sabemos, el rendimiento (bruto) de la cartera de mercado.

La técnica que permite resolver este problema se denomina programación dinámica. El lector interesado puede consultar el capítulo 11 de Ingersoll (1987). En este proceso resulta útil definir *la función indirecta de utilidad*, $J(W_t, \Im_t)$, y que representa la solución al problema [20.21] sujeto a la restricción [20.22]. De esta forma,[5]

$$J(W_t, \Im_t) = \text{Max}\ \{U(C_t, \Im_t) + E[J(W_{t+1}, \Im_{t+1})|\Im_t]\}, \qquad\qquad [20.23]$$

donde es importante notar que la función indirecta de utilidad se escribe en términos de la riqueza agregada y de la información disponible a lo largo del tiempo, de manera que se recojan los posibles efectos procedentes tanto de los cambios en el conjunto de oportunidades de inversión como en el conjunto de información.

La condición de optimalidad de la decisión consumo-ahorro suele escribirse como:

$$J_W(W_t, \Im_t) = U_C(C_t, \Im_t), \qquad\qquad [20.24]$$

donde $J_W(\cdot)$ y $U_C(\cdot)$ son las primeras derivadas de la función indirecta de utilidad con respecto a la riqueza agregada y de la función de utilidad con respecto al consumo agregado, respectivamente. Esta expresión se conoce como la *condición de la envolvente* que puede interpretarse igual que la ecuación [20.9] y, por tanto, en equilibrio, el agente se mostrará *indiferente entre consumir y ahorrar* el último euro recibido.

Hemos visto cómo en un contexto de múltiples periodos, este tipo de modelos implican que todo lo que se necesita para valorar activos es la covarianza entre su rendimiento y el *consumo agregado*. Este resultado es una consecuencia de que el *consumo agregado* está perfecta y negativamente correlacionado con la utilidad marginal de un euro adicional de riqueza invertida según la condición de optimalidad [20.24]. Por tanto, es siempre cierto que cuando el valor de un euro adicional de riqueza en un estado es elevado, el consumo será bajo en ese mismo estado.

Esta propiedad no es verdad, sin embargo, para la riqueza agregada. Esto es, la *riqueza agregada* no está (necesariamente) perfecta y negativamente correlacionada con la utilidad marginal de un euro adicional de riqueza invertida. En particular, no lo estará cuando las oportunidades de inversión futuras son inciertas. Esto implica que, en el contexto intertemporal, *no se puede utilizar la riqueza agregada en lugar del consumo agregado* y obtener relaciones de valoración en términos de la cartera

---

[5] La técnica de la programación dinámica se basa en la utilización del denominado principio de Bellman.

de mercado y de una sola beta, tal como ocurría en el modelo estático. Para verlo, nótese que existen estados en los que la riqueza agregada es alta y, al mismo tiempo, la utilidad marginal de un euro adicional de riqueza es también elevada debido a que existen excelentes oportunidades de inversión en dicho estado. De forma similar, nos podemos encontrar estados con riqueza agregada baja y con utilidad marginal de la riqueza también pequeña dadas las pobres oportunidades de inversión existentes. Formalmente, dadas unas preferencias, la riqueza no es un estadístico suficiente para la utilidad marginal de un euro. El consumo (bajo el supuesto de aditividad temporal e independencia) sí lo es. Como veremos más adelante, este resultado tiene importantísimas consecuencias para la valoración de activos. Cuando en el modelo de valoración se emplea la riqueza agregada en el marco intertemporal como fuente de riesgo sistemático, aparecen necesariamente *múltiples betas* y no una sola beta como en el caso de utilizar consumo agregado. Las demandas de cobertura del agente representativo ante cambios desfavorables en el conjunto de oportunidades de inversión se vuelven de crucial relevancia para la formación de los precios.

20.4* El modelo intertemporal con consumo agregado y preferencias con aversión relativa al riesgo constante

La expresión general de valoración resultante de la condición de optimalidad intertemporal de Euler dada por la ecuación [20.11] no tiene contenido empírico, ya que no específica una determinada función de utilidad que permita conocer la forma funcional de la utilidad marginal del consumo agregado del agente representativo. Una posibilidad es imponer una función de utilidad cuadrática y obtener el modelo [20.20]. Ya adelantábamos en el capítulo anterior que el supuesto más habitual que se ha impuesto por la literatura financiera (e incluso en macroeconomía) en el contexto intertemporal es una función de utilidad potencial con aversión absoluta al riesgo decreciente y *aversión relativa al riesgo constante*. En particular, supongamos que la función de utilidad del agente representativo viene dada por la siguiente expresión:

$$U(C_t) = \begin{cases} \rho^t \dfrac{C_t^{1-\gamma} - 1}{1 - \gamma}; & \gamma > 0, \, \gamma \neq 1 \\[2ex] \rho^t \ln(C_t); & \gamma = 1, \end{cases} \qquad [20.25]$$

donde ρ es la tasa de descuento de preferencia temporal que suponemos menor que la unidad, y γ es el coeficiente de aversión relativa al riesgo del agente representativo:

$$R(C) = -C_t \frac{U''(C_t)}{U'(C_t)} = \gamma. \qquad [20.26]$$

En el contexto intertemporal es importante definir la *elasticidad intertemporal de sustitución del consumo* que viene dada por:

$$\eta = \frac{\dfrac{\Delta(C_{t+1}/C_t)}{C_{t+1}/C_t}}{\Delta \text{RMS}/\text{RMS}} = \frac{\partial \ln(C_{t+1}/C_t)}{\partial \ln |\text{RMS}|} = \frac{1}{\gamma}, \qquad [20.27]$$

donde RMS es la relación marginal de sustitución entre el consumo presente y futuro. De esta forma, *en el modelo con aditividad temporal e independencia en los estados y con aversión relativa al riesgo constante, la elasticidad intertemporal de sustitución del consumo es la inversa del coeficiente de aversión relativa al riesgo.* Nótese que conceptualmente, dicha elasticidad intertemporal indica los deseos que tiene el agente representativo (en este caso) para mover su consumo entre periodos de tiempo alternativos. Una desafortunada característica de las preferencias impuestas por la expresión [20.25] es que el coeficiente de aversión y la elasticidad de sustitución del consumo están inevitablemente ligadas y, además, su relación es inversa. Naturalmente, en la práctica este hecho no tiene que producirse necesariamente. Mientras que la elasticidad de sustitución trata de las preferencias del agente para intercambiar su consumo entre distintos periodos, el coeficiente de aversión al riesgo nos indica cómo desea el agente mover su consumo entre estados de la naturaleza alternativos. Así, la elasticidad de sustitución está perfectamente definida incluso bajo certeza, mientras que el coeficiente de aversión al riesgo está bien definido en un contexto estático. Por tanto, no parece razonable imponer una relación (inversa) entre ellos que no permita a ambos conceptos sugerir comportamientos sobre sustitución del consumo y sobre aversión al riesgo independientes. De acuerdo con la ecuación [20.27] cuando la aversión al riesgo es elevada, el agente necesariamente presenta unas preferencias tales que su elasticidad de sustitución intertemporal del consumo es baja, lo que implica una preferencia por un consumo suavizado a lo largo del tiempo. Imponer este tipo de comportamiento es una clara deficiencia del modelo basado en las preferencias dadas por [20.25].

En equilibrio, la expresión de valoración [20.11] bajo las preferencias dadas por [20.25] resulta:

$$M_{t+1} = \frac{U'(C_{t+1})}{U'(C_t)} = \rho \left(\frac{C_{t+1}}{C_t}\right)^{-\gamma} \qquad [20.28]$$

y, por tanto,

$$E\left[\rho \left(\frac{C_{t+1}}{C_t}\right)^{-\gamma} \tilde{R}_{jt+1} | \Im_t\right] = 1; \, j = 1, ..., N. \qquad [20.29]$$

Este modelo ha sido ampliamente analizado mediante el método generalizado de momentos del capítulo 11, al acomodarse de manera natural con las condiciones de ortogonalidad de las condiciones de primer orden resultantes de la optimización intertemporal. En este caso, las restricciones de ortogonalidad pueden escribirse como:

$$E\left[h(X_{t+1}, \theta_0)|\Im_t\right] = 0,$$

donde X_{t+1} es el vector bidimensional de datos que observa el económetra; los rendimientos y la tasa de crecimiento del consumo, y θ_0 es el vector de parámetros desconocidos y que, en nuestro caso, es un vector bidimensional compuesto por la tasa de descuento ρ y el coeficiente de aversión relativa al riesgo γ.

Aunque no presentamos con detalle los resultados del contraste empírico del modelo, caben señalar las siguientes regularidades encontradas tanto para el mercado estadounidense por Hansen y Singleton (1982, 1983) como para el español por Rodríguez (1997):

- Las condiciones de ortogonalidad (y, por tanto, el modelo) suelen rechazarse a menudo y los resultados obtenidos son muy sensibles al conjunto de instrumentos utilizados como parte del conjunto de información disponible.
- El coeficiente de aversión relativa al riesgo, γ, se estima con muy poca precisión (su varianza suele ser muy grande), de forma que no es posible rechazar que sea cero. Además, sus estimaciones suelen ser sensibles al conjunto de instrumentos y a los datos empleados para medir el consumo agregado.
- Sabemos que la prima de riesgo del mercado bursátil español ha sido aproximadamente un 6,8% anual como media entre 1963 y 1997. Primas similares o incluso mayores se encuentran para Estados Unidos. El modelo que supone preferencias con aversión relativa al riesgo constante es incapaz de replicar la prima de riesgo observada históricamente para valores razonables del parámetro de aversión relativa al riesgo. Incluso para valores de dicho coeficiente $\gamma = 50$ el modelo sólo es capaz de generar primas de riesgo del orden del 1%. En cualquier caso, el aumento que se consigue gracias al incremento en el coeficiente de aversión al riesgo se obtiene por el incremento exagerado y poco realista de los tipos de interés sin riesgo. Si los agentes son muy aversos al riesgo y, por tanto, en este modelo, la elasticidad de sustitución intertemporal del consumo es pequeña, dichos individuos no estarían dispuestos a sustituir el consumo a lo largo del tiempo por lo que, en equilibrio, la compensación al ahorro en forma de tipos de interés debe ser muy alta. Este es un resultado muy famoso que se conoce como la *anomalía de la prima de riesgo*. Volveremos sobre esta cuestión más adelante en este capítulo.
- En la versión del modelo intertemporal que utiliza la beta de los activos con respecto al consumo agregado, suele ser habitual observar que la beta tradicional (con respecto al rendimiento de la cartera de mercado) explica mejor los rendimientos medios de los activos que la beta del consumo. No parece haber sufi-

ciente covariabilidad entre los rendimientos y el consumo agregado para ser capaz de explicar la variabilidad existente entre los rendimientos de los activos.

Esta evidencia tan negativa para el modelo ha hecho que se propongan, entre otras soluciones potenciales, preferencias alternativas para el agente representativo, agentes heterogéneos con riesgos idiosincrásicos, sustitución del consumo agregado como forma de evitar la enorme dificultad que tiene su correcta medición y el reconocimiento explícito de costes de transacción diversos. En los apartados posteriores de este capítulo, se considerarán algunos de estos aspectos. Antes conviene, sin embargo, analizar los supuestos bajo los cuales el modelo intertemporal con función de utilidad potencial es equivalente al modelo estático.
Denominemos

$$K_t = \frac{C_t}{W_t} \qquad [20.30]$$

a la proporción que supone el consumo agregado del periodo t sobre la riqueza agregada del mismo periodo. Sabemos por otra parte que, en equilibrio, la restricción presupuestaria intertemporal viene dada por:

$$W_{t+1} = (W_t - C_t)\, \tilde{R}_{mt+1}, \qquad [20.31]$$

donde $\tilde{R}_{mt+1}$ es el rendimiento (bruto) de la cartera de mercado en $t+1$.

Dada la expresión [20.30]) evidentemente $K_{t+1} = \dfrac{C_{t+1}}{W_{t+1}}$. Esto implica que la tasa de crecimiento del consumo agregado puede escribirse como,

$$\frac{C_{t+1}}{C_t} = \frac{K_{t+1}}{K_t}\,(1 - K_t)\,\tilde{R}_{mt+1}. \qquad [20.32]$$

Obsérvese que la tasa de crecimiento del consumo agregado forma parte de la variable agregada M_{t+1} en la ecuación [20.28] y, por tanto, la ecuación de valoración dada por [20.29] puede escribirse como:

$$E\left[\underbrace{\left(K_{t+1}^{-\gamma}\, \tilde{R}_{mt+1}^{-\gamma} \right) R_{jt+1}}_{M_{t+1}} \Big|\, \Im_t \right] = \rho^{-1}\left(\frac{1 - K_t}{K_t} \right)^{\gamma};\ j = 1, \ldots, N. \qquad [20.33]$$

Dado que el lado derecho de la ecuación anterior no depende de ningún activo individual j, podemos hacer lo mismo para el activo libre de riesgo, restar ambas expresiones y obtener:

$$E\left[\left(K_{t+1}^{-\gamma}\tilde{R}_{mt+1}^{-\gamma}\right)\left(R_{jt+1}-r_{t+1}\right)\big|\Im_t\right]= 0; \quad j = 1, \ldots, N. \qquad [20.34]$$

Así, para que el modelo estático sea correcto periodo tras periodo sin que sea necesario reconocer explícitamente el contexto intertemporal, la proporción de riqueza consumida, K_t, debe ser *constante* a lo largo del tiempo. De esta forma, la prima por riesgo de cualquier activo j dependería, como en el caso estático, de la covarianza de los rendimientos con el rendimiento de la cartera de mercado. Además, es posible demostrar que los dos escenarios teóricos en los que dicha proporción es constante son los siguientes:

- La incertidumbre está idéntica e independientemente distribuida a lo largo del tiempo, de manera que los rendimientos de los activos también lo estén y, en definitiva, dichos rendimientos no son fuente de información sobre la distribución de probabilidades futura de los mismos. En otras palabras, el aspecto intertemporal del modelo se vuelve irrelevante.
- Las preferencias sean logarítmicas de manera que $\gamma = 1$.

20.5* El modelo de valoración intertemporal con preferencias no separables en fechas: el caso de la durabilidad y hábito[6]

El apartado anterior sugiere que el modelo intertemporal con consumo agregado y *preferencias separables a lo largo del tiempo* no parece generar, al menos para valores razonables del coeficiente de aversión relativa al riesgo γ, suficiente variabilidad temporal en M_{t+1} de forma que su covarianza con los rendimientos de los activos sea capaz de explicar el comportamiento medio de los mismos.

En un influyente trabajo, Ferson y Constantinides (1991), introducen, entre otras ideas, la noción del gasto en consumo duradero, de forma que sea natural pensar sobre la *no separabilidad del consumo a lo largo del tiempo*, ya que el flujo de servicios de bienes de consumo que reciben los agentes dependen del gasto en consumo pasado. De esta forma, la utilidad marginal del consumo para un periodo t depende del consumo óptimo en periodos anteriores. Cuando el consumo es duradero, el gasto actual en consumo aumenta la utilidad futura del agente. En otras palabras, *el gasto en consumo hoy disminuye la utilidad marginal del consumo esperado futuro*.

Se denomina C_t^f al flujo de servicios que generan los bienes de consumo en el periodo t, mientras que C_t es el *gasto de consumo en* el mismo periodo t. Analíticamente, la durabilidad en el consumo se capta mediante la siguiente expresión:

$$C_t^f = \sum_{\tau = 0}^{\infty} \delta_\tau C_{t-\tau'} \qquad [20.35]$$

---

[6] Los siguientes apartados se han basado en las notas de doctorado de Fernando Restoy (1995), Banco de España, así como de las notas de clase de Rosa Rodríguez (1999) de la Universidad Europea de Madrid.

donde $\delta_\tau \geq 0$ (pero decreciente respecto al momento actual t), de forma que el gasto de consumo pasado genere un flujo de servicios de consumo actual.

Una forma alternativa (y muy importante) de introducir no separabilidad temporal en las funciones de utilidad es suponer que existe *persistencia de hábito*. Es decir, el consumo en dos fechas diferentes de tiempo puede interpretarse como dos bienes complementarios. De nuevo, la utilidad del consumo actual se evalúa en relación al consumo pasado. Ahora bien, a diferencia de la durabilidad, *la persistencia de hábito implica un efecto positivo del consumo actual sobre la utilidad marginal del consumo futuro (o negativo sobre el consumo futuro)*.

Es posible suponer una determinada función de utilidad que capture simultáneamente la durabilidad temporal en el consumo, así como la persistencia de hábito. En particular, imaginemos que el agente representativo tiene la siguiente función de utilidad:

$$U(\cdot) = (1-\gamma)^{-1}\rho^t\left[C_t^f - h\sum_{s=1}^{\infty}\omega_s C_{t-s}^f\right]^{1-\gamma}; \ \gamma, h > 0, \qquad [20.36]$$

donde el corchete tiene los dos componentes perfectamente diferenciados:

$$\underbrace{C_t^f}_{\text{durabilidad}} - \underbrace{h\sum_{s=1}^{\infty}\omega_s C_{t-s}^f}_{\text{hábito}}.$$

Nótese que $\omega_s \geq 0$, de forma que el hábito (al ser $h > 0$) implica que el consumo pasado afecta negativamente a la utilidad actual del consumo, tal como se señalaba anteriormente. Además, las *ponderaciones* que reciben los flujos de consumo pasados son tales que $\sum_{s=1}^{\infty}\omega_s = 1$.

El *parámetro de persistencia de hábito*, h, es la fracción de la suma ponderada de los flujos de consumo retardados que representa el nivel de subsistencia de consumo. Si $h = 0$ y $\delta_\tau = 0$; $\tau \geq 1$ entonces volveríamos al modelo de preferencias con aversión relativa al riesgo constante del apartado anterior. También es importante notar que con persistencia de hábito, $h > 0$, el parámetro γ representa, igual que en el caso anterior, al coeficiente de aversión relativa al riesgo pero puede ser muy diferente de la inversa de la elasticidad de sustitución intertemporal. Para verlo, sea X_t el nivel total del consumo subsistencia o simplemente nivel de hábito que, además, es variable a lo largo del tiempo, de forma que,

$$X_t = h\sum_{s=1}^{\infty}\omega_s C_{t-s}^f.$$

Si dicho nivel, X_t, aumenta al incrementarse h, entonces necesariamente la elasticidad intertemporal de sustitución disminuirá, sugiriendo unas preferencias que favorecen la suavidad del consumo a lo largo del tiempo. Lo importante es que todo ello es posible independientemente de lo que ocurra con el coeficiente de aversión al riesgo.

Para aclarar cómo resulta posible distinguir entre los posibles efectos de durabilidad y hábito, definimos:

$$\tilde{C}_t = \sum_{\tau=0}^{\infty} \delta_\tau C_{t-\tau} - h \sum_{s=1}^{\infty} \sum_{\tau=0}^{\infty} \omega_s \delta_\tau C_{t-\tau-s} = \delta_0 \sum_{\tau=0}^{\infty} q_\tau C_{t-\tau'} \qquad [20.37]$$

donde,

$$q_0 = 1$$

$$q_\tau = \frac{\delta_\tau - h \sum_{l=1}^{\tau} \omega_l \, \delta_{\tau-l}}{\delta_0}; \ \tau \geq 1$$

y donde los flujos de consumo se han transformado en gastos de consumo. En esta expresión es clave señalar que q_τ representa *simultáneamente* los fenómenos de hábito y durabilidad. Analicemos un caso especial de estas expresiones, donde

$$\delta_\tau = (1 - \delta)\delta^\tau \ y \ \omega_s = (1 - \omega)\omega^{s-1}; 0 \leq \delta < 1; 0 \leq \omega < 1.$$

Entonces, el coeficiente sobre el gasto de consumo retardado es:

$$q_\tau = \left[1 - \frac{(1-\omega)h}{\delta - \omega}\right]\delta^\tau + \frac{(1-\omega)h\omega^\tau}{\delta - \omega}; \tau \geq 1. \qquad [20.38]$$

Podemos analizar dos casos alternativos de la expresión [20.38]:

- Si los gastos de consumo no son duraderos, $\delta = 0$, pero hay persistencia de hábito entonces [20.38] queda igual a:

$$q_\tau = -(1 - \omega)h\omega^{\tau-1},$$

de manera que para $\tau \geq 1$ los coeficientes q_τ son negativos.
- Por otra parte, si no hay persistencia de hábito, $h = 0$, pero sí existe durabilidad, [20.38] se convierte en $q_\tau = \delta^\tau$ y los coeficientes son positivos.

Este ejemplo sirve para ilustar que, en el caso general en el que ambos fenómenos están presentes, los coeficientes q_τ *son positivos o negativos dependiendo de las magnitudes relativas que tengan los parámetros de durabilidad y de persistencia de hábito.* Así, los efectos opuestos que tienen ambos fenómenos sobre los coeficientes de los gastos de consumo pasado se hacen evidentes. A modo de conclusión,

$$q_\tau > 0 \Rightarrow \text{durabilidad}$$

$$q_\tau < 0 \Rightarrow \text{hábito}.$$

Bajo este marco de trabajo, se puede obtener una expresión de valoración de activos que permite generalizar el modelo más básico del apartado anterior con preferencias más realistas que admitan tanto durabilidad como persistencia de hábito en el comportamiento de los inversores.

Para obtener el modelo de valoración definimos la siguiente función de utilidad esperada:

$$V_t = E\left[\sum_{s=t}^{\infty} \rho^{s-t} F(\tilde{C}_s) | \mathfrak{I}_t \right], \tag{20.39}$$

donde,

$$F(\tilde{C}_t) = \frac{\tilde{C}_t^{1-\gamma}}{1-\gamma} \tag{20.40}$$

con $\tilde{C}_t$ dado por la expresión [20.37].

El problema de optimización intertemporal al que se enfrenta el agente representativo, bajo las preferencias con durabilidad del consumo y persistencia de hábito, puede escribirse como:

$$\text{Max } E\left[\sum_{s=t}^{\infty} \rho^{s-t} \frac{\tilde{C}_s^{1-\gamma}}{1-\gamma} | \mathfrak{I}_t \right], \tag{20.41}$$

sujeto a

$$W_{t+1} = \left(W_t - C_t \right) \tilde{R}_{mt+1}.$$

Las condiciones de primer orden dadas por [20.9] pueden escribirse como:

$$E\left(\frac{\partial U(\cdot)}{\partial C_{t+1}} \tilde{R}_{jt+1} | \mathfrak{I}_t \right) = E\left(\frac{\partial U(\cdot)}{\partial C_t} | \mathfrak{I}_t \right); j = 1, ..., N. \tag{20.42}$$

Con la función de utilidad supuesta se obtiene, por tanto, que

$$E\left[\left(\sum_{s=t+1}^{\infty} \rho^s F'(\tilde{C}_s) \frac{\partial \tilde{C}_s}{\partial \tilde{C}_{t+1}} \right) \tilde{R}_{jt+1} | \mathfrak{I}_t \right] = E\left[\left(\sum_{s=t}^{\infty} \rho^s F'(\tilde{C}_s) \frac{\partial \tilde{C}_s}{\partial \tilde{C}_t} \right) | \mathfrak{I}_t \right].$$

Teniendo en cuenta que

$$\sum_{s=t}^{\infty} F'(\tilde{C}_s) \frac{\partial \tilde{C}_s}{\partial \tilde{C}_t} = \sum_{s=0}^{\infty} \tilde{C}_{t+s}^{-\gamma} q_s,$$

entonces,

$$E\left[\sum_{s=0}^{\infty} \rho^{t+s+1} \tilde{C}_{t+s+1}^{-\gamma} q_s \tilde{R}_{jt+1} | \Im_t\right] = E\left[\sum_{s=0}^{\infty} \rho^{t+s} \tilde{C}_{t+s}^{-\gamma} q_s | \Im_t\right]$$

y, finalmente, ordenando términos se obtiene la expresión de valoración:

$$E\left[\sum_{s=1}^{\infty} \rho^s \frac{\tilde{C}_{t+s}^{-\gamma}}{\tilde{C}_t^{-\gamma}} \left(q_{s-1}\tilde{R}_{jt+1} - q_s\right) | \Im_t\right] = 1; j = 1, ..., N. \qquad [20.43]$$

Dada la complejidad que tiene el modelo para su posible estimación, parece razonable truncar los coeficientes q_s de forma que q_s sea igual a cero para todo $s > 1$. En este caso, la función de utilidad supuesta y definida sobre el gasto de consumo viene dada por la siguiente expresión:

$$U(\cdot) = (1-\gamma)^{-1} \sum_{t=1}^{\infty} \rho^t\left(C_t + q_1 C_{t-1}\right)^{1-\gamma}. \qquad [20.44]$$

Haciendo uso de la condición de primer orden dada por [20.42], y teniendo en cuenta que en este caso particular,

$$\frac{\partial U(\cdot)}{\partial C_t} = \rho^t\left[\left(C_t + q_1 C_{t-1}\right)^{-\gamma} + \rho q_1\left(C_{t+1} + q_1 C_t\right)^{-\gamma}\right]$$

obtenemos

$$E\left\{\frac{\rho^{t+1}\left[\left(C_{t+1} + q_1 C_t\right)^{-\gamma} + \rho q_1\left(C_{t+2} + q_1 C_{t+1}\right)^{-\gamma}\right]}{E\left\{\rho^t\left[\left(C_t + q_1 C_{t-1}\right)^{-\gamma} + \rho q_1\left(C_{t+1} + q_1 C_t\right)^{-\gamma}\right]|\Im_t\right\}} \tilde{R}_{jt+1} \Big| \Im_t\right\} = 1; j = 1, ..., N,$$

de donde

$$E\left\{\rho\left[\left(C_{t+1} + q_1 C_t\right)^{-\gamma} + \rho q_1\left(C_{t+2} + q_1 C_{t+1}\right)^{-\gamma}\right]\tilde{R}_{jt+1}|\Im_t\right\} =$$

$$= \left(C_t + q_1 C_{t-1}\right)^{-\gamma} E\left\{1 + \rho q_1 \frac{\left(C_{t+1} + q_1 C_t\right)^{-\gamma}}{\left(C_t + q_1 C_{t-1}\right)^{-\gamma}} \Big| \Im_t\right\},$$

y dividiendo ambos lados de esta última ecuación por $(C_t + q_1 C_{t-1})^{-\gamma}$ se obtiene la expresión de valoración de activos con preferencias que admiten tanto durabilidad como persistencia de hábito en un contexto intertemporal:

$$E\left\{\rho\left[\left(\frac{C_{t+1}+q_1 C_t}{C_t + q_1 C_{t-1}}\right)^{-\gamma} + \rho q_1\left(\frac{C_{t+2}+q_1 C_{t+1}}{C_t + q_1 C_{t-1}}\right)^{-\gamma}\right]\tilde{R}_{jt+1} - \rho q_1\left(\frac{C_{t+1}+q_1 C_t}{C_t + q_1 C_{t-1}}\right)^{-\gamma}\Big|\mathfrak{I}_t\right\} = 1,$$

[20.45]

donde el vector de parámetros a estimar viene dado por $\theta_0 = (\rho, \gamma, q_1)$; esto es, por la tasa de preferencia temporal, el coeficiente de aversión relativa al riesgo y por el parámetro de durabilidad y hábito.

Nótese que el factor de descuento estocástico viene dado por:

$$M_{t+1} = \rho\,\frac{\left(C_{t+1}+q_1 C_t\right)^{-\gamma} + \rho q_1 E\left[\left(C_{t+2}+q_1 C_{t+1}\right)^{-\gamma}\Big|\mathfrak{I}_{t+1}\right]}{\left(C_t + q_1 C_{t-1}\right)^{-\gamma} + \rho q_1 E\left[\left(C_{t+1}+q_1 C_t\right)^{-\gamma}\Big|\mathfrak{I}_t\right]}$$

[20.46]

que deja claro que la estimación del propio factor de descuento o relación marginal de sustitución intertemporal obliga a estimar expectativas condicionales, lo que dificulta evidentemente su estimación. En otras palabras, *este modelo aunque rico en su caracterización de las preferencias no obtiene relaciones explícitas de valoración.* Cabe destacar, en cualquier caso, que si en el modelo anterior imponemos $q_1 = 0$, recuperamos el modelo intertemporal básico con preferencias isoelásticas.

Los contrastes que se han llevado a cabo de este modelo sugieren los siguientes comentarios a modo de resumen:[7]

- Las condiciones de ortogonalidad, en general, no pueden ser rechazadas.
- Como en el caso anterior, el coeficiente de aversión al riesgo se estima con muy poca precisión.
- La evidencia a favor de la durabilidad en el consumo tiende a ser rechazada, aunque sí suele encontrarse una débil evidencia de durabilidad en el corto plazo.
- Existe una evidencia más favorable para la persistencia de hábito que a favor de la durabilidad. Esta evidencia es especialmente favorable para horizontes de inversión largos (la estimación de q_1 suele tender a ser negativa).

Estos dos últimos resultados parecen intuitivamente razonables. Una abundante cena puede afectar las preferencias que los individuos tengan sobre el consumo al día siguiente. Sin embargo, en términos económicos, parece más razonable supo-

---

[7] Ferson y Constantinides (1991), Braun, Constantinides y Ferson (1993) y Rodríguez (1997).

ner que estos mecanismos son relevantes para el consumo en periodos u horizontes largos de tiempo. Es muy posible que los agentes económicos se *acostumbren* a un determinado nivel de vida, de forma que una caída en su consumo, después de una serie de buenos años económicos, afecta negativamente a su bienestar a pesar de que el nivel de consumo logrado incluso en esos años de recesión económica hubiera sido magnífico para los mismos consumidores si se hubiera logrado después de unos años de recesión económica.

Se ha comentado que el problema subyacente a los modelos de consumo agregado es la poca variabilidad que se genera en la relación marginal de sustitución intertemporal que hace que sus covarianzas con los rendimientos de los activos sean muy bajas para explicar adecuadamente el comportamiento de los precios. Ahora bien, incorporando persistencia de hábito debe notarse que el consumo pasado genera un determinado nivel de subsistencia en el consumo. Así, una pequeña disminución en el consumo genera una elevada disminución en el consumo *neto* de dicho nivel de subsistencia y, consecuentemente, una relativamente elevada caída en la relación marginal de sustitución del consumo creando un mayor potencial de variabilidad. Es precisamente esta característica en el hábito lo que permite al modelo obtener mejores resultados que el modelo intertemporal básico. Sin embargo, el modelo a pesar de su mejora tampoco es capaz de replicar la prima de riesgo observada a no ser que se imponga una elevadísima volatilidad en los tipos de interés, lo cual se aleja evidentemente de la evidencia disponible sobre los tipos.

20.6* El modelo de valoración intertemporal con preferencias isoelásticas generalizadas y resolución de incertidumbre

El modelo intertemporal básico del apartado 20.4 no sólo impone una relación perfecta (inversa) entre la actitud hacia el riesgo del agente representativo y la sustitución intertemporal del consumo, sino que además supone que dicho agente es indiferente ante la resolución temprana o tardía de la incertidumbre. Bajo las preferencias supuestas en este apartado se admite que la función de utilidad del agente representativo *no sea separable entre los estados de la naturaleza*. En este sentido se vuelve a relajar un supuesto sobre la separabilidad de la función de utilidad aunque, a diferencia del caso anterior, ahora se hace entre estados. En otras palabras, la utilidad marginal en un determinado estado afecta lo que ocurre en otro estado. Así, por ejemplo, la utilidad marginal de algo más de consumo en un estado con tiempo excelente se ve afectada por el nivel de consumo en un estado que presenta fuertes lluvias.

La posibilidad de no separabilidad entre estados hace no sólo distinguir *convenientemente* entre aversión al riesgo y elasticidad intertemporal de sustitución al no tener que incorporar el consumo pasado para lograrlo, sino que permite reconocer la importancia que la *resolución de incertidumbre* puede tener sobre los individuos.

La función de utilidad que se utiliza en este apartado se debe a Weil (1989), está basada en las denominadas *preferencias recursivas* de Kreps y Porteus, y se escribe como:

$$V_t = U\Big(C_t, E\big[V_{t+1}|\Im_t\big]\Big) \equiv U\big(C_t, E_t V_{t+1}\big) = \left[\big(1-\rho\big)C_t^{1-\kappa} + \rho\big(E_t V_{t+1}\big)^{\frac{1-\kappa}{1-\gamma}}\right]^{\frac{1-\kappa}{1-\gamma}},$$

[20.47]

donde γ es el coeficiente de aversión relativa al riesgo y, $\kappa \equiv 1/\eta$, es la inversa de la elasticidad de sustitución intertemporal del consumo, de forma que tanto si $\gamma \rightarrow 1$ o $\kappa \rightarrow 1$ recuperaríamos las preferencias logarítmicas, mientras que si $\gamma = \kappa$ tendríamos la función de utilidad con aversión relativa al riesgo constante habitual en la literatura. Además, $U(\cdot)$ es la denominada *función agregadora*, ya que permite *agregar* como argumentos de la función de utilidad tanto al consumo actual como al valor esperado del propio consumo. A través de esta función se pueden obtener determinadas actitudes hacia la temprana o tardía resolución de la incertidumbre. En concreto, pueden aparecer tres casos que dependen de la concavidad, convexidad o linealidad de la función agregadora con respecto a su segundo argumento:

(i) $\gamma > \kappa \Rightarrow$ preferencia por la resolución temprana de la incertidumbre.
(ii) $\gamma < \kappa \Rightarrow$ preferencia por la resolución tardía de la incertidumbre.
(iii) $\gamma = \kappa \Rightarrow$ indiferencia por la resolución temprana o tardía de la incertidumbre.

En este último caso recuperamos las funciones de utilidad Von Neumann-Morgenstern, ya que dicha indiferencia es consecuencia del axioma A.5 sobre la *independencia de las alternativas irrelevantes* que se discutió en el capítulo 18. Sin embargo, los dos restantes casos presentan interesantes consecuencias para el comportamiento individual. En cualquiera de ellos es posible demostrar que loterías en las que la incertidumbre se resuelve pronto son menos arriesgadas que loterías que, teniendo la misma distribución de premios, presenten tardía resolución de incertidumbre. Sin embargo, las mismas loterías con menos riesgo y temprana resolución de incertidumbre presentan una mayor fluctuación de la utilidad del consumo a lo largo del tiempo. De esta forma, agentes que rechazan más el riesgo que las fluctuaciones intertemporales del consumo prefieren (para todo lo demás constante) la resolución temprana de incertidumbre. Por el contrario, individuos que rechazan las fluctuaciones elevadas del consumo en mayor medida que el riesgo preferirán una tardía resolución de incertidumbre. Nótese que este tipo de comportamientos *no son* posibles bajo funciones de utilidad Von Neumann-Morgenstern. El coste o beneficio de cada lotería en términos de seguridad y estabilidad de la función de utilidad se cancelan, ya que el mismo factor que hace despreciar el riesgo a los agentes económicos (elevado γ) está necesariamente ligado a un fuerte rechazo de las fluctuaciones intertemporales al tener una baja elasticidad intertemporal de sustitución (baja η). Por tanto, este tipo de agentes se mostrarían necesariamente indiferentes ante la resolución de incertidumbre.

Analicemos a continuación las condiciones de primer orden del problema de optimización intertemporal de un agente representativo que tiene una función de utilidad dada por la expresión [20.47]. El problema sería el siguiente:

$$\text{Max } U(C_t, E_t V_{t+1}) = \text{Max } \left[(1-\rho)C_t^{1-\kappa} + \rho(E_t V_{t+1})^{\frac{1-\kappa}{1-\gamma}} \right]^{\frac{1-\kappa}{1-\gamma}} \qquad [20.48]$$

sujeto a

$$W_{t+1} = (W_t - C_t)\tilde{R}_{mt+1}.$$

Es importante recordar que esta restricción presupuestaria puede alternativamente escribirse como:

$$W_{t+1} = (W_t - C_t) \sum_{j=1}^{N} \omega_{jmt}\tilde{R}_{jt+1}$$

o como

$$W_{t+1} = (W_t - C_t)\left[r_{t+1} + \sum_{j=1}^{N} \omega_{jmt}(R_{jt+1} - r_{t+1}) \right].$$

La función de utilidad indirecta definida en el apartado 20.3 de este capítulo era:

$$J(W_t, \Im_t) = \text{Max}\{ U(C_t) + E_t[J(W_{t+1}, \Im_{t+1})] \}.$$

Sean

$$U_{1t} \equiv \frac{\partial U}{\partial C_t}$$

$$U_{2t} \equiv \frac{\partial U}{\partial E_t V_{t+1}}$$

$$J_{1t} \equiv \frac{\partial J}{\partial W_t}.$$

Las condiciones de primer orden del problema [20.48] son:

$$U_{1t} = U_{2t}E_t\left[J_1(\Im_{t+1})\tilde{R}_{mt+1}\right] \qquad [20.49]$$

$$E_t\left[J_1(\Im_{t+1})(R_{jt+1} - r_{t+1})\right] = 0; \; j = 1, ..., N \qquad [20.50]$$

y donde

$$J_{1t} = U_{1t} \frac{\partial C_t^*}{\partial W_t} + U_{2t} E_t \left(J_{1t} \frac{\partial W_{t+1}^*}{\partial W_t} \right),$$

siendo C_t^* y W_{t+1}^* el consumo en t y la riqueza en $t+1$ en el óptimo respectivamente.

Imponiendo la *condición de la envolvente* dada en la expresión [20.24], $J_{1t} = U_{1t}$, y operando con la condición de primer orden [20.49], se obtiene

$$E \left(\frac{U_{2t} \, U_{1t+1}}{U_{1t}} \, \tilde{R}_{jt+1} \middle| \Im_t \right) = 1; \, j = 1, \, ..., \, N. \qquad [20.51]$$

Por último, dada la función de utilidad [20.47], la relación marginal de sustitución o factor de descuento estocástico es:

$$M_{t+1} = \frac{U_{2t} U_{1t+1}}{U_t} = \left[\rho \left(\frac{C_{t+1}}{C_t} \right)^{-\kappa} \right]^{\frac{1-\gamma}{1-\kappa}} \tilde{R}_{mt+1}^{\frac{1-\gamma}{1-\kappa}-1}, \qquad [20.52]$$

de forma que el modelo de valoración intertemporal se escribe como:

$$E \left\{ \left[\rho \left(\frac{C_{t+1}}{C_t} \right)^{-\kappa} \right]^{\frac{1-\gamma}{1-\kappa}} \tilde{R}_{mt+1}^{\frac{1-\gamma}{1-\kappa}-1} \tilde{R}_{jt+1} \middle| \Im_t \right\} = 1; \, j = 1, \, ... \, N, \qquad [20.53]$$

con el vector de parámetros dado por $\theta_0 = (\rho, \gamma, \kappa)$, siendo $\kappa = \dfrac{1}{\eta}$ la inversa de la elasticidad de sustitución intertemporal que, evidentemente, queda desligada de la aversión relativa al riesgo.

En los correspondientes contrastes empíricos de este modelo resulta, en muchos casos, conveniente linealizar las condiciones de primer orden mediante una especificación lognormal del modelo. Para ello suponemos que la tasa de crecimiento del consumo agregado y los rendimientos de los activos inciertos siguen una distribución conjunta lognormal y definimos $\theta \equiv \dfrac{1-\gamma}{1-\kappa}$. La condición de primer orden puede escribirse como:

$$E \left\{ \underbrace{ \left[\rho \left(\frac{C_{t+1}}{C_t} \right)^{-\frac{1}{\eta}} \right]^{\theta} \left(\frac{1}{\tilde{R}_{mt+1}} \right)^{1-\theta} }_{Y_{t+1}} \tilde{R}_{jt+1} \middle| \Im_t \right\} = 1; \, j = 1, \, ... \, N, \qquad [20.54]$$

donde se supone que $\ln Y_{t+1} \approx N(\mu, \sigma^2)$. Este supuesto permite hacer uso de las siguientes propiedades de una variable X que se distribuye de forma (condicionalmente) lognormal:

$$\ln E_t X = E_t \ln X + \frac{1}{2} \operatorname{var}_t \ln X,$$

siendo E_t la expectativa condicional al conjunto de información en el periodo t y donde

$$\operatorname{var}_t \ln X = E_t[(\ln X - E_t \ln X)^2]$$

que, en el caso de ser (condicionalmente) homocedástica,

$$\operatorname{var}_t \ln X = \operatorname{var}(\ln X - E_t \ln X).$$

Así, tomando logaritmos en ambos lados de [20.54], haciendo uso de estas propiedades y empleando letras minúsculas para denominar a las variables de consumo y rendimientos una vez tomados los logaritmos:

$$r_{jt+1} \equiv \ln \tilde{R}_{jt+1}$$

$$r_{mt+1} \equiv \ln \tilde{R}_{mt+1}$$

$$r_{ft+1} \equiv \ln(1 + r_{t+1})$$

$$E_t \Delta c_{t+1} \equiv E_t(\ln C_{t+1} - \ln C_t),$$

resulta

$$\theta \ln \rho - \frac{\theta}{\eta} E_t \Delta c_{t+1} - (1-\theta) E_t r_{mt+1} + E_t r_{jt+1}$$

$$+ \frac{1}{2} E \left\{ \left[-\frac{\theta}{\eta} \underbrace{\left(\Delta c_{t+1} - E_t \Delta c_{t+1} \right)}_{c_{t+1} - c_t - E_t c_{t+1} + c_t} - (1-\theta)(r_{mt+1} - E_t r_{mt+1}) + (r_{jt+1} - E_t r_{jt+1}) \right]^2 \right\} = 0$$

y despejando el rendimiento esperado del activo incierto j queda:

$$E_t r_{jt+1} = -\theta \ln \rho + \frac{\theta}{\eta} E_t \Delta c_{t+1} + (1-\theta) E_t r_{mt+1}$$

[20.55]

$$- \frac{1}{2} \left[\left(\frac{\theta}{\eta} \right)^2 \sigma_c^2 + (\theta-1)^2 \sigma_m^2 + \sigma_j^2 - 2\frac{\theta}{\eta}(\theta-1)\sigma_{cm} - 2\frac{\theta}{\eta}\sigma_{jc} + 2(\theta-1)\sigma_{jm} \right],$$

donde σ_c^2, σ_m^2, σ_j^2, σ_{cm}, σ_{jc} y σ_{jm} son las varianzas (condicionales) del crecimiento del consumo, mercado y activo j respectivamente, así como las covarianzas (condicionadas) del consumo agregado con la cartera de mercado, consumo agregado con activo j y activo j con mercado también respectivamente.

Evaluando la expresión anterior en el activo libre de riesgo se obtiene,

$$r_{ft+1} = -\theta \ln\rho + \frac{\theta}{\eta}\, E_t \Delta c_{t+1} + (1-\theta)E_t r_{mt+1}$$

$$-\frac{1}{2}\left[\left(\frac{\theta}{\eta}\right)^2 \sigma_c^2 + (\theta-1)^2\sigma_m^2 - 2\,\frac{\theta}{\eta}\,(\theta-1)\sigma_{cm}\right]. \tag{20.56}$$

Restando [20.56] de [20.55] obtenemos el modelo de valoración de activos (suponiendo lognormalidad) con preferencias isoelásticas generalizadas y resolución de incertidumbre:[8]

$$E_t\left[r_{jt+1} - r_{ft+1}\right] + \frac{1}{2}\,\sigma_j^2 = \theta\,\frac{\sigma_{jc}}{\eta} + (1-\theta)\sigma_{jm}. \tag{20.57}$$

Este modelo es ciertamente interesante al ser una combinación del CCAPM intertemporal y del CAPM tradicional, ya que *la prima de riesgo de cualquier activo incierto j se determina por las covarianzas del rendimiento de j con la tasa de crecimiento del consumo y con el rendimiento de la cartera de mercado.* Hasta ahora, se habían obtenido modelos en los que una de las dos covarianzas por separado determinaban primas de riesgo. En este caso, ambas covarianzas son simultáneamente relevantes al ser el consumo endógeno y depender de la riqueza. Tanto la tasa de crecimiento del consumo como el rendimiento de la riqueza de mercado forman parte de la relación marginal de sustitución intertemporal, o factor de descuento estocástico, M_{t+1}.

El modelo implica que la prima de riesgo de cualquier activo incierto j es un *promedio ponderado* de la covarianza del rendimiento de j con la tasa de crecimiento del consumo (dividido por la elasticidad intertemporal de sustitución) y de la covarianza de j con el mercado, donde las ponderaciones son respectivamente θ y $(1-\theta)$. De esta forma, este modelo contiene como casos particulares el CCAPM con función de utilidad potencial ($\theta = 1$) y el CAPM tradicional ($\theta = 0$).

La evidencia empírica sobre este modelo no parece ser demasiado positiva:[9]

- Usando el método generalizado de momentos sobre la expresión [20.53], las condiciones de ortogonalidad resultan muy sensibles a la elección de instrumentos que formen parte del conjunto de información.

---

[8] El término de varianza que aparece en el lado izquierdo de la ecuación se debe a la desigualdad de Jensen para funciones cóncavas. Resulta al tomar expectativas sobre variables en logaritmos y puede eliminarse simplemente si se reescribe la expresión de la prima de riesgo como el logaritmo del cociente esperado entre tasas brutas de rendimiento.

[9] Véase Jorion y Giovannini (1993).

- La restricción que permite contrastar el modelo de consumo con función de utilidad potencial (y, en definitiva, el modelo consistente con la utilidad esperada), $\gamma = \frac{1}{\eta}$, es difícil de rechazar.
- En cualquier caso, la estimación de ambos parámetros, γ y κ (el inverso de η), es muy imprecisa.
- No parece ser capaz de explicar con éxito la anomalía de la prima de riesgo.
- En el contraste de la versión lineal del modelo no pueden rechazarse las condiciones de ortogonalidad, y se rechaza la hipótesis nula de igualdad entre γ y $\frac{1}{\eta}$. Este último resultado es interesante ya que implica rechazar la función de utilidad potencial isoelástica, tan empleada en la literatura tanto financiera como macroeconómica, y sugiere que los conceptos de aversión al riesgo y elasticidad intertemporal de sustitución del consumo son efectivamente diferentes.

Curiosamente, a pesar de incorporar simultáneamente el consumo y el rendimiento de la cartera de mercado en las condiciones de primer orden, el modelo ignora que la restricción intertemporal del problema de optimización en [20.48] también *liga* el consumo agregado con el rendimiento de la cartera de mercado. Este es un resultado importante que, como veremos más adelante, permite eliminar el consumo del modelo de valoración intertemporal. Sin embargo, antes conviene presentar unas técnicas de diagnóstico de los modelos intertemporales cuyo uso facilita la comparación entre los mismos.

20.7* La evaluación de los modelos de valoración intertemporal de activos

En los apartados anteriores hemos obtenido *tres formas funcionales alternativas fundamentales de la relación marginal de sustitución intertemporal o factor de descuento estocástico según los supuestos que impongamos sobre las preferencias de los individuos*. En particular,

(i) Modelo intertemporal básico con preferencias isoelásticas (función de utilidad con aditividad temporal y separabilidad entre estados):

$$M_{t+1} = \rho \left(\frac{C_{t+1}}{C_t} \right)^{-\gamma},$$

donde γ es simultáneamente el coeficiente de aversión relativa al riesgo y la inversa de la elasticidad intertemporal de sustitución del consumo.

(ii) Modelo intertemporal con durabilidad en el consumo y persistencia de hábito (función de utilidad sin separabilidad temporal):

$$M_{t+1} = \rho \, \frac{\left(C_{t+1} + q_1 C_t\right)^{-\gamma} + \rho q_1 E\left[\left(C_{t+2} + q_1 C_{t+1}\right)^{-\gamma} | \Im_{t+1}\right]}{\left(C_t + q_1 C_{t-1}\right)^{-\gamma} + \rho q_1 E\left[\left(C_{t+1} + q_1 C_t\right)^{-\gamma} | \Im_t\right]},$$

donde q_1 es el parámetro de durabilidad y hábito con un único retardo.

(iii) Modelo intertemporal con preferencias (recursivas) isoelásticas generalizadas (función de utilidad sin separabilidad entre estados):

$$M_{t+1} = \left[\rho \left(\frac{C_{t+1}}{C_t}\right)^{-\frac{1}{\eta}}\right]^{\theta} \widetilde{R}_{mt+1}^{\theta-1},$$

donde η es la elasticidad intertemporal de sustitución del consumo y $\theta \equiv \dfrac{1-\gamma}{1-\kappa}$, con $\kappa \equiv 1/\eta$.

De esta forma, los factores de descuento estocásticos correspondientes a cada uno de estos modelos son funciones paramétricas particulares de los datos observados en el mercado. Los contrastes empíricos sobre restricciones similares que presentamos en los capítulos 11 y 12, aunque evidentemente son útiles, dependen seriamente de supuestos paramétricos importantes sobre el entorno económico. En este apartado se discute una forma alternativa de evaluar estos modelos.

El punto de partida es, como siempre, la ecuación fundamental de valoración:

$$E(M_{t+1} \widetilde{R}_{jt+1} | \Im_t) = 1; \; j = 1, \ldots, N. \qquad [20.58]$$

Si tuviéramos un conjunto completo de activos Arrow-Debreu negociándose en el mercado, las relaciones marginales de sustitución intertemporal del consumo de todos los agentes se podrían inferir de los precios de mercado de los mencionados activos Arrow-Debreu. Como éste no es el caso, y tal como señalábamos más arriba, las soluciones pasan por restringir las relaciones marginales de sustitución como funciones paramétricas de los datos observados o, alternativamente, imponer límites precisos sobre las clases de modelos de valoración admisibles y, posteriormente, analizar si las parametrizaciones particulares son consistentes con los datos observados. Este segundo enfoque es el que se explota en este apartado. Nótese que es, precisamente, el inverso del enfoque econométrico habitual. Naturalmente, *se trata de imponer la menor estructura posible a la hora de definir si un modelo de valoración es admisible o no.* En particular, Hansen y Jagannathan (1991) exigen *exclusivamente* el cumplimiento de la ausencia de arbitraje con la idea, no tanto de identificar la relación marginal de sustitución, sino simplemente de extraer la suficiente información sobre ella para así poder contrastar si las versiones paramétricas posteriormente supuestas son consistentes con los límites obtenidos para dicha relación marginal de sustitución bajo el supuesto de ausencia de arbitraje.

Recuérdese que la ausencia de arbitraje garantiza la existencia de al menos un factor de descuento estocástico M_{t+1} estrictamente positivo.[10]

Si dicho factor de descuento estocástico fuese una constante, entonces la ecuación [20.58] implicaría que todos los activos deberían ganar el mismo rendimiento esperado. Si, como parece razonable, los activos financieros presentan diferentes rendimientos esperados, el factor de descuento, M_{t+1}, no puede ser constante. En palabras aún más sencillas, las diferencias existentes entre los rendimientos esperados de los activos deben incorporar implicaciones concretas sobre la *varianza* de cualquier factor de descuento estocástico que satisfaga la expresión [20.58]. Y debe insistirse que cualquier factor de descuento es válido ya que simplemente basta con su existencia, la cual viene garantizada a su vez por la ausencia de arbitraje. La conclusión es inmediata, el factor M_{t+1} que permite valorar los activos financieros bajo ausencia de arbitraje debe variar a lo largo del tiempo. Este apartado simplemente obtiene unas cotas sobre la volatilidad admisible en el factor de descuento estocástico. Además, *dichas cotas permiten obtener, dados los precios de mercado de los activos, el espacio de pares de medias-desviaciones estándar admisibles del factor de descuento estocástico*. Posteriormente, se trataría de comprobar si las parametrizaciones que caracterizan las alternativas relaciones marginales de sustitución de los diferentes modelos caen dentro de las cotas admisibles o no. Si lo hacen, entonces el modelo particular es consistente con los datos bajo supuestos mínimos. Si, por el contrario, la particular relación marginal cae fuera de dichas cotas, el modelo no resulta admisible.

Para derivar la región admisible de cualquier factor de descuento estocástico que satisfaga [20.58], nos centraremos en la versión incondicional de la cotas, lo que facilita la exposición. Dado que el espacio admisible queda definido en términos de la media-desviación estándar de M_{t+1}, parece conveniente hacer una exposición previa que relacione dichas cotas con el habitual marco de trabajo de la media-varianza de los capítulos 5 y 6.

Denominemos como $r_j \equiv R_j - r$ al exceso de rendimiento del activo j sobre el tipo de interés libre de riesgo. Sabemos que la ecuación [20.58] puede escribirse como:

$$E(Mr_j) = 0; \quad j = 1, \ldots, N. \qquad [20.59]$$

Usando la definición de covarianza en esta ecuación se obtiene,

$$E(M)E(r_j) = \text{cov}(-M, r_j) = \text{corr}(-M, r_j)\sigma_M\sigma_j, \qquad [20.60]$$

donde $\text{corr}(-M, r_j)$ es el coeficiente de correlación entre el factor de descuento M y el rendimiento del activo j y σ_M es la desviación estándar del factor de descuento estocástico M.

---

[10] De hecho, el análisis se podría llevar a cabo exigiendo únicamente la ley del precio único que requiere la existencia de al menos un factor de descuento estocástico, pero no exige que sea estrictamente positivo.

Dado que se satisface la expresión, $-1 \leq \text{corr}(-M, r_j) \leq 1$, la ecuación [20.60] implica que,

$$\frac{\sigma_M}{E(M)} \geq \frac{E(r_j)}{\sigma_j}; \; j = 1, ..., N. \tag{20.61}$$

El lado derecho de esta expresión es el índice de Sharpe para el activo j que se discutió en el capítulo 13. Si representamos todas las posibles carteras que pueden formarse con los N activos en el plano media-desviación estándar, obtenemos la frontera de carteras de menor varianza como aquellas carteras con menor desviación estándar para un rendimiento medio dado. Consideremos la figura 20.1, donde se traza la línea tangente a la frontera de menor varianza desde el tipo de interés libre de riesgo, r, en el eje vertical. Debe recordarse que $1 + r = \dfrac{1}{E(M)}$. Naturalmente, el punto de tangencia de dicha recta con la frontera de menor varianza es una cartera de activos, para la cual la pendiente de la tangente es el *máximo* índice de Sharpe que puede lograrse dado el conjunto de N activos y *dado* el tipo de interés libre de riesgo con rendimiento igual a $1 + r = \dfrac{1}{E(M)}$. Por este motivo, en la figura 20.1 aparece el índice de Sharpe como función del tipo de interés sin riesgo; al variar r se mueve el punto de tangencia alrededor de la frontera de menor varianza.

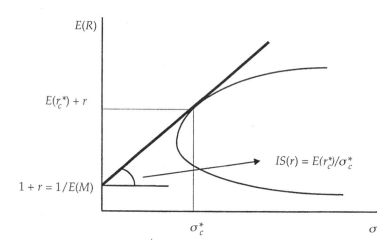

Figura 20.1. La frontera de menor varianza y el índice de Sharpe.

Ahora bien, nótese que la expresión [20.61] se satisface para cualquier activo j, por lo que necesariamente implica que el cociente $\sigma_M/E(M)$ debe ser también mayor o igual que el máximo índice de Sharpe para cualquiera de los activos j y, naturalmente, este índice máximo entre todos los activos j, dado un tipo libre de riesgo r, es precisamente el que aparece en la figura 20.1. Analíticamente, la expresión [20.61] implica:

$$\frac{\sigma_M}{E(M)} \geq \text{Max}_j \; \frac{E(r_j)}{\sigma_j} = \frac{E(r_c^*)}{\sigma_c^*}.$$

[20.62]

En definitiva, esta ecuación define la frontera en el espacio media-desviación estándar que debe restringir cualquier factor de descuento estocástico. En otras palabras, la región o espacio admisible de Hansen-Jagannathan (HJ) para los pares $\{E(M), \sigma_M\}$ viene dada por la ecuación [20.62] y la frontera de este espacio admisible se corresponde con el menor valor de σ_M por cada valor de $E(M)$. De esta forma, en la figura 20.2, al ir modificando $E(M)$ nos trasladamos alrededor de la frontera que limita el espacio admisible de pares $\{E(M), \sigma_M\}$.

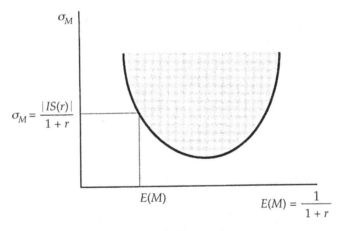

Figura 20.2. La cota de Hansen-Jagannathan.

Existe asimismo una simple correspondencia entre la cota de HJ de la·figura 20.2 y la frontera de menor varianza tradicional de la figura 20.1. Nótese que la expresión [20.62] implica que:

$$\sigma_M \geq \frac{1}{1+r} \frac{E(r_c^*)}{\sigma_c^*} = \frac{1}{1+r} |IS(r)|,$$

[20.63]

y donde la igualdad estricta se produce precisamente en la frontera del espacio admisible de pares $\{E(M), \sigma_M\}$. Para cada punto de la frontera de menor varianza de la figura 20.1 existe un único par $\{r, IS(r)\}$ y su correspondiente punto en la frontera de HJ de la figura 20.2 que es $\left\{\dfrac{IS(r)}{1+r}, \dfrac{1}{1+r}\right\}$. Así, debe quedar claro que las dos figuras reflejan la misma información al depender exclusivamente de los rendimientos medios y covarianzas de los activos que componen una determinada muestra.

La utilidad de la cota de HJ que se refleja en la figura 20.2 debería ser evidente. Dado dicho espacio para un universo de activos financieros, los diversos factores de descuento estocástico que se presentan al principio de este apartado se pueden comparar simplemente comprobando si sus medias y desviaciones estándar muestrales quedan dentro de los límites del espacio limitado por la cota de HJ.

A modo de ejemplo, Campbell, Lo y MacKinlay (1997) obtienen el espacio de pares $\{E(M),\ \sigma_M\}$ admisibles para una muestra de acciones y bonos en el mercado estadounidense con datos anuales entre 1891 y 1994. La figura 20.3 representa dicha región.

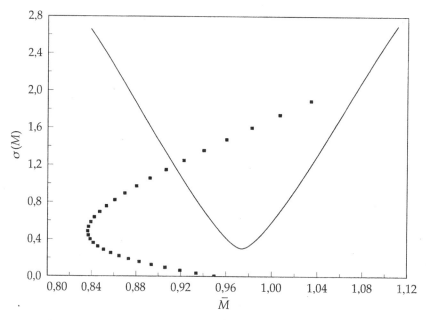

Figura 20.3. La cota de HJ para preferencias con aversión relativa al riesgo constante y separabilidad temporal y entre estados. Mercado estadounidense, 1891-1994.
Fuente: Campbell, John Y.; Lo, Andrew W. y MacKinlay, Craig A.: *The Econometrics of Financial Markets*, © 1997 by Princeton University Press.

La desviación estándar mínima global para el factor de descuento $M_{t+1} = \rho \left(\dfrac{C_{t+1}}{C_t} \right)^{-\gamma}$ es aproximadamente igual a 0,33, la cual corresponde a un valor medio de dicho factor igual a 0,98 y a un tipo de interés libre de riesgo del 2% anual. Se observa que al alejarse del valor 0,98, la cota asociada a la desviación estándar del factor de descuento estocástico incrementa rápidamente. Asimismo, puede observarse la *anomalía de la prima de riesgo* ya que la figura 20.3 muestra los pares $\{E(M), \sigma_M\}$ para valores alternativos del coeficiente de aversión relativa al riesgo y una tasa de preferencia temporal dada. El primer punto sobre el eje horizontal tiene un coeficiente de aversión relativa al riesgo igual a 1; los puntos sucesivos toman valores 2, 3, etc. Estos puntos no entran dentro de la región admisible hasta alcanzar un coeficiente de aversión relativa al riesgo igual a 25. En otras palabras, el modelo es capaz de explicar la prima de riesgo media observada en el mercado sólo para elevados grados de aversión al riesgo. Para valores más razonables, el factor de descuento queda fuera del espacio de pares $\{E(M), \sigma_M\}$ admisibles y, por tanto, el modelo no parece ser consistente con los datos.[11]

A continuación, se formaliza la obtención de la cota de HJ. Dado que la existencia de algún factor de descuento estocástico se garantiza mediante la ausencia de arbitraje, puede considerarse la siguiente proyección de un factor cualquiera M_{t+1} en un vector de rendimientos brutos de activos, $\widetilde{R}_{t+1}$:

$$M_{t+1} = \widetilde{R}'_{t+1}\beta + \varepsilon_{t+1} \qquad [20.64]$$

donde $E(\widetilde{R}_{t+1}\varepsilon_{t+1}) = 0$, y donde β es el vector de coeficientes de la proyección. Multiplicamos ambos lados de [20.64] por $\widetilde{R}_{t+1}$ y tomamos expectativas teniendo en cuenta que $E(\widetilde{R}_{t+1}\varepsilon_{t+1}) = 0$. De esta forma, se obtiene una expresión que permite despejar el vector de coeficientes β. Este vector puede emplearse para sustituirlo en [20.64] y obtener los valores ajustados de la proyección:

$$M^*_{t+1} = \widetilde{R}'_{t+1}\beta = \widetilde{R}'_{t+1}E(\widetilde{R}_{t+1}\widetilde{R}'_{t+1})^{-1}\, \vec{1}, \qquad [20.65]$$

donde $\vec{1}$ es un vector de unos.

Es inmediato comprobar que M^*_{t+1} es un *factor de descuento estocástico válido*, ya que satisface la ecuación fundamental de valoración $E(\widetilde{R}_{t+1}M^*_{t+1}) = \vec{1}$. Este resultado implica que se ha construido un factor de descuento estocástico que, además, puede interpretarse como el pago futuro de una cartera de los N activos con ponderaciones iguales a $E(\widetilde{R}_{t+1}\widetilde{R}'_{t+1})^{-1}\, \vec{1}$.

Si sustituimos M^*_{t+1} por $\widetilde{R}'_{t+1}\beta$ en la expresión [20.64], se obtiene de forma inmediata que:

$$M_{t+1} = M^*_{t+1} + \varepsilon_{t+1}, \qquad [20.66]$$

donde $E(\varepsilon_{t+1}M^*_{t+1}) = 0$. Entonces, es evidente que $\mathrm{var}(M_{t+1}) \geq \mathrm{var}(M^*_{t+1})$, expresión que resulta ser la base fundamental de la cota sobre la $\mathrm{var}(M_{t+1})$. Nótese que, dado [20.65], M^*_{t+1} depende sólo del segundo momento de la matriz de rendimientos de los N activos, de forma que la cota depende sólo de los

---

[11] Intervalos de confianza para la cota de HJ han sido propuestos por Cecchetti, Lam y Mark (1994) y Hansen, Heaton y Luttmer (1995). Véase asimismo el trabajo de Rodríguez, donde se presentan dichas cotas para factores de descuento estocásticos alternativos para el mercado español de valores.

activos disponibles en el mercado y no de la forma funcional de un modelo de valoración particular.

Para obtener la forma explícita de la cota de HJ en términos de los rendimientos de los activos hacemos las siguientes sustituciones:

$$\text{var}(M_{t+1}) \geq \text{var}(M^*_{t+1}) = \beta' \text{var}(R_{t+1})\beta =$$

$$= \left[\text{cov}(M_{t+1}, R'_{t+1})\, \text{var}(R_{t+1})^{-1}\right]\text{var}(R_{t+1})\left[\text{var}(R_{t+1})^{-1}\text{cov}(M_{t+1}, R'_{t+1})\right] =$$

$$= \left[\vec{1}' - E(M_{t+1})E(\tilde{R}'_{t+1})\right]\text{var}(R_{t+1})^{-1}\left[\vec{1} - E(M_{t+1})E(\tilde{R}_{t+1})\right], \qquad [20.67]$$

donde la última igualdad es inmediata al recordar que

$$E(M_{t+1}\tilde{R}_{t+1}) = \vec{1} = E(M_{t+1})E(\tilde{R}_{t+1}) + \text{cov}(M_{t+1}, R_{t+1}).$$

Como antes, al variar los valores hipotéticos de $E(M_{t+1}) = \dfrac{1}{1 + r_{t+1}}$, la expresión [20.67] resulta en una parábola en el espacio $\{E(M), \sigma_M\}$ y, al cambiar simplemente los ejes, se obtiene el espacio de factores de descuento estocásticos admisibles bajo ausencia de arbitraje que tiene la forma de *copa* como en las figuras 20.2 y 20.3.

Es inmediata la obtención de las cotas de HJ para las alternativas formas funcionales de la relación marginal de sustitución intertemporal que aparecen al principio de este apartado excepto en el caso de las preferencias con durabilidad y hábito. Su estimación requiere la evaluación de expectativas condicionales. El problema se resuelve suponiendo que las tasas de crecimiento del consumo son independientes y están idénticamente distribuidas en el tiempo, de forma que puedan sustituirse las expectativas condicionales por sus correspondientes expectativas incondicionales. Así, la simple media muestral del consumo para el periodo adecuado es suficiente para llevar a cabo la estimación. Desafortunadamente, todos los modelos tienden a sugerir factores de descuento estocásticos no admisibles de acuerdo con la cota de HJ, al menos para valores razonables de los parámetros, tal como ocurría para el modelo básico en la figura 20.3. Una vez más, parece evidente que se necesitan modelos de valoración alternativos. Los siguientes apartados avanzan en esta dirección.

20.8* El modelo de valoración intertemporal sin consumo

Recuperemos la condición de primer orden del modelo con aversión relativa al riesgo constante, donde se supone separabilidad de la función de utilidad del agente representativo tanto temporal como entre estados y donde, además, el coeficiente de aversión relativa al riesgo es el inverso de la elasticidad intertemporal de sustitución del consumo. Escribamos la ecuación [20.29] de la forma:

$$E_t\left[\rho\left(\frac{C_{t+1}}{C_t}\right)^{-\gamma}\tilde{R}_{jt+1}\right] = 1; \; j = 1, \ldots, N.$$

Tal como se hizo con la ecuación [20.54], la expresión anterior se lineializa tomando logaritmos y suponiendo que la tasa de crecimiento del consumo agregado y el rendimiento son variables conjuntamente lognormales y homocedásticas:

$$\ln E_t \left\{ \rho \left(\frac{C_{t+1}}{C_t} \right)^{-\gamma} \tilde{R}_{jt+1} \right\} = 0.$$

Utilizando las propiedades de las variables lognormales comentadas en el apartado 20.6, se obtiene:

$$E_t \left\{ \ln \left[\rho \left(\frac{C_{t+1}}{C_t} \right)^{-\gamma} \tilde{R}_{jt+1} \right] \right\} + \frac{1}{2} \, \text{var} \left\{ \ln \left[\rho \left(\frac{C_{t+1}}{C_t} \right)^{-\gamma} \tilde{R}_{jt+1} \right] \right\} =$$

$$= E_t(\ln\rho) - \gamma E_t(\ln C_{t+1} - \ln C_t) + E_t\left[\ln(\tilde{R}_{jt+1})\right] + \frac{1}{2} \, E\left\{(\ln[\cdot] - E_t\ln[\cdot])^2\right\} = 0.$$

Usando letras minúsculas para las variables en logaritmos,

$$E_t r_{jt+1} + \ln\rho - \gamma E_t \Delta c_{t+1} + \frac{1}{2} \, E \left\{ \left[-\gamma \underbrace{\left(\Delta c_{t+1} - E_t \Delta c_{t+1} \right)}_{c_{t+1} - c_t - E_t c_{t+1} + c_t} + (r_{jt+1} - E_t r_{jt+1}) \right]^2 \right\} = 0$$

por lo que despejando el rendimiento esperado del activo j se obtiene:

$$E_t r_{jt+1} = - \ln\rho + \gamma E_t \Delta c_{t+1} - \frac{1}{2} \, (\gamma^2 \sigma_c^2 + \sigma_j^2 - 2\gamma \sigma_{jc}), \qquad [20.68]$$

donde $\sigma_c^2 = \text{var}(\Delta c_{t+1})$, $\sigma_j^2 = \text{var}(r_{jt+1})$ y $\sigma_{jc} = \text{cov}(r_{jt+1}, \Delta c_{t+1})$, de forma que el rendimiento esperado de cualquier activo j es lineal en la tasa de crecimiento del consumo con pendiente igual al coeficiente de aversión relativa al riesgo.

Evaluando [20.68] en el activo libre de riesgo,

$$r_{ft+1} = - \ln\rho + \gamma E_t(\Delta c_{t+1}) - \frac{1}{2} \, \gamma^2 \sigma_c^2. \qquad [20.69]$$

Restando ambas ecuaciones,

$$E_t\left[r_{jt+1} - r_{ft+1}\right] + \frac{1}{2} \, \sigma_j^2 = \gamma \sigma_{jc}; \; j = 1, ..., N, \qquad [20.70]$$

donde, como sabemos, la necesidad del ajuste en el lado izquierdo de la ecuación puede eliminarse reescribiendo dicha ecuación como el logaritmo del cociente esperado de los rendimientos (brutos) del activo incierto j y el activo libre de riesgo:

$$\ln E_t \left[\frac{(1 + R_{jt+1})}{(1 + r_{t+1})} \right] = \gamma \sigma_{jc}.$$

Por tanto, el *modelo intertemporal básico implica que la prima de riesgo de cualquier activo j está lineal y positivamente relacionada con la tasa de crecimiento del consumo agregado, donde la pendiente de dicha relación es el coeficiente de aversión relativa al riesgo de la economía.*

(i) Las anomalías de la prima de riesgo y el tipo de interés sin riesgo

Aunque ya sabemos que el contraste del modelo anterior se rechaza en la literatura empírica, su versión linealizada es útil, ya que permite valorar con facilidad la denominada *anomalía de la prima de riesgo.*

El cuadro 20.1 contiene los momentos de primer y segundo orden del logaritmo del rendimiento del índice equiponderado del mercado bursátil español, del logaritmo del crecimiento (real) del consumo agregado de bienes no duraderos y del logaritmo del tipo de interés libre de riesgo todos ellos en términos anualizados.[12]

Cuadro 20.1. La anomalía de la prima de riesgo en el mercado bursátil español, 1970-1998.

Variables	Media (%)	Desviación estándar (%)	Covarianza con el consumo	Correlación con el consumo
Tasa de crecimiento del consumo	2,724	1,261	0,000159	1
Rendimiento del mercado	15,587	27,009	0,000275	0,08084
Tipo de interés libre de riesgo	7,300	1,745	− 0,000068	− 0,30976
Prima por riesgo	8,287	26,841	0,000343	0,10148

La prima de riesgo durante el periodo analizado es igual a 8,3% con una desviación estándar del 27%. La serie de consumo se caracteriza por ser una serie muy suave con una desviación estándar del 1,26%, de forma que el exceso de ren-

---

[12] Los autores agradecen la colaboración de Belén Nieto de la Universidad de Alicante en la estimación del siguiente cuadro.

dimiento del índice con la tasa de crecimiento del consumo tiene una covarianza pequeña e igual a 0,000343. Si sustituimos los momentos del cuadro 20.1 en la expresión [20.70], observamos que se necesita un coeficiente de aversión relativa al riesgo igual a 346 para que los resultados estén de acuerdo con la prima de riesgo realmente observada en el mercado bursátil.

Este es un coeficiente de aversión al riesgo exageradamente elevado que tiene *consecuencias absurdas sobre el tipo de interés*, tal como puede comprobarse si empleamos la media incondicional de la ecuación [20.69]:

$$E[r_{ft+1}] = -\ln\rho + \gamma g - \frac{1}{2}\gamma^2\sigma_c^2. \qquad [20.71]$$

Así, por ejemplo, en un reciente estudio para el mercado estadounidense de Campbell, Lo y MacKinlay (1997), que comprende datos anuales entre 1889 y 1994 observan una prima de riesgo anual del 4,18% con volatilidad del 17,74%, mientras que el crecimiento del consumo presenta una media anual del 1,72%, con una volatilidad del 3,28% y una covarianza entre el exceso de rendimiento del mercado bursátil y el crecimiento del consumo igual a 0,0029. El coeficiente de aversión al riesgo que se necesita para replicar la prima de riesgo de acuerdo con la expresión [20.70] sería igual a 19. Nótese que si el coeficiente de aversión al riesgo fuese efectivamente igual a 19, y dado que el valor medio muestral del tipo de interés libre de riesgo es igual a 1,83%, se obtendría una tasa de descuento mayor que uno, en concreto una tasa igual a 1,12. Naturalmente, una tasa de preferencia temporal mayor que uno implica una *tasa de preferencia temporal negativa*, lo que es ciertamente poco razonable. Por otra parte, si tomamos un valor positivo y razonable para dicha tasa, por ejemplo $\rho = 0,98$, y un coeficiente de aversión al riesgo tan elevado como 19 implicaría un tipo de interés libre de riesgo mucho mayor que el realmente observado. Esta nueva anomalía, que aparece al intentar racionalizar coeficientes de aversión al riesgo altos, se conoce como *la anomalía del tipo de interés sin riesgo* y se debe a Weil (1989). En palabras, si el agente representativo es muy averso al riesgo (γ alta) entonces, bajo el modelo básico, el agente se resistirá a sustituir consumo a lo largo del tiempo (η baja). En estas condiciones, si la tasa de crecimiento medio del consumo es positiva y el tipo de interés fuera bajo, el agente con tasa de preferencia temporal positiva tendría un fuerte incentivo para pedir préstamos elevando desproporcionadamente el tipo de interés. La única posibilidad de observar un tipo de interés pequeño sería, por tanto, tener una tasa de preferencia temporal negativa que le haga disminuir su fuerte deseo de petición de préstamos.

En el caso del mercado bursátil español, si los datos del cuadro 20.1 se utilizasen para calcular niveles de tipos de interés que sostengan coeficientes de aversión al riesgo tan extremadamente altos como 346, la expresión [20.71] implicaría tipos de interés nominales negativos. Una vez más, el coeficiente de aversión al riesgo necesario para replicar la prima de riesgo del mercado bursátil tiene implicaciones incoherentes con la realidad económica.

(ii) Sustituyendo el consumo en el modelo de valoración intertemporal
El evidente fracaso del modelo intertemporal básico con consumo puede deberse al supuesto sobre preferencias, tal como se ha discutido en los apartados anteriores. Sin embargo, ya hemos señalado que extensiones del modelo que introducen preferencias, en principio, más ajustadas con la realidad no mejoran suficientemente el comportamiento del mismo. Otra alternativa que puede potencialmente explicar los malos resultados asociados a estos modelos en general es que el *consumo agregado esté mal medido*. En particular, dicho consumo se mide a lo largo de los intervalos de tiempo que configuran el periodo muestral y no en un momento puntual de dicho intervalo, como ocurre con los precios de los activos. Esta agregación temporal del consumo hace que la serie se suavice artificialmente provocando poca variabilidad en la relación marginal de sustitución y escasa covariabilidad con los rendimientos de los activos.

Así, Campbell (1993, 1996) sugiere que se podría sustituir el consumo del modelo de valoración intertemporal y obtener un modelo que relacione los rendimientos medios y las covarianzas con las variables estado subyacentes que determinan en último término el consumo agregado. Esta idea es posible ya que el consumo y el rendimiento de la cartera de mercado están relacionados en la restricción presupuestaria intertemporal, así como en el factor de descuento estocástico del modelo con preferencias isoelásticas generalizadas.

Sabemos que la restricción presupuestaria intertemporal es:

$$W_{t+1} = (W_t - C_t)\tilde{R}_{mt+1},$$

que la escribimos en términos relativos como:

$$\frac{W_{t+1}}{W_t} = \left(1 - \frac{C_t}{W_t}\right)\tilde{R}_{mt+1}. \qquad [20.72]$$

Tomando logaritmos,

$$\Delta w_{t+1} = r_{mt+1} + \ln[1 - \exp(c_t - w_t)], \qquad [20.73]$$

donde, como siempre, las letras minúsculas reflejan las variables en logaritmos.

Sea $K_t = \dfrac{C_t}{W_t}$ la proporción consumida de la riqueza y $k_t = \ln(K_t) = c_t - w_t$.

Dado que el segundo término del lado derecho de la expresión anterior no es lineal, se aproxima mediante una expansión en series de Taylor alrededor de la media $\bar{k}$:[13]

$$\ln[1 - \exp(k_t)] \cong \ln[1 - \exp(\bar{k})] - \frac{\exp(\bar{k})}{1 - \exp(\bar{k})}\,(k_t - \bar{k}). \qquad [20.74]$$

---

[13] Se utiliza la siguiente aproximación $f(k_t) \cong f(\bar{k}) + f'(\bar{k})(k_t - \bar{k})$.

Sea

$$-\frac{\exp(\bar{k})}{1-\exp(\bar{k})} = 1 - \frac{1}{\upsilon} \qquad [20.75]$$

por lo que $\upsilon = 1 - \exp(\bar{k})$.

Suponiendo que el logaritmo del cociente consumo entre riqueza *sea constante*, el coeficiente υ es

$$\upsilon = \frac{W_t - C_t}{W_t} = \frac{\overline{W} - \overline{C}}{\overline{W}} = \frac{W - C}{W}. \qquad [20.76]]$$

De esta forma, la expansión de Taylor queda como

$$\ln[1 - \exp(k_t)] \cong \ln\upsilon - \left(1 - \frac{1}{\upsilon}\right)\bar{k} + \left(1 - \frac{1}{\upsilon}\right)k_t = \text{Cte} + \left(1 - \frac{1}{\upsilon}\right)k_t,$$

donde la Cte no juega papel alguno en el desarrollo posterior del modelo. Sustituyéndola en la expresión [20.73],

$$\Delta w_{t+1} \cong r_{mt+1} + \text{Cte} + \left(1 - \frac{1}{\upsilon}\right)(c_t - w_t). \qquad [20.77]$$

Nótese que la siguiente y trivial igualdad debe cumplirse,

$$\Delta w_{t+1} = \Delta c_{t+1} + (c_t - w_t) - (c_{t+1} - w_{t+1}). \qquad [20.78]$$

Igualando los dos lados izquierdos de ambas ecuaciones, se obtiene una ecuación en diferencias en el logaritmo del cociente consumo-riqueza, $c_t - w_t$. Sustituyendo sucesivamente hasta el infinito dicho cociente consumo-riqueza y suponiendo

$$\lim_{\tau \to \infty} \upsilon^\tau(c_{t+\tau} - w_{t+\tau}) = 0,$$

resulta la siguiente expresión:

$$c_t - w_t = \sum_{\tau=1}^{\infty} \upsilon^\tau(r_{mt+\tau} - \Delta c_{t+\tau}) + \frac{\upsilon \, \text{Cte}}{1 - \upsilon}, \qquad [20.79]$$

que es simplemente la restricción presupuestaria intertemporal escrita convenientemente *sin* ningún tipo de supuesto sobre el comportamiento del agente representativo.

Tomando expectativas condicionales en la ecuación [20.79], tenemos que:

$$c_t - w_t = E_t \sum_{\tau=1}^{\infty} \upsilon^{\tau}(r_{mt+\tau} - \Delta c_{t+\tau}) + \frac{\upsilon \, \text{Cte}}{1-\upsilon}. \qquad [20.80]$$

Esta importante expresión sugiere que la proporción de consumo en un periodo respecto de la riqueza en ese periodo será mayor cuanto mayor sea la expectativa del rendimiento de la riqueza futura o menor el crecimiento esperado del consumo futuro.

Sustituyendo la ecuación [20.80] en las expresiones [20.78] y [20.77] queda

$$c_{t+1} - E_t c_{t+1} = (E_{t+1} - E_t) \sum_{\tau=0}^{\infty} \upsilon^{\tau} r_{mt+1+\tau} - (E_{t+1} - E_t) \sum_{\tau=1}^{\infty} \upsilon^{\tau} \Delta c_{t+1+\tau}. \qquad [20.81]$$

Esta última expresión se combina con el modelo de valoración de preferencias isoelásticas generalizadas cuya condición de primer orden viene dada por la ecuación [20.54]. Como dicha condición de optimalidad se satisface para todo activo incierto j, también debe cumplirse para el rendimiento de la cartera de mercado. Así, se cumple que:

$$E_t \left\{ \left[\left(\rho \frac{C_{t+1}}{C_t} \right)^{-\frac{1}{\eta}} \tilde{R}_{mt+1} \right]^{\theta} \right\} = 1, \qquad [20.82]$$

donde, como sabemos, η es la elasticidad intertemporal de sustitución y $\theta = (1-\gamma)/(1-1/\eta)$.

Tomando logaritmos para linealizar la ecuación anterior se obtiene,

$$E_t \Delta c_{t+1} = \mu_m + \eta E_t r_{mt+1} \qquad [20.83]$$

donde,

$$\mu_m = \eta \ln \rho + \frac{1}{2} \left[\frac{\theta}{\eta} \, \sigma_c^2 + \theta \eta \sigma_m^2 - 2\theta \sigma_{cm} \right].$$

Así, el valor esperado del crecimiento del consumo es una constante más la elasticidad intertemporal de sustitución del consumo multiplicada por la expectativa del rendimiento del mercado o riqueza agregada.

Dado que la ecuación [20.83] es válida para todo periodo t, también se satisface,

$$E_{t+\tau} \Delta c_{t+\tau+1} = \mu_m + \eta E_{t+\tau} r_{mt+\tau+1} \qquad [20.84]$$

Volviendo a [20.81], nótese que dicha ecuación puede escribirse como:

$$c_{t+1} - E_t c_{t+1} = r_{mt+1} - E_t r_{mt+1} + (E_{t+1} - E_t) \sum_{\tau=1}^{\infty} \upsilon^\tau r_{mt+1+\tau} - (E_{t+1} - E_t) \sum_{\tau=1}^{\infty} \upsilon^\tau \Delta c_{t+1+\tau}.$$

[20.85]

Trabajando con el último término del lado derecho de [20.85],

$$(E_{t+1} - E_t) \sum_{\tau=1}^{\infty} \upsilon^\tau \Delta c_{t+1+\tau} = \sum_{\tau=1}^{\infty} \upsilon^\tau E_{t+1} \Delta c_{t+1+\tau} - \sum_{\tau=1}^{\infty} \upsilon^\tau E_t \Delta c_{t+1+\tau}$$

por la ley de expectativas iteradas,

$$(E_{t+1} - E_t) \sum_{\tau=1}^{\infty} \upsilon^\tau \Delta c_{t+1+\tau} = \sum_{\tau=1}^{\infty} \upsilon^\tau E_{t+1}(E_{t+\tau} \Delta c_{t+1+\tau}) - \sum_{\tau=1}^{\infty} \upsilon^\tau E_t(E_{t+\tau} \Delta c_{t+1+\tau}),$$

usando [20.84],

$$(E_{t+1} - E_t) \sum_{\tau=1}^{\infty} \upsilon^\tau \Delta c_{t+1+\tau} = \sum_{\tau=1}^{\infty} \upsilon^\tau E_{t+1}(\mu_m + \eta E_{t+\tau} r_{mt+\tau+1}) - \sum_{\tau=1}^{\infty} \upsilon^\tau E_t(\mu_m + \eta E_{t+\tau} r_{mt+\tau+1})$$

usando una vez más la ley de expectativas iteradas,

$$(E_{t+1} - E_t) \sum_{\tau=1}^{\infty} \upsilon^\tau \Delta c_{t+1+\tau} = \sum_{\tau=1}^{\infty} \upsilon^\tau(\mu_m + \eta E_{t+1} r_{mt+\tau+1}) - \sum_{\tau=1}^{\infty} \upsilon^\tau(\mu_m + \eta E_t r_{mt+\tau+1}) =$$

$$= \sum_{\tau=1}^{\infty} \upsilon^\tau \mu_m + \eta E_{t+1} \sum_{\tau=1}^{\infty} \upsilon^\tau r_{mt+\tau+1} - \sum_{\tau=1}^{\infty} \upsilon^\tau \mu_m + \eta E_t \sum_{\tau=1}^{\infty} \upsilon^\tau r_{mt+\tau+1} =$$

$$= \eta(E_{t+1} - E_t) \sum_{\tau=1}^{\infty} \upsilon^\tau r_{mt+\tau+1},$$

donde, $(E_{t+1} - E_t) \sum_{\tau=1}^{\infty} \upsilon^\tau r_{mt+\tau+1}$ es una expresión crucial que representa *la revisión de las expectativas que realiza el agente representativo sobre los rendimientos futuros del mercado.*

Este último resultado lo sustituimos en el último término de la ecuación [20.85] para obtener

$$c_{t+1} - E_t c_{t+1} = r_{mt+1} - E_t r_{mt+1} + (1 - \eta)(E_{t+1} - E_t) \sum_{\tau=1}^{\infty} \upsilon^\tau r_{mt+1+\tau} \quad [20.86]$$

ecuación que permititirá sustituir el consumo de la ecuación de valoración intertemporal.

La expresión [20.86] sugiere una interesante relación entre las innovaciones en el crecimiento del consumo y las innovaciones en el rendimiento de la riqueza. Un incremento en el rendimiento esperado futuro del mercado disminuye o, por el contrario, aumenta el consumo del agente representativo dependiendo de si la elasticidad intertemporal de sustitución, η, es mayor o menor que uno. Si dicha elasticidad es menor que uno, el agente se mostraría reacio a sustituir consumo a lo largo del tiempo y el efecto renta asociado a un mayor rendimiento domina al efecto sustitución, elevando el consumo hoy en relación a la riqueza. Al revés, si $\eta > 1$, el efecto sustitución domina y el cociente consumo-riqueza disminuye cuando el rendimiento esperado aumenta, ya que se espera consumir más en el futuro.

Asimismo, la expresión [20.86], dado que en su lado derecho ya no aparecen datos de consumo, implica que *la covarianza del rendimiento de cualquier activo j con la tasa de crecimiento del consumo puede escribirse en términos de las covarianzas con el rendimiento de la cartera de mercado y con las revisiones de las expectativas sobre el futuro rendimiento del mercado*:

$$\operatorname{cov}_t(r_{jt+1}, \Delta c_{t+1}) \equiv \sigma_{jc} = \sigma_{jm} + (1 - \eta)\, \sigma_{jh}, \qquad [20.87]$$

donde

$$\sigma_{jh} = \operatorname{cov}_t\left[r_{jt+1}, (E_{t+1} - E_t) \sum_{\tau=1}^{\infty} v^\tau r_{mt+1+\tau}\right]. \qquad [20.88]$$

En definitiva, σ_{jh} se define como la covarianza del rendimiento del activo j con buenas (malas) noticias sobre el futuro rendimiento del mercado; esto es, con revisiones al alza (a la baja) en las expectativas sobre el futuro rendimiento del mercado.

Recordemos que la expresión de valoración del modelo con preferencias isoelásticas generalizadas venía dada por la ecuación [20.57]:

$$E_t\left[r_{jt+1} - r_{ft+1}\right] + \frac{1}{2}\, \sigma_j^2 = \theta\, \frac{\sigma_{jc}}{\eta} + (1 - \theta)\sigma_{jm},$$

donde

$$\theta = \frac{1 - \gamma}{1 - 1/\eta} = \eta\, \frac{1 - \gamma}{\eta - 1},$$

por lo que

$$E_t[r_{jt+1} - r_{ft+1}] + \frac{1}{2}\, \sigma_j^2 = \theta\, \frac{\sigma_{jc}}{\eta} + (1 - \theta)\sigma_{jm} = \eta\, \frac{(1 - \gamma)}{\eta - 1}\, \frac{\sigma_{jc}}{\eta} + \sigma_{jm} - \eta\, \frac{(1 - \gamma)}{\eta - 1}\, \sigma_{jm}.$$

$$[20.89]$$

Usando las expresiones [20.87] y [20.88], obtenemos

$$E_t[r_{jt+1} - r_{ft+1}] + \frac{1}{2} \sigma_j^2 = \frac{(1-\gamma)}{\eta-1} \sigma_{jm} + \frac{(1-\gamma)}{\eta-1} (1-\eta)\sigma_{jh} + \sigma_{jm} - \eta \frac{(1-\gamma)}{\eta-1} \sigma_{jm} =$$

$$= (\gamma - 1)\sigma_{jh} + \sigma_{jm}\left[1 + \frac{1-\gamma}{\eta-1} (1-\eta)\right]$$

por lo que, finalmente, el modelo de valoración intertemporal sin consumo puede escribirse como:

$$E_t[r_{jt+1} - r_{ft+1}] + \frac{1}{2} \sigma_j^2 = \gamma\sigma_{jm} + (\gamma - 1)\sigma_{jh}. \qquad [20.90]$$

Este es un modelo que puede interpretarse como la extensión más general de la
ecuación fundamental de valoración, ya que permite entender el comportamiento
optimizador del agente representativo teniendo en cuenta las revisiones sobre las
expectativas futuras del mercado que, como veremos, nos conduce a un modelo
*con múltiples covarianzas o múltiples factores de riesgo ante los cuales el agente adopta es-
trategias de cobertura que precisamente le permiten invertir adecuadamente ante movimientos desfavorables en el conjunto de oportunidades de inversión intertemporal.*
Obsérvese que en un marco estático obtendríamos de forma inmediata el
CAPM tradicional, ya que en dicho contexto, como sabemos por el capítulo 19,
el coeficiente de aversión relativa al riesgo es la prima por riesgo por unidad de
riesgo, mientras que el reconocimiento del contexto intertemporal nos obliga a
incorporar factores o covarianzas adicionales que incorporen las características
de un entorno cambiante. Antes de transformar el modelo de valoración intertemporal [20.90] en un modelo en el que aparecen explícitamente múltiples factores de riesgo, debemos señalar varias características claves del modelo:[14]

(i)   Es posible valorar activos financieros en un contexto intertemporal sin
      hacer referencia alguna a la tasa de crecimiento del consumo, evitando
      así potenciales errores de medida e introduciendo una *mayor covariabili-
      dad* entre la relación marginal de sustitución intertemporal (ahora en tér-
      minos tanto de riqueza como de los cambios en las expectativas sobre la
      variación de la misma) y el rendimiento de los activos inciertos.

(ii) Aunque más adelante relacionaremos ambos enfoques, cabe señalar que
      la expresión [20.90] puede interpretarse como la versión en tiempo dis-
      creto del denominado modelo intertemporal de valoración (ICAPM) en
      tiempo continuo de Merton (1973), donde el agente representativo valo-
      ra activos utilizando las covarianzas de los rendimientos con respecto a

---

[14] Véase Campbell, Lo y MacKinlay (1997).

ciertas carteras de cobertura (no identificadas) pero que capturan cambios en el conjunto de oportunidades de inversión.

(iii) Curiosamente, el *único parámetro de la función de utilidad del agente representativo que forma parte de la expresión de valoración [20.90] es el coeficiente de aversión relativa al riesgo.* Una vez desaparecido el consumo de la ecuación de valoración, también desaparece la elasticidad intertemporal de sustitución del consumo. Nótese que, según la expresión [20.86], una elasticidad de sustitución η baja reduce las fluctuaciones anticipadas en el consumo, pero al mismo tiempo, según [20.57], incrementa la prima de riesgo requerida para compensar cualquier posible contribución a dichas fluctuaciones. Ambos efectos se *cancelan* en la expresión final de valoración dada por [20.90].

(iv) Si ignoramos el ajuste debido a la desigualdad de Jensen, la prima de riesgo de cualquier activo *j* se descompone en *dos partes* de acuerdo con el modelo intertemporal de valoración:

   - la covarianza del rendimiento de *j* con el rendimiento de la cartera de mercado; término que recibe una ponderación igual a γ (a la aversión relativa al riesgo).
   - la covarianza del rendimiento de *j* con noticias sobre el futuro comportamiento del mercado; componente que recibe una ponderación igual a $(\gamma - 1)$.

Cuando $\gamma < 1$, los activos que se comportan bien (mal) cuando existen noticias positivas sobre el comportamiento futuro del mercado tienen rendimientos medios más bajos (altos), pero los mismos activos tienen rendimientos medios más altos (bajos) cuando $\gamma > 1$. Estos activos son deseables porque permiten al agente beneficiarse de las posibles mejoras en el conjunto de oportunidades de inversión, pero son al mismo tiempo rechazables, ya que reducen la capacidad del agente para *cubrirse* contra un posible deterioro en el conjunto de oportunidades de inversión. El primer efecto domina cuando $\gamma < 1$, ya que el agente representativo estaría dispuesto a aceptar un rendimiento medio más bajo por mantener en su cartera activos que tienden a pagar cuando la riqueza se hace más productiva. Sin embargo, cuando $\gamma > 1$ el segundo efecto es el dominante y el agente exigirá un rendimiento medio mayor como compensación por mantener tales activos. Es lógico que el efecto asociado a su capacidad de cubrirse ante movimientos desfavorables en el conjunto de oportunidades de inversión se haga más relevante cuanto más averso al riesgo sea un individuo.

(v) El modelo implica que el rendimiento esperado de cualquier activo *j* (y su prima de riesgo esperada) es *variable* a lo largo del tiempo debido a los cambios que se producen en las noticias sobre el comportamiento futuro del mercado.

(vi) Ya hemos señalado que bajo preferencias logarítmicas, el modelo intertemporal básico se hacía equivalente al modelo estático. Este caso es fácil de comprobar, ya que bajo dichas preferencias $\gamma = 1$, y la única covarianza relevante en [20.90] es la covarianza con el rendimiento del mercado. Asimismo, cuando el conjunto de oportunidades de inversión es constante, $\sigma_{jh} = 0$, también se valorarán los activos en función de su covarianza con el mercado. Volveremos sobre este caso al analizar el modelo de Merton.

(vii) El modelo de valoración intertemporal [20.90] puede también interpretarse en términos del rendimiento conjunto del mercado. Si escribimos dicha expresión neta de la desigualdad de Jensen para el rendimiento del mercado, obtenemos,

$$E_t[r_{mt+1} - r_{ft+1}] \cong \gamma \sigma_m^2 + (\gamma - 1)\sigma_{mh}. \qquad [20.91]$$

Cuando el rendimiento de la cartera de mercado no está correlacionado con las revisiones de las expectativas sobre el futuro rendimiento del propio mercado, *entonces el coeficiente de aversión relativa al riesgo se puede estimar como el cociente de la prima de riesgo esperada del mercado sobre su varianza*. Nótese que este procedimiento, muy utilizado en la práctica, puede conducir a conclusiones erróneas si la covarianza σ_{mh} es importante. También volveremos sobre este punto al discutir la evidencia empírica sobre este tipo de modelos una vez discutido el modelo de Merton.

(iii) Un modelo de equilibrio intertemporal de valoración con múltiples factores

La discusión del capítulo 8 sobre el APT, así como su análisis empírico, dejó claro que una de las principales limitaciones del modelo construido con muy poca estructura, salvo el supuesto factorial sobre la generación de los rendimientos y la ausencia de arbitraje, era la escasa información que incorporaba el propio modelo sobre los factores de riesgo sistemático cuyas covarianzas con los rendimientos determinan los precios de los activos.

El modelo desarrollado en este capítulo favorece, mediante una pequeña transformación de la ecuación [20.90], la interpretación que debe darse a los factores de riesgo en los modelos de múltiples betas tipo APT. La idea fundamental es encontrar aproximaciones empíricas de la covarianza teórica σ_{jh}. Escribimos el rendimiento del mercado como el primer elemento de un vector *observable K-dimensional* de variables estado, Z_{t+1}, mientras que el resto de los $K - 1$ elementos del vector son variables relevantes para predecir el futuro rendimiento del mercado.[15] Nótese que el modelo se basa en las covarianzas de los rendimientos con los cambios en las expectativas sobre el futuro comportamiento del mercado. Naturalmente, dichas expectativas se modificarán en base a los cambios que se producen en el conjunto de información del agente representativo. Esta es la idea fundamental del modelo intertemporal. *Las variables estado que forman el vector de múltiples factores de riesgo son*

---

[15] Igual que se hizo en el caso del CAPM condicional del capítulo 12, se podría añadir un segundo elemento que reflejase el capital humano como parte de la riqueza agregada de la economía.

aquellas que ayudan a predecir el comportamiento del mercado. Esta sencilla idea supone un avance clave sobre el APT al ayudarnos a entender cómo deben ser dichos factores de riesgo sistemático.

Para verlo, supongamos que el vector Z_{t+1} sigue un proceso autorregresivo de primer orden (VAR) con una matriz de coeficientes A, y un vector de perturbaciones ε_t con elementos $\varepsilon_{1t}, ..., \varepsilon_{Kt}$:

$$Z_{t+1} = AZ_t + \varepsilon_{t+1}. \qquad [20.92]$$

Sea $e1$ un vector K-dimensional cuyo primer elemento es igual a uno y el resto de sus elementos son cero. Este vector recoge el rendimiento del mercado del vector de variables estado Z_{t+1}:

$$r_{mt+1} = e1 Z_{t+1} \qquad [20.93]$$

y

$$r_{mt+1} - E_t r_{mt+1} = e1 \varepsilon_{t+1}. \qquad [20.94]$$

De esta forma, el VAR genera predicciones sobre el rendimiento futuro del mercado sobre múltiples periodos que pueden escribirse como:

$$E_t[r_{mt+1+\tau}] = e1 A^{\tau+1} Z_t. \qquad [20.95]$$

Recordemos la expresión [20.88], donde la covarianza del rendimiento de j se toma con respecto a las revisiones de las expectativas sobre el futuro rendimiento del mercado:

$$\sigma_{jh} = \text{cov}_t \left[r_{jt+1}, (E_{t+1} - E_t) \sum_{\tau=1}^{\infty} v^\tau r_{mt+1+\tau} \right].$$

Utilizando la expresión [20.95], estas revisiones pueden escribirse como función descontada de los errores del VAR:

$$E_{t+1}\left[\sum_{\tau=1}^{\infty} v^\tau r_{mt+1+\tau} \right] - E_t \left[\sum_{\tau=1}^{\infty} v^\tau r_{mt+1+\tau} \right] = e1' \sum_{\tau=1}^{\infty} v^\tau A^\tau \varepsilon_{t+1} =$$

$$= e1' vA(I - vA)^{-1} \varepsilon_{t+1} = \lambda' \varepsilon_{t+1}, \qquad [20.96]$$

donde la segunda igualdad es simplemente la suma de una serie geométrica infinita, I es la matriz identidad, y más importante se define el vector K-dimensional, λ, como una función (no lineal) de los coeficientes del VAR:[16]

---

[16] El vector λ tiene la misma dimensión que el vector de variables estado.

$$\lambda' \equiv e1'vA(I - vA)^{-1}. \qquad [20.97]$$

Nótese que lo clave de este enfoque, además de permitir la estimación empírica del modelo, es que el vector K-dimensional λ mide la importancia que tiene cada una de las variables estado en cuanto a su capacidad de predecir los rendimientos futuros de la riqueza. Si un particular elemento de λ_k es positivo y significativo, entonces cualquier innovación positiva de la variable estado k representa una buena noticia sobre las futuras oportunidades de inversión o, lo que es lo mismo, sobre el futuro comportamiento del mercado.

Usando las expresiones [20.88] y [20.96] puede escribirse,

$$\sigma_{jh} = \text{cov}\left(r_{jt+1}, \lambda'\varepsilon_{t+1}\right) = \sum_{k=1}^{K} \lambda_k \sigma_{jk}, \qquad [20.98]$$

donde

$$\sigma_{jk} \equiv \text{cov}(r_{jt+1}, \varepsilon_{kt+1}), \qquad [20.99]$$

siendo ε_{kt+1} el elemento k-ésimo del vector de perturbaciones del VAR y λ_k el k-ésimo elemento del vector λ. En el contexto del APT, el vector λ representa el precio de los factores de riesgo sistemático, mientras que dichos factores son el vector de innovaciones de las variables estado, ε_{t+1}, que afectan de forma sistemática al conjunto de la economía al ser variables que ayudan a predecir el futuro comportamiento del mercado.

Dada la ecuación [20.98], el modelo de valoración intertemporal [20.90] puede escribirse de forma más tradicional como:

$$E_t[r_{jt+1} - r_{ft+1}] = -\frac{\sigma_j^2}{2} + \gamma\sigma_{jm} + (\gamma - 1) \sum_{k=1}^{K} \lambda_k \sigma_{jk}, \qquad [20.100]$$

que debe recordarnos a los modelos de múltiples betas habituales con K factores de riesgo, donde la contribución del problema de optimización intertemporal en equilibrio se manifiesta en la interpretación que se puede dar a los factores de riesgo sistemático o variables estado y, además, en una serie de restricciones sobre los precios de los factores de riesgo:

- El primer factor, que corresponde con la innovación del rendimiento del mercado, tiene un precio de riesgo $\lambda_m^* = \gamma + (\gamma - 1)\lambda_m$, donde λ_m es el primer elemento del vector K-dimensional λ. El signo de λ_m es el signo de la correlación entre el rendimiento del mercado y las revisiones de las expectativas sobre el futuro rendimiento del propio mercado.
- El resto de los factores en el modelo tienen precios de los factores de riesgo iguales a $\lambda_k^* = (\gamma - 1)\lambda_k$ para $k > 1$.

En sus estimaciones, Campbell (1996) encuentra un coeficiente de aversión relativa al riesgo mayor que uno, $\gamma \cong 3$, y un λ_m negativo y significativo, lo cual es intuitivo dada la interpretación que se le ha dado en las líneas anteriores. Por tanto, puede concluirse que el precio del riesgo asociado al rendimiento del mercado es *menor* que el coeficiente de aversión relativa al riesgo, a diferencia de lo que ocurre en los modelos tradicionales. Dado que el modelo reduce el precio de riesgo de mercado, automáticamente se hace necesario y justificable incrementar el coeficiente de aversión relativa al riesgo para explicar la prima de riesgo observada en el mercado.

El modelo de valoración intertemporal dado por la expresión [20.100] puede reescribirse en términos de *coeficientes betas*. Para verlo, se ignora el ajuste por la desigualdad de Jensen, y se multiplica y divide el lado derecho de [20.100] por $\text{var}(\varepsilon_{kt+1})$, con el mercado para $k = 1$:

$$E_t[r_{jt+1} - r_{ft+1}] \cong \text{var}(\varepsilon_{mt+1})\gamma\beta_{jm} + (\gamma - 1) \sum_{k=1}^{K} \text{var}(\varepsilon_{kt+1})\lambda_k\beta_{jk}, \quad [20.101]$$

donde

$$\beta_{jk} = \frac{\text{cov}(r_{jt+1}, \varepsilon_{kt+1})}{\text{var}(\varepsilon_{kt+1})}.$$

Operando con la prima de riesgo esperada,

$$E_t[r_{jt+1} - r_{ft+1}] \cong \text{var}(\varepsilon_{mt+1})\gamma\beta_{jm} + (\gamma - 1)\text{var}(\varepsilon_{mt+1})\lambda_m\beta_{jm} + (\gamma - 1) \sum_{k=2}^{K} \text{var}(\varepsilon_{kt+1})\lambda_k\beta_{jk} =$$

$$= \Big[\underbrace{\text{var}(\varepsilon_{mt+1})\gamma + (\gamma - 1)\text{var}(\varepsilon_{mt+1})\lambda_m}_{\varphi_m} \Big] \beta_{jm} + \underbrace{(\gamma - 1)\text{var}(\varepsilon_{2t+1})\lambda_2\beta_{j2}}_{\varphi_2} +$$

$$+ \underbrace{(\gamma - 1)\text{var}(\varepsilon_{3t+1})\lambda_3\beta_{j3}}_{\varphi_3} + \dots + \underbrace{(\gamma - 1)\text{var}(\varepsilon_{Kt+1})\lambda_K\beta_{jK}}_{\varphi_K},$$

por lo que el modelo intertemporal de valoración sin consumo en términos de betas es

$$E_t[r_{jt+1} - r_{ft+1}] \cong \varphi_m\beta_{jm} + \sum_{k=2}^{K} \varphi_k\beta_{jk}. \quad [20.102]$$

Dos comentarios adicionales:

(i) Hardouvelis, Kim y Wizman (1996) estiman el modelo sin consumo para el mercado estadounidense usando, como factores de riesgo, el rendimiento del mercado ponderado, la rentabilidad por dividendo y los cambios en los tipos de interés a tres meses. Sus conclusiones, basadas en restricciones de sección cruzada tradicionales, apoyan al modelo sin consumo en mayor medida que el modelo que incluye la tasa de crecimiento del consumo agregado. Nieto (2000), para el mercado español de valores no puede rechazar las condiciones de ortogonalidad del modelo sin consumo utilizando el rendimiento equiponderado del mercado, el cociente valor contable sobre el valor de mercado, la rentabilidad por dividendo y el diferencial de tipos de interés entre tipos a largo y a corto como factores de riesgo. Cabe señalar el importante papel que juega el cociente valor contable entre valor de mercado en sus estimaciones y que, además, se justifica como variable estado al ser un buen predictor del comportamiento futuro del mercado.

(ii) En este modelo dinámico de valoración, el agente representativo tiene especial interés en *cubrirse ante una variedad de riesgos que surgen como consecuencia de los cambios en el conjunto de oportunidades de inversión* y que no tienen relevancia alguna en el tradicional modelo estático. Así, en el modelo dinámico se vuelve crucial conocer los factores que ayuden a predecir los rendimientos futuros de los activos, de forma que el agente representativo sea capaz de cubrirse ante los cambios desfavorables en el conjunto de oportunidades de inversión. Recuérdese que en el CAPM condicional del capítulo 12 también era importante conocer los factores capaces de predecir las primas de riesgo futuras de los activos. *Sin embargo, existe una diferencia fundamental entre el enfoque conceptual de ambos modelos. En el CAPM condicional los factores que predicen rendimientos futuros aparecen porque el coeficiente beta se modifica a lo largo del ciclo de negocios, pero nunca como consecuencia de que los agentes siguieran estrategias de cobertura explícitas en sus decisiones intertemporales de inversión.*

A modo de resumen, el modelo de equilibrio intertemporal sin consumo deriva sus factores de riesgo y los correspondientes precios de dichos factores a través de las características subyacentes en la economía. Esta es una diferencia fundamental con los modelos tipo APT más tradicionales.

20.9* El CAPM intertemporal (ICAPM)

Sabemos por el análisis del apartado 20.3 que el CCAPM puede escribirse según la ecuación [20.14]:

$$E(R_{jt+1} - r_{t+1}|\Im_t) = -(1 + r_{t+1})\text{cov}_t\left[\frac{U'(C_{t+1})}{U'(C_t)}, R_{jt+1}\right],$$

donde el signo de la covarianza entre el rendimiento del activo j y la utilidad marginal del consumo agregado en $t + 1$ es el determinante fundamental de la prima de riesgo de j. Ya adelantamos al final del apartado [20.3] que, en un marco intertemporal, no es posible sustituir sin más el consumo agregado por la riqueza agregada, resultado que ha sido evidentemente la motivación fundamental del apartado 21.8. La sustitución del consumo por la riqueza en modelos dinámicos conduce necesariamente a modelos con múltiples factores de riesgo y, por tanto, múltiples covarianzas o betas como determinantes de los precios de los activos.

La *condición de la envolvente* del problema de maximización intertemporal viene dada por la expresión [20.24]:

$$J_W(W_t, \Im_t) = U_C(C_t, \Im_t),$$

donde, recordemos, $J_W(\cdot)$ y $U_C(\cdot)$ son las primeras derivadas de la función indirecta de utilidad con respecto a la riqueza agregada y de la función de utilidad con respecto al consumo agregado respectivamente.

Por la concavidad estricta de la función de utilidad $U(\cdot)$, así como de la función indirecta $J(\cdot)$, sabemos que las correspondientes utilidades marginales $J_W(\cdot)$ y $U_C(\cdot)$ son estrictamente decrecientes. Así, debe existir necesariamente una función creciente, $f(\cdot)$, tal que para el agente representativo,

$$C_t = f(W_t, \Im_t). \qquad [20.103]$$

Por tanto, la ecuación de valoración [20.14] puede escribirse como:

$$E(R_{jt+1} - r_{t+1} | \Im_t) = -(1 + r_{t+1}) \text{cov}_t \left[\frac{U'(W_{t+1}, \Im_{t+1})}{U'(W_t, \Im_t)}, R_{jt+1} \right] \qquad [20.104]$$

por lo que se puede concluir que el signo de la covarianza en esta ecuación *puede no estar determinado* por el signo de la covarianza entre la riqueza agregada y el rendimiento del activo j, $\text{cov}(W_{t+1}, R_{jt+1})$. En un marco intertemporal, la relación entre el consumo agregado y la riqueza agregada, C_{t+1} y W_{t+1}, es determinista y, por tanto, independiente de los sucesos en $\Im_{t+1}$, sólo cuando el conjunto de oportunidades de inversión es constante.

Estas son las *ideas subyacentes* en el modelo intertemporal sin consumo de Campbell (1993, 1996) que se ha presentado en el apartado anterior. La consecuencia última es la aparición de múltiples betas en la ecuación de precios.

Debido al carácter aproximativo del modelo sin consumo de Campbell, conviene presentar un marco alternativo de trabajo que explota el tercer teorema fundamental de la economía financiera, llevando a sus máximas consecuencias las oportunidades que se presentan cuando el mercado se abre a lo largo del tiempo. El límite del contexto con secuencias de mercado es un marco de trabajo en *tiempo continuo* y que fue utilizado por Merton (1973) para obtener el denominado CAPM intertemporal, ICAPM, que sencillamente es una versión exacta en tiempo continuo del modelo de Campbell.[17]

(i) Unos breves comentarios sobre los movimientos brownianos

En el capítulo 9 se introdujo de manera muy informal la idea del movimiento browniano para describir el comportamiento de los precios de los activos. El ICAPM supone un contexto en tiempo continuo donde las variaciones de los precios de los activos tienen, igual que en el capítulo 9, una deriva más un ruido blanco que, precisamente, viene caracterizado por las propiedades que definen el denominado *movimiento browniano. Esta caracterización de la aleatoriedad se transmite al comportamiento de los precios de los activos.* Más formalmente, un movimiento browniano equivale a un *proceso estocástico de trayectorias o senderos muestrales continuos pero no diferenciables,* $(B_t; t \in \Re_+)$ definido sobre un espacio de probabilidad $(\Omega, \Im, \pi)$, tal que:[18]

(i) $0 \leq t_0 < t_1 < ... < t_n \Rightarrow B_{t_k} - B_{t_{k-1}}; k = 1, ..., n$ son independientes. Es decir, los incrementos del movimiento browniano entre dos intervalos cualesquiera son independientes.

(ii) $B_0 = 0$ y $B_t - B_\tau \approx N(0, \sqrt{t - \tau})$ para todo $\tau \leq t$. Los movimientos brownianos son gaussianos.

Así, podemos expresar el proceso estocástico que caracteriza al precio de cualquier activo como:

$$p_t = \bar{\mu}t + \sigma B_t; t \in [0, T], \qquad\qquad [20.105]$$

donde

(i) $0 \leq t_0 < t_1 < ... < t_n \Rightarrow p_{t_k} - p_{t_{k-1}}; k = 1, ..., n$ son independientes. En palabras, los incrementos de los precios de los activos entre dos intervalos de tiempo cualesquiera son independientes.

(ii) $p_t - p_\tau \approx N\left(\bar{\mu}(t - \tau), \sigma\sqrt{t - \tau}\right)$ para todo $\tau \leq t$.

(iii)   Las trayectorias o senderos muestrales de los precios son continuos pero no diferenciables.

---

[17] Se puede entender como el límite de los árboles binomiales en la valoración de opciones, donde la longitud de cada rama del árbol tendería a cero o, alternativamente, para un periodo fijo de tiempo, donde el número de intervalos en el árbol tienda a infinito.

[18] Consideremos una variable aleatoria dependiente de estado de la naturaleza, X_s. Si, además, admitimos que la estructura de la variable puede ir modificándose a lo largo del tiempo, X_{ts}, tendremos un proceso estocástico. Si el dominio de definición en t es finito, estaremos ante un proceso estocástico discreto (modelo binomial); si es infinito (no numerable), estaremos ante un proceso estocástico continuo.

Naturalmente, haciendo $\bar{\mu} = 0$ y $\sigma = 1$ resulta un proceso que es precisamente el movimiento browniano.

Los primeros momentos condicionales del proceso p_t son

$$E[p_t \mid p_0] = p_0 + \bar{\mu}(t - t_0)$$

$$\text{var}[p_t \mid p_0] = \sigma^2(t - t_0),$$

por lo que la media condicional y la varianza condicional son lineales en t, igual que lo eran para el paseo aleatorio en tiempo discreto del capítulo 9.

Es importante resaltar que el movimiento browniano implica una trayectoria en el precio de los activos continua, dentada y errática. Estas características son intuitivas dada la independencia entre incrementos. La trayectoria continua del browniano nunca podría ser *suave* ya que, si lo fuera, $B_{t + \Delta t} - B_t$ sería predecible gracias a la variación anterior $B_t - B_{t - \Delta t}$. De esta forma, la derivada de un movimiento browniano con respecto al tiempo *no existe* en el sentido tradicional. Para verlo, nótese que

$$\Delta B_t = B_{t + \Delta t} - B_t \approx N(0, \sqrt{\Delta t}),$$

y supongamos que $\dfrac{\Delta B_t}{\Delta t} \to h$. Entonces, dada la característica de Normalidad del movimiento browniano, h debe ser una variable Normal con media igual cero y varianza $\lim\limits_{\Delta t \to 0} \dfrac{\sqrt{\Delta t}}{\Delta t} = \infty$, lo que es evidentemente imposible.

A pesar de ser un proceso continuo y no diferenciable, el incremento infinitesimal de un movimiento browniano cuando Δt se aproxima a un intervalo temporal infinitesimal dt, $\lim\limits_{\Delta t \to dt} \dfrac{B_{t + \Delta t} - B_t}{\Delta t}$, tiene su propia interpretación y se escribe como dB_t. Se podría pensar en $B_{t + \Delta t} - B_t$ como en un ruido blanco gaussiano, de forma que al hacerse Δt infinitesimalmente pequeño, $\Delta t \to 0$, dB_t sería la versión en tiempo continuo de dicho ruido blanco. En definitiva, dB_t es una *diferencial estocástica* que tiene sus propias reglas de cálculo diferentes del cálculo ordinario por lo que no debe interpretarse como una diferencial en el sentido habitual.[19]

En este contexto, la expresión [20.105] se escribe como una ecuación diferencial estocástica de la forma

$$dp_t = \bar{\mu}dt + \sigma dB_t \qquad [20.106]$$

que, una vez más, no puede identificarse con una ecuación diferencial ordinaria, ya que dB_t/dt no es un concepto bien definido en el cálculo ordinario.

---

[19] Se necesitan introducir el concepto de *integral estocástica de Ito* y el *lema de Ito* como forma de trabajar con estas diferenciales estocásticas.

Obsérvese, por otra parte, que para cualquier variable aleatoria Normal X con media cero y varianza σ^2, se verifica que: $E[X^2] = \sigma^2$ y var$(X^2) = 2\sigma^4$. Entonces, dado que $\Delta B_t = B_{t+\Delta t} - B_t \approx N(0, \sqrt{\Delta t})$, tendremos que:

$$E[(\Delta B_t)^2] = \Delta t \quad \text{y} \quad \text{var}[(\Delta B_t)^2] = 2(\Delta t)^2,$$

por lo que en el "límite", en el sentido estocástico del movimiento browniano, $(dB_t)^2 = dt$, lo que tiene importantes consecuencias para el cálculo matemático de procesos estocásticos continuos. De la misma forma se demuestra que $dB_t\,dt = 0$.

Imaginemos una función f de una variable p, que se caracteriza, por seguir un movimiento browniano, y del tiempo. El *lema de Ito* calcula la ecuación diferencial estocástica que gobierna el comportamiento dinámico de dicha función $f(p, t)$:

$$df(p, t) = \frac{\partial f}{\partial p}\,dp + \frac{\partial f}{\partial t}\,dt + \frac{1}{2}\frac{\partial^2 f}{\partial p^2}\,(dp)^2, \qquad [20.107]$$

donde el último término del lado derecho no aparecería en el cálculo ordinario y es una consecuencia de la propiedad $(dB_t)^2 = dt$.

Como también comentamos en el capítulo 9, para evitar los problemas asociados con la responsabilidad limitada que implicaría el supuesto de Normalidad sobre los precios de los activos, se supone como modelo de comportamiento alternativo el *movimiento geométrico browniano* a diferencia del descrito en las líneas anteriores que es el movimiento aritmético browniano. Supongamos que p_t sigue un movimiento browniano aritmético caracterizado por la dinámica descrita por la expresión [20.106]. Definimos $p_t \equiv \ln P_t$, de manera que el precio del activo se supone lognormal. De esta forma, $P_t = e^{p_t}$ siempre es no negativo y satisface la propiedad de responsabilidad limitada. El proceso del precio $P_t = e^{p_t}$ se conoce como *movimiento browniano geométrico* y es ciertamente útil en Economía Financiera.

Para determinar la dinámica que caracteriza al proceso $P_t = e^{p_t}$ se hace uso del lema de Ito y se obtiene:

$$dP = \frac{\partial P}{\partial p}\,dp + \frac{1}{2}\frac{\partial^2 P}{\partial p^2}\,(dp)^2 = e^p dp + \frac{1}{2}e^p(dp)^2 = P(\bar\mu dt + \sigma dB) + \frac{1}{2}P\sigma^2 dt =$$

$$= P\underbrace{\left(\bar\mu + \frac{1}{2}\sigma^2\right)}_{\mu} dt + \sigma P dB.$$

Por tanto, se concluye que la dinámica que gobierna el precio de los activos financieros se escribe como:

$$\frac{dP}{P} = \mu dt + \sigma dB, \qquad [20.108]$$

donde la *tasa de rendimiento* del activo sigue un proceso aritmético browniano o paseo aleatorio en tiempo continuo, con rendimiento esperado instantáneo igual a μ y volatilidad constante σ.

(ii) El modelo de valoración intertemporal con cartera de mercado (ICAPM)

Dado que interesa enfatizar las consecuencias que tiene para la valoración de activos la posibilidad de que el conjunto de oportunidades de inversión se mueva a lo largo del tiempo, dividiremos la presentación en dos partes. En la primera se hará un breve desarrollo del modelo suponiendo que dicho conjunto permanece constante, para posteriormente incorporar el supuesto más realista bajo el cual el conjunto de oportunidades de inversión es estocástico.

(ii.1) Conjunto de oportunidades de inversión constante
El modelo supone que el precio de cualquier activo incierto j sigue un proceso geométrico browniano de la forma representada por la ecuación [20.108]:

$$\frac{dP_j}{P_j} = \mu_j dt + \sigma_j dB_j.$$

El agente representativo maximiza su utilidad esperada intertemporal,

$$\underset{\{C, \omega\}}{\text{Max}} E_t \left\{ \int_t^T U[C_\tau, \tau]d\tau + H[W_T, T] \right\}, \qquad [20.109]$$

sujeto a la restricción intertemporal,

$$dW = \sum_{j=1}^N \omega_{jm} W \frac{dP_j}{P_j} - Cdt, \qquad [20.110]$$

donde E_t es la expectativa condicional en el momento inicial t, $H[W_T, T]$ es una función *herencia* de utilidad, válida al final de la vida del agente representativo, con las mismas propiedades que se suponen para $U(\cdot)$ y, como viene siendo habitual, ω_{jm} es el porcentaje de la riqueza del agente representativo destinada al activo incierto j. Nótese que tanto el consumo como la riqueza son las cantidades agregadas de la economía por lo que, en equilibrio, los porcentajes en los que invierte el agente representativo en cada uno de los activos serán necesariamente los porcentajes de cada activo en la cartera de mercado.

Definimos, tal como se hizo en el apartado 20.3, la función indirecta de utilidad, $J(\cdot)$, como:[20]

---

[20] Para simplificar la notación no empleamos el subíndice temporal en el consumo o riqueza agregada. Asimismo, el reconocimiento explícito del suceso y tiempo como argumento de la función de utilidad se escribe simplemente como tiempo.

$$J(W, t) \equiv \underset{\{C, \omega\}}{\text{Max}} \; E_t\left[\int_t^T U[C_\tau, \tau]d\tau + H[W_T, T] \right]. \qquad [20.111]$$

En Merton (1990) se demuestra que la condición necesaria para encontrar un óptimo, en cualquier momento del tiempo, suponiendo que los precios de los activos siguen una distribución lognormal es

$$0 = \underset{\{C, \omega\}}{\text{Max}} \left[U(C, t) + J_t + J_W\left(W \sum_{j=1}^N \omega_{jm}\mu_j - C \right) + \frac{W^2}{2} J_{WW} \sum_{q=1}^N \sum_{j=1}^N \omega_{jm}\omega_{qm}\sigma_{jq} \right],$$

$$[20.112]$$

sujeto a $J(W_T, T) = H(W_T, T)$, y donde σ_{jq} es la covarianza entre los rendimientos instantáneos de dos activos inciertos cualesquiera j y q.

Nótese que introduciendo un activo libre de riesgo podemos escribir

$$\sum_{j=1}^N \omega_{jm}\mu_j = \sum_{j=1}^N \omega_{jm}(\mu_j - r) + r.$$

Resolviendo el problema de optimización [20.112], se obtienen las $N + 1$ condiciones de primer orden:

$$0 = U_C(C, t) - J_W(W, t)$$

$$0 = J_W W(\mu_j - r) + J_{WW}W^2 \sum_{q=1}^N \omega_{qm}\sigma_{jq}; \quad j = 1, ..., N. \qquad [20.113]$$

Por tanto,

$$-\frac{J_W}{J_{WW}}(\mu_j - r) = W \sum_{q=1}^N \omega_{qm}\sigma_{jq}, \qquad [20.114]$$

donde $A^{-1}(W) = -J_W/J_{WW}$ es la inversa de la aversión absoluta al riesgo de la economía en agregado. Despejando la prima de riesgo esperada (instantánea) del activo j,

$$\mu_j - r = \frac{W}{A^{-1}(W)}\sigma_{jm}; \quad j = 1, ..., N, \qquad [20.115]$$

donde $\sigma_{jm} = \sum_{q=1}^N \omega_{qm}\sigma_{jq}$ es la covarianza instantánea entre el rendimiento del activo j y el rendimiento de la cartera de mercado.

Como [20.115] es válido para cualquier j también lo será para la cartera de mercado,

$$\mu_m - r = \frac{W}{A^{-1}(W)} \sigma_m^2,$$ [20.116]

donde μ_m es el rendimiento esperado instantáneo de la cartera de mercado. Por tanto, usando las expresiones [20.115] y [20.116],

$$\frac{\mu_j - r}{\sigma_{jm}} = \frac{\mu_m - r}{\sigma_m^2}$$

$$\mu_j - r = \frac{\sigma_{jm}}{\sigma_m^2}(\mu_m - r)$$

de donde se obtiene el CAPM en tiempo continuo (intertemporal) pero suponiendo que el conjunto de oportunidades de inversión es constante:

$$\mu_j - r = \beta_{jm}(\mu_m - r).$$ [20.117]

(ii.2) Conjunto de oportunidades de inversión estocástico
A continuación, se supone que existe una única variable estado, Z, que describe las variaciones en el conjunto de oportunidades de inversión. En este caso más realista al reconocer explícitamente que las oportunidades de inversión a las que se enfrenta el agente representativo experimentan modificaciones, la función de utilidad indirecta también depende de Z y, por tanto, $J(W, Z, t)$.

Se supone que la variable estado Z sigue un movimiento geométrico browniano con deriva y volatilidad constantes:

$$\frac{dZ}{Z} = \alpha dt + s dB_z,$$

de forma que el problema de maximización [20.112] queda en este caso como:

$$0 = \underset{\{C, \omega\}}{\text{Max}} \left[\begin{array}{c} U(C, t) + J_t + J_W\left(W\sum_{j=1}^{N}\omega_{jm}\mu_j - C\right) + \frac{W^2}{2} J_{WW}\sum_{q=1}^{N}\sum_{j=1}^{N}\omega_{jm}\omega_{qm}\sigma_{jq} \\ \\ + J_Z\alpha + \frac{1}{2}J_{ZZ}s^2 + J_{WZ}\sum_{j=1}^{N}\omega_{jm}\sigma_{jZ} \end{array} \right]$$

[20.118]

donde σ_{jZ} es la covarianza instantánea entre el rendimiento del activo j y la variable estado que describe el conjunto de oportunidades de inversión Z. Nótese la similitud entre el enfoque de Merton y el tratamiento que a dichas modificaciones en las oportunidades de inversión ofrece el modelo sin consumo de Campbell.

Las $N + 1$ condiciones de primer orden son

$$0 = U_C(C, t) - J_W(W, Z, t)$$

$$0 = J_W W(\mu_j - r) + J_{WW} W^2 \sum_{q=1}^{N} \omega_{qm} \sigma_{jq} + J_{WZ} W \sigma_{jZ}; \quad j = 1, ..., N. \quad [20.119]$$

Despejando las ponderaciones óptimas de cada activo se obtiene,

$$\omega_{jm} W = \underbrace{- \frac{J_W}{J_{WW}} \sum_{j=1}^{N} v_{jq}(\mu_j - r)}_{(1)} - \underbrace{\frac{J_{WZ}}{J_{WW}} \sum_{j=1}^{N} v_{jq} \sigma_{jZ}}_{(2)}, \quad [20.120]$$

donde $v_{jq} = [\sigma_{jq}]^{-1}$.

La demanda óptima de activos financieros tiene, por tanto, dos componentes:

(1) Es idéntico a la demanda individual que se obtiene en el marco estático de media-varianza o, lo que es igual, en las condiciones de primer orden [20.113] con un conjunto de oportunidades de inversión constante.

(2) Refleja la demanda del activo j-ésimo como una forma de protegerse ante cambios desfavorables en el conjunto de oportunidades de inversión. Se entiende por cambio desfavorable a cualquier cambio positivo en Z tal que el consumo (futuro) disminuye para un nivel dado de riqueza (futura). Analíticamente, un cambio desfavorable ocurrirá cuando $\partial C/\partial Z < 0$ al mismo tiempo que Z aumente. El agente representativo averso al riesgo intentará cubrirse contra dichos cambios desfavorables demandando más del activo j cuanto más correlacionado está j con la variable estado Z. Si el conjunto de oportunidades de inversión *ex-post* es menos favorable de lo que se había anticipado, el agente representativo esperará ser compensado con un nivel mayor de riqueza gracias a la correlación positiva entre el rendimiento del activo j y la variable Z. De manera similar, si los rendimientos *ex-post* son menores, el agente esperará un entorno de inversión más favorable. Nótese que este tipo de comportamiento sugiere un deseo de suavizar el patrón de consumo a lo largo del tiempo al intentar minimizar la variabilidad no anticipada del consumo en el tiempo.

Asimismo, este segundo término implica que la separación en dos fondos del tradicional entorno de media-varianza no se satisface cuando existe un conjunto de oportunidades de inversión estocástico. Curiosamente, sin embargo, en el caso que estamos discutiendo donde una variable estado es suficiente para describir los cambios en las oportunidades de inverisón, se obtiene la denominada *separación en tres fondos*.

Escribimos una cualquiera de la N condiciones de primer orden dadas por la segunda línea de [20.119] como,

$$-\frac{J_W}{J_{WW}}(\mu_j - r) = W \sum_{j=1}^{N} \omega_{jm}\sigma_{jq} + \frac{J_{WZ}}{J_{WW}}\sigma_{jZ'} \qquad [20.121]$$

que, a su vez, puede escribrirse como:

$$A^{-1}(W)(\mu_j - r) = W \sum_{j=1}^{N} \omega_{jm}\sigma_{jq} - G(W, Z)\,\sigma_{jZ'} \qquad [20.122]$$

donde

$$A^{-1}(W) = -\frac{J_W}{J_{WW}}$$

es la inversa de la aversión absoluta al riesgo de la economía, y

$$G(W, Z) = -\frac{J_{WZ}}{J_{WW}},$$

término que refleja las preferencias del agente representativo por la demanda de cobertura ante los cambios desfavorables en el entorno de oportunidades de inversión.

Recuérdese que $\sum_{j=1}^{N} \omega_{jm}\sigma_{jq} = \sigma_{jm}$ es la covarianza del rendimiento de j con el rendimiento de la cartera de mercado. Por tanto, despejando la prima de riesgo esperada del activo j,

$$\mu_j - r = A(W)W\sigma_{jm} - A(W)G(W, Z)\sigma_{jZ}. \qquad [20.123]$$

Ahora bien, dado que uno de los objetivos del agente es protegerse ante cambios desfavorables de sus oportunidades de inversión, se buscará un activo que esté perfecta y negativamente correlacionado con la variable estado Z. Imaginemos que dicho activo existe y entre todos los activos disponibles en la economía sea aquel que denominemos n (por estar *negativamente* correlacionado). De esta forma, se cumple que $\rho_{nZ} = -1$, donde ρ_{nZ} es el coeficiente de correlación entre el rendimiento del activo n y la variable estado Z. Por tanto,

$$\sigma_{jZ} = \rho_{jZ}\sigma_j\sigma_Z = \frac{-\sigma_Z(\rho_{jn}\sigma_j\sigma_n)}{\sigma_n} = -\frac{\sigma_Z\sigma_{jn}}{\sigma_n}, \qquad [20.124]$$

donde hemos utilizado que $\rho_{jZ} = -\rho_{jn}$.

Por tanto, la expresión de la prima de riesgo esperada de j se puede escribir como:

$$\mu_j - r = A(W)W\sigma_{jm} + A(W)G(W, Z)\frac{\sigma_Z\sigma_{jn}}{\sigma_n}. \qquad [20.125]$$

Esta expresión se satisface también para la cartera de mercado y para el activo n, luego

$$\mu_m - r = A(W)W\sigma_m^2 + A(W)G(W, Z)\frac{\sigma_Z\sigma_{mn}}{\sigma_n}, \qquad [20.126]$$

$$\mu_n - r = A(W)W\sigma_{nm} + A(W)G(W, Z)\sigma_Z\sigma_n. \qquad [20.127]$$

Estas dos últimas ecuaciones permiten obtener expresiones para $A(W)W$ y $A(W)G(W, Z)$ y sustituirlas en [20.125] de forma que se satisface:

$$\mu_j - r = \frac{\sigma_j(\rho_{jm} - \rho_{jn}\rho_{nm})}{\sigma_m(1 - \rho_{nm}^2)}(\mu_m - r) + \frac{\sigma_j(\rho_{jn} - \rho_{jm}\rho_{nm})}{\sigma_n(1 - \rho_{nm}^2)}(\mu_n - r)$$

que, en términos de los correspondientes coeficientes betas, es

$$\mu_j - r = \frac{(\beta_{jm} - \beta_{jn}\beta_{nm})}{(1 - \rho_{nm}^2)}(\mu_m - r) + \frac{(\beta_{jn} - \beta_{jm}\beta_{nm})}{(1 - \rho_{nm}^2)}(\mu_n - r). \qquad [20.128]$$

Si suponemos que $\rho_{nm} = 0$, nos queda el modelo de valoración de activos con cartera de mercado intertemporal, ICAPM, que se escribe como:

$$\mu_j - r = \beta_{jm}(\mu_m - r) + \beta_{jn}(\mu_n - r) \qquad [20.129]$$

y que implica la *separación en tres fondos*. Así, dados N activos inciertos y un activo seguro que satisfacen los supuestos sobre su comportamiento dinámico de este apartado, existen tres carteras (o tres fondos) dados por *el activo libre de riesgo, la cartera de mercado y la cartera de activos (o activo) negativamente correlacionados con la evolución del conjunto de oportunidades de inversión*, y que se construyen a partir de los $N + 1$ activos de forma que: i) todos los agentes aversos al riesgo se mostrarán indiferentes entre escoger sus carteras a partir de los $N + 1$ activos originales o, simplemente, a partir de los tres fondos; ii) las proporciones de cada activo individual invertidas en cada uno de los fondos son una consecuencia de la tecnología supuesta (del conjunto de oportunidades de inversión de activos individuales) y no de las preferencias de los agentes; iii) las proporciones finales invertidas en los tres fondos no requieren conocimientos sobre los activos que componen el conjunto de oportunidades de inversión, ni de las proporciones que recibe cada activo individual en dichos fondos.

En equilibrio, por tanto, los individuos según la ecuación [20.129] son compensados en términos de rendimiento esperado por soportar el riesgo (sistemático) de mercado y, además, por soportar el riesgo de cambios desfavorables en el conjunto de oportunidades de inversión. En particular, si un activo no tiene riesgo de mercado, su rendimiento esperado no sería necesariamente igual a la tasa libre de riesgo como en el CAPM tradicional. Siempre que el rendimiento del activo j esté correlacionado con la variable estado Z, la última covarianza de la expresión [20.129] será relevante para la determinación de los precios de los activos.

Aunque el modelo se ha desarrollado para una única variable estado, es evidente que si la evolución de las oportunidades de inversión se describen a través de múltiples variables estado, como en el caso del modelo sin consumo de Campbell, entonces la expresión [20.129] se generaliza a un modelo con múltiples betas asociadas a K posibles factores de riesgo o variables estado y, por tanto, a un modelo con separación en $K + 1$ fondos:

$$\mu_j - r = \cdot \sum_{k=1}^{K} \beta_{jk}(\mu_k - r), \qquad [20.130]$$

donde, al ser un modelo de *equilibrio*, nótese que necesariamente uno de los fondos es la cartera de mercado. Alternativamente, el ICAPM se puede escribir como:

$$\mu_j - r = \beta_{jm}(\mu_m - r) + \sum_{k=2}^{K} \beta_{jk}(\mu_k - r), \qquad [20.131]$$

modelo muy similar al de Campbell y, al menos en estructura, también similar a un APT con K factores de riesgo no diversificables. La ventaja es que sabemos cómo interpretar los factores de riesgo que deben incorporarse al modelo de valoración, aunque no se conozca con precisión cuáles son dichos factores.

(iii) El ICAPM y el CCAPM

Es importante demostrar cómo el ICAPM con cartera de mercado y múltiples betas *colapsa* a un modelo de una única beta en relación al consumo agregado resultando, por tanto, el CCAPM intertemporal en tiempo continuo.

Escribimos la demanda óptima de activos dada por la expresión [20.120] en notación matricial como:

$$\omega_m W = -\frac{J_W}{J_{WW}} V^{-1}(\mu - r\vec{1}) - \frac{J_{ZW}}{J_{WW}} V^{-1}\sigma, \qquad [20.132]$$

donde aparecen los correspondietes vectores de rendimientos de activos, y donde V es la matriz $N \times N$ de varianzas y covarianzas de los rendimientos y $\sigma' = (\sigma_{1Z}, ..., \sigma_{NZ})$ es el vector de covarianzas de cada activo con la variable estado Z.

De la condición de la envolvente, $U_C = J_W$, se obtiene

$$J_{WW} = U_{CC}C_W$$

$$J_{ZW} = U_{CC}C_Z,$$

que sustituyendo en [20.132] resulta

$$\omega_m W = -\frac{U_C}{U_{CC}C_W} V^{-1}(\mu - r\vec{1}) - \frac{U_{CC}C_Z}{U_{CC}C_W} V^{-1}\sigma,$$

y operando,

$$V\omega_m WC_W = -\frac{U_C}{U_{CC}} (\mu - r\vec{1}) - C_Z\sigma$$

y que, finalmente, escribimos como

$$\underbrace{V\omega_m WC_W}_{(1)} + \underbrace{\sigma C_Z}_{(2)} = -\frac{U_C}{U_{CC}} (\mu - r\vec{1}). \qquad [20.133]$$

El primer término del lado izquierdo es el producto de la covarianza de cada activo con la riqueza del agente representativo y con el cambio marginal en el consumo ante una variación en la riqueza. El segundo término es el producto entre la covarianza de cada activo con la variable estado y el cambio marginal en el consumo ante una variación en la variable estado. Por tanto, el lado izquierdo es la suma de dos vectores de covarianzas parciales de cada uno de los activos con el consumo óptimo del propio agente. En otras palabras, dado que en (1), la riqueza agregada W varía cuando Z está fijado y en (2) Z varía cuando W es constante y dado que éstas son las dos únicas variables que afectan al consumo, el lado izquierdo debe ser el *vector de covarianzas de los rendimientos de cada activo con el consumo óptimo del agente representativo*. Denominamos como $\Sigma_C = [\sigma_{jC}]$ al vector $N \times 1$ de las covarianzas del consumo agregado con los rendimientos de cada uno de los activos. Entonces [20.133] es

$$\Sigma_C = A^{-1}(C)(\mu_j - r\vec{1}). \qquad [20.134]$$

Multiplicando ambos lados por ω'_m,

$$\omega'_m \Sigma_C \equiv \sigma_{Cm} = A^{-1}\omega'_m(C)(\mu - r\vec{1}) = A^{-1}(C)(\mu_m - r\vec{1})$$

así,

$$A^{-1}(C) = \frac{\sigma_{Cm}}{\mu_m - r\vec{1}}.$$

Sustituyéndolo en [20.134],

$$\Sigma_C = \frac{\sigma_{Cm}}{(\mu_m - r\vec{1})} (\mu - r\vec{1}),$$

de manera que para un activo cualquiera j obtenemos el CCAPM en tiempo continuo:

$$\mu_j - r = \frac{\sigma_{jC}}{\sigma_{Cm}} (\mu_m - r), \qquad [20.135]$$

donde existe una única medida de riesgo no diversificable representada por el cociente entre covarianzas con relación al consumo agregado.

20.10* La evidencia empírica y la varianza condicional heteroscedástica

(i) La modelización teórica
Un gran número de trabajos han estudiado la relación entre la prima de riesgo de la cartera de mercado y la varianza del propio mercado condicional en la información disponible en el periodo anterior, donde se espera que, dada la aversión al riesgo de los individuos, dicha relación sea positiva y significativa.

El modelo que se ha empleado generalmente para analizar dicha relación se ha basado en el CAPM (condicional), donde en definitiva se supone que existe un único factor de riesgo sistemático. Por tanto, en el contexto del apartado anterior, el modelo subyacente en la mayor parte de las estimaciones disponibles viene dado por la expresión [20.116] que escribimos como:

$$E_t[R_{mt+1} - r_{t+1}] = A(W)W\sigma^2_{mt+1} = \left[\frac{-J_{WW}W}{J_W}\right]\sigma^2_{mt+1}. \qquad [20.136]$$

La mayoría de estos trabajos encuentran una relación no significativa entre prima esperada y varianza condicional e incluso varios de ellos sugieren que la relación es negativa. En un cuidadoso análisis para el mercado bursátil español, Alonso y Restoy (1995) encuentran una relación positiva pero no significativa entre rendimiento y riesgo y sugieren que la evolución temporal de dicha relación viene determinada en parte por la importancia relativa de la inversión bursátil en la cartera agregada de la economía.

Ahora bien, en el contexto del modelo intertemporal de *dos factores* de Merton discutido en el apartado anterior, la prima de riesgo del mercado es función tanto de la varianza condicional de la cartera de mercado como de la covarianza del mercado con una variable que describe el conjunto de oportunidades de inversión. Así, en este modelo, la relación entre la prima de riesgo y la varianza condicional del mercado es sólo una relación parcial. Si el verdadero modelo fuese un modelo de dos factores, entonces las estimaciones tradicionales de la relación entre riesgo y rendimiento estarían sesgadas como consecuencia de la omisión de una variable relevante.

El modelo de dos factores para la prima de riesgo del mercado se basa en la expresión [20.123] y puede escribirse como:

$$E_t[R_{mt+1} - r_{t+1}] = A(W)W\sigma^2_{mt+1} - A(W)(G(W, Z))\sigma_{mZt+1} =$$

$$= \left[\frac{-J_{WW}W}{J_W}\right]\sigma^2_{mt+1} - \left[\frac{-J_{WW}}{J_W}\left(\frac{-J_{WZ}}{J_{WW}}\right)\right]\sigma_{mZt+1},$$

por lo que el modelo a estimar sería

$$E_t[R_{mt+1} - r_{t+1}] = \left[\frac{-J_{WW}W}{J_W}\right]\sigma^2_{mt+1} + \left[\frac{-J_{WZ}}{J_W}\right]\sigma_{mZt+1}. \qquad [20.137]$$

Sabemos que $[-J_{WW}W/J_W]$ es el coeficiente de aversión relativa al riesgo, por lo que el modelo implica una relación parcial positiva entre prima de riesgo del mercado y su varianza condicional. Respecto al signo de $[-J_{WZ}/J_W]$ se puede hacer el siguiente razonamiento. Dado que $J_W > 0$, el signo de $[-J_{WZ}/J_W]$ es el opuesto al signo de J_{WZ}. Naturalmente, si la utilidad marginal de la riqueza fuese independiente del estado de la naturaleza, $J_{WZ} = 0$, la prima del mercado sólo dependería de su varianza condicional. Sin embargo, si $J_{WZ} > 0$ y $\sigma_{mZt+1} > 0$, o si $J_{WZ} < 0$ y $\sigma_{mZt+1} < 0$, el agente representativo demandaría una prima de riesgo más pequeña que en el caso tradicional. En estos casos, la cartera de mercado tendería a pagar en estados donde la utilidad marginal de la riqueza fuese alta. Por otra parte, el agente representativo exigiría una prima más elevada si $J_{WZ} > 0$ y $\sigma_{mZt+1} < 0$, o si $J_{WZ} < 0$ y $\sigma_{mZt+1} > 0$. En estas ocasiones, la cartera de mercado tendería a pagar en estados donde la utilidad marginal de la riqueza fuese baja. En definitiva, el signo de $[-J_{WZ}/J_W]\sigma_{mZt+1}$ es una cuestión empírica que, además, nos permitirá tener una determinada percepción sobre el modelo intertemporal de valoración de activos.

Ahora bien, antes de presentar la evidencia sobre la expresión [20.137] debe quedar claro que se necesita estimar la varianza condicional del mercado, así como su covarianza condicional con la variable estado. Esto implica la necesidad de modelizar dicha varianza. Para ello cabe preguntarse sobre el comportamiento intertemporal de la varianza del mercado.

(ii) Modelos de varianza condicional heteroscedástica

La figura 20.4 presenta la volatilidad diaria de la cartera de mercado, representada por el índice bursátil IBEX-35, entre 1997 y 1998. Es una estimación de la volatilidad implícita en los precios de mercado de las opciones sobre el (futuro) propio índice.[21] Resulta evidente al observar el comportamiento temporal de la volatilidad que no es lógico, ni estadísticamente oportuno, suponer que la volatilidad del mercado es constante. Sin duda, la *volatilidad del mercado es variable en el tiempo* y, por tanto, este comportamiento habrá que tenerlo en cuenta al estimar los modelos [20.136] y [20.137]. La cuestión, evidentemente, es saber cuál es la forma más correcta de hacerlo.

Tal como se adelantaba en el capítulo 9, existen otras características de las series de rendimientos de los activos financieros y, en particular del rendimiento de la cartera de mercado, que se observan como consecuencia del comportamiento temporal de la volatilidad y que deben tenerse en cuenta. Así, existe amplia evidencia sobre la *leptocurtosis* que presentan los rendimientos de los activos, lo que implica tener colas más gruesas (y ser más apuntada) que si la distribución fuese Normal. Naturalmente, esta evidencia puede deberse al comportamiento variable en el tiempo de la volatilidad y surgiría en momentos en los que la *volatilidad de la volatilidad* fuese más elevada.[22] Asimismo, la *asimetría negativa* que suele presentar la cartera de mercado se debe a la *correlación negativa* que suele existir entre la volatilidad y el propio rendimiento del mercado. Por ejemplo, los fuertes aumentos de volatilidad de la figura 20.4 estuvieron acompañados de importantes correcciones bursátiles a la baja. También cabe señalar que la volatilidad presenta *reversión a una media de largo plazo*, característica que puede apreciarse en la misma figura.

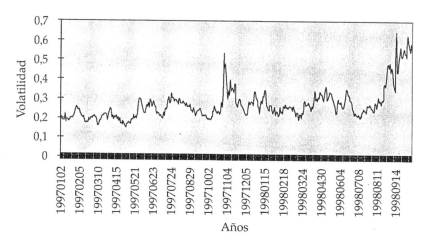

Figura 20.4. Volatilidad implícita, 1997-1998.

[21] En el siguiente capítulo se comenta con más detalle el concepto de volatilidad implícita.

[22] Saltos importantes en la serie de rendimientos también pueden explicar las características habituales de las series financieras.

Por último, es muy importante señalar que momentos en los que existen fuertes variaciones en los precios de los activos de cualquier signo suelen ir seguidos de periodos con fuertes oscilaciones, mientras que periodos de poca volatilidad tienden a estar seguidos por periodos de escasa variabilidad en los precios. Este fenómeno implica que la volatilidad de los activos y, desde luego, *la volatilidad del mercado está serialmente correlacionada*. Por ejemplo, en el mercado bursátil español entre 1963 y 1996, la media de los primeros 12 coeficientes de autocorrelación del *cuadrado* de los rendimientos del mercado (en exceso del rendimiento libre de riesgo) es igual a 0,113, mientras que la misma media para el propio exceso de rendimiento es 0,053. Para el mercado estadounidense, entre 1926 y 1994, estas cifras son 0,20 y 0,02 respectivamente.

Estas propiedades estadísticas que presentan las series de volatilidad necesitan por tanto ser modeladas de una manera concreta.[23] En particular, supongamos que ε_{t+1} es una innovación en una determinada serie de rendimientos como podría ser el rendimiento de la cartera de mercado. Esto es, ε_{t+1} es una variable con media condicionada en la información disponible en t igual a cero. Pensemos, asimismo, en el siguiente modelo,

$$R_{t+1} = X'_{t+1}\theta + \varepsilon_{t+1},$$ [20.138]

donde X_{t+1} es el vector de observaciones en $t+1$ y θ es el vector de parámetros. Es clave destacar que suponemos que la innovación ε_{t+1} es heteroscedástica.

Definimos σ_t^2 como la varianza condicional (a estar en el momento t) de la innovación ε_{t+1}. Naturalmente, esto equivale a decir que σ_t^2 es la expectativa condicional de ε_{t+1}^2. Suponemos que, condicional al momento t, la innovación ε_{t+1} es Normal:

$$\varepsilon_{t+1} \approx N(0, \sigma_t^2).$$ [20.139]

Escribiremos esta innovación como,

$$\varepsilon_{t+1} = \sigma_t \eta_{t+1},$$ [20.140]

donde, a su vez,

$$\eta_{t+1} \approx N(0, 1).$$ [20.141]

Teniendo en cuenta que la serie con la que se supone que estamos trabajando es la *innovación* en el rendimiento del activo, su media condicional debe ser igual a cero. En estas condiciones, se puede demostrar que la varianza incondicional de la innovación, σ^2, es precisamente la expectativa incondicional de σ_t^2. Por tanto, en este contexto, la variabilidad de σ_t^2 alrededor de su media no modifica la varianza incon-

---

[23] Los detalles de esta presentación se pueden encontrar en Cambpell, Lo y MacKinlay (1997), León y Mora (1999) y Hull (2000).

dicional σ^2. Sin embargo, y esto es muy importante, la variabilidad de σ_t^2 *sí cambia* momentos superiores de la distribución incondicional de ε_{t+1}. En concreto, dicha variabilidad aumenta la curtosis de ε_{t+1} haciéndola mayor que 3. De este modo, efectivamente, la variabilidad de σ_t^2 hace que la distribución incondicional de ε_{t+1} tenga colas más gruesas que la Normal, característica que como mencionábamos en las líneas anteriores es una propiedad observable de las series financieras.

Dadas las expresiones [20.138] a [20.141], las observables propiedades de la series financieras y, en particular, la correlación serial en la varianza de las series de rendimientos puede capturarse mediante los denominados modelos ARCH, (*modelo de varianza condicional autorregresiva heteroscedástica*) y su generalización GARCH (*modelo generalizado de varianza condicional autorregresiva heteroscedástica*).[24]

Los modelos tipo ARCH establecen una relación funcional entre la varianza condicional y las innovaciones *retardadas* de la variable. En concreto la varianza condicional, σ_t^2, se supone que es una función lineal de las innovaciones pasadas al cuadrado:

$$\sigma_t^2 = \omega + \sum_{i=1}^{q} \alpha_i \varepsilon_{t+1-i}^2 \qquad [20.142]$$

donde los coeficientes ω y α_i; $i = 1, \ldots, q$ deben ser no negativos para asegurar que la varianza condicional sea positiva. Desafortunadamente, para capturar la persistencia observada en la volatilidad a través de este modelo, puede ser necesario estimar un elevado número de coeficientes. Para evitarlo, se propone la extensión GARCH, donde la varianza condicional también es función de la propia varianza condicional retardada:

$$\sigma_t^2 = \omega + \sum_{i=1}^{q} \alpha_i \varepsilon_{t+1-i}^2 + \sum_{s=1}^{p} \beta_s \sigma_{t-s}^2. \qquad [20.143]$$

Una de las especificaciones más populares del modelo GARCH es el GARCH (1, 1) que se escribe como:

$$\sigma_t^2 = \omega + \beta \sigma_{t-1}^2 + \alpha \varepsilon_t^2. \qquad [20.144]$$

Para interpretar este modelo, sumamos y restamos $\alpha \sigma_{t-1}^2$ al lado derecho de la ecuación anterior:

$$\sigma_t^2 = \omega + (\alpha + \beta)\sigma_{t-1}^2 + \alpha(\varepsilon_t^2 - \sigma_{t-1}^2). \qquad [20.145]$$

Nótese que el término $(\varepsilon_t^2 - \sigma_{t-1}^2)$ en [20.145] tiene media cero condicional en la información disponible en $t-1$, por lo que el coeficiente α puede interpretarse como la

---

[24] ARCH se debe a Engle (1982), mientras que su extensión GARCH se debe a Bollerslev (1986).

respuesta de la volatilidad en el siguiente periodo ante un *shock* en volatilidad actual. Además, $\alpha + \beta$ mide la *persistencia en la volatilidad* o la tasa a la cual el efecto de la varianza condicional pasada sobre la varianza condicional actual decae en el tiempo.

Por otra parte, el GARCH(1, 1) puede interpretarse en los términos más tradicionales del análisis de series temporales. Para verlo, sumamos y restamos los términos ε_{t+1}^2 y $\beta\varepsilon_t^2$ a la expresión [20.145], y despejamos el cuadrado de la innovación,

$$\varepsilon_{t+1}^2 = \omega + (\alpha + \beta)\varepsilon_t^2 + (\varepsilon_{t+1}^2 - \sigma_t^2) - \beta(\varepsilon_t^2 - \sigma_{t-1}^2).$$

Así, se comprueba que el GARCH(1, 1) es un modelo ARMA(1, 1) (*modelo autorregresivo de media móvil*) para el cuadrado de las innovaciones, aunque con una crucial diferencia ya que en el modelo habitual ARMA(1, 1) los *shocks* son homocedásticos, mientras que en el GARCH(1, 1) los *shocks* en volatilidad, $\varepsilon_{t+1}^2 - \sigma_t^2$, son heteroscedásticos.

Otro aspecto fundamental del modelo GARCH(1, 1) es su capacidad de generar *predicciones de volatilidad*. Así, cuando $(\alpha + \beta) < 1$, lo cual asegura que la covarianza del proceso sea estacionaria, la varianza incondicional de ε_{t+1} (varianza a largo plazo) es igual a $\dfrac{\omega}{(1 - \alpha - \beta)}$. Si se sustituye de manera recursiva en [20.144] y se hace uso de la ley de expectativas iteradas, se obtiene que la expectativa sobre la varianza condicional en τ periodos hacia adelante es

$$E_t\left[\sigma_{t+\tau}^2\right] = (\alpha + \beta)^\tau\left(\sigma_t^2 - \frac{\omega}{1 - \alpha - \beta}\right) + \frac{\omega}{1 - \alpha - \beta}. \qquad [20.146]$$

Es interesante observar que la predicción de la volatilidad sobre múltiples periodos *revierte* a su media incondicional o varianza a largo plazo a una tasa $(\alpha + \beta)$.

Determinar el proceso más apropiado para la varianza condicional no es un problema trivial. Sin embargo, los procesos GARCH más habituales en la literatura pertenecen a una misma familia y recogen dos aspectos que parecen ser apropiados para modelizar la varianza condicional:[25]

- Las respuestas de la volatilidad ante posibles *shocks* (noticias con nuevo contenido informativo) suelen ser *asimétricas*, de forma que las sorpresas negativas tienden a incrementar la volatilidad más que las sorpresas positivas. Este comportamiento asimétrico de la volatilidad ante malas y buenas noticias que ya hemos comentado más arriba, puede deberse al denominado *efecto apalancamiento*, donde la disminución en los precios ante la llegada de malas noticias hace que el endeudamiento efectivo de las empresas sea mayor por lo que el riesgo financiero de las mismas y, consecuentemente, su volatilidad sea mayor. Asimismo, también podría explicarse mediante el denominado *efecto riqueza*, donde la disminución en los precios por la llega-

---

[25] Véase Hentschel (1995).

da de malas noticias hace que los agentes con aversión absoluta al riesgo decreciente pierdan riqueza, por lo que su aversión al riesgo será mayor y, en definitiva, reaccionen con mayor intensidad ante las nuevas noticias provocando una mayor volatilidad en los precios.

- Posibles relaciones no lineales entre σ_t^2, σ_{t-i}^2 y ε_{t+1-s}^2, $i > 0$, $s > 0$.

La familia de modelos GARCH que se encuentran en la literatura puede escribirse como:

$$g\left(\sigma_t^2, \lambda\right) = \frac{\sigma_t^\lambda - 1}{\lambda} = \omega_g + \alpha_g \sigma_{t-1}^\lambda f(\eta_t)^\upsilon + \beta_g \frac{\sigma_{t-1}^\lambda - 1}{\lambda}, \qquad [20.147]$$

donde

$$f(\eta_t)^\upsilon = \left| \eta_t - b \right| - c\left(\eta_t - b\right), \qquad [20.148]$$

y donde λ especifica si la ecuación de volatilidad se centra en la varianza condicional, $\lambda = 2$, en la desviación estándar condicional, $\lambda = 1$, o en el logaritmo de la varianza, $\lambda = 0$, mientras que los parámetros υ, b y c sirven para capturar formas alternativas de los *efectos asimétricos* mencionados anteriormente. Estos efectos últimos pueden interpretarse fácilmente mediante la *curva del impacto de noticias* de Engle y Ng (1993) y que relacionan los efectos de las innovaciones sobre la varianza condicional a través de la concreta especificación de la función $f(\eta_t)^\upsilon$. En el panel A de la figura 20.5, los efectos de un *shock* sobre la varianza condicional son simétricos, mientras que en el panel B cuando $b > 0$ y $c = 0$, la asimetría *traslada* la curva de impacto de manera que un *shock positivo* igual a 1 tiene un menor impacto que un *shock negativo* igual a -1. Finalmente, en el panel C, para $b = 0$ y $c > 0$, la curva de impacto *rota* sobre cero causando también las correspondientes asimetrías. Si el parámetro $\upsilon = 1$, la curva de impacto es lineal, mientras que si $\upsilon > 1$ sería convexa y, finalmente, si $0 < \upsilon < 1$ la curva sería cóncava:

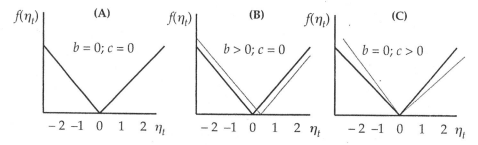

Figura 20.5. Las curvas de impacto de noticias.

Dada la expresión general [20.147], los modelos GARCH más habituales (entre otros) son los siguientes:

i) GARCH(1, 1): se obtiene haciendo $\lambda = \upsilon = 2$, $b = c = 0$; ii) GARCH exponencial (EGARCH) con $\lambda = b = 0$, $\upsilon = 1$; iii) GARCH asimétrico no lineal (NAGARCH) con $\lambda = \upsilon = 2$, $c = 0$ y iv) Glosten, Jagannathan y Runkle (1993) (GJR-GARCH) con $\lambda = \upsilon = 2$, $b = 0$.

Supongamos una estructura dinámica para el rendimiento de un activo cualquiera o, alternativamente, para el rendimiento del mercado que sea un proceso autorregresivo de primer orden de la forma:

$$R_{t+1} = \Phi R_t + \sigma_t \eta_{t+1} \qquad [20.149]$$

con

$$\eta_{t+1} \text{ Normal (i.i.d): } E[\eta_{t+1}] = 0; E[\eta_{t+1}^2] = 1 \text{ siendo } \varepsilon_{t+1} = \sigma_t \eta_{t+1}.$$

Las expresiones concretas para la varianza condicional de los cuatro modelos mencionados son:

(i) GARCH(1, 1):

$$\sigma_t^2 = \omega + \beta \sigma_{t-1}^2 + \alpha \varepsilon_t^2. \qquad [20.150]$$

(ii) EGARCH(1, 1):

$$\ln \sigma_t^2 = \omega + \beta \ln \sigma_{t-1}^2 + \alpha [|\eta_t| - E|\eta_t| - c\eta_t], \qquad [20.151]$$

cuya ventaja es no tener que imponer restricción alguna en los parámetros al asegurarnos positividad de la varianza condicional al tomar exponenciales.

(iii) NAGARCH(1, 1):

$$\sigma_t^2 = \omega + \beta \sigma_{t-1}^2 + \alpha (\varepsilon_t + b\sigma_{t-1})^2, \qquad [20.152]$$

y donde existe una expresión para el coeficiente de correlación entre los *shocks* y la varianza condicional que viene dada por:

$$\rho = \frac{\sqrt{2b}}{\sqrt{1 + 2b^2}}.$$

(iv) GJR-GARCH(1, 1):

$$\sigma_t^2 = \omega + \beta \sigma_{t-1}^2 + (\alpha + cD_{t-1})\varepsilon_t^2, \qquad [20.153]$$

donde D_t es una variable ficticia definida como

$$D_t \equiv \begin{cases} 1 & \text{si } \varepsilon_t < 0 \\ 0 & \text{si } \varepsilon_t > 0 \end{cases}$$

y el coeficiente de correlación es

$$\rho = \frac{-c}{\sqrt{\pi/2(2\alpha^2 + 2\alpha c + 5/4c^2)}},$$

por lo que un coeficiente de asimetría, c, positivo implica una correlación negativa.

A modo de ejemplo, se ha estimado el modelo [20.149] con las ecuaciones de varianza condicional dadas por las especificaciones GARCH(1, 1), NAGARCH(1, 1) y GJR-GARCH(1, 1) para el rendimiento diario del IBEX-35 entre el 2 de enero de 1996 y el 10 de noviembre de 1998. Cabe señalar que este tipo de modelos se estiman mediante máxima verosimilitud restringida, suponiendo una determinada distribución para η_{t+1}. Generalmente, se supone Normalidad y este es, precisamente, el supuesto utilizado en las estimaciones del siguiente cuadro. Sin embargo, dada la evidencia de curtosis en las series de rendimientos, también se suelen hacer las estimaciones suponiendo la denominada *distribución t generalizada*.[26] La comparación entre los modelos alternativos para la varianza condicional se hace mediante el Criterio de Información de Schwarz (CIS) que viene dado por:

$$CIS = \ln(L_{MV}) - (q/2)\ln T,$$

donde L_{MV} es la función de máxima verosimilitud del modelo evaluada en los estimadores máximo verosímiles, T es el número de observaciones y q el número de parámetros a estimar. Así, el segundo término penaliza a los modelos con un número elevado de parámetros. Se trata de escoger aquel modelo con el CIS más alto. Por último, las estimaciones llevadas a cabo presentan unos estadísticos t basados en los errores estándar calculados según el procedimiento de *cuasi máxima verosimilitud* y que son robustos ante malas especificaciones de las distribuciones supuestas en la estimación.[27]

**Cuadro 20.2. Modelos de varianza condicional heteroscedástica.
Mercado bursátil español: IBEX-35 diario, 1996-1998.**

Modelos	ω^1	α	β	Φ	ρ	Asimetría	CIS
Garch	0,0374	0,1345	0,8547	0,1524	—	—	– 520,24
	$(1,552)^2$	(5,189)	(37,946)	(3,956)			
Nagarch	0,0486	0,1282	0,8478	0,1586	– 0,4065	– 0,3146	– 520,94
	(1,655)	(5,060)	(31,023)	(4,159)		(– 2,172)	
GJR	0,0498	0,0916	0,8540	0,1550	– 0,3098	0,0754	– 523,28
	(1,636)	(3,689)	(36,505)	(4,032)		(1,624)	

[1] Las estimaciones se han hecho multiplicando los rendimientos diarios por 100, luego la constante debería dividirse por 10.000 (100 × 100).
[2] Estadístico t en paréntesis.

[26] Véase León y Mora (1999).
[27] Véase Bollerslev y Wooldridge (1992).

Nótese que la volatilidad a largo plazo dadas las estimaciones del GARCH (1, 1) es:

$$\frac{\hat{\omega}}{1 - \hat{\alpha} - \hat{\beta}} = \frac{0,000004}{0,01080} = 0,000370,$$

o una volatilidad diaria igual 1,93%, lo que equivale aproximadamente a un 30,4% de volatilidad anual. Naturalmente, debemos recordar que el periodo muestral utilizado estuvo caracterizado por periodos de enorme volatilidad. Por ejemplo, León y Mora (1999) estiman el GARCH(1, 1) entre 1990 y 1995 y obtiene una volatilidad a largo plazo igual al 18,3%.

Si quisiéramos predecir la volatilidad mediante el GARCH(1, 1), por ejemplo, a 10 días vista, y suponemos que la volatilidad actual es igual al 25%, tendríamos según la ecuación de predicción [20.146]:

$$E_t[\sigma_{t+10}^2] = (0,9892)^{10}(0,00025 - 0,00037) + 0,00037 = 0,000262 \Rightarrow \sigma_{t+10} = 25,61\%.$$

Por otra parte, la evidencia del cuadro 20.2 sugiere que durante el periodo muestral empleado, el modelo simple GARCH(1, 1) es el que se comporta mejor, a pesar de que el NAGARCH(1, 1) implica que la correlación entre el rendimiento del IBEX-35 y la volatilidad condicional fue negativa y significativa.[28]

(iii) La evidencia empírica sobre el ICAPM

Para contrastar el modelo intertemporal dado por la ecuación [20.137] es necesario elegir una variable estado que sea apropiada para describir el comportamiento estocástico del conjunto de oportunidades de inversión. Una elección lógica sería utilizar los cambios en el tipo de interés a corto plazo libre de riesgo. De esta forma, los *bonos a largo plazo* se convierten en un instrumento razonable de cobertura del riesgo tipo de interés, ya que sus rendimientos (variaciones porcentuales de sus precios) tienen una correlación *negativa* con los tipos de interés.

Por otra parte, también parece razonable incorporar en la expresión general [20.138] una intersección que sea variable en el tiempo. De esta forma tenemos los modelos pertenecientes a la familia GARCH-M o GARCH *en media* y que vendrían dados por:

$$R_{t+1} = \mu_t + \sigma_t \eta_{t+1}, \tag{20.154}$$

donde

$$\mu_t = \gamma_0 + \gamma_1 \sigma_t^2,$$

---

[28] Véase la completa evidencia que presentan León y Mora (1999) sobre un estudio comparativo entre modelos de varianza condicional y donde los modelos asimétricos basados en la desviación estándar condicional en lugar de la varianza condicional obtienen los mejores resultados.

siendo μ_t el rendimiento esperado y σ_t^2 la varianza condicional bajo cualquiera de los procesos descritos anteriormente. Evidentemente, este marco de trabajo es muy apropiado para contrastar modelos como el ICAPM donde se imponen restricciones sobre el rendimiento esperado de los activos.

En particular, Scruggs (1998) contrasta el ICAPM con un factor que busca caracterizar la variable estado y que viene dado por *el exceso de rendimiento entre el rendimiento de una cartera de bonos a largo plazo y el tipo de interés sin riesgo*. Para modelizar la varianza condicional propone el EGARCH dado por la expresión [20.150], aunque el modelo completo que estima es el EGARCH *en media*. En definitiva se trata de estimar el siguiente modelo bi-variante:

$$R_{mt+1} - r_{t+1} = \lambda_0 + \lambda_m \sigma_{mt+1}^2 + \lambda_b \sigma_{mbt+1} + \varepsilon_{mt+1}$$

$$R_{bt+1} = \mu_b + \varepsilon_{bt+1},$$

[20.155]

donde R_{bt+1} es el *exceso* de rendimiento entre la cartera de bonos a largo plazo y el tipo de interés libre de riesgo.

$$\ln\sigma_{mt}^2 = \omega_m + \beta_m \ln\sigma_{mt-1}^2 + \alpha_m \left[|\eta_{mt}| - \sqrt{2/\pi} - c_m\eta_{mt} \right] + \gamma_m r_t$$

$$\ln\sigma_{bt}^2 = \omega_b + \beta_b \ln\sigma_{bt-1}^2 + \alpha_b \left[|\eta_{bt}| - \sqrt{2/\pi} - c_b\eta_{bt} \right] + \gamma_b r_t$$

$$\sigma_{mbt} = \rho_{mb}\sigma_{mt}\sigma_{bt},$$

[20.156]

donde r_t es el tipo de interés libre de riesgo.

Naturalmente, el modelo también se estima en su versión parcial *sin* considerar el segundo factor y, por tanto, sería el contraste que tradicionalmente se ha llevado a cabo para estudiar el comportamiento de la prima de riesgo del mercado. El cuadro 20.3 contiene los resultados más relevantes a nuestros efectos.

Cuadro 20.3. Un contraste del ICAPM. Mercado estadounidense, 1950-1994.

Parámetros	CAPM	ICAPM
λ_0	0,36 (0,80)[1]	– 0,11 (– 0,20)
λ_m	0,86 (0,30)	10,57 (2,36)
λ_b	—	– 49,75 (– 2,12)

[1] Estadístico *t* en paréntesis.

Cuando se estima el CAPM intertemporal de la expresión [20.136], suponiendo un conjunto de oportunidades de inversión constante, el coeficiente de aversión relativa al riesgo es positivo *pero no significativo*. Esto implica que, en agregado, los inversores no son compensados por aceptar riesgo varianza. Sin embargo, cuando se estima el modelo intertemporal de la ecuación [20.137], reconociendo unas oportunidades de inversión estocásticas, el coeficiente de aversión al riesgo es *positivo y significativo*. La relación entre riesgo y rendimiento en agregado muestra que, bajo la nueva especificación, los agentes son compensados por aceptar riesgo varianza. Este es un resultado muy importante que ayuda a entender la ambigua evidencia anterior, así como el comportamiento intertemporal de la prima de riesgo del mercado.

Asimismo, el signo negativo de λ_b sugiere que la elasticidad de la utilidad marginal de la riqueza con respecto a los precios de los bonos es positiva. Este es un resultado razonable. Dado que la utilidad marginal de la riqueza y el rendimiento requerido por los inversores están inversamente correlacionados, los individuos exigen un rendimiento de la cartera de mercado más pequeño en periodos en los que σ_{mbt} es positiva y elevada.

20.11* El consumo agregado una vez más: las especificaciones recientes

A pesar de las innovadoras generalizaciones de las preferencias, en este capítulo se ha discutido la aparente incapacidad del consumo agregado o, más rigurosamente, de la utilidad marginal del consumo agregado como factor de riesgo sistemático capaz de explicar los precios de los activos financieros y su comportamiento temporal. La alternativa ha sido sustituir al consumo agregado del factor de descuento estocástico, M_{t+1}, por factores de riesgo asociados a la *riqueza agregada* de manera aproximada en el caso del modelo de Campbell y, de forma exacta, gracias a su modelización en tiempo continuo, en la versión de Merton.

Este apartado discute dos novedades recientes que modelizan *directamente* el consumo y son capaces de ofrecer respuestas razonables e intuitivas a las conocidas anomalías de los modelos de valoración basados en la utilidad marginal del consumo agregado con un agente representativo.

(i) El modelo de hábito de Cambpell y Cochrane (1999)

En una contribución fundamental a nuestra comprensión de los mercados bursátiles, Cambpell y Cochrane proponen un modelo con agente representativo cuyas preferencias vienen caracterizadas por la siguiente función de utilidad:

$$U(C_t - X_t) = \frac{1}{1-\kappa}(C_t - X_t)^{1-\kappa}, \qquad [20.157]$$

donde X_t es el nivel del hábito de consumo del agente representativo, por lo que el argumento de la función de utilidad (y de la utilidad marginal) es la diferen-

cia entre el nivel de consumo y el nivel de hábito. Cabe destacar que se utiliza específicamente el símbolo κ (inversa de la elasticidad intertemporal de sustitución
del consumo, η) para indicar que la curvatura de la función de utilidad y la aversión al riesgo no son iguales a κ.

Bajo estas preferencias, cuando el agente tiene un determinado hábito de consumo, la curvatura de la función de utilidad depende tanto de lo alejado o cercano que esté el consumo de un periodo particular de dicho nivel de hábito como
del parámetro κ:

$$\gamma \equiv \frac{-C_t U''(C_t - X_t)}{U'(C_t - X_t)} = \kappa \frac{C_t}{C_t - X_t}. \qquad [20.158]$$

Así, cuando el consumo disminuye hacia el nivel de hábito, el agente representativo se vuelve muy reacio a soportar caídas adicionales en el consumo, vol-
viéndose *muy* averso al riesgo. Sin embargo, esto no implica necesariamente que
el coeficiente κ aumente, sino que tal situación puede ser compatible con un κ
más bajo. Ahora bien, si κ se reduce, la elasticidad intertemporal de sustitución
aumenta, por lo que el agente podría estar dispuesto a modificar su consumo a
lo largo del tiempo en mayor medida. Por tanto, es compatible una gran aversión
al riesgo y, simultáneamente, una mayor elasticidad intertemporal de sustitución
del consumo. El cociente $C_t/(C_t - X_t)$ rompe la relación directa entre γ y κ.

Al inverso del cociente $C_t/(C_t - X_t)$ se le denomina cociente del exceso de consumo, S_t:

$$S_t = \frac{(C_t - X_t)}{C_t}, \qquad [20.159]$$

de forma que el factor de descuento estocástico o relación marginal de sustitución intertemporal en este modelo se escribe como:

$$M_{t+1} = \left[\rho \frac{U'(C_{t+1} - X_{t+1})}{U'(C_t - X_t)} \right] = \rho \left(\frac{S_{t+1}}{S_t} \frac{C_{t+1}}{C_t} \right)^{-\kappa}, \qquad [20.160]$$

lo que sugiere una nueva fuente de covariabilidad con los rendimientos de los
activos capaz de explicar mejor su comportamiento.

En cualquier caso, es clave recordar que un mayor coeficiente de aversión al riesgo, tal como se señalaba en las líneas anteriores, implicaba un *aumento* en el tipo de
interés libre de riesgo que no se correspondía en absoluto con los niveles observados para dicho tipo de interés a lo largo del tiempo. La aportación fundamental
del modelo de Cambpell y Cochrane es que no es necesario tal aumento del tipo de
interés, a pesar del incremento en la aversión relativa al riesgo, *debido al aumento en
el deseo de ahorrar por parte del agente representativo por motivo precaución*.

Imaginemos una época de recesión económica en la que el consumo es bajo con relación al nivel de hábito. En principio, el agente querría pedir prestado contra el mayor consumo futuro lo que haría aumentar hoy los tipos de interés y poder consumir más ahora de forma que la sustituibilidad del consumo en el tiempo sea pequeña. Sin embargo, también es cierto que el agente es ahora más averso al riesgo debido al nivel de consumo más pequeño. Esta mayor aversión al riesgo le hace ser más precavido y, por tanto, se incrementa su deseo de ahorrar ya que, efectivamente, la situación podría ser aún peor en el futuro. Nótese que este mayor ahorro hace que el consumo actual sea efectivamente más bajo, situación que el agente representativo, en el nuevo modelo, está dispuesto a admitir ya que no le importa incrementar la sustituibilidad del consumo en el tiempo (consumo bajo hoy y consumo alto mañana es admisible en el modelo a pesar de la elevada aversión al riesgo).

Para verlo analíticamente, recordemos la expresión del tipo de interés dada por [20.69]:

$$r_{ft+1} = -\ln\rho + \gamma E_t(\Delta c_{t+1}) - \frac{1}{2}\gamma^2\sigma_c^2$$

que, en el caso del modelo de Campbell y Cochrane, incorpora un término que refleja el ahorro por motivo precaución:

$$r_{ft+1} = -\ln\rho + \kappa E_t(\Delta c_{t+1}) - \frac{1}{2}\left(\frac{\kappa}{\bar{S}}\right)^2\sigma_c^2, \qquad [20.161]$$

donde $\bar{S}$ denota la media a largo plazo del cociente $(C_t - X_t)/C_t$, de forma que el término κ controla la relación entre el crecimiento del consumo y los tipos de interés (admitiendo tipos bajos de interés a pesar de una elevada aversión al riesgo), mientras el coeficiente de curvatura de la función de utilidad, $\gamma = \kappa\bar{S}^{-1}$, controla la prima por riesgo (así, la elevada prima por riesgo del mercado puede explicarse por una elevada aversión al riesgo que no tiene efectos secundarios adicionales que distorsionen alguna otra evidencia empírica). En definitiva, el modelo admite una elevada aversión al riesgo con una disposición también elevada a sustituir intertemporalmente el consumo, lo que hace que las implicaciones del modelo, sean consistentes con el comportamiento tanto del consumo como de los tipos de interés. A los individuos no les preocupa la disminución de los rendimientos de los activos en sí misma, sino que se muestran temerosos ante la disminución de su riqueza financiera porque precisamente suele ocurrir en épocas de recesión económica.

(ii) El modelo con agentes heterogéneos y riesgo idiosincrásico de Constantinides y Duffie (1996)

Es evidente que los modelos con un agente representativo son discutibles. Deben recordarse los exigentes supuestos necesarios para justificar la presencia del agente representativo. Por otra parte, en principio, no es difícil construir modelos de valoración donde los individuos (heterogéneos) soporten elevados riesgos idiosincrásicos asociados con sus propios niveles de ingresos. Sin embargo, lo que resulta muy difícil de evitar es argumentar que los individuos no tengan una suficiente capacidad de aseguramiento contra dichos riesgos idiosincrásicos, lo que les haría exigir una prima de riesgo pequeña, de manera que volveríamos a enfrentarnos con la dificultad de explicar las elevadas primas de riesgo observadas. La idea clave es que cualquier renta idiosincrásica que se considere en un modelo, donde dicha renta se permite estar correlacionada con el rendimiento del mercado, será diversificable. Se trata de reconocer, por tanto, que el mercado es *incompleto* "rompiendo" la relación entre riesgos idiosincrásicos y riesgo agregado al existir alguna causa que impide el aseguramiento de los riesgos individuales o, lo que es igual, la correlación entre el mercado y los ingresos de los individuos. Constantinides y Duffie lo hacen suponiendo que *la varianza de los riesgos idiosincrásicos aumenta cuando el rendimiento de la cartera de mercado disminuye.*[29] Aunque la contrastación empírica del modelo es compleja, cabe señalar que la implicación fundamental del mismo es que una parte importante de la prima de riesgo del mercado puede venir explicada por la covarianza entre los rendimientos de los activos con la varianza (de corte transversal) de la tasa de crecimiento del consumo entre los individuos. Se trata de conocer la varianza en un momento dado del tiempo que presentan los consumos entre individuos. Cuanto mayor sea la covarianza entre esta varianza de sección cruzada y los rendimientos de los activos mayor sería la prima de riesgo exigida en agregado.

Referencias

Alonso, F. y F. Restoy (1995). "La Remuneración de la Volatilidad en el Mercado Español de Renta Variable", *Moneda y Crédito*, 200, págs. 95-127.

Bollerslev, T. (1986). "Generalized Autoregressive Conditional Heteroskedasticity", *Journal of Econometrics*, 31, págs. 307-327.

Bollerslev, T. y J, Wooldridge (1992). "Quasi Maximum Likelihood Estimation and Inference in Dynamic Models with Time Varying Covariance", *Econometric Reviews*, 11, págs. 143-172.

Braun, P., Constantinides, G. y W. Ferson (1993). "Time Nonseparability in Aggregate Consumption: International Evidence", *European Economic Review*, 37, págs. 897-920.

Breeden, D. (1979). "An Intertemporal Asset Pricing Model with Stochastic Consumption and Investment Opportunities", *Journal of Financial Economics*, 7, págs. 265-296.

Campbell, J. (1993). "Intertemporal Asset Pricing without Consumption Data", *American Economic Review*, 83, págs. 487-512.

---

[29] Además, necesitan imponer preferencias potenciales que no admitan como un caso particular las preferencias cuadráticas.

Campbell, J. (1996). "Understanding Risk and Return", *Journal of Political Economy*, 104, págs. 298-345.

Campbell, J. y J. Cochrane (1999). "By Force of Habit: A Consumption-Based Explanation of Aggregate Stock Market Behavior", *Journal of Political Economy*, 107, págs. 205-251.

Campbell, J., Lo, A. y C. MacKinley (1997). *The Econometrics of Financial Markets*, Princeton University Press, caps. 8, 9 y 12.

Cecchetti, S., Lam, P. y N. Mark (1994). "Testing Volatility Restrictions on Intertemporal Marginal Rates of Substitution Implied by Euler Equations and Asset Returns", *Journal of Finance*, 49, págs. 123-152.

Cochrane, J. (1997). "Where is the Market Going? Uncertain Facts and Novel Theories", *NBER Working Paper Series*, n° 6207.

Constantinides, G. y D. Duffie (1996). "Asset Pricing with Heterogeneous Consumers", *Journal of Political Economy*, 104, págs. 219- 240.

Engle, R. (1982). "Autoregressive Conditional Heteroskedasticity with Estimates of the Variance of United Kingdom Inflation", *Econometrica*, 50, págs. 987-1007.

Engle, R. y V. Ng (1993). "Measuring and Testing the Impact of News on Volatility", *Journal of Finance*, 48, págs. 1749-1778.

Ferson, W. (1995). "Theory and Empirical Testing of Asset Pricing Models", en *Handbook in Operations Research and Management Science*, vol. 9, eds. R. Jarrow, V. Maksimovic y W. Ziemba, North-Holland.

Ferson, W. y G. Constantinides (1991). "Habit Persistence and Durability in Aggregate Consumption: Empirical Tests", *Journal of Financial Economics*, 29, págs. 199-240.

Ferson, W. y R. Jagannathan (1996). "Econometric Evaluation of Asset Pricing Models", en *Handbook of Statistics*, vol. 14, eds. S. Maddala y C. Rao, Elsevier Sciences.

Glosten, L., Jagannathan, R. y D. Runkle (1993). "On the Relation between the Expected Value and the Volatility of the Nominal Excess Return on Stocks", *Journal of Finance*, 48, págs. 1779-1801.

Hardouvelis G., Kim, D. y J. Wizman (1996). "Asset Pricing Models with and Consumption Data: An Empirical Evaluation", *Journal of Empirical Finance*, 3, págs. 267-301.

Hansen, L. y R. Jagannathan (1991). "Restrictions on Intertemporal Marginal Rates of Substitution Implied by Asset Returns", *Journal of Political Economy*, 99, págs. 225-262.

Hansen, L. y K. Singleton (1982). "Generalized Instrumental Variables Estimation of Nonlinear Rational Expectations Models", *Econometrica*, 50, págs. 1269-1288.

Hansen, L. y K. Singleton (1983). "Stochastic Consumption, Risk Aversion and the Temporal Behavior of Asset Returns", *Journal of Political Economy*, 91, págs. 249-268.

Hansen, L., Heaton, J. y E. Luttmer (1995). "Econometric Evaluation of Asset Pricing Models", *Review of Financial Studies*, 8, págs. 237-274.

Hentschel, L. (1995). "All in the Family: Nesting Symmetric and Asymmetric GARCH Models", *Journal of Financial Economics*, 39, págs. 71-104.

Huang, C. and R. Litzenberger (1988). *Foundations for Financial Economics*, North-Holland, caps. 5, 6, y 7.

Ingersoll, J. (1987). *Theory of Financial Decision Making*: *Studies in Financial Economics*, Rowman & Littlefield, caps. 8, 11, 13 y 14.

Jorion, P. y A. Giovanninni (1993). "Time-series Tests of Non-expected Utility Model of Asset Pricing", *European Economic Review*, 37, págs. 1083-1100.

León, A. y J. Mora (1999). "Modelling Conditional Heteroskedasticity: Application to the IBEX-35 Stock-Return Index", *Spanish Economic Review*, 1, págs. 215-238.

Merton, R. (1973). "An Intertemporal Capital Asset Pricing Model", *Econometrica*, 41, págs. 867-887.

Neftci, S. (1996). *An Introduction to the Mathematics of Financial Derivatives*, Academic Press, cap. 9.

Nieto, B. (2000). "La Valoración Intertemporal de Activos: Un Análisis Empírico para el Mercado Español de Valores", Documento de Trabajo, Facultad de Ciencias Económicas y Empresariales, Universidad de Alicante.

Restoy, F. (1995). "Notas de Doctorado sobre Modelos de Valoración Intertemporal de Activos en Tiempo Discreto", Banco de España.

Rodríguez, R. (1997). "Modelos Intertemporales de Valoración de Activos: Análisis Empírico para el Caso Español", *Revista Española de Economía*, 14.

Rodríguez, R. (1999). "Modelos Intertemporales de Valoración de Activos: Contrastes y Extensiones del Modelo Básico", Notas de clase, Universidad Europea de Madrid.

Scruggs, J. (1998). "Resolving the Puzzling Intertemporal Relation between the Market Risk Premium and Conditional Market Variance: A Two Factor Approach", *Journal of Finance*, 53, págs. 575-604.

Shreve, S., Chalasani, P. y S. Jha (1997). *Stochastic Calculus and Finance*, Carnegie Mellon University.

Weil, P. (1989). "The Equity Premium Puzzle and the Risk-Free Rate Puzzle", *Journal of Monetary Economics*, 24, págs. 401-421.

21. LA VALORACIÓN INTERTEMPORAL: ARBITRAJE

21.1 Introducción

El último capítulo de este libro vuelve a analizar los fundamentos de la valoración de activos en un contexto de ausencia de arbitraje. En esta ocasión, sin embargo, la discusión se centra en un marco intertemporal dinámico donde se permite a los agentes económicos *renegociar* las carteras. Las técnicas de valoración se basan en la formación de carteras que réplican los pagos de los activos que deseamos valorar, para lo cual se toman como dados los precios de los activos que componen dichas carteras réplica. Sin embargo, en este capítulo, además, el *proceso estocástico intertemporal* que siguen los activos se convierte en una pieza clave de todo el marco de trabajo.

21.2* La valoración de opciones: aproximaciones alternativas

Los activos derivados se han convertido en unos activos claves en los mercados financieros de todo el mundo. En este apartado vamos a presentar una serie de aspectos generales de la valoración de las opciones haciendo uso tanto del contexto de neutralidad al riesgo y ausencia de arbitraje como de razonamientos de equilibrio bajo una cierta especificación de preferencias.

Consideremos la valoración hoy de un flujo de caja incierto que se producirá en una fecha futura T. En otras palabras, queremos determinar el precio a pagar en un momento presente t, $P_{jt}(X_T)$, por el activo financiero j que genera un flujo de caja o pago en T igual a X_T. Como sabemos, este flujo de caja es una función del espacio de estados de la naturaleza, Ω, que describe la cantidad de recursos, X_{sT}, que se pagan en cada estado $s \in \Omega$ en la fecha futura T.

Sabemos que, bajo ausencia de arbitraje, el precio de cualquier activo incierto puede expresarse como el valor actual de sus pagos esperados futuros:

$$P_{jt} = E_t(X_T M_{t,T}) = \int_0^\infty X_T M_{t,T} f_t(X_T) dX_T, \qquad [21.1]$$

donde suponemos que la distribución condicional del pago futuro tiene una función de densidad $f_t(\cdot)$ y donde $M_{t,T}$ es la habitual variable agregada que representa un factor de descuento estocástico que pondera los flujos generados por el activo según sea el momento y el estado de la naturaleza donde se reciben.

Sea b_T el precio en la fecha actual t de una unidad del bono cupón cero sin riesgo que madura en T. Sabemos que este precio viene dado por:

$$b_T = E_t(M_{t,T}). \qquad [21.2]$$

Entonces, el precio del activo incierto j en la fecha presente t en unidades del bono cupón cero será

$$P_{jt} = b_T \int_0^\infty (X_T/b_T)M_{t,T}f_t(X_T)dX_T =$$

$$= b_T \int_0^\infty X_T\, g_t(X_T)dX_T, \qquad [21.3]$$

donde

$$g_t(X_T) = \frac{M_{t,T}f_t(X_T)}{\int_0^\infty M_{t,T}f_t(X_T)dX_T} \qquad [21.4]$$

resultado que ya conocíamos por las expresiones [4.11], [4.30] o [19.41], donde la expectativa se toma con respecto a la densidad del pago futuro, $g_t(\cdot)$, que es una *función de densidad de probabilidades ponderada* y no la función de densidad original $f_t(\cdot)$. Naturalmente, $g_t(\cdot)$ es la densidad neutral al riesgo que generaliza la probabilidad neutral al riesgo o probabilidad de martingala del capítulo 4.

Podemos escribir la expresión [21.3] en la forma más habitual:

$$P_{jt}(X_T) = b_T E_t^*(X_T) =$$

$$= e^{-r(T-t)}E_t^*(X_T), \qquad [21.5]$$

donde E_t^* es la expectativa condicional en la información disponible en t con respecto a la función de densidad ponderada $g_t(\cdot)$ (la neutral al riesgo) y donde r es el tipo de interés libre de riesgo continuamente compuesto entre t y T.

También sabemos que la secuencia de medidas de valoración a lo largo del tiempo para cualquier t entre 0 y T —los precios entre 0 y T— que no son más que la secuencia de los valores actuales, $\{e^{-r(T-t)}P_{jt}(X_T)\}$ forman una *martingala* bajo la densidad $g_t(\cdot)$. Recordemos que cualquier prima de riesgo está incorporada en la transición desde la verdadera densidad de probabilidades hasta la densidad neutral al riesgo o densidad de martingala.

Este contexto general de valoración puede expresarse en términos de *equilibrio*. Consideremos una economía con agente representativo en la que el precio de cualquier activo j es

$$P_{jt} = E_t(X_T M_{t,T}) = \int_0^\infty X_T M_{t,T} f_t(X_T) dX_T$$

y donde, según el apartado 19.5 del capítulo 19, el factor de descuento es:

$$M_{t,T} = \frac{\rho^{T-t} U'(C_T)}{U'(C_t)} \, , \qquad\qquad\qquad [21.6]$$

siendo ρ^{T-t} el parámetro de preferencia temporal que permite descontar preferencias entre T y t. Así,

$$P_{jt} = E_t(X_T M_{t,T}) = \int_0^\infty X_T \frac{\rho^{T-t} U'(C_T)}{U'(C_t)} f_t(X_T) dX_T. \qquad [21.7]$$

Usando la expresión [21.3],

$$P_{jt} = \int_0^\infty X_T \frac{\rho^{T-t} U'(C_T)}{U'(C_t)} f_t(X_T) dX_T = e^{-r(T-t)} \int_0^\infty X_T g_t(X_T) dX_T = e^{-r(T-t)} E_t^*(X_T),$$
$$[21.8]$$

donde la expectativa se toma con respecto a la densidad neutral al riesgo dada por:

$$g_t(X_T) = \frac{\rho^{T-t} U'(C_T)/U'(C_t) f_t(X_T)}{\int_0^\infty \rho^{T-t} U'(C_T)/U'(C_t) f_t(X_T) dX_T} \qquad [21.9]$$

la cual es una función de densidad de probabilidades ponderadas por la relación marginal de sustitución del consumo agregado.

En la práctica, la densidad neutral al riesgo asociada a cualquier subyacente sobre el que se negocian opciones puede extraerse implícitamente de los precios de mercado de dichas opciones.

Para verlo, sea P_t el precio hoy del activo subyacente sobre el que se negocian opciones y $g(P_T)$ la densidad neutral al riesgo o densidad de martingala. Consideremos un derivado de tipo europeo con un pago general que lo hacemos función del comportamiento futuro del precio del subyacente. Sea $\varphi(P_T)$ dicho pago. Para evitar la posibilidad de arbitraje entre el derivado, el subyacente y el bono cupón cero sin riesgo, el precio del derivado en t debe ser igual a:

$$e^{-r(T-t)} \int_0^\infty \varphi(P_T) g(P_T) dP_T = e^{-r(T-t)} E^* [\varphi(P_T)]. \qquad [21.10]$$

Por ejemplo, una opción de compra europea con vencimiento en T y precio de ejercicio K tiene una función de pagos $\varphi(P_T) = \max[P_T - K, 0]$. Por tanto, su precio actual será según la valoración neutral al riesgo dada por [21.10]:

$$c = e^{-r(T-t)} \int_0^\infty \max[P_T - K, 0]g(P_T)dP_T.$$ [21.11]

Tomando la primera derivada del precio de la opción en [21.11] con respecto al precio de ejercicio obtenemos:

$$\frac{\partial c}{\partial K} = e^{-r(T-t)}\left\{ -\int_K^\infty g(P_T)dP_T \right\}$$

y la segunda derivada es

$$\frac{\partial^2 c}{\partial K^2} = e^{-r(T-t)}g(P_T).$$

Por tanto, y tal como hicimos en el último apartado del capítulo anterior para obtener los precios de los activos Arrow-Debreu a través de opciones sobre el consumo agregado, la segunda derivada de la función de precios de las opciones *call* con respecto al precio de ejercicio K, evaluada en $K = P_T$ nos permite obtener la densidad neutral al riesgo del activo subyacente implícita en los precios de mercado de las opciones sobre dicho subyacente:

$$g(P_T) = e^{r(T-t)} \frac{\partial^2 c}{\partial K^2}.$$ [21.12]

En un fundamental trabajo, Rubinstein (1994) generaliza el modelo binomial de valoración de opciones y muestra cómo recuperar la función de distribución neutral al riesgo implícita en los precios de las opciones sin necesidad de disponer de un continuo de precios de ejercicio, tal como conceptualmente sugiere la expresión [21.12].

Para verlo, supongamos el modelo binomial del capítulo 4 con n (múltiples) periodos donde el vencimiento de la opción se produce en la fecha T y la longitud de cada periodo sea Δt. Así, $T = n\Delta t$. Bajo la probabilidad neutral al riesgo, el precio (esperado) del subyacente al final del intervalo Δt es

$$P_t e^{r\Delta t} = \pi^* u P_t + (1 - \pi^*)dP_t$$

de forma que se obtiene la probabilidad neutral al riesgo (constante) de cada periodo:[1]

---

[1] Recuérdese que en el modelo binomial tanto los rendimientos brutos del subyacente, u y d, como el tipo de interés libre de riesgo se suponen constantes.

$$\pi^* = \frac{e^{r\Delta t} - d}{u - d}.$$ [21.13]

La volatilidad del rendimiento del activo subyacente durante el periodo Δt es $\sigma\sqrt{\Delta t}$, de forma que la varianza del rendimiento que hace coincidir dicha varianza con los parámetros del modelo binomial es:[2]

$$\pi^* u^2 + (1 - \pi^*)d^2 - [\pi^* u + (1 - \pi^*)d]^2 = \sigma^2 \Delta t.$$ [21.14]

Sustituyendo [21.13] en [21.14],

$$e^{r\Delta t}(u + d) - ud - e^{2r\Delta t} = \sigma^2 \Delta t.$$

Una solución a esta ecuación es:[3]

$$u = e^{\sigma \sqrt{\Delta t}}$$
$$d = e^{-\sigma \sqrt{\Delta t}}$$ [21.15]

que son las expresiones que se emplean en la práctica para valorar opciones mediante el procedimiento binomial. Debe señalarse que es intuitivo que los rendimientos brutos u y d estén asociados a la volatilidad, ya que reflejan la magnitud de la amplitud del precio del subyacente en cada periodo. Por tanto, dada una estimación de la volatilidad podemos obtener la probabilidad neutral al riesgo dada por [21.13].

La probabilidad neutral al riesgo para cada nodo *final* del árbol (en T) viene dada por:

$$\Pi_k^* = \left[\frac{n!}{k!(n - k)!}\right] \pi^{*k}(1 - \pi^*)^{n - k},$$ [21.16]

donde el término en corchetes es el número total de trayectorias que conducen al nodo (n, k), mientras que el término restante es la probabilidad de cualquier secuencia que contenga k movimientos al alza en el subyacente y $(n - k)$ a la baja.

Se trata de recuperar la distribución de probabilidades neutrales al riesgo consistente con los precios de mercado de las opciones al vencimiento de la opción. Evidentemente, estas probabilidades implícitas en los precios no tienen que coincidir necesariamente con las impuestas por el modelo. Sea $\Pi_k^*(g)$ la proba-

---

[2] Esto es consistente con la desviación estándar del proceso cuando $\Delta t \to 0$ tal como ocurría en el apartado 20.9 del capítulo anterior. Ahora bien, estamos suponiendo que la varianza del rendimiento del activo bajo neutralidad al riesgo y bajo la probabilidad original no cambia, mientras que sí lo hace el rendimiento esperado. Esta es una aplicación (en su versión discreta) del teorema de Girsanov que se presenta en el siguiente apartado. Además, nótese que la varianza de una variable X es, $\text{var}(X) = E(X^2) - [E(X)]^2$.

[3] Se ignoran los términos de orden de magnitud igual a Δt^2 y superiores.

bilidad neutral al riesgo implícita en los precios para el nodo k, donde k es el nodo final del árbol binomial que va desde 0 hasta n nodos (existen $n + 1$ nodos al final de un árbol binomial con n periodos). Estas probabilidades neutrales al riesgo implícitas se obtienen resolviendo el siguiente problema:

$$\underset{\{\Pi_k^*(g);\, k = 0,\, ...,\, n\}}{\text{Min}} \sum_{k = 0}^{n} \left[\Pi_k^*(g) - \Pi_k^*\right]^2 \qquad [21.17]$$

sujeto a tres restricciones:

(i)
$$\sum_{k = 0}^{n} \Pi_k^*(g) = 1;\ \Pi_k^*(g) \geq 0 \text{ para } k = 0,\, ...,\, n,$$

de forma que nos aseguramos las propiedades que satisface cualquier probabilidad, y además sujeto a que dichas probabilidades valoren de acuerdo con los precios observados en el mercado tanto para las opciones como para el subyacente:

(ii)
$$P_{ct} \leq P_t \leq P_{vt};\ \text{ donde } P_t = e^{-r(T-t)} \sum_{k = 0}^{n} \Pi_k^*(g) P_{Tk},$$

donde P_{ct} y P_{vt} son los precios de compra y venta actuales del subyacente (reflejando la horquilla), y P_{Tk} es el precio del subyacente al vencimiento de la opción y en cada uno de los nodos posibles, $k = 0,\, ...,\, n$, y que se calcula en la forma habitual del método binomial, y finalmente sujeto a:

(iii)
$$c_{ct} \leq c_t \leq c_{vt};\ \text{ donde } c_t = e^{-r(T-t)} \sum_{k = 0}^{n} \Pi_k^*(g) \max(P_{Tk} - K, 0),$$

donde c_{ct} y c_{vt} son los precios de compra y venta actuales de la opción (horquilla de la opción). Debe tenerse en cuenta que, generalmente, existirán varias opciones negociándose con el mismo vencimiento y diferentes precios de ejercicio. Si esto es así, el problema de minimización incluirá la última restricción tantas veces como opciones disponibles existan.

Este procedimiento ha servido como motivación para una literatura muy reciente donde se proponen métodos alternativos para recuperar la distribución neutral al riesgo del subyacente implícita en los precios de las opciones. En definitiva, son métodos que, inspirándose en la expresión [21.12], permiten estimar la distribución neutral al riesgo que se utiliza implícitamente en el mercado para valorar activos.[4]

---

[4] Véase Jackwerth y Rubinstein (1996).

Los modelos disponibles y más conocidos que se utilizan en la práctica diaria de los mercados financieros para valorar opciones imponen una determinada función de distribución de los precios de los activos subyacentes en la ecuación [21.11] para, una vez resuelta la integral, obtener expresiones cerradas de valoración de opciones. De hecho, los contrastes empíricos de los modelos de valoración de opciones contrastan si la distribución impuesta por un determinado modelo de valoración es igual a la distribución implícita en los precios observados de las opciones. A modo de ejemplo, la fórmula de valoración de opciones de Black y Scholes que presentamos en el siguiente apartado supone que el precio del subyacente sigue una *distribución lognormal*. Su capacidad de valorar correctamente dependerá, en último término, de la coincidencia entre dicho supuesto y la distribución implícita en los precios de mercado de las opciones.

A pesar del énfasis que se pone en la valoración neutral al riesgo bajo ausencia de arbitraje cuando se discuten los activos derivados, es importante señalar que la expresión de valoración de opciones de Black y Scholes se puede obtener en un contexto de equilibrio directamente de la ecuación [21.1], suponiendo que el agente representantivo tiene preferencias representadas por una función de utilidad con *aversión relativa al riesgo constante* dada por [20.25] y que la distribución conjunta bivariante (continua) entre el precio futuro del subyacente y el consumo agregado es *lognormal*. En este contexto, el precio de cualquier opción *call* europea *j* con precio de ejercicio *K* vendría dado por la expresión:

$$c_{jt} = \rho E_t \left[\max(P_T - K, 0) \left(\frac{C_T}{C_t} \right)^{-\gamma} \right], \qquad [21.18]$$

donde la expectativa se toma sobre la función de densidad de probabilidades verdadera y no sobre la neutral. Resolviendo la integral se obtiene la expresión de Black y Scholes del siguiente apartado.[5] En definitiva, *aversión relativa al riesgo constante y el supuesto sobre lognormalidad bivariante entre el consumo agregado y el rendimiento del subyacente son condiciones suficientes para obtener la fórmula de Black y Scholes.*

Dado que la función de utilidad supuesta pertenece a la familia de funciones de utilidad con tolerancia al riesgo lineal e idéntico coeficiente de precaución entre todos los individuos, sabemos que en equilibrio todos los agentes invierten en una combinación de la cartera de mercado y el activo libre de riesgo. Además, las asignaciones de equilibrio son óptimo paretianas. Por tanto, en esta economía, cualquier opción creada sería un activo redundante, ya que ningún individuo la demandaría en equilibrio. Equivalentemente, si una economía está en equilibrio y se introduce una opción, el equilibrio original no se alteraría siempre que la opción se valore según la expresión de Black y

---

[5] Véase Huang y Litzenberger (1988).

Scholes. La opción se valora de forma que ningún individuo la demanda en equilibrio. En este contexto, las opciones no tienen papel alguno en la asignación óptima de los recursos.

21.3* La fórmula de valoración de opciones de Black y Scholes

En algunos modelos, como el modelo binomial de valoración de opciones del capítulo 4, la probabilidad neutral al riesgo se define de manera única. Sin embargo, en general, un modelo puede admitir más de una probabilidad neutral al riesgo o puede no admitir ninguna. De hecho, sabemos que una probabilidad neutral al riesgo no existe si y sólo si el modelo admite oportunidades de arbitraje. En este contexto, una pregunta que nos podríamos plantear es si resulta sencillo verificar la existencia de al menos una probabilidad neutral al riesgo. En un modelo de estados de la naturaleza finitos y discretos en el tiempo, como en el caso del binomial, dicha tarea es relativamente sencilla. Sin embargo, en modelos de tiempo continuo y estados infinitos (modelos basados en los procesos brownianos) el problema es técnicamente más difícil. Naturalmente, este es el contexto en el que se desarrolló originalmente la expresión de valoración de opciones europeas de Black y Scholes. El teorema que se utiliza para verificar la existencia de la probabilidad neutral al riesgo es el teorema de Girsanov.[6]

(i) El teorema de Girsanov[7]
Comencemos analizando el cambio de medida de probabilidad en el modelo binomial de un único periodo.

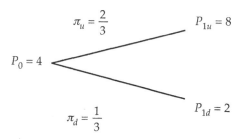

donde $u = 2, d = \dfrac{1}{2}, r = \dfrac{1}{4}$.

[6] El problema de unicidad de la probabilidad neutral al riesgo no es, sin embargo, un problema para valorar activos replicables como las opciones. Recuérdese que cualquier opción se podía replicar mediante una cartera del subyacente y de bonos. Si el activo es replicable, su expectativa descontada es la misma bajo todas las probabilidades neutrales al riesgo del modelo.

[7] Un tratamiento detallado y riguroso, y en el que se basa este apartado y sus ejemplos, se puede ver en Shreve, Chalasani y Jha (1997).

Imaginemos que queremos replicar una opción que expira en $t = 1$ con precio de ejercicio $K = 3$,

$$c_{1u} = \underbrace{uP_0}_{5}\underbrace{\Delta_0}_{8} + \underbrace{(1 + r)}_{5/4}\underbrace{(c_0 - \Delta_0 P_0)}_{4}$$

$$c_{1d} = \underbrace{dP_0}_{0}\underbrace{\Delta_0}_{2} + \underbrace{(1 + r)}_{5/4}\underbrace{(c_0 - \Delta_0 P_0)}_{4}$$

restando,

$$c_{1u} - c_{1d} = (u - d)P_0\Delta_0 \Rightarrow \Delta_0 = \frac{c_{1u} - c_{1d}}{(u - d)P_0}.$$

Despejando el precio de la opción en el momento actual,

$$c_0 = \frac{1}{1 + r}[c_{1u} + \Delta_0 P_0(1 + r - u)] =$$

$$= \underbrace{\left(\frac{1 + r - d}{u - d}\right)}_{\pi^* = 1/2}\left(\frac{c_{1u}}{1 + r}\right) + \underbrace{\left(\frac{u - 1 - r}{u - d}\right)}_{1 - \pi^* = 1/2}\left(\frac{c_{1d}}{1 + r}\right) =$$

$$= \frac{1}{1 + r}[\pi^* c_{1u} + (1 - \pi^*)c_{1d}] = \frac{1}{1 + r}\,E^*[c_1] = 2$$

$\Rightarrow$ el precio de la *call* es la expectativa *neutral al riesgo* de los pagos futuros descontados.

Las probabilidades verdaderas o probabilidades originales,

$$\pi = P(U) = \frac{2}{3}, \quad (1 - \pi) = P(D) = \frac{1}{3}$$

son irrelevantes para realizar la réplica de la opción y, por tanto, para su valoración; nótese que están implícitas, sin embargo, en el valor actual del subyacente. Así, debemos cambiar la medida de probabilidad desde la probabilidad original a la neutral al riesgo,

$$\pi^* \equiv \pi_u^* = \frac{1}{2}; \quad \pi_d^* \equiv (1 - \pi^*) = \frac{1}{2}$$

$$\Rightarrow c_0 = E^*\left[\frac{c_1}{1 + r}\right].$$

La cuestión es cómo nos movemos en general de una medida de probabilidad a la otra. Para ello, definamos la *derivada de Radon-Nikodym* $\frac{d\pi^*}{d\pi} = Z$ como,

$$Z_u = \frac{\pi_u^*}{\pi_u} = \frac{3}{4}, \; Z_d = \frac{\pi_d^*}{\pi_d} = \frac{3}{2},$$

donde caben destacarse dos propiedades de dicha derivada Z:

(i) $E[Z] = Z_u \pi_u + Z_d \pi_d = \frac{3}{4} \cdot \frac{2}{3} + \frac{3}{2} \cdot \frac{1}{3} = 1$.

(ii) para cualquier variable aleatoria Y se satisface que:

$$E^*[Y] = E[Z . Y], \tag{21.19}$$

por lo que se puede tomar la expectativa de la variable aleatoria Y bajo π^* o, alternativamente, si queremos calcular la expectativa de Y bajo π, multiplicamos la variable aleatoria Y por Z. Para verlo, nótese que el lado izquierdo de la expresión [21.19] es,

$$E^*[Y] = Y_u \pi_u^* + Y_d \pi_d^*$$

y el lado derecho,

$$E[Z . Y] = \underbrace{\frac{\pi_u^*}{\pi_u}}_{Z_u} Y_u \pi_u + \underbrace{\frac{\pi_d^*}{\pi_d}}_{Z_d} Y_d \pi_d$$

y, por tanto, ambos son iguales.

En definitiva, usando la derivada de Radon-Nikodym podemos hacer valoración de activos financieros bajo la probabilidad original:

$$E^*[c_1] = 5 \left(\frac{1}{2}\right) = \frac{5}{2}$$

$$E[c_1] = \left(\frac{3}{4}\right) 5 \left(\frac{2}{3}\right) = \frac{5}{2}.$$

Esto implica que el factor de descuento estocástico bajo ausencia de arbitraje para un estado de la naturaleza cualquiera s, M_s, puede escribirse en términos de la derivada de Radon-Nikodym. Sabemos por el capítulo 4 que:

$$M_s = \frac{\phi_s}{\pi_s} = \frac{\pi_s^*/(1 + r)}{\pi_s} = \frac{Z_s}{(1 + r)}. \tag{21.20}$$

Por tanto, los activos financieros pueden valorarse utilizando la derivada de Radon-Nikodym y la expectiva bajo la probabilidad original como:

$$P_j = \sum_{s=1}^{S} \pi_s M_s X_{js} = \sum_{s=1}^{S} \pi_s [Z_s/(1+r)]X_{js} = \frac{1}{(1+r)} E(ZX_j). \qquad [21.21]$$

Formalicemos estos conceptos estudiando el cambio de medida de probabilidad para una variable aleatoria Normal. El denominado *teorema de Radon-Nikodym* dice lo siguiente:

Sean π y π^* dos medidas de probabilidad en el espacio $(\Omega, \Im)$. Supongamos que por cada suceso $\xi \in \Im$ que satisfaga $\pi_\xi = 0$, también tenemos que $\pi_\xi^* = 0$. Entonces, decimos que π^* es *absolutamente continuo* con respecto de π. Bajo este supuesto, existe una variable aleatoria no negativa Z tal que,

$$\pi_\xi^* = \int_\xi Z d\pi \;\; ; \forall \xi \in \Im,$$

donde Z se denomina *derivada de Radon-Nikodym* de π^* con respecto a π.

Entonces,

- $\pi_\Omega^* = \int_\Omega Z d\pi = E[Z] = 1$

- para cualquier variable aleatoria Y,

$$E^*[Y] = E[Z. Y].$$

Además, las dos medidas de probabilidad π y π^* se dice que son *equivalentes* porque

$$\pi_\xi = 0 \text{ si y sólo si } \pi_\xi^* = 0,$$

que puede describirse diciendo que ambas probabilidades están de acuerdo sobre lo que es posible.

EJEMPLO 21.3.1

Sea $\Omega = \{uu, ud, du, dd\}$ el conjunto de las secuencias que obtenemos con el lanzamiento de la moneda en dos pasos o periodos (piénsese en un modelo binomial). Sean,

$$\pi_u = \frac{1}{3}, \; \pi_d = \frac{2}{3}, \; \pi_u^* = \frac{1}{2}, \; \pi_d^* = \frac{1}{2},$$

entonces, $Z_s = \dfrac{\pi_s^*}{\pi_s}$, de forma que,

$$Z_{uu} = \frac{9}{4}, \; Z_{ud} = \frac{9}{8}, \; Z_{du} = \frac{9}{8}, \; Z_{dd} = \frac{9}{16}. \;\blacksquare$$

EJEMPLO 21.3.2

Sea X una variable aleatoria Normal bajo π, con media 0 y varianza 1,

$$P(X \le \delta) = \frac{1}{2} \int_{-\infty}^{\delta} \exp\left\{-\frac{x^2}{2}\right\} dx.$$ [21.22]

Definamos $X^* = \theta + X$, de forma que X^* es también una variable aleatoria Normal con media θ y varianza 1, ya que sólo hemos añadido una constante.[8] Asimismo, definamos Z como:

$$Z = \exp\left\{-\theta X - \frac{1}{2}\theta^2\right\}.$$ [21.23]

Comprobamos que $E[Z] = 1$,

$$E[Z] = \frac{1}{\sqrt{2\pi}} \int_{-\infty}^{\infty} \exp\left\{-\theta x - \frac{1}{2}\theta^2\right\} \exp\left\{-\frac{x^2}{2}\right\} dx =$$

$$= \frac{1}{\sqrt{2\pi}} \int_{-\infty}^{\infty} \exp\left\{-\frac{(x+\theta)^2}{2}\right\} dx = 1.$$

Definamos,

$$\pi^*_\xi = \int_\xi Z d\pi \; ; \forall \xi \in \Im.$$

Entonces bajo π^*, la variable aleatoria $X^* = \theta + X$ es una *variable Normal estándar*. Para verlo, denominamos $I_{\{X \le \delta - \theta\}}$ a una variable aleatoria que es igual a 1 si ocurre que $X \le \delta - \theta$, e igual a 0 en caso contrario. Tendremos que,

$$\pi^*_{X^* \le \delta} = \pi^*_{X \le \delta - \theta} = E^*[I_{\{X \le \delta - \theta\}}] =$$

$$= E\left[I_{\{X \le \delta - \theta\}} \underbrace{\exp\left\{-\theta X - \frac{1}{2}\theta^2\right\}}_{Z}\right] =$$

$$= \frac{1}{\sqrt{2\pi}} \int_{-\infty}^{\delta-\theta} \exp\left\{-\theta x - \frac{1}{2}\theta^2\right\} \exp\left\{-\frac{x^2}{2}\right\} dx =$$

$$= \frac{1}{\sqrt{2\pi}} \int_{-\infty}^{\delta-\theta} \exp\left\{-\frac{(x+\theta)^2}{2}\right\} dx =$$

$$= \frac{1}{\sqrt{2\pi}} \int_{-\infty}^{\delta} \exp\left\{-\frac{x^{*2}}{2}\right\} dx^*; \, (x^* = x + \theta).$$

[8] Conviene recordar en este momento que una de las condiciones suficientes para valorar opciones según Black y Scholes era que el agente representativo tuviese *aversión relativa al riesgo constante*.

Es importante, en definitiva, notar que *hemos cambiado la media pero no la varianza*. En el caso de procesos estocásticos, que es lo que realmente nos interesa al tener que describir el proceso que siguen los precios de los activos, cambiaremos la tasa de rendimiento medio pero no la volatilidad. ∎

EJEMPLO 21.3.3 Un proceso X_0, X_1, ..., X_n es una martingala cuando su tendencia es plana.

Para verlo, sea $(\Omega, \Im, \pi)$ un espacio probabilístico y sea $\Im_0$, $\Im_1$, ..., $\Im_n$, una filtración de forma que cada conjunto de elementos de $\Im_k$ está también en $\Im_{k+1}$. Sea X_0, X_1, ..., X_n un proceso adaptable de forma que si conocemos la información en $\Im_k$, entonces conocemos el valor de X_k. Sabemos que si

$$E[X_{k+1}|\Im_k] = X_k, \ k = 0, 1, ..., n-1$$

decimos que el proceso X_0, X_1, ..., X_n es una martingala. La propiedad de martingala depende de la medida de probabilidad utilizada para calcular la expectativa condicional, de forma que, como sabemos, un proceso puede ser una martingala bajo una medida de probabilidad y no serlo bajo una medida de probabilidad alternativa. La idea del ejemplo es enfatizar que una martingala está *estadísticamente centrada*; esto es, no tiene tendencia alguna a subir o bajar. Por tanto, en cada momento de tiempo, su valor actual es el mejor estimador de su valor en el siguiente momento.

Una *supermartingala* tiene tendencia a bajar:

$$E[X_{k+1}|\Im_k] \leq X_k, \ k = 0, 1, ..., n-1.$$

Una *submartingala* tiene tendencia a subir:

$$E[X_{k+1}|\Im_k] \geq X_k, \ k = 0, 1, ..., n-1.$$

A partir del árbol binomial del comienzo de este apartado, que ahora lo extendemos a un modelo binomial de tres periodos, verificamos que el proceso para el precio del activo, $\{P_k\}_{k=0}^3$, es una submartingala.

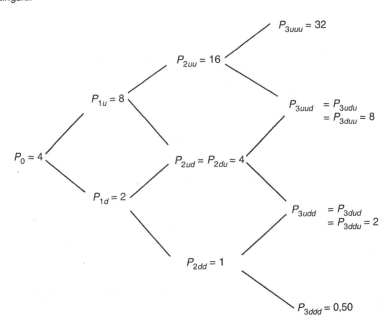

Para $k = 0$,

$$E[P_1|\Im_0] = \frac{8 + 2}{2} = 5 \geq P_0 = 4.$$

Para $k = 1$,

$$E[P_{2u}|\Im_1] = \frac{16 + 4}{2} = 10 \geq P_{1u} = 8$$

$$E[P_{2d}|\Im_1] = \frac{4 + 1}{2} = 2,50 \geq P_{1d} = 2.$$

Para $k = 2$,

$$E[P_{3uu}|\Im_2] = \frac{32 + 8}{2} = 20 \geq P_{2uu} = 16$$

$$E[P_{3ud}|\Im_2] = \frac{8 + 2}{2} = 5 \geq P_{2ud} = 4$$

$$E[P_{3du}|\Im_2] = \frac{8 + 2}{2} = 5 \geq P_{2du} = 4$$

$$E[P_{3dd}|\Im_2] = \frac{2 + 0,5}{2} = 1,25 \geq P_{2dd} = 1.$$

Nótese que para cada una de las expresiones en cada k, tenemos un valor 25% más alto que en el anterior. El proceso del precio es una submartingala. Si quitamos el efecto del 25%, el proceso se vuelve una martingala. Recuérdese que el 25% es el valor que toma en este ejemplo el tipo de interés libre de riesgo. Así,

$$\frac{4}{5} E[P_{k+1}|\Im_k] = P_k.$$

Definimos el *factor acumulativo* δ_k (pensemos en una cuenta de ahorro que acumula los tipos de interés libres de riesgo que obtiene) como el inverso del precio del bono básico entre k y $k + 1$: $\delta_k = (1 + r)^k$; $k = 0, 1, ..., n$. Por tanto, $\delta_{k+1} = \frac{5}{4} \delta_k$

$$\Rightarrow E\left[\frac{P_{k+1}}{\delta_{k+1}} \,\middle|\, \Im_k\right] = \frac{P_k}{\delta_k},$$

de forma que, en este caso, podemos concluir que el *proceso del precio descontado* del activo $\left\{\dfrac{P_k}{\delta_k}\right\}_{k=0}^{3}$ es una martingala. ∎

Como se ha venido afirmando a lo largo del libro, en general decimos que *si el precio descontado de una acción es una martingala, entonces la medida de probabilidad es neutral al riesgo.*

Para formalizar en esta idea en un contexto binomial de múltiples periodos definimos la variable,

$$Y_k(s_1, s_2, ..., s_n) = \begin{cases} u & \text{si} \quad s_k = u \\ d & \text{si} \quad s_k = d \end{cases}$$

Para $k = 1, 2, ..., n$, entonces

$$P_{k+1}(s_1, s_2, ..., s_n) = Y_{k+1}(s_1, s_2, ..., s_n)P_k(s_1, s_2, ..., s_n).$$

Nótese que cada precio, P_k, es $\Im_k$-medible, de forma que Y_{k+1} es independiente de $\Im_k$. Supongamos que π es la probabilidad original del rendimiento bruto u y $1 - \pi$ la probabilidad de d. Calculamos,

$$E\left[\frac{P_{k+1}}{\delta_{k+1}} \mid \Im_k\right] = E\left[\frac{Y_{k+1}P_k}{\delta_{k+1}} \mid \Im_k\right] =$$

sacando fuera de la expectativa lo conocido,

$$= \frac{P_k}{\delta_{k+1}} E[Y_{k+1} \mid \Im_k]$$

y usando la propiedad de independencia de la expectativa condicional,

$$= \frac{P_k}{\delta_{k+1}} E[Y_{k+1}] = \frac{P_k}{\delta_k} \frac{\pi u + (1-\pi)d}{1+r}.$$

Dada esta última expresión, en el modelo binomial existirán probabilidades neutrales al riesgo, π^* y $(1 - \pi^*)$, si y sólo si

$$\frac{\pi u + (1-\pi)d}{1+r} = 1,$$

ya que de esta forma garantizamos que el proceso del precio descontado, $\dfrac{P_k}{\delta_k}$,

sea una martingala. Independientemente de que este sea el caso para las probabilidades originales, definimos las probabilidades neutrales al riesgo como:

$$\pi^* = \frac{(1+r) - d}{u - d}, \quad 1 - \pi^* = \frac{u - 1 - r}{u - d}.$$

Se verifica fácilmente que π^* y $(1 - \pi^*)$ satisfacen,

$$\frac{\pi^* u + (1-\pi^*)d}{1+r} = 1,$$

y el proceso del precio descontado, $\dfrac{P_k}{\delta_k}$, es una martingala bajo la probabilidad neutral al riesgo π^*.

A continuación, generalizamos las ideas introducidas en este apartado a procesos en tiempo continuo y presentamos el *teorema de Girsanov para un movimiento browniano*:

Sea B_t, $0 \leq t \leq T$, un movimiento browniano en el espacio probabilístico $(\Omega, \Im_t, \pi)$, y $\Im_t$, $0 \leq t \leq T$, la filtración asociada al movimiento browniano.[9] Definimos, además, θ_t, $0 \leq t \leq T$, como un *proceso adaptable*, lo que implica que para evaluar cada θ_t es suficiente la información disponible en $\Im_t$. Esto es tanto como decir que no se admite información privilegiada para evaluar el proceso θ_t.[10]

Definimos B_t^* para $0 \leq t \leq T$ como:

$$B_t^* = \int_0^t \theta_\tau d\tau + B_t,$$

[21.24]

donde debe ser evidente que B_t^* no es una martingala, ya que estamos añadiendo algo que implica una tendencia al browniano B_t. Sin embargo, debe quedar claro que el movimiento browniano B_t sí es una martingala. Para verlo, sean unos momentos de tiempo dados $0 \leq \tau \leq t$. Es posible descomponer el movimiento browniano B_τ como $B_t = B_\tau + (B_t - B_\tau)$. Usando las propiedades que caracterizan al movimiento browniano descritas en el apartado 20.9 del capítulo anterior, tenemos que

$$E[B_t \mid \Im_\tau] = E[B_\tau + (B_t - B_\tau) \mid \Im_\tau] = B_\tau + E[(B_t - B_\tau) \mid \Im_\tau] = B_\tau + E[B_t - B_\tau] = B_\tau$$

por lo que dada la información disponible hasta $\tau \leq t$, la expectativa condicional de B_t es B_τ.

Ahora para $0 \leq t \leq T$ definimos,

$$Z_t = \exp\left\{ -\int_0^t \theta_\tau dB_\tau - \frac{1}{2} \int_0^t \theta_\tau^2 d\tau \right\},$$

[21.25]

donde debemos señalar que hemos introducido la *integral estocástica de Ito*, que expresada sobre el intervalo completo $[0, T]$ es,

$$\int_0^T \theta_\tau dB_\tau$$

[9] Pensemos en el movimiento browniano como el límite del proceso que sigue una variable caracterizada por un árbol binomial como los utilizados al principio de este capítulo cuando, para un T dado, la longitud de cada rama del árbol tiende a cero.

[10] Es posible interpretar θ_t como el (positivo) precio de mercado del riesgo definido en el capítulo 6.

y se caracteriza por venir definida sobre un movimiento browniano continuo pero no diferenciable. Para interpretar dicha integral es necesario que:

(i) El proceso θ_t sea adaptable por lo que sus realizaciones son independientes de lo que ocurra en el futuro (no anticipativo).

(ii) La variable aleatoria θ_t *no sea explosiva* en el sentido,

$$E\left[\exp\left\{\frac{1}{2}\int_0^T \theta_\tau^2 d\tau\right\} < \infty\right].$$

Sea $[0, T]$ el intervalo que se particiona en n ($k = 1, ..., n$) intervalos de igual
longitud Δt de forma que $T = n\Delta t$. Entonces, la integral estocástica de Ito, $\int_0^T \theta_\tau dB_\tau$,
es *el límite del término cuadrático medio* dado por:

$$\sum_{k=1}^{n} \theta_{k-1}(B_k - B_{k-1}) \rightarrow \int_0^T \theta_\tau dB_\tau,$$

cuando $n \rightarrow \infty$ ($\Delta t \rightarrow 0$). Por tanto, en el límite, dicha suma finita se aproximará
a la variable aleatoria representada por la integral de Ito. Para que dicha varia-
ble aleatoria exista en el límite es fundamental que se satisfagan las propiedades
(i) y (ii) descritas arriba.

Dada la expresión [21.25], usamos Z_T como la derivada de Radon-Nikodym
que, como sabemos, nos sirve para definir una nueva medida de probabilidad,

$$\pi_\xi^* = \int_\xi Z_T d\pi; \ \forall \xi \in \Im,$$

$$E^*[Y] = E[Z(T).Y]; \ \forall Y \text{ aleatoria.}$$

El teorema de Girsanov dice que el proceso B_t^*, $0 \le t \le T$, definido en [21.24],
es un movimiento browniano bajo π^* y, por tanto, es una martingala bajo π^*.

Nótese que, si $T = 1$ y θ es constante, entonces la variable aleatoria $B_T^* = B_T + \theta$
es Normal con media θ y varianza 1 bajo π. Esto es, tenemos que

$$Z_T = \exp\left\{-\theta B_T - \frac{1}{2}\theta^2\right\}, \tag{21.26}$$

por lo que en este caso, el movimiento browniano bajo π^*, B_t^*, es Normal con media 0 y varianza 1 (este es el ejemplo 21.3.2).

Básicamente, al pasar de π a π^* con una determinada Z_t, estamos quitando la
deriva al proceso B_t^*, de forma que el nuevo proceso sea una martingala bajo π^*.
Es importante insistir que, cuando usamos el teorema de Girsanov para cambiar

de medida de probabilidad, las medias cambian pero las varianzas no lo hacen. Así, martingalas pueden crearse o destruirse pero las volatilidades, variaciones cuadráticas y variaciones cruzadas no se ven afectadas:

$$dB^* \, dB^* = (\theta_t dt + dB_t)^2 = dBdB = dt.$$

(ii) La medida neutral al riesgo para el modelo de Black-Scholes generalizado

Supongamos que el precio de un activo sigue un movimiento descrito por un proceso de Ito de la forma,

$$dP_t = \mu_t P_t dt + \sigma_t P_t dB_t, \tag{21.27}$$

de manera que tenemos un proceso muy general, aunque evidentemente está sujeto a que las trayectorias del proceso sean continuas (no haya saltos) y que no existan oportunidades de arbitraje.

Pensemos en el siguiente modelo para el *factor acumulativo (tipo de interés)*,[11]

$$\delta_t = \exp \left\{ \int_0^t r_\tau d\tau \right\}$$

$$d\delta_t = r_t \delta_t dt; \quad d\left(\frac{1}{\delta_t}\right) = -\frac{r_t}{\delta_t} dt. \tag{21.28}$$

Analicemos el *proceso descontado del precio de la acción*:

$$d\left(\frac{P_t}{\delta_t}\right) = \frac{1}{\delta_t} \, dP_t + P_t \, d\left(\frac{1}{\delta_t}\right) =$$

$$= \frac{P_t}{\delta_t} \left[\mu_t dt + \sigma_t dB_t\right] - \frac{r_t P_t}{\delta_t} dt =$$

$$= \frac{P_t}{\delta_t} \left[\underbrace{(\mu_t - r_t)}_{\text{prima de riesgo}} dt + \sigma_t dB_t \right] =$$

$$= \sigma_t \frac{P_t}{\delta_t} \left[\underbrace{\frac{(\mu_t - r_t)}{\sigma_t}}_{\theta_t} dt + dB_t \right], \tag{21.29}$$

---

[11] Recordemos que el factor acumulativo es conceptualmente el inverso del precio de un bono básico.

donde aparece definido el *precio del riesgo del activo* que, como sabemos desde el capítulo 6, se expresa como:

$$\theta_t = \frac{(\mu_t - r_t)}{\sigma_t} \, .$$ [21.30]

Sea,

$$B_t^* = \int_0^t \theta_\tau d\tau + B_t$$ [21.31]

$$dB_t^* = \theta_t dt + dB_t$$

usando [21.29],

$$d\left(\frac{P_t}{\delta_t}\right) = \sigma_t \frac{P_t}{\delta_t} dB_t^*.$$ [21.32]

Por tanto, bajo la medida de probabilidad π^*, B^* es un movimiento browniano, y el precio del activo descontado es una martingala (recuérdese que B^* no es una martingala bajo π, sí lo es bajo π^*). *Dado que si el precio descontado de un activo es una martingala, la medida de probabilidad es neutral al riesgo, podemos concluir que π^* es la medida de probabilidad neutral al riesgo.*

En definitiva, cambiar la medida de probabilidad desde π a π^* cambia el rendimiento medio del precio descontado del activo desde $(\mu_t - r_t)$ a cero. Sin embargo, cambiar la medida de probabilidad desde π a π^* no cambia la volatilidad.

EJEMPLO 21.3.4 Se trata de demostrar que $dP_t = r_t P_t dt + \sigma_t P_t dB_t^*$

Naturalmente lo que pide el ejercicio es demostrar que cambiando la medida de probabilidad a π^*, implica cambiar el rendimiento medio de μ_t a r_t sin cambiar la volatilidad:

$$dP_t = \mu_t P_t dt + \sigma_t P_t dB_t =$$

$$= \mu_t P_t dt + \sigma_t P_t[- \theta_t dt + dB_t^*] =$$

$$= \mu_t P_t dt + \sigma_t P_t \left[-\frac{(\mu_t - r_t)}{\sigma_t} dt + dB_t^* \right] =$$

$$= r_t P_t dt + \sigma_t P_t dB_t^*. \blacksquare$$

(iii) La valoración neutral al riesgo una vez más

La variación en la riqueza, W_t, de un inversor que distribuye sus recursos entre un activo subyacente y un bono libre de riesgo, siendo Δ_t el número de títulos invertidos en el subyacente, puede describirse como:

$$dW_t = \Delta_t dP_t + r_t[W_t - \Delta_t P_t]dt. \tag{21.33}$$

La riqueza *descontada* sería:

$$d\left(\frac{W_t}{\delta_t}\right) = \frac{1}{\delta_t}\, dW_t + W_t d\left(\frac{1}{\delta_t}\right) =$$

$$= \frac{1}{\delta_t}\, \Delta_t dP_t + \frac{1}{\delta_t}\, r_t W_t dt - \frac{r_t}{\delta_t}\, \Delta_t P_t dt - \frac{r_t}{\delta_t}\, W_t dt,$$

simplificando y usando [21.31],

$$d\left(\frac{W_t}{\delta_t}\right) = \frac{1}{\delta_t}\, \Delta_t[dP_t - r_t P_t dt] =$$

$$= \Delta_t d\left(\frac{P_t}{\delta_t}\right) = \Delta_t \sigma_t\, \frac{P_t}{\delta_t}\, dB_t^*,$$

lo que implica que, bajo la medida neutral al riesgo π^*, la riqueza descontada $\dfrac{W_t}{\delta_t}$ es una martingala, independientemente de la cartera escogida.

Sea c_T un *derecho contingente*; esto es, una variable aleatoria que representa el pago de un activo derivado (opción) en el momento final T. Sabemos que existe una estrategia réplica del subyacente y el bono que paga lo mismo que el derivado en T. Sea W_T el pago de dicha cartera réplica en T de forma que $W_T = c_T$.

La propiedad de martingala de $\dfrac{W_t}{\delta_t}$ nos da la fórmula de valoración neutral al riesgo

$$\frac{W_t}{\delta_t} = E^*\left[\frac{W_T}{\delta_T}\,\Big|\,\Im_t\right] = E^*\left[\frac{c_T}{\delta_T}\,\Big|\,\Im_t\right], \quad 0 \le t \le T. \tag{21.34}$$

En particular, el valor del derecho contingente (la opción) en el momento t es

$$c_t = \delta_t E^*\left[\frac{c_T}{\delta_T}\,\Big|\,\Im_t\right].$$

Como $\delta_0 = 1$, el valor actual ($t = 0$) del derecho contingente (la opción) es

$$c_0 = E^*\left[\frac{c_T}{\delta_T}\right] = e^{-r(T-0)}E^*[c_T], \tag{21.35}$$

que es la expresión habitual bajo ausencia de arbitraje, donde E^* es la expectativa con respecto a la probabilidad neutral al riesgo o probabilidad de martingala dada por [21.5].

(iv) La fórmula de valoración de Black y Scholes para una opción *call* europea
Supongamos que el precio del activo subyacente sigue un movimiento geométrico browniano dado por la expresión [21.27] con μ y σ constantes:

$$dP_t = \mu P_t dt + \sigma P_t dB_t.$$ [21.36]

Bajo la medida de probabilidad neutral al riesgo, μ se cambia por el tipo de interés libre de riesgo, r, que también es constante. Esto implica que, bajo los supuestos de Black y Scholes, *el precio del riesgo del activo subyacente bajo la probabilidad original es constante*:

$$\theta_t = \frac{\mu - r}{\sigma},$$

lo que juega exactamente el mismo papel que jugaba el supuesto sobre preferencias con *aversión relativa al riesgo constante* del agente representativo que se hacía en el apartado anterior, y que era una de las condiciones suficientes (junto con lognormalidad bivariante entre el rendimiento del activo subyacente y el consumo agregado) para obtener Black-Scholes mediante argumentos de equilibrio.

Sea t el momento actual en el tiempo donde queremos valorar una opción *call* europea. Bajo el movimiento browniano supuesto por [21.36] para el precio del activo subyacente, tenemos que la distribución condicional de P_T dado P_t es lognormal con media y varianza dadas por:

$$E[\ln P_T | P_t] = \ln P_t + \left(\mu - \frac{\sigma^2}{2}\right)(T - t)$$ [21.37]

$$\text{var}[\ln P_T | P_t] = \sigma^2 (T - t).$$

El valor al vencimiento de la opción *call* europea es,

$$c_T = \max(P_T - K, 0) = (P_t - K)^+.$$ [21.38]

Bajo el supuesto de movimiento browniano tenemos que:[12]

---

[12] Aplicando el lema de Ito a la siguiente expresión se obtiene la ecuación diferencial estocástica [21.36].

$$P_T = P_t \exp\left\{ \sigma B_T + \int_t^T \mu \, dt - \frac{1}{2}\sigma^2 (T-t) \right\} =$$

$$= P_t \exp\left\{ \sigma \left(B_T^* - \int_t^T \theta \, dt \right) + \int_t^T \mu \, dt - \frac{1}{2}\sigma^2 (T-t) \right\} =$$

$$= P_t \exp\left\{ \sigma B_T^* + rT - \frac{1}{2}\sigma^2 T \right\}.$$

Por tanto,

$$c_t = E^* \left[e^{-r(T-t)} \left(P_t \exp\left\{ \sigma B_T^* + \left(r - \frac{\sigma^2}{2} \right)(T-t) \right\} - K \right)^+ \right] \qquad [21.39]$$

donde, bajo la medida de probabilidad π^*, B_T^* es Normal con media 0 y varianza T.

Evaluando dicha expectativa se obtiene la fórmula de Black y Scholes. Para ello, se escribe la expectativa del pago futuro de la *call* como,

$$E^*[c_T] = E^*(P_T - K)^+ = E^*(P_t \tilde{R} - K)^+,$$

donde $\tilde{R} \equiv \dfrac{P_T}{P_t}$ es el rendimiento (bruto) del subyacente sobre la vida de la opción.

Dado que el modelo supone que P_T tiene una distribución neutral al riesgo lognormal, $\tilde{R}$ también tendrá una distribución lognormal que denominamos $g(\tilde{R})$. Por tanto,

$$E^*[c_T] = \int_{K/P_t}^{\infty} (P_t \tilde{R} - K) g(\tilde{R}) d\tilde{R}, \qquad [21.40]$$

donde el límite inferior de la integral es tal que el integrando evaluado en dicho límite es $P_t \tilde{R} - K = P_t (K/P_t) - K = 0$.

La integral [21.40] puede transformarse en una distribución Normal, $f(X)$, simplemente teniendo en cuenta que si $\tilde{R}$ es lognormal, entonces $X \equiv \ln \tilde{R}$ es Normal. Por tanto, $\tilde{R} = e^X$ y tenemos que,

$$E^*[c_T] = \int_{\ln(K/P_t)}^{\infty} (P_t e^X - K) f(X) dX. \qquad [21.41]$$

Sabemos que cualquier variable aleatoria Normal X con media $\bar{\mu}(T-t)$ y desviación estándar $\sigma\sqrt{(T-t)}$ se convierte en una variable Normal estándar sustituyendo X por $x \equiv (X - \bar{\mu}(T-t)/\sigma\sqrt{(T-t)}$ de forma que $X = \bar{\mu}(T-t) + x\sigma\sqrt{(T-t)}$:

$$E^*[c_T] = \int_{(\ln(K/P_t) - \bar{\mu}(T-t))/\sigma\sqrt{(T-t)}}^{\infty} \left(P_t e^{\bar{\mu}(T-t) + x\sigma\sqrt{(T-t)}} - K \right) N(x)dx, \qquad [21.42]$$

donde $N(x)$ es la variable Normal estándar,

$$N(x) = \frac{1}{\sqrt{2\pi}} e^{-x^2/2}.$$

Separamos la integral [21.42] en dos componentes,

$$E^*[c_T] = \int_{(\ln(K/P_t) - \bar{\mu}(T-t))/\sigma\sqrt{(T-t)}}^{\infty} \left(P_t e^{\bar{\mu}(T-t) + x\sigma\sqrt{(T-t)}} \right) N(x)dx$$

$$[21.43]$$

$$- K \int_{(\ln(K/P_t) - \bar{\mu}(T-t))/\sigma\sqrt{(T-t)}}^{\infty} N(x)dx .$$

Sabemos que bajo lognormalidad y neutralidad al riesgo,

$$e^{\bar{\mu}(T-t) + x\sigma\sqrt{(T-t)}} = e^{(r-\sigma^2/2)(T-t) + x\sigma\sqrt{(T-t)}},$$

valor que sustituye al exponencial del primer componente de la integral [21.43]. Además, el límite inferior de la integral es

$$\left(\ln(K/P_t) - \bar{\mu}(T-t)\right)/\sigma\sqrt{(T-t)} = \left[\ln(K/P_t) + (\sigma^2/2 - r)(T-t)\right]/\sigma\sqrt{(T-t)} \equiv a.$$

Por lo que la integral [21.43] queda,

$$E^*[c_T] = P_t e^{r(T-t)} \int_a^{\infty} e^{-\sigma^2/2(T-t) + x\sigma\sqrt{(T-t)}} N(x)dx - K \int_a^{\infty} N(x)dx.$$

Usando la valoración neutral al riesgo para el valor de la *call* hoy,

$$c_t = e^{-r(T-t)} E^*[c_T] = P_t \int_a^{\infty} e^{-\sigma^2/2(T-t) + x\sigma\sqrt{(T-t)}} N(x)dx - K \int_a^{\infty} N(x)dx. \qquad [21.44]$$

Usando la propiedad de simetría de la distribución Normal estándar, bajo la cual la integral desde a hasta $+\infty$ es igual a la integral desde $-\infty$ hasta $-a$, pueden invertirse los límites de la integración de forma que el límite inferior sea $-\infty$ y el superior,

$$-a = \left[\ln(P_t/K) + (r - \sigma^2/2)(T - t)\right]/\sigma\sqrt{(T - t)},$$

resolviendo de forma habitual las integrales bajo distribuciones Normales están-dar y teniendo en cuenta dichos límites de integración se obtiene la expresión de valoración de Black-Scholes para una opción de compra europea de un subya-cente que no reparte dividendos durante la vida de la opción:

$$c_t = P_t N(d_1) - Ke^{-r(T - t)}N(d_2), \qquad [21.45]$$

donde

$$d_1 = \frac{\ln(P_t/K) + (r + \sigma^2/2)(T - t)}{\sigma\sqrt{(T - t)}}$$

$$d_2 = \frac{\ln(P_t/K) + (r - \sigma^2/2)(T - t)}{\sigma\sqrt{(T - t)}} = d_1 - \sigma\sqrt{T - t},$$

donde $N(d)$ es la probabilidad de que dicha variable sea menor o igual que d (el área comprendida debajo de la distribución de probabilidad Normal estándar entre $-\infty$ y d_1 en el primer caso y d_2 en el segundo).

Esta expresión tiene una sencilla interpretación intuitiva. Cuando existe cer-teza (la opción *call* termina con seguridad dentro de dinero), el precio de la *call* será simplemente el valor actual de la diferencia entre los beneficios y los costes en que debe incurrir el titular de la *call* al ejercer su derecho:

$$c_t = \underbrace{P_t}_{\substack{\text{valor actual} \\ \text{del beneficio}}} - \underbrace{Ke^{-r(T - t)}}_{\substack{\text{valor actual} \\ \text{del coste}}}.$$

Con la lógica incertidumbre ambos términos se ponderan por una determi-nada probabilidad:

$$c_t = \underbrace{(\text{Prob})P_t}_{\substack{\text{valor actual} \\ \text{del beneficio} \\ \text{ponderado}}} - \underbrace{(\text{Prob}')Ke^{-r(T - t)}}_{\substack{\text{valor actual} \\ \text{del coste} \\ \text{ponderado}}}$$

La fórmula de Black-Scholes hace explícitas dichas probabilidades y dice, sim-plemente, que el valor de una *call* europea sobre una acción que no paga dividen-dos durante la vida de dicha opción es la diferencia entre los valores actuales ponderados de los beneficios y los costes de ejercer la opción.

Evidentemente, la expresión de Black-Scholes también puede escribirse como:

$$c_t = e^{-r(T - t)}\left[P_t N(d_1)e^{r(T - t)} - KN(d_2)\right], \qquad [21.46]$$

lo que coincide con la expresión de valoración neutral al riesgo habitual. El término entre corchetes es la expectativa bajo la probabilidad neutral al riesgo de
los pagos futuros de la opción. En particular, $N(d_2)$ es la probabilidad de que la
opción se ejerza en un mundo neutral al riesgo de forma que $KN(d_2)$ es el precio
de ejercicio multiplicado por la probabilidad de que el precio de ejercicio sea pagado. Por otro lado, $P_t N(d_1)e^{r(T-t)}$ es el valor esperado bajo neutralidad al riesgo
de una variable que es igual a P_t si $P_t > K$ y cero en caso contrario.

21.4* La fórmula de Black-Scholes: un desarrollo alternativo basado en la cartera réplica autofinanciada del subyacente y el bono libre de riesgo

El factor acumulativo de un bono básico sin riesgo y su dinámica vienen dados por:

$$\delta_t = e^{rt}$$
$$d\delta = re^{rt}dt \qquad [21.47]$$

y sea un activo incierto que sigue un proceso geométrico browniano,[13]

$$dP = \mu P dt + \sigma P dB. \qquad [21.48]$$

Bajo estas condiciones supongamos que queremos seleccionar una *función de pagos arbitraria* que dependa del precio del activo incierto en una fecha futura previamente establecida. Si nos restringimos a estrategias de inversión que tengan trayectorias *independientes* y que sean *autofinanciadas*, ¿qué composición del activo incierto y del bono debe tener la estrategia hasta el vencimiento de forma que repliquemos la función de pagos previamente arbitraria?

Para responder a esta pregunta derivamos lo que se conoce como la *ecuación diferencial parcial de Black y Scholes* que caracteriza el recorrido estocástico de cualquier estrategia con las propiedades mencionadas. Nos centraremos en el caso particular en el que dicha función de pagos arbitraria es una opción de compra, pero debe quedar claro que el planteamiento es válido para cualquier función de pagos de estas características.

En el contexto estático del capítulo 4 ya vimos que una particular cartera del activo subyacente y del bono replicaba el precio de una opción. La estrategia, en este caso dinámica, que replica el precio de una opción *call* está formada por unas determinadas cantidades del subyacente y del bono que vienen dadas por $\Delta(P, t)$ títulos del subyacente y $\beta(P, t)$ del bono sin riesgo. El valor de dicha estrategia (valor de la cartera réplica) que debe coincidir con el valor de la opción es:

$$c(P, t) = \Delta(P, t)P + \beta(P, t)\delta. \qquad [21.49]$$

---

[13] Por simplicidad eliminamos los subíndices del tiempo en las ecuaciones.

Así, la estrategia dinámica depende del precio actual del subyacente y del tiempo, pero no puede depender de la historia pasada del precio del subyacente (las trayectorias son independientes). Suponemos, además, que $\Delta(P, t)$ y $\beta(P, t)$ son funciones continuas de P y t y, dado que el precio sigue un proceso browniano, que es un caso particular —volatilidad y deriva constantes— de los procesos de Ito, las estrategias también seguirán un proceso de Ito. En concreto, para el número de títulos del subyacente tenemos que,

$$d\Delta = \mu_\Delta dt + \sigma_\Delta dB, \tag{21.50}$$

donde el browniano es el mismo que en [21.48] ya que la fuente de incertidumbre en el precio del activo se traslada a la propia estrategia. Aplicando el lema de Ito a $\Delta(P, t)$, obtenemos las expresiones de μ_Δ y σ_Δ:

$$d\Delta = \frac{\partial \Delta}{\partial P} \underbrace{dP}_{[21.48]} + \frac{\partial \Delta}{\partial t} dt + \frac{1}{2} \frac{\partial^2 \Delta}{\partial P^2} \sigma^2 P^2 dt =$$

$$= \left\{ \underbrace{\frac{\partial \Delta}{\partial P} \mu P + \frac{\partial \Delta}{\partial t} + \frac{1}{2} \frac{\partial^2 \Delta}{\partial P^2} \sigma^2 P^2}_{\mu_\Delta} \right\} dt + \underbrace{\frac{\partial \Delta}{\partial P} \sigma P dB}_{\sigma_\Delta}. \tag{21.51}$$

Repitiendo el ejercicio para el bono:

$$d\beta = \mu_\beta dt + \sigma_\beta dB, \tag{21.52}$$

donde

$$\mu_\beta = \frac{\partial \beta}{\partial P} \mu P + \frac{\partial \beta}{\partial t} + \frac{1}{2} \frac{\partial^2 \beta}{\partial P^2} \sigma^2 P^2$$

$$\sigma_\beta = \frac{\partial \beta}{\partial P} \sigma P. \tag{21.53}$$

Estas ecuaciones representan las estrategias dinámicas del activo subyacente y del bono.

La variación de la cartera réplica dada por [21.49] será:

$$dc(P, t) = d[\Delta(P, t)P] + d[\beta(P, t)\delta]. \tag{21.54}$$

Una estrategia de cartera se dice que es *autofinanciada* si todo cambio en su valor se produce como consecuencia del cambio en los precios de los activos que la componen y no de contribuciones adicionales externas o de retirada de fondos.

El diferencial total de un producto de dos procesos de Ito f y g es:

$$d(f.g) = f(dg) + (df)g + (df)(dg).$$

Aplicando este resultado a [21.54],

$$dc = \left[\Delta dP + (d\Delta)P + (d\Delta)(dP)\right] + \left[\beta d\delta + (d\beta)\delta + (d\beta)d\delta\right].$$

La estrategia será autofinancida si:

$$(d\Delta)P + (d\Delta)(dP) + (d\beta)\delta + (d\beta)(d\delta) = 0. \tag{21.55}$$

Sustituyendo en [21.55] los valores de $d\Delta$, $d\beta$, dP y $d\delta$, eliminando los términos de orden de magnitud despreciables, dt^2 y $dtdB$, y recordando que $dB^2 = dt$, tenemos que:

$$\left(\mu_\Delta P + \mu_\beta\delta + \sigma_\Delta\sigma P\right)dt + \left(\sigma_\Delta P + \sigma_\beta\delta\right)dB = 0. \tag{21.56}$$

Para que esta última expresión sea cero para todo P y t, debe ocurrir que

$$\sigma_\Delta P + \sigma_\beta\delta = 0$$
$$\mu_\Delta P + \mu_\beta\delta + \sigma_\Delta\sigma P = 0. \tag{21.57}$$

Como, $\delta = e^{rt}$ y

$$\sigma_\Delta = \frac{\partial\Delta}{\partial P}\sigma P$$

$$\sigma_\beta = \frac{\partial\beta}{\partial P}\sigma P.$$

La primera expresión en [21.57] será:

$$\frac{\partial\Delta}{\partial P}P + \frac{\partial\beta}{\partial P}e^{rt} = 0. \tag{21.58}$$

Para la segunda expresión en [21.57] usando los valores de μ_Δ, μ_β y σ_Δ en [21.51] y [21.53] y el resultado [21.58] obtenemos,

$$\left(\frac{\partial\Delta}{\partial t} + \frac{1}{2}\frac{\partial^2\Delta}{\partial P^2}\sigma^2 P^2\right)P + \left(\frac{\partial\beta}{\partial t} + \frac{1}{2}\frac{\partial^2\beta}{\partial P^2}\sigma^2 P^2\right)e^{rt} + \frac{\partial\Delta}{\partial P}\sigma^2 P^2 = 0. \tag{21.59}$$

En definitiva, las ecuaciones [21.58] y [21.59] representan la dinámica que debe satisfacerse por cualquier estrategia autofinanciada.

A continuación se obtiene el número de unidades del bono sin riesgo de la estrategia o cartera réplica [21.49],

$$\beta(P, t) = e^{-rt}[c(P, t) - \Delta(P, t)P] \qquad [21.60]$$

derivando,

$$\frac{\partial \beta}{\partial P} = e^{-rt}\left[\frac{\partial c}{\partial P} - \frac{\partial \Delta}{\partial P}\,P - \Delta\right],$$

sustituyendo en [21.58],

$$\frac{\partial \Delta}{\partial P}\,P + e^{-rt}\left[\frac{\partial c}{\partial P} - \frac{\partial \Delta}{\partial P}\,P - \Delta\right]e^{rt} = 0,$$

por lo que el número de títulos que deben mantenerse del activo incierto en la cartera dinámica autofinanciada es:

$$\Delta(P, t) = \frac{\partial c(P, t)}{\partial P}, \qquad [21.61]$$

que en el caso de la fórmula de Black-Scholes resulta igual a $N(d_1)$ y que, además, es el límite de la expresión [4.17] en el capítulo 4. Sustituyendo esta expresión en [21.60] se obtiene la cantidad de bonos sin riesgo necesarios:

$$\beta(P, t) = e^{-rt}\left[c(P, t) - \frac{\partial c(P, t)}{\partial P}\,P\right]. \qquad [21.62]$$

Estas dos últimas ecuaciones son las *soluciones únicas* a la estrategia dinámica autofinanciada que replica la función de pagos arbitrario deseada.

Las correspondientes derivadas para [21.61] son:

$$\frac{\partial \Delta}{\partial t} = \frac{\partial^2 c}{\partial P \partial t}; \quad \frac{\partial \Delta}{\partial P} = \frac{\partial^2 c}{\partial P^2}; \quad \frac{\partial^2 \Delta}{\partial P^2} = \frac{\partial^3 c}{\partial P^3};$$

y para [21.62],

$$\frac{\partial \beta}{\partial t} = e^{-rt}\left[\frac{\partial c}{\partial t} - rc - \frac{\partial^2 c}{\partial P \partial t}\,P + rP\,\frac{\partial c}{\partial P}\right]$$

$$\frac{\partial \beta}{\partial P} = e^{-rt}\,\frac{\partial^2 c}{\partial P^2}\,P$$

$$\frac{\partial^2 \beta}{\partial P^2} = -e^{-rt}\left[\frac{\partial^2 c}{\partial P^2} + \frac{\partial^3 c}{\partial P^3}\,P\right].$$

Introduciendo estas derivadas en la expresión que caracteriza la dinámica de la estrategia autofinanciada del activo incierto y del bono dada por [21.59)] y eliminado los términos de orden de magnitud superior se obtiene la *ecuación diferencial parcial de Black y Scholes* (PDE):

$$\frac{\partial c}{\partial t} + \frac{1}{2}\ \sigma^2 P^2 \frac{\partial^2 c}{\partial P^2} = r\left(c - P\frac{\partial c}{\partial P}\right), \tag{21.63}$$

ecuación cuya solución, sujeta a la condición de contorno dada por el valor terminal de la opción de compra europea $c_T = \max[P_T - K, 0]$, es la fórmula de Black-Scholes. Es interesante apuntar que el *rendimiento esperado* del activo no aparece en la ecuación diferencial parcial, término que como sabemos depende de las preferencias de los agentes. Este hecho permite utilizar un procedimiento de solución basado en las probabilidades neutrales al riesgo como el de la sección anterior.

Nos queda verificar que la fórmula de Black-Scholes dada por la ecuación [21.45] satisface la condición de contorno y la ecuación diferencial parcial [21.63].

(i) Verifiquemos la condición de contorno:

– Cuando $T - t = 0$ (en la fecha de expiración de la opción), $d_1 = +\infty$ si $P_T > K$ y $d_1 = -\infty$ si $P_T < K$.

– Cuando $d_1 = +\infty$, $c = PN(+\infty) - KN(+\infty) = P - K$.

– Cuando $d_1 = -\infty$, $c = PN(-\infty) - KN(-\infty) = 0$.

(ii) Verifiquemos la ecuación diferencial:

$$\frac{\partial c}{\partial t} + \frac{1}{2}\ \sigma^2 P^2 \frac{\partial^2 c}{\partial P^2} = r\left(c - P\frac{\partial c}{\partial P}\right),$$

tomando derivadas en la solución propuesta (fórmula de Black-Scholes):

$$\frac{\partial c}{\partial P} = N(d_1); \quad \frac{\partial^2 c}{\partial P^2} = \frac{1}{P\sigma\sqrt{T-t}}\ N'(d_1);$$

$$\frac{\partial c}{\partial (T-t)} = \frac{P\sigma}{2\sqrt{T-t}}\ N'(d_1) + Ke^{-r(T-t)}rN(d_1 - \sigma\sqrt{T-t}),$$

sustituyendo estas derivadas y nuestra propuesta de solución para el valor de la opción en la ecuación diferencial parcial:

$$-\left\{ \frac{P\sigma}{2\sqrt{T-t}}N'(d_1) + Ke^{-r(T-t)}rN(d_1 - \sigma\sqrt{T-t}) \right\} + \frac{1}{2}\,\sigma^2 P^2 \left\{ \frac{1}{P\sigma\sqrt{T-t}}N'(d_1) \right\} =$$

$$= r\left\{ PN(d_1) - Ke^{-r(T-t)}N(d_1 - \sigma\sqrt{T-t}) - PN(d_1) \right\},$$

igualdad en la que todo se cancela por lo que hemos demostrado que la solución propuesta es la correcta.

21.5 Unos breves comentarios sobre la evidencia empírica de los modelos de valoración de opciones

La idea fundamental de cualquier contraste sobre los modelos de valoración de opciones es conocer si la distribución verdadera del activo subyacente implícita en los precios de mercado de las opciones es consistente con la distribución impuesta por el modelo teórico de valoración. Nótese que la valoración de opciones trabaja sobre las bases de dos supuestos claves. En primer lugar, desde luego, se supone la ausencia de arbitraje en los mercados pero además, para ser capaces de decir algo sobre el precio teórico de la opción, se necesita suponer explícita (como en el caso de Black-Scholes) o implícitamente un determinado comportamiento en el precio del activo subyacente.

(i) La volatilidad implícita
El único parámetro de la expresión [21.45] que no puede observarse directamente es la volatilidad del subyacente. Una posibilidad es estimar dicha volatilidad mediante procedimientos tradicionales o usando la modelización GARCH. Alternativamente, dado que se observa el precio al que se negocia cada opción en el mercado, podemos inferir, mediante un procedimiento iterativo, la volatilidad del subyacente implícita en el precio de mercado de dicha opción. Esta es la volatilidad del subyacente que sugiere el mercado en su conjunto para el periodo de vida de la opción. Es por tanto, una volatilidad que mira hacia el futuro y, sin duda, es tremendamente útil. Debe quedar claro que se emplean precios de mercado por lo que la fórmula de Black-Scholes es un simple diccionario que permite *traducir* los precios de mercado en volatilidades.[14] En otras palabras, es la volatilidad apropiada independientemente de utilizar la fórmula de Black-Scholes.

Para estimar la volatilidad implícita en un determinado día y dado que se negocian simultáneamente varias opciones sobre el mismo subyacente y mismo tiempo hasta el vencimiento, debe agregarse convenientemente la información proveniente de las diferentes opciones para obtener un único estimador de la volatilidad. Los métodos más habituales ponderan en mayor medida las opciones

---

[14] El término *diccionario* para describir la estimación de la volatilidad implícita se debe a José Luis Fernández (Universidad Autónoma de Madrid).

que están *en dinero* sobre las opciones que están *dentro de dinero* o *fuera de dinero*. La razón es que el precio de las opciones *en dinero* es más sensible a variaciones en la volatilidad del subyacente.[15]

La estimación consiste en minimizar el error cuadrático medio entre el valor téorico de la opción para una volatilidad dada y su valor de mercado, y hacerlo sobre todas las opciones disponibles:[16]

$$\hat{\sigma} = \arg\min \sum_{j=1}^{N} \left[c_j - c_j(\sigma) \right]^2 \cong \frac{\sum\limits_{j=1}^{N} \omega_j^2 \sigma_j}{\sum\limits_{j=1}^{N} \omega_j^2} \qquad [21.64]$$

donde $\omega_j = \partial c_j / \partial \sigma |\sigma_j$. En la práctica, esta estimación obtiene volatilidades implícitas muy cercanas a las volatilidades implícitas de las opciones *en dinero*.

(ii) La sonrisa de volatilidad

Si pensamos en el modelo de Black-Scholes, donde la volatilidad del subyacente se supone constante, todas las opciones sobre el mismo subyacente y la misma fecha de vencimiento, pero diferente precio de ejercicio deberían tener la misma volatilidad. Al fin y al cabo, insistimos, en el modelo la volatilidad del rendimiento del subyacente es constante. Curiosamente, en los mercados reales existe amplia evidencia sobre la denominada *sonrisa de volatilidad*. A modo de ejemplo, la figura 21.1 muestra el patrón de la volatilidad implícita en relación al grado en dinero de cada opción.[17] Los datos que se utilizan son las opciones *call* sobre el (futuro) del IBEX-35 para dos fechas diferentes. Tal como se muestra en la figura, los patrones más habituales suelen presentar formas de sonrisas o alternativamente sonrisas asimétricas o muecas. Debe quedar claro, que *la forma de la sonrisa de volatilidad refleja directamente la distribución del subyacente implícita en los precios de mercado de las opciones y*, por tanto, es una forma sencilla de contrastar el modelo de Black-Scholes.

Black-Scholes valoraría todas las opciones con una volatilidad similar a la volatilidad de las opciones más cercanas al dinero (aquellas que están cercanas a un grado en dinero igual a 1). En la figura 21.1, las opciones *call* que aparecen a la izquierda de 1 son opciones *dentro de dinero*, mientras las opciones *call* a la derecha de 1 son opciones *fuera de dinero*.[18] Esto implica que, en el primer caso, la fór-

---

[15] Esta sensibilidad, que viene dada por la derivada del precio de la opción ante variaciones en la volatilidad del subyacente, se conoce como vega: $v = \partial c / \partial \sigma$.

[16] Este procedimiento se debe a Whaley (1982). Este es el procedimiento empleado para estimar la volatilidad del mercado que aparece en la figura 20.4.

[17] El grado en dinero se define como el cociente K/P, donde P es el precio del subyacente que se hace igual para todas las opciones empleadas en la estimación. Así, la sonrisa de volatilidad refleja la relación entre volatilidad implícita y precio de ejercicio.

[18] Por la relación de paridad *put-call*, las opciones de venta *fuera de dinero* estarían a la izquierda de 1, mientras que las opciones *put dentro de dinero* estarían a la derecha de 1.

Sonrisa de volatilidad: 24 de enero de 1994

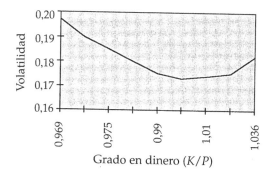

Grado en dinero (K/P)

Sonrisa de volatilidad: 11 de abril de 1996

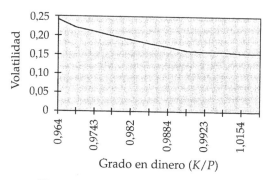

Grado en dinero (K/P)

Figura 21.1. La sonrisa de volatilidad.

mula de Black-Scholes infravalora opciones tanto *dentro de dinero* como *fuera de dinero* al asignarles una volatilidad más pequeña que la volatilidad que les está asignando el mercado.[19] En el segundo caso, donde la sonrisa es más asimétrica, Black-Scholes infravalora *calls dentro de dinero* y sobrevaloraría ligeramente las opciones *call muy fuera de dinero*.

Como hemos adelantado, el patrón de la sonrisa de volatilidad sugiere cómo es la distribución del activo subyacente para el día en cuestión. Para verlo, supongamos que la distribución de probabilidades del rendimiento del activo subyacente es simétrica, pero presenta a ambos lados colas *más gruesas* que la Normal. En este caso, una opción *call* que esté *muy fuera de dinero* tendrá un valor positivo sólo si se produce un aumento importante en el precio del subyacente. Su valor depende en definitiva de la cola *derecha* de la distribución, siendo más elevado cuanto más gruesa sea la misma, ya que el mercado estaría asig-

---

[19] Sabemos que el precio de una opción será mayor cuanto mayor sea la volatilidad del subyacente.

nando una mayor masa probabilística en dicha zona que la asignada por la distribución Normal. Consecuentemente, Black-Scholes estaría infravalorando las opciones *call fuera de dinero*. Lo mismo se podría argumentar con el caso de opciones dentro de dinero. Por tanto, tal como ocurre cuando la sonrisa de volatilidad es simétrica, Black-Scholes infravalora opciones *call* tanto *dentro* como *fuera de dinero*. De hecho, una sonrisa simétrica refleja que la distribución del subyacente presenta colas más gruesas que la Normal tanto a la derecha como a la izquierda y, por tanto, sugiere la presencia de exceso de curtosis.

Si la distribución de probabilidades tuviese la cola izquierda más gruesa pero la cola derecha más estrecha que la Normal, Black-Scholes infravaloraría opciones *call dentro de dinero* y sobrevaloraría *calls fuera de dinero*. Esto es lo que ocurre con sonrisas asimétricas con pendiente negativa, tal como se observa (ligeramente) en la figura 21.1 para el 11 de abril de 1996. Una vez más, dicho patrón refleja asimetrías negativas en la distribución de probabilidades del subyacente. Nótese que una cola izquierda más gruesa que la Normal implica asignar mayor probabilidad a sucesos en los que el rendimiento del activo sea negativo. Esto, a su vez, implica que la volatilidad tiende a ser más elevada cuando se producen caídas en el precio del subyacente. Por tanto, asimetrías negativas provienen de la correlación negativa entre variaciones del subyacente y la volatilidad (estocástica) del mismo.

Así, los modelos de valoración de opciones que pretendan valorar correctamente los precios de las opciones deberían incorporar estos tipos de comportamiento en su estructura teórica. Deberían ser capaces de introducir volatilidad estocástica de forma que exista la posibilidad de incorporar volatilidad en la volatilidad, reconociendo la posibilidad de excesos de curtosis en la distribución del subyacente o, alternativamente, introducir saltos en el comportamiento del propio subyacente. Además, deberían ser modelos capaces de capturar correlaciones tanto negativas como positivas entre la volatilidad y el subyacente.

Los modelos de valoración de opciones que se han desarrollado en la literatura reciente admiten estas posibilidades al modelizar explícitamente saltos en el subyacente o al introducir comportamientos concretos en la volatilidad estocástica del mismo.

El modelo de Heston (1993) de volatilidad estocástica supone que el subyacente sigue un movimiento geométrico browniano y que la varianza sigue un proceso con reversión a la media en raiz cuadrada, cuyo browniano está correlacionado con el browniano asociado al subyacente:

$$dP_t = \mu P_t dt + \sqrt{V_t} P_t dB_{Pt}$$

$$dV_t = \kappa(\theta - V_t)dt + \eta\sqrt{V_t}dB_{Vt}$$

$$dB_{Pt}dB_{Vt} = \rho dt \qquad\qquad [21.65]$$

$$\lambda(P, V, t) = \lambda V_t,$$

donde V_t es la varianza instantánea estocástica del rendimiento del subyacente, κ es la tasa a la cual la varianza revierte a la media de la volatilidad a largo plazo que viene dada por θ, η es la volatilidad de la varianza, ρ es el coeficiente de correlación entre ambos brownianos y λ es la prima de riesgo de la volatilidad. En este modelo, como también ocurre en el modelo con saltos, existe un factor de riesgo adicional que es la propia volatilidad. Sin embargo, la volatilidad como tal no es un activo que se negocia y, por tanto, sólo hay dos activos (el subyacente y el bono) pero tres factores de riesgo (dos estados de la naturaleza según el comportamiento del subyacente y la propia volatilidad). No es posible cubrirse ante el riesgo volatilidad por lo que se necesita modelizar explícitamente la prima de riesgo de la misma. En el caso del modelo con saltos aparecería también la prima de riesgo asociada a los saltos como factor adicional de riesgo.

Volviendo al modelo de Heston, es interesante señalar que el parámetro que modeliza la volatilidad de la varianza estocástica podría explicar los excesos de curtosis en el subyacente, mientras que la correlación entre los brownianos capturaría las asimetrías en la distribución del mismo.

La expresión de valoración de este modelo tiene la misma estructura que la fórmula de Black-Scholes:

$$c_t = e^{-r(T-t)}[Pe^{r(T-t)}\text{Prob} - K\,\text{Prob}'],$$

con la diferencia que dichas probabilidades tienen ahora una forma funcional específica que depende de *los parámetros del modelo*. Esto es, Prob = $f(\kappa^*, \theta^*, \eta, \rho)$ donde, κ^* y θ^* son la tasa de reversión a la media y la volatilidad a largo plazo bajo la probabilidad neutral al riesgo y que se expresan como: $\kappa^* = \kappa + \lambda$ y $\theta^* = \kappa\theta/(\kappa + \lambda)$. Naturalmente, el modelo es más rico que Black-Scholes pero es necesario estimar un mayor número de parámetros.

La evidencia empírica sugiere que modelos con expresiones cerradas de valoración, donde se combinen tanto la volatilidad estocástica como los saltos, mejoran sensiblemente el comportamiento del modelo de Black y Scholes. En estos casos, es especialmente relevante la prima por riesgo asociada a los saltos, mientras que la prima por riesgo de la volatilidad no parece ser importante de cara a la valoración de opciones.[20]

Referencias

Black, F. y M. Scholes (1973). "The Pricing of Options and Corporate Liabilities", *Journal of Political Economy*, 81, págs. 637-654.

---

[20] Véase Pan (1999) y la evidencia para el mercado de opciones sobre el (futuro) del IBEX-35 de Fiorentini, León y Rubio (2000). También existe un trabajo reciente de Heston y Nandi (1999), con buenos resultados empíricos, donde se obtiene una expresión similar al modelo de Heston (1993) pero bajo una modelización GARCH.

Campbell, J.Y., Lo, A.W. y A.C. MacKinlay (1997). *The Econometrics of Financial Markets*, Princeton University Press, cap. 9.

Fiorentini, G., León, A. y G. Rubio (2000). "Short-term Options with Stochastic Volatility: Estimation and Empirical Performance", *Studies on the Spanish Economy*, FEDEA Electronic Series n° 2.

Hardouvelis G., Kim, D. y J. Wizman (1996). "Asset Pricing Models with and Consumption Data: An Empirical Evaluation", *Journal of Empirical Finance*, 3, págs. 267-301.

Heston, S. (1993). "A Closed-Form Solution for Options with Stochastic Volatility and Applications to Bond and Currency Options", *Review of Financial Studies*, 6, págs. 327-343.

Heston, S. y S. Nandi (1999). "A Closed-Form GARCH Option Pricing Model", Working Paper, Nueva York, Goldman Sachs & Company.

Huang, C. y R. Litzenberger (1988). *Foundations for Financial Economics*, North Holland, caps. 6 y 8.

Hull, J. (2000). *Options, Futures and Other Derivatives*, Prentice Hall, 4ª ed., caps. 11 y 15.

Ingersoll, J. (1987). *Theory of Financial Decision Making: Studies in Financial Economics*, Rowman & Littlefield, cap. 14.

Jackwerth, J. y M. Rubinstein (1996). "Recovering Probability Distributions from Option Prices", *Journal of Finance*, 51, págs. 1611-1631.

Pan, J. (1999). "Integrated Time-series Analysis of Spot and Option Prices", Working Paper, Graduate School of Business, Stanford University.

Rubinstein, M. (1994). "Implied Binomial Trees", *Journal of Finance*, 49, págs. 771-818.

Rubinstein, M. (1999). "Rubinstein on Derivatives: Futures, Options and Dynamic Strategies", *Risk Books*, caps. 5 y 6.

Shreve, S., Chalasani, P. y S. Jha (1997). *Stochastic Calculus and Finance*, Carnagie Mellon University.

Whaley, R. (1982). "Valuation of American Call Options on Dividend Paying Stocks: Empirical Tests", *Journal of Financial Economics*, 10, págs. 29-58.

ÍNDICE ANALÍTICO

ÍNDICE DE AUTORES

Scholes, M., 5, 30, 306, 380, 387, 433, 464, 943-944, 948, 957-958, 960-961, 964-970
Schwartz, R., 408, 412, 928
Shafer, W., 727, 733
Shanken, J., XI, 422, 428-430, 442, 445, 451, 461-465, 472, 473, 506
Sharpe, W., 5, 240, 259, 279, 297, 311, 518-520, 522-523, 563, 567, 888
Shreve, S., 944, 971
Sicilia, J., 84, 85, 121
Siegel, A., 91, 121
Singleton, K., 871, 935
Sloan, R., 428-430, 464
Smith, A., 668
Stiglitz, J., 781, 793
Stoll, H., 624, 640
Strong, N., 811, 851
Subrahmanyam, A., 622, 635, 638-640
Svensson, L., 91, 121

Tapia, M., XI, 601, 617, 620, 627, 638, 640,
Titman, S., 121, 196, 240, 279, 311, 359, 412, 424, 426, 464, 506, 524, 535, 538, 541, 545, 546, 563, 564, 566
Treynor, J., 514-516, 518-519, 523, 527, 567

Urich, T., 407, 412

Varian, H., 677
Vasicek, O., 91, 121, 404-405, 412
Viswanathan, S., 622, 640
Von Neumann, J., 744, 753-755, 758, 783, 793, 795-796, 880

Walker, M., 811, 851
Wang, Z., 431, 464, 490, 493-494, 496-498, 506
Weil, P. 879, 895, 936
Weinstein, M., 472-473, 506
West, K., 459, 464
Westerfield, R., 59, 120
Weston, F., 196, 240, 279, 311, 359, 505, 793
Whaley, R., 967, 971
Whinston, M., 663, 677
Whitcomb, D., 408, 412
Wizman, J., 907, 935, 971
Wooldridge, J., 928, 934

Ziemba, W., 196, 279, 311, 358, 464, 505, 640, 935